주석 민법

[채권총칙 2]

(제5판)

§ 397 ~ § 427

편집대표

김 용 덕

韓國司法行政學會

머리말(제 5 판)

주석 민법이 처음으로 발간된 지 어느덧 반세기가 지났습니다. 그동안 주석 민법은 세 차례에 걸쳐 개정되면서 민법을 비롯한 관련 법령의 개정 현황, 새롭게 축적된 판례, 그리고 학계의 다양한 논의 내용을 독자 여러분들에게 충실하게 전달하는 지침서의 역할을 담당하여 왔고, 이를 통하여 법학자들과 실무가들에게 있어서 늘 곁에 두고 참고하여야 하는 기본 서적으로 자리 잡았다고 감히 자부합니다.

하지만 급변하는 현대 사회에서 법률적 분쟁의 양상은 날로 복잡해지고 있고, 전에 없던 새로운 형태의 법률적 분쟁이 생겨나고 있습니다. 그럼에도 주석 민법에서 다루는 내용이 전통적인 논의 범위에서 크게 벗어나지 못하면서 학계와 실무계의 실제 요구를 제대로 반영하지 못한다는 비판이 있었던 것도 사실입니다. 또 주석 민법이 현실로 존재하는 법률적 분쟁과는 동떨어진 지극히 이론적인 사항에 관하여 불필요하게 큰 비중을 두어서 실무적인 관점에서 활용도가 다소 높지 않다는 뼈아픈 지적도 있었습니다.

주석 민법 채권총칙편 제 5 판을 발간함에 있어서는 이와 같은 학계와 실무계의 비판을 겸허하게 수용하여 기존 주석 민법의 내용에 구애받지 않고 제 1 판을 발간한다는 마음가짐으로 임하였습니다. 우선 현재 왕성한 연구 실적을 거두고 있는 법학자들과 풍부한 실무 경험과 실력을 갖춘 실무가들을 중심으로 집필진을 재편하여 이론적 관점과 실무적 관점이 적절한 조화와 균형을 이루는 주석서가 될 수 있도록 하였습니다. 주석 민법에서 다루는 내용에 있어서도 최신 판례에서 다루어지거나 실무상 자주 제기되는 법률적 쟁점과 학계에서 새롭게 제기되는 주요 논점이 빠짐없이 포함될 수 있도록 최선을 다하였고, 국내 또는 외국의 학설 중 최근의 논의 상황에 맞지 않거나 실무에서의 활용도가 극히 낮은 부분은 과감하게 제외하였습니다. 또 주석 민법이 독자들에게 온라인을 통한 전자책의 형태로도 제공되는 점을 감안하여, 원칙적으로 각주는 참조 판례나 문헌을 특정하기 위한 용도로만 사용하는 등 가독성을 높이기 위해서도 노력하였습니다. 아직도 미흡하고 개선이 필요한 부분이 남아 있겠습니다만, 아무쪼록 이번에 발간하는 주석 민법 채권총칙편 제 5 판이 학계와 실무계가 나아갈 올바른 방향을 제시하는 믿음직한 '길라잡이' 역할을 할 수 있다면 더 바랄 나위가 없겠습니다.

주석 민법 채권총칙편 제 5 판의 발간은 귀한 시간을 내어 옥고를 작성하여 주신 집필자들의 헌신과 노고가 있었기에 가능하였습니다. 아울러 바쁘신 중에도 편집위원으로 참여하여 주신 이원범 서울고등법원 부장판사와 남성민 수원고등법원 부장판사 및 손철우 서울고등법원 고법판사, 그리고 발간 과정에서의 온갖 궂은 일을 도맡아 주신 이형한 기획부장을 비롯한 한국사법행정학회 편집부 직원 여러분들에게 마음 깊은 감사의 말씀을 드립니다.

2020. 10.

편집대표 김 용 덕

머리말(제 4 판)

주석민법은 지난 1972 년 김증한 선생님을 편집대표로 하여 학설판례 주석민법이라는 이름으로 처음 발간되었습니다. 이는 우리나라 주석서의 효시로서, 2002 년 간행이 완료된 제 3 판에 이르기까지 학자들의 연구와 실무가들의 업무에 필수 불가결한 동행자가 되었습니다. 제 3 판이 간행된 후 2004 년 국회에 민법개정안이 제출되어 심의가 시작되자, 한국사법행정학회는 개정된 민법에 대한 새로운 주석서를 갈망할 학계 및 실무계의 바램을 예상하고 이에 부응코자 개정된 민법이 시행될 무렵에 맞추어 개정된 민법에 대한 주석서를 발간할 수 있도록 제 4 판의 발간작업에 착수하였습니다. 하지만 국회에서 민법개정안에 대한 심의가 제대로 진척되지 않아 잠시 유보 상태에 있을 수밖에 없었습니다. 그러던 중 제 3 판이 간행된 후 많은 판례가 집적되고 법령의 변화도 많게 되자 이를 반영하기 위해 민법 개정 전이라도 제 4 판의 발간을 재개하게 되었습니다.

이 제 4 판은 제 3 판에 대한 학계 및 실무계의 여러 비판과 건의 등을 수용하여 내용을 혁신한다는 생각에서 제 3 판에 대한 개정판이라기보다는 완전히 새로운 주석서를 편집, 발간한다는 마음가짐으로 작업을 시작하였습니다. 다른 한편으로는 종래와 마찬가지로 학자와 실무가에게 다 같이 도움을 줄 수 있어야 한다는 것을 목표로 하여, 이론과 실무· 판례와의 균형을 맞추도록 노력하였으며, 장황한 서술이나 외국법의 인용도 되도록 피하고자 하는 것이 편집 방침이었습니다. 집필진의 구성에서도 실력을 갖춘 학자와 실무가를 선정하였습니다. 그 과정에서 중진뿐만 아니라 신진기예의 연구자들도 많이 참여하였습니다.

이제까지와 마찬가지로 주석민법 시리즈는 한국의 민법학의 현재를 반영하고 있는 높은 수준의 학문적 노작입니다. 현재 법무부에서 주관하고 있는 민법개정작업이 진행 중이기는 하지만, 이 주석민법 제 4 판은 여전히 유용성을 가지리라 믿습니다.

이 작업에 참여하여 주신 집필자 여러분과, 집필의 전체 구도를 마련하여 주신 편집위원들에게 깊이 감사드립니다. 아울러 이해타산을 따지지 않고 주석민법 개정판의 발행을 제안하여 주신 한국사법행정학회 이종균 회장님과, 출판에 따르는 귀찮은 일을 맡아 주신 이형한 부장 이하 한국사법행정학회 편집부 직원 여러분에게도 감사의 뜻을 전하는 바입니다.

2010. 1.

편집대표 김 용 담

머리말(제 3 판)

우리 民法이 제정되어 1960 년부터 시행됨에 따라 우리나라에서도 체계적인 民法註釋書의 필요성이 요청되었습니다. 이에 法律註釋書 전문출판사인 한국사법행정학회에서 1972 년에 學說·判例 註釋 民法 (上)(下)를 발간하였고, 1979 년부터는 이를 증보하여 10 권으로 된 註釋 民法 시리즈 제 2 판을 발간하여 왔습니다. 이 註釋書들은 그 동안 이렇다 할만한 民法 지침서가 없었던 우리나라의 학계와 실무계에 나름대로 훌륭한 길잡이가 되어 왔습니다.

그러나 그 동안의 사회경제적인 발전으로 말미암아, 民事法律關係도 더욱 복잡 다양해져 왔고, 또 부단한 입법상의 변천이 있었으므로, 註釋 民法 시리즈의 내용도 그와 같은 상황변화에 부응하여 이룩한 학계의 연구 및 실무계의 성과를 반영할 필요성이 시급히 요청되었습니다.

그리하여 한국사법행정학회의 간곡한 제의로 1996 년에 제가 새로이 발간할 註釋 民法 시리즈 제 3 판의 編輯代表를 맡게 되었고, 실무계로는 제가 회장으로 있던 民事實務硏究會의 회원들과 학계로는 연세대학교 김상용 교수를 통하여 韓國民事法學會의 회원들의 도움을 얻기로 하여 간행위원회를 구성하였으며, 간행위원들의 헌신적인 노력으로 집필자의 동의를 얻어 방대한 註釋 民法의 발간을 기획하게 되었습니다.

이 註釋 民法 시리즈는 당초 총 10 권으로 하여 순차적으로 간행할 계획이었으나, 분량이 늘어나 부득이 권수를 더 늘렸고 발간 가능한 책부터 선보이게 될 것입니다. 이 시리즈는 각 분야별로 학계와 실무계의 최고전문가를 지정하여 집필하도록 하였으므로 그 동안의 학계와 실무계의 성과를 최대한 집대성하였을 뿐 아니라, 앞으로의 연구나 실무의 방향을 제시해 주는 지침서로서 흠잡을 데 없는 역할을 할 수 있을 것으로 확신합니다.

그 동안 註釋 民法 시리즈의 간행에 힘써 주신 간행위원회 위원 및 집필자 여러분, 그리고 출판과정상의 궂은일을 도맡아 주신 한국사법행정학회 편집부 직원 여러분의 노고에 깊이 감사드립니다.

1999. 8. 1.

編輯代表 朴 駿 緖

머리말(제 2 판)

學說·判例 註釋民法 (上)·(下)가 나온 지 6 年 餘의 歲月이 흘렀다. 이 註釋民法은 學界와 實務界로부터 豫想外의 歡迎을 받았다.

그러나 版이 커서 간편하게 찾아보는 데에는 약간 不便하였다. 그 後 많은 判例가 나와서 우리나라의 判例法이 점차로 確立되어가고 있다. 그리고 그 동안에 著書·論文이 發表된 것도 많다. 그 결과 이제는 前에 나온 것은 이미 時代에 맞지 않는 점이 적지 않게 생기게 되었다.

한편 前에 註釋民法을 냈을 때보다도 매우 便利하게 되었다고 생각되는 事情으로는, 첫째로 大法院判決集이 상당히 規則的으로 刊行되고 있는 外에, 大法院判決要旨集이 刊行되었고, 이어서 高等法院判例集도 刊行되었으며, 「법원공보」를 비롯하여 法律新聞과 判例月報가 新判例를 迅速하게 紹介하고 있고, 法曹와 大韓辯護士會誌가 每號마다 新判例를 紹介하고 있다. 그밖에 語文閣의 判例集이 中斷된 것은 遺憾이지만, 靑林閣의 判例總攬은 지금도 꾸준히 追錄을 내고 있다. 民法이 施行된 直後에는 判例를 얻어 보기가 極難했던 때를 回想하니 실로 今昔之感이 있다.

그리고 民法이 施行된지 19 年이 經過하는 동안에 어떠한 規定이 많이 活用되며 반대로 거의 活用되지 않는가도 드러나게 되었다. 또 어떠한 問題에 들어가서 外國의 理論이 導入될 수 있는 可能性이 많고 적음도 나타나게 되었다. 外國의 理論이 導入될 수 있는 可能性이 없는 部分은 그만큼 우리 自體의 理論이 開拓되어야 한다고 하는 것을 뜻하는 것이다.

이번에는 日本 有斐閣의 註釋民法을 본보기로 하여 註釋民法을 크라운板으로 5 권 이상으로 刊行하기로 하였으며, 우선 總則編을 34 人의 방대한 筆陣이 動員되어 1 年餘에 걸쳐 執筆한 끝에 이번에 出刊을 보게 되었는데 總則編은 第 1 章 總則부터 第 4 章 物件까지를 上卷으로, 第 5 章 法律行爲부터 第 7 章 消滅時效까지를 下卷으로 分冊하게 되었다.

執筆方針은 前의 것과 크게 다르지 않다. 즉 參考文獻과 判例를 最大限으로 引用하고, 學說은 客觀的으로 通說을 취하는 것을 原則으로 하였다. 그러나 執筆者의 主見을 바꾸기를 强要한 것은 아니고, 執筆者의 主見을 내세우는 경우에도 다른 學說로 어떠한 것이 있는가를 忠實히 紹介함으로써 되도록 客觀性을 維持하도록 힘썼다.

執筆者는 學界와 實務界의 新進을 많이 拔擢하도록 하였으며, 뒤로 갈수록 新進을 더욱 많이 起用하려고 한다.

이 책이 이만큼 빠른 時日內에 나올 수 있게 된 것은 執筆者들이 모두 매우 바쁜 분들인데도 不拘하고 모두 다른 일을 뒤로 미루고 이 책의 原稿를 最優先的으로 서둘러 주셨기 때문인 것이고, 특히 偏執幹事인 李英俊部長判事의 獻身的인 努力이 없었더라면 이 책의 출판이 훨씬 늦어졌으리라고 생각된다. 먼저 그분들의 勞苦에 대하여 깊이 敬意와 感謝를 表한다. 또 前의 것과 마찬가지로 法書의 出版이 全般的으로 沈滯되어 있는 狀況下에서 우리나라의 法律文化의 向上에 貢獻하려는 一念을 가지고 이 책을 出刊해 주시는 李鍾均 社長에게 깊은 感謝를 드린다.

1979 年 歲暮에

編輯代表 朱 宰 璜

金 曾 漢

머리말(제1판)

우리나라가 해방된 지 四半世紀 以上이 지났고, 解放後 계속하여 效力을 유지하였던 日政時代의 法令들, 그리고 解放後 軍政時代에 나왔던 법령들, 이러한 이른바 『舊法令』이 1961年末로써 完全히 整理된지도 꼭 10年이 지났다.

그 동안에 法의 各分野에 걸쳐서 많은 著書와 약간의 論文集이 發刊되었고, 各種定期刊行物에 많은 論說이 發表되었다. 또 靑丘文化社와 法文社는 각각 法律學辭典을 發刊하였다.

그러나 民法典이 施行된지 滿 12年이 되려고 하는 지금에 와서 보니, 여러 가지 問題에 관하여 상당한 學說의 對立이 있다. 또 한 가지 大部分의 著書가 判例, 특히 우리 大法院의 判例를 引用하고 있는 것이 매우 적다.

이러한 事情 밑에서 客觀的으로 通說·多數說·小數說을 網羅하여 出典을 밝히고 그 論據가 무엇인가를 提示하는 同時에, 그 동안의 大法院判例를 最大限으로 引用하고 下級審判決도 可能한데까지 引用함으로써, 讀者가 어떤 問題에 관해서든지 安心하고 信賴할 수 있는 책을 엮어 보려는 意圖를 가지고, 國內 여러 大學에서 民法講義를 擔當하고 있는 敎授들과 實務에 從事하고 있는 判事를 包含하여 이 『學說·判例民法콤멘타르』를 내는 것이다.

獨逸·瑞西, 그리고 日本에서는 各種의 콤멘타르가 나와 있다. 우리나라에서는 위에 말한 바와 같이 많은 著書들이 나와 있지만 각각 主張이 같지 않은 점이 많아서 한 권의 책만으로 모든 것을 網羅的·客觀的으로 설명하고 있는 것이 아직 없다. 더구나 判例에 이르러서는 法律學敎授들도 어떤 判例가 있는지를 찾아보기가 매우 힘든 形便이다. 이러한 實情이기 때문에 한권으로써 모든 學說과 判例를 알 수 있게 하자는 것이 執筆委員들의 意圖이다.

學說의 引用은, 國內의 學說은 모든 著書를 빠짐없이 引用하고, 각종 刊行物에 發表된 論說도 最大限으로 引用하는 것은 물론, 外國의 文獻도 日本의 것뿐만 아니라 獨逸과 多少는 英美의 것까지도 引用하였다.

판례는 大法院判決은 빠짐없이 引用하도록 힘썼고, 下級審判決도 重要한 意義를 가진 것은 引用하였다. 外國의 判例는, 日本의 것은 특히 現在 우리나라에서도 參考로 삼을 만한 價値가 있는 것은 되도록 많이 引用하였고, 그 중에서도

最新의 判例에 대하여는 特別한 觀心을 가지고 引用 與否를 定하였다. 獨逸·美國 등의 判例는 특히 引用할 價値가 있는 것에 限해서 引用하기로 하였다.

本書의 執筆委員들 중에는 本人보다 先輩되시는 분들도 계시는데, 다른 委員들께서 本人을 執筆委員代表로 하신 까닭은, 아마 釜山避難時節에 靑丘文化史 刊行의 法律學辭典이 대체로 本人의 집에서 執筆編輯되었고, 1964 年에 法文社에서 刊行된 法律學辭典이 그 原稿作成의 初半은 本人의 直接指揮下에 이루어졌기 때문이 아닌가 생각한다. 그리고 韓國司法行政學會는 그 創立 當時부터 本人이 關與하였고, 月刊『司法行政』도 그 初期에는 本人이 編輯計劃을 擔當하였던 事情도 있고 해서 韓國司法行政學會로서도 本人이 代表를 맡기를 願한듯 싶다.

執筆委員들이 모두 自身의 일이 바쁘신 분들이고 또 地方에 계시는 분도 있어서 全員이 자주 會同하지는 못하였지만, 參考文獻의 引用, 判例의 選定과 取扱態度 등, 一般的方針에 관해서는 步調를 맞추도록 努力하였으며 體裁 등에 관해서는 本人이 全體를 살펴보았다.

本書는 처음에는 單券으로 내려고 計劃하였던 것이지만, 原稿가 들어온 것을 組版해 보니 面數가 豫想했던 것보다 많아졌기 때문에, 두 권으로 나누어서 上卷에 總則·物權 및 附則을, 下卷에 債權·親族·相續을 넣기로 하였다. 獨逸에서 Ermann 의 Handkommentar 가 두 권으로 되어 있으니까 外國에 例가 없는 것도 아니다.

本書의 執筆이 상당히 많은 隘路를 지니고 있는 일임에도 不拘하고 比較的 短時日內에 脫稿를 보게 된 것은 全的으로 여러 委員들께서 獻身的으로 힘을 기울여 주셨기 때문이다. 또 本書가 이와 같이 出刊 되게 된 것은 法書의 出版이 全般的으로 沈滯되어 있는 現狀況下에서 收支打算을 超越하여 우리나라의 法律文化의 向上과 學界 및 實務界를 爲하여 奉仕하려는 一念에서 全力을 다하고 계시는 韓國司法行政學會의 李鍾均 專務의 熱誠的인 督勵가 있었기 때문임을 特記하지 않으면 안 된다. 이에 위의 여러분에 대하여 衷心으로 뜨거운 感謝를 드린다.

委員會의 執筆의 分擔은 다음과 같다.

總　則	高麗大學校敎授	玄 勝 鍾
物　權	서울大學校敎授	金 曾 漢
	서울民事地方法院判事	李 英 俊
債權總則	延世大學校敎授	金 顯 泰
債權各論	慶熙大學校敎授	安 二 濬
	慶北大學校敎授	金 容 圭
親　族	慶熙大學校敎授	金 疇 洙
相　續	延世大學校敎授	李 根 植
附　則	高麗大學校敎授	玄 勝 鍾

1971年 12月

編輯代表　　金 曾 漢

주석 민법 [채권총칙] 집필자

강경구　수원고등법원 부장판사

강영수　서울고등법원 수석부장판사

고홍석　서울중앙지방법원 부장판사

권순형　서울고등법원 부장판사

김상중　고려대학교 법학전문대학원 교수

김시철　서울고등법원 부장판사

남성민　수원고등법원 부장판사

문주형　서울고등법원 부장판사(직무대리)

배용준　서울고등법원 고법판사

손철우　서울고등법원 부장판사(직무대리)

이백규　서울중앙지방법원 판사

이　혁　변호사

장철익　서울고등법원 고법판사

전원열　서울대학교 법학전문대학원 교수

정준영　서울고등법원 부장판사

제철웅　한양대학교 법학전문대학원 교수

최수정　서강대학교 법학전문대학원 교수

최형표　서울중앙지방법원 부장판사

한애라　성균관대학교 법학전문대학원 교수

(2020. 10. 1. 현재)

[범 례]

Ⅰ. 시술방식

1. 원고는 횡서체로 하고 한글 전용을 원칙으로 한다. 다만 법령명이나 의미 전달에 혼란이 있는 경우 한자를 괄호안에 병기하였다.

2. 타이틀은 다음과 같이 구분하였다.

Ⅰ.

1.

가.

1)

가)

(1)

(가)

①

㉮

3. 조문은 집필당시의 개정법률을 근거로 하며 그 내용은 종합법률정보(http://glaw.scourt.go.kr)에 수록된 법령에 준하였다.

4. 조문 하단에는 집필하려는 조문과 관련된 관련조문이나 비교조문을 나열하였고, 해당 조문의 목차를 두었다.

5. 각 조문별로 주석을 서술하였고 별면으로 처리하였다. 각주의 일련번호는 각 편, 장, 절, 관, 조문별로 새롭게 번호를 부여하였다.

Ⅱ. 법령 표기

1. 법령의 인용시에는 원칙적으로 약어를 사용하지 않았다.

2. 본문속에 법령을 표기할 때에는 본문의 법령인용은 원문 그대로 사용하며 제○조 제○항 제○호 등으로 기재하였다.

※ 예) ① 본문의 경우

민사소송법 제476조 제1항, 민법 제289조의2 제1항

② ( )안의 경우

(민사소송법 제479조 제2항 제1호, 민법 제280조 제1항 제1호)

Ⅲ. 판례 표기

1. 판례의 표기는 다음과 같은 방법에 따른다.

▷ 대법원 1996. 4. 26. 선고 96다1078 판결.

▷ 대법원 1992. 5. 26. 선고 92다84 판결, 대법원 1993. 10. 26. 선고 93다6409 판결, 대법원 1996. 6. 14. 선고 96다46374 판결.

▷ 대법원 1996. 11. 16.자 95마252 결정.

▷ 대법원 1995. 11. 16. 선고 94다56852, 56853 전원합의체 판결.

☞ 사건번호는 병합, 반소, 참가 사건 구분 없이 '94다56852, 56853'과 같이 나열하였다.

▷ 부산지방법원 동부지원 2000. 1. 18. 선고 2000가합10574 판결.

▷ 헌법재판소 1994. 7. 29. 선고 92헌바49, 52 결정.

2. 외국 판결은 그 나라의 표준적인 표시방법에 따라 표시할 수 있다. 다만, 일본판결의 경우에 선고일자는 서기연도로 기재하며, 일본연호는 사용하지 않았다.

▷ 일본대심원 대정 9년 12월 20일 판결

☞ 日大判 1920. 12. 20.

▷ 일본최고재판소 소화 34년 6월 19일 판결

☞ 日最判 1959. 6. 19.

3. 판례 출처는 검색이 가능한 판례의 경우는 출처를 밝히지 않았다. 하지만 그 외의 경우는 출처를 밝히기 위한 약어는 다음과 같다. 약어로 표기된 출처는 괄호 (공1988, 623)안에 넣어 표기한다.

▷ 법원공보 1988년 4월 15일 제822호 623면 → 공1988, 623

▷ 법원공보 1993년 7월 15일 제948호 1697면 → 공1993하, 1697

☞ 법원공보가 상, 하로 분리된 1993년부터는 상, 하를 구분하여 표시하였다.

▷ 판례공보 1996년 2월 1일 제3호 461면 → 공1996상, 461

▷ 대법원판례집 제43권 2집 민사편 230면 → 집43-2, 230

☞ 다만, 대법원판례집 제31권 6집까지는 편별로 면수가 독립되어 있으므로 '집31-6, 민149'와 같이 편별 표시를 하였다.

▷ 대법원판결요지집 민사·상사편 Ⅰ-2집 680-2면 65번 판결 → 요민Ⅰ-2, 680- 2(65)

☞ 형사 · 군사편은 '요형', 특별편은 '요특'으로 표시하였다.

▷ 각급법원(제1,2심) 판결공보 2005년 2월 10일 제18호 215면 → 각공18, 215

▷ 고등법원판례집 1970년 형사·특별편 20면 → 고집1970, 형특20

▷ 하급심판결집 1984년 제2권 229면 → 하집1984-2, 229

▷ 헌법재판소판례집 제3권 569면 → 헌집3, 569

▷ 헌법재판소공보 제3호 255면 → 헌공3, 255

▷ 사법논집 제25집 311면 → 사법논집(25), 311

▷ 사법연구자료 제21집 153면 → 사법연구(21), 153

▷ 재판자료 제61집 364면 → 재판자료(61), 364

▷ 대법원판례해설 1995 하반기(통권 제24호) 151면 → 판례해설(24), 151

Ⅳ. 기타 인용 표기

1. 판결, 문헌 인용시 약어는 사용하지 않으며 해당 페이지에 대한 "면", "쪽" 등의 글자 표시는 생략하였다.

2. 참고문헌의 표기는 다음과 같이 하였다.

▷ 이시윤, 민사소송법(신정보판), 박영사(1995), 232.

▷ 주석 민법, 물권편(2)(제4판), 한국사법행정학회(2011), 98(박삼봉)

▷ 민법주해 Ⅷ, 채권(1), 박영사(1995), 159(송덕수)

3. 저자가 2명 이상인 경우 '/ '를 사용하여 2명의 이름을 모두 밝히되, 3명 이상인 경우에는 '○○○ 외 2인' 등으로 표기하였다.

4. 논문이나 단행본, 월간지, 기타 논문집의 인용은 다음과 같이 하였다.

▷ 김기정, "집합건물의 집행을 둘러싼 몇 가지 법률문제에 대한 고찰", 사법논집(27), 5.

▷ 윤진수, "토지 임차인의 매수청구권 행사와 법원의 석명의무", 인권과 정의 236호(1996. 4.), 133-139.

5. 외국 문헌은 그 나라의 인용례에 따르는 것을 원칙으로 하되, 책 이름에 이탤릭체나 밑줄 등을 사용하지 아니하고 논문 제목에 "　　" 표시를 하였다.

▷ Walter E. May, "International Equipment Leasing: The UNIDROIT Draft Convention," 105 Harv. L. Rev. 80(1991).

▷ 植田勝博, "ユーザーからみた リース契約の 問題點", 金融法務事情 1101號(1985. 10.), 24.

▷ 南部二三雄, リースの 實務, 東京: 東洋經濟新報社(1973), 178.

6. 인터넷 자료는 다음과 같이 표기하였다.

▷ 저자명, 자료제목(2009. 9. 1. 방문), <http://www.scourt.go.kr/seminar/ d-3.htm>

[목 차]

제 3 편 채권

제 397 조 [금전채무불이행에 대한 특칙]

① 금전채무불이행의 손해배상액은 법정이율에 의한다. 그러나 법령의 제한에 위반하지 아니한 약정이율이 있으면 그 이율에 의한다.

② 전항의 손해배상에 관하여는 채권자는 손해의 증명을 요하지 아니하고 채무자는 과실없음을 항변하지 못한다.

[관련조문] 대부업 등의 등록 및 금융이용자 보호에 관한 법률 제8조(대부업자의 이자율 제한), 민법 제376조(금전채권), 제379조(법정이율), 제387조(이행기와 이행지체), 제390조(채무불이행과 손해배상), 제517조(증서의 제시와 이행지체), 제685조(수임인의 금전소비의 책임), 제705조(금전출자지체의 책임), 제748조(수익자의 반환범위), 상법 제54조(상사법정이율), 소송촉진 등에 관한 특례법 제3조 제1항, 소송촉진 등에 관한 특례법 제3조제1항 본문의 법정이율에 관한 규정, 이자제한법 제2조(이자의 최고한도), 제3조(이자의 사전공제), 이자제한법 제2조제1항의 최고이자율에 관한 규정.

[참고문헌] 김기현, "지연손해금에 관한 재판실무상 쟁점", 재판과 판례 제24집(2015. 12.), 대구판례연구회(2015); 김대정, "현행법상 이자제한에 관한 연구", 중앙법학 제9집 제2호(상), 중앙법학회(2007); 김봉수, "선이자의 사전공제에 관한 이자제한법 제3조의 해석에 관한 연구", 법학논고 제41집(2013. 2.), 경북대학교 법학연구원(2013); 김상찬/조두환, "사금융이용자 보호를 위한 이자율 규제방안", 재산법연구 제28권 제4호(2012. 2.), 법문사(2012); 김훈주, "민법 제379조(법정이율)에 대한 법률개정안 검토-일본의 민법개정 논의와 결과를 참조하여", 인권과 정의 제476호, 대한변호사협회(2018); 심활섭, "소멸시효와 법정이율: 2017년 일본 민법 개정 내용을 중심으로", 계약과 책임(하경효 교수 정년기념논문집), 박영사(2017); 유진현, "사전 공제한 선이자가 제한이자율을 초과하지 아니하는 경우 변제기에 갚아야 할 대부원금", 대법원판례해설 제95호(2013상), 법원도서관(2013); 이성진, "약정이율과 법정이율, 그리고 지연손해금", 법학논총 제35집 제1호(2015. 4.), 전남대학교 법학연구소(2015); 이영규, "이자제한법에 의한 고리규제", 재산법연구 제27권 제2호(2010. 10.), 법문사(2011); 이혁, "지연손해금과 법정이자", 판례연구 제27집(2016. 2.), 부산판례연구회(2016); 제철웅, "민법 제397조의 법적 지위에 관한 검토", 한림법학 FORUM 제5권, 한국법학교수회(1996); 최수정, "금전채무 불이행의 특칙에 대한 재검토-손해배상액을 중심으로", 민사재판의 제문제 제19권(2010. 12.), 한국사법행정학회(2010); 최우진, "손해배상금 지급채무에 대한 이자 부가의 의미와 기산 시기", 비교사법 제19권 제2호(통권 제57호), 한국비교사법학회(2012); 최진수, "지연손해금청구", 사법연수원 논문집 제4집(2007. 1.), 사법연수원(2007).

[남성민]

I. 본조의 의의

채무자가 고의 또는 과실로 채무를 불이행하는 경우 채권자에게 손해배상을 하여야 한다(민법 제390조). 통상의 채무불이행의 경우 손해배상책임을 묻기 위해서는 채권자가 채무자의 귀책사유를 주장, 증명하여야 한다. 한편 일반적인 채무불이행에 따른 채무자의 손해배상 범위는 통상손해를 원칙으로 한다(제393조 제1항). 다만 특별손해는 채무자가 특별한 사정을 알았거나 알 수 있었을 때 한하여 배상책임의 대상이 된다(제393조 제2항). 본조는 금전채무 불이행에 따른 손해배상액 산정에 관한 특칙을 정한 데 그 의의가 있다. 즉 금전채무 불이행의 손해배상액은 법정이율 또는 약정이율에 따라 계산하고(본조 제1항), 채권자는 실제 손해발생의 증명을 하지 않아도 되고, 채무자도 귀책사유 없음을 항변하지 못한다(본조 제2항). 금전채무 불이행의 경우 채권자가 손해의 발생과 손해액을 증명할 필요 없이 본조에 따라 산정된 손해배상액을 구할 수 있다. 금전채무를 불이행할 경우 그로 인한 손해 판단이 어렵다. 본조는 금전채무 불이행에 따른 손해 증명을 필요로 하지 않는 대신 그 손해를 지연이자로 한정하고, 불가항력에 따른 채무자 면책을 인정하지 않음으로써 채권자와 채무자 사이의 균형을 꾀하였다.

본조는 임의규정이므로 금전채무 불이행으로 인한 손해배상과 관련하여 당사자가 다른 내용의 합의를 하는 것도 가능하다.

II. 비교법적 검토

각국의 법제도적 배경이나 손해배상제도의 차이로 금전채무 불이행에 대한 규율 방식 역시 다양하다.

1. 독일

독일 민법도 금전채무 지체에 대하여 이자를 지급하도록 하였다. 다만 법정이율과 지연이율을 달리 규정하고 있다. 독일 민법은 금전채무 이행 지체 시 우리처럼 법정이율을 적용하는 것이 아니라 변동금리에 해당하는 기본이율에 일정한

이율을 추가하는 방식의 지연지율을 적용(독일 민법 제288조 제2항, 제4항, 제247조) 하는 게 특색이다. 또한 금전채무 지체에 대하여 지연이율에 따른 이자 외에도 다른 손해를 청구할 여지도 남겨 두었다(독일 민법 제288조 제4항).

독일 민법[1] 제246조 [법정이율(Gesetzlicher Zinssatz)]

법률 또는 법률행위에 의하여 채무에 이자를 지급하여야 하는 경우에는 그 이율은 다른 정함이 없으면 연 4%로 한다.

독일 민법 제247조 [기본이율(Basiszinssatz)]

① 기본이율은 3.62%로 한다. 이는 매년 1월 1일과 7월 1일에, 기본이율의 최종 변경 후에 기준이율이 상승 또는 하락한 %포인트만큼 변경된다. 기준이율은 당해 반년의 최초 역일 전에 유럽중앙은행이 최근접의 기본재할인거래에 대하여 정한 이율로 한다.

② 독일연방은행은 적용되는 기본이율을 제1항 제2문에서 정한 시기가 도래한 후 지체 없이 연방관보에 고시한다.

독일 민법 제288조 [지연이자(Verzugszinsen) 및 그 밖의 지연손해]

① 금전채무에 대하여는 지체 중에 이자를 지급하여야 한다. 지연이자의 이율은 1년에 대하여 기본이율에 5% 포인트를 가한 것으로 한다.

② 소비자가 당사자가 아닌 법률행위의 경우에는 대가채권에 대한 이율은 기본이율에 9% 포인트를 가한 것으로 한다.

③ 채권자는 다른 법률상 원인에 근거하여 보다 높은 이자를 청구할 수 있다.

④ 그 밖의 손해를 주장하는 것은 배제되지 아니한다.

2. 프랑스

프랑스는 2016. 2. 10. 민법 중 계약편 부분을 전면 개정하여 2016. 10. 1.부터 시행하였다. 그중 금전채무 불이행으로 인한 손해에 관한 규정은 제1231조의6과 제1231조의7 두 조항이다. 개정 프랑스 민법 제1231조의6은 개정 전 프랑스 민법[2] 제1153조에서 제1항의 상사거래와 보증에 관한 부분과 채권자의 최고에 관한 부분

[1] 민법 제397조부터 제403조까지에 관한 주석의 입법례 중 독일 민법 해당 조문은 양창수 역, 2018년판 독일민법전 총칙·채권·물권, 박영사(2018)를 참조하였다.

[2] www.legifrance.gouv.fr/Traductions/en-English/Legifrance-translations에서 2016년 개정 전 프랑스 민법 영어번역본을 검색할 수 있다.

인 제2항을 삭제하고 그 밖의 조문 문구를 수정한 것이다. 개정 제1231조의7은 개정 전 제1153조의1과 같다.[3] 금전채무 불이행과 관련한 우리 민법과 비교할 때 채무자의 고의로 지체와 무관하게 손해가 발생한 경우에는 별도의 손해배상을 받을 수 있고(프랑스 민법 제1231조의6 제3항), 금전손해배상을 명하는 판결에서 지연이자는 판결 선고일부터 발생(프랑스 민법 제1231조의7)하는 게 특색이다. 이 경우 채권자는 채무자의 고의와 특별손해 발생을 증명하여야 한다.[4]

프랑스 민법[5] 제1231조의6

① 금전채무의 변제를 지체함으로 인한 손해배상은 지체된 날 이후의 법정이율의 이자에 의한다.

② 제1항의 손해배상은 채권자가 어떠한 손실도 증명할 의무를 지지 않고 발생한다.

③ 채권자는 지체 중인 채무자의 고의에 의하여 지체와 무관하게 손해가 발생한 경우에는 지연손해와 구분되는 손해배상을 받을 수 있다.

프랑스 민법 제1231조의7

① 어떠한 경우에도 손해배상판결은 당사자의 청구 또는 판결에서 특별한 정함이 없는 경우에도 법정이율의 이자를 포함한다. 법률의 반대규정이 있는 경우를 제외하고, 이자는 법관이 달리 정하지 않는 한 판결이 선고된 날부터 발생한다.

② 항소법원의 법관이 손해배상을 명하는 판결을 단순히 인용할 경우 손해배상은 당연히 1심법원의 판결이 있는 날부터 법정이율의 이자를 포함한다. 그 밖의 경우에는 항소법원이 명하는 손해배상은 항소법원의 판결이 있는 날부터 이자를 포함한다. 항소법원의 법관은 여전히 본항의 규정을 따르지 않을 수 있다.

3 남효순, "개정 프랑스민법(채권법)상의 계약불이행의 효과-제1217조~제1223조, 제1231조~제1231-7조", 비교사법 제24권 3호, 한국비교사법학회(2017), 1361.

4 남효순, "개정 프랑스민법(채권법)상의 계약불이행의 효과-제1217조~제1223조, 제1231조~제1231-7조", 비교사법 제24권 3호, 한국비교사법학회(2017), 1362.

5 민법 제397부터 제403조까지에 관한 주석의 입법례 중 2016년 개정 프랑스 민법은 남효순, "개정 프랑스민법(채권법)상의 계약불이행의 효과-제1217조~제1223조, 제1231조~제1231-7조", 비교사법 제24권 제3호, 한국비교사법학회(2017)의 부록을 참조하였다. 2016년 개정 프랑스 민법 개관으로는 Soléne Rowan, "The new French law of contract", International & Comparative Law Quarterly(2017)를 참조(http://eprints.lse.ac.uk/75815에서 검색 가능).

3. 일본

일본은 2017년 6월 민법을 개정하였다. 법정이율을 5%에서 3%로 인하하고, 변동이율제를 채택하였다. 즉 3년을 주기로 법무성령으로 법정이율을 정하도록 하였다. 이로써 적용 당시의 통상 금리를 반영하고, 향후 경제변동 상황에 탄력적으로 대응할 수 있게 되었다. 변동이율제 채택에 따라 금전채무의 특칙에 관한 일본 민법 제419조 제1항을 개정하여 '채무자가 지체의 책임을 진 최초의 시점'을 기준으로 변동이율을 적용하는 내용을 추가하였다. 변제기가 있는 때에는 그 변제기 다음 날이, 기한의 정함이 없는 때에는 이행 청구를 받은 다음 날이 '지체의 책임을 부담한 최초 시점'이 된다. 한편 변동금리제를 도입하면서 상사법정이율을 폐지하였다. 개정 과정에서 손해배상액으로서 법정이율을 이자로서의 법정이율에 일정 비율을 가산하여 더 높게 정해야 한다는 논의도 있었으나 채택되지 않고, 개정 전 일본 민법과 마찬가지로 손해금리로서의 법정이율을 이자로서의 법정이율과 같게 하였다.[6]

일본 민법 제419조(금전채무의 특칙)

① 금전 급부를 목적으로 하는 채무불이행에 관하여는 그 손해배상액은 채무자가 지체 책임을 진 최초 시점의 법정이율에 따라 정한다. 다만 약정이율이 법정이율을 초과할 때에는 약정이율에 따른다.

② 전항의 손해배상에 관하여는 채권자는 손해의 증명을 요하지 아니한다.

③ 제1항의 손해배상에 관하여는 채무자는 불가항력을 가지고 항변할 수 없다.

4. 국제규범

유럽계약법위원회(Commission on European Contract Law: CECL)는 유럽연합 내 경제관계를 규율하기 위한 통일법 제정 노력의 일환으로 1998. 11. 유럽계약법원칙(Principles of European Contract Law: PECL) 제1부 및 제2부를, 2002년 제3부를 확정, 발표하였다. 유럽계약법원칙은 유럽계약법의 통일화를 모색하기 위한 차원의 입법표준모델일 뿐 EU 회원국에 대한 법률적 구속력은 없다. 유럽계약법원칙 제9:508조는 금전지급 지연배상에 관하여 규정하고 있다. 우리 민법과 비교해 볼 때 시중 은행의 변동금리에 따른 지연이자 지급과 지연이자 외의 손해배상도

6 심활섭, "소멸시효와 법정이율: 2017년 일본 민법 개정 내용을 중심으로", 계약과 책임(하경효 교수 정년기념논문집), 박영사(2017), 108.

할 수 있다는 게 특색이다.

유럽계약법원칙[7] 제9:508조 (금전지급의 지연)

① 금전 지급이 지연된 경우에 불이행의 상대방은 그 금액에 더하여 이행기부터 지급 시까지 지급지에서 계약상 지급통화에 대하여 적용되는 일반은행(commercial bank)의 평균단기대출 최우대금리에 따른 이자를 청구할 수 있다.

② 불이행의 상대방은 그 밖에도 이 절의 규정에 따라 배상받을 수 있는 한도에서 그 밖의 손해에 대한 배상을 청구할 수 있다.

Ⅲ. 금전채무 불이행 책임의 발생 요건

1. 금전채무 변제기 도래

가. 확정기한이 있는 경우

금전채무이행에 확정기한이 있는 경우에는 그 확정기한에 변제기가 도래한다. 민법 제387조 제1항 본문은 '기한이 도래한 때'부터 지체책임이 있다고 규정하고 있다. 지체책임이 생기는 '기한이 도래한 때'에 관하여 판례는 기한이 도래한 다음 날로 보고 있다.[8] 확정기한이 있는 금전채무의 지체책임은 확정기한 다음 날부터 지체책임이 생긴다.

다만 상품권과 같은 지시채권의 경우에는 지체책임을 묻기 위해서는 증서에 변제기한이 있더라도 그 기한 도래와 함께 소지인이 증서를 제시하여 이행을 청구해야 한다(민법 제517조).

나. 확정기한이 없는 경우

1) 일반론

금전채무이행에 기한이 있더라도 불확정적인 경우에는 불확정한 사실 발생으로 기한이 도래한다. 도급계약 당사자들이 '수급인이 공급한 목적물을 도급인이 검사하여 합격하면, 도급인은 수급인에게 보수를 지급한다.'고 정한 경우 이는 도급인의 보수지급의무와 동시이행관계에 있는 수급인의 목적물 인도의무를 확인한

7 www.jus.uio.no/lm/eu.contract.principles.parts.1.to.3.2002에서 전문을 검색할 수 있다. 번역은 올란도·휴빌 편/김재형 역, 유럽계약법원칙 제1·2부, 박영사(2013)를 참조하였다.

8 대법원 1988. 11. 8. 선고 88다3253 판결(공1988, 1532).

것에 불과하고, '검사 합격'은 보수지급시기에 관한 불확정기한이다. 따라서 수급인이 도급계약에서 정한 일을 완성한 다음 검사에 합격한 때 또는 검사 합격이 불가능한 것으로 확정된 때 보수지급청구권의 기한이 도래한다.[9]

불확정기한이 도래한 금전채무의 경우에 채무자가 그 기한 도래를 안 때부터 지체책임이 생긴다(민법 제387조 제1항 후문). 따라서 금전채무이행에 불확정기한이 있는 경우에 기한의 도래와 지체책임 발생 시기에는 간격이 생길 수 있다. 통상은 불확정기한의 도래로 금전채권자가 채무자에게 이행청구를 함으로써 채무자가 기한의 도래 사실을 알게 될 것이다. 이 경우 금전채무자는 이행청구를 통해 불확정기한 도래 사실을 안 다음 날부터 법정이율 또는 약정이율에 따라 금전채무 불이행으로 인한 손해배상책임을 지게 된다[☞ 그 밖에 불확정기한에 대한 상세 내용은 주석 민법, 민법총칙(3)(제5판) 제5절 조건과 기한 [총설] 및 제152조에 관한 주석 참조].

한편 금전채무이행에 기한 자체가 없는 경우에는 채무자는 이행청구를 받은 때부터 지체책임이 있다(민법 제387조 제2항). 구체적으로는 기한이 없는 경우 금전채권자는 언제든지 이행청구를 할 수 있고, 금전채무자는 그 이행청구를 받은 다음 날부터 금전채무 불이행에 따른 손해배상책임을 지게 된다.

이하에서는 유형별 금전채무에 따라 변제기 도래를 살핀다.

2) 부당이득반환채무

가) 지연배상금 성격의 법정이자 가산

부당이득반환채무는 원칙적으로 기한의 정함이 없는 채무이다. 따라서 이행청구를 받은 날 변제기가 도래한다고 보아야 하므로 수익자는 그다음 날부터 지연손해금을 배상할 책임이 있다.[10]

나) 부당이득반환 성격의 법정이자 가산

악의의 수익자는 그 받은 이익에 이자를 붙여 반환하고 손해가 있으면 이를 배상하여야 한다(민법 제748조 제2항). 여기에서 '이자'는 부당이득반환의 성격을 갖는 것으로 지연배상금이 아니다. 따라서 악의의 수익자가 받은 이익을 반환할 채

9 대법원 2006. 10. 13. 선고 2004다21862 판결(공2006, 1900), 대법원 2019. 9. 10. 선고 2017다272486, 272493 판결(공2019하, 1962).

10 대법원 1995. 11. 21. 선고 94다45753, 45760 판결(공1996, 40), 대법원 2004. 2. 13. 선고 2003다33431 판결(미간행), 대법원 2009. 9. 10. 선고 2009다11808 판결(공2009하, 1627), 대법원 2018. 7. 19. 선고 2017다242409 전원합의체 판결(공2018하, 1693).

무의 이행기가 도래하지 않더라도 제748조 제2항의 이자를 붙여야 한다.

악의의 수익자는 법률상 원인 없음을 알면서 이익을 받은 사람을 말한다. '악의'는 자신의 이익 보유가 법률상 원인 없는 것을 인식하는 것을 말하고, 그 이익의 보유를 법률상 원인이 없는 것이 되도록 하는 사정, 즉 부당이득반환의무의 발생요건에 해당하는 사실이 있음을 인식하는 것만으로는 부족하다.[11]

한편 선의의 수익자라도 패소한 때에는 민법 제749조 제2항에 따라 그 소를 제기한 때부터 악의의 수익자로 의제된다. '악의'는 법률상 원인이 없었다는 점에 대한 인식을 말하는 것이므로 제749조 제2항의 '소를 제기한 때'란 단순히 소장 접수일이 아닌 부당이득반환을 구하는 취지가 담긴 소장 부본이 송달된 때를 말한다.[12] 소장에서는 부당이득금의 일부만 청구하면서 그 후 청구취지변경을 통해 청구금액을 확장한 경우는 어떠한가. 판례는 부당이득의 반환을 청구하는 청구원인이 동일한 이상 소제기 이후에 청구금액을 확장한 경우에도 최초 소장 부본이 송달된 때를 악의의 수익자 의제시기로 본다.[13]

다) 지연배상금 성격의 법정이자와 부당이득반환 성격의 법정이자의 관계

부당이득반환채무 지체에 따른 법정이자율로 계산한 지연손해금 청구와 악의 수익자에 대한 부당이득반환의 성격을 갖는 법정이자 청구는 경합 관계에 있다.[14] 선의의 수익자를 상대로 부당이득반환을 재판상 청구하는 경우를 상정해 보자. 지연배상금을 구한다면 소장 부본 송달일 다음 날이 지연배상금의 기산일이 된다. 반면 민법 제748조 제2항을 근거로 법정이자를 구한다면 악의의 수익자로 의제되는 소장 부본 송달일부터 법정이자가 붙게 된다. 이처럼 지연배상금 성격의 법정이자를 구하는지, 부당이득반환의 법정이자를 구하는지에 따라 하루 정도의 법정이자 가산 기간에 차이가 발생한다. 그렇지만 양자는 경합 관계에 있으므로 소장 부본 송달일 당일에는 민법 제748조 제2항에 따른 법정이자를 구하는 한편, 소장 부본 송달일 다음 날부터는 지연손해금 성격의 법정이자를 구하여 하루 간극을 해소할 수 있다. 실무상으로는 수익자가 이득을 현실로 받은 날부터 법정이자를 청구하거나 소장 부본 송달일 다음 날부터 지연손해금을 구하여 큰 문제는

11 대법원 2019. 10. 25. 선고 2016다42800, 42817, 42824, 42831 판결(공2018하, 2227).

12 대법원 2014. 1. 24. 선고 2012다84233 판결(미간행), 대법원 2015. 12. 23. 선고 2014다209692 판결(미간행), 대법원 2016. 8. 18. 선고 2016다4181 판결(미간행).

13 대법원 2016. 8. 18. 선고 2016다4181 판결(미간행).

14 같은 뜻 최진수, "지연손해금청구", 사법연수원 논문집 제4집(2007. 1.), 사법연수원(2007), 11.

되고 있지 않다.

3) 손해배상채무

가) 채무불이행에 따른 손해배상채무

채무불이행에 따른 손해배상채무는 원칙적으로 기한의 정함이 없는 채무이다.[15] 따라서 손해배상채무자가 이행청구를 받은 날 기한이 도래한다. 채무불이행으로 인한 손해배상책임이 손해 발생과 동시에 이행기에 있다고 판시한 2005년 판례도 있다.[16] 그러나 2017년 판례는 채무불이행으로 인한 손해배상청구권이 현실적으로 손해가 발생한 때 성립한다고 하면서도 그 채무는 이행기한의 정함이 없는 채무라고 명시적으로 판시하였다.[17] 감정협약상 의무 불이행에 따른 손해배상채무,[18] 하자보수 의무 불이행에 따른 손해배상채무[19]는 기한의 정함이 없는 채무로 채권자의 이행청구로 이행기가 도래한다. 민법 제576조에서 정한 매도인의 담보책임에 근거한 손해배상채무도 마찬가지이다.[20] 이처럼 판례의 큰 흐름은 채무불이행에 따른 손해배상채무는 기한의 정함이 없는 채무로 본다.

일본 판례상 사용자의 고용계약상 안전보증의무 위반에 따른 채무불이행 손해배상채무도 기한의 정함이 없는 채무이다.[21]

나) 불법행위에 따른 손해배상채무

(1) 원칙적으로 불법행위 성립일

불법행위로 인한 손해배상채무의 지연손해금 기산일은 원칙적으로 불법행위 성립일이다.[22] 판례는 불법행위 손해배상채무의 경우 이행 최고 없이 공평의 관

15 같은 뜻 김기현, "지연손해금에 관한 재판실무상 쟁점", 재판과 판례 제24집(2015. 12.), 대구판례연구회(2015), 140; 최우진, "손해배상금 지급채무에 대한 이자 부가의 의미와 기산 시기", 비교사법 제19권 제2호(통권 제57호), 한국비교사법학회(2012), 370; 최진수, "지연손해금청구", 사법연수원 논문집 제4집(2007. 1.), 사법연수원(2007), 19.

16 대법원 2005. 10. 7. 선고 2003다44387, 44394 판결(미간행). 이 판시에 대하여 반대 견해로는 최진수, "지연손해금청구", 사법연수원 논문집 제4집(2007. 1.), 사법연수원(2007), 19, 각주 43).

17 대법원 2017. 5. 31. 선고 2015다22496 판결(미간행).

18 대법원 1979. 6. 26. 선고 76다1205 판결(미간행).

19 대법원 2008. 6. 19. 선고 2005다37154 전원합의체 판결(공2008하, 1028), 대법원 2009. 2. 26. 선고 2007다83908 판결(공2009상, 407), 대법원 2009. 5. 28. 선고 2009다9539 판결(미간행).

20 대법원 2015. 4. 23. 선고 2013다92873 판결(미간행).

21 日最判 1980. 12. 18. (民集 34-7, 888)(第一法規法律情報総合データベース D1-law 判例ID: 27000158).

22 대법원 1993. 3. 9. 선고 92다48413 판결(공1993, 1154), 대법원 1994. 11. 25. 선고 94다30065 판결(공1995, 92), 대법원 2018. 10. 4. 선고 2016다41869 판결(공2018하, 2311), 대법원 2020. 1. 30. 선고 2018다204787 판결(공2020상, 526).

념에서 곧바로 지체책임 발생을 인정하고 있다. 즉 불법행위가 없었더라면 피해자가 그 손해를 입은 법익을 온전히 향유할 수 있었다는 점에서 불법행위로 인한 손해배상채무에 대하여는 원칙적으로 별도의 이행 최고가 없더라도 공평의 관념에 비추어 그 성립과 동시에 불법행위일부터 지연손해금이 발생한다는 것이다.[23]

(2) 예외

손해배상채무의 지연손해금 기산일이 불법행위 성립일 이후에 정해지는 것은 다음과 같다.

(가) 불법행위일과 손해발생 시점에 차이가 있는 경우: 손해발생일

불법행위 성립과 동시에 결과가 발생하는 게 일반적이므로 불법행위 성립일에 손해가 발생한다고 보아 그때부터 지연손해금이 발생한다. 그런데 금융기관이 투자자 보호의무를 위반하여 펀드 수익증권 판매를 함으로써 불법행위가 성립하더라도 투자자는 약정 기간 등 상당한 기간이 지나 그 수익증권을 환매할 때 손해가 현실화된다. 불법행위 성립일과 손해발생 시점 사이에 시간적 간격이 있는 경우에까지 불법행위 성립일부터 지연손해금이 생긴다면 손해가 생기지 않은 상태에서 지연손해금이 붙게 되어 지연손해금의 본질에 반할뿐더러 불법행위 손해배상책임의 원리인 공평의 관념에도 반하게 된다. 이처럼 불법행위 성립일과 손해발생 시점 사이에 시간적 간격이 있는 경우에는 손해발생 시점이 지연손해금 기산일이 된다.[24]

실제 손해발생 시점을 불법행위 손해배상채무의 지연손해금 기산일로 보는 경우 '손해발생 시점'은 관념적이고 부동적인 상태에서 잠재적으로만 존재하고 있는 손해가 그 후 현실화되었다고 볼 수 있는 때, 즉 손해의 결과 발생이 현실적인 것이 되었다고 할 수 있는 때를 말한다.[25] 현실적으로 손해가 발생하였는지 여부는 사회통념에 비추어 객관적이고, 합리적으로 판단하여야 한다.[26] 이 경우 소멸시효 기산점도 손해가 객관적, 구체적으로 발생한 때이다.[27] 그 발생 시기에 관한 증명책임은 소멸시효의 이익을 주장하는 자에게 있다.[28]

23 대법원 2011. 1. 27. 선고 2010다6680 판결(미간행).

24 대법원 2011. 7. 28. 선고 2010다76368 판결(공2011하, 1757), 대법원 2016. 9. 30. 선고 2015다19117 판결(공2016하, 1601), 대법원 2018. 9. 28. 선고 2015다69853 판결(공2018하, 2043).

25 대법원 2012. 8. 30. 선고 2010다54566 판결(공2012하, 1590).

26 대법원 2018. 6. 15. 선고 2016다212272 판결(공2018하, 1250).

27 대법원 2007. 11. 16. 선고 2005다55312 판결(공2007하, 1922).

28 대법원 2013. 7. 12. 선고 2006다17539 판결(공2013하, 1454).

(나) 불법행위일과 변론종결일 사이에 장기간의 세월이 흐른 경우: 사실심 변론종결일

일반적으로 불법행위에 따른 손해배상채무에 대한 장기 소멸시효 10년이 지나 소멸시효가 완성됐음에도 소멸시효 주장이 권리남용 또는 신의칙에 반하여 배척되는 경우가 있다. 또한 불법행위에 따른 손해배상채무에 대한 장기 소멸시효 10년 이상이 지나도록 손해배상채권의 행사에 객관적 장애 사유가 있어 오랜 시간이 지난 후에 손해배상채권이 행사되는 경우가 있다. 실무상 주로 '과거사' 사건에서 문제된다.

불법행위에 따른 손해배상채무 하나인 위자료 채무 산정에는 사실심 변론종결 당시까지 발생한 일체의 사정을 참작하여야 한다. 그런데 불법행위일과 사실심 변론종결일 사이에 오랜 세월이 흘러 위자료를 산정할 때 반드시 참작해야 할 변론종결 무렵의 통화가치 또는 국민소득수준 등에 불법행위일과 비교하여 상당한 변동이 생긴 경우 변론종결 무렵의 통화가치 또는 국민소득수준 등을 고려하여 위자료 액수를 산정하면서 그에 대한 지연손해금 기산일을 불법행위일로 정한다면 과잉배상의 문제가 생긴다. 이와 같은 예외적 사안에서는 사실심 변론종결일이 지연손해금 기산일이 된다.[29] 사실심 변론종결일에는 1심과 항소심 변론종결일이 모두 포함된다. 실무상 1심판결로 인용된 위자료가 피해자 측에서 항소하여 항소심판결로 증액되는 경우가 있다. 이 경우에는 1심 인용액에 대하여는 1심 변론종결일부터, 항소심 추가 인용액에 대하여는 항소심 변론종결일부터 지연손해금을 가산하면 된다.

불법행위일과 변론종결일 사이에 오랜 시간이 흘러 불법행위 당시를 기준으로 즉시 지급함이 적절하다고 보이는 액수의 위자료에 대한 배상이 장기간 지연된 사정을 참작하여 변론종결시의 위자료 원금을 적절히 증액 산정할 수 있다.[30]

다) 이행불능에 따른 손해배상채무

목적물에 대한 인도의무가 이행기에 이르러 이행지체에 빠진 상태에서 목적물의 전부 또는 일부 멸실 등의 사유로 인도의무가 이행불능 되어 생기는 손해배

29 대법원 2011. 1. 27. 선고 2010다6680 판결(미간행), 대법원 2011. 7. 21. 선고 2011재다199 전원합의체 판결(공2011하, 1709).

30 대법원 2012. 3. 29. 선고 2011다38325 판결(공2012상, 657), 대법원 2014. 1. 16. 선고 2013다205341 판결(미간행).

상채무는 별도의 최고 없이 이행불능 시부터 법정이자 상당의 지연손해금을 청구할 수 있다.[31] 소유권이전등기의무가 이행불능 된 경우도 마찬가지이다.[32]

라) 금전채무의 확정된 지연손해금채무

금전채무의 지연손해금채무는 금전채무의 이행지체로 인한 손해배상채무로서 이행기의 정함이 없는 채무에 해당한다.[33] 따라서 확정된 지연손해금채무에 대하여 채권자로부터 이행청구를 받은 때 이행기가 도래한다.

4) 확정된 소송비용액 상환의무

소송비용액확정결정에 따른 소송비용액 상환의무는 소송비용액확정결정이 확정됨으로써 비로소 이행기가 도래한다. 채무자가 그 이행기가 도래하였음을 안 때부터 지체책임을 진다.[34]

2. 금전채무 불이행

금전채무 이행기가 도래하였음에도 채무자가 그 이행을 하지 않을 것을 요한다. 금전채무 중 일부만 이행한 경우에는 미지급 부분에 대하여만 금전채무 불이행으로 인한 손해배상책임이 생긴다.

3. 금전채무자의 귀책사유 불문

이행기가 도래한 금전채무를 채무자가 불이행한 이상 그 자체로 채무자는 금전채무 불이행에 따른 법정이율 또는 약정이율로 계산한 지연손해금으로 손해배상할 책임이 생긴다. 다만 채무자가 금전채무를 이행하려 하였으나 채권자의 수령지체로 결과적으로 채무자가 금전채무를 이행할 수 없게 된 경우에는 민법 제400조, 제401조에 따라 채무자는 금전채무 불이행으로 인한 책임을 지지 않는다.

Ⅳ. 금전채무 불이행의 효과

1. 법정이율에 의한 손해배상

가. 본조 제1항 본문의 취지

31 대법원 2012. 9. 27. 선고 2011다79807 판결(미간행).
32 대법원 1975. 5. 27. 선고 74다1872 판결(공1975, 8542).
33 대법원 2004. 7. 9. 선고 2004다11582 판결(공2004, 1328), 대법원 2010. 12. 9. 선고 2009다59237 판결(공2011상, 97).
34 대법원 2008. 7. 10. 선고 2008다10051 판결(미간행).

금전의 범용성으로 인하여 그 이용 상태는 무궁무진하다. 금전채무 불이행으로 인한 이용가능성 박탈이라는 손해가 채권자에게 발생하리라는 것은 쉽사리 추인된다. 반면 채무불이행에 따른 일반원칙에 따를 경우 그 구체적인 배상액 산정은 매우 다양하여 균형을 잃을 수 있다. 따라서 금전채무 불이행으로 인한 손해배상문제를 균일하게 처리하기 위하여 추상적 손해로서 법정이율로 산정한 액을 기준으로 하는 데 본조 제1항의 취지가 있다.[35]

나. 민사법정이율(연 5%) 적용

1) 일반론

우리나라의 법정이율은 1958년 민법 제정 이후 연 5%(민법 제379조)를 유지하고 있다. 민법 제정 당시와 비교할 때 우리 경제 규모가 비약적으로 커졌다. 더구나 민법 제정 당시의 연 5%는 저이율이었으나 현재 시중 금리가 저금리인 경제사정을 고려하면 민사법정이율의 적정성이 문제될 수 있다.

비교법적으로 검토하더라도 독일은 금전채무 지체에 대한 손해배상액 산정 시 변동금리제를 적용하고 있다. 일본도 2017년 민법 개정을 통해 법정이율을 하향 조정함과 아울러 3년을 주기로 법무성령으로 법정이율을 조정할 수 있는 변동금리제를 도입하였다. 우리 학계에서도 법정이율의 하향 조정, 변동금리제도의 도입, 변동이율의 기준과 폭, 변동주기 등을 중심으로 개정 논의가 있었다. 2014년 2월 활동을 종료한 민법개정위원회는 법정이율을 "경제사정의 변동을 반영하여 대통령령으로 정한다."는 개정시안을 확정하기도 하였다.[36] 법정이율을 3%로 낮추고 3년마다 대통령령으로 정한 기준에 따라 법정이율을 변동하도록 하거나 한국은행 기준금리에 1.75%를 더하는 내용의 민법 개정안[37]이 제출되기도 하였다.

2) 실무상 민사법정이율 적용이 문제되는 사례

상인의 행위로 발생한 금전지급채무의 지연손해금에 대한 법정이율 적용에서 주로 문제된다. 상인의 행위로 발생한 것이라서 상사법정이율을 적용해야 할 것 같지만 민사법정이율이 적용되는 게 있다. 상인의 행위로 발생한 금전 지급 관련

35 대법원 2009. 12. 24. 선고 2009다85342 판결(공2010상, 247).

36 민사법정이율 개정과 관련한 논의의 상세 내용은 김훈주, "민법 제379조(법정이율)에 대한 법률개정안 검토-일본의 민법개정 논의와 결과를 참조하여", 인권과 정의 제476호, 대한변호사협회(2018), 34-38 참조.

37 의안번호 2008098, 2011033.

채무이지만 상사법정이율이 아닌 민사법정이율이 적용된 주요 사례를 판례를 중심으로 살핀다.

가) 가집행선고 실효에 따른 원상회복의 지연손해금

상사채무 지체에 따른 지연손해금으로 상사법정이율을 적용한 가집행선고 판결에 따른 가지급금의 반환을 구하는 경우 그 가지급물 반환의 지연에 대하여도 상사법정이율이 적용되는지가 문제된다. 가집행선고의 실효에 따른 원상회복의무는 상행위로 인한 채무 또는 그에 준하는 채무라고 할 수는 없으므로 그 지연손해금에 대하여는 민법 소정의 법정이율에 따라야 한다.[38]

나) 사해행위취소로 인한 가액배상금

상인인 채무자의 재산처분에 대한 사해행위취소로 인한 가액배상금에는 판결확정일 다음 날부터 완제일까지 민사법정이율 연 5%의 비율에 의한 지연손해금 지급만 인정된다.[39]

다) 상인의 불법행위로 인한 손해배상채무의 지연손해금

상인의 상사계약상 채무불이행에 따른 손해배상채무의 지연손해금에 대하여는 상사법정이율이 적용된다. 그러나 상인의 행위라도 상행위가 아닌 불법행위로 인한 손해배상채무에는 민사법정이율이 적용된다.[40] 상인인 신탁회사가 신탁계약 체결을 권유하면서 합리적인 투자판단을 할 수 있도록 고객을 보호하여야 할 주의의무를 위반함으로써 고객이 본래 체결하지 않았을 신탁계약을 체결하게 된 경우, 신탁회사는 그 신탁계약 체결로 고객이 입게 된 손해에 관하여 불법행위로 인한 손해배상책임을 지고, 다른 특별한 사정이 없는 한 계약상의 채무불이행에 의한 손해배상책임을 지지는 않는다. 따라서 그 손해배상원금에 대하여는 민사법정이율이 적용된다.[41]

라) 상법 제724조 제2항에 따라 피해자에게 인정되는 직접청구권의 지연손해금

상법 제724조 제2항 본문은 "제3자는 피보험자가 책임을 질 사고로 입은 손

38 대법원 2004. 2. 27. 선고 2003다52944 판결(공2004, 549).

39 대법원 2002. 3. 26. 선고 2001다72968 판결(미간행), 대법원 2002. 6. 14. 선고 2000다3583 판결(미간행), 대법원 2009. 1. 15. 선고 2007다61618 판결(미간행).

40 대법원 1985. 5. 28. 선고 84다카966 판결(공1985, 900), 대법원 2004. 3. 26. 선고 2003다34045 판결(공2004, 712), 대법원 2018. 2. 28. 선고 2013다26425 판결(공2018상, 627).

41 대법원 2018. 2. 28. 선고 2013다26425 판결(공2018상, 627).

해에 대하여 보험금액의 한도 내에서 보험자에게 직접 보상을 청구할 수 있다."고 규정한다. 이에 따라 피해자에게 인정되는 직접청구권의 법적 성질은 보험자가 피보험자의 피해자에 대한 손해배상채무를 병존적으로 인수한 것으로서 피해자가 보험사에 대하여 가지는 손해배상청구권이고, 피보험자의 보험사에 대한 보험금 청구권의 변형 내지는 이에 준하는 권리가 아니다.[42] 따라서 이에 대한 지연손해금은 연 6%의 상사법정이율이 아닌 연 5%의 민사법정이율이 적용된다.[43]

마) 예금보험공사의 보험금 지급 지체에 따른 지연손해금

예금자보호법에 따르면 금융기관의 파산 시 예금자보호제도에 따라 예금보험공사가 공고된 보험금 지급기간 내에 보험금을 지급하여야 한다. 예금보험공사의 보험금지급채무는 상행위로 인한 것이라고 볼 수 없으므로, 그 지연손해금은 연 5%의 민사법정비율이 적용된다.[44]

바) 재판상 화해나 화해권고결정에 따른 지연손해금

재판상 화해는 창설적 효력을 가진다. 따라서 상사채무와 관련한 재판상 화해나 이와 같은 효력을 가지는 결정에 지연손해금률을 정하지 않은 상태에서 금전채무가 불이행될 경우 그 지연손해금에 대하여는 민사법정이율이 적용된다.[45]

사) 파산채권자에 대한 배당금 지급채무 지연으로 인한 지연손해금

파산채권자의 배당금 지급청구권에는 다양한 종류의 파산채권 원본과 그에 대한 파산선고 전일까지의 이자 및 지연손해금을 합산한 채권이 모두 반영되어 있어, 원래 채권의 성격이 반드시 그대로 유지된다고 보기는 어렵다. 배당절차는 금전화 및 현재화를 거친 파산채권 원금 및 파산선고 이전까지의 지연손해금에 대하여 배당재원의 범위 내에서 각 채권의 비율에 따라 분배하는 절차이다. 한편 파산절차에서 배당률을 정하여 통지함으로써 발생한 구체적 배당금 지급채무의 이행은 파산재단을 대표한 파산관재인의 의무이지 파산을 선고받은 채무자의 의무는 아니다. 따라서 배당금 지급채무는 파산채무의 원래 속성이나 파산을 선고받은 채무자가 상인인지 여부와는 무관하게 민사채무이고, 그 지연으로 인한 지연손해금에 적용될

42 대법원 1994. 5. 27. 선고 94다6819 판결(공1994, 1824), 대법원 2017. 5. 18. 선고 2012다86895, 86901 전원합의체 판결(공2017상, 1268), 대법원 2019. 1. 17. 선고 2018다245702 판결(공2019상, 466), 대법원 2019. 4. 11. 선고 2018다300708 판결(공2019상, 1072).

43 대법원 2019. 5. 30. 선고 2016다205243 판결(공2019하, 1282).

44 대법원 2004. 11. 11. 선고 2004다40108 판결(미간행).

45 대법원 1986. 9. 9. 선고 84다464, 1951 판결(공1986, 1367).

법정이율도 원래 파산채무의 속성이나 약정이율 혹은 집행권원에서 정한 지연이율에 영향을 받지 아니하고 민사법정이율인 연 5%가 적용된다.[46]

아) 형사보상금에 대한 지연손해금

국가가 확정된 형사보상금의 지급을 지체하는 경우 지연손해금을 가산하여 지급하여야 하는지에 관해서는 명문의 규정이 없다. 그러나 형사보상금지급청구권은 국가에 대한 일반 금전채권과 유사하므로, 민법의 이행지체 규정, 그중에서도 본조의 금전채무 불이행에 대한 특칙이 그대로 적용된다. 또한 형사보상금 지급청구권은 형사보상법이나 보상결정에서 이행의 기한을 정하지 않고 있으므로, 국가는 미지급 형사보상금에 대하여 지급 청구일 다음 날부터 민사법정이율로 계산한 지연손해금을 가산하여 지급하여야 한다.[47]

다. 상사법정이율(연 6%) 적용

1) 일반론

상법 제54조는 '상사법정이율'이라는 제목으로 "상행위로 인한 채무의 법정이율은 연 6푼으로 한다."고 규정한다. 판례는 상법 제54조의 상사법정이율이 적용되는 '상행위로 인한 채무'에는 상행위로 인하여 직접 생긴 채무뿐만 아니라 그와 동일성이 있는 채무 또는 그 변형으로 인정되는 채무도 포함한다고 본다.[48] 또한 당사자 쌍방에 대하여 모두 상행위가 되는 행위로 인한 채무뿐만 아니라 당사자 일방에 대하여만 상행위에 해당하는 행위로 인한 채무도 포함된다.[49]

일본은 2017년 민법 개정 시에 변동금리제를 도입하면서 상사법정이율을 폐지하였다.

2) 실무상 상사법정이율 적용이 문제된 사례

가) 상사채무 불이행을 원인으로 한 손해배상의 지연손해금

상인이 영업으로 하는 운송계약은 상행위에 해당한다. 따라서 운송계약상의 채무불이행을 원인으로 한 손해배상의 지연손해금은 민사법정이율이 아닌 상법 제54조가 정한 연 6%의 상사법정이율을 적용한다. 상사채무 불이행을 원인으로

46 대법원 2005. 8. 19. 선고 2003다22042 판결(공2005, 1486), 대법원 2005. 9. 15. 선고 2005다22886 판결(미간행).

47 대법원 2017. 5. 30. 선고 2015다223411 판결(공2017하, 1360).

48 대법원 2014. 11. 27. 선고 2012다14562 판결(공2015상, 3).

49 대법원 2016. 6. 10. 선고 2014다200763, 200770 판결(공2016하, 929).

한 손해배상청구권을 대위 행사하는 경우도 마찬가지이다.[50] 다만 상인의 손해배상채무라 하더라도 그 발생 원인이 채무불이행이 아닌 불법행위인 경우에는 민사법정이율이 적용됨은 앞서 본 바와 같다.

나) 한국전력공사이 전기공급계약에 근거한 위약금 지급 채무

한국전력공사가 전기수용가와 전기공급계약을 체결하면서 계약종별 외의 용도로 전기를 사용하면 그로 인한 전기요금 면탈금액의 2배에 해당하는 위약금을 부과한다고 약정하였다. 전기공급주체가 공법인인 경우에도 법령에 다른 규정이 없는 한 상법을 적용한다(상법 제2조). 영업으로 하는 전기의 공급에 관한 행위는 상법상 기본적 상행위에 해당하고, 전기공급계약에 근거한 위약금 지급채무 역시 상행위로 인한 채권에 해당한다.[51]

라. 그 밖에 특별법이 정한 법정이율

1) 근로기준법이 정한 이율(연 20%)

근로기준법 제37조 제1항은 사용자가 임금 및 근로자퇴직급여 보장법 제2조 제5호에 따른 급여(일시금만 해당된다)의 전부 또는 일부를 그 지급 사유가 발생한 날부터 14일 이내에 지급하지 아니하는 경우 그다음 날부터 지급하는 날까지 연 100분의 40 이내의 범위에서 대통령령으로 정하는 이율에 따른 지연이자를 지급하도록 규정한다. 근로기준법 시행령 제17조는 미지급 임금에 대한 지연이자의 이율을 연 20%로 정하였다. 다만 근로기준법 제37조 제2항, 같은 법 시행령 제18조는 ①천재·사변, ②임금채권보장법 제7조 제1항 각 호[제1호 채무자 회생 및 파산에 관한 법률에 따른 회생절차개시의 결정이 있는 경우, 제2호 채무자 회생 및 파산에 관한 법률에 따른 파산선고의 결정이 있는 경우, 제3호 고용노동부장관이 대통령령으로 정한 요건과 절차에 따라 미지급 임금 등을 지급할 능력이 없다고 인정하는 경우, 제4호 사업주가 근로자에게 미지급 임금 등을 지급하라는 다음 각 목의 어느 하나에 해당하는 판결, 명령, 조정 또는 결정 등이 있는 경우(가목 민사집행법 제24조에 따른 확정된 종국판결, 나목 민사집행법 제56조 제3호에 따른 확정된 지급명령, 다목 민사집행법 제56조 제5호에 따른 소송상 화해, 청구의 인낙 등 확정판결과 같은 효력을 가지는 것, 라목 민사조정법 제28조에 따라 성립된 조정, 마목 민사조정법 제30조에 따른 확정된 조정을 갈음하는 결정, 바목 소액사건심판법 제5조의7 제1항에 따른 확정된 이행권고결정)]의 어느 하나에 해당하는

50 대법원 2014. 11. 27. 선고 2012다14562 판결(공2015상, 3).
51 대법원 2013. 4. 11. 선고 2011다112032 판결(공2013상, 845).

경우, ③채무자 회생 및 파산에 관한 법률, 국가재정법, 지방자치법 등 법령상 제약에 따라 임금 및 퇴직금을 지급할 자금을 확보하기 어려운 경우, ④지급이 지연되고 있는 임금 및 퇴직금의 전부 또는 일부의 존부를 법원이나 노동위원회에서 다투는 것이 적절하다고 인정되는 경우, ⑤그 밖에 ②~④에 준하는 사유가 있는 경우에는 그 사유가 존속하는 기간에 대하여는 위와 같은 이율에 따른 지연이자를 지급하지 않아도 되도록 규정한다.

근로기준법 법정이율이 적용되지 않는 경우에도 지연손해금이 면제되는 것은 아니다. 이 경우 고용 주체가 상인인 경우에는 상사법정이율을, 상인이 아닌 경우에는 민사법정이율을 적용하면 된다. 판례도 근로기준법 법정이율을 적용하지 못할 사유가 있는 임금 미지급 기간에 대하여 사용자가 사회복지법인인 경우에는 민사법정이율을 적용하고,[52] 상인인 경우에는 임금 및 퇴직금의 미지급은 상행위로 인한 것이므로 상사법정이율을 적용한다.[53] 즉 법원에서 그 지급 범위를 다투는 것이 적절하다고 인정되어 근로기준법령상 연 20%가 적용되지 않더라도 상인인 주식회사가 체결한 근로계약은 보조적 상행위에 해당하므로 미지급 급여에 대하여는 상법에서 정한 연 6%가 적용된다.[54]

2) 대규모유통업자가 납품업자에게 지급할 상품판매대금 지연이자(연 18%)

대규모유통업자는 특약매입거래(반품조건부 거래)로 납품받은 상품을 판매하거나, 매장 임차인의 상품판매대금을 받아 관리하는 경우, 납품업자로부터 위탁받은 상품을 판매하고 그 판매대금을 관리하는 경우 그 대금을 월 판매마감일부터 40일 이내에 지급하여야 하고, 그 초과 기간에 대하여는 연 40% 이내에서 공정거래위원회가 정하여 고시하는 이율에 따른 이자를 지급하여야 한다(대규모유통업에서의 거래 공정화에 관한 법률 제8조 제1항, 제2항). 공정거래위원회는 2015. 3. 6.부터 대규모 유통업자의 위와 같은 상품판매대금 지연이자로 주요 시중은행 최고 연체이자율 등을 반영하여 종전 연 20%를 연 18%로 조정하였다.

3) 민사집행법상 매각대금 지연이자(연 12%)

민사집행법 제138조 제3항은 경매 대금지급 지체로 인한 집행절차 지연을 방

52 대법원 2017. 7. 11. 선고 2015다54219 판결(미간행).

53 대법원 2013. 12. 12. 선고 2012다105741 판결(미간행), 대법원 2014. 8. 26. 선고 2014다28305 판결(미간행).

54 대법원 2019. 10. 18. 선고 2018다239110 판결(공2019하, 2108).

지하기 위하여 매수인이 재매각기일의 3일 이전까지 매각대금에 지급기한이 지난 뒤부터 지급일까지의 대금에 대하여 대법원규칙이 정하는 이율에 따른 지연이자를 지급하도록 하였다. 2019. 9. 1.부터 시행된 개정 민사집행규칙 제75조는 민사집행법 제138조 제3항에 따른 이율을 연 12%로 정하였다. 개정 전 이율은 연 15%였으나 뒤에서 보는 소송촉진 등에 관한 특례법 제3조제1항 본문의 법정이율에 관한 규정의 개정취지를 고려하여 지연이율을 12%로 변경하였다.

4) 방문판매업자, 통신판매업자 또는 할부거래업자의 청약철회자에 대한 환급 지연이자(연 15%)

방문판매업자는 소비자로부터 청약철회를 받고, 방문판매 물품을 반환받은 날부터 3영업일 이내에 그 대금을 소비자에게 반환하여야 하고, 이를 지체할 때에는 연 40% 범위 내에서 대통령령으로 정하는 이율에 따른 지연배상금을 지급하여야 한다(방문판매 등에 관한 법률 제9조). 방문판매업자의 지연배상금 이율은 2016. 11. 22.부터 종전 20%에서 15%로 조정되었다(방문판매 등에 관한 법률 시행령 제13조).

소비자 권익 보호를 위하여 통신판매업자, 할부거래업자에 대하여도 청약철회 등으로 환급하여야 할 대금을 청약철회일 또는 해당 재화를 반환받은 날부터 3영업일 이내에 환급의무를 규정하고, 지체 시 연 40% 범위 내에서 대통령령으로 정한 이율에 따른 지연배상금을 지급하도록 하고 있다(전자상거래 등에서의 소비자보호에 관한 법률 제18조, 할부거래에 관한 법률 제10조). 지연배상금 이율은 통신판매업자의 경우 2016. 9. 30.부터, 할부거래업자의 경우 2016. 1. 25.부터 종전 연 20%에서 연 15%로 조정되었다(전자상거래 등에서의 소비자보호에 관한 법률 시행령 제21조의3, 할부거래에 관한 법률 시행령 제7조).

5) 소송촉진 등에 관한 특례법이 정한 이율(연 12%)

가) 관련 규정의 내용 및 의의

소송촉진 등에 관한 특례법은 제3조 제1항 본문은 “금전채무의 전부 또는 일부의 이행을 명하는 판결(심판을 포함한다. 이하 같다)을 선고할 경우, 금전채무 불이행으로 인한 손해배상액 산정의 기준이 되는 법정이율은 그 금전채무의 이행을 구하는 소장 또는 이에 준하는 서면이 채무자에게 송달된 날의 다음 날부터는 연 100분의 40 이내의 범위에서 ‘은행법’에 따른 은행이 적용하는 연체금리 등 경제

여건을 고려하여 대통령령으로 정하는 이율에 따른다."고 규정한다. 이는 채권자에 대하여는 소송을 제기한 이후부터 이행연체에 따른 실손해를 배상받을 수 있도록 하는 한편 채무자에 대하여는 낮은 민사상 법정이율을 이용하여 악의적으로 채무 변제를 지체하거나 소송을 지연시키고 상소권을 남용하는 것을 막고, 그 법정이율을 대통령령으로 정하도록 위임함으로써 경제여건의 변동에 적절히 대처하려는 데 그 의의가 있다.[55] 즉 소송촉진 등에 관한 특례법 제3조 제1항은 민법 제397조의 특례[56]로서 금전채권자의 소 제기 후에도 상당한 이유 없이 채무를 이행하지 아니하는 채무자에게 지연이자에 관하여 불이익을 가함으로써 채무불이행 상태의 유지나 소송의 불필요한 지연을 막고자 하는 데 그 취지가 있다.[57]

나) 소송촉진 등에 관한 특례법상 법정이율의 변경

(1) 변경 내용

위 특례법상 법정이율은 1981. 3. 1.부터 2003. 5. 31.까지 연 25%(대통령령 제10240호), 2003. 6. 1.부터 2015. 9. 30.까지 연 20%(대통령령 제17981호), 2015. 10. 1.부터 2019. 5. 31.까지 연 15%였다(대통령령 제26553호). 그런데 2019. 6. 1.부터 시행된 소송촉진 등에 관한 특례법 제3조제1항 본문의 법정이율에 관한 규정(대통령령 제29768호)은 위 특례법상 법정이율을 종전 연 15%에서 연 12%로 하향 조정하였다. 이는 은행 연체금리 하락 등 저금리 기조에 따른 변화된 경제여건을 반영한 것이다.

(2) 적용 시점과 경과 조치

개정 법정이율 연 12%는 2019. 6. 1. 이후 제기된 금전지급청구 소송에 적용된다. 다만 경과조치로 2019. 6. 1. 기준 제1심 변론이 종결된 사건(변론 종결 후 제1심 판결 선고 대기 중인 사건, 제1심 판결 선고 후 상소기간 중에 있는 사건, 상소심 계속 중인 사건 포함)은 종전 법정이율인 연 15%를 적용하고, 제1심 변론 종결 전인 사건(변론이 종결되었다가 재개된 사건 포함)은 2019. 5. 31.까지는 종전 법정이율인 연 15%를, 2019. 6. 1.부터는 개정 법정이율인 연 12%를 적용한다. 경과조치가 적용되는 것은 청구에 변동이 없음을 전제로 한다.

청구취지를 확장하는 것은 특별한 사정이 없는 한 새로운 소를 제기하는 것

55 대법원 1987. 5. 26. 선고 86다카1876 전원합의체 판결(공1987, 1058).
56 대법원 1987. 5. 26. 선고 86다카1876 전원합의체 판결(공1987, 1058).
57 대법원 2010. 9. 30. 선고 2010다50922 판결(공2010하, 2009).

과 같은 성질을 갖는다.[58] 따라서 2019. 6. 1. 이전에 소가 제기된 사건에서 2019. 6. 1. 이후에 추가되거나 확장된 청구에 대하여는 개정된 법정이율이 적용됨이 타당하다. 이는 2019. 6. 1. 기준 제1심 변론이 종결되어 항소되어 항소심에서 청구가 추가되거나 확장된 경우도 마찬가지이다.

다) 소송촉진 등에 관한 특례법상 법정이율 적용의 배제

(1) 이행의무의 존부나 범위에 관하여 항쟁함이 타당한 경우

소송촉진 등에 관한 특례법 제3조 제2항은 "채무자에게 그 이행의무가 있음을 선언하는 사실심 판결이 선고되기 전까지 채무자가 그 이행의무의 존재 여부나 범위에 관하여 항쟁하는 것이 타당하다고 인정되는 경우에는 그 타당한 범위에서 제1항을 적용하지 아니한다."고 규정하고 있다. 이는 채무자가 금전지급청구소송에서 다툴 만한 상당한 사유가 있는 경우까지 높은 법정이율을 적용하는 것은 채무자에게 가혹할뿐더러 높은 법정이율 때문에 채무자의 방어권 행사를 위축시킬 수도 있어 일정한 범위 내에서 높은 법정이율 적용을 배제하려는 데 그 취지가 있다.[59] 따라서 금전채무의 이행을 구하는 소에서 채무자가 자신의 채무를 이행함으로써 원래의 금전채무는 소멸하고, 그 금전채무 이행지체로 인한 지연손해 배상만 남게 된 경우 그 지연손해금의 산정 기준이 되는 법정이율에는 위 법 규정은 적용될 수 없다.[60]

한편 이 조항의 적용과 관련하여 1심과 2심의 인용 범위가 달라질 때 특례법 법정이율의 적용 기간에 대하여 주의하여야 한다. 1심에서 인용된 청구 부분이 항소심에서 다투어져 일부가 배척될 경우에는 항소심 판결 선고일까지 특례법 법정이율을 적용하지 않는 데 큰 혼선이 없다. 문제는 채무자가 이행의무의 존부 및 범위를 다투어 제1심에서 그 주장이 받아들여져 배척된 청구 부분이 항소심에서 인용된 경우이다. 비록 항소심에서 채무자의 이행의무의 존부 및 범위를 다투는 주장이 배척되었더라도 제1심에서 받아들여졌다면 항소심판결 선고 시까지는 특례법 법정이율 적용이 배제된다.[61]

소송촉진 등에 관한 특례법 제3조 제2항의 '이행의무의 존재 여부나 범위에

58 대법원 2011. 6. 24. 선고 2009다35033 판결(공2011하, 1459).

59 대법원 1987. 5. 26. 선고 86다카1876 전원합의체 판결(공1987, 1058).

60 대법원 2010. 9. 30. 선고 2010다50922 판결(공2010하, 2009).

61 대법원 2010. 7. 8. 선고 2010다21696 판결(미간행), 대법원 2013. 4. 11. 선고 2012다106713 판결(미간행), 대법원 2017. 5. 11. 선고 2015다49576 판결(미간행).

관하여 항쟁함이 타당하다고 인정되는 경우'란 해당 청구의 당부가 아니라 이행의무의 존재 여부가 범위에 관하여 항쟁할 만한 타당한 근거가 있는 것을 말하는 것으로, 타당한 근거가 있는지는 해당 사건에 관한 법원의 사실인정과 평가에 관한 문제이기 때문이다.[62] 다만 제1심이 인용한 청구액을 항소심도 그대로 유지한 경우에는 특별한 사정이 없는 한 피고가 항소심 절차에서 그 인용금액에 대하여 이행의무의 존부와 범위를 다툰 것을 상당하다고 볼 수 없다.[63]

(2) 판결 등 확정으로 금전지급의무가 발생하는 경우

소송촉진 등에 관한 특례법이 정한 소 제기 이후의 금전채무 불이행으로 인한 손해배상액 산정이 기준이 되는 법정이율 적용은 소 제기 당시 금전채무가 구체적으로 발생해 있을 것을 전제로 한다. 따라서 판결 또는 심판 등이 확정되어야 금전지급의무가 발생하는 경우에는 위 특례법 소정의 지연손해금 이율을 적용할 수 없다. 이러한 예로 사해행위취소에 따른 가액배상의무와 이혼에 따른 재산분할상 금전지급의무를 들 수 있다.

사해행위취소와 함께 구하는 가액배상금에는 소송촉진 등에 관한 특례법에서 정한 이율이 적용되지 않는다.[64] 채권자가 사해행위취소 청구와 함께 가액배상을 구함에 따라 법원이 사해행위취소와 동시에 가액배상금의 지급을 명하는 판결을 하는 경우 가액배상의무는 사해행위취소를 명하는 판결이 확정된 때에 비로소 발생하기 때문이다.

한편 이혼소송과 병합하여 재산분할청구를 하고 법원이 이혼과 동시에 재산분할로서 금전의 지급을 명하는 경우에도 마찬가지이다. 즉 법원이 이혼과 동시에 재산분할로서 금전의 지급을 명하는 판결을 하는 경우 그 금전지급채무에 관하여는 그 판결이 확정된 다음 날부터 이행지체책임을 지게 되고, 소송촉진 등에 관한 특례법에서 정한 지연손해금 이율이 적용되지 않는다. 이혼으로 인한 재산분할청구권은 이혼이 성립한 때에 그 법적 효과로서 비로소 발생하고, 심판 등으로 그 구체적 내용이 형성되기까지는 그 범위 및 내용이 불명확·불확정하므로 구

62 대법원 1987. 5. 26. 선고 86다카1876 전원합의체 판결(공1987, 1058), 대법원 2000. 2. 25. 선고 99다20155 판결(공2000, 809), 대법원 2005. 11. 25. 선고 2004다39092 판결(공2006, 18).

63 대법원 2006. 1. 26. 선고 2005다40167 판결(미간행), 대법원 2013. 4. 26. 선고 2011다50509 판결(공2013상, 931), 대법원 2016. 2. 18. 선고 2015다231870 판결(미간행).

64 대법원 2002. 3. 26. 선고 2001다72968 판결(미간행), 대법원 2002. 6. 14. 선고 2000다3583 판결(미간행), 대법원 2009. 1. 15. 선고 2007다61618 판결(미간행).

체적으로 권리가 발생하였다고 할 수 없기 때문이다.[65] 당사자가 이혼 성립 후에 재산분할을 청구하여 재산분할로 금전지급을 명하는 경우에도 이는 장래의 이행을 청구하는 것으로서 분할의무자는 금전지급의무에 관하여 판결이나 심판이 확정된 다음 날부터 이행지체책임을 지고, 그 지연손해금 이율에 관하여는 소송촉진 등에 관한 특례법에서 정한 이율도 적용되지 않는다.[66]

(3) 부당이득반환의 성질을 갖는 법정이자

(가) 민법상 법정이자가 붙는 경우

민법상 법정이자가 발생하는 경우를 조문 순서별로 본다. 먼저 공동 채무자 중 1인이 변제하여 공동 면책된 경우 생기는 다른 연대채무자의 부담부분에 대한 구상권에는 면책된 날 이후의 법정이자가 가산된다(민법 제425조). 수탁 보증인의 변제로 주채무가 소멸한 경우 생기는 주채무자에 대한 구상권도 마찬가지이다(제441조). 당사자 일방이 계약을 해세한 때에 상대방에게 반환할 금전에는 그 받은 날부터 이자를 가산하여야 한다(제548조 제2항). 한편 악의의 수익자는 받은 이익에 이자를 붙여 반환하여야 한다(제748조). 민법 제548조 제2항과 제748조의 법문상 '이자'라고만 규정돼 있으나 '법정이자'로 봄이 타당하다. 민법이 법정이자를 가산하도록 한 것은 대부분 거래 당사자의 이익을 공평하게 조정하기 위해서 인정되는 것이다.[67] 이 점에서 이행지체를 요건으로 하는 지연손해금과 구분된다.

(나) 소송촉진 등에 관한 특례법 소정의 지연손해금률 미적용

소송촉진 등에 관한 특례법 제3조 제1항은 금전채무의 전부 또는 일부의 이행을 명하는 판결을 선고할 경우에 금전채무 불이행으로 인한 손해배상액 산정의 기준이 되는 법정이율에 관한 특별규정이다. 이행지체로 인한 손해배상이 아닌 부당이득반환의 성질을 가지는 법정이자에는 위 특례법에서 정한 이율을 적용할 수 없다.

민법 제548조 제2항의 계약해제로 인한 원상회복의무 이행으로 반환하는 금전에 가산되는 법정이자는 부당이득반환의 성질을 가지므로 이에 대하여는 소송촉진 등에 관한 특례법 제3조 제1항이 적용되지 않는다.[68]

한편 악의의 수익자가 반환할 부당이득에 가산되는 이자의 법적 성격에 관하

65 대법원 2001. 9. 25. 선고 2001므725, 732 판결(공2001, 2363).

66 대법원 2014. 9. 4. 선고 2012므1656 판결(공2014하, 2030).

67 이혁, "지연손해금과 법정이자", 판례연구 제27집(2016. 2.), 부산판례연구회(2016), 466.

68 대법원 2000. 6. 23. 선고 2000다16275, 16282 판결(공2000, 1755), 대법원 2003. 7. 22. 선고 2001다76298 판결(공2003, 1757).

여 통상 및 최소한의 손해배상을 과하는 취지라는 손해배상설과 부당이득 반환범위에 포함된다고 보는 부당이득설의 대립이 있다.[69] 판례는 악의의 수익자가 반환할 이익에 붙는 법정이자의 성격을 부당이득반환으로 보고 있다.[70]

라) 판결 확정 후의 소송촉진 등에 관한 특례법 적용 이율의 변경 등

판결 확정 후에 소송촉진 등에 관한 특례법이 정한 지연손해금률이 달라지는 경우에 어떤 이율이 적용되는지가 문제될 수 있다. 예를 들어 확정 판결 채권의 소멸시효 중단을 위해 다시 소송을 제기할 경우 소송촉진 등에 관한 특례법 소정의 지연손해금 이율이 더 낮아졌다면 어떤 지연손해금률을 적용해야 하는지이다. 판례는 확정판결 당시의 지연손해금률을 적용해야 한다고 본다. 승소판결이 확정된 후 소송촉진 등에 관한 특례법의 변경으로 그 지연손해금 이율이 달라졌다고 하더라도 그로 인하여 선행 승소확정판결의 효력이 달라지는 것은 아니고, 확정된 선행판결과 달리 변경된 지연손해금률을 적용하여 선행판결과 다른 금액을 채권액으로 인정할 수 없기 때문이다.[71]

한편 승소확정판결에 적용된 지연손해금률에 관한 구 소송촉진등에관한특례법(2003. 5. 10. 법률 제6868호로 개정되기 전의 것) 제3조 제1항 본문에 대하여 위헌결정[72]이 있더라도 그 승소확정판결의 효력이 달라지는 것이 아니므로 그 승소확정판결에서 지급을 명한 금액이 채권액이 된다.[73]

2. 약정이율에 의한 배상

가. 본조 제1항 단서의 취지

본조 제1항 단서는 "그러나 법령의 제한에 위반하지 아니한 약정이율이 있으면 그 이율에 의한다."고 규정한다. 이는 약정이율이 법정이율보다 높은 경우에 법정이율에 의한 지연손해금만으로 충분하다고 하면 채무자가 이행지체로 오히려 이익을 얻게 되는 불합리가 발생하므로 이를 고려해서 약정이율에 의한 지연손해금을 인정한 것이다.[74]

69 주석 민법, 채권각칙(5)(제4판), 한국사법행정학회(2016), 732, 733(민중기).
70 대법원 2017. 3. 9. 선고 2016다47478 판결(공2017상, 630).
71 대법원 2019. 8. 29. 선고 2019다215272 판결(공2019하, 1804).
72 헌법재판소 2003. 4. 24. 선고 2002헌가15 전원재판부 결정(헌공제80호).
73 대법원 2003. 7. 11. 선고 2003다19572 판결(공2003, 1720).
74 대법원 2017. 9. 26. 선고 2017다22407 판결(공2017하, 2080).

나. 약정이율의 의미

본조 제1항 단서의 '약정이율' 해석과 관련하여 다수의 학설은 변제(이행)기까지의 원본의 사용대가로서 이율로 새기고 있다.[75] 그렇지만 '약정이율'은 이행지체로 인한 손해, 즉 지연이율에 대한 합의를 말한다고 봄이 타당하다.[76] 본조는 금전채무 불이행에 따른 손해배상액을 산정하는 기준으로서 이율에 관한 규정이기 때문이다.

본조 제1항 단서의 '약정이율'과 관련한 판례의 태도를 이행기까지의 약정이율로 당연히 전제한다고 보는 견해도 있다.[77] 그러나 변제기 이후 명시적인 지연이율 약정이 없더라도 당사자의 법률행위 효과의사 해석을 통해 변제기까지의 약정이율을 지연이율로 의제한다고 보는 것이 판례[78]의 올바른 해석이라고 본다. 이러한 견지에서 판례 역시 본조 제1항 단서의 '약정이율'은 지연손해배상액 산정에 관한 당사자 사이의 합의된 이율이라는 입장을 취한 것으로 볼 수 있다.

한편 지연이율로 해석하는 경우 손해배상액 예정으로서 법원의 감액 조항인 민법 제398조 제4항이 적용될 여지가 생긴다. 판례도 금전채무에 관하여 이행지체에 대비한 지연손해금 비율을 따로 약정한 경우 이는 민법 제398조에서 정한 손해배상액 예정으로서 감액의 대상이 됨을 분명히 하였다.[79]

당사자는 지체되는 기간 일수에 따라 다른 이율을 적용하기로 약정할 수도 있다.

다. 약정이율에 의한 배상

1) 이행기 이후의 이자를 명시적으로 정하지 않는 경우(약정이율 의제적용)

금전채무 이행기 이후 지체 시 지연손해금률을 정한 경우에는 이를 약정이율로 보아 그에 따라 손해배상액을 정하면 된다. 문제는 금전채무 이행기까지의 이

75 김미리, "민법 제397조 제1항에 관한 소고", 민사재판의 제문제 19권(2010. 12.), 한국사법행정학회(2010), 608; 이은영, 채권총론(제4판), 박영사(2009), 124; 최수정, "금전채부불이행의 특칙에 대한 재검토-손해배상액을 중심으로", 민사재판의 제문제 제19권(2010. 12.), 한국사법행정학회(2010), 199.

76 이혁, "지연손해금과 법정이자", 판례연구 제27집(2016. 2.), 부산판례연구회(2016), 455; 최수정, "금전채부불이행의 특칙에 대한 재검토-손해배상액을 중심으로", 민사재판의 제문제 제19권(2010. 12.), 한국사법행정학회(2010), 200; 주석 민법, 채권총칙(2)(제4판), 한국사법행정학회(2013), 36(유남석).

77 최수정, "금전채부불이행의 특칙에 대한 재검토-손해배상액을 중심으로", 민사재판의 제문제 제19권(2010. 12.), 한국사법행정학회(2010), 199.

78 대법원 1981. 9. 8. 선고 80다2649 판결(공1993, 1448).

79 대법원 2017. 5. 30. 선고 2016다275402 판결(공2017하, 1367).

율만을 약정하고, 이행기 이후에 대하여는 명시적인 약정이 없는 경우에 이행기까지의 약정이율과 법정이율 중 어느 것을 적용하느냐이다.

판례는 법률행위의 해석을 통해 변제기까지의 약정이율을 이행지체에 따른 손해금 산정의 지연이율로 의제하고 있다. 즉 변제기 후의 이자약정이 없는 경우 특별한 의사표시가 없는 한 변제기가 지난 후에도 당초의 약정이자를 지급하는 것으로 보는 것이 당사자의 의사라고 해석하여 변제기 후의 지연손해금 산정을 약정이율에 따르도록 하였다.[80] 이에 따라 당사자가 금전소비대차가 있음을 주장하면서 약정이율에 따른 이자의 지급을 구하는 경우 특별한 사정이 없는 한 그 대여금채권의 변제기 이후의 기간에 대하여는 약정이율에 따른 지연손해금을 구하는 것으로 보아야 한다. 다만 이 경우 약정이율이 인정되지 않는다 하더라도 법정이율에 의한 지연손해금을 구하는 취지가 포함되어 있다고 볼 수 있다.[81]

2) 약정이율이 법정이율보다 낮은 경우(법정이율 적용)

약정이율이 법정이율보다 낮은 경우 당사자가 약정이율에 따라 금전채무 지급 지체의 손해배상을 구하는 경우에는 약정이율을 적용하면 된다. 문제는 당사자가 약정이율보다 높은 법정이율로 금전의 손해배상을 구할 수 있는가이다. 법정이율보다 낮은 약정이율이 있다는 점이 당사자 사이에 다툼이 없거나 증거에 의하여 적극적으로 인정되는 경우 그 약정이율에 따라 손해배상액을 인정할 수 있다는 취지의 대법원 95다26797 판결[82]이 있기는 하다. 그런데 위 대법원 판결에서도 피고가 법정이자율보다 낮은 비율에 의한 이자율 또는 지연손해금률 약정이 있음을 자인한다고 하여 법정이율보다 낮은 비율에 따른 지급을 명할 수 없다고 판시하며 약정이율을 적용한 원심을 파기하였다.

그 후 대법원 판결들은 본조 제1항 단서 규정은 약정이율이 법정이율 이상인 경우에만 적용되고, 약정이율이 법정이율보다 낮은 경우에는 그 본문으로 돌아가 법정이율에 의하여 지연손해금을 정할 것을 분명히 하였다.[83] 아예 이자약정이 없어 이자를 청구할 수 없는 경우에도 이행지체로 인한 지연손해금은 법정이율에 의하여 청구할 수 있다. 따라서 이자를 조금이라도 청구할 수 있는 경우에도 약정

80 대법원 1981. 9. 8. 선고 80다2649 판결(공1993, 1448).

81 대법원 2017. 9. 26. 선고 2017다22407 판결(공2017하, 2080).

82 대법원 1995. 10. 12. 선고 95다26797 판결(공1995, 3742).

83 대법원 2009. 12. 24. 선고 2009다85342 판결(공2010상, 247), 대법원 2013. 4. 26. 선고 2011다50509 판결(공2013상, 931).

이율보다 높은 법정이율에 의한 지연손해금을 청구할 수 있다는 것을 그 논거로 한다. 사실심 법원 역시 당사자가 약정이율보다 높은 법정이율로 지연손해금을 구하는 경우 판례 취지에 따라 금전 청구 사건에서 지체책임이 발생하는 이행기 다음 날부터는 약정이율보다 높은 법정이율을 적용하여 지연손해금을 산성하는 실무가 확립됐다.

주의할 것은 법정해제권 또는 약정해제권 행사에 따른 계약 해제로 인한 금전 원상회복의무와 관련한 이자이다. 민법 제548조에 따르면 계약 해제 시 원상회복의무로 반환할 금전에는 그 받은 날부터 이자를 가산하여 지급하여야 한다. 원상회복의무의 대상이 되는 금전 반환에 가산되는 이자는 일종의 부당이득반환의 성질을 가지는 것이고 반환의무 이행지체로 인한 지연손해금이 아니다.[84] 따라서 당사자 사이에 원상회복의무 대상인 금전 반환에 대한 이자에 관하여는 손해배상액 산정에 관한 본조 적용대상도 아니다. 원상회복의무 대상으로 반환할 금전에 붙는 이자는 특별한 약정이 있으면 그 약정이율이 우선되고, 약정이율이 없으면 법정이율이 적용된다. 다만 원상회복의무가 이행지체에 빠진 이후의 기간에는 부당이득반환의무로서의 이자가 아니라 반환채무에 대한 지연손해금에 해당하므로 본조가 적용된다. 이 경우 약정이율이 법정이율보다 낮은 때에는 본조 제1항 본문에 따라 법정이율에 따른 지연손해금을 청구할 수 있다.[85]

예를 든다. 분양계약상 연 3%의 이율을 적용하기로 한 경우 소장 부본 송달로 분양계약 해제 의사표시와 함께 분양대금 반환을 구하는 사안에서 분양대금을 받은 날부터 분양계약 해제 효력 발생으로 분양대금 반환의 원상회복의무가 생기는 분양계약 해제일(이 사안의 경우 소장 부본 송달일)까지는 약정이율 연 3%, 그다음 날부터 갚는 날까지는 약정이율 3%보다 더 높은 법정이율(사안에 따라 민사·상사법정이율 또는 소송촉진 등에 관한 특례법 법정이율)이 적용된다.

법정해제권 또는 약정해제권 행사로 계약이 해제되었을 경우 원상회복할 금전 지급 의무에는 부당이득반환으로서 법정이자가 가산되지만 합의해지에는 민법 제548조 제2항 규정이 적용되지 않으므로 반환할 금전을 받은 날부터 법정이자가 가산되는 것은 아니다.[86] 합의해제의 경우도 마찬가지로 법정이자가 가산되지 않

84 대법원 2000. 6. 9. 선고 2000다9123 판결(공2000, 1636), 대법원 2003. 7. 22. 선고 2001다76298 판결(공2003, 1757), 대법원 2016. 6. 9. 선고 2015다222722 판결(공2016하, 917).

85 대법원 2013. 4. 26. 선고 2011다50509 판결(공2013상, 931).

86 대법원 2003. 1. 24. 선고 2000다5336, 5343 판결(공2003, 677).

는다.[87] 합의해지나 합의해제 모두 당사자 합의로 기존의 계약 효력을 소멸시키는 새로운 계약으로 그 효력은 합의 내용으로 결정되기 때문이다.

3) 약정이율이 법정이율보다 높은 경우(약정이율 적용)

약정이율이 법정이율보다 높은 경우에는 본조 제1항 단서 규정에 따른다. 즉 약정이율을 적용하여 손해배상액을 정한다.

라. 약정이율의 제한

사적 자치의 원칙상 당사자는 금전채무 지체에 적용할 연체율 또는 지연손해금률을 자유롭게 정할 수 있다. 사적 자치가 무한정 허용되는 것은 아니다. 당사자 사이의 약정으로 정한 연체율 또는 지연손해금률에 대하여는 ①민법 제103조의 반사회질서 법률행위 등을 통한 효력 제한, ②법률에 의한 최고이율 제한, ③손해배상액 감경과 같은 3가지 방법을 통해 일정한 한도로 제한할 수 있다.

1) 민법 제103조의 반사회질서 법률행위 등을 통한 효력 제한

가) 반사회질서에 따른 무효

국제통화기금(IMF) 외환위기 이후 이자제한법 폐지로 약 5년 넘게 이자율에 대한 법적 규제가 없던 때가 있었다. 이 기간에 사회통념상 허용 한도를 넘는 고율의 이자 부분에 대하여 판례는 민법 제103조를 적용하여 반사회질서 법률행위로 보아 무효로 보았다. 즉 금전 소비대차계약과 함께 이자 약정을 하는 경우 양쪽 당사자 사이의 경제력 차이로 인하여 그 이율이 당시의 경제적·사회적 여건에 비추어 사회통념상 허용되는 한도를 초과하여 현저하게 고율로 정하여졌다면, 그와 같이 허용할 수 있는 한도를 초과하는 부분의 이자 약정은 대주가 그의 우월한 지위를 이용하여 부당한 이득을 얻고 차주에게는 과도한 반대급부 또는 기타의 부당한 부담을 지우는 것이므로 선량한 풍속 기타 사회질서를 위반한 사항을 내용으로 하는 법률행위로서 무효이다.[88] 대법원 2004다50426 전원합의체 판결 사안은 15일 동안 이자가 10%로 이를 연이율로 환산하면 243%에 이르렀다. 파기환송심[89]은 채무자가 과지급한 금전의 반환을 부당이득으로 일부 인용하면서 그 이유에서 당시 적용되는 구 대부업의 등록 및 금융이용자 보호에 관한 법률에 따

87 대법원 1996. 7. 30. 선고 95다16011 판결(공1996, 2634).

88 대법원 2007. 2. 15. 선고 2004다50426 전원합의체 판결(공2007, 437), 대법원 2008. 5. 15. 선고 2007다23807 판결(미간행).

89 서울중앙지방법원 2007. 7. 12. 선고 2007나7019 판결(확정)(미간행).

른 대부업 최고이자율 66% 초과 부분을 무효라고 보았다.

한편 위약벌이 의무의 강제로 얻는 채권자의 이익에 비해 과도하게 무거울 때에는 일부 또는 전부가 공서양속에 반하여 무효로 된다는 것이 확립된 판례의 입장이다.[90] 따라서 약정이율의 방법으로 위약벌을 정한 경우에도 공서양속에 반하는 정도에 따라 그 약정이율의 전부 또는 일부는 무효가 된다.

나) 약관의 규제에 관한 법률 위반에 따른 무효

약관의 규제에 관한 법률 제6조, 제8조의 각 규정에 비추어 보면, 고객에 대하여 부당하게 과중한 손해배상의무를 부담시키는 약관 조항은 고객에게 부당하게 불리하여 공정을 잃은 것으로 추정되고, 신의성실 원칙에 반하는 것으로 무효이다. 판례는 임차인의 월차임 연체에 대하여 월 5%(연 60%)의 연체료를 부담시킨 약관은 임차인에게 부당하게 불리한 조항으로 그 효력을 부정하였다.[91]

2) 법률에 의한 최고이율 제한

금전 소비대차나 대부업자의 대부에서 국민경제생활의 안정과 경제정의의 실현 또는 금융이용자 보호를 꾀하기 위하여 법률로 연체이자율을 한도를 정하여 이를 제한한다. 이자제한법 제2조 제1항은 연 25%를 초과하지 않는 범위 안에서, 대부업 등의 등록 및 금융이용자 보호에 관한 법률 제8조 제1항은 연 27.9% 이하의 범위에서 대통령령으로 최고이자율을 제한하고 있다. 이들 특별법에 따른 연체이율 제한의 상세 내용은 아래 'V. 법률에 의한 고리 규제' 부분에서 살핀다. 다만 위 법률에 의한 연체이자율 또는 지연손해금률 제한은 금전 소비대차에 한정된다.

3) 손해배상액 감경

금전 소비대차에 대하여는 앞서 본 이자제한법 또는 대부업 등의 등록 및 금융이용자 보호에 관한 법률로 최고이자율을 제한한다. 공사대금 지체상금 등 금전 소비대차 이외의 금전채무 불이행에 적용되는 지연손해금률은 일종의 손해배상 예정액에 해당한다. 따라서 민법 제398조 제2항에 따라 손해배상 예정액이 부당히 과다한 경우에는 법원의 감액을 통해 제한할 수 있다. 다만 법원이 재량권을 행사할 수 있는 재판 절차에서만 가능하다는 한계가 있다. 제398조 제2항에 따른

90 대법원 2016. 1. 28. 선고 2015다239324 판결(공2016상, 353).
91 대법원 2009. 8. 20. 선고 2009다20475, 20482 판결(공2009하, 1532).

손해배상액 감경에 대하여는 해당 조문 주석에서 자세히 살핀다. 한편 이자제한법 제6조에 따라 법원은 금전을 목적으로 한 채무의 불이행에 관하여 예정한 배상액을 부당하다고 인정한 때에는 상당한 액까지 이를 감액할 수 있다.

3. 법정이율 또는 약정이율에 따른 배상액과 실손해액의 비교에 따른 배상책임

가. 실손해액이 법정이율 또는 약정이율에 따른 배상액에 못 미치는 경우

금전채무 불이행으로 말미암은 실손해액이 법정이율 또는 약정이율에 따른 배상액보다 적다고 하더라도 채권자는 법정이율 또는 약정이율에 따른 배상을 청구할 수 있고, 채무자는 실손해액이 더 적다는 점을 들어 항변할 수 없다는 데 이론이 없다.[92] 본조 제2항에 따라 채권자가 손해의 증명을 할 필요가 없고, 채무자는 과실 없음을 항변할 수 없기 때문이다.

나. 실손해액이 법정이율 또는 약정이율에 따른 배상액을 초과하는 경우

금전채무 불이행으로 법정이율 또는 약정이율에 따른 배상액을 초과하는 실손해가 있는 경우 이 초과부분에 대하여 채무자가 배상책임이 있는지에 대하여는 견해가 나뉜다.

1) 배상책임 긍정설

실손해액이 법정이율 또는 약정이율에 따른 배상액을 초과하는 경우에 채권자는 이를 증명하여 배상을 청구할 수 있다는 견해이다.[93] 그 근거는 다양하다. 손해배상제도는 실손해 배상을 이상으로 함을 근거로 하거나,[94] 초과 손해배상을 부인하는 것을 입법자의 의사로 보면서도 신의성실의 원칙상 초과 손해의 실제 발생 가능성을 알면서도 채무이행 노력을 전혀 하지 않는 경우에는 실손해액의 배상책임을 진다고 보는 견해도 있다.[95] 손해배상범위에 관한 민법 제393조는 손해배상범위를 통상손해로 하되, 예견가능성이 있는 때에는 손해배상의 범위를 특

92 주석 민법 제4판, 채권총칙(2), 한국사법행정학회(2013), 37(유남석).

93 김상용, 채권총론(제3판), 화산미디어(2016), 186; 김증한/김학동, 채권총론, 박영사(1998), 43; 양형우, 민법의 세계(이론과 판례)(제11판), 피앤씨미디어(2019), 848; 이덕환, 채권총론(전정판), 율곡미디어(2014), 55; 이은영, 채권총론(제4판), 박영사(2009), 127; 김미리, "민법 제397조 제1항에 관한 소고", 민사재판의 제문제 19권(2010. 12.), 한국사법행정학회(2010); 최수정, "금전채무 불이행의 특칙에 대한 재검토-손해배상액을 중심으로", 민사재판의 제문제 19권(2010. 12.), 한국사법행정학회(2010), 216-220.

94 김상용, 채권총론(제3판), 화산미디어(2016), 186.

95 김증한/김학동, 채권총론, 박영사(1998), 43.

별손해로까지 확장하는 취지의 규정이므로 금전채무 불이행에 따른 초과손해 발생을 알면서도 고의로 금전채무를 불이행한 경우에는 초과손해액을 청구할 있다고 보거나,[96] 초과손해를 특별손해로 보아 증명이 있는 경우에 가능하다는 견해도 있다.[97]

2) 배상책임 부정설

실손해액이 법정이율 또는 약정이율에 따른 배상액을 초과하더라도 채권자는 초과손해의 배상을 청구할 수 없다는 견해이다. 종래 다수설이다.[98]

일본 판례도 이자초과손해를 인정하지 않는다.[99] 2017년 일본 민법 개정 과정에서 이자초과손해를 청구할 수 있도록 하자는 제안이 있었다. 그러나 다음과 같은 이유로 그 제안은 채택되지 않고, 종전 입장을 유지하였다. ①법정이율로 정해진 액수의 손해배상의무를 일률적으로 인정하되 이자초과손해를 인정하지 않는 것으로 채권자와 채무자 사이의 균형을 도모할 수 있다. ②이자초과손해를 인정하지 않는 것으로 금전채무 이행지체 따른 대량 분쟁발생이 억제된다. ③금전채무 불이행에도 채권자는 다른 방법으로 금전을 조달하는 것으로 회피할 수 있고, 이 점이 다른 채무불이행과 다르다.[100]

3) 판례

판례는 "매매대금을 약정된 기일에 지급받지 못한 결과 제3자로부터 부동산을 매수하고 그 잔대금을 지급하지 못하여 그 계약금을 몰수당함으로써 손해를 입었다고 하더라도 이는 특별한 사정으로 인한 손해이므로 매수인이 이를 알았거나 알 수 있었던 경우에만 그 손해를 배상할 책임이 있다."고 판시하였다.[101] 초과손해의 경우 특별손해로서 채무자가 그 손해를 '알았거나 알 수 있었을 경우'에 제한적으로 배상가능성을 인정하는 입장을 취한 것으로 해석할 여지가 있다. 다

96 이덕환, 채권총론(전정판), 율곡미디어(2014), 55.

97 양형우, 민법의 세계(이론과 판례)(제11판), 피앤씨미디어(2019), 848.

98 곽윤직, 채권총론[민법강의Ⅲ](제6판), 박영사(2018), 36; 김주수, 채권총론, 삼영사(2003), 68; 송덕수, 채권법총론(제4판), 박영사(2018), 82; 양창수/김재형, 민법 I 계약법(제2판), 박영사(2015), 490; 정기웅, 채권총론(제2전정판), 법문사(2014), 49; 민법주해 IX, 채권(2), 박영사(1995), 633(양삼승); 주석 민법, 채권총칙(2)(제4판), 한국사법행정학회(2013), 37, 38(유남석).

99 日最判 1973. 10. 11. (民集 110, 231) (第一法規法律情報総合データベース D1-law 判例ID: 27404109).

100 [民法(債権關係) 部会資料 68A] 民法(債権関係)の改正に関する要綱案のたたき台(3), 43[심활섭, "소멸시효와 법정이율: 2017년 일본 민법 개정 내용을 중심으로", 계약과 책임(하경효 교수 정년기념논문집), 박영사(2017), 108에서 재인용].

101 대법원 1991. 10. 11. 선고 91다25369 판결(공1991, 2714).

만 위 판례는 매수인이 매도인을 상대로 소유권이전등기를 구하는 소송에서 매도인이 매수인의 매매대금 채무불이행으로 입은 손해를 배상받기 전에 소유권이전등기청구에 응할 수 없다는 주장에 대한 판단에 대한 설시이다. 위 판례는 민법 제397조의 초과 손해 배상 가부가 직접적인 쟁점이 된 것이 아닌 점을 고려하면 대법원이 법정이율 또는 약정이율 초과 손해를 특별손해로 배상할 수 있다는 일반적 법리를 선언했다고 보기에 신중할 필요가 있다.

사실심 판결의 경우 위 판례를 들어 초과 손해를 특별손해로서 전제한 다음 알았거나 알 수 있었다고 보아 손해배상책임을 인정한 사례도,[102] 알았거나 알 수 있었다고 보기 어려워 손해배상책임을 부정한 사례[103]도 있다. 한편 민법 제397조의 입법 취지 등에 비추어 법정이율 또는 약정이율에 의한 지연손해금을 넘는 특별손해에 대한 손해배상책임을 부정하고 있는 판결례도 다수 찾아볼 수 있다.[104]

법원이 일반 채무불이행에 따른 특별손해를 인정한 사례를 쉽게 찾을 수 있다.[105] 실무상 금전채무 불이행의 특별손해를 인정한 사례는 드물고, 특별손해 가능성을 인정하는 견해를 취하더라도 알았거나 알 수 있었다고 볼 증거가 부족하다고 보아 사실상 부정설의 결론과 결과적으로 같게 된다.

4) 검토(배상책임 부정)

다음과 같은 이유로 금전채무 불이행으로 말미암아 약정이율 또는 지연손해금을 초과하는 손해가 실제 발생하더라도 이는 손해배상 대상이 될 수 없다고 본다.

첫째, 민법 제397조는 일반적인 채무불이행에 따른 손해배상을 규정한 제390조의 특칙 조항이다. 이에 따라 일반적 채무불이행에서는 손해배상책임이 면제되

102 서울지방법원 1998. 9. 29. 선고 98가합31399 판결(확정), 서울남부지방법원 2016. 12. 16. 선고 2016가합159, 102444 판결(확정), 서울중앙지방법원 2018. 10. 10. 선고 2017가단88276 판결(확정).

103 서울중앙지방법원 2017. 6. 22. 선고 2016가합545717 판결, 청주지방법원 2017. 7. 27. 선고 2018나5639 판결(확정), 대구지방법원 2019. 5. 15. 선고 2018나10478 판결(확정).

104 창원지방법원 2000. 3. 16. 선고 99가합5187 판결(확정), 의정부지방법원 2006. 6. 15. 선고 2005나412 판결(확정), 서울고등법원 2009. 5. 22. 선고 2008나75777 판결(확정), 대전지방법원 2010. 9. 30. 선고 2010가합20 판결(확정), 광주지방법원 2015. 10. 23. 선고 2014나8017 판결(상고됐으나 심리불속행 기각으로 확정), 서울중앙지방법원 2017. 9. 26. 선고 2016가합580260 판결(확정), 대전지방법원 2018. 7. 11. 선고 2017가단20934 판결, 서울중앙지방법원 2018. 7. 25. 선고 2018나7084 판결(확정), 서울중앙지방법원 2019. 1. 15. 선고 2018나58280 판결(확정), 수원지방법원 2019. 5. 15. 선고 2018가합27686 판결(확정), 서울중앙지방법원 2019. 5. 31. 선고 2018가합581090 판결(확정).

105 대법원 1992. 4. 28. 선고 91다29972 판결(공1992, 1698), 대법원 1996. 1. 26. 선고 94다5472 판결(공1996, 713), 대법원 2006. 3. 10. 선고 2005다31361 판결(미간행).

는 금전채무자의 고의나 과실이 없더라도 금전채무 불이행의 경우 법정이율 또는 약정이율로 계산한 지연손해금을 배상할 책임이 있다. 민법은 제29조 제2항, 제748조 제2항, 제958조 제2항에서 법정이자 외에도 이를 초과하는 손해가 있을 경우 이를 배상하도록 하는 규정을 두었다[그 상세 내용은 뒤에서 볼 'Ⅳ. 4. 민법 제397조 특칙의 예외(이자 외의 손해 등을 배상하여야 하는 경우)'를 참조 바란다]. 앞서 본 입법례에서 보더라도 독일 민법 제288조 제4항과 프랑스 민법 제1231조의6은 실제 발생한 손해배상을 인정하고 있다. 이와 달리 우리 민법 제397조는 이러한 근거를 두지 않고 있다. 금전채권은 이행지체만 있고, 이행불능이 없다. 그리고 대체가능성과 고도의 융통성이 있다. 우리 민법 제397조의 규정 내용과 이러한 금전채권의 특성 등을 고려하면 제397조는 손해배상액 법정주의를 택하여 법정이율 또는 약정이율에 따른 손해배상액만을 금전채무 불이행에 따른 손해로 보아 이를 초과한 손해는 그 배상 대상으로 고려하지 않는다는 입장을 채택한 것으로 해석함이 타당하다.

둘째, 금전채무 불이행의 경우 손해 발생에 대한 증명도 필요 없다. 손해가 없거나 실제 손해가 법정이율 또는 약정이율로 계산한 지연손해금을 청구할 수 있는 것과 균형상 실제 손해가 법정이율 또는 약정이율로 계산한 지연손해금을 초과하더라도 이는 손해배상의 대상으로 보지 않는 것이 균형에 맞다.

셋째, 금전채무 불이행에 관한 지연손해금률 약정, 즉 약정이율이 있는 경우에는 이는 손해배상액 예정의 성격을 갖는다. 판례는 손해배상액 예정 약정이 있는 경우 실제 손해액이 예정액을 초과하더라도 그 초과액을 청구할 수 없다고 본다.[106]

다만 금전채무 불이행이 단순히 채무불이행에 그치는 것이 아니라 불법행위를 구성할 경우에는 불법행위 손해배상책임에 따라 손해배상 범위를 고려할 수 있다. 이 경우 금전채무 불이행으로 사회통념상 통상 생기는 것으로 인정되는 통상손해는 이자상당액이다.[107] 이를 초과하는 손해의 경우 그 손해가 생기는 특별한 사정에 대하여 금전채무자가 알았거나 알 수 있었을 경우에 특별손해로 배상할 수 있다.

106 대법원 1988. 5. 10. 선고 87다카3101 판결(공1988, 951).
107 대법원 1991. 1. 11. 선고 90다카16006 판결(공1991, 727).

4. 민법 제397조 특칙의 예외(이자 외의 손해 등을 배상하여야 하는 경우)

법률로 이자 외의 손해에 대하여 배상하도록 한 규정이 있는 경우에는 본조는 적용되지 않는다. 그러한 법률 규정으로는 다음과 같은 것들이 있다.

가. 악의의 부당이득 반환 등

실종선고가 취소될 때 실종선고를 직접원인으로 재산을 취득한 자가 악의인 경우에는 그 받은 이익에 이자를 붙여서 반환하고 손해가 있으면 이를 배상하여야 한다(민법 제29조 제2항). 한편 악의의 부당이득 수익자는 이익에 이자를 붙여 반환하고 손해가 있으면 이를 배상하여야 한다(제748조 제2항).

나. 수임인 등의 금전소비 책임

민법 제685조는 “수임인이 위임인에게 인도할 금전 또는 위임인의 이익을 위하여 사용할 금전을 자기를 위하여 소비한 때에는 소비한 날 이후의 이자를 지급하여야 하며 그 외의 손해가 있으면 배상하여야 한다.”고 규정한다. 수임인은 금전채무 불이행으로 법정이자 또는 약정이자 외에도 위임인에게 생긴 손해를 배상할 책임이 있다. 제685조는 상법상 위탁자와 위탁매매인 사이에 보충 적용될 수 있다(상법 제112조).

수임인의 금전소비 책임은 후견인과 피후견인 관계에서도 마찬가지이다. 즉 후견인이 자기를 위하여 피후견인의 금전을 소비한 때에는 그 소비한 날부터 이자를 부가하고, 피후견인에게 손해가 있으면 이를 배상하여야 한다(민법 제958조 제2항).

다. 조합원의 금전출자지체 책임

민법 제705조는 “금전을 출자의 목적으로 한 조합원이 출자시기를 지체한 때에는 연체이자를 지급하는 외에 손해를 배상하여야 한다.”고 규정한다. 이에 따라 조합 관계에서 조합원이 금전출자채무를 불이행할 경우 연체이자 외에도 발생한 손해까지 배상할 책임이 있다.

라. 어음소지인의 소구 비용

소자인은 상환청구권에 의하여 연 6%의 이율로 계산한 만기 이후의 이자 외에도 거절증서의 작성비용, 통지비용 및 그 밖의 비용을 청구할 수 있다(어음법 제48조). 어음금 지급채무 불이행에 대하여 이자 외에 소구 시 지출한 비용을 청구할 수 있다는 점에서 민법 제387조의 특칙으로 볼 수 있다.

V. 법률에 의한 고리 규제

1. 고리 규제의 취지

본조 제1항 단서는 "법령의 제한에 위반하지 아니한 약정이율이 있으면 그 이율에 의한다."고 규정하고 있다. 당사자 사이의 계약으로 정한 이율이 법령상 제한 이율 한도 내일 경우 약정이율에 따른다는 취지이다. 반면 약정이율이 법령상 제한 이율을 초과하는 경우에는 약정이율은 법령상 제한 이유를 초과하지 않는 범위 내로 제한되게 된다.

2. 근거 법률 및 그 내용

가. 이자제한법

1) 제정 경과 및 주요 내용

1962. 1. 15. 법률 제971호로 이자제한법이 제정되었다. 그 이전에는 1911년 제령 제13호 이식제한령을 의용하였다. 1997년 외환위기 직후의 비정상적인 고금리 시기에 국제통화기금(IMF)의 고금리 정책 권고를 배경으로 이자제한법폐지법률(1998. 1. 13. 법률 제5507호)로 "자금의 수급상황에 따라 금리가 자유롭게 정해질 수 있도록 함으로써 자원 배분의 효율성을 도모"한다는 이유로 이자제한법은 폐지되었다. 이자제한법폐지법률에 대한 위헌 시비가 있었다. 헌법재판소는 합헌 결정을 하였다.[108] 입법 당시의 여러 가지 경제적, 사회적 여건을 고려한 것으로 입법재량권을 남용하였거나 입법형성권의 한계를 일탈하여 명백히 불공정 또는 불합리하게 자의적으로 입법형성권을 행사한 것으로 볼 수 없다는 것을 근거로 한다. 약 5년간 이자에 대한 법적 제한이 없다가 2002. 8. 26. 대부업자의 대부에 한정하여 이자율을 규제하는 대부업의등록및금융이용자보호에관한법률이 제정되기에 이른다. 그럼에도 고리사채로 인한 사회적 갈등과 불만이 없어지지 않자 국민경제생활의 안정과 경제정의의 실현을 위하여 2007. 3. 29. 법률 제8322호로 이자제한법을 다시 제정하고, 3차례 개정을 거쳐 현재에 이르렀다.

폐지된 이자제한법은 4개 조항으로 이자의 최고한도, 초과 이자의 무효, 간주이자, 배상액 감액을 규정하였다. 새로 제정된 이자제한법은 제한이율 초과 지급

108 헌법재판소 2001. 1. 18. 선고 2000헌바7 전원재판부 결정(헌공제53호).

이자의 원본 충당 또는 반환청구권(제2조 제4항), 선이자 사전공제의 효력(제3조), 복리약정 제한(제5조) 등을 추가로 명문화하여 종래 선이자 사전공제 효력 등을 둘러싼 학설의 대립[109]을 입법적으로 해결한 것이 특색이다. 2011. 7. 25. 법률 제10925로 개정된 이자제한법은 법의 실효성을 높이기 위해 최고이자율 초과 이자 수령에 대한 벌칙 규정을 신설하였다.

2) 적용 범위

가) 적용 대상

이자제한법의 최고이자율 제한에 관한 규정은 금전대차에 관한 계약상 이자에 관하여 적용될 뿐이다(이자제한법 제2조 제1항). 따라서 금전대차가 아닌 국유임야대부료 채무의 이행지연으로 인한 손해배상액 예정에 관하여 이자제한법 적용이 부정된다.[110] 금전거래라 하더라도 금전대차가 아닌 투자 수익에 대하여는 이자제한법 적용이 부정된다.[111] 다만 금전거래에 관한 약정이 금전소비대차인지 투자인지는 형식적 문언이 아니라 약정의 실질적 내용에 따라 판단하여야 한다. 투자금에 대한 이자와 투자수익을 받기로 한 계약처럼 금전소비대차계약과 투자계약이 혼합된 형태도 가능하므로 이 경우 투자원금에 대하여는 이자제한법이 적용된다.[112] 동업계약으로 인한 손익계산에 대하여도 이자제한법이 적용되지 않는다.[113]

나) 적용 제외

(1) 금전 성격에 따른 적용 제외

이자제한법은 이자부 금전소비대차에 적용되므로 소비대차 이외의 금전채권에 이자를 붙인 경우에는 적용되지 않는다. 예컨대 매매대금, 사용료 등에 대한 이자에 대하여는 이자제한법이 적용되지 않는다.[114]

한편 금전대차라 하더라도 대차원금이 10만 원 미만의 대차 이자에 관하여는 최고이자율 제한이 없다(이자제한법 제2조 제5항). 또한 이자제한법 최고이자율 제

109 이에 대한 소개로는 김대정, "현행법상 이자제한에 관한 연구", 중앙법학 제9집 제2호(상), 중앙법학회(2007), 340-354 참조.

110 대법원 1980. 10. 27. 선고 80다703 판결(미간행).

111 대법원 2018. 10. 25. 선고 2018다235309 판결(미간행).

112 대법원 2018. 6. 28. 선고 2018다22350 판결(미간행).

113 대법원 1979. 9. 25. 선고 79다1320 판결(공1979, 12223).

114 김대정, "현행법상 이자제한에 관한 연구", 중앙법학 제9집 제2호(상), 중앙법학회(2007), 328.

한에 관한 규정은 금전대차에 관한 계약상 이자에 관하여 적용될 뿐이므로 계약을 위반한 사람을 제재하고 계약 이행을 간접적으로 강제하기 위하여 정한 위약벌에 대하여는 적용할 수 없다.[115]

(2) 소비대차 주체에 따른 적용 제외

2007년 제정 당시 이자제한법 제7조는 "다른 법률에 따라 인가·허가·등록을 마친 금융업 및 대부업에는 이 법을 적용하지 아니한다."고 규정하였다. 미등록 대부업자의 대부 이자율에 이자제한법이 적용되는지가 문제된 사안에서 판례는 이자제한법의 입법 취지, 미등록 대부업체의 등록을 유도하기 위한 입법 경위 등에 비추어 대부업 등록 없이 사실상 대부업을 영위하는 자에 대하여는 이자제한법 적용 대상으로 보았다.

그런데 2009. 1. 21. 법률 제9344호로 개정된 이자제한법 제7조는 제정 당시 문언에 '대부업 등의 등록 및 금융이용자 보호에 관한 법률 제9조의4에 따른 미등록대부업자'를 적용범위 제외 대상으로 추가하는 한편, 같은 날 개정된 대부업 등의 등록 및 금융이용자 보호에 관한 법률 제11조 제1항은 미등록대부업자의 대부 이자율은 이자제한법 제2조 제1항과 대부업 등의 등록 및 금융이용자 보호에 관한 법률 제8조 제2항부터 제5항까지의 규정을 준용하도록 하였다.

이에 따라 현재는 미등록 대부업자의 대부에 대하여는 최고이자율은 이자제한법 제2조 제1항에 따르되, 이자 간주 규정, 연체이자 금지 등 대부업자 이자율 제한에 관한 일부 규정을 복합적으로 준용한다.

3) 최고이자율

가) 최고이자율의 범위

이자제한법 제2조 제1항은 "금전대차에 관한 계약상의 최고이자율은 연 25%를 초과하지 아니하는 범위 안에서 대통령령으로 정한다."고 규정한다. 최고이자율 한도는 2007. 3. 29. 이자제한법 제정 당시는 연 40%였다가 2011. 7. 25. 개정되어 2011. 10. 26.부터 시행된 이자제한법으로 연 30%, 다시 2014. 1. 14. 개정되어 2014. 7. 15.부터 시행된 이자제한법으로 현행 연 25%로 하향 조정되었다. 위 최고이자율 범위 내에서 실제 적용되는 최고이자율은 관련 대통령령인 '이자제한법 제2조제1항의 최고이자율에 관한 규정'에 따르면 2007. 6. 30.부터 2014. 7. 14.까

115 대법원 2017. 11. 29. 선고 2016다259769 판결(공2018상, 25).

지 연 30%, 2014. 7. 15.부터 2018. 2. 7.까지는 연 25%, 2018. 2. 8.부터는 연 24%이다. 최고이자율이 변동된 경우 어느 이율을 적용할지는 부칙 조항에 따른다. 현행 이자제한법 부칙 제2조와 이자제한법 제2조제1항의 최고이자율에 관한 규정 부칙 제2조는 변경된 최고이자율을 해당 대통령령 시행 후 최초로 계약을 체결하거나 갱신하는 분부터 적용한다고 규정하였다. 따라서 종전에 체결한 소비대차계약에 대하여는 갱신 전일 경우 최고이자율은 종전의 것을 따른다.

2011. 7. 25. 법률 제10925호로 개정되어 2011. 10. 26. 시행된 이자제한법은 제8조로 최고이자율을 초과하여 이자를 받을 경우 1년 이하의 징역 또는 1천만 원 이하의 벌금에 처하는 벌칙 규정을 신설하였다. 위 이자제한법 부칙 제2조는 법 시행 전에 성립한 금전대차에 관한 계약상의 이자율에 관하여도 법 시행일 이후에는 개정법에 따라 이자율을 계산하도록 규정하였다. 이에 따라 법률 제10925호로 개정된 이자제한법이 시행된 2011. 10. 26. 이후에 당시 최고이자율인 30%를 초과하여 지급받은 경우에는 구 이자제한법 위반의 처벌 대상이 된다.[116] 다만 2014. 1. 14. 법률 제12227호로 개정되어 2014. 7. 15.부터 시행된 현행 이자제한법은 최고이자율 한도를 종전 30%에서 25%로 낮추고, 관련 대통령령으로 최고이자율을 2014. 7. 15.부터 연 25%, 2018. 2. 8.부터 연 24%로 정하였다. 이들 부칙 조항은 시행 이후 계약 체결 또는 갱신 분부터 적용하도록 하여 하향 조정 전의 최고이자율의 효력을 긍정하고 있다. 2011년 이자제한법 개정으로 신설된 처벌 규정의 적용에 관한 대법원 2016도12834 판결의 법리는 2014년 이후 이자제한법 개정으로 최고이자율이 하향 조정된 이후에는 법령 시행 전에 체결된 소비대차계약 갱신 전에 종전 최고이자율에 따른 이자를 지급받는 경우에는 적용할 수 없다. 2011년 개정 이자제한법 부칙 제2조와 2014년 개정 이자제한법 부칙 제2조의 적용례가 다르기 때문이다.

나) 금전대차 이행지체에 따른 손해배상액 예정 약정과 최고이자율 제한 여부

금전대차계약에서 금전채무 불이행 시 손해배상 예정액 약정을 할 수 있다. 대부업 등의 등록 및 금융이용자 보호에 관한 법률 제8조 제3항은 최고이자율이 연체이자에도 적용됨을 명문으로 규정하였다. 그런데 이자제한법에는 이러한 명문 규정이 없어 약정 손해배상 예정액에 이자제한법상 제한이율이 적용되는지가

116 대법원 2017. 9. 12. 선고 2016도12834 판결(공2017하, 2016).

문제이다.

긍정설과 부정설이 있다.[117] 부정설은 지연손해금은 이자가 아님을 논거로 한다.[118] 1964년 판례는[119] 부정설을 취하여 지연손해금에 제한이율을 적용한 원심을 파기환송하였다. 이자제한법이 대차계약에서 금전을 목적으로 하는 채무불이행에 관하여 손해배상액 예정 약정을 금지하지 않고 있고, 부당한 손해배상 예정액을 감액할 수 있어 제한이율을 초과하는 손해배상액 예정을 탈법행위라고 단정할 수 없음을 그 이유로 한다.

그런데 최근 판례는 "원심은 투자원금에 대한 지연손해금률을 원고와 피고들 사이의 약정에 따라 연 48%로 인정하였는데, 그 지연손해금률에 대하여는 변제기 이전의 이자와 마찬가지로 이자제한법이 적용된다고 봄이 상당하다."고 판시하였다.[120] 한편 판례는 금전채무에 관하여 이행지체에 대비한 지연손해금 비율을 따로 약정한 경우 이는 손해배상액 예정으로 본다.[121] 이를 종합하면 최근 대법원의 입장은 이자제한법상 제한이자율은 금전대차계약상 이자뿐만 아니라 연체이자에도 적용된다고 해석할 수 있다.

이자제한법 제2조는 '계약상의 최고이자율'로만 표시하고 있다. 한편 민법 제379조는 지연배상금 산정 시 약정이율에 따르도록 하였다. 여기에 국민경제생활 안정과 경제정의의 실현을 위해 이자의 적정한 최고한도를 정한다는 이자제한법의 입법 취지를 고려하면 금전대차계약으로 변제기까지의 이자뿐만 아니라 변제기 이후의 연체이자도 약정한 이상 모두에 이자제한법상 최고이자율 제한이 적용된다고 봄이 타당하다.

4) 이자제한법에 따른 고리 이자의 제한 내용

가) 사전공제한 선이자의 원본 충당 등

사전공제한 선이자가 이자제한법 최고이자율을 초과하는 때에는 그 초과부분은 원본에 충당한 것으로 간주한다(이자제한법 제3조). 사전공제한 선이자의 최고이자율 초과 여부는 채무자가 실제 수령한 금액을 원본으로 하여 이자제한법상 최

117 주석 민법, 채권총칙(2)(제4판), 한국사법행정학회(2013), 52, 53(유남석).

118 이혁, "지연손해금과 법정이자", 판례연구 제27집(2016. 2.), 부산판례연구회(2016), 475, 476.

119 대법원 1964. 6. 9. 선고 63다1212 판결(미간행).

120 대법원 2018. 6. 28. 선고 2018다22350 판결(미간행).

121 대법원 2017. 8. 18. 선고 2017다228762 판결(공2017하, 1794).

고이자율에 따라 계산한 금액을 비교하여 계산한다. 선이자 중 초과부분이 충당되는 원본은 실제 수령금이 아니라 소비대차 약정 원본이라는 점을 주의하여야 한다. 이자제한법 제3조 법문상 나오는 두 개의 '원본'을 해석할 경우, 사전공제 선이자의 이자제한법상 최고이자율 초과 여부를 산정할 때에는 실제 수령한 금액을 '원본'으로 보지만, 그 초과 이자분을 충당할 원본은 소비대차약정상 원본을 말한다.[122]

대법원 2012다55198 판결 사례를 들어 설명해 본다. 2008. 8. 18. 1억 원을 이자 월 10%로 정하여 대여하면서 대여 당일 1개월분 선이자로 1,000만 원을 공제한 9,000만 원을 교부하였다. 한편 연대보증인이 2008. 9. 30.과 2008. 10. 31. 이자로 각 500만 원을 지급하였다. 이자 지급일은 특정되지 않았고, 대여 당시 최고이자율은 연 30%였다. 이 경우 실제 수령한 9,000만 원에 대한 당시 이자제한법상 최고이자율인 연 30%의 비율로 계산한 1개월분 이자 225만 원을 초과하는 775만 원은 실제 수령금이 아닌 소비대차 원본인 1억 원에 충당된다. 선이자 1,000만 원 중 초과분의 원본 충당에 따르면 9,225만 원과 이에 대하여 2008. 9. 18.부터 연 30%의 약정 이자 지급의무가 남게 된다. 한편 2008. 9. 30. 지급이자 500만 원은 남은 대여원금 9,225만 원에 대한 2008. 9. 18.부터 2008. 9. 30.까지의 당시 최고이자율 연 30%의 비율로 계산한 이자 985,684원을 초과하므로 그 초과분 4,014,316원은 9,225만 원에 충당되며, 2008. 10. 31. 지급이자 500만 원도 남은 대여원금 88,235,684원(= 9,225만 원 - 4,014,316원)에 대한 2008. 10. 1.부터 2008. 10. 31.까지의 당시 최고이자율 연 30%의 비율로 계산한 이자 2,248,196원을 초과한 2,751,804원이 원본에 충당된다. 결국 채무자는 85,483,880원(= 88,235,684원 - 2,751,804원)과 이에 대하여 2008. 11. 1.부터 다 갚는 날까지 당시 최고이자율 연 30%의 비율로 계산한 지연손해금을 지급할 의무만 남게 된다.

나) 대차 관련 지급금의 이자 간주

금전소비대차계약상 명시적 이자만을 기준으로 최고이자율 준수 여부를 판단할 경우 채권자가 계약상 경제적 우위를 이용하여 다른 명목의 금전을 수수함으로써 최고이자율 제한을 회피할 수 있다. 이를 막고자 이자제한법은 채권자가 지급받은 것을 이자로 간주하여 이를 포함하여 최고이자율 한도 여부를 결정하도록

122 대법원 2012. 10. 11. 선고 2012다55198 판결(미간행).

하였다. 즉 예금(禮金), 할인금, 수수료, 공제금, 체당금(替當金), 그 밖의 명칭에도 불구하고 금전의 대차와 관련하여 채권자가 받은 것은 이를 이자로 본다(이자제한법 제4조 제1항). 예를 든다. 금전대차의 대가로 소개료 명목으로 지급한 돈은 간주 이자이다.[123]

한편 채무자가 금전대차와 관련하여 금전지급의무를 부담하기로 약정하는 경우 의무 발생의 원인 및 근거법령, 의무의 내용, 거래상 일반원칙 등에 비추어 그 의무가 원래 채권자가 부담하여야 할 성질인 때에는 이를 이자로 본다(이자제한법 제4조 제2항). 예를 든다. 채권자에게 부과되는 이자소득세 등 제세금과 기타 공과금을 채무자가 부담하기로 약정한 것은 금전사용의 대가로 볼 수 있으므로 간주 이자에 해당한다.[124]

다) 최고이자율 초과 지급 이자의 법적 효력

(1) 일부 무효

소비대차계약상 이자가 최고이자율을 초과한 부분은 무효이다(이자제한법 제3조 제3항). 이자제한법은 일부무효법리를 채택하여 최고이자율을 초과한 부분에 한하여 그 효력을 부정한다. 이자를 아직 지급하지 않은 경우에 최고이자율을 초과하는 이자 부분에 대하여 채무자는 채권자에게 이를 지급할 의무가 없다. 채권자는 채무자에게 이를 청구할 수도 없다.

(2) 채무자가 임의로 지급한 최고이자율 초과 이자의 처리

채무자가 최고이자율을 초과하는 이자를 임의로 지급한 경우에는 초과 지급된 이자 상당액은 원본에 충당되고, 원본이 소멸할 때에는 그 반환을 구할 수 있다(이자제한법 제2조 제4항). 1998년 폐지되기 전의 이자제한법은 제한이율 초과 이자의 효력을 부정하는 규정만 두었다. 이에 따라 종전 판례는 이자제한법 소정 이율을 초과한 이자가 무효라도 이를 임의로 지급한 경우에는 다시 그 반환을 청구할 수 없다고 보았다.[125] 2007. 3. 29. 다시 제정된 이자제한법 제2조 제4항은 임의 지급 초과 이자의 처리에 관하여 종전 판례와 반대되는 입장을 명문으로 규정하였다. 즉 일부무효의 법리에 따라 효력이 없는 최고이자율 초과 지급 이자를 원

123 대법원 1997. 9. 30. 선고 97다24023 판결(공1997, 3277).

124 대법원 1992. 10. 13. 선고 91다37270 판결(공1992, 3124).

125 대법원 1988. 9. 27. 선고 87다카422, 423 판결(공1988, 1326), 대법원 1994. 8. 26. 선고 94다20952 판결(공1994, 2526).

본에 충당하도록 하고, 원본 소멸 후에도 초과 지급 이자가 남은 경우에는 법률상 원인 없이 지급된 것으로 부당이득으로 반환을 구할 수 있게 하였다. 초과 지급 이자를 먼저 원본에 충당하도록 하고, 원본이 소멸한 경우에 한해 반환을 청구할 수 있도록 하여 소비대차계약상 채권자와 채무자 사이의 균형을 꾀한 것으로 볼 수 있다.

(3) 임의 지급한 초과 지급 이자에 대한 준소비대차계약 등의 효력

초과 지급된 이자 상당액에 대하여 준소비대차계약 또는 경개계약을 체결하더라도 그 금액 부분에 대하여는 효력이 발생하지 않는다.[126] 최고이자율 초과 이자채권을 자동채권으로 하는 상계나 그 상계합의도 무효이다.[127] 이들 계약의 효력을 부정하는 것은 그 효력이 인정될 경우 초과 지급 이자의 효력을 부정하는 이자제한법 규정을 잠탈할 수 있기 때문이다.

나. 대부업 등의 등록 및 금융이용자 보호에 관한 법률(이하 '대부업법'이라 한다)

1) 제정 경과

1998년 이자제한법 폐지로 고리대금 폐해가 사회적 문제가 되었다. 대부업자의 이자율을 제한하고, 불법적 채권추심행위 등을 규제하기 위하여 2002. 8. 26. 대부업의등록및금융이용자보호에관한법률을 제정하여 2002. 10. 27.부터 시행하였다. 제정 당시는 최고이자율을 연 70%로 하였고, 그나마 3천만 원 이하의 소액대부만을 그 대상으로 하는 등 제한적이었다.

2) 적용 범위

대부업법은 대부업 또는 대부중개업의 등록 및 감독에 필요한 사정을 정하고 대부업자의 이자율과 불법적 채권추심행위를 규제한다. '대부업'이란 금전의 대부(어음할인·양도담보, 그 밖에 이와 비슷한 방법을 통한 금전의 교부를 포함한다)를 업으로 하거나, 등록한 대부업자 또는 여신금융기관으로부터 대부계약에 따른 채권을 양도받아 이를 추심하는 것을 업으로 하는 것을 말한다(대부업법 제2조 제1호). 여기서 '금전의 대부'는 그 개념요소로서 거래의 수단이나 방법 여하를 불만하고 적어도 기간을 두고 장래에 일정한 액수의 금전을 돌려받을 것을 전제로 금전을 교부함으로써 신용을 제공하는 행위를 필수적으로 포함하고 있어야 한다. 따라서

126 대법원 2015. 1. 15. 선고 2014다223506 판결(미간행).
127 김대정, "현행법상 이자제한에 관한 연구", 중앙법학 제9집 제2호(상), 중앙법학회(2007), 338.

상품권을 담보로 금전을 제공한 것이 아니라 상품권을 할인 매입하면서 그 대금을 교부한 경우 '금전의 대부'로 볼 수 없다.[128]

다만 사업자가 그 종업원에게, 노동조합이 그 구성원에게, 국가 또는 지방자치단체가, 비영리법인이 정관 목적 범위 내로 대부하는 경우에는 그 대부 성격 등을 고려하여 대부업법 적용 대상에서 제외한다(대부업법 제2조 제1호 단서, 대부업법 시행령 제2조).

3) 최고이자율

가) 내용

대부업법 제8조 제1항은 연 27.9% 이하의 범위에서 대통령령으로 정하는 율을 초과할 수 없도록 최고이자율을 제한하였다. 최고이자율 한도는 2002. 8. 26. 대부업법 제정 당시는 1회 대부원금 3천만 원까지에 대한 최고이자율은 연 70%였다. 2005. 5. 31. 대부금액의 제한 없이 최고이자율 한도가 연 70%로 개정되었다. 이후 2007. 12. 21. 연 60%, 2010. 1. 25. 연 50%, 2016. 3. 3. 현재와 같이 연 27.9%로 개정되었다. 위 최고이자율 범위 내에서 실제 적용되는 최고이자율은 관련 대통령령인 대부업법 시행령 제5조에 규정되어 있다. 이에 따르면 2012. 10. 28. 제정 당시는 연 66%, 2007. 10. 4. 연 49%, 2010. 7. 21. 연 44%, 2011. 6. 27. 연 39%, 2014. 4. 1. 연 34.9%(시행일 2014. 4. 2.), 2017. 8. 29. 연 27.9%, 2017. 11. 7. 연 24%(시행일 2018. 2. 8.)로 개정되었다.[129]

대부업법은 대부 이자율뿐만 아니라 연체이자에도 최고이자율 제한이 적용됨을 명문화하였다(제8조 제3항).

나) 최고이자율 제한 위반의 효과

최고이자율 산정, 초과 부분의 효력, 임의 지급한 초과 이자의 법률관계 등은 이자제한법의 해당 내용과 유사하다.

대부 이자율을 산정할 때 사례금, 할인금, 수수료, 공제금, 연체이자, 체당금 등 그 명칭이 무엇이든 대부와 관련하여 대부업자가 받는 것은 모두 이자로 본다(대부업법 제8조 제2항). 채무자가 직접 대부중개업자에게 중개수수료를 지급한 경우라도 그것이 대부업자가 지급해야 할 것을 채무자에게 전가시킨 경우는 대부업

128 대법원 2019. 9. 26. 선고 2018도7682 판결(공2019하, 2065).

129 괄호에 시행일을 별도 표시하지 않은 경우 공포와 동시에 시행되었다.

자와 채무자 사이의 금전대차에 관련된 대가로 간주이자에 해당한다.[130] 다만 대부 거래 체결 및 변제에 관한 부대비용인 ①담보권 설정비용, ②신용조회비용은 간주이자에 포함되지 않는다(대부업법 시행령 제5조 제4항). 공증료는 채권자가 채무자의 채무불이행에 대비하여 강제집행을 위한 집행권원을 미리 확보해 놓는 데 드는 비용으로 채무자가 당연히 부담해야 할 성질의 것도 아니고, 담보권 설정비용으로 볼 수도 없으므로 간주이자에 해당한다.[131]

최고이자율을 초과한 부분에 대한 이자계약은 무효이다(대부업법 제8조 제4항). 채무자가 최고이자율을 초과하는 이자를 지급한 경우 그 초과 지급된 이자 상당 금액은 원본에 충당되고, 남은 금액이 있으면 그 반환을 청구할 수 있다(제8조 제5항). 선이자를 사전에 공제하는 경우에는 그 공제액을 제외하고 채무자가 실제로 받은 금액을 원본으로 하여 최고이자율을 산정한다(제8조 제6항). 공제된 선이자의 제한이율 초과 여부는 실제 받은 금액을 기준으로 하되, 이때 초과 지급된 선이자는 실제 받은 금액이 아니라 대부계약상 선이자 공제 전의 대부원금에 충당됨을 유의해야 한다.[132]

VI. 주장 및 증명책임

1. 법정이율 또는 약정이율에 따른 손해의 주장책임

금전채무 불이행에 관한 특칙을 규정한 본조에 따라 지연이자를 청구하는 채권자는 그 만큼의 손해가 있었다는 것을 증명할 필요는 없다. 그렇다고 하더라도 채권자가 금전채무 불이행을 원인으로 손해배상을 구할 때에 지연이자 상당의 손해가 발생하였다는 취지의 주장은 하여야 한다. 이러한 주장조차 하지 아니하여 그 손해를 청구하고 있다고 볼 수 없는 경우까지 지연이자 부분만큼의 손해를 인용해 줄 수는 없다.[133]

한편 약정이율에 따른 손해배상을 주장하였으나 약정이율을 증명하지 못한 경우 법정이율에 따른 손해배상을 인정할 수 있는가가 문제된다. 판례는 약정이율에 의한 금전의 손해배상을 구하는 주장에는 법정이율에 의한 지연손해금 지급

130 대법원 2014. 11. 13. 선고 2014다24785, 24792, 24808 판결(공2014하, 2343).
131 대법원 2014. 11. 13. 선고 2014다24785, 24792, 24808 판결(공2014하, 2343).
132 대법원 2014. 11. 13. 선고 2014다24785, 24792, 24808 판결(공2014하, 2343).
133 대법원 2000. 2. 11. 선고 99다49644 판결(공2000, 671).

을 구하는 주장이 포함되어 있다고 본다.[134] 이에 따른 실무가 확립되어 있다. 증명 부족으로 약정이율을 적용할 수 없더라도 상거래로 인한 금전채무의 지연손해금에는 상사법정이율에 따라야 한다.[135]

2. 법정이율 또는 약정이율에 따른 손해에 관한 채권자의 증명 불요

채권자는 금전채권의 이행기 도래 및 이에 대한 약정이율의 존재를 주장, 증명하는 것으로 족하다. 법정이율을 적용할 경우에는 이를 주장만 하는 것으로 충분하다. 법정이율 또는 약정이율로 계산한 지연손해금을 청구할 경우 그에 상응한 실제 손해가 있음을 주장하거나 증명할 필요도 없다.

한편 채무자는 금전채무 불이행에 따른 손해가 법정이율 또는 약정이율에 미치지 못함을 주장, 증명하여도 이는 단순 부인에 해당할 뿐 금전채권자의 법정이율 또는 약정이율에 따른 지연손해금 청구에 영향을 미치지 않는다. 다만 법정이율 또는 약정이율에 따른 지연손해금이 손해배상액 예정으로서 부당히 과다한지를 판단하는 데에는 고려 요소가 될 수 있다.

3. 채무자의 무과실 면책 주장 가부

가. 무과실 항변 불가

채무자는 금전채무를 불이행하게 된 데 과실이 없어도 이를 들어 자신의 면책을 항변할 수 없다. 금전채무자가 과실 없이 진정한 채권자를 확정할 수 없는 경우에도 채무자는 변제공탁을 하지 않는 이상 금전채무 불이행에 따른 손해배상책임을 면할 수 없다.

국가가 확정된 보상결정에 따라 청구인에게 형사보상금을 지급할 의무를 지는데도 이를 지체한 경우 국가로서는 형사보상금에 관한 예산이 부족함을 들어 그 지체를 정당화할 수 없다. 이는 금전채무자가 자력이 부족하다고 하면서 금전채무의 이행지체를 정당화할 수 없는 것과 마찬가지 이치이다.[136]

나. 불가항력인 경우

불가항력의 경우는 어떠한가? 채무자는 불가항력으로 금전채무를 이행하지

134 대법원 1979. 6. 26. 선고 76다1205 판결(미간행), 대법원 2003. 4. 25. 선고 2003다1229 판결(미간행).
135 대법원 1992. 7. 28. 선고 92다10173, 92다10180(병합) 판결(공1992, 2637).
136 대법원 2017. 5. 30. 선고 2015다223411 판결(공2017하, 1360).

못한 경우에도 지연배상책임을 진다는 견해도 있다.[137] 그렇지만 통설은 전쟁·내란·천재지변 등의 불가항력의 경우에는 지연배상책임 면제를 인정할 수 있다고 본다.[138]

민법 제397조와 관련하여 의용 민법의 '불가항력'을 민법 제정 당시 '과실 없음'으로 표현을 바꾸었다. '불가항력'은 무과실책임이 지나치게 가혹한 것을 제한하기 위해 사용되는 개념이다. 우리 민법과 상법은 '과실 없음'과 별도로 '불가항력'이라는 용어도 사용한다[민법 제308조, 제314조, 제336조(그 중 제308조, 제336조는 '불가항력으로 인한 손해에 대하여 그 책임을 부담한다.'고 규정한다), 구 상법(2010. 5. 14. 법률 제10281호로 일부 개정되기 전의 것) 제152조, 상법 제700조, 제709조, 제748조, 제796조, 제806조, 제810~812조, 제823조, 제829조, 제877조, 제913조, 제931조]. 이들 사정을 고려하면, 불가항력인 경우에는 채무자는 금전채무 불이행에 따른 지연배상책임을 지지 않는다고 봄이 타당하다.

137 윤철홍, 채권총론(제3전정판), 법원사(2018), 53.

138 곽윤직, 채권총론[민법강의Ⅲ](제6판), 박영사(2018), 35; 김주수, 채권총론, 삼영사(2003), 68; 김증한/김학동, 채권총론, 박영사(1998), 41, 42; 송덕수, 채권법총론(제4판), 박영사(2018), 80; 양창수/김재형, 민법Ⅰ 계약법(제2판), 박영사(2015), 488, 489; 이은영, 채권총론(제4판), 박영사(2009), 124.

제 398 조 [배상액의 예정]

① 당사자는 채무불이행에 관한 손해배상액을 예정할 수 있다.
② 손해배상의 예정액이 부당히 과다한 경우에는 법원은 적당히 감액할 수 있다.
③ 손해배상액의 예정은 이행의 청구나 계약의 해제에 영향을 미치지 아니한다.
④ 위약금의 약정은 손해배상액의 예정으로 추정한다.
⑤ 당사자가 금전이 아닌 것으로써 손해의 배상에 충당할 것을 예정한 경우에도 전4항의 규정을 준용한다.

[관련조문] 가맹사업거래의 공정화에 관한 법률 제12조(불공정거래행위의 금지), 광업법 제79조(손해배상 예정액), 근로기준법 제20조(위약 예정의 금지), 민법 제334조(피담보채권의 범위), 제360조(피담보채권의 범위), 제429조(보증채무의 범위), 제436조의2(채권자의 정보제공의무와 통지의무 등), 부동산등기법 제72조(전세권 등의 등기사항), 선원법 제29조(위약금 등의 예정 금지), 신용보증기금법 제34조(위약금), 이자제한법 제6조(배상액의 감액), 채무자 회생 및 파산에 관한 법률 제118조(회생채권), 제446조(후순위파산채권), 할부거래에 관한 법률 제10조(청약의 철회 효과), 제25조(소비자의 선불식 할부계약 해제), 제53조(과태료).

[참고문헌] 강신웅, "위약금에 관한 비교연구", 민사법학 제13·14호, 한국사법행정학회(1996); 권영준, "위약벌과 손해배상액 예정", 저스티스 통권 제155호(2016. 8.), 한국법학원(2016); 김동훈, "계약이행보증금", 인권과 정의 제280호, 대한변호사협회(1999); 김동훈, "편무·쌍무예약의 법적 쟁점", 인권과 정의 제435호(2013. 8.), 대한변호사협회(2013); 김동훈, "민법상 위약벌 제도의 운용방향", 인권과 정의 제465호, 대한변호사협회(2017); 김영태, "공사도급계약에 있어서 공사이행보증금의 성질(손해배상액 예정과 손해배상 예정액의 구별)", 대법원판례해설 제24호, 법원도서관(1996); 김재형, "손해배상액의 예정에서 위약금 약정으로-특히 손해배상 예정액의 감액을 인정할 수 있는지 여부를 중심으로", 민법론5, 박영사(2015); 김제완, "손해배상 예정액의 직권감액상 참작의 기준시와 참작 사유", 민사법학 제29호(2005. 9.), 한국사법행정학회(2005); 남효순, "개정 프랑스민법(채권법)상의 계약불이행의 효과: 제1217조-제1223조, 제1231조-제1231-7조", 비교사법 제24권 3호, 한국비교사법학회(2017); 남효순, "계약금약정에 관한 몇 가지 쟁점", 서울대학교 법학 제39권 제2호(통권 제107호), 서울대학교 법학연구소(1988); 박병칠, "계약금포기·배액상환의 약정 및 관련 문제-판례를 중심으로", 민사법연구 제3집, 호남민사법연구(1994); 박영규, "손해배상액의 예정에 관한 판례분석", 사법연구 제4집, 청림출판(1999); 박정제, "위약벌과 손해배상액 예정의 구별", 대법원판례해설 제109호(2016하), 법원도서관(2017); 박정제, "기업인수합병과정에서 이행보증금의 법적 성격에 관한 고찰", BFL 90호, 서울대학교 금융법센터(2018); 박흥대, "공사도급계약에 있어서 계약보증금의 법적 성질", 판례연구 제11집, 부산판례연구회(2000); 사봉관, "부동산 가계약금을 보는 세 가지 관점", 법률의 지평, 박영사(2019); 신신호, "위약벌 약정이 공서양속에 반한다고 보기 위한 요건 및 공서양속에 반하는 위약벌 약정의 효력", 대법원판례해설 제105호(2015하), 법원도서관(2016); 신신호, "채무불이행에 채권자에게도 과실이 있는 경우 손해배상 예정액의 감액 외에 과실상계가 허용되는지 여부", 대법원판례해설 제107호(2016상), 법원도서관(2016); 심재진, "위약금 예정 금지", 노동판례백선, 박영사

(2015); 이동신, "손해배상액 예정과 위약벌에 관한 판례 연구", 민사재판의 제문제 제11권, 민사실무연구회(2002); 이동원, "지체상금의 감액", 건축관련판례 50선, 대구판례연구회(2012); 이영숙, "당연귀속 약정이 있는 계약이행보증", 건축관련판례 50선, 대구판례연구회(2012); 이지윤, "판례에 나타난 '특수한' 손해배상액의 예정과 위약벌", 비교사법 제18권 제4호, 한국비교사법학회(2011); 이충상, "계약보증금에 관한 몇 가지 고찰-손해배상액의 예정인지 위약벌인지 및 감액 가능 여부 등", 사법논집 제32집, 법원도서관(2001); 이학수, "민법 제398조 제2항 소정의 '손해배상의 예정액이 부당히 과다한 경우'의 의미", 판례연구 제14집, 부산판례연구회(2003); 임건면, "손해배상액의 예정과 위약벌에 관한 비교법적 고찰", 민법의 과제와 현대법의 조명, 법문사(1997); 지원림, "위약금에 관한 약간의 고찰 - 위약금의 법적 성질 및 손해배상 예정액 감액을 중심으로-", 인권과 정의 제430호(2012. 12.), 대한변호사협회(2012); 최병조, "위약금의 법적 성질", 민사판례연구 제11집, 민사판례연구회(1989); 최승재, "기업인수합병시 이행보증금의 법적 성격과 감액 가능성에 관한 연구", 증권법연구 제17권 제3호, 삼우사(2016); 최창열, "손해배상액의 예정과 위약벌에 관한 연구", 성균관대학교 박사학위논문(1999); 최창열, "계약금포기와 배액상환의 법리 소고", 계약법의 과제와 전망, 삼지원(2005); 한경환, "손해배상 예정액 액수감액 여부", 김신 대법관 재임기념 논문집, 사법발전재단(2018); 홍승면, "손해배상액의 예정과 위약벌의 구별방법", 민사판례연구 제24권, 박영사(2002); Benjamin B. Reed, "Liquidated Damages Provisions: Strategic Drafting and Enforcement Issues", 37 FRANCHISE L.J. 37(2018); Deborah S. Coldwell, Atresha Q. Burchett-Williams, Melissa L. Celeste, "Liquidated Damages", 29 FRANCHISE L.J. 211(2010).

Ⅰ. 본조의 의의

본조가 손해배상액 예정에 관하여 규정한 목적은 손해의 발생사실과 손해액에 대한 증명 곤란을 덜고 분쟁 발생을 미리 방지하여 법률관계를 쉽게 해결할 뿐 아니라 채무자에게 심리적 경고를 함으로써 채무의 이행을 확보하려는 것이다.[1] 한편 본조 제2항에 규정된 손해배상 예정액의 감액 제도는 국가가 계약 당사자들 사이의 실질적 불평등을 제거하고 공정을 보장하기 위하여 계약 내용에 간섭한다는 데 그 취지가 있다.[2] 따라서 본조 제2항은 강행규정으로 그 적용을 배제하는 약정은 무효이다.[3]

Ⅱ. 비교법적 검토

위약금에 관한 법적 규율은 대륙법계와 보통법계에 따라 그 접근방식에 차이가 있다. 특히 위약벌 약정의 효력과 관련하여 큰 차이가 있다. 일반적으로 대륙법계 국가는 위약벌 약정의 효력을 긍정하는 반면 보통법계 국가는 그 효력을 부정한다. 보통법계 국가에서도 최근 영국 대법원이 위약벌 약정의 강제가능성을 법적 이익(legitimate interest)과 비례성(proportionality)이 인정되는 합리적 범위 내에서 손해배상 예정액의 강제가능성을 인정할 여지를 판시[4]하였고, 대륙법계에서도 나라별로 다양한 형태의 입법례가 있다.

글로벌 경제로 국제 거래가 개별 국가의 경제에 큰 영향을 끼친다. 이에 따라 위약금에 대한 법계별·나라별 각양각색의 입법례를 통일하려는 노력이 국제규범 마련을 통해 나타나고 있다.

위약벌 약정에 관한 각국의 법제에 관하여 그 효력이나 법원의 감액 여부를 중심으로 위약벌 약정의 강제가능성을 부정하는 보통법계를 후견주의적 시각, 위약벌 약정의 효력을 인정하되 감액을 통한 법원의 개입을 인정하는 법제(독일, 프랑스 등)를 절충주의적 시각, 위약벌 약정의 효력을 인정하면서 감액 가능성을 부정하는 법제(우리나라, 일본)를 자유주의적 시각으로 설명하기도 한다.[5]

역사적으로 보면 그리스나 로마 시대에는 위약벌 감액은 허용되지 않다가 중세 교회법학자들이 위약벌에 대한 감액을 주장하였고, 근대에 이르러 감액을 입

1 대법원 1991. 3. 27. 선고 90다14478 판결(공1991, 1265), 대법원 1993. 4. 23. 선고 92다41719 판결(공1993, 1528).

2 대법원 1993. 4. 23. 선고 92다41719 판결(공1993, 1528), 대법원 2013. 6. 27. 선고 2012다64222 판결(미간행).

3 대법원 2007. 10. 25. 선고 2007다40765 판결(미간행), 대법원 2016. 3. 24. 선고 2014다3115 판결(미간행).

4 Cavendish Square Holding BV v Talai El Makdessi; ParkingEye Limited v Beavis [2015] UKSC 67.

5 권영준, "위약벌과 손해배상액 예정", 저스티스 통권 제155호(2016. 8.), 한국법학원(2016), 209-216.

법화하게 되었다.[6] 비교법적으로 볼 때 손해배상 예정액과 위약벌을 포괄하는 위약금 감액을 허용하는 것이 세계적 흐름으로 각종 국제규범들을 통해 더욱 뚜렷이 나타나고 있다.[7]

1. 대륙법계

대륙법계 국가의 민법은 명시적 또는 묵시적으로 손해배상 예정액 또는 위약벌 약정의 효력을 인정하되 그 감액을 인정하고 있다. 한편 손해배상액 예정 약정이 있는 경우 불이행의 상대방에게 손해가 있는지 여부와 그 액수가 얼마인가에 관계없이 약정된 액수가 지급되도록 한다. 오스트리아 민법 제1336조 제1항, 벨기에 민법 제1152조, 제1229조, 2016년 개정 전 프랑스 민법 제1152조, 제1229조(현행 프랑스 민법 제1231조의5), 룩셈부르크 민법 제1152조, 제1226조, 독일 민법 제339~345조, 그리스 민법 제405조 제2항, 이탈리아 민법 제1382~1834조, 네덜란드 민법 제6:91~6:94조, 포르투갈 민법 제810조 제1항, 스페인 민법 제1152조 등이 그 예이다.[8] 손해배상 예정액에 추가로 손해배상을 구할 수 있는지에 대하여 독일은 이를 긍정하고(독일 민법 제340조 제2항, 제341조 제2항), 스페인과 포르투갈은 이를 부정(스페인 민법 제1153조, 포르투갈 민법 제811조 제2항, 제3항)하고 있어 입법례마다 차이가 있다. 손해배상 예정액이 명백히 과다한 경우에 대한 대륙법계 국가의 대응은 다소 차이가 있다. 이를 감액할 수 있도록 하는 규정을 두는 경우[오스트리아 민법 제1336조 제2항, 덴마크, 핀란드, 스웨덴 계약법 제36조, 네덜란드 민법 제6:94조, 이탈리아 민법 제1384조, 2016년 개정 전 프랑스 민법 제1152조 제2항(현행 프랑스 민법 제1231조의5 제2항), 그리스 민법 제409조, 독일 민법 제343조]가 대부분이다. 한편 스페인 민법 제1154조는 본래 채무가 일부 이행되었거나 불완전하게 이행된 경우에 지급액을 형평에 맞게 감액하도록 하였다. 벨기에는 대법원 판례로 손해배상 예정액이 계약 체결 시 예견할 수 있는 손실에 비해 지나치게 과다하여 손실의 사전평가 기능을 상실하고 단지 사적 제재로서 기능할 뿐이라면 공서양속을 위반으로 무효라고 보고 있다.[9]

6 권영준, "위약벌과 손해배상액 예정", 저스티스 통권 제155호(2016. 8.), 한국법학원(2016), 212.
7 권영준, "위약벌과 손해배상액 예정", 저스티스 통권 제155호(2016. 8.), 한국법학원(2016), 236.
8 올란도·휴빌 편/김재형 역, 유럽계약법원칙 제1·2부, 박영사(2013), 689.
9 올란도·휴빌 편/김재형 역, 유럽계약법원칙 제1·2부, 박영사(2013), 690.

가. 독일

독일은 위약금(vertragsstrafe: 계약벌 또는 위약벌로도 번역되는데 우리의 손해배상액 예정에 가깝다)에 관하여 독일 민법 제339조에서 제345조까지 규정하고 있다. 독일 민법은 불이행과 부적절한 이행을 구분하여 규정한다(독일 민법 제340조, 제341조). 채무불이행에 따른 위약금 청구 시 이행청구권이 배제되지만(독일 민법 제340조 제1항 후문), 부적절한 이행의 경우 위약금과 함께 이행청구도 할 수 있다(독일 민법 제341조). 한편 위약금 약정은 최소한의 손해배상액을 정한 것으로 보아 그 밖의 손해배상을 청구할 수 있고(독일 민법 제340조 제2항), 위약금에 대한 법원의 감액을 인정(독일 민법 제343조)하는 게 특색이다. 위약금에 대한 법원의 감액은 직권으로는 할 수 없고, 당사자의 청구가 있어야 한다. 한편 채무자에게 귀책사유가 없는 경우 위약금을 청구할 수 없다.

한편 위약금과 구별되는 개념으로 순수하게 손해배상액을 미리 정한 경우에는 이를 일괄손해배상약정(schadenspau schale)이라고 하여 독일 통설과 판례는 감액에 관한 독일 민법 제343조 적용을 부정하고 있다.[10] 일괄손해배상약정은 손해배상적 기능만을 갖고 있다는 점에서 이행강제기능과 손해배상적 기능을 모두 갖고 있는 위약금과 구별된다. 한편 약관으로 일괄손해배상약정을 정한 경우에 그 약정액이 통상적으로 예견할 수 있는 손해 또는 통상 발생하는 가치감소를 초과하는 때에는 그 약정을 무효로 본다(독일 민법 제309조 제5호).

독일 민법 제339조 [위약금(Vertragsstrafe)의 발동]

채무자가 채권자에 대하여, 그가 채무를 이행하지 아니하거나 적절하게 이행하지 아니한 때에는 일정 금액을 위약금으로 지급할 것을 약속한 경우에는, 채무자가 지체에 빠짐으로써 위약금은 발동한다. 채무의 목적인 급부가 부작위인 경우에는, 위반행위와 동시에 위약금이 발동한다.

독일 민법 제340조 [불이행에 대한 위약금약정(Strafversperchen)]

① 채무자가 채무를 이행하지 아니한 경우에 대하여 위약금을 약속한 때에는, 채권자는 약정된 위약금을 손해배상을 갈음하여 청구할 수 있다. 채권자가 채무자에 대하여 위약금을 청구할 뜻을 표시한 경우에는 이행청구

10 김재형, "손해배상액의 예정에서 위약금 약정으로-특히 위약벌의 감액을 인정할 수 있는지 여부를 중심으로", 민법론5, 박영사(2015), 276-278.

권은 배제된다.

② 채권자가 불이행으로 인한 손해배상 청구권을 가지는 경우에는 그는 최소한의 손해액으로 약정된 위약금을 청구할 수 있다. 그 밖의 손해 주장이 배제되지 아니한다.

독일 민법 제341조 [부적절한 이행에 대한 위약금약정(Strafversperchen)]

① 채무자가 자신이 채무를 적절하게 이행하지 아니한 경우, 특히 정하여진 시기에 이행하지 아니한 경우에 대하여 위약금을 약속한 때에는 채권자는 약정된 위약금을 손해배상과 아울러 청구할 수 있다.

② 채권자가 적절하지 아니한 이행으로 인하여 손해배상의 청구권을 가지는 경우에는 제340조 제2항이 적용된다.

③ 채권자가 이행을 수령한 때에는 수령에 있어서 그 권리를 유보한 경우에 한하여 위약금을 청구할 수 있다.

독일 민법 제342조 [금전 이외의 위약급부]

위약금으로 금전 지급이 아닌 급부가 약속된 경우에는 제339조 내지 제341조의 규정이 적용된다; 채권자가 위약금을 청구하는 때에는 손해배상청구권은 배제된다.

독일 민법 제343조 [위약금(Strafe)의 감액]

① 약정된 위약금이 과도하게 많은 경우에는, 채무자의 청구가 있으면 판결에 의하여 이를 적정한 액으로 감축할 수 있다. 적정성 판단에 있어서는 단지 채권자의 재산적 이익뿐만 아니라 그의 모든 정당한 이익이 고려되어야 한다. 위약금이 지급된 후에는 감액을 할 수 없다.

② 제339조, 제342조의 경우 외에도 어떠한 행위를 하거나 하지 않는 경우에 대하여 제재금이 약속된 경우에도 또한 같다.

독일 민법 제344조 [무효인 위약금약정(Strafversperchen)]

법률이 급부의 약속이 효력 없다고 선언하는 경우에는 당사자들이 그 약속이 효력 없음을 알았던 때에도 그 약속이 불이행된 경우에 관하여 행하여진 위약금 약정 역시 효력이 없다.

독일 민법 제345조 [증명책임]

채무자가 채무를 이행하였다는 이유로 위약금 적용을 다투는 경우에는 채무

목적인 급부가 부작위가 아닌 한 그가 이행을 증명하여야 한다.

나. 프랑스

나폴레옹 민법으로 불리는 1804년 프랑스 민법은 계약 자유의 원칙에 따라 위약금 약정의 효력을 인정하면서 그 증감을 부정하였다. 이러한 태도는 일본 민법에도 영향을 미쳤다. 2017년 개정으로 삭제된 구 일본 민법 제420조 제1항 후문은 법원이 손해배상 예정액의 증감을 할 수 없도록 규정하였었다. 프랑스는 1975년 개정을 통해 위약금 증감을 허용하였다. 이러한 태도는 2016년 개정 프랑스 민법에도 이어졌다. 2016년 개정 프랑스 민법은 개정 전 위약 약정부 채권(Des obligations avec clauses pénales)에 관한 규정 중 제1152조, 제1230조, 제1231조만을 수용하여 제1231조의5 한 조문으로 통합하였다.[11] 우리 민법과 비교해 볼 때 2016년 개정 프랑스 민법은 손해배상액 예정 약정이 있는 경우 추가 손해 청구 불가를 명문화하고(프랑스 민법 제1231조의5 제1항), 손해배상 예정액과 위약벌을 포함한 위약금에 대하여 법원의 증감권을 인정(프랑스 민법 제1231조의5 제2항)하는 게 특색이다.

프랑스 민법 제1231조의5

① 계약으로 채무를 이행하지 않은 당사자가 일정한 금액을 손해배상으로서 지급할 것을 약정한 경우에는 다른 당사자에게 이보다 많거나 적은 금액을 지급할 수 없다.

② 법관은 합의된 위약금이 명백히 과다하거나 과소한 경우에는 직권으로도 이를 감액 또는 증액할 수 있다.

③ 채무가 부분적으로 이행된 경우에는 합의된 위약금은 부분적 이행이 채권자에게 가져올 이익에 비례하여 법관이 직권으로도 감액할 수 있고, 제2항의 적용을 배제하지 않는다.

④ 제2항 및 제3항에 반하는 약정은 기재되지 않은 것으로 본다.

⑤ 불이행이 확정적인 경우를 제외하고는 위약금은 채무자가 지체에 빠진 경우에만 인정된다.

11 남효순, "개정 프랑스민법(채권법)상의 계약불이행의 효과: 제1217조-제1223조, 제1231조-제1231-7조", 비교사법 제24권 3호, 한국비교사법학회(2017), 1357-1361.

다. 일본

일본 민법 제420조는 '배상액의 예정'이라는 제목 아래 우리 민법 제398조와 유사한 내용을 두고 있다. 우리 민법과 달리 손해배상의 예정액에 대한 감액 근거 규정이 없는 게 특색이다. 개정 전 일본 민법 제420조 제1항 후문은 손해배상액을 예정한 경우 법원은 이를 증감할 수 없도록 규정하였다. 그럼에도 일본 통설과 판례[12]는 과다한 손해배상액의 예정에 대하여 선량한 풍속위반을 이유로 감액을 인정하였다. 2017. 6. 2. 개정된 일본 민법 제420조 제1항은 법원이 손해배상 예정액을 증감할 수 없다는 후문을 삭제하였다.

일본 민법 제420조(배상액의 예정)

① 당사자는 채무의 불이행에 대하여 손해배상의 액을 예정할 수 있다.

② 배상액의 예정은 이행의 청구 또는 해제권의 행사를 방해하지 아니한다.

③ 위약금은 이를 배상액의 예정으로 추정한다.

일본 민법 제421조

제420조의 규정은 당사자가 금전이 아닌 것으로써 손해의 배상에 충당할 것을 예정한 경우에 이를 준용한다.

2. 보통법계

보통법계 국가에서는 채무불이행에 대한 일정액 지급 약정을 위약벌 조항과 손해배상액 예정 조항 두 가지로 구분한다. 위약벌 조항은 채무자로 하여금 주된 채무를 이행하도록 강제하기 위해 "위협적인 상황(in terrorem)"에서 맺어진 것으로 보아 그 효력을 부정한다.

영국은 17세기 후반부터 형평법에 의하여 손해전보의 범위를 초과하는 위약보증금의 몰취를 부정하기 시작하여 손해전보와 무관한 위약벌을 부정하는 보통법 원칙으로 발전되어 영미법계 국가의 전통으로 자리 잡았다.[13] 영국의 던롭 판결은 "위약벌의 본질은 위약자에 대한 경고로서 규정된 금전 지급에 있고, 손해배상액 예정의 본질은 순수한 손해액의 사전 합의에 있다."고 판시하며 후자에 대해

12 日大判 1944. 3. 14. (民集23, 147) (第一法規法律情報総合データベース D1-law 判例ID: 27000158).

13 Pascal Hachem, "The Future of Agreed Sums Payable upon Breach of an Obligation", 13 Eur. J. L. Reform 629, 630(2011)[권영준, "위약벌과 손해배상액 예정", 저스티스 통권 제155호(2016. 8.), 한국법학원(2016), 209, 주)37에서 재인용].

서만 효력을 인정하였다.[14]

위약벌의 효력을 부정하는 근거는 다음과 같다. ①계약불이행 구제의 핵심은 손해전보이지 제재가 아니다. ②위약벌로 계약을 통해 달성할 수 있는 것보다 더 큰 망외 이익을 얻는 것은 계약법 목적에 부합하지 않는다. ③영미 계약법에서 계약 위반 요건으로 귀책사유를 요구하지 않는데, 귀책사유 없는 계약 위반에 대해 사적 처벌을 가하는 것은 정당화하기 어렵다. ④ 계약 위반이 사회적 효용을 증가시키는 경우에는 이른바 효율적 계약 위반(efficient breach of contract)을 장려하여야 하는데, 위약벌은 이를 저해하여 사회적 효용을 떨어뜨린다.[15]

일정액 지급 약정이 계약 위반에 따른, 증명할 수 있는 손해의 최대치와 비교해서 과다하고 비양심적인 것이라면 그 조항은 위약벌 조항으로 간주된다. 이에 반해 계약 위반에 따른 손해를 사전 평가하여 그 금액을 지급하기로 하거나 그 손해를 정확하게 사전 평가하는 것이 불가능하더라도 사전평가로 볼 만한 사정이 있는 경우에는 손해배상액 예정 조항(liquidated damages clause)으로 그 효력을 인정한다.[16]

영미법상 손해배상액 예정에는 손해전보적 기능만을 인정하고, 이행확보적 기능을 부정하는 게 우리의 손해배상액 예정의 기능과 차이가 있다. 무엇보다도 영미법상 위약벌의 효력이 부정되므로 계약 위반에 따른 일정한 금전을 지급하기로 한 조항이 위약벌인지 손해배상액 예정에 해당하는지는 양자의 효력을 모두 인정하는 대륙법계보다 더 큰 결과상 차이를 가져온다. 미국 법원도 단순히 손해배상액 예정 합의 조항(liquidated damages clause)이라는 표현에 구애받지 않고 일반적으로 다음과 같은 요건을 갖추었을 때 계약 위반에 따른 손해배상액 지급 약정을 손해배상액 예정 조항으로 보아 그 효력을 인정한다. ①계약 당사자가 계약 위반 시 발생할 손해배상액을 미리 정할 의사가 있어야 한다. ②계약 당시 손해배상 예정액이 계약 위반으로 발생할 실제 손해를 합리적으로 추정한 것이어야 한다. ③계약 당시 계약 위반에서 발생할 손해액 산정을 하기 어려워야 한다.[17] 계약 위반 시 금전 지급 약정의 유효성을 판단하는 기준은 미국 각 주마다 약간

14 Dunlop Pneumatic Tyer Co. Ltd v New Garage&Motor Co. Ltd [1915] A.C. 79, 86.

15 권영준, "위약벌과 손해배상액 예정", 저스티스 통권 제155호(2016. 8.), 한국법학원(2016), 210.

16 올란도·휴빌 편/김재형 역, 유럽계약법원칙 제1·2부, 박영사(2013), 691.

17 Deborah S. Coldwell, Atresha Q. Burchett-Williams, Melissa L. Celeste, "Liquidated Damages", 29 FRANCHISE L.J. 211(2010), 211.

씩 차이가 있다. 예를 들어 미네소타 주나 노스 다코타 주의 경우 프랜차이즈계약에서 손해배상액 예정 약정을 금지하거나, 펜실베이니아 주에서는 계약 당사자의 의사를 중시하기도 한다.[18] 계약 위반에 따른 일정한 금전 지급 약정의 효력의 유무가 갈리므로 미국 법조 실무가들은 그러한 약정이 앞서 본 유효 요건에 맞도록 세심한 주의를 기울인다.[19]

3. 국제규범

국제거래가 활발해 짐에 따라 위약금에 관한 통일적 규율을 위해 국제규범이 마련됐다. 이는 법률적 구속력이 없는 일종의 모델법이다. 이들 국제규범은 손해배상 예정액과 위약벌을 위약금으로 통합하여 일률적으로 규율한다.

가. 유럽계약법원칙(Principles of European Contract Law: PECL)

유럽계약법원칙 제1, 2부 중 본조에 해당하는 규정의 내용은 다음과 같다. 우리 민법과 비교할 때 위약벌에 대하여도 감액을 허용하고 있다.

제9:509조 [불이행에 대한 지급 약정]

① 이행을 하지 못한 당사자가 불이행의 상대방에게 그 불이행에 대하여 특정한 금액을 지급하기로 계약에서 정한 경우에, 불이행의 상대방은 그의 현실적 손실과 관계없이 그 금액을 지급받는다.

② 그러나 계약에서 특정된 금액이 불이행으로 인한 손실과 그 밖의 사정을 고려할 때 현저하게 과도한 경우에는, 그 금액을 합리적인 액수로 줄일 수 있으며, 이는 당사자의 합의로 배제하지 못한다.

나. UNIDROIT 국제상사계약원칙(UNIDROIT Principles of International Commercial Contracts: UPICC)

UNIDROIT 국제상사계약원칙[20] 제7.4.13조는 불이행에 대한 지급 약정이라는 제목으로 유럽계약법원칙 제9:509조와 같은 내용을 규정하고 있다. UPICC 제7.4.13.조는 손해배상 예정액과 위약벌 모두를 대상으로 적용된다. 손해배상 예정

18 Deborah S. Coldwell, Atresha Q. Burchett-Williams, Melissa L. Celeste, "Liquidated Damages", 29 FRANCHISE L.J. 211(2010), 212. 주(州)별 유효성 판단 기준에 대하여는 218 이하의 부록(Appendix) 참조.

19 그에 관한 논문으로는 Benjamin B. Reed, "Liquidated Damages Provisions: Strategic Drafting and Enforcement Issues", 37 FRANCHISE L.J. 37(2018).

20 www.unidroit.org/english/principles/contracts/principles2016/principles2016-e.pdf에서 2016년판 영어원문과 조문해석을 검색할 수 있다.

액과 위약벌을 포괄하는 위약금이 지나치게 과다한 경우에는 감액할 수 있도록 하였다. 그러나 위 조항을 근거로 증액할 수 없다.

4. 우리나라 2012년 민법개정위원회 개정안

우리나라도 위약금에 관한 세계적 흐름에 맞게 2012년 민법개정위원회에서 본조 개정안을 확정하였다. 개정안의 특징으로는 ①조문 제목을 손해배상 예정액과 위약벌을 아우르는 위약금으로 바꾸고, ②위약금이 부당히 과다한 경우 감액할 수 있게 함으로써 위약벌에 대한 감액의 근거를 마련하는 한편, ③손해배상액 예정의 효력은 계약과 관련된 불법행위상 손해까지 예정한 것으로 볼 수 없다는 판례[21]를 반영하여 위약금 약정은 채무불이행으로 인한 손해배상액 예정에 한정함을 분명히 하였다. 개정안 원문은 다음과 같다(밑줄 부분이 현행 조문과 차이가 난다).

> 2012년 민법개정안 제398조(위약금)
> ① 당사자는 채무불이행에 관하여 <u>위약금을</u> 약정할 수 있다.
> ② 위약금의 약정은 <u>당사자들이 채무불이행으로 인한</u> 손해배상액을 예정한 것으로 추정한다.
> ③ <u>위약금이</u> 부당히 과다한 경우에는 법원은 적당히 감액할 수 있다.
> ④ 위약금의 약정은 이행의 청구나 계약의 해제에 영향을 미치지 아니한다.
> ⑤ 당사자가 금전이 아닌 것으로써 손해배상에 충당하기로 예정한 경우에도 제1항 내지 제4항의 규정을 준용한다.

Ⅲ. 위약금

1. 위약금의 의의와 내용

가. 의의

당사자 사이에 법률행위를 하면서 채무불이행이 있을 경우 채무자가 채권자에게 지급하기로 한 일정한 금액을 위약금이라 한다. 일방의 채무불이행에 대하여 상대방에게 일정한 금전을 지급하기로 하는 당사자 사이의 합의를 위약금 약

21 대법원 1999. 1. 15. 선고 98다48033 판결(공1999, 297).

정이라 한다.

위약금 지급을 구하기 위해서는 위약금 약정이 있어야 한다. 위약금 약정이 없는 경우는 일방의 귀책사유 있는 채무불이행이 있더라도 실제 손해를 주장·증명하여 손해배상을 구할 수 있을 뿐 계약금 등과 같이 일정한 금전을 기준으로 위약금을 구할 수는 없다. 따라서 매매계약에서 매수인의 귀책사유로 인하여 계약이 해제되는 경우에는 위약금 약정을 두지 않고 매도인의 귀책사유로 인하여 계약이 해제된 경우에 대해서만 위약금 약정을 두었다 하더라도 그 위약금 약정이 무효로 되는지는 별론으로 하고 매수인의 귀책사유로 인한 계약 해제의 경우에 매도인은 공평의 원칙을 들어 매수인에게 위약금 지급을 구할 수 없다.[22]

나. 위약금의 기능

채무불이행 시 위약금을 지급하기로 함으로써 채권자는 채무자로 하여금 채무 이행을 간접적으로 강제할 수 있다. 그뿐만 아니라 계약 당시 장래 채무불이행으로 발생 가능한 손해를 미리 산정한 금액을 발생할 손해를 위약금으로 정함으로써 손해배상액 예정 약정을 통해 손해전보의 기능도 가진다. 손해배상액 예정 약정은 손해의 발생 유무나 그 범위에 관한 주장·증명책임을 완화하여 채무불이행에 따른 신속한 분쟁 해결에 도움을 주기도 한다.

다. 위약금의 내용

학설과 판례는 채무불이행 시 발생하는 위약금을 손해배상 예정액과 위약벌로 나눈다. 손해배상 예정액은 위약 시 발생하는 손해를 계약 체결 당시 미리 정한 금액을 말한다. 한편 위약벌은 채무불이행에 따른 손해와 상관없이 위약 행위 자체에 일정한 제재로서 금전을 지급하기로 한 위약금을 말한다. 손해배상 예정액과 위약벌 모두 채무불이행에 대한 구제수단으로 인정된다. 두 가지 모두 손해전보 및 채무이행의 간접강제 기능을 가진다. 다만 손해배상 예정액은 손해전보 측면에, 위약벌은 이행강제 측면에 무게를 둔다.

손해배상액 예정과 위약벌의 성질을 함께 가지는 경우도 있다. 판례는 전기공급계약에 계약종별 외의 용도로 전기를 사용하면 전기요금 면탈금액의 2배에 해당하는 위약금을 부과한다고 되어 있으나 별도로 면탈한 전기요금 자체 또는

22 대법원 2000. 1. 18. 선고 99다49095 판결(미간행), 대법원 2007. 10. 25. 선고 2007다40765 판결(미간행), 대법원 2008. 2. 14. 선고 2006다37892 판결(미간행).

손해배상을 청구할 수 있는 규정은 없고 면탈금액에 대해서만 부가가치세 상당을 가산하도록 되어 있는 경우 이러한 위약금은 손해배상액 예정과 위약벌의 성질을 함께 가진다고 보았다.[23] 또한 전기공급약관상 전기요금이 정당하게 계산되지 않았을 경우 정당하게 계산되지 않은 금액의 3배를 한도로 위약금을 받는다고 규정한 경우에도 마찬가지로 보았다.[24] 전자의 판례에 대하여 위약금의 범위를 특정하여 면탈금액 부분에 대하여는 손해배상액 예정으로, 이를 초과하는 추징금 부분에 대해서는 위약벌 약정으로 구분하여 이들 약정을 하나로 통합한 것으로 볼 수 있다고 보기도 한다.[25] 그러나 후자의 판례는 손해배상액 예정과 위약벌을 성질을 함께 가지는 위약금 전체를 기준으로 손해배상 예정액을 감액할 수 있다고 판시함으로써 위약금의 범위를 특정하여 양자가 단순히 결합된 것으로 보지는 않고 있다.

2. 손해배상액 예정과 위약벌의 구별

가. 구별 실익

위약금 약정을 손해배상액 예정과 위약벌 중 어디에 해당하는지를 구별하는 가장 중요한 실익은 양자에 대한 법률 효과가 다르기 때문이다.

손해배상액 예정인 위약금에 대하여는 법원이 직권 또는 신청으로 감액할 수 있다. 이에 반해 위약벌인 위약금에 대하여는 손해배상의 예정과 그 내용이 다르므로 손해배상 예정액 감액에 관한 민법 제398조 제2항을 유추적용을 할 수 없다.[26] 법원은 손해배상 예정액과 달리 위약벌을 감액할 수 없다. 다만 위약벌인 위약금 조항이 공서양속에 반한다는 등 이유로 전체 또는 일부가 무효로 될 수는 있다. 위약벌에 대하여 무효 법리를 적용하여 감액과 같은 효과를 볼 수는 있다. 그렇지만 손해배상 예정액에 대하여 재판 실무상 폭넓게 감액이 이루어짐에 반해 위약벌에 대한 전체 또는 일부 무효 법리의 적용은 사적 자치의 원칙에 대한 예외로 보아 법원의 신중한 개입 또는 자제를 요구한다는 점[27]에서 양자에 대한 법

23 대법원 2013. 4. 11. 선고 2011다112032 판결(공2013상, 845).

24 대법원 2018. 10. 12. 선고 2016다257978 판결(공2018하, 2085).

25 김재형, "손해배상액의 예정에서 위약금 약정으로-특히 위약벌의 감액을 인정할 수 있는지 여부를 중심으로", 민법론5, 박영사(2015), 259; 권영준, "위약벌과 손해배상액 예정", 저스티스 통권 제155호(2016. 8.), 한국법학원(2016), 208.

26 대법원 2002. 4. 23. 선고 2000다56976 판결(공2002, 1213).

27 대법원 2016. 1. 28. 선고 2015다239324 판결(공2016상, 353).

적 효과나 실무 운용 면에서 결정적 차이가 있다.

나. 구별 기준

손해배상액 예정과 위약벌의 주요 구별 기준으로 ①위약금 약정의 표현, ② 당사자의 위약금 규정을 둔 목적, ③별도의 손해배상청구 허용 여부 등이 있다.

1) 위약금 약정의 표현

당사자가 위약금 약정을 하면서 손해배상액 또는 위약벌(제재금) 등의 표현을 하는 경우 의사표시 해석의 한 요소로 고려할 수 있다. 당사자가 지향하는 법률효과는 당사자가 어떤 용어나 표현을 사용하였는가에 좌우되지 않는다. 따라서 손해배상액 예정과 위약벌의 구별에서 당사자가 어떤 표현을 썼는지는 결정적인 기준이 될 수 없다.[28]

2) 위약금 규정을 둔 목적

당사자가 채무이행 확보를 목적, 즉 상대방의 채무 이행을 압박하고, 위약 시 사적인 제재를 가할 목적으로 약정한 위약금은 위약벌로 볼 수 있다. 이에 반해 위약금 규정을 둔 목적이 채무불이행에 따른 손해배상 발생 사실과 손해액에 대한 증명 곤란을 배제하고 채무불이행에 따른 법률 분쟁을 간이하게 해결하는 데 있는 경우에는 손해배상액 예정으로 볼 수 있다.

위약벌에도 이행확보기능 외에도 손해배상기능도 포함한다는 견해도 있다.[29] 한편 통설과[30] 판례는[31] 손해배상액 예정을 손해배상적 기능뿐만 아니라 간접강제로 채무 이행을 확보한다는 이원적 기능을 한다고 본다. 이처럼 손해배상액 예정과 위약벌은 그 목적에서 손해배상적 기능과 이행확보적 기능 중 어느 것을 주된 것으로 하느냐의 정도의 차이만 있으므로 단순히 목적만을 가지고 손해배상액 예정과 위약벌을 구분하기 어렵다.

3) 별도의 손해배상청구 허용 여부

위약금 약정에서 별도의 손해배상청구를 배제하는 경우에 그 위약금 약정은

28 권영준, "위약벌과 손해배상액 예정", 저스티스 통권 제155호(2016. 8.), 한국법학원(2016), 205.

29 임건면, "손해배상액의 예정과 위약벌에 관한 비교법적 고찰", 민법의 과제와 현대법의 조명, 법문사(1997), 384.

30 곽윤직, 채권총론[민법강의Ⅲ](제6판), 박영사(2013), 95; 김동훈, 채권총론, 동방문화사(2012), 255; 김상용, 채권총론(제3판), 화산미디어(2016), 188; 김준호, 채권법(제10판), 법문사(2019), 118,

31 대법원 1991. 3. 27. 선고 90다14478 판결(공1991, 1265), 대법원 1993. 4. 23. 선고 92다41719 판결(공1993, 1528), 대법원 1995. 12. 12. 선고 95다28526 판결(공1996, 1370).

손해배상액 예정으로 볼 수 있다. 손해배상액 예정은 채무불이행이 생길 경우를 대비하여 사전에 손해배상 문제를 해결하기 위한 약정이므로 원칙적으로 별도의 손해배상청구를 할 수 없기 때문이다. 손해배상액 예정으로 보면서 별도의 손해배상을 허용할 경우 이중배상이 되므로 허용되기 어렵다.

이에 반해 동일한 채무불이행에 대하여 위약금 약정과 별도로 손해배상청구를 규정한 경우에 그 위약금 약정은 위약벌로 볼 수 있다. 위약벌은 채무이행을 간접강제하여 이행을 확보하는 데 목적이 있는 사적 제재이므로 채무불이행에 따른 손해배상청구와 별개의 문제이기 때문이다. 판례도 하나의 계약에 채무불이행으로 인한 손해의 배상에 관하여 손해배상예정에 관한 조항이 따로 있다거나 실손해의 배상을 전제로 하는 조항이 있고 그와 별도로 위약금 조항을 두고 있어서 그 위약금 조항을 손해배상액의 예정으로 해석하게 되면 이중배상이 이루어지는 등의 사정이 있을 때에는 그 위약금은 위약벌로 보고 있다.[32]

이처럼 별도의 손해배상 허용 여부가 손해배상액 예정과 위약벌의 구분에서 가장 중요한 요소이다. 이 요소를 사실상 유일한 기준으로 보기도 한다.[33] 한편 별도의 손해배상청구 가부가 불분명한 상태로 위약금 약정만 하는 경우도 있으므로 이때에는 구별 요소를 종합적으로 판단하여 그 성질을 결정하여야 한다.

4) 위약금 약정의 쌍방적 또는 편면적 규정 여부

당사자 사이의 교섭력 차이로 위약금 약정을 쌍방적으로 할 수도, 편면적으로 할 수도 있다. 위약금 약정이 쌍방적으로 되어 있다는 것은 양 당사자가 그만큼 대등한 위치에서 계약조건을 정하였다는 고려 요소가 될 수 있다. 판례도 위약벌에 대한 판단 기준으로 당사자의 경제적 지위를 들고 있다.[34] 다만 이 요소는 압도적인 기준이라기보다는 다른 여러 요소와 종합적으로 고려해야 한다.[35]

다. 판례 입장

1) 초기 판례

2000년대 초반 이전 판례는 계약 이행을 압박 또는 강제하거나 위약에 대한

32 대법원 2016. 7. 14. 선고 2013다82944, 82951 판결(공2016하, 1123).

33 권영준, "위약벌과 손해배상액 예정", 저스티스 통권 제155호(2016. 8.), 한국법학원(2016), 207; 홍승면, "손해배상액의 예정과 위약벌의 구별방법", 민사판례연구 제24권, 박영사(2002), 159, 160.

34 대법원 2016. 7. 14. 선고 2012다65973 판결(공2016하, 1111).

35 김동훈, "민법상 위약벌 제도의 운용방향", 인권과 정의 제465호, 대한변호사협회(2017), 99, 100.

사적인 제재를 가하는 성격의 위약금에 대하여 폭넓게 위약벌을 인정하는 경향을 보였다.

위약벌로 인정한 구체적 사례로는 ①어촌계에서 생산되는 성게 등 전량을 그 때그때 인수하기로 한 매수인이 계약금의 10%를 계약보증금으로 납부하면서 계약 위반 시 계약보증금이 몰수되고, 계약 불이행에 대하여 별도의 배상책임을 지기로 한 경우,[36] ②외국산 옥수수 공급계약에서 공급자가 계약을 이행하지 않는 경우 몰수되고, 이행할 경우 반환되는 계약금액 10%에 해당하는 이행보증금,[37] ③백화점 수수료위탁판매매장계약에서 매출신고를 누락하는 경우 판매수수료의 100배에 해당하고, 매출신고누락분의 10배에 해당하는 벌칙금,[38] 구 예산회계법(1995. 1. 5. 법률 제4868호로 개정되기 전의 것) 제93조, 동시행령(1995. 7. 6. 대통령령 제14710호로 개정되기 전의 것) 제123조에 의한 차액보증금[39] 등이 있다.

2) 최근 판례

판례는 위약금의 성질이 위약벌과 손해배상액 예정 중 어디에 해당하는지는 기본적으로 구체적 사건에서 개별적으로 결정할 의사해석의 문제로 보고 있다.[40] 민법 제398조 제4항은 "위약금의 약정은 손해배상액의 예정으로 추정한다."고 규정하고 있으므로 판례는 위약금이 위약벌로 해석하기 위해서는 특별한 사정이 주장·증명되어야 한다고 본다.[41]

대법원은 2016년 대우조선해양 M&A 입찰보증금 3,150억 원의 위약벌 여부가 문제된 사건(대법원 2012다65973)에서 약 4년간 심리 끝에 위 입찰보증금을 위약벌로 본 원심판결을 파기환송하며 위약벌과 손해배상액 예정을 구별할 때 고려하여야 할 요소를 명확히 제시하였다. 즉 ①계약을 체결할 당시 위약금과 관련하여 사용하고 있는 명칭이나 문구뿐만 아니라 ②계약 당사자의 경제적 지위, ③계약 체결의 경위와 내용, ④위약금 약정을 하게 된 경위와 그 교섭과정, ⑤당사자가 위약금을 약정한 주된 목적, ⑥위약금을 통해 그 이행을 담보하려는 의무의

36 대법원 1989. 10. 10. 선고 88다카25601 판결(공1989, 1658).

37 대법원 1991. 4. 26. 선고 90다6880 판결(공1991, 1483).

38 대법원 1993. 3. 23. 선고 92다46905 판결(공1993, 1272).

39 대법원 2002. 4. 23. 선고 2000다56976 판결(공2002, 1213).

40 대법원 2000. 12. 8. 선고 2000다35771 판결(공2001, 262), 대법원 2006. 10. 26. 선고 2004다65282 판결(미간행).

41 대법원 2000. 12. 8. 선고 2000다35771 판결(공2001, 262), 대법원 2009. 12. 24. 선고 2009다60169, 60175 판결(미간행).

성격, ⑦채무불이행이 발생한 경우에 위약금 이외에 별도로 손해배상을 청구할 수 있는지 여부, ⑧위약금액의 규모나 전체 채무액에 대한 위약금액의 비율, ⑨채무불이행으로 인하여 발생할 것으로 예상되는 손해액의 크기, ⑩그 당시의 거래관행 등 여러 사정을 종합적으로 고려하여 위약금의 법적 성질을 합리적으로 판단하여야 한다.[42] 이들 요소들(특히 ⑤당사자가 위약금을 약정한 주된 목적, ⑥위약금을 통해 그 이행을 담보하려는 의무의 성격, ⑦채무불이행이 발생한 경우에 위약금 이외에 별도로 손해배상을 청구할 수 있는지 여부)을 염두에 두고 다음에서 볼 구체적 판례 사례를 살필 필요가 있다.

3) 구체적 판례 사례

가) 약정상 '위약벌' 표현에도 불구하고 손해배상 예정액으로 본 사례

당사자 약정 문언상 '위약벌로 귀속된다.'고 규정되어 있더라도 그 법적 성격을 파악하면서 단순히 문구에 구속될 것은 아니다. 계약의 체결 경위나 계약 전체의 체계 및 내용, 당사자의 지위 등을 종합하여 그 법적 성격을 해석하여야 한다. 위약 시 지급하거나 몰취하기로 한 금액의 법적 성격은 그 실질에 따라 구별되어야 하기 때문이다. 아래에서는 당사자 사이의 위약금 약정에 '위약벌' 표현에도 불구하고 손해배상액 예정으로 해석된 사례를 살핀다.

(1) 대우조선해양 M&A 입찰보증금 양해각서에 '위약벌' 표현이 있었던 사례[43]

(가) 사안 경과

원고는 피고들과 지배주식 매각 형식의 M&A 절차에서 최종계약 체결 전 단계의 양해각서를 체결하면서 "본 양해각서가 해제되는 경우 매도인들이나 매수인들은 본 양해각서에서 규정한 권리의 행사 이외에는 본건 거래와 관련하여 상대방 당사자에게 어떠한 손해, 손실 또는 비용에 대한 배상이나 보전 기타 여하한 사유를 원인으로 한 청구도 하지 아니한다(제11조). 본 양해각서가 매수인들의 책임 있는 사유에 의하여 해제되는 경우 매수인들이 기납부한 이행보증금 및 그 발생이자는 위약벌로 매도인들에게 귀속된다(제12조 제2항). 본 양해각서가 해제될 경우 이행보증금 및 발생이자의 몰취 또는 반환만이 유일한 구제수단이며, 기타

42 대법원 2016. 7. 14. 선고 2012다65973 판결(공2016하, 1111). 이에 대한 평석으로 박정제, "위약벌과 손해배상액 예정의 구별", 대법원판례해설 제109호(2016하), 법원도서관(2017), 45-89 참조. 같은 취지의 판례로는 대법원 2018. 3. 27. 선고 2017다287860 판결(미간행).

43 대법원 2016. 7. 14. 선고 2012다65973 판결(공2016하, 1111).

의 손해배상이나 원상회복 등 일체의 다른 권리를 주장할 수 없다(제12조 제4항).” 고 약정하였다.

원고는 이행보증금이 손해배상액 예정임을 전제로 부당히 과다하여 전부가 무효임을 주장하면 그 반환청구를 하였다.

원심은 다음 사정을 들어 이 사건 양해각서상 이행보증금 몰취 조항(제12조 제2항)을 감액이 허용되지 않는 위약벌로 정하는 데 당사자의 의사 합치가 있다고 보았다.

①당사자들은 경제적 지위나 능력, 협상력 등에서 서로 대등한 지위에서 최고 수준의 법률자문을 받아 손해배상액 예정과 위약벌을 구별하고, 그 취급을 달리 하는 점을 알면서 양해각서를 체결하였고, 양해각서 제12조 제2항에 ‘위약벌’임을 명시하고 있다. ②이행보증금 규모가 크지만 주식 매매대금 6조 3천억여 원의 약 5% 정도이다. ③이 사건 주식매각은 부실화된 회사에 수년간 투입된 공적자금 회수를 위하여 추진된 것으로 국가경제와 산업구조에 미치는 영향이 크고, 신속한 최종계약 체결 및 거래 종결이 매우 중요한 의미를 가지고 있어 이를 강제할 필요성이 있었다. ④매각이 무산될 경우 매도인 측에 신인도 추락 또는 경영정상화 기회상실로 인한 손해를 입게 된다.

(나) 대법원 판단

대법원은 다음과 같은 이유로 ‘위약벌’의 표현에도 불구하고 이 사건 이행보증금을 손해배상액 예정으로 보아 감액 사유 심리를 위해 원심판결을 파기환송하였다.

①양해각서 제11조, 제12조 제2항, 제4항을 함께 살펴보면 매수인들의 귀책사유로 양해각서가 해제됨으로써 발생하게 될 모든 금전적인 문제를 오로지 이 사건 이행보증금의 몰취로 해결하고 기타의 손해배상이나 원상회복청구는 명시적으로 배제하였다. 이에 매도인들에게 손해가 발생하더라도 이에 대한 손해배상청구를 따로 할 수 없다. ②체결 당사자들의 진정한 의도는 이행보증금을 통하여 최종계약 체결을 강제하는 한편 향후 발생할 수 있는 손해배상 문제도 함께 해결하고자 하는 것이다. ③양해각서 단계에서 기업인수가 결렬될 경우 피고들이 입는 손해 산정이 어려우므로 이행보증금에 손해배상에 관한 법률관계를 간편하게 처리하기 위한 기능이 있다. ④당사자가 채무이행 확보에 중점을 두었다고 하여도 손해배상액 예정으로서 실질이 부정되지 아니한다. ⑤당초 양해각서 초안에는 확

인실사 및 가격조정 완료 후 최종계약을 체결하는 것으로 예정되어 있었다가 협의 과정에서 피고 측 요구로 확인실사 실시와 상관없이 최종계약을 체결하기로 하는 조항이 삽입되어 거래구조가 근본적으로 변경되었다. 그 과정에서 원고 측은 그 위험에 대한 합리적 판단을 하지 못한 채 최종계약 체결의무를 부담하면서 종전의 거래조건을 전제로 하였던 이행보증금 몰취 약정을 그대로 하게 되었다.

(2) 치과병원 동업 해지 과정 중에 '위약벌' 표현이 있었던 사례[44]

(가) 사안 경과

원고들과 피고는 치과병원을 공동으로 경영하기로 하는 동업계약을 체결하였다. 동업계약 제11조로 "어느 일방의 귀책사유로 동업계약이 해지 또는 종료된 경우 투자금 반환은 없다."고, 제13조 제2항으로 "사업과 관련한 모든 금전 출납 사항은 서로에게 전부 공개하며, 숨기거나 속이지 못한다. 만약 고의적으로 숨기거나 기만한 사항이 발견되면 해당 금액의 5배수를 상대방에게 보상하기로 한다."고 약정(이하 '이 사건 위약금 약정')하였다. 피고가 치과 운영수익을 횡령한 것으로 수사가 개시되어 원고들과 피고는 동업 해지 계약서를 작성하였다. 해지 계약 제1조는 "피고는 횡령사건과 관련하여 형사합의금으로 9억 원을 지급한다."고, 제2조로 "피고는 치과병원에 대한 투자금, 상표권 및 특허권 등 일체의 권리를 포기한다."고, 제3조로 "제1조의 형사합의금 9억 원은 민사 손해배상금에서 정산한다."고 약정하였다. 한편 동업 해지 계약으로 동업계약서에서 정한 '위약벌'은 민사재판을 통해 비율 및 금액을 확인하여 그 금액에서 형사합의금을 공제하기로 하였다. 피고는 234,406,785원을 횡령한 것으로 유죄 판결을 받았다.

원고들은 이 사건 위약금 약정에 따른 횡령금의 5배인 1,172,033,925원의 일부를 위약금으로 청구하였다. 피고는 손해배상 예정액임을 전제로 감액 주장을 하였다.

원심은 다음과 같은 이유로 이 사건 위약금 약정은 동업계약에 따라 자금관리 업무를 담당하는 조합원으로 하여금 횡령 등과 같이 동업약정의 신뢰관계를 해치는 행위를 하지 않도록 압박을 가하고, 이를 위반 시 사적인 제재를 가하기 위한 위약벌의 성격을 갖는다고 보았다.

①동업계약에서 횡령 등 동업관계의 신뢰관계를 해치는 행위에 대하여 강력

44 대법원 2018. 3. 27. 선고 2017다287860 판결(미간행).

하게 제재할 필요성이 있다. 이 사건 위약금 약정은 성실한 자금관리 업무를 강제하기 위한 목적이 강하다. ②동업계약 제11조로 동업 해지에 따른 투자금 몰취 조항이 있는데 이는 손해배상액 예정 조항으로 이 사건 위약금 약정까지 손해배상액 예정으로 볼 경우 이중 배상 결과가 된다. ③이 사건 위약금 약정은 '보상'이라는 표현을 사용하고, 동업 해지 계약서에도 이 사건 위약금 약정과 관련하여 '위약벌'이라는 표현을 사용하고 있다.

(나) 대법원의 판단

대법원은 다음 사정을 들어 이 사건 위약금 조항은 손해배상액 예정 조항으로 보아야 한다며 원심판결을 파기환송하였다.

①이 사건 위약금 약정 조항에는 상대방이 입은 손해에 대한 전보를 의미하는 '보상'으로 표현할 뿐 '위약벌'이라는 표현은 없다. ②동업계약 제11조의 귀책사유 있는 동업자의 투자금 몰취 조항은 동업계약 해지 또는 종료로 인한 손해에 국한하고, 거기에서 더 나아가 횡령 등 손해에 대한 책임을 지는 것이 이 사건 위약금 조항이다. ③동업계약 제11조와 이 사건 위약금 조항 외에는 별도의 실제 발생 손해에 대한 손해배상청구에 관한 규정이 없다. ④동업 해지 계약에 '위약벌'이라는 표현이 있으나 민사재판을 통해 확정하고, 그 금액에서 형사합의금 9억 원을 정산하기로 한 것이다. ⑤결국 이 사건 위약금 약정을 통해 당사자들이 진정으로 의도하였던 바는 자금관리 업무를 담당하는 조합원에게 심리적으로 경고를 줌으로써 횡령 등과 같이 동업약정의 신뢰관계를 해치는 행위를 하지 않도록 강제하는 한편, 횡령 등 행위가 있을 때 그 피해액 전부를 파악·증명하여 책임을 추궁하기 어렵다는 점을 고려하여 일응 기왕 발견된 횡령액의 5배를 지급하도록 미리 정하여 향후 발생할 수 있는 손해배상의 법률관계도 간편하게 해결하는 데 있다. ⑥이 사건 위약금이 오직 동업약정에 따른 의무이행을 강제하고 이를 위반하였을 때 제재를 가하기 위한 수단인 위약벌에 해당한다고 볼 특별한 사정이 발견되지 않는다.

파기환송심(서울고등법원 2018나2018861)은 이 사건 위약금을 손해배상 예정액으로 보아 50%인 586,016,962원으로 감액하였다.

(3) 도급계약서에 편입된 계약조건에 '위약벌' 표현이 있었던 사례[45]

(가) 사안 경과

[45] 대법원 2009. 7. 9. 선고 2009다9034 판결(미간행).

원고는 건축공사를 하도급 주었다. 하도급계약 일반조건 제24조는 준공기한 내에 공사를 완성하지 못하였을 때에는 일정한 방식으로 산정한 지체상금을 지급하도록 하였다. 한편 하도급계약 특수조건 제4조 제2항은 "하수급인의 귀책사유로 계약이 해제 또는 해지되는 경우 계약이행보증금으로 예치된 금액은 위약벌로서 전액 원고에게 귀속되고, 그 밖에 추가손해가 증명된 경우 그 추가 손해액도 변제하여야 한다."고 규정하였다. 피고는 하수급인의 계약이행의무 보증인이다. 하수급인의 귀책사유로 하도급계약이 해지되었다.

원고는 보증인인 피고를 상대로 이행보증금의 지급을 청구하였다.

원심은 ①하도급계약 특수조건 제4조 제2항으로 '위약벌'임을 명시하고 있고, ②이와 별도로 손해배상액 예정의 성질을 갖는 지체상금 약정을 한 것을 들어 계약이행보증금을 위약벌이라고 판단하였다.

(나) 대법원 판단

대법원은 다음 사정을 들어 계약이행보증금의 법적 성격을 손해배상 예정액으로 보았다.

①하도급계약에 편입된 특수조건 제4조 제2항의 계약이행보증금 몰취 규정은 하수급인의 귀책사유로 하도급계약이 해제 또는 해지될 경우 그로 인하여 원고가 입은 손해 중 계약보증금 범위 내의 손해는 계약이행보증금의 몰취로써 그 배상을 갈음하고, 이를 초과하는 손해가 있다면 하수급인이 그에 대한 추가 배상책임을 진다는 취지이다. 따라서 손해배상액 예정의 성질을 갖는다. ②계약이행보증금 외에 지체상금 규정이 있다는 점만을 이유로 계약이행보증금을 위약벌로 보기 어렵다. 이는 하도급계약서에 계약이행보증금이 위약벌로 몰취되는 것으로 규정하고 있다고 하여 달리 볼 것은 아니다.

나) 위약금 약정 해석상 '위약벌'로 본 원심을 파기환송하며 손해배상 예정액으로 본 사례

(1) 국가 계약상 선금이자 약정 사안[46]

국가가 디젤전기기관차 25량 제조물공급계약을 체결하면서 선금을 지급하였다. 국가가 국가를 당사자로 하는 계약에 관한 법률에 따라 체결한 제조물공급계약 및 그 계약내용에 편입된 선금지급요령에서 계약상대자의 귀책사유로 인하여

46 대법원 2006. 10. 26. 선고 2004다65282 판결(미간행).

'사고이월 등으로 선금의 반환이 불가피한 경우'가 발생하면 계약상대자에게 선금잔액 및 이에 대한 시중은행의 어음대출금리에 의한 선금이자를 청구하도록 약정하였다. 기관차 15량이 기한 내 납품되었고, 나머지 10량은 약 2달 정도 후에야 납품되었다. 계약에 편입된 물품구매계약 특수조건 제9조 제4항 및 선금지급요령 제6조 제1항은 선금을 지급한 후 계약상대자의 귀책사유에 의하여 선금반환청구를 하는 경우, 선금잔액에 대한 지방은행을 제외한 국내 일반은행의 어음대출금리 수준에 의하여 산출한 이자상당액을 함께 청구하도록 규정하는 한편, 선금잔액 반환 사유로 '1. 계약을 해제 또는 해지한 경우, 2. 선금지급조건을 위배한 경우, 3. 사고이월 등으로 반환이 불가피하다고 인정하는 경우'를 규정하고 있다. 한편 위 선금이자 약정 외에도 계약금액의 채무불이행 시 10% 상당의 계약보증금 몰취 규정과 1일 0.15%의 지체상금 약정이 있었다.

원심은 다음 사정을 들어 선금이자 약정을 위약벌로 보았다. ①선금사용조건상 선금사용용도를 전용하지 못하도록 별도 계좌 관리, 사용계획서 제출 등으로 그 용도제한을 강제하는 한편 이를 위반할 경우 선금이자를 붙여 선금반환을 하도록 약정하였다. ②지체상금약정을 별도로 하였는데, 지체상금은 납기일 지체의 경우에만 발생하는 것인 반면 선금이자는 '계약의 해제·해지'나 '선금지급조건위배' 및 '사고이월 등으로 선금 반환이 불가피한 경우' 등의 사유로 발생하는 것으로서 지체상금약정과는 발생요건도 상이하다. ③선금이자는 반환할 선금에 대하여 일정 이자율을 곱한 돈을 추가로 지급하는 것으로 약정되어 있으나 현실적으로 국가가 정산해야 할 물품대금채무가 있는 경우 그 채무에서 우선 공제하여야 하므로 결국은 몰취 효과를 갖는다.

(2) 대법원 판단

선금이자가 손해배상액의 예정인지 위약벌인지는 위 제조물공급계약서 및 위 선금지급요령 등을 종합하여 개별적으로 결정할 의사해석의 문제이다. 위약금은 민법 제398조 제4항에 의하여 손해배상액의 예정으로 추정되므로 위약금이 위약벌로 해석되기 위해서는 특별한 사정이 주장·증명되어야 한다. 선금지급요령 제6조 제1항 제2호, 제3호의 선금잔액 반환 사유에 근거한 선금이자 약정은, 계약상대자가 그의 귀책사유로 인하여 이 사건 계약의 주된 채무가 아닌 선금지급과 관련한 부수적 채무(선금지급조건을 지키고, 지급받은 선금과 관련한 채무를 그 회계연도 내에 완료하여야 하는 의무)를 불이행한 경우를 예정한 위약금 약정이다. 제조물공급계약서에 선금이자 약정 외에 지체상금도 규정되어 있다는 점만을 이유로 하여 선금이자를 위약벌이라고 보기는 어렵다.

4) 판례 분석

2000년대 들어 위약벌을 인정한 판례는 현저하게 줄어들고 있다.[47] 앞서 든 위약금 약정의 손해배상액 예정 또는 위약벌 여부가 문제된 판례 사례를 통해 알 수 있듯이 대법원은 위약벌로 인정되기 위해서는 특별한 사정에 대한 주장, 증명이 필요함을 전제로 위약벌 약정 표현이나 위약금 약정 조항의 해석을 통해 위약벌로 인정한 사실심을 파기하면서 당사자 사이의 위약금 약정에 관한 의사표시 해석을 통한 위약벌 인정에 신중을 기하고 있다.

Ⅳ. 손해배상액 예정

1. 손해배상액 예정의 의의 및 법적 성격 등

가. 의의

손해배상액 예정이란 당사자 사이에 일방 당사자가 계약을 위반할 경우 손해배상을 위해 일정한 금전을 지급하기로 사전에 정한 합의를 말한다. 일정한 액수의 금전을 지급하기로 한 것뿐만 아니라 지체일수만큼의 비율로 금전을 지급하기로 합의하여도 무방하다. 비율로 손해배상액 예정 합의를 한 사례는 금전채무 불이행 시 실제변제일까지 연체율을 정하는 경우, 공사도급계약에서 약정 준공일을 넘길 경우 지체일수만큼 일정한 지체상금률을 정하는 경우 등이 있다. 또한 물건이나 노무 제공과 같이 금전이 아닌 것으로써 손해배상에 충당할 것을 예정할 수도 있다(본조 제5항). 다만 대물급여에 의한 손해배상액 예정의 경우에는 소비대차에서의 대물반환과 같은 민법 제607조, 제608조에 따른 법률문제가 발생할 수 있다.[48]

당사자가 합의 시 '손해배상액 예정'이라는 제목으로 또는 '위약 시 손해배상으로'와 같은 명시적 표현을 한 경우에는 이를 손해배상액 예정으로 인정하기 쉽다. 계약실무상 '지체상금', '연체율' 등 다양한 명목으로 손해배상액 예정 합의를 한다. '위약벌'이라는 표현에도 불구하고 그것이 손해배상액 예정 합의가 될 수 있음은 민법 제398조 Ⅲ. 2. 다.에서 살펴 본 바와 같다. 이처럼 위약 시 지급되는

47 양창수/김재형, 민법 I 계약법(제2판), 박영사(2015), 492.
48 이은영, 채권총론(제4판), 박영사(2009), 366.

금전의 합의상 명목에 기속될 것은 아니다. 계약 실무상 일방 당사자의 위약 시 일정한 금전을 지급하기로 한 경우에 이를 손해배상액 예정으로 볼 것인지는 합의 내용의 실질을 바탕으로 당사자의 의사 해석을 통해 판단한다. 본조 제4항은 당사자가 위약 시 또는 채무 불이행 시 일정한 금전을 지급하기로 한 '위약금' 약정은 손해배상액의 예정으로 추정하고 있다.

손해배상액 예정 약정은 법률관계의 당사자뿐만 아니라 제3자가 법률관계의 채무불이행이 있을 경우를 대비하여 채권자와 사이에 할 수도 있다. 한편 법률관계 당사자 사이에 손해배상액 예정 약정을 하면서 손해배상 예정액을 제3자에게 지급하기로 합의하는 것도 사적 자치의 원칙상 허용된다.

나. 손해배상액 예정 합의의 시기

손해배상액의 예정은 채무불이행이 발생하기 전에 한 합의를 말한다. 따라서 채무불이행이 발생한 이후에 한 손해배상액 합의는 일종의 화해계약으로[49] 본조 제2항에 따른 감액을 할 수 없다.

다. 법적 성격

손해배상액 예정 계약은 채무불이행을 효력 발생 요건으로 하는 정지조건부 계약이다. 한편 원채권관계에 종속되는 종된 계약이다. 따라서 기본적 채권관계와 법률적 운명을 함께하며, 기본채권의 담보는 손해배상액 예정도 담보한다.[50] 다만 계약 당시 당사자 사이의 손해배상액 예정 약정은 계약상 채무불이행으로 인한 손해액에 관한 것이고, 채무불이행과 별도의 행위를 원인으로 손해가 발생하여 불법행위 또는 부당이득이 성립한 경우 그 손해는 예정액에서 제외된다. 따라서 토지매매계약이 매수인의 잔대금지급채무 불이행을 이유로 해제된 다음 매도인이 매수인을 상대로 토지 위 건물철거 및 대지인도의 소를 제기하여 승소판결을 받고 그 판결이 확정되었음에도 매수인이 이를 이행하지 아니하여 매도인이 위 토지를 사용·수익하지 못하게 됨으로써 입은 차임 상당 손해는 위 매매계약 해제 후 별도의 불법행위를 원인으로 하는 것으로 계약 당시 수수된 손해배상 예정액으로 전보될 수 없다.[51] 다만 불법행위 또는 부당이득으로 인한 손해라도 그것이 채무불이행으로 인한 손해로 예정한 것이라면 손해의 발생 원인이나 법적 성격과

49 김상용, 채권총론(제3판), 화산미디어(2016), 195.
50 곽윤직, 채권총론[민법강의Ⅲ](제6판), 박영사(2013), 122.
51 대법원 1999. 1. 15. 선고 98다48033 판결(공1999, 297).

상관없이 그 손해는 예정액에 포함되므로 예정액과 별도로 배상 또는 반환을 청구할 수 없다.[52] 그렇지 않다면 이중배상이 되기 때문이다.

손해배상책임이 성립한 이후에 하는 손해배상액 합의는 불법행위 손해배상책인 논의에서 많이 이루어진다. 이러한 손해배상액 합의는 합의 당시에 예상할 수 없었던 후발손해에 대하여는 효력이 미치지 않는다.[53]

2. 손해배상액 예정의 기능

가. 일원적 기능설: 손해배상적 기능

손해배상액 예정은 일방의 위약 시 그에 따른 손해 발생의 유무와 정도 등을 개별적으로 따질 필요 없이 당사자 사이에 손해배상액을 미리 합의함으로써 손해배상책임 문제를 사전에 간명하게 해결하기 위한 것이라는 견해이다. 손해배상액 예정이 채무이행에 대한 일정한 압박을 가하는 역할을 한다고 볼 수 있으나 이는 일반적인 손해배상 규정에 내재되어 있는, 채무자라면 누구나 갖고 있는 심리적인 압박에 불과하여 법적 제재수단은 아니라고 한다.[54]

나. 이원적 기능설

손해배상액 예정은 손해배상적 기능 외에도 위약 자체만으로 일정한 금전을 지급하게 함으로써 계약의 이행을 간접적으로 강제하는 기능도 있다는 견해이다. 통설이다. 채권자가 채무불이행에 따른 손해배상을 청구하려면 손해 발생과 그 정도를 증명하여야 하는데 그로 말미암은 곤란을 배제하고, 다툼을 예방하여 손해배상의 법률관계를 간단하고, 쉽게 하고 그러함으로써 채무의 이행을 확보한다는 데 그 목적이 있다고 본다.[55]

다. 판례의 태도

판례[56]는 손해배상액 예정 제도는 손해배상적 기능 외에도 간접강제로 채무이행을 확보하려는 이행확보적 기능을 갖는다고 보아 이원적 기능설 입장에 서있다.

52 대법원 2018. 12. 27. 선고 2016다274270, 274287 판결(공2019상, 364).

53 대법원 2000. 3. 23. 선고 99다63176 판결(공2000, 1026).

54 임건면, “손해배상액의 예정과 위약벌에 관한 비교법적 고찰”, 민법의 과제와 현대법의 조명, 법문사(1997), 383.

55 곽윤직, 채권총론[민법강의Ⅲ](제6판), 박영사(2013), 95; 김동훈, 채권총론, 동방문화사(2012), 255; 김상용, 채권총론(제3판), 화산미디어(2016), 188; 김준호, 채권법(제10판), 법문사(2019), 118.

56 대법원 1991. 3. 27. 선고 90다14478 판결(공1991, 1265), 대법원 1993. 4. 23. 선고 92다41719 판결(공1993, 1528), 대법원 1995. 12. 12. 선고 95다28526 판결(공1996, 1370).

3. 손해배상액 예정의 유형

손해배상 목적이나 대상에 따라 손해배상액 예정의 유형을 다음과 같이 나눌 수 있다. 당사자 사이의 약정으로 하나의 계약에 손해별로 여러 개의 손해배상액 예정 합의를 할 수도 있다.

가. 지연배상액 예정

본래의 채무이행이 지체되는 경우에 지체에 따른 손해배상액을 예정하는 경우이다. 금전채무자의 변제 지체에 적용할 수 있는 손해배상액 예정 유형이다.

나. 전보배상액 예정

이행불능에 따른 손해배상액을 예정하는 경우이다. 채무자의 채무불이행을 이유로 계약을 해제하고 예정된 손해배상액을 청구할 수 있다.

다. 쌍무계약 관계 청산을 위한 손해배상액 예정

채무불이행이 있으면 계약 해제 없이도 손해배상 예정액을 청구하고, 이로써 본래의 쌍무계약에 따른 법률관계를 소멸하기로 한 손해배상액 예정을 말한다.

4. 손해배상 예정액 청구권의 발생 요건

가. 유효한 손해배상액 예정 약정

1) 일반론

손해배상 예정액을 청구하려면 그 손해배상액 예정 합의가 유효한 것이어야 한다. 따라서 법률행위의 효력발생 요건을 모두 갖추어야 한다. 예를 들어 토지거래허가를 전제로 한 매매계약은 유동적 무효 상태에 있는데, 토지거래허가를 받지 못해 매매계약이 확정적으로 무효가 되는 경우에는, 효력 발생을 전제로 매매대금 지급 불이행 등을 사유로 한 손해배상액 예정 약정은 효력이 생기지 아니한다. 다만 토지거래허가 구역 내의 토지에 관한 매매계약 당사자는 쌍방이 그 계약이 효력이 있는 것으로 완성할 수 있도록 서로 협력할 의무가 있으므로 이러한 협력 자체를 이행하지 아니하거나 허가신청에 이르기 전에 매매계약을 철회하는 경우 상대방에게 일정한 손해액을 배상하기로 하는 약정은 유효하다.[57]

한편 무권대리인이 본인의 추인을 받지 못한 경우에 무권대리인은 상대방의

57 대법원 1997. 2. 28. 선고 96다49933 판결(공1997, 921), 대법원 1998. 3. 27. 선고 97다36996 판결(공1998, 1180), 대법원 2007. 11. 30. 선고 2007다30393 판결(미간행), 대법원 2008. 7. 10. 선고 2008다15377 판결(미간행).

선택에 따라 계약을 이행하거나 손해를 배상할 책임이 있다(민법 제135조 제1항). 상대방이 계약의 이행을 선택한 경우 무권대리인은 마치 자신이 계약 당사자가 된 것처럼 계약에서 정한 채무를 이행할 책임이 있다. 무권대리인이 체결한 계약에 채무불이행을 대비한 손해배상액 예정에 관한 조항을 둔 경우에는 특별한 사정이 없는 한 그 조항에도 본조가 적용된다.[58]

손해배상액 예정 약정이 사회질서를 위반하거나, 상대방의 궁박, 경솔 또는 무경험을 이용하여 폭리를 얻으려는 것일 때에는 민법 제103조 또는 제104조에 따라 무효로 되므로 그 합의에 따른 손해배상 예정액을 청구할 수 없다. 또한 아래에서 자세히 살펴보듯이 법률로 일정한 손해배상액 예정 조항을 무효로 하거나, 위약금이나 손해배상액 예정을 금지하고 있는 경우에는 그 효력이 부정된다.

2) 손해배상액 예정 약정이 무효로 되는 경우

가) 약관의 규제에 관한 법률 적용

약관의 규제에 관한 법률 제8조는 "고객에게 부당하게 과중한 지연 손해금 등의 손해배상 의무를 부담시키는 약관 조항은 무효로 한다."고 규정하고 있다. 손해배상액 예정 약정이 약관인 경우에는 위 규정에 따라 그 효력이 부정될 수도 있다.

판례 사례를 든다. 액화석유가스(LPG) 사용자가 가스공급기간을 지키지 않은 경우 가스공급자가 부담한 시설비의 2배에 해당하는 금액을 배상한다는 손해배상액 예정 조항은 다른 가스공급자에게 양도하면서 시설비 일부를 회수할 수 있는 점 등에 비추어 고객에 대하여 부당하게 과중한 손해배상의무를 부담시키는 약관 조항에 해당하여 무효로 보았다.[59] 또한 부동산임대업자가 미리 부동문자로 인쇄한 임대차계약서를 이용하여 체결된 임대차계약상 임대차목적물의 인도 또는 원상복구 지연에 따른 손해배상금을 인도 또는 복구된 날까지의 통상 차임 및 관리비와 임대차보증금에 대한 월 1% 비율로 계산한 이자 합산액의 2배로 정한 경우에는 고객인 임차인에 대하여 부당하게 과중한 손해배상의무를 부담시키는 것으로 효력을 부정하였다.[60] 다만 매매계약 해제 시 매도인을 위한 손해배상액 예정

58 대법원 2018. 6. 28. 선고 2018다210775 판결(공2018하, 1465).

59 대법원 2006. 11. 9. 선고 2006다27000 판결(공2006, 2059).

60 대법원 2008. 7. 10. 선고 2008다16950 판결(공2008하, 1154). 이에 대한 평석으로 엄상필, "손해배상액의 예정 규정이 불공정약관조항에 해당하는 경우", 대법원판례해설 제63호(2006 하반기)(2007. 7.), 법원도서관(2007), 651-665.

조항은 있는 반면 매수인을 위한 손해배상액 예정 조항은 없는 경우 그러한 사정만으로 그 약관조항이 일방에 대하여 부당하게 불리하다거나 신의성실의 원칙에 반하여 불공정하다고 볼 수 없다고 보았다.[61]

손해배상액 예정 약관 조항이 무효인 이상 그것이 유효함을 전제로 본조 제2항을 적용하여 적당한 한도로 손해배상 예정액을 감액하거나, 과중한 손해배상의무를 부담하는 부분을 감액한 나머지 부분만으로 그 효력을 유지시킬 수 없다.[62]

나) 근로기준법상 손해배상액 예정의 금지

(1) 일반론

근로기준법 제20조는 "사용자는 근로계약 불이행에 대한 위약금 또는 손해배상액을 예정하는 계약을 체결하지 못한다."고 규정한다. 이는 근로자가 근로계약을 불이행한 경우 사용자에게 어떤 손해가 어느 정도 발생하였는지를 묻지 않고 바로 일정 금액을 배상하도록 하는 약정을 미리 함으로써 근로자가 퇴직의 자유를 제한받아 부당하게 근로 계속을 강요당하는 것을 방지하고, 근로자의 직장 선택의 자유를 보장하며 불리한 근로계약의 해지를 보호하려는 데 그 취지가 있다.[63] 이 규정을 위반한 손해배상액 예정 약정은 효력이 없다. 선원법 제29조도 "선원근로계약의 불이행에 대한 위약금이나 손해배상액을 미리 정하는 계약"을 체결하지 못하도록 규정하고 있다.

(2) 의무복무 기간을 근로하지 못한 경우의 반환 약정의 유형별 검토

일정한 의무복무 기간을 근로하지 못한 때에 그 기간 동안에 지급 또는 지출된 임금, 비용의 반환을 사전에 약정하는 경우가 많다. 아래에서는 판례에 나타난 사례를 유형별로 살펴본다. 판례 흐름은 의무복무 기간을 다 근무하지 못한 경우에 임금 반환 약정에 대하여는 효력을 부정하고, 비용 반환 약정에 대하여는 효력을 긍정한다. 다만 반환할 비용은 근로자가 전적으로 또는 공동으로 부담할 비용을 사용자가 대신 지출한 것이라야 한다.

참고로 법관과 법원공무원의 국비 해외연수의 경우에도 파견기간의 3배에 해당하는 기간 계속 복무하여야 하고, 이러한 복무의무를 이행하지 아니할 경우 연

61 대법원 2000. 9. 22. 선고 99다53759, 53766 판결(공2000, 2174).
62 대법원 1994. 5. 10. 선고 93다30082 판결(공1994, 1641), 대법원 1996. 9. 10. 선고 96다19758 판결(공1996, 3009).
63 대법원 1996. 12. 6. 선고 95다24944, 24951 판결(공1997, 177), 대법원 2004. 4. 28. 선고 2001다53875 판결(미간행).

수기간 중 지급된 모든 경비(보수 제외)의 전부 또는 일부를 반납하도록 하고 있다(법관 및 법원공무원의 해외연수 등에 관한 내규 제14조 제2항, 제3항, 제5항).

(가) 위탁교육비 반환 약정

사용자가 비용을 부담하여 근로자에게 위탁교육훈련을 시킨 후 근로자가 소정의 의무재직기간을 근무하지 경우에는 이를 면제하나, 그렇지 아니할 경우에는 위탁교육기간 동안의 임금이나 해당 교육비용의 전부 또는 일부를 상환하도록 약정한 경우가 있다. 이러한 약정에서 교육비용의 전부 또는 일부를 상환하도록 한 부분은 금지된 위약금 또는 손해배상액 예정이 아니므로 유효하다. 한편 교육훈련 비용을 반환하도록 한 약정의 경우에도 그 약정이 유효하려면, 주로 사용자의 업무상 필요와 이익을 위하여 원래 사용자가 부담하여야 할 성질의 비용을 지출한 것에 불과한 정도가 아니라 근로자의 자발적 희망과 이익까지 고려하여 근로자가 전적으로 또는 공동으로 부담하여야 할 비용을 사용자가 대신 지출한 것으로 평가되며, 약정 근무기간 및 상환해야 할 비용이 합리적이고 타당한 범위 내에서 정해져 있는 등 위와 같은 약정으로 인하여 근로자의 의사에 반하는 계속 근로를 부당하게 강제하는 것으로 평가되지 않아야 한다.[64]

다만 임금 반환을 약정한 부분은 위약금 또는 손해배상액 예정에 해당하여 무효이다.[65]

(나) 전직금지에 따른 손해배상액 예정 약정

영업비밀을 침해하지 않고 일정 기간 근무하기로 하면서 이를 이행하지 않을 때에는 일정한 금전을 지급하기로 약정한 경우가 있다. 이러한 약정은 약정 근무기간 이전에 퇴직하는 등 약정을 위반하기만 하면 손해 발생 유무나 정도를 묻지 않고 바로 일정한 금전을 지급하기로 한 전형적인 위약금 또는 손해배상액 예정에 해당하여 무효이다.[66]

(다) 해외파견근무 중 지출 경비의 반환 약정

직원의 해외파견근무의 주된 실질은 연수나 교육훈련이 아니라 기업체의 업무상 명령에 따른 근로 장소 변경에 불과한 경우가 많다. 이러한 해외파견근무 기간에 지급하거나 지출한 임금 이외의 금품은 해외근무라는 특수한 근로에 대한

64 대법원 2008. 10. 23. 선고 2006다37274 판결(공2008하, 1577).
65 대법원 1996. 12. 6. 선고 95다24944, 24951 판결(공1997, 177).
66 대법원 2008. 10. 23. 선고 2006다37274 판결(공2008하, 1577).

대가이거나 업무수행에서 필요불가결하게 지출할 것이 예정되어 있는 경비로 이를 반환하기로 한 약정은 무효이다.[67]

같은 맥락에서 해외 타 회사에서 실제 근무를 통한 기술습득 목적으로 교육훈련의 파견근무가 이루어진 경우, 근로자는 파견근무기간 중 파견한 기업체에 재적한 채 기술습득 목적으로 해외의 타 회사에 파견되어 파견된 회사에 근로를 제공하였고, 파견된 회사로부터 지급받은 봉급 및 집세는 현지근무를 통한 실무훈련에 대하여 파견된 회사가 지급한 물품에 해당할 뿐 원래 근로자가 부담하여야 할 비용을 파견한 기업체가 우선 부담함으로써 근로자에 대하여 반환청구권을 가지게 되는 금품이 아니다. 따라서 근로자가 의무복무기간을 근무하지 아니할 경우 파견한 기업체에 파견된 해외 회사로부터 지급받은 봉급 및 집세 상당액을 반환하여야 한다는 약정은 근로기준법이 금지한 위약금 또는 손해배상액 예정으로 무효이다.[68]

(라) 해외연수비용 반환 약정

의무복무 기간을 근무하지 못한 경우 해외연수기간 중 임금 외의 비용을 반환하기로 한 약정은 그 효력이 있다. 다만 해외연수에 해당하는지는 그 명칭이나 명목이 아니라 실질을 가지고 판단하여야 한다. 해외연수라 하더라도 그 내용이 회사의 신제품에 적용할 디자인 개발에 필요한 정보수집이나 견본의 확보 및 시장조사를 위한 것이고, 이는 회사의 제품 개발에 필수불가결한 중요 업무 중 하나에 해당한 경우에는 이는 단순 해외출장업무에 해당하므로 그 비용 반환 약정은 무효이다.[69]

(마) 의무복무 기간 중 근로관계가 종료된 경우에도 반환청구가 부정되는 경우

비용 반환 약정은 의무복무 기간 동안 근무하지 못한 경우에 발생한다. 의무복무기간에 관한 인사규정이 근로자에게 더 유리하게 개정되었다면 별도의 소급적용 배제 규정이 없는 한 유리하게 개정된 인사규정이 적용된다.[70]

의무복무 기간을 근무하지 못한 상태에서 근로관계가 종료된 경우라도 특별한 사정이 있는 경우에는 반환 약정에 따른 비용청구를 할 수 없다. 예를 들어 경영상 이유로 정리해고 등과 같이 근로자의 귀책사유 없이 의무재직 기간을 지키

67 대법원 2004. 4. 28. 선고 2001다53875 판결(미간행).
68 대법원 1996. 12. 6. 선고 95다24944, 24951 판결(공1997, 177).
69 대법원 2003. 10. 23. 선고 2003다7388 판결(미간행).
70 대법원 1994. 5. 10. 선고 93다30181 판결(공1994, 1642).

지 못하는 경우에는 근로자는 경비 반환 약정에도 불구하고 이를 반환할 의무가 없다. 다만 사업체가 해외연수 근로자의 연수기술을 필요로 하는 사업계획을 포기했다고 하더라도 해외연수근로자가 의무복무기간 중에 사직하거나 근로자의 귀책사유로 퇴직한 경우에는 연수비 반환약정에 따라 그 비용을 반환해야 한다.[71]

다) 기타

할부거래에서 소비자가 적법하게 청약을 철회한 경우 그 반환에 필요한 비용은 할부거래업자가 부담하는 한편, 소비자에게 청약의 철회를 이유로 위약금 또는 손해배상을 청구할 수 없다(할부거래에 관한 법률 제10조 제10항). 따라서 할부거래 청약 시에 위약금 또는 손해배상액 예정 약정을 하였더라도 이는 효력이 없다고 봄이 타당하다.

한편 가맹사업거래의 공정화에 관한 법률 제12조 제1항 제5호, 같은 법률 시행령 제12조의2 규정도 계약의 목적와 내용, 발생할 손해액의 크기, 당사자 간 귀책사유 유무 및 정도, 해당 업종의 정상적인 거래관행에 비하여 과중한 위약금을 부과하는 등 가맹사업자에게 부당하게 손해배상 의무를 부담하는 행위를 금지하고 있다.

일본의 경우 특별법으로 위약금 약정의 효력을 제한하고 있다. 일본 판례는 이를 적극 적용하고 있다. 예를 든다. 대학 입학식 무단결석을 입학 사퇴로 간주하고 그 경우 입학을 취소한다는 취지의 대학 합격자와 해당 대학 사이의 재학계약에서 그 계약 해제 시 수업료를 반환하지 않는다는 특약은 일본 소비자계약법 제9조 제1호에 반하여 무효라는 판례가 있다.[72] 일본 소비자계약법 제9조 제1호는 위약금 조항은 소비자계약 해제로 사업자에게 생기는 평균적 손해를 초과한 부분을 무효가 된다고 규정하고 있다. 또한 외국어 학원 수강계약에서 제공된 강의에 비례한 강의료를 정하는 규정과 별도로 해제 시 고액의 대가를 설정하는 정산 규정은 수강자의 해제 자유를 제한하는 것으로 일본 특정상거래에 관한 법률 제49조 제2항 제1호에 따라 무효라고 보았다.[73] 일본 특정상거래에 관한 법률 제49조 제1항은 특정 계속적 용역제공계약이 체결된 경우 용역 수령자는 소정의 기간을 경과한 후에는 장래를 향해 해당 계약을 해제할 수 있다고 규정하고, 같은 조 제2

71 서울민사지방법원 1993. 4. 8. 선고 93나202 판결(하집1993, 284).
72 日最判 2005. 11. 27. (民集60-9, 3597) (第一法規法律情報総合データベース D1-law 判例ID: 28112531).
73 日最判 2007. 4. 3. (民集61-3, 967) (第一法規法律情報総合データベース D1-law 判例ID: 28130984).

항 제1호는 특정 계속적 용역제공계약이 용역 제공 개시 후에 해제된 때에는 용역 제공사업자는 용역 수령자에 대하여 손해배상액 예정 또는 위약금을 정하면서 제공한 용역 대가 상당액이 해제로 통상 발생하는 손해액으로 법정한도액(외국어 회화 강의의 경우 5만 엔 또는 약정 수강료에서 실제 제공한 강의 상당액을 뺀 금액의 20% 상당액 중 낮은 금액과 이에 대한 법정이율에 따른 지연손해금을 가산한 금액)을 초과하는 금전 지급을 청구할 수 없다고 규정하고 있다.

나. 채무불이행

1) 채무불이행의 내용

손해배상 예정액을 청구하기 위하여서는 채무불이행이 있어야 한다. 민법 제390조는 '채무불이행과 손해배상'이라는 제목으로 '채무자가 채무의 내용에 좇은 이행을 하지 아니한 때'를 채무불이행의 내용으로 규정한다. 채무불이행의 태양은 채무 내용에 좇은 것이 아닌 이상 그것이 이행불능이든, 이행지체이든, 불완전이행이든, 이행거절이든, 부작위의무위반이든 불문한다. 다만 채무불이행이 계약 이행 전체에서 보아 사소한 의미밖에 없는 경우에는 신의칙상 손해배상 예정액 청구가 허용되지 않을 수 있다.[74]

어떤 채무불이행이 있는 경우 예정된 손해배상액을 청구할 수 있는지는 당사자 사이의 손해배상액 예정 합의와 관련된 약정 내용의 해석 문제이다. 채무불이행의 내용을 특정함이 없이 '계약을 위반한 경우' 또는 '위약 시'로 포괄적으로 정한 경우도 마찬가지이다. 예를 들어 계약을 위반할 때 계약금의 배액을 배상하기로 하는 약정에서 '위약'은 특별한 사정이 없는 한 본래의 계약 내용을 위반하여 그에 따른 의무를 이행하지 않는 것을 말하고, 계약해제에 따른 계약금반환의무를 지체하는 것은 이에 포함하지 않는다.[75]

2) 귀책사유 없는 채무자의 면책 가부

채무불이행 사실만 있으면 채무자는 예정된 손해배상액을 지급할 책임이 있는지, 아니면 채무자가 채무불이행에 귀책사유가 없다는 점을 증명하면 면책될 수 있는지에 대하여 견해가 나뉜다. 다만 금전채무 불이행의 경우 민법 제397조 제2항에 따라 채무자가 과실 없음을 항변하지 못하므로 이하 논의는 금전채무 이

74 양창수/김재형, 민법 I 계약법(제2판), 박영사(2015), 493.
75 대법원 1981. 7. 7. 선고 80다2185 판결(공1981, 14153).

외의 채무불이행의 경우에 관한 것임을 염두에 두어야 한다.

가) 면책가능설

손해배상액을 예정하는 당사자의 의사는 상대방의 귀책사유에 따른 채무불이행으로 인한 손해배상 범위를 미리 정하려는 데 있으므로 채무불이행에 귀책사유가 있어야 한다. 따라서 채무자가 채무불이행에 대하여 귀책사유가 없음을 증명한 경우 면책된다고 보는 견해이다. 채무불이행에 따른 손해배상책임에 관하여 민법은 과실책임주의를 취하므로 그것을 배제하는 특약이 없는 한 귀책사유가 필요하다는 것을 이유로 한다. 이 견해에서도 귀책사유와 상관없이 손해배상액 예정 합의도 가능하다고 본다. 최근의 지배적 견해이다.[76] 귀책사유요건설로 설명되기도 한다. 이는 채권자가 채무자의 귀책사유를 주장, 증명해야 하는 것으로 볼 여지가 있어 증명책임 원칙에 따라 본 주석은 면책가능설로 표시한다.

나) 면책불가설

이행기에 채무불이행이 있으면 귀책사유 유무를 가리지 않고 예정된 손해배상액을 청구할 수 있다는 견해이다. 종전의 다수설이었다. 귀책사유가 없어도 손해배상 예정액 청구를 할 수 있으므로 채무자가 채무불이행에 과실이 없음을 들어 항변할 수 없다고 본다.[77] 다만 이 경우에도 당사자 간에 불가항력, 무손해 등에 관하여 특약(예를 들어 '무과실이나 무손해인 경우 손해배상 예정액을 청구할 수 없다'는 특약)을 한 경우에는 그 특약에 따라야 함은 물론이다.

다) 판례: 면책가능설

일반적으로 채무불이행책임에서 채무자의 귀책사유는 추정되지만 채무자로서는 자기에게 귀책사유 없음을 주장·증명함으로써 면책될 수 있다.[78] 이러한 판례 법리는 채무불이행 시 손해배상액 예정이 있는 경우에도 마찬가지로 적용된

76 김동훈, 채권총론, 동방문화사(2012), 256; 김상용, 채권총론(제3판), 화산미디어(2016), 190; 김순호, 채권법(제10판), 법문사(2019), 122; 김증한/김학동, 채권총론, 박영사(1998), 158; 김형배, 채권총론, 박영사(1992), 312; 송덕수, 채권법총론(제4판), 박영사(2018), 193; 양창수/김재형, 민법 I 계약법(제2판), 박영사(2015), 494; 양형우, 민법의 세계(이론과 판례)(제11판), 피앤씨미디어(2019), 920; 윤철홍, 채권총론(제3전정판), 법원사(2018), 231, 232; 이덕환, 채권총론(전정판), 율곡미디어(2014), 235; 이은영, 채권총론(제4판), 박영사(2009), 365; 정기웅, 채권총론(제2전정판), 법문사(2014), 193; 민법주해 IX, 채권(2), 박영사(1995), 668(양창수).

77 곽윤직, 채권총론[민법강의III](제6판), 박영사(2013), 123; 김주수, 채권총론, 삼영사(2003), 198.

78 대법원 1985. 3. 26. 선고 84다카1864 판결(공1985, 620), 대법원 2010. 8. 19. 선고 2010다26745, 26752 판결(미간행), 대법원 2014. 3. 13. 선고 2012다19642 판결(미간행).

다. 판례는 채무자가 귀책사유 없음을 주장·증명하는 경우 손해배상액 예정액 지급책임을 면할 수 있다고 본다. 즉 채무불이행으로 인한 손해배상액이 예정되어 있는 경우 채권자는 채무불이행 사실만 증명하면 손해의 발생 및 그 액수를 증명하지 아니하고 예정배상액을 청구할 수 있다. 반면 채무자는 채권자와 채무불이행에 대한 채무자의 귀책사유를 묻지 아니한다는 약정을 하지 아니하는 이상 자신의 귀책사유가 없음을 주장·증명함으로써 예정배상액의 지급책임을 면할 수 있다.[79] 한편 채무자의 귀책사유를 묻지 아니한다는 약정의 존재 여부는 근본적으로 당사자 사이의 의사해석의 문제이지만, 당사자의 통상의 의사는 채무자의 귀책사유로 인한 채무불이행에 대해서만 손해배상액을 예정한 것으로 봄이 타당하므로 채무자의 귀책사유를 묻지 않기로 하는 약정의 존재는 엄격하게 제한하여 인정하여야 한다.[80]

3) 채무불이행에 위법성이 없는 경우

채무불이행의 객관적 사실이 인정되지만 위법성이 인정되지 않는 경우에도 지체책임이 부정된다. 당사자 쌍방의 채무가 동시이행관계에 있는 경우 일방 채무의 이행기가 도래하더라도 상대방 채무의 이행제공이 있을 때까지는 그 채무를 이행하지 않아도 이행지체의 책임을 지지 않는다.[81] 이와 같은 효과는 이행지체의 책임이 없다고 주장하는 자가 반드시 동시이행 항변권을 행사하여야만 발생하는 것은 아니다.[82]

연체료를 가산하여 지급하기로 하는 약정은 이행지체에 대한 손해배상액 예정으로서 지체책임이 발생할 때 비로소 그 지급의무가 발생한다. 따라서 약정 기일에 대금지급채무를 이행하지 않더라도 동시이행관계가 성립하는 기간에는 지체책임이 생기지 않아 채무자는 약정 연체료를 지급할 책임이 없다.[83] 예를 들어 아파트 매수인이 선이행하여야 할 중도금지급의무를 이행하지 않은 상태에서 입주예정일이 도래하였다면 매수인의 중도금지급의무와 매도인의 입주를 가능하게 할

79 대법원 2007. 12. 27. 선고 2006다9408 판결(공2008, 123), 대법원 2010. 2. 25. 선고 2009다83797 판결(공2010상, 650), 대법원 2018. 10. 25. 선고 2017다263543 판결(미간행).

80 대법원 2007. 12. 27. 선고 2006다9408 판결(공2008, 123).

81 대법원 2019. 10. 31. 선고 2019다247651 판결(공2019하, 2202).

82 대법원 1998. 3. 13. 선고 97다54604, 54611 판결(공1998, 1042), 대법원 2001. 7. 10. 선고 2001다3764 판결(공2001, 1831), 대법원 2010. 10. 14. 선고 2010다47438 판결(미간행), 대법원 2019. 6. 13. 선고 2019다208533, 208540 판결(미간행).

83 대법원 1998. 2. 10. 선고 96다7793, 7809, 7816 판결(공1998, 663).

의무는 동시이행관계에 있게 되어 그 때부터는 매도인이 매수인에게 입주를 가능하게 할 때까지 매수인들에게 중도금지급의무에 대한 지체책임이 생기지 않는다.[84] 매수인의 대금지급의무가 선이행 관계에 있더라도 매도인의 소유권이전등기의무 이행기가 도과한 때 두 의무는 동시이행관계에 있게 되는 경우에도 마찬가지이다.[85]

다. 손해 발생

1) 학설

채무불이행이 있는 경우 손해배상액 예정 약정에 따른 예정손해액을 청구하려면 실제 손해발생이 있어야 하는가에 대해 견해가 나뉜다. 학설의 차이는 손해배상 예정의 대상이 '손해 액수'에만 있는지, 아니면 '손해 액수'외에도 '손해 발생'까지 포함하는 것인지에서 비롯된다.

가) 손해 발생 불요설(통설)

손해배상액 예정은 손해 발생과 그 액수를 예정하는 것이므로 예정배상액 청구에 손해 발생은 필요하지 않다는 견해이다. 통설이다.[86] 이 견해는 채무자가 손해 발생이 없음을 증명하더라도 손해배상 예정액 지급책임을 인정한다. 다만 손해가 발생하지 않았다는 점은 손해배상 예정액 감액 시 고려될 요소이다.

나) 손해 발생 필요설(소수설)

본조는 '손해배상액'만을 예정대상으로 하므로 채무불이행 손해발생 일반론에 따라 예정배상액 청구를 위해서는 실제 손해가 발생해야 한다는 견해이다. 소수설이다. 손해배상액 예정을 징벌적으로 해석할 명문의 근거가 없음을 논거로 한다.[87] 이 견해는 채무자가 채무불이행에도 불구하고 손해 발생이 없음을 증명할 경우에는 손해배상 지급 의무를 부정한다.

84 대법원 1998. 2. 10. 선고 96다7793, 7809, 7816 판결(공1998, 663).

85 대법원 2001. 7. 27. 선고 2001다27784, 27791 판결(공2001, 1953), 대법원 2002. 3. 29. 선고 2000다577 판결(공2002, 969), 대법원 2013. 6. 13. 선고 2011다73472 판결(미간행).

86 고명식, 채권총론(제2판), 동방문화사(2015), 111; 곽윤직, 채권총론[민법강의Ⅲ](제6판), 박영사(2013), 123; 김동훈, 채권총론, 동방문화사(2012), 257; 김상용, 채권총론(제3판), 화산미디어(2016), 189; 김준호, 채권법(제10판), 법문사(2019), 122; 박종두, 채권법총론(제3판), 삼영사(2010), 160; 송덕수, 채권법총론(제4판), 박영사(2018), 193; 양창수/김재형, 민법 I 계약법(제2판), 박영사(2015), 495; 이덕환, 채권총론(전정판), 율곡미디어(2014), 234; 이은영, 채권총론(제4판), 박영사(2009), 367; 민법주해 IX, 채권(2), 박영사(1995), 670(양창수).

87 김형배, 채권총론, 박영사(1992), 312, 313.

2) 판례(손해 발생 불요설)

판례는 손해 발생 불요설의 입장에 있다. 즉 채권자와 채무자 사이에 채무불이행을 원인으로 한 손해배상액을 예정한 경우 손해발생 및 손해액에 대한 증명은 필요하지 아니하고, 그 예정액이 과다하여 감액될 사정이 없는 한 채권자는 채무자에 대하여 손해배상 예정액을 청구할 수 있다고 본다.[88] 매수인이 잔금 지급기일까지 잔금을 지급하지 못하면 매매계약을 철회한 것으로 간주하여 이미 지급한 매매대금 중 계약금을 포기하기로 한 손해배상액 예정 약정이 있는 경우 매도인은 매수인의 잔금 미지급 사실만을 증명하면 손해의 발생 유무나 그 손해액을 증명하지 않고 예정 배상액을 청구할 수 있다.[89]

5. 손해배상 예정액 약정의 효력

가. 약정된 손해배상 예정액 청구

1) 손해발생이 없거나 예정액보다 적더라도 합의된 손해배상 예정액 청구

손해배상액 예정 합의는 손해 발생사실과 손해액에 대한 증명 곤란을 배제하고 분쟁을 사전에 방지하여 법률관계를 간편하게 해결하는 데 주된 목적이 있다. 손해배상액 예정 합의가 있는 경우 채무불이행한 채무자는 채권자에게 합의된 손해배상 예정액을 지급할 책임이 있다. 채무자가 실제로 손해발생이 없다거나 손해액이 예정액보다 적다는 것을 증명하더라도 채무자는 그 예정액의 지급을 면하거나 감액을 청구하지 못한다.[90] 다만 그 손해배상 예정액이 부당히 과다한 경우에 법원이 신청 또는 직권으로 감액할 수 있을 뿐이다. 손해배상 예정액의 감액에 대하여는 아래 민법 제398조 Ⅳ. 8. 손해배상 예정액의 감액에서 자세히 살핀다.

2) 손해배상 예정액을 초과하는 손해의 청구 가부

손해배상액 예정 약정을 한 후 채무불이행에 따른 실제 손해가 손해배상 예정액을 초과하는 경우의 추가 청구를 할 수 있는지가 문제된다.

88 대법원 2000. 12. 8. 선고 2000다50350 판결(공2001, 268), 대법원 2007. 8. 23. 선고 2006다15755 판결(미간행), 대법원 2009. 2. 26. 선고 2007다19051 판결(미간행).

89 대법원 2009. 2. 26. 선고 2007다19051 판결(미간행).

90 대법원 1991. 3. 27. 선고 90다14478 판결(공1991, 1265), 대법원 2008. 11. 13. 선고 2008다46906 판결(미간행), 대법원 2016. 3. 24. 선고 2014다3115 판결(미간행), 대법원 2016. 7. 14. 선고 2012다65973 판결(공2016하, 1111).

가) 학설

손해배상액 예정은 통상손해만을 내용으로 하므로 이를 초과하는 특별손해에 대하여 채무자가 그러한 사정을 알았거나 알 수 있었으면 예정손해액을 넘는 손해까지 배상해야 한다는 견해도 있다.[91] 손해배상 예정액을 배상하고 채무를 이행하지 않는 것이 더 이로운 경우에 채무불이행을 선택하도록 조장함으로써 채무이행 확보를 위한 손해배상액 예정 취지에 반한다는 점 등을 근거로 한다.[92]

그러나 통설은 손해배상액 예정이 있는 경우 실제 손해가 이를 초과하여도 실제 손해가 없거나 예정액에 미치지 못하더라도 예정손해액을 지급해야 하는 것과의 형평상 초과 부분을 청구하지 못한다고 본다.[93]

나) 판례

판례는 계약 당시 손해배상액을 예정한 경우에는 다른 특약이 없는 한 채무불이행으로 발생할 수 있는 모든 손해가 예정액에 포함된다고 본다.[94] 채무불이행으로 입은 통상손해는 물론 특별손해까지 예정액에 포함되고 채권자의 실제 손해가 예정액을 초과한다 하더라도 초과부분을 따로 청구할 수 없다.[95] 또한 채무불이행으로 인한 손해로 예정한 것이라면 특별한 사정이 없는 한 손해를 발생시킨 원인행위의 법적 성격과 상관없이 그 손해는 예정액에 포함되므로 예정액과 별도로 배상 또는 반환을 청구할 수 없다.[96] 예를 든다. 채무자의 소유권이전등기의무가 이행불능 되었을 경우 채무자는 이행불능 당시의 시가 상당액을 전보 배상해야 할 책임이 있다. 그러나 매매계약 시 손해배상액 예정에 관한 특약을 하였

91 김증한/김학동, 채권총론, 박영사(1998), 158, 159; 이덕환, 채권총론(전정판), 율곡미디어(2014), 55.

92 김증한/김학동, 채권총론, 박영사(1998), 159.

93 고명식, 채권총론(제2판), 동방문화사(2015), 111; 곽윤직, 채권총론[민법강의Ⅲ](제6판), 박영사(2013), 123; 김동훈, 채권총론, 동방문화사(2012), 257; 김주수, 채권총론, 삼영사(2003), 198, 199; 김준호, 채권법(제10판), 법문사(2019), 122; 김형배, 채권총론, 박영사(1992), 313; 박송누, 채권법총론(제3판), 삼영사(2010), 160; 송덕수, 채권법총론(제4판), 박영사(2018), 194; 양창수/김재형, 민법 I 계약법(제2판), 박영사(2015), 495, 496; 윤철홍, 채권총론(제3전정판), 법원사(2018), 233; 이은영, 채권총론(제4판), 박영사(2009), 367; 정기웅, 채권총론(제2전정판), 법문사(2014), 194; 민법주해 IX, 채권(2), 박영사(1995), 675(양창수).

94 대법원 2018. 12. 27. 선고 2016다274270, 274287 판결(공2019상, 364).

95 대법원 1993. 4. 23. 선고 92다41719 판결(공1993, 1528), 대법원 2007. 7. 27. 선고 2007다18478 판결(미간행), 대법원 2010. 7. 15. 선고 2010다10382 판결(미간행), 대법원 2012. 12. 27. 선고 2012다60954 판결(미간행).

96 대법원 2018. 12. 27. 선고 2016다274270, 274287 판결(공2019상, 364).

다면 그에 따라 예정된 손해배상액만을 청구할 수 있다.[97]

3) 채무불이행 대상이 다르거나 별도 원인으로 발생한 손해

손해배상액 예정은 하나의 계약이라도 여러 채무불이행을 개별적으로 그 대상으로 할 수 있다. 따라서 손해배상액 예정의 기초가 된 사정에 의하지 아니한 원인으로 손해가 발생한 경우에는 예정 손해배상액을 청구할 수 없다. 예를 들어 기계납품계약에서 납품기한을 어길 경우 지체상금을 예정한 경우를 상정해 보자. 기계를 납품기한 내에 납품한 경우 비록 약정 성능을 충족하지 못해 채무이행이 불완전 이행에 그치게 된 경우라면 지체상금을 청구할 수는 없다.[98] 매매 당사자가 매매 목적물이 타인 소유인 사실을 모르고 계약을 체결한 경우 그 위약금 약정은 타인의 권리매매에서 매도인의 담보책임까지 포함한 것은 아니다.[99]

또한 손해배상액을 예정한 채무불이행과 별도의 행위를 원인으로 손해가 발생하여 불법행위 또는 부당이득이 성립한 경우 그 손해는 채무불이행으로 인한 손해배상액 예정에서 제외되므로 별도로 청구할 수 있다.[100] 따라서 매수인의 잔대금 지급채무 불이행을 이유로 토지매매계약이 해제된 다음 매도인이 매수인을 상대로 그 토지 위의 건물철거 및 대지인도를 구하는 소를 제기하여 승소확정판결을 받았음에도 매수인이 이를 이행하지 않아 매도인이 위 토지를 사용·수익하지 못함으로써 입은 차임 상당 손해는 토지매매계약 해제 후 별도의 불법행위를 원인으로 하는 것으로 계약 당시 수수된 손해배상 예정액으로 전보되지 않는다.[101]

나. 채무 일부이행의 경우

채무 일부이행이 있는 경우 채권자가 손해배상 예정액 전부를 청구할 수 있는지, 이행 비율에 따라 이행되지 않은 부분만큼의 손해배상 예정액을 청구해야 하는지가 문제된다.

일부이행으로 계약 목적을 달성할 수 없을 때에는 손해배상 예정액 전부를 청구할 수 있다고 보는 데 이견이 없다. 다만 일부이행이 유효한 경우에는 그 비율대로 감액한 손해배상 예정액을 청구할 수 있다고 해석하는 게 채무불이행 제

97 대법원 1992. 12. 22. 선고 92다30320 판결(공1993, 571), 대법원 1994. 1. 11. 선고 93다17638 판결(공1994, 680).

98 대법원 1980. 8. 26. 선고 80다1171 판결(미간행).

99 대법원 1977. 9. 13. 선고 76다1699 판결(공1977, 10287).

100 대법원 2018. 12. 27. 선고 2016다274270, 274287 판결(공2019상, 364).

101 대법원 1999. 1. 15. 선고 98다48033 판결(공1999, 297).

도의 취지에 합당한다는 견해가 있다.[102] 이에 반해 프랑스 민법 제1231조의5 제3항과 같이 일부이행 시 손해배상 예정액 감액에 관한 명문의 규정이 없는 우리 민법에서 완전한 이행이 되지 않은 이상 일부이행에 비례한 감액을 반드시 하여야 한다고 볼 수 없고, 재량감액 사유로 고려하는 것으로 충분하다는 견해도 있다.[103]

다. 과실상계 또는 손익공제 가부

1) 과실상계 가부

채무불이행에 따른 손해배상액이 예정되어 있는 경우 채무불이행으로 인한 손해 발생 및 확대에 채권자에게 과실이 있는 경우 손해배상 예정액의 감액 외에 과실상계를 할 수 있는지가 문제된다.

가) 학설(긍정설)

채무불이행 또는 손해 발생에 채권자의 과실이 있는 경우 과실상계를 주장을 할 수 있다는 견해로 통설이다.[104] 손해배상액 예정액이 부당이 과다한 경우 채권자의 과실이 없어도 이를 감액할 수 있고, 채권자는 자기의 과실을 채무자에게 전가시키는 것이 허용되어서는 안 된다는 것을 근거로 한다. 과실상계를 허용하는 이상 손익상계도 인정된다고 본다. 일본의 경우 일본 민법 기초자는 부정적 견해였으나 통설은 과실상계를 긍정하고 있다.[105]

나) 판례(부정설)

판례는 손해배상 예정액의 감액만 가능하고, 과실상계를 할 수 없다는 입장이다.[106] 손해배상 예정액을 감액하면서 채무자가 계약을 위반한 경위 등 제반 사

102 김상용, 채권총론(제3판), 화산미디어(2016), 191; 김형배, 채권총론, 박영사(1992), 314, 315; 정기웅, 채권총론(제2전정판), 법문사(2014), 196; 조성민, 채권법, 두성사(2014), 88.

103 민법주해 IX, 채권(2), 박영사(1995), 673(양창수).

104 곽윤직, 채권총론[민법강의Ⅲ](제6판), 박영사(2013), 123; 김상용, 채권총론(제3판), 화산미디어(2016), 192; 김주수, 채권총론, 삼영사(2003), 199; 김승한/김학동, 채권총론, 박영사(1998), 160; 김형배, 채권총론, 박영사(1992), 315; 송덕수, 채권법총론(제4판), 박영사(2018), 196; 양창수/김재형, 민법 I 계약법(제2판), 박영사(2015), 498; 양형우, 민법의 세계(이론과 판례)(제11판), 피앤씨미디어(2019), 921; 이덕환, 채권총론(전정판), 율곡미디어(2014), 237; 이은영, 채권총론(제4판), 박영사(2009), 366; 정기웅, 채권총론(제2전정판), 법문사(2014), 196; 최병조, "위약금의 법적 성질", 민사판례연구 제11집, 민사판례연구회(1989), 232.

105 中田裕康, 債権総論(第三版), 岩波書店(2014), 188.

106 대법원 1972. 3. 31. 선고 72다108 판결[민집20(1), 185], 대법원 2002. 1. 25. 선고 99다57126 판결(공2002, 547), 대법원 2011. 10. 13. 선고 2009다92142 판결(미간행), 대법원 2016. 6. 10. 선고 2014다200763, 200770 판결(공2016하, 929).

정이 참작되므로 손해배상액 감경에 앞서 채권자의 과실 등을 들어 따로 감경할 필요가 없기 때문이다.[107]

다) 검토

과실상계를 적용한다는 입장에서도 채권자 과실이 감액사유에서 이중으로 평가되는 것을 허용하는 것은 아니다. 앞서 든 대법원 2014다200763, 200770 판결은 손해배상 예정액감액 주장을 배척하는 대신 채권자의 과실을 들어 채무자의 손해배상책임을 70%로 제한한 원심을 파기환송하였다. 파기환송심(서울중앙지방법원 2016나34518, 34525 판결)은 채권자의 과실을 감액 사유로 참작하여 손해배상 예정액을 70%로 감액하여 과실상계를 적용한 환송 전 원심(서울중앙지방법원 2012나51485, 57247 판결)과 결과적으로 손해배상액이 같다.

이처럼 우리 판례는 손해배상 예정액의 감액의 범위나 정도를 산정하면서 채무불이행이나 손해에 대한 채권자의 과실을 고려[108]하므로 과실상계를 허용하여야 한다는 학설의 견해와 실질적으로 차이가 없다고 볼 수 있다.

일본 판례는 손해배상액을 예정한 경우에 채권자의 과실을 참작하여 손해배상액을 정하여야 한다고 보고 있다.[109] 이는 2017년 개정 전 일본 민법 제420조 제1항 후문으로 법원이 손해배상 예정액 증감을 할 수 없다고 규정하고 있던 것에서 공평한 손해 부담이라는 측면에서 과실상계를 통해 손해배상 예정액의 사실상 감액을 고려한 것으로도 볼 수 있다. 우리 민법은 법원의 손해배상 예정액 감액을 허용하고 있고, 채권자의 과실이 감액 사유의 하나로 고려되므로 일본과 사정이 다르다는 점에서 일본 판례의 법리를 그대로 채택할 것은 아니다. 우리 민법과 유사한 규정체계를 갖고 있는 독일의 경우는 채권자의 과실을 손해배상 예정액의 부당과다에 관한 판단 요소로 참작을 하고 있다.[110]

실무가 입장도 ①채권자의 과실을 인정하게 하는 관련 사정이 손해배상 예정액 감액의 판단 요소가 되고, ②감액 참작사유와 채권자 과실을 구별한 다음 먼저 채권자 과실을 제외한 감액 참작사유만 가지고 감액한 다음 다시 과실상계를

107 대법원 2002. 1. 25. 선고 99다57126 판결(공2002, 547).

108 대법원 1990. 11. 9. 선고 90다카7262 판결(공1991, 39), 대법원 2012. 12. 13. 선고 2012다62448 판결(미간행).

109 日最判 1994. 4. 21. (民集172, 379) (第一法規法律情報総合データベース D1-law 判例ID: 27818522).

110 신신호, "채무불이행에 채권자에게도 과실이 있는 경우 손해배상 예정액의 감액 외에 과실상계가 허용되는지 여부", 대법원판례해설 제107호(2016상), 법원도서관(2016), 73, 80.

한다는 것은 매우 어려워 이중감액의 위험성이 있고, ③감액 제도의 효용성 확보 측면 및 소송 실제를 고려하면 별도로 과실상계 규정을 적용할 필요성이 없다며 판례 태도를 지지한다.[111] 채권자의 과실도 여러 참작 사유와 함께 고려하여 최종 지급할 감액된 손해배상액을 산정하는 게 일반적 재판 실무이다.

2) 손익공제 가부

손해배상액을 예정한 경우 채무불이행으로 채권자가 얻은 이익이 있는 때에는 형평의 원칙상 이를 공제해야 한다는 견해도 있다.[112] 그러나 '손익상계'는 배상액예정 단계에서 정한 손해액의 범주에 포함된 것으로 볼 수 있어 이를 공제할 것은 아니다.[113]

라. 손해배상 예정액 청구와 이행청구 또는 계약 해제의 관계(본조 제3항)

1) 일반론

본조 제3항은 "손해배상액의 예정은 본래의 급부의 이행청구나 계약해제에 영향을 미치지 아니한다."고 규정한다. 손해배상 예정액을 청구한다고 하여 그것이 바로 본래의 급부를 이행할 것을 청구하거나 채무불이행에 따른 계약 해제를 할 수 있는 법률관계에 필연적으로 영향을 미치는 것은 아니다. 손해배상액 예정 약정은 이와 관련 있는 채무불이행에 따른 손해에 관한 것이기 때문이다. 따라서 채무불이행에 따른 손해배상 예정액 청구는 본래의 급부 이행청구나 계약해제와 병존할 수도, 어느 일방만을 행사할 수도 있다.

2) 손해배상액 예정 유형별 이행청구권 또는 계약해제권의 행사

손해배상 예정액의 청구와 본래의 급부 이행 청구 또는 계약해제권의 행사와 어떤 관계에 있는지에 관하여는 손해배상액 예정 약정의 유형별로 양자의 관계를 일반적인 설명에 따라 살펴본다. 이러한 유형별 설명에 대하여 손해배상액 예정

111 신신호, "채무불이행에 채권자에게도 과실이 있는 경우 손해배상 예정액의 감액 외에 과실상계가 허용되는지 여부", 대법원판례해설 제107호(2016상), 법원도서관(2016), 81; 이광범, "손해배상 예정액의 감액", 민사판례연구 제16권, 박영사(1994), 236; 이용훈, "계약금 포기 및 배액반환약정에 관한 판례연구", 민법학논총(후암 곽윤직 교수 화갑기념), 박영사(1985), 447; 이학수, "민법 제398조 제2항 소정의 '손해배상의 예정액이 부당히 과다한 경우'의 의미", 판례연구 제14집, 부산판례연구회(2003), 218; 홍승면, "손해배상액의 예정과 위약벌의 구별방법", 민사판례연구 제24권, 박영사(2002), 135.

112 김상용, 채권총론(제3판), 화산미디어(2016), 192; 김주수, 채권총론, 삼영사(2003), 200; 김형배, 채권총론, 박영사(1992), 315; 이덕환, 채권총론(전정판), 율곡미디어(2014), 237; 이은영, 채권총론(제4판), 박영사(2009), 366; 정기웅, 채권총론(제2전정판), 법문사(2014).

113 김준호, 채권법(제10판), 법문사(2019), 122.

약정의 내용과 효과는 오로지 그 약정의 해석에 따라 정해지고, 손해배상액 예정 약정이 있더라도 채무불이행에 따른 계약 해제 여부는 민법 원칙에 따라 결정된다는 점에서 큰 의미를 부여할 것은 아니라는 비판도 있다.[114]

가) 지연배상금 손해배상액 예정의 경우

이행지체에 일정한 금전 또는 비율로 손해배상액 예정 합의를 한 경우 채무자의 채무 지체에 대하여 채권자는 지연배상금 외에 본래 채무 이행을 청구할 수 있다. 계약의 존속을 전제로 하므로 지연배상금 손해배상 예정액은 계약 해제에 따른 손해배상의 기준이 될 수 없다. 공사도급계약과 같이 수급인이 공사 이행을 지체할 경우에 도급인은 수급인에게 본래 공사 이행을 구하거나 이행 지체를 이유로 도급계약을 해제할 수도 있다. 공사도급계약에 지체상금 약정이 있는 경우 도급인은 적정한 지체일수만큼의 지체상금을 청구할 수 있다. 공사도급계약의 지체상금청구에서 실무상 쟁점을 민법 제398조 Ⅳ. 7. 손해배상 예정액의 구체적 태양별 쟁점에서 별도로 살핀다.

다만 기계 제작·납품이나 건축 공사 등에서 채무자가 이행을 완료하였으나 하자가 있는 경우와 같은 불완전이행의 경우에는 지연배상금 손해배상액 예정을 청구할 수 없다.[115]

한편 하자보수채권과 공사대금채권은 동시이행관계에 있으므로 하자보수채권을 보유하고 있는 한 하자보수채권액에 상응하는 공사대금채무에 대한 이행지체책임이 생기지 않는다.[116] 수급인의 하자보수의무와 동시이행관계에 있는 도급인의 공사대금 지급채무는 해당 하자가 발생한 부분의 기성공사대금에 한정하는 것은 아니다. 이와 달리 본다면 도급인이 하자발생사실을 모른 채 하자가 발생한 부분에 해당하는 기성공사의 대금을 지급하고 난 후 뒤늦게 하자를 발견한 경우 동시이행 항변권을 행사하지 못하게 되어 공평에 반하기 때문이다.[117]

나) 전보배상금 손해배상액 예정의 경우

이행불능의 채무불이행으로 생기는 손해를 전보하기로 한 손해배상 예정액의

114 민법주해 Ⅸ, 채권(2), 박영사(1995), 675-677(양창수).

115 대법원 1988. 3. 8. 선고 87다카2083, 2084 판결(공1988, 660).

116 대법원 1996. 6. 11. 선고 95다12798 판결(공1996, 2106), 대법원 2017. 12. 22. 선고 2017다269916 판결(미간행).

117 대법원 2001. 9. 18. 선고 2001다9304 판결(공2001, 2237).

경우 이행불능에 따른 계약 해제와 함께 또는 계약 해제 없이 전보배상금 손해배상 예정액을 청구할 수 있다. 계약을 해제하고 손해배상을 구하는 경우 그 배상의 성질을 어떻게 보느냐에 따라 전보배상금 예정액이 기준이 될 수 있는지가 달라진다. 계약 해제로 인한 손해배상을 이행이익으로 보는 경우 전보배상금 예정액을 기준으로 채권자가 면할 반대급부의 액을 공제하여 청구할 수 있다.[118]

이에 반해 계약 해제로 인한 손해배상을 신뢰이익으로 보는 경우에는 전보배상금 예정액은 표준이 되지 않는다. 계약을 해제하지 않고 전보배상금 손해배상 예정액을 청구하여 받은 이상 본래 급부를 청구할 수 없다. 전보배상금 예정액은 본래 급부를 대체하는 것이기 때문이다. 한편 계약해제에 따른 손해배상은 이행지체와 발생 원인을 달리하므로 해제된 계약에 있는 지체배상금 손해배상액 예정 조항은 전보배상의 기준이 되지 않는다.

채권자는 이행불능 시 계약 해제에 따른 실손해를 주장·증명하여 손해배상을 청구하거나 전보배상액 예정 약정이 있는 경우 채무불이행 사실을 주장·증명하여 그 예정액을 청구할 수 있다.

다) 계약관계 청산을 위한 손해배상액 예정의 경우

위약 시 매매계약이 자동 해제된 것으로 하고, 그 위약에 따른 손해배상액 예정을 한 경우와 같이[119] 쌍무계약에서 계약관계를 청산하기 위한 배상액이 예정된 경우에는 비록 이행기일에 쌍방이 자신의 의무를 이행하지 못하고 있더라도 일방 당사자가 목적물을 제3자에게 처분하여 채무를 불이행한 경우에는 다른 당사자는 곧 예정배상액을 청구할 수 있다. 별도의 해제를 할 필요 없다. 손해배상 예정액의 수수로 그 법률관계는 청산된다. 이에 대하여 그 약정에는 특수한 약정해제권 또는 해제조건이 유보되어 있다고 보아 채권자가 그 예정액을 청구하거나 지급받는 등으로 해제의 의사표시 또는 조건 성취로 그 계약이 효력을 상실한다는 약정이 포함된 것으로 설명하기도 한다.[120]

계약관계 청산을 위한 손해배상액 예정 약정이 있는 경우에도 채무불이행을 이유로 계약을 해제하면서 손해배상 예정액을 청구할 수도 있다.

118 김증한/김학동, 채권총론, 박영사(1998), 162.
119 대법원 1970. 2. 24. 선고 69다1317 판결(미간행).
120 민법주해 IX, 채권(2), 박영사(1995), 677(양창수).

라) 불완전이행에 관한 손해배상액 예정의 경우

불완전이행에 관하여 손해배상액 예정 약정이 있는 경우에는 그 약정의 해석에 따라 효과가 정해진다. 다만 약정을 해석하면서 채권자에게 이중의 이득을 주는 결과가 되어서는 안 된다. 목적물 하자에 관한 손해배상액 예정에서 그 금액이 본래의 급부 가액을 만족시키기 부족한 때에는 그 예정액은 하자로 목적물 가치가 감소된 것에 따른 손해를 배상하기 위한 것으로 하자 있는 목적물을 보유하면서 예정배상액도 청구할 수 있다. 그러나 예정배상액을 수령한 경우 완전이행청구를 할 수는 없다. 한편 예정배상액이 본래의 급부 가액을 초과한 경우에는 하자 목적물을 보유할 수 없다.[121]

불완전이행에 따른 손해배상 예정 약정이 없을 경우에는 채무자의 하자보수 또는 이를 갈음하는 손해배상 책임(민법 제667조)으로 그 법률관계를 해결할 수 있다.

6. 손해배상 예정액과 계약금

가. 계약금의 의의 및 법적 성격

계약 체결 당시에 당사자 사이에 수수되는 금전 그 밖의 유가물을 계약금이라고 한다. 계약대금의 10%로 정해 수수되는 게 일반적이나 당사자 사이의 합의로 달리 정한 사례도 많다.

민법 제565조 제1항은 "매매의 당사자 일방이 계약당시에 금전 기타 물건을 계약금, 보증금 등의 명목으로 상대방에게 교부한 때에는 당사자 간에 다른 약정이 없는 한 당사자의 일방이 이행에 착수할 때까지 교부자는 이를 포기하고 수령자는 그 배액을 상환하여 매매계약을 해제할 수 있다."고 규정한다. 이처럼 민법은 계약금의 법적 성질을 원칙적으로 해약금으로 보고 있다. 해약금으로 계약이 해제되는 경우에는 일반적으로 발생하는 원상회복의무나 손해배상청구권은 생기지 않는다(민법 제565조 제2항).

일정한 금전을 계약금으로 지급하기로 하고 일부만 지급한 경우 해약금의 기준이 되는 금액은 실제 교부받은 금액이 아니라 약정 계약금이다. 따라서 매도인이 계약금의 일부로서 지급받은 돈의 배액을 상환하는 것으로는 매매계약을 해제할 수 없다.[122]

121 주석 민법, 채권총칙(1)(제4판), 한국사법행정학회(2013), 65(유남석).
122 대법원 2015. 4. 23. 선고 2014다231378 판결(공2015상, 743).

한편 주된 계약과 함께 계약금 계약을 한 경우 계약금 계약은 금전 그 밖의 유가물의 교부를 요건으로 하는 요물계약이다. 따라서 계약금을 지급하기로 약정만 한 단계에서는 민법 제565조 제1항에 따라 계약해제를 할 수 없다.[123]

나. 계약금이 손해배상 예정액으로 인정되는 경우

계약금은 원칙적으로 해약금의 성질만 갖는다. 통상 손해배상액 예정은 위약 시 향후 지급하기로 하는 것인데, 손해배상 예정액으로 인정되는 계약금은 계약 체결 단계에서 이미 지급된 것이라는 점에서 차이는 있다. 그렇지만 유상계약을 체결하면서 계약금 등 금전이 수수되었다고 하더라도 이를 위약금으로 하기로 하는 특약이 있는 경우에는 계약금이 손해배상액의 예정으로서 성질을 가진 것으로도 볼 수 있다. 그와 같은 특약이 없는 경우에는 계약금을 손해배상액 예정으로 볼 수 없다.[124] 계약금을 손해배상액 예정으로 보는 특약은 “계약금 교부자가 위약 시 상대방에게 계약금이 귀속되고, 수령자가 위약 시 그 가액 또는 배액을 상환한다.”는 등 위약에 따른 계약금의 귀속이나 상환에 관한 내용을 명확히 하여야 한다. 단순히 채무불이행 시 “매수인은 어떤 이의도 민·형사상 문제를 제기할 수 없다.”고 약정한 것만으로는 매수인이 계약을 위반할 경우 계약금을 포기하기로 하는 내용의 위약금 약정이 있었음이 명백하다고 볼 수 없다.[125] 계약금이 위약금 특약으로 손해배상 예정액으로 인정될 경우 본조 제2항에 따라 감액할 수 있다.

계약금을 위약금으로 하기로 하는 특약이 없는 경우에는 계약이 당사자 일방의 귀책사유로 인하여 해제되었다고 하더라도 상대방은 계약불이행으로 입은 실제 손해만을 배상받을 수 있을 뿐 계약금이 위약금으로서 상대방에게 당연히 귀속되는 것은 아니다.[126] 계약금이 해약금의 성격만 가질 경우에는 손해배상 예정액을 전제로 한 감액을 할 수 없다.[127]

123 대법원 1955. 3. 10. 선고 4287민상388 판결(미간행), 대법원 2008. 3. 13. 선고 2007다73611 판결(미간행).

124 대법원 1996. 6. 14. 선고 95다11429 판결(공1996, 2156).

125 대법원 2007. 10. 25. 선고 2007다40765 판결(미간행).

126 대법원 1996. 6. 14. 선고 95다54693 판결(공1996, 2166), 대법원 2006. 1. 27. 선고 2005다52078, 52085 판결(미간행), 대법원 2010. 4. 29. 선고 2007다24930 판결(공2010상, 971).

127 대법원 1971. 12. 14. 선고 71다2014 판결(민집19-3, 157).

다. 가계약금

1) 일반론

거래 실무상 '가계약'이라는 이름으로 다양한 법률행위가 이루어지고 있다. '가계약서'로 작성했더라도 계약 목적물과 그 대금 등이 특정되고 대금 지급방법에 관한 합의가 있었다면 잔금 지급 시기가 기재되지 않았고, 후에 정식계약서가 작성되지 않았다 하더라도 이는 본계약으로 볼 수 있다.[128] 토지에 대한 '가계약'을 체결하면서 토지거래허가가 나지 않으면 계약의 효력이 없는 것으로 약정한 경우 이 계약의 실질은 조건부 계약이다.[129] 일단 계약 내용을 확정지은 후 계약자 추가나 매수인의 지위 변경 등 향후 변동 가능성을 염두에 두고 가계약이라는 표현을 사용하는 경우도 있다.[130] 이와 같이 '가계약'이란 표현으로 이루어진 법률행위라도 계약의 주요 내용이 확정된 경우에는 법률행위 해석상 계약으로 인정된다. 따라서 가계약금 반환이 문제될 경우 교부된 금전의 명목에 구속될 것이 아니라 계약의 체결 여부를 먼저 살펴볼 필요가 있다. 여기에서 논의는 장래 본계약 체결할 것을 내용으로 매매목적물이나 그 대금 등에 대한 합의가 없는 순수한 가계약에 한정한다.

2) 가계약금의 법적 성격

우리 민법에는 가계약금에 관한 규정이 없으므로 본계약 체결이 되지 않을 경우 가계약금의 귀속을 어떻게 할 것인지는 결국 당사자 사이의 의사표시 해석 문제로 귀결된다. 가계약을 하면서 본계약 불체결 시 가계약금 귀속이나 상환에 관하여 구체적으로 합의한 경우에는 그에 따르면 된다. 명시적인 약정이 없는 경우에는 가계약의 내용 및 체결 경위, 가계약금 액수, 가계약부터 본계약 불체결 확정시까지의 기간, 본계약 체결에 이르지 못한 경위, 귀책사유 등 제반 사정을 종합하여 가계약금 귀속에 관한 당사자의 의사표시를 합리적으로 해석할 수밖에 없다. 당사자 사이의 의사표시로 해석 가능한 가계약금의 법적 성격을 ①증거금,

128 대법원 2006. 11. 24. 선고 2005다39594 판결(미간행), 부산지방법원 2019. 7. 3. 선고 2018나60267 판결(확정), 의정부지방법원 2019. 7. 18. 선고 2018나4742 판결(확정), 서울북부지방법원 2019. 12. 11. 선고 2019나1372 판결(확정).

129 대법원 1996. 6. 14. 선고 95다54693 판결(공1996, 2166), 김동훈, "편무·쌍무예약의 법적 쟁점", 인권과 정의 제435호(2013. 8.), 대한변호사협회(2013), 24.

130 대법원 1995. 1. 24. 선고 94누10627 판결(공1995, 1174), 대법원 1998. 1. 23. 선고 96누16834 판결(공1996, 627).

②위약금, ③해약금 이렇게 세 가지로 나눌 수 있다.[131]

첫째, 증거금으로 해석될 경우 가계약금은 본계약 체결을 전제로 본계약 대금으로 충당하기로 하고 지급된 것으로 본계약이 체결되지 않은 이상 가계약금은 반환되어야 한다. 둘째, 위약금으로 해석될 경우 가계약금 교부사의 귀책사유로 본계약이 체결되지 않을 경우 가계약금은 상대방에게 귀속된다. 셋째, 해약금으로 해석될 경우 민법 제565조 제1항에 따라 가계약금 교부자는 이를 포기하고, 수령자는 그 배액을 상환해 가계약을 해제할 수 있다. 판례는 가계약금으로 1억 원을 지급하면서 가계약일부터 10일 이내에 4억 원을 지급하고 본계약을 체결하기로 하고 4억 원을 미지급할 경우 본계약을 무효로 하고, 매수인은 어떤 이의도 제기할 수 없다고 한 사안에서 위약금 약정이 있다고 볼 수 없다며 원심을 파기하였다.[132] 또한 계약금은 특약이 있는 경우에만 위약금으로 인정된다.[133] 따라서 가계약 당사자 사이에 본계약 불체결 시 가계약금 귀속과 관련하여 명확한 약정이 없는 경우 실무상 가계약금이 위약금으로 인정될 여지는 작다.

3) 본계약 불체결에 따른 가계약금 귀속을 둘러싼 실무 사례

가계약금 교부자가 본계약 체결을 포기하거나, 가계약금 수령자가 본계약 체결을 거부하는 경우 등에서 가계약금 귀속이나 상환을 둘러싼 재판사례를 유형별로 살핀다. 가계약금은 통상 거래대금의 10%정도인 계약금보다 소액인 것이 일반적이다. 이런 사정으로 재판실무상 소액사건에서 많이 볼 수 있다. 가계약금을 교부자에게 반환해야 하는지에 대하여 상반되는 듯한 사례를 확인할 수 있다. 이는 거래의 다양성에 따라 가계약금의 법적 성격을 일률적으로 정할 수 없어 당사자 사이의 의사표시 해석의 문제로 귀결되는 것에 말미암은 것으로 보인다.

가) 가계약금 교부자가 본계약 체결을 포기한 경우

매매계약과 관련하여 가계약을 체결하고 가계약금을 수수하는 것은 당사자들 사이에 다른 특별한 사정이 없는 한 매수 희망인이 매매계약 체결을 포기하는 경우 가계약금 반환 역시 포기한 것으로 보아 가계약금은 상대방에게 귀속한다고

131 사봉관, "부동산 가계약금을 보는 세 가지 관점", 법률의 지평, 박영사(2019), 27.
132 대법원 2007. 10. 25. 선고 2007다40765 판결(미간행).
133 대법원 1996. 6. 14. 선고 95다54693 판결(공1996, 2166), 대법원 2006. 1. 27. 선고 2005다52078, 52085 판결(미간행), 대법원 2010. 4. 29. 선고 2007다24930 판결(공2010상, 971).

해석한 사례가 많다.[134] 이에 대하여 본계약이 체결되지 않은 경우에는 그 경위에 상관없이 가계약금을 돌려주어야 한다는 사례도 있다.[135]

나) 가계약금 수령자가 본계약 체결을 거부한 경우

재판실무는 특별한 약정이 없는 이상 가계약금을 해약금으로 보는 것을 부정한다. 가계약금은 일종의 증거금이므로 가계약 상대방이 계약을 체결하지 않았다고 하여 가계약금 지급자에게 그 배액을 지급할 의무가 당연히 생긴다고 볼 수 없다. 그러기 위해서는 가계약 당사자 사이에 본계약 불성립 시 반환 범위 등에 관한 합의가 있어야 하는데,[136] 가계약금을 해약금으로 볼 수 없고, 위약금으로 하는 약정이 없는 이상 손해배상액 예정으로 볼 수도 없어 가계약금 수령자가 계약을 체결하지 않아도 그 배액을 상환하여야 하는 것은 아니라고 본다.[137] 이에 대하여 가계약금을 계약금과 유사하다고 보아 민법 제565조를 유추하여 가계약금 수령자가 계약을 체결하지 않기 위해서는 가계약금의 배액을 상환해야 한다는 견해도 있다.[138]

가계약은 본계약 체결의 준비 단계에서 이루어지는 것으로 교섭 당사자를 확정하여 본계약 체결을 위한 성실한 교섭을 할 정도의 효력을 가지는 데 그친다. 이처럼 가계약은 본계약의 법적 구속력이나 효과와 그 차원을 달리 한다. 한편 가계약은 본계약 체결을 일방이 임의로 강제할 수 없다는 점에서 예약완결권을 행사하여 본계약 체결의 효과를 일방적으로 가져올 수 있는 예약과도 구분된다. 이러한 사정에 비추어 볼 때 가계약금에 당사자 사이의 약정 등 특별한 사정이 없는 한 본계약의 계약금을 해약금으로 보는 민법 제565조를 그대로 적용하기에는 무리가 있다. 가계약금 수령자가 본계약 체결을 거부하더라도 효력의 정도에 차이가 있는 본계약 해약에 필요한 정도인 가계약금의 배액을 지급해야 할 의무가 당연히 성립한다고 보기 어렵다는 측면에서 재판실무를 이해할 수 있다.

134 울산지방법원 2016. 11. 17. 선고 2016나868 판결(확정), 울산지방법원 2018. 1. 25. 선고 2017나23301 판결(확정), 대구지방법원 서부지원 2018. 12. 11. 선고 2018가소21928 판결(각공2019상, 154), 광주지방법원 2019. 4. 26. 선고 2018나2413 판결(확정).

135 서울남부지방법원 2016. 11. 11. 선고 2016나4599 판결(확정), 대구지방법원 2019. 4. 4. 선고 2018나308311 판결(확정), 울산지방법원 2019. 5. 16. 선고 2018나25816 판결(확정).

136 광주고등법원 2019. 9. 5. 선고 (전주)2018나12105 판결(확정).

137 서울서부지방법원 2019. 1. 24. 선고 2018나35619 판결(확정), 수원지방법원 2019. 11. 13. 선고 2018나88883 판결(확정), 수원지방법원 2019. 12. 19. 선고 2019나58247, 58278 판결(확정), 청주지방법원 2019. 11. 21. 선고 2019나13170 판결(확정).

138 황태윤, "가계약금의 법적 처리에 대한 고찰", 법학연구 통권 제59조, 전북대학교 출판부(2019), 34.

다) 가계약금 교부 당사자 사이의 협의가 결렬되어 본계약 체결이 되지 않은 경우

가계약금은 장차 계속될 교섭의 기초로 교부한 것으로 본계약 체결을 위해 신의성실 원칙에 따라 교섭한다는 증거로 교부된 증거금으로 보아 협의가 결렬되어 본계약 체결이 되지 않은 경우에는 가계약금을 반환할 의무가 있다고 본 사례도 있다.[139]

7. 손해배상 예정액의 구체적 태양별 실무상 쟁점

여기에서는 실무상 자주 다루어지는 구체적 태양별 손해배상 예정액의 쟁점을 살핀다.

가. 공사도급계약의 지체상금 청구

1) 일반론

공사도급계약에서 준공기한까지 건물을 완공하지 못할 경우 일의 완성을 지체한 데 대한 손해배상액 예정으로 지체상금 약정을 하는 게 일반적이다. 수급인이 약정된 기간 내에 그 일을 완성하여 도급인에게 인도하지 아니하는 한 지체상금을 지급할 의무가 있다. 공사도급계약상 지체상금 약정의 적용범위를 정하는 것은 도급계약에 나타난 당사자 의사의 해석문제이다. 그 약정 내용과 약정이 이루어지게 된 동기 및 경위, 당사자가 이로써 달성하려는 목적, 거래의 관행을 종합적으로 고려해야 한다. 특히 건설공사의 경우 공사가 비교적 장기간에 걸쳐 시행되기 때문에 그 사이에 자연현상의 변화, 경제적 환경의 변동 등 외부적 장애나 당사자의 경영상태 악화 등 공사 완성에 장애가 되는 사정이 발생할 가능성이 많다. 따라서 이러한 경우를 대비하여 도급인의 손해액에 대한 증명 곤란을 덜고 손해배상에 관한 법률관계를 간명하게 처리할 목적에서 지체상금 약정을 하는 것이 통례이다. 따라서 이러한 점을 고려하여 당사자 의사를 합리적으로 해석한 다음 지체상금 적용 여부를 결정하여야 한다.[140]

국가나 지방자치단체가 당사자가 된 계약의 지체상금률(지방자치단체의 경우 법령상 지연배상금률로 표현한다)은 법령으로 정해져 있다. 국가를 당사자로 하는 계약에 관한 법률 시행규칙 제75조 제1호, 지방자치단체를 당사자로 하는 계약에 관

139 광주지방법원 2019. 11. 15. 선고 2019나55292 판결(확정).

140 대법원 1999. 1. 26. 선고 96다6158 판결(공1999, 329), 대법원 1999. 3. 26. 선고 96다23306 판결(공1999, 754).

한 법률 시행규칙 제75조 제1호에 규정된 공사 관련 지체일수당 지체상금률은 1천분의 1(국가는 2017. 12. 27. 이전, 지방자치단체는 2016. 11. 29. 이전)이었다가 현재는 1천분의 0.5이다(국가는 2017. 12. 28.부터, 지방자치단체는 2016. 11. 29.부터). 다만 지체상금이 계약금액의 30%를 초과할 수 없다(국가를 당사자로 하는 계약에 관한 법률 시행령 제74조 제3항, 지방자치단체를 당사자로 하는 계약에 관한 법률 시행령 제90조 제3항). 사인 간의 공사도급계약에서도 지체일수당 지체상금률을 1천분의 1로 하는 게 일반적이다. 그러나 당사자 사이의 합의로 지체상금률을 정할 수 있으므로 실무상 공사도급계약 지체상금률이 1천분의 1에서 1천분의 3까지 범위로 나타난다. 국가나 지방자치단체의 공사도급계약의 지체상금률이 1천분의 0.5로 하향 조정돼 사인 간의 공사도급계약 지체상금률에도 영향을 미칠 것으로 보인다.

공사도급계약의 지체상금 약정에 따른 재판실무상 ①도급인의 귀책사유에 따른 공사도급계약 해제에도 지체상금이 적용되는지, ②지체상금의 적용 대상 기간 산정, ③수급인의 귀책사유 존부, ④지체상금의 감액이 주요 쟁점이 된다. 그 중 ④지체상금 감액에 관하여는 손해배상 예정액의 감액을 통해 살피고, 여기에서는 나머지 쟁점 사항을 다룬다.

2) 공사도급계약의 해제와 지체상금

가) 완공 예정일 이전의 수급인 공사도급계약 해제

준공기한 이전에 공사 일부만 된 상태에서 약정기일을 넘긴 후 도급인이 계약을 해제함으로써 일을 완성하지 못한 경우에는 지체상금 약정이 적용됨은 이론이 없다.

종전에 '준공기한 내 공사를 완성하지 아니한 때에는 지체상금을 지급하기로 약정'한 경우 이는 수급인이 완공예정일을 지나서 공사를 완료하였을 경우 지체상금을 지급하기로 한 것으로 준공기한 전에 공사도급계약이 해제되어 수급인이 공사를 완료하지 아니한 경우에 지체상금을 논할 여지가 없다는 판례가 있었다.[141] 이로 인해 준공 전의 공사도급계약 해제의 경우 지체상금 책임을 물을 수 없는지가 논란이 됐으나 그 이후 판례는 지체상금 약정의 해석 문제로 보아 종전 판례를 변경함이 없이 준공기한 전 공사도급계약 해제의 경우에도 지체상금 책임

141 대법원 1989. 9. 12. 선고 88다카15901, 15918 판결(공1989, 1460).

을 인정하고 있다.[142]

즉 수급인이 공사를 완공하지 아니한 상태에서 수급인의 귀책사유로 공사도급계약이 약정한 준공예정일 이전에 공사 도중 해제되고 그에 따라 도급인이 다른 수급인을 선정하여 공사를 완공하느라 지체된 경우에도 지체상금 약정을 적용할 수 있다.

나) 도급인의 귀책사유에 따른 공사도급계약 해제

수급인의 귀책사유로 공사도급계약이 해제된 경우뿐 아니라 도급인의 귀책사유로 수급인이 공사도급계약을 해제한 경우에도 공사가 지체되고 있었던 경우에는 지체상금 약정을 적용할 수 있다.[143] 이때의 지체상금 적용 대상 기간의 종기 산정이 수급인의 귀책사유와 대비할 때 약간 차이가 생긴다. 자세한 내용은 아래에서 살핀다.

3) 지체상금 약정을 적용할 지체일수 계산

실무상 지체상금이 적용되는 지체일수 산정이 주로 다투어진다. 지체일수 기간 계산의 기산점은 준공예정일 다음 날로 명확하나 종기는 실제 공사가 완공된 날을 기준으로 하는 게 아니기 때문에 지체일수 산정 시 주의할 점 위주로 살핀다.

가) 시기(始期)

공사도급계약으로 완공기한을 정한 경우 수급인의 지체상금 발생의 시기는 완공기한 다음 날이다.[144]

나) 종기(終期)

(1) 수급인이 공사를 완공한 경우: 인도일

이 경우는 수급이 건물 공사를 완공하여 도급인에게 건물을 인도한 날이 지체상금 발생의 종기가 된다. 수급인의 의무는 단순히 건물을 완공하는 데에서 나아가 도급인에게 완공된 건물을 인도하는 것을 그 내용으로 하므로 완공하였더라도 인도하지 않으면 지체상금을 지급할 의무가 있다.[145] 다만 공사대금 지급의무

142 대법원 1999. 1. 26. 선고 96다6158 판결(공1999, 329), 대법원 1999. 3. 26. 선고 96다23306 판결(공1999, 754), 대법원 2005. 8. 19. 선고 2002다59764 판결(공2005, 1477). 대법원 2006. 4. 28. 선고 2004다39511 판결(미간행). 대법원 2010. 1. 28. 선고 2009다41137, 41144 판결(공2010상, 408).

143 대법원 2012. 10. 11. 선고 2010다34043, 34050 판결(미간행).

144 대법원 2001. 1. 30. 선고 2000다56112 판결(공2001, 537), 대법원 2002. 9. 4. 선고 2001다1386 판결(공2002, 2312).

145 대법원 1999. 3. 26. 선고 98다26590 판결(미간행).

와 완공 건물 인도의무는 동시이행관계에 있으므로 도급인이 공사대금 지급의무를 이행하지 않은 경우에 수급인은 지체책임을 지지 않는다.[146]

(2) 수급인이 공사를 중단한 경우: 원칙적으로 해제·해지 가능일부터 완공 가능일까지

수급인이 완공기한 내에 공사를 완성하지 못한 채 완공기한을 넘겨 공사도급계약이 해제된 경우에는 지체상금의 종기가 건물이 준공될 때까지 무한히 계속되는 것은 아니다.[147] 수급인이 공사를 중단하거나 기타 해제사유가 있어 도급인이 이를 해제·해지할 수 있었을 때를 기준으로 하여 도급인이 다른 업자에게 의뢰하여 같은 건물을 완공할 수 있었던 시점이 지체상금 발생의 종기(終期)가 된다.[148] 현실로 공사도급계약을 해제하거나 실제 공사를 완료한 날을 기준으로 지체상금 적용 기간을 산정하지 않음을 유의해야 한다.

수급인이 그 귀책사유로 준공기일 내에 공사를 완성할 가능성이 없음이 명백한 경우 공사도급계약을 통지로써 해제할 수 있다고 약정한 경우를 예로 든다. 이 경우 도급인은 이행최고 없이 수급인의 공사 중단일에 계약을 해제할 수 있었으므로 그 후에 공사도급계약을 실제 해제한 날이 아니라 해제할 수 있었던 공사 중단일을 기준으로 도급인이 다른 업자에게 의뢰하여 잔여 공사를 실제 마친 날이 아니라 객관적으로 보아 마무리할 수 있었던 시점까지의 기간이 종기가 된다.

이와 같이 도급인이 해제·해지할 수 있었던 때를 기준으로 하여 종기를 제한하는 것은 그때부터 도급인이 다른 업자에게 의뢰하여 공사를 완공할 수 있음을 전제로 한다. 따라서 수급인의 귀책사유로 도급인이 다른 업자에게 의뢰하여 공사를 완공할 수 없는 사정이 있는 경우에는 그 종기는 도급인이 계약을 해제·해지할 수 있었던 때가 아니라 도급인이 다른 업자에게 의뢰하여 공사를 시작할 수 있었던 때를 기준으로 하여 같은 건물을 완공할 수 있었던 시점까지를 종기로 산정하여야 한다.[149] 예를 들어 수급인이 요건을 갖추지 못한 유치권을 주장하면서 공사 현장을 권원 없이 점유한 경우에는 공사현장의 점유를 도급인에게 이전한 다음 날부터 도급인이 다른 업자에 의뢰하여 건물을 완공할 수 있었던 시점까지

146 대법원 1998. 2. 24. 선고 95다38066, 38073 판결(공1998, 837).

147 대법원 1989. 7. 25. 선고 88다카6273, 6280 판결(공1989, 1281).

148 대법원 1999. 10. 12. 선고 99다14846 판결(공1999, 2316), 대법원 2006. 4. 28. 선고 2004다39511 판결(미간행).

149 대법원 2016. 12. 27. 선고 2015다231672, 231689 판결(미간행).

를 계산해야 한다.

실무상 다른 업자에 의뢰하여 건물을 완공할 수 있는 기간은 해제된 공사도급계약상 약정 공사기간에 기성고 감정결과에 따른 잔여공사 비율을 곱하는 방법으로 계산하는 경우가 많다.

한편 수급인이 결과적으로 이행지체를 하였지만 수급인이 책임질 수 없는 사유로 공사가 지연된 일부 기간이 있는 경우에는 그 기간만큼은 전체 지체일수에서 공제하여야 하고, 이를 지체일수로 보아서는 안 된다.[150] 수급인이 책임질 수 없는 사유로 공사가 지연된 경우라도 수급인이 공사도급계약에서 예상하지 못하였던 사정이 발생하였고, 그 사정으로 말미암아 일정 기간 동안 예정된 공사를 진행할 수 없어 공사 지연이 불가피하였음을 증명하여야 한다. 단지 어떤 사유가 수급인의 귀책사유와 경합하여 공사기간이 연장될 가능성만 있는 때에는 배상예정액의 감액에서 고려할 수 있을 뿐이다.[151]

(3) 도급인의 귀책사유로 공사도급계약이 해제된 경우

이 경우에는 도급인의 귀책사유가 발생하지 아니하여 수급인이 공사를 계속하였더라면 완성할 수 있었을 때까지의 기간을 기준으로 하여 당초 준공예정일부터 지체된 기간을 산정하는 방법으로 지체일수를 적용해야 한다.[152]

다) 지체일수 계산례

실제 사안[153]을 통해 지체상금 적용 대상 기간을 계산해 본다. 약정 공사기간은 2003. 6. 10.부터 2004. 1. 10.까지로 준공예정일은 2004. 1. 10.이다. 도급인은 2003. 8. 16. 공사 현장에서 철수한 수급인의 공사 타절 및 정산 제의를 통지받았다. 원고가 새로운 업자를 선정하여 공사는 준비하는 데 20일이 필요하다. 미시공부분 비율은 95.01%이다. 이 사안에서 지체상금 기산일은 준공예정일 다음 날인 2004. 1. 11.이다. 나머지 공사를 완공하는 데 필요한 기간은 약정 공사기간 215일에 미시공 비율 95.01%를 곱하여 계산된 204일에 준비 필요기간 20일을 합한 224일이다. 따라서 지체상금 종기는 2003. 8. 16.부터 224일 후인 2004. 3. 26.이

150 대법원 2006. 4. 28. 선고 2004다39511 판결(미간행), 대법원 2010. 1. 28. 선고 2009다41137, 41144 판결(공2010상, 408).

151 대법원 2005. 11. 25. 선고 2003다60136 판결(공2006, 11).

152 대법원 2012. 10. 11. 선고 2010다34043, 34050 판결(미간행).

153 광주고등법원 2010. 10. 27. 선고 (제주)2010나202 판결(미간행)[대법원 2010. 1. 28. 선고 2009다41137, 41144 판결(공2010상, 408)의 파기환송심].

다. 결국 지체상금 적용 대상 일수는 2004. 1. 11.부터 2004. 3. 26.까지 76일이다.

한편 위 사안에서 수급인이 책임질 수 없는 사유로 공사가 지연된 기간이 20일이라고 가정하면, 최종적인 지체상금 적용 대상 일수는 56일(=76일 - 20일)이 된다.

4) 귀책사유에 관한 사례 분석

가) 일반론

실무상 약정 준공기한까지 공사가 완성되지 않은 객관적 사실을 두고 그 귀책사유에 대하여 다툼이 많다. 수급인에게 귀책사유가 없다는 점에 대한 증명책임이 있으므로 수급인이 준공기한을 지키지 못하거나 완성하지 못하고 중단함에 따라 공사가 지체되는 경우 지체책임이 인정되는 사례가 더 많다.

통상 천재지변이나 이에 준하는 경제사정의 급격한 변동 등 불가항력으로 인하여 목적물 준공이 지연된 경우는 수급인의 지체책임은 부정된다. 불가항력에 이르지 않더라도 공사지연의 원인이 수급인의 지배영역 밖의 사유로 발생한 것으로 수급인이 통상의 수단을 다하였어도 이를 예상하거나 방지하는 것이 불가능한 경우에도 지체책임이 부정될 수 있다.[154]

실무상 어떤 경우를 불가항력 또는 이에 준하는 사유 등으로 수급인의 귀책사유 유무를 판단했는지를 실제 사례를 중심으로 살핀다. 다만 수급인에게 귀책사유 없음이 증명되지 않은 경우라도 면책에 이르지 못하지만 참작할 사유가 있거나 도급인에게도 귀책사유가 인정되는 때에는 지체상금을 감액하게 된다.

나) 수급자의 귀책사유를 부정한 사례

(1) 지방자치단체의 공사중지명령에 따른 공사 중단

아파트 신축 공사와 관련하여 지방자치단체가 도급인의 도로 개설 미비를 이유로 한 공사중지 명령으로 수급인이 공사를 중지한 기간은 수급인의 귀책사유로 인한 것이 아니므로 지체일수에 산입할 수 없다.[155]

(2) 수급인 지배영역 밖의 사유로 인한 지반침하 사고

수급인의 공사 중 지반침하 사고가 발생하였으나 수급인이 시공한 흙막이 공사 벽 구조에 대한 안전성 검토 결과 구조적 문제가 없고, 공사현장 지반이 하천

154 대법원 2007. 8. 23. 선고 2005다59475, 59482, 59499 판결(공2007, 1441).
155 대법원 2015. 1. 29. 선고 2013다24870 판결(미간행).

을 매립하여 만든 관계로 연약하여 종전 주변 공사 현장에서도 지하수가 솟아나는 등 어려움을 겪는 등의 사정에 비추어 지반침하 사고로 인하여 공사가 중단된 279일과 지반보강공사 기간 15일에 대하여는 지체책임을 부담하지 않는다.[156] 지반침하 사고가 수급인의 지배영역에 있는 원인으로 발생한 것이 아님을 고려한 것으로 보인다.

(3) 불안의 항변권이 인정된 사례

계속적 거래관계에서 재화나 용역을 먼저 공급한 후 일정 기간마다 거래대금을 정산하여 일정 기일 후에 지급받기로 약정한 경우가 있다. 이때 공급자가 선이행의 자기 채무를 이행하고 이미 정산이 완료되어 이행기가 지난 전기의 대금을 지급받지 못하였거나, 후이행 상대방의 채무가 아직 이행기가 되지 않았지만 이행기에 이행이 현저히 불안한 사유가 있는 경우에는 민법 제536조 제2항 및 신의성실의 원칙에 비추어 공급자는 이미 이행기가 지난 전기의 대금의 지급받을 때 또는 전기에 대한 상대방의 이행기 미도래 채무의 이행불안사유가 해소될 때까지 선이행의무가 있는 다음 기간의 자기 채무 이행을 거절할 수 있다. 도급인이 2개월마다 기성고에 따른 공사대금을 지급하기로 약정하였음에도 선급금 외의 기성공사대금을 전혀 지급하지 않고 있고, 도급인의 재산 상태에 비추어 앞으로도 공사대금을 지급할지 여부가 불투명한 상태에 있는 경우 수급인은 이미 이행기가 지난 기성공사대금을 지급받거나 공사대금 지급에 관한 이행불안 사유가 해소될 때까지 잔여 공사의 완성을 거절할 수 있다.[157] 이러한 경우에 수급인은 건축공사 지체책임을 지지 않는다. 다만 도급인의 중도금 지급채무 이행이 곤란할 현저한 사유가 있었다고 볼 수 없는 상태에서 기성고 해당 중도금 지급의무 이행을 일부 지체했다고 하여 바로 수급인이 일 완성의무의 이행을 거절할 수는 없다. 이 경우에는 도급인이 중도금 지급채무 이행을 지체한 것만으로 수급인의 귀책사유를 부정할 수 없다.[158]

다) 수급자의 귀책사유를 인정한 사례

(1) 이례적인 강우(降雨)가 아닌 경우

일반적으로 수급인은 통상적인 강수로 정상적으로 작업을 하지 못하는 것까

156 서울고등법원 2010. 3. 30. 선고 2009나25441, 25458 판결(미간행).
157 대법원 2001. 9. 18. 선고 2001다9304 판결(공2001, 2237).
158 대법원 2002. 9. 4. 선고 2001다1386 판결(공2002, 2312).

지 고려하여 이를 계약에 반영한다. 따라서 천재지변에 준하는 이례적인 강우가 아니라면 지체상금의 면책사유로 삼을 수 없다.[159]

(2) IMF 사태 및 그로 인한 자재 수급의 차질

IMF 사태 및 그로 인한 자재 수급의 차질 등은 불가항력적인 사정으로 볼 수 없다.[160] 같은 맥락에서 국내 수급인의 납품 지연이 2011년 동일본 대지진으로 인한 해외 부품조달 지연인 경우에도 지체책임은 인정하되 다만 손해배상 예정액 감액 사유로 삼았다.[161]

나. 기업 매각 절차의 이행보증금

1) 기업 매각 절차상 양해각서의 의미 및 효력

공개경쟁입찰 방식의 주식 매각 등을 통한 기업 매각 절차는 일반적으로 매각 공고, 입찰, 우선협상대상자 선정, 실사, 본계약 체결 및 이행의 순서로 진행한다. 그중 양해각서는 입찰절차에서 선정된 우선협상대상자와 매각사 측 사이에 본계약 체결 전에 본계약 체결의 절차나 입찰 매매대금의 구체적 정산 방법 등을 기재한 합의를 말한다. 실무상 양해각서를 'MOU(Memorandum of Understanding)'라고도 부른다. 양해각서가 비록 본계약에 앞서 체결되더라도 비용분담규정, 비밀유지약정, 배타적 협상의무, 위약금 등에 관하여 계약 성립을 위한 요건들을 구비한 이상 계약으로서 법적 구속력이 있다.[162]

2) 매각절차상 이행보증금의 법적 성격

양해각서의 성실한 이행을 담보하기 위해 통상 입찰한 인수대금의 5~10%를 이행보증금으로 납부한다. 한편 본계약 체결이 되지 않거나 본계약이 체결되더라도 본계약이 이행되지 않을 경우 매각절차에서 납부된 이행보증금 또는 계약금의 귀속과 관련하여 양해각서 등으로 정하고 있다.

이러한 이행보증금의 법적 성격과 관련하여 위약벌로 본 사례도 있고, 손해배상액 예정액으로 본 사례도 있다. 구체적으로는 정리회사 주식회사 건영 매각절차의 이행보증금 약 100억 원(인수대금 대비 5%)[163]은 위약벌로, 정리회사 주식

159 대법원 1999. 10. 12. 선고 99다14846 판결(공1999, 2316).
160 대법원 1999. 10. 12. 선고 99다14846 판결(공1999, 2316).
161 대법원 2018. 11. 29. 선고 2014다233480 판결(미간행).
162 최승재, "기업인수합병시 이행보증금의 법적 성격과 감액 가능성에 관한 연구", 증권법연구 제17권 제3호, 삼우사(2016), 44, 45.
163 대법원 2008. 2. 14. 선고 2006다18969 판결(미간행).

회사 청구 매각절차의 계약금 약 122억 원(인수대금 대비 10%),[164] 정리회사 극동건설 주식회사 매각절차의 계약금 약 281억 원(인수대금 대비 10%),[165] 워크아웃기업 현대건설 주식회사의 매각절차 이행보증금 2,755억 원(인수대금 대비 5%),[166] 워크아웃기업 쌍용건설 주식회사의 매각절차 이행보증금 약 231억 원(인수대금 대비 5%), 워크아웃기업 대우조선해양 주식회사 매각절차의 이행보증금 약 3,150억 원(인수대금 대비 5%)[167]은 손해배상액 예정으로 보았다. 정리회사 주식회사 건영 사건에서 당사자 사이에 이행보증금이 위약벌이라는 데에 대한 특별한 다툼이 없이 공서양속에 반한 무효 여부가 쟁점이 되었다. 한편 정리회사 주식회사 청구 사건이나 워크아웃기업 대우조선해양 주식회사 사건의 경우에는 양해각서상 '위약벌'의 표현에도 불구하고 손해배상액 예정으로 인정되었다.

판례는 2016년 대우조선해양 사건[168]에서 위약금이 위약벌로 해석되기 위해서는 특별한 사정이 주장·증명되어야 한다는 확립된 판례를 선제로 더 나아가 계약을 체결할 당시 위약금과 관련하여 사용하고 있는 명칭이나 문구뿐만 아니라 계약 당사자의 경제적 지위, 계약 체결의 경위와 내용, 위약금 약정을 하게 된 경위와 그 교섭과정, 당사자가 위약금을 약정한 주된 목적, 위약금을 통해 그 이행을 담보하려는 의무의 성격, 채무불이행이 발생한 경우에 위약금 이외에 별도로 손해배상을 청구할 수 있는지 여부, 위약금액의 규모나 전체 채무액에 대한 위약금액의 비율, 채무불이행으로 인하여 발생할 것으로 예상되는 손해액의 크기, 그 당시의 거래관행 등 여러 사정을 종합적으로 고려하여 위약금의 법적 성질을 합리적으로 판단하여야 한다며 고려해야 할 요소를 명확히 하였다.

이들 판례의 흐름을 보면, 기업 매각절차의 이행보증금 또는 계약금 귀속이 문제될 경우 그 법적 성격은 개별 약정의 해석 문제로 보되, 손해배상액 예정으로 인정한 사례가 지배적이다.

3) 감액 여부

위에서 든 사례 중 워크아웃기업 현대건설과 대우조선해양 사건에서만 감액이 이루어졌다. 현대건설 사건에서는 매각절차의 이행보증금 2,755억 원은 입찰금

164 대법원 2008. 11. 13. 선고 2008다46906 판결(미간행).
165 대법원 2007. 12. 13. 선고 2006다29709 판결(미간행).
166 대법원 2016. 3. 24. 선고 2014다3115 판결(미간행).
167 대법원 2016. 7. 14. 선고 2012다65973 판결(공2016하, 1111).
168 대법원 2016. 7. 14. 선고 2012다65973 판결(공2016하, 1111).

액의 5% 정도임에도 법원은 이행보증금의 25%인 약 689억 원이 적정한 손해배상 예정액으로 보아 약 2,066억 원의 반환을 인정하였다. 이는 의무 위반 내용이 자금출처 해명의무 위반으로 비교적 부차적이고 비전형적이라는 점에서 다른 사안들과 차이점이 있다.[169] 한편 대우조선해양 사건의 감액의 구체적 사유는 항을 바꾸어 아래 민법 제398조 Ⅳ. 8. 마. 손해배상 예정액 감액의 실무 사례에서 사실관계와 함께 살핀다.

도산절차에서 이루어지는 M&A 사건에서는 법원은 이행보증금 또는 계약금을 손해배상액 예정으로 보더라도 감액을 부정하여 감액을 신중히 하고 있다.[170] 회생법원이 도산절차 진행 중인 회사의 매각절차를 엄중 관리·감독하고, 귀속된 이행보증금이 회생 재원이 되는 점 등을 고려한 것으로 보인다.

8. 손해배상 예정액의 감액

가. 손해배상 예정액 감액의 취지

계약자유의 원칙은 사적 소유권 절대의 원칙 및 과실책임의 원칙과 더불어 근대사법의 기초를 이룬다. 그러나 계약자유의 무제한적 허용은 경제적 약자의 지위에 있는 계약당사자를 부당하게 압박하여 가혹한 결과를 초래할 수 있다. 본조 제2항에 규정된 손해배상 예정액 감액 제도는 계약자유의 원칙에 대한 제한의 한 가지 형태로,[171] 국가가 계약 당사자들 사이의 실질적 불평등을 제거하고 공정을 보장하기 위하여 계약 내용에 간섭한다는 데 그 취지가 있다.[172]

본조 제2항은 강행법규이다. 이 규정에 근거한 감액 주장을 사전에 배제하는 약정은 무효이다.[173] 따라서 손해배상액 예정 약정을 하면서 그 반환이나 감액 청구 등 어떠한 이의를 제기하지 않기로 약정하였더라도 손해배상 예정액이 부당히 과다한 경우 감액할 수 있다.

실무례를 든다. 워크아웃기업 M&A 양해각서 제12조 제4항으로 "주관기관이

169 박정제, "기업인수합병과정에서 이행보증금의 법적 성격에 관한 고찰", BFL 90호, 서울대학교 금융법센터(2018), 107.

170 박정제, "기업인수합병과정에서 이행보증금의 법적 성격에 관한 고찰", BFL 90호, 서울대학교 금융법센터(2018), 107.

171 대법원 1991. 3. 27. 선고 90다14478 판결(공1991, 1265).

172 대법원 1993. 4. 23. 선고 92다41719 판결(공1993, 1528), 대법원 2013. 6. 27. 선고 2012다64222 판결(미간행).

173 대법원 2007. 10. 25. 선고 2007다40765 판결(미간행), 대법원 2016. 3. 24. 선고 2014다3115 판결(미간행).

본 양해각서를 해지한 경우, 예치한 입찰보증금 및 이행보증금이 각각 위약금으로서 부당히 과다한 것이 아님을 인정하고, 매각주체에 귀속되더라도 이에 대하여 그 반환이나 감액 청구 등 어떠한 이의도 제기하지 않을 것임을 확인한다."고 약정하였다. 법원은 이 약정을 손해배상 예정액에 대한 감액 주장을 사전에 배제하는 것으로 강행법규인 본조 제2항에 반해 무효라고 보았다.[174]

나. 감액 대상 손해배상 예정액

1) 금전채무의 이행지체에 대비한 지연손해금 비율

본조 제2항은 금전채무의 불이행에 관하여 적용을 배제하지 않고 있다. 또한 이자제한법 제6조는 법원은 당사자가 금전을 목적으로 한 채무의 불이행에 관하여 예정한 배상액을 부당하다고 인정한 때에는 상당한 액까지 이를 감액할 수 있다고 규정하고 있다. 따라서 금전채무의 이행지체에 대비한 지연손해금 비율을 따로 약정한 경우 이는 손해배상액 예정으로서 본조 제2항, 이자제한법 제6조에 의한 감액의 대상이 된다. 금전채무의 불이행에 대하여 손해배상 예정액의 감액 여부를 판단할 때에는 위에서 든 고려 요소 외에 통상적인 연체금리도 고려하여야 한다.[175]

2) 일부 불능 또는 일부 해제가 있는 경우

계약 목적물의 일부가 급부 불능이 있는 경우 몰취할 수 있는 위약금은 계약으로 정한 손해배상 예정액 전부가 아니라 일부 불능을 제외한 나머지 목적물에 관한 계약 해제 부분에 상응하는 위약금으로 제한되어야 한다.[176] 예를 든다. A 사가 B 사와 소성·건조설비 부분과 환원설비 부분으로 구성된 설비공급계약(총 설비대금 15억 7백만 원, 그중 환원설비대금 851,364,591원)을 체결하면서 총 150,700,000원의 계약이행보증금 지급을 갈음하여 보증보험사로부터 계약이행 보증보험증권을 발급받아 주었다. B 사는 A 사의 귀책사유로 환원실비 부분 계약을 해제하였다. 이 경우 감액 대상이 되는 손해배상 예정액은 전체 설비대금의 계약이행보증금 150,700,000원이 아니라 해제된 환원설비계약 부분의 대금과 관련된 계약이행보증금에 해당하는 85,136,459원[= 총 계약이행보증금 150,700,000원 × (환원설비대금

174 대법원 2016. 3. 24. 선고 2014다3115 판결(미간행).
175 대법원 2017. 7. 11. 선고 2016다52265 판결(공2017하, 1614), 대법원 2017. 8. 18. 선고 2017다228762 판결(공2017하, 1794).
176 대법원 2016. 10. 13. 선고 2014다1508 판결(미간행).

851,364,591원/총 설비대금 15억 7백만 원)]이다.[177]

3) 손해배상액 예정과 위약벌의 성질을 함께 가진 경우

위약금이 손해배상액 예정과 위약벌의 성질을 함께 가지는 경우 본조 제2항에 따른 손해배상 예정액 감액은 위약금 전체 금액을 기준으로 감액할 수 있다.[178] 따라서 위약금 중 손해배상 예정액과 위약벌이 차지하는 금액을 구분하지 않고, 두 가지 법적 성질을 모두 갖는 위약금 자체 금액을 기준으로 감액 여부를 결정하면 된다.

이에 대하여 당사자 사이의 약정이 손해배상액 예정과 위약벌의 성질을 함께 가진 경우 손해전보를 의도한 부분에 대하여는 손해배상액 예정처럼 취급하고, 나머지 부분은 위약벌처럼 취급함이 원칙적으로 타당하다고 하면서도 양자를 양적으로 구분하기 어려운 경우에는 전체를 기준으로 감액하되 그 과정에서 당사자의 복합적 의도를 고려해야 한다는 견해도 있다.[179]

다. 감액 부분에 해당하는 손해배상액 예정 약정의 효력

법원이 손해배상 예정액을 부당히 과다하다고 보아 감액한 경우에는 손해배상액 예정에 관한 약정 중 감액 부분에 해당하는 부분은 처음부터 무효이다.[180] 따라서 대금 미지급을 이유로 해제된 매매계약에서 지급된 계약금이 손해배상 예정액에 해당하여 계약금 일부에 대한 손해배상 예정액 감액이 될 경우 감액되어 반환할 계약금에 대하여 지급일부터의 지연손해금을 위 계약 해제에 따른 원상회복으로 반환할 의무가 있다.[181]

라. '부당히 과다한 경우'의 의미

본조 제2항은 손해배상의 예정액이 부당히 과다한 경우에는 법원이 이를 적당히 감액할 수 있다고 규정하고 있다. 지체상금을 계약 총액에서 지체상금률을 곱하여 산출하기로 한 경우 '손해배상의 예정액'은 배상비율 자체가 아니라 그 비

177 대법원 2014. 5. 29. 선고 2014다1089 판결(미간행).

178 대법원 2018. 10. 12. 선고 2016다257978 판결(공2018하, 2085), 대법원 2018. 11. 9. 선고 2017다238530 판결(미간행), 대법원 2019. 1. 17. 선고 2018다240653 판결(미간행).

179 이동진, "위약벌과 손해배상액예정의 구별", 2019. 9. 9.자 법률신문, 12.

180 대법원 1991. 7. 9. 선고 91다11490 판결(공1991, 2124), 대법원 2001. 11. 27. 선고 2001다31189 판결(미간행), 대법원 2004. 12. 10. 선고 2002다73852 판결(공2005, 92).

181 서울고등법원 2002. 11. 13. 선고 2002나16332 판결(미간행).

율에 따라 계산한 예정배상액 총액을 의미한다.[182] 한편 '부당히 과다한 경우'란 채권자와 채무자의 각 지위, 계약의 목적 및 내용, 손해배상액을 예정한 동기, 채무액에 대한 예정액의 비율, 예상 손해액의 크기, 그 당시의 거래관행 등 모든 사정을 참작하여 일반 사회관념에 비추어 그 예정액의 지급이 경제적 약자의 지위에 있는 채무자에게 부당한 압박을 가하여 공정성을 잃는 결과를 초래한다고 인정되는 경우를 뜻한다.[183] 감액 사유에 대한 사실인정이나 그 비율을 정하는 것은 형평의 원칙에 비추어 현저히 불합리하다고 인정되지 않는 한 사실심의 전권에 속하는 사항이다.[184]

마. 손해배상 예정액 감액의 실무 사례

1) '부당히 과다'하여 감액을 인정한 사례

사실심 법원이 감액을 인정하지 않는 것이 위법하다는 사례를 중심으로 살핀다.

가) 계약금이 매매대금의 26%에 달한 사례

(1) 사안 경과

원고가 피고로부터 임야를 7억 7,700만 원에 시세보다 2배 비싸게 매수하면서 원고의 요구로 계약금을 2억 원을 지급하였다. 피고는 피고 측 사업자금을 마련하기 위해 임야를 매도하였다. 원고의 채무불이행으로 계약 체결 후 약 두 달 만에 계약이 해제되었다. 원고는 계약금 반환 청구를 하며 손해배상 예정액 감액 주장을 하였다.

원심은 계약금이 대금의 26%에 해당하는 사정을 인정하면서도 손해배상 예정액이 크다든가 계약 체결 시부터 계약 해제 시까지 시간적 간격이 짧다든가 하는 사유만으로 '부당히 과다'하다고 보기 어렵다는 법리(대법원 2014. 7. 24. 선고 2014다209227 판결)를 전제로 ①원고의 요구로 계약금액이 정해진 점, ②원고의 매매잔금 미지급으로 피고 측 사업 추진에 상당한 차질을 빚은 점, ③피고가 매매가 이행됐을 경우 얻을 수 있었던 시세 차익 3억 6,800만 원의 손해를 입은 점 등을 고려하여 감액 주장을 받아들이지 않았다.

182 대법원 1996. 4. 26. 선고 95다11436 판결(공1996, 1683), 대법원 2015. 1. 29. 선고 2011다16844 판결(미간행).

183 대법원 2000. 7. 28. 선고 99다38637 판결(공2000, 1929).

184 대법원 2005. 11. 25. 선고 2003다60136 판결(공2006, 11), 대법원 2016. 3. 24. 선고 2014다3115 판결(미간행), 대법원 2017. 5. 30. 선고 2016다275402 판결(공2017하, 1367), 대법원 2018. 10. 12. 선고 2015다256794 판결(공2018하, 2078).

(2) 대법원 판단

대법원은 아래 사정에 나타나는 손해배상 예정액의 비율과 계약금에 관한 거래 관행, 피고에게 실제로 생겼을 손해의 내용이나 성격 및 그 정도 등을 고려하면 계약금 2억 원은 손해배상 예정액으로서 부당히 과다하다고 보아 파기환송하였다.

①계약금 2억 원은 매매대금의 26%인데, 이는 적정한 시세에 따라 매수하였을 경우를 가정하면 그 비율은 훨씬 높아진다. ②피고 측 사업추진 차질에 따른 손해의 내용과 정도를 인정할 자료가 없다. ③계약 체결부터 해제에 이른 기간이 비교적 짧다.[185]

파기환송심(서울고등법원 2017나2046531)은 손해배상 예정액(계약금) 2억 원을 1억 원으로 감액하여 나머지 1억 원과 이에 대한 지연손해금의 지급을 명하였다.

나) 손해배상 예정액이 매매대금의 약 30%에 달하는 사례

(1) 사안 경과

원고는 2003. 6. 4. 피고로부터 토지를 2억 5,950만 원에 매수하였다. 원고는 계약금 3,000만 원과 중도금 5,000만 원 합계 8,000만 원을 지급하였으나 매매계약상 잔금 지급기일을 넘겼다. 원고는 2003. 7. 21. 피고에게 잔금 1억 7,950만 원 중 2,000만 원을 지급하며 2003. 8. 5.까지 잔금을 지급하고, 위반 시 계약금과 중도금을 포기하기로 하였다. 연장된 잔금 지급기일까지 나머지 잔금을 지급하지 못해 매매계약이 해제되었다.

원고는 지급한 1억 원의 반환청구를 하면서 손해배상 예정액 감액 주장은 하지 않았다.

원심은 피고에게 지급된 1억 원에서 손해배상액 예정 약정에 따른 계약금과 중도금 합계 8,000만 원을 뺀 나머지 2,000만 원의 반환을 명하였다.

(2) 대법원 판단

대법원은 손해배상 예정액이 부당하게 과다한 경우 당사자 주장이 없더라도 법원이 직권으로 감액할 수 있음을 전제로 매매계약의 내용과 목적, 매매대금에 대한 손해배상 예정액의 비율(약 30%), 손해배상 예정액을 정하게 된 경위, 일반적 거래관행, 피고에게 실제로 생겼을 손해의 규모 등에 비추어 손해배상 예정액

185 대법원 2017. 8. 18. 선고 2017다221396 판결(미간행).

8,000만 원은 부당히 과다하다고 판단하였다.[186]

파기환송심(서울고등법원 2009나25977)에서 피고가 7,000만 원을 반환하는 것으로 조정이 성립되었다.

다) M&A 이행각서 보증금 3,150억여 원(매매대금의 5%)이 부당히 과다하다고 본 사례

(1) 사안 경과

피고들은 워크아웃기업 대우조선해양 주식(전체 발행 주식의 50.37%)을 매각주간사를 통해 경쟁입찰(지배 주식 매각 방식의 M&A)에 부쳤다. 원고(컨소시엄 대표임)는 예비입찰제안서에 "100% 고용승계, 5년간 인위적 정리해고 금지, 노동조합 전면 승계 등"을 기재하였다. 예비실사와 본입찰을 거쳐 원고가 우선협상대상자로 선정되었다. 원고는 2008. 11. 14. 피고들과 매매대금은 본입찰제안서대로 6조 3,002억여 원으로 하고, 매매대금의 5%를 이행보증금으로 납부하는 한편, 2008. 12. 29.까지 확인실사가 이루어지지 않아도 최종계약을 체결하기로 하되, 매수인의 귀책사유로 양해각서 해제 시 매수인들이 이미 납부한 이행보증금과 발생 이자를 '위약벌'로 매도인들에게 귀속한다는 양해각서를 체결하였다. 원고는 2008. 11. 19.까지 이행보증금 3,150억여 원을 전액 지급하였다. 대우조선해양 노조의 저지로 원고는 확인실사를 개시하지 못하였다. 자금조달 등의 문제로 최종계약이 체결되지 못하였다.

정산합의를 통해 컨소시엄 참가사들로부터 채권을 양수한 원고는 손해배상액 예정에 해당하는 이행보증금이 부당히 과다하여 전부가 무효임을 주장하면 그 반환청구를 하였다.

원심은 이행보증금의 법적 성질을 손해배상액 예정으로 보더라도 감액 사유가 없다며 원고의 청구를 기각하였다.

(2) 대법원 판단

대법원은 다음 이유로 이행보증금은 손해배상액 예정으로 부당히 과다함을 들어 원심판결을 파기환송하였다.

①대우조선해양은 워크아웃 절차 종료 후 7년이 지나 기업인수가 추진되었는데, 협상 단계에서 미처 예상하지 못한 우발채무가 발생하거나 자산가치가 실제

186 대법원 2009. 2. 26. 선고 2007다19051 판결(미간행).

보다 과장된 것으로 드러날 가능성을 배제할 수 없다. ②양해각서에는 자산 가치에 대한 진술이나 보장 조항이 없고, 매수인에 대한 편면적 위약금 규정만 존재한다. ③양해각서 초안에는 확인 실사 및 가격조정 완료 후 최종계약을 체결하는 것으로 되어 있었다가 협의 과정에서 피고 측 요구로 확인실사 실시와 상관없이 최종계약을 체결하여 거래구조가 변경되었다. 그럼에도 종전 거래조건을 전제로 한 매수인에게 불리한 규정들이 양해각서에 포함되었다. ④원고는 막대한 이행보증금을 지급하고도 확인실사 기회를 갖지 못하였다. ⑤원고 측에 대우조선해양 노조의 실사저지 해소를 위하여 협조할 의무를 부담한다고 보기 어렵다. ⑥최종계약 체결 무산으로 피고들이 입은 손해는 통상적으로 최종계약이 유효하게 체결될 것으로 믿었던 것에 의한 손해, 즉 신뢰이익 상당의 손해에 한정된다.[187]

파기환송심(서울고등법원 2016나10959)은 대법원이 든 사정에 다음 사항을 추가하여 이행보증금인 3,150억여 원의 60%인 1,890억여 원으로 손해배상 예정액을 감액하여 초과분 1,260억여 원의 반환을 명하였다.

이 사건은 계약교섭단계에서 본계약이 체결되지 않은 사안이다. 그런데 1심은 최종계약에 따른 이행이익에 해당하는 인수거래 규모를 기준으로 잘못 판단하였다. 몰취 대상 이행보증금은 2008년도 원고 측 그룹 당기순이익의 2/3에 맞먹는 금액으로 규모 자체가 크다. 이에 반해 피고들이 입은 손해는 재무자문사와 법률자문사의 선임비용 합계 17.8억여 원, 예비실사 시 가상 데이터 룸을 개설하고 사용하는 데 든 비용, 그 밖에 매각절차 진행 과정에서 든 인건비(추진위원 보수 2,500만 원) 등 각종 계약 준비이용에 불과하다.

한편 피고는 원고 측에 대한 대출채권자 지위를 이용하여 확인실사 완료 전 최종계약 체결을 하는 등 원고에게 불리한 내용의 이 사건 이행각서를 체결하게 한 것을 감액 사유로 볼 여지도 있다.[188]

라) 지체상금이 대금의 2.77%이지만 지체일수, 지체사유나 그 액수 등에 비추어 부당히 과다하다고 본 사례

(1) 사안 경과

A 사는 2009년 한국철도공사와 화물용 전기기관차 56량(총 대금 3,505억 원)

187 대법원 2016. 7. 14. 선고 2012다65973 판결(공2016하, 1111).

188 박정제, "기업인수합병과정에서 이행보증금의 법적 성격에 관한 고찰", BFL 90호, 서울대학교 금융법센터(2018), 115-117.

을 2012. 7. 5.부터 2012. 12. 20.까지 순차 공급하되, 1일 지체상금률을 0.15%로 하는 계약을 체결하였다. 한편 계약상 물가변동으로 인한 계약금액 조정을 배제하기로 하였다. A 사는 일본에 있는 업체로부터 부품을 공급받아 기관차를 제작하는데, 2011. 3. 11. 발생한 동일본 대지진으로 부품조달이 지연되었다. A 사는 계약으로 정한 기한을 기관차량당 8일 내지 40일을 초과하여 기관차를 순차 공급하였다. 한국철도공사는 납품 지연을 이유로 물품대금에서 지체상금을 공제하였다. A 사는 물가변동에 따른 계약금액 조정금을 포함한 미지급대금을 구하며 지체상금이 대폭 감액되어야 한다고 주장하였다.

원심은 물가변동 계약조정 배제 특약을 효력을 인정하고, 다음 사정을 들어 손해배상 예정액 감액 주장을 배척하였다.

①원고는 국내 유일의 전기기관차 공급업체로 피고와 거래 규모 등에 비추어 경제적 약자로 보기 어렵다. ②약정 지체상금률 0.15%에 따른 지체상금액 합계 약 96.7억 원은 전체 대금의 2.77%로 과다하지 않다. ③원고의 납품 지체에 따른 전기기관차 투입 지연으로 피고는 운송 차질로 손해가 발생하였다.

(2) 대법원 판단

대법원은 원심이 든 사정들을 수긍하면서도 다음 사유를 고려하면 손해배상 예정액 감액을 전혀 인정하지 않은 것은 부당하다며 원심을 파기환송하였다.

①예상할 수 없는 자연재해인 동일본 대지진과 쓰나미로 일본 내 전반적 산업 활동에 심각한 타격을 가하여 일본 업체의 전기기관차 부품 생산 공정에도 영향을 미쳤다. ②원고는 물가변동으로 계약금액 조정 사유가 발생하였지만 배제 특약으로 조정을 받을 수 없게 되었다.[189]

마) 토지 매매계약에서 계약금 외에 채무자의 토지 소유권을 이전한다는 위약약정 사례

(1) 사안 경과

원고가 피고에게 토지를 1억 1,000만 원에 매도하는 계약을 체결하고, 계약금 1,000만 원을 받았다. 매수인인 피고는 위 계약으로 잔금 1억 원을 지급하지 않을 경우 이미 지급한 계약금을 반환받지 못할 뿐만 아니라 피고 소유의 다른 토지 소유권을 원고에게 이전하기로 약정하였다. 매매계약 해제로 원고가 위약금 약정에 따라 소유권이전등기청구를 하였다.

189 대법원 2018. 11. 29. 선고 2014다233480 판결(미간행).

원심은 채무불이행 시 소유권이전등기 약정을 위약벌로 보아 이전등기청구를 인용하였다.

(2) 대법원 판단

대법원은 위와 같은 위약금 약정은 매매계약상 채무불이행에 따른 손해배상액 예정으로 보아야 함을 전제로 계약금 1,000만 원을 포기하는 외에 다른 토지 소유권까지 이전하게 하는 것은 매매대금에 대한 손해배상 예정액의 비율, 일반 거래관행, 실제 생겼을 손해규모 등에 비추어 부당하게 과다하다고 보았다.[190]

파기환송심(광주지방법원 2010나251, 268)은 손해배상액 예정액을 계약금 1,000만 원을 포기하는 것으로 감액하여 이를 넘는 소유권이전등기 청구를 기각하였다.

2) '부당히 과다'하다고 볼 수 없어 감액을 부정한 사례

가) 대금의 8% 정도인 계약금 상당액을 손해배상 예정액으로 정한 사례

(1) 사안 경과

원고는 피고로부터 토지와 그 지상에 신축 중인 호텔을 92억 원에 매수하고, 피고에게 계약금으로 7.2억 원을 지급하였다. 원고는 위 계약 위반 시 계약금을 포기하기로 하는 손해배상액 예정 약정을 하였다. 원고의 중도금 일부 및 잔대금 지급 위반을 이유로 계약이 해제되었다.

원심은 다음 사정을 근거로 손해배상 예정액이 부당히 과다하다고 보아 매매가액의 8% 상당인 7.2억 원의 손해배상 예정액을 5% 상당인 4.6억 원으로 감액하였다.

①비록 계약 내용은 아니었지만 피고가 원고의 관광진흥자금 대출에 도움을 주겠다고 말했다. 원고는 이를 믿고 매매계약을 체결하였다. ②매매대금은 92억 원이지만 중도금까지 합계액은 29.2억 원에 불과하고, 잔금에서 임대보증금과 대출금을 공제하기로 하였다. ③호텔이 1990년 준공되어 시가가 200억 원 상당이다.

(2) 대법원 판단

대법원은 다음 사정 등을 들어 원심이 손해배상 예정액 감액에 관한 법리를 오해하여 그 참작사유에 대한 심리를 다하지 않았다는 이유로 원심을 파기환송하였다.

190 대법원 2009. 12. 24. 선고 2009다60169, 60176 판결(미간행)

원심이 들고 있는 ①사유 전체와 ②사유 일부는 이를 인정할 자료가 없고, ③사유는 손해배상 예정액을 감액하는 데 참작할 사유가 아니다. 한편 부동산 매매에서 매매대금의 10%를 손해배상 예정액으로 약정하는 것은 일반적인 거래관행이다. 피고는 원고가 대금을 제때 지급할 것으로 믿고 자금 계획을 세웠는데, 원고가 지급기일을 어김으로써 사채를 얻느라 12~15억 원의 이자를 지출하였고, 호텔 완공 지연으로 적어도 10억 원 이상의 영업상 손해를 입었다.[191]

나) 계약금이 167억 원으로 크지만 거래 관행 등에 비추어 감액을 부정한 사례

(1) 사안 경과

원고는 2009. 9. 30. 피고로부터 그 소유 공장(부지 포함)을 경쟁입찰을 통해 약 1,679억 원에 매수하였다. 피고는 잔금 지급 전이라도 원고의 도시개발사업 인허가 등 사업 진행에 협조하기로 하는 한편 매수인의 귀책사유로 계약이 해제되는 경우 계약금은 매도인에게 귀속하기로 하였다. 원고는 2009. 11. 30.까지 피고에게 계약금으로 167억 원을 지급하였다. 원고는 연장된 지급기한인 2010. 6. 30.까지도 잔금을 지급하지 못한 원고의 귀책사유로 계약이 해제되었다.

원고는 피고의 귀책사유로 계약이 해제됐음을 이유로 계약금 반환 청구를 하였다.

원심은 다음과 사정을 들어 손해배상 예정액 167억 원을 120억 원으로 감액하였다. ①계약금이 167억 원에 이르고, 매매대금이 1,679억여 원으로 결정된 데에 원고가 매수한 부동산에 도시개발사업을 진행할 수 있을 것이라는 기대가 영향을 미쳤다. ②원고는 중소기업으로 167억 원이 전액 몰취될 경우 존립자체가 어렵게 된다. ③매매대금은 PF 대출을 통해 마련될 것을 피고도 알고 있었는데 PF 대출이 이루어지지 못해 원고가 매매대금을 지급하지 못하게 됐다.

(2) 대법원 판단

대법원은 다음 사정을 들어 원심이 감액 사유로 들고 있는 사정들만으로는 원고에게 부당한 압박을 가하여 공정성을 잃는 결과를 초래한다고 인정하기 어렵다고 보아 원심을 파기환송하였다.

①계약금이 큰 것은 매매대금 자체가 큰 것에서 비롯된 것으로 다른 경우에 비해 부당히 과다하지 않다. ②원고의 도시개발사업 진행에 대한 기대는 매수 동

191 대법원 1993. 4. 23. 선고 92다41719 판결(공1993, 1528).

기로 원고가 사업 성공과 실패 위험성을 고려하여 매매대금과 계약금을 스스로 정하여 입찰에 참여한 것으로 손해배상 예정액이 실질적으로 불공정하다는 사유로 삼기 어렵다. ③원고는 경쟁입찰을 통해 매수인 지위를 취득한 것으로 경제적 약자의 처지에서 매매계약을 체결하고, 그 계약금 액수를 결정했다고 보기 어려우므로 원고의 경제력에 관한 사정은 손해배상 예정액 감액의 주된 사유로 삼기 부족하다. ④원고가 PF 대출을 받지 못한 것을 피고의 탓으로 돌릴 수 없어 PF 대출 관련 사정을 손해배상 예정액의 불공정 사유로 보기 부족하다. ⑤그 밖에 그 후 진행된 재입찰에서 피고는 1,000억 원에 입찰하는 등 부동산이 제대로 매각되지 못했을 뿐만 아니라 워크아웃 중인 피고가 매매대금을 통한 자금을 제대로 얻지 못해 부동산 유지비용까지 계속 지출해야 하는 손해를 입고 있다.[192]

파기환송심(서울고등법원 2013나44425)은 감액 주장을 배척하고 원고의 청구를 기각하였다.

바. '부당히 과다한 경우'의 판단 기준 시점

본조 제2항은 손해배상 예정액이 부당하게 과다한 경우에 감액한다고 규정하고 있다. 이에 따르면 감액에 참작할 사유가 손해배상액 예정 당시의 사정만인지 아니면 그 이후에 일어난 사정까지 참작하는 것인지가 명확하지 않다.

1) 학설

당사자들이 불이행에 대한 조처를 하게 되는 채무불이행으로 청구권이 발생하는 시점을 기준으로 하여야 한다는 견해도 있다.[193] 그렇지만 사실심 변론종결일을 판단 기준 시점으로 그때까지 발생한 사정을 종합하여 판단하여야 한다는 견해가 통설이다.[194] 전자의 견해도 채무불이행으로 손해배상 예정액의 지급청구가 구체적으로 문제되는 시기까지 발생한 모든 사정을 참작하여야 한다는 것으로 손해배상액 예정 약정 체결 당시를 기준으로 할 것은 아니라는 점에 무게를 둔 것으로 볼 때 사실상 통설의 견해와 큰 차이가 없다.

2) 판례

손해배상 예정액이 부당하게 과다한지 및 그에 대한 적당한 감액의 범위를

192 대법원 2013. 6. 27. 선고 2012다64222 판결(미간행).
193 최병조, "위약금의 법적 성질", 민사판례연구 제11집, 민사판례연구회(1989), 234.
194 민법주해 IX, 채권(2), 박영사(1995), 682(양창수); 김동훈, 채권총론, 동방문화사(2012), 258; 양창수/김재형, 민법 I 계약법(제2판), 박영사(2015), 497.

판단하는 데 있어서는 법원이 구체적으로 그 판단을 하는 때 즉, 사실심 변론종결 당시를 기준으로 하여 그 사이에 발생한 모든 사정을 종합적으로 고려하여야 한다.[195] 이에 따라 실무는 사실심 변론종결일까지 발생한 사정을 종합적으로 고려하여 손해배상 예정액의 감액 여부를 결정한다

사. 감액 절차: 당사자의 주장 또는 직권 판단

당사자가 손해배상 예정액이 부당히 과다하다며 감액을 주장하는 경우가 일반적이다. 한편 본조 제2항은 "손해배상의 예정액이 부당히 과다한 경우에는 법원은 적당히 감액할 수 있다."고 규정한다. 이로써 법원은 당사자의 주장이 없어도 심리 과정에서 나타난 여러 사정을 종합하여 손해배상 예정액이 부당하다고 판단되는 경우 직권으로도 이를 감액할 수 있다. 직권으로 감액할 수 있음에도 하지 않은 경우에는 파기사유가 된다.[196]

아. 감액 방법

1) 감액 비율을 정하여 손해배상 예정액에 곱하는 방법

손해배상 예정액의 감액사유를 인정한 다음 백분율로 감액 비율을 산정한 다음 이를 손해배상 예정액에 곱하여 최종 지급할 손해배상액을 계산하는 방법이다. 실무상 손해배상 예정액의 감액에서 일반적으로 사용된다.

2) 손해배상 예정액을 일정 금액으로 감액하는 방법

산정한 연체이자가 71,382,717원인데 제반 사정을 종합하여 이를 4,800만 원으로 감액하거나[197] 약정 연체이율에 따라 산정한 지연손해금이 106,295,207원인데 이를 6,000만 원으로 감액한 사례를 들 수 있다.[198]

3) 지연손해금률을 감액하는 방법

금전채무 불이행 후 지급 시까지의 연체율을 정하는 방법으로 손해배상 예정액을 정하는 경우에는 연체율 자체를 일정 비율로 감액하는 것도 가능하다. 그 예로 선금을 지급한 물품구매계약에서 계약 상대자의 귀책사유로 선금반환청구를

195 대법원 1993. 1. 15. 선고 92다36212 판결(공1993, 702), 대법원 1997. 7. 25. 선고 97다15371 판결(공1997, 2698), 대법원 2000. 7. 28. 선고 99다38637 판결(공2000, 1929), 대법원 2017. 8. 18. 선고 2017다228762 판결(공2017하, 1794).

196 대법원 2009. 2. 26. 선고 2007다19051 판결(미간행).

197 서울고등법원 2016. 10. 27. 선고 2016나105 판결(미간행, 확정).

198 서울고등법원 2018. 6. 20. 선고 2017나2046876 판결(미간행, 확정).

하는 경우 선금잔액에 대하여 지방은행을 제외한 국내 일반은행의 어음대출금리 수준으로 산출한 이자를 지급하기로 한 사안에서 연 5%의 범위를 넘는 부분은 부당하다고 본 것을 들 수 있다.[199]

한편 연체율에 따른 지연손해금 발생 시기를 조정하는 것은 어떠한가. 이를 택한 사실심 판결례[200]도 있으나 대법원은 이를 부적절하다고 보았다.[201] 손해배상 예정액의 감액과 손해배상 예정액에 대한 지연손해금의 발생 시기는 대상을 달리하므로 지연손해금 발생 시기를 조절하는 형태의 손해배상 예정액 감액은 본조 제2항의 방법으로 타당하지 않다.[202]

자. 감액의 한계

1) 일반론

손해배상 예정액이 부당히 과다한 경우 당사자의 주장 또는 직권으로 법원은 이를 감액할 수 있다. 감액 사유에 대한 사실인정이나 비율을 정하는 것은 형평의 원칙에 비추어 현저히 불합리하다고 인정되지 않는 한 사실심의 전권에 속한다고 보는 것이 확립된 판례이다.[203] 다만 감액 사유에 대한 사실인정이나 그 비율을 정하는 것이 형평의 원칙에 비추어 현저히 불합리하다고 인정되는 경우에는 위법한 것으로 허용하지 않는다.[204]

어떤 사유를 감액의 사정으로 고려할 것인지, 어느 정도 감액할 것인지는 그 사유와 비율을 심리한 사실심 법원에 합리적인 범위 내에서 폭넓은 재량이 인정된다. 그렇지만 손해배상액 예정은 채무불이행으로 인한 손해 발생 및 범위와 그 액수에 대한 주장·증명책임에 드는 노력과 비용을 줄이는 데 그 취지가 있는 것이지 손해를 줄이는 데 있는 것이 아니다. 손해배상제도는 적정한 손해 전보를 주된 목적의 하나로 하고 있다. 이러한 사정을 고려하면 때 손해배상 예정액이 부당

199 대법원 2006. 10. 26. 선고 2004다65282 판결(미간행).

200 서울고등법원 2011. 1. 11. 선고 2008나37317 판결(미간행).

201 대법원 2015. 1. 29. 선고 2011다16844 판결(미간행).

202 이창열, "위약금의 감액과 기발생 위약금에 대한 지연손해금의 인정 여부", 고영한 대법관 재임기념 논문집, 사법발전재단(2018), 209, 210.

203 대법원 2005. 11. 25. 선고 2003다60136 판결(공2006, 11), 대법원 2007. 12. 13. 선고 2007다59493 판결(미간행), 대법원 2017. 7. 11. 선고 2016다52265 판결(공2017하, 1614), 대법원 2018. 10. 25. 선고 2015다221958 판결(미간행).

204 대법원 2016. 9. 28. 선고 2016다205779 판결(미간행), 대법원 2016. 10. 13. 선고 2014다1508 판결(미간행), 대법원 2017. 8. 18. 선고 2017다228762 판결(공2017하, 1794), 대법원 2018. 11. 29. 선고 2014다233480 판결(미간행).

히 과다하여 감액 대상이라고 하더라도 최소한 실제 손해가 전보될 수 있도록 할 필요가 있다.

2) 감액의 한계를 벗어났다고 본 사례

대법원은 감액 사유에 대한 사실인정이나 감액 비율을 사실심의 전권사항으로 보므로 합리적 범위 내인 경우 사실심의 감액 판단을 유지한다. 여기에서는 감액의 한계를 벗어났다고 본 대법원 판례를 들어 주의할 사항을 살핀다. 이들 판례 사안을 분석해 보면, 손해배상액 예정이 없더라도 채권자가 당연히 받을 수 있던 금액 아래까지 감액하는 것은 손해배상 예정액 감액의 한계를 벗어난 것으로 인정될 여지가 크다고 할 수 있다. 과다 감액한 것뿐만 아니라 감액 비율이 너무 낮은 경우에도 현저히 불합리한 경우에도 위법하게 된다. 현저히 불합리한 과대 감액 또는 과소 감액으로 감액의 한계를 벗어난 것으로 본 아래 사례들은 감액할 때 반영하여야 할 사정들을 참작하지 않고 손해배상 예정액의 감액 비율을 정한 사안들이다.

가) 과다 감액하였다고 본 사례

(1) 법정이자로 감액한 것이 현저히 불합리하다고 본 사례

(가) 사안 경과

배구단 운영회사와 배구선수와 전속계약을 체결하면서 손해배상액 예정비율을 연 25%로 정하였다. 배구선수의 위약을 원인으로 회사가 손해배상소송을 제기하였다. 사실심 법원은 손해배상액 예정비율이 과다하다고 보아 연 6%로 감액하였다.

(나) 대법원 판단

대법원은 감액 필요성을 인정하면서도 사실심 법원이 감액한 연 6%는 배구선수가 상인인 회사에 대하여 당연히 지급의무를 부담하는 상사법정이율에 불과하여 손해배상액 예정에 관한 약정 자체를 부인하는 것에 해당하여 부당하다고 보았다.[205]

(2) 통상 연체금리를 고려할 때 과다 감액하여 현저히 불합리하다고 본 사례

(가) 사안 경과

원고는 피고들과 아파트 분양계약을 하면서 분양계약 제5조 제2항으로 “중도

205 대법원 1990. 11. 9. 선고 90다카7262 판결(공1991, 39).

금 및 잔금 납부를 지연하여 약정 납부일이 경과하였을 때에는 그 경과일수에 대하여 공급계약 체결 당시 한국은행이 발표한 예금은행 가중평균 여신금리와 가계자금 대출시장 점유율 최상위 은행이 정한 연체기간별 추가금리를 합산한 연체이율을 적용하여 산정된 연체료를 가산하여 납부하여야 한다."고 정하였다. 한국은행 예금은행 가중평균 여신금리는 연 5.96%이고, 여기에 더할 시중은행의 연체기간별 추가금리는 1~30일 연 5%, 31~90일 연 8%, 91~180일 연 9%, 181일 이상 연 10%로 최종 분양대금 연체이율은 위 기간별로 10.96%~15.95%였다. 분양자인 원고는 수분양자들인 피고를 상대로 연체료 청구를 하였다.

원심은 미지급 기간별 약정 연체이율은 손해의 공평성 등을 고려할 때 부당히 과다함을 이유로 원금에 대하여 일률적으로 연 6%의 비율로 계산한 금액으로 연체료를 감액하였다.

(나) 대법원 판단

대법원은 감액 사유를 인정하면서도 금전채무의 불이행에 대하여 손해배상액을 예정한 경우에는 통상적인 연체금리도 고려하여야 하여야 하는데, 이 사건 약정 연체이율이 유사 아파트 분양계약에서 통상적으로 정해지는 범위 내인 사정 등을 고려하여 연 6% 비율로 계산한 금액까지 감액한 것은 형평의 원칙에 비추어 현저히 불합리하다고 판단하였다.[206]

(3) 면탈 전기요금에 못 미치는 정도로 위약금을 감액한 것을 불허한 사례

(가) 사안 경과

한국전기공사(원고)는 발전사업자(피고)와 전기공급계약을 하면서 기본공급약관 제44조 제1항으로 고객이 약관을 위반하여 전기를 사용함으로써 요금이 정당하게 계산되지 않았을 경우 정당하게 계산되지 않은 금액 3배를 위약금의 한도로 정하였다. 원고는 피고가 면탈한 전기요금 약 2배에 달하는 3,472,575,205원을 위약금으로 청구하였다. 원심은 감액사유가 있다고 보아 17억 원으로 위약금을 17억 원으로 감액하였다.

(나) 대법원 판단

대법원은 감액 사유를 인정하면서도 위약금 중 면탈 전기요금(전력기금 및 부가가치세 포함)이 1,847,598,502원인데, 이는 피고가 당연히 지불하였어야 할 금액

206 대법원 2017. 8. 18. 선고 2017다228762 판결(공2017하, 1794).

으로 이보다 적은 금액으로 감액하는 것은 감액의 한계를 벗어난다고 판단하였다.[207]

나) 과소 감액하였다고 본 사례

(1) 지체기간 대부분이 새로운 사업사 이전의 것으로 20% 감액은 과소하다고 본 사례

(가) 사안 경과

A 사가 오피스텔 분양계약에서 중도금 대출 이자를 분양자가 부담하는 한편, 입주 지체 시 수분양자인 원고에게 분양대금에 대하여 1일 0.2% 비율의 지체상금을 지급하기로 약정하였다. 2004년 7월 착공한 오피스텔 신축 공사는 자금난과 민원 등으로 중단과 재개를 반복하였다. A 사는 2012년 분양사업을 포기하였다. 신탁사의 임의매각 절차에서 피고가 2012년 7월 신축 중인 오피스텔 건물과 부지를 매수하며 분양계약상 지위를 인수하였다. 당시 하수급인들이 건물에 대한 유치권을 행사 중이었다. 원고는 피고에게 입주 지체에 따른 지체상금을 청구하였다. 2014년 9월경 건축 공정률은 95% 정도였다.

1심은 피고가 유치권 분쟁이나 중도금 이자 및 지체상금 부담을 안 상태에서 모든 위험을 감수하고 분양계약상 지위를 승계한 것임을 이유로 2,508일 동안 지체상금 약 1억 원을 감액 없이 인용하였다. 항소심은 공사 지연의 주된 귀책사유는 A 사에게 있어 인수인인 피고에게 이를 전액 부담하게 하는 것은 지나치게 가혹하다는 등 이유로 지체상금을 20% 감액하였다.

(나) 대법원 판단

대법원은 원심이 든 사유 외에도 ①피고가 시행사 지위를 인수하여 공사를 속개함으로써 수분양자들에게 이익이 되었고, ②인수 이후 건물 점유자들을 상대로 인도소송을 하면서 공사 진행을 위해 노력하는 등 지연에 귀책사유가 없고, ③지체 기간 대부분은 피고가 인수하기 전이고, ④피고는 중도금 대출이자 부담 책임이 있어 입주가 늦어지더라도 수분양자가 추가로 부담할 비용은 없으며, ⑤향후에도 지체상금이 계속 발생하는데 피고가 인수에 든 금융비용 등 공사 지연으로 분양사업 완료하지 못할 가능성 등을 추가로 고려하여야 하고, 이를 종합하면 원심의 20% 감액비율이 형평의 원칙에 비추어 현저히 불합리하게 과소하다고

207 대법원 2019. 1. 17. 선고 2018다240653 판결(미간행).

판단하였다.[208]

파기환송심(서울고등법원 2016다2068053)은 지체상금의 90%를 감액하여 약 1천만 원을 지체상금으로 인정하였다.

(2) 신도시 택지 매매 해제에 따른 손해배상 예정액 50% 감액이 추가 감액사유를 고려할 때 과소하다고 보아 90%를 감액한 사례

(가) 사안 경과

원고는 피고가 시행한 택지개발사업에서 중대형 임대주택용지를 면적 기준으로 약 1,672억 원에 매수하고, 계약금 약 167억 원을 지급하였다. 고속도로 진출입 램프 설치 관계로 매매 대상 토지 면적이 60,058㎡에서 59,598㎡로 458㎡ 감소되고, 이로써 건축가능면적은 5,351㎡가 감소되었다. 원고의 대금 이행지체를 이유로 매매계약이 해제되었다. 원심은 ①매매계약상 피고의 토지공급의무가 일부 이행불능 되어 원고의 계약 이행 가능 여부에 대한 판단 착오가 있었던 점, ②원고에게 지연손해금을 포함한 잔금 납부를 독촉하면서 계약해제 가능성만을 경고한 피고의 태도도 원고의 이행거절의 한 원인이 된 점 등을 고려하여 계약금 전액의 50%로 손해배상 예정액을 감액하였다.

(나) 대법원 판단

대법원은, 일부 불능이 있는 이 사건에서 몰취할 수 있는 위약금은 계약금 전부가 아니라 일부 불능 부분을 제외한 나머지 목적물에 관한 계약 해제 부분에 상응하는 계약금으로 제한하였다. 또한 원심이 든 사유 외에도 ①건축가능면적이 10% 이상 감소하여 원고의 중대형 임대주택 공급사업에 상당한 지장을 초래한 점, ②이를 고려하면 일부 불능 부분을 제외한 나머지 토지의 실질적 가격은 상당히 감액되어야 하는 점, ③피고는 일부 불능 부분을 제외한 나머지 부분에 상응하는 매매대금 지급을 최고하여야 함에도 잔금 전부를 최고한 점, ④진출입램프 설치 관계로 대상 토지 면적이 줄어들게 되었는데 그 과정에서 원고의 의사개진이나 이해관계 조정이 이루어지지 않은 점 등도 손해배상액 감액 사정으로 고려하여야 함에도 이를 참작하지 않고 감액 비율을 정한 것은 현저히 불합리하다고 판단하였다.[209]

파기환송심(서울고등법원 2016나209315)은 일부 불능 부분을 제외한 나머지 목

208 대법원 2016. 9. 28. 선고 2016다205779 판결(미간행).

209 대법원 2016. 10. 13. 선고 2014다1508 판결(미간행).

적물 가액을 약 1,380억 원으로 재산정하고, 그중 10%인 약 138억 원을 손해배상 예정액이라고 판단한 다음, 90%를 감액하여 약 13억 8천만 원을 원고의 최종 위약금으로 보았다.

차. 손해배상 예정액의 증액 가부

손해배상제도의 근본사상은 실손해 전보에 있음을 근거로 손해배상 예정액이 부당히 과소한 때에는 공평의 견지에서 채권자의 청구로 법원이 증액할 수 있어야 한다는 소수 견해도 있다.[210] 손해배상 예정액이 명백히 과소한 경우에는 이를 증액할 수 있다는 입법례(프랑스 민법 제1231조의5 제2항)도 있다.

증액이나 감액은 모두 계약자유의 원칙에 대한 중대한 제한이므로 명문의 근거가 있어야 한다. 광업법 제79조는 "손해배상의 액수가 예정되어 있는 경우에 그 금액이 현저하게 부적당하면 당사자는 그 증감을 청구할 수 있다."고 규정하였다. 이로써 광물을 채굴하기 위한 토지의 굴착, 갱수(坑水)나 폐수의 방류, 폐석이나 광재(鑛滓:재련하고 난 찌꺼기)의 퇴적 또는 광연(鑛煙)의 배출로 인하여 타인에게 입힌 손해[이른바 '광해(鑛害)']와 관련한 배상예정액의 감액뿐만 아니라 증액도 가능하다.

그런데 본조 제2항은 손해배상 예정액의 감액만을 규정할 뿐 증액에 대하여는 아무런 규정이 없다. 따라서 채무불이행으로 발생한 손해 등에 비추어 손해배상 예정액이 부당하게 과소하더라도 이를 증액할 수는 없다고 봄이 타당하다. 통설의 견해이기도 하다.[211] 다만 입법론으로 과소 손해배상 예정액의 증액 규정 신설이 제안되기도 한다.[212]

210 김상용, 채권총론(제3판), 화산미디어(2016), 191; 정기웅, 채권총론(제2전정판), 법문사(2014), 195; 최병조, "위약금의 법적 성질", 민사판례연구 제11집, 민사판례연구회(1989), 239.

211 고명식, 채권총론(제2판), 동방문화사(2015), 113; 곽윤직, 채권총론[민법강의Ⅲ](제6판), 박영사(2013), 123; 김동훈, 채권총론, 동방문화사(2012), 258; 김주수, 채권총론, 삼영사(2003), 199; 김준호, 채권법(제10판), 법문사(2019), 122; 김증한/김학동, 채권총론, 박영사(1998), 160; 노종천, 채권법, 동방문화사(2015), 130; 박종두, 채권법총론(제3판), 삼영사(2010), 161; 송덕수, 채권법총론(제4판), 박영사(2018), 196; 양창수/김재형, 민법Ⅰ 계약법(제2판), 박영사(2015), 498; 윤철홍, 채권총론(제3전정판), 법원사(2018), 234; 이기옥, 채권총론(각론의 조문분석과 법리), 법률미디어(2011), 143.

212 이은영, 채권총론(제4판), 박영사(2009), 369, 370.

V. 위약벌

1. 위약벌의 의의 및 기능

위약벌이란 채무자가 채무를 이행하지 아니할 경우 손해배상과 별도로 지급하기로 약정한 일정한 금전을 말한다.

위약벌은 채무자로 하여금 계약으로 정한 채무를 이행하도록 간접적으로 강제하는 기능을 한다. 위약벌은 손해배상액 예정과 함께 위약금의 하나이다. 위약벌은 채무 이행 확보에, 손해배상액 예정은 손해배상적 기능에 더 무게를 두고 있다. 판례도 "위약벌 약정은 채무 이행을 확보하기 위하여 정해지는 것으로 손해배상액 예정과 그 내용이 다르다."고 양자를 구분한다.[213]

다만 보증금 형태로 미리 납부 받은 위약벌의 몰취는 손해전보의 불확실성과 위험을 제거하고 손쉽게 손해전보를 받을 수 있는 수단으로 사실상 손해전보를 갈음하는 경우가 많다.[214] 이처럼 위약벌은 채무불이행에 대한 제재수단으로 채무이행을 강제하는 압박수단이기도 하지만 손해배상기능도 포함한다. 다만 이행확보기능이 손해배상기능보다 우선하는 효력이 있을 뿐이다.[215]

2. 위약벌에 대한 비교법적 분석

가. 근대 민법 이전

로마법에서는 계약의 진정성을 확보하기 위하여 "일방이 상대방을 기망하지 않았으며, 만약 기망으로 판명될 경우 확정금액을 벌금으로 지급하겠다."라는 내용의 부관을 체결하는 방식으로 위약벌의 문답계약이 이용되는 한편, 계약의 이행에 관한 담보로도 이용되었다.[216]

나. 대륙법계

대륙법계에서는 위약벌의 효력을 긍정한다. 대륙법계라도 국가별로 세부 사

213 대법원 1993. 3. 23. 선고 92다46905 판결(공1993, 1272), 대법원 2013. 12. 26. 선고 2013다63257 판결(미간행), 대법원 2015. 12. 10. 선고 2014다14511 판결(공2016상, 116), 대법원 2016. 1. 28. 선고 2015다239324 판결(공2016상, 353).

214 권영준, "위약벌과 손해배상액 예정", 저스티스 통권 제155호(2016. 8.), 한국법학원(2016), 208.

215 임건면, "손해배상액의 예정과 위약벌에 관한 비교법적 고찰", 민법의 과제와 현대법의 조명, 법문사(1997), 384.

216 최창열, "손해배상액의 예정과 위약벌에 관한 연구", 성균관대학교 박사학위논문(1999), 12.

항에 차이가 있다. 독일의 경우 당사자의 청구에 따라 위약벌에 대한 법원의 감액을 인정한다(독일 민법 제343조 제1항). 프랑스는 위약벌에 대하여 감액뿐만 아니라 증액도 허용한다(프랑스 민법 제1231조의5 제2항). 한편 일본 판례는 위약벌의 감액을 부정하니 공서양속 위반을 이유로 전부 또는 일부 무효를 인정한다.

다. 영미법

영미법은 원칙적으로 위약벌(penalty)의 효력을 부정한다. 영국은 형평법원에서 17세기 후반에 위약벌 약정의 효력을 부인하였고, 이것이 영미 판례에 영향을 미쳤다.[217]

영미법상 어떤 약정이 위약벌로 해석될 경우 그 효력이 부인되므로 손해배상액 예정과 위약벌의 구분은 중요한 의미를 갖는다. 다음과 같은 기준으로 위약벌 여부를 구분한다. ①약정액이 채무불이행으로 발생한 손해에 비하여 현저하게 과다하고 비양심적인(extravagant and unconscionable) 경우에는 위약벌이다. ②금전채무 불이행 시 지급액이 약정된 경우에 그 액이 이자를 포함한 채무액을 초과하면 위약벌이다. ③수개의 채무에 대하여 그 위반으로 발생한 손해액이 각각 다름에도 일괄한 금액(lump sum)이 약정된 경우에 그 약정액은 위약벌이다. ④ 채무불이행으로 발생될 수 있는 손해를 미리 산정하기 곤란한 경우는 손해배상액 예정이고, 그렇지 않은 경우에는 위약벌이다.[218]

3. 위약벌 인정 사례

판례에 나타난 위약벌 사례를 인정 근거 내지 판단 방법을 기준으로 ①제재적 성격이 있는 경우, ②위약벌의 본질론을 바탕으로 별도의 손해배상약정이 있는 경우로 유형화하기도 한다.[219]

가. 2000년 이전 판례 사례

1) 제재적 성격으로 위약벌로 인정된 사례

위약금 약정이 채무불이행에 따른 손해배상을 염두에 둔 것이라기보다 일정한 작위/부작위의 간접 강제를 목적으로 한 경우 위약벌로 인정된 사례들은 다음

217 김재형, “손해배상액의 예정에서 위약금 약정으로-특히 위약벌의 감액을 인정할 수 있는지 여부를 중심으로”, 민법론5, 박영사(2015), 281.

218 홍승면, “손해배상액의 예정과 위약벌의 구별방법”, 민사판례연구 제24권, 박영사(2002), 127.

219 박정제, “위약벌과 손해배상액 예정의 구별”, 대법원판례해설 제109호(2016하), 법원도서관(2017), 53, 54.

과 같다.

① 서울특별시와 체결한 분뇨수거 대행계약에서 보증금이 지급되었는데, 서울특별시는 업체가 계약을 위반할 경우 대행계약을 해지할 수 있고, 해약으로 인한 손해배상책임이 없으며 보증금을 반환하지 않기로 약정한 경우[220]

② 수협이 전복과 소라를 전량 매수하는 공개경쟁입찰에서 낙찰자가 정당한 이유 없이 본계약을 체결하지 않을 시 입찰보증금은 수협에 귀속되고, 이에 대하여 이의를 제기할 수 없다고 한 경우[221]

③ 외국산 옥수수 공급계약에서 공급자가 계약을 이행하지 않는 경우 몰수되고, 이행할 경우 반환되는 계약금액 10%에 해당하는 이행보증금[222]

④ 백화점 위탁판매 매장계약에서 매출신고를 누락하는 경우 판매수수료의 100배에 해당하고, 매출신고 누락분의 10배에 해당하는 범칙금[223]

2) 별도의 손해배상을 해야 하는 약정을 근거로 위약벌로 인정한 사례

어촌계에서 생산되는 성게 등 전량을 그때그때 인수하기로 한 매수인이 계약금의 10%를 계약보증금으로 납부하면서 계약 위반 시 계약보증금이 몰수되고, 계약 불이행에 대하여 별도의 배상책임을 지기로 한 경우에 계약보증금을 위약벌로 보았다.[224]

또한 수분양자와 한국토지공사 사이에 체결된 토지분양계약에서 그 계약이 해제될 경우 수분양자가 한국토지공사에 지급한 계약보증금(매매대금의 10%)이 한국토지공사에 귀속될 뿐만 아니라 수분양자는 계약해제로 인하여 한국토지공사가 입은 손해에 대하여도 이를 배상하여야 할 의무를 부담하기로 약정하였다. 계약보증금 귀속에 관한 위약금 약정은 손해배상액 예정이 아니라 수분양자의 계약 위반 시 이를 한국토지공사에 귀속시킴으로써 수분양자에게 제재를 가함과 동시에 수분양자의 계약이행을 간접적으로 강제하는 작용을 하는 위약벌의 성질을 가진다.[225] 다만 대법원은 위와 같은 위약금 약정 약관은 약관의 규제에 관한 법률

220 대법원 1968. 6. 4. 선고 68다491 판결(민집16-2, 115).
221 대법원 1979. 9. 11. 선고 79다1270 판결(공1979, 12219).
222 대법원 1991. 4. 26. 선고 90다6880 판결(공1991, 1483).
223 대법원 1993. 3. 23. 선고 92다46905 판결(공1993, 1272).
224 대법원 1989. 10. 10. 선고 88다카25601 판결(공1989, 1658).
225 대법원 1998. 12. 23. 선고 97다40131 판결(공1999, 220), 대법원 1999. 3. 26. 선고 98다33260 판결(공1999, 769).

위반으로 무효라고 보았다.

3) 지체상금 약정이 있는 경우 계약이행 보증금과 관련한 판례의 변화

1990년 후반 판례는 도급계약에서 계약이행 보증금과 지체상금 약정이 있는 경우 특별한 사정이 없는 한 계약이행 보증금을 위약벌 또는 제재금으로, 지체상금을 손해배상액 예정으로 봄이 상당하다고 판시하였다.[226] 다만 이들 판례는 지체상금의 성질을 판단하면서 부가적 설시로 계약이행 보증금을 위약벌이라고 언급한 것으로 계약이행 보증금의 법적 성질이 쟁점이 되지 않은 것임을 고려할 필요가 있다. 건설회사가 지방자치단체와 체결한 공사도급계약에서 약정한 하자보수보증금도 위약벌 또는 제재금으로 보았다.[227]

그런데 대법원은 2000년에 계약이행 보증금의 법적 성질이 문제된 사안에서 계약이행 보증금 외에 지체상금이 규정되어 있다는 점만을 이유로 계약보증금을 위약벌로 볼 수 없고, 손해배상액 예정인지 위약벌인지는 도급계약서와 계약으로 편입된 약관 등을 종합하여 구체적 사건에서 개별적으로 결정할 의사해석의 문제임을 판시하기에 이른다.[228] 그 뒤 계약이행 보증금과 지체상금 약정이 있는 경우 계약이행 보증금의 법적 성질에 대하여 대법원 판례는 같은 내용의 판시를 거듭하며 해석상 손해배상액 예정으로 보고 있다.[229] 더 나아가 도급계약서에서 위약벌이라는 용어를 사용하고 있고, 계약이행 보증금과 별도로 지체상금 약정을 두고 있음에도 계약이행 보증금을 손해배상액 예정의 성질로 본 판례도 있다.[230] 하자보수보증금의 경우에도 마찬가지이다.[231]

나. 2000년 이후 판례 사례

계약이행 보증금의 법적 성격과 관련한 판례 변화에서 보듯이 대법원은 손해배상액 예정 또는 위약벌의 인정 여부를 당사자 사이의 의사해석의 문제로 보면서도, 원칙적으로 위약금의 손해배상액 예정 추정에 따라 위약벌로 인정되기 위

226 대법원 1996. 4. 26. 선고 95다11436 판결(공1996, 1683), 대법원 1997. 10. 28. 선고 97다21932 판결(공1997, 3626).
227 대법원 1998. 1. 23. 선고 97다38329 판결(공1998, 600).
228 대법원 2000. 12. 8. 선고 2000다35771 판결(공2001, 262).
229 대법원 2001. 1. 19. 선고 2000다42632 판결(공2001, 513), 대법원 2005. 11. 10. 선고 2004다40597 판결(미간행), 대법원 2010. 6. 24. 선고 2007다63997(미간행), 대법원 2011. 10. 27. 선고 2009다97642 판결(미간행).
230 대법원 2009. 7. 9. 선고 2009다9034 판결(미간행).
231 대법원 2001. 9. 28. 선고 2001다14689 판결(공2001, 2360).

해서는 특별한 사정에 대한 주장·증명을 요구하며 위약벌 인정을 엄격히 하였다.

다만 2000년 이후에도 연예인 전속계약의 위약벌 조항[232]과 같이 당사자 사이에 위약벌이라는 점에 대한 다툼이 없는 경우에는 그 효력이 인정되고 있다. 또한 위약금 약정의 법적 성격이 다투어지는 경우에도 당사자 사이의 채무이행 강제 목적을 가지고 이루어진 사적 제재로 인정될 경우에는 위약벌로 인정되고 있는데, 그 주요 사례는 다음과 같다.

1) 약정 이행을 강제하기 위한 위약금 조항

피고의 공장이 원고 소유의 토지를 침범하였는지에 관하여 분쟁이 생겼다. 토지 침범이 확인되자 원고와 피고는 토지를 침범한 공장 건물 부분과 부지를 제3자에게 임대하여 그 임대보증금과 임료를 절반씩 나누어 갖되, 위반 시 위약자가 상대방에게 1,000만 원을 배상하기로 약정하였다. 피고가 제3자에게 임대하고도 그 보증금과 임료의 1/2을 원고에게 지급하지 않았다. 피고가 제3자에게 임대한 부분에 대한 임대보증금과 임료 중 원고의 몫은 이 사건 대지 임료에 상응하는 것이어서 어차피 그 소유자인 원고에게 귀속되어야 할 성격의 돈이다. 이를 고려하면 1,000만 원 배상 약정에서 원·피고의 의사는 약정 내용의 계속적 실현을 의도하면서 이와 별도로 약정 이행을 강제하기 위하여 위약금을 지급하기로 한 것일 뿐 어떠한 손해의 발생을 예상하여 그 배상을 예정한 것으로 볼 수 없다. 오히려 위와 같은 위약금 약정을 전보배상액 예정으로 볼 경우 이미 지급한 임료를 전보배상 예정액에서 공제할 수 있게 되어 피고에게 유리한 결과가 야기될 수도 있다. 따라서 1,000만 원 배상 약정은 위약벌의 성격을 가진다.[233]

2) 부당노동행위 또는 부당징계 판명 시 가산금

단체협약으로 "정직 또는 해고가 노동위원회 또는 법원의 판결에 의해 부당징계로 판명되었을 때는 회사는 판정서 또는 결정서 접수 당일부로 징계를 무효로 하고, 즉시 원직으로 복귀시키며 임금 미지급분에 대해서는 출근 시 당연히 받았을 임금은 물론 평균임금의 200%를 추가가산 보상해야 한다."고 규정하였다. 이러한 가산보상금은 회사의 부당해고를 억제함과 아울러 해고가 부당하게 판명되었을 때 근로자를 신속히 원직 복귀시키도록 간접적으로 강제하기 위한 뜻에서

232 대법원 2013. 7. 25. 선고 2013다27015 판결(미간행).
233 대법원 2005. 10. 13. 선고 2005다26277 판결(미간행).

만들어진 부당해고 및 원직복직 의무 해태에 대한 제재금 또는 위약금의 성질을 가진다.[234]

3) 주식양수도 양해각서상 위약벌

원고 측은 피고로부터 피고가 보유하고 있는 주식 전부를 400억 원을 기준으로 인수하되 실사와 인수대금 조정을 거쳐 주식양수도계약을 체결하기로 하는 내용의 양해각서를 체결하였다. 그 양해각서 제2조는 실사와 협상이 진행되는 동안 제3자와 대상 주식 양수도에 대한 협상을 진행하지 않기로 하는 배타적 협상 의무를, 제5조 제2항은 피고 측 귀책사유로 양해각서가 해제되거나 약정 기한 내에 주식양수도계약이 체결되지 않을 경우 위약벌로 20억 원을 원고 측에 배상하도록 규정하였다. 이 조항은 주식 양도인으로 하여금 양해각서를 이행하도록 압박을 가함과 동시에 그의 귀책사유로 주식양도계약이 체결되지 않을 경우에 20억 원을 상대방에게 귀속시킴으로써 사적인 제재를 가하는 위약벌이다.[235]

4) 겸업 및 경업금지 위반 시 지급하기로 한 위약금

회사가 대주주의 보유 주식을 전부 양수하는 방식으로 산업기술을 보유한 회사를 인수하는 주식양수도 계약에서 일정 기간 인수 대상 회사의 영업과 동일 또는 유사한 종류의 영업을 직접 또는 간접적으로 하지 않기로 겸업 및 경업금지 약정을 하고, 양도인이 이를 위반 시 10억 원을 지급하기로 하였다. 대법원은 이 약정을 위약벌로 보았다.[236]

5) 법령에 근거한 가산금 등

구 예산회계법(1995. 1. 5. 법률 제4868호로 개정되기 전의 것) 제93조는 경쟁계약에서 예정가격에 비하여 현저하게 저가로 입찰한 낙찰자로 하여금 차액보증금을 납부하도록 하였다. 한편 같은 법 시행령(1995. 7. 6. 대통령령 제14710호로 개정되기 전의 것) 제123조는 계약상 의무를 이행하지 아니할 때에는 차액보증금을 국고에 귀속히도록 정하였다. 이러한 차액보증금은 최저가낙찰제를 시행함에 있어 지나친 저가입찰을 억제하여 덤핑에 의한 부실공사를 방지하고 계약내용대로 계약을 이행할 것을 담보하기 위한 것이다. 국가와 수급자 사이의 차액보증금에 관한 약

234 대법원 2007. 5. 10. 선고 2005다72249 판결(미간행), 대법원 2008. 11. 27. 선고 2007다1166 판결(미간행).

235 대법원 2010. 1. 14. 선고 2009다75666, 75673 판결(미간행).

236 대법원 2014. 4. 10. 선고 2013다216433 판결(미간행).

정은 수급자가 공사계약을 위반할 경우에 그 차액보증금을 국가에 귀속시킴으로써 수급자에 대하여 제재를 가함과 동시에 수급자로 하여금 계약이행을 간접적으로 강제하는 작용을 하는 위약벌의 성질을 가진다.[237]

한편 구 '물품제조·구매 표준계약 특수조건(일반)'(2008. 2. 18. 방위사업청 지침 제2008-5호로 개정되기 전의 것) 제26조 제1항, 제2항, 구 '물품제조·구매 표준계약 특수조건(방산)'(2008. 2. 18. 방위사업청 지침 제2008-5호로 개정되기 전의 것) 제26조 제1항, 제2항, 구 '물품제조·구매 표준계약 특수조건(일반 및 방산)'(2012. 6. 25. 방위사업청 지침 제2012-23호로 개정되기 전의 것) 제30조 제1항, 제2항(이하 위 각 계약특수조건을 '계약특수조건'이라고 한다)에서 정한 '가산금'의 법적 성격을 다음과 같은 이유로 위약벌로 보았다. 위 조항들의 근거가 되는 방위사업법 제58조의 내용은 1998. 12. 31. 신설된 구 방위산업에 관한 특별조치법(2006. 1. 2. 법률 제7845호 방위사업법 부칙 제2조로 폐지) 제22조의2 제1항에서 그대로 이어져 온 것인데, 1998. 12. 31. 위 규정을 신설한 법률 개정안의 입법 취지가 '부당이득금과 이자 이외에 범칙금적 성격의 가산금을 환수할 수 있도록 근거규정을 두려는' 것이라고 명시되어 있다. 이는 방산물자를 적정한 가격에 계약함으로써 국방예산을 효율적으로 집행하고 방위산업체의 허위 자료 제출을 예방하기 위하여 허위의 원가 계산 자료를 제출한 방위산업체를 상대로 부당이득금과 이에 대한 이자 또는 지연손해금뿐만 아니라 제재적 성격을 지닌 가산금까지도 청구할 수 있도록 하는 것이다. 이러한 입법 취지는 방위사업청 지침의 형태로 규정된 위 계약특수조건에도 그대로 반영된 것이다. 또한 계약특수조건 제1항과 제2항의 '부당이득금'은 그 자체로 계약상대자가 배상할 손해배상액을 의미하는 것인데 그와 병행하여 같은 금액의 가산금을 추가로 청구할 수 있도록 되어 있고, 계약상대자인 방위산업체가 허위 기타 부정한 자료를 제출한 경우(계약특수조건 제1항 단서) 또는 가격 증빙자료 제출 또는 열람 요구에 정당한 이유 없이 불응하거나 허위의 증빙자료를 제출한 경우(제2항)라도 그것만으로 국가에 발생한 손해 자체의 내용과 범위가 제1항 본문이나 제2항의 '부당이득금'과 크게 달라진다고는 할 수 없다. 그럼에도 제1항 단서와 제2항의 경우에는 '부당이득금'에 더하여 그에 상당하는 가산금도 청구할 수 있도록 규정하고 있다. 그러므로 위 가산금을 손해배상 예정액으로 보게 되면 순수 손

237 대법원 2002. 4. 23. 선고 2000다56976 판결(공2002, 1213).

해액인 부당이득금에다 가산금까지 이중의 배상을 하는 결과가 된다. 위와 같은 점 등에 비추어 볼 때, 계약특수조건 제1항 단서와 제2항에 규정된 가산금은 방위산업체가 계약특수조건 제1항 단서와 제2항에 규정된 귀책사유가 있는 행위를 한 경우 국가가 제재적 성격을 지닌 가산금까지도 청구할 수 있도록 함으로써 방위산업체로 하여금 정당한 원가 계산 자료를 제출하도록 강제하는 위약벌의 성격을 가진다.[238]

4. 위약벌 약정에 대한 사법적 통제

가. 공서양속 위반에 따른 무효 법리에 근거한 통제

1) 공서양속 위반 시 무효로 되는 위약벌의 범위: 전부 무효 v. 일부 무효

공서양속을 위반한 위약벌을 전부 무효로 보기보다는 일부 무효를 인정하여 사실상 감액 효과를 달성하는 방향으로 제도를 운영하는 것이 타당하다.[239] 다음에서 볼 판례도 위약벌 조항이 공서양속을 위반할 경우 위반되는 정도를 고려하여 전부 또는 일부 무효가 된다고 보아 일부 무효 법리를 채택하였다. 위약벌 규정을 공서양속 위반으로 보아 전부 또는 일부 무효로 처리함으로써 위약벌에 유추적용할 수 없는 손해배상 예정액 감액과 같은 효과를 볼 수는 있다. 그러나 판례나 실무상 위약벌에 대한 공서양속 위반을 이유로 한 무효 법리 적용을 엄격하고, 신중하게 하고 있어 폭넓게 이루어지고 있는 손해배상 예정액 감액과 결과적으로 큰 차이가 생긴다.

2) 공서양속 위반의 인정 기준

채무 이행 확보를 위해 정해진 위약벌이 의무 강제로 얻어지는 채권자의 이익에 비하여 과도하게 무거울 때에는 위약벌 약정의 일부 또는 전부가 공서양속에 반하여 무효가 된다는 판례가 확립되었다.[240]

대법원은 2016. 1. 28. 선고 2015다239324 판결에서 "당사자가 약정한 위약벌의 액수가 과다하다는 이유로 법원이 계약의 구체적 내용에 개입하여 그 약정의

238 대법원 2016. 7. 14. 선고 2013다82944, 82951 판결(공2016하, 1123).

239 신신호, "위약벌 약정이 공서양속에 반한다고 보기 위한 요건 및 공서양속에 반하는 위약벌 약정의 효력", 대법원판례해설 제105호(2015하), 법원도서관(2016), 44.

240 대법원 1993. 3. 23. 선고 92다46905 판결(공1993, 1272), 대법원 2002. 2. 5. 선고 2001다62091 판결(공2002, 635), 대법원 2013. 5. 9. 선고 2013다7608 판결(미간행), 대법원 2013. 12. 26. 선고 2013다63257 판결(미간행), 대법원 2016. 1. 28. 선고 2015다239324 판결(공2016상, 353).

전부 또는 일부를 무효로 하는 것은, 사적 자치의 원칙에 대한 중대한 제약이 될 수 있고, 스스로가 한 약정을 이행하지 않겠다며 계약의 구속력으로부터 이탈하고자 하는 당사자를 보호하는 결과가 될 수 있으므로, 가급적 자제하여야 한다. 이러한 견지에서, 위약벌 약정이 공서양속에 반하는지를 판단함에 있어서는, ①당사자의 일방이 그의 독점적 지위 내지 우월한 지위를 이용하여 체결한 것인지 등 당사자의 지위, ②계약의 체결 경위와 내용, ③위약벌 약정을 하게 된 동기와 경위, ④계약 위반 과정 등을 고려하는 등 신중을 기하여야 하고, 단순히 위약벌 액수가 많다는 이유만으로 섣불리 무효라고 판단할 일은 아니다."고 판시하였다.[241]

이와 같은 판례 흐름을 보면 공서양속 위반을 근거로 위약벌 조항의 전부 또는 일부를 무효로 볼 수 있다고 하면서도 위약벌로 인정되는 이상 채무자의 공서양속에 반한다는 주장을 배척하는 경우가[242] 다수를 차지한다.

3) 공서양속 위반으로 위약벌 조항의 일부를 무효로 본 사례

가) 제소전 화해 미절차 시 임차보증금 10%를 초과하는 위약벌 조항을 무효로 본 사례[243]

임대차계약 시 임대차계약 체결일부터 1년 이내 제소전 화해절차를 밟되 미절차 시 임차인이 임차보증금 약 25.6억 원의 20%인 약 5억 1,200만 원을 위약금으로 지급하기로 하였다. 이는 임차인으로 하여금 제소전 화해절차를 밟도록 강제하기 위한 위약벌이다. 다만 제소전 화해절차를 통해 임대인이 얻는 이익은 임대차 종료 시 제소전 화해조서를 근거로 강제집행을 바로 함으로써 소송을 제기하는 데 드는 비용이나 시간을 절감에 지나지 않는다. 한편 임대차 종료 시 인도지연에 따른 손해는 임대보증금이 담보하고 있는 점을 고려하면 임대보증금의 10%를 초과하는 부분은 제소전 화해로 얻는 임대인의 이익에 비해 과도하게 무

241 대법원 2016. 1. 28. 선고 2015다239324 판결(공2016상, 353).

242 대법원 1993. 3. 23. 선고 92다46905 판결(공1993, 1272), 대법원 2005. 10. 13. 선고 2005다26277 판결(미간행), 대법원 2007. 5. 10. 선고 2005다72249 판결(미간행), 대법원 2008. 2. 14. 선고 2006다18969 판결(미간행), 대법원 2013. 5. 9. 선고 2013다7608 판결(미간행), 대법원 2010. 1. 14. 선고 2009다75666, 75673 판결(미간행), 대법원 2013. 5. 9. 선고 2013다7608 판결(미간행), 대법원 2013. 12. 26. 선고 2013다63257 판결(미간행), 대법원 2014. 4. 10. 선고 2013다216433 판결(미간행), 대법원 2015. 4. 9. 선고 2015다200074, 200081 판결(미간행), 대법원 2015. 7. 23. 선고 2013다92446, 92453 판결(미간행), 대법원 2015. 8. 27. 선고 2015다213629 판결(미간행), 대법원 2016. 1. 28. 선고 2015다239324 판결(공2016상, 353).

243 서울고등법원 2001. 8. 23. 선고 2000나36820 판결(미간행)[상고심 대법원 2002. 2. 5. 선고 2001다62091 판결(공2002, 635)].

거우므로 공서양속에 반하여 무효이다.

나) 전체 투자약정금의 15%(30억 원)를 초과하는 위약벌 조항을 무효로 본 사례[244]

원고가 피고 회사 경영권을 인수하기 위해 총 200억 원을 투자하기로 합의하면서 원고의 대여 및 투자가 정상적으로 진행되지 않았을 경우 피고 회사가 투자금의 배액을 위약벌로 지급하기로 약정하였다. 원고는 25억 원을 대여한 후 50억 원을 투자해 신주인수권부 사채 인수를 하려 했다. 그런데 피고 측이 인수계약 체결을 거부하는 등 피고 측 사정으로 투자 진행이 이루어지지 않았다. 대여금에 대하여는 연 12%의 이자를 받기로 하였는데, 실제 50억 원 투자 후 투자 진행이 되지 않을 경우 대여금 및 투자금 합계 75억 원 상환 외에 그 두 배인 150억 원을 위약벌로 상환하는 것은 약정 투자금의 규모, 원고가 이행한 투자 규모 등에 비추어 볼 때 원고의 투자 이익에 비해 과도하게 무겁다. 위약벌 약정 중 전체 투자약정액 200억 원의 15%에 해당하는 30억 원을 초과하는 부분은 공서양속에 반하여 무효이다.

다) 연예인 전속계약의 위약벌 2억 원 중 1.5억 원 초과 부분을 무효로 본 사례[245]

연예인이 매니지먼트 회사와 4년간 전속계약을 하면서 연예인이 일방적으로 계약 해제 통고를 하거나 계약상 의무사항을 위반 시 위약벌금 2억 원을 지급하기로 하였다. 전속계약금은 5천만 원이다. 연예인이 위약 시 위약벌과 별도로 잔여 전속계약 기간 발생 활동수익의 20%를 손해배상금으로 지불하기로 하였다. 그 뒤 연예인이 전속계약 의무조항을 위반하였다. 위약벌 2억 원은 전속계약금의 4배에 이르고, 종전 계약 시 위약벌은 1억 원이었는데, 계약기간 4년 중 3년이 지난 시점에 종료한 점, 잔여 계약기간 수익 중 20%를 손해배상금을 지급받을 수 있는 점 등을 고려하면 위약벌 약정은 1억 5,000만 원을 초과하는 부분은 선량한 풍속 기타 사회질서에 반하여 무효이다.

244 서울고등법원 2010. 6. 24. 선고 2009나108605 판결[상고심 대법원 2010. 12. 23. 선고 2010다56654 판결(미간행)].

245 서울고등법원 2013. 2. 21. 선고 2012나4369 판결[상고심 대법원 2013. 7. 25. 선고 2013다27015 판결(미간행)].

라) 주식매매계약의 위약벌 146억 원 중 입찰대금 58억 원 초과 부분을 무효로 본 사례[246]

투자자 사이의 동업관계를 해소하기 위해 한 쪽이 가진 주식과 채권을 입찰에 부치기로 합의하면서 그 합의 해제 원인을 제공한 측이 위약벌로 30억 원을 지급하기로 약정하였다. 한편 입찰을 통한 주식 및 채권 양도계약 해제 시 그 원인 제공자는 양수도 대금의 배액을 위약벌로 지급하기로 약정하였다. 위 주식과 채권은 58억 원에 낙찰되었다. 낙찰인의 채무불이행으로 해제되었는데, 두 위약벌 조항에 따른 합계액은 146억 원이다. 이는 낙찰대금의 3배 가까이 되고, 위약벌과 별도로 채무불이행 손해배상을 받을 수 있는 점, 해제 후 낙찰인이 제3자 매각을 통해 손실을 만회하려 했던 점, 이 사건 약정 체결 경위 및 그 진행 경과 등 제반 사정을 고려하면, 입찰대금 58억 원을 초과하는 부분은 그 의무 강제로 얻어지는 이익에 비하여 과도하게 무거워 공서양속에 반하므로 무효이다.

나. 약관의 규제에 관한 법률에 근거한 통제

약관의 규제에 관한 법률은 제6조 제1항에서 “신의성실의 원칙에 반하여 공정을 잃은 약관조항은 무효이다.”고 규정하고, 제2항에서 “약관에 다음 각 호의 1에 해당되는 내용을 정하고 있는 경우에는 당해 약관조항은 공정을 잃은 것으로 추정된다.”고 규정하면서 제1호로 ‘고객에 대하여 부당하게 불리한 조항’을 들고 있다. 한편 제9조에서 “계약의 해제·해지에 관하여 정하고 있는 특약의 내용 중 다음 각 호의 1에 해당되는 내용을 정하고 있는 조항은 이를 무효로 한다.”고 규정하면서 제3호로 ‘계약의 해제 또는 해지로 인한 고객의 원상회복의무를 상당한 이유 없이 과중하게 부담시키거나 원상회복청구권을 부당하게 포기하도록 하는 조항’을 들고 있다. 따라서 계약 해제로 인한 고객의 원상회복청구권을 부당하게 포기하도록 하는 약관조항은 고객에게 부당하게 불리하여 공정을 잃은 것으로 추정되고 신의성실의 원칙에 반하는 것으로서 무효이다.[247]

판례는 한국토지공사의 토지분양계약에서 해제 시 수분양자가 지급한 계약보증금이 한국토지공사에 귀속될 뿐만 아니라 수분양자는 계약해제로 한국토지공사가 입은 손해에 대하여도 배상하기로 약정한 경우 계약보증금 귀속에 관한 위약

246 서울고등법원 2016. 4. 1. 선고 2015나33160 판결[환송판결 대법원 2015. 12. 10. 선고 2014다14511 판결(공2016상, 116)].

247 대법원 1996. 9. 10. 선고 96다19758 판결(공1996, 3009).

금 약정을 위약벌로 보았다.[248] 다만 ①손해배상과 별도로 부과하는 위약벌로서 과다한 점, ②귀책사유를 불문하고 계약해제 시 한국토지공사에 귀속하게 된 점, ③수분양자에게 반환할 금액에 대하여는 이자를 지급하지 않기로 한 점 등에 비추어 계약보증금 귀속 조항은 수분양자에게 일방적으로 부당하게 불리한 것으로서 공정을 잃은 것으로 추정되어 신의성실 원칙에 반하거나, 계약 해제 시 고객의 원상회복청구권을 부당하게 포기하도록 하는 약관으로서 약관의 규제에 관한 법률 제6조 제1항, 제9조 제3호에 위반되어 무효라고 판단한 원심을 수긍하였다.

다. 민법 제398조 제2항의 유추 적용론에 근거한 통제

위약벌과 손해배상액 예정의 엄격한 구별에 기초하여 위약벌에 대하여 유독 사적 자치의 원칙을 강조함으로써 무효 법리에 근거한 위약벌을 감액하는 판례 태도에 비판적 입장을 취하며 본조 제2항은 위약금의 또 다른 형태인 위약벌에도 유추 적용되어야 한다는 견해도 있다.[249]

5. 위약벌에 관한 판례 분석

판례는 위약금 약정 해석상 위약벌로 인정될 경우에는 손해배상 예정액 감액 법리 적용을 부정하며, 공서양속 위반에 따른 전부 또는 일부 무효 인정도 엄격히 하고 있다. 위약금 약정에 대하여 위약벌 인정 여지를 좁히면서도, 위약벌로 인정되는 이상 무효 사유가 없는 한 그 약정액 전체의 이행청구를 허용하고 있다.

Ⅵ. 민법 제565조(해약금) 규정과의 관계

1. 해약금과 위약금

민법 제565조는 해약금이라는 제목으로 제1항에서 "매매의 당사자 일방이 계약당시에 금전 기타 물건을 계약금, 보증금 등의 명목으로 상대방에게 교부한 때에는 당사자 간에 다른 약정이 없는 한 당사자의 일방이 이행에 착수할 때까지 교부자는 이를 포기하고, 수령자는 그 배액을 상환하여 매매계약을 해제할 수 있다."고 규정한다. 해약금은 계약의 이행 착수 전에 지급됨으로써 계약을 해소할

248 대법원 1998. 12. 23. 선고 97다40131 판결(공1999, 220), 대법원 1999. 3. 26. 선고 98다33260 판결(공1999, 769).

249 권영준, "위약벌과 손해배상액 예정-직권감액 규정의 유추 적용 문제를 중심으로", 저스티스 통권 제155호(2016. 8.), 한국법학원(2016), 220-227.

수 있게 하는 성질을 가진 금품을 말한다. 한편 위약금은 계약의 이행 과정에서 일방 당사자의 의무 불이행 등 위약이 있을 경우 지급되는 금품을 말한다.

2. 계약금 몰수 또는 배액 상환 약정이 있는 경우 해약금 규정의 적용 여부

계약 당사자 사이에 계약금 교부자가 위약 시 계약금은 상대방에게 귀속되고, 계약금 수령자가 위약 시 계약금 배액을 상환한다는 약정이 있는 경우 계약금의 해약금 규정인 민법 제565조 적용이 배제되는지가 문제된다.

가. 학설

1) 위약금과 해약금의 성질이 병존한다는 견해

위약 시 계약금의 몰수 또는 배액 상환 약정이 있는 경우 그 계약금은 위약금뿐만 아니라 해약금으로서의 성질도 가진다는 견해이다. 이행 착수 전에는 해약금으로서, 이행 착수 후에는 위약금으로서 기능할 수 있다는 것으로 민법 해석론상 위약금 약정이 있다고 하여 해약금 추정을 전적으로 배제한다는 것은 무리라는 것이다.[250]

2) 위약금으로만 인정하는 견해

위약 시 계약금의 몰수 또는 배액 상환 약정이 있는 경우 그 계약금에는 해약금으로 추정하는 민법 제565조 적용이 배제된다는 견해이다. 위약자에게 해약권까지 인정하면 결과적으로 상대방의 해제권 행사가 유명무실하게 되고, 당사자는 통상적으로 위약금을 약정함으로써 제565조의 해약금 추정을 배제하고 계약의 구속력을 인정하겠다는 의사를 가지므로 해약금을 인정하는 것은 당사자 의사에 반하는 해석에 반한다는 것이다. 프랑스 민법의 경우는 해약금은 계약 구속력 원칙에 반하는 것으로 예외적으로 인정하여야 한다는 이유로 위약금약정이 있는 경우 해약금 효력을 부정하고 있다는 점을 논거로 한다.[251] 한편 위약금은 계약의 준수를 위해 구속력을 강화하기 위한 것임에 반해 해약금은 계약의 해소를 목적으로 하는 것으로 양자의 성질을 모두 갖는다는 것은 모순이고, 위약금이 본래 의미의 제재금으로서 위약벌인 경우에는 해약금과 양립한다고 볼 수 없다는 견해도

250 박병칠, "계약금포기·배액상환의 약정 및 관련 문제-판례를 중심으로", 민사법연구 제3집, 호남민사법연구(1994), 108.

251 남효순, "계약금약정에 관한 몇 가지 쟁점", 서울대학교 법학 제39권 제2호(통권 제107호), 서울대학교 법학연구소(1998), 285.

있다.[252]

나. 판례: 병존긍정설

판례는 원칙적으로 위약금이 손해배상액의 예정뿐만 아니라 해약금의 성질도 가지는 것으로 본다.[253] 다만 예외적으로 계약의 구속력을 인정하여야 할 특별한 사정이 있는 경우에는 위약금의 해약금으로서의 성질을 부정한다. 즉 한번 매수한 부동산을 다시 매수하는 형식으로 한 합의에서 위약금에 관한 조항은 해약권 유보의 보증금이 아니라 위약자의 상대방이 위약자에 대하여 위약 사유를 들어 위약금을 청구하고 계약을 해제할 것을 약정한 취지로 보아야 하고, 위약자가 약정한 위약금을 지급하고 매매계약을 해제할 수 없다.[254]

Ⅶ. 주장 및 증명책임

1. 손해배상 예정액 청구의 주장 및 증명책임

채무불이행으로 인한 손해배상액이 예정되어 있는 경우에는 채권자는 채무불이행 사실만 주장·증명하는 것으로 충분하다. 손해의 발생 및 그 액을 증명하지 않고 손해배상 예정액을 청구할 수 있다.[255]

다만 채무불이행으로 인한 손해배상 예정액 청구와 채무불이행으로 인한 손해배상액 청구는 그 청구원인을 달리하는 별개의 청구이므로 손해배상 예정액 청구에 채무불이행으로 인한 손해배상액 청구가 포함되어 있다고 볼 수 없다. 채무불이행으로 인한 손해배상 청구의 경우에는 손해의 발생 사실과 그 손해를 금전적으로 평가한 배상액에 관하여는 손해배상을 구하는 채권자가 주장·증명해야 한다. 채무불이행으로 인한 손해배상 청구에서 손해배상책임의 발생원인 사실을 주장·증명하였더라도 손해의 발생 사실에 관한 주장·증명을 하지 않았다면 변론주의 원칙상 법원은 당사자가 주장하지 아니한 손해의 발생 사실을 기초로 손해액을 산정할 수 없다.[256]

금전 이외의 일반 채무불이행에 따른 손해배상 예정액 청구는 그 채무불이행

252 최창열, "계약금포기와 배액상환의 법리 소고", 계약법의 과제와 전망, 삼지원(2005), 271, 272.
253 대법원 1992. 5. 12. 선고 91다2151 판결(공1992, 1828).
254 대법원 1980. 3. 11. 선고 79다2019 판결(공1980, 12707).
255 대법원 2000. 12. 8. 선고 2000다50350 판결(공2001, 268), 대법원 2007. 12. 27. 선고 2006다9408 판결(공2008상, 123), 대법원 2010. 2. 25. 선고 2009다83797 판결(공2010상, 650).
256 대법원 2000. 2. 11. 선고 99다49644 판결(공2000, 671).

에 채무자의 귀책사유를 전제로 한다. 다만 채권자는 채무불이행 사실만 주장·증명하면 손해배상 예정액을 청구할 수 있으므로, 채무자가 자신에게 귀책사유가 없음을 주장·증명하여야 손해배상 예정액 지급책임을 면할 수 있다. 다만 금전채무 불이행에 따른 손해배상 예정액 청구에 대하여는 민법 제397조 제2항에 따라 채무자가 무과실이나 귀책사유 없음을 들어 항변할 수 없다.

2. 위약벌에 관한 주장 및 증명책임

위약금은 본조 제4항에 따라 손해배상액 예정으로 추정된다. 따라서 위약금이 위약벌이라는 점은 이에 해당한다고 주장하는 측에 위약벌에 해당할 특별한 사정을 주장·증명할 책임이 있다. 판례도 마찬가지 입장이다.[257]

3. 감액 주장

손해배상 예정액의 감액 여부는 당사자의 주장 없이도 법원이 직권으로 판단할 수 있다. 다만 당사자가 감액을 주장하는 경우 법원이 감액 여부에 대한 판단을 하지 않을 경우 판단 누락의 문제가 생길 수 있다. 법원은 감액 주장을 하는지가 불분명할 경우 당사자에게 적절히 석명할 필요가 있다.

판례는 해약금과 손해배상 예정액의 성질을 겸한 계약금에 대하여 매수인이 해약금에 근거한 해제권 행사를 이유로 그 일부의 반환을 구한 경우에는 매수인의 주장 취지에는 매수인의 채무불이행을 이유로 매도인이 몰취한 계약금은 손해배상 예정액으로서 부당히 과다하므로 감액되어야 하고, 그 감액 부분은 부당이득으로서 반환하여야 한다는 취지도 포함된 것으로 본다.[258]

257 대법원 2000. 12. 8. 선고 2000다35771 판결(공2001, 262), 대법원 2002. 1. 25. 선고 99다57126 판결(공2002, 547). 대법원 2009. 12. 24. 선고 2009다60169, 60176 판결(미간행), 대법원 2012. 10. 11. 선고 2012다47500 판결(미간행).

258 대법원 1996. 10. 25. 선고 95다33726 판결(공1996, 3401).

제 399 조 [손해배상자의 대위]

채권자가 그 채권의 목적인 물건 또는 권리의 가액전부를 손해배상으로 받은 때에는 채무자는 그 물건 또는 권리에 관하여 당연히 채권자를 대위한다.

[관련조문] 민법 제342조(물상대위), 제368조(공동저당과 대가의 배당, 차순위자의 대위), 제373조(채권의 목적), 제480조(변제자의 임의대위)~제485조(채권자의 담보상실, 감소행위와 법정대위자의 면책), 제763조(준용규정), 제1084조(유증의 물상대위성), 상법 제724조(보험자와 제3자와의 관계).

[참고문헌] 김상중, "대상청구권의 적용범위와 반환내용", 민사판례연구 제40권, 민사판례연구회(2018); 김형석, "대상청구권-민법개정안을 계기로 한 해석론과 입법론", 법학 제55권 제4호(통권 제173호), 서울대학교 법학연구소(2014); 송덕수, "채권의 목적의 의의와 내용", 사회과학논집 제12집, 이화여자대학교 법정대학(1992); 이근식, "민법상의 대위", 고시연구 제9권 제12호, 고시연구사(1982); 이상욱, "변제에 의한 대위", 고시계 제52권 제11호(통권 제609호), 국가고시학회(2007).

Ⅰ. 본조의 의의

우리 민법은 제342조(물상대위), 제399조(손해배상자의 대위), 제480조(변제자의 임의대위), 제1084조(유증의 물상대위성) 등 여러 규정에서 '어떤 사람에게 귀속된 재산가치가 그 기초에 존재하는 경제적 관계에 비추어 다른 권리자에게 속해야 할 경우에는 그 재산 가치는 후자에게 이전되어야 한다.'는 내용의 대위법리를 표현하고 있다.[1]

채권자가 손해배상을 받았음에도 채권의 목적인 물건 또는 권리를 보유하게 된다면 이중으로 이득을 취하게 되어 부당하다. 본조는 채권자가 손해배상을 받은 이상 채권의 목적인 물건 또는 권리가 당연히 채무자에게 이전하는 것으로 하여 채권자의 이중이득을 방지하고, 손해배상자의 이익을 보호하려는 데 그 의의가 있다. 이 제도는 로마법에서 인정된 것으로서 독일법을 통하여 우리 민법에 계수되었다.[2]

1 김형석, "대상청구권-민법개정안을 계기로 한 해석론과 입법론", 법학 제55권 제4호(통권 제173호), 서울대학교 법학연구소(2014), 106.

2 민법주해 Ⅸ, 채권(2), 박영사(1995), 691(김황식).

본조는 불법행위로 인한 손해배상의 경우에도 준용된다(민법 제763조).

Ⅱ. 입법례

1. 독일

독일 민법 제255조는 우리 민법 제399조와 달리 당연 이전이 아니라 손해배상 의무자는 그 권리를 양도받는 것과 상환으로 배상의무를 부담한다. 따라서 손해배상 의무자가 그 의무를 이행하더라도 손해배상청구권자로부터 그 물건이나 권리의 이전을 받기 위해서는 이에 필요한 등기, 인도 또는 채권양도의 통지·승낙 받는 등의 요건을 갖추어야 한다.

독일 민법 제255조(배상청구권의 양도)

물건이나 권리의 상실에 대하여 손해배상을 하여야 하는 사람은 배상청구권자가 물건소유권 또는 그 상실된 권리에 기하여 제3자에 대하여 가지는 청구권을 양도하는 것과 상환하는 것으로만 배상의무를 부담한다.

2. 일본

일본 민법 제422조는 우리 민법 제399조과 같은 내용을 규정하고 있다. 한편 2017년 개정 일본 민법은 대상청구권에 관한 근거 규정을 신설하였다. 신설 규정은 일본 판례[3]와 통설의 견해를 반영한 것으로 이행불능의 경우 채무자의 면책사유를 요건으로 하지 않는다.[4]

일본 민법 제422조(손해배상에 의한 대위)

채권자가 손해배상으로 그 채권의 목적인 물건 또는 권리의 가액의 전부를 받은 때에는 채무자는 그 물건 또는 권리에 관하여 당연히 채권자를 대위한다.

일본 민법 제422조의2(대상청구권)

채무자가 그 채무이행이 불능으로 된 것과 같은 원인으로 채무 목적물의 대상인 권리 또는 이익을 취득한 때에는 채권자는 그가 받은 손해액의 한도 내에서 채무자에 대하여 그 권리의 이전 또는 그 이익의 상환을 청구할 수 있다.

3 日最判 1966. 12. 23.(民集20-10, 2211) (第一法規法律情報総合データベース D1-law 判例ID: 27001127).
4 我妻/有泉, コンメンタール民法(第五版) 総則·物権·債権, 日本評論社(2018), 787.

Ⅲ. 손해배상자 대위의 요건 및 효과

1. 요건

가. 채권의 목적인 물건 또는 권리의 가액

민법은 본조 외에도 제353조(질권의 목적이 된 채권의 실행방법), 제3편 제1장 제1절 채권의 목적, 제409조(불가분채권), 제462조(특정물의 현상인도) 등의 규정에서 '채권의 목적'이란 표현을 사용한다. '채권의 목적'은 채권자가 채무자에 대하여 청구할 수 있는 일정한 행위, 즉 채무자의 이행행위(급부)이다. 채무자의 이행행위(급부)를 뜻하는 '채권의 목적'에는 ①이행행위 자체의 적극성 유무에 따라 작위 급부와 부작위 급부, ②이행행위의 객체가 있는지에 따라 주는 급부와 하는 급부, ③인도 또는 양도 대상 객체의 특성 여부에 따라 특정물 급부와 불특정 급부로 나눌 수 있다.

'채권의 목적물'은 채무자 이행행위의 객체이다. 고용계약에서 '채무의 목적'은 채무자의 이행행위 즉, 피용자의 노무제공이다. 그런데 노무제공의 객체는 존재하지 않는다. 이처럼 '채무의 목적'과 '채권의 목적물'은 구별되는 개념이다. 민법도 앞서 본 조항에서는 '채권의 목적'이라는 표현을, 제375조 제2항에서는 '채권의 목적물'이라는 표현을 사용한다. 그런데 민법이 이들 두 용어를 항상 정확히 사용하고 있는 것은 아니다. 민법 제375조 제1항과 본조의 '채권의 목적'은 채무자의 이행행위(급부) 객체를 뜻하는 '채권의 목적물'을 의미한다.[5]

배상자대위가 발생하는 경우는 채권의 목적이 일반적으로 물건의 인도 또는 권리의 이전을 내용으로 하는 것이 일반적이다. 배상자대위는 손해가액 전부를 배상한 채무자가 채권자의 채권의 목적에 관한 지위를 이전받는 것이므로 이에 한정할 것은 아니다. 예를 들어 채권추심 위임을 받은 수임인이 추심을 게을리 함으로써 채권자에게 채무불이행으로 인한 손해를 입힌 경우 수임인이 진보배상으로 그 채권의 가액 전부를 배상하였다면 위임인의 수임인에 대한 채권은 채권 이전을 목적으로 하는 것이 아니지만 배상자대위를 긍정할 수 있다. 따라서 위임인의 제3자에 대한 채권은 당연히 수임인에게 이전한다.[6]

5 송덕수, "채권의 목적의 의의와 내용", 사회과학논집 제12집, 이화여자대학교 법정대학(1992), 40.
6 김형배, 채권총론, 박영사(1992), 320, 양창수/김재형, 민법 I 계약법(제2판), 박영사(2015), 501.

나. 물건 또는 권리의 가액 전부를 배상할 것

변제자대위는 일부 변제 시에도 그 가액에 비례하여 채권자와 함께 그 권리를 행사할 수 있다(민법 제483조 제1항). 보험자대위도 마찬가지이다(상법 제682조 제1항). 이에 반해 손해배상자 대위는 채권의 목적인 물건 또는 권리의 가액 전부를 배상하여야 한다. 가액 전부의 배상은 금전의 실제 지급으로만 해야 하는 것은 아니다. 대물변제·상계·공탁 등과 같이 손해배상채무의 변제와 같게 볼 사유도 가액전부를 배상받은 것으로 볼 수 있다.[7]

채권의 목적인 물건 또는 권리가 가분적인 것이라는 등의 특별한 사정이 없는 한 채무자가 채권의 목적인 물건 또는 권리의 가액 일부를 손해배상한 것만으로는 채권자를 대위할 수 없다. 통설[8]과 판례[9]의 입장이다. 예를 들어 어음채무자가 어음 액면금 중 일부만을 손해배상한 경우 어음채권자를 대위할 수 없다. 어음은 그에 표창되는 권리와 분리할 수 없어 일부배서가 허용되지 않는 등 가분적이지 않기 때문이다. 투자자 보호의무 위반으로 펀드에 가입한 투자자가 입은 손해액은 투자원금에서 그 투자로 인하여 취득한 수익증권에 근거하여 회수하였거나 회수할 수 있는 금전의 총액을 뺀 금액이다. 펀드 대상 사업이 완료되어 수익이 예상되는 경우 투자자는 수익증권에 근거하여 회수할 수 있는 금전이 있으므로 투자자는 수익증권의 잔존가치를 증명하여 자신의 손해액을 증명할 책임이 있다.[10] 따라서 펀드판매회사가 수익증권의 잔존가치를 배상하지 않은 채 투자원금에서 그 동안 지급한 이익금을 뺀 차액만을 배상한 것은 가액전부를 손해배상한 것으로 볼 수 없어 투자자가 펀드판매회사에 수익증권을 반환하여야 하는 것은 아니다.[11]

한편 손해배상자 대위는 손해배상이 전보의 성격을 갖는 경우에 한해 허용되므로 지연배상에서는 손해배상자 대위가 생기지 않는다.[12]

7 김형배, 채권총론, 박영사(1992), 320, 양창수/김재형, 민법 I 계약법(제2판), 박영사(2015), 501.

8 고명식, 채권총론(제2판), 동방문화사(2015), 115; 김동훈, 채권총론, 동방문화사(2012), 264; 김상용, 채권총론(제3판), 화산미디어(2016), 196; 김주수, 채권총론, 삼영사(2003), 203; 김준호, 채권법(제10판), 법문사(2019), 125; 김증한/김학동, 채권총론, 박영사(1998), 166; 노종천, 채권법, 동방문화사(2015), 133; 소성규, 채권총론(제3판), 동방문화사(2014), 230; 송덕수, 채권법총론(제4판), 박영사(2018), 202; 양창수/김재형, 민법I(계약법), 박영사(2015), 501; 윤철홍, 채권총론(제3전정판), 법원사(2018), 239.

9 대법원 2007. 10. 12. 선고 2006다42566 판결(공2007, 1762).

10 대법원 2012. 12. 13. 선고 2011다25695 판결(공2013상, 129).

11 대법원 2015. 6. 11. 선고 2012다100142, 100159 판결(미간행).

12 이은영, 채권총론(제4판), 박영사(2009), 374.

2. 효과

가. 채권의 목적인 물건 또는 권리의 당연 이전

손해배상자 대위의 취지는 채권자가 채권의 목적이 되는 물건 또는 권리의 가액 전부를 손해배상으로 받아 그 만족을 얻었을 때에는 그 물건 또는 권리가 법률상 당연히 채무자에게 이전된다는 것이다. 법문상 '당연히'라는 것은 어떤 양도행위나 대항요건도 필요하지 않다는 뜻이다. 즉 그 물건 또는 권리의 이전에 필요한 양도행위 기타의 요건(등기·등록 이전, 물건의 인도, 채권의 양도 등)과 같은 특별한 행위를 필요로 하지 않는다.[13] 당사자 사이의 약정이 아니라 본조를 근거로 물건 또는 권리의 이전 효력이 법률상 생기기 때문이다.

손해배상자 대위 제도가 없다면 채무자가 전보배상 후 목적물이 회복된 경우에 채권자는 배상액을 부당이득으로 채무자에게 반환하는 방법으로 채권자의 이중이득 방지를 꾀할 수도 있다. 그러나 채권자가 무자력인 경우 채무자에 대한 부당이득 반환이 어려울 수 있다. 손해배상자 대위 제도는 채무자에게 물건 또는 권리를 당연히 이전함으로써 채권자의 무자력 위험을 채무자가 부담하지 않게 그 이익을 보호한다.

채권의 목적인 물건 자체뿐만 아니라 이를 대신하는 것도 포함된다. 예를 들어 물건 수치인이 관리 소홀 중 제3자의 행위로 물건에 손상이 생긴 때 수치인이 물건 소유자에게 물건의 가액을 전부 배상한 경우 수치인은 손상된 물건 소유권뿐만 아니라 소유자의 제3자에 대한 손해배상청구권도 이전받는다.

한편 대위할 물건이나 권리가 손해배상과 관련이 있는 것이며 대위에 적합해야 한다.[14] 따라서 채권의 목적이 되는 물건 또는 권리를 보험목적물로 한 경우 보험청구권은 채권자가 체결한 보험계약에 따른 것으로, 채권의 목적 또는 권리 자체가 아니므로 손해배상 의무를 다한 채무자라도 채권자를 대위하여 그 보험청구권을 행사할 수 없다. 예를 들어 임차인의 과실로 건물에 화재가 발생한 경우, 임차인이 건물 가액 전부를 배상하여도 건물 소유자가 든 보험계약에 따른 보험청구권을 대위할 수 없다. 손해배상자에게 보험청구권 대위행사를 인정할 경우 채권자의 보험이익을 해할 뿐만 아니라 채무자는 손해배상의무를 다하지 않게 되

13 대법원 1977. 7. 12. 선고 76다408 판결(공1977, 10213).
14 윤철홍, 채권총론(제3전정판), 법원사(2018), 239.

는 결과가 되기 때문이다. 한편 산업재해에서 사용자가 근로자에게 손해배상 하더라도 산재보험급부의 성질상 피해 근로자의 산재보험금청구권을 대위할 수 없다.[15]

반대로 보험자가 제3자의 행위로 생긴 손해에 대하여 보험계약에 따라 보험금을 지급한 경우 그 지급한 금액 한도로 피보험자의 권리를 침해하지 않는 범위 내에서 그 권리를 행사할 수 있다(상법 제682조 제1항). 손해보험계약에서 손해가 제3자의 행위로 생긴 경우 보험자가 보험금을 지급하기 전에 피보험자가 제3자로부터 손해배상을 받았다면 보험자는 그 한도 내에서 면책된다.[16]

나. 배상자대위로 물건 또는 권리의 당연 이전 후 반환 가부(소극)

배상자대위로 채권의 목적인 물건 또는 권리가 배상자에게 당연 이전된 후 채권자가 그 가액을 배상자에게 지급하고 다시 그 물건 또는 권리의 반환을 청구할 수 있는지가 문제된다.

예를 들어 수치인이 특정 동산을 보관 중 분실하여 임치인에게 그 물건의 가액을 전액 배상하였는데, 그 후 분실된 특정 동산을 발견한 경우의 법률관계가 문제된다. 두 견해가 대립된다.

긍정설은 배상자대위의 취지는 채권자에게 부당한 이익을 허용하지 않으려는데 있고 채권자로부터 권리를 빼앗으려는 것이 아니므로 채권자가 채무자에게 가액을 반환하고 물건의 인도를 구할 수 있다고 한다.[17] 이에 반해 부정설은 명문의 규정이 없고, 제3자와의 관계 등 법률관계를 불필요하게 복잡하게 할 우려가 있다는 이유로 채권자는 가액을 반환하여도 물건의 인도를 구할 수 없다고 한다.[18]

배상자대위로 채권의 목적인 물건 또는 권리는 당연히 배상자에게 이전된다. 따라서 배상자가 채권의 목적인 물건 또는 권리의 가액 전부를 배상하면서 채권자와 환매 또는 권리의 재양도와 같은 약정을 하였다는 등의 특별한 사정이 없는 한 배상 대상인 물건 또는 권리가 회복되더라도 채권자는 그에 대하여 권리를 주장할 수 없다고 봄이 타당하다.

15 日最判 1989. 4. 27. (民集43-4, 278) (第一法規法律情報総合データベース D1-law 判例ID: 27804306).
16 대법원 2000. 11. 10. 선고 2000다29769 판결(공2001, 19).
17 김형배, 채권총론, 박영사(1992), 321.
18 이덕환, 채권총론(전정판), 율곡미디어(2014), 245; 양창수/김재형, 민법 I 계약법(제2판), 박영사(2015), 503.

3. 대상청구권과 관계

가. 대상청구권의 내용

대상청구란 건물 소실에 따른 화재보험금과 같이 이행불능 발생 원인을 사유로 채무자가 이익을 얻은 경우 채권자는 이행불능으로 입은 손해를 한도로 하여 채무자에게 목적물의 대상(代償)으로 볼 수 있는 이익의 상환을 구하는 것을 말한다. 대상청구권은 손해배상청구권과 별개의 권리이다. 채무자에게 귀책사유가 없는 경우에도 인정되므로 채권자가 손해배상청구를 할 수 없는 경우에 그 기능을 발휘한다. 채무자에게 귀책사유가 있는 경우에도 대상청구권이 인정된다는 견해에 따르면 채권자는 손해배상청구권과 대상청구권을 함께 가져 대상청구권 행사로 이익을 얻은 만큼 손해배상청구권이 줄어들게 된다.[19]

우리 민법은 이행불능의 효과로서 전보배상청구권과 계약해제권 외에 별도로 대상청구권을 규정하고 있지 않으나 판례는 해석상 대상청구권을 인정하고 있다.[20] 따라서 매매계약에서 화재로 매도인의 매매목적물에 대한 인도의무가 이행불능 되었다면, 매수인은 화재사고로 매도인이 지급받게 되는 화재보험금에 대하여 대상청구권을 행사할 수 있다.[21]

민법 제399조의2 조항을 신설하여 "채무의 이행을 불가능하게 한 사유로 채무자가 채권의 목적인 물건이나 권리를 갈음하는 이익을 얻은 경우에는 그 이익의 상환을 청구할 수 있다."고 대상청구권을 규정하는 민법 개정안이 마련되기도 하였다.[22]

나. 손해배상자 대위와 관계

대상청구권은 이행불능으로 채무자가 채권의 목적인 물건이나 권리를 갈음하는 이익을 얻은 때 이를 채권자에게 이전하는 기능을 한다. 이에 반해 손해배상자 대위는 채권자가 채권의 목적인 물건 또는 권리의 가액전부를 손해배상으로 받은 때 그 물건이나 권리를 채무자에게 이전하게 한다는 점에서 구별된다.

19 中田裕康, 債権総論(第三版), 岩波書店(2014), 192.

20 대법원 1996. 12. 10. 선고 94다43825 판결(공1997, 286), 대법원 2002. 2. 8. 선고 99다23901 판결(공2002, 645), 대법원 2012. 6. 28. 선고 2010다71431 판결(공2012하, 1287).

21 대법원 2016. 10. 27. 선고 2013다7769 판결(공2016하, 1749).

22 자세한 내용은 김형석, "대상청구권-민법개정안을 계기로 한 해석론과 입법론", 법학 제55권 제4호(통권 제173호), 서울대학교 법학연구소(2014), 103-146 참조.

한편 대상청구권은 채권적 청구권으로 채권자는 채무자에게 대상물의 반환이나 양도 등을 청구할 수 있다. 이에 반해 손해배상자 대위는 채무자가 전부 손해배상을 한 물건이나 권리를 직접 취득한다는 점에서도 차이가 있다. 손해배상자 대위로 채무자가 채권자의 권리를 취득한 경우에는 채무자는 제3채무자에게 직접 청구할 수 있다.

제 400 조 [채권자지체]

채권자가 이행을 받을 수 없거나 받지 아니한 때에는 이행의 제공있는 때로부터 지체책임이 있다.

[관련조문] 민법 제390조(채무불이행과 손해배상), 제401조(채권자지체와 채무자의 책임)~제403조(채권자지체와 채권자의 책임), 제460조(변제제공의 방법), 제461조(변제제공의 효과), 제538조(채권자귀책사유로 인한 이행불능), 제544조(이행지체와 해제).

[참고문헌] 김진우, "독일의 채권자지체론-채권자지체의 법적 성질을 중심으로", 한독법학 제15호(2004. 5.), 한독법률학회(2004); 김진우, "채권자지체론의 문제점과 입법론", 민사법학 제20호, 한국민사법학회(2001); 박정기, "독일 민법에 있어서 채권자의 수령의무", 법학논고 제32집(2010. 2.), 경북대학교 출판부(2010); 서광민, "채권자지체의 법리구성상의 문제점", 채권법에 있어서 자유와 책임, 김형배 교수 화갑기념논문집 간행위원회(1994); 서광민, "채권자지체의 본질", 월간고시 제19권 제5호(통권 제220호), 법지사(1992); 이선희, "채권자지체에 관한 몇 가지 논점", 성균관법학 제28권 제2호, 성균관대학교 비교법연구소(2016); 이은영, "채권자지체", 민법학논총, 후암 곽윤직 교수 화갑기념논문집 편찬위원회(1985); 전윤구, "채권자지체와 계약해제", 경기법학논총 제7호, 경기대학교(2009); 하경효, "채권자지체와 그 효과로서의 위험이전", 고시연구 제22권 제11호(통권 제260호), 고시연구사(1995).

Ⅰ. 본조의 의의

채무 이행에 채권자의 수령이나 협조가 필요한 경우 채무자가 채무 이행을 위하여 채무 내용에 따른 이행 제공을 하였음에도 채권자가 이를 수령하지 않거나 그 밖의 협조를 할 수 없거나 하지 않음으로써 채무 이행이 지체되는 것을 채권자지체 또는 수령지체라 한다. 본조는 채권자지체의 발생 요건과 지체책임의 발생 시기에 관한 규정이다. 채권자지체에 따른 효과는 민법 제401조에서 제403

조까지에서 규정하고 있다.

Ⅱ. 비교법적 검토

1. 연혁

채권자지체 제도는 로마법에까지 거슬러 올라간다. 로마법에는 채권자지체(mora creditoris) 또는 수령지체(mora accipiend)라는 개념이 있었다. 채무자가 적시에 적당한 장소에서 적절한 방법으로 이행 제공을 하였지만 채권자가 이를 수령하지 않는 경우에 발생하였다. 그 효과로는 채무자의 책임 경감, 이자 정지, 목적물의 공탁권 등이다. 다만 채권자의 수령의무를 인정하지 않아 의무위반으로 보지는 않았고, 귀책사유 없이 수령하지 않아도 채권자지체 효과를 인정하였다.

2. 입법례

가. 독일

로마법의 채권자지체 제도는 판덱텐법학을 통하여 독일 보통법에서도 인정되었다. 19세기 독일 보통법 시대에는 채권자의 수령의무가 법적 의무로 파악되어 채권자에게 귀책사유가 있을 때에만 채권자지체가 성립한다고 보았다.[1] 나치시대에는 협동체사상에 근거하여 채권자의 일반적 협력의무가 강조되었으나 나치의 패망과 더불어 이러한 경향은 사라졌다. 현재는 채권자에게 일정한 책임윤리가 가미되었지만 개인과 사적 자치가 강조되는 채권관계론이 지배하면서 채권자지체는 원칙적으로 진정의무 위반이 아니라는 인식이 보편화되어 독일에서는 채권자지체의 법적 성질은 더 이상 쟁점이 되지 않고 있다.[2]

독일 민법은 제293조부터 제299조까지 채권자지체의 발생요건에 관하여 규정한다. 독일 통설은 채권자의 수령의무를 법적 의무(rechtspflicht)가 아닌 간접의무 또는 책무(obliegenheit) 위반으로, 채권자지체 성립에 채권자의 귀책사유도 필요하지 않다고 본다.[3] 간접의무란 그 위반에 대하여 손해배상이라는 제재와 소구

1 박정기, "독일 민법에 있어서 채권자의 수령의무", 법학논고 제32집(2010. 2.), 경북대학교 출판부(2010), 423, 424.

2 김진우, "독일의 채권자지체론-채권자지체의 법적 성질을 중심으로", 한독법학 제15호(2004. 5.), 한독법률학회(2004), 203.

3 박정기, "독일 민법에 있어서 채권자의 수령의무", 법학논고 제32집(2010. 2.), 경북대학교 출판부(2010), 425.

(訴求) 가능성이 없고, 단지 이를 부담하는 자가 스스로의 권리를 상실 또는 감소하는 데 불과하다는 특징이 있다. 다만 독일 민법은 매매와 도급에 관한 규정(독일 민법 제433조 제2항, 제640조 제1항)에서 손해배상이나 소구를 허용하는 매수인 또는 도급인의 수취의무를 명문으로 규정하여 이원적 체계로 규율하고 있다.

독일 민법 제293조(수령지체)

채권자는 그에게 제공된 급부를 수령하지 아니하면 지체에 빠진다.

독일 민법 제294조(현실제공)

급부는 그 의무의 내용대로 채권자에게 현실적으로 제공되어야 한다.

독일 민법 제295조(구두제공)

채권자가 급부를 수령하지 아니할 뜻을 채무자에게 표시한 경우 또는 급부의 실행에 채권자의 행위가 필요한 경우, 특히 채권자가 채무의 목적물을 추심하여야 하는 경우에는 채무자의 구두제공으로 족하다. 채권자에 대하여 그 필요한 행위를 할 것을 요구하는 것은 급부제공과 같게 본다.

독일 민법 제296조(제공의 불요)

채권자가 하여야 할 행위에 대하여 그 시가가 역(歷)에 의하여 정하여진 경우에는 채권자가 그 행위를 적시에 행한 때에만 제공이 요구된다. 어떠한 사실이 있은 후에 그 행위가 행하여져야 하는 경우에 그 행위를 할 상당한 시기가 그 사실의 발생 시부터 역에 의하여 산정되는 것으로 정하여진 때에도 같다.

독일 민법 제297조(채무자의 주관적 불능)

채무자가 제공 시에 또는 제296조의 경우에는 채권자가 행위하여야 할 시기에 급부를 실행할 수 없는 때에는 채권자는 지체에 빠지지 아니한다.

독일 민법 제298조(동시이행급부)

채무자가 채권자의 급부와 상환으로만 급부할 의무를 지는 경우에 채권자가 제공된 급부를 수령할 자세를 갖추었더라도 청구 받은 반대급부를 제공하지 아니한 때에는 그는 지체에 빠진다.

독일 민법 제299조(일시적 수령장애)

급부시기가 정하여지지 아니하거나 채무자가 정하여진 시기 전에 급부할 권리가 있는 경우에는 채권자에게 제공된 급부를 수령하지 못할 일시적 장애가 있다고 하여도 그는 지체에 빠지지 아니한다. 그러나 채무자가 그에게 상당한 시기 이전에 급부를 통지한 때에는 그러하지 아니하다.

나. 일본

2017년 개정 전 일본 민법 제413조는 "채권자가 채무 이행을 수령거절하거나 수령할 수 없는 때에는 그 채권자는 이행 제공이 있는 때부터 지체책임을 진다."는 내용의 한 조문만 두고, 우리 민법 제401조 내지 제403조 및 제538조 제1항 후문과 같은 지체책임의 내용(효과)에 관한 규정이 없었다.

이에 따라 채권자지체의 법적 성질에 관하여 학설은 크게 법정책임설과 채무불이행책임설로 다툼이 있었다. 법정책임설이 일본 다수견해였다.[4] 일본 판례도 도급계약에서 도급인의 수령의무를 위반으로 한 수급인의 해제를 부정하면서 채무불이행과 채권자 수령지체는 그 성질이 달라 후자에 전자와 완전히 같은 효과를 인정하는 것은 일본 민법이 예상하고 있는 것이 아니어서 특단의 사유가 없는 한 수령지체를 이유로 계약을 해제할 수 없다고 보았다.[5] 법정책임설 입장을 취한 것이다. 다만 유황 광석(鑛石) 매매계약에서 계약기간 동안 채굴한 광석 전량을 매도하기로 한 경우 신의칙상 매수인의 수취의무를 인정하기도 하여[6] 법정책임설을 기본으로 하면서 구체적 사안에 따라 신의칙상 의무를 인정하고 있다.

2017년 일본 민법 개정 당시 채무불이행책임설의 주요 논거가 된 수령의무의 명문화는 보류되었다. 다만 일본 학설과 판례로 인정되던 ①특정물 인도에서 의무 경감(일본 민법 제413조 제1항), ②비용증가 부담(같은 조 제2항), ③위험 이전(일본 민법 제413조의2 제2항) 등의 효과를 명문화하였다.

일본 민법 제413조(수령지체)

① 채권자가 채무이행의 수령을 거절하거나 받을 수 없는 경우에 그 채무의 목적이 특정물의 인도인 때에는 채무자는 이행 제공을 한 때부터 그 인도를 하기까지 자기의 재산에 대한 것과 동일하게 주의하여 그 물건을 보존하면 충분하다.

4 我妻/有泉, コンメンタール民法(第五版) 総則·物権·債権, 日本評論社(2018), 742.
5 日最判 1965. 12. 3.(民集 19-9, 2090) (第一法規法律情報総合データベース D1-law 判例ID: 27001247).
6 日最判 1971. 12. 16.(民集 25-9, 1472) (第一法規法律情報総合データベース D1-law 判例ID: 27000593).

다. 프랑스

프랑스 민법은 채권자지체에 관한 일반적인 규정이 없다. 다만 변제제공과 공탁에 관한 규정으로 채권자지체 문제를 해결하고 있다.[7] 한편 상품 및 동산 매매에서 미리 인수일자가 정해져 있고 이를 경과한 경우에는 매도인은 계약을 해지할 수 있다.[8]

라. 영미법

채권자의 불수령은 소극적 이행방해로서 계약위반에 해당한다. 다만 그 효과로서 원칙적으로 손해배상만이 인정되고 해제는 매우 제한적으로 허용된다.[9] 미국통일상법전은 매수인의 인수 의무를 인정하고(UCC Sec. 2-301), 인수는 물건을 검사할 합리적 기회를 가진 매수인이 매도인에게 물건이 계약에 적합하다는 것 또는 계약에 적합하지 않지만 그것을 보유하겠다는 뜻과 더불어 인수의 의사를 표시한 때에 생긴다(UCC Sec. 2-606).

Ⅲ. 채권자지체책임의 법적 성질

1. 학설

채권자지체책임의 법적 성질에 대한 논쟁은 채권자에게 채무 이행에 협력하여야 할 의무 내지 수령의무가 있는지를 중심으로 채권자의 귀책사유나 위법성 유무 등에 대한 견해 차이에서 크게 법정책임설과 채무불이행책임설로 나눌 수 있다. 채무불이행책임설이 과거 다수설이었으나 현재는 법정책임설을 취하는 견해가 유력하다.

가. 법정책임설[10]

채권자가 채무이행을 수령하지 않을 경우 채무를 이행하는 채무자와 이익형평을 도모하기 위하여 민법이 규정한 범위 내에서 채권자지체책임이 발생한다는

7 김진우, "민법 제461조의 존폐론", 재산법연구 제22권 제2호, 한국재산법학회(2005), 129.

8 이은영, 채권총론(제4판), 박영사(2009), 399.

9 이은영, 채권총론(제4판), 박영사(2009), 399, 400.

10 김준호, 채권법(제10판), 법문사(2019), 128; 김증한/김학동, 채권총론, 박영사(1998), 174; 송덕수, 채권법총론(제4판), 박영사(2018), 208; 양창수/김재형, 민법 I 계약법(제2판), 박영사(2015), 420; 양형우, 민법의 세계(이론과 판례)(제11판), 피앤씨미디어(2019), 928; 이덕환, 채권총론(전정판), 율곡미디어(2014), 173; 이은영, 채권총론(제4판), 박영사(2009), 402-405.

견해이다. 채권의 행사는 권리이지 법적 의무가 아님을 주요 논거로 한다. 법정책임설을 취하는 견해에서도 채권관계의 유기적 관계를 인정하지만, 거기에서 협력의무를 끌어낼 수 없거나,[11] 채권자의 급부 실현을 위한 협력의무를 인정하지만 그 협력의무는 일반적으로 채무자의 급부의무와 같은 진정한 의미의 채무가 아니라 채권자 자신의 이익을 도모하기 위하여 지켜야 하는 일정한 행위요구로서 간접의무 또는 책무에 불과하다고 본다.[12]

법정책임설의 경우 채권자지체책임 성립에 채권자의 귀책사유를 필요로 하지 않는다. 그 효과 역시 민법이 정한 효과에 한정하고, 채권자지체만으로는 채무불이행에 따른 계약해제권과 손해배상청구권을 인정하지 않는다. 다만 법정책임설의 입장에서도 쌍무계약에서 채권자지체의 경우 채권자가 자신의 채무도 불이행하고 있을 것이므로 채무자는 그 채무불이행을 이유로 계약해제 및 손해배상을 청구할 수 있음을 긍정하고 있다.[13] 이는 채권자지체가 아닌 이행지체에 따른 효과로서 적용 법리를 달리하기 때문이다.

나. 채무불이행책임설

채권자지체를 채무불이행책임으로 보는 견해이다. 채권관계에서 채권자와 채무자는 공동 목적을 향하여 서로 협력하여야 할 일종의 유기적 협동체를 이루므로 채권자에게도 신의칙상 법률상 협력의무가 인정된다. 채권자지체는 바로 채권자의 협력의무를 불이행한 것이므로 채권자지체책임은 채무불이행책임에 해당한다. 종래 다수설이다.[14]

채무불이행책임설에서 채권자지체가 성립하려면 채권자의 귀책사유가 있어야 한다. 채무불이행책임이므로 채권자지체의 효과로 민법이 정한 것 이외에 채무불이행의 일반적 효과로서 계약해제권과 손해배상청구권을 인정한다. 한편 기본적으로 채무불이행책임설의 견해를 취하면서도 채권자지체책임은 채권관계에 따른 넓은 부수의무 위반 책임으로서, 채무자의 귀책사유를 전제로 민법 제401조

11 송덕수, 채권법총론(제4판), 박영사(2018), 208.

12 김준호, 채권법(제10판), 법문사(2019), 128.

13 김준호, 채권법(제10판), 법문사(2019), 128; 김증한/김학동, 채권총론, 박영사(1998), 174; 이은영, 채권총론(제4판), 박영사(2009), 402.

14 고명식, 채권총론(제2판), 동방문화사(2015), 81, 82; 곽윤직, 채권총론[민법강의Ⅲ](제6판), 박영사(2018), 103; 김동훈, 채권총론, 동방문화사(2012), 211; 노종천, 채권법, 동방문화사(2015), 95; 소성규, 채권총론(제3판), 동방문화사(2014), 243.

내지 제403조의 책임 및 손해배상책임을 부담하지만 매매·도급·임치와 같은 계약 유형에서 채권자의 수령의무는 통상의 부수의무와 구별된 채무자의 급부의무에 상응하는 의무로서 그 의무 불이행에 대하여는 계약해제권까지 인정된다며 채무불이행수정설을 취하는 견해도 있다.[15]

이러한 채무불이행책임설에 대하여 법정책임설을 취하는 견해는 채무불이행책임설의 문제점으로 채권자의 귀책사유가 없는 경우 채권자지체 성립이 부정되어 민법 제401조 내지 제403조의 효과가 배제되어 채무자에게 불리하다는 점을 들고 있다.[16] 한편 채무불이행책임설은 그 사상적 배경으로 제2차 세계대전 전의 독일의 제국주의적 민족공동체사상에 근거를 둔 것으로 채권자와 채무자가 급부실현에 공동하여 협동하여야 할 일종의 유기적 공동체를 이루고 있는데,[17] 이처럼 채권자가 급부실현 의무를 부담한다고 하는 것은 권리와 의무, 채권과 채무를 명확하게 대립적으로 파악하는 우리 민법의 기본적 사고방식과 조화되지 않는다는 비판도 있다.[18]

다. 절충설

채권자에게 일반적인 법적 의무로서 수령의무를 인정하지 않는다는 점에서는 법정책임설을 따르지만, 매매·도급·임치에서는 법적 의무로서 수취의무를 인정한다는 점에서 채무불이행책임설의 견해를 취하는 입장이다.[19] 한편 채권자의 수령의무를 법적 의무가 아닌 법적 책무로 보면서 귀책사유 유무에 따라 귀책사유가 없는 경우에도 채무불이행책임설과 달리 민법이 정한 효과만 인정하고, 귀책사유가 있는 경우에는 계약해제권 및 손해배상청구권까지 인정하는 것이 공평의 원칙에 합치된다는 견해도 절충설의 입장에 있다고 할 수 있다.[20]

또한 기본적으로 우리 민법의 채권자지체의 법적 성질을 법정책임으로 보아 일반적인 손해배상청구권이나 계약해제권을 부정하면서 채권자가 책임 있는 사유로 채권관계의 종료를 방해하거나 채권자가 자신의 불이익을 자초하는 데 그치지

15 박종두/박세창, 채권법총론(제4판), 삼영사(2014), 139, 140.
16 이덕환, 채권총론(전정판), 율곡미디어(2014), 172.
17 이은영, 채권총론(제4판), 박영사(2009), 403.
18 김준호, 채권법(제10판), 법문사(2019), 128; 김형배, 채권총론, 박영사(1992), 333; 양창수/김재형, 민법 I 계약법(제2판), 박영사(2015), 420.
19 김주수, 채권총론, 삼영사(2003), 148; 정기웅, 채권총론(제2전정판), 법문사(2014), 205.
20 김상용, 채권총론(제3판), 화산미디어(2016), 212.

않고 적극적으로 채무자의 법익을 침해함에도 불구하고 채무자에게만 계약 충실을 강요하는 것이 이익형량의 견지에서 불합리한 경우에는 최후 수단으로서 채무자에게 손해배상청구권이나 계약해제권을 인정할 수 있다는 견해도 있다.[21]

이에 대하여 독일 민법과 달리 매매·도급의 경우 수취의무를 인정하지 않는 우리 민법의 해석으로 법적 근거가 약해 절충설을 채택하기 어렵다는 비판이 있다.[22]

2. 판례

1958년 대법원 판결[23]은 채권자에게 채무이행의 제공을 수령하여야 할 의무가 있다고 판시하여 채무불이행설의 입장에 있다고 해석될 여지가 있으나 이는 의용민법 적용 시기의 것이다.

Ⅳ. 채권자지체책임의 발생 요건

앞서 본 채권자지체의 법적 성질을 어떻게 보느냐에 따라 채권자지체책임의 발생 요건에 차이가 있다. 법정책임설로 볼 경우에는 수령거절 또는 수령불능에 대한 채권자의 귀책사유와 위법성 요건은 필요 없게 된다.

1. 채권의 성질상 채권자의 협력을 필요로 할 것

수령거절 또는 수령불능은 개념상 채무 이행에 채권자의 협력행위를 전제로 한다. 따라서 부작위채무 또는 단독의사표시 등과 같이 채무이행에 채권자의 협력행위가 필요 없는 경우에는 채권자지체가 생길 여지가 없다. 한편 정기여객기 운항과 같이 이행기가 계약 목적 달성에 결정적인 의미를 가지고 있는 경우 이행기 도과로 이행불능이 되므로 채권자지체 역시 문제되지 않는다.[24]

2. 채무의 내용에 좇은 이행 제공이 있을 것(☞ 상세는 제460조 주석 참조)

가. 현실 제공

채권자지체가 성립하려면 민법 제460조 소정의 채무자의 변제 제공이 있어

21 김진우, "채권자지체론의 문제점과 입법론", 민사법학 제20호, 한국민사법학회(2001), 253, 254.

22 박정기, "독일 민법에 있어서 채권자의 수령의무", 법학논고 제32집(2010. 2.), 경북대학교 출판부(2010), 441; 송덕수, 채권법총론(제4판), 박영사(2018), 208; 이덕환, 채권총론(전정판), 율곡미디어(2014), 173; 이은영, 채권총론(제4판), 박영사(2009), 405.

23 대법원 1958. 5. 8. 선고 4290민상372 판결(민집 6, 20).

24 양창수/김재형, 민법 I 계약법(제2판), 박영사(2015), 422.

야 한다. 채권자지체가 성립하려면 현실 제공이 원칙적 모습이다.

나. 구두 제공

채권자가 미리 변제받기를 거절하거나 채무의 이행에 채권자의 행위를 요하는 경우에는 구두 제공만으로도 채권자지체가 성립한다.

다. 구두 제공조차 필요 없는 경우

채권자가 변제를 받지 않을 의사가 확고한 경우에는 구두의 제공을 한다는 것조차 무의하다. 이러한 경우에는 구두의 제공을 하지 않아도 채권자지체가 성립할 수 있다. 다만 구두의 제공조차 필요 없는 경우에도 이로써 채무자가 채무불이행책임을 면한다는 것에 불과하다. 민법 제538조 제1항 제2문 소정의 '채권자 수령지체 중에 당사자 쌍방의 책임 없는 사유로 이행할 수 없게 된 때'에 해당하기 위해서는 적어도 구두 제공이 필요하다.[25]

3. 채권자의 수령거절 또는 수령불능

가. 수령거절 또는 수령불능

급부실현에 채권자의 수령 등 협력이 필요함에도 채권자가 채무자의 이행제공 수령을 거절하거나 수령할 수 없는 객관적 상태가 있어야 한다.

수령거절은 명시적 거절뿐만 아니라 묵시적 거절도 가능하다. 한편 수령불능은 이행가능을 전제로 하므로 채권자가 협력을 할 수 없는 상황이라도 채무자가 이행이 불가능한 상태였다면 수령불능이 되지 않는다.

나. 이행불능과 수령불능의 구분

의사와 환자의 왕진계약 후 의사가 도착 전에 환자가 사망한 경우와 같이 급부의 목적이 이미 소멸한 경우에 이행불능인지 수령불능인지가 문제된다.

통설은 그 장애가 어느 영역에서 발생한 것인지를 기준으로 양자를 구분한다. 즉 채권자 영역에서 발생한 것이면 수령불능으로, 채무자의 영역에서 발생하거나 어느 쪽의 영역에서도 발생한 것 아닌 때에는 이행불능으로 본다.[26]

이러한 통설의 견해에 대하여 영역설은 노동법 분야에서 사용자 휴업으로 생기는 근로자의 임금채권의 존속 문제 해결을 위한 이론으로 이에 따라 채권자지

25 대법원 2004. 3. 12. 선고 2001다79013 판결(공2000, 601).

26 곽윤직, 채권총론[민법강의Ⅲ](제6판), 박영사(2018), 103, 104; 김증한/김학동, 채권총론, 박영사(1998), 177; 송덕수, 채권법총론(제4판), 박영사(2018), 209.

체에서 수령불능과 이행불능의 관계를 해결할 것은 아니라거나[27] 채권자의 귀책사유를 묻지 않는 법정책임설에서는 영역설을 그대로 적용할 수 없고, 공평의 법리에 따라 위험을 분배하는 게 타당하다[28]는 비판이 있다. 또한 채권자 수령지체는 일시적 불능 상태이므로 급부자체가 불능 때에는 채권자지체가 아니라 급부불능으로 위험부담의 문제에 따라 해결되어야 한다는 견해도 있다.[29]

다만 위 사례의 경우 어느 견해에서나 채권자지체를 부정한다. 영역설의 견해를 취하는 입장에서는 환자 사망이 채권자와 채무자 누구에게도 책임이 없거나,[30] 영구적 불능은 이행불능으로 새겨야 함[31]을 이유로 한다. 영역설을 비판하는 견해에서도 쌍방의 이익을 조정하는 채권자지체 제도의 취지상 채권자지체는 채권자가 객관적으로 채무자의 이행제공을 수령할 수 있는 경우여야 하는데 사례의 경우 채무자의 이행 제공 자체가 없거나,[32] 급부장애로 급부실현이 불가능하게 된 것으로 이행불능으로서 채권자지체가 되지 않는다고 본다.[33] 따라서 위 사례의 경우 어느 견해를 취하든 의사는 진료비 채권을 청구할 수 없고, 다만 교통비 등 왕진하러 가면서 든 비용 상환을 청구할 수 있을 뿐이다.

4. 채권자의 귀책사유 및 위법성 요부

이 요건의 필요 유무는 채권자지체의 법적 성질을 어떻게 보느냐에 따라 갈린다.

채권자지체의 법적 성질을 채무불이행책임으로 보는 견해에서는 채권자지체가 성립하기 위해서는 채권자의 수령거절 또는 수령불능에 채권자의 귀책사유가 있어야 하고, 아울러 위법성도 필요로 한다. 이에 반해 법정책임설의 견해에서는 귀책사유나 위법성을 채권자지체의 성립요건으로 보지 않는다.

27 양창수/김재형, 민법 I 계약법(제2판), 박영사(2015), 422.
28 김상용, 채권총론(제3판), 화산미디어(2016), 213. 214.
29 이은영, 채권총론(제4판), 박영사(2009), 408.
30 김증한/김학동, 채권총론, 박영사(1998), 177.
31 송덕수, 채권법총론(제4판), 박영사(2018), 209.
32 김준호, 채권법(제10판), 법문사(2019), 129.
33 양창수/김재형, 민법 I 계약법(제2판), 박영사(2015), 422.

V. 채권자지체의 효과 일반

1. 채무자의 책임 면책 또는 감경(☞ 상세는 제401조, 제461조 주석 참조)

채무자의 책임 측면에서 본 채권자지체의 효과이다. 채권자지체 중에는 채무자의 고의 또는 중대한 과실이 없으면 불이행으로 인한 모든 책임이 없다(민법 제401조). 따라서 채무자가 변제를 적법하게 제공하였음에도 채권자가 그 수령을 거절하거나 이를 받을 수 없는 경우에 채무자가 고의 또는 중대한 과실로 채무불이행을 하지 않는 이상 그에 따른 일체의 책임을 지지 않는다.

한편 변제 제공은 그때부터 채무불이행의 책임을 면하게 한다(민법 제461조). 채무자가 변제를 제공한 이상 이행기가 지나도 채권자지체 중에는 지체책임을 지지 않는다. 채권자지체 중에는 채권자는 채무불이행을 이유로 손해배상을 청구할 수도, 해제할 수도, 담보권을 실행할 수도 없다. 이러한 효과는 변제제공의 효과로 보는 견해도 있으나 채권자지체는 변제 제공을 전제로 하므로 아래에서 간단히 언급한다.

2. 이자 면제(☞ 상세는 제402조 주석 참조)

채권자지체책임의 효과 하나로 채권자지체 중에는 이자 있는 채권이라도 채무자는 이자를 지급할 의무가 없다(민법 제402조). 여기서 면제되는 이자는 금전의 사용대가로서 이자를 말한다. 채권자지체 중의 지연손해금은 앞서 본 지체책임이 면제에 따른 것이다.

3. 증가비용상환청구권(☞ 상세는 제403조 주석 참조)

채권자지체로 인하여 그 목적물의 보관 또는 변제의 비용이 증가된 때에는 그 증가액은 채권자의 부담으로 한다(민법 제403조). 따라서 채무자는 채권자지체 중에 생긴 증가비용을 지출한 경우 채권자에게 그 상환을 청구할 수 있다.

4. 채무자의 공탁권(☞ 상세는 제487조, 제490조 주석 참조)

채권자가 변제를 받지 아니하거나 받을 수 없는 때에는 변제자는 채권자를 위하여 변제의 목적물을 공탁하여 그 채무를 면할 수 있다(민법 제487조 전문). 한편 변제의 목적물이 공탁에 적당하지 아니하거나 멸실 또는 훼손될 염려가 있거나 과다한 비용을 요하는 경우에는 변제자는 법원의 허가를 얻어 그 물건을 경매하거나 시가로 방매하여 대금을 공탁할 수 있다(제490조). 따라서 채무자가 적법한 채무이행을 제공하였음에도 채권자가 그 수령을 거절하거나 이를 받을 수 없어 채권자지체 상태가 생긴 때에는 채무자는 그 목적물 또는 일정한 요건을 갖춰 매각대금을 공탁할 수 있다. 공탁으로 채무가 소멸한다.

5. 쌍무계약에서 위험 이전(☞ 상세는 제538조 주석 참조)

쌍무계약에서 당사자 일방의 채무가 채권자의 책임 있는 사유로 이행할 수 없게 된 때에는 채무자는 상대방의 이행을 청구할 수 있다(민법 제538조 제1항 전문). 한편 채권자의 수령지체 중에 당사자 쌍방의 책임 없는 사유로 이행할 수 없게 된 때에도 같다(같은 항 후문). 따라서 채권자가 채무이행의 수령을 거절하거나 받을 수 없는 경우에 이행 제공이 있는 이후에 당사자 쌍방의 책임 없는 사유로 그 채무이행이 불능으로 된 때에는 채무자는 채권자에게 쌍무계약으로 채권자가 부담하는 의무 이행을 여전히 청구할 수 있다. 즉 채권자지체 중에는 채무자의 채무이행 위험부담이 채권자에게 이전하여 결과적으로 채권자의 책임이 가중된다. 채권자지체 중에 쌍방 책임 없이 채무자의 채무이행이 불능이 되더라도 이는 채권자의 책임에 따른 것으로 간주된다.

예를 들어 물건 매매에서 채무자가 물건 인도를 제공했음에도 수령지체 중 채무자의 귀책사유 없이 목적물이 멸실된 경우 채무자는 물건 인도 의무를 면하면서 채권자에 대하여는 물건대금을 청구할 수 있다. 채권자지체 중의 채무자 책임은 '고의 또는 중과실'에 한하여 생기므로(민법 제401조), 채무자의 경과실로 채무이행 불능이 된 경우에는 채무자 책임이 없으므로 채권자에게 반대채권의 이행청구를 할 수 있다. 이 점이 채권자지체의 가장 큰 효과이다.[34]

6. 손해배상청구권과 계약해제권

채권자지체의 법적 성질을 채무불이행책임이라고 보는 견해에서는 채권자지체로 생긴 손해의 배상을 청구할 수 있고, 계약도 해제할 수 있다고 본다.[35] 한편 채권자의 수령의무를 법적 의무로 보지 않으면서도 법적 책무로 이해한 뒤 채권자지체에 채권자의 귀책사유가 있는 경우에는 손해배상청구권과 계약해제권을 인

34 양창수/김재형, 민법 I 계약법(제2판), 박영사(2015), 425, 426.
35 고명식, 채권총론(제2판), 동방문화사(2015), 82, 85; 곽윤직, 채권총론[민법강의III](제6판), 박영사(2018), 104, 105.

정하는 것이 공평의 원칙에 합치한다는 견해도 있다.[36]

이에 반해 채권자지체를 법정책임으로 보는 견해[37]에서는 민법이 정한 책임 이외의 손해배상청구권과 계약해제권을 인정하지 않고 있다.

다만 법정책임설을 취하더라도 쌍무계약에서 채권자지체에 빠진 채권자가 자신의 채무를 이행지체하는 경우 채무자는 이를 이유로 해제할 수 있음을 인정한다.[38] 이는 이행지체의 효과에 따른 것이지 채권자지체의 효과가 아니기 때문이다.

7. 채권자의 동시이행항변권 소멸 여부

쌍무계약에서 동시이행관계에 있는 채무를 부담하는 쌍방 채무자 중 일방이 먼저 한 번 이행을 제공하여 상대방을 채권자지체에 빠지게 하였다 하더라도 그 이행제공이 계속되지 않는 경우에는 과거에 이행제공이 있었다는 사실만으로 상대방이 가지는 동시이행항변권이 소멸한다는 것은 아니다.[39] 따라서 과거의 채권자지체로 상대방의 동시이행항변권이 소멸하였다고 하기 위해서는 채무자가 채권자지체 이후에도 계속 이행제공을 하였다는 점을 주장·증명하여야 한다.

VI. 채권자지체의 종료

채권자지체는 다음 사유 중 어느 하나가 발생하면 종료한다.

1. 채권자의 수령통지 등

채권자가 채무자에게 수령할 뜻을 통지하면 이로써 채권자지체 상태는 종료한다. 이 경우 채무자는 다시 채무의 이행을 제공하여야 한다. 한편 채권자가 협력할 준비를 마치고 채무자에게 이행의 최고를 한 경우에도 마찬가지이다.

다만 채권자지체 중 채무자의 목적물 보관 또는 변제 비용이 증가된 때에는 채권자가 수령통지의 방법으로 채권자지체를 종료시키기 위해서는 채권자의 증가

36 김상용, 채권총론(제3판), 화산미디어(2016), 211, 212.

37 김준호, 채권법(제10판), 법문사(2019), 128; 김증한/김학동, 채권총론, 박영사(1998), 174; 양창수/김재형, 민법 I 계약법(제2판), 박영사(2015), 420; 양형우, 민법의 세계(이론과 판례)(제11판), 피앤씨미디어(2019), 928; 이덕환, 채권총론(전정판), 율곡미디어(2014), 173; 이은영, 채권총론(제4판), 박영사(2009), 402-405.

38 송덕수, 채권법총론(제4판), 박영사(2018), 212.

39 대법원 1993. 8. 24. 선고 92다56490 판결(공1993, 2589), 대법원 1999. 7. 9. 선고 98다13754, 13761 판결(공1999, 1579), 대법원 2007. 12. 13. 선고 2007다59493 판결(미간행), 대법원 2014. 4. 30. 선고 2010다11323 판결(미간행).

비용 상환에 대한 이행제공을 하여야 한다.[40] 그 이행제공의 정도는 채권자가 채무자의 추가비용을 상환할 것임을 명확하게 밝히는 것으로 충분하다.[41]

2. 급부불능의 발생

채권자지체 중에 채권의 목적에 급부불능 사유가 생기면 채권자지체 상태는 급부불능에 따른 법률관계로 전환한다. 채무자에게 귀책사유로 급부불능이 된 경우에는 채무불이행책임으로, 불가항력적 사유로 급부불능이 된 경우에는 위험부담 문제가 된다.

3. 채권의 소멸

채권자지체 중에 채무자의 공탁, 혼동 등으로 채권이 소멸하면 채권자지체 상태 역시 소멸한다.

4. 채권자지체 책임의 면제

채무자가 채권자에게 채권자지체에 따른 책임을 면제한 경우에도 채권자지체는 종료한다. 채무자의 일방적 의사표시로 채권자지체 책임을 면제할 수 있다.

40 양창수/김재형, 민법 I 계약법(제2판), 박영사(2015), 424, 425.
41 양창수/김재형, 민법 I 계약법(제2판), 박영사(2015), 424, 426.

제 401 조 [채권자지체와 채무자의 책임]

채권자지체 중에는 채무자는 고의 또는 중대한 과실이 없으면 불이행으로 인한 모든 책임이 없다.

[관련조문] 민법 제374조(특정물인도채무자의 선관의무), 제375조(종류채권), 제390조(채무불이행과 손해배상), 제392조(이행지체 중의 손해배상), 제400조(채권자지체), 제402조(동전), 제403조(채권자지체와 채권자의 책임), 제461조(변제제공의 효과).

[참고문헌] 김진우, "민법 제461조의 존폐론", 재산법연구 제22권 제2호, 한국재산법학회(2005); 안법영, "종류물의 특정과 채권자지체, 그리고 하자담보책임: 특정과 급부위험의 재인식을 위한 소고", 사회변동과 사법질서, 박영사(2000); 양창수, "민법 제401조와 제461조의 경계획정", 민법연구 제1권, 박영사(2004); 하경효, "민법 제538조의 해석·적용에 관련된 문제점", 고시연구 제21권 제3호, 고시연구사(1994).

Ⅰ. 본조의 의의

이행지체 중에는 채무자가 과실이 없는 때에도 손해를 배상해야 한다(민법 제392조). 이와 대조적으로 본조는 채권자지체 중에는 채무자는 고의 또는 중대한 과실이 없으면 불이행으로 인한 모든 책임을 부담하지 않음을 규정하고 있다. 이처럼 이행지체 중에는 채무자가 무과실이라도 책임을 지게 하는 것에 대응하여 채권자지체 중에는 채무자가 고의 또는 중대한 과실이 있는 경우에만 책임을 지게 함으로써 균형을 꾀한다.

본조는 채무자지체 책임의 한 효과로 채권자지체 중에 채무자의 책임을 경감하는 규정이다. 채무자가 채권자지체 중에 급부 목적물을 계속적으로 보관할 경우 이행제공이 없었던 때와 마찬가지로 경과실에 대해서까지 책임을 부담하게 하는 것은 부당하므로 책임을 완화시켜 줄 필요가 있기 때문이다.

Ⅱ. 비교법적 검토

1. 독일

독일 민법은 제300조 이하에서 채무자의 책임경감(제300조 제1항), 위험 이전(제300조 제2항), 금전채무의 이자 발생 정지(제301조), 부동산의 점유 포기(제303조), 증가비용의 배상(제304조) 등을 규정하고 있다.

독일 민법 제300조(채권자지체의 효력)

① 채무자는 채권자지체 중에는 고의와 중과실에 대하여만 책임이 있다.

② 종류만으로 정하여진 물건이 채무의 목적인 경우에는 채권자가 제공된 물건을 수령하지 아니함으로써 지체에 빠지는 시점에서 위험은 채권자에게 이전한다.

독일 민법 제302조(수익)

채무자가 목적물의 수익을 반환하거나 상환할 의무를 지는 경우에 그의 의무는 채권자지체 중에는 그가 수취한 수익에 한정된다.

2. 일본

2017년 개정 일본 민법은 종래 학설로 인정되던 채권자지체의 효과를 명문화하였다. 본조와 관련하여 일본 민법 제413조 제1항은 채무자의 고의 또는 중과실에 대하여만 책임을 지는 우리 민법과 달리 목적물 보관과 관련하여 채무자의 주의의무 내용을 선량한 관리자의 주의라는 추상적 경과실에서 자기의 재산과 동일한 주의라는 구체적 경과실로 주의의무가 변환된다는 견해를 채택하였다.

일본 민법 제413조(수령지체)

① 채권자가 채무이행의 수령을 거절하거나 받을 수 없는 경우에 그 채무의 목적이 특정물의 인도인 때에는 채무자는 이행 제공을 한 때부터 그 인도를 하기까지 자기의 재산에 대한 것과 동일한 주의로 그 물건을 보존하면 충분하다.

일본 민법 제413조의2 (이행지체나 수령지체 중의 이행불능과 귀책사유)

① 채무자가 그 채무에 관하여 지체의 책임을 지는 사이에 당사자 쌍방의 책임 없는 사유로 그 채무이행이 불능이 된 때에는 그 이행불능은 채무자의

책임 있는 사유에 의한 것으로 본다.

② 채권자가 채무이행의 수령을 거절하거나 받을 수 없는 경우에 이행 제공이 있는 때 이후에 당사자 쌍방의 책임 없는 사유에 의하여 그 채무이행이 불능이 된 때에는 그 이행불능은 채권자의 책임 있는 사유에 의한 것으로 본다.

Ⅲ. 채권자지체 효과로서 채무자의 책임 경감

1. 책임 경감의 대상

가. 본조가 적용되는 대상 채무

1) 특정물채무와 종류물채무

채권자지체는 채권자가 채무자의 이행 제공을 받을 수 없거나 받지 않은 때 성립하므로 급부의무를 대상으로 한다. 급부 목적물이 특정물인 특정물 채무에서는 채무자가 이행 제공을 하였음에도 채권자가 그 수령을 거절하거나 수령할 수 없는 때에 채권자지체책임이 생기고, 이때 채무자는 특정물의 보존의무 불이행에 대한 귀책사유가 제한된다.

급무 목적물이 종류물인 경우 채무자가 이행에 필요한 행위를 완료하거나 채권자의 동의를 얻어 이행할 물건을 지정한 때에는 그때부터 그 물건이 채권의 목적물이 된다(민법 제375조 제2항). 즉 종류물채무는 '채무자의 이행 필요 행위 완료' 또는 '채권자의 동의를 얻은 지정'과 같이 종류물을 특정한 때부터 특정물채무와 같게 된다. 종류물채무가 지참채무인 경우에는 채무자가 급부 목적물을 특정하여 이를 변제 장소로 가져가 채권자가 수령할 수 있는 상태를 만들 때 변제의 제공이 되므로, 그때 채권자가 수령을 거부하거나 할 수 없는 때에는 곧바로 채권자지체가 성립한다. 한편 종류물채무가 추심채무인 경우에는 채무자가 인도할 물건을 마련하여 구분·분리하고 구두 제공을 한 때 통상 특정이 되고, 변제의 제공이 된다. 이 경우 채무자의 구두제공으로 이행 제공을 하였으나 채권자가 추심하여 이행을 받을 수 없거나 이를 거절한 경우에는 구두 제공 시에, 추심기간이 정해진 경우에는 추심기간 만료 시에 비로소 채권자지체가 성립한다.[1]

1 안법영, "종류물의 특정과 채권자지체, 그리고 하자담보책임: 특정과 급부위험의 재인식을 위한 소고", 사회변동과 사법질서, 박영사(2000), 132, 133.

2) 행위채무

급부의 내용이 채무자가 일정한 행위를 하는 것인 때에는 채권자지체에 빠져도 본조의 책임제한은 적용되지 않는다. 채권자지체 중의 보관·유지할 급부 목적물이 없기 때문이다. 위임이나 도급과 같이 일정한 사무처리나 일의 완성이 채무의 내용인 경우 채권자가 일시 수령을 지체하였다고 하여 채무자의 급부의무가 소멸하지 않으며 후일 다시 이행하여야 한다. 특히 채무자의 재능 등이 급부의 중요한 요소를 이루는 경우에 채권자지체와 관계없이 계약상 주의의무를 다해 이행하여야 한다.[2]

나. 채권관계의 성질이나 신의칙상 인정되는 부수의무 존속

채무자에게는 급부의무 이외에 부수의무로서 채권자의 신체나 재산을 보호하도록 요구하는 보호의무가 부과된다. 본조에 따른 채무자의 책임경감은 채무불이행 책임 중 급부의무와 관련한 주의의무에 한하고 보호의무와 같은 채권관계의 성질이나 신의칙상 인정되는 부수의무는 채권자지체 중에도 존속한다. 채권자지체는 급부 수령에 관한 것으로 그 효과도 급부와 관련된 범위에서 인정하는 것이 타당하기 때문이다.[3] 따라서 채권자지체 중이라도 채무자는 경과실에 따른 부수적 의무 위반에 대하여는 책임을 진다.[4]

2. 책임 경감의 내용

가. 경감되는 책임의 내용

본조는 채권자지체 중에는 채무자는 고의 또는 중대한 과실이 없으면 "불이행으로 인한 '모든' 책임"을 면한다고 규정한다. 그 문언상 채무불이행책임이 면책되는 것은 분명하다. 채권자지체 중 발생하는 하자담보책임이나 손해배상책임에도 본조가 적용되는지가 문제된다.

먼저 유상계약에서 목적물이 훼손되면 채무자는 하자담보책임을 지게 되는데 이 하자담보책임에 대하여도 본조가 적용된다. 하자담보책임의 기본적 성격을 채무불이행책임이라고 이해하는 견지에서는 당연한 귀결이다. 한편 채권자지체 중 무상계약뿐만 아니라 유상계약에서도 목적물 보관의 부담을 덜어줄 필요성은 같

2 민법주해 Ⅸ, 채권(2), 박영사(1995), 731(이은영).
3 민법주해 Ⅸ, 채권(2), 박영사(1995), 732(이은영).
4 하경효, "민법 제538조의 해석·적용에 관련된 문제점", 고시연구 제21권 제3호, 고시연구사(1994), 52.

기 때문이다.

한편 목적물의 멸실 또는 훼손이 발생하는 경우 채무불이행책임과 동시에 불법행위책임도 문제가 된다. 두 책임 모두 손해배상책임으로 귀착되는 이상 채권자지체 중 발생한 목적물의 멸실 또는 훼손과 관련한 불법행위책임에도 본조가 유추적용됨이 타당하다.[5] 따라서 임대차종료 후 임차인의 목적물 반환에 관하여 채권자지체 중 채무자의 고의 또는 중과실 없이 발생한 멸실 또는 훼손에 대하여 채무자는 채무불이행책임뿐만 아니라 불법행위책임도 면하게 된다. 다만 임대차 존속 중 임대차 목적물이 화재 등으로 소멸됨으로써 임차인의 목적물 반환의무가 이행불능이 된 경우 임차인은 이행불능이 자기가 책임질 수 없는 사유로 인한 것이라는 것을 증명해야 그 손해배상책임을 면한다.[6]

나. 귀책사유 제한에 따른 책임 경감

채권자지체 책임 발생 이후에 목적물이 멸실 또는 훼손으로 전부 또는 일부가 이행불능 되더라도 채무자는 고의 또는 중대한 과실이 있는 경우에만 책임을 지게 된다. 채권자지체의 효과의 하나로 본조에 따라 채무자의 주의의무가 가벼워진다고 보거나[7] 본조가 채무자의 보존의무를 선관의무보다 가볍게 해주는 역할을 한다고 일반적으로 설명된다.[8]

특정물의 인도가 채권의 목적인 때에는 채무자는 그 물건을 인도하기까지 선량한 관리자의 주의로 보존하여야 한다(민법 제374조). 한편 민법은 목적물 보관과 관련한 선관주의 의무에 대응하는 "자기 재산과 동일한 주의"(제695조), "자기의 재산에 관한 행위와 동일한 주의"(제922조) 등과 같은 표현을 한다. 채권관계의 당사자로서 요구되는 선관주의 의무는 일반적·객관적인 것으로 구체적 상황에서 해당 거래의 일반적 사람에게 요구되는 의무로 이를 위반할 경우 추상적 경과실에

5 민법주해 IX, 채권(2), 박영사(1995), 732(이은영).

6 대법원 1994. 10. 14. 선고 94다38182 판결(공1994, 2988), 대법원 2001. 1. 19. 선고 2000다57351 판결(공2001, 523), 대법원 2006. 1. 13. 선고 2005다51013, 51020 판결(공2006, 235), 대법원 2009. 5. 28. 선고 2009다13170 판결(공2009하, 1016), 대법원 2018. 10. 25. 선고 2015다219030 판결(미간행).

7 고명식, 채권총론(제2판), 동방문화사(2015), 85; 곽윤직, 채권총론[민법강의Ⅲ](제6판), 박영사(2018), 105; 김상용, 채권총론(제3판), 화산미디어(2016), 214; 김주수, 채권총론, 삼영사(2003), 151; 김준호, 채권법(제10판), 법문사(2019), 130; 김증한/김학동, 채권총론, 박영사(1998), 177; 노종천, 채권법, 동방문화사(2015), 99; 박종두/박세욱, 채권법총론(제4판), 삼영사(2014), 141; 송덕수, 채권법총론(제4판), 박영사(2018), 210; 이덕환, 채권총론(전정판), 율곡미디어(2014), 175; 정기웅, 채권총론(제2전정판), 법문사(2014), 207.

8 이은영, 채권총론(제4판), 박영사(2009), 410.

해당한다. 이에 반해 자기 재산과 동일한 주의는 채무자 자신의 주의능력에 상응한 통상의 주의를 말하는 것으로 이를 위반할 경우 구체적 경과실에 해당한다. 이처럼 선관주의 의무와 자기 재산과 동일한 주의는 주의의무의 정도에 차이가 있을 뿐 모두 경과실에 해당한다.

본조는 채권자지체 중 고의 또는 중과실에 한하여 채무자의 책임을 인정하고, 경과실의 경우 채무자는 면책한다. 중과실과 경과실은 주의의무 정도가 아니라 주의의무 위반의 정도에 따른 구별로 추상적·구체적 경과실 구분과 차원을 달리한다. 즉 경과실은 주의를 통상의 정도로 게을리 한 것이고, 중과실은 통상인에게 요구되는 정도의 상당한 주의를 하지 않더라도 약간의 주의를 한다면 손쉽게 유해한 결과를 예견할 수 있음에도 거의 고의에 가까운 현저한 주의를 결여한 게을리 하는 것을 말한다.[9] 본조를 주의의무 경감이라고 보는 일반적 설명은 이러한 차이에 대한 의식을 결여한 것이라고 보는 견해[10]가 설득력 있다.

2017년 개정 일본 민법은 채권자지체의 효과로 주의의무의 정도가 자기 재산과 동일한 주의로 변환하여 주의의무 정도가 경감된다는 입장을 채택하였다. 이에 반해 우리 민법은 고의 또는 중과실에 한해 책임을 진다는 규정하여 주의의무 위반 정도에 따른 귀책사유 제한의 입장을 취하고 있다.

주의의무 경감이라는 결과에서 차이가 없을 지라도 선관주의나 자기 재산과 동일한 주의 모두 경과실에 해당하고, 본조의 입법 형식과 문언에 비추어 본조는 채무자지체 중 채무자의 주의의무를 경감한 것이라기보다는 귀책사유를 제한함으로써 채무자의 책임을 경감하는 것으로 봄이 타당하다.

3. 구체적 사례

가. 손해배상책임을 부정한 사례: 수령지체 중 임치물의 멸실 또는 훼손

상인이 그 영업범위 내에서 물건의 임치를 받은 경우에는 보수를 받지 않은 때에도 선량한 관리자의 주의로 보관할 의무가 있다. 이를 게을리 하여 임치물이 멸실 또는 훼손된 경우에는 채무불이행으로 인한 손해배상책임이 있다. 다만 수치인이 임치계약을 해지하고 임치인에게 임치물의 회수를 최고하였음에도 불구하고 임치인의 수령지체로 반환하지 못하고 있는 사이에 임치물이 멸실 또는 훼손

9 대법원 2010. 5. 13. 선고 2010다8310 판결(공2010상, 1123), 대법원 2011. 9. 8. 선고 2011다34521 판결(공2011하, 2083).

10 양창수, "민법 제401조와 제461조의 경계획정", 민법연구 제1권, 박영사(2004), 366.

된 경우에는 수치인에게 고의 또는 중대한 과실이 없는 한 채무불이행으로 인한 손해배상책임이 없다. 수치인이 임치인에게 보관 중인 건고추를 속히 처분하지 않으면 벌레가 먹어 못쓰게 되니 빨리 처분하든지 인도받아 가라고 요구한 것에는 임치계약을 해지하고 임치물의 회수를 최고한 의사표시라고 볼 여지가 있다 이에 대하여 임치인이 시세가 싸다는 등 이유로 그 회수를 거절하였다는 이때부터 수령지체에 빠진다. 그 후 보관 중인 건고추가 변질되고 벌레가 쏠아 상품가치가 상실되었다고 하여도 수치인의 고의 또는 중대한 과실로 인한 것이 아닌 한 손해배상책임을 물을 수 없다.[11]

나. 손해배상책임을 긍정한 사례: 소유권이전등기의무의 수령지체 중 이행불능

어떠한 부동산에 관한 소유권이전등기의무에 관하여 채무자가 일단 그 이행제공을 하여 채권자가 수령지체에 빠지게 되었다고 하더라도 그 후 채무자가 목적 부동산을 제3자에게 양도하여 그 소유권이전등기의무가 이행불능 되었다면 채무자는 다른 특별한 사정이 없는 한 민법 제401조, 제390조에 따라 상대방에 대하여 자기 채무의 이행불능으로 인한 손해배상채무를 부담한다.[12] 부동산 매매에서 매도인이 소유권이전 등기절차에 필요한 서류 등을 제공하여 자신의 채무이행을 제공하여 매수인이 채권자지체에 빠진 이후에 매도인이 해당 부동산을 제3자에게 양도하는 것으로 매도인이 자신의 소유권이전등기의무를 고의로 이행불능상태로 만들었다고 볼 수 있을 것이다.

판례는 소유권이전등기의무 이행과 관련하여 채권자지체 중에 임의경매로 제3자에게 목적 부동산이 양도된 사안에서도 민법 제401조에 따라 매도인의 손해배상책임을 인정할 여지를 두었다.[13] 여기에는 적어도 매도인의 중과실을 전제로 하였다고 볼 수 있다.

IV. 본조와 제461조(변제제공의 효과)의 관계

1. 문제 제기

우리 민법은 채권자지체의 효과와 변제제공의 효과에 관하여 이중적으로 규

11 대법원 1983. 11. 8. 선고 83다카1476 판결(공1984, 26).
12 대법원 2014. 4. 30. 선고 2010다11323 판결(미간행).
13 대법원 2016. 3. 24. 선고 2015다249383 판결(미간행).

정한다. 즉, 본조는 '채권자지체와 채무자의 책임'이라는 제목으로 "채권자지체 중에는 채무자는 고의 또는 중대한 과실이 없으면 불이행으로 인한 모든 책임이 없다."고 규정한다. 한편 민법 제461조는 변제제공의 효과라는 제목 아래 "변제의 제공은 그때로부터 채무불이행의 책임을 면하게 한다."고 규정한다. 본조는 채권자지체의 효과에 관한 것이고, 민법 제461조는 변제제공의 효과에 관한 것이다.

본조는 채권자지체 중 채무자의 경과실에 대하여는 채무불이행 책임을 면하지만, 채무자의 고의 또는 중과실에 대하여는 채무불이행 책임을 인정할 여지를 둔다. 반면에 문언상 민법 제461조는 채무자가 변제를 제공한 때부터 채무불이행 책임을 완전히 면하는 것으로 해석되어 두 조문이 상호 충돌되는 듯한 모습을 만든다. 이러한 법문상 부조화는 채권자지체의 효과와 관련하여 우리 민법이 일본 민법에 없는 규정을 독일 민법 제300조를 모델로 하여 본조를 도입함과 아울러 채권자지체 제도를 변제제공 및 공탁 제도로 해결하는 프랑스 민법에서 유래한 2017년 개정 전 일본 민법 제492조에 따른 우리 민법 제461조를 병존시킨 데에서 비롯된 것이다.[14]

2. 해석론을 통한 부조화 해소

입법론적으로 민법 제461조는 채권자지체 중에 채무자가 이행지체책임을 지지 않는다는 당연한 내용을 규정한 것으로, 채권자지체 책임에 관한 제400조 이하의 규정과 전체적인 관계에서 볼 때 독자적 존재의의가 없다는 이유로 향후 개정 시 삭제하는 것이 우리 민법의 체계적 명료성을 제공하는 길이라는 견해도 있다.[15] 그렇지만 본조는 채권자지체 중 채무의 전부 또는 일부의 이행불능이 일어난 경우, 특히 채무자가 보관하고 있는 급부 목적물이 멸실 또는 훼손된 경우에 채무자에 대한 책임을 귀속시킬 수 있도록 하는 귀책사유의 범위를 정한 것이다. 반면에 제461조는 변제제공이 있으면 채무자가 면하게 되는 책임내용을 정하는 것으로 두 조문의 규율 대상을 달리한다.[16]

따라서 본조는 단지 목적물의 보관·보존의무와 관련된 후발적 이행불능에 대하여 채무자의 책임을 경감시킬 뿐이고, 채무자의 다른 의무에 관하여는 적용이

14 김진우, "민법 제461조의 존폐론", 재산법연구 제22권 제2호, 한국재산법학회(2005), 115.
15 김진우, "민법 제461조의 존폐론", 재산법연구 제22권 제2호, 한국재산법학회(2005), 130.
16 양창수, "민법 제401조와 제461조의 경계획정", 민법연구 제1권, 박영사(2004), 366, 367.

없다.[17] 이행제공 후 채무자 귀책사유로 이행불능이 생긴 때에는 채권자지체가 종료되므로 이 한도에서는 민법 제461조가 적용되지 않는다. 따라서 제461조는 변제제공이 있는 때부터 채무자가 손해배상·지연이자 및 위약금을 지급할 필요가 없고, 채권자가 계약을 해제하거나 강제집행 또는 담보권을 실행할 수 없다는 내용의 이행지체책임을 지지 않는다는 것이다(☞ 상세는 민법 제461조 주석 참조).

이러한 해석을 통해 채무 내용에 따른 변제제공으로 채권자지체가 성립하면 민법 제461조에 따라 이행지체책임이 발생하지 않고, 그 밖에도 목적물의 멸실 또는 훼손의 경우에는 본조에 따라 채무자의 책임이 경감되는 것으로 두 조문의 경계를 획정 지을 수 있다.

비교법적으로 본조와 같은 내용을 규정한 독일 민법 제300조 제1항은 제1초안에서 "채무자는 채권자지체가 시작되는 때부터 채권자에게 급부하여야 할 목적물에 관하여 그 전에는 보다 광범위하게 책임을 졌던 경우에라도 고의 또는 중과실에 대하여만 책임을 진다."고 규정하던 것을 표현상으로만 수정한 것이다. 독일의 통설은 그 문언의 일반성에도 불구하고 독일 민법 제300조 제1항은 채권자지체 중에 발생한 이행불능, 특히 급부 목적물의 멸실·훼손에 대하여만 적용된다고 본다.[18]

V. 증명책임

채권자의 수령지체 중에 이행불능이 된 경우에도 채권자지체가 발생한 사실에 대한 증명책임은 채무자에게 있다.[19] 따라서 채무자는 채권자지체 중에 급부가 불가능하게 되었다는 점을 주장·증명하면 된다. 채권자지체 중에 급부목적물의 멸실 또는 훼손을 원인으로 채무자에게 손해배상책임을 구하기 위해서는 채권자가 채무자의 고의 또는 중과실을 주장, 증명하여야 한다.

17 김진우, "민법 제461조의 존폐론", 재산법연구 제22권 제2호, 한국재산법학회(2005), 130.
18 양창수, "민법 제401조와 제461조의 경계획정", 민법연구 제1권, 박영사(2004), 364.
19 대법원 2014. 4. 30. 선고 2010다11323 판결(미간행), 대법원 2016. 3. 24. 선고 2015다249383 판결(미간행).

제 402 조 [동전]

채권자지체 중에는 이자있는 채권이라도 채무자는 이자를 지급할 의무가 없다.

[관련조문] 민법 제400조(채권자지체), 제401조(채권자지체와 채무자의 책임), 제403조(채권자지체와 채권자의 책임), 제461조(변제제공의 효과).

Ⅰ. 본조의 의의

본조는 채권자지체 효과의 하나로 채권자지체 중에는 채무자의 이자 지급 의무를 면제하고 있다. 채무자가 변제하려 하였으나 채권자가 이를 수령거절하거나 수령할 수 없음으로 말미암아 채무자가 변제를 할 수 없게 된 경우 채무자는 자신의 의사에 반해 원본을 계속 보유하게 된다. 이러한 경우까지 채무자의 이자 지급 의무를 인정한다면 채권자가 이를 부당하게 연장할 우려가 있어 형평에 반하기 때문이다.

Ⅱ. 비교법적 검토

1. 독일

독일은 우리 민법과 같이 명문으로 채권자지체 중의 이자 지급 의무가 중단됨을 규정하고 있다.

독일 민법 제301조(이자발생의 중단)

이자부 금전채무에 대하여 채무자는 채권자지체 중에는 이자를 지급하지 아니한다.

2. 일본

2017년 일본 민법 개정에도 채권자지체 중의 약정 이자의 발생 정지에 관한 명문의 규정은 없다. 그렇지만 일본 판례[1]와 통설[2]은 채권자지체 효과의 하나로 약정 이자의 발생 정지를 인정하고 있다.

Ⅲ. 채권자지체효과로서 이자 면제

1. 면제 대상

가. 이자

채권자지체 중에는 채권자지체가 생긴 이후 기간 동안 이자 있는 채권의 이자가 면제된다. 이자 있는 채권이면 본조가 적용되므로 그 발생 원인이 당사자 사이의 약정에 따른 것인지 법률 규정에 따른 것인지 구분하지 않는다. 법률 규정에 따라 이자가 발생하는 예로는 위임관계에서 수임인이 위임인에게 인도할 금전 또는 위임인의 이익을 위하여 사용할 금전을 자기를 위하여 소비한 때(민법 제685조)를 들 수 있다. 한편 쌍무계약에서 채무자가 채권자에게서 반대급부를 수령한 경우에도 채권자지체가 생긴 때에는 채무자의 이자채무는 면제된다.

나. 지연손해금

본조에서 말하는 이자에는 금전의 사용대가로서 그 사용기간에 비례하여 지급되는 금전이나 대체물만이 포함된다. 따라서 채무자의 이행지체에 따른 지연손해금, 위약금(손해배상 예정액 또는 위약벌)은 본조에서 말하는 이자에 해당하지 않는다.[3] 다만 민법 제461조는 변제를 제공한 때부터 채무불이행의 책임을 면한다고 규정한다. 이에 따라 채권자지체 중에도 지연이자는 발생하지 않게 된다.

2. 채권자지체 중의 이자 정지의 효과

채권자지체 상태에 있는 동안에 채부자의 이자 지급 의무가 면세된나. 채권자가 수령할 의사를 통지하는 등으로 채권자지체가 종료되어 채무자가 다시 현실로 변제를 하여야 하는 경우에는 이자 지급 의무가 생긴다. 결국 채무자의 이자

1 日大判 1916. 4. 26.(大審院民事判決録 22, 805)(第一法規法律情報総合データベース D1-law 判例ID: 27522168).

2 中田裕康, 債権総論(第三版), 岩波書店(2014), 306.

3 민법주해 IX, 채권(2), 박영사(1995), 735(이은영).

지급 의무는 채권자지체 상태에 있는 기간 동안 정지된다고도 할 수 있다. 다만 그 정지 기간 동안 채무자의 이자 지급 의무는 면제된다.

3. 본조와 매매 목적물을 인도받은 매수인의 이자 지급 의무와 관계

민법 제587조는 "매매계약 있은 후에도 인도하지 아니한 목적물로부터 생긴 과실은 매도인에게 속한다. 매수인은 목적물의 인도를 받은 날부터 대금의 이자를 지급하여야 한다."고 규정한다. 매수인이 목적물의 대금을 지급하려 했음에도 수령지체가 생긴 경우 위 규정에 따라 이자를 지급하여야 하는지가 문제된다. 위 규정은 목적물을 인도받은 매수인이 그로부터 과실 또는 사용이익을 수취할 가능성을 가지는 대신 그 대가로 대금의 이자를 지급하도록 함으로써 당사자들 사이의 법률관계를 간편히 처리하려는 것이다. 매매목적물로부터 수취한 과실 등을 반환하는 번거로움이 생기지 않도록 여전히 위 규정이 적용되어 이자를 지급하여야 한다.[4]

[4] 양창수/김재형, 민법 I 계약법(제2판), 박영사(2015), 424.

제 403 조 [채권자지체와 채권자의 책임]

채권자지체로 인하여 그 목적물의 보관 또는 변제의 비용이 증가된 때에는 그 증가액은 채권자의 부담으로 한다.

[관련조문] 민법 제400조(채권자지체)~제402조(동전).

Ⅰ. 본조의 의의

본조는 채권자지체 효과의 한 내용으로 증가비용상환청구권을 규정하였다. 즉 채무자가 채무 이행으로 채권관계에서 벗어날 수 있었음에도 채권자의 수령거부나 수령불능으로 채무자가 그 이후 목적물을 보관하거나 변제하는 데 비용이 증가한 경우에 채권자에게 증가한 비용을 부담하도록 하였다. 증가비용 부담 방법으로는 채무자가 지출한 비용을 채권자에게 상환청구하거나 채무자가 제3자에 대하여 지는 보관비용의 지급의무를 채권자가 인수하는 것도 가능하다.[1]

Ⅱ. 비교법적 검토

1. 독일

독일은 채권자지체 효과 중 하나로 본조와 같은 증가비용상환청구권을 인정한다(독일 민법 제304조). 더 나아가 토지나 선박 인도의 경우에는 채권자지체가 생긴 이후에는 채무자의 점유 포기를 인정하여 보존의무도 면하고 있다(독일 민법 제303조).

독일 민법 제303조(점유포기의 권리)

채무자가 토지 또는 등기된 선박 또는 건조중인 선박을 인도할 의무를 지는 경우에 그는 채권자가 지체에 빠진 후에는 점유를 포기할 수 있다. 포기는 미리 채권자에게 예고되어야 한다. 그러나 예고할 수 없는 경우에는 그러하지 아니하다.

1 이은영, 채권총론(제4판), 박영사(2009), 411.

독일 민법 제304조(증가비용의 상환)

채권자지체의 경우에 채무자는 제공이 무위로 돌아감으로써 또한 채무의 목적물을 보관하고 유지함으로써 지출하여야 했던 증가비용의 상환을 청구할 수 있다.

2. 일본

2017년 개정 일본 민법은 채권자지체책임의 구체적 내용으로 일본 학설에서 논의되던 일본 민법 제413조 제2항으로 증가비용부담을 신설하였다.

일본 민법 제413조(수령지체)

② 채권자가 채무이행의 수령을 거절하거나 받을 수 없어 그 이행의 비용이 증가한 때에는 그 증가액은 채권자가 부담한다.

Ⅲ. 채권자지체에 따른 증가비용부담의 법적 성격

본조에 따른 채권자의 증가비용부담은 채무자로 하여금 채권자지체로 목적물을 보관하거나 변제하는 데 지출한 비용을 채권자에게 청구할 수 있게 하는 것으로 비용상환청구권의 성격을 갖는다.

점유자가 점유물을 반환할 때에는 회복자에 대하여 점유물을 보존하기 위하여 필요비 상환을 청구할 수 있다(민법 제203조). 이러한 점유자와 회복자 사이의 비용상환청구권은 부당이득반환청구권의 성격을 가진다. 이에 반해 본조의 증가비용상환청구권은 채권자의 이득을 요소로 하지 않아 일종의 손해배상청구권으로 볼 수 있다. 증가비용상환청구권은 발생과 동시에 독립적으로 존재하는 것으로 채권자가 채권을 포기하더라도 채무자는 증가비용상환청구를 할 수 있다.[2]

한편 채무자는 증가비용상환청구권으로 채권자의 채무이행청구에 대하여 동시이행항변권을 취득하거나 이를 피보전채권으로 하여 목적물에 유치권을 행사할 수 있다.[3]

2 민법주해 Ⅸ, 채권(2), 박영사(1995), 738(이은영).
3 이은영, 채권총론(제4판), 박영사(2009), 411.

Ⅳ. 증가비용상환청구권의 성립 요건

1. 이행제공으로 채권자지체책임의 발생

채권자지체에 따라 증가된 채무자의 보관 또는 변제의 비용을 채권자에게 부담시키기 위해서는 채권자의 지체책임이 먼저 성립하여야 한다. 채권자지체책임은 채무자가 이행의 제공을 한 때부터 발생한다(민법 제400조). 따라서 채무자가 채권자지체를 이유로 채권자에게 증가비용의 부담을 청구하기 위하여서는 민법 제460조에 따라 채무내용에 좇은 현실제공을 하거나 미리 변제받기를 거절한 채권자 등에 대하여 변제준비를 완료하여 이를 통지하고 그 수령을 최고하는 구두의 제공을 하여야 한다.[4] 구두의 제공은 채무 이행에 채권자의 행위를 요하는 경우에 가능하다. 이 경우 구두의 제공이 유효하려면 채무자는 채권자의 협력만 있으면 언제든지 채무를 이행할 수 있을 정도로 변제준비를 완료한 다음 그 뜻을 채권자에게 통지하여 그 수령을 최고하여야 한다.[5]

현실제공 또는 구두의 제공을 하지 않아 채권자지체책임이 생기기 전에는 실제 보관 또는 변제 비용이 증가하였더라도 이를 청구할 수 없다. 예를 든다. 앞서 든 대법원 2010다44880, 44897 판결은 원고가 피고에게 매도한 기계를 피고가 인수해가지 않아 기계를 창고로 운반하여 2008. 6. 24.까지 보관하면서 든 운반비와 창고 보관료를 청구한 사안이다. 원고는 제3자에게 기계 세척 및 보수를 의뢰하였다가 그 대금을 받지 못해 제3자가 기계를 보관 중 대금 문제가 해결되어 2008. 6. 24.경 제3자로부터 기계를 인도받았다. 그때까지는 원고가 피고에게 기계를 인도할 준비를 완료한 상태에서 이를 통지하고 수령을 최고하지 않았다. 이러한 경우 매수인인 피고의 수령지체 책임이 생기지 않으므로 원고는 기계 운반비와 창고 보관료를 피고에게 청구할 수 없다.

2. 보관 또는 변제의 비용 증가

채권자지체책임이 발생한 때부터 채무자가 급부 목적물을 직접 보관하거나 창고업자 등 제3자에게 보관시킴으로써 발생한 비용을 채무자는 채권자에게 상환청구할 수 있다. 한편 변제 제공에 드는 비용이 증가한 경우에도 마찬가지이다.

4 대법원 2013. 4. 25. 선고 2010다44880, 44897 판결(미간행).
5 대법원 2007. 7. 12. 선고 2005다71635, 71642 판결(미간행).

목적물 보관비용이나 변제비용을 엄격하게 해석할 것은 아니고 채권자의 협력이 있었더라면 지출할 필요가 없었는데, 그러한 협력이 없었기 때문에 채무자가 다시 이행을 행하기 위하여 추가로 부담하지 않으면 안 되는 모든 비용을 말한다. 반드시 현실적으로 지출되어야 하는 것도 아니고 제3자에게 지급의무를 부담하고 있거나 장차 지출할 것이 확실한 경우에도 상환을 구할 수 있다.[6]

다만 비용의 증가는 채권자지체 중 목적물의 보관이나 변제에 필요한 것이어야 한다. 목적물의 보관이나 변제에 필요하다면 보관료 외에도 보험료, 공과금, 채권자에 대한 통지 비용 등도 본조의 상환대상 비용에 해당한다. 매도인이 소유권이전등기의무 이행제공을 하였으나 매수인이 이전해 가지 않아 나중에 소유권이전등기절차 완료 시까지 매도인에게 추가로 발생한 세금도 채권자지체로 증가한 비용에 해당할 수 있다.[7]

이에 반해 건물 임차인이 건물을 인도하려 하였으나 임대인의 수령거부 등으로 채권자지체 상태에 빠진 동안 임차인이 점유·사용하면서 통상 발생한 관리비 등 공과금은 자신의 점유·사용에 따른 것으로 채권자지체에 따라 증가한 비용으로 보기 어렵다.

6 양창수/김재형, 민법Ⅰ 계약법(제2판), 박영사(2015), 425.
7 대법원 2001. 8. 21. 선고 2001다20974 판결(미간행).

[전론: 책임재산의 보전]

[참고문헌] 주석 민법, 채권총칙(2)(제4판), 한국사법행정학회(2013); 민법주해 IX, 채권(2), 박영사(1995); 오수원, 민법연구(제1권) 채권자대위권, 박영사(2016); 법무부, 2013년 법무부 민법개정시안(조문편); 서희석, "일본 '민법(채권관계) 개정요강안'의 검토", 2014년도 법무부 연구용역과제보고서(2014); 김철수, "개정 일본민법상의 채권자대위권과 한국민법의 개정", 동북아법연구 13:2(2019); 김재형, "채권자취소권에 관한 민법개정안 - 개정안에 관한 기본구상과 민법개정위원회의 논의 과정을 중심으로," 민사법학 제68호(2014. 9.); 윤진수/권영준, "채권자취소권에 관한 민법개정안 연구," 민사법학 제66호(2014. 3.).

물권은 물건에 대한 배타적 지배권으로서 누구에 대하여도 그 효력을 주장할 수 있다. 그러나 채권은 채무자에 대한 대인적, 상대적 권리로서, 그 효력을 채무자에게만 주장할 수 있고 제3자에게는 효력이 미치지 않으며, 채권의 만족은 채무자의 일반재산에 의하여만 담보되는 것이 원칙이다.[1]

이에 따라 채권의 만족을 확보하기 위해서는 담보물권을 설정하거나 인적 담보를 확보하는 등 다른 수단을 강구하여야 하나, 채권자가 항상 담보나 보증을 확보할 수 있는 것은 아니다. 담보나 보증 없이도 채무자의 일반재산을 보전하기 위해서는 다른 추가적인 수단이 필요하며, 그러한 수단 중의 하나가 일정한 요건 하에서 일정 범위 내에서 채무자뿐만 아니라 제3채무자에 대해서까지 채권의 효력이 미치도록 하는 것이다. 이를 위하여 우리 민법은 채권자대위권(제404조, 제405조)과 채권자취소권(제406조, 제407조) 규정을 두고 있다.

우리 민법상의 채권자대위권과 채권자취소권은 모두 프랑스 민법을 거쳐 일본 민법으로, 다시 일본 민법에서 우리 민법으로 순차 계수되었다.[2] 프랑스 민법상의 채권자대위권과 채권자취소권이 어디에서 기원하였는가에 관하여는 견해가 갈린다. 프랑스 민법상의 채권자취소권이 고대 로마법의 actio pauliana에서 유래하였다고 보는 데에는 이론이 없으나,[3] 프랑스 민법상의 채권자대위권에 대하여

1 주석 민법, 채권총칙(2)(제4판), 한국사법행정학회(2013), 108(손진홍).
2 민법주해 IX, 채권(2), 박영사(1995), 742, 799-800(김능환).
3 민법주해 IX, 채권(2), 박영사(1995), 799(김능환).

는, 프랑스 고법에서 유래하였다는 견해와[4] 고대 로마법에서 유래하였다는 견해[5]가 갈린다. 어느 견해에 의하든, 프랑스 민법이나 이를 계수한 일본 민법, 우리 민법 모두 최초에는 채권자대위권과 채권자취소권을 채권에 대한 일반담보로서의 채무자의 책임재산 보전을 위한 제도로 상정하였고, 이에 따라 그 행사요건으로 채무자의 무자력을 원칙적으로 요구하였다.

그런데 채권자대위권의 경우, 입법 당시 상정하였던 무자력인 채무자의 일반재산 보전 목적뿐만 아니라 채권자의 특정채권 보전 목적으로 그 활용영역을 넓혀가고 있으며, 피대위채권이 금전채권이거나 인도채권인 경우 채권자가 직접 금전을 수령하거나 목적물을 인도받을 수 있도록 하여, 실질적으로 채권의 간이집행 수단으로도 활용되는 경우가 늘고 있다. 채권자취소권의 경우에도 취소채권자가 가액배상금을 수령하여 사실상 우선변제받는 효과가 발생하는 등, 본래의 목적인 채무자의 일반재산 확보의 목적을 넘어서 제도가 활용되는 경우가 증가하고 있다. 이러한 현상에 대하여 어떻게 대응할 것인지에 관하여는 많은 논의가 있고, 이를 반영하여 최근 일본에서는 채권자대위권과 채권자취소권 규정이 대폭 개정되었다.[6] 우리 민법상의 채권자대위권과 채권자취소권 규정에 관하여도 개정 논의가 진행 중인데,[7] 위 개정논의나 민법개정위원회 2014년 개정안을 살펴보면, 채권자취소권에 관하여는 채권자가 가액반환받은 금액의 일정 기간 상계금지(민법개정안 제407조의4)를 통한 채권자평등주의 강화 등 상당한 변화를 꾀하고 있는 반면, 채권자대위권에서는 기존의 통설·판례에서 크게 벗어나지 않는 소폭의 변경에 그치고 있는 것이 특징이다.

한편 통설·판례에 의할 때 채권자대위권과 채권자취소권은 원칙적으로 모두 채무자의 책임재산 보전을 위한 제도로서 그 목적이 같지만, 양 제도의 요건과 소

4 민법주해 IX, 채권(2), 박영사(1995), 742(김능환); 주석 민법, 채권총칙(2)(제4판), 한국사법행정학회(2013), 111(손진홍).

5 오수원, 민법연구(제1권) 채권자대위권, 박영사(2016), 35-37.

6 2017(平成29년). 5. 16. '민법의 일부를 개정하는 법률(2017년 법률 제44호)'로 대폭 개정되어, 2020(令和2년). 4. 1.부터 시행되었다.

7 우리 민법상 채권자대위권, 채권자취소권 규정의 개정논의에 관하여는 법무부, 2013년 법무부 민법개정시안(조문편); 서희석, "일본 '민법(채권관계) 개정요강안'의 검토", 2014년도 법무부 연구용역과제보고서(2014), 1-2; 김철수, "개정 일본민법상의 채권자대위권과 한국민법의 개정", 동북아법연구 13:2(2019) 40-41; 김재형, "채권자취소권에 관한 민법개정안 - 개정안에 관한 기본구상과 민법개정위원회의 논의 과정을 중심으로," 민사법학 제68호(2014. 9.), 43-121; 윤진수/권영준, "채권자취소권에 관한 민법개정안 연구," 민사법학 제66호(2014. 3.), 504-548 등 참조.

송형태, 법적 효과는 크게 다르다. 채권자대위권의 경우 소위 전용형 채권자대위권의 행사가 폭넓게 인정되면서 특정채권을 피보전채권으로 할 수 있고, 그 경우 무자력을 요건으로 하지 않으나, 채권자취소권의 경우 금전채권만이 피보전채권이 될 수 있고, 그 사해행위로써 채권자를 해한다는 요건이 반드시 충족되어야 한다. 채권자대위권은 반드시 소로써 행사할 필요가 없으나, 채권자취소권은 반드시 소로써 행사하여야 한다. 채권자대위소송에서 채권자는 채무자의 권리를 대신 행사하는 것이므로 그 소송물은 피대위권리이고, 그 소송형태는 법정소송담당이며, 피보전채권의 존부는 소송요건이고, 확정판결의 기판력은 원칙적으로 당사자인 채권자와 제3채무자뿐만 아니라 채무자에게도 미친다(단 채무자의 절차적 보호를 위하여 채무자가 안 때에만 기판력이 미친다). 그러나 사해행위취소소송에서 채권자는 수익자 또는 전득자에 대하여 자신의 권리를 행사하는 것이므로, 피보전채권의 존부는 실체적 요건사실이고, 그 확정판결의 기판력은 소송의 당사자인 채권자와 수익자 또는 전득자에게만 미칠 뿐 소송에 참가하지 아니한 채무자 또는 채무자와 수익자 사이의 법률관계에는 미치지 않는다.

이처럼 채권자대위권과 채권자취소권은 그 목적, 요건 및 효과에서 일견 유사하면서도 상당히 다른 점이 많으므로, 채권자로서는 어느 방법을 이용하여 권리구제를 받을 것인지 신중히 검토하여야 한다.

제 404 조 [채권자대위권]

① 채권자는 자기의 채권을 보전하기 위하여 채무자의 권리를 행사할 수 있다. 그러나 일신에 전속한 권리는 그러하지 아니하다.

② 채권자는 그 채권의 기한이 도래하기 전에는 법원의 허가없이 전항의 권리를 행사하지 못한다. 그러나 보전행위는 그러하지 아니하다.

[관련조문] 민법 제688조(수임인의 비용상환청구권 등), 제1005조(상속과 포괄적 권리의무의 승계), 비송사건절차법 제45조(재판상 대위의 신청)~제51조(항고 비용의 부담), 부동산등기법 제28조(채권자대위권에 의한 등기신청), 민사소송법 제78조(공동소송적 보조참가), 제79조(독립당사자참가), 제83조(공동소송참가), 제218조(기판력의 주관적 범위), 제259조(중복된 소제기의 금지), 제267조(소취하의 효과), 민사집행법 제229조(금전채권의 현금화방법), 제246조(압류금지채권).

[참고문헌] 민법주해 IX, 채권(2), 박영사(1995); 주석 민법, 채권총칙(2)(제4판), 한국사법행정학회(2013); 강현중, 민사소송법(제7판), 박영사(2018); 곽윤직, 채권총론(민법강의Ⅲ), 박영사(2018); 김상용, 채권총론(제3판), 화산미디어(2016); 김준호, 채권법(제10판), 법문사(2019); 김주수, 채권총론, 삼영사(2003); 김주수/김상용, 친족·상속법(제16판), 법문사(2019); 김증한/김학동, 채권총론(제6판), 박영사(1998); 김형배, 채권총론(제2판), 박영사(1998); 김홍엽, 민사소송법(제9판), 박영사(2020); 노종천, 채권법, 동방문화사(2015); 박종두/박세욱, 채권법총론(제4판), 삼영사(2014); 송덕수, 채권법총론(제4판), 박영사(2018); 양창수, 민법연구(제7권), 박영사(2005); 양창수/김형석, 민법3(권리의 보전과 담보)(제3판), 박영사(2018); 양형우, 민법의세계(이론과 판례)(제11판), 피앤씨미디어(2019); 여하윤, 채권자대위권 연구, 경인문화사(2007); 오수원, 민법연구(제1권) 채권자대위권, 박영사(2016); 윤진수, 민법논고 VII, 박영사(2015); 윤철홍, 채권총론(제3전정판), 법원사(2018); 이시윤, 신민사소송법(제14판), 박영사(2020); 이은영, 채권총론(제4판), 박영사(2009); 전병서, 강의 민사소송법, 박영사(2018); 전원열, 민사소송법, 박영사(2020); 정기웅, 채권총론(제2전정판), 법문사(2014); 정구태, 유류분제도의 법적 구조에 관한 연구, 고려대학교(2009); 정동윤/유병현/김경욱, 민사소송법 제6판, 법문사(2017); 정영환, 신민사소송법, 법문사(2019); 지원림, 민법강의 제17판, 홍문사(2020); 최진수, 요건사실과 주장증명책임 제7판, 진원사(2018); 한충수, 민사소송법(제2판), 박영사(2018); 호문혁, 민사소송법 제13판, 법문사(2016); 松坂佐一, 債權者代位權の研究, 有斐閣(1962); 注釋民法 新版(10) II 債權 (1), 有斐閣(2011); 加藤雅信·김상수, "日本에서의 채권법개정 10년사", 서강법률논총, 7(1)(2018); 강봉석, "채권자대위권에 있어서 채권보전의 필요성", 민사판례연구 24권, 박영사(2002); 강행옥, "채권자대위권의 증명책임 - 판례를 중심으로 -", 민사법연구 7권 0호(1999. 9.); 권택수, "통상실시권의 효력과 관련한 몇 가지 문제(특히 금지청구권 및 손해배상청구권의 행사 등과 관련하여)", 특허소송연구 특별호-특허법원 개원 10주년 기념논문집(2008년); 김경욱, "채권자대위소송에서의 공동소송참가", 고려법학 90권(2018); 김병선, "채권자대위소송에서 피보전채권의 소멸시효완성과 제3채무자의 항변", 법학논집 15권4호(2011. 6.); 김병선 "채무자의 소취하와 채권자대위소송의 적법성", 민사판례연구 39권, 박영사(2017); 김상훈, "채권자대위권행사 통지 후의 해제와 민법 제405조 제2항의 '처분' - 대법원 2012. 5. 17. 선고 2011다87235 전원합의체 판결 -", 자유와 책임 그리고 동행 : 안대희 대법관 재임기념, 사법발전재단(2012); 김윤종, "민사집행법 제246조(압류금지채권)에서 규정하는 보장성보험의 성격", 대법원판례

해설 제117호(2019); 김일룡, “공동소송적 보조참가인의 소송법상 지위에 관한 고찰”, 서울법학, 24(1)(2016); 김정민, “채권자대위소송에서 제3채무자가 피보전채권의 발생원인인 법률행위가 무효라는 주장을 할 수 있는지 여부”, 대법원판례해설 제105호; 김제완, “채권자대위권의 행사로 채권자가 직접변제의 수령을 한 경우 상계에 관한 고찰-채권자대위권의 간이채권추심제도로서의 실용성의 측면에서”, 인임법학 제13호(2001); 김철수, “개정 일본민법상의 채권자대위권과 한국민법의 개정”, 동북아법연구 13:2(2019); 김형배, “채권자대위권제도에 있어서 무자력요건의 재검토”, 법학논집 제23집, 고려대학교 법학연구소(1985); 남동현, “채권자대위소송과 채무자의 절차권 보장”, 민사소송 제8권 제1호(2004); 남형두, “한미간 자유무역협정의 저작권집행 분야에 대한 국내법 이행 검토”, 통상법률 82호(2008. 8.); 남효순, “채권자대위권의 개정에 관한 연구”, 민사법학 55호(2011); 노재호, “소멸시효의 원용: 원용권자의 범위와 원용권자 상호간의 관계를 중심으로”, 사법논집 제52집(2011); 노종천, “채권자대위권의 법적성질,” 민사법학 58호(2012); 노종천, “채권자대위권의 행사요건 및 효과의 재구성”, 외법논집 제40권 4호(2016. 11.); 명순구, “프랑스 민법 연구의 성과 및 향후의 전망 – 채권자대위제도의 운용을 중심으로 –”, 비교사법 제12권 1호 (통권28호)(2005. 3.); 문상배, “이행인수약정이 체결된 경우 그에 기한 채무자의 인수인에 대한 청구권을 채권자가 대위행사할 수 있는지 여부”, 대법원판례해설 79호(2009); 문상배, “행정청이 행정대집행을 할수 있는 경우 행정청의 채권자가 행정청을 대위하여 민사소송의 방법으로 시설물의 철거를 구할 수 있는지 여부”, 대법원판례해설 79호(2009); 문영화, “채권자대위권에 관한 일본 민법 개정의 시사점과 민사소송법적 쟁점”, 법조 Vol. 722(2017. 4.); 문영화, “채권자대위권의 행사에 의한 처분제한과 피대위채권에 대한 전부명령의 효력”, 민사소송 21권 1호(2017); 문일봉, “채권자대위소송의 몇가지 문제점에 관한 검토 등 – 재소금지, 임의적 소송담당, 피보전권리와 관련하여 –” (2), 법조 45권 9호(1996. 9.); 박강회, “채권자대위권제도와 채무자의 무자력(대법원 2001. 5. 8. 선고 99다38699 판결을 중심으로)”, 민사법연구 제9집(2001. 12); 박성수, “저작권법상 복제권의 침해방조와 채권자 대위에 의한 침해금지청구의 행사 및 보전의 필요성”, 대법원판례해설 69호(2007.12); 박재완, “대위소송으로 인한 소송경합과 원고적격”, 민사소송 17권 2호(2013. 11.); 박종윤, “채권자대위권—무자력이론과 기판력에 관한 재검토—”, 사법논집 제6집, 법원행정처(1975); 박태신, “일본의 개정 민법에 있어서 채권자대위권에 관한 연구”, 연세법학 제31호(2018. 6.); 범선윤, “채권자대위권의 행사와 채권압류 · 전부명령의 경합 채권자대위권의 효용과 한계”, 민사판례연구 40권, 박영사(2018); 서희석, “일본 ‘민법(채권관계) 개정요강안’의 검토”, 2014년도 법무부 연구용역과제보고서(2014); 송평근, “물권적 청구권인 철거청구권을 피보전권리로 하는 채권자대위권이 인정되는지 여부 및 임대인의 임대차계약 해지권이 채권자대위권 행사의 대상이 될 수 있는지 여부 등”, 대법원판례해설 제67호(2007. 상); 심승우, “채권자대위권 행사로 제한되는 채무자의 처분행위”, 민사판례연구 36권(2014); 심준보, “채권자대위소송에서 피대위자인 채무자의 특정 정도”, 대법원판례해설 51호(2005); 양형우, “채권자대위권의 행사에 의한 처분제한과 대위채권자의 제3채무자에 대한 추심권능 내지 변제수령권한에 대한 압류명령 등의 효력”, 홍익법학 제19권 제2호(2018); 여하윤, “채권자대위권 행사의 객체 – 프랑스 민법상의 간접소권(action oblique)과의 비교를 중심으로 –”, 홍익법학 9권 1호(2008); 여하윤, “채권자대위권(action oblique)에 관한 프랑스에서의 최근 입법 동향“, 재산법연구 제34권 제4호(2018. 2); 오경미, “특정채권을 위한 채권자대위권의 인정기준과 한계”, 판례연구 23집(2012.02), 부산판례연구회; 오수원, “채권자대위권에 있어서 채권자의 채권과 특정물채권자-1980년대 이후의 새로운 경향”, 법조 통권 528호(2000); 오수원, “일본에서의 채권자대위권의 직접청구권화”, 법조 통권 695호(2014. 8.); 오수원, “채권자대위권에 있어서 채권자의 채권(피보전권리)”, 민사법연구 제21집

(2013. 12.); 오수원, "채권자대위권에 있어서의 채무자의 일신전속권", 저스티스 제146-1호(2015. 2.); 오수원, "우리나라 채권자대위권의 직접청구권화 문제", 법조 제698호(2014. 11.); 오시영, "채권자대위소송과 추심소송에 있어 당사자적격에 대한 비교 검토", 민사소송 제15권 제2호(2011. 11.); 오시영, "채권자대위권 행사시 채무자의 처분권 제한을 중심으로", JURIST 396호(2003. 9.); 오영준, "번역저작권 침해 여부의 판단 기준과 독점적 번역출판권자의 채권자대위권 행사", 대법원판례해설 70호(2007.12); 오창수, "채권자대위소송(債權者代位訴訟)의 실천적 의미 -당사자의 지위 및 소송요건을 중심으로-", 법과정책. Vol. 16 No. 1(2010); 오창수, "채권자대위소송과 채권집행의 경합과 해소", 민사집행법연구 15호(2019); 윤진수, "채권자가 채무자에 대하여 받은 패소판결이 채권자대위소송에 미치는 법률요건적 효력", 대법원판례해설 19-1호(93.12); 윤진수, "채권자의 채무자에 대한 승소확정판결이 채권자대위소송에 미치는 영향 - 대법원 2019. 1. 31. 선고 2017다228618 판결 -", 법률신문(2020. 1. 20.); 윤진수, "2007년도 주요 민법 관련 판례 회고", 법학 49권 1호(146호); 원상철, "우리 민법상 채권자대위권제도의 기능에 대하여", 법학연구 49호(2013); 원유석, "채권자대위소송에 있어서 피보전권리의 존부에 대한 판단기준", 민사판례연구 22권, 박영사(2000); 이계정, "채권자대위권의 행사와 전부명령의 효력 - 대법원 2016. 8. 29. 선고 2015다236547 판결 -", 법조 728호(2018. 4.); 이동률, "채권자대위소송과 법정소송담당", 민사소송 2권(1999); 이동훈, "채권자대위소송에서 제3채무자의 소멸시효 항변", 대법원판례해설 75호(2008.12); 이원, "채권자대위소송과 금전채권에 대한 집행의 경합", 법학평론 8권(2018); 이재성, "채권자대위권의 행사와 채무자의 처분권 제한", 이재성판례평석집, 법조문화원(1988); 이재찬, "물권적 청구권이 채권자대위권의 피보전권리가 될 수 있는지 여부", 저스티스 제113호(2008. 10.); 이재찬, "채권자대위소송과 민사집행법상 금전채권에 대한 강제집행제도의 선후관계에 관한 연구", 사법논집 제63집(2017); 이정준, "채권자대위에 의한 강제집행의 신청에 관한 검토", 사법논집 제53집(2011); 이준현, "채권자대위권에 관한 연구," 박사학위 논문, 숭실대학교(2012); 이태영, "채권자대위소송에 대한 채무자의 소송참가", 강원법학, 35권(2012); 이현재, "채권자대위권 행사의 실천적 기능에 관한 고찰 - 민사집행과의 비교를 중심으로 -", 법학논총 제39권 제1호(2015); 임병석, "채권자대위권의 행사요건 중 '채무자의 권리불행사' 요건에 관한 고찰 - 대법원 2016. 4. 12. 선고 2015다69372 판결에 대한 비판적 평가", 재산법연구 제35권 제1호(2018. 5); 임소연, "채권자대위소송과 이해관계인의 소송참가", 아주법학 제10권 제1호(2016); 장재형, "법정소송담당과 중복소제기 금지의 통일적 법리", 법학연구 19권 1호, 인하대학교 법학연구소(2016. 3.); 전경근, "재산분할청구권의 피보전채권성", 가족법연구 제17권 1호(2003. 9.); 정구태, "유류분반환청구권이 채권자대위권의 목적이 되는지 여부 : 일본에서의 논의를 바탕으로 한 종래 국내의 통설에 대한 비판적 검토", 가족법연구 22권 1호(2008. 3.); 정규상, "판결의 반사적 효력", 민사소송 제15권 제1호(2011. 5.); 정다영, "채권자대위권의 기능 및 행사의 효과", 재산법연구 제34권 제2호(2017. 8); 정병호, "물권적 청구권이 채권자대위권의 피보전권리가 될 수 있는지 여부", 법조 57권 10호(2008.10); 정태윤, "일본 개정민법(채권관계) 중 주요 부분에 관한 개관", 민사법학 82호(2018); 조영선, "특허실시권자의 손해배상 및 금지청구권", 저스티스 통권 115호(2009); 최상경, "채권자대위소송에 있어서 당사자적격의 흠결과 중복소송의 경합에 관한 소고", 동북아법연구 6권 3호(2013); 최성준, "지적재산권 분쟁처리 실무", 인권과 정의 410호(2010. 10.); 최세모, "수인의 채권자들이 제기한 채권자대위소송에 있어서 다수채권자들 상호간의 법률관계", 대법원판례해설 17호(1992년 상반기); 최형기, "대위처분금지가처분의 효력 및 전득자권리의 보전방법", 법조 38권8호(1989. 8.); 태기정, "채권자대위소송에서 일부청구의 소송물과 판결효력", 법학논총, 28(2)(2015); 피정현, "채권자대위소송에 채무자의 독립당사자참가의 허용 여부", 원광법학 31권 3호(2015); 호문혁, "채권자대

위소송에 있어서의 피보전채권과 당사자적격", 민사판례연구 제12권, 박영사(1990); 호문혁, "채권자대위소송과 중복제소", 민사판례연구 제16권, 박영사(1994); 황경웅, "재산분할청구권의 상속성- 민법제404조의 일신전속권과 제1005조의 일신전속권의 비교-", 중앙법학 제9집 제2호(2007); 法務省民事局参事官室, 民法（債権関係）の改正に関する中間試案の補足説明; 三ケ月章, "わが国の代位訴訟·取立訴訟の特異性とその判決の効力の主観的範囲—法定訴訟担当及び判決効の理論の深化のために—", 民事訴訟法研究 第6巻, 有斐閣(1978); 平井一雄, "債權者代位權," 民法講座4, 債權總論, 星野英一編, 有斐閣(1985).

Ⅰ. 총설

1. 채권자대위권의 의의

채권자대위권은 자기의 채권을 보전하기 위하여 채무자에게 속하는 권리를 대위하여 행사할 수 있는 권리이다. 채권의 효력은 대인적, 상대적이므로 채무자를 제외한 제3자에게는 채권의 효력이 미치지 않음이 원칙이다. 다만 채무자가 자신의 권리 행사를 해태하고 책임재산의 확보를 게을리하는 경우, 채권자는 자신의 채권을 보전하고 변제받기 위하여 제3채무자에 대하여 채무자의 권리를 대위행사할 수도 있고(민법 제404조, 제405조), 채무자가 한 사해행위를 취소하고 원상회복을 청구할 수도 있다(제406조, 제407조).[1]

[1] 민법주해 Ⅸ, 채권(2), 박영사(1995), 741-742(김능환); 주석 민법, 채권총칙(2)(제4판), 한국사법행정학회(2013), 109(손진홍).

채권자대위권과 채권자취소권은 모두 채무자의 책임재산(공동담보)의 보전을 본래의 목적으로 한다. 그런데 후자가 원래의 목적에 비교적 충실하게 활용되는 데 반하여, 전자는 채무자의 일반재산 보전이 아닌 특정채권의 보전 및 채권회수를 위하여 더 활발하게 이용되고 있고, 판례도 이러한 목적의 채권자대위권 행사를 널리 인정하여 왔다.[2] 즉 일반채권자를 위한 공동담보의 보전뿐만 아니라 특정채권의 보전(소위 전용형 채권자대위권) 또한 채권자대위권의 목적이 되어야 하며, 후자의 경우 무자력 요건은 더 이상 필요하지 않다는 것이 그 동안 축적된 실무와 학계의 주류적인 입장이다.[3] 이러한 상황은 프랑스와 일본에서도 마찬가지다.

프랑스 민법[4] 및 일본 민법[5]은 최근 위와 같은 판례와 학계의 주류적인 태도를 일부 반영하여 채권자대위권 규정을 개정하였다. 우리 학계에서도 그 동안 축적된 학설과 판례를 바탕으로 채권자대위권 규정을 개정하여야 한다는 논의가 활발히 전개되고 있다.[6]

2. 연혁과 비교법적 고찰

가. 민법 제404조와 제405조는 모두 프랑스 구 민법(2016. 2. 10. Ordonnance n° 2016-131로 개정되기 전의 것, 이하 '프랑스 구 민법'이라고만 한다) 제1166조를 계수한 일본 구 민법[2017. 5. 16. '민법의 일부를 개정하는 법률(2017년 법률 제44호)'로 개정되기 전의 것, 이하 '일본 구 민법'이라고만 한다] 제423조를 다시 계수하였다는 것이

2 민법주해 IX, 채권(2), 박영사(1995), 744-745(김능환); 문영화, "채권자대위권에 관한 일본 민법 개정의 시사점과 민사소송법적 쟁점", 법조 Vol. 722(2017. 4.), 227.

3 김형배, "채권자대위권제도에 있어서 무자력요건의 재검토", 법학논집 제23집, 고려대학교 법학연구소(1985), 437; 남효순, "채권자대위권의 개정에 관한 연구". 민사법학 55호(2011), 3-6.

4 프랑스 민법은 나폴레옹 시대에 제정되어 거의 200년간 큰 변화가 없었으나 Ordonnance n° 2016-131(2016. 2. 10.)에 의하여 채권자대위권에 관한 제1166조를 포함한 채권편이 전면개정되어 2017. 10. 1.부터 시행되었으며, 채권자대위권에 관한 조항도 제1341-1조로 개정되었다. 여하윤, "채권자대위권(action oblique)에 관한 프랑스에서의 최근 입법 동향", 재산법연구 제34권 제4호(2018. 2), 170 이하 참조.

5 일본 민법은 2017(平成29년). 5. 16. '민법의 일부를 개정하는 법률(2017년 법률 제44호)'로 대폭 개정되어, 2020(令和2년). 4. 1.부터 시행되었다. 일본 민법의 개정 과정 전반에 관하여는 加藤雅信·김상수, "日本에서의 채권법개정 10년사", 서강법률논총, 7(1)(2018), 3~79 참조. 채권총칙편 개정에 관하여는 정태윤, "일본 개정민법(채권관계) 중 주요 부분에 관한 개관", 민사법학 82호(2018), 255~350 참조. 특히 채권자대위권에 관하여는 종전에 단 1개 조문만 있던 것이 제423조부터 제423조의7까지로 대폭 상세해졌다. 박태신, "일본의 개정 민법에 있어서 채권자대위권에 관한 연구", 연세법학 제31호(2018. 6.) 참조.

6 남효순, "채권자대위권의 개정에 관한 연구". 민사법학 55호(2011), 3-60; 박태신, "일본의 개정 민법에 있어서 채권자대위권에 관한 연구", 연세법학 제31호(2018. 6.), 48 이하; 문영화, "채권자대위권에 관한 일본 민법 개정의 시사점과 민사소송법적 쟁점", 법조 Vol. 722(2017. 4.), 243 이하; 김철수, "개정 일본민법상의 채권자대위권과 한국민법의 개정", 동북아법연구 13:2(2019), 23-56 등.

일반적인 견해이다.[7]

나. 프랑스 구 민법상 채권자대위권의 근거규정인 제1166조는 "그러나 채권자는 채무자의 일신에 전속하는 권리를 제외하고는 채무자에게 속하는 모든 권리와 소권을 행사할 수 있다."고 규정하였다. 프랑스의 채권자대위권은 간접소권(action indirecte), 대위소권(action subrogatoire) 또는 사행(斜行)소권(action oblique)이라고도 불리며, 1867년 7월 22일 법률에 의하여 채무자의 신체에 대한 민사집행 및 이를 피하기 위한 재산매각절차가 폐지되면서, 채권자의 권리를 보호하고 채권강제집행 제도를 보완하기 위하여 만들어졌다고 한다.[8] 프랑스의 간접소권 제도가 로마법에서 연원한 것인지, 아니면 프랑스 고법 내지 게르만법에서 연원한 것인지에 관하여는 논란이 있다.[9]

부아소나드는 채권자대위권에 관한 일본 제국민법초안을 기초함에 있어 프랑스 민법 제1166조의 채권자대위권 규정을 바탕으로 하되, 프랑스 학계의 통설을 일부 반영하였다.[10] 위 규정은 일본 舊舊民法[1896(明治 29년). 4. 27. 법률 제89호로 개정되기 전의 것] 재산편 제339조로 수정채용되었으며, 다시 1896년 일본 구 민법 제423조로 개정되었다.[11] [12]

7 민법주해 Ⅸ, 채권(2), 박영사(1995), 742-743(김능환).

8 다만 '소권'이라고 불리더라도 반드시 소송상 행사할 필요는 없다는 것이 프랑스 학설의 일반적인 입장이다. 여하윤, 채권자대위권 연구, 경인문화사(2007), 12-13. 프랑스 민법상의 채권자대위권 전반에 관하여는 오수원, 민법연구(제1권) 채권자대위권, 박영사(2016), 20 이하; 여하윤, 채권자대위권 연구, 경인문화사(2007) 전반 참조.

9 채권자대위권의 기원에 관한 여러 견해는 오수원, 민법연구(제1권) 채권자대위권, 박영사(2016), 30 이하; 이준현, "채권자대위권에 관한 연구," 박사학위 논문, 숭실대학교(2012), 10-23 참조.

10 일본 제국민법초안 제359조
1. 채권자는 채무자에게 속한 물권 및 채권을 행사할 수 있다.
2. 이를 위해서 채권자는 압류를 하거나, 채무자가 소송상 권리를 행사하거나 채무자를 상대로 소송이 제기된 경우 그 소송에 참가하거나, 민사소송법이 정하는 바에 따른 재판상 대위에 의하여 간접소권을 행사할 수 있다.
3. 그러나 채권자는 자신의 채무자에게 속한 권능이나 채무자의 일신에 전속한 권리를 행사할 수 없고, 법이나 당사자의 합의에 의하여 압류할 수 없는 것으로 정한 물건에 대하여는 압류할 수 없다. [번역은 여하윤, 채권자대위권 연구, 경인문화사(2007), 22에 의함]

11 일본 구 민법 (채권자대위권) 제423조
① 채권자는 자기의 채권을 보존하기 위하여 채무자에 속한 권리를 행사할 수 있다. 그러나 채무자의 일신에 전속한 권리는 그러하지 아니하다.
② 채권자는 그 채권의 기한이 도래하지 아니한 동안에는 재판상의 대위에 의해서가 아니면 전항의 권리를 행사할 수 없다. 그러나 보존행위는 그러하지 아니하다.

12 일본 구 민법상의 채권자대위권 조항의 제정 및 개정과정은 注釋民法 新版 (10) Ⅱ 債權 (1), 有斐閣 (2011), 679-683(下林定) 참조.

우리 민법 제404조는 그 제정 과정에서 중국 민법, 만주국 민법 등도 참조하였으나, 기본적으로는 프랑스 민법 제1166조에 바탕을 둔 일본 구 민법 제423조를 그대로 받아들였다.[13] 그러나 우리나라와 일본의 채권자대위제도는 프랑스와는 다르게 발전하여 왔다.

다. 프랑스 구 민법 제1166조에 의한 채권자대위제도는 채무자의 일반재산을 유지, 보전하기 위한 보전행위로서의 성질과 강제집행을 위한 준비로서의 성질을 함께 가진다.[14] 이에 따라 프랑스의 채권자대위권은 채무자의 권리불행사와 채무자의 무자력을 핵심적인 요건으로 하고, 채권자가 대위권을 행사한 후에도 채무자 자신의 권리 행사는 방해받지 않으며,[15] 채권자대위권 행사 결과 확보된 재산은 모든 채권자를 위한 일반재산으로 귀속된다.[16] 또한 채권자대위소송의 기판력은 채무자에게 미치지 않고, 피고적격은 제3채무자에게만 있지만, 채무자를 소송에 참가시키는 것이 관행이고, 채권자가 자신에게 직접 금전을 지급할 것을 요구하는 등 특수한 경우에는 판례상 채무자의 소송참가가 강제된다.[17]

프랑스의 채권자대위제도는 강제집행제도의 보완과 일반채권자 전원을 위한 공동담보의 보전이라는 목적에서 탄생하였으나, 본래의 목적을 위해서는 거의 이용되지 않아 왔다. 우선, 채권자대위권을 행사하였더라도 이는 채무자의 일반재산으로 귀속될 뿐이므로 채권자대위권을 행사할 실익이 거의 없다.[18] 다음으로 채권 강제집행의 측면에서도, 프랑스 민사소송법에서 채권압류제도가 정비된 이상, 채권에 대한 강제집행을 위하여 채권자대위제도를 활용할 실익이 거의 없다. 특히 1991년 7월 9일 법률 제650호(loi n. 650 du 9 juillet 1991)에 의하여 압류·귀속명령(saisie-attribution)제도가 도입된 후에는, 압류의 원인이 된 채권액 범위 내에서 압류된 채권 및 종물이 선행압류채권자를 위하여 즉시 귀속하고 그 선행압류채권자가 피압류채권에 대하여 배타적 우선특권(prvilège exclusif)을 가지게 되었다.[19] 이에 따라 우선변제 효과를 노리는 채권자로서는 채권자대위권보다는 이를 더 활용하게

13 민의원 법사위 민법안심의소위, 민법안심의록(상), 241.
14 민법주해 IX, 채권(2), 박영사(1995), 743(김능환).
15 심승우, "채권자대위권 행사로 제한되는 채무자의 처분행위", 민사판례연구 36권(2014), 380
16 명순구, "프랑스 민법 연구의 성과 및 향후의 전망 - 채권자대위제도의 운용을 중심으로 -", 비교사법 제12권 1호 (통권28호)(2005. 3.), 62.
17 여하윤, 채권자대위권 연구, 경인문화사(2007), 215-220.
18 남효순, "채권자대위권의 개정에 관한 연구". 민사법학 55호(2011), 47.
19 오수원, 민법연구(제1권) 채권자대위권, 박영사(2016), 64-65.

되었다.[20]

오히려 채권자대위권은 채무자의 일반재산 보전의 목적보다는, 채무자가 자신의 권리행사를 게을리하여 채권자가 피보전권리를 행사하는 것을 방해받는 경우 무자력 요건을 요구하지 않고 채권자대위권의 행사를 인정하거나,[21] 특정채권이 피보전채권인 경우 대위를 통하여 사실상의 우선변제 효과를 얻는 경우에 유용하게 활용되어 왔다.[22]

2016년에 개정된 현행 프랑스 민법 제1341-1조[23]는 위와 같은 실무 및 학설, 판례를 일부 반영하고 있다. 우선, 제1341-1조는 프랑스 구 민법 제1166조에는 없던 간접소권의 행사요건을, "채무자가 자신의 권리 행사를 태만히 하였을 것"과 "이로 인해 채권자의 권리를 위태롭게 하였을 것"으로 명문화하였다. 대부분의 프랑스 학자는 위 개정에 따라 간접소권의 행사요건으로 더 이상 무자력이 요구되지 않게 되었다고 해석하고 있다. 다음으로 개정법은 피대위채권이 '재산적 권리'로 한정됨을 명문화하였다. 끝으로 프랑스 구 민법 제1166조 하에서는 채권자대위권이 "채무자의 이름으로" 행사되고 그 효과도 채무자에게 귀속된다는 것이 다수의 견해인 반면, "채권자의 이름으로" 행사되어야 한다는 소수설도 있었는데, 개정 민법 제1341-1조는 "채무자의 계산으로"라고 명시함으로써, 양쪽 입장을 포괄하는 표현을 사용하였다. 한편 개정안 성안 과정에서 대위권을 행사한 채권자에게 우선변제권을 부여하자는 논의도 있었으나, 결국 개정법에는 반영되지 않았다.[24]

라. 일본 구 민법 제423조의 경우, 제2항에서 기한미도래의 채권은 재판상으로만 대위할 수 있다고 규정[25]하여 표현이 약간 다르고, 우리 민법 제405조와 같

20 명순구, "프랑스 민법 연구의 성과 및 향후의 전망 - 채권자대위제도의 운용을 중심으로 -", 비교사법 제12권 1호 (통권28호)(2005. 3.), 73-74.

21 남효순, "채권자대위권의 개정에 관한 연구". 민사법학 55호(2011), 7-8.

22 여하윤, "채권자대위권(action oblique)에 관한 프랑스에서의 최근 입법 동향", 財産法研究 제34권 제4호(2018. 2), 182-183; 여하윤, 채권자대위권 연구, 경인문화사(2007), 42-44.

23 "채무자가 그의 재산적(patrimonial) 권리(droits)와 소권(訴權, actions) 행사를 태만히 함으로써 채권자의 권리를 위태롭게 할(compromet) 경우, 채권자는 채무자의 계산으로(pour compte du débiteur), 채무자의 일신에 전속한 권리를 제외한 채무자의 권리와 소권을 행사할 수 있다." [여하윤, "채권자대위권(action oblique)에 관한 프랑스에서의 최근 입법 동향", 재산법연구 제34권 제4호(2018. 2), 171의 번역에 의함].

24 여하윤, "채권자대위권(action oblique)에 관한 프랑스에서의 최근 입법 동향", 재산법연구 제34권 제4호(2018. 2), 171-186.

25 다만 실무상 기한미도래 채권을 재판상으로 대위한 사례는 없었다고 한다. 박태신, "일본의 개정 민법에 있어서 채권자대위권에 관한 연구", 연세법학 제31호(2018. 6.), 39.

은 명문규정을 두지 않은 이외에는 대체로 우리 민법과 유사한 규정을 두고 있고, 관련 해석론이나 판례 등도 뒤에서 살펴보는 우리나라의 판례 및 학설과 비슷하게 전개되어 왔다.[26] [27]

일본의 2017년 개정 민법은 그간의 학설, 판례, 개정논의를 반영하여 채권자대위권에 관한 규정을 대폭 추가하였다.[28] 그 개정의 요지를 살펴보면, ①피보전채권의 요건으로 '강제집행에 의하여 실현할 수 없는 것이 아닐 것'의 명시(제423조 제3항), ②피대위채권의 요건으로 '압류할 수 없는 권리가 아닐 것'의 명시(제423조 제1항 단서), ③이행기가 도래하지 않은 피보전채권에 터 잡은 재판상 대위의 삭제, ④채권자대위권의 행사범위에 관하여 '자기 채권액 한도'의 명시(제423조의2), ⑤금전지급과 동산인도 채권의 대위 시 채권자의 직접 수령권과 제3채무자의 채권자에 대한 지급 또는 인도 시의 피대위채권 소멸 효과의 명시(제423조의3), ⑥제3채무자가 채무자의 채권자에 대한 항변권으로 대항할 수 있음의 명시(제423조의4), ⑦채권자대위권 행사 후의 채무자의 처분권 유지 조항 신설(종래의 통설, 판례를 따르지 않고 새로운 방향으로 입법한 것이다)[29] 및 제3채무자의 이행에 대한

26 박태신, "일본의 개정 민법에 있어서 채권자대위권에 관한 연구", 연세법학 제31호(2018. 6.), 35 이하.

27 일본 구 민법에는 우리 민법 제405조와 같이 채권자의 대위권 행사 시 통지 및 그 경우 채무자의 처분권 박탈 조항이 따로 없고, 다만 일본 구 비송사건절차법(2017. 6. 1. 법률 제45호로 개정되어 2020. 4. 1. 시행되기 전의 것) 제85조부터 제91조에 '기한미도래 채권의 재판상 대위 시 그 대위신청허가재판이 직권으로 채무자에게 고지되어야 하고, 고지를 받은 채무자는 그 권리를 처분할 수 없다'는 규정만을 두고 있었다. 그런데 일본 판례는 위 구 비송사건절차법을 유추적용하여 기한미도래 채권이 아닌 경우에도 '채권자가 채무자에게 대위행사의 통지를 하거나 또는 채무자가 대위권행사의 사실을 안 경우에는 채무자는 채권자가 대위행사하고 있는 권리를 자기가 행사하거나 처분할 수 없게 된다' 고 보았고[日大判 1939. 5. 16. 등], 통설도 같은 입장이었다. 문영화, "채권자대위권의 행사에 의한 처분제한과 피대위채권에 대한 전부명령의 효력", 민사소송 21권 1호(2017), 350 이하. 따라서 이 부분의 해석론도 그동안 한일 양국이 동일하였다고 할 수 있다. 그런데 채권자대위권 행사 후에도 채무자의 처분권이 유지되는 것으로 일본 민법이 개정되면서(일본 구 비송사건절차법 제85조부터 제91조도 함께 삭제되었다), 이 부분에 관하여는 한일 양국의 실정법이 크게 달라지게 되었다.

28 일본 민법 채권자대위권 규정의 개정에 관하여는 박태신, "일본의 개정 민법에 있어서 채권자대위권에 관한 연구", 연세법학 제31호(2018. 6.), 33-55; 김철수, "개정 일본민법상의 채권자대위권과 한국민법의 개정", 동북아법연구 13:2(2019), 23-56; 문영화, "채권자대위권에 관한 일본 민법 개정의 시사점과 민사소송법적 쟁점", 법조 Vol. 722(2017. 4.), 225-264 참조.

29 일본 민법 개정안 보족설명에 의하면, 채권자대위권은 채무자가 권리행사를 얼마나 잘 했는지 서툴게 했는지에 대해서 간섭할 수는 없고, 채무자가 스스로 권리행사를 하지 않는 경우에만 행사할 수 있음에도, 대위권행사에 의하여 채무자의 처분권한을 박탈하는 것은 과잉이라는 비판이 있어서 판례(日大判 1939. 5. 16.)와는 다른 결론을 명문화한 것이라고 한다. 法務省民事局参事官室, 民法（債権関係）の改正に関する中間試案の補足説明, 157 이하 참조. http://www.moj.go.jp/content/000109950.pdf (2020. 3. 3. 방문).

채무자의 수령권 명시(제423조의5),[30] ⑧채권자대위권의 재판상 행사 시 필수적 소송고지(제423조의6), ⑨전용형 채권자대위권 중 등기·등록청구권의 대위의 명시(제423조의7)이다. 한편 채권자의 대위권 행사 후에도 채무자의 처분권이 유지된다는 규정이 신설됨에 따라 채권자와 채무자는 병존적으로 당사자적격을 가지게 되었고, 필수적 소송고지에 따라 채무자의 소송참가 기회가 확대되는 등, 소송법적으로도 많은 변화가 있게 되었다.[31]

마. 우리나라에서도 채권자대위권 규정의 개정이 지속적으로 논의되어 왔다.[32] 법무부는 2009년 2월 민법개정위원회를 출범하였고, 이 위원회는 2014년 2월 17일 민법개정위원회 전체회의에서 민법개정시안을 확정하였다.[33] 채권자대위권에 관하여는 현행 민법 제404조와 제405조 규정을 손질하고 채권자대위권의 행사에 관하여 제404조의2를 신설하는 것이 제안되었다.[34] 개정시안의 주된 개정

30 즉 채권자대위권을 행사해도 압류와 같은 효력은 발생하지 않으므로 채무자의 처분권은 그대로 유지되고, 따라서 채무자는 여전히 제3채무자에 대하여 이행청구를 할 수 있으며, 제3채무자가 채무자에게 변제하면 채무는 소멸한다. 박태신, “일본의 개정 민법에 있어서 채권자대위권에 관한 연구”, 연세법학 제31호(2018. 6.), 42.

31 문영화, “채권자대위권에 관한 일본 민법 개정의 시사점과 민사소송법적 쟁점”, 법조 Vol. 722(2017. 4.), 241-249.

32 채권자대위권 조항 개정에 관한 논의로는 남효순, “채권자대위권의 개정에 관한 연구”. 민사법학 55호(2011), 3 이하; 서희석, “일본 ‘민법(채권관계) 개정요강안’의 검토”, 2014년도 법무부 연구용역과제보고서(2014), 86 이하; 정다영, “채권자대위권의 기능 및 행사의 효과”, 재산법연구 제34권 제2호(2017. 8), 15 이하 등 참조.

33 다만 법무부 민법개정자료발간팀에 의하여 공간된 2013년 법무부 민법개정시안(조문편)에는 제404조에 관하여 <논의중>이라고만 되어 있다. 민법개정위원회의 진행경과에 관하여는 김철수, “개정 일본민법상의 채권자대위권과 한국민법의 개정”, 동북아법연구 13:2(2019) 40-41; 서희석, “일본 ‘민법(채권관계) 개정요강안’의 검토”, 2014년도 법무부 연구용역과제보고서(2014), 1-2 참조.

34 2014년 민법개정위원회 개정시안 제404조(채권자대위권)
① 채권자는 채무자가 무자력이거나 그밖에 자기의 채권을 보전하기 위하여 채무자의 권리가 미리 행사되어야 할 필요가 있는 경우에는 채무자의 권리를 행사할 수 있다. 그러나 채무자만이 행사할 수 있는 권리나 압류할 수 없는 권리는 그러하지 아니하다.
② 채권자는 그 채권의 기한이 도래하기 전에는 법원의 허가 없이 제1항의 권리를 행사할 수 없다. 그러나 보존행위는 그러하지 아니하다.
제404조의2(채권자대위권의 행사)
① 채권자는 선량한 관리자의 주의로써 채무자의 권리를 행사하여야 한다.
② 채권자는 그 성질에 반하지 않는 한 대위행사되는 권리의 상대방에 대하여 직접 자기에게 이행할 것을 청구할 수 있다.
③ 채권자는 채무자에게 그의 권리행사로 인하여 지출한 비용의 상환을 청구할 수 있다.
제405조 (채권자대위권행사의 통지)
① 채권자가 제404조 제1항의 규정에 의하여 권리를 행사한 때에는 채무자에게 이를 통지하여야 한다. 그러나 그 권리행사가 보존행위이거나 채무자가 채권자의 권리행사를 알고 있는 경우에는 그러하지 아니하다.
② 채무자가 제1항의 통지를 받거나 채권자의 권리행사를 안 후에는 그 권리를 처분하여도 이로써 채권자에게 대항할 수 없다.

내용은, 무자력 요건의 완화와 보전의 필요성의 확대, 피대위채권이 될 수 없는 채권으로서 압류금지 채권의 명시, 채권자대위권 행사절차의 구체화 및 직접수령권의 명시로 요약될 수 있다.

3. 채권자대위권의 존재의의와 유용성

앞서 본 바와 같이 프랑스 구 민법 제1166조는 미비한 프랑스의 채권강제집행제도를 보완하는 의미에서 채무자의 일반재산을 보전하기 위하여 제정되었다. 그러나 우리나라는 독일 민사소송법에 따라 채권에 대한 강제집행제도를 완비하였으므로 본래적 의미에서의 채권자대위권 제도의 실익은 크지 않다.[35] 이는 앞서 살펴본 바와 같이 일본에서도 마찬가지이며, 프랑스에서도 채권압류제도가 신설, 보강되면서 채권자대위권의 강제집행 보완적 기능이 상당 정도 의미를 잃게 되었다.

다만 채권자대위권은 민사집행법상의 강제집행보다 그 요건과 절차가 간단하고, 청구권뿐만 아니라 형성권(취소권, 해제권, 환매권 등) 등 강제집행의 목적으로 되지 않는 권리도 피대위권리에 포함되므로, 이 점에서 실질적인 유용성이 있다.[36] 또한 제3자 명의의 재산을 채무자 명의로 환원시키거나, 채무자의 권리에 대한 시효를 중단시키는 등 집행절차에 의해서는 하기 어려운 보존행위에서도 채권자대위권의 존재의의가 있다.[37]

채권자대위권은 이와 같이 본래적 의미로(일반채권자를 위한 책임재산의 보전을 위하여) 이용되는 경우도 있지만, 통설·판례는 앞서 본 바와 같이 본래의 취지와는 다르게, 채무자의 무자력 여부와 관계없이 등기청구권 등 특정채권의 보전을 위한 채권자대위권의 활용을 인정하여 왔다.[38](전자를 '본래형 채권자대위권', 후자를 '전용형 채권자대위권'이라고 분류하기도 한다[39]) 또한 채권자대위권의 피보전채권이

35 주석 민법, 채권총칙(2)(제4판), 한국사법행정학회(2013), 112(손진홍). 독일의 경우 별도로 채권자대위권 제도를 두고 있지 않다. 양형우, 민법의세계(이론과 판례)(제11판), 피앤씨미디어(2019), 933.

36 양형우, 민법의세계(이론과 판례)(제11판), 피앤씨미디어(2019), 934.

37 김주수, 채권총론, 삼영사(2003), 214.

38 민법주해 IX, 채권(2), 박영사(1995), 745-746(김능환); 곽윤직, 채권총론(민법강의Ⅲ), 박영사(2018), 134; 김형배, 전게논문, 395 이하; 남효순, "채권자대위권의 개정에 관한 연구". 민사법학 55호(2011), 11 이하; 박강회, "채권자대위권제도와 채무자의 무자력(대법원 2001. 5. 8. 선고 99다38699 판결을 중심으로", 민사법연구 제9집(2001. 12), 277 이하; 오수원, "채권자대위권에 있어서 채권자의 채권과 특정물채권자-1980년대 이후의 새로운 경향", 법조 통권 528호(2000), 49 이하.

39 注釋民法 新版 (10)Ⅱ 債權 (1), 有斐閣(2011), 688(下林定).

금전채권인 경우에도, 채권자가 채무자를 대위하여 제3채무자로부터 변제를 수령한 후 이를 채무자에 대한 채권과 상계함으로써 사실상 우선변제를 받을 수 있어, 채권자대위권이 제3채무자에 대한 사실상의 직접청구권 내지 간이한 집행방법으로서 실무상 적극 활용되어 왔다.[40] 앞서 본 바와 같이 일본, 프랑스의 개정 민법과 우리 민법개정위원회의 개정안은 모두 무자력 요건의 완화와 '보전의 필요성'의 확대, 직접청구권화의 경향을 어느 정도 반영하고 있다.

그러나 채권자대위권이 이처럼 간이한 채권집행방법으로 이용되면서, 채권에 대한 강제집행과 채권자대위권 간의 관계를 어떻게 정립하여야 하는지에 관하여 여러 복잡한 문제가 발생하여 왔다.[41] 일본에서는, 이미 독일형 채권집행제도가 완비된 이상 채권자대위권 제도는 폐지하고 채권보전 본연의 기능은 추심명령이나 보전처분에 흡수시키고 특정채권 강화는 각칙의 정비로 해결하여야 한다는 견해,[42] 채권자대위권 행사로 채무자가 처분권을 박탈당하는 반면 채권자는 사실상 독점적 만족을 얻게 되는 것은 적절하지 않으므로, 채권자가 제3채무자로부터 수령한 금전 등을 공탁하도록 하는 등의 장치가 없는 한 채권자대위권 폐지도 고려해봐야 한다는 견해[43] 등이 주장되어 왔다.[44] 우리나라 학자 중에서도, 공적 채권집행 제도가 존재하고 추심소송을 통해 채권자대위권 행사와 동일한 목적을 달성할 수 있는 이상, 채권자가 채권자대위권을 사적 채권 실행처럼 운용하고 특히 실질적 우선변제 효과까지 누리는 것은 바람직하지 않으므로, 추심소송과 경합하는 범위에서의 채권자대위소송은 폐지하여야 한다는 견해가 있다.[45] 그러나 앞서 본 바와 같이 우리 판례와 통설은 대체로 채권에 대한 강제집행과 채권자대위권을

40 김제완, "채권자대위권의 행사로 채권자가 직접변제의 수령을 한 경우 상계에 관한 고찰-채권자대위권의 간이채권추심제도로서의 실용성의 측면에서", 안암법학, 제13호(2001), 221 이하; 오수원, "일본에서의 채권자대위권의 직접청구권화", 법조 통권 695호(2014. 8.), 77 이하; 이현재, "채권자대위권 행사의 실천적 기능에 관한 고찰 – 민사집행과의 비교를 중심으로 –", 법학논총 제39권 제1호(2015), 176 이하 참조.

41 황용경, "채권자대위권과 채권에 대한 강제집행의 비교", 법학연구, 54(4), 부산대학교 법학연구소(2013), 151-176 참조.

42 三ケ月章, "わが国の代位訴訟·取立訴訟の特異性とその判決の効力の主観的範囲—法定訴訟担当及び判決効の理論の深化のために—", 民事訴訟法研究 第6巻, 有斐閣(1978), 48 이하.

43 平井一雄, "債權者代位權," 民法講座4, 債權總論, 星野英一編, 有斐閣(1985), 137 이하.

44 일본에서의 채권자대위권 폐지론 전반에 관하여는, 오수원, "일본에서의 채권자대위권의 직접청구권화", 법조 통권 695호(2014. 8.), 98 이하; 注釋民法 新版 (10)Ⅱ 債權 (1), 有斐閣(2011), 687-688(下林定) 참조.

45 정다영, "채권자대위권의 기능 및 행사의 효과", 재산법연구 제34권 제2호(2017. 8), 15-19; 강봉석, "채권자대위권에 있어서 채권보전의 필요성", 민사판례연구 24권, 박영사(2002), 196.

서로 다른 효용이 있는 제도로서 지지하고 있다. 일본 또한 2017년 민법 개정 시 채권자대위권 폐지론을 받아들이지 않았다.

결국, 채권자대위권은 본래적 기능으로서 ①책임재산보전의 기능을 수행함과 아울러, ②특정채권의 실효성 확보 기능과 ③사실상의 채권회수 기능도 수행하고 있다.[46] 뒤의 두 기능에 관하여는 통설, 판례가 이를 인정하고 있으나, 이러한 기능까지 인정하여야 하는지 및, 어떠한 근거에서 이러한 기능을 인정할 수 있을지에 관하여 논란이 있다고 요약할 수 있겠다.

4. 채권자대위권의 법적 성격

가. 서

채권자대위권은 소로써 행사할 필요가 없는 실체적인 권리라는 것이 우리나라의 통설이다.[47] 이러한 실체적 권리로서의 채권자대위권의 구체적인 법적 성격이 무엇인지에 관하여는 견해가 대립한다.

일본에서는 대리권설(채권자는 채무자의 대리인으로서 채무자의 이름으로 대위권을 행사하여야 한다는 견해),[48] 직접청구권설(채권자가 제3채무자에게 독립적인 청구권을 가지고 그 효과 또한 직접적으로 채권자 자신에게 귀속된다는 견해),[49] 법정재산관리권설, 포괄담보권설 등이 주장되고 있다.[50] 우리나라에서는 대리설을 취하는 국내학자 혹은 판례는 없고, 법정재산관리권설(통설), 법정포괄담보권설, 대위권설(독자적 권리설, 고유권설)이 주장되고 있다.

나. 법정재산관리권설

법정재산관리권설은 채권자대위권을 채권의 존재를 전제로 하지만 채권 자체와는 별개인 종된 권리이자 채권의 효력의 일종으로 본다. 채권자는 자기의 이름으로 채무자의 권리를 행사하므로, 채권자대위권은 대리권이 아니라 채권자가 자기의 명의로 채무자의 자유에 간섭하여 채무자의 권리를 행사하는 '법정재산관리

46 원상철, "우리 민법상 채권자대위권제도의 기능에 대하여", 법학연구 49호(2013), 451 이하.

47 민법주해 Ⅸ, 채권(2), 박영사(1995), 745-746(김능환); 주석 민법, 채권총칙(2)(제4판), 한국사법행정학회(2013), 113-114(손진홍); 곽윤직, 채권총론(민법강의Ⅲ), 박영사(2018), 134-135.

48 대리권설의 소개로는 주석 민법, 채권총칙(2)(제4판), 한국사법행정학회(2013), 114(손진홍) 참조.

49 花房一彦, "債権者代位について一独立的請求権構成の試み", 新潟大商学論集 11, 54.

50 일본에서 주장된 대리설, 법정재산관리권설(통설), 포괄담보권설, 직접청구권설 등 다양한 견해의 종합적인 소개로는 注釈民法 新版 (10)Ⅱ 債權 (1), 有斐閣(2011), 685-687, 703-713 (下林定) 참조.

권'이라는 것이다. 이 설이 우리나라의 통설이다.[51] 이 설에 의하면 채권자가 제3채무자에 대하여 이행을 청구하더라도 그 대위권행사로부터 자기 채권의 직접적인 만족을 얻을 수 없다고 본다. 금전채권의 경우에는 채무자의 무자력이 대위권 행사의 요건이 되어야 하고,[52] 특정채권의 보전을 위하여 대위권을 행사하는 것은 '채권자대위권의 전용'이 된다. 아울러 채권자의 채권과 채무자가 제3채무자로부터 가지고 있던 채권이 상계적상에 있다면 상계를 통하여 사실상 우선변제를 받은 것과 같은 결과가 발생할 수도 있다고 본다.[53]

이 설에 대하여는, 현재 채권자대위권은 채무자의 책임재산 보전에 대한 관리를 넘어 채권자 자신의 채권을 확보하기 위한 수단으로 널리 적극적으로 활용되는데, 법정재산관리권설에 의할 경우 이러한 경우를 설명할 수 없고, 프랑스에서도 간접소권제도가 채권 실현을 위한 강제집행의 준비제도로 인정되고 있다는 등의 비판이 있다.[54] 또한 채권자대위권은 '권리'인데, 법정재산관리권설에 따르면 채권자대위권은 관리권이라는 '권한'에 불과하게 된다거나,[55] 채권자대위권은 채권자의 자기 채권에 대한 고유의 권리인 이상, 법정재산관리권이라는 것은 의미가 없다는 비판도 있다.[56]

다. 포괄적 담보권설

채권자대위권은 채권의 보전을 위해 채권자가 채무자의 책임재산 전체에 대하여 가지는 일종의 법정포괄담보권과 그 실행방법을 규정한 것이라는 견해이다.[57] 이미 일본 민법 제정 시에도 채권자의 채권확보를 채권자대위권의 목적중 하나로 하였고, 실제로 채권자대위권은 책임재산의 보전이 아닌 채권자의 특정채권의 보

51 민법주해 IX, 채권(2), 박영사(1995), 747-749(김능환); 김상용, 채권총론(제3판), 화산미디어(2016), 220-221; 주석 민법, 채권총칙(2)(제4판), 한국사법행정학회(2013), 114-115(손진홍); 곽윤직, 채권총론(민법강의Ⅲ), 박영사(2018), 135; 김주수, 채권총론, 삼영사(2003), 216-217; 김증한/김학동, 채권총론(제6판), 박영사(1998), 181; 송덕수, 채권법총론(제4판), 박영사(2018), 215; 이은영, 채권총론(제4판), 박영사(2009), 423-425; 양창수/김형석, 민법3(권리의 보전과 담보)(제3판), 박영사(2018), 156; 지원림, 민법강의(제17판), 홍문사(2020), 1147 등.

52 양창수/김형석, 민법3(권리의 보전과 담보)(제3판), 박영사(2018), 156 등.

53 김상용, 채권총론(제3판), 화산미디어(2016), 220-221.

54 김형배, 채권총론(제2판), 박영사(1998), 352.

55 노종천, "채권자대위권의 법적성질," 민사법학(58) (2012), 271-272.

56 오수원, 민법연구(제1권) 채권자대위권, 박영사(2016), 96-97.

57 김형배, 채권총론(제2판), 박영사(1998), 347-352; 이동률, "채권자대위소송과 법정소송담당", 민사소송 2호(1999), 181-182; 노종천, "채권자대위권의 행사요건 및 효과의 재구성", 외법논집 제40권 4호(2016. 11.), 104 이하; 정기웅, 채권총론(제2전정판), 법문사(2014), 229.

전을 위하여 더 활발하게 이용되고 있으므로, 채권자대위권은 단지 채무자 권리의 관리권에 그치지 않는 독자적인 권리임을 근거로 한다.[58] 이 견해에 따르면, 채권자대위권은 모든 채권자를 위한 책임재산의 보전에 한정되지 않고 자기의 특정채권을 보전하고 실현하기 위해서도 기능하며, 실체법적 권리로서의 성격뿐 아니라 소송법상 권리로서의 성격도 가진다고 본다. 또한 대위채권자의 실질적인 우선변제권은 집행권원을 필요로 하지 않는 채권추심제도로서 독자적 의의를 갖는다고 본다. 이 설에 의하면 무자력 요건은 필요하지 않고, 소위 '전용형' 채권자대위권은 '전용'이 아니라 채권자대위권의 본래적 성질에 따른 적용이 된다.[59]

이 설에 대하여는, 전용형 채권자대위권을 설명하기 위하여 반드시 채권자대위권의 법적 성질을 법정재산관리권이 아닌 다른 것으로 구성할 필요는 없고, 프랑스에서 진행된 간접소권이 채권의 보전수단인가 집행수단인가의 논의[60]가 반드시 채권자 자신의 채권의 보전, 실현을 위한 채권자대위권의 행사가 가능한가 여부와 바로 연결되지는 않는다는 등의 비판이 있다.[61]

라. 대위권설/고유권설(독자적 권리설)

채권자대위권은 채권자가 채무자의 권리를 대리하여 행사하는 것이 아니라 채권자 자신의 권리를 행사하는 것이고, 채권자대위권은 법률의 규정에 의하여 발생한 권리이므로, 채권자대위권은 관리권과 같은 '권한'이 아닌 '권리'에 해당하고, 굳이 다른 권리에 붙여 성질을 파악할 것이 아니라 '대위권'이라는 권리로 파악하면 족하다고 보는 견해가 있다. 이 견해는 채권 보전의 필요성이 있는가만을 살피면 되고 무자력 요건은 필요하지 않다고 본다. 또 채권자대위권에 간접적으로 담보적 효과가 있다고 하더라도 채권자대위권의 본질은 책임재산을 보전하는 권리이므로, 포괄적 담보권설도 타당하지 않다고 한다.[62]

채권자대위권을 채권자의 자기 채권에 대한 고유의 독자적인 권리로 파악하여, 채무자의 제3채무자에 대한 채권은 권리행사의 대상일 뿐이므로, 채권자대위소송은 법정소송담당이 아니라 자기의 고유권을 행사하는 것이고, 따라서 피보전

58 이동률, "채권자대위소송과 법정소송담당", 민사소송 2호(1999), 181.

59 김형배, 채권총론(제2판), 박영사(1998), 347-352.

60 프랑스에서 전개된 이 논의에 관하여는, 오수원, 민법연구(제1권) 채권자대위권, 박영사(2016), 39-45 참조.

61 여하윤, 채권자대위권 연구, 경인문화사(2007), 33-35.

62 노종천, "채권자대위권의 법적성질," 민사법학(58) (2012), 271 이하.

채권이 인정되지 않을 때에는 청구기각 판결을 해야 한다는 견해[63]도 이 설로 분류할 수 있겠다. 보다 구체적으로, 채권자는 민법상 인정된 대위권이라는 실체적인 권리를 행사하는 것이고 자기의 이익을 위하여 소송을 수행하는 것이며, 이에 따라 원칙적으로 피보전채권이 이행기가 도래해야만 대위권을 행사할 수 있으므로, 이는 자기의 권리의 행사이지 채무자의 재산권을 대신 관리해주는 것은 아니라고 한다.[64] 또 채무자의 제3채무자에 대한 권리는 채권자의 채무자에 대한 권리행사의 대상일 뿐이지 채권자가 타인의 권리를 대신 행사하는 것은 아니며, 채권자대위권의 행사는 채권의 본래 효력인 집행력의 행사에 해당한다고 본다.[65]

이 견해들과 포괄적 담보권설의 차이는, 포괄적 담보권설이 채권자대위권의 성격을 채권의 보전을 위해 채권자가 채무자의 책임재산 전체에 대하여 가지는 일종의 법정포괄담보권과 그 실행방법을 규정한 것이라고 정의하는 반면, 고유권설 내지 독자적 권리설은 채권자대위권의 성질을 담보적 성격으로 한정짓지는 않는다는 것이다. 위 견해들은 채권자대위권 행사를 채무자의 권리를 대신 행사하는 것이 아니라 채권자 자신의 독자적 권리행사로 본다는 점에서는 포괄적 담보권설과 실제 사안에서의 적용에 있어 큰 차이가 없다.

마. 소결

채권자대위권의 법적 성격을 어떻게 보는가에 따라 채권자대위소송의 성격(법정소송담당인지 여부), 대위권 행사의 요건(피보전권리, 무자력 요건 등), 효과(직접청구권화의 허부 내지 채권의 직접적인 만족 가부)[66]가 달라질 수 있다.[67]

통설은 법정재산관리권설이고, 판례도 명시적으로 채권자대위권의 성격이 법정재산관리권이라고 판시하지는 않았으나 대체로 위 설의 논리에 따라 규율하여 왔다.

통설·판례에 의할 경우, 채권자대위소송은 법정소송담당에 해당하고, 그 기판력은 성질상 채무자에게 미쳐야 하나, 채무자 보호를 위하여 채무자가 안 때에만

63 호문혁, “채권자대위소송과 중복제소”, 민사판례연구 제16호, 박영사(1994), 377-378; 오수원, 민법연구(제1권) 채권자대위권, 박영사(2016), 96-99.

64 호문혁, “채권자대위소송과 중복제소”, 민사판례연구 제16호, 박영사(1994), 377-378.

65 오수원, 민법연구(제1권) 채권자대위권, 박영사(2016), 382-384.

66 정다영, “채권자대위권의 기능 및 행사의 효과”, 재산법연구 제34권 제2호(2017. 8), 7.

67 채권자대위권의 각 요건에 관한 법정재산관리권설과 포괄적담보권설의 입장 차이에 대하여는 정기웅, 채권총론(제2전정판), 법문사(2014), 230-233 참조.

기판력이 미치는 것으로 기판력의 범위가 제한된다.[68] 피보전권리의 존부는 소송요건으로서 직권조사사항이 된다. 채무자의 책임재산 보전이 본래의 목적이므로 원칙적으로는 무자력 요건이 요구되나 특정채권의 보전을 위하여 필요한 경우 등 일정한 경우(전용형)에는 예외적으로 무자력 요건이 필요하지 않게 된다. 또한 채권자가 제3채무자로부터 변제를 직접 수령하여 자신의 채권과 상계함으로써 사실상 우선변제를 받거나 제3채무자로부터 목적물을 직접 인도받아 사실상 인도청구권을 직접 만족받는다 하더라도, 이는 채권자대위권의 본래적 효력에서 비롯된 것은 아니고 상계 등 다른 제도를 활용한 데 따른 부수적인 효력일 뿐이다.

Ⅱ. 채권자대위권의 행사요건

1. 서

민법은 "채권자는 자기의 채권을 보전하기 위하여 채무자의 권리를 행사할 수 있다."는 간단한 규정만을 두고 있다. 실무상 채권자대위권의 요건을 심리함에 있어서는 요건을 보다 세분하여 ①피보전채권의 존재, ②피보전채권의 변제기 도래(다만 보존행위나 법원 허가 시에는 변제기 도래 전이라도 가능), ③보전의 필요성, ④채무자의 권리 불행사, ⑤채권자대위권의 목적(피대위권리)이 순차 검토된다.[69]

피보전채권의 존재와 관련해서는, 어떠한 채권이 피보전채권이 될 수 있는지(피보전채권의 적격)가 주로 문제된다.

피보전채권의 변제기 도래와 관련해서는, 변제기 도래 전 가능한 대위행위인 '보존행위'의 범위가 간혹 문제된다.[70] 단 실무상 변제기 도래 전의 법원의 허가에 기한 대위는 거의 이용되지 않는 것으로 보인다.

보전의 필요성과 관련해서는, 무자력 요건이 필요한지 및 특정채권의 보전을 위해서는 무자력 요건이 완화될 수 있는지가 주로 문제된다.

채무자의 권리 불행사와 관련해서는, 어떠한 경우 채무자가 권리를 이미 행사했다고 볼 수 있는가, 그리고 채무자가 이미 권리를 행사한 후 채권자대위의 소

68 대법원 1975. 5. 13. 선고 74다1664 전원합의체 판결.

69 민법주해 Ⅸ, 채권(2), 박영사(1995), 749 이하(김능환); 주석 민법, 채권총칙(2)(제4판), 한국사법행정학회(2013), 115(손진홍); 곽윤직, 채권총론(민법강의Ⅲ), 박영사(2018), 135 이하; 양창수/김형석, 민법3(권리의 보전과 담보)(제3판), 박영사(2018), 157 이하 등.

70 이에 관한 판례는 거의 없으나, 대법원 2005. 11. 25. 선고 2004다39092 판결에서 상계권 행사의 보존행위 여부가 문제된 바 있다.

가 제기된 경우의 소송법적 효과 등이 주로 문제된다.

한편 통설·판례는 채권자대위소송의 소송물은 피대위권리의 존부이고 ① 내지 ④의 요건은 제3자의 법정소송담당에서의 당사자적격 문제로서 소의 적법요건이므로 직권조사사항이고, ⑤만이 실체적 요건으로서 본안판단사항이라고 본다.[71] 반면에 채권자대위권은 채권자 자신의 고유한 권리이므로 이의 소송상 행사는 법정소송담당이 아니고 피보전채권의 존재는 실체법상의 법률요건이이며, 따라서 피보전채권의 존재가 인정되지 않을 경우 청구를 기각하여야 한다는 견해도 있다.[72]

채권자대위에 의한 소송과 직접청구 간에는 그 요건사실과 법률효과가 다르므로, 법원은 당사자가 직접청구만 하고 있는 경우 바로 채권자대위권에 기한 청구를 인용해서는 안 되고, 설령 변론 전체의 취지에 의하여 채권자대위권에 기한 청구를 하는 것으로 인정할 수 있더라도 피고에게 의견 진술의 기회를 주어야 한다.[73]

이하에서는 ①부터 ④의 요건을 살펴보고, ⑤피대위권리는 별도의 목차로 분리하여 살펴본다.

2. 피보전채권[74]의 존재와 피보전적격

가. 피보전채권의 존재

1) 개설

채권자대위권은 채권자의 채권을 보전하기 위한 제도이므로 대위권을 행사하기 위해서는 채권자의 채무자에 대한 채권이 유효하게 존재하고 있어야 한다. 또한 채권은 구체적으로 발생한 권리여야 한다.

판례는 이혼으로 인한 재산분할청구권은 협의 또는 심판에 의하여 그 구체적

71 윤진수, "채권자가 채무자에 대하여 받은 패소판결이 채권자대위소송에 미치는 법률요건적 효력", 대법원판례해설 19-1호(93.12), 351-363; 최진수, 요건사실과 주장증명책임 제7판, 진원사(2018), 418; 대법원 2009. 4. 23. 선고 2009다3234 판결, 대법원 2014. 1. 23. 선고 2011다108095 판결 등.

72 호문혁, "채권자대위소송에 있어서의 피보전채권과 당사자적격", 민사판례연구 12권, 박영사(1998), 22-32.

73 최진수, 요건사실과 주장증명책임 제7판, 진원사(2018), 418; 대법원 2007. 7. 26. 선고 2007다19006, 19013 판결, 대법원 1999. 12. 24. 선고 99다35393 판결 등.

74 뒤에서 보는 바와 같이 반드시 채권뿐만 아니라 각종 청구권도 채권자대위권의 피보전권리가 될 수 있으므로 '피보전권리'라는 표현이 논리적으로는 더 적합하나, 법에서 '자기의 채권을 보전하기 위하여'라고 명시하고 있으므로 일단 '피보전채권'이라는 용어를 사용하고, '피보전채권'이라는 표현이 문맥상 어색한 경우 '피보전권리'라는 표현을 혼용한다.

내용이 형성되기까지는 그 범위 및 내용이 불명확·불확정하기 때문에 구체적으로 권리가 발생하였다고 할 수 없으므로 이를 보전하기 위하여 채권자대위권을 행사할 수 없다고 본다.[75] 또한 대표이사의 업무집행권 등은 대표이사의 개인적인 재산상의 권리가 아니며, 주주권도 어떤 특정된 구체적인 청구권을 내용으로 하는 것이 아니므로, 특별한 사정이 없는 한 대표이사의 업무집행권 등이나 주주의 주주권에 기하여 회사가 제3자에 대하여 가지는 특정물에 대한 물권적 청구권 등의 재산상의 청구권을 직접 또는 대위행사할 수 없다고 본다.[76]

피보전채권은 피대위권리보다 먼저 성립해 있을 것을 요하지 않고,[77] 그 채권의 발생원인이 어떠하든 대위권을 행사함에는 아무런 방해가 되지 아니한다. 또한 채무자에 대한 채권이 제3채무자에게까지 대항할 수 있는 것임을 요하는 것도 아니다.[78] 채권자대위권을 재판상 행사하는 경우 채권자는 그 채권의 존재사실 및 보전의 필요성, 기한의 도래 등을 입증하면 족한 것이며, 채권의 발생원인 사실 또는 그 채권이 제3자채무자에게 대항할 수 있는 채권이라는 사실까지 입증할 필요가 없다.[79]

2) 피보전채권의 존재와 당사자적격

통설은 채권자대위소송을 법정소송담당으로 본다. 채권자대위소송은 대위채권자가 자신이 제3채무자에 대하여 가지는 실체법상 권리를 권리관계의 주체로서 행사하는 것이 아니라, 채무자가 제3채무자에 대하여 가지는 실체법상 권리에 관하여 소송담당자로서 소송상의 관리처분권만을 부여받아 소송수행권을 행사하는 것임을 근거로 한다.[80] 따라서 피보전채권의 존재는 소송요건으로서 직권조사사항이고, 만약 피보전채권이 없음이 밝혀지면 그 채권자는 당사자적격이 없으므로 소각하 판결을 하여야 한다고 본다.[81]

이에 대하여, 채권자대위권은 어디까지나 실체민법이 인정하고 있는 채권자 자신을 위한 고유의 권리이므로, 채권자가 단순히 채무자의 권리를 행사하는 것

75 대법원 1999. 4. 9. 선고 98다58016 판결.
76 대법원 1998. 3. 24. 선고 95다6885 판결.
77 日最判 1958. 7. 15.
78 대법원 1988. 2. 23. 선고 87다카961 판결, 대법원 2003. 4. 11. 선고 2003다1250 판결 등.
79 대법원 1995. 2. 10. 선고 94다39369 판결.
80 김홍엽, 민사소송법(제9판), 박영사(2020), 163; 이시윤, 신민사소송법(제14판), 박영사(2020), 158 등.
81 민법주해 IX, 채권(2), 박영사(1995), 749(김능환); 주석 민법, 채권총칙(2)(제4판), 한국사법행정학회(2013), 118-119(손진홍).

이 아니라 책임재산보전 또는 특정 채권의 보전이라는 자신의 고유의 이익을 위해서 자신의 권리를 행사하는 절차이고, 따라서 채권자대위권 행사를 법정소송담당으로 볼 수는 없다는 견해도 주장된다.[82] 이 견해에 의하면, 피보전채권의 존재는 채권자의 고유권인 채권자대위권의 실체법상 법률요건이므로, 채권자가 '피보전채권이 존재한다고 주장'하기만 하면 일단 당사자적격은 있으며, 본안심리에 들어가 피보전채권의 존재가 인정되지 않을 경우에는 청구기각 판결을 해야 한다. 이에 대하여는, 채권자대위권은 타인의 권리에 대한 부당한 간섭이어서 엄격하게 제한되어야 하므로, 피보전채권을 주장하기만 하면 바로 당사자적격이 인정되는 것은 불합리하고 실제로 피보전채권의 존재가 인정되어야만 비로소 당사자적격이 인정될 수 있다는 비판이 있다.[83]

한편 설령 통설, 판례와 같이 채권자대위소송을 법정소송담당이라고 보더라도, 소송담당자의 자격이 실체법상 권리관계와 관계없이 정해지는 갈음형 법정소송담당이나 직무상당사자와는 달리 채권자대위소송의 경우 피보전채권의 존부에 관하여 실체심리가 필요하므로,[84] 그 성격상 이를 소송요건이라고 보기는 어렵고 실체적 요건이라고 보아야 한다는 견해도 있다.[85]

판례는 대법원 1975. 5. 13. 선고 74다1664 전원합의체 판결 이래 채권자대위소송을 제3자의 소송담당으로 파악한다. 위 판결은 "채권자는 채무자의 대리인 자격으로가 아니고 자기이름으로 원고가 되어 제소한다고 하여도 채무자의 권리를 관리 처분할 권능을 갖고 소송을 수행하므로 이는 흡사 파산재단에 관한 소송에 있어서의 파산관재인 또는 추심명령을 받고 채무자의 채권의 추심소송을 하는 채권자의 경우와 같아서 타인의 권리에 관하여 그 자를 위하여 당사자가 되는 소위 소송신탁의 경우에 해당한다고 보아 그 판결의 효력은 채무자에게도 있다고 보아야 함이 우리 민사소송법 제204조 제3항의 규정에 비추어 정당한 해석이라고 할 것이다."고 하여, 채권자대위판결의 기판력이 채무자에게 미치지 않는다는 종전의

82 호문혁, 민사소송법(제13판), 법문사(2016), 145; 오수원, 민법연구(제1권) 채권자대위권, 박영사(2016), 96-99; 이동률, "채권자대위소송과 법정소송담당", 민사소송 2호(1999), 182 이하.

83 오창수, "채권자대위소송(債權者代位訴訟)의 실천적 의미 -당사자의 지위 및 소송요건을 중심으로-", 법과정책. Vol. 16 No. 1 (2010), 133 이하.

84 채권질의 질권자의 경우에도 이와 유사하게 질권의 존부에 관한 실체심리가 필요하다.

85 호문혁, "채권자대위소송에 있어서의 피보전채권과 당사자적격", 민사판례연구 12권, 박영사(1998), 28 이하; 원유석, "채권자대위소송에 있어서 피보전권리의 존부에 대한 판단기준", 민사판례연구 22권, 박영사(2000), 474-476; 이동률, "채권자대위소송과 법정소송담당", 민사소송 2호(1999), 186 이하.

판례[86]를 폐기하였다. 판례는 이와 같이 채권자대위소송을 법정소송담당으로 보는 것과 일관하여, 채권자대위소송에 있어서 대위에 의하여 보전될 채권자의 채무자에 대한 권리가 인정되지 않을 경우에는 채권자가 스스로 원고가 되어 채무자의 제3채무자에 대한 권리를 행사할 당사자적격이 없게 되므로 그 대위소송은 부적법하여 각하하여야 한다고 본다.[87] 또한 이와 같은 당사자적격의 존부는 소송요건으로서 법원의 직권조사사항이기는 하나, 그 피보전채권에 대한 주장·증명책임이 채권자대위권을 행사하려는 자에게 있으므로, 사실심 법원은 원고가 피보전채권으로 주장하지 아니한 권리에 대하여서까지 피보전채권이 될 수 있는지 여부를 판단할 필요는 없다고 본다.[88]

판례는 또한, 만약 제1심이 소를 각하하지 아니하고 청구를 기각하였을 때에는 항소심에서 제1심 판결을 취소하고 스스로 소를 각하하는 판결을 해야 하고, 사건을 제1심법원에 환송할 것은 아니라고 본다.[89] 만약 항소심이 피보전채권의 존재를 인정할 수 없다고 하면서도 이를 들어 소를 각하한 것이 아니라 청구를 기각한 경우에도, 그 청구의 본안에 대한 기판력이 발생하는 것이 아니므로 판결의 위와 같은 주문의 표현을 들어 특별히 파기할 것은 아니라고 한다.[90] 또한 채권자대위권에 의한 소송이 제기된 사실을 채무자가 알았을 때에는 그 판결의 기판력이 채무자에게도 미치지만, 그 의미는 채권자대위소송의 소송물인 피대위권리의 존부에 관하여 채무자에게도 기판력이 인정된다는 것이고, 채권자대위소송의 소송요건인 피보전채권의 존부에 관하여 당해 소송의 당사자가 아닌 채무자에게 기판력이 인정된다는 것은 아니므로, 만약 채권자대위소송에서 피보전채권이 인정되지 않는다는 이유로 소각하 판결을 받아 확정된 경우 그 판결의 기판력이 채권자가 채무자를 상대로 피보전채권의 이행을 구하는 소송에 미치는 것은 아니다.[91]

86 대법원 1967. 3. 28. 선고 67다212 판결, 대법원 1970. 7. 21. 선고 70다866 판결 등.

87 대법원 1988. 6. 14. 선고 87다카2753 판결 외 다수.

88 대법원 2014. 10. 27. 선고 2013다25217 판결.

89 대법원 1991. 8. 27. 선고 91다13243 판결.

90 대법원 1993. 7. 13. 선고 92다48857 판결. 확인의 이익이 없는 경우에 관하여 대법원 1979. 11. 27. 선고 79다575 판결, 제척기간 도과의 경우에 관하여 대법원 1992. 10. 9. 선고 92다11046 판결 등 같은 취지의 판결 참조. 반면 원심판결을 파기하고 소를 각하한 경우로는 대법원 1990. 6. 22. 선고 90누1809 판결, 대법원 1994. 6. 24. 선고 94다14339 판결 참조. 이에 관하여는 원심의 설시상 본안판단에 기판력이 생길 여지가 있는 경우에는 파기자판하여 소를 각하하고, 아닌 경우에는 파기하지 않은 것이라고 설명하기도 한다[주석 민법, 채권총칙(2)(제4판), 한국사법행정학회(2013), 120(손진홍)].

91 대법원 2014. 1. 23. 선고 2011다108095 판결.

한편 채권자가 채무자 및 제3채무자를 공동피고로 하여 채무자에게는 채무이행을, 제3채무자에게는 채무자를 대위하여 제3채무자의 채무자에 대한 피대위채권의 이행을 구한 전소에서, 채무자가 채권자의 청구를 인낙하고, 제3채무자에 대한 청구는 제1심에서 인용되었다가 채권자가 소를 취하한 경우, 채무자가 제3채무자를 상대로 제기한 후소에서 채권자의 채무자에 대한 피보전채권이 존재하지 않음이 밝혀졌다 하더라도, 전소에서 채권자가 피보전채권의 존재 및 자신의 당사자적격을 주장함에 대하여 채무자가 적극적으로 채권자의 주장을 인정하고 그의 청구를 인낙하여 그 소송에서 채권자에게 대위 적격을 부여한 이상, 채무자는 재소금지의 원칙상 제3채무자를 상대로 동일한 후소를 제기할 수 없다.[92]

채권자대위권은 채무자가 스스로 자기의 권리를 행사하지 아니하는 때에 채권자가 채무자에 대한 채권을 보전하기 위하여 채무자의 의사와는 상관없이 채무자의 권리를 대위하여 행사할 수 있는 권리로서 그 권리행사에 채무자의 동의를 필요로 하는 것은 아니므로, 비법인사단이 총유재산에 관한 권리를 행사하지 아니하고 있어 비법인사단의 채권자가 채권자대위권에 기하여 비법인사단의 총유재산에 관한 권리를 대위행사하는 경우에는 사원총회의 결의 등 비법인사단의 내부적인 의사결정절차를 거칠 필요가 없다는 것이 판례이다.[93]

3) 채권자와 채무자 사이에서 피보전채권의 존부가 판결로 확정된 경우 채권자대위소송에 미치는 영향

가) 채권자와 채무자 사이에서 채권의 부존재가 판결로 확정된 경우, 채권자가 그 후 제3채무자를 상대로 제기한 대위소송에서 자신의 채무자에 대한 피보전채권의 존재를 주장할 수 있는지 문제된다. 대법원은 이를 보전의 필요성 문제로 접근하여, 채권자대위권을 행사하기 위해서는 먼저 그 피보전채권을 보전할 필요성이 인정되어야 하는데, 채권자가 채무자를 상대로 그 피보전채권 이행의 소를 제기하였으나 패소확정판결을 받았다면 위 판결의 기판력으로 말미암아[94] 채권자로서는 더 이상 채무자에게 그 피보전채권 이행청구를 할 수 없게 되었고, 그 경우 채권자가 설령 채권자대위소송에서 승소하더라도 채권자가 채무자에 대하여 다시 피보전채권 이행을 구할 수 있는 것도 아니므로, 채권자로서는 채권자대위

92 대법원 1995. 7. 28. 선고 95다18406 판결.
93 대법원 2014. 9. 25. 선고 2014다211336 판결.
94 채권자와 채무자 사이의 기판력을 말한다.

권을 행사함으로써 피보전채권을 보전할 필요가 없게 되었다고 본다.[95]

학설 중에는 이를 반사적 효력(Reflexwirkung)으로 설명하는 견해가 있다.[96] 판결의 반사적 효력이란, 제3자가 소송당사자의 일방과 실체법상 특별한 관계에 있을 때 그 소송당사자간의 확정판결의 기판력을 직접 받는 것은 아니지만, 당사자가 그가 받은 확정판결의 내용에 소송법상 구속되면 마치 그에 상응한 실체법상의 지위의 변동이 그 당사자에게 있는 것처럼 취급되어, 이 지위가 그 제3자에게 반사적으로 유리 또는 불리하게 법적인 영향을 미치는 경우의 효력을 말한다.[97] 이 견해는 채권자, 채무자, 제3채무자 간의 실체적인 밀접한 관계[98] 또는 소송경제[99]를 그 근거로 든다.

반면, 이를 판결의 반사적 효력이라고 보면 당사자의 원용이 필요하나, 보전의 필요성은 당사자적격의 문제로서 당사자의 원용과 관계없이 직권조사사항이므로, 반사효로 볼 수는 없고, 단순히 당사자적격 문제로 보아야 한다는 견해도 있다.[100] 또한 패소확정판결의 존재는 '보전의 필요성'이라는 소송요건을 결하게 하고, 이는 판결의 법률요건적 효력(Tatbestandswirkung)으로서 그 결과 소가 각하되어야 한다고 주장하는 견해도 있는데,[101] 결과적으로는 같은 취지라 할 것이다.

나) 채권자와 채무자 사이에서 피보전채권의 존재가 판결로 확정된 경우, 제3채무자가 그 후 채권자가 제기한 채권자대위소송에서 피보전채권의 존재를 다툴 수 있는지가 문제된다. 판례는 채무자가 채권자에 대하여 피보전채권을 인낙한 경우 채권자가 채무자에게 피보전채권을 가지고 있다는 점은 입증되었으므로, 제3채무자가 채권자대위소송에서 피보전채권의 존재를 다툴 수는 없다고 판시한 이

95 이에 관하여 최초로 판시한 것은 대법원 1986. 2. 11. 선고 85다534 판결이나, 좀 더 명확하게 법리를 설시한 것은 대법원 1993. 2. 12. 선고 92다25151 판결이다. 이후에도 다수의 판례가 있다.

96 문일봉, "채권자대위소송의 몇가지 문제점에 관한 검토 등 - 재소금지, 임의적 소송담당, 피보전권리와 관련하여 -", 법조 45권 9호(1995. 7.), 128 이하.

97 판결의 반사적 효력 일반에 관하여는, 정규상, "판결의 반사적 효력", 민사소송 제15권 제1호(2011. 5.), 425-451 참조.

98 문일봉, "채권자대위소송의 몇가지 문제점에 관한 검토 등 - 재소금지, 임의적 소송담당, 피보전권리와 관련하여 -", 법조 45권 9호(1995. 7.), 129 이하.

99 이재찬, "물권적 청구권이 채권자대위권의 피보전권리가 될 수 있는지 여부", 저스티스 제113호(2008. 10.), 258 이하.

100 정규상, "판결의 반사적 효력", 민사소송 제15권 제1호(2011. 5.), 442-443.

101 윤진수, "채권자가 채무자에 대하여 받은 패소판결이 채권자대위소송에 미치는 법률요건적 효력", 대법원판례해설 19-1호(93.12), 363.

래,[102] 같은 입장을 유지하여 왔다.[103]

판례의 '입증되었다'는 표현에 비추어 판례가 확정판결의 증명효에 기하여 판단한 것으로 볼 수도 있으나, 학설 다수는 사실인정 없이 순수히 소송법적 효과만을 가지는 인낙의 경우에도 제3채무자가 이를 다툴 수 없다는 점에서 단순한 사실인정의 문제 내지 증명효의 문제는 아니라고 지적하면서,[104] 판례가 반사적 효력설을 취한 것으로 보아 판례의 결론을 지지하고 있으며, 그 근거는 대체로 앞에서 소개한 바와 같다.[105] 반면에 채권자의 채무자에 대한 피보전권리가 판결이나 화해 등에 의하여 확정되었더라도 채권자대위소송의 상대방(제3채무자)은 이를 다툴 수 있어야 한다고 주장하면서 판례의 태도를 정면으로 비판하는 견해도 있다.[106] 또 이를 반사적 효력이나 구성요건적 효력으로 보는 것은 적절하지 않고, 판결의 증명효로 보아야 한다는 견해도 있다.[107]

한편 판례는, "채권자의 채무자에 대한 청구권의 취득이, 채권자로 하여금 채무자를 대신하여 소송행위를 하게 하는 것을 주목적으로 이루어진 경우와 같이, 강행법규에 위반되어 무효라고 볼 수 있는 경우 등에는 [채권자의 채무자에 대한] 확정판결에도 불구하고 채권자대위소송의 제3채무자에 대한 관계에서는 피보전권리가 존재하지 아니한다고 보아야 한다. 이는 위 확정판결 또는 그와 같은 효력이 있는 재판상 화해조서 등이 재심이나 준재심으로 취소되지 아니하여 채권자와 채무자 사이에서는 그 판결이나 화해가 무효라는 주장을 할 수 없는 경우라 하더라도 마찬가지이다."라고 하여, 승소확정판결이나 이와 동일한 효력이 있는 화해조서 등이 있는 경우에도 재심이나 준재심을 거치지 않고 제3채무자가 피보전채권

102 대법원 1995. 12. 26. 선고 95다18741 판결(그 이전에도 피보전채권에 관한 채권자-채무자 간 확정판결이 있는 경우 제3채무자가 피보전채권의 존재를 다툴 수 없다고 판시한 대법원 1989. 6. 27. 선고 88다카9111 판결 등이 있으나, 이를 증명효의 문제로 본 것은 이 판결이 처음이다).

103 대법원 1998. 3. 27. 선고 96다10522 판결, 대법원 2003. 4. 11. 선고 2003다1250 판결, 대법원 2007. 5. 10. 선고 2006다82700, 82717 판결 등.

104 주석 민법, 채권총칙(2)(제4판), 한국사법행정학회(2013), 123~124(손진홍).

105 문일봉, "채권자대위소송의 몇가지 문제점에 관한 검토 등 - 재소금지, 임의적 소송담당, 피보전권리와 관련하여 -", 법조 45권 9호(1995. 7.), 140 이하; 이재찬, "물권적 청구권이 채권자대위권의 피보전권리가 될 수 있는지 여부", 저스티스 제113호(2008. 10.), 258 이하; 정규상, "판결의 반사적 효력", 민사소송 제15권 제1호(2011. 5.), 444 등.

106 윤진수, 민법논고 Ⅶ, 박영사(2015), 434-436.

107 오수원, 민법연구(제1권) 채권자대위권, 박영사(2016), 408.

의 존재에 대하여 다툴 길을 열어놓고 있다.[108]

반사적 효력설에 의할 경우, 위와 같은 판례는 기판력의 절대적 불가쟁성과 달리 사해소송 등의 경우에는 반사적 효력을 부정할 수 있다는 반사적 효력의 특성에 따른 것이 된다.[109] 반면 반사적 효력을 부정하는 견해에 의하면, 채권자의 채무자에 대한 피보전권리가 판결이나 화해 등에 의하여 확정되었더라도 반사적 효력이 미치지 않아(그 피보전권리가 강행법규 위반으로 무효인지 여부와 관계없이) 채권자대위소송의 상대방은 언제나 이에 구속되지 않고 원래부터 피보전채권의 존재를 다툴 수 있으므로, 채권자와 채무자 간의 전소 확정판결 등이 강행법규 위반이 아닌 경우에까지 위와 같은 논리가 확장되어야 하는 것이 된다.[110]

실무적으로는 과연 어떤 경우에 피보전채권에 관한 승소확정판결에도 불구하고 제3채무자가 피보전채권의 존재를 다툴 수 있는지 구체적인 사안별로 상당한 논란이 있을 것으로 예상된다.

4) 피보전채권의 존부에 관한 제3채무자의 주장·항변 범위

피보전채권의 존재에 관하여 승소확정판결이 없는 한 제3채무자는 채권자대위소송에서 피보전채권의 존재를 다툴 수 있다. 이 때 제3채무자가 피보전채권의 존재를 부정하기 위하여 어떠한 사유를 주장할 수 있는지가 문제된다.

우선, 제3채무자는 피보전채권의 존재를 부인하는 주장을 당연히 할 수 있다.

항변의 경우에는 다소 논란이 있다. 이러한 논란은, 그동안 판례가 '채권자대위소송의 제3채무자는 시효이익을 직접 받는 자가 아니어서 피보전채권이 시효소멸되었다는 채무자의 항변권을 원용할 수 없다'고 판시하면서, '채권자대위소송에서 제3채무자는 채무자가 채권자에 대하여 가지는 항변으로 대항할 수 없다'는 일반론을 앞에 덧붙이기도 하고,[111] 채무자의 채권자에 대한 도로점용허가 철회권을 제3채무자가 원용할 수 있는지에 관하여, "채권자 대위권을 행사하는 사건에 있어서, 제3채무자는 채무자가 채권자에게 주장할 수 있는 사유를 원용할 수 있

108 피보전채권의 취득이 소송신탁 목적이었던 경우로 대법원 2015. 9. 24. 선고 2014다74919 판결; 토지거래허가제도 잠탈 목적이었던 경우로 대법원 2019. 1. 31. 선고 2017다228618 판결. 이와 반대 취지의 대법원 1975. 8. 19. 선고 74다2229 판결은 사실상 폐기된 것으로 보인다.

109 이시윤, 신민사소송법(제14판), 박영사(2020), 674.

110 윤진수, "채권자의 채무자에 대한 승소확정판결이 채권자대위소송에 미치는 영향 - 대법원 2019. 1. 31. 선고 2017다228618 판결 -", 법률신문(2020. 1. 20.).

111 대법원 1992. 11. 10. 선고 92다35899 판결 외 다수.

는 것이 아니다."[112]라고 설시하기도 하여, 마치 제3채무자는 채무자가 채권자에 대하여 가지는 항변은 그 종류를 불문하고 일체 원용할 수 없는 것처럼 해석될 여지를 남겼던 데에서 비롯되었다.

그러나 여기서 제3채무자가 원용할 수 없는 채무자의 '항변권'은 강학상의 '사실항변'이 아닌 '권리항변'만을 가리킨다고 보아야 할 것이다.[113] 사실항변은 변제, 면제 등 그 항변을 구성하는 사실관계가 주장되어 있는 이상 그것이 항변에 의하여 이익을 받을 자에 의하여 주장되는지 그 상대방에 의하여 주장되는지를 묻지 않고 항상 법원이 참작하여야 하지만, 권리항변은 유치권, 형성권 행사 등 항변권 취득의 사실관계가 소송상 주장되어 있더라도 권리자가 권리를 행사할 의사를 표명하지 않는 한 법원이 참작할 수 없는 항변이다.[114]

대법원은 제3채무자가 피보전채권의 발생원인이 무효라는 주장을 할 수 있는지에 관하여, "채권자가 채권자대위소송을 제기한 경우, 제3채무자는 채무자가 채권자에 대하여 가지는 항변권이나 형성권 등과 같이 권리자에 의한 행사를 필요로 하는 사유를 들어 채권자의 채무자에 대한 권리가 인정되는지 여부를 다툴 수 없지만, 채권자의 채무자에 대한 권리의 발생원인이 된 법률행위가 무효라거나 위 권리가 변제 등으로 소멸하였다는 등의 사실을 주장하여 채권자의 채무자에 대한 권리가 인정되는지 여부를 다투는 것은 가능하고, 이 경우 법원은 제3채무자의 주장을 고려하여 채권자의 채무자에 대한 권리가 인정되는지 여부에 관하여 직권으로 심리·판단하여야 한다."고 판시하여 제3채무자도 사실항변은 할 수 있음을 명확히 하였다.[115]

위 판시에서 설시한 바와 같이, 제3채무자가 피보전채권의 존재를 다투는 사실항변을 한 경우, 피보전채권의 존부는 당사자적격의 문제로서 직권조사사항에 해당하므로(통설·판례), 법원은 제3채무자의 주장을 고려하되 피보전채권의 존부를 직권으로 심리, 판단할 수 있다. 따라서 여기에서의 제3채무자의 사실항변은 본안에서의 사실항변과 같이 엄격하게 변론주의가 적용되는 사항은 아니다.

112 대법원 1995. 5. 12. 선고 93다59502 판결.

113 김정민, "채권자대위소송에서 제3채무자가 피보전채권의 발생원인인 법률행위가 무효라는 주장을 할 수 있는지 여부", 대법원판례해설 제105호, 57-63.

114 日最判 1952. 11. 27. 다만 소멸시효 항변이 형성권 행사 등과 같이 권리항변인지 여부는 논란이 있다. 노재호, "소멸시효의 원용: 원용권자의 범위와 원용권자 상호간의 관계를 중심으로", 사법논집 제52집(2011), 247-248.

115 대법원 2015. 9. 10. 선고 2013다55300 판결.

한편 채무자가 채권자에 대하여 가지는 권리항변 사유는 제3채무자가 원용할 수 없다. 이렇게 보는 이유는, 항변권(권리항변에서의)이나 형성권은 권리자인 채무자가 행사 여부를 결정할 수 있고, 그에 따라 법률관계가 달라지므로, 권리자 아닌 제3채무자가 이를 행사 내지 원용할 수 없음이 당연하고,[116] 채무자 자신이 권리를 행사하는 경우보다 제3채무자가 더 유리한 지위에 서게 될 이유도 없기 때문이라고 한다.[117]

이 문제는 주로 제3채무자가 채무자의 채권자에 대한 소멸시효 항변을 원용할 수 있는지와 관련하여 주로 다루어졌는데, 대법원은 앞서 본 바와 같이 '채권자대위소송의 제3채무자는 시효이익을 직접 받는 자가 아니어서 피보전채권이 시효소멸되었다는 채무자의 항변권을 원용할 수 없다'고 일관되게 판시하여 왔다.[118] 이러한 대법원의 태도가 타당한지에 관하여는, 소멸시효의 효력에 관한 절대적 효력설과 상대적 효력설, 소멸시효 항변이 권리항변인지 사실항변인지 등(대법원의 태도가 소멸시효의 상대적 소멸설에 따른 것인지, 아니면 절대적 효력설에 의하면서도 소멸시효 항변의 성격을 권리항변으로 보기 때문인지)과 관련하여 많은 논란이 있다.[119]

판례는 소멸시효 항변 외에도, 앞서 본 바와 같이 채무자가 채권자에 대하여 가지는 도로점용허가 철회권을 제3채무자가 원용할 수 없다고 보았다.[120]

제3채무자가 채무자가 가지는 권리항변권을 직접 행사할 수 있는가와는 별개로, 채무자가 스스로 피보전채권을 소멸시키거나 부존재하게 하는 항변권(권리항변)을 행사하였고 그것이 채권자대위소송에서 현출된 경우, 법원은 피보전채권의 존재를 부정하고 당사자적격이 없다는 이유로 소를 각하할 수 있다. 대법원은, 채권자가 채무자에 대한 채권을 보전하기 위하여 제3채무자를 상대로 채무자의 제3채무자에 대한 채권에 기한 이행청구의 소를 제기하는 한편, 채무자를 상대로 별소로 피보전채권에 기한 이행청구의 소를 제기한 사안에서, 채무자가 자신이 피고로 된 그 소송절차에서 소멸시효를 원용하는 항변을 하였고, 그러한 사유가 제3채무자에 대한 채권자대위소송에서 현출되었으며, 법원의 심리 결과, 실제로 피

116 김정민, "채권자대위소송에서 제3채무자가 피보전채권의 발생원인인 법률행위가 무효라는 주장을 할 수 있는지 여부", 대법원판례해설 제105호, 62.

117 주석 민법, 채권총칙(2)(제4판), 한국사법행정학회(2013), 170(손진홍).

118 대법원 1992. 11. 10. 선고 92다35899 판결 외 다수.

119 위와 같은 논란 전반에 관하여는, 김병선, "채권자대위소송에서 피보전채권의 소멸시효완성과 제3채무자의 항변", 법학논집 15권4호(2011. 6.) 참조.

120 대법원 1995. 5. 12. 선고 93다59502 판결.

보전채권의 소멸시효가 적법하게 완성된 것으로 판단되면, 채권자는 더 이상 채무자를 대위할 권한이 없게 된다고 보았다.[121] 즉 이미 채무자가 같은 소송에서든 별소에서든 채권자에 대하여 자신의 권리항변을 하였다면, 제3채무자도 채권자대위소송에서 채무자의 위와 같은 항변권 행사 결과 피보전채권이 부존재 또는 소멸하였다는 항변을 할 수 있다는 것이다.[122] 이미 채무자에 의하여 항변권이 행사된 결과 피보전채권이 존재하지 않게 되었다는 이러한 제3채무자의 항변은 그 성격상 사실항변에 해당할 것이다.

나. 피보전적격

1) 개설

민법 제404조는 '채권'의 보전을 위하여 채권자대위권을 행사할 수 있다고 규정하고 있다. 이 때 채권자대위권의 피보전권리가 될 수 있는 '채권'의 의미와 범위를 어디까지로 볼 지가 문제된다. '채권자의 권리가 보전에 적합할 것'을 피보전적격이라고 칭하기도 한다.[123]

피보전적격과 관련해서는, 금전채권이 아닌 비금전채권의 보전을 위한 경우, '채권'이 아닌 '물권적 청구권'의 보전을 위한 경우, 재산적 권리가 아닌 비재산적 권리의 보전을 위한 경우가 주로 문제된다.

통설인 청구권설은, 채권자대위권의 피보전채권은 협의의 채권만이 아니라 널리 '청구권'을 뜻하며, 여기에는 물권적 청구권이나 작위·부작위채권 등도 포함된다고 본다.[124] 단 이 견해도 모든 청구권에 피보전적격이 인정된다고 보는 것은 아니고, 그 청구권이 보전에 적합한 성격일 것을 요구한다.[125] 이에 대하여는, 개별적인 '청구권'의 성격에 따라 피보전적격이 인정되는지를 구체적으로 따져보아야 한다는 소수설이 있다.[126] 어느 견해에 의하든 청구권이라는 것만으로 무조건 채권자대위권의 피보전적격이 인정되지는 않고 구체적으로 따져보아야 한다는 점에서 실무상 큰 차이는 없다.

121 대법원 2008. 1. 31. 선고 2007다64471 판결.

122 이동훈, "채권자대위소송에서 제3채무자의 소멸시효 항변", 대법원판례해설 75호(2008.12), 37 이하.

123 주석 민법, 채권총칙(2)(제4판), 한국사법행정학회(2013), 124(손진홍).

124 민법주해 IX, 채권(2), 박영사(1995), 750(김능환); 주석 민법, 채권총칙(2)(제4판), 한국사법행정학회(2013), 124(손진홍).

125 곽윤직, 채권총론(민법강의Ⅲ), 박영사(2018), 138.

126 김상용, 채권총론(제3판), 화산미디어(2016), 222; 이은영, 채권총론(제4판), 박영사(2009), 428-429; 윤철홍, 채권총론(제3전정판), 법원사(2018), 245.

한편, 그 청구권의 불이행 시 장차 손해배상채권으로 변할 수 있는 것은 결국 채무자의 일반재산으로 공동담보되므로 피보전적격이 있다거나,[127] 혹은 부작위채권이나 노무공급채권 등은 그 불이행으로 손해배상채권으로 바뀐 후에야 비로소 피보전적격이 생긴다는 견해가 있다.[128] 이에 대하여는 다시, 이러한 견해는 피보전권리 자체의 보전과 손해배상채권의 보전을 혼동한 것이고, 다양한 피보전권리의 보전을 위하여 채권자대위제도가 활용되는 측면을 반영하지 못하였다는 비판이 있다.[129]

판례는 통설과 같이 금전채권, 특정채권, 물권적 청구권 모두에 대하여 피보전적격을 인정하나, 청구권이 재산권이라고 보기 어렵거나 아직 구체적인 권리라고 볼 수 없는 등 일정한 경우에는 피보전적격을 부정한다.

이하에서는 청구권의 성격에 따른 피보전적격을 살펴본다.

2) 금전채권

프랑스 민법상의 채권자대위권은 본래 채무자의 책임재산(공동담보)의 보전을 목적으로 하므로, 금전채권은 당연히 피보전적격이 있다. 단 금전채권의 경우 반드시 채무자가 무자력이어야 하는가, 아니면 무자력이 아니더라도 밀접성, 관련성 등이 있으면 보전의 필요성이 인정될 수 있는가가 문제되는데, 이 점은 엄밀하게 말하면 피보전적격이 아니라 보전의 필요성의 문제이므로, 해당 항목에서 검토한다.

다만 앞서 본 바와 같이, 채권자대위권은 본래 프랑스법상 채권집행제도의 미비를 보완하고 책임재산(공동담보)를 보전하기 위하여 만들어졌으나 그 후 채권집행제도가 완비되었으며, 채권자대위권 행사로 채무자가 처분권을 박탈당하는 반면 채권자는 사실상 독점적 만족을 얻게 되는 것은 적절하지 않으므로, 추심소송과 경합하는 범위에서의 채권자대위권 제도(금전채권을 피보전채권으로 한 채무자의 일반재산 보전)는 폐지하고 채권보전 본연의 기능은 추심명령이나 보전처분에 흡수시켜야 한다는 견해[130]도 주장된다.

127 김주수, 채권총론, 삼영사(2003), 216-217; 강봉석, "채권자대위권에 있어서 채권보전의 필요성", 민사판례연구 24권, 박영사(2002), 181.

128 김기선, 한국채권법총론, 법문사(1987), 179.

129 오수원, "채권자대위권에 있어서 채권자의 채권(피보전권리)", 민사법연구 제21집(2013. 12.), 172.

130 三ケ月章, "わが国の代位訴訟·取立訴訟の特異性とその判決の効力の主観的範囲—法定訴訟担当及び判決効の理論の深化のために—", 民事訴訟法研究 第6巻, 有斐閣(1978), 48 이하; 平井一雄, "債權者代位權," 民法講座4, 債權總論, 星野英一編, 有斐閣(1985), 137 이하; 강봉석, "채권자대위권에 있어서 채권보전의 필요성", 민사판례연구 24권, 박영사(2002), 181; 정다영, "채권자대위권의 기능 및 행사의 효과", 재산법연구 제34권 제2호(2017. 8), 15-19 등.

이에 대하여는, 금전채권 보전을 위한 비금전채권의 대위행사나 취소권, 해제권, 형성권의 행사 등 보전처분이나 채권집행으로는 해결되지 않는 채권자대위 자체의 효용이 있고, 추심소송과의 경합 등 금전채권을 피보전채권으로 하는 채권자대위권 행사의 문제점은 직접청구권화로 인한 것이지 채권자대위제도 자체의 문제는 아니라는 지적이 있다.[131]

채권이 반드시 사적인 것일 필요는 없다. 판례는, 조세채권자인 국가는 납세의무자가 조세채무를 변제할 충분한 자력을 가지고 있지 아니함에도 불구하고 제3자에 대한 권리를 실현하지 아니하는 경우 채권자대위권 행사를 통하여 납세의무자의 일반재산을 확보·보전할 필요성이 있고, 국세기본법 제28조 제3항 제5호에서 민법 제404조에 따른 채권자대위소송 제기를 소멸시효 중단사유로 규정하고 있으며, 조세채권을 피보전채권으로 하여 조세채무자의 제3자에 대한 권리를 대위행사한다고 하여 납세의무의 확대라고는 볼 수 없다는 등의 이유로, 국가가 조세채권의 보전을 위하여 납세의무자의 제3자에 대한 채권을 대위행사하는 것을 긍정한다.[132]

3) 특정채권

금전채권뿐만 아니라 특정채권 또한 채권자대위권의 피보전권리가 될 수 있다. 이하 실무상 피보전채권으로 자주 등장하는 특정채권을 살펴본다.

① 매매, 취득시효 완성 등을 원인으로 한 채권적 소유권이전등기청구권을 가진 자는 그 이전등기청구권을 피보전채권으로 하여 채무자가 제3자에 대하여 가지는 각종 물권(소유권에 기한 원인무효 등기의 말소청구권,[133] 불법점유자에 대한 인도청구권 등[134] 등), 채권(부동산 전전양도 시 원매수인의 원매도인에 대한 소유권이전등기청구권[135] 등)을 대위행사할 수 있다.

② 임차인은 목적물 사용수익권에 기하여 임대인의 제3자에 대한 목적물인

131 오수원, "채권자대위권에 있어서 채권자의 채권(피보전권리)", 민사법연구 제21집(2013. 12.), 183-184.
132 대법원 2019. 4. 11. 선고 2017다269862 판결.
133 대법원 2017. 12. 5. 선고 2017다237339 판결.
134 대법원 1980. 7. 8. 선고 79다1928 판결.
135 대법원 1969. 10. 28. 선고 69다1351 판결. 중간생략등기의 요건을 갖추지 못하는 한 전전매수인이 최초 매도인을 상대로 직접 소유권이전등기청구를 할 수 없고, 원매수인을 대위하여 순차 소유권이전등기청구를 할 수밖에 없다. 소유권이전등기청구권 양도의 경우에도 양도통지만으로는 양도의 효력이 발생하지 않고, 원매도인의 동의나 승낙이 필요하다(대법원 2001. 10. 9. 선고 2000다51216 판결). 단 시효취득을 원인으로 한 소유권이전등기청구권의 경우 원소유자와 시효취득자 간에 신뢰관계가 존재하지 않으므로 통지만으로도 양도의 효력이 발생한다(대법원 2018. 7. 12. 선고 2015다36167 판결).

도청구권 등 방해배제청구권을 대위행사할 수 있다.[136]

③ 비대체적 작위채권인 정유업체가 도로공사와의 계약에 따라 도로공사에 대하여 가지는 고속도로상 특정 주유소에 대한 석유제품공급권 및 상표 표시권,[137] 토지거래허가구역 내 토지의 매수인이 매도인에 대하여 가지는 토지거래허가신청 절차의 협력의무의 이행청구권[138] 등 비전형계약상의 채권이나 부동적 무효 상태의 계약에 기한 권리도 피보전권리가 될 수 있다.

④ 대내적인 처분권과 대외적인 소유권이 분리된 경우에도 채권자대위권이 활발히 이용되고 있다. 명의신탁이나 양도담보 등 대내적인 처분권은 명의신탁자 또는 담보설정자에게 있으나 대외적으로는 수탁자나 양도담보권자가 소유자인 경우, 명의신탁자나 양도담보설정자가 직접 물권자로서 제3자의 침해에 대한 배제를 구할 수는 없으므로, 명의신탁자는 수탁자에 대한 권리를 피보전권리로 하여, 양도담보설정자는 양도담보권자에 대한 채무변제 후의 이전등기청구권을 피보전권리로 하여, 각기 명의수탁자[139]나 양도담보권자[140]를 대위하여 이들의 방해배제권을 대위행사하여야 한다. 미등기 무허가건물의 양수인 또한 원소유자와의 관계에서 건물에 대하여 사실상의 처분권을 가지고 있다 하더라도 등기하지 않은 이상 소유권을 취득하지는 못하였으므로, 불법점유자 등 제3자에 대하여 방해배제청구권을 직접 행사할 수는 없고, 건물의 원시취득자를 대위하여 자신에게 건물을 인도할 것을 구하여야 한다.[141]

이처럼 특정채권을 보전하기 위하여 채권자대위권을 행사하는 경우에는 무자력을 요건으로 하지 않는다는 것이 통설·판례이다(이에 관하여는 보전의 필요성 항목에서 상술한다). 앞서 본 바와 같이 이를 전용형 채권자대위권이라고 부르기도 한다.

136 대법원 1964. 12. 29. 선고 64다804 판결.
137 대법원 2001. 5. 8. 선고 99다38699 판결.
138 대법원 1995. 9. 5. 선고 95다22917 판결.
139 대법원 1979. 9. 25. 선고 77다1079 전원합의체 판결.
140 대법원 2009. 9. 10. 선고 2009다34160 판결.
141 대법원 2007. 6. 15. 선고 2007다11347 판결.

4) 물권적 청구권

민법 제404조는 '채권'을 보전하기 위하여 채권자대위권을 행사할 수 있다고 규정하고 있으나, 채권뿐만 아니라 물권적 청구권도 피보전권리가 될 수 있다는 것이 통설이나.[142] 물권적 청구권의 피보전적격을 긍정하는 견해는, 물권 자체는 대세적이지만 물권적 청구권은 특정 침해자에 대하여 발생하는 상대적인 권리로서 채권과 유사한 측면이 있고,[143] 변제, 이행지체, 수령지체 등 채권 편의 여러 규정이 성질에 반하지 않는 한 물권적 청구권에 준용되는데, 채권자대위권 또한 특별히 물권적 청구권의 성질에 반한다고 볼 이유가 없음을 근거로 들고 있다.[144] 또 물권적 청구권에 기한 제3자에 대한 직접청구권과 채권자대위에 의한 제3자에 대한 청구권이 병존할 수 있고,[145] 물권자가 제3자에게 직접청구권을 행사하기 어려운 경우(제3자가 통정허위표시에서의 선의의 제3자이거나 계약해제에서의 제3자인 경우 등)에 채권자대위권에 의할 실익이 있다고 한다.[146]

물권적 청구권의 피보전적격을 부정하는 견해는, 물권은 성질상 제3자에게도 주장할 수 있는 것이므로, 제3자가 물권의 행사를 방해하고 있으면 그 제3자에 대하여 직접 물권적 청구권을 행사하면 되지, 굳이 다른 사람의 권리를 대위할 필요가 없고, 만약 제3자에게 물권적 청구권을 직접 행사하는 것이 불가능하다면 이를 피보전권리로 하는 채권자대위권도 행사할 수 없으며, 채권자대위권의 피보전권리를 '채권'으로 규정한 민법 제404조의 문언에도 반한다는 점을 근거로 든다.[147] 물권적 청구권은 근본적으로 대세적인 권리이고 소멸시효도 없다는 점에서 채권과는 다르고 채권편의 채권양도나 채권소멸 규정도 대부분 물권적 청구권에

142 민법주해 IX, 채권(2), 박영사(1995), 750(김능환); 주석 민법, 채권총칙(2)(제4판), 한국사법행정학회(2013), 125(손진홍).

143 민법주해 V, 물권(2), 박영사(1992), 182(양창수).

144 송평근, "물권적 청구권인 철거청구권을 피보전권리로 하는 채권자대위권이 인정되는지 여부 및 임대인의 임대차계약 해지권이 채권자대위권 행사의 대상이 될 수 있는지 여부 등", 대법원판례해설 제67호(2007. 상), 245-246; 이재찬, "물권적 청구권이 채권자대위권의 피보전권리가 될 수 있는지 여부", 저스티스 제113호(2008. 10.), 253.

145 송평근, "물권적 청구권인 철거청구권을 피보전권리로 하는 채권자대위권이 인정되는지 여부 및 임대인의 임대차계약 해지권이 채권자대위권 행사의 대상이 될 수 있는지 여부 등", 대법원판례해설 제67호(2007. 상), 248.

146 이재찬, "물권적 청구권이 채권자대위권의 피보전권리가 될 수 있는지 여부", 저스티스 제113호(2008. 10.), 254.

147 윤진수, "2007년도 주요 민법 관련 판례 회고", 법학 49권 1호(146호), 353~354. 같은 취지로 오수원, "채권자대위권에 있어서 채권자의 채권(피보전권리)", 민사법연구 제21집(2013. 12.), 176.

준용되지 않으며, 물권적 청구권을 직접 행사할 수 있는 대부분의 경우에 굳이 채권자대위권이라는 우회로를 인정함으로써 대위행사로 인한 비용상환 문제 등 생략해도 될 법률문제를 생산해 내는 것은 바람직하지 못하고 보충성도 인정되지 않아 보전의 필요성도 부정된다는 주장도 있다.[148]

대법원은 2007. 5. 10. 선고 2006다82700, 82717 판결에서 물권적 청구권이 채권자대위권의 피보전권리가 될 수 있음을 명시적으로 판시하였다. 대법원은 대지 소유자가 건물 소유자에 대한 건물 철거청구권을 피보전권리로 하여 건물 소유자의 건물 점유자에 대한 임대차 해지권 및 건물 인도청구권을 대위행사한 사안에서, "채권자는 채무자에 대한 채권을 보전하기 위하여 채무자를 대위해서 채무자의 권리를 행사할 수 있는바, 채권자가 보전하려는 권리와 대위하여 행사하려는 채무자의 권리가 밀접하게 관련되어 있고 채권자가 채무자의 권리를 대위하여 행사하지 않으면 자기 채권의 완전한 만족을 얻을 수 없게 될 위험이 있어 채무자의 권리를 대위하여 행사하는 것이 자기 채권의 현실적 이행을 유효·적절하게 확보하기 위하여 필요한 경우에는 채권자대위권의 행사가 채무자의 자유로운 재산관리행위에 대한 부당한 간섭이 된다는 등의 특별한 사정이 없는 한 채권자는 채무자의 권리를 대위하여 행사할 수 있어야 하고, 피보전채권이 특정채권이라 하여 반드시 순차매도 또는 임대차에 있어 소유권이전등기청구권이나 인도청구권 등의 보전을 위한 경우에만 한하여 채권자대위권이 인정되는 것은 아니며, 물권적 청구권에 대하여도 채권자대위권에 관한 민법 제404조의 규정과 위와 같은 법리가 적용될 수 있다."고 하여, 채권자대위권 행사를 긍정하였다.[149]

5) 지적재산권

특허권이나 전용실시권(특허법 제126조), 실용신안권(실용신안법 제30조), 상표권(상표법 제65조), 저작권이나 저작인접권(저작권법 제123조) 등의 지적재산권은 물권유사의 대세적인 권리로서, 지적재산권자는 자신의 권리를 침해한 자 또는 침해할 우려가 있는 자 누구에 대하여나 침해금지청구권을 가진다. 따라서 지적재산

148 정병호, "물권적 청구권이 채권자대위권의 피보전권리가 될 수 있는지 여부", 법조 57권 10호(2008. 10), 336-338.

149 이 판례의 평석으로는, 송평근, "물권적 청구권인 철거청구권을 피보전권리로 하는 채권자대위권이 인정되는지 여부 및 임대인의 임대차계약 해지권이 채권자대위권 행사의 대상이 될 수 있는지 여부 등", 대법원판례해설 제67호(2007. 상); 정병호, "물권적 청구권이 채권자대위권의 피보전권리가 될 수 있는지 여부", 법조 57권 10호(2008.10); 이재찬, "물권적 청구권이 채권자대위권의 피보전권리가 될 수 있는지 여부", 저스티스 제113호(2008. 10.) 등 참조.

권 자체를 피보전권리로 한 채권자대위권의 행사는 실무상 거의 문제되지 않는 것으로 보인다.[150]

그러나 특허권의 통상실시권, 저작권의 독점적 이용허락계약에 따른 독점적 이용권 등의 경우, 기본적으로 채권적 권리로서 대세효가 인정되지 않고 관련법상 그 권리자에게 직접 침해금지청구권을 부여하는 명문의 규정을 두고 있지 않다. 따라서 이들이 직접 자신의 특허권 통상실시권이나 저작물의 독점적 이용권에 기하여 제3자를 상대로 침해정지청구를 할 수는 없다는 것이 통설,[151] 판례[152]이다. 그렇다면 이들이 자신의 통상실시권이나 저작물의 이용권을 피보전권리로 하여 지적재산권자의 침해금지청구권 등을 대위행사할 수 있는지가 문제된다.

먼저, 저작권의 독점적 이용허락계약의 경우, 판례는 "저작권법은 특허법이 전용실시권제도를 둔 것과는 달리 침해정지청구권을 행사할 수 있는 이용권을 부여하는 제도를 마련하고 있지 아니하여, 이용허락계약의 당사자들이 독점적인 이용을 허락하는 계약을 체결한 경우라도 그 이용권자가 독자적으로 저작권법상의 침해정지청구권을 행사할 수는 없다. 따라서 이용허락의 목적이 된 저작권법이 보호하는 재산권의 침해가 발생하는 경우에도 그 권리자가 스스로 침해정지청구권을 행사하지 아니하는 때에는 독점적인 이용권자로서는 이를 대위하여 행사하지 아니하면 달리 자신의 권리를 보전할 방법이 없을 뿐만 아니라, 저작권법이 보호하는 이용허락의 대상이 되는 권리들은 일신전속적인 권리도 아니어서 독점적인 이용권자는 자신의 권리를 보전하기 위하여 필요한 범위 내에서 권리자를 대위하여 저작권법 제91조에 기한 침해정지청구권을 행사할 수 있다."고 판시하여 침해정지청구권의 대위행사를 긍정하였다.[153] 한편 독점적 번역출판권의 경우, 그 채권자대위권에서의 피보전적격 자체는 인정하되, 다만 제3자가 작성한 저작물이 원저작물의 번역물이라고 볼 수 없는 때에는 독점적 번역출판권자가 저작권자를

150 대세효가 있는 지적재산권은 물권적 청구권과 마찬가지로 채권이 아니라 배타적, 대세적 권리이므로 그 피보전적격이 부인되어야 한다는 견해로는, 오수원, "채권자대위권에 있어서 채권자의 채권(피보전권리)", 민사법연구 제21집(2013. 12.), 177-178; 박성수, "저작권법상 복제권의 침해방조와 채권자대위에 의한 침해금지청구의 행사 및 보전의 필요성", 대법원판례해설 69호(2007.12), 691.

151 최성준, "지적재산권 분쟁처리 실무", 인권과 정의 410호(2010. 10.), 114.

152 대법원 2007. 1. 25. 선고 2005다11626 판결.

153 대법원 2007. 1. 25. 선고 2005다11626 판결. 이 판결의 평석으로는 박성수, "저작권법상 복제권의 침해방조와 채권자 대위에 의한 침해금지청구의 행사 및 보전의 필요성", 대법원판례해설 69호(2007.12) 참조.

대위하여 그 제3자를 상대로 침해정지 등을 구할 보전의 필요성이 있다고 할 수 없다고 보았다.[154]

특허권의 비독점적 통상실시권의 경우, 제3자가 정당한 권한 없이 특허발명을 실시하더라도 통상실시권자는 그 특허발명을 계속해서 실시할 수 있고, 제3자에 의한 침해가 있더라도 실시권자의 매상고감소 등에 의한 불이익의 가능성은 예상되지만 특허발명의 실시 그 자체가 불능 또는 곤란하게 된다는 것은 논리상 있을 수 없으므로, 통상실시권자가 자신의 실시권을 행사하기 위하여 제3자에 의한 특허발명의 실시를 반드시 금지시켜야만 하는 견련관계가 성립할 수는 없고, 결국 비독점적 통상실시권자는 특허권자의 금지청구권이나 손해배상청구권을 대위행사할 보전의 필요성을 갖추었다고 볼 수 없다는 것이 통설이다.[155]

한편 완전 독점적 통상실시권(특허권자가 제3자에게 새로운 통상실시권을 설정하여 주지 않기로 약정함은 물론, 자신도 특허권을 실시하지 않겠다고 약정한 경우)의 경우, 특허권자가 직접 금지청구권을 행사할 경제적 유인이 없고, 대위권을 인정하더라도 중복적으로 금지청구권을 행사할 다른 복수의 통상실시권자가 없음을 근거로 찬성하는 견해[156]와, 제3자의 침해행위가 있더라도 통상실시권자의 경제적 불이익은 별론으로 하고 특허발명의 실시 자체가 불가능하거나 곤란하게 되지는 않으므로 통상실시권을 피보전권리로 할 수 없고, 전용실시권의 등록을 권장하는 측면에서 독점적 통상실시권자에게 금지청구권의 대위행사를 인정하지 않는 것이 바람직하다는 점을 들어 반대하는 견해[157]가 갈린다.

저작물의 독점적 이용권자나 특허권의 독점적 통상실시권자가 제3자의 채권침해 법리에 기하여 제3자를 상대로 직접 손해배상청구를 할 수 있는지에 관하여

154 대법원 2007. 3. 29. 선고 2005다44138 판결. 이 판결의 평석으로는 오영준, "번역저작권 침해 여부의 판단 기준과 독점적 번역출판권자의 채권자대위권 행사", 대법원판례해설 70호 (2007.12) 참조.

155 권택수, "통상실시권의 효력과 관련한 몇 가지 문제(특히 금지청구권 및 손해배상청구권의 행사 등과 관련하여)", 특허소송연구 특별호-특허법원 개원 10주년 기념논문집(2008년), 487-488.

156 조영선, "특허실시권자의 손해배상 및 금지청구권", 저스티스 통권 115호(2009), 106-108.

157 권택수, "통상실시권의 효력과 관련한 몇 가지 문제(특히 금지청구권 및 손해배상청구권의 행사 등과 관련하여)", 특허소송연구 특별호-특허법원 개원 10주년 기념논문집(2008년), 496; 주석 민법, 채권총칙편(2)(제4판), 한국사법행정학회(2013), 130(손진홍); 박성수, "저작권법상 복제권의 침해방조와 채권자 대위에 의한 침해금지청구의 행사 및 보전의 필요성", 대법원 판례해설 제69호(2007년 상반기), 692.

는 견해가 갈리나, 학설은 대체로 긍정하고 있다.[158] 그러나 직접적인 손해배상청구권이 인정되지 않는 경우에도 저작권자나 특허권자를 대위하여 손해배상청구를 할 수는 있을 것이다.[159]

6) 그 밖에 피보전적격이 문제되는 경우

판례는 비재산적 권리, 아직 권리라고 할 수 없는 기대권이나 구체화되지 않은 불확정한 장래의 권리 등에서 피보전적격을 부정한다.

우선, 대표이사의 업무집행권 등은 대표이사의 개인적인 재산상의 권리가 아니며, 주주권도 어떤 특정된 구체적인 청구권을 내용으로 하는 것이 아니므로, 특별한 사정이 없는 한 대표이사의 업무집행권 등이나 주주의 주주권에 기하여 회사가 제3자에 대하여 가지는 특정물에 대한 물권적 청구권 등의 재산상의 청구권을 직접 또는 대위 행사할 수 없다고 본다.[160]

관할청으로부터 사용허가를 받아 국유재산을 점유하고 있는 연고권자로서 장차 이를 수의계약에 의하여 매수할 수 있는 지위에 있다는 기대를 가지고 있다는 것만으로는 국가에 대하여 보전할 사법상의 권리가 존재한다고 볼 수 없으므로, 이를 피보전권리로 하여 국가를 대위하여 소유권이전등기말소청구를 할 수 없다고 본다.[161]

이혼으로 인한 재산분할청구권은 협의 또는 심판에 의하여 그 구체적 내용이 형성되기까지는 그 범위 및 내용이 불명확·불확정하기 때문에 구체적으로 권리가 발생하였다고 할 수 없으므로 이를 보전하기 위하여 채권자대위권을 행사할 수

158 조영선, "특허실시권자의 손해배상 및 금지청구권", 저스티스 통권 115호(2009), 101-102; 권택수, "통상실시권의 효력과 관련한 몇 가지 문제(특히 금지청구권 및 손해배상청구권의 행사 등과 관련하여)", 특허소송연구 특별호-특허법원 개원 10주년 기념논문집(2008년), 490. 한편 갑 회사가 특허권자인 을 회사와 특허전용사용승인계약을 체결하였는데, 을 회사 대표이사 병이 직접 위 전용사용승인계약을 체결하고 갑 회사에 특허전용실시권을 설정하였음에도 이후 제3자에게 위 특허에 관한 통상실시권을 설정하여 특허기술이 적용된 공사를 수주할 수 있도록 한 사안에서, 병은 갑 회사의 전용실시권을 침해하는 불법행위를 한 자로서 갑 회사에 대하여 손해배상책임이 있고, 병의 행위가 을 회사의 직무에 관하여 이루어진 것이라고 하여 위 책임을 면할 수 없다고 한 대법원 판례가 있으나(대법원 2011. 5. 13. 선고 2010다58728 판결), 이를 직접적인 손해배상청구권의 근거로 일반화할 수 있는지는 의문이다.

159 남형두, "한미간 자유무역협정의 저작권집행 분야에 대한 국내법 이행 검토", 통상법률 82호(2008. 8.), 42-43; 최성준, "지적재산권 분쟁처리 실무", 인권과 정의 410호(2010. 10.), 116-117.

160 대법원 1978. 4. 25. 선고 78다90 판결, 대법원 1998. 3. 24. 선고 95다6885 판결.

161 대법원 1991. 7. 26. 선고 91다16624 판결.

없다고 본다.[162]

집행력·강제력이 없는 채권의 피보전적격도 살펴볼 필요가 있다. 일본 개정민법은 제423조 제3항에 "채권자는 그 채권이 강제집행에 의해 실현될 수 없는 것일 때에는 피대위권리를 행사할 수 없다."는 규정을 신설하여, 강제집행 가능성을 피보전적격의 인정요건으로 규정하였다. 이에 관하여 중간시안 보족설명에서는, 채권의 효력에는 일반적으로 ①급부보유력, ②청구력, ③소구력, ④집행력·강제력이 있는데, 채권자대위권은 채무자의 책임재산을 보전하고 강제 집행의 준비를 하기 위한 제도이기 때문에, 소구력이 있어도 집행력·강제력이 없는 채권은 피보전채권으로서의 적격성을 결여하고, 이에 관하여 해석상 이론이 없는 것을 명문화한 것이라고 설명한다.[163] 그러나 우리나라의 2014년 민법개정위원회 개정시안에서는 일본 개정민법 제423조 제3항과 같은 규정을 포함시키지 않았다. 살피건대 피보전채권의 집행력·강제력 유무는 일본 개정민법과 같이 피보전적격 문제로 다루기보다는 보전의 필요성 문제로서 포괄적으로 접근하는 것이 보다 적절해 보인다.

3. 피보전채권의 이행기 도래

가. 원칙

채권자라 하더라도 채무자가 자기재산을 관리하는 자유를 함부로 침해할 수 없으므로, 대위권을 행사하려면 그 채권이 이행기에 있어야 하는 것이 원칙이다.[164] 제404조 제2항은 "채권자는 그 채권의 기한이 도래하기 전에는 법원의 허가 없이 전항의 권리를 행사하지 못한다."라고 규정하고 있는데, 그 반대해석으로, 채권이 이행기에 도달한 때에는 법원의 허가 없이도 채권자대위권을 행사할 수 있다고 해석된다.[165]

이행기가 도래하면 족하고 집행권원까지 얻을 필요는 없으며,[166] 반드시 이행

162 대법원 1999. 4. 9. 선고 98다58016 판결. 피보전적격이 인정되어야 한다는 견해로는, 전경근, "재산분할청구권의 피보전채권성", 가족법연구 제17권 1호(2003. 9.), 120; 주석 민법, 채권총칙(2)(제4판), 한국사법행정학회(2013), 130(손진홍) 등. 한편 판례는 채권자취소권과 관련해서도, 협의 또는 심판에 의하여 구체화되지 않은 재산분할청구권은 채무자의 책임재산에 해당하지 아니하고, 이를 포기하는 행위 또한 채권자취소권의 대상이 될 수 없다고 본다(대법원 2013. 10. 11. 선고 2013다7936 판결).

163 法務省民事局参事官室, 民法（債権関係）の改正に関する中間試案の補足説明, 149-151.

164 주석 민법, 채권총칙(2)(제4판), 한국사법행정학회(2013), 130(손진홍).

165 민법주해 IX, 채권(2), 박영사(1995), 762(김능환).

166 민법주해 IX, 채권(2), 박영사(1995), 762(김능환).

지체에 빠져야 하는 것도 아니다.[167] 하급심 판결 중에는, 이행기가 도래한 이상 피보전채권에 동시이행항변권이 붙어 있더라도 법원의 허가 없이 채권자대위권을 행사할 수 있다고 본 경우가 있다.[168]

이행기 도래 여부는 채권의 이행기 도래에 관한 일반적인 판단기준에 의하면 족하다.[169] 이행기 도래 여부가 실무상 문제되는 경우는 흔치 않으나, 원고(캐피탈회사)의 피고(예금보험공사)에 대한 예금보험금청구에 대하여 피고가, '원고의 이 사건 청구에 응하여 보험금을 지급할 경우 피고가 부보금융기관(동아금고)에 대하여 갖게 되는 재단채권인 부당이득반환청구권'을 피보전권리로 하여 동아금고의 파산관재인을 대위하여 상계권을 행사한다는 주장을 하는 경우에도, 피고가 주장하는 위 부당이득반환청구권은 그 주장 자체에 의하여도 보험금이 지급된 경우에야 발생하는 것이어서 아직 그 이행기가 도래하지 않았으므로 채권자대위권의 행사요건을 갖추지 못하였다고 본 판례가 있다.[170]

명의신탁자가 명의수탁자를 대위하여 제3자에 대하여 방해배제청구권을 행사하는 경우, 판례는 별도로 피보전채권의 이행기 도래 여부에 관하여 판시함이 없이 "명의신탁자는 수탁자에 대하여 신탁계약상의 채권이 있으므로 명의신탁의 해지 없이도 그 채권을 보전하기 위하여 수탁자가 가지고 있는 원인무효로 인한 소유권이전등기말소절차이행청구권을 대위행사할 수 있다."고 판시한 바 있다.[171] 이에 관하여는 채권자대위권 행사로써 신탁자의 수탁자에 대한 명의신탁해지로 인한 등기청구권의 기한도 도래한 것이라고 보는 견해도 있으나,[172] 유효한 명의신탁에 있어(위 판례는 부동산실권리자 명의등기에 관한 법률 제정 전의 것이다) 명의신탁자는 명의신탁관계를 해지하지 않은 채 단지 목적물의 관리처분권만을 대위행사하는 것이므로,[173] 이러한 견해는 타당하지 않다. 이 경우의 피보전채권은 '명의신탁자가 명의수탁자에게 신탁목적물을 제대로 관리할 것을 요구할 수 있는 신탁계약상의 채권'이고, 이러한 권리는 항상 이행기가 도래한 상태라 할 것이다.[174] 위

167 주석 민법, 채권총칙(2)(제4판), 한국사법행정학회(2013), 130(손진홍).
168 서울고등법원 2012. 10. 18. 선고 2011나64944 판결.
169 주석 민법, 채권총칙(2)(제4판), 한국사법행정학회(2013), 130-131(손진홍).
170 대법원 2005. 11. 25. 선고 2004다39092 판결.
171 대법원 1993. 5. 11. 선고 92다52870 판결.
172 주석 민법, 채권총칙(2)(제4판), 한국사법행정학회(2013), 131(손진홍).
173 대법원 1989. 3. 14. 선고 88다카10890 판결.
174 민법주해 IX, 채권(2), 박영사(1995), 763(김능환).

와 같은 법리는 부동산실명제 하에서도 유효한 명의신탁에 관하여는 그대로 유지될 것이다. 무효인 명의신탁에서는 명의신탁자의 명의수탁자에 대한 원인무효로 인한 말소등기청구권이 피보전권리가 될 것이고, 이는 이미 명의신탁 당시부터 이행기가 도래한 상태일 것이다.

나. 예외

1) 민법 제404조 제2항은 아직 피보전권리의 이행기가 도래하지 않은 경우에도, 법원의 허가가 있거나 보전행위인 경우에는 채권자대위권을 행사할 수 있다고 규정한다.

2) 법원의 허가에 의한 대위는 비송사건절차법 '제3장 재판상 대위[175]에 관한 사건'에서 상세히 그 절차를 규정하고 있다.

비송사건절차법상의 대위허가 요건은 '자기 채권의 기한 전에 채무자의 권리를 행사하지 아니하면 그 채권을 보전할 수 없거나 보전하는 데에 곤란이 생길 우려가 있을 때'이다(비송사건절차법 제45조). 허가신청사건은 채무자의 보통재판적이 있는 곳의 지방법원이 관할하고(제46조), 법원은 대위의 신청이 이유 있다고 인정한 경우에는 담보를 제공하게 하거나 제공하게 하지 아니하고 허가할 수 있다(제48조). 법원은 대위의 신청을 허가한 경우 직권으로 채무자에게 고지하여야 한다(제49조 제1항). 위 고지를 받은 채무자는 그 권리를 처분할 수 없다(제49조 제2항). 비송사건에서의 심리 비공개(제13조)와 검사의 의견진술 및 심문참여권(제15조) 규정은 적용되지 않는다(제52조). 대위허가신청에 관한 재판에는 쌍방이 즉시항고로 불복할 수 있다(제50조).

위 고지 등을 포함하여 어떠한 사유로 인하였든 적어도 채권자대위권에 의한 소송이 제기된 사실을 채무자가 알았을 경우에는 그 판결의 효력은 채무자에게 미친다.[176]

허가에 의한 대위는 실무상 거의 이용되지 않고 있다. 그러나 2014년 민법개정위원회 개정시안 제404조 제2항에서는 이행기 미도래의 피보전권리에 관한 허가에 의한 대위제도가 일단 그대로 유지되었다.

참고로 일본 구 민법 제423조 제2항은 이행기 미도래의 피보전채권에 관하

175 일단 대위허가를 받은 후에는 재판상으로뿐만 아니라 재판 외로도 채권자대위권을 행사할 수 있으므로, '재판상 대위'라는 것은 정확한 용어는 아니다. 민법주해 IX, 채권(2), 박영사(1995), 763(김능환).
176 대법원 1975. 5. 13. 선고 74다1664 전원합의체 판결.

여 재판상 대위제도를 두었다. 그러나 실무상 그 이용례가 극히 적고, 기본적으로 이행기 미도래 채권의 보전은 민사보전 제도에 의하여 대체할 수 있다는 고려 하에, 개정 일본민법 제423조 제2항에서는 재판상 대위제도가 폐지되었고, 이에 상응하는 구 비송사건수속법 제85조 내지 제91조도 삭제되었다.[177]

3) 민법 제404조 제2항은 '보전행위'라고 규정하고 있으나, 그 의미상 '보존행위'가 맞으며, 2014년 민법개정위원회 개정시안에서는 '보존행위'로 적절히 수정되었다.

보존행위는 채무자의 재산감소를 방지하기 위한 행위를 말한다. 이러한 보존행위는 채무자에게 불이익이 될 리 없고, 긴급한 필요가 있는 경우도 많으므로, 아직 피보전권리의 이행기가 도래하지 않았다 하더라도 법원의 허가를 받지 않고 대위권을 행사할 수 있다.[178] 보존행위의 예로는 채무자의 미등기부동산에 대한 보존등기, 채무자의 권리에 대한 소멸시효 중단조치나 제척기간 도과를 막기 위한 권리행사, 제3채무자가 파산한 경우의 채무자의 채권 신고, 민법 제108조, 제109조, 제110조의 선의의 제3자가 생기는 것을 막기 위한 말소등기 청구 등을 들 수 있다.[179]

실무상 보존행위 여부가 문제된 경우는 거의 없다. 앞에서 본 대법원 2005. 11. 25. 선고 2004다39092 판결은, 원고(캐피탈회사)의 피고(예금보험공사)에 대한 예금보험금청구에 대하여 피고가, '원고의 이 사건 청구에 응하여 보험금을 지급할 경우 피고가 부보금융기관(동아금고)에 대하여 갖게 되는 재단채권인 부당이득반환청구권'을 피보전권리로 하여 동아금고의 파산관재인을 대위하여 상계권을 행사한다는 주장을 하는 경우, 동아금고의 파산재단으로서는 위 상계권의 행사를 인정하게 되면 오히려 재산이 감소되는 결과를 가져오므로 이를 보존행위라고 할 수 없다고 설시한 바 있다.

177 法務省民事局参事官室, 民法（債権関係）の改正に関する中間試案の補足説明, 150-151. 민법 개정과정에서의 일본 최고재판소의 조사에 의하면 2002년부터 5년 동안 지방재판소에 접수된 재판상 대위 신청은 단 2건에 불과하였다고 한다.

178 注釋民法 新版 (10)Ⅱ 債權 (1), 有斐閣(2011), 729(下林定).

179 민법주해 Ⅸ, 채권(2), 박영사(1995), 763-764(김능환); 주석 민법, 채권총칙(2)(제4판), 한국사법행정학회(2013), 131(손진홍).

4. 보전의 필요성

가. 서설

민법 제404조 제1항 본문은 "채권자는 자기의 채권을 보전하기 위하여 채무자의 권리를 행사할 수 있다."라고 규정한다. 채권자대위권은 채권자가 자기의 채권을 '보전하기 위하여' 채무자의 권리를 행사하는 것이므로, '보전의 필요성'이 인정되어야 한다.

'보전의 필요성'은 채권자가 채무자의 권리를 대위행사하지 않을 경우 자기의 채권이 완전한 만족을 얻지 못하게 될 위험이 있는 것을 말한다고 설명된다.[180] 그러나 민법 제404조의 법문만으로는 보전의 필요성이 어떠한 의미인지 명확하지 않다. 이와 관련해서는 주로 무자력 요건이 필요한지를 둘러싸고 많은 논의가 전개되어 왔다.[181] 뒤에서 보는 바와 같이 우리나라의 통설은 피보전채권이 금전채권인 경우 채무자의 무자력을 요구하나 특정채권인 경우에는 무자력을 요구하지 않는 예외적 무자력불요설을 취하고 있고,[182] 일본에서도 마찬가지다.[183] 그러나 무자력 여부와 관계없이 보전의 필요성을 피보전채권과 피대위권리 간의 밀접성, 관련성 등에 따라 판단하여야 한다는 견해 등 다른 견해도 점차 힘을 얻고 있으며, 판례도 피보전채권이 특정채권인 경우와 금전채권인 경우 모두에 관하여 무자력과 관계없이 ①관련성(피보전권리와 피대위권리 간의 밀접한 관련성), ②필요성

180 민법주해 IX, 채권(2), 박영사(1995), 763-764(김능환); 注釋民法 新版 (10) Ⅱ 債權 (1), 有斐閣(2011), 720(下林定).

181 이와 관련한 논문 및 문헌으로는, 김형배, "채권자대위권제도에 있어서 무자력요건의 재검토", 법학논집 제23집, 고려대학교 법학연구소(1985); 최문기, "채권자대위권의 무자력요건에 관한 일고찰", 경성법학 2호(1993), 77-91; 강봉석, "채권자대위권에 있어서 채권보전의 필요성", 민사판례연구 24권, 박영사(2002); 명순구, "프랑스 민법 연구의 성과 및 향후의 전망 - 채권자대위제도의 운용을 중심으로 -", 비교사법 제12권 1호 (통권28호)(2005. 3.); 명순구, "채권자대위제도의 오용과 남용: 그 원인 분석과 대안 : 원형 추적을 통한 채권의 상대효 원칙의 한계설정을 위한 이론모델", 고려법학 39호(2002); 여하윤, "민법 제404조 제1항 소정의 '채권보전의 필요성'의 의미의 재고찰", 民事法學, 第37護(2007. 6.); 오수원, "채권자대위권에 있어서 채무자의 무자력요건론의 재검토", 인권과 정의 vol. 443(2014. 8.); 오수원, 민법연구(제1권) 채권자대위권, 박영사(2016), 170-200; 추신영, "채권자대위권과 보전의 필요성", 법학연구 제23권 제1호(2015. 1.); 노종천, "채권자대위권의 행사요건 및 효과의 재구성", 외법논집 제40권 4호(2016. 11.); 방웅환, "금전채권을 피보전채권으로 하는 채권자대위에 있어서 보전의 필요성", 민사재판의 제문제 26권(2018) 등 참조.

182 민법주해 IX, 채권(2), 박영사(1995), 755(김능환).

183 일본의 여러 학설과 판례에 관한 개관은 오수원, "채권자대위권에 있어서 채무자의 무자력요건론의 재검토", 인권과 정의 vol. 443(2014. 8.), 10-16; 注釋民法 新版 (10) Ⅱ 債權 (1), 有斐閣(2011), 720(下林定), 720-727 참조.

(채권만족을 얻지 못하게 될 위험), ③정당성(채무자의 자유로운 재산관리행위에 대한 부당한 간섭이 아닐 것)을 충족하면 보전의 필요성을 인정하는 방향으로 가고 있는 것으로 보인다.

채권자대위권이 보충적으로만 행사되어야 하는지 여부,[184] 피보전채권의 한도에서만 채무자의 제3채무자에 대한 채권을 대위행사할 수 있는지 여부[185] 등도 보전의 필요성 차원에서 논의되고 있다.

보전의 필요성은 채권자대위권의 행사요건이므로 보전의 필요가 인정되지 아니하는 경우에는 소를 부적법 각하하여야 한다는 것이 판례이다.[186] 보전의 필요성 유무는 변론종결 당시를 기준으로 한다.[187]

나. 학설

1) 무자력필요설

우리 민법상의 채권자대위권은 일반채권자를 위한 채무자의 책임재산 보전을 기본취지로 하는 프랑스법에서 계수된 것이므로, 채무자의 일반재산이 부족한 경우에만 채권자가 채무자의 채권을 대위행사할 수 있다는 견해이다.

무자력 요건을 가장 엄격하게 요구하는 견해는,[188] 채권자대위권은 채권자취소권과 마찬가지로 채무자의 일반채권 보전을 위한 것이므로, 채권자취소권에 관한 민법 제407조를 유추적용하여 그 행사의 효과가 모든 채권자의 이익으로 귀속되어야 하고, 소위 '전용형' 채권자대위권을 도입하여 채권자에 대한 사실상의 직접청구권 내지 우선변제권을 부여하는 것은 법률의 규정이 없는 상태에서 채권자에게 과도한 권리를 허용하는 것이므로 부당하다고 지적한다. 채무자가 무자력이 아님에도 불구하고 채권자에게 채무자의 재산권을 행사할 수 있는 권한이 존재한다고 하기 위해서는 그것을 정당화하는 사유가 있어야 하므로, '채무자의 무자력'은 대위채권자에게 그러한 권한을 허용하기 위한 전제적 요건이라고 보며, 현재

184 대법원 2007. 5. 10. 선고 2006다82700, 82717 판결.

185 대법원 2012. 8. 30. 선고 2010다39918 판결.

186 대법원 2002. 5. 10. 선고 2000다55171 판결, 대법원 2010. 11. 11. 선고 2010다43597 판결, 대법원 2012. 8. 30. 선고 2010다39918 판결 등.

187 대법원 1976. 7. 13. 선고 75다1086 판결.

188 명순구, "프랑스 민법 연구의 성과 및 향후의 전망 - 채권자대위제도의 운용을 중심으로 -", 비교사법 제12권 1호 (통권28호)(2005. 3.), 62 이하; 명순구, "채권자대위제도의 오용과 남용: 그 원인 분석과 대안 : 원형 추적을 통한 채권의 상대효 원칙의 한계설정을 위한 이론모델", 고려법학 39호(2002)도 아울러 참조.

의 통설·판례는 채권자대위제도의 비대화 또는 오·남용이라고 비판한다.[189] 이 견해는 원칙적으로 채권자대위권에 대하여는 무자력 요건을 계속 요구하되, '전용형 채권자대위권'과 같은 효과를 얻기 위해서는 입법적으로 직접청구권을 도입할 것을 제안한다.[190]

예외 없는 무자력필요설까지는 아니지만, 비교적 무자력 요건을 엄격하게 요구하는 견해도 있다. 이 견해는, 채권자대위권의 행사는 어디까지나 타인의 권리의 행사인 이상 채권자대위권은 엄격한 요건 하에서 제한적으로만 허용되어야 하므로, 보전의 필요성은 바로 채무자의 무자력을 가리키고, 특정채권 보전을 위한 채권자대위권 행사는 등기청구권의 보전을 위한 등기청구권의 대위행사와 부동산 임차인의 임차권보전을 위한 임대인이 갖는 물권적 청구권의 대위행사에 한하여 예외적으로만 인정하여야 한다고 주장한다.[191]

2) 무자력불요설

가) 보전의 필요성을 심사함에 있어서 반드시 무자력 요건을 기준으로 삼을 필요가 없다는 견해로, 대체로 채권자대위권의 권리성을 강조하는 학자들이 취하고 있다.

나) 먼저, 채권자대위권의 성격을 자기 채권의 만족 및 회수를 목적으로 하는 포괄적 담보권이라고 보는 포괄적 담보권설을 취하는 학자들은 그와 논리일관하여 무자력불요설을 주장한다.[192] 채권자대위제도의 성질은 채권의 실현을 구하는 제도로 이해하여야 하고, 그렇게 볼 때 피대위채권을 채무자가 행사하는 경우에는 아무런 제한을 두지 않으면서 채권자가 대위행사하는 경우에만 무자력 요건을 두는 것은 채권자대위제도가 본래 예상하였던 것이 아니라고 한다.[193] 또 채무자로서도 채권자가 자신의 부동산 등 다른 재산에 대한 강제집행보다는 채무자의 제3채무자에 대한 채권의 대위행사에 의하여 채권을 회수하는 것을 기대할 것이

189 명순구, "프랑스 민법 연구의 성과 및 향후의 전망 - 채권자대위제도의 운용을 중심으로 -", 비교사법 제12권 1호 (통권28호)(2005. 3.), 70-74.

190 명순구, "프랑스 민법 연구의 성과 및 향후의 전망 - 채권자대위제도의 운용을 중심으로 -", 비교사법 제12권 1호 (통권28호)(2005. 3.), 78-81.

191 김상용, 채권총론(제3판), 화산미디어(2016), 225.

192 김형배, 채권총론(제2판), 박영사(1998), 352-357; 정기웅, 채권총론(제2전정판), 법문사(2014), 230-232.

193 김주수, 채권총론, 삼영사(2003), 215-220.

고, 제3채무자로서도 채권자나 채무자 누구로부터 채권을 행사당하여도 영향이 없으므로, 채권자대위권 행사에 의한 채권의 회수가 오히려 더 합리적이고 상식적이며, 채권자로서는 자신의 채권 만족을 위하여 채무자의 어떤 재산으로부터 변제받아야 할 것인가에 대하여 제한이 없고, 무자력 요건으로써 채권자대위권 행사를 제한하는 것은 채권자의 희생에 의하여 채무자와 제3채무자를 과보호하는 것이라는 점을 근거로 든다.[194]

이 견해에 의하더라도 일반 금전채권이 피보전채권인 경우까지 무자력 요건이 항상 필요 없다는 것은 아니다. 그러나 양자택일적으로 무자력 요건을 무조건 요구하거나 부인할 것은 아니고, 채무자가 자력이 있더라도 피대위채권이 피보전채권에 대한 담보로서의 관련성이 강하거나 밀접한 불가분의 관계가 있는 경우에는 무자력을 요건으로 하지 않고 채권자대위권이 인정된다고 본다. 특히 판례가 금전채권이 피보전채권인 경우에도 피대위채권과 관련성, 밀접성이 있는 경우 무자력을 요구하지 않는 것은 법정재산관리권설에 의해서는 설명되지 않고 포괄적 담보권설에 의해서만 설명될 수 있다고 주장한다.[195] 또 무자력 요건은 채권자대위권을 행사하는 채권자에게 증명책임이 있는 것이 아니라, 제3채무자 측에서 채무자의 유자력을 증명해야 한다고 본다.[196]

다) 무자력불요설을 주장하는 다른 견해는, 프랑스 민법, 일본 舊舊 민법의 제정 과정 등 연혁을 살펴보면, 채권자대위권에서의 '보전의 필요성'은 채무자의 무자력을 뜻하는 것이 아니라 '채권자가 채무자의 권리를 대위행사하지 않으면 자기 채권의 집행이 어렵게 될 위험이 있다'는 것으로서 민사집행법상의 '보전의 필요'와 같은 의미이고, 채권자대위권은 채권의 효력 중 하나로서 채무자의 재산관리를 대신해주는 것이 아니라 채권자가 자신의 권리를 행사하는 것이므로, 채무자의 재산관리자유에 대한 부당한 간섭이라는 이유로 실정법의 근거도 없이 채무자의 무자력을 요구할 수는 없다고 한다.[197] 또한 통설이 무자력 요건을 고수함으로써 채권자대위권 행사를 과도하게 제한하는 한편 특정채권에 관하여는 논리

194 김형배, "채권자대위권제도에 있어서 무자력요건의 재검토", 법학논집 제23집, 고려대학교 법학연구소(1985), 420-423.

195 정기웅, 채권총론(제2전정판), 법문사(2014), 232.

196 김형배, 채권총론(제2판), 박영사(1998), 357; 정기웅, 채권총론(제2전정판), 법문사(2014), 231.

197 오수원, "채권자대위권에 있어서 채무자의 무자력요건론의 재검토", 인권과 정의 vol. 443(2014. 8.), 21-26.

적 근거 없이 예외를 허용하는 것이 타당하지 않다고 비판하면서, 채권자대위권의 행사요건으로 '채권보전의 필요'와 그 채권보전이 필요한 경우로 '채무자의 무자력'이라고 하는 2단계 해석론 대신에, 채권자대위권행사에서 '채권보전이 필요한 때'의 의미는, 채무자가 가지는 권리의 유형에 따라 각 재산별로 '강제집행이 가능한 상태로 만들 필요가 있는 때'라고 해석하고, 이러한 때를 '재산권이 부동화(浮動化) 상태에 있는 때'라고 보아 보전의 필요성에 대하여 단일한 기준을 적용하여야 한다는 견해도 있다.[198]

3) 절충설

가) 먼저, 피보전채권이 금전채권인지 특정채권인지를 나누어 전자의 경우 무자력 요건이 필요하나 후자의 경우에는 무자력 요건이 필요 없다는 견해가 있다(예외적 불요설). 이 견해에 의하면, 피보전채권이 금전채권이거나, 피보전채권이 금전채권은 아니더라도 그 불이행으로 손해배상채권으로 변함으로써 금전채권으로 되는 것일 경우, 이는 이른바 본래형 채권자대위권으로서, 채무자의 책임재산이 채권자의 채권을 만족시키기에 부족한 상태로 되는 것을 방지·시정한다는 의미가 있으므로, 채무자의 재산관리의 자유에 대한 간섭을 최소화하기 위하여 채무자가 무자력일 경우에만 '보전의 필요성'이 인정된다. 그러나 금전채권 이외의 권리를 피보전권리로 하는 이른바 전용형 채권자대위권의 경우에는 특정채권 그 자체의 현실적인 이행을 확보하기 위하여 채무자의 자력과는 관계없이 채권자가 채무자의 권리를 행사할 필요가 있으므로, 무자력 요건이 필요하지 않다고 본다.[199] 다만 이는 채권자대위권의 본래적인 모습은 아니므로, 어디까지나 채권자대위권의 '확장'이 아닌 '전용'에 해당한다.

이 견해는 의용민법 시절부터 일본의 통설·판례였고,[200] 일본법을 계수한 우리나라에서도 그대로 통설적 지위를 유지하여 왔다.

한편 판례는 뒤에서 보는 바와 같이 피보전채권이 금전채권이라도 일정한 경

198 노종천, "채권자대위권의 행사요건 및 효과의 재구성", 외법논집 제40권 4호(2016. 11.), 104-109.

199 민법주해 IX, 채권(2), 박영사(1995), 753-754(김능환); 주석 민법, 채권총칙(2)(제4판), 한국사법행정학회(2013), 135-136(손진홍); 곽윤직, 채권총론(민법강의III), 박영사(2018), 135-138; 송덕수, 채권법총론(제4판), 박영사(2018), 223-224; 김용한, 채권법총론, 박영사(1988), 237; 박종두/박세욱, 채권법총론(제4판), 삼영사(2014), 184-185; 강봉석, "채권자대위권에 있어서 채권보전의 필요성", 민사판례연구 24권, 박영사(2002), 195; 박강회, "채권자대위권제도와 채무자의 무자력(대법원 2001. 5. 8. 선고 99다38699 판결을 중심으로)", 민사법연구 제9집(2001. 12), 295-298 등.

200 注釋民法 新版 (10)II 債權 (1), 有斐閣(2011), 720(下林定).

우 무자력 요건을 요구하지 않는데, 이에 대하여는 예외적 불요설을 취하는 학자들 사이에서도 찬반론이 갈린다. 금전채권이 피보전채권인 경우에까지 무자력 요건의 예외를 확장하는 것은 부득이하지 않은 경우까지 예외를 인정하는 것으로서 바람직하지 않다고 판례의 태도를 비판하는 견해도 있고,[201] 대위채권과 피대위채권 사이에 특별히 밀접한 관련이 있거나 피대위채권이 대위채권을 실질적으로는 담보하고 있는 것과 같은 관계가 인정되는 경우, 마치 민법상의 직접청구권을 인정하는 것과 같은 결과를 가져오는 것이 타당하므로, 예외를 인정하는 특수한 경우로 이해할 수 있다고 하면서 긍정하는 견해도 있다.[202] 또한 피보전채권과 피대위채권이 모두 금전채권인 경우, 양 채권 간에 직접적인 관련성이 있는 경우에는 채무자의 자력과 관계없이 채권자대위권 행사를 인정하여야 하지만, 직접적 관련성이 없는 경우에는 무자력 요건이 고수되어야 채권자의 전횡으로부터 채무자를 보호할 수 있다는 견해도 있다.[203]

나) 다음으로, 보전의 필요성을 '무자력'으로 바로 연결시키지 않고, 피보전채권의 종류나 내용에 따라 그 채권을 보전할 필요성이 있는지 여부를 개별적으로 검토하여, 그 채권이 채무자의 자력과 관계있는 경우에는 채무자의 무자력을 요건으로 하여야 하나, 그렇지 않은 경우에는 무자력을 요건으로 하지 않는다는 견해가 있다(개별적 판단설).[204] 이에 대하여는, 채권자대위권에 적용될 일반원칙을 제시하지 못하고 있고, 구체적인 적용상 예외적 불필요설과 별 차이가 없다는 비판이 있다.[205]

4) 소결

무자력 요건의 요부에 관한 여러 학설들은 단순히 일반 책임재산의 보전에 한정하지 않고 다른 목적으로 채권자대위권을 활용할 현실적인 필요성을 어떻게 이론적으로 정당화할 것인가에 관한 고민을 반영하고 있다. 우리나라에서 대부분의 학자는 특정채권 등에서 무자력 요건의 예외를 인정하거나 무자력 요건이 불필요하다는 견해를 취하고, 무자력 요건을 예외 없이 엄격하게 요구하는 견해는

201 송덕수, 채권법총론(제4판), 박영사(2018), 224.
202 곽윤직, 채권총론(민법강의Ⅲ), 박영사(2018), 138.
203 이은영, 채권총론(제4판), 박영사(2009), 435.
204 김기선, 한국채권법총론, 법문사(1987), 177; 권오승, 민법의 쟁점, 법원사(1991), 258.
205 민법주해 Ⅸ, 채권(2), 박영사(1995), 755(김능환).

소수이다. 또한 판례는 채무자가 무자력 요건이 충족되지 않는 경우에도 상당히 폭넓게 보전의 필요성과 채권자대위권의 행사를 긍정하고 있고, 실무상으로는 오히려 그 경우가 다수이다.

사견으로는, '보전의 필요성'을 판단함에 있어 반드시 무자력을 독립한 별도의 기준으로 삼아 피보전채권이 금전채권인 경우에는 채무자가 무자력이어야 하고 특정채권의 경우에는 예외적으로 무자력이 아니어도 된다고 분류하면서 다시 전자의 경우에도 피대위채권과의 관련성·밀접성이 인정되는 경우에는 무자력 요건의 예외가 인정된다고 하여 거듭 예외를 설정하기보다는, '보전의 필요성'이라는 큰 범주 내에서 구체적인 사안에 따라 판단하는 것이 더 적절하지 않은가 생각되며, 뒤에서 살펴볼 판례의 태도 또한 이에 가까운 것으로 보인다.

한편 앞서 본 바와 같이, 2016년에 개정된 현행 프랑스 민법 제1341-1조는 간접소권의 행사요건을, "채무자가 자신의 권리 행사를 태만히 하였을 것"과 "이로 인해 채권자의 권리를 위태롭게 하였을 것"으로 명문화하였는데, 이 개정으로써 간접소권의 행사요건으로 더 이상 무자력이 요구되지 않게 되었다는 것이 프랑스 학자들의 일반적인 해석이다.

2014년 민법개정위원회 개정시안 제404조 제1항 본문 또한, "채권자는 채무자가 무자력이거나 그밖에 자기의 채권을 보전하기 위하여 채무자의 권리가 미리 행사되어야 할 필요가 있는 경우에는 채무자의 권리를 행사할 수 있다."라고 규정하여, 무자력이 아닌 경우에도 채권자대위권 행사가 가능하다는 점이 법문상 명확히 드러나도록 입법적인 해결을 모색하고 있다. 이러한 개정시안에 대하여는, 금전채권자가 채무자의 일반재산을 보전하기 위해서는 주로 가압류를 이용하고 있고, 채권자대위권은 주로 특정채권의 보전을 위해 채무자의 자력과 무관하게 활용되어 온 현실에서, 굳이 '무자력'을 요구하는 방향으로 개정할 필요는 없다는 지적이 있다.[206]

다. 판례

1) 피보전채권이 금전채권인 경우 보전의 필요성

가) 금전채권이 피보전채권인 경우, 판례는 당초, "~ 자기의 채권을 보전하기

206 오수원, "채권자대위권에 있어서 채무자의 무자력요건론의 재검토", 인권과 정의 vol. 443(2014. 8.), 25-26.

위하여 ~ 라 함은 그 채권이 금전채권이거나 당해의 경우 손해배상채권으로 귀착할 수밖에 없는 것인 때에는 채권자가 무자력하여 그 일반재산이 감소되는 것을 방지할 필요가 있는 경우를 말하는 것이다."[207]라고 하여, 채무자의 무자력을 요구하였다.

나) 그러나 대법원은 점차 금전채권이 피보전채권인 경우의 무자력 요건을 완화하여 왔다. 즉 대법원은 "채권자는 채무자에 대한 채권을 보전하기 위하여 채무자를 대위해서 채무자의 권리를 행사할 수 있는데, 채권자가 보전하려는 권리와 대위하여 행사하려는 채무자의 권리가 밀접하게 관련되어 있고 채권자가 채무자의 권리를 대위하여 행사하지 않으면 자기 채권의 완전한 만족을 얻을 수 없게 될 위험이 있어 채무자의 권리를 대위하여 행사하는 것이 자기 채권의 현실적 이행을 유효·적절하게 확보하기 위하여 필요한 경우에는 채권자대위권의 행사가 채무자의 자유로운 재산관리행위에 대한 부당한 간섭이 된다는 등의 특별한 사정이 없는 한 채권자는 채무자의 권리를 대위하여 행사할 수 있어야 한다."[208]고 하여, 금전채권이 피보전채권인 경우에도 채무자의 무자력과 관계없이 위 ①관련성(피보전권리와 피대위권리 간의 밀접한 관련성), ②필요성(채권만족을 얻지 못하게 될 위험), ③정당성(채무자의 자유로운 재산관리행위에 대한 부당한 간섭이 아닐 것)의 요건이 충족되는 경우에는 보전의 필요성을 인정하고 있다.

위 세 기준은 본래 피보전채권이 특정채권이었던 사안인 대법원 2001. 5. 8. 선고 99다38699 판결에서 처음 판시되었는데,[209] 그 후 피보전채권이 금전채권인 사안에서도 마찬가지로 보전의 필요성의 판단기준으로 활용되고 있다.

대법원 2020. 5. 21. 선고 2018다879 전원합의체 판결은 금전채권이 피보전채권이고 피대위권리는 공유물분할청구권인 사안에서, 공유물분할청구권이 채권자대위권의 목적이 될 수 있음을 재확인하면서도, "채권자가 자신의 '금전채권'을 보전하기 위하여 채무자를 대위하여 '부동산에 관한' 공유물분할청구권을 행사하는

207 대법원 1963. 4. 25. 선고 63다122 판결.

208 대법원 2006. 1. 27. 선고 2005다39013 판결, 대법원 2014. 12. 11. 선고 2013다71784 판결.

209 대법원 2001. 5. 8. 선고 99다38699 판결은 채권자(S-Oil 주식회사)가 채무자(한국도로공사)에 대하여 가지는 특정채권인 '채권자와 채무자 간의 석유공급협약에 의하여 기흥주유소에 채권자의 상표를 표시하고 채권자의 석유제품을 공급할 권리'를 보전하기 위하여, 채무자가 제3채무자(기흥주유소 운영업체)에 대하여 가지는 '기흥주유소에 채권자의 상표를 표시하고 채권자의 제품 외에 다른 제품을 공급받지 않을 것을 청구할 권리'를 행사한 사안이었는데, 대법원은 위 세 요건이 충족되는 이상 채권자대위권 행사가 가능하다고 보았다.

것은, 책임재산의 보전과 직접적인 관련이 없어 채권의 현실적 이행을 유효·적절하게 확보하기 위하여 필요하다고 보기 어렵고 채무자의 자유로운 재산관리행위에 대한 부당한 간섭이 되므로 보전의 필요성을 인정할 수 없다. 또한 특정 분할방법을 전제하고 있지 않는 공유물분할청구권의 성격 등에 비추어 볼 때 그 대위행사를 허용하면 여러 법적 문제들이 발생한다. 따라서 극히 예외적인 경우가 아니라면 금전채권자는 부동산에 관한 공유물분할청구권을 대위행사할 수 없다고 보아야 한다."고 판시하면서 위 ②와 ③의 요건을 들어 보전의 필요성을 부인하였다.

다) 금전채권에 관하여 무자력 요건을 요구하지 않고 보전의 필요성을 긍정한 판례로는, ①유실물의 실제습득자의 법률상의 습득자를 대위한 유실자에 대한 보상금청구권의 대위행사,[210] ②의사의 환자(피해자)에 대한 치료비청구권 보전을 위한 피해자의 국가배상청구권 대위행사,[211] ③임차보증금반환채권을 양수한 채권자가 임차보증금반환채권을 보전하기 위한 채무자(임대인)의 명도청구권 대위행사,[212] ④수임인의 위임인에 대한 민법 제688조 제2항 전단 소정의 대변제청구권을 보전하기 위한 위임인의 상계권 대위행사,[213] ⑤명의신탁해지로 인한 소유권이전등기의 이행불능으로 인한 손해배상채권을 보전하기 위한 채무자의 제3채무자에 대한 가액배상청구권 대위행사,[214] ⑥분양계약을 해제한 수분양자가 분양대금반환채권을 보전하기 위해 분양회사의 자금관리위탁사에 대한 사업비 지출 요청권 대위행사,[215] ⑦집행정지를 위한 보증공탁금반환청구권을 취득한 채권자가 담보제공자인 재항고인을 대위하여 한 담보취소신청,[216] ⑧채권자가 골프장 인허가를 받지 못할 경우 대여금을 반환하는 조건으로 채무자에게 골프장 부지매입자금을 대여하고, 그 돈으로 채무자가 제3채무자에게 골프장 부지매매대금을 지급한 사안에서, 채권자가 위 대여금채권을 보전하기 위한 채무자의 제3채무자에 대한 매매계약 해제권 및 이에 따른 매매대금 반환채권을 대위행사한 경우 등이 있

210 서울고등법원 1968. 3. 8. 선고 67나1568 판결.
211 대법원 1981. 6. 23. 선고 80다1351 판결.
212 대법원 1989. 4. 25. 선고 88다카4253,4260 판결.
213 대법원 2002. 1. 25. 선고 2001다52506 판결.
214 대법원 2006. 1. 27. 선고 2005다39013 판결.
215 대법원 2014. 12. 11. 선고 2013다71784 판결.
216 대법원 1982. 9. 23.자 82마556 결정.

다.[217] 이러한 최근 판례의 경향을 종합하면, 금전채권이 피보전채권인 경우에도 무자력 요건을 요구하지 않는 경우가 점점 확대되고 있음이 드러난다.

라) 금전채권이 피보전채권인 경우 채권자대위의 요건으로서의 무자력이란 채무자의 변제자력이 없음을 뜻하고, 특히 임의 변제를 기대할 수 없는 경우에는 강제집행을 통한 변제가 고려되어야 하므로, 소극재산이든 적극재산이든 위와 같은 목적에 부합하는 재산인지 여부가 변제자력 유무 판단의 중요한 고려요소가 되어야 한다.[218] 즉 무자력의 의미는 자력이 전혀 없다는 의미가 아니라 채권자를 비롯한 총채권자의 채권을 변제하기 부족한 채무초과 상태임을 의미하며,[219] 달리 표현하자면 그 피대위권리에 대하여 대위권을 행사함으로써 채무자의 재산을 보전하지 않는 한, 채무자의 나머지 재산만으로는 총채권자의 재산을 변제하기 부족한 상태가 되는 것을 말한다.

판례는 원고의 소외 회사에 대한 대출금채권 중 원고가 소외 회사 소유 부동산에 관하여 1순위로 마친 근저당권설정등기의 채권최고액을 초과하는 부분의 보전을 위하여 소외 회사를 대위하여 후순위 근저당권자인 피고에 대하여 원인무효를 주장하며 근저당권설정등기의 말소를 청구한 사안에서, 그 보전의 필요성 여부를 판단하기 위하여서는 먼저 원심변론종결일 현재 위 부동산의 시가를 확정하고, 그 다음 후순위 저당권의 실제 피담보채권액을 파악하여 위 부동산의 시가에서 원고의 근저당권 채권최고액과 원고가 무효라고 주장하는 후순위 근저당권의 실제 피담보채무액을 공제할 경우 남는 금액이 있는지 여부와 남는 금액이 있을 경우 원고의 대여원리금채권 중 근저당권 최고액을 초과하는 부분을 넘는지 여부를 확정하여야만 소외 회사의 무자력 여부를 판단할 수 있다고 보았다.[220] 또한 변제자력 유무 판단 시에는 소극재산이든 적극재산이든 강제집행 목적에 부합하는 재산인지 여부가 변제자력 유무 판단의 중요한 고려요소가 되어야 하므로, 채무자의 적극재산인 부동산에 이미 제3자 명의로 소유권이전청구권보전의 가등기가 마쳐져 있는 경우에는 강제집행을 통한 변제가 불가능한 이상, 그 가등기가 가등기담보 등에 관한 법률에 정한 담보가등기로서 강제집행을 통한 매각이 가능하

217 대법원 2017. 7. 11. 선고 2014다89355 판결.
218 대법원 2009. 2. 26. 선고 2008다76556 판결.
219 주석 민법, 채권총칙(2)(제4판), 한국사법행정학회(2013), 143-144(손진홍).
220 대법원 1993. 10. 8. 선고 93다28867 판결.

다는 등의 특별한 사정이 없는 한, 위 부동산은 실질적으로 재산적 가치가 없어 적극재산을 산정할 때 제외하여야 한다고 보았다.[221] 이러한 판례는 채권자대위권에서의 무자력 요건 판단에서도 채권자취소권에 있어서의 무자력 판단과 유사한 기준을 적용한 것으로 볼 수 있다.[222]

판례 중에는 하도급 공사대금을 지급받지 못한 채무자의 하수급인들이 채권단까지 구성한 사실이 인정된다면 일응 채무자가 변제자력이 없었다고 볼 수 있을 것이므로, 그럼에도 불구하고 채무자가 무자력이 아니라고 인정하기 위하여는 그렇게 인정할 만한 특별한 사정이 있어야 할 터인데, 그러한 특별한 사정이 있었는지 여부에 관한 심리 없이 채무자의 무자력을 인정할 증거가 없다는 취지로 판단한 원심에 심리미진, 채증법칙 위반의 위법이 있다고 본 것도 있다.[223] 이 판례를 들어, 무자력이 엄밀하게 채무초과라기보다는 일응 일반재산이 채무변제에 부족하다는 정도의 의미라거나,[224] 혹은 무자력의 증명 정도를 완화하여 일정 경우 증명책임이 전환되는 취지로 보는 견해도 있으나,[225] 위 판례는 원심의 사실인정상의 잘못을 지적하는 데에 중점을 둔 것이므로 무자력에 관한 증명책임의 완화나 전환으로 성급하게 일반화할 것은 아니라 할 것이다.

무자력 여부의 판단 시는 변론종결 시이고,[226] 그 주장·증명책임은 채권자에게 있다는 것이 판례이다.[227]

2) 특정채권이 피보전채권인 경우 보전의 필요성

가) 일본 판례는 일찍부터 등기청구권 보전을 위한 등기명의인 또는 매도인의 권리의 대위행사, 채권 전전양도에서 최종 양수인의 양도통지청구권 보전을 위한 전 양수인의 양도통지청구권 대위행사, 임차권 보전을 위한 임대인 권리의 대위행사 등 특정채권의 보전을 위한 소위 전용형 채권자대위권에 있어 무자력 요건을 요구하지 않고 보전의 필요성을 인정하여 왔다.[228]

221 대법원 2009. 2. 26. 선고 2008다76556 판결.

222 위 대법원 2009. 2. 26. 선고 2008다76556 판결은 사해행위취소에서의 무자력 판단기준에 관한 대법원 2006. 2. 10. 선고 2004다2564 판결을 인용하고 있다.

223 대법원 1990. 12. 7. 선고 90다카21886 판결.

224 주석 민법, 채권총칙(2)(제4판), 한국사법행정학회(2013), 144(손진홍).

225 강행옥, "채권자대위권의 증명책임 - 판례를 중심으로 -", 민사법연구 7권 0호(1999. 9.), 244-245.

226 대법원 1993. 10. 8. 선고 93다28867 판결.

227 대법원 1976. 7. 13. 선고 75다1086 판결.

228 관련 일본 판례는 注釋民法 新版 (10)Ⅱ 債權 (1), 有斐閣(2011), 695 이하(下林定) 참조.

우리나라 대법원도 일본 판례와 마찬가지로 특정 권리의 보전을 위한 채권자대위권 행사 시에는 특별히 채무자의 무자력 여부를 따지지 않고 당연히 채권자대위권을 행사할 수 있다고 보아 왔다. 앞서 본 바와 같이, ①소유권이전등기청구권을 보전하기 위한 채무자이 제3자에 대한 각종 물권적 청구권(소유권에 기한 원인무효 등기의 말소청구권,[229] 불법점유자에 대한 인도청구권 등[230] 등), 채권(부동산 전전양도 시 원매수인의 원매도인에 대한 소유권이전등기청구권 등)의 대위행사, ②임차인의 목적물 사용수익권 보전을 위한 임대인의 제3자에 대한 목적물인도청구권 대위행사,[231] ③대내적인 처분권과 대외적인 소유권이 분리된 명의신탁, 양도담보 등에서 명의신탁자나 양도담보설정자의 수탁자 또는 양도담보권자에 대한 이전등기청구권을 피보전권리로 한 명의수탁자[232]나 양도담보권자[233]의 방해배제청구권 대위행사, 미등기 무허가건물 양수인의 원소유자에 대한 소유권이전등기청구권을 피보전권리로 한 원소유자의 방해배제청구권 대위행사,[234] ④물권적 청구권을 피보전권리로 한 물권 침해자의 제3자에 대한 권리의 대위행사(대지 소유자가 건물 소유자에 대한 건물 철거청구권을 피보전권리로 하여 건물 소유자의 건물 점유자에 대한 임대차 해지권 및 건물 인도청구권을 대위행사한 사안)[235] 등이 그 예이다.

채권자대위권은 채무자의 채권을 대위행사함으로써 채권자의 채권이 보전되는 관계가 존재하는 경우에 한하여 이를 행사할 수 있으므로, 특정물에 관한 채권자는 채권을 보전하기 위하여 채무자의 제3채무자에 대한 그 특정물에 관한 권리만을 대위행사할 수 있다.[236]

나) 당초 전전매도나 임대차 등에서부터 전용형 채권자대위권이 인정되기는 하였지만, 특정 권리 보전을 위한 채권자대위권 행사는 반드시 순차매도 또는 임대차에 있어 소유권이전등기청구권이나 명도청구권 등의 보전을 위한 경우만으로 한정되지 않고 폭넓게 인정되고 있다.[237]

229 대법원 2017. 12. 5. 선고 2017다237339 판결.
230 대법원 1980. 7. 8. 선고 79다1928 판결.
231 대법원 1964. 12. 29. 선고 64다804 판결.
232 대법원 1979. 9. 25. 선고 77다1079 전원합의체 판결.
233 대법원 2009. 9. 10. 선고 2009다34160 판결.
234 대법원 2007. 6. 15. 선고 2007다11347 판결.
235 대법원 2007. 5. 10. 선고 2006다82700, 82717 판결.
236 대법원 1993. 4. 23. 선고 93다289 판결.
237 대법원 2001. 5. 8. 선고 99다38699 판결.

대법원은 채권자(S-Oil 주식회사)가 채무자(한국도로공사)에 대하여 가지는 특정 채권인 '채권자와 채무자 간의 석유공급협약에 의하여 기흥주유소에 채권자의 상표를 표시하고 채권자의 석유제품을 공급할 권리'를 보전하기 위하여, 채무자가 제3채무자(기흥주유소 운영업체)에 대하여 가지는 '기흥주유소에 채권자의 상표를 표시하고 채권자의 제품 외에 다른 제품을 공급받지 않을 것을 청구할 권리를 행사한 사안에서, "채권자는 채무자에 대한 채권을 보전하기 위하여 채무자를 대위해서 채무자의 권리를 행사할 수 있는바, 채권자가 보전하려는 권리와 대위하여 행사하려는 채무자의 권리가 밀접하게 관련되어 있고 채권자가 채무자의 권리를 대위하여 행사하지 않으면 자기 채권의 완전한 만족을 얻을 수 없게 될 위험이 있어 채무자의 권리를 대위하여 행사하는 것이 자기 채권의 현실적 이행을 유효·적절하게 확보하기 위하여 필요한 경우에는 채권자대위권의 행사가 채무자의 자유로운 재산관리행위에 대한 부당한 간섭이 된다는 등의 특별한 사정이 없는 한 채권자는 채무자의 권리를 대위하여 행사할 수 있어야 한다."고 판시하여, 보전의 필요성에 관한 일반기준을 제시하였다.[238]

위 판례에서 제시된 ①관련성(피보전권리와 피대위권리 간의 밀접한 관련성), ②필요성(채권만족을 얻지 못하게 될 위험), ③정당성(채무자의 자유로운 재산관리행위에 대한 부당한 간섭이 아닐 것)의 기준은 앞서 본 바와 같이 금전채권, 물권적 청구권을 보전하기 위한 채권자대위권 행사에서도 보전의 필요성을 판단하는 기준으로 거듭 인용되고 있다.[239]

토지거래허가구역 내의 매매계약에 따른 매수인의 허가신청절차 협력의무 이행청구권을 피보전권리로 하여 제3자명의로 마쳐진 신탁가등기의 말소를 구한 사건에서 판례는, 토지거래허가구역 내 토지 매매계약이 허가를 전제로 체결되어 유동적 무효의 상태에 있는 경우, 매매계약 자체가 효력이 없더라도 경우에 따라서는 매수인이 토지거래허가 신청절차의 협력의무 이행청구권을 보전하기 위하여 매도인의 권리를 대위행사하는 것이 허용되지만, 그 보전의 필요성은 인정되어야 한다고 판시하였다. 나아가 그 보전의 필요성을 판단할 때에는, 위와 같은 협력의무 이행청구권의 특수한 법적 성격과 아울러 매도인의 권리 미행사가 협력의무의

238 대법원 2001. 5. 8. 선고 99다38699 판결.
239 대법원 2006. 1. 27. 선고 2005다39013 판결, 대법원 2014. 12. 11. 선고 2013다71784 판결, 대법원 2007. 5. 10. 선고 2006다82700, 82717 판결.

현실적 이행에 뚜렷한 장애가 되는지, 매도인이 권리를 행사하지 않는 사유는 무엇인지, 오히려 매수인의 협력의무 이행청구권의 행사가 조건 등의 장애 사유 때문에 장기간 지연되었는지 및 그 지연에 매수인에게 귀책사유가 없는지, 그리고 매도인이 권리 행사를 강제하는 것이 매도인이 재산권행사에 커다란 불이익을 가져오거나 자유로운 재산관리행위에 대한 부당한 간섭이 될 수 있는지 등 해당 사안에서의 구체적인 여러 사정을 종합적으로 고려하여야 한다고 설시하면서, 해당 사건의 여러 구체적인 사정을 들어 결국 보전의 필요성을 부정하였다.[240]

라. 그 밖에 보전의 필요성이 문제되는 경우

1) 채권자대위권의 행사범위가 피보전권리를 초과하는 경우

채권자대위권의 행사범위에서 다시 자세히 살펴보겠지만, 판례는, 특정물에 관한 채권의 보전을 위하여 채권자대위권을 행사하는 경우, 피보전권리를 초과한 부분의 소는 보전의 필요성이 인정되지 않으므로 부적법 각하되어야 한다고 보아,[241] 이를 보전의 필요성 문제로 다루고 있다.

2) 보전의 필요성과 보충성

보충성 필요설은, 채무자의 재산관리의 자유를 침해하는 채권자대위권의 인정범위를 가급적 좁게 해석할 필요가 있으므로 보충성이 요구되고,[242] 채권자의 다른 직접적인 권리실현 수단을 가지고 있는 경우까지 간접적 권리실현 방법인 채권자대위권을 인정할 필요가 없다[243]고 한다. 반면 보충성 불요설은, 채권자대위권 행사가 채무자나 제3채무자에게 부당한 간섭이 되지 않는 한, 권리자에게 자신의 이익을 위하여 여러 구제수단을 선택할 수 있도록 하는 것이 타당하고, 만약 보충성 필요설에 의할 경우 채권자대위권 행사가 적법한지 여부를 판단하려면 항상 다른 권리구제수단이 있는지에 관하여 심리해야 하는 부담을 갖게 되며, 피고 입장에서는 직접청구를 당하거나 대위에 의한 청구를 당하거나 소송을 제기당하는 것은 마찬가지이므로, 보충성 요건은 "채무자의 자유로운 재산관리행위에 대

240 대법원 2013. 5. 23. 선고 2010다50014 판결.

241 대법원 2012. 8. 30. 선고 2010다39918 판결. 피보전권리가 토지의 일부 지분인 사안에서 그 지분을 초과하는 나머지 지분에 관하여는 채무자의 제3채무자에 대한 소유권이전등기청구권을 대위행사할 보전의 필요성이 없다고 보았다. 같은 취지로 대법원 2010. 11. 11. 선고 2010다43597 판결.

242 강봉석, "채권자대위권에 있어서 채권보전의 필요성", 민사판례연구 24권, 박영사(2002), 195 이하.

243 정병호, "물권적 청구권이 채권자대위권의 피보전권리가 될 수 있는지 여부", 법조 57권 10호(2008.10), 329 이하.

한 부당한 간섭이 아닐 것"의 한 요소로서 고려하면 충분하다고 본다.[244]

판례는 보전의 필요성과 관련하여 보충성이 요구되지 않는다고 본다. 토지 소유자가 그 토지상의 건물 소유자에 대하여 가지는 물권적인 철거청구권을 피보전권리로 하여 그 건물 소유자가 건물 임차인에 대하여 가지는 임대차계약 해지권 및 이에 따른 명도청구권을 행사한 사건에서, 대법원은 방론으로, '설령 원고가 이 사건 토지들에 관한 소유권에 근거하여 직접 피고들을 상대로 이 사건 건물에서의 퇴거를 청구할 수 있었다고 하더라도 그와 같은 청구와 원고가 조치원버스 정류장을 대위하여 피고들에 대하여 임대차계약의 해지를 통고하고 이 사건 건물의 명도를 구하는 청구는 그 요건과 효과를 달리하는 것이므로 위와 같은 퇴거청구를 할 수 있었다는 것이 채권자대위권의 행사요건인 보전의 필요성을 부정할 사유가 될 수 없다.'고 설시한 바 있다.[245]

피보전채권에 관하여 담보가 있는 경우 채권자대위권 행사를 허용할 것인가에 관하여는, 이를 긍정하는 견해(다수설)와,[246] 채무자의 자기권리 행사의 자유를 지나치게 제한하는 것이라는 이유로 부정하는 견해[247]가 갈린다.

5. 채무자의 권리불행사

가. 명문의 규정은 없으나, 프랑스, 일본, 한국은 전통적으로 채무자의 권리불행사를 채권자대위권의 요건으로 보아 왔다.[248]

나. 프랑스 민법상의 채권자대위권 조항에 관한 입법이유서에서는, 채무자의 모든 일반재산이 채권자들을 위한 담보가 되고, 채무자가 채권자들을 해하기 위하여 그 권리행사를 게을리 한다면 이러한 담보는 허망한 것이 될 것이므로, 이러한 경우 채권자는 바로 권리를 행사할 수 있어야 하고, 이들의 이러한 이익과 사해에 대한 불안이 이들의 권리행사자격을 확정한다고 밝히고 있다. 이에 따라 프랑스 민법상 명문 규정은 없으나, 프랑스 학설과 판례는 일찍부터 채무자의 권리

244 오경미, "특정채권을 위한 채권자대위권의 인정기준과 한계", 판례연구 23집(2012.02), 부산판례연구회, 487-488.

245 대법원 2007. 5. 10. 선고 2006다82700, 82717 판결. 다만 위 사안에서 원고는 이미 전소에서 건물 임차인에 대하여 퇴거청구의 소를 제기하였다가 패소판결을 받은 후 소를 취하하여, 재소금지의 효과로 건물 임차인에 대하여 더 이상 직접 퇴거청구를 할 수는 없는 상태였다.

246 곽윤직, 채권총론(민법강의Ⅲ), 박영사(2018), 138; 김주수, 채권총론, 삼영사(2003), 207 등.

247 김상용, 채권총론(제3판), 화산미디어(2016), 222; 이은영, 채권총론(제4판), 박영사(2009), 429.

248 오수원, 민법연구(제1권) 채권자대위권, 박영사(2016), 201.

불행사를 채권자대위권의 행사요건으로 요구하여 왔다.[249]

일본에서도 명문의 규정은 없으나, 채무자가 스스로 권리를 행사하고 있는데 채권자대위를 허용하는 것은 채무자의 재산관리의 자유에 대한 부당한 간섭이므로 이 요건이 당연히 요구된다고 보는 것이 일본의 통설·판례이다.[250] 일본 판례에 따르면, 채무자가 이미 소를 제기하였다면, 그 소송수행방법이 부적당하여 채무자가 패소판결을 받았다 해도 채권자가 다시 채권자대위권을 행사할 수는 없다.[251] 만약 채무자가 채권자를 해할 것을 알고 채권자에게 불이익하게 권리행사를 하였다면 사해행위취소에 의하여 권리를 구제받을 수밖에 없다.[252] 채무자가 권리행사를 게을리 하고 있으면 족하고, 채권자가 대위권 행사 전에 채무자에 대하여 그 권리를 행사할 것을 최고하여 채무자가 그 최고에 응하지 않았을 것을 요하지 않는다.[253]

다. 우리나라는 위와 같은 일본 민법의 해석론을 거의 그대로 받아들여, 채권자대위권 행사의 요건으로 '채무자가 스스로 그 권리를 행사하지 않을 것'이 요구된다고 보는 것이 통설[254]·판례[255]이다.

'채무자가 스스로 그 권리를 행사하지 않을 것'은 채무자의 제3채무자에 대한 권리가 존재하고 채무자가 그 권리를 행사할 수 있는 상태에 있으나 스스로 그 권리를 행사하고 있지 아니하는 것을 의미한다. 여기서 권리를 행사할 수 있는 상태에 있다는 뜻은 권리행사를 할 수 없게 하는 법률적 장애가 없어야 한다는 뜻이며 채무자 자신에 관한 현실적인 장애까지 없어야 한다는 뜻은 아니고, 채무자

249 오수원, 민법연구(제1권) 채권자대위권, 박영사(2016), 201-202.

250 日最判 1953. 12. 14.(民集7.12.1386); 注釋民法 新版 (10)Ⅱ 債權 (1), 有斐閣(2011), 727(下林定).

251 日大判 1908. 2. 27.(民集14.150).

252 日最判 1953. 12. 14.(民集7.12.1386).

253 日大判 1932. 7. 7.(民集11.1498).

254 민법주해 Ⅸ, 채권(2), 박영사(1995), 760(김능환); 주석 민법, 채권총칙(2)(제4판), 한국사법행정학회(2013), 143-144(손진홍); 곽윤직, 채권총론(민법강의Ⅲ), 박영사(2018), 137-138; 김증한/김학동, 채권총론(제6판), 박영사(1998), 188; 김주수, 채권총론, 삼영사(2003), 222; 김상용, 채권총론(제3판), 화산미디어(2016), 225; 김준호, 채권법(제10판), 법문사(2019), 145; 송덕수, 채권법총론(제4판), 박영사(2018), 226-227; 양창수/김형석, 민법3(권리의 보전과 담보)(제3판), 박영사(2018), 173; 이은영, 채권총론(제4판), 박영사(2009), 442; 박종두/박세욱, 채권법총론(제4판), 삼영사(2014), 186; 양형우, 민법의세계(이론과 판례)(제11판), 피앤씨미디어(2019), 941; 김병선, "채무자의 소취하와 채권자대위소송의 적법성", 민사판례연구 39권, 박영사(2017), 459; 임병석, "채권자대위권의 행사요건 중 '채무자의 권리불행사' 요건에 관한 고찰 - 대법원 2016. 4. 12. 선고 2015다69372 판결에 대한 비판적 평가", 재산법연구 제35권 제1호(2018. 5), 17 등.

255 대법원 1969. 2. 25. 선고 68다2352, 2353 판결, 대법원 1970. 4. 28. 선고 69다1311 판결 외 다수.

가 그 권리를 행사하지 않는 이유를 묻지 아니한다.[256] 채무자의 권리불행사에 대한 고의·과실 여부도 문제되지 않으며, 사전에 채무자에 대하여 스스로 권리를 행사할 것을 최고할 필요도 없고, 채무자가 채권자대위권 행사에 동의할 것을 요하지도 않는다.[257] 또 채무자가 채권자대위권 행사에 반대하더라도 무방하다.[258]

부동산 매수인이 아직 등기를 하지 않고 있던 중 제3자가 매도인을 상대로 소유권이전등기청구의 소를 제기하여 승소확정판결을 받아 자기 앞으로 등기를 마친 경우, 채무자는 위 판결이 당연무효이거나 재심 등에 의하여 취소되지 않는 한 위 제3자 명의의 등기의 말소를 청구할 수 없으므로, 권리행사에 법률상 장애가 있는 때에 해당하여 채권자대위권도 행사할 수 없으나,[259] 미등기 토지에 대한 시효취득자가 제3자 명의의 소유권보존등기가 원인무효라 하여 그 등기의 말소를 구하는 경우에 있어 채무자인 진정한 소유자가 성명불상자라 하여도 그가 위 등기의 말소를 구하는 데 어떤 법률적 장애가 있다고 할 수 없어, 채권자대위권 행사에도 법률적 장애가 될 수 없다.[260]

라. 채권자가 대위권을 행사할 당시에 이미 채무자가 그 권리를 재판상 행사하였을 때에는 채권자는 채무자를 대위하여 채무자의 권리를 행사할 수 없다.[261] 채무자가 스스로 그의 권리를 행사하고 있는데도 대위를 허용하는 것은 채무자에 대한 부당한 간섭이 되기 때문이다. 따라서 설령 채무자가 패소의 본안판결을 받았더라도 채권자는 채무자를 대위하여 채무자의 권리를 행사할 수 없다.[262] 다만 이를 중복제소의 문제로 본 판례와 당사자적격의 문제로 본 판례가 각기 있는데, 이에 관하여는 뒤에서 다시 살펴본다.

채무자가 그 권리를 소송의 방법으로 행사하는 경우 그 소송수행이 적절하지 못한 때에는 채권자는 보조참가(민사소송법 제71조) 등에 의하여 자기의 권리를 보전하여야 한다는 견해가 주류적이나,[263] 반대로 법정소송담당자인 제3자로서의

256 대법원 1992. 2. 25. 선고 91다9312 판결.
257 민법주해 IX, 채권(2), 박영사(1995), 760(김능환).
258 대법원 1963. 11. 21. 선고 63다634 판결.
259 대법원 1975. 8. 19. 선고 74다2229 판결 외 다수.
260 대법원 1992. 2. 25. 선고 91다9312 판결.
261 대법원 1970. 4. 28. 선고 69다1311 판결, 대법원 2009. 3. 12. 선고 2008다65839 판결, 대법원 2018. 10. 25. 선고 2018다210539 판결.
262 대법원 1969. 2. 25. 선고 68다2352, 2353 판결, 대법원 1980. 5. 27. 선고 80다735 판결, 대법원 1992. 11. 10. 선고 92다30016 판결, 대법원 1993. 3. 26. 선고 92다32876 판결.
263 민법주해 IX, 채권(2), 박영사(1995), 761(김능환).

채권자는 채무자 본인의 제3채무자에 대한 판결의 효력이 직접 미치는 자가 아니므로 공동소송적 보조참가는 당초 불가능하고, 또 소송물인 권리관계의 존부에 의하여 직접적으로 영향을 받는 관계에 있지 않고 단순히 경제적 이해관계만 있으므로 민사소송법 제71조의 참가이유인 소송결과에 이해관계가 없어 단순 보조참가도 불가능하다는 견해도 있다.[264] 우리 판례는, 갑 주식회사가, '원고가 을 주식회사로부터 채권을 양수한 행위 중 일부가 사행행위로 취소되었는데도 원고가 승소하여 채권을 변제받으면 갑 회사가 채무자인 을 회사를 대위하여 채권을 행사할 수 없다'는 이유로 피고 보조참가를 신청한 사안에서, 이러한 사정은 사실적·경제적 이해관계에 불과하고 소송 결과에 대한 법률적 이해관계라고 할 수 없으므로 위 신청은 보조참가의 요건을 갖추지 못하여 부적법하다고 보았다.[265] 일본 판례는 이 경우 채권자가 채무자와 제3채무자 간의 소송에 원칙적으로 독립당사자참가도 할 수 없다고 한다.[266]

마. 채무자 자신의 제3채무자에 대한 소송계속 중 채권자대위의 소가 제기된 경우, 이를 동일한 소송물에 대한 중복제소로 본 판례[267]와 '채무자의 권리불행사' 요건 불비에 따른 당사자적격의 흠결로 본 판례[268]가 모두 존재한다.

다수설에 따르면, 일반적으로 대위소송에서의 채권자의 지위는 법정소송담당이므로, 이미 채무자 본인에 의하여 전소가 제기된 상태에서 채권자에 의하여 제기된 후소는 동일한 당사자 및 소송물에 관한 것이므로 중복제소에 해당한다고 본다.[269] 그러나 채권자 본인이 소를 제기하면 채무자는 더 이상 대위소송을 제기할 원고적격을 상실하므로 중복제소가 아닌 원고적격 흠결을 이유로 대위소송의

264 장재형, "법정소송담당과 중복소제기 금지의 통일적 법리", 법학연구 19권 1호, 인하대학교 법학연구소(2016. 3.), 332.

265 대법원 2018. 7. 26. 선고 2016다242440 판결.

266 日大判 1908. 2. 27. [오수원, 민법연구(제1권) 채권자대위권, 박영사(2016), 208, 각주 53)에서 재인용].

267 대법원 1981. 7. 7. 선고 80다2751 판결, 한편 채권자대위소송 계속 중 다른 채권자에 의한 채권자대위의 후소가 다시 제기된 경우 중복제소라고 본 판례로는 대법원 1988. 9. 27. 선고 87다카1618 판결, 대법원 1989. 4. 11. 선고 87다카3155 판결, 대법원 1988. 9. 27. 선고 87다카1618 판결, 대법원 1994. 11. 25. 선고 94다12517, 94다12524 판결, 대법원 1998. 2. 27. 선고 97다45532 판결 등이 있으나, 채권자에 의하여 채무자의 권리가 대위행사되었다고 하여 이를 채무자가 직접 권리를 행사한 것과 동일시할 수는 없다.

268 대법원 1969. 2. 25. 선고 68다2352, 2353 판결, 대법원 1970. 4. 28. 선고 69다1311 판결.

269 이시윤, 신민사소송법(제14판), 박영사(2020), 288; 정동윤 외 2인, 민사소송법(제6판), 법문사(2017), 301-302; 정영환, 신민사소송법, 법문사(2019), 459; 박재완, "대위소송으로 인한 소송경합과 원고적격", 민사소송 17권 2호(2013. 11.), 128 이하; 최상경, "채권자대위소송에 있어서 당사자적격의 흠결과 중복소송의 경합에 관한 소고", 동북아법연구 6권 3호(2013), 158-159.

소를 각하하여야 한다는 견해도 있다.[270]

한편 채권자대위권의 성격을 독자적 권리로 보아 채권자대위소송은 채권자가 자기의 권리를 행사하는 것이지 법정소송담당이 아니라는 견해에 따르면, 중복제소의 문제는 발생하지 않고, 실체법적 권리인 대위권의 요건 중 '채무자가 스스로 그 권리를 행사하지 아니할 것'이라는 요건이 흠결되었으므로 대위소송의 청구가 기각되어야 한다고 본다. 위 견해는 나아가, 설령 채권자대위소송을 법정소송담당으로 보더라도, 우리의 법체계는 기본적으로 소권법 체계가 아니라 실체법 중심의 체계이므로, 권리가 앞에 있고 소는 그 뒤를 따르는 것이며, 따라서 실체법적으로 해결할 수 있는 것은 소송법에 미루지 말고 실체법적으로 해결해야 하므로, 대위권행사요건 불비를 우선적으로 판단하여야 한다고 주장한다.[271]

바. 채무자가 이미 소를 제기하여 본안 패소확정판결을 받은 상태에서 채권자가 다시 채권자대위의 소를 제기한 사안에 대하여, 판례는 후소가 전소판결의 기판력에 저촉된다고 보아 청구를 기각한 원심을 파기하고, 채권자가 채무자를 대위하여 채무자의 권리를 행사할 당사자적격이 없다고 보아 소 각하의 자판을 한 바 있다.[272] 반면에 전소 확정판결이 제3채무자의 채무자에 대한 것인 경우, 채무자가 스스로 권리를 행사하였다고는 볼 수 없으므로, 채권자가 채무자를 대위하여 후소를 제기하는 경우 채권자대위소송의 당사자적격 문제는 발생하지 않고 오로지 기판력 문제만 남는다.[273]

채무자가 제기한 전소가 각하로 확정된 후 채권자대위의 후소가 제기된 경우에 대하여, 판례는 '비법인사단인 채무자가 제기한 소가 사원총회의 결의를 거치지 않은 경우 이는 소제기에 관한 특별수권을 결하여 부적법하고, 그 경우 소제기에 관한 비법인사단의 의사결정이 있었다고 할 수 없으므로, 비법인사단인 채무자가 제기한 전소가 위와 같은 사유로 각하되어 확정된 경우, 채무자가 스스로 제

270 민법주해 IX, 채권(2), 박영사(1995), 787~788(김능환); 오수원, 민법연구(제1권) 채권자대위권, 박영사(2016), 208; 오시영, "채권자대위소송과 추심소송에 있어 당사자적격에 대한 비교 검토", 민사소송 제15권 제2호(2011. 11.), 153 이하; 장재형, "법정소송담당과 중복소제기 금지의 통일적 법리", 법학연구 19권 1호, 인하대학교 법학연구소(2016. 3.), 331; 임병석, "채권자대위권의 행사요건 중 '채무자의 권리불행사' 요건에 관한 고찰 - 대법원 2016. 4. 12. 선고 2015다69372 판결에 대한 비판적 평가", 재산법연구 제35권 제1호(2018. 5), 460; 지원림, 민법강의 제17판, 홍문사(2020), 1161.

271 호문혁, "채권자대위소송과 중복제소", 민사판례연구 제16권, 박영사(1994), 247-252.

272 대법원 1993. 3. 26. 선고 92다32876 판결.

273 대법원 1975. 8. 19. 선고 74다2229 판결, 대법원 1981. 7. 7. 선고 80다2751 판결.

3채무자에 대한 권리를 행사한 것으로 볼 수 없으므로, 채권자대위의 후소는 적법하다'고 본다.[274]

대법원 판결 중에는 채무자가 전소를 취하한 경우에도 채무자가 스스로 권리를 행사하였다고 볼 수 있다면 채권자에게 더 이상 대위소송의 당사자적격이 없다고 본 경우가 있다.[275] 위 사건에서는 채무자 B 가 제3채무자를 상대로 소유권이전등기말소의 반소를 제기한 상태에서 채권자가 다시 제3채무자를 상대로 같은 내용의 채권자대위의 후소를 제기하였는데, B 는 제3채무자와 상호양보를 내용으로 하는 소송외 합의(자신의 제3채무자에 대한 소유권이전등기말소청구권의 포기)를 하고 위 합의에 따라 위 반소(전소)를 취하하였다. 대법원은 "채권자가 대위권을 행사할 당시에 이미 채무자가 그 권리를 재판상 행사하였을 때는 채권자는 채무자를 대위하여 채무자의 권리를 행사할 당사자적격이 없다. B 는 피고를 상대로 이 사건 반소를 제기한 다음 피고와 상호 양보하여 민·형사상의 분쟁을 종료하기로 하는 내용의 이 사건 합의를 함으로써 피고에 대하여 이 사건 토지에 관한 소유권이전등기말소청구권을 행사하였다고 할 것이므로, B 가 이미 이 사건 반소를 제기한 후에 원고가 B 를 대위하여 피고를 상대로 동일한 권리를 행사하며 제기한 이 사건 소는 당사자적격을 흠결하여 부적법하다고 할 것이다."라고 판시하면서 소 각하의 자판을 하였다.

위 판결에 대하여는, 채무자의 소 제기는 소송행위로서의 효력과 이행청구라는 사법상 의사표시의 효력을 함께 가지고, 소가 취하되더라도 이행청구의 사법상 효력에는 영향을 미치지 않으며, 이처럼 채무자의 권리행사로 채권자의 대위권 행사와의 관계에서 우선순위가 확보된 이상, 채무자가 소송 외에서 제3채무자와 합의하여 소유권이전등기말소청구권을 포기한 것은 채권자대위권 행사 후의 채무자의 처분권제한에 저촉되지 않는 유효한 행위라고 할 것이고, 따라서 위 판결의 논리는 불충분하나 결론에는 동의한다는 견해가 있다.[276] 또 채무자의 소 제기와 실

274 대법원 2018. 10. 25. 선고 2018다210539 판결.

275 대법원 2016. 4. 12. 선고 2015다69372 판결(미공간). 이 판례에 관한 평석으로는, 김병선, "채무자의 소취하와 채권자대위소송의 적법성", 민사판례연구 39권, 박영사(2017); 임병석, "채권자대위권의 행사요건 중 '채무자의 권리불행사' 요건에 관한 고찰 - 대법원 2016. 4. 12. 선고 2015다69372 판결에 대한 비판적 평가", 재산법연구 제35권 제1호(2018. 5) 참조. 단 위 대법원 판결이 판례공보 및 종합법률정보에 공개되어 있지 않은 점을 고려하면, 위 대법원 판결의 의미를 지나치게 확대하기는 어려워 보인다.

276 김병선, "채무자의 소취하와 채권자대위소송의 적법성", 민사판례연구 39권, 박영사(2017), 487-488.

체적 권리행사의 효과는 분리하여야 하고, 실체적 권리행사 중 한 번의 권리행사로 권리행사가 완료되는 경우와 달리, 이행청구와 같이 권리행사 후에도 그대로 권리가 존속하는 경우에는, 채무자가 그 이상의 이행행위에 나아가지 않은 채 상당한 기간이 지나면 실효의 원칙에 따라 그 권리행사효가 소멸하고 채권자가 다시 대위권을 행사할 수 있다고 보아야 하며, 채무자가 소 취하로 실체적 권리행사효도 포기한 것으로 볼 수 있는 경우에는 상당한 기간이 지나지 않더라도 채권자가 당사자적격을 회복하여 대위의 소를 제기할 수 있다고 보는 견해도 있다.[277]

한편 위 판결에 관한 것은 아니지만, 종국판결 후 채무자가 소를 취하한 경우, 채무자가 이미 권리를 행사했다는 사실은 부인할 수 없으나, 채무자가 채권자를 해하기 위하여 소 취하권을 행사해서는 안 될 것이므로, 채무자가 사해적으로 권리행사를 포기한 때에는 채권자는 우선 채권자취소권을 행사한 후 그에 이어 채권자대위권을 행사할 수 있다는 견해도 있다.[278]

사견으로는, 권리행사에는 여러 층위가 있으므로 채무자가 소송 외에서 권리행사를 했다 하더라도 그 권리의 실현을 게을리 하여 다음 단계를 이행하지 않고 있다면 채권자가 그 다음 단계의 권리를 행사할 수 있다고 보아야 할 것이나, 채무자의 소 제기는 가장 강력한 형태의 권리행사이므로, 채무자가 일단 소를 제기한 이상 채권자는 다시 채권자대위의 소를 제기할 수 없고(중복제소와 당사자적격 흠결 모두에 해당한다), 그 소송계속 상태에서 채무자가 자신의 실체적 권리를 처분하는 내용의 합의를 하였다면 그 합의 자체가 사해행위취소의 대상이 되는 것은 별론으로 하고, 채권자가 위 처분 합의에 반하여 채권자대위권을 행사할 수는 없다고 생각된다. 만약 이러한 처분 합의가 없는 상태에서 채무자가 종국판결 전에 소를 취하하였고 장기간 다시 소를 제기하지 않고 있다면 채권자가 시효중단효의 유지 등을 위하여 소를 제기하더라도 무방할 것이다. 만약 채무자가 종국판결 후 소를 취하하였다면 재소금지 법리에 의하여 해결하여야 할 것이다.

바. 채무자의 권리불행사는 소극적 사실이므로 제3채무자가 이를 증명하여야 한다는 견해가 있다.[279] 그러나 통설·판례에 의하면 채무자의 권리불행사 또한 소

277 임병석, "채권자대위권의 행사요건 중 '채무자의 권리불행사' 요건에 관한 고찰 - 대법원 2016. 4. 12. 선고 2015다69372 판결에 대한 비판적 평가", 재산법연구 제35권 제1호(2018. 5), 19 이하.

278 오수원, 민법연구(제1권) 채권자대위권, 박영사(2016), 208.

279 김선석, 증명책임의 연구, 육법사(1991), 254.

의 적법요건이므로, 그 궁극적인 증명책임은 채권자에게 있다 할 것이다. 다만 제3채무자가 채무자가 권리행사를 하였다는 본안전항변을 하지 않고 있고, 기록상 특별히 채무자가 권리행사를 하였다고 의심할 만한 사정이 드러나지 않는 경우까지 법원이 적극적으로 나서서 위 요건을 심리할 필요는 없을 것이다.

Ⅲ. 채권자대위권의 목적(피대위권리)

1. 개설

채권자가 채무자의 권리를 대위행사하려면 그 피대위권리가 성질상 대위행사에 적합하여야 한다. 민법 제404조 제1항 단서는 일신전속권을 명문의 규정으로 피대위권리에서 배제하고 있다. 이 때 채권자대위권의 목적이 될 수 없는 일신전속권의 범위를 어디까지로 볼 것인가에 관하여는 논란이 있다. 압류가 금지된 권리, 양도가 금지된 권리, 일신전속권이 아니더라도 그 행사 여부가 채무자의 자유로운 의사에 맡겨져 있는 등 성질상 대위행사가 적합하지 않은 권리 등에 관하여도 대위 가능 여부가 문제되고 있다.

기본형 채권자대위권의 경우 채무자의 책임재산 보전에 필요한 경우에만 그 피대위권리로서의 적격성이 인정되고, 전용형 채권자대위권의 경우 피보전채권인 특정채권의 보전을 위하여 필요하고도 적합한 권리라야 피대위권리로서의 적합성이 인정된다는 견해도 있으나,[280] 엄밀하게 말하면 이는 보전의 필요성의 문제이지 피대위권리로서의 적합성 문제는 아니다.[281]

앞서 본 바와 같이, 통설·판례는 채권자대위권 행사의 다른 요건은 소의 적법요건으로 보되, 피대위권리의 존부는 실체법적 요건으로 보아, 피대위권리가 인정되지 않는 경우 청구기각 판결을 하여야 한다고 본다. 그렇다면 피대위권리가 채권자대위권의 목적이 될 수 없는 경우에는 어떠한가? 명시적인 판시는 아니지만, 대법원 판결 중에는 피대위권리가 그 성질상 대위권 행사의 목적이 될 수 없

280 민법주해 Ⅸ, 채권(2), 박영사(1995), 764(김능환); 주석 민법, 채권총칙(2)(제4판), 한국사법행정학회(2013), 150(손진홍).

281 대법원 2020. 5. 21. 선고 2018다879 전원합의체 판결은 금전채권이 피보전채권이고 피대위권리는 공유물분할청구권인 사안에서, 채권자가 자신의 '금전채권'을 보전하기 위하여 채무자를 대위하여 '부동산에 관한' 공유물분할청구권을 행사하는 것은, 책임재산의 보전과 직접적인 관련이 없어 채권의 현실적 이행을 유효·적절하게 확보하기 위하여 필요하다고 보기 어렵다는 등의 이유로 보전의 필요성을 부인하였다.

는 때에 청구기각 판결을 한 원심을 수긍한 것이 있다.[282] 한편 재심의 소 제기는 채권자대위권의 목적이 될 수 없으므로 대위채권자는 재심당사자적격이 없다고 보아야 하고, 재심당사자적격이 없는 재심원고가 제기한 재심의 소는 부적법하여 각하하여야 한다고 본 경우도 있으나,[283] 이는 재심의 소의 특수성에 기인한 것으로 보인다.

이하에서는 각 권리의 종류별로 나누어 채권자대위권의 목적이 될 수 있는지를 순차로 살펴본다.

2. 재산권

가. 채무자가 가진 재산적 권리는 뒤에서 보는 일신전속권 또는 성질상 대위행사하기에 적합하지 않은 것을 제외하면 그 종류 여하를 묻지 않고 채권자대위권의 목적이 될 수 있다.[284]

나. ①채무불이행으로 인한 손해배상청구권,[285] 불법행위로 인한 손해배상청구권,[286] 부당이득반환청구권,[287] 이행인수 약정에 따라 채무자가 인수인에 대하여 가지는 '인수한 채무를 채권자에게 이행하라'고 청구할 수 있는 권리[288] 등 금전채권, ②매매[289] 또는 시효취득[290]을 원인으로 한 소유권이전등기청구권, 임대차계약 종료에 따른 부동산 인도청구권,[291] 법정지상권설정등기청구권[292] 등 특정

282 대법원 2010. 5. 27. 선고 2009다93992 판결은 유류분반환청구권은 행사상의 일신전속권이므로 유류분권리자에게 그 권리행사의 확정적 의사가 있다고 인정되는 경우가 아니라면 채권자대위권의 목적이 될 수 없다고 판시하면서, 동일하게 판단하여 원고의 청구를 기각한 제1심을 유지하고 항소를 기각한 원심판결을 수긍하였다.

283 대법원 2012. 12. 27. 선고 2012다75239 판결.

284 주석 민법, 채권총칙(2)(제4판), 한국사법행정학회(2013), 151(손진홍).

285 대법원 1968. 1. 23. 선고 67다2440 판결.

286 단 상당수의 불법행위 손해배상청구권 대위행사는 자동차손해배상보장법 제39조, 산업재해보상보험법 제87조, 국민연금법 제114조 등에 기한 특별법상의 대위권 행사이다.

287 대법원 2016. 8. 29. 선고 2015다236547 판결.

288 대법원 2009. 6. 11. 선고 2008다75072 판결. 이 판례에 대한 평석으로는, 문상배, "이행인수약정이 체결된 경우 그에 기한 채무자의 인수인에 대한 청구권을 채권자가 대위행사할 수 있는지 여부", 대법원판례해설 79호 (2009 상반기) 참조. 단 이 평석에서는 채권자가 채무자의 인수인에 대한 채무이행청구권을 대위행사하려면 무자력 요건을 갖추어야 한다고 주장하나(위 평석, 132), 앞서 본 바와 같이 이러한 경우에는 피보전권리와 피대위권리 간에 충분히 견련성이 인정되므로 무자력 요건은 필요하지 않다고 할 것이다.

289 대법원 1991. 4. 12. 선고 90다9407 판결.

290 대법원 1995. 11. 28. 선고 95다22078, 22085 판결.

291 대법원 1989. 4. 25. 선고 88다카4253, 4260 판결.

292 대법원 1985. 4. 9. 선고 84다카1131, 1132 전원합의체 판결.

채권, ③소유권에 기한 방해배제청구권으로서의 원인무효 등기의 말소청구권,[293] 불법점유자에 대한 인도청구권,[294] 지상권자가 토지소유자에 대해 가지는 지상권 갱신청구권[295] 등 물권적 청구권 또는 물권에서 파생되는 권리 모두가 채권자대위권의 목적이 될 수 있다. 또 채무자가 제3자에게 여객자동차운송사업 면허만을 양도한 계약이 무효인 경우에 채권자는 채무자가 제3채무자에 대하여 가지는 면허권자 명의변경권을 대위행사할 수 있다.[296]

다. 형성권 또한 채권자대위권의 목적이 될 수 있다고 보는 견해가 다수이다.[297] 이에 대하여, 형성권 행사가 형성권자의 자기결정의 자유를 침해하는 경우에는 대위행사가 허용될 수 없고, 형성권의 행사가 단순히 재산의 관리로서의 성격을 갖는 경우에 한해서 대위행사가 가능하다는 견해도 있다.[298] 형성권의 피대위적격을 인정하더라도, 일신전속적인 성격을 띠는 것은 대위행사할 수 없다(일신전속권에 관하여는 뒤에서 다시 살펴본다).[299]

판례가 채권자대위권의 목적이 될 수 있다고 인정한 형성권으로는, 채권자취소권,[300] 민법상 조합에 있어서 조합탈퇴권,[301] 각종 해지권,[302] 상계권[303] 등이 있다.

293 대법원 2017. 12. 5. 선고 2017다237339 판결.

294 대법원 1980. 7. 8. 선고 79다1928 판결.

295 대법원 1995. 4. 11. 선고 94다39925 판결.

296 대법원 2007. 12. 28. 선고 2005다38843 판결.

297 민법주해 IX, 채권(2), 박영사(1995), 767(김능환); 주석 민법, 채권총칙(2)(제4판), 한국사법행정학회(2013), 151(손진홍).

298 이은영, 채권총론(제4판), 박영사(2009), 431-432.

299 대법원 1996. 5. 31. 선고 94다35985 판결[후견인이 민법 제950조 제1항 각호의 행위를 하면서 친족회의 동의를 얻지 아니한 경우, 제2항의 규정에 의하여 피후견인 또는 친족회가 그 후견인의 행위를 취소할 수 있는 권리(취소권)는 행사상의 일신전속권이므로 채권자대위권의 목적이 될 수 없다고 봄].

300 대법원 2001. 12. 27. 선고 2000다73049 판결.

301 대법원 2007. 11. 30.자 2005마1130 결정.

302 대법원 1976. 2. 24. 선고 76다52 판결(전화가입계약의 해지권), 대법원 1989. 11. 10. 선고 88다카19606 판결(골프클럽회원의 회원가입계약 해지권).

303 대법원 2002. 1. 25. 선고 2001다52506 판결(수임인의 위임인에 대한 대변제청구권을 보전하기 위하여 위임인의 상계권을 대위행사할 수 있다고 본 사례). 단 채권자대위권을 행사하기 위해서는 원칙적으로 채권의 존재 및 보전의 필요성, 기한의 도래 등의 요건을 충족하여야 하므로, 어느 부진정연대채무자가 현실적으로 자신의 부담부분을 초과하는 출재를 하여 채무를 소멸시킴으로써 다른 부진정연대채무자에 대하여 구상권을 취득한 상태에 이르지 않은 채 단지 장래에 출재를 할 경우 취득할 수 있는 다른 부진정연대채무자에 대한 구상권을 보전하기 위하여 다른 부진정연대채무자가 채권자에게 갖는 상계권을 대위 행사하는 것은 허용되지 않는다(대법원 2010. 8. 26. 선고 2009다95769 판결).

공유물분할청구권에 대하여, 대법원 2020. 5. 21. 선고 2018다879 전원합의체 판결은 "공유물분할청구권은 공유관계에서 수반되는 형성권으로서 공유자의 일반재산을 구성하는 재산권의 일종이다. 공유물분할청구권의 행사가 오로지 공유자의 자유로운 의사에 맡겨져 있어 공유자 본인만 행사할 수 있는 권리라고 볼 수는 없다. 따라서 공유물분할청구권도 채권자대위권의 목적이 될 수 있다."고 판시하여 그 피대위권리로서의 자격은 인정하면서도, 채권자가 자신의 '금전채권'을 보전하기 위하여 채무자를 대위하여 '부동산에 관한' 공유물분할청구권을 행사하는 것은, 책임재산의 보전과 직접적인 관련이 없어 채권의 현실적 이행을 유효·적절하게 확보하기 위하여 필요하다고 보기 어렵고 채무자의 자유로운 재산관리 행위에 대한 부당한 간섭이 되므로 보전의 필요성을 인정할 수 없고, 특정 분할방법을 전제하고 있지 않는 공유물분할청구권의 성격 등에 비추어 볼 때 그 대위행사를 허용하면 여러 법적 문제들이 발생하므로, 따라서 극히 예외적인 경우가 아니라면 금전채권자는 부동산에 관한 공유물분할청구권을 대위행사할 수 없다고 보아야 하며, 이는 지분경매 시 무잉여가 되지만 공유물분할의 방법으로 공유부동산 전부를 경매하면 잉여가 있을 가망이 있는 경우에도 마찬가지라고 하여, 금전채권을 피보전권리로 한 공유물분할청구권의 대위행사를 긍정한 종전의 판례[304]를 변경하고 그 보전의 필요성을 부인하였다.

라. 독립한 권리가 아닌 권한이나 권능(채무자가 어느 행위를 하거나 권리를 취득할 수 있는 법률상의 가능성)은 소유권이나 개인의 자유로부터 나오는 자유권적 성격을 가지므로 그 행사 여부는 채무자의 자유로운 의사결정에 달려 있고, 따라서 이를 채권자가 대위행사하는 것은 채무자의 의사결정권을 부당하게 침해하는 것이 되어 허용될 수 없다는 견해도 있다.[305] [306] 이 견해는 이러한 대위행사할 수 없는 권능의 예로 계약의 청약에 대한 승낙, 제3자를 위한 계약에 있어서의 수령의 의사표시 등을 들고 있다.[307]

그러나 피보전권리의 보전에 필요하다면 대위행사의 목적을 독립한 권리로

304 대법원 2015. 12. 10. 선고 2013다56297 판결.

305 박종윤, "채권자대위권—무자력이론과 기판력에 관한 재검토—", 사법논집 제6집, 법원행정처(1975), 58.

306 이 문제에 관한 프랑스에서의 논의에 관하여는, 오수원, 민법연구(제1권) 채권자대위권, 박영사(2016), 210-219 참조.

307 松坂佐一, 債權者代位權の研究, 有斐閣(1962), 75.

한정할 것은 아니고, 권한이나 권능이라도 대위행사할 필요가 있다. 또 계약의 청약에 대한 승낙, 제3자를 위한 계약에 있어서의 수령의 의사표시 등은 그 행사가 채무자의 자유로운 의사에 전적으로 달려 있어 성질상 대위를 인정할 수 없는지의 문제로 보아, 개별적으로 그 성질에 따라 채권자대위권의 목적이 될 수 있는지를 판단하여야 할 것이지,[308] 이를 권리와 권능의 구분 문제로 볼 것은 아니라고 생각된다.

마. 그 밖의 경우를 살펴본다.

소멸시효 원용권자인 채무자의 일반 채권자는 자기의 채권을 보전하기 위하여 필요한 한도에서 채무자를 대위해서 채무자가 다른 채권자에 대하여 가지는 소멸시효의 이익을 원용할 수 있다.[309] 이와 같이 채권자가 채무자의 소멸시효 항변을 대위행사할 수 있는 이상, 채무자가 배당절차에서 배당이의하지 않았다 하더라도 채무자의 다른 채권자가 이의를 제기하고 채무자를 대위하여 소멸시효 완성의 주장을 원용하였다면, 채무자가 시효의 이익을 묵시적으로 포기한 것으로 볼 수 없다.[310]

지명채권이 전전양도된 경우 전전양수인은 직전 양도인의 최초 양도인에 대한 채권양도통지청구권을 대위행사할 수 있으나,[311] 양도인이 하여야 할 채권양도통지 그 자체를 채권자가 양도인을 대위하여 할 수는 없다는 것이 일본의 판례이다.[312]

채권자는 채무자가 가지는 채권자대위권도 순차로 대위행사할 수 있다. 이를 테면, 부동산 소유자 갑이 을, 을이 병에게 순차로 부동산을 매도하였는데 갑의 부동산에 정 명의의 원인무효 등기가 마쳐져 있는 경우, 병은 자신이 을에 대하여 가지는 소유권이전등기청구권의 보전을 위하여 을과 갑을 순차 대위하여 갑의 정에 대한 등기말소청구권을 행사할 수 있다.[313] 다른 행사요건이 갖추어져 있는 한 금전채권도 순차로 대위행사할 수 있다.[314] 채권자대위권을 순차 대위하여 가압

308 注釋民法 新版 (10) II 債權 (1), 有斐閣(2011), 737-738(下林定).
309 대법원 1979. 6. 26. 선고 79다407 판결, 대법원 1991. 3. 27. 선고 90다17552 판결, 대법원 2007. 3. 30. 선고 2005다11312 판결, 대법원 2012. 5. 10. 선고 2011다109500 판결 등.
310 대법원 2017. 7. 11. 선고 2014다32458 판결.
311 日大判 1919. 6. 26.
312 日大判 1930. 10. 10.
313 대법원 1966. 6. 21. 선고 66다417 판결 외 다수.
314 대법원 1968. 1. 23. 선고 67다2440 판결(전전매매에 있어 계약의 이행불능에 따른 담보책임으로서의 손해배상청구권을 순차 대위행사).

류·가처분신청도 할 수 있다.[315]

3. 소송법상 또는 집행법상 권리

채권자는 채무자를 대위하여 피대위권리와 관련한 이행의 소, 확인의 소,[316] 제3자이의의 소[317]나 청구이의의 소 등 각종 소 제기를 할 수 있고,[318] 채권자대위권에 기한 그 청구권의 보전을 위하여 가압류·가처분 신청도 할 수 있다.[319] 뒤에서 보는 가압류·가처분 이의와 달리, 가압류·가처분결정에 대한 본안의 제소명령을 신청할 수 있는 권리나 같은 조 제2항에 따라 제소기간의 도과에 의한 가압류·가처분의 취소를 신청할 수 있는 권리는 가압류·가처분신청에 기한 소송절차와는 별개의 독립된 소송절차를 개시하게 하는 권리이거나 그 취소신청권 행사의 전제요건으로 인정된 독립된 권리이므로, 이 역시 채권자대위권의 목적이 될 수 있다.[320] 강제집행정지를 위한 보증공탁금의 반환청구권에 대하여 채권압류 및 전부명령을 얻은 전부채권자는 담보제공자를 대위하여 담보취소신청을 할 수 있다.[321]

반면 이미 채무자와 제3채무자 사이의 소송이 계속된 이후의 소송수행과 관련한 개개의 소송상 행위는 그 권리의 행사를 소송당사자인 채무자의 의사에 맡기는 것이 타당하므로 채권자대위가 허용될 수 없다. 같은 취지에서, 상소의 제기나 종전 재심대상판결에 대하여 불복하여 종전 소송절차의 재개, 속행 및 재심판을 구하는 재심의 소 제기는 채권자대위권의 목적이 될 수 없다.[322] 개개의 가압류결정이나 가처분결정에 대한 이의신청은 이미 개시된 가압류·가처분의 소송절차에서 그 소송을 수행하기 위한 절차상의 권리에 지나지 않아 그 소송절차의 주체인 소송당사자(또는 그의 일반승계인이나 소송에 참가한 특정승계인)만이 그 권리를

315 대법원 1986. 11. 25. 선고 86다397 판결 외 다수.

316 대법원 1976. 4. 27. 선고 73다1306 판결, 대법원 1997. 6. 10. 선고 96다25449, 25456 판결, 대법원 2019. 5. 16. 선고 2018다242246 판결 외 다수.

317 단 제3자이의의 소의 이의원인은 소유권에 한정되는 것이 아니고 집행목적물의 반환을 구할 채권적 청구권을 가지고 있는 제3자 또한 집행에 의한 양도나 인도를 막을 이익이 있어 바로 자신의 권리로서 제3자이의의 소를 제기할 수 있으므로(대법원 2003. 6. 13. 선고 2002다16576 판결), 대위에 의한 제3자이의의 소의 제기는 실질적으로 채무자의 일반재산 보전을 위한 경우에만 필요할 것이다.

318 주석 민법, 채권총칙(2)(제4판), 한국사법행정학회(2013), 153(손진홍).

319 대법원 1958. 5. 29. 선고 4290민상735 판결 외 다수.

320 대법원 1993. 12. 27.자 93마1655 결정.

321 대법원 1982. 9. 23.자 82마556 결정.

322 대법원 2012. 12. 27. 선고 2012다75239 판결.

행사할 수 있고 대위는 허용되지 않는다.[323]

채권자가 채무자를 대위하여 자기 이름으로 소를 제기하여 집행권원을 얻은 경우 채권자는 당연히 이에 기하여 강제집행을 신청할 수 있으나, 채권자가 이미 집행권원을 얻은 채무자를 대위하여 강제경매신청 등의 강제집행신청을 대위할 수 있는지가 문제된다.[324] 이와 관련해서는 강제집행신청의 대위 자체를 허용할 것인지 여부('채무자의 권리불행사' 요건과 관련하여), 만약 허용한다면 승계집행문이 필요한지 여부 및 그 집행문 부여 시의 심사범위와 절차 등이 논란이 될 것이나,[325] 이 점에 관하여 아직 명확한 판례는 없다. 사견으로는, 채무자에 대하여 집행권원이 없는 채권자가 채무자를 대위하여 채무자 명의의 집행권원에 기초하여 강제집행신청을 하기 위해서는 승계집행문이 필요한데, 집행법원이 채권자대위권의 행사요건이 갖춰졌는지를 심사하여 승계집행문을 발부할 수 있다고 하면 강제집행절차에서의 형식적 심사범위를 벗어나게 될 뿐만 아니라, 확정판결의 인적 효력을 과도하게 확장하는 것이 되므로, 채권자로서는 변론종결 후의 승계인인 경우 이를 사유로 승계집행문을 받거나, 혹은 집행권원을 획득한 후 채무자의 제3채무자에 대한 판결금채권 등 집행권원상의 채권에 관하여 압류 및 추심 또는 전부명령을 받아 이에 터 잡아 승계집행문을 받아 강제집행신청을 하여야지, 이러한 절차를 거치지 않고 바로 자신이 채권자임을 주장하면서 집행권원 있는 채무자를 대위하여 강제집행신청을 할 수는 없다고 생각된다.

4. 공법상 권리

행정소송은 행정청 또는 그 소속기관으로부터 위법한 처분을 받은 자만이 전치요건 등을 충족한 후 제기할 수 있으므로, 그 이외의 자가 처분상대방을 대위하여 소청절차를 밟거나 행정소송을 대위하여 제기할 수는 없다.[326]

채무자가 제3채무자에 대해 가지는 권리가 행정처분적인 성격을 띠는 것은 대위에 적합하지 않다. 판례는 구 토지구획정리사업법(2000. 1. 28. 법률 제6252호로

323 대법원 1967. 5. 2. 선고 67다267 판결, 대법원 1970. 4. 28. 선고 69다2108 판결 등.

324 注釋民法 新版 (10)Ⅱ 債權 (1), 有斐閣(2011), 744(下林定); 주석 민법, 채권총칙(2)(제4판), 한국사법행정학회(2013), 151(손진홍)은 강제집행 신청도 대위할 수 있다고 설명하고 있으나, 그 구체적인 절차나 형식에 관하여는 논하지 않고 있다.

325 강제집행의 대위 전반에 관한 실무상의 문제점에 관하여는, 이정준, "채권자대위에 의한 강제집행의 신청에 관한 검토", 사법논집 제53집(2011) 참조.

326 대법원 1956. 7. 6. 선고 4289행상33 판결.

폐지) 제28조에 의한 조합의 조합원에 대한 경비부과징수권은 행정처분적인 성질을 가지는 것이어서 채권자대위권을 행사할 피대위채권으로 적합하지 않다고 보았다.[327]

다만 행정청이 국유 토지에 관하여 설치된 불법 시설물 등에 관하여 철거의 행정대집행을 실시하지 않고 있는 경우, 국가에 대하여 토지 사용청구권을 가지는 자는 위 청구권을 보전하기 위하여 국가를 대위하여 시설물 소유자를 상대로 민사소송의 방법으로 시설물의 철거를 구할 수 있다.[328]

공법상의 신청권이 재산권적 성격을 강하게 가지고 있고 그 신청권이 특별히 일신전속적인 것이 아닌 경우, 채권자는 채무자가 관할 행정청에 대하여 가지는 이러한 공법상 신청권을 대위행사할 수 있다. 예를 들어, 사찰관리청이 처분을 허가하여야 할 사찰재산을 양수한 자가 그 사찰을 상대로 그 재산에 대한 소유권이전을 위하여 관할청의 처분허가신청절차를 이행하라는 소송을 제기하여 승소의 확정판결까지 받은 경우, 양수인은 사찰을 대위하여 관할청에 그 재산처분에 관한 허가신청을 할 수 있다.[329] 또한 농지를 취득하려는 자가 농지에 대한 매매계약을 체결하는 등으로 농지에 관한 소유권이전등기청구권을 취득하였다면 농지취득자격증명 발급신청권을 보유하게 되는데, 이러한 농지취득자격증명 발급신청권은 채권자대위권의 행사대상이 될 수 있다.[330] 채권자가 대위에 의하여 위와 같은 공법상 신청을 하였는데 거부처분 내지 반려처분이 내려진 경우, 그 채권자 본인이 처분상대방이 되므로 채권자는 직접 원고가 되어 처분을 다투는 행정소송을 제기할 수 있다.

부동산등기법 제28조 제1항은 채권자가 채무자를 대위(代位)하여 등기를 신청할 수 있다고 명문의 규정을 두고 있다.[331] 채권자는 신청서에 대위권의 발생원

327 대법원 2002. 5. 28. 선고 2000다5817 판결.

328 대법원 2009. 6. 11. 선고 2009다1122 판결. 이 판례의 평석으로는, 문상배, “행정청이 행정대집행을 할수 있는 경우 행정청의 채권자가 행정청을 대위하여 민사소송의 방법으로 시설물의 철거를 구할 수 있는지 여부”, 대법원판례해설 79호(2009) 참조.

329 대법원 1987. 10. 28. 선고 87누640 판결. 단 사찰재산에 대한 강제경매절차에서의 최고가매수신고인은 직접 집행채권자나 채무자에 대하여 어떠한 권리를 가진다고 할 수 없으므로, 집행채무자인 학교법인을 대위하여 감독청에 대하여 기본재산 처분에 관한 허가신청을 대위행사할 수는 없는데(대법원 1994. 9. 27. 선고 93누22784 판결), 엄밀히 말하면 이는 피보전권리의 문제이지 피대위권리의 문제는 아니다.

330 대법원 2018. 7. 11. 선고 2014두36518 판결.

331 대위 등기신청 절차는 부동산등기규칙 제50조, 제53조 제1항 제2호 참조.

인, 즉 보전하여야 하는 채권이 발생된 법률관계를 간략히 기재하여야 하고,[332] 대위의 기초인 권리의 발생원인인 법률관계의 존재를 증명하는 서면(매매계약서, 금전소비대차계약서 등)을 첨부하여야 한다. 이때의 매매계약서 등은 공정증서가 아닌 사서증서라도 무방하다. 채권자가 채무자를 대위하여 등기를 신청하는 경우 채무자로부터 채권자 자신으로의 등기를 동시에 신청하지 않더라도 이를 수리한다.[333] 등기관이 대위신청에 의하여 등기를 할 때에는 대위자의 성명 또는 명칭, 주소 또는 사무소 소재지 및 대위원인을 기록하여야 한다(부동산등기법 제28조 제2항). 또한 등기관이 등기를 완료한 때에는 대위신청인 및 피대위자에게 등기완료 통지를 하여야 한다(부동산등기규칙 제53조 제1항).

채권자가 제3채무자를 상대로 채무자를 대위하여 등기절차의 이행을 명하는 판결을 얻은 경우 채권자는 부동산등기법 제28조에 의하여 채무자의 대위신청인으로서 그 판결에 의하여 단독으로 등기를 신청할 수 있다.[334]

5. 일신전속권

가. 민법 제404조 제1항 단서에서 일신전속권의 의미

민법 제404조 제1항 단서는 일신전속권을 채권자대위권 행사의 목적에서 명시적으로 제외하고 있다.

여기에서의 '일신전속권'의 의미에 관하여,[335] 통설은 일신전속권을 '행사상의 일신전속권'(타인이 이를 행사할 수 없는 권리, 비채권자대위성·비법정대리성을 띠는 것)과 '귀속상의 일신전속권'(타인에게 양도·이전할 수 없는 권리, 비양도성·비상속성을 띠는 것)으로 구별하여, 민법 제404조의 일신전속권은 행사상의 일신전속권, 민법 제1005조의 일신전속권은 '귀속상의 일신전속권'이라고 한다. 그리고 채권자대위권은 채권자가 채무자의 의사에 무관계하게 그 권리를 행사하는 제도이기 때문에 그 권리행사를 채무자의 의사에 맡겨놓아야 할 행사상의 일신전속권은 대위의 객체가 될 수 없으나, 대위권 행사의 결과는 채무자에게 귀속되므로, 그 권리가 타인에게 이전될 수 있을 것임을 요할 필요는 없고, 따라서 민법 제404조에서의 일

332 매매인 경우에는 "○년 ○월 ○일 매매에 의한 소유권이전등기청구권", 대여금채권인 경우에는 "○년 ○월 ○일 소비대차의 대여금반환청구권" 등.

333 채권자대위에 의한 등기절차에 관한 사무처리지침(등기예규 제1432호, 시행 2011. 10. 13.).

334 판결 등 집행권원에 의한 등기신청에 관한 업무처리지침 3.라.1) (등기예규 제1607호, 시행 2016. 11. 30.).

335 프랑스, 일본에서의 관련 논의에 관하여는, 오수원, "채권자대위권에 있어서의 채무자의 일신전속권", 저스티스 제146-1호(2015. 2.), 193-197 참조.

신전속권은 행사상의 일신전속권을 가리킨다고 한다.[336] 이를 달리 표현하여, 행사상의 일신전속성이란 어느 권리가 권리자의 의사에 그 행사를 절대적으로 맡기고 있는 것인가, 즉 재산관리권의 문제이고, 귀속상의 일신전속성이란 어느 권리가 다른 누구에게도 귀속할 수 있는 것인가(양도·상속기타 이유에 의한 승계를 인정할 것인가), 즉 재화귀속질서의 문제라고 하는 견해도 있다.[337]

이 견해에 따르면, 행사상·귀속상의 일신전속성은 어느 하나가 인정되더라도 다른 하나는 인정되지 않을 수 있다. 예를 들어, 종신정기금채권과 같은 귀속상의 일신전속권(상속할 수 없는 권리)이라도 채권자대위의 객체가 될 수 있다. 반면 증여계약에 따른 증여자의 권리와 같이 상속할 수 있는 것이라도, 서면에 의하지 않은 증여의 취소권은 권리자의 자유의사에 따라 그 행사 여부가 전적으로 결정되어야 하므로 대위할 수는 없다.[338]

위와 같은 통설과 달리, 민법 제404조 제1항 단서에서의 '일신전속권'은 채권자가 자기의 채권에 관하여 변제를 받는 데 적합하지 않은 권리, 다시 말하면 비재산적 성질이 강한 권리라는 견해가 있다.[339] 또 일신전속권은 일신에 관한 권리와 전속하는 권리의 양자가 결합된 것으로서, '전속하는 권리'에는 재산적인 것과 비재산적인 것이 있을 수 있으나, '일신에 관한 권리'는 그 권리주체인 사람을 떠나서는 존재할 수 없는 것으로서 비재산적인 권리이므로, 결국 일신전속권은 권리자에게 고유한 것으로서 비재산적인 경우에만 있을 수 있고, 민법 제404조와 제1005조는 동일한 일신전속권을 규정한 것으로 보아야 하며, 이러한 일신전속권은 처음부터 공동담보가 되지 않으므로 제404조는 당연한 것을 규정한 것으로 보아야 한다는 견해도 있다.[340]

336 민법주해 IX, 채권(2), 박영사(1995), 765(김능환); 주석 민법, 채권총칙(2)(제4판), 한국사법행정학회(2013), 154(손진홍); 곽윤직, 채권총론(민법강의Ⅲ), 박영사(2018), 140; 김증한/김학동, 채권총론(제6판), 박영사(1998), 813-184; 김주수, 채권총론, 삼영사(2003), 223-224; 김상용, 채권총론(제3판), 화산미디어(2016), 227-228; 김준호, 채권법(제10판), 법문사(2019), 144; 송덕수, 채권법총론(제4판), 박영사(2018), 224-225; 윤철홍, 채권총론(제3전정판), 법원사(2018), 251; 양창수/김형석, 민법3(권리의 보전과 담보)(제3판), 박영사(2018), 176-177; 이은영, 채권총론(제4판), 박영사(2009), 432; 박종두/박세욱, 채권법총론(제4판), 삼영사(2014), 188-189; 양형우, 민법의세계(이론과 판례)(제11판), 피앤씨미디어(2019), 940; 노종천, 채권법, 동방문화사(2015), 138 등.

337 정구태, "유류분반환청구권이 채권자대위권의 목적이 되는지 여부 : 일본에서의 논의를 바탕으로 한 종래 국내의 통설에 대한 비판적 검토", 가족법연구 22권 1호(2008. 3.), 221.

338 주석 민법, 채권총칙(2)(제4판), 한국사법행정학회(2013), 154(손진홍).

339 김형배, 채권총론, 박영사(1998), 361.

340 오수원, "채권자대위권에 있어서의 채무자의 일신전속권", 저스티스 제146-1호(2015. 2.), 204-206.

통설에 따르는 경우에도, 어떠한 권리가 행사상의 일신전속권에 해당하는지에 관하여는 견해가 갈린다. 통설은 권리의 성격상 법정대리나 대위에 적합하지 않은 권리가 행사상의 일신전속권이라고 하면서도,[341] 어떠한 권리가 행사상의 일신전속권인지 여부는 각 권리의 인정근거, 성질, 대위의 허용 여부로 인한 이익상황 등 제반사정을 참작하여 개별적으로 판정할 수밖에 없다고 한다.[342] 다른 견해는, 채무자의 자유의사에 의하여야 하는가를 기준으로 하여, 채권자대위권은 채무자의 의사와 관계없이 채무자의 권리를 행사하는 제도이기 때문에, 어떠한 권리가 재산적 의의(공동담보성)를 갖는다고 하더라도 그것을 행사할지 말지가 채무자의 의사에 맡겨져야만 하는 권리, 즉 그 권리를 행사할지 말지를 채무자 외의 다른 사람이 '대신 결정할 수 없는' 권리는 행사상의 일신전속권에 해당하여 채권자대위권의 목적이 될 수 없다고 한다.[343]

판례는 "유류분반환청구권은 그 행사 여부가 유류분권리자의 인격적 이익을 위하여 그의 자유로운 의사결정에 전적으로 맡겨진 권리로서 행사상의 일신전속성을 가진다고 보아야 하므로, 유류분권리자에게 그 권리행사의 확정적 의사가 있다고 인정되는 경우가 아니라면 채권자대위권의 목적이 될 수 없다."고 하여, 위 채무자 자유의사설을 따르고 있는 것으로 보인다.[344]

나. 일신전속권 여부가 문제되는 권리[345]

1) 신분상의 권리

친족권 중 신분 그 자체를 취득, 상실하거나 변경하는 권리, 즉 혼인취소권(민법 제816조 이하), 이혼청구권(제840조 이하), 친권(제909조 이하), 친생부인권(제846

341 민법주해 IX, 채권(2), 박영사(1995), 765(김능환); 주석 민법, 채권총칙(2)(제4판), 한국사법행정학회(2013), 154(손진홍); 곽윤직, 채권총론(민법강의Ⅲ), 박영사(2018), 140; 김주수, 채권총론, 삼영사(2003), 223-224; 송덕수, 채권법총론(제4판), 박영사(2018), 224-225; 윤철홍, 채권총론(제3전정판), 법원사(2018), 251; 여하윤, 채권자대위권 연구, 경인문화사(2007), 200. 단 이에 대하여는 동어반복이라는 비판이 있다. 오수원, "채권자대위권에 있어서의 채무자의 일신전속권", 저스티스 제146-1호(2015. 2.), 200.

342 민법주해 IX, 채권(2), 박영사(1995), 765(김능환); 주석 민법, 채권총칙(2)(제4판), 한국사법행정학회(2013), 154(손진홍).

343 정구태, "유류분반환청구권이 채권자대위권의 목적이 되는지 여부 : 일본에서의 논의를 바탕으로 한 종래 국내의 통설에 대한 비판적 검토", 가족법연구 22권 1호(2008. 3.), 227.

344 대법원 2010. 5. 27. 선고 2009다93992 판결.

345 이하의 내용은 오수원, "채권자대위권에 있어서의 채무자의 일신전속권", 저스티스 제146-1호(2015. 2.), 205-222를 전반적으로 참조.

조), 인지청구권(제863조), 파양청구권(제846조) 등은 비재산성,[346] 행사상의 일신전속성[347]을 가지므로, 그 권리행사가 간접적으로 재산관계에 영향을 미친다고 하더라도 채권자대위권의 목적이 될 수 없다.

신분상의 권리이면서 재산적인 성격을 띠는 경우, 인격적 이익이 핵심인지 재산권적인 성격이 핵심인지를 따져보아야 한다.

친권자 또는 후견인의 재산관리권은 신분관계와 결합된 권리로서 행사상의 일신전속성을 가지므로 채권자대위권의 목적이 될 수 없다는 견해가 다수이다.[348] 판례도, 후견인이 민법 제950조 제1항 각호의 행위를 하면서 친족회의 동의를 얻지 아니한 경우, 제2항의 규정에 의하여 피후견인 또는 친족회가 그 후견인의 행위를 취소할 수 있는 권리(취소권)는 행사상의 일신전속권이므로 채권자대위권의 목적이 될 수 없다고 보고 있다.[349] 단 후견인에 대한 보수청구권(제955조)과 같은 재산적 청구권은 채권자대위권의 목적이 될 수 있다는 견해도 있다.[350]

친족 간의 부양청구권(민법 제974조)에 대하여는, 재산적인 성격도 있지만 인격적 권리, 가족관계적 권리로서 일신전속성이 강하므로 채권자대위권 행사의 목적이 될 수 없다는 견해가 다수이다.[351] 반면, 이는 재산적 권리로서 일신전속권이라고 할 수는 없지만, 채무자인 피부양자를 보호하기 위한 권리로서 압류할 수 없어(민사집행법 제246조 제1호) 일반담보가 되지 못하므로 그 권리의 성질상 대위하지 못한다는 견해도 있다.[352]

상속 승인·포기권의 경우, 그 권리자의 의사를 존중해야 하므로 대위권의 목적이 되지 않는다는 견해,[353] 미확정권리이므로 대위권의 목적이 되지 않는다는

346 오수원, "채권자대위권에 있어서의 채무자의 일신전속권", 저스티스 제146-1호(2015. 2.), 209; 김형배, 채권총론, 박영사(1998), 362.

347 민법주해 Ⅸ, 채권(2), 박영사(1995), 765(김능환); 주석 민법, 채권총칙(2)(제4판), 한국사법행정학회(2013), 155(손진홍).

348 민법주해 Ⅸ, 채권(2), 박영사(1995), 765(김능환); 주석 민법, 채권총칙(2)(제4판), 한국사법행정학회(2013), 155(손진홍).

349 대법원 1996. 5. 31. 선고 94다35985 판결.

350 오수원, "채권자대위권에 있어서의 채무자의 일신전속권", 저스티스 제146-1호(2015. 2.), 209.

351 김주수/김상용, 친족·상속법(제16판), 법문사(2019), 589~590; 민법주해 Ⅸ, 채권(2), 박영사(1995), 765(김능환); 주석 민법, 채권총칙(2)(제4판), 한국사법행정학회(2013), 155(손진홍); 곽윤직, 채권총론(민법강의Ⅲ), 박영사(2018), 140; 여하윤, 채권자대위권 연구, 경인문화사(2007), 201; 이은영, 채권총론, 박영사(2009), 431; 김주수, 채권총론, 삼영사(2003), 214 등.

352 오수원, "채권자대위권에 있어서의 채무자의 일신전속권", 저스티스 제146-1호(2015. 2.), 209-210.

353 민법주해 Ⅸ, 채권(2), 박영사(1995), 765(김능환); 주석 민법, 채권총칙(2)(제4판), 한국사법행정학회(2013), 155(손진홍) 등.

견해[354] 등 그 피대위적격을 부정하는 견해가 다수이다. 판례는 채권자취소권에 관한 것이기는 하나, 상속포기가 상속인의 인격적 결단으로서 재산권에 관한 법률행위라고 볼 수 없으므로 사해행위취소의 대상이 될 수 없다고 판시한 바 있나.[355]

상속개시 후의 상속지분권이나 상속재산분할청구권에 대하여는, 양도·처분할 수 있는 것으로서 재산권으로서의 성질이 강하므로 대위권의 목적이 될 수 있다는 견해가 다수이다.[356] 반대로, 가족법상의 청구권은 가족관계에 있는 자만이 청구권자가 될 수 있으므로 상속재산분할청구권은 대위의 목적이 될 수 없다는 견해,[357] 상속재산분할청구권은 재산적인 것이어서 일신전속권이라고 할 수는 없지만, 공동상속인 사이의 협의나 재판에 의하여 구체적으로 형성되어야 할 불확정적인 권리이므로 대위의 대상이 되지 못한다는 견해도 있다.[358] 판례는 채권자취소권에 관하여, "상속재산의 분할협의는 상속이 개시되어 공동상속인 사이에 잠정적 공유가 된 상속재산에 대하여 그 전부 또는 일부를 각 상속인의 단독소유로 하거나 새로운 공유관계로 이행시킴으로써 상속재산의 귀속을 확정시키는 것으로 그 성질상 재산권을 목적으로 하는 법률행위이므로 사해행위취소권 행사의 대상이 될 수 있다."고 보는데,[359] 같은 태도가 채권자대위권에서도 관철된다면 그 피대위적격이 긍정될 것이다.

상속회복청구권에 대하여는, 상속인의 의사를 존중하여야 하므로 대위권의 목적이 될 수 없다는 견해와,[360] 대위권의 목적이 될 수 있다는 견해로 갈린다. 후자의 근거로는, 다시, 상속회복청구권의 본질이 재산권적 성질이 강하고, 대위행사로 인하여 얻은 채권자의 이익과 대위를 허용하지 아니함으로써 얻게 되는 제3자 내지 공동상속인의 이익을 형량할 때 채무자의 자유의사를 과도하게 존중하여 채권자를 희생해서까지 일반채권자인 제3자나 공동상속인을 보호할 필요는

354 김형배, 채권총론, 박영사(1998), 362; 오수원, "채권자대위권에 있어서의 채무자의 일신전속권", 저스티스 제146-1호(2015. 2.), 213.

355 대법원 2011. 6. 9. 선고 2011다29307 판결.

356 김주수, 채권총론, 삼영사(2003), 224; 민법주해 IX, 채권(2), 박영사(1995), 765(김능환); 주석 민법, 채권총칙(2)(제4판), 한국사법행정학회(2013), 155(손진홍) 등.

357 이은영, 채권총론, 박영사(2009), 431.

358 오수원, "채권자대위권에 있어서의 채무자의 일신전속권", 저스티스 제146-1호(2015. 2.), 212.

359 대법원 2001. 2. 9. 선고 2000다51797 판결.

360 민법주해 IX, 채권(2), 박영사(1995), 765(김능환).

없다거나,[361] 상속회복청구권은 재산적 청구권이므로 일신전속권이 아니며, 미확정권리라고 할 수도 없으므로 대위의 목적이 된다는 점이 주장된다.[362]

유류분반환청구권에 대하여는, 상속회복청구권과 마찬가지로 재산권적 성질이 강하고 채권자의 권리와 채무자의 자유의사 간의 형량 시 전자가 보호되어야 하므로 채권자대위의 목적이 될 수 있다는 견해[363]와, 유류분반환청구권은 대위권행사의 목적이 될 수 없다는 견해[364]로 갈린다. 후자에는 다시, 유류분반환청구권 행사는 신분적 인격관계를 가지고 있는 유류분권리자의 자유로운 결정에 맡겨져 있고, 그와 피상속인, 다른 공동상속인과의 전인격적 관계에 따라 결정되는 것으로서 강한 '인적 특성'을 가지며, 유류분제도의 주된 취지가 유류분권리자의 사후부양에 있음에도 대위권행사를 인정하면 채권자대위권 행사의 처분금지효에 따라 유류분권리자의 처분이 제한되고, 부양료 등의 압류금지를 규정한 민사집행법 제246조 제1항 제1호와의 취지가 잠탈될 수 있으므로, 채권자대위권의 목적이 될 수 없다는 견해[365](단 이 견해는 채무자가 유류분반환청구권을 행사하겠다는 확정적 의사를 표명한 경우, 예외적으로 대위행사가 가능하다고 본다)[366]와, 유류분반환청구권이 재산적 권리이기는 하지만 유류분 산정을 위해서는 증여재산과 채무, 구체적 상속분 등이 확정되어야 하는데 이를 확정할 수 없으므로, 불확정의 권리여서 채권자대위권의 목적이 될 수 없다는 견해[367]가 있다.

판례는 앞서 본 바와 같이, 유류분반환청구권은 그 행사 여부가 유류분권리자의 인격적 이익을 위하여 그의 자유로운 의사결정에 전적으로 맡겨진 권리로서 행사상의 일신전속성을 가진다고 보아야 하므로, 유류분권리자에게 그 권리행사의 확정적 의사가 있다고 인정되는 경우가 아니라면 채권자대위권의 목적이 될 수 없다고 하여, 유류분반환청구권의 피대위적격을 원칙적으로 부정하고 있다.[368]

361 주석 민법, 채권총칙(2)(제4판), 한국사법행정학회(2013), 155-156.

362 오수원, "채권자대위권에 있어서의 채무자의 일신전속권", 저스티스 제146-1호(2015. 2.), 212.

363 주석 민법, 채권총칙(2)(제4판), 한국사법행정학회(2013), 156(손진홍); 김주수/김상용, 친족·상속법(제16판), 법문사(2018), 874 등.

364 정구태, "유류분반환청구권이 채권자대위권의 목적이 되는지 여부 : 일본에서의 논의를 바탕으로 한 종래 국내의 통설에 대한 비판적 검토", 가족법연구 22권 1호(2008. 3.), 231 이하; 오수원, "채권자대위권에 있어서의 채무자의 일신전속권", 저스티스 제146-1호(2015. 2.), 214-215.

365 정구태, "유류분반환청구권이 채권자대위권의 목적이 되는지 여부 : 일본에서의 논의를 바탕으로 한 종래 국내의 통설에 대한 비판적 검토", 가족법연구 22권 1호(2008. 3.), 231 이하.

366 정구태, 유류분제도의 법적 구조에 관한 연구, 고려대학교(2009), 99 이하.

367 오수원, "채권자대위권에 있어서의 채무자의 일신전속권", 저스티스 제146-1호(2015. 2.), 214-215.

368 대법원 2010. 5. 27. 선고 2009다93992 판결.

이혼에 따른 재산분할청구권의 경우, 재산권적 측면이 강하므로 대위권의 목적이 된다는 견해,[369] 그 자체로는 권리자의 의사를 존중해야 하거나[370] 혹은 불확정의 권리[371]이므로 대위권의 목적이 될 수 없으나, 협의 또는 심판에 의하여 구체적인 금전채권 또는 급부청구권으로 변화되면 대위가 가능하다는 견해 등이 있다.

2) 인격권

생명, 신체, 명예 등 인격 또는 인격권 자체는 그 권리자의 인격으로부터 분리할 수 없으므로 채권자대위권의 목적이 될 수 없다는 것이 통설이다.[372]

인격권 침해로 인한 위자료청구권의 경우, 재산적 의의가 있으나 인격적 이익을 위해 인정되므로 대위의 목적이 될 수 없다는 견해,[373] 그 행사가 전적으로 피해자의 의사에 맡겨져 있고 그 내용이 불확정적이므로 대위의 목적이 될 수 없다는 견해,[374] 위자료청구권은 인격권에서 떨어져 나온 독립한 재산권으로서의 독자성이 있으므로 대위의 목적이 될 수 있다는 견해,[375] 위자료청구권은 일신전속권이 아닌 재산적인 권리이지만 그 구체적인 손해액은 권리자의 합의나 소송을 통해서 확정될 수밖에 없는 불확정적인 권리여서 대위의 목적이 될 수 없으나, 피해자나 그 상속인에 의하여 청구되어 금전채권으로 구체화된 경우 대위행사가 가능하다는 견해[376] 등이 있다.

3) 일신전속적 재산권

사원권, 주주권 등 단체의 구성원이 그 구성원이라는 지위에 의거하여 단체에 대하여 가지는 권리가 대위의 목적이 될 수 있는가가 문제된다. 이에 대하여

369 황경웅, "재산분할청구권의 상속성- 민법제404조의 일신전속권과 제1005조의 일신전속권의 비교-", 중앙법학 제9집 제2호(2007), 506.

370 주석 민법, 채권총칙(2)(제4판), 한국사법행정학회(2013), 156(손진홍); 민법주해 IX, 채권(2), 박영사(1995), 765(김능환).

371 오수원, "채권자대위권에 있어서의 채무자의 일신전속권", 저스티스 제146-1호(2015. 2.), 210.

372 주석 민법, 채권총칙(2)(제4판), 한국사법행정학회(2013), 156(손진홍); 민법주해 IX, 채권(2), 박영사(1995), 765(김능환).

373 김상용, 채권총론(제3판), 화산미디어(2016), 227.

374 민법주해 IX, 채권(2), 박영사(1995), 766김능환); 여하윤, 채권자대위권 연구, 경인문화사(2007), 201; 정구태, "유류분반환청구권이 채권자대위권의 목적이 되는지 여부 : 일본에서의 논의를 바탕으로 한 종래 국내의 통설에 대한 비판적 검토", 가족법연구 22권 1호(2008. 3.), 222 등.

375 주석 민법, 채권총칙(2)(제4판), 한국사법행정학회(2013), 156(손진홍).

376 오수원, "채권자대위권에 있어서의 채무자의 일신전속권", 저스티스 제146-1호(2015. 2.), 208.

는, 민법상의 사단법인의 사원권과 같은 비재산적 권리는 성질상 채권자대위권의 대상이 되지 않고, 주식회사의 주주권과 같은 경우에는 자익권과 공익권을 나누어 채권자대위권 행사의 대상이 될 수 있는지를 가려야 한다는 견해가 있다.[377]

종신정기금채권 등 당사자의 사망을 종기 또는 해제조건으로 하는 채권이나 사용대차·고용·위임·조합·신탁상의 채권 등 당사자 간의 특별한 신뢰관계에 기초한 채권은 비록 상속성이나 양도성이 제한되더라도 채무자의 재산의 일부를 구성하므로 채권자대위권의 목적이 될 수 있다는 것이 통설이다.[378]

판례는 임대인의 임대차계약에 대한 해지권은 오로지 임대인의 의사에 행사의 자유가 맡겨져 있는 행사상의 일신전속권에 해당하는 것으로 보기 어려우므로 대위행사가 가능하다고 본다.[379] 또 민법상 조합원이 조합을 탈퇴할 권리는 그 성질상 조합계약의 해지권으로서 그의 일반재산을 구성하는 재산권의 일종이라 할 것이고 채권자대위가 허용되지 않는 일신전속적 권리라고는 할 수 없으므로, 채무자의 재산인 조합원 지분을 압류한 채권자는 채무자의 조합 탈퇴의 의사표시를 대위행사할 수 있다고 본다.[380]

이러한 통설에 대하여는, 가령 임대차의 경우 금전채권자가 그 채무자를 대위하여 대차물을 직접 사용할 수는 없을 것이고, 반대로 보증금반환채권을 대위하여 행사할 수 없는 것은 아닐 것이므로, 특정 유형의 계약 자체를 일률적으로 대위권의 대상이 된다고 할 것이 아니라 계약의 내용을 개별적으로 살펴 대위권의 대상여부를 가려야 한다는 반론도 있다.[381]

보험계약의 해지권은 일신전속권이 아닌 압류금지채권의 대위행사 문제라 할 것이고, 이 점은 뒤에서 다시 살펴본다.

4) 성질상 대위가 인정되지 않는 권리

권리의 행사 여부를 채무자의 전적인 자유로운 의사에 맡기는 것이 타당한 경우 채권자대위권의 목적이 될 수 없다는 것이 통설이다.[382] 여기에 해당하는 것

377 오수원, "채권자대위권에 있어서의 채무자의 일신전속권", 저스티스 제146-1호(2015. 2.), 216.
378 민법주해 IX, 채권(2), 박영사(1995), 766(김능환); 주석 민법, 채권총칙(2)(제4판), 한국사법행정학회(2013), 156-157(손진홍).
379 대법원 2007. 5. 10. 선고 2006다82700, 82717 판결.
380 대법원 2007. 11. 30.자 2005마1130 결정.
381 오수원, "채권자대위권에 있어서의 채무자의 일신전속권", 저스티스 제146-1호(2015. 2.), 217.
382 민법주해 IX, 채권(2), 박영사(1995), 766(김능환); 주석 민법, 채권총칙(2)(제4판), 한국사법행정학회(2013), 157(손진홍).

으로는 계약의 청약 또는 승낙, 제3자를 위한 계약의 수익의 의사표시,[383] 망은행위로 인한 증여계약의 해제권 등이 거론된다.

단 제3자를 위한 계약의 수익의 의사표시의 경우 재산적 색채가 강하므로 채권자대위권의 목적이 된다는 견해도 있다.[384]

6. 압류가 금지되는 권리

명문의 규정은 없으나, 압류금지채권은 그에 대한 강제집행이 불가능하여 채권의 공동담보가 될 수 없으므로 대위권의 목적이 될 수 없다는 것이 통설이다.[385]

다만 판례는, 피해자의 상해를 치료한 의료인이 피해자에 대한 치료비청구권을 피보전권리로 하여 피해자의 국가에 대한 국가배상법상 치료비청구권을 압류한 사건에서, 압류를 허용하지 않는 권리는 채권자의 일반담보로 할 수 없는 것이어서 채권자대위권의 목적이 될 수 없다고 할 것이나, 국가배상법 제4조가 국가배상을 받을 권리의 양도나 압류를 허용하지 않는 것은 배상청구권자를 보호하기 위한 것이고, 특히 그중 신체의 침해로 인한 치료비청구권의 압류를 금지하는 취지는 이를 금지함으로써 피해자로 하여금 그 상해를 치료하기 위한 치료비 채권을 확보할 수 있게 하여 피해의 구제에 만전을 기하려는 뜻이라고 할 것이므로, 이러한 위 법조의 취지에 비추어 보면 그 상해를 치료한 의료인이 피해자에 대한 그 치료비청구권에 기하여 피해자의 국가에 대한 같은 치료비청구권을 압류하거나 이를 대위행사하는 것은 위 법조의 규정에 불구하고 허용된다고 보았다.[386]

위 판례·통설에 대하여는, 압류금지채권을 채권자대위권의 행사대상에서 제외시키는 통설은 채권자대위권의 목적을 채권의 공동담보 확보만으로 보는 데에 근거하나, 특정채권의 보전을 위한 채권자대위권 행사가 현실적으로 광범위하게 이용되고 있고, 그 경우 사실상 채권자가 제3채무자로부터 자기 채권을 직접 변

383 단 일본에서는 채무자를 제3자로 하는 제3자를 위한 면제계약에서 채무자의 수익의 의사표시를 대위행사하는 것을 긍정한 판례가 있다. 日大判 1941. 9. 30.(民集 20, 1233).

384 김주수, 채권총론, 삼영사(2003), 224.

385 민법주해 IX, 채권(2), 박영사(1995), 766(김능환); 주석 민법, 채권총칙(2)(제4판), 한국사법행정학회(2013), 157(손진홍); 곽윤직, 채권총론(민법강의III), 박영사(2018), 140; 김주수, 채권총론, 삼영사(2003), 224; 김상용, 채권총론(제3판), 화산미디어(2016), 228; 양창수/김형석, 민법3(권리의 보전과 담보)(제3판), 박영사(2018), 178; 박종두/박세욱, 채권법총론(제4판), 삼영사(2014), 189; 양형우, 민법의 세계(이론과 판례)(제11판), 피앤씨미디어(2019), 940 등.

386 대법원 1981. 6. 23. 선고 80다1351 판결.

제받는 효과를 누리게 되므로, 이러한 경우 집행을 전제로 하지 않고 채권의 만족이 가능하고, 따라서 압류금지채권을 채권자대위권의 적용 예외로 분류해서는 안 되고, 개개의 피대위권리마다 개별적으로 다양한 요소를 고려하여 대위가능성을 판단하면 된다고 주장하면서, 위 80다1351 판결을 그 근거로 드는 견해가 있다.[387] 이에 대하여는 다시, 채권자대위권의 직접청구권화는 부적절하고, 본래대로 제3채무자가 피대위채권을 채무자에게 이행하는 경우에는 채권자가 이를 압류할 수 없으므로, 압류금지채권의 피대위성은 부정하는 것이 타당하고, 위 대법원 80다1351 판결은 특수한 압류금지 사안으로서 일반화할 수 없다는 반박이 있다.[388]

살피건대 위 대법원 80다1351 판결은 압류가 금지되는 채권도 특정채권 보전을 위해서는 대위할 수 있다는 것이 아니라, 국가배상법의 해석상 피해자를 치료한 의사가 치료비청구권을 집행채권으로 하는 경우에는 피해자의 국가에 대한 치료비청구권의 압류가 허용되고, 이를 전제로 하여 그에 대한 대위권 행사도 가능하다고 한 것이므로, 위 판결을 들어 대법원이 압류금지채권에 대한 대위권 행사를 허용한 것이라고 보기는 곤란하다. 원칙론으로 돌아가, 비록 채권자가 직접수령권을 행사하는 경우가 있다 하더라도 채권자는 채무자의 권리를 대위행사하여 제3채무자가 채무자에게 이행하는 것을 대신 수령하는 것일 뿐 자신의 채권에 대한 변제로서 수령하는 것이 아니고,[389] 압류금지채권에 대한 채권자의 강제집행이 불가능한 이상 압류금지채권의 대위도 불가능하다고 보아야 할 것이다.

압류금지채권에 관한 규정으로는 민사집행법 제246조 제1항 각호[법령상의 부양료 및 유족부조료(제1호), 채무자가 구호사업이나 제3자의 도움으로 계속 받는 수입(제2호), 병사의 급료(제3호), 급료·연금·봉급·상여금·퇴직연금, 그 밖에 이와 비슷한 성질을 가진 급여채권의 2분의 1에 해당하는 금액(제4호), 퇴직금 그 밖에 이와 비슷한 성질을 가진 급여채권의 2분의 1에 해당하는 금액(제5호), 주택임대차보호법 제8조에 따른 우선변제권 있는 소액임차보증금(제6호), 생명, 상해, 질병, 사고 등을 원인으로 채무자가 지급받는 보장성보험의 보험금·해약환급 및 만기환급금(제7호), 채무자의 1월간 생계유지에 필요한 예금(제8호)], 국가배상법 제4조(생명·신체의 침해로 인한 국가배상을 받을 권리), 근로

387 여하윤, "채권자대위권 행사의 객체 - 프랑스 민법상의 간접소권(action oblique)과의 비교를 중심으로 -", 홍익법학 9권 1호(2008), 53 이하.

388 오수원, "채권자대위권에 있어서의 채무자의 일신전속권", 저스티스 제146-1호(2015. 2.), 218-219.

389 대법원 2016. 9. 28. 선고 2016다205915 판결 참조.

기준법 제86조(동법상의 보상청구권), 공무원연금법 제39조(동법상의 급여를 받을 권리. 단 예외 있음) 등이 있다.

민사집행법 제246조 제1항 제7호에 규정된 보장성보험의 보험금(해약환급 및 만기환급금 포함)의 경우, 2011. 4. 5. 법률 제10580호로 개정되기 전의 구 민사집행법에는 보장성보험의 해약환급금에 대한 압류에 관하여 별도의 규정이 없었고, 이에 따라 대법원은 보험계약에 관한 해약환급금채권이 재산적 권리로서 압류 및 추심명령의 대상이 되며, 그 채권을 청구하기 위해서는 보험계약의 해지가 필수적이므로 추심명령을 얻은 채권자는 해지권을 자기의 이름으로 행사하여 그 채권의 지급을 청구할 수 있다고 보았다.[390] 위 판례가 피보험자를 충분히 보호하지 못하므로 입법적인 해결이 요구된다는 비판 하에, 2011년 민사집행법 개정 시에 민사집행법 제246조 제1항 제7호에 보장성 보험의 보험금이나 해약환급금이 압류금지채권으로 추가되었고, 민사집행법 시행령 제6조 제1항 제3호 가목에도 압류금지채권으로 "보장성보험의 해약환급금 중 민법 제404조에 따라 채권자가 채무자의 보험계약 해지권을 대위행사하거나 추심명령(推尋命令) 또는 전부명령(轉付命令)을 받은 채권자가 해지권을 행사하여 발생하는 해약환급금"이 추가되었다. 위와 같이 보장성보험의 해약환급금이 압류금지채권이 된 이상, 위 해약환급금은 더 이상 채권자대위의 목적도 될 수 없고, 따라서 개정법 하에서는 해약환급금 청구를 위한 해지권의 대위행사도 불가능하게 되었다고 보아야 할 것이다. 즉 민사집행법 시행령 제6조 제1항 제3호는 보장성보험의 해지권을 대위행사할 수 있을 것을 전제로 규정하고 있지만, 압류할 수 없는 채권을 대위행사하기 위한 해지권 행사는 그 보전의 필요성이 없다 할 것이다.

한편 판례는, 하나의 보험계약에 보장성보험과 저축성보험의 성격이 모두 있고 저축성보험의 성격을 갖는 계약 부분만을 분리하여 해지할 수 없는 경우, 해당 보험 전체를 두고 민사집행법 제246조 제1항 제7호에서 규정하는 '보장성보험'에 해당하는지를 결정하여야 하는데, 원칙적으로 보험가입 당시 예정된 해당 보험의 만기환급금이 납입보험료 총액을 초과하지 않으면 민사집행법 제246조 제1항 제7호에서 규정하는 '보장성보험'에 해당한다고 보아야 하나, 만기환급금이 납입보험료 총액을 초과하더라도, 해당 보험이 예정하는 보험사고의 성질과 보험가입 목

390 대법원 2009. 6. 23. 선고 2007다26165 판결.

적, 납입보험료의 규모와 보험료의 구성, 지급받는 보험료의 내용 등을 종합적으로 고려하였을 때 보장성보험도 해당 보험의 주된 성격과 목적으로 인정할 수 있다면 이를 민사집행법이 압류금지채권으로 규정하고 있는 보장성보험으로 보아야 한다고 판시하였다.[391]

파산재단에 대하여도 압류금지채권과 유사한 법리가 적용된다. 판례는, 파산재단의 관리처분권은 파산관재인에게 속하고, 파산채권은 파산절차에 의하지 아니하고는 이를 행사할 수 없는데, 이는 파산자의 자유로운 재산정리를 금지하고 파산재단의 관리처분권을 파산관재인의 공정·타당한 정리에 일임하려는 취지임과 동시에 파산재단에 대한 재산의 정리에 관하여는 파산관재인에게만 이를 부여하여 파산절차에 의해서만 행하여지도록 하기 위해 파산채권자가 파산절차에 의하지 않고 이에 개입하는 것도 금지하려는 취지의 규정이라 할 것이므로, 그 취지에 부응하기 위하여는 파산채권자가 파산자에 대한 채권을 보전하기 위하여 파산재단에 관하여 파산관재인에 속하는 권리를 대위하여 행사하는 것은 법률상 허용되지 않는다고 본다.[392]

일본 구 민법 제423조 제1항 단서는 종전에 채권자대위의 목적이 될 수 없는 권리로 일신전속권만을 규정하였으나, 일본 개정 민법 제423조 제1항 단서에는 통설을 반영하여 압류금지채권 또한 채권자대위의 목적이 될 수 없는 권리에 추가하였다.[393] 우리 민법개정위원회의 2014년 개정시안에도 압류금지채권에 대하여 채권자대위권을 행사할 수 없다는 내용이 명시되었다(개정시안 제404조 제1항 단서).

Ⅳ. 채권자대위권의 행사

1. 대위권행사의 방법

가. 행사명의자

통설인 법정재산관리권설에 의하면 채권자는 채무자의 재산에 대한 법정관리인으로서 스스로의 명의로 그 권리를 행사하는 것으로 본다. 판례도 역시 채권자

391 대법원 2018. 12. 27. 선고 2015다50286 판결. 이 판례에 대한 평석으로는, 김윤종, "민사집행법 제246조(압류금지채권)에서 규정하는 보장성보험의 성격", 대법원판례해설 제117호(2019).

392 대법원 2000. 12. 22. 선고 2000다39780 판결.

393 박태신, "일본의 개정 민법에 있어서 채권자대위권에 관한 연구", 연세법학 제31호(2018. 6.), 38-39.

대위권은 채권자가 채무자의 권리를 자신의 명의로 행사하는 것으로 본다.[394] 반면 법정포괄담보권설이나 고유권설에 의하면 채권자는 당연히 자신의 권리를 자신의 명의로 행사하는 것이 된다.

채권자대위권을 소로서 행사할 경우, 통설·판례에 따르면 채권자의 지위는 법정소송담당이므로 채권자가 원고가 되어 소를 제기하여야 한다.

채권자와 채무자의 관계는 일종의 법정위임관계이고,[395] 채권자는 채무자를 위하여 선량한 관리자로서의 주의의무를 다하여야 한다(민법 제681조).[396] 채무자의 입장에서도 채권자대위권 행사 사실을 알게 된 경우 그에 대해 협력할 수 있는 기회가 주어지는 것이므로, 만일 채권자가 대위권행사 사실을 통지하지 아니함으로써 채무자의 협력을 얻지 못하여 대위권소송에서 패소하는 등 선관주의의무를 다하지 못하여 채무자에게 손해가 발생하는 경우에는 이를 배상해야 한다.[397]

나. 구체적인 행사방법

채권자대위권은 채권자취소권과는 달리 반드시 재판상 행사할 필요는 없고, 재판외로 행사할 수도 있다. 피보전채권이 아직 이행기 도래 전이라면 법원의 허가를 받아야 하나, 일단 허가를 받은 후에 반드시 재판상 행사하여야 하는 것은 아니다.[398]

앞서 본 바와 같이 채권자는 채권자대위의 요건을 갖춘 경우, 채무자를 대위하여 채권의 이행청구, 등기신청, 형성권의 행사, 담보권 실행, 보전처분 신청, 소제기, 강제집행신청[399] 등을 할 수 있다.[400]

소 제기 시에는 채권자가 원고가 되고, 제3채무자가 피고가 된다. 피보전채권

394 대법원 1975. 5. 13. 선고 74다1664 전원합의체 판결.

395 대법원 1996. 8. 21.자 96그8 결정.

396 민법주해 IX, 채권(2), 박영사(1995), 770(김능환); 주석 민법, 채권총칙(2)(제4판), 한국사법행정학회(2013), 160(손진홍). 日大判 1940. 3. 15.(民集19巻 586頁). 일본 민법 개정인 중간시안에서는 채권자의 선관주의의무를 명문화하였으나, 최종 개정법률에는 반영되지 않았다. 法務省民事局参事官室, 民法(債権関係) の改正に関する中間試案の補足説明 155~156. 반면 우리나라의 2014년도 민법개정위원회 개정시안 제404조의2 제1항에서는 채권자의 선관주의의무를 명문화하였다.

397 이재성, "채권자대위권의 행사와 채무자의 처분권 제한", 이재성판례평석집, 법조문화원(1988), 457.

398 민법주해 IX, 채권(2), 박영사(1995), 763(김능환).

399 강제집행신청은 채권자가 채무자를 대위하여 자기 명의로 집행권원을 얻은 것을 전제로 한다. 그렇지 않고 채권자가 집행권원이나 승계집행문 없이 바로 채무자의 집행권원을 이용하여 강제집행신청을 할 수 있는지에 관하여는 앞서 본 바와 같이 논란이 있으나, 허용되지 않는다고 할 것이다.

400 注釋民法 新版 (10)Ⅱ 債權 (1), 有斐閣(2011), 745(下林定).

과 대위행사할 채권의 존부를 판단하고, 판결의 효력이 미칠 주관적 범위와 집행력이 미치는 범위를 정하며 채무자 본인이 제기할 소송이 중복소송에 해당하는지 여부를 판단하기 위하여는 피대위자인 채무자의 특정도 필요하다.[401] 다만 채무자가 제대로 특정되었는지 여부는, 당해 채권자대위소송의 소송물이 갖는 성격과 채무자 특정의 난이도 및 소송 과정에서 드러난 사안의 특성 등에 비추어, 그 특정한 정도가 위에서 든 목적들을 달성하는 데 충분한지 검토한 후 그 결과에 따라 구체적·개별적으로 결정하면 될 일이지, 반드시 모든 경우에 일률적으로 채무자 개개인의 인적 사항을 통상의 소송당사자와 같은 정도로 상세히 특정하여야 하는 것은 아니다.[402] 예를 들어, '제3채무자는 채무자에게 소유권이전등기절차를 이행하라'는 소를 제기한 경우라면 채무자가 등기권리자로서 주문에 표시되어야 하므로 당사자와 같은 정도로 특정되어야 하나, '제3채무자는 원고(채권자)에게[403] 소유권이전등기의 말소등기절차를 이행하라'는 소를 제기한 경우에는 그 말소등기에 의하여 등기상태가 종전의 소유권이전등기 상태로 돌아갈 뿐이므로 채무자가 소유권이전등기만큼 상세히 특정될 필요가 없다.[404]

다. 대위권 행사의 통지

민법 제405조 제1항은 채권자가 보존행위 이외의 권리를 대위행사한 때에는 채무자에게 통지하여야 한다고 규정하고, 제2항은 채무자가 위 통지를 받은 후에는 그 권리를 처분하여도 이로써 채권자에게 대항하지 못한다고 규정하고 있다.

법원의 허가에 의한 대위의 경우, 법원이 직권으로 채무자에게 고지하여야 한다(비송사건절차법 제49조 제1항). 위 고지를 받은 채무자는 그 권리를 처분할 수 없다(제49조 제2항).

보존행위는 급속을 요하는 경우가 많고, 언제나 채무자의 이익으로 돌아가므로, 통지의무의 예외로 하였다.[405]

401 대법원 1995. 6. 19.자 95그26 결정.

402 대법원 2004. 11. 26. 선고 2004다40986 판결.

403 법원은 '피고는 채무자에게 말소등기절차를 이행하라'고 명하는 것이 원칙이나, 채권자 또한 급부수령권이 있고 그 효과는 어차피 채무자에게 귀속되므로, '피고는 채권자(원고)에게 소유권이전등기의 말소등기절차를 이행하라'고 명해도 위법하지 않다. 대법원 1996. 2. 9. 선고 95다27998 판결.

404 심준보, "채권자대위소송에서 피대위자인 채무자의 특정 정도", 대법원판례해설 51호(2005), 147 이하.

405 민법주해 IX, 채권(2), 박영사(1995), 771(김능환); 주석 민법, 채권총칙(2)(제4판), 한국사법행정학회(2013), 161(손진홍).

통지의 방법에는 제한이 없다. 서면 또는 구두 어느 방법으로도 가능하다. 소로써 채권자대위권을 행사하는 경우에도 반드시 채무자에게 소송고지하여야 하는 것은 아니다.

참고로 일본 구 민법에는 채권자의 대위권 행사 시 채권자의 통지의무나 통지를 받은 채무자의 처분권 박탈 조항이 없었지만, 재판상대위에 관한 일본 구 비송사건절차법 제85조부터 제91조의 유추적용에 따라 '채권자가 채무자에게 대위행사의 통지를 하거나 또는 채무자가 대위권행사의 사실을 안 경우에는 채무자는 채권자가 대위행사하고 있는 권리를 자기가 행사하거나 처분할 수 없게 된다'고 보는 것이 통설·판례였다.[406] 그런데 일본 개정 민법은 제423조의5에서 채권자대위권 행사 후에도 채무자가 여전히 자기의 권리를 행사할 수 있도록 하되, 제423조의6에서 채권자가 대위의 소를 제기한 경우 즉시 채무자에게 소송고지하도록 규정함으로써, 채권자와 채무자가 함께 권리를 행사함으로 인한 혼란을 소송고지 및 참가로 해결할 수 있는 길을 열어놓았다.

통지는 대위권 행사의 효력발생요건은 아니므로, 채무자에 대한 통지를 누락하였더라도 제3채무자에게 대위권을 행사하는 데에는 아무 지장이 없고, 제3채무자가 이를 항변사유로 삼을 수도 없다.[407]

채무자에게 대위권 행사 사실을 통지한 후에는 채무자의 처분권이 제한된다. 문언상으로는 채무자가 채권자로부터 통지받은 경우에만 채무자의 처분권이 제한되는 것처럼 되어 있으나, 통설·판례는 채권자가 통지하지 않은 경우라도 채무자가 자기의 채권이 채권자에 의하여 대위 행사되고 있는 사실을 알게 된 경우에는 그 처분을 가지고 채권자에게 대항할 수 없다고 본다.[408] 이에 대하여는, 채무자의 인지시점이 불명확하여 분쟁의 소지가 많고, 채권자가 채무자에게 대위권 행사를 알리지 않아도 채무자의 처분권이 박탈되는 것은 부당하므로, 통지받은 경우에만 처분권이 제한되어야 한다는 반대견해가 있다.[409]

406 日大判 1939. 5. 16. 등; 문영화, "채권자대위권의 행사에 의한 처분제한과 피대위채권에 대한 전부명령의 효력", 민사소송 21권 1호(2017), 350 이하.

407 민법주해 IX, 채권(2), 박영사(1995), 771(김능환); 주석 민법, 채권총칙(2)(제4판), 한국사법행정학회(2013), 161(손진홍).

408 민법주해 IX, 채권(2), 박영사(1995), 771(김능환); 주석 민법, 채권총칙(2)(제4판), 한국사법행정학회(2013), 161(손진홍); 대법원 1977. 3. 22. 선고 77다118 판결 외 다수.

409 이은영, 채권총론, 박영사(2009), 451.

2. 채권자의 변제수령권 허부

가. 개설

통설(법정재산관리권설)[410] 및 판례에 의하면 채권자는 자기의 명의로 채무자의 자유에 간섭하여 채무자의 권리를 행사하는 '법정재산관리권'을 행사하는 것이므로, 그 권리행사의 효과는 채권자가 아니라 채무자에게 귀속된다.[411] 또 채권자는 제3채무자에 대하여 '채무자에게 이행할 것'을 구하여야 하며, 원고(채권자)에게 직접 이행할 것을 청구하지는 못하는 것이 원칙이다.[412]

그러나 채권자대위권 행사의 효과가 채무자에게 발생하는 것과, 금전이나 물건의 인도 등 변제의 수령을 요하는 경우 그 변제의 수령까지 채권자가 채무자를 대위하여 할 수 있는가는 별개의 문제이다.[413]

통설은 변제의 수령을 요하는 경우 채권자가 그 변제를 채무자를 대위해서 수령할 수 있으므로, 제3채무자에게 직접 자기에게 이행하라고 청구할 수 있다고 본다.[414] 이렇게 보는 근거로는, 자기 권리의 행사를 게을리한 채무자에게 변제수령을 기대하기 어렵고, 채권행사의 권한에는 당연히 변제수령의 권한도 포함되며, 대위채권자는 채무자를 대위하여 피대위채권에 대한 변제를 수령하게 될 뿐 자신의 채권에 대한 변제로서 수령하게 되는 것이 아니라는 점 등이 제시된다.[415]

이러한 통설에 대하여, 채권자가 변제수령권한을 행사하여 자기의 채권을 사실상 직접 만족시키는 것은 간접청구권과 직접청구권의 구별을 혼동하여 채권자

410 민법주해 IX, 채권(2), 박영사(1995), 747~749(김능환); 김상용, 채권총론 제3판, 화산미디어(2016), 220-221; 주석 민법, 채권총칙(2)(제4판), 한국사법행정학회(2013), 114-115(손진홍); 곽윤직, 채권총론(민법강의Ⅲ), 박영사(2018), 135; 김주수, 채권총론, 삼영사(2003), 216-217; 김증한/김학동, 채권총론(제6판), 박영사(1998), 181; 송덕수, 채권법총론(제4판), 박영사(2018), 215; 이은영, 채권총론(제4판), 박영사(2009), 423-425; 양창수/김형석, 민법3(권리의 보전과 담보)(제3판), 박영사(2018), 156 등.

411 대법원 2016. 8. 29. 선고 2015다236547 판결.

412 대법원 1966. 9. 27. 선고 66다1149 판결.

413 이와 관련된 일본의 전반적인 논의는 오수원, "일본에서의 채권자대위권의 직접청구권화", 법조 통권 695호(2014. 8.) 참조.

414 민법주해 IX, 채권(2), 박영사(1995), 771-772(김능환); 주석 민법, 채권총칙(2)(제4판), 한국사법행정학회(2013), 164(손진홍); 곽윤직, 채권총론(민법강의Ⅲ), 박영사(2018), 141; 김주수, 채권총론, 삼영사(2003), 226; 송덕수, 채권법총론(제4판), 박영사(2018), 228; 이계정, "채권자대위권의 행사와 전부명령의 효력 - 대법원 2016. 8. 29. 선고 2015다236547 판결 -", 법조 728호(2018. 4.), 603 이하.

415 남효순, "채권자대위권의 개정에 관한 연구", 민사법학 제55호(2011. 9.), 51.; 곽윤직, 채권총론(민법강의Ⅲ), 박영사(2018), 141; 김주수, 채권총론, 삼영사(2003), 229-230; 대법원 2016. 9. 28. 선고 2016다205915 판결; 注釋民法 新版 (10)Ⅱ 債權 (1), 有斐閣(2011), 746(下林定).

대위권을 직접청구권화함으로써 이를 과도하게 비대하게 하는 채권자대위권의 오·남용에 해당하므로, 채권자평등주의 및 강제집행법상의 평등주의에 반하고, 따라서 채권자대위권은 본래의 취지에 한정하고 직접수령은 금지하며, 직접청구권이 필요한 경우에는 별도로 규정을 신설하는 것이 옳다는 견해,[416] 통설과 같이 볼 경우 대위권 행사의 효과가 직접 채무자에게 귀속하며 회수된 재산은 총채권자를 위한 공동담보가 된다는 채권자대위권의 본지에 반하여 채권집행을 잠탈하는 결과를 낳으므로, 금전채권의 보전을 위한 금전채권 대위행사 및 급부의 직접수령을 통한 사실상의 간이추심은 제한하고 이는 채권집행에 맡겨야 한다는 견해[417] 등이 있다. 직접수령 자체를 반대하는 것은 아니나, 채무자가 수령을 거부하거나 수령할 수 없거나 또는 채권자에게 추심의 권한이나 수령을 위임한 경우에 한하여 이를 긍정하는 견해도 있다.[418]

판례는 동설과 같이 급부의 수령이 필요한 경우에 대하여 채권자의 전면적 변제수령권을 인정하여 왔다.[419]

다만 변제의 수령이 필요한 모든 경우에 채권자의 직접수령권이 인정되는 것은 아니다. 직접수령권의 인정 여부는 채권자로 하여금 직접 급부를 수령하게 하더라도 대위권의 목적을 달성함에 지장이 없는지에 따라 개별적으로 결정되어야 할 것이다.[420]

일본 개정 민법 제423조의3은 "채권자는, 피대위권리를 행사하는 경우에 피대위권리가 금전의 지급 또는 동산의 인도를 목적으로 하는 것인 때에는, 상대방에 대하여 그 지급 또는 인도를 자기에게 할 것을 청구할 수 있다. 이 경우 상대방이 채권자에게 그 지급 또는 인도를 한 때에는 피대위권리는 이로써 소멸한다."는 규정을 둠으로써, 종래 일본 통설·판례[421]가 인정하여 오던 변제수령권을 명문화하였다. 그런데 당초 중간시안 단계에서는 대위채권자는 직접 지불받은 금전을

416 명순구, "프랑스 민법 연구의 성과 및 향후의 전망 - 채권자대위제도의 운용을 중심으로 -", 비교사법 제12권 1호 (통권28호)(2005. 3.), 68 이하; 오수원, "우리나라 채권자대위권의 직접청구권화 문제", 법조 제698호(2014. 11.), 25-32.

417 정다영, "채권자대위권의 기능 및 행사의 효과", 재산법연구 제34권 제2호(2017. 8), 25 이하.

418 이은영, 채권총론(제4판), 박영사(2009), 448.

419 대법원 1995. 5. 12. 선고 93다59502 판결(불법점유자에 대한 인도청구), 대법원 2005. 4. 15. 선고 2004다70024 판결(부당이득반환채권), 대법원 2016. 8. 29. 선고 2015다236547 판결 등.

420 민법주해 IX, 채권(2), 박영사(1995), 772(김능환); 주석 민법, 채권총칙(2)(제4판), 한국사법행정학회(2013), 164(손진홍).

421 日最判 1954. 9. 24.(民集8巻9号 1658頁).

채무자에 대하여 반환하는 채무와 채무자에 대한 금전채권을 상계할 수 없다는 규정을 두었으나, 채권자대위권에 의한 사실상의 채권회수가 강제집행제도를 보완하는 역할을 수행한다는 점이 지적되면서, 결국 상계금지 조항을 명문화하지는 않고 종래와 같이 학설·판례에 맡기는 것으로 되었다.[422]

우리나라의 2014년 민법개정위원회 개정시안에서도, 제404조의2 제2항에 "채권자는 그 성질에 반하지 않는 한 대위행사되는 권리의 상대방에 대하여 직접 자기에게 이행할 것을 청구할 수 있다."는 규정을 포함시켰다.

채권자의 급부수령권이 논란이 되는 경우로는 금전청구, 동산 및 부동산 인도청구, 이전등기청구, 말소등기청구 등이 있는데, 이하에서는 이를 개별적으로 검토한다.

나. 구체적인 경우

1) 금전청구

앞서 본 바와 같이, 통설·판례는 금전채권 보전을 위하여 금전채권을 대위행사하는 경우 채권자의 직접수령을 긍정한다. 즉 피보전채권과 피대위채권이 모두 금전채권인 경우, 채권자는 제3채무자에 대하여 채무자에게 그 반환의무를 이행하도록 청구할 수도 있지만, 직접 대위채권자에게 이행하도록 청구할 수도 있는데, 이와 같이 채권자대위권을 행사하는 채권자에게 변제수령의 권한을 인정하더라도 그것이 채권자 평등의 원칙에 어긋난다거나 제3채무자를 이중 변제의 위험에 빠뜨리게 하는 것이라고 할 수 없다고 본다.[423] 이에 대한 반론으로는, 앞서 본 바와 같이 변제수령권 자체에 반대하는 견해도 있지만,[424] 채권자의 변제수령권 및 자기 채권과의 상계권은 긍정하면서도, 채권자평등주의에 따라 다른 채권자들에게 정산금청구권을 인정하여야 한다는 견해도 있다.[425]

앞서 본 바와 같이 통설·판례에 따르면 채권자가 제3채무자로부터 금전을 직접 수령한 경우, 채권자는 이를 자신의 채권과 상계함으로써 사실상의 우선변제 효과를 얻을 수 있다. 채권자가 대위수령한 금전을 자신의 채권과 상계함으로써

422 정태윤, "일본 개정민법(채권관계) 중 주요 부분에 관한 개관", 민사법학 82호(2018), 276-277.
423 대법원 2005. 4. 15. 선고 2004다70024 판결, 대법원 2016. 8. 29. 선고 2015다236547 판결.
424 오수원, "우리나라 채권자대위권의 직접청구권화 문제", 법조 제698호(2014. 11.), 36-41.
425 김제완, "채권자대위권의 행사로 채권자가 직접변제의 수령을 한 경우 상계에 관한 고찰-채권자대위권의 간이채권추심제도로서의 실용성의 측면에서", 안암법학 제13호(2001), 239 이하.

사실상 우선변제받는 것을 용인하는 것은 채권자대위제도의 취지에 부합하지 않는 면이 있으나, 현행법상 상계를 막을 방법은 없으므로 입법론으로서는 몰라도 해석론으로서는 상계에 따른 사실상의 우선변제는 허용될 수밖에 없다 할 것이다.[426] 다만 대위채권자가 수령한 금전 그 자체는 공동담보의 확보를 위한 것이고, 상계라는 다른 요건이 추가되어서야 비로소 대위채권자가 우선변제를 받을 수 있는 것이므로(따라서 변제기가 도래하지 않는 등 상계의 요건을 갖추지 못하면 우선변제를 받을 수 없다), 대위채권자는 단지 채무자에 귀속하는 급부를 대위수령하는 것일 뿐 바로 그 급부로부터 우선변제를 받는 것은 아니다.[427]

따라서 채권자대위소송에서 제3채무자로 하여금 직접 대위채권자에게 금전의 지급을 명하는 판결이 확정되더라도, 대위의 목적인 권리, 즉 채무자의 제3채무자에 대한 피대위채권이 판결의 집행채권으로서 존재하고 대위채권자는 채무자를 대위하여 피대위채권에 대한 변제를 수령하게 될 뿐 자신의 채권에 대한 변제로서 수령하게 되는 것이 아니므로, 피대위채권이 변제 등으로 소멸하기 전이라면 채무자의 다른 채권자는 이를 압류·가압류할 수 있다. 한편 채권자대위소송에서 채권자가 제3채무자를 상대로 직접 지급을 명하는 청구를 하여 승소확정되었다 하더라도, 이로 인하여 채무자의 제3채무자에 대한 피대위채권이 대위채권자에게 이전되거나 귀속되는 것이 아니고, 대위채권자는 제3채무자에 대하여 추심권능 내지 변제수령권능만 가지는데, 이는 그 자체로서 독립적으로 처분하여 환가할 수 있는 것이 아니어서 압류할 수 없는 성질의 것이고, 위 판결에 기초하여 금전을 지급받는 것 역시 대위채권자의 제3채무자에 대한 추심권능 내지 변제수령권능에 속하는 것이므로, 이러한 추심권능 내지 변제수령권능에 대한 압류명령 등은 무효이다.[428]

426 이계정, “채권자대위권의 행사와 전부명령의 효력 - 대법원 2016. 8. 29. 선고 2015다236547 판결 -”, 법조 728호(2018. 4.), 605.

427 이계정, “채권자대위권의 행사와 전부명령의 효력 - 대법원 2016. 8. 29. 선고 2015다236547 판결 -”, 법조 728호(2018. 4.), 603 이하.

428 대법원 2016. 8. 29. 선고 2015다236547 판결. 이 판결에 대한 평석으로는, 문영화, “채권자대위권의 행사에 의한 처분제한과 피대위채권에 대한 전부명령의 효력 : 대법원 2016. 8. 29. 선고 2015다236547 판결에 대하여”, 민사소송 제21권 제1호(2017); 양형우, “채권자대위권의 행사에 의한 처분제한과 대위채권자의 제3채무자에 대한 추심권능 내지 변제수령권한에 대한 압류명령 등의 효력”, 홍익법학 제19권 제2호(2018); 범선윤, “채권자대위권의 행사와 채권압류 · 전부명령의 경합 채권자대위권의 효용과 한계”, 민사판례연구 40권, 박영사(2018); 이계정, “채권자대위권의 행사와 전부명령의 효력 - 대법원 2016. 8. 29. 선고 2015다236547 판결 -”, 법조 728호(2018. 4.) 등 참조.

2) 인도청구

동산인도청구에 있어 피보전채권이 금전채권인 경우, 채권자가 제3채무자로부터 동산을 직접 수령하더라도 이로써 자신의 채권을 바로 만족시킬 수는 없고 다시 강제집행에 따른 현금화 절차를 거쳐야 하며, 그 과정에서 다른 채권자들도 배당요구할 수 있으므로, 채권자가 동산을 직접 인도받더라도 이러한 과정을 거쳐 책임재산을 보전하는 데에 지장이 없다. 또 동산인도청구에 있어 피보전채권이 특정채권인 경우(이른바 전용형), 채권자가 당해 동산의 점유를 취득하는 것 자체가 대위권 행사의 목적이고 다른 채권자와의 관계를 고려할 필요는 없다. 따라서 어느 경우나 채권자의 동산 직접 수령이 가능하다.[429]

부동산인도청구의 경우, 임대차보증금 반환채권을 양수한 채권자가 임대인에게 그 이행을 청구하기 위하여는 임차인이 임대인(채무자)에게 가옥을 인도하여야 하는 경우, 채권자가 아닌 채무자(임대인)에게로의 인도를 청구해야 한다.[430] 특정채권을 보전하기 위하여 불법점유자에 대한 방해배제청구권으로서의 인도청구권을 대위행사하는 경우, 채권자에게 직접 이행할 것을 청구할 수 있다는 것이 일관된 판례이다.[431]

3) 이전등기청구

채무자의 제3채무자에 대한 이전등기청구권을 대위행사하는 경우, 그 피보전채권이 금전채권이든 특정채권이든 채권자는 채무자에 대한 이행만을 청구할 수 있다.[432] 피보전채권이 금전채권인 경우, 채무자 앞으로 등기가 완료되면 이로써 책임재산 보전의 목적은 달성되고 채권자는 이에 강제집행하여 금전채권의 만족을 얻을 수 있으므로, 채권자 명의로 등기할 필요가 없다. 피보전채권이 특정채권인 경우, 원칙적으로 중간생략등기가 허용되지 않으므로[433] 채무자를 생략한 채 채권자에게로 바로 이전등기할 것을 청구할 수는 없다.[434]

취득시효 완성으로 인한 소유권이전등기청구의 경우, 전 점유자의 점유를 승

429 민법주해 IX, 채권(2), 박영사(1995), 772(김능환).

430 이 경우 그 채권의 보전과 채무자인 임대인의 자력유무는 관계가 없는 일이므로 무자력을 요건으로 한다고 할 수 없다(대법원 1989. 4. 25. 선고 88다카4253, 4260 판결).

431 대법원 1980. 7. 8. 선고 79다1928 판결 외 다수.

432 민법주해 IX, 채권(2), 박영사(1995), 773(김능환); 주석 민법, 채권총칙(2)(제4판), 한국사법행정학회(2013), 167(손진홍).

433 대법원 1969. 1. 28. 선고 67다1974 판결 등.

434 대법원 1992. 3. 10. 선고 91다36550 판결, 대법원 1995. 3. 28. 선고 93다47745 전원합의체 판결 등.

계한 자는 그 점유 자체와 하자만을 승계하는 것이지 그 점유로 인한 법률효과까지 승계하는 것은 아니므로, 부동산을 취득시효기간 만료 당시의 점유자로부터 양수하여 점유를 승계한 현 점유자는 자신의 전 점유자에 대한 소유권이전등기청구권을 보전하기 위하여 전 점유자의 소유자에 대한 소유권이전등기청구권을 대위행사할 수 있을 뿐, 전 점유자의 취득시효 완성의 효과를 주장하여 직접 자기에게 소유권이전등기를 청구할 권원은 없다는 것이 판례이다.[435]

그러나 한편 판례는, 취득시효가 완성된 이후에 점유의 승계가 이루어진 경우에도, 그 취득시효기간 중 등기명의자가 동일하다면 그 완성 이전에 점유의 승계가 이루어진 경우와 마찬가지로 현 점유자가 역산에 의하여 전점유자의 점유기간 중 임의의 시점을 그 취득시효의 기산점으로 선택할 수 있다고 판시하였는데,[436] 그렇다면 소유자 변동이 없는 경우에는 현 점유자가 소 제기일로부터 역산하여 이미 20년을 점유한 종전 점유자의 점유기간 일부까지 합산하여 점유기간으로 주장하면서 직접 이전등기를 청구할 수 있다 할 것이다.[437] 또 최근 판례는 이행과정에 신뢰관계가 요구되어 양도성이 제한되는 매매로 인한 소유권이전등기청구권의 양도와 달리 취득시효완성으로 인한 소유권이전등기청구권은 채권자와 채무자 사이에 아무런 계약관계나 신뢰관계가 없고, 그에 따라 채권자가 채무자에게 반대급부로 부담하여야 하는 의무도 없으므로, 그 경우 위와 같은 양도제한의 법리가 적용되지 않고 양도인의 통지만으로도 양도의 효과가 발생한다고 판시하였다.[438] 이러한 판례들을 종합하면, 취득시효 완성 후 점유를 승계한 사람은 여러 방법으로 현 소유자를 상대로 직접 이전등기청구를 할 수 있으므로, 위 93다47745 전원합의체 판결의 의미는 그러한 방법을 사용할 수 없거나 이러한 직접청구를 선택하지 않고 대위청구를 하는 경우로 상당히 축소되었다 할 것이다.

4) 말소등기청구

채권자가 채무자를 대위하여 제3채무자에게 말소청구를 하는 경우에 대하여 판

435 대법원 1995. 3. 28. 선고 93다47745 전원합의체 판결.

436 대법원 1998. 5. 12. 선고 97다34037 판결, 대법원 1998. 5. 12. 선고 97다8496, 8502 판결 등.

437 여미숙, "취득시효완성 후 점유를 승계한 자의 소유권이전등기청구권 -대판(전) 1995. 3. 28, 93다47745-", 청주법률논단 제1집(2000), 64; 정구태, "부동산점유취득시효 완성후 점유를 승계한 자의 소유권이전등기청구방법 - 대법원 1995. 3. 28. 선고 93다47745 전원합의체판결에 대한 비판적 연구 -", 호원논집 15호(2007.12), 86-89.

438 대법원 2018. 7. 12. 선고 2015다36167 판결.

례는, 채무자가 제3채무자에게 대하여 가지고 있는 권리를 채권자가 대립하여 행사하는데 불과하므로 채권자가 대위권을 행사한 경우에 제3채무자에게 대하여 채무자에게 일정한 급부행위를 하라고 청구하는 것이 원칙이라고 본다.[439] 그러면서도, 채권자 또한 급부수령권이 있고 그 효과는 어차피 채무자에게 귀속되므로, '피고는 채권자(원고)에게 소유권이전등기의 말소등기절차를 이행하라'고 명해도 위법하지 않다고 본다.[440] 후자의 경우, 채무자 개개인의 인적 사항을 통상의 소송당사자와 같은 정도로 상세히 특정하여야 하는 것은 아니라는 점은 앞서 본 바와 같다.[441]

다만 채권자가 채무자를 대위하여 제3채무자 명의의 등기가 원인무효라고 주장하면서 진정명의회복을 원인으로 한 소유권이전등기를 청구하는 경우, 채권자는 자신에게 이행하라고 청구할 수는 없고, 채무자에게 이행하라고 청구하여야 할 것이다.[442]

3. 대위권행사의 범위

채권자대위권은 채무자의 재산을 관리하고 책임재산을 보전하는 것이 그 본지이므로, 채권자가 채무자의 재산에 대한 처분행위를 하는 것은 허용되지 않는다. 다만 관리·처분의 개념이 상대적이므로, 전체로 보아 책임재산의 보전이 되는 행위는 허용된다. 예를 들어, 단순한 채무 면제, 권리의 포기, 기한 유예 등은 채무자의 재산을 일방적으로 감소시키는 처분행위로서 허용되지 않으나, 취소권, 해제권, 환매권 행사나 상계 등의 이익교환행위는 전체 재산의 측면에서 재산의 보전으로 볼 수 있는 경우 허용된다는 것이 통설[443]·판례[444]이다. 다만 방론에서 피보전권리의 이행기 도래 전에 상계권을 행사하는 것은 이행기 도래 전에 할 수 있는 보존행위의 범위를 벗어난다고 설시한 판례도 있다.[445]

439 대법원 1966. 9. 27. 선고 66다1149 판결.

440 대법원 1996. 2. 9. 선고 95다27998 판결.

441 대법원 2004. 11. 26. 선고 2004다40986 판결; 심준보, "채권자대위소송에서 피대위자인 채무자의 특정 정도", 대법원판례해설 51호(2005), 147 이하.

442 대법원 2013. 1. 24. 선고 2011다99498 판결과 그 원심의 사실관계 참조.

443 민법주해 IX, 채권(2), 박영사(1995), 774(김능환); 주석 민법, 채권총칙(2)(제4판), 한국사법행정학회(2013), 168-169(손진홍).

444 대법원 1976. 2. 24. 선고 76다52 판결(전화가입계약의 해지권), 대법원 1989. 11. 10. 선고 88다카19606 판결(골프클럽회원의 회원가입계약 해지권), 대법원 2002. 1. 25. 선고 2001다52506 판결(수임인의 위임인에 대한 대변제청구권을 보전하기 위하여 위임인의 상계권을 대위행사할 수 있다고 본 사례) 등.

445 대법원 2005. 11. 25. 선고 2004다39092 판결.

금전채권을 피보전권리로 하여 총채권자를 위한 공동담보 보전 목적으로 채권자대위권을 행사하는 경우, 다른 채권자가 있다면 피보전채권액을 초과해서도 채권자대위권을 행사할 수 있다는 견해와,[446] 채권자는 자기 채권 보전을 위하여 필요한 최소한의 범위에서만 채권자대위권을 행사할 수 있으므로, 금전채권자는 그 채권액 범위 내에서만 대위권 행사가 가능하다는 견해[447]가 대립한다.

일본의 판례[448]는 본래 대위채권자가 피보전권리액의 범위에서만 피대위권리를 행사할 수 있다고 보았는데, 이에 대하여는 채권자대위권의 채권회수 기능이라는 현실을 고려한 것이지만 일반 책임재산 보전이라는 채권자대위권의 본래적 기능을 고려하면 피보전권리액 범위로 한정할 필요는 없다는 지적이 있었다.[449] 이에 따라 중간시안에서는 피보전권리액에 한정하지 않고 피대위채권 전부를 행사할 수 있도록 하였으나,[450] 결국 최종적으로 일본 개정 민법은 제423조의2(대위행사의 범위)에서, "채권자는 피대위권리를 행사함에 있어 피대위권리의 목적이 가분인 경우 자기 채권액의 범위 내에서만 피대위권리를 행사할 수 있다."고 규정함으로써 입법적으로 학설상의 논란을 해결하였다(예를 들어, 피보전채권이 5억 원, 피대위채권이 10억 원이라면 5억 원 범위 내에서만 채권자대위권을 행사할 수 있다).[451]

특정물에 관한 채권의 보전을 위하여 채권자대위권을 행사하는 경우, 최근의 판례는 일관하여, 채권자대위권은 채무자의 채권을 대위행사함으로써 채권자의 채권이 보전되는 관계가 존재하는 경우에 한하여 이를 행사할 수 있으므로, 채권자는 자신의 피보전권리 범위에서만 채무자의 제3채무자에 대한 권리를 대위행사할 수 있으며, 그 특정물에 관한 피보전권리를 초과한 부분의 소는 보전의 필요성이 인정되지 않으므로 부적법 각하되어야 한다고 보고 있다.[452]

446 곽윤직, 채권총론(민법강의Ⅲ), 박영사(2018), 138; 김상용, 채권총론(제3판), 화산미디어(2016), 230.
447 이은영, 채권총론(제4판), 박영사(2009), 444.
448 日最判 1969. 6. 24.
449 法務省民事局参事官室, 民法（債権関係）の改正に関する中間試案の補足説明, 152.
450 法務省民事局参事官室, 民法（債権関係）の改正に関する中間試案の補足説明, 151.
451 박태신, "일본의 개정 민법에 있어서 채권자대위권에 관한 연구", 연세법학 제31호(2018. 6.), 40.
452 부동산을 공동매수한 채권자가 채무자에 대한 소유권이전등기청구권을 피보전채권으로 하여 제3채무자를 상대로 채무자의 제3채무자에 대한 소유권이전등기청구권을 대위행사하는 소송을 제기한 사안에 관하여, 대법원 2010. 11. 11. 선고 2010다43597 판결, 대법원 2012. 8. 30. 선고 2010다39918 판결; 토지 시효취득자의 공동상속인 중 1인이 소유자의 제3자에 대한 말소청구권을 대위행사한 사안에 관하여 같은 취지로 대법원 2014. 10. 27. 선고 2013다25217 판결.

다만 과거의 판례 중에는 매수인이 소유자(매도인)를 대위하여 소유권이전등기말소청구의 소를 제기하였는데 그 소송계속 중 사망하였고, 상속인들이 망인(매수인)을 소송수계하여 공동원고가 된 사안에서, 각 상속인들의 상속지분별로 채권자대위권의 행사범위를 따지지 않은 채, 원고들이 다수 채권자의 지위에서 소송의 방법으로 채권자대위권에 의하여 채무자의 권리를 공동으로 행사하는 결과가 되었고, 채무자가 채권자대위소송 제기 사실을 알게 되어 그 판결의 효력이 채무자에게도 미치는 이상, 위 망인의 소송수계인들은 유사필요적 공동소송관계에 있다고 본 것이 있다.[453] 즉 위 2013다25217 판결의 취지에 따르면 각 상속인들은 자신의 상속지분을 초과하여서는 말소청구권을 대위행사할 수 없으므로 각자 자기의 지분을 피보전권리로 하여 그에 상응하는 지분의 피대위권리를 행사하는 통상공동소송 관계에 있다고 볼 것이나, 위 91다23486 판결은 이를 유사필수적 공동소송으로 보았는바, 위 판례들을 어떻게 해석할지 논란이 있다. 사견으로는, 위 91다23486 판결은 본래의 매수인이 1인으로서 소를 제기하였다가 사망하여 상속으로 채권자가 복수가 되고, 그 복수 채권자들이 모두 소송수계함으로 인하여 결론의 합일확정이 요구된 특수한 경우로 보아야 할 것이고(그러한 경우에는 유사필수적 공동소송이 될 것이다), 위 2013다25217 판결 등이 원칙적인 경우라 할 것이다.

4. 채권자대위권 행사의 효과

가. 행사효과의 채무자에게로의 귀속

앞서 본 바와 같이, 통설(법정재산관리권설)[454] 및 판례[455]에 의하면 채권자는 자기의 명의로 채무자의 자유에 간섭하여 채무자의 권리를 행사하는 '법정재산관리권'을 행사하는 것이므로, 그 권리행사의 효과는 채권자가 아니라 채무자에게 귀속된다. 예를 들어, 채권자가 채무자가 가지는 계약취소권을 대위행사한 경우 그 취소로 말미암아 발생하는 원상회복의무 등은 채무자에게 귀속된다. 또 아래에서 보는 것처럼 채권자가 제3채무자에게 자신에게 금전을 지급하라고 청구하여

453 대법원 1991. 12. 27. 선고 91다23486 판결.

454 민법주해 IX, 채권(2), 박영사(1995), 747-749(김능환); 김상용, 채권총론(제3판), 화산미디어(2016), 220-221; 주석 민법, 채권총칙(2)(제4판), 한국사법행정학회(2013), 114-115(손진홍); 곽윤직, 채권총론(민법강의III), 박영사(2018), 135; 김주수, 채권총론, 삼영사(2003), 216-217; 김증한/김학동, 채권총론(제6판), 박영사(1998), 181; 송덕수, 채권법총론(제4판), 박영사(2018), 215; 이은영, 채권총론(제4판), 박영사(2009), 423-425; 양창수/김형석, 민법3(권리의 보전과 담보)(제3판), 박영사(2018), 156 등.

455 대법원 2016. 8. 29. 선고 2015다236547 판결.

직접 급부를 수령한 경우에도, 그 변제의 효과는 채무자에게 발생한다.[456]

채권자가 소로써 대위권을 행사할 경우, 채권자는 제3채무자에 대하여 '채무자에게 이행할 것'을 구하여야 하며, 원고(채권자)에게 직접 이행할 것을 청구하지는 못하는 것이 원칙이다.[457] 다만 급부나 변제의 수령을 요하는 경우 채권자의 대위권에는 채무자를 대위해서 급부를 수령하는 권한까지 포함되므로, 채권자는 제3채무자에게 직접 자기에게 이행하라고 청구할 수 있다(통설·판례).[458] 이 경우에도 원칙적으로 채권자가 수령한 급부는 모든 채권자를 위한 공동담보가 되고, 채권자는 이를 다시 채무자에게 인도한 후 채무자로부터 임의변제를 받든가, 채무자에 대한 집행권원에 기하여 별도의 강제집행 절차를 거쳐 채권의 만족을 얻어야 한다.[459] 다만 상계의 요건이 갖춰진 경우 채권자는 상계를 통해 사실상 우선변제받을 수도 있으나, 상계라는 별도의 제도를 매개하지 않고 바로 자신이 수령한 급부로부터 직접 우선변제를 받을 수는 없다.[460]

앞서 본 바와 같이 직접수령권의 인정 여부는 채권자로 하여금 직접 급부를 수령하게 하더라도 대위권의 목적을 달성함에 지장이 없는지에 따라 개별적으로 결정되어야 하는데,[461] 판례는 금전청구,[462] 특정채권 보전을 위한 인도청구,[463] 말소등기청구[464] 등에서는 제3채무자로 하여금 직접 채권자에게 이행하도록 청구할 수 있다고 보는 반면, 이전등기청구[465]에서는 이를 부정한다.

채권자대위소송에서 제3채무자로 하여금 직접 대위채권자에게로의 이행을 명

456 양창수/김형석, 민법3(권리의 보전과 담보)(제3판), 박영사(2018), 189-190.

457 대법원 1966. 9. 27. 선고 66다1149 판결.

458 민법주해 IX, 채권(2), 박영사(1995), 771-772(김능환); 주석 민법, 채권총칙(2)(제4판), 한국사법행정학회(2013), 164(손진홍); 곽윤직, 채권총론(민법강의Ⅲ), 박영사(2018), 141; 김주수, 채권총론, 삼영사(2003), 226; 송덕수, 채권법총론(제4판), 박영사(2018), 228; 이계정, "채권자대위권의 행사와 전부명령의 효력 - 대법원 2016. 8. 29. 선고 2015다236547 판결 -", 법조 728호(2018. 4.), 603 이하; 대법원 1995. 5. 12. 선고 93다59502 판결(불법점유자에 대한 인도청구), 대법원 2005. 4. 15. 선고 2004다70024 판결(부당이득반환채권), 대법원 2016. 8. 29. 선고 2015다236547 판결 등.

459 양창수/김형석, 민법3(권리의 보전과 담보)(제3판), 박영사(2018), 190.

460 이계정, "채권자대위권의 행사와 전부명령의 효력 - 대법원 2016. 8. 29. 선고 2015다236547 판결 -", 법조 728호(2018. 4.), 603 이하.

461 민법주해 IX, 채권(2), 박영사(1995), 772(김능환); 주석 민법, 채권총칙(2)(제4판), 한국사법행정학회(2013), 164(손진홍).

462 대법원 1995. 5. 12. 선고 93다59502 판결(불법점유자에 대한 인도청구), 대법원 2005. 4. 15. 선고 2004다70024 판결(부당이득반환채권), 대법원 2016. 8. 29. 선고 2015다236547 판결 등.

463 민법주해 IX, 채권(2), 박영사(1995), 772(김능환).

464 대법원 1996. 2. 9. 선고 95다27998 판결.

465 대법원 1992. 3. 10. 선고 91다36550 판결, 대법원 1995. 3. 28. 선고 93다47745 전원합의체 판결 등.

하는 판결이 확정되더라도, 대위의 목적인 권리, 즉 채무자의 제3채무자에 대한 피대위권리가 판결의 집행권원으로서 존재하고 대위채권자는 채무자를 대위하여 피대위권리의 이행을 수령하게 될 뿐 자신의 채권에 대한 변제로서 수령하거나 직접 실체적인 권리를 획득하는 것이 아니다. 따라서 '제3채무자는 채권자에게 피대위채권을 지급하라'는 채권자대위에 의한 승소판결이 내려졌더라도, 피대위채권이 변제 등으로 소멸하기 전이라면 채무자의 다른 채권자는 이를 압류·가압류할 수 있다.[466]

채권자가 채무자를 대위하여 '제3채무자는 채권자에게 직접 소유권이전등기절차를 이행하라'는 승소판결을 받아 확정되었더라도(자백간주로 승소판결이 내려진 특수한 사안이었다), 이로써 채권자가 직접 제3채무자에 대하여 소유권이전등기청구권을 가지게 된 것은 아니므로, 전소 판결의 피고(제3채무자)가 판결 이후 부동산을 타에 처분하여 소유권이전등기의무가 이행불능이 되었다면, 채권자는 채무자를 대위하여 손해배상을 구하는 것은 별론으로 하고 직접 자기의 권리로서 손해배상을 구할 수는 없다는 판례가 있다.[467]

채권자가 채무자를 대위하여 점유자를 상대로 '피고는 원고(채권자)에게 토지를 인도하라'는 판결을 받아 확정된 경우, 그 확정판결의 기판력이 경우에 따라 채무자에게 미칠 수 있더라도 위 확정판결의 집행력만은 원·피고 간에만 생기는 것이므로, 채무자가 위 판결에 대하여 승계집행문을 받아 인도집행을 할 수는 없다는 것이 판례이다.[468] 한편 등기예규는 채권자가 제3채무자를 상대로 채무자를 대위하여 등기절차의 이행을 명하는 판결을 얻은 경우, 채무자가 채권자대위소송이 제기된 사실을 알았을 경우에는 채무자 또는 제3채권자도 채권자가 얻은 승소판결에 의하여 단독으로 등기를 신청할 수 있다고 규정한다.[469]

466 대법원 2016. 8. 29. 선고 2015다236547 판결.
467 대법원 1971. 4. 30. 선고 71다411, 412 판결.
468 대법원 1979. 8. 10.자 79마232 결정.
469 판결 등 집행권원에 의한 등기신청에 관한 업무처리지침 3.라.2) (등기예규 제1607호, 시행 2016. 11. 30.).

나. 채무자의 처분권 제한

1) 개설

민법 제405조 제1항은 채권자가 보존행위 이외의 권리를 대위행사한 때에는 채무자에게 통지하여야 한다고 규정하고, 제2항은 채무자가 위 통지를 받은 후에는 그 권리를 처분하여도 이로써 채권자에게 대항하지 못한다고 규정하고 있다. 비송사건절차법 또한 법원의 허가에 의한 대위 시 법원이 직권으로 채무자에게 고지하여야 하고(비송사건절차법 제49조 제1항), 위 고지를 받은 채무자는 그 권리를 처분할 수 없다(제49조 제2항)고 규정하고 있다.

민법 제405조는 프랑스민법이나 일본 민법에 없는 규정이다.[470] 이는 채권자대위권이 행사되면 채무자의 권리처분권이 제한된다는 것을 전제로 선관주의의무를 부담하고 있는 채권자로 하여금 대위권행사 사실을 통지하도록 함으로써 채무자가 대위권행사에 저촉되는 행위를 하는 것을 사전에 방지하여 법률관계가 복잡해지는 것을 막고, 또 채무자의 협력을 통하여 대위에 의한 권리행사가 적절히 이루어질 수 있도록 함과 동시에, 이에 위반한 채무자의 행위로 채권자에게 대항하지 못하게 함으로써 채권자대위권의 실질적 효과를 확보하기 위한 것이다.[471]

문언상으로는 채무자가 채권자로부터 통지받은 경우에만 채무자의 처분권이 제한되는 것처럼 되어 있으나, 통설·판례는 채권자가 통지하지 않은 경우라도 채무자가 자기의 채권이 채권자에 의하여 대위 행사되고 있는 사실을 알게 된 경우에는 그 처분을 가지고 채권자에게 대항할 수 없다고 본다.[472] 2014년도 민법개정위원회 개정시안 제405조 제2항은 "채무자가 제1항의 통지를 받거나 채권자의 권리행사를 안 후에는 그 권리를 처분하여도 이로써 채권자에게 대항할 수 없다."고 규정하여, 위와 같은 판례의 태도를 명문화하였다.

채권자가 대위권을 행사하고 채무자가 이를 통지받거나 알게 된 후에는 채권자의 대위권행사와 상충되는 채무자의 처분행위가 제한된다. 다만 단순한 보존행

470 다만 입법 당시 만주국 민법(1937년 6월 공포) 제392조가 참조로 언급되었다. 민의원 법제사법위원회, 민법안심의록(상권), 민법안심의소위원회(1957), 242.

471 민법주해 IX, 채권(2), 박영사(1995), 791(김능환); 양형우, "채권자대위권의 행사에 의한 처분제한과 대위채권자의 제3채무자에 대한 추심권능 내지 변제수령권한에 대한 압류명령 등의 효력", 홍익법학 제19권 제2호(2018), 510-511; 대법원 2012. 5. 17. 선고 2011다87235 전원합의체 판결, 대법원 1990. 4. 27. 선고 88다카25274, 25281 판결.

472 민법주해 IX, 채권(2), 박영사(1995), 771(김능환); 주석 민법, 채권총칙(2)(제4판), 한국사법행정학회(2013), 161(손진홍); 대법원 1977. 3. 22. 선고 77다118 판결 외 다수.

위나 관리행위를 하는 것은 가능하고, 뒤에서 보는 변제의 수령도 이러한 차원에서 허용된다.[473] 또 채권자의 대위권 행사가 단순히 보존행위를 목적으로 한 경우에는 채무자의 처분권이 제한되지 않는다.[474]

'처분행위로서 채권자에게 대항하지 못한다'는 것은 그 처분행위 자체가 당사자 사이에서는 유효하나, 채권자와의 관계에서는 통지 당시의 상황대로 존속되고 그 처분행위가 없었던 것으로 취급된다는 것을 뜻한다.[475]

채무자의 처분권 제한의 효력은 제3채무자에게도 미친다. 채무자가 한 처분행위의 효력을 제3채무자가 주장할 수 있다면 민법 제405조 제2항의 처분제한의 효력은 유명무실하게 되기 때문이다. 따라서 채권자가 대위권행사를 통지한 이후 채무자의 처분행위에 터 잡아 취득한 항변사유, 예컨대 화해, 채무면제 등은 채권자에게 주장할 수 없다. 그러나 채무자의 처분행위가 아닌 행위에 터 잡아 취득한 항변사유, 예컨대 변제로 인한 채무의 소멸을 주장하는 것은 금지되지 않는다.[476]

'처분행위'가 무엇을 의미하는지에 관하여는 뒤에서 보는 바와 같이 논란이 있으나,[477] 기본적으로 채권자의 대위권 행사와 상충하는지 여부, 채무자의 재산관리의 자유, 제3채무자가 대위로 인하여 채무자가 권리를 행사하는 경우보다 불리해져서도 안 된다는 점 등을 두루 고려하여 개별행위마다 판단하여야 할 것이다.[478]

참고로 일본에는 우리 민법 제405조 제2항과 같은 명문 규정은 없었으나 종래 통설·판례는 앞서 본 바와 같이 일본 구 비송사건절차법 제85조부터 제91조를 유추적용하여 '채권자가 채무자에게 대위행사의 통지를 하거나 또는 채무자가 대위권행사의 사실을 안 경우에는 채무자는 채권자가 대위행사하고 있는 권리를 자기가 행사하거나 처분할 수 없게 된다'고 보아 왔다.[479] 그러나 이러한 기존의 통

473 민법주해 IX, 채권(2), 박영사(1995), 775~776(김능환); 주석 민법, 채권총칙(2)(제4판), 한국사법행정학회(2013), 177-178(손진홍).

474 민법주해 IX, 채권(2), 박영사(1995), 795(김능환).

475 이은영, 채권총론(제4판), 박영사(2009), 452.

476 김상훈, "채권자대위권행사 통지 후의 해제와 민법 제405조 제2항의 '처분' - 대법원 2012. 5. 17. 선고 2011다87235 전원합의체 판결 -", 자유와 책임 그리고 동행 : 안대희 대법관 재임기념, 사법발전재단(2012), 432.

477 민법상의 처분행위 일반과 민법 제405조 제2항의 처분행위의 개념에 관하여는, 이은영, "채권자대위권행사에 의한 처분금지효에서 처분의 의미", 법학논고 40호(2012), 455 이하 참조.

478 민법주해 IX, 채권(2), 박영사(1995), 795(김능환).

479 日大判 1939. 5. 16.

설·판례에 대하여는, 원래 채권자는 채무자의 권리행사에 간섭할 수 없고, 채무자가 스스로 권리 행사를 하지 않는 경우에 한하여 채권자의 대위권 행사가 인정되어야 하며, 그 경우에도 채무자의 자기 권리 처분권한을 박탈하는 것은 과도하며, 이러한 효과를 원하는 채권자는 압류 또는 가압류의 방법에 의하면 된다는 반론이 강하게 제기되었다. 결국 일본 개정 민법은 채권자대위권 행사 후에도 채무자가 여전히 처분권한을 보유한다고 명문화함으로써 종전의 통설·판례와 완전히 다른 태도를 취하게 되었다.[480]

일본 개정 민법에 의하면, 채권자가 채무자의 권리를 대위행사하더라도 채무자의 처분권한이 제한되지 않고, 대위권 행사에 의하여 압류와 같은 효력은 인정되지 않으므로 대위권행사의 통지 또는 소송고지가 있더라도 채무자는 여전히 제3채무자를 상대로 처분권한을 행사할 수 있다. 상대방 또한 채무자에 대하여 이행할 수 있고, 채무자가 상대방으로부터 이행을 수령하면 이로써 당해 권리는 소멸한다. 다만 이미 채권자가 채권자대위의 소를 제기한 경우 채무자가 동일한 소송물에 관하여 후소를 제기하면 중복제소가 되나, 일본 개정 민법은 제423조의6에서 채권자가 대위의 소를 제기한 경우 즉시 채무자에게 소송고지하도록 규정하고 있으므로, 채무자는 이러한 통지를 받아 전소에 공동소송참가할 수 있다.[481]

2) 처분행위 여부가 문제되는 경우

가) 처분행위에 해당하는 경우

대위권행사의 통지를 받거나 알게 된 채무자는 피대위권리 자체를 처분하는 행위를 할 수 없다. 권리 포기나 채무면제 등 피대위권리를 절대적으로 소멸시키는 행위, 피대위권리를 제3자에게 이전시킴으로써 상대적으로 소멸시키는 행위(예를 들어 피대위권리를 제3자에게 양도하는 행위[482]), 피대위권리에 대하여 담보권을 설정하는 행위(예를 들어 피대위권리인 채권을 담보로 제공하고 질권을 설정하는 행위) 등을 예로 들 수 있다.[483]

채권자가 채무자를 대위하여 제3채무자 명의 등기의 원인인 매매계약이 무효

480 法務省民事局参事官室, 民法（債権関係）の改正に関する中間試案の補足説明 157-159; 정태윤, "일본 개정민법(채권관계) 중 주요 부분에 관한 개관", 민사법학 82호(2018), 278-279.

481 문영화, "채권자대위권에 관한 일본 민법 개정의 시사점과 민사소송법적 쟁점", 法曹 Vol. 722(2017. 4.), 244-246.

482 대법원 1988. 1. 19. 선고 85다카1792 판결.

483 이은영, "채권자대위권행사에 의한 처분금지효에서 처분의 의미", 법학논고 40호(2012), 460-463.

라고 주장하면서 말소청구의 소를 제기한 경우, 위 소장을 송달받아 대위권 행사 사실을 알게 된 채무자가 그 후 위 무효행위를 추인하였다 하더라도, 이는 채권자가 대위행사하는 소유권이전등기의 말소등기청구권을 처분하는 것과 마찬가지이므로, 채무자는 민법 제405조 제2항에 의하여 채권자인 원고에 대하여 위 추인의 유효를 주장할 수 없다.[484] 채권자가 대위에 의한 제3채무자 명의 가등기말소청구의 소를 제기하여 계속 중 이를 알고 있는 채무자가 제3채무자와 제소전 화해를 하고 위 가등기에 기한 소유권이전등기를 마쳐준 경우에도, 이러한 제소전 화해로써 채권자에게 대항할 수 없다.[485] 채권자가 대위에 의한 말소등기청구의 소를 제기하여 계속중인 상태에서 이를 알고 있는 채무자가 위 말소등기청구권을 포기하더라도 역시 채권자에게 대항할 수 없다.[486]

피대위권리 자체를 직접 포기하거나 처분하는 것은 아니지만 그와 관련된 다른 법률행위를 함으로써 그 대위행사의 객체인 권리를 소멸시키는 행위도 할 수 없다. 여기에 해당하는 것으로는 합의해제가 대표적이다. 제3채무자가 매매계약을 해제하려고 원상회복의 방법으로 그 계약에 따라 지급받은 매매대금을 공탁하자 채무자가 아무런 이의 없이 공탁의 취지에 따라 그 공탁금을 수령함으로써 계약당사자 사이의 합의에 의하여 위 매매계약이 해제되는 효과를 발생하게 하는 것은 피대위권리인 위 소유권이전등기청구권을 처분하는 것에 해당하므로, 채무자나 제3채무자는 이로써 채권자에게 대항할 수 없다.[487] 또 채권자가 채무자와 제3채무자 사이에 체결된 부동산매매계약에 기한 소유권이전등기청구권을 보전하기 위해 채무자를 대위하여 제3채무자의 부동산에 대한 처분금지가처분을 한 경우, 채무자가 이를 알게 된 후 그 매매계약을 합의해제함으로써 채권자대위권의 객체인 부동산 소유권이전등기청구권을 소멸시키는 것은 처분행위에 해당하므로 이로써 채권자에게 대항할 수 없고, 그 결과 제3채무자 또한 그 계약해제로써 채권자에게 대항할 수 없다.[488]

합의해제에는 채무자의 적극적인 법률행위가 개입되므로 이를 처분행위라 할 수 있으나, 제3채무자에 의한 법정해제의 경우까지 처분행위로 볼 수 있을지에

484 대법원 1975. 12. 23. 선고 73다1086 판결.
485 대법원 1988. 1. 19. 선고 85다카1792 판결.
486 대법원 1989. 3. 14. 선고 88다카112 판결.
487 대법원 1993. 4. 27. 선고 92다44350 판결.
488 대법원 2007. 6. 28. 선고 2006다85921 판결.

관하여는 논란이 있다. 당초 이를 긍정한 판례가 있었으나,[489] 대법원 2012. 5. 17. 선고 2011다87235 전원합의체 판결에 의하여 부정하는 것으로 정리되었다.[490] 위 2011다87235 전원합의체 판결은, 채무자의 채무불이행 사실 자체만으로는 권리변동의 효력이 발생하지 않아 이를 채무자가 제3채무자에 대하여 가지는 채권을 소멸시키는 적극적인 행위로 파악할 수 없는 점, 법정해제는 채무자의 객관적 채무불이행에 대한 제3채무자의 정당한 법적 대응인 점, 채권이 압류·가압류된 경우에도 압류 또는 가압류된 채권의 발생원인이 된 기본계약의 해제가 인정되는 것과 균형을 이룰 필요가 있는 점 등을 고려할 때 채무자가 자신의 채무불이행을 이유로 매매계약이 해제되도록 한 것을 두고 민법 제405조 제2항에서 말하는 '처분'에 해당한다고 할 수 없고, 따라서 채무자가 채권자대위권행사의 통지를 받은 후에 채무를 불이행함으로써 통지 전에 체결된 약정에 따라 매매계약이 자동적으로 해제되거나, 채권자대위권행사의 통지를 받은 후에 채무자의 채무불이행을 이유로 제3채무자가 매매계약을 해제한 경우 제3채무자는 계약해제로써 대위권을 행사하는 채권자에게 대항할 수 있다고 판시하였다. 다만 형식적으로는 채무자의 채무불이행을 이유로 한 계약해제인 것처럼 보이지만 실질적으로는 채무자와 제3채무자 사이의 합의에 따라 계약을 해제한 것으로 볼 수 있거나, 채무자와 제3채무자가 단지 대위채권자에게 대항할 수 있도록 채무자의 채무불이행을 이유로 하는 계약해제인 것처럼 외관을 갖춘 것이라는 등의 특별한 사정이 있는 경우에는 채무자가 피대위채권을 처분한 것으로 보아 제3채무자는 계약해제로써 대위권을

489 대법원 2003. 1. 10. 선고 2000다27343 판결. 갑이 을로부터 매수한 부동산을 다시 갑으로부터 매수한 병이 채무자인 갑, 을에 대하여 순차 소유권이전등기절차의 이행을 구하는 소를 제기하여 그 중 을에 대한 채권자대위소송이 상고심에 계속중 갑이 을의 매매잔대금 지급 최고에 응하지 아니하여 을로 하여금 매매계약을 해제할 수 있도록 한 경우, 이는 채무자가 채권자에 대한 소유권이전등기청구권을 처분하는 것에 해당하여 갑과 을은 병에게 그 계약해제로써 대항할 수 없다고 한 사례. 이에 관하여는 제3채무자의 해제권이 지나치게 제한된다는 비판이 이어졌다. 이 판결에 대한 비판론으로는, 양창수, "채권자대위에 의한 처분금지효가 제3채무자가 채무자의 채무불이행을 이유로 매매계약을 해제하는 것에도 미치는가?", 민법연구 제7권, 박영사(2005), 357-366; 오시영, "채권자대위권행사 시 채무자의 처분권 제한을 중심으로", JURIST 396호(2003. 9.) 47 이하; 긍정론으로는 오창수, "채권자대위소송의 실천적 의미 : 당사자의 지위 및 소송요건을 중심으로", 법과 정책, 제16집 제1호, 제주대학교(2010. 2.), 147-148 참조.

490 이 판례에 관한 평석 및 논문으로는, 김상훈, "채권자대위권행사 통지 후의 해제와 민법 제405조 제2항의 '처분' - 대법원 2012. 5. 17. 선고 2011다87235 전원합의체 판결 -", 자유와 책임 그리고 동행 : 안대희 대법관 재임기념, 사법발전재단(2012); 심승우, "채권자대위권 행사로 제한되는 채무자의 처분행위", 민사판례연구 36권, 박영사(2015); 이은영, "채권자대위권행사에 의한 처분금지효에서 처분의 의미", 법학논고 40호(2012) 등.

행사하는 채권자에게 대항할 수 없다.

나) 소송 외의 이행청구 등 권리행사

채권자로부터 대위권 행사를 통지받은 채무자가 제3채무자에게 소송 외의 이행청구 등 권리행사를 할 수 있는지가 문제된다.

먼저, 처분행위를 금지하는 범위에 채무자의 채권의 본지에 따른 이행청구 등 권리행사까지 포함되는 것으로 해석하는 견해가 있다.[491] 그 근거로는, 만일 채무자의 권리행사가 허용되는 것으로 해석된다면 채권자대위권의 실효성이 크게 적어지고, 중복적인 권리행사가 행해질 우려가 있다는 점을 든다.[492]

반대로, 이행청구는 처분행위가 아닌 관리·보존행위에 해당하고, 채무자가 스스로 권리행사를 하는 것은 대위권 행사의 방해로 볼 수 없고 오히려 책임재산 확보라는 대위권행사의 취지에 부합하며, 채권자의 사적(私的) 통지에 의해서 채무자의 이행청구까지 금지시키는 것은 채무자에게 지나치게 과도한 부담을 지우는 것이고, 민법 제405조 제2항은 비교법적으로 예외적인 조문이므로 가급적 엄격하게 해석하여야 하며, 중복적인 권리행사는 중복제소 금지 등으로 충분히 해결할 수 있다는 등의 점을 들어, 채무자의 이행청구 등 권리행사가 허용된다는 견해도 있다.[493]

살피건대 채권자대위권은 본래 제3채무자로 하여금 채무자에게 이행하도록 함으로써 채무자의 책임재산을 확보하고자 하는 것이고, 채무자의 이행청구 자체만으로 권리 자체가 처분된다고 할 수 없으며, 뒤에서 보는 바와 같이 통설·판례는 채무자의 변제수령권을 인정하는데, 이러한 변제수령권이 제3채무자가 임의변제하는 경우로 한정된다고 할 수 없고,[494] 채무자가 변제를 수령한 후 소비하거나

491 곽윤직, 채권총론(민법강의Ⅲ), 박영사(2018), 141; 김증한/김학동, 채권총론(제6판), 박영사(1998), 189; 송덕수, 채권법총론(제4판), 박영사(2018), 231 등.

492 김형배, 채권총론(제2판), 박영사(1998), 368.

493 최형기, "대위처분금지가처분의 효력 및 전득자권리의 보전방법", 법조 38권8호(1989. 8.), 84; 정종석, "대위에 의한 부동산처분금지가처분의 효력과 부수적 문제", 판례연구Ⅱ, 부산판례연구회(1992), 421; 김제완, "채권자대위권의 행사로 채권자가 직접 변제의 수령을 한 경우 상계에 관한 고찰-채권자대위권의 간이채권추심제도로서의 실효성의 측면에서-", 안암법학(제13호), 고려대학교 법학연구소(2001), 234-235; 이계정, "채권자대위권의 행사와 전부명령의 효력 - 대법원 2016. 8. 29. 선고 2015다236547 판결 -", 법조 728호(2018. 4.), 601; 오창수, "채권자대위소송과 채권집행의 경합과 해소", 민사집행법연구 15호(2019), 62.

494 김제완, "채권자대위권의 행사로 채권자가 직접 변제의 수령을 한 경우 상계에 관한 고찰-채권자대위권의 간이채권추심제도로서의 실효성의 측면에서-", 안암법학(제13호), 고려대학교 법학연구소(2001), 234-235.

은닉함으로써 사실상 채권자의 강제집행을 어렵게 만드는 것은 채권 압류·가압류 등 다른 방법으로 해결하여야 할 것이므로, 채무자의 이행청구 등 채권의 본지에 좇은 권리행사가 금지된다고는 보기 어렵다.

앞서 본 바와 같이 종래 일본의 통설·판례는 채권자대위권 행사를 통지받거나 이를 알게 된 후에는 채무자가 직접 권리행사를 할 수 없다고 보았으나, 최근 민법 개정으로 채무자의 권리행사가 전면적으로 허용되었다.

다) 채권자대위소송 후 채무자의 별소 제기

채권자가 제3채무자를 상대로 대위의 소를 제기한 후 다시 채무자가 제3채무자를 상대로 별소를 제기하는 것이 가능한지에 관하여는 학설이 갈린다.

먼저, 채권자대위소송을 통지받거나 알게 된 후에는 채무자의 당사자적격이 상실된다고 보는 견해가 있다. 이 견해는, ①채무자는 채권자로부터 대위권행사의 통지를 받은 때로부터 또는 그것을 알게 된 때로부터 피대위권리를 처분할 수 없으므로 대위되는 권리를 소멸시킬 수 있는 일체의 행위를 할 수 없음은 물론, 스스로 그 권리를 행사하는 것도 할 수 없는데, 이와 같이 금지되는 권리행사에는 소 제기도 포함되므로, 채무자는 당연히 소송법상의 당사자적격도 잃는다고 보는 견해(즉 실체적으로 일체의 권리행사가 금지되므로 소 제기도 금지된다는 견해),[495] ②이행청구나 소 제기 자체가 채무자의 권리행사가 금지되는 처분행위라고 할 수는 없지만, 소송수행권은 처분권의 존재를 전제로 하고, 소송에서 패소하면 그 권리를 근거로 다시 주장할 수 없는 효과가 뒤따르므로, 이미 채권자가 소를 제기하였고 채무자가 이를 통지받거나 알게 되었다면 채무자는 당사자적격을 상실한다는 견해(즉 실체적인 권리행사는 가능하나 소 제기의 특수성에 비추어 소 제기는 처분행위로 보아야 한다는 견해)[496]로 갈리는데, 어느 경우든 채무자가 채권자대위의 소 제기 사실을 통지받거나 안 때에는 결국 당사자적격을 상실한다고 보는 점에서는 공통된다.

이와 같이 채무자의 당사자적격이 없음을 전제로 하는 학설은 다시, ①채무자가 채권자의 소 제기 사실을 아직 모르는 경우에는 채권자와 채무자가 모두 당사자적격을 가지지만(병행형 법정소송담당), 채무자가 이를 통지받거나 알게 된 후

495 日大判 1939. 5. 16.

496 김상균, "공동소송적 보조참가에 관한 고찰", 법조 570호(2004. 3.), 92-93; 김홍엽, 민사소송법(제9판), 박영사(2020), 163-164.

에는 관리처분권을 상실하여 당사자적격이 없게 되는데(갈음형 법정소송담당), 채권자대위소송의 소송물과 채무자가 제3채무자를 상대로 한 소송의 심판대상은 채무자의 제3채무자에 대한 권리·법률관계로 동일하다고 할 것이고, 채권자대위소송의 성격을 법정소송담당으로 보는 경우 양 소송의 당사자 역시 동일하다고 보아야 할 것이므로, 채무자가 선행 채권자대위소송의 존재를 알든 모르든 채무자의 후소는 중복제소에 해당하고,[497] 중복소송이 당사자적격보다 먼저 판단되어야 할 일반적인 요건이므로, 원칙적으로 중복소송을 이유로 소를 각하하여야 한다는 견해와,[498] ②기판력이나 재소금지에 관한 판례와 일관하려면 채무자가 대위의 소 제기 사실을 알아 기판력을 받을 관계일 경우에만 중복소송에도 해당한다고 보아야 하며, 만약 후소를 제기한 채무자가 대위소송 사실을 모른다면 이를 알려 대위소송에 참가할 기회를 제공하고 후소는 그때 비로소 중복소송으로 각하하여야 한다는 견해로 나뉜다.[499]

다음으로, 채권자가 대위의 소를 제기한 후에도 여전히 채무자가 당사자적격을 가지고 직접 소를 제기할 수 있다고 보는 견해가 있다. 그 근거로는, 채무자가 스스로 권리행사를 하는 것은 대위권 행사의 방해로 볼 수 없고 오히려 책임재산 확보라는 대위권행사의 취지에 부합하며, 채무자의 이행청구 자체만으로 권리 자체가 처분된다고 할 수 없으므로, 채무자의 소 제기 자체는 허용되어야 한다는 점(중복제소는 별론으로 함),[500] 채권자대위소송은 병행형 법정소송담당으로서 채권자와 채무자 모두가 당사자적격을 갖추고 있다고 보아야 할 것인 점,[501] 대위채권자

497 후소의 심리 및 판결 과정에서 종국적으로 채무자는 대위소송의 존재를 알게 될 것이고, 채무자는 대위소송에 참가하여 절차보장을 받을 수 있음을 근거로 한다.

498 김홍엽, 민사소송법(제9판), 박영사(2020), 163-164, 362-364; 강현중, 민사소송법(제7판), 박영사(2018), 351-352; 정동윤 외 2인, 민사소송법(제6판), 법문사(2017), 301-302; 최상경, "채권자대위소송에 있어서 당사자적격의 흠결과 중복소송의 경합에 관한 소고", 동북아법연구 6권 3호(2013), 157. 다만 이러한 견해에 의할 경우, 경우에 따라서는 대위소송의 소장이 먼저 제출되고 채무자가 이를 알고 나중에 직접 후소를 제기하였으나 송달은 후소가 먼저 된 경우, 대위소송은 중복제소로, 본인소송은 당사자적격의 결여로, 모두 부적법해질 수 있다는 지적이 있다. 박재완, "대위소송으로 인한 소송경합과 원고적격", 민사소송 17권 2호(2013. 11.), 135 이하.

499 이시윤, 신민사소송법(제14판), 박영사(2020), 289-290. 다만 이 견해도 결과적으로는 채무자에게 대위소송 사실을 알려 중복소송으로 각하한다는 것이므로, 앞의 견해와 실질적으로는 큰 차이가 없어 보인다.

500 한충수, 민사소송법(제2판), 박영사(2018), 204; 이계정, "채권자대위권의 행사와 전부명령의 효력 - 대법원 2016. 8. 29. 선고 2015다236547 판결 -", 법조 728호(2018. 4.), 602~3; 김경욱, "채권자대위소송에서의 공동소송참가", 고려법학 90권(2018), 144 이하.

501 오시영, "채권자대위소송과 추심소송에 있어 당사자적격에 대한 비교 검토", 민사소송 제15권 제2호(2011), 163.

와 채무자 간에 극도로 이해관계가 대립할 가능성이 상존하는 상태에서 채무자에게 피보전권리의 존부 등에 대하여 당사자로서 참가하여 다툴 수 있는 기회를 박탈하는 것은 대위채권자의 권한에 채무자가 강요당하는 상황을 방치하는 것이라는 점,[502] 채권자대위소송은 채권자와 채무자의 이해가 대립되는 대립형 법정소송담당이므로, 채권자와 채무자는 상호 견제하며 소송을 수행하는 것이 그들의 긴장관계해소에 가장 적합하고, 따라서 채권자대위소송이 제기된 경우에는 채무자의 소송수행권을 인정하여 채권자대위소송에서 자신의 이익을 주장할 수 있도록 하는 것이 분쟁해결에 적절하다는 점,[503] 소송수행권의 근거로서의 관리처분권은 관리권과 처분권이 함께 포함된 것이지 처분권까지 있어야만 소송수행권이 인정되는 것은 아니고(법정재산관리권만을 가진 채권자의 경우에도 채권자대위소송의 소송수행권이 인정되는 것을 예로 든다), 채권자대위권은 채무자의 책임재산을 보전하기 위해 행사되는 것이므로 이로 인한 처분금지효는 채권자대위권의 행사목적에 부합하는 한도, 즉 대위의 대상이 된 권리가 채무자의 의사에 의해 채무자의 책임재산으로부터 이탈되는 것을 방지하는 효력을 가지는 것에 그쳐야 하므로, 채무자의 소송수행권을 박탈하는 것은 채권자대위권의 취지를 초과하는 것이라는 점[504] 등이 주장된다.

어느 설에 따르든 채무자의 당사자적격 인정 여부와 관계없이 결국 중복소송으로 보아 소를 각하하여야 한다는 점은 마찬가지이나, 채무자의 당사자적격이 상실되지 않는다고 보는 견해에 따르면 채무자는 채권자대위소송에 공동소송참가나 독립당사자참가를 할 수 있게 되지만, 채무자가 당사자적격이 없다는 견해에 따르면 채무자는 당사자참가는 할 수 없고 공동소송적 보조참가만 할 수 있게 된다는 차이가 있다(이 점은 뒤에서 다시 살펴본다).

살피건대, 채무자의 책임재산 보호라는 채권자대위권 행사의 본래 목적에 비추어보면 채무자 자신의 이행청구는 피대위채권의 본지에 따른 것일 뿐 처분행위라고 볼 수 없고, 이를 소로써 하더라도 소송 외 이행청구와 달리 볼 필요가 없으며, 변제수령이 금지되는 압류·가압류의 경우에도 채무자가 이행청구의 소를 제기하는 것은 금지되지 않는데, 압류의 전단계인 채권자의 사적 권리행사 시에 채

502 김일룡, "공동소송적 보조참가인의 소송법상 지위에 관한 고찰", 서울법학, 24(1)(2016), 358 이하.
503 피정현, "채권자대위소송에 채무자의 독립당사자참가의 허용 여부", 원광법학 31권 3호(2015), 10 이하.
504 이태영, "채권자대위소송에 대한 채무자의 소송참가", 강원법학, 35권(2012), 332 이하.

무자의 권리가 더 제한되는 것은 균형이 맞지 않고, 채권자의 대위소송이 계속 중인 이상 채무자의 당사자적격을 인정하는 것은 결국 공동소송참가를 허용한다는 점에서만 실질적 의미가 되는데, 대위채권자가 소를 취하하는 등의 경우에 채무자의 절차보장을 위해서는 채무자의 당사자적격을 인정하는 것이 타당하다고 생각한다.

한편, 채권자대위소송이 법정소송담당이 아닌 채권자 자신의 고유 권리의 행사임을 전제로, 우선 대위소송의 소송물과 채무자 자신의 소의 소송물이 다르므로 중복제소의 문제는 발생하지 않고, 전소송(대위소송)이 사실심 변론종결 전이면 '채무자가 채권을 행사하지 않을 것'이라는 대위권 행사요건이 불비되었다고 보아(왜냐하면 채권자대위소송의 요건은 대위소송의 변론종결 시를 기준으로 하여야 하고, 채무자의 처분권 제한에는 대위권 행사의 목적을 그대로 달성시켜 주는 채무자의 채권행사는 포함되지 않으므로), 실체법상 대위권 행사요건 불비로 전소 청구를 기각하여야 하며, 전소송이 변론종결 후이면 대위소송은 영향이 없고 채무자의 소송은 별소로 존속한다는 견해도 있다.[505]

판례는 일관하여, 채권자가 채무자를 대위하여 제3채무자를 상대로 제기한 채권자대위소송이 법원에 계속중 채무자와 제3채무자 사이에 채권자대위소송과 소송물을 같이하는 내용의 소송이 제기된 경우, 양 소송은 동일소송이므로 후소는 중복제소금지원칙에 위배되어 제기된 소로서 부적법하다고 본다.[506] 다만 그 경우에 채무자가 당사자적격은 있으나 중복제소인지, 당사자적격도 없는 것인지에 관하여 명시적으로 언급한 판례는 보이지 않는다. 나아가 판례는, 채권자대위소송이 이미 법원에 계속중에 있을 때 같은 채무자의 다른 채권자가 동일한 소송물에 대하여 채권자대위권에 기한 별소를 제기한 경우, 후소가 중복제소금지 원칙에 위법하여 부적법하다고 본다.[507]

라) 채무자의 급부수령

채무자의 급부수령은 책임재산의 관리·보존행위에 해당하나, 현실적으로는 채권자의 피보전채권 만족을 어렵게 하는 경우가 많으므로, 채무자의 급부수령이 처분행위인지 여부가 문제된다.

505 호문혁, 민사소송법(제13판), 법문사(2016), 147-148.
506 대법원 1992. 5. 22. 선고 91다41187 판결.
507 대법원 1994. 2. 8. 선고 93다53092 판결.

처분행위라고 보는 견해는, 채권자대위권은 일종의 사적 압류이므로, 채권자가 적법하게 대위권을 행사한 경우에는 채무자는 피대위권리에 대한 관리처분권을 상실하여 권리행사를 할 수 없고 채무자의 변제수령도 금지된다고 본다.[508] 처분행위에 해당하지 않다고 보는 견해는, 채권자대위권의 행사는 채권압류의 경우와 같이 제3채무자에게 지급금지의 효력을 생기게 하는 것이 아니므로 제3채무자의 채무자에 대한 임의변제를 막을 수는 없으며, 이러한 효과를 기대하는 경우 압류 등 다른 절차를 이용하면 되므로, 채무자의 변제수령은 허용된다고 본다.[509] 살피건대, 채무자의 책임재산 보전이라는 채권자대위제도의 본질에 비추어 채무자가 제3채무자에게 이행을 청구하거나 급부를 수령하는 것은 모두 관리행위일 뿐 처분행위가 아니므로 채권자대위권 행사 후에도 얼마든지 가능하고, 채무자가 수령한 급부를 임의소비하는 것을 막기 위해서는 채권압류 등 별도의 조치를 취하는 것이 옳다고 생각한다.

판례 또한 변제수령은 처분행위가 아니라고 본다. 즉 채무자의 변제수령은 처분행위라 할 수 없고 같은 이치에서 채무자가 그 명의로 소유권이전등기를 경료하는 것 역시 처분행위라고 할 수 없으므로 소유권이전등기청구권의 대위행사 후에도 채무자는 그 명의로 소유권이전등기를 경료하는 데 아무런 지장이 없다고 본다.[510] 나아가 판례는, 채권자(부동산 전득자)가 채무자(부동산 양수인)에 대한 소유권이전등기청구권을 보전하기 위하여 채무자를 대위하여 제3채무자(부동산 매도인)를 상대로 부동산처분금지가처분을 한 경우, 그 피보전권리는 양수인의 양도인에 대한 소유권이전등기청구권이고 전득자의 양수인에 대한 소유권이전등기청구권까지 포함되는 것은 아니므로 양도인이 양수인에게 소유권이전등기를 하여 주는 것까지 금하는 것은 아니라고 본다.[511] 대위에 의한 가처분 후 채무자가 제3채무자로부터 등기를 경료받아 다시 제3자 앞으로 등기를 마쳐준 경우, 그 등기 또

508 이재성, "채권자대위권의 행사가 채무자에게 미치는 효력", 판례월보(1987. 9. 10.), 41; 박철환, "처분금지가처분의 효력", 재판자료(45집), 보전소송에 관한 제문제(상), 법원행정처(1989), 474.

509 민법주해 IX, 채권(2), 박영사(1995), 776(김능환); 주석 민법, 채권총칙(2)(제4판), 한국사법행정학회(2013), 179(손진홍); 김광태, "전득자의 대위에 의한 처분금지가처분의 효력", 민사판례연구(14), 박영사(1992), 366; 이계정, "채권자대위권의 행사와 전부명령의 효력 - 대법원 2016. 8. 29. 선고 2015다236547 판결 -", 법조 728호(2018. 4.), 600-601 등.

510 대법원 1991. 4. 12. 선고 90다9407 판결.

511 대법원 1970. 11. 24. 선고 70다1150 판결, 대법원 1989. 5. 9. 선고 88다카6488 판결, 대법원 1994. 3. 8. 선고 93다42665 판결.

한 유효하다.[512] 또한 채권자가 채무자를 대위하여 제3채무자에게 한 처분금지가처분은 채권자 자신의 채무자에 대한 청구권 보전을 위하여 제3채무자가 채무자 이외의 다른 사람에게 소유권이전 등 처분행위를 하지 못하도록 하는 데 그 목적이 있으므로 실질상의 가처분권리자인 채무자에 대한 처분의 금지가 포함되는 것은 아니고, 따라서 또 다른 채권자가 채무자를 대위하여 제3채무자를 상대로 별도의 채권자대위의 소를 제기하는 것도 적법하다고 본다.[513] 마찬가지 법리에서, 갑으로부터 을, 병을 거쳐 부동산을 전득한 정이 그의 병에 대한 소유권이전등기청구권을 보전하기 위하여 을 및 병을 순차 대위하여 갑을 상대로 처분금지가처분을 한 경우, 그 가처분의 피보전권리는 실질적 가처분채권자인 을의 갑에 대한 소유권이전등기청구권이고 병의 을에 대한 소유권이전등기청구권이나 정의 병에 대한 소유권이전등기청구권까지 포함하는 것은 아니므로, 위 처분금지가처분 이후에 가처분채무자인 갑으로부터 병 앞으로 경료된 소유권이전등기는 비록 그 등기가 가처분채권자인 정에 대하여 소유권이전등기의무를 부담하고 있는 자에게로의 처분이라 하여도 위 처분금지가처분의 효력에 위배되어 가처분채권자인 정에게 대항할 수 없고, 따라서 정의 말소신청에 따라 처분금지가처분의 본안에 관한 확정판결에 기하여 병 명의의 소유권이전등기를 말소한 것은 적법하다고 본다.[514]

마) 기타 처분행위 여부가 문제되는 경우

채권자가 채무자와 제3자 사이의 근저당권설정계약이 통정허위표시임을 이유로 채무자를 대위하여 그 말소를 구하는 소송을 제기하였는데, 그 후 채무자가 제3자가 신청한 지급명령에 이의를 제기하지 않아 강제경매절차에서 부동산이 매각됨으로써 위 근저당권설정등기가 말소된 사안에서, 판례는 채무자가 지급명령에 이의를 제기하지 않은 것이 대위채권자가 행사하고 있는 권리의 처분이라고 할 수 없으므로 제3자는 위 근저당권설정등기의 말소로 채권자에게 대항할 수 있다고 본다.[515]

512 대법원 1986. 11. 25. 선고 86다397 판결.
513 대법원 1989. 4. 11. 선고 87다카3155 판결.
514 대법원 1998. 2. 13. 선고 97다47897 판결.
515 대법원 2007. 9. 6. 선고 2007다34135 판결.

채권자가 채무자를 대위하여 피대위채권의 소멸시효를 중단시킨 경우에도 채무자가 그 권리를 포기할 수 있다는 견해가 있다.[516]

다. 대위권 행사 시 제3채무자의 지위

1) 채권자대위권은 채무자의 제3채무자에 대한 권리를 행사하는 것이므로, 제3채무자는 채권자대위권 행사로 인하여 종전보다 더 불이익한 지위에 있을 이유가 없다. 또 채무자 자신이 권리를 행사하는 경우보다 더 유리한 지위에 놓일 이유도 없다. 따라서 제3채무자는 채무자에 대해 가지는 변제, 상계, 동시이행 항변 등 모든 항변사유로 채권자에게 대항할 수 있다. 채권자로서도, 채무자 자신이 주장할 수 있는 항변사유의 범위 내에서 제3채무자에게 항변할 수 있다.[517]

일본 개정 민법은 제423조의4에서 "채권자가 피대위권리를 행사한 때에는 상대방은 채무자에 대하여 주장할 수 있는 항변으로써 채권자에게 대항할 수 있다."고 규정함으로써 이를 명문화하였으나, 민법개정위원회의 2014년 개정시안에서는 별도로 이에 관한 규정은 두지 않았다.

2) 채권자는 채무자 자신이 주장할 수 있는 사유의 범위를 넘어 자기와 제3채무자 사이의 독자적인 사정에 기한 사유를 주장할 수는 없다.[518] 제3채무자 또한 채권자와 자기 사이의 독자적인 사정에 기한 항변으로 대항할 수 없다.[519]

3) 채무자가 대위권 행사를 통지받거나 이를 알게 된 후, 채무자의 처분행위로 인하여 제3채무자가 취득한 항변사유로써는 채권자에게 대항할 수 없다(처분행위의 의미와 범위, 대항할 수 없다는 것의 의미는 위 Ⅳ. 4. 나.항 참조).

516 注釋民法 新版 (10)Ⅱ 債權 (1), 有斐閣(2011), 754~755(下林定); 민법주해 Ⅸ, 채권(2), 박영사(1995), 776(김능환); 주석 민법, 채권총칙(2)(제4판), 한국사법행정학회(2013), 179(손진홍). 단 이는 실질적으로 피대위채권을 소멸시키는 행위이므로 위와 같은 견해가 타당한지는 다소 의문이다.

517 민법주해 Ⅸ, 채권(2), 박영사(1995), 779(김능환); 주석 민법, 채권총칙(2)(제4판), 한국사법행정학회(2013), 170(손진홍).

518 대법원 2009. 5. 28. 선고 2009다4787 판결. 채권자가 무효인 소유권이전등기청구권의 보전을 위한 가등기의 유용 합의에 따라 부동산 소유자인 채무자로부터 그 가등기 이전의 부기등기를 마친 제3채무자를 상대로 채무자를 대위하여 가등기의 말소를 구한 사안에서, 채권자가 그 부기등기 전에 부동산을 가압류한 사실을 주장하는 것은 채무자가 아닌 채권자 자신이 제3채무자에 대하여 가지는 사유에 관한 것이어서 허용되지 않는다고 한 사례.

519 민법주해 Ⅸ, 채권(2), 박영사(1995), 779(김능환); 오수원, 민법연구(제1권) 채권자대위권, 박영사(2016), 398; 松坂佐一, 債權者代位權の硏究, 有斐閣(1962), 150. 다만 경우에 따라 채권자와 제3채무자간의 관계로 인하여 보전의 필요성이 부정되는 경우가 있을 수 있다. 注釋民法 新版 (10)Ⅱ 債權 (1), 有斐閣(2011), 751(下林定).

그러나 채무자의 처분행위에 의하지 않고 제3채무자가 취득한 항변사유는 대위채권자에게 주장할 수 있다. 제3채무자가 채무자에게 변제하거나 그 채권의 본지에 따른 이행을 하여 채무자가 이를 수령한 것은 관리행위일 뿐 처분행위라고 할 수 없으므로, 채무자는 대위권 행사의 통지를 받거나 알게 된 후의 채무자에 대한 변제로써 채권자에게 대항할 수 있다. 또 채무자와의 계약 자체에서 발생하는 해제사유가 있는 경우 그 해제의 의사표시를 하여 이로써 채권자에게 대항할 수 있고,[520] 상계는 제3채무자의 일방적인 의사표시에 의해 행해지는 것일 뿐 처분행위가 아니므로, 제3채무자는 대위권 행사 통지 또는 고지 이후에 취득한 채무자에 대한 자동채권으로써 상계할 수 있다.[521]

4) 피보전채권에 관하여 승소확정판결이 없는 한 제3채무자는 채권자대위소송에서 피보전채권의 존재를 다툴 수 있다. 제3채무자는 피보전채권의 존재를 부인하는 주장을 당연히 할 수 있고, 채무자가 가지는 강학상의 '사실항변'은 원용할 수 있으나, 형성권 행사나 소멸시효 항변 등 '권리항변'은 원용하여 행사할 수 없다(☞ 자세한 내용은 민법 제404조 Ⅱ. 2. 가. 4) 참조).

채권자와 채무자 사이에서 피보전채권의 존재가 판결로 확정된 경우, 제3채무자는 채권자가 제기한 채권자대위소송에서 원칙적으로 피보전채권의 존재를 다툴 수 없으나, 채권자와 채무자 간의 피보전채권에 관한 전소 확정판결 등이 강행법규 위반인 경우에는 재심 등을 거치지 않더라도 제3채무자가 후소인 채권자대위소송에서 피보전채권의 존부를 다툴 수 있다(☞ 자세한 내용은 민법 제404조 Ⅱ. 2. 가. 3) 참조).

5) 통정허위표시, 착오·사기·강박에 의한 의사표시, 계약해제 등 그 법률행위의 무효나 취소, 실효를 선의의 제3자에게 대항할 수 없는 경우, 대위채권자가 이러한 제3자에 해당하여 제3채무자의 항변권이 봉쇄되는지가 문제된다.

법률행위의 무효, 취소에서 보호되는 선의의 제3자는 그 무효 또는 취소대상인 법률행위를 기초로 하여 새로운 이해관계를 맺어 무효 또는 취소대상인 법률행위를 한 자와 양립하지 않는 지위를 취득한 자를 말한다.[522] 따라서 제3자에 해

520 단 해제의 의사표시의 상대방이 채권자인지 채무자인지에 관하여는 견해가 갈린다. 관련 논의는 注釋民法 新版 (10)Ⅱ 債權 (1), 有斐閣(2011), 750(下林定) 참조.

521 注釋民法 新版 (10)Ⅱ 債權 (1), 有斐閣(2011), 750-751(下林定).

522 대법원 2000. 7. 6. 선고 99다51258 판결 등.

당하는지 여부는 이를 기준으로 판단하여야 한다.

예를 들어, 허위표시에 의하여 토지를 증여받은 자의 금전채권자가 증여자에 대하여 채무자(수증자)에게 소유권이전등기할 것을 구하는 경우, 이러한 일반채권자는 민법 제108조의 제3자에 해당하지 않으므로, 제3채무자(증여자)는 대위채권자에게 허위표시의 무효로써 대항할 수 있다.[523] 그러나 대위채권자가 채무자(위 예에서 수증자)의 양수인인 특정채권자인 경우, 위 대위채권자는 그 무효인 법률행위를 기초로 하여 새로운 이해관계를 맺은 자이므로 제3채무자는 그 무효로써 대항할 수 없다.[524]

무효나 취소의 경우 채권자가 대항력을 취득할 필요까지는 없다.[525] 그러나 계약해제에서의 제3자는 계약의 목적물에 관하여 권리를 취득하고 또 이를 가지고 계약당사자에게 대항할 수 있는 자를 말한다.[526] 따라서 부동산이 미등기인 채로 전전매매된 사안에서 최종매수인이 전 매수인들을 순차 대위하여 최초 매도인을 상대로 이전등기를 청구한 경우, 최종 매수인은 위와 같은 대항력을 갖추지 못하였으므로, 최초 매도인은 최종 매수인에게 계약해제로써 대항할 수 있다.[527] [528]

라. 시효중단

대위채권자가 제3채무자에게 이행청구를 하면 피대위채권에 대하여 시효중단의 효력이 생긴다.[529] 원고가 채권자대위권에 기해 청구를 하다가 당해 피대위채권 자체를 양수하여 양수금청구로 소를 변경한 경우에도, 당초의 채권자대위소송으로 인한 시효중단의 효력은 소멸하지 않는다.[530]

반면 대위채권자의 피대위권리 행사로 피보전채권의 시효까지 중단되는지에 관하여는, 압류·가압류·가처분과 유사하게 피보전채권의 시효도 중단된다고 보는 견해와,[531] 행사된 것은 피대위채권일 뿐 피보전채권은 아니며, 피대위채권의 행

523 日大判 1943. 12. 22.
524 위 판결의 방론.
525 민법주해 Ⅸ, 채권(2), 박영사(1995), 780-781(김능환); 주석 민법, 채권총칙(2)(제4판), 한국사법행정학회(2013), 174-175(손진홍).
526 대법원 1991. 5. 28. 선고 90다카16761 판결 등.
527 日最判 1958. 6. 14.
528 이에 관한 일본에서의 학설대립은 注釋民法 新版 (10)Ⅱ 債權 (1), 有斐閣(2011), 751-752(下林定) 참조.
529 대법원 2011. 10. 13. 선고 2010다80930 판결.
530 대법원 2010. 6. 24. 선고 2010다17284 판결.
531 민법주해 Ⅸ, 채권(2), 박영사(1995), 778(김능환).

사로써 피보전채권이 확정되는 것은 아니므로, 피보전채권의 시효는 중단되지 않는다는 견해[532]가 대립한다.

마. 비용상환청구권

채권자대위권을 행사하는 경우 채권자와 채무자는 일종의 법정위임의 관계에 있으므로 채권자는 민법 제688조를 준용하여 채무자에게 그 비용의 상환을 청구할 수 있다. 이때의 비용상환청구권은 강제집행을 직접 목적으로 하여 지출된 집행비용이라고는 볼 수 없으므로 지급명령신청이나 별소에 의하여 지급을 구할 수 있다.[533]

대위채권자가 대위수령한 목적물의 보관을 위하여 지출한 비용의 상환청구권에 관하여는 그 대위수령한 목적물 위에 유치권을 갖는다(민법 제320조 이하).[534]

민법개정위원회의 2014년 개정시안 제404조의2 제3항은 "채권자는 채무자에게 그의 권리행사로 인하여 지출한 비용의 상환을 청구할 수 있다."라고 하여 비용상환청구권의 근거를 명시하고 있다.[535]

V. 채권자대위소송 및 채권에 대한 강제집행과 관련한 몇 가지 문제

1. 채권자대위소송의 소송물과 기판력

가. 채권자대위판결이 선행하는 경우

통설은 채권자대위소송에서의 채권자는 법률상 제3자에게 관리처분권을 부여한 결과 제3자가 소송수행권을 가지는 경우로서 법정소송담당에 해당하고, 그 중에서도 병행형에 해당한다고 본다. 채권자대위소송은 대위채권자가 자신이 제3채무자에 대하여 가지는 실체법상 권리를 권리관계의 주체로서 행사하는 것이 아니라, 채무자가 제3채무자에 대하여 가지는 실체법상 권리에 관하여 소송담당자로서 소송상의 관리처분권만을 부여받아 소송수행권을 행사하는 것임을 근거로 한

532 주석 민법, 채권총칙(2)(제4판), 한국사법행정학회(2013), 180(손진홍); 注釋民法 新版 (10)Ⅱ 債權 (1), 有斐閣(2011), 755(下林定).

533 대법원 1996. 8. 21.자 96그8 결정.

534 주석 민법, 채권총칙(2)(제4판), 한국사법행정학회(2013), 181(손진홍).

535 참고로 일본 개정민법 성안과정에서도 비용상환청구권 규정을 두는 것이 논의되었으나, 최종 개정법률에는 포함되지 않았다. 法務省民事局参事官室, 民法（債権関係）の改正に関する中間試案の補足説明 156-157.

다.[536] 판례도 채권자대위소송을 법정소송담당으로 보고, 그 소송물은 피대위권리라고 보고 있다.[537]

위와 같이 채권자대위소송의 성격이 법정소송담당이고 그 소송물이 피대위권리라고 보는 통설·판례 하에서, 채권자대위에 의한 판결의 기판력이 채무자에게 미치는지 여부에 관하여는 견해가 갈린다.

먼저, 소가 제기된 사실을 채무자가 알았는지 여부에 관계없이 그 판결의 효력이 채무자에게 미친다는 견해가 있다(민법학자 다수의 견해). 그 근거로는, 판결의 효력을 채무자의 주관적 사정에 의존하는 것은 그 성질상 타당하지 않고, 민사소송법 제218조 제3항의 적용에 있어 채무자가 알았을 것을 요건으로 삼을 수 없으며, 만약 채권자의 잘못으로 채무자가 손해를 입은 경우 채무자가 채권자에게 위임에 준하여 채무불이행책임을 물을 수 있어 특별한 문제가 없고, 재판 외 대위권 행사의 효력이 채무자의 지·부지와 관계없이 인정되는 것과의 균형을 고려하여야 한다는 것이다.[538]

반면, 기판력은 절대적인 것이 아니고 채무자가 채권자대위소송에 소송참가할 기회도 제공받지 못한 상태에서까지 채무자에게 기판력이 미치는 것은 채무자의 절차적 기본권 침해이므로, 이러한 기회가 보장되지 않은 경우에는 기판력이 미치지 않는다는 견해가 있다(민사소송법 학자 다수의 견해).[539] 이 견해는 다시, 채무자가 어떠한 경위로든 채권자대위소송을 알게 된 경우에는 소송참가의 기회가 보장되므로, 채무자가 알게 된 경우에는 기판력이 미친다는 견해와,[540] 채무자가

536 이시윤, 신민사소송법(제13판), 박영사(2020), 157; 강현중, 민사소송법(제7판), 박영사(2018), 220~221; 정동윤 외 2인, 민사소송법(제6판), 법문사(2017), 219; 김홍엽, 민사소송법(제9판), 박영사(2020), 160; 전원열, 민사소송법 강의, 박영사(2020), 207, 211 등. 다만 본래 병행형 법정소송담당이었다가, 채무자가 대위권 행사를 통지받거나 알게 된 후에는 당사자적격을 상실하여 갈음형 법정소송담당이 된다는 견해로, 김홍엽, 민사소송법(제9판), 박영사(2020), 163-164.

537 대법원 2014. 1. 23. 선고 2011다108095 판결.

538 김상용, 채권총론(제3판), 화산미디어(2016), 233; 곽윤직, 채권총론(민법강의Ⅲ), 박영사(2018), 144; 김증한/김학동, 채권총론(제6판), 박영사(1998), 192; 김주수, 채권총론, 삼영사(2003), 228; 김준호, 채권법(제10판), 법문사(2019), 150-151; 박종두/박세욱, 채권법총론(제4판), 삼영사(2014), 192; 양형우, 민법의세계(이론과 판례)(제11판), 피앤씨미디어(2019), 947; 윤철홍, 채권총론(제3전정판), 법원사(2018), 261-262 등.

539 이시윤, 신민사소송법(제14판), 박영사(2020), 667; 김홍엽, 민사소송법(제9판), 박영사(2020), 910-912; 한충수, 민사소송법(제2판), 박영사(2018), 620; 정동윤 외 2인, 민사소송법(제6판), 법문사(2017), 807.

540 김홍엽, 민사소송법(제9판), 박영사(2020), 912; 정동윤 외 2인, 민사소송법(제6판), 법문사(2017), 807 등 다수설.

대위소송 사실을 알게 된 것만으로는 부족하고, 채무자가 채권자의 소송수행을 현실적으로 협조하거나 견제할 수 있어야만 기판력이 미친다는 견해로 갈린다.[541]

한편 채권자대위소송이 채권자의 독자적인 고유권리를 행사하는 것이라는 견해에 따르면, 채권자대위소송은 채권자가 채무자의 권리를 대신 행사하는 법정소송담당이 아니라 자신의 권리를 행사하는 것이므로, 피대위권리가 아니라 채권자 자신의 대위권이 소송물이며, 따라서 대위소송과 피대위권리의 소송물이 다르므로 대위소송의 기판력은 채무자에게 미치지 않는다.[542] 다만 채권자에 의한 채무자 권리의 행사의 법률효과가 실체적으로 채무자에게 귀속되어, 채무자는 대위권 행사의 통지를 받은 후에는 민법 제405조, 비송사건절차법 제49조 제2항에 따라 실체적으로 더 이상 피대위채권을 처분할 수 없으며 이로써 채권자에게 대항할 수 없지만, 이러한 효과는 기판력이 아닌 소 제기의 법률요건적 효력에 해당한다.[543]

판례는 과거 채무자는 채권자대위소송의 당사자가 아니므로 그 확정판결의 효력은 채무자에게 미치지 않는다고 해 오다가,[544] 대법원 1975. 5. 13. 선고 74다1664 전원합의체 판결로 종래의 판례를 변경하고, 채권자가 채권자대위권을 행사하는 방법으로 제3채무자를 상대로 소송을 제기하고 판결을 받은 경우에는 채권자가 채무자에 대하여 민법 제405조 제1항에 의한 보존행위 이외의 권리행사의 통지, 또는 민사소송법 제77조에 의한 소송고지 혹은 비송사건절차법 제84조 제1항에 의한 법원에 의한 재판상 대위의 허가를 고지하는 방법 등을 위시하여 어떠한 사유로 인하였던 적어도 채권자대위권에 의한 소송이 제기된 사실을 채무자가 알았을 경우에는 그 판결의 효력은 채무자에게 미친다고 판시한 이래, 이 판례를 고수하여 오고 있다.

채권자대위권에 의한 소송이 제기된 사실을 채무자가 알았을 때에는 그 판결의 기판력이 채무자에게도 미치지만, 그 의미는 채권자대위소송의 소송물인 피대위채권의 존부에 관하여 채무자에게도 기판력이 인정된다는 것이고, 채권자대위소송의 소송요건인 피보전채권의 존부에 관하여 당해 소송의 당사자가 아닌 채무자에게 기판력이 인정된다는 것은 아니므로, 만약 채권자대위소송에서 피보전채

541 이시윤, 신민사소송법(제14판), 박영사(2020), 667.
542 호문혁, 민사소송법(제13판), 법문사(2016), 146.
543 오수원, 민법연구(제1권) 채권자대위권, 박영사(2016), 387-389.
544 대법원 1967. 3. 28. 선고 67다212 판결, 대법원 1970. 7. 21. 선고 70다866 판결.

권이 인정되지 않는다는 이유로 소각하 판결을 받아 확정된 경우 그 판결의 기판력이 채권자가 채무자를 상대로 피보전채권의 이행을 구하는 소송에 미치는 것은 아니다.[545]

나. 채무자의 제3채무자에 대한 판결이 선행하는 경우

판례는, 채무자가 제3채무자를 상대로 이미 확정판결을 받은 경우, 채권자가 채무자를 대위하여 제3자를 상대로 제기한 소송이 위 기존 소송과 기존 소송이 당사자만 다를 뿐 실질적으로 동일 내용의 소송이라면, 위 확정판결의 효력이 채권자 대위권 행사에 의한 소송에 미친다고 본다.[546] 이는 앞서 본 바와 같이 채권자대위소송이 법정소송담당이고 그 소송물이 피대위권리임을 전제로 한다. 이에 대하여는, 후소를 제기한 채권자에게 미치는 판결의 효력은 기판력의 상대적 효력에 비추어 기판력이 아니라 채권자와 채무자의 실체법상 의존관계에 의한 반사적 효력이라는 반론이 있다.[547]

다만 채무자가 이미 소를 제기하여 본안 패소확정판결을 받은 상태에서 채권자가 다시 채권자대위의 소를 제기하였다면, 그 채권자는 '채무자의 권리불행사' 요건을 갖추지 못하여 대위소송의 당사자적격도 없다. 판례는 이러한 사안에 대하여, 후소가 전소판결(채무자 청구기각 판결)의 기판력에 저촉된다고 보아 청구를 기각한 원심을 파기하고, 채권자가 채무자를 대위하여 채무자의 권리를 행사할 당사자적격이 없다고 보아 소 각하의 자판을 한 바 있다.[548] 만약 전소에서 채무자가 승소하였다면 당사자적격이 없음을 이유로 하든 기판력에 저촉되어 권리보호이익이 없다는 이유로 하든 소를 각하하는 것은 마찬가지일 것이다(모순금지설에 의할 경우).[549]

반면에 전소 확정판결이 제3채무자의 채무자에 대한 것인 경우, 채무자가 스스로 권리를 행사하였다고는 볼 수 없으므로, 채권자가 채무자를 대위하여 후소를 제기하는 경우 채권자대위소송의 당사자적격 문제는 발생하지 않고 오로지 기판력 문제만 남는다.[550]

545 대법원 2014. 1. 23. 선고 2011다108095 판결.
546 대법원 1979. 3. 13. 선고 76다688 판결 외 다수.
547 이시윤, 신민사소송법(제14판), 박영사(2020), 667.
548 대법원 1993. 3. 26. 선고 92다32876 판결.
549 김홍엽, 민사소송법(제9판), 박영사(2020), 913.
550 대법원 1975. 8. 19. 선고 74다2229 판결, 대법원 1981. 7. 7. 선고 80다2751 판결 등.

다. 채권자대위의 선행판결 후 다른 채권자에 의한 채권자대위소송의 경우

판례는 앞서와 같은 논리로, 어느 채권자가 채권자대위권을 행사하는 방법으로 제3채무자를 상대로 소송을 제기하여 판결을 받은 경우, 어떠한 사유로든 채무자가 채권자대위소송이 제기된 사실을 알았을 경우에 한하여 그 판결의 효력이 채무자에게 미치므로, 이러한 경우에는 그 후 다른 채권자가 동일한 소송물에 대하여 채권자대위권에 기한 소를 제기하면 전소의 기판력을 받게 된다고 할 것이지만, 채무자가 전소인 채권자대위소송이 제기된 사실을 알지 못하였을 경우에는 전소의 기판력이 다른 채권자가 제기한 후소인 채권자대위소송에 미치지 않는다고 본다.[551]

이에 대하여는, 역시 전소 대위판결이 후소 채권자에게 미치는 효력은 기판력이 아니라 반사적 효력이라는 반론이 있다.[552]

2. 채권자대위소송과 중복제소

가. 대위소송 중 채무자의 별소 제기

채권자가 제3채무자를 상대로 대위의 소를 제기한 후 다시 채무자가 제3채무자를 상대로 별소를 제기하는 것이 중복제소(민사소송법 제259조)에 해당하는지에 대하여는 앞서 본 바와 같이 학설이 갈린다[☞ 민법 제404조 Ⅳ. 2. 나. 2) 다) 주석 참조].

먼저, 채권자대위소송을 통지받거나 알게 된 후에는 채무자의 당사자적격이 상실됨을 전제로 하여, ①채권자대위소송의 소송물과 채무자가 제3채무자를 상대로 한 소송의 심판대상은 채무자의 제3채무자에 대한 권리·법률관계로 동일하다고 할 것이고, 채권자대위소송의 성격을 법정소송담당으로 보는 경우 양 소송의 당사자 역시 동일하다고 보아야 할 것이므로, 채무자가 선행 채권자대위소송의 존재를 알든 모르든 채무자의 후소는 중복제소에 해당하고,[553] 중복소송이 당사자적격보다 먼저 판단되어야 할 일반적인 요건이므로, 원칙적으로 중복소송을 이유로 소를

551 대법원 1991. 12. 27. 선고 91다23486 판결, 대법원 1994. 8. 12. 선고 93다52808 판결, 대법원 2008. 7. 24. 선고 2008다25510 판결 등.

552 남동현, "채권자대위소송과 채무자의 절차권 보장", 민사소송 제8권 제1호(2004), 181 이하.

553 후소의 심리 및 판결 과정에서 종국적으로 채무자는 대위소송의 존재를 알게 될 것이고, 채무자는 대위소송에 참가하여 절차보장을 받을 수 있음을 근거로 한다.

각하하여야 한다는 견해와,[554] ②채무자가 대위의 소 제기 사실을 알아 기판력을 받을 관계일 경우에만 중복소송에도 해당한다고 보아야 하며, 만약 후소를 제기한 채무자가 대위소송 사실을 모른다면 이를 알려 대위소송에 참가할 기회를 제공하고 후소는 그때 비로소 중복소송으로 각하하여야 한다는 견해로 나뉜다.[555]

다음으로, 채권자가 대위의 소를 제기한 후에도 여전히 채무자가 당사자적격을 가지고 직접 소를 제기할 수 있음을 전제로, 채무자의 후소 제기는 당사자적격이 없다는 이유로 각하될 수는 없고 오직 중복제소를 이유로만 각하될 수 있다는 견해가 있다.[556]

한편, 채권자대위소송이 법정소송담당이 아닌 채권자 자신의 고유 권리의 행사임을 전제로, 우선 대위소송의 소송물과 채무자 자신의 소의 소송물이 다르므로 중복제소의 문제는 발생하지 않고, 전소송(대위소송)이 사실심 변론종결 전이면 '채무자가 채권을 행사하지 않을 것'이라는 대위권 행사요건이 불비되었다고 보아(왜냐하면 채권자대위소송의 요건은 대위소송의 변론종결 시를 기준으로 하여야 하고, 채무자의 처분권 제한에는 대위권 행사의 목적을 그대로 달성시켜 주는 채무자의 채권행사는 포함되지 않으므로), 실체법상 대위권 행사요건 불비로 전소 청구를 기각하여야 하며, 전소송이 변론종결 후이면 대위소송은 영향이 없고 채무자의 소송은 별소로 존속한다는 견해도 있다.[557]

판례는 일관하여, 채권자가 채무자를 대위하여 제3채무자를 상대로 제기한 채권자대위소송이 법원에 계속중 채무자와 제3채무자 사이에 채권자대위소송과 소송물을 같이하는 내용의 소송이 제기된 경우, 양 소송은 동일소송이므로 후소는 중복제소금지원칙에 위배되어 제기된 소로서 부적법하다고 본다.[558] 다만 그

554 김홍엽, 민사소송법(제9판), 박영사(2020), 163-164, 362-364; 강현중, 민사소송법(제7판), 박영사(2018), 351-352; 정동윤 외 2인, 민사소송법(제6판), 법문사(2017), 301-302; 최상경, "채권자대위소송에 있어서 당사자적격의 흠결과 중복소송의 경합에 관한 소고", 동북아법연구 6권 3호(2013), 157. 다만 이러한 견해에 의할 경우, 경우에 따라서는 대위소송의 소장이 먼저 제출되고 채무자가 이를 알고 나중에 직접 후소를 제기하였으나 송달은 후소가 먼저 된 경우, 대위소송은 중복제소로, 본인소송은 당사자적격의 결여로, 모두 부적법해질 수 있다는 지적이 있다. 박재완, "대위소송으로 인한 소송경합과 원고적격", 민사소송 17권 2호(2013. 11.), 135 이하.

555 이시윤, 신민사소송법(제14판), 박영사(2020), 289-290.

556 한충수, 민사소송법(제2판), 박영사(2018), 204; 이계정, "채권자대위권의 행사와 전부명령의 효력 - 대법원 2016. 8. 29. 선고 2015다236547 판결 -", 법조 728호(2018. 4.), 602-3; 오시영, "채권자대위소송과 추심소송에 있어 당사자적격에 대한 비교 검토", 민사소송 제15권 제2호(2011), 163.

557 호문혁, 민사소송법(제13판), 법문사(2016), 147-148.

558 대법원 1992. 5. 22. 선고 91다41187 판결.

경우에 채무자가 당사자적격은 있으나 중복제소인지, 당사자적격도 없는 것인지에 관하여 명시적으로 언급한 판례는 보이지 않는다.

나. 대위소송 중 다른 채권자의 별소 대위소송 제기

판례는, 채권자대위소송이 이미 법원에 계속중에 있을 때 같은 채무자의 다른 채권자가 동일한 소송물에 대하여 채권자대위권에 기한 소를 제기한 경우, 앞서의 법리와 같은 이유에서 후소가 중복제소금지 원칙에 위법하여 부적법하다고 본다.[559]

다. 채무자의 전소 계속 중 채권자의 별소 대위소송 제기

채무자의 전소 계속 중 채권자가 채무자를 대위하여 후소를 제기한 경우, 이를 동일한 당사자와 소송물에 대한 중복제소로 본 판례[560]와 '채무자의 권리불행사' 요건 불비에 따른 당사자적격의 흠결로 본 판례[561]가 모두 존재한다(☞ 민법 제404조 Ⅱ. 5. 라. 주석 참조).

다수설에 따르면, 일반적으로 대위소송에서의 채권자의 지위는 법정소송담당이므로, 이미 채무자 본인에 의하여 전소가 제기된 상태에서 채권자에 의하여 제기된 후소는 동일한 당사자 및 소송물에 관한 것이므로 중복제소에 해당한다고 본다.[562] 그러나 채무자 본인이 소를 제기하면 채권자는 더 이상 대위소송을 제기할 원고적격을 상실하므로 중복제소가 아닌 원고적격 흠결을 이유로 대위소송의 소를 각하하여야 한다는 견해도 있다.[563]

559 대법원 1994. 2. 8. 선고 93다53092 판결.

560 대법원 1981. 7. 7. 선고 80다2751 판결. 한편 채권자대위소송 계속 중 다른 채권자에 의한 채권자대위의 후소가 다시 제기된 경우 중복제소라고 본 판례로는 대법원 1988. 9. 27. 선고 87다카1618 판결, 대법원 1989. 4. 11. 선고 87다카3155 판결, 대법원 1988. 9. 27. 선고 87다카1618 판결, 대법원 1994. 11. 25. 선고 94다12517, 94다12524 판결, 대법원 1998. 2. 27. 선고 97다45532 판결 등이 있으나, 채권자에 의하여 채무자의 권리가 대위행사되었다고 하여 이를 채무자가 직접 권리를 행사한 것과 동일시할 수는 없다.

561 대법원 1969. 2. 25. 선고 68다2352, 2353 판결, 대법원 1970. 4. 28. 선고 69다1311 판결.

562 이시윤, 신민사소송법(제14판), 박영사(2020), 288; 정동윤 외 2인, 민사소송법(제6판), 법문사(2017), 301-302; 정영환, 신민사소송법, 법문사(2019), 459; 박재완, "대위소송으로 인한 소송경합과 원고적격", 민사소송 17권 2호(2013. 11.), 128 이하; 최상경, "채권자대위소송에 있어서 당사자적격의 흠결과 중복소송의 경합에 관한 소고", 동북아법연구 6권 3호(2013), 158-159.

563 민법주해 Ⅸ, 채권(2), 박영사(1995), 787-788(김능환); 오수원, 민법연구(제1권) 채권자대위권, 박영사(2016), 208; 오시영, "채권자대위소송과 추심소송에 있어 당사자적격에 대한 비교 검토", 민사소송 제15권 제2호(2011. 11.), 153 이하; 장재형, "법정소송담당과 중복소제기 금지의 통일적 법리", 법학연구 19권 1호, 인하대학교 법학연구소(2016. 3.), 331; 임병석, "채권자대위권의 행사요건 중 '채무자의 권리불행사' 요건에 관한 고찰 - 대법원 2016. 4. 12. 선고 2015다69372 판결에 대한 비판적 평가", 재산법연구 제35권 제1호(2018. 5), 460; 지원림, 민법강의 제17판, 홍문사(2020), 1161.

한편 채권자대위권의 성격을 독자적 권리로 보아 채권자대위소송은 채권자가 자기의 권리를 행사하는 것이지 법정소송담당이 아니라는 견해에 따르면, 중복제소의 문제는 발생하지 않고, 실체법적 권리인 대위권의 요건 중 '채무자가 스스로 그 권리를 행사하지 아니할 것'이라는 요건이 흠결되었으므로 대위소송의 청구가 기각되어야 한다고 본다. 위 견해는 나아가, 설령 통설·판례와 같이 채권자대위소송을 법정소송담당으로 보더라도, 우리의 법체계는 기본적으로 소권법 체계가 아니라 실체법 중심의 체계이므로, 권리가 앞에 있고 소는 그 뒤를 따르는 것이며, 따라서 실체법적으로 해결할 수 있는 것은 소송법에 미루지 말고 실체법적으로 해결해야 하므로, 대위권행사요건 불비를 우선적으로 판단하여야 한다고 주장한다.[564]

3. 채권자대위소송과 재소금지

판례는, 채권자가 채권자대위권을 행사하는 방법으로 제3채무자를 상대로 소송을 제기하고 판결을 받은 경우에 채권자대위권에 의한 소송이 제기된 사실을 채무자가 알았을 때에는 그 판결의 효력은 채무자에게 미치므로, 채권자대위권에 의한 소송이 제기된 사실을 피대위자가 알게 된 이상, 위 대위소송에 관한 종국판결이 있은 후 그 소가 취하된 때에는 피대위자도 민사소송법 제267조(구 민사소송법 제240조) 제2항 소정의 재소금지규정의 적용을 받아 위 대위소송과 동일한 소를 제기하지 못한다고 본다.[565]

채권자대위소송 제기사실을 피대위자가 알게 된 경우, 그 대위소송에 관한 종국판결 후 소가 취하된 후 다시 또다른 채권자가 채무자를 대위하여 후소를 제기하였다면 이 또한 재소금지 조항을 위반하여 부적법하다.[566]

한편 채권자가 채무자 및 제3채무자를 공동피고로 하여 채무자에게는 채무이행을, 제3채무자에게는 채무자를 대위하여 제3채무자의 채무자에 대한 피대위채권의 이행을 구한 전소에서, 채무자가 채권자의 청구를 인낙하고, 제3채무자에 대한 청구는 제1심에서 인용되었다가, 항소심에서 채권자가 소를 취하한 경우, 채무자가 제3채무자를 상대로 제기한 후소에서 채권자의 채무자에 대한 피보전채권이 존재하지 않음이 밝혀졌다 하더라도, 전소에서 채권자가 피보전채권의 존재 및

564 호문혁, "채권자대위소송과 중복제소", 민사판례연구 제16권, 박영사(1994), 247-252.
565 대법원 1981. 1. 27. 선고 79다1618 판결, 대법원 1996. 9. 20. 선고 93다20177, 20184 판결.
566 대법원 1993. 5. 14. 선고 92다21760 판결.

자신의 당사자적격을 주장함에 대하여 채무자가 적극적으로 채권자의 주장을 인정하고 그의 청구를 인낙하여 그 소송에서 채권자에게 대위 적격을 부여한 이상, 채무자는 재소금지의 원칙상 제3채무자를 상대로 동일한 후소를 제기할 수 없다고 본 판례가 있다.[567]

4. 채권자대위소송과 소송참가

가. 채권자대위소송 중 채무자의 참가

1) 판결의 효력이 미치는 제3자가 참가하는 경우, 그 제3자가 당사자적격이 있으면 공동소송참가(민사소송법 제83조)할 수 있고, 만약 보조참가하면 공동소송적 보조참가(제78조)에 해당하나, 당사자적격이 없으면 공동소송적 보조참가만 할 수 있다.[568]

그런데 채권자대위소송의 성격을 병행형 법정소송담당으로 보는 통설에 의하면, 채무자가 채권자대위소송에 공동소송참가할 수 있는지, 아니면 공동소송적 보조참가만 할 수 있는지가 문제된다.

이 점에 관하여는, ①병행형 법정소송담당의 특성상 채무자는 대위채권자와 함께 당사자적격을 가지지만 공동소송참가는 소송중의 소이므로 신소 제기와 같이 보아야 하고, 따라서 이미 대위채권자가 제기한 소에 공동소송참가하는 것은 중복제소에 해당하여 금지되므로, 공동소송적 보조참가만 할 수 있다는 견해,[569] ②채무자가 대위소송 사실을 통지받거나 알게 된 경우에는 당사자적격을 상실하게 되므로, 채무자는 공동소송참가를 할 수는 없고 공동소송적 보조참가만 할 수 있다는 견해,[570] ③채무자의 소 제기는 처분행위에 해당하지 않으므로 채무자가 대위소송 제기사실을 통지받거나 알게 된 경우에도 채무자는 당사자적격을 상실하지 않고, 따라서 공동소송참가도 할 수 있다는 견해가 있다.[571]

567 대법원 1995. 7. 28. 선고 95다18406 판결.

568 전원열, 민사소송법, 박영사(2020), 658.

569 이시윤, 신민사소송법(제14판), 박영사(2020), 798; 정동윤 외 2인, 민사소송법(제6판), 법문사(2017), 1059; 정영환, 신민사소송법, 법문사(2019), 908-909.

570 김홍엽, 민사소송법(제9판), 박영사(2020), 1095, 1133-1134; 전원열, 민사소송법, 박영사(2020), 658.

571 한충수, 민사소송법(제2판), 박영사(2018), 753; 박재완, "대위소송으로 인한 소송경합과 원고적격", 민사소송 17권 2호(2013. 11.), 141 이하; 김일룡, "공동소송적 보조참가인의 소송법상 지위에 관한 고찰", 서울법학, 24(1)(2016), 358 이하; 피정현, "채권자대위소송에 채무자의 독립당사자참가의 허용 여부", 원광법학 31권 3호(2015), 10 이하; 이태영, "채권자대위소송에 대한 채무자의 소송참가", 강원법학, 35권(2012), 332 이하.

① 또는 ②의 견해에 의하면 채무자가 채권자대위소송에 공동소송참가할 수는 없고, 공동소송적 보조참가만 할 수 있다. ③의 견해에 의하면 채무자는 공동소송참가와 공동소송적 보조참가 중에서 선택할 수 있다. 사견으로는, 채무자의 소 제기는 처분행위라고 볼 수 없으므로, 채무자는 채권자대위소송 제기 후에도 당사자적격을 잃지 않는다고 보아야 하고, 또한 공동소송참가는 별소 제기와는 달리 하나의 절차에 당사자로서 참가하는 것으로서 소송경제가 도모될 뿐만 아니라 판결의 모순·저촉을 유발할 가능성도 없어, 공동소송참가는 중복제소 금지의 취지에 반하지 않는다 할 것이며,[572] 공동소송적 보조참가에서 참가인의 소송상 지위가 강화되어 있기는 하나, 피참가인이 참가인의 동의 없이 소를 취하하더라도 유효하고,[573] 공동소송적 보조참가에서는 청구의 확장 등은 할 수 없는 등[574] 공동소송참가와는 그 절차보장에 차이가 있으므로, ③의 견해가 타당하다고 생각된다.

한편 채권자대위소송이 법정소송담당이 아니라 자기 고유권리의 행사라고 보는 견해에 의하면, 그 기판력도 당연히 채무자에게 미치지 않고, 따라서 채무자는 판결의 효력을 받는 제3자가 아니므로 단순 보조참가만 할 수 있다.[575]

2) 채무자가 채권자의 피보전권리의 존재를 다투면서 채권자대위소송에 독립당사자참가(권리주장참가)(민사소송법 제79조)를 할 수 있는지가 문제된다.

이에 대하여는, 채무자가 관리처분권을 상실하는 것은 적법한 대위권의 존재를 전제로 하는 것이므로, 채무자가 채권자의 대위권의 적법성을 다투는 경우 독립당사자참가가 허용되어야 하고, 이러한 경우 소송경제를 꾀할 수 있고 판결의 모순, 저촉을 방지할 수 있으므로 중복제소를 금하는 취지에 반하지도 않으며, 만약 심리 결과 피보전채권이 존재한다면 채무자의 당사자적격은 없으므로 독립당사자참가신청은 각하하여야 한다는 견해,[576] 대위소송 제기 후에도 채무자의 소송수행권이 상실되지 않음을 전제로 하여, 편면참가까지 허용하는 현 민사소송법

572 유사필수적 공동소송에서 공동소송참가를 허용한 대법원 2002. 3. 15. 선고 2000다9086 판결, 대법원 2015. 7. 23. 선고 2013다30301, 30325 판결 등 참조.

573 대법원 2013. 3. 28. 선고 2011두13729 판결.

574 이태영, "채권자대위소송에 대한 채무자의 소송참가", 강원법학, 35권(2012), 335.

575 호문혁, 민사소송법 제13판, 법문사(2016), 919.

576 김상균, "채권자대위소송과 독립당사자참가", 법학논집 17집(2001), 225 이하; 김홍엽, 민사소송법 제9판, 박영사(2020), 1116. 日最判 1973. 4. 24.도 같은 취지이다. 위 일본 판례의 상세는, 이태영, "채권자대위소송에 대한 채무자의 소송참가", 강원법학, 35권(2012), 338 이하 참조.

하에서는 권리주장참가에서 요구하는 '양립할 수 없는 관계'의 의미를 완화하여, 피대위권리의 존부를 판단하는 것뿐만 아니라 채권자의 소송수행권의 존재까지도 소송요건으로서 판단되어야 하고, 이 또한 합일확정의 필요가 있으므로, 채권자, 채무자, 제3채무자 간 분쟁의 합일확정을 위해서는 채무자의 권리주장참가를 허용하여야 한다는 견해 등이 있다.[577]

나. 채권자대위소송 중 다른 채권자의 참가

판례는 여러 채권자가 공동원고가 되어 동일한 피대위권리에 관하여 채권자대위소송을 제기한 경우, 그 성격을 합일확정이 필요한 유사필수적 공동소송으로 보고 있으며,[578] 학설도 대체로 이에 찬동한다.[579] 다만 이를 반사적 효력이 미치는 결과라고 보는 견해와,[580] 기판력이 미치는 결과라고 보는 견해[581]가 대립한다.

그런데 채권자들이 이와 같이 함께 소를 제기한 것이 아니라, 어느 채권자가 먼저 채권자대위소송을 제기한 상태에서 다른 채권자가 공동소송참가할 수 있는지가 문제된다.

어느 채권자가 채권자대위소송을 제기하였다고 해서 다른 채권자가 당사자적격을 상실하였다고 볼 근거는 전혀 없으므로[582](이는 채무자의 경우 대위권 행사의 통지를 받거나 이를 알게 된 경우 처분권이 제한된다는 규정의 해석에 따라 당사자적격 상실 여부가 문제될 수 있는 것과 대비된다), 일단 다른 채권자의 당사자적격은 유지된다.

다음으로, 공동소송참가는 신소제기의 실질을 지니지만, 양 청구의 소송물(피

577 피정현, "채권자대위소송에 채무자의 독립당사자참가의 허용 여부", 원광법학 31권 3호(2015), 20 이하.

578 대법원 1991. 12. 27. 선고 91다23486 판결.

579 정동윤 외 2인, 민사소송법(제6판), 법문사(2017), 1004; 이시윤, 신민사소송법(제14판), 박영사(2020), 748; 김홍엽, 민사소송법(제9판), 박영사(2020), 1027; 정영환, 신민사소송법, 법문사(2019), 890; 전병서, 강의 민사소송법, 박영사(2018), 540.

580 이시윤, 신민사소송법(제14판), 박영사(2020), 667-668; 정동윤 외 2인, 민사소송법(제6판), 법문사(2017), 1004; 정영환, 신민사소송법, 법문사(2019), 890; 임소연, "채권자대위소송과 이해관계인의 소송참가", 아주법학 제10권 제1호(2016), 136-137.

581 김홍엽, 민사소송법 제9판, 박영사(2020), 1027; 최세모, "수인의 채권자들이 제기한 채권자대위소송에 있어서 다수채권자들 상호간의 법률관계", 대법원판례해설 17호(1992년 상반기), 91 이하; 전병서, 강의 민사소송법, 박영사(2018), 540; 김경욱, "채권자대위소송에서의 공동소송참가", 고려법학 90권(2018), 147. 판례도 같은 태도라 할 것이다. 대법원 1994. 8. 12. 선고 93다52808 판결, 대법원 2008. 7. 24. 선고 2008다25510 판결 등 참조.

582 김경욱, "채권자대위소송에서의 공동소송참가", 고려법학 90권(2018), 147.

대위권리)이 동일하다면 민사소송법 제83조 제1항이 요구하는 '소송목적이 한쪽 당사자와 제3자에게 합일적으로 확정되어야 할 경우'에 해당하므로 참가신청은 적법하고, 이때 양 청구의 소송물이 동일한지는 채권자들이 각기 대위행사하는 피대위권리가 동일한지에 따라 결정되고, 채권자들이 각기 자신을 이행 상대방으로 하여 금전의 지급을 청구하였더라도 채권자들이 채무자를 대위하여 변제를 수령하게 될 뿐 자신의 채권에 대한 변제로서 수령하게 되는 것이 아니므로 이러한 채권자들의 청구가 서로 소송물이 다르다고 할 수 없다는 것이 판례이다.[583] 이 판례에서는 중복제소의 문제에 관하여는 따로 언급하지 않았으나, 주주의 대표소송에 있어서 회사가 공동소송참가할 수 있고, 그 경우 소송경제가 도모될 뿐만 아니라 판결의 모순·저촉을 유발할 가능성도 없다는 점을 들어 중복제소 금지의 취지에 반하지 않는다는 판례(주주대표소송에서 회사의 참가에 관한 것이다)[584]에 비추어 볼 때, 중복제소의 문제도 없다 할 것이다.

이에 대하여는, 중복제소 금지 제도는 기판력 제도와는 별개의 입법취지로서 이를 반사효이든 유사필수적 공동소송의 합일 확정의 필요성이든 판결의 효력과 연계하여 해석할 필요가 없고, 다른 채권자는 당사자적격은 가지나 공동원고로서 공동소송참가하는 것은 중복제소에 해당하므로 공동소송적 보조참가만이 가능하다고 보아야 한다는 반론이 있다.[585] 또 주주대표소송에서는 공동소송참가를 신소제기로 보아 원칙적으로 중복제소 금지에 반한다고 보면서도,[586] 채권자대위소송의 경우 민사집행법 제249조 추심의 소에서 집행력 있는 정본을 가진 다른 채권자가 공동소송인으로 추심채권자인 원고측에 참가할 수 있는 것에 비추어 위 판례가 옳다는 견해도 있다.[587]

다. 채무자와 제3채무자 간의 소송 중 대위채권자의 소송참가

☞ 민법 제404조 Ⅱ. 5. 라. 주석 참조

583 대법원 2015. 7. 23. 선고 2013다30301, 30325 판결. 이 판례는 채권자대위소송에서의 일부청구 문제에 관하여도 판시하였는바, 이에 관하여는 태기정, "채권자대위소송에서 일부청구의 소송물과 판결효력", 법학논총, 28(2)(2015), 221 이하; 김경욱, "채권자대위소송에서의 공동소송참가", 고려법학 90권(2018), 148 이하 참조.

584 대법원 2002. 3. 15. 선고 2000다9086 판결.

585 장재형, "법정소송담당과 중복소제기 금지의 통일적 법리", 법학연구, 19권 1호(2016), 334-335.

586 이시윤, 신민사소송법(제14판), 박영사(2020), 798.

587 이시윤, 신민사소송법(제14판), 박영사(2020), 798.

5. 금전채권에 대한 강제집행과 관련한 문제[588]

가. 개설

채권자대위권이 행사되고 그 사실이 채무자에게 통지되거나 채무자가 이를 알게 된 경우에는 채무자의 처분권이 제한된다. 또 채권자는 채무자를 대위하여 제3채무자에게 직접 금전지급을 청구하여 이를 수령할 수 있으며, 수령한 금전과 자기 채권을 상계함으로써 사실상 우선변제를 받을 수도 있다. 이처럼 채권자대위권이 일종의 간이한 채권집행 수단으로 이용되면서, 다른 채권자가 피대위채권에 관하여 강제집행하는 경우, 금전채권에 대한 강제집행과 채권자대위권의 경합 문제가 발생하게 된다.[589]

나. 채권자대위소송 제기 후 피대위채권에 대하여 압류·추심·전부명령이 내려진 경우

1) 채권자대위소송 제기만으로 압류·추심명령이 제한된다는 견해는 찾을 수 없다.[590] 채권자대위소송에서 승소판결이 확정된 경우 다른 채권자가 피대위채권을 압류할 수 있는지에 관하여, 판례는 "채권자대위소송에서 제3채무자로 하여금 직접 대위채권자에게 금전의 지급을 명하는 판결이 확정되더라도, 대위의 목적인 권리, 즉 채무자의 제3채무자에 대한 피대위채권이 판결의 집행채권으로서 존재하고 대위채권자는 채무자를 대위하여 피대위채권에 대한 변제를 수령하게 될 뿐 자신의 채권에 대한 변제로서 수령하게 되는 것이 아니므로, 피대위채권이 변제 등으로 소멸하기 전이라면 채무자의 다른 채권자는 이를 압류·가압류할 수 있다." 고 보고 있다.[591]

588 이원, "채권자대위소송과 금전채권에 대한 집행의 경합", 법학평론 8권(2018); 문영화, "채권자대위권의 행사에 의한 처분제한과 피대위채권에 대한 전부명령의 효력", 민사소송, 제21권 제1호(2016); 이계정, "채권자대위권의 행사와 전부명령의 효력 - 대법원 2016. 8. 29. 선고 2015다236547 판결 -", 법조 728호(2018. 4.); 이재찬, "채권자대위소송과 민사집행법상 금전채권에 대한 강제집행제도의 선후관계에 관한 연구", 사법논집 제63집(2017); 오창수, "채권자대위소송과 채권집행의 경합과 해소", 민사집행법연구 15권(2019); 양형우, "채권자대위권의 행사에 의한 처분제한과 대위채권자의 제3채무자에 대한 추심권능 내지 변제수령권한에 대한 압류명령 등의 효력", 홍익법학 제19권 제2호(2018); 이현재, "채권자대위권 행사의 실천적 기능에 관한 고찰 : 민사집행과의 비교를 중심으로", 단국대학교 법학논총 제39권 제1호(2015); 범선윤, "채권자대위권의 행사와 채권압류·전부명령의 경합 - 채권자대위권의 효용과 한계", 민사판례연구 40권, 박영사(2018) 참조.

589 이원, "채권자대위소송과 금전채권에 대한 집행의 경합. 법학평론 8권(2018), 130.

590 이원, "채권자대위소송과 금전채권에 대한 집행의 경합. 법학평론 8권(2018), 137.

591 대법원 2016. 8. 29. 선고 2015다236547 판결.

한편 일본 하급심 판결례 중에는 대위소송 확정판결 후에는 피대위채권의 피압류적격이 상실된다고 본 것이 있다(제3채무자에 대한 중복집행의 방지 등을 근거로 한다).[592]

대위소송판결이 확정되더라도, 이에 기초한 집행의 완료 시(대위채권자가 현실적으로 변제를 수령할 때)까지는 채무자의 제3채무자에 대한 피대위채권이 여전히 존재하므로, 이러한 피대위채권을 채무자의 다른 채권자들이 압류하지 못한다고 볼 법률상 근거가 없다. 또 채권이 압류되더라도 다른 채권자가 그 채권을 다시 압류할 수 있고(압류명령은 채권의 만족에 이르지 않는 보전적 처분이므로 이를 기압류한 집행채권자를 해하지 않는다),[593] 채무자가 제3채무자를 상대로 승소판결을 받은 경우에도 현실적으로 변제될 때까지는 위 채권을 채무자의 채권자가 얼마든지 압류할 수 있으므로, 채권자대위소송 판결이 확정된 후 그 피대위채권이 압류되는 경우에도 위와 달리 볼 이유가 없다.[594]

나아가 추심명령의 경우에도 추심채권자가 일종의 추심기관으로서 압류 또는 배당에 참가한 모든 채권자를 위하여 추심을 하는 것이고, 그 후 채권배당절차가 진행되어 추심명령을 받은 채권자와 평등한 지위에 있는 배당요구채권자들과 사이에서 안분 배당이 이루어지도록 되어 있으므로, 대위소송 승소판결이 확정된 후 내려진 추심명령도 압류명령과 마찬가지로 유효하다 할 것이다.[595]

위와 같이 피대위채권이 압류되면, 제3채무자의 임의 변제 또는 채무자(혹은 채무자를 대위한 채권자)의 추심이 금지되므로, 이로 인하여 상계를 통한 대위채권자의 사실상의 우선변제권은 제한된다.

2) 채권자대위소송 제기 후 피대위채권에 관한 전부명령을 할 수 있는지에 관하여, 판례는 "채권자대위소송이 제기되고 대위채권자가 채무자에게 대위권 행사사실을 통지하거나 채무자가 이를 알게 되면 민법 제405조 제2항에 따라 채무자는 피대위채권을 양도하거나 포기하는 등 채권자의 대위권 행사를 방해하는 처분행위를 할 수 없게 되고 이러한 효력은 제3채무자에게도 그대로 미치는데, 그럼에도 그 이후 대위채권자와 평등한 지위를 가지는 채무자의 다른 채권자가 피

592 日大阪高判 2006. 12. 13.(判例時報1984号39頁).
593 대법원 2000. 10. 2.자 2000마5221 결정, 대법원 2016. 9. 28. 선고 2016다205915 판결.
594 이원, "채권자대위소송과 금전채권에 대한 집행의 경합. 법학평론 8권(2018), 137 이하.
595 이원, "채권자대위소송과 금전채권에 대한 집행의 경합. 법학평론 8권(2018), 138.

대위채권에 대하여 전부명령을 받는 것도 가능하다고 하면, 채권자대위소송의 제기가 채권자의 적법한 권리행사방법 중 하나이고 채무자에게 속한 채권을 추심한다는 점에서 추심소송과 공통점도 있음에도 그것이 무익한 절차에 불과하게 될 뿐만 아니라, 대위채권자가 압류·가압류나 배당요구의 방법을 통하여 채권배당절차에 참여할 기회조차 가지지 못하게 한 채 전부명령을 받은 채권자가 대위채권자를 배제하고 전속적인 만족을 얻는 결과가 되어, 채권자대위권의 실질적 효과를 확보하고자 하는 민법 제405조 제2항의 취지에 반하게 된다. 따라서 채권자대위소송이 제기되고 대위채권자가 채무자에게 대위권 행사사실을 통지하거나 채무자가 이를 알게 된 이후에는 민사집행법 제229조 제5항이 유추적용되어 피대위채권에 대한 전부명령은, 우선권 있는 채권에 기초한 것이라는 등의 특별한 사정이 없는 한, 무효이다."라고 판시하여, 피대위채권의 피전부적격을 부정하고 있다.[596]

위 판결에 대하여는 찬반론이 갈린다.

찬성론(피전부적격 상실설)은 다음의 점을 근거로 한다. ①피전부적격 상실설을 취한다고 하더라도, 대위채권자에게 채무자가 가진 것 이상의 권리를 부여하는 것은 아니고, 제3채무자 또한 중복집행의 위험이 없으며, 대위채권자는 다른 채권자들에 의한 압류 등이 없을 때에만 판결에 기한 집행 및 만족이 가능하므로, 대위채권자와 전부채권자 간의 이해관계만이 문제되는데, 피전부적격 유지설을 취할 경우 대위소송 제기 전부가 무익하게 되고 채권배당절차에 참가할 기회마저 봉쇄되는 반면, 피전부적격 상실설에 의할 경우 전부채권자는 유효한 압류명령에 기하여 추심하거나 배당받을 수 있다. ②민사집행법 제229조 제5항은 채권자평등주의의 원칙 하에서 다른 채권자의 경합이 없을 때에만 전부명령이 유효하다는 취지인데, 채무자에게 속한 채권을 추심하기 위해서 채권자대위소송이 제기되었다면, 비록 그것이 민사집행법이 알고 있는 방법은 아니지만, 이로써 채권자가 경합하게 되는 이상, 위 조항의 유추적용을 긍정할 수 있다. ③채권자대위권 행사로 인한 처분금지효는 압류에 준하는 것으로 보아야 하고, 따라서 민법 제405조 제2항을 근거로 민사집행법 제229조 제5항의 유추적용을 긍정할 수 있다. ④채권자대위권이 행사된 이후 채무자의 다른 채권자가 전부명령을 얻는 것은 대위채권자의 궁극적인 채권만족이 좌절되는 결과를 초래하게 되고, 이는 채무자의 책임재

596 대법원 2016. 8. 29. 선고 2015다236547 판결.

산 확보라는 채권자대위권의 목적 자체에 위배된다. ⑤대위채권자의 소제기는 자기 채권의 보전 내지 실현을 위하여 채무자의 채권을 추심한다는 점에 있어서 실질상 압류·추심명령을 얻은 채권자가 추심소송을 제기하는 것과 다르지 않다. ⑥대위권 행사 후의 처분행위는 채무자에 의한 권리의 변동을 의미하며, 채권양도가 이에 해당하는데, 전부명령은 이와 유사하게 볼 수 있다.[597]

반대론(피전부적격 유지설)은 다음과 같은 점을 근거로 한다. ①전부명령의 효력발생시점에 이미 피전부채권에 대하여 채권자대위권을 행사한 채권자가 있다고 하더라도, 그 대위채권자는 향후 채무자에 갈음하여 제3채무자로부터 변제수령을 하여 상계권을 행사할 것을 기대하고 있는 것에 불과하고, 그러한 기대가 민사집행법에 따라 전부명령을 받은 전부채권자에 우선하여 보호할 가치가 있다고 할 수 없다. ②민사집행법 제229조 제5항은 압류채권에 대하여 전부명령을 받은 채권자에 우선하는 권리의 행사가 있거나, 전부명령을 받은 채권자와 마찬가지로 평등한 지위를 가지는 일반 채권자들이 경합하는 경우에 전부채권자에게 독점적, 배타적 지위를 부여할 수 없기 때문에 전부명령의 효력을 부인하는 것인데, 대위채권자는 변제수령권의 대위행사 및 상계를 통한 사실상의 우선권을 가지는 것에 불과할 뿐만 아니라 제3채무자의 채무자에 대한 임의변제를 막을 수도 없으므로 이러한 대위채권자의 지위를 선순위, 동순위 압류채권자와 동일시할 수 없다. ③민사집행법 제229조 제5항을 유추적용하려면 채권자대위권의 행사에 집행법적 효력이 인정되어야 하는데, 채권자대위권이 행사된 경우 채무자는 처분행위를 할 수 없으나, 이는 실체법적인 효력일 뿐 집행법상 압류와 동일하거나 유사하지 않고, 압류명령은 집행법원에 의하여 집행권원에 근거하여 발령되는 반면, 채권자대위권은 집행권원 없이 재판 외에서도 행사가 가능한 권리이므로 압류에 상응하는 효력을 부여하기 어렵다. ④판례의 논리에 따르면 재판 외 대위권 행사도 동일하게 취급되어야 하는데, 그 경우 채권자와 제3채무자의 결탁에 의하여 전부명령의

597 이원, "채권자대위소송과 금전채권에 대한 집행의 경합. 법학평론 8권(2018), 147 이하; 범선윤, "채권자대위권의 행사와 채권압류·전부명령의 경합 - 채권자대위권의 효용과 한계", 민사판례연구 40권, 박영사(2018), 325-326; 양형우, "채권자대위권의 행사에 의한 처분제한과 대위채권자의 제3채무자에 대한 추심권능 내지 변제수령권한에 대한 압류명령 등의 효력", 홍익법학 제19권 제2호(2018), 518 이하; 이재찬, "채권자대위소송과 민사집행법상 금전채권에 대한 강제집행제도의 선후관계에 관한 연구", 사법논집 제63집(2017), 178 이하; 오창수, "채권자대위소송과 채권집행의 경합과 해소", 민사집행법연구 15권(2019), 73 이하; 양형우, "채권자대위권의 행사에 의한 처분제한과 대위채권자의 제3채무자에 대한 추심권능 내지 변제수령권한에 대한 압류명령 등의 효력", 홍익법학 제19권 제2호(2018), 518 이하.

효력을 좌우할 여지가 있어서 강제집행절차를 불안정하게 할 수 있고, 전부명령의 효력이 '대위권 행사 사실을 채무자가 통지받거나 알았는지 여부'라는 제3채무자가 알기 어려운 조건에 의하여 좌우되는 셈이 된다. ⑤채권자대위권이 사실상 추심명령과 유사한 면이 있다고 하더라도, 추심명령의 경우 배당절차가 예정되어 있는 것과 달리, 채권자대위권은 강제집행의 준비수단에 불과하므로 바로 배당절차가 예정되어 있는 것은 아닌 등 추심명령과 여러 차이가 있어 양자를 동일시할 수 없다.[598]

다. 추심명령과 채권자대위소송의 경합

채권에 대한 압류·가압류 집행 후에도 채무자는 이행청구의 소를 제기할 수 있고, 채권자도 마찬가지로 채무자를 대위하여 이행청구의 소를 제기할 수 있다. 그런데 만약 채권자가 대위의 소를 제기하기 전에 피대위채권에 관하여 추심명령이 먼저 내려진 경우는 어떠한가? 채권자는 채무자의 권리를 대위행사하는 것이므로, 추심명령이 내려진 후의 채무자는 당사자적격을 상실하고, 채권자가 그러한 채무자를 대위하여 제기한 소 또한 부적법하다고 할 것이다(아울러 추심금소송이 먼저 제기되었다면 후소인 대위의 소는 중복소송에도 해당한다).[599]

대위소송이 먼저 제기된 후 그 소송계속 중 피대위채권에 관하여 다른 채권자에 의하여 추심명령이 내려진 경우는 어떠한가? 우리나라에는 아직 이 문제에 관한 판례가 없고, 일본 판례는 채권자대위소송이 제기된 후에 국세체납처분으로 피대위채권을 압류하고 추심소송을 제기한 사안에서, "추심소송이 제기되었다고 하여 채권자대위소송이 허용되지 않는다고 할 필요는 없고, 법원은 두 소송을 병합하여 심리하고 쌍방의 청구를 함께 인용할 수 있다"라고 판시한 바 있으며(대위권 행사가 실질적으로 압류·추심과 다르지 않음을 근거로 한다),[600] 일본 학설은 소권경합설과 추심소송 우선설로 갈린다.[601]

우리나라에는, ①채무자의 제3채무자에 대한 소송계속 중 추심명령이 내려지

598 문영화, "채권자대위권의 행사에 의한 처분제한과 피대위채권에 대한 전부명령의 효력", 민사소송, 제21권 제1호(2016), 385 이하; 이계정, "채권자대위권의 행사와 전부명령의 효력 - 대법원 2016. 8. 29. 선고 2015다236547 판결 -", 법조 728호(2018. 4.), 606 이하.

599 이원, "채권자대위소송과 금전채권에 대한 집행의 경합. 법학평론 8권(2018), 151; 오창수, "채권자대위소송과 채권집행의 경합과 해소", 민사집행법연구 15권(2019), 63-64.

600 日最判 1970. 6. 2.

601 일본 학설의 소개로는, 이원, "채권자대위소송과 금전채권에 대한 집행의 경합. 법학평론 8권(2018), 151; 오창수, "채권자대위소송과 채권집행의 경합과 해소", 민사집행법연구 15권(2019), 152 이하 참조.

면 채무자의 당사자적격이 상실되는 것과 마찬가지로 대위채권자의 당사자적격도 상실된다고 보는 것이 균형이 맞고, 채무자에 대한 채권자로서 집행권원 없이 채권자대위권을 행사하는 채권자와 채무자에 대한 집행권원을 획득하고 추심권능을 얻은 압류채권자는 법적 지위가 동일하지 않으므로, 추심명령이 채권자대위소송에 우선하여 대위소송은 각하되어야 한다는 견해,[602] ②직접지급형 채권자대위소송은 채무자에게 속한 채권을 추심한다는 점에서 추심소송과 공통점이 있고, 제3채무자에게 이중 응소의 부담을 지우기는 하나, 채권자대위소송이 이미 확정된 상태에서 추심명령이 발령되고 추심소송이 제기된 경우와 비교할 때 그 부담이 불합리하게 과도한 것은 아니며, 피대위채권에 대한 압류명령이 해제되지 않는 한 대위채권자의 추심이 금지되므로 이중지급의 우려도 없다는 점 등을 고려할 때, 위 일본 최고재판소 판례와 마찬가지로 추심소송 제기를 허용하되 기존의 채권자대위소송도 유지된다고 볼 여지가 상당하다는 견해,[603] ③선행 채권자대위소송과 후행 추심소송을 모두 유효한 것으로 보고, 양자를 병합하여 공동소송참가 형태로 심리할 수 있도록 해야 한다는 견해[604] 등이 있다.

라. 대위소송판결에 기한 채권을 피압류채권으로 한 압류명령 등의 효력

채권자가 대위소송의 승소확정판결을 받아 제3채무자에 대한 집행권원을 가지고 있을 때, 대위채권자의 채권자가 대위소송판결에 기한 대위채권자의 제3채무자에 대한 채권이나 청구권을 압류하고 나아가 이를 추심하거나 전부받을 수 있는지가 문제된다.

판례는, "자기의 금전채권을 보전하기 위하여 채무자의 금전채권을 대위행사하는 대위채권자는 제3채무자로 하여금 직접 대위채권자 자신에게 지급의무를 이행하도록 청구할 수 있고 제3채무자로부터 변제를 수령할 수도 있으나, 이로 인하여 채무자의 제3채무자에 대한 피대위채권이 대위채권자에게 이전되거나 귀속되는 것이 아니므로, 대위채권자의 제3채무자에 대한 추심권능 내지 변제수령권능은 자체로서 독립적으로 처분하여 환가할 수 있는 것이 아니어서 압류할 수 없는 성질의 것이고, 따라서 추심권능 내지 변제수령권능에 대한 압류명령 등은 무

602 오창수, "채권자대위소송과 채권집행의 경합과 해소", 민사집행법연구 15권(2019), 152 이하 참조.
603 이원, "채권자대위소송과 금전채권에 대한 집행의 경합. 법학평론 8권(2018), 154.
604 이재찬, "채권자대위소송과 민사집행법상 금전채권에 대한 강제집행제도의 선후관계에 관한 연구", 사법논집 제63집(2017), 173 이하.

효이다. 그리고 채권자대위소송에서 제3채무자로 하여금 직접 대위채권자에게 금전의 지급을 명하는 판결이 확정되었더라도 판결에 기초하여 금전을 지급받는 것 역시 대위채권자의 제3채무자에 대한 추심권능 내지 변제수령권능에 속하므로, 채권자대위소송에서 확정된 판결에 따라 대위채권자가 제3채무자로부터 지급받을 채권에 대한 압류명령 등도 무효이다."라고 하여, 이를 부정한다.[605]

위 판례는, 추심명령에 따른 추심권능은 그 자체로서는 독립적으로 처분하여 환가할 수 있는 것이 아니어서 압류할 수 없는 성질의 것이라 할 것이고, 따라서 이에 대하여 가압류, 압류 및 추심명령이 있었다고 하여도 무효라고 보아야 한다는 기존의 판례[606]와 같은 맥락이다.

결국 대위채권자의 채권자로서는 '대위채권자의 채무자에 대한 피보전채권'을 압류·전부받은 다음, 대위소송판결에 승계집행문을 부여받아 제3채무자의 재산에 대하여 강제집행을 실시할 수 있을 것이다.[607]

605 대법원 2016. 8. 29. 선고 2015다236547 판결.
606 대법원 1988. 12. 13. 선고 88다카3465 판결, 대법원 1997. 3. 14. 선고 96다54300 판결.
607 이원, "채권자대위소송과 금전채권에 대한 집행의 경합. 법학평론 8권(2018), 151; 오창수, "채권자대위소송과 채권집행의 경합과 해소", 민사집행법연구 15권(2019), 159.

제 405 조 [채권자대위권행사의 통지]

① 채권자가 전조 제1항의 규정에 의하여 보전행위 이외의 권리를 행사한 때에는 채무자에게 통지하여야 한다.

② 채무자가 전항의 통지를 받은 후에는 그 권리를 처분하여도 이로써 채권자에게 대항하지 못한다.

[관련조문] 비송사건절차법 제45조(재판상 대위의 신청)~제51조(항고 비용의 부담), 부동산등기법 제28조(채권자대위권에 의한 등기신청), 민법 제681조(수임인의 선관의무).

[참고문헌] 민법주해 IX, 채권(2), 박영사(1995); 주석 민법, 채권총칙(2)(제4판), 한국사법행정학회(2013); 이은영, 채권총론(제4판), 박영사(2009); 注釋民法 新版 (10) II 債權 (1), 有斐閣(2011); 문영화, "채권자대위권의 행사에 의한 처분제한과 피대위채권에 대한 전부명령의 효력", 민사소송 21권 1호(2017); 문영화, "채권자대위권에 관한 일본 민법 개정의 시사점과 민사소송법적 쟁점", 法曹 Vol. 722(2017. 4.); 양형우, "채권자대위권의 행사에 의한 처분제한과 대위채권자의 제3채무자에 대한 추심권능 내지 변제수령권한에 대한 압류명령 등의 효력", 홍익법학 제19권 제2호(2018); 이재성, "채권자대위권의 행사와 채무자의 처분권 제한", 이재성판례평석집, 법조문화원(1988); 이재성, "채권자대위소송과 판결의 효력", 이재성판례평석집; 정태윤, "일본 개정민법(채권관계) 중 주요 부분에 관한 개관", 민사법학 82호(2018); 法務省民事局参事官室, 民法（債権関係）の改正に関する中間試案の補足説明.

I. 개설

민법 제405조 제1항은 채권자가 보존행위 이외의 권리를 대위행사한 때에는 채무자에게 통지하여야 한다고 규정하고, 제2항은 채무자가 위 통지를 받은 후에는 그 권리를 처분하여도 이로써 채권자에게 대항하지 못한다고 규정하고 있다. 비송사건절차법 또한 법원의 허가에 의한 대위 시 법원이 직권으로 채무자에게 고지하여야 하고(비송사건절차법 제49조 제1항), 위 고지를 받은 채무자는 그 권리를 처분할 수 없다(제49조 제2항)고 규정하고 있다.

위 규정은 모법인 프랑스 민법이나 일본 구 민법에는 없던 규정이다.[1] [2] 이는

1 민법주해 IX, 채권(2), 박영사(1995), 771(김능환); 주석 민법, 채권총칙(2)(제4판), 한국사법행정학회(2013), 190(손진홍).

2 다만 입법 당시 만주국 민법(1937년 6월 공포) 제392조가 참조로 언급되었다. 민의원 법제사법위원회, 민법안심의록(상권), 민법안심의소위원회(1957), 242.

채권자대위권이 행사되면 채무자의 권리처분권이 제한된다는 것을 전제로 선관의무를 부담하고 있는 채권자로 하여금 대위권행사 사실을 통지하도록 함으로써 채무자가 대위권행사에 저촉되는 행위를 하는 것을 사전에 방지하여 법률관계가 복잡해지는 것을 막고, 또 채무자의 협력을 통하여 대위에 의한 권리행사가 적절히 이루어질 수 있도록 함과 동시에, 이에 위반한 채무자의 행위로 채권자에게 대항하지 못하게 함으로써 채권자대위권의 실질적 효과를 확보하기 위한 것이다.[3]

다만 일본에서는 재판상대위에 관한 일본 구 비송사건절차법(2017. 6. 1. 법률 제45호로 개정되어 2020. 4. 1. 시행되기 전의 것) 제85조부터 제91조를 유추적용하여 '채권자가 채무자에게 대위행사의 통지를 하거나 또는 채무자가 대위권행사의 사실을 안 경우에는 채무자는 채권자가 대위행사하고 있는 권리를 자기가 행사하거나 처분할 수 없게 된다'고 보는 것이 통설·판례였다.[4] 그리고 우리나라도 통지의 효과에 관하여 이러한 일본의 통설·판례를 상당 정도 참조하여 왔다.

그러나 이러한 기존의 통설·판례에 대하여는, 원래 채권자는 채무자의 권리행사에 간섭할 수 없고, 채무자가 스스로 권리 행사를 하지 않는 경우에 한하여 채권자의 대위권 행사가 인정되어야 하며, 그 경우에도 채무자의 자기 권리 처분권한을 박탈하는 것은 과도하며, 이러한 효과를 원하는 채권자는 압류 또는 가압류의 방법에 의하면 된다는 반론이 강하게 제기되었다. 결국 일본 개정 민법은 제423조의5에서 채권자대위권 행사 후에도 채무자가 여전히 처분권한을 보유한다고 명문화함으로써 종전의 통설·판례와 완전히 다른 태도를 취하게 되었다.[5] 다만 제423조의6에서는 채권자가 대위의 소를 제기한 경우 즉시 채무자에게 소송고지하도록 하는 규정을 신설하여, 대위채권자와 채무자의 중복적인 권리행사로 인한 혼란 등은 소송고지 및 참가로 해결하도록 하였다. 일본 개정 민법에 의하면, 채권자가 채무자의 권리를 대위행사하더라도 채무자의 처분권한이 제한되지 않고, 대위권 행사에 의하여 압류와 같은 효력은 인정되지 않으므로 대위권행사의 통지

3 민법주해 IX, 채권(2), 박영사(1995), 791(김능환); 양형우, "채권자대위권의 행사에 의한 처분제한과 대위채권자의 제3채무자에 대한 추심권능 내지 변제수령권한에 대한 압류명령 등의 효력", 홍익법학 제19권 제2호(2018), 510-511; 대법원 2012. 5. 17. 선고 2011다87235 전원합의체 판결, 대법원 1990. 4. 27. 선고 88다카25274, 25281 판결.

4 日大判 1939. 5. 16. 등; 문영화, "채권자대위권의 행사에 의한 처분제한과 피대위채권에 대한 전부명령의 효력", 민사소송 21권 1호(2017), 350 이하.

5 法務省民事局参事官室, 民法（債権関係）の改正に関する中間試案の補足説明 157-159; 정태윤, "일본 개정민법(채권관계) 중 주요 부분에 관한 개관", 민사법학 82호(2018), 278-279.

또는 소송고지가 있더라도 채무자는 여전히 제3채무자를 상대로 처분권한을 행사할 수 있다. 상대방 또한 채무자에 대하여 이행할 수 있고, 채무자가 상대방으로부터 이행을 수령하면 이로써 당해 권리는 소멸한다. 다만 이미 채권자가 채권자대위의 소를 제기한 경우 채무자가 동일한 소송물에 관하여 후소를 제기하면 중복제소가 되나, 일본 개정 민법은 제423조의6에서 채권자가 대위의 소를 제기한 경우 즉시 채무자에게 소송고지하도록 규정하고 있으므로, 채무자는 이러한 통지를 받아 전소에 공동소송참가할 수 있다.[6]

이에 따라 채권자대위 사실의 통지를 받거나 이를 알게 된 후에는 채무자의 처분권이 제한되는 것으로 보는 우리 민법과, 더 이상 채무자의 처분권이 제한되지 않도록 한 일본의 법제는 크게 달라지게 되었다.

민법개정위원회의 2014년도 민법개정시안에서는 제405조를 큰 틀에서 유지하되, 제1항을 "채권자가 제404조 제1항의 규정에 의하여 권리를 행사한 때에는 채무자에게 이를 통지하여야 한다. 그러나 그 권리행사가 보존행위이거나 채무자가 채권자의 권리행사를 알고 있는 경우에는 그러하지 아니하다."로, 제2항을 "채무자가 제1항의 통지를 받거나 채권자의 권리행사를 안 후에는 그 권리를 처분하여도 이로써 채권자에게 대항할 수 없다."로 다소 수정하여, '보전행위'로 되어 있던 것을 그 취지에 맞게 '보존행위'로 바로잡고, 기존의 판례를 반영하여 통지를 받은 때뿐만 아니라 '채무자가 이를 알게 된 때'에도 처분제한의 효력이 발생하는 것으로 하였다.

Ⅱ. 통지의 성질 및 그 대상

1. 통지의 성질

통지의 법적 성질은 대위권 행사사실의 통지로서 법률행위가 아니다. 통지는 대위권 행사의 효력발생요건은 아니므로, 채무자에 대한 통지를 누락하였더라도 제3채무자에게 대위권을 행사하는 데에는 아무 지장이 없고, 제3채무자가 이를 항변사유로 삼을 수도 없다.[7] 또 통지의무를 불이행했다고 해서 그 자체로 손해배

6 문영화, "채권자대위권에 관한 일본 민법 개정의 시사점과 민사소송법적 쟁점", 法曹 Vol. 722(2017. 4.), 244-246.

7 민법주해 Ⅸ, 채권(2), 박영사(1995), 771(김능환); 주석 민법, 채권총칙(2)(제4판), 한국사법행정학회(2013), 161(손진홍).

상채무가 발생하는 것은 아니고, 채권자가 대위권행사 사실을 통지하지 아니함으로써 채무자의 협력을 얻지 못하여 대위권소송에서 패소하는 등 선관주의의무를 다하지 못하여 채무자에게 손해가 발생하는 경우에 비로소 손해배상의무가 발생하는 것이므로,[8] 그 성격은 강학상 채무가 아닌 책무라 할 것이다.[9]

2. 통지의 대상

가. 통지의무의 대상은 '법원의 허가에 의한 대위'(비송사건절차법에 의하여 법원의 허가를 받아 대위권을 행사하는 경우)[10]를 제외한 나머지 대위권 행사이다. 즉 채권자의 채권이 기한이 도래한 경우 채권자는 법원의 허가 없이도 대위권을 행사할 수 있으나, 그 경우 채무자에게 통지하여야 한다.

단 민법 제404조 제2항은 "아직 피보전권리의 이행기가 도래하지 않은 경우에도, 법원의 허가가 있거나 보전행위인 경우에는 채권자대위권을 행사할 수 있다."고 규정하고 있는데, 전자의 경우 법원이 직권으로 채무자에게 고지하여야 하므로(비송사건절차법 제49조 제1항), 채권자가 별도로 통지할 필요는 없고, 후자의 경우 제405조 제1항에 따라 통지 없이 보존행위를 할 수 있다.

나. 통지가 필요하지 않은 '보존행위'의 범위가 문제된다.[11]

보존행위는 채무자의 재산감소를 방지하기 위한 행위를 말한다. 이러한 보존행위는 채무자에게 불이익이 될 리 없고, 긴급한 필요가 있는 경우도 많으므로, 아직 피보전권리의 이행기가 도래하지 않았다 하더라도 법원의 허가를 받지 않고 대위권을 행사할 수 있다.[12] 보존행위의 예로는 채무자의 미등기부동산에 대한 보존등기, 채무자의 권리에 대한 소멸시효 중단조치나 제척기간 도과를 막기 위한 권리행사, 제3채무자가 파산한 경우의 채무자의 채권 신고, 민법 제108조, 제109조, 제110조의 선의의 제3자가 생기는 것을 막기 위한 말소등기 청구 등을 들 수 있다.[13]

8 이재성, "채권자대위권의 행사와 채무자의 처분권 제한", 이재성판례평석집, 법조문화원(1988), 457.
9 주석 민법, 채권총칙(2)(제4판), 한국사법행정학회(2013), 191(손진홍).
10 비송사건절차법 제3장의 제목에 따라 '재판상 대위'라고 부르기도 한다.
11 민법 제404조 제2항은 '보전행위'라고 규정하고 있으나, 그 의미상 '보존행위'가 맞으며, 2014년 민법 개정위원회 개정시안에서는 '보존행위'로 적절히 수정되었다.
12 注釋民法 新版 (10)Ⅱ 債權 (1), 有斐閣(2011), 729(下林定).
13 민법주해 Ⅸ, 채권(2), 박영사(1995), 763~764(김능환); 주석 민법, 채권총칙(2)(제4판), 한국사법행정학회(2013), 131(손진홍).

소 제기의 경우 보존행위에 해당하는지는 논란이 있다. 시효중단을 위한 제소는 보존행위이나, 일반적인 제소행위는 패소 시 기판력으로 인하여 그 권리를 다시 행사할 수 없게 되므로 처분행위에 해당한다는 견해,[14] 반대로 소 제기 행위는 실체법상의 권리실현을 위한 소송법의 절차적 권리이므로 보존행위로 보아야 한다는 견해[15]가 있다.

'보존행위'에 관하여는 부재자재산관리인에 의한 부동산 소유권이전등기 말소청구나 인도청구의 소 제기는 보존행위에 불과하므로 법원의 허가 없이 이를 할 수 있다는 판례,[16] 채권자 갑이 채무자 을을 대위하여 을의 제 3 채무자 병에 대한 소유권이전등기청구권을 대위행사함은 권리의 관리, 보존행위이지 처분행위라 할 수 없으므로 채무자 을의 다른 채권자 정이 대위권의 행사로 얻은 병에 대한 처분금지가처분명령에 의하여 위 소유권이전등기청구권의 행사가 금지된다고 할 수 없다는 판례[17] 등이 있으나, 위 판례의 사안은 모두 대위권 행사 통지에 관한 것이 아니고, 민법에 산재된 '보존행위'의 의미는 각 조문마다 달리 보아야 할 것이므로, 위 판례를 들어 섣불리 소 제기가 보존행위라고 할 것은 아니라고 생각된다. 또 제405조의 통지는 대위권행사에 저촉되는 채무자의 행위를 방지함과 아울러 채무자의 협력을 통하여 대위권행사의 적정을 확보하려는 데 있다 할 것이므로, 통지의무가 면제되는 '보존행위'는 제404조의 '보존행위'보다 좁게 보아야 할 것이다.[18]

실무상 채권자대위권과 관련하여 보존행위 여부가 문제된 경우는 거의 없다. 앞에서 본 대법원 2005. 11. 25. 선고 2004다39092 판결은, 원고(캐피탈회사)의 피고(예금보험공사)에 대한 예금보험금청구에 대하여 피고가, '원고의 이 사건 청구에 응하여 보험금을 지급할 경우 피고가 부보금융기관(동아금고)에 대하여 갖게 되는 재단채권인 부당이득반환청구권'을 피보전권리로 하여 동아금고의 파산관재인을 대위하여 상계권을 행사한다는 주장을 하는 경우, 동아금고의 파산재단으로서는 위 상계권의 행사를 인정하게 되면 오히려 재산이 감소되는 결과를 가져오므로 이를 보존행위라고 할 수 없다고 설시한 바 있다(단 통지의무 면제 대상인 '보존행위'

14 이재성, "채권자대위소송과 판결의 효력", 이재성판례평석집 Ⅱ, 97.
15 주석 민법, 채권총칙(2)(제4판), 한국사법행정학회(2013), 192(손진홍).
16 대법원 1964. 7. 23. 선고 64다108 판결.
17 대법원 1990. 4. 27. 선고 88다카25274, 25281(참가) 판결.
18 민법주해 Ⅸ, 채권(2), 박영사(1995), 793(김능환).

가 아니라 기한미도래 피보전채권에 따른 채권자대위권 행사 시 허가가 면제되는 '보존행위'에 관한 것이다).

Ⅲ. 통지의 방법

통지의 방법에는 제한이 없다. 서면으로도 구두로도 가능하며, 특정한 형식을 요하지도 않는다.

문언상으로는 채무자가 채권자로부터 통지받은 경우에만 채무자의 처분권이 제한되는 것처럼 되어 있으나, 통설·판례는 채권자가 통지하지 않은 경우라도 채무자가 자기의 채권이 채권자에 의하여 대위 행사되고 있는 사실을 알게 된 경우에는 그 처분을 가지고 채권자에게 대항할 수 없다고 본다.[19] 2014년도 민법개정위원회 개정시안 제405조 제2항은 "채무자가 제1항의 통지를 받거나 채권자의 권리행사를 안 후에는 그 권리를 처분하여도 이로써 채권자에게 대항할 수 없다."고 규정하여, 위와 같은 판례의 태도를 명문화하였다.

이에 대하여는, 채무자의 인지시점이 불명확하여 분쟁의 소지가 많고, 채권자가 채무자에게 대위권 행사를 알리지 않아도 채무자의 처분권이 박탈되는 것은 부당하므로, 통지의 경우에만 처분권이 제한되어야 한다는 반대견해가 있다.[20]

Ⅳ. 통지의 효과

채권자가 대위권을 행사하고 채무자가 이를 통지받거나 알게 된 후에는 채권자의 대위권행사와 상충되는 채무자의 처분행위가 제한된다. 다만 단순한 보존행위나 관리행위를 하는 것은 가능하고, 변제의 수령도 이러한 차원에서 허용된다.[21] 또 채권자의 대위권 행사가 단순히 보존행위를 목적으로 한 경우에는 채무자의 처분권이 제한되지 않는다.[22] '처분행위로서 채권자에게 대항하지 못한다'는 것은 그 처분행위 자체가 당사자 사이에서는 유효하나, 채권자와의 관계에서는 통지 당시의 상황대로 존속되고 그 처분행위가 없었던 것으로 취급된다는 것을

19 민법주해 Ⅸ, 채권(2), 박영사(1995), 771(김능환); 주석 민법, 채권총칙(2)(제4판), 한국사법행정학회(2013), 161(손진홍); 대법원 1977. 3. 22. 선고 77다118 판결 외 다수.

20 이은영, 채권총론(제4판), 박영사(2009), 451.

21 민법주해 Ⅸ, 채권(2), 박영사(1995), 775-776(김능환); 주석 민법, 채권총칙(2)(제4판), 한국사법행정학회(2013), 177-178(손진홍).

22 민법주해 Ⅸ, 채권(2), 박영사(1995), 795(김능환).

뜻한다.[23] (☞ 처분행위의 의미, 처분권 제한의 효과 등 제반사항에 관하여는 민법 제404조 Ⅳ. 4. 나. 참조).

통지를 누락한 경우라도 채무자가 다른 경위로 대위권 행사를 알게 된 경우에는 채무자가 처분행위로써 대항할 수 없으나, 채무자가 이를 모른 채 처분행위를 한 경우에는 이로써 대항할 수 있다. 채권자와 채무자의 관계는 일종의 법정위임관계이고,[24] 채권자는 채무자를 위하여 선량한 관리자로서의 주의의무를 다하여야 하며(민법 제681조),[25] 여기에는 적시에 대위권 행사 사실을 통지할 의무도 포함된다. 만약 채권자가 대위권행사 사실을 통지하지 아니함으로써 채무자의 협력을 얻지 못하여 대위권소송에서 패소하는 등 선관주의의무를 다하지 못하여 채무자에게 손해가 발생하는 경우, 배상의무를 부담한다.[26] 다만 그 법리 구성에서는, 불법행위라는 견해,[27] 사무관리에 따른 의무위반에서 비롯된 무과실책임이라는 견해[28] 등이 있다.

23 이은영, 채권총론(제4판), 박영사(2009), 452.

24 대법원 1996. 8. 21.자 96그8 결정.

25 민법주해 Ⅸ, 채권(2), 박영사(1995), 770(김능환); 주석 민법, 채권총칙(2)(제4판), 한국사법행정학회(2013), 160(손진홍). 日大判 1940. 3. 15.(民集19巻 586頁). 일본 민법 개정안 중간시안에서는 채권자의 선관주의의무를 명문화하였으나, 최종 개정법률에는 반영되지 않았다. 法務省民事局参事官室, 民法（債権関係）の改正に関する中間試案の補足説明 155-156. 반면 우리나라의 2014년도 민법개정위원회 개정시안 제404조의2 제1항에서는 채권자의 선관주의의무를 명문화하였다.

26 이재성, "채권자대위권의 행사와 채무자의 처분권 제한", 이재성판례평석집, 법조문화원(1988), 457.

27 주석 민법, 채권총칙(2)(제4판), 한국사법행정학회(2013), 198(손진홍).

28 이은영, 채권총론(제4판), 박영사(2009), 454.

제 406 조 [채권자취소권]

① 채무자가 채권자를 해함을 알고 재산권을 목적으로 한 법률행위를 한 때에는 채권자는 그 취소 및 원상회복을 법원에 청구할 수 있다. 그러나 그 행위로 인하여 이익을 받은 자나 전득한 자가 그 행위 또는 전득당시에 채권자를 해함을 알지 못한 경우에는 그러하지 아니하다.

② 전항의 소는 채권자가 취소원인을 안 날로부터 1년, 법률행위있은 날로부터 5년내에 제기하여야 한다.

[관련조문] 민법 제373조(채권의 목적), 제390조(채무불이행과 손해배상), 제404조(채권자대위권), 제405조(채권자대위권행사의 통지), 제407조(채권자취소권의 효력), 제839조의2(재산분할청구권), 제839조의3(재산분할청구권 보전을 위한 사해행위취소권), 채무자 회생 및 파산에 관한 법률 제100조~제113조의2, 제391조~제406조의2, 제584조, 상법 제185조(채권자에 의한 설립취소의 소), 제269조(준용규정), 제552조(설립무효, 취소의 소), 국세기본법 제35조(국세의 우선), 국세징수법 제30조(사해행위 취소 및 원상회복), 신탁법 제8조(사해신탁).

[참고문헌] 곽윤직, 채권총론(민법강의Ⅲ), 박영사(2018); 김상용, 채권총론(제3판), 화산미디어(2016); 김재형, 민법론2, 박영사(2010); 김주수, 채권총론, 삼영사(2003); 김증한/김학동, 채권총론, 박영사(1998); 민법주해 Ⅸ, 채권(2), 박영사(1995); 법원실무제요 민사집행(Ⅱ), 법원행정처(2003); 윤철홍, 채권총론(제3전정판), 법원사(2018); 이순동, 채권자취소권(제3판), 육법사(2017); 이은영, 채권총론(제4판), 박영사(2009); 장종운, 신 사해행위취소소송(제2판), 진원사(2016); 정기웅, 채권총론(제2전정판), 법문사(2014); 조해섭, 채권자취소권법, 법문사(2019); 주석 민법, 채권총칙(2)(제4판), 한국사법행정학회(2013); 주석 채권총칙(상), 한국사법행정학회(1984); 건국대학교 산학협력단(연구책임자 전원열), 사해행위취소 및 부인권제도에 관한 개선방안 연구, 법원행정처(2017); 유병현, 채권자취소소송에 관한 연구: 강제집행과 관련하여, 고려대학교(1993); 新版 注釋民法(10)Ⅱ, 債權(I), 有斐閣(2011); 강구욱, "채권자취소권의 법적 성질에 관한 일시론(一試論)", 법학논총 제34권 제1호, 한양대학교 법학연구소(2017); 강영호, "특정물채권자는 채권자취소권을 행사할 수 없는가", 사법논집 제34집, 법원도서관(2002); 강혜림, "채권자취소권에 관한 법무부 민법(재산권) 개정안과 일본 법무성 민법(채권관계) 요강안의 비교법적 고찰", 재산법연구 제32권 제3호, 법문사(2015); 고경우, "채권자취소권에 있어서의 피보전권리", 판례연구 9집, 부산판례연구회(1998); 고상룡, "채권자취소권의 법적 성질", 고시계 26권 4호, 국가고시학회(1981); 김가을, "일본 민법제정사에 있어서 채권자취소권에 대한 검토", 홍익법학 제13권 제2호(2012); 김능환, "채권자취소권의 행사방법: 부동산이 전전양도된 경우를 중심으로", 민사재판의 제문제 제6권, 한국사법행정학회(1991); 김대원, "사해행위취소소송에서 피보전채권을 변경하는 것이 소의 변경에 해당하는지 여부", 대법원 판례해설 44호, 법원도서관(2004); 김대정, "채권자취소권의 피보전채권의 성립시기", 민사법학 17호, 한국사법행정학회(1999); 김미리, "사해행위의 판단 기준과 대물변제의 사해성 판단", 대법원판례해설 제85호, 법원도서관(2010); 김재형, "채권자취소권의 본질과 효과에 관한 연구", 인권과 정의 329호, 대한변호사협회(2004); 김창종, "채권자취소권행사에 의한 원상회복의 방법 및 내용", 사법논집 제26집, 법원도서관(1995); 박성철, "사해행위와 가액배상 산정의 기준시", 판례연구 11집, 부산판례연구회(2000); 박정제, "채무자가 유일한 부동

산을 상당한 대가를 받고 매각하고 그 매각대금으로 일부 채권자에게 변제한 경우 매각행위가 사해행위에 해당하는지 여부", 대법원판례해설 제105호(2015년 하), 법원도서관(2016); 박춘기, "수익자의 고유채권자에 대한 사해행위취소의 효력", 판례연구 18집, 부산판례연구회(2007); 박치봉, "사해행위취소소송에서 원물반환청구와 가액반환청구의 소송물", 재판과 판례 제24집, 대구판례연구회(2015); 박치봉, "원물반환을 청구하기로 하는 사해행위취소소송에서 가액배상판결을 할 수 있는가?", 재판과 판례 11집, 대구판례연구회(2002); 서경환, "가액배상금을 수령한 사해행위취소채권자의 분배의무(소극)", 대법원판례해설 75호(2008년 상), 법원도서관(2008); 서인겸, "채권자취소권에 관한 몇 가지 쟁점", 인권과 정의 395호, 대한변호사협회(2009); 서정원, "경매절차에서 근저당권설정계약이 사해행위로 취소되는 경우, 수익자인 근저당권자에 대한 배당액의 처리 문제", 민사판례연구 34권, 박영사(2012); 신신호, "사해행위취소 및 원상회복으로 소유권이전등기의 말소를 명한 판결의 소송당사자가 아닌 다른 채권자가 위 판결에 기하여 채무자를 대위하여 마친 소유권이전등기 말소등기의 효력", 대법원판례해설 105호(2015년 하), 법원도서관(2016); 신지혜, "사해행위취소권에 관한 일본 개정 민법상 쟁점과 시사점", 민사법학 제83호, 한국사법행정학회(2018); 양창수, "채권자취소권의 피보전채권과 사해행위", 고시계 36권 4호, 국가고시학회(1991); 양형우, "채무자의 근저당권설정행위와 가압류채권자의 채권자취소권", 홍익법학 10권 2호, 홍익대학교(2009); 오수원, "프랑스와 일본에서의 채권자취소권행사의 효력이 미치는 채권자의 범위와 채권자들의 권리행사방법", 민사법연구 제26집(2018. 12.); 오영준, "사해행위취소권과 채권자평등주의", 사법논집 제32집, 법원도서관(2001); 오영준, "사해행위취소의 효력이 미치는 채권자의 범위", 민사판례연구 제26권, 박영사(2004); 유해용, "사해행위취소의 대상과 효력에 관한 판례 연구", 법과 정의 그리고 사람: 박병대 대법관 재임기념 문집, 사법발전재단(2017); 윤경, "사해행위취소소송에서 물적 담보를 가진 채권자의 피보전채권의 범위", 대법원판례해설 제40호, 법원도서관(2002); 윤경, "사해행위취소와 가액배상", 저스티스 제34권 제5호, 한국법학원(2001); 윤진수, 권영준, "채권자취소권에 관한 민법 개정안 연구", 민사법학 제66호, 한국사법행정학회(2015); 이백규, "채권자취소권의 행사요건", 법조 통권 534호, 535호, 법조협회(2001); 이순동, "사해행위취소권에 관한 일본 민법 개정안의 연구", 법조 통권 712호, 법조협회(2016); 이영갑, "채권자취소소송에서 반환할 가액배상액의 산정", 판례연구 14집, 부산판례연구회(2003); 이우재, "사해행위취소의 효력과 배당절차에서의 취급", 재판자료 제117집, 법원도서관(2009); 이종엽, "가액배상판결의 집행법상 실현", 저스티스 101호, 한국법학원(2007); 이진수, "가액배상을 구하는 사해행위취소소송에서 원물반환을 명할 수 있는지 여부", 판례연구 21집, 부산판례연구회(2010); 임기환, "채권자취소권의 행사에 따른 원상회복의 방법으로서의 배당이의의 소", 민사판례연구 28권, 박영사(2006); 장희석, "채권자취소권에 의하여 보호되는 피보전채권의 성립시기 등", 판례연구 11집, 부산판례연구회(2000); 전원열, "채권자취소권의 효력론 비판 및 개선방안", 저스티스 통권 제163호, 한국법학원(2017); 정규상, "사해행위취소소송에 있어서의 수익자·전득자의 선의의 입증책임 문제", 월간고시 20권 5호, 법지사(1993); 조남대, "채권자취소권의 대상으로서의 사해행위에 관한 고찰", 사법논집 28집, 법원도서관(1997); 조영철, "채권자취소권에 있어서의 피보전채권의 성립시기", 재판실무연구 1권, 수원지방법원(1996); 최복규, "채권자와 채무자 사이의 확정판결에 의하여 채권자가 채권자취소권을 행사할 수 있는 채권액을 산정함에 있어 구 소송촉진등에관한특례법(2003. 5. 10. 법률 제6868호로 개정되기 이전의 것) 제3조 제1항 본문에 대한 위헌결정이 그 효력을 미치는지 여부(2003. 7. 11. 선고 2003다19572 판결 : 공2003하, 1720)", 대법원판례해설 제47호, 법원도서관(2004); 하현국, "채권자취소로 인한 가액배상과 취소채권자의 우선변제", 민사재판의 제문제 19권, 한국사법행정학회(2010); 홍준호, "채권자취소권 행사의 제척기간의 기산점", 민형사실무연구, 서울북부지방법원(2004); 황진구, "사해행위의 취소와 원상회복이 모든 채권자의 이익을 위하여 효력이 있다는 의미", 민사판례연구 39권, 박영사(2017).

Ⅰ. 서설

1. 채권자취소권의 의의

가. 의의

채권자취소권(債權者取消權, actio Pauliana, action révocatoire, action paulienne, Glaübigeranfechtungsrecht)이라 함은 채무자가 채권자를 해함을 알면서 자기의 일반재산을 감소시키는 행위를 한 경우에 그 행위를 취소하여 채무자의 재산을 원상회복시킴으로써 모든 채권자를 위하여 채무자의 책임재산을 보전하는 권리를 말한다.[1] 즉, 채권자취소권제도는 채권의 보전을 위하여 일반 채권자들의 공동담보에 제공되고 있는 채무자의 재산이 채무자의 재산처분행위로 감소되거나 산일(散逸)되는 경우 채권자의 청구에 의해 이를 취소하고 일탈된 재산을 채무자의 책임재산으로 환원시키는 제도이며, 이와 같이 채권자를 해함을 알면서 행한 채무자의 행위를 취소하고 채무자의 재산을 회복하는 것을 목적으로 하는 채권자의 권리를 채권자취소권이라고 한다.

1 대법원 2009. 6. 23. 선고 2009다18502 판결

나. 권리의 내용

채권자취소권은 채권자에게 고유한 권리이며 사해행위 당사자에게 부여되지 않는 취소권과 원상회복청구권을 그 채권자에게만 부여하는 것이다. 이것은 채권에서 파생된 종(從)된 권리로서 채권이 존재함을 선제로 하여 발생·존속하고, 채권이 양도되면 채권자취소권도 같이 양도된다. 채권자취소권만이 타인에게 양도될 수 없다.[2]

채권자취소권은 폐파소권(廢罷訴權)이라고 불리어지기도 하나, 그것은 어디까지나 실체법상의 권리이지 소송법상의 권리가 아니다. 민법 제406조 제1항은 "~ 법원에 청구할 수 있다"고 규정하고 있으나, 그것은 단순히 권리를 행사하는 방법을 규정한 것에 지나지 않는 것[3]으로서 의연히 그 성질은 실체법상의 권리라고 할 것이다.

다. 제도의 취지 및 신중한 운영 필요성

채권은 원래 상대적·대인적인 권리로서 항상 채무자만에 대한 권리이고, 채무자는 그 소유재산에 대하여 배타적 권리를 가지므로 채무자라 하더라도 채권자로부터 그 간섭을 받을 이유가 없다. 더구나 채무자와 거래한 제3자가 다른 제3자(채무자의 채권자)로부터 간섭을 받아야 할 이유는 더더욱 없다.

그러나 근대 민법에서는 원칙적으로 인적 집행이 허용되지 아니하고 물적 집행만이 허용되는 관계로 모든 채권은 종국적으로 채무불이행에 의한 손해배상채권으로 귀착되어 채무자의 책임재산에 대한 강제집행에 의하여 채권 만족을 얻게 되므로, 불성실하고 악의적인 채무자가 그 책임재산을 감소시키는 행위를 하는 경우에 채권자보호를 위하여 그 행위를 광정(匡正)하여 채권의 공동담보가 되는 채무자의 책임재산을 유지·보전할 필요가 있게 되는데, 그러한 권리를 채권자에게 인정한 것이 바로 채권자취소권이다.[4]

다만, 채권자보호라는 법의 정적 안정성 못지않게 거래의 보호라는 법의 동적 안정성 또한 무시 또는 경시될 수 없는바, 채권자취소권은 이미 행하여진 채무자의 재산처분행위의 효력을 부인하고 수익자 또는 전득자로부터 그가 취득한 재산을 회수하는 것을 본질적 기능으로 하고 있어 제3자에게 미치는 영향이 크고

2 이은영, 채권총론(제4판), 박영사(2009), 456-457.
3 곽윤직, 채권총론(민법강의Ⅲ), 박영사(2018), 145-146.
4 민법주해 Ⅸ, 채권(2), 박영사(1995), 798-799(김능환).

자칫 거래의 동적 안전을 해칠 우려가 있으므로 그 운영에 신중을 기할 필요가 있다.

2. 채권자취소권제도의 목적과 존재의의

가. 목적

채권자취소권제도의 목적, 즉 위 제도로서 실현하고자 하는 법의 목적은 채권의 실효성 보장에 있다. 채권은 관념적 권리로서 종국적으로 물(物)의 급부에 의해서만 그 목적을 달성할 수 있고 이를 실현하기 위한 기본적 제도가 소송과 강제집행이다. 그런데 채무자가 그 책임재산을 없애버리면 강제집행은 주효할 수 없으므로 채권자취소권제도는 강제집행의 준비로서 채권의 종국적 실현을 위한 실효성의 확보를 목적으로 한다.

나. 존재의의

금전채권이 채무자의 임의적인 변제를 받을 수 없는 상태에서 법은 강제집행절차와 파산제도의 두 가지 제도로서 일응 강제적인 채권회수수단을 강구하고 있다. 그러나 강제집행은 채무자의 수중에 있는 재산에 대한 회수수단이므로 이미 처분해버린 재산의 환수는 불가능하다. 따라서 이에 대한 방지책으로서, 즉 강제집행의 준비절차로서 채권자취소권제도의 존재의의가 있다. 또한, 채권자취소권제도는 파산절차의 부인권제도와 유사한 기능을 하고 있지만, 파산절차의 번거로움을 피하고 사적 정리에 의한 신속한 해결의 기능을 담당하는 데에 그 존재의의가 있다고 할 수 있다.

3. 입법의 연혁 및 주요국의 운영실태

가. 개요

본조의 채권자취소권은 로마법상의 actio Pauliana에서 유래하여 이탈리아 도시법을 거쳐 파산절차 내에서의 부인권과 파산절차 외에서의 취소권으로 분화·발전된 프랑스법과 독일법을 계수한 일본 민법을 우리가 수용한 것이라고 할 수 있다.

로마법에서는 인적 집행으로부터 물적 집행으로 변천하는 과정에서 채권자 보호의 필요상 채무자가 채권자를 해할 의사로 재산적 이익을 제3자에게 이전시킨 경우에 그 제3자가 악의이거나 무상으로 이익을 받은 경우 채권자가 제3자에 대하여 재산적 이익의 반환을 소구할 수 있는 권리(actio Pauliana)를 인정하였다.

로마법에서의 actio Pauliana는 파산법상의 부인권과 파산 외의 취소권의 구별을 알지 못했는데, 그 성립요건은 객관적 요건으로서 재산적 이익의 이전과 채권자의 불이익이, 주관적 요건으로서 채무자의 사해의사와 수익자의 사해의 인식이 요구되었고, 그 증명책임은 채권자가 부담하였다. 다만, 무상행위에는 수익자에게 사해의 인식이 없어도 Pauliana 소권이 인정되었다.

이 제도의 주된 기능은 채무자의 행위를 완전히 무효로 하거나 취소하는 것이 아니라, 채무자가 제3자에게 이전한 재산적 이익을 회복하는 것이었다. 제3자의 반환의무의 근거는 유상행위의 경우는 채무자의 사해의사를 알고 재산을 취득한 것이 불법행위에 해당한다는 것이고, 무상행위의 경우는 채권자를 구제하는 것이 더 공평의 관념에 부합한다는 것이었다.[5]

이와 같이 채무자의 사해의사를 요건으로 하는 주관주의에 입각한 로마법의 Pauliana 소권 제도는 14세기의 중세 이탈리아 도시법에 이르러서는, 상업의 발전과 신용거래의 확대에 따라 일일이 채무자나 그 상대방의 의사를 묻지 않고 채권자 보호를 도모할 수 있는 객관주의로 변하게 된다. 즉, 로마법에서는 사해행위의 구제가 악의에 대한 보복을 기조로 하는 개인주의적 제도였으나, 이탈리아 도시법에서 사해적 재산감소행위는 상업거래사회에 부여된 신용에 대한 배신으로 파악되었다. 그리고 채무자가 지급능력이 없는 상태에서 행하는 재산의 이전은 객관적으로 이미 채권자를 해하는 것이 되고, 채무자나 상대방에게 실제로 사해의사나 인식이 있는지 여부는 중요한 문제가 아니라고 생각되었다.[6]

근대에 이르러 actio Pauliana는 프랑스와 독일에서 각기 다른 형태로 계수·발전되었다. 프랑스에서는 이탈리아 도시법이 파산절차에서의 부인권으로 계수되었으나 파산절차 외에서는 민사파산의 소멸과 함께 대부분의 법률행위가 공증을 거쳐 행하여진 관계로 사해행위가 그다지 문제되지 아니하다가 나폴레옹 민법전(Code de Civil)의 시행에 의하여 사서증서에 의한 법률행위의 증가, 동산의 발달에 따라 파산절차 외에서의 채권자 구제의 필요성에 부응하여 민법 제1167조 제1항에 "채권자는 자기의 이름으로 그 권리를 해하는 채무자의 행위를 공격할 수 있다"라는 내용의 사해행위취소에 관한 개괄적인 규정을 두게 되었고, 2016년에 민법이 대폭 개정되면서 "채권자의 소권"(Les actions ouvertes au créancier)이라는

5 이순동, 채권자취소권(제3판), 육법사(2017), 80.
6 이순동, 채권자취소권(제3판), 육법사(2017), 82.

장(章; Chapitre)을 신설하였고, 그 중 제1341조는 강제집행청구권을, 제1341조의 1은 채권자대위권을, 제1341조의 2는 채권자취소권을 규정하는 것으로 함으로써, 이제는 채권자취소권에 관한 기본 조문이 제1341조의 2에 위치하게 되었다. 프랑스 민법 제1341조의 2는 "채권자는, 채무자가 그의 권리에 관해 사해의 의사로 행위를 한 경우, 그 행위가 자신에게 대항력이 없다는 선언을 구하는 소를 자신의 이름으로 제기할 수 있다. 그것이 유상행위인 경우에는, 계약의 상대방인 제3자가 사해행위임을 인식한 경우에 한한다"고 규정하고 있다.[7]

한편, 독일에서는 파산절차 내외에서의 사해행위취소를 각각 별개의 독립된 법률로써 규율하고 있다. 즉, 독일은 1877년에 제정된 파산법(Konkursordnung)에서 파산절차 내에서의 취소권(부인권)을 규정하는 한편, 1879년에 제정된 채무자의 법적 행위의 파산절차 밖에서의 취소에 관한 법률(Gesetz, betreffend die Anfechtung von Rechtshandlungen eines Schuldners außerhalb des Konkursverfahrens, 보통 '구채권자취소법'이라고 부른다)에서 파산절차 밖에서의 개별적인 채권자취소권 제도에 관해 별도로 규정하였고, 그 후 1994년에 새로운 도산법(Insolvenzordnung)과 새로운 채권자취소법인 도산절차 밖에서의 채무자의 법적 행위의 취소에 관한 법률(Gesetz über die Anfechtung von Rechtshandlungen eines Schuldners außerhalb des Insolvenzverfahrens, AnfG)이 제정되어 1999. 1. 1.부터 각기 시행되고 있다. 채권자취소권 행사의 효과에 관해 현행 독일 채권자취소법 제11조 제1항은 "채권자는 취소할 수 있는 법적행위에 의하여 채무자의 재산으로부터 양도·반출·포기된 것을 채권자의 만족을 위하여 필요한 한도에서 처분할 수 있다. 수령자가 법적 원인의 흠결을 알고 있는 경우의 부당이득의 법률효과에 관한 규정들이 준용된다"고 규정하고 있다.[8]

나. 일본에서의 입법경위

메이지유신 이후 근대화를 서두르던 일본은 1870년부터 민법전 제정작업에 착수하였다. 당초 프랑스 민법을 번역한 최초의 민법전 초안이 1872년에 만들어

7 프랑스 채권자취소권제도의 입법경위와 규정내용 등 자세한 내용에 관하여는 건국대학교 산학협력단(연구책임자 전원열), 사해행위취소 및 부인권제도에 관한 개선방안 연구, 법원행정처(2017), 62-109 참조.

8 독일 채권자취소권제도의 입법경위와 규정내용 등 자세한 내용에 관하여는 건국대학교 산학협력단(연구책임자 전원열), 사해행위취소 및 부인권제도에 관한 개선방안 연구, 법원행정처(2017), 23-61 참조.

졌으나 시행되지 못했고, 1873년에 프랑스 파리대학의 브와소나드(Gustave Boissonade) 교수를 초빙하여 민법 재산법편의 초안을 기초하도록 맡겨 1886년에 '브와소나드 초안'이 만들어졌고, 이를 기초로 사법성의 축조심의 등을 거쳐 1890년에 최종 민법안이 공포되었다.[9] 이 당시 만들어진 채권자취소권에 관한 규정은 다음과 같다.[10]

> [사해행위 전 및 사해행위 후의 채권자] 폐파(廢罷)는 사해행위 전에 채권을 취득한 채권자에 의해서만 청구될 수 있다. 그러나 폐파를 획득한 경우에는 구별없이 모든 채권자의 이익이 된다. 단, 정당한 우선권의 사유가 존재하는 경우에는 그러하지 아니하다.

브와소나드는 위 초안을 제정함에 있어서 사해행위취소판결의 효과에 관하여 그 당시 프랑스의 소수설에 불과하였던 절대적 효력설을 기초로 하였다. 절대적 효력설은 사해행위 취소판결의 효력이 취소채권자는 물론 사해행위 전 및 사해행위 후의 채권자에게도 미친다고 하는 견해[11]이다. 브와소나드는 당시 일본이 파산법을 두지 않고 있었으므로 채권자취소권을 통해 집단적 청산절차와 유사한 기능을 수행하도록 고려한 것이다.

구 민법(브와소나드 초안)은 공포까지 되었음에도 그대로 시행되지 못했고 이를 기초로 새로운 법안을 만드는 작업이 진행되어 1896년에 재산편이, 1898년에 친족상속편이 각각 공포되어 시행에 들어갔다. 이것이 바로 '메이지(明治) 민법'이라고 부르는 일본 민법이다. 그 중 채권자취소권에 관한 조문은 다음과 같다.

> 第424조(사해행위취소권) ① 채권자는 채무자가 그 채권자를 해한다는 것을 알고 한 법률행위의 취소를 재판소에 청구할 수 있다. 다만, 그 행위에 의해 이익을 받은 자 또는 전득자가 그 행위 또는 전득 당시 채권자를 해한다는 사실을 알지 못한 때에는 그러하지 아니하다.
> ② 전항의 규정은 재산권을 목적으로 하지 않는 법률행위에 대해서는 적용하지 아니한다.
> 第425조(사해행위 취소의 효과) 전조의 규정에 의한 취소는 모든 채권자의 이익을 위

9 일본에서는 1890년에 공포된 이 민법안을 '구 민법(舊民法)'이라고 부른다.
10 오영준, "사해행위취소권과 채권자평등주의", 사법논집 제32집, 법원도서관(2001), 153-154.
11 이것은 채권자취소권 행사의 효과가 미치는 채권자의 범위가 어디까지인지에 관한 학설로서, 통상 채권자취소권 행사의 효과에 관해 논의되는 학설 대립, 즉, 채권자취소권 행사의 효과가 채권자와 수익자 사이에서만 미치는지 아니면 채무자와 수익자 사이 등 다른 이해관계인에게도 미치는지에 관한 상대적 무효설, 절대적 무효설 등과는 논의의 차원이 다르다. ☞ 자세한 것은 민법 제407조의 주석 중 Ⅱ. 2. 취소의 효력이 미치는 채권자의 범위 부분 참조.

> 하여 그 효력이 발생한다.
> 第426条(사해행위취소권의 기간의 제한) 第424조의 규정에 의한 취소권은 채권자가 취소의 원인을 안 때로부터 2년간 행사하지 않은 때에는 시효에 의하여 소멸한다. 행위시부터 20년을 경과한 때에도 같다.

일본 민법 중 채권자취소권에 관한 규정은 브와소나드 초안의 규정을 수정한 것으로서 프랑스법을 계수한 것으로 평가된다. 다만 일본 민법 시행 당시 일본은 독일 법학의 영향을 강하게 받았기 때문에 채권자취소권에 관한 이론도 그 법률의 기초자인 브와소나드의 고국인 프랑스법의 해석론이 아니라 독일의 민법해석 이론이 주로 수입되었다.[12]

일본은 그 후 2017. 5. 26. 민법 중 채권법 부분을 대폭 수정하는 민법개정안이 의회를 통과하여 2017. 6. 2. 법률 제44호로 공포되었고, 2020년부터 시행에 들어가게 되었다. 120년만의 대대적인 개정이고, 채권자취소권에 관한 부분도 종전 3개 조문에서 14개 조문으로 대폭 늘려 채권자취소권의 요건과 행사방법, 효과에 관해 상세하게 규정하고 있다.[13]

다. 우리나라 민법

우리나라는 민법전을 제정하면서 채권자취소권에 관해서는 구 민법(일본 민법)의 규정을 그대로 받아들이면서, 다만 구 민법 하에서의 채권자취소권의 본질에 관한 학설 및 판례의 변천을 고려하여 구 민법이 단순히 "사해행위의 취소를 법원에 청구할 수 있다"고 규정한 것을 고쳐 "~ 취소 및 원상회복을 법원에 청구할 수 있다"고 바꾸었다.[14]

이와 같이 채권자취소권은 로마법의 Pauliana 소권에서 유래한 제도로서 이탈리아 도시법을 거쳐 프랑스법과 독일법의 영향을 받은 일본을 거쳐 우리나라에 도입된 제도이고, 본조는 직접적으로는 프랑스민법에 연원을 둔 것이고 그 때문에 채권자취소권을 폐파소권(廢罷訴權)이라고도 하지만, 이는 불어 action révocatoire 의 번역어로서 채권자취소권이 실체법상의 권리인 점에 비추어 반드시 적절한 용어라고는 할 수 없다.

12 이순동, 채권자취소권(제3판), 육법사(2017), 107.
13 자세한 사항은 신지혜, "사해행위취소권에 관한 일본 개정 민법상 쟁점과 시사점", 민사법학 제83호, 한국사법행정학회(2018) 참조.
14 민법안 심의록(상), 243.

라. 주요국의 운영실태

현재 독일, 프랑스, 미국 등 서구 주요국은 도산절차에서의 부인권과 도산 외 절차에서의 채권자취소권제도를 운영하고 있고, 이 점은 우리나라나 일본도 다르지 아니하다. 다만, 채권자취소권제도의 운영에 있어 서구 주요국과 우리나라 및 일본의 그것은 판이하게 다른 모습을 보이고 있다.

독일에서는 피보전채권으로서 금전채권에 관한 집행권원을 가지고 있고 그 이행기가 도래한 채권자가 소제기 또는 항변의 방식으로 채권자취소권을 행사할 수 있다. 채권자취소권의 행사 대상은 도산절차 밖에서 채권자를 해하는 채무자의 법적행위(Rechtshandlung)로서 이것은 법률행위뿐만 아니라 준법률행위나 사실행위까지 포괄하는 개념이다. 독일의 통설·판례인 채권설에 의하면, 채권자취소권은 법률상의 요건이 충족되면 채권자가 상대방에 대하여 반환청구를 할 수 있는 법정채권관계를 발생시키는 채권이다. 사해행위를 통해 부동산이 양도된 경우 등기명의를 채무자에게 복귀시키지 않고 수익자 또는 전득자에게 그대로 남겨둔 채로 취소채권자가 강제집행을 하는 방식을 취하고 있다. 즉, 일탈재산이 채무자의 재산으로 복귀하지 않고 여전히 취소상대방(수익자 또는 전득자)의 재산으로 둔 상태에서 취소채권자의 강제집행을 수인하도록 하는 수인권원(受認權原, Duldungstitel)으로 작동하는 것이다. 채권자취소권 행사를 인용하는 판결의 주문은 "피고는 어느 목적물(일탈재산)에 대한 원고(취소채권자)의 강제집행을 수인하라"는 내용으로서 사해행위에 대한 취소를 명하는 형성주문을 내지 않는다.[15]

프랑스법의 채권자취소권제도도 독일과 비슷하다. 취소채권자는 취소판결을 집행권원으로 하여 수익자의 수중에 있는 사해행위 목적물을 압류·매각하여 그 매득금으로부터 채무자에 대한 채권을 변제받을 수 있다. 채권자취소소송에서 취소의 내용은 채무자의 재산으로부터 일탈한 재산을 취소채권자가 압류할 수 있다는 것을 의미하고, 그 목적물을 다시 채무자의 재산으로 복귀시키는 효력을 가지지 않는다. 독일의 집행인용판결과 동일하다. 취소판결의 주문에는 사해행위의 취소와 손해배상의 지급을 명하는 판결을 한다. 취소채권자가 채권의 만족을 얻는 방법은 오로지 취소판결을 집행권원으로 하여 민사집행법이 정한 절차(압류·매각)에 따른다. 당연히 사해행위취소 판결의 효력은 채무자에게 미치지 않고, 사해행

15 전원열, "채권자취소권의 효력론 비판 및 개선방안", 저스티스 통권 제163호, 한국법학원(2017), 208-210.

위의 효력은 취소채권자와 수익자의 관계에서만 무효가 되고, 수익자와 채무자 사이, 취소채권자 이외의 채권자에 대한 관계에서는 모두 유효하다는 결론에 이르게 된다.[16]

미국의 채권자취소권 제도도 로마법의 Pauliana 소권 제도에서 유래한 것이지만, 보다 직접적인 제도의 원형은 1570년의 영국의 엘리자베스법이고, 1918년에 통일모델법으로서 "통일 사해행위방지법(UFCA: Uniform Fraudulent Conveyance Act)"이 제정되었고, 1984년에 UFTA(Uniform Fraudulent Transfer Act)로 개정되었다가 2014년에 현재의 UVTA(Uniform Voidable Transactions Act)로 개정되어 현재에 이르고 있다. 미국법의 채권자취소권제도도 사해행위취소판결을 기초로 하여 수익자의 수중에 있는 사해목적물에 대한 강제집행을 가능케 하는 기능을 가지므로, 그 법적 기능은 독일의 집행인용소송과 같다.[17] 즉, 취소채권자가 수익자 앞으로 이전된 재산에 대해 말소청구를 할 수 있는 것이 아니라 수익자 앞으로 등기된 채로 강제집행을 실시한다. 사해행위취소 사건에서 미국 법원들은 대체로, 사해행위인 양도가 취소되더라도 이는 그 거래당사자(즉 채무자 - 수익자) 간에 유효할 뿐만 아니라 이 법률이 보호하는 범위 내의 사람들의 관계(취소채권자 - 수익자 관계)를 제외하면 그 바깥에서는 모두 유효한 것이라고 판단해 왔다. 다시 말해서 취소채권자와 수익자 사이에서만 취소되는 것이다.[18]

그런데 우리나라와 일본에서는 뒤에서 보는 상대적 무효설에 기초하여 사해행위취소 판결의 효력은 취소채권자와 상대방(수익자 또는 전득자) 사이에서만 미치고 소송당사자가 아닌 채무자에게는 물론 채무자와 수익자 사이에도 미치지 않지만(여기까지는 선진제국과 큰 차이가 없다), 취소채권자는 수익자 또는 전득자 앞으로 이전된 일탈재산을 채무자 앞으로 반환시켜(즉, 등기명의를 말소 또는 이전시켜) 채무자 명의로 둔 상태에서 강제집행을 하도록 하는 독특한 제도를 운영해 왔다. 결국 판결의 효력이 미치지 않는 채무자 명의로 등기됨으로써 현행법 아래에서는 해결하기 어려운 여러 가지 문제점들이 제기되기 시작한 것이다. 여기에 더하여 우리나라와 일본은 상대적 무효설과 어울릴 수 없는 채권자평등원칙에 관한 조문, 즉 민법 제407조의 "~ 취소와 원상회복은 모든 채권자의 이익을 위하여 그

16 이순동, 채권자취소권(제3판), 육법사(2017), 82-87.
17 이순동, 채권자취소권(제3판), 육법사(2017), 96.
18 전원열, "채권자취소권의 효력론 비판 및 개선방안", 저스티스 통권 제163호, 한국법학원(2017), 212.

효력이 있다"는 규정을 두어 더욱 문제해결을 어렵게 하고 있다.[19]

4. 다른 제도와의 관계 및 비교

가. 도산법상의 부인권

부인권(否認權)이란, 파산선고나 회생절차개시 전에 채무자가 채권자를 해하는 행위를 한 경우, 그 행위의 효력을 부인하고 일탈된 재산의 회복을 목적으로 하는 권리로서(채무자 회생 및 파산에 관한 법률 제100조, 제391조, 제584조), 이는 모든 채권자를 대상으로 하는 일반집행절차상의 제도이다. 따라서 부인권에서는 채권자취소권과 같이 개별 채권자와 그 피보전채권은 고려되지 않고, 그 행사는 채권자가 아니라 법원이 선임한 파산관재인이나 관리인이 담당하는 업무가 되고, 채무자의 고의행위뿐만 아니라 편파행위도 부인권 행사의 대상이 되는 것이 원칙이다. 또한 부인의 결과는 모두 파산관재인이나 관리인이 장악하고, 모든 채권의 엄격한 확정절차를 거쳐 배당과 채무자회생을 위한 자산이 된다.[20]

따라서 채권자취소권은 채무자 회생 및 파산에 관한 법률에서 규정하는 부인권 제도와 유사한 기능을 수행하지만, ①부인권은 도산단계에서의 집단적 절차 내에서 인정되는 것으로서 채무자나 수익자, 전득자 등의 사해의사의 유무를 문제 삼지 않고 소송행위도 취소의 대상이 되며, 행사의 방법도 소송과정에서의 항변으로 제기할 수 있는 반면, ②채권자취소권은 채권자 개개인에게 인정되는 권리이고 채무자 등의 사해의사를 중시한다는 점에서 차이가 있다.[21]

나. 채권자대위권

채권자대위권과 채권자취소권은 모두 채권의 보전을 위한 제도로서 채권의 효력이 채무자 이외의 자에게까지 미친다는 점에서 유사하지만, ①채권자대위권은 채권자가 채무자의 권리를 대위하여 행사하는 것임에 반하여 채권자취소권은 채권자가 자신의 권리를 자신의 이름으로 행사하는 것이라는 점에서 근본적인 차이가 있다.

②채권자대위권은 채권자의 채권이 금전채권이거나 특정채권이거나를 가리

19 ☞ 채권자취소권 제도의 문제점 및 그 개선방안에 대해서는 제407조의 주석에서 좀 더 살펴보기로 한다.

20 이순동, 채권자취소권(제3판), 육법사(2017), 108-109.

21 부인권 제도와 채권자취소권 제도의 자세한 비교 검토는 박성철, "사해행위와 가액배상 산정의 기준시", 판례연구 11집, 부산판례연구회(2000), 146 이하 참조.

지 아니하고 인정되는 것임에 비하여 채권자취소권은 그 행사의 효과가 언제나 모든 채권자를 위하여서만 효력이 있으므로(민법 제407조), 채권자의 채권은 금전채권이어야 한다는 점이 다르다.

또 ③채권자대위권은 채무자의 권리를 대위행사하여 원래 있어야 할 상태를 실현시키는 것이어서 제3자에게 미치는 영향이 비교적 적은 데 비하여, 채권자취소권은 이미 행하여진 채무자의 재산처분행위의 효력을 부인하는 것이어서 제3자에게 미치는 영향이 상대적으로 크다는 점에서 차이가 있다.[22]

다. 상법상의 사해설립취소

상법 제185조는 합명회사에 관하여 "사원이 그 채권자를 해할 것을 알고 회사를 설립한 때에는, 채권자는 그 사원과 회사에 대한 소로 회사의 설립취소를 청구할 수 있다"고 규정하고, 합자회사와 유한회사의 경우에도 합명회사의 규정을 준용하도록 하고 있다(제269조, 제552조 제2항).

이는 민법의 채권자취소권제도에 대한 특칙규정이므로, 합명회사, 합자회사 및 유한회사의 회사설립행위가 채권자를 해하는 사해행위가 되는 경우 민법 제406조가 아니라 위 상법상의 사해설립취소의 규정이 적용된다. 특이한 것은 사해행위를 한 사원과 회사를 공동피고로 하여 소를 제기하도록 하고 있다.[23]

라. 세법상의 사해행위취소의 소

민법의 채권자취소권제도에 대한 세법상 특칙으로서 국세징수법상의 사해행위취소권(국세징수법 제30조), 국세기본법상의 통정허위표시에 의한 담보설정행위 취소권(국세기본법 제35조 제6항)에 관한 규정들이 있다.

세법상의 사해행위취소의 소의 취소대상은 납세의무자의 재산양도행위 또는 통정허위표시에 의한 담보설정행위이다. 다른 법률행위는 위 법규정의 적용대상이 아니다. 국가가 세법상의 사해행위취소의 소 규정에 의하지 않고 민법상 채권자취소권 규정에 근거하여 취소소송을 제기하는 것도 물론 가능하다.

세법상 사해행위취소소송도 민법 제406조가 정하는 사해행위취소의 소의 일종임이 명백하고, 그 행사에 있어서 민법의 규정과 달리하여야 하는 특별한 규정이 없으므로 민법 제406조 제2항의 제소기간 내에 제기되어야 한다(대법원 1991.

22 그 외 채권자취소권과 채권자대위권의 차이점에 관해 자세한 것은 이순동, 채권자취소권(제3판), 육법사(2017), 71-79 참조.

23 자세한 것은 이순동, 채권자취소권(제3판), 육법사(2017), 389-392 참조.

11. 8. 선고 91다14079 판결).

마. 신탁법상의 사해신탁취소

채무자가 채권자를 해함을 알고 신탁을 설정한 경우 채권자는 민법 제406조 제1항의 취소 및 원상회복을 청구할 수 있다(신탁법 제8조 제1항). 이 또한 민법의 채권자취소권제도 규정에 대한 특칙규정에 해당한다.

사해신탁취소의 경우 채무자인 위탁자의 악의는 필요하지만 민법상의 수익자에 해당하는 수탁자의 악의는 요건이 아니므로 신탁설정행위로 채무자의 소극재산이 적극재산보다 많아지게 된다는 사실을 수탁자가 알지 못한 때에도 채권자는 수탁자를 상대방으로 하여 사해신탁의 취소를 청구할 수 있다. 민법상의 전득자에 해당하는 신탁수익자에 대해서는 신탁수익자가 수익권을 취득할 당시 채권자를 해함을 알지 못한 경우에는 취소하지 못하도록 규정하여(신탁법 제8조 제1항 단서) 신탁수익자의 선의를 항변사항으로 규정하였다.[24]

바. 재산분할청구권 보전을 위한 사해행위취소 및 원상회복

이혼으로 인한 재산분할청구권은 이혼을 한 당사자의 일방이 다른 일방에 대하여 재산분할을 청구할 수 있는 권리로서 이혼이 성립한 때에 그 법적 효과로서 비로소 발생하는 것일 뿐만 아니라, 협의 또는 심판에 의하여 구체적 내용이 형성되기까지는 그 범위 및 내용이 불명확·불확정하기 때문에 구체적으로 권리가 발생하였다고 할 수 없다(대법원 2013. 10. 11. 선고 2013다7936 판결).

따라서 협의 또는 심판에 의하여 구체화되지 않은 재산분할청구권을 피보전채권으로 한 채권자취소권 행사는 인정되지 않는다는 견해가 일반적이었다. 그런데 재산분할청구권이 확정되기까지에는 보통 상당한 시간이 소요되는데 그 사이에 분할대상 재산이 제3자에게 처분되면 재산분할청구권 채권자의 권리를 심각하게 해하게 되므로 이를 제도적으로 보완할 필요가 있다.

이에 2007. 12. 21. 법률 제8720호로 민법이 개정되어 제839조의3 규정이 신설되었는바, 그 내용은 다음과 같다.

> 민법 제839조의3(재산분할청구권 보전을 위한 사해행위취소권)
> ① 부부의 일방이 다른 일방의 재산분할청구권 행사를 해함을 알면서도 재산권을 목적으로 하는 법률행위를 한 때에는 다른 일방은 제406조 제1항을 준용하여 그 취소

24 자세한 것은 이순동, 채권자취소권(제3판), 육법사(2017), 415-454 참조.

> 및 원상회복을 가정법원에 청구할 수 있다.
> ② 제1항의 소는 제406조 제2항의 기간 내에 제기하여야 한다.

따라서 확정되지 않은 재산분할청구권을 피보전권리로 한 채권자취소권 행사도 가능하게 되었고, 다만 그 사건은 일반법원이 아니라 가정법원에서 심리·판단하는 다류 가사사건이 된다(가사소송법 제2조 제1항).

사. 사해방지참가소송

사해방지참가는 타인 사이의 소송의 결과에 의하여 자기의 권리가 침해받을 것을 주장하여 그 소송에 당사자로서 참가하는 것(민사소송법 제79조)을 말한다.

이는 소송법상 인정된 독립당사자참가의 한 형태인 점, 채권자·채무자의 개념을 전제로 하지 아니하고 타인의 소송행위에 관여하여 자기의 권리를 보호·유지하려는 것을 근본 목적으로 한다는 점 등에서 채권자취소권과는 본질적으로 다르지만, 타인의 사해적 소송행위를 방지하기 위하여 인정된 것이라는 점에서는 취지를 같이한다.

다만 채권자취소권의 상대적 효력에 따라 사해방지참가소송이 인정될 여지는 많지 않다. 즉, 대법원 판례는 "채권자가 사해행위의 취소와 함께 수익자 또는 전득자로부터 책임재산의 회복을 명하는 사해행위취소의 판결을 받은 경우 취소의 효과는 채권자와 수익자 또는 전득자 사이에만 미치므로, 수익자 또는 전득자가 채권자에 대하여 사해행위의 취소로 인한 원상회복 의무를 부담하게 될 뿐, 채권자와 채무자 사이에서 취소로 인한 법률관계가 형성되거나 취소의 효력이 소급하여 채무자의 책임재산으로 복구되는 것은 아니다. 이러한 사해행위취소의 상대적 효력에 의하면, 원고의 피고에 대한 청구의 원인행위가 사해행위라는 이유로 원고에 대하여 사해행위취소를 청구하면서 독립당사자참가신청을 하는 경우, 독립당사자참가인의 청구가 그대로 받아들여진다 하더라도 원고와 피고 사이의 법률관계에는 아무런 영향이 없고, 따라서 그러한 참가신청은 사해방지참가의 목적을 달성할 수 없으므로 부적법하다."고 판시하고 있다(대법원 2014. 6. 12. 선고 2012다47548, 47555 판결).

5. 채권자취소권의 법적 인정의 근거

채권자취소권을 인정하는 근거, 즉 채권자가 채무자의 법률행위 효과를 부정하여 이를 취소하고 수익자 또는 전득자로부터 일탈재산의 반환을 청구할 수 있는 법적 근거를 무엇으로 볼 것인가에 관해 여러 가지 견해가 제시되었다.

가. 부당이득설

채권자가 수익자 또는 전득자를 상대로 일탈재산의 반환을 청구할 수 있는 근거를 부당이득 사상에서 구하는 견해이다.[25]

나. 불법행위설

사해행위는 공서양속에 반하는 불법행위로서 재산반환은 불법행위로 인한 원물반환에 의한 손해배상으로 보고, 따라서 사해의 의사는 불법행위에 있어서는 고의와 같다는 견해이다.[26]

다. 준불법행위설

준불법행위설은 사실상의 불법행위가 없더라도 법률의 규정에 의하여 불법행위가 의제되기 때문에 채권자취소권이 생긴다고 한다. 현재 이 설을 주장하는 사람은 없지만 일본의 판례[27]는 "수익자 또는 전득자가 그 행위로 인하여 채무자의 재산을 탈루시킨 책임으로 회복의무를 진다"고 하여 채무자와 수익자 사이의 법률행위 또는 수익자와 전득자 사이의 법률행위를 준불법행위(Quasi - Delikt)라고 해석하였다. 하지만 상대방이 채무자의 사해의사를 알고 있었어도 채무자는 자기의 처분권에 기초하여 재산을 처분하는 것이기 때문에 채권자의 권리를 침해하였다고 볼 수 없다는 비판이 있다.[28]

라. 채무불이행설

채무자의 채무불이행의 효과로서 채권자취소권이 부여된다고 하는 설이다. 이 설에 의하면 특정물채권의 경우뿐만 아니라 금전채권의 경우에도 채무자가 부당하게 그 자력을 감소시켜 채무의 이행이 불능 또는 곤란하게 되는 것은 채무불이행이 되고, 채권자에게는 손해보전의 수단으로서 사해행위취소권이 부여된다고 한다.[29]

마. 법정채무설

법정채무설은 독일에서 주장된 학설이다. 이 설에 의하면 채권자취소권의 근

25 新版 注釋民法(10) II, 債權(1), 有斐閣(2011), 793.
26 山中康雄, "詐害行爲取消權의 本質", 早稻田法學 30卷(1954), 358.
27 日大判 1911. 3. 24.
28 雉本郎造, "債權者取消の訴の性質," 法學志林 18卷 1號, 86.
29 飯原一乘, 司法硏究報告書第 18輯 第2號, 8.

거는 법률의 규정이다. 즉 법에서 정한 취소에 해당하는 법률요건사실이 존재하면, 채권자와 상대방과의 사이에서는 이에 대한 법적 효력으로서 당연히 취소 및 반환청구를 목적으로 하는 법정채무관계가 발생한다.

요컨대 채권자취소권의 법적 근거를 '형평의 견지에서 특별히 법이 인정한 것'이라는 데에서 구하는 것이다. 이 학설은 오늘날 독일의 통설 및 판례의 입장이고,[30] 우리나라와 일본에서도 이 설이 통설이다.[31]

대법원 판례도 "원래 채권자와 아무런 채권·채무관계가 없었던 수익자가 채권자취소에 의하여 원상회복의무를 부담하는 것은 형평의 견지에서 법이 특별히 인정한 것"이라고 하여 같은 입장을 취하고 있다(대법원 1998. 5. 15. 선고 97다58316 판결).

바. 책임질서유지설

책임질서유지설은 일명 책임재산유지설이라고도 한다. 채권자취소권제도는 책임질서유지를 위하여 특히 법이 인정한 제도라고 하고, 이는 마치 물권적 질서의 유지·관철을 위해 점유소권이나 물권적 청구권의 제도가 설치되어 있는 것과 똑같은 것이라고 한다. 요컨대 이 제도는 상품유통질서를 해하지 않는 범위 내에서 혹은 채권자 사이의 형평을 고려하여 근대법이 승인하는 채무자의 재산관리의 자유와 채권법의 배후의 책임질서, 즉 책임재산에 의한 채권자의 보호의 목적 및 기능과 조화시키는 제도라고 보는 것이다.[32]

사. 소결

채권자취소권은 형평의 견지에서 법이 특별히 인정한 청구권이라고 보는 법정채무설의 견해가 타당하고, 판례와도 부합된다.

Ⅱ. 채권자취소권의 법적 성질(본질론)

1. 논의의 유용성

채권자취소권의 법적 성질 내지 본질을 무엇으로 볼 것인지에 관해 과거부터 활발한 논의가 전개되어 왔다. 별도 법률인 채권자취소법에서 채권자취소권의 대

30 Rosenberg, Lehrbuch des seutschen ZPO, 6 Aufl., 1954., S.890.
31 민법주해 Ⅸ, 채권(2), 박영사(1995), 802(김능환).
32 新版 注釋民法(10)Ⅱ, 債權(Ⅰ), 有斐閣(2011), 794.

상과 요건·상대방·내용 등에 관하여 상세히 규정하고 있는 독일에서도 채권자취소권의 본질에 관하여 견해의 대립이 있기는 하나 그다지 실천적인 의미가 있는 것은 아닌 것에 비해, 단 2개의 개괄적인 규정만을 두고 있을 뿐인 우리 민법 하에서는 채권자취소권의 본질을 어떻게 파악하느냐에 따라 소송의 형태·내용·상대방 및 효과가 모두 달라지는 결과가 발생하기 때문에 채권자취소권의 법적 성질 결정에 관한 본질론은 현실적 유용성을 가지게 된다.

채권자취소권은 책임재산의 보전을 위하여 채권자에게 인정되는 실체법상의 청구권인 동시에 소송상 행사하도록 되어 있는 권리이고 그 행사로 인한 취소와 원상회복은 모든 채권자의 이익을 위하여 효력이 있으므로(민법 제407조), 채권자취소권의 법률적 성질이 무엇이냐 하는 점에 관하여 구 민법 시대부터 다양한 견해의 대립이 있어 왔다.

우리 민법 제406조 제1항 본문이 "채무자가 채권자를 해함을 알고 재산권을 목적으로 한 법률행위를 한 때에는 채권자는 그 취소 및 원상회복을 법원에 청구할 수 있다"고 규정함에 대하여, 이에 대응하는 일본 민법 제424조는 "채권자는 채무자가 그 채권자를 해함을 알면서 한 법률행위의 취소를 재판소에 청구할 수 있다"고 규정함으로써 채권자에게 사해행위의 취소권만을 부여한 것인지 아니면 원상회복청구까지도 할 수 있는지에 관하여 학설상 다툼이 있다. 우선 일본에서의 다툼이 우리 제도의 해석에도 참고를 제공할 것이므로 이에 대하여 보기로 한다.

2. 일본에서의 학설과 판례

가. 학설의 개요

1) 형성권설

형성권설은 채권자취소권의 본질을 일반 법률행위의 취소권과 마찬가지로 채무자와 수익자 사이에서 이루어진 사해행위를 취소하여 그 효력을 소급적·절대적으로 무효화시키는 형성권으로 파악한다. 채권자취소소송은 사해행위의 당사자인 채무자와 수익자를 공동피고로 한 형성소송이 되고, 취소의 효과는 절대적으로 무효이므로 채무자는 수익자 또는 전득자에 대하여 부당이득반환청구권을 취득하게 된다. 채권자는 바로 이 채무자의 수익자·전득자에 대한 부당이득반환청구권을 채권자대위권(민법 제404조)에 의하여 행사하게 된다.[33]

33 石坂音四郎, 債權者取消權(廢罷訴權)論, 民法研究(下卷)(東京:有斐閣, 1920), 209 이하.

2) 청구권설

사해행위에 의해 채무자의 일반재산으로부터 일탈된 재산을 회복하는 것을 채권자취소권의 본질이라고 하는 견해로서 채권자취소권을 오로지 채권적 청구권으로 파악한다.

이 설에 의하면 채권자취소권의 취지는 채무자의 자력을 보존하는 데에 있기 때문에 이 범위를 초과하여 제3자의 이익을 해하는 범위까지 채권자취소권의 효력을 확대하는 것은 바람직하지 않다고 한다. 그리고 취소는 반환청구의 전제로 되는 데에 불과하고 사해행위의 효력을 부인하는 것은 아니라고 한다. 따라서 채권자취소소송에 있어서 취소는 판결이유의 설명으로 충분하고 판결주문에는 재산의 반환을 명하는 이행판결만 하면 충분하다. 이 설에 의하면 채권자취소권은 실체법상의 청구권이고 이 청구권을 소에 의하여 행사하는 채권자취소소송은 이행소송이 된다. 또한 채무자는 피고적격이 없고 피고는 수익자 또는 전득자가 된다.[34]

3) 절충설(결합설, 병합설)

사해행위의 효력을 부인하는 것과 일탈한 재산을 회복하는 것 모두를 채권자취소권의 본질로 보는 견해로서 채권자취소권은 사해행위를 취소하고 또한 일탈한 재산의 반환을 청구하는 권리라고 한다. 통설이다.

이 절충설 안에서도 어느 쪽에 더 중점을 두는가에 따라, ①사해행위의 취소에 절대적 효력을 인정하여 사해행위의 쌍방 당사자를 피고로 하여야 한다는 절대적 무효설, ②사해행위의 취소는 재산반환의 상대방인 수익자 또는 전득자에 대한 관계에서만 상대적으로 효력이 있을 뿐 그 밖의 자에게는 영향이 없고, 따라서 채권자취소소송은 형성소송과 이행소송의 병합형태가 되고 주문에도 취소의 선고가 필요하다고 하는 상대적 무효설(물권적 상대무효설이라고도 한다), ③재산반환의 상대방만을 피고로 하여야 함은 상대적 무효설과 같으나, 사해행위의 취소는 재산 반환 청구의 전제에 불과하여 채권자가 소송에서 취소를 주장하는 것으로 충분하고 판결의 주문에서 취소를 명할 필요는 없다고 하는 채권적 상대무효설의 3가지로 더 나누어진다.[35]

34 雉本郎造, 債權者取消權の訴の性質, 法學志林 第17卷 第3號, 同 第17卷 第12號 63, 同 第18卷 第1號 19.
35 新版 注釋民法(10) II, 債權(I), 有斐閣(2011), 797-802.

1911년의 일본 대심원 연합부 판결[36]이 상대적 무효설을 취한 이래 절충설 중에서도 상대적 무효설이 일본의 통설로 굳어져 왔다.

4) 책임설

이 설은 채권자취소권을 책임법적 무효의 효과를 발생하게 하는 형성권으로 파악하는 견해이다.[37] 즉, 사해행위의 취소는 채무자와 수익자 또는 전득자 사이의 법률행위의 효력 그 자체에는 영향을 미치지 아니하고 단지 채권자의 권리실행에 필요한 한도 내에서 재산의 반환을 구할 수 있는 채권관계를 발생시키는 것이고, 그 반환은 현실적인 반환을 의미하는 것이 아니라 채권자가 그 재산에 대하여 강제집행 하는 것을 수인하는 것을 의미할 뿐이므로, 채권자취소의 소는 실질적으로는 강제집행인용의 소가 된다는 것이다.[38] 독일의 채권설과 유사하다. 취소채권자는 채권자취소의 형성소송과 병합하여 또는 형성소송이 확정된 후에 수익자 또는 전득자를 상대로 책임소송(강제집행인용소송)을 제기하여야 하고, 책임소송의 판결이 확정되면 이를 집행권원으로 하여 강제집행할 수 있다고 설명한다.[39]

5) 소권설(訴權說)

이 설은 일본 민법 제424조는 실체법과 절차법의 분화가 덜 이루어진 규정이며, 채권자취소권은 수익자 내지 전득자에 대한 소권(訴權)으로서 강제집행의 인용을 구하는 권리라고 본다. 채권자취소권을 소권으로 파악하여 사해행위취소의 결과 상대방은 채무자와의 법률행위의 효력을 채권자에게 대항할 수 없고 채권자는 취소판결을 집행권원으로 하여 상대방이 채무자로부터 취득한 재산에 대하여 강제집행을 할 수 있다고 한다. 책임설과 유사하나, 책임설에서는 채권자취소소송은 형성소송이고 그 후의 강제집행을 위한 집행권원으로서 책임판결(집행인용판결)이 별도로 필요하다고 하지만, 소권설에서는 일본 민법 제424조 자체가 집행인용의 소라고 해석하기 때문에 책임설이 주장하는 별도의 책임판결(집행인용판결)은 필요 없다고 한다.[40]

36 日大判 1911. 3. 24.(民錄 17, 117).

37 이순동, 채권자취소권(제3판), 육법사(2017), 125.

38 이백규, "채권자취소권의 행사요건", 법조 통권 534호, 법조협회(2001), 74.

39 新版 注釋民法(10)Ⅱ, 債權(Ⅰ), 有斐閣(2011), 803-806; 건국대학교 산학협력단(연구책임자 전원열), 사해행위취소 및 부인권제도에 관한 개선방안 연구, 법원행정처(2017), 115-117.

40 新版 注釋民法(10)Ⅱ, 債權(Ⅰ), 有斐閣(2011), 806-807.

6) 신형성권설

이 설은 채권자취소권을, 채무자의 일탈재산을 책임재산으로 회복하여 채권자로 하여금 강제집행을 통한 만족을 얻게 하는 것으로 파악하고, 취소에 절대적 효력을 인정하여 채무자와 수익자 모두를 상대방으로 하여야 하며, 판결에서는 사해행위의 취소와 채무자의 채권자에 대한 채무의 이행을 명하여야 하고(이 점에서 형성권설과 다르다), 부동산인 경우에는 그 취소판결의 결과 수익자 명의등기의 말소에 의하여 채무자 명의로 회복된 후 강제집행을 할 수 있고, 가액배상은 불법행위에 기한 손해배상의 일종이라고 설명한다.[41]

나. 일본의 판례

일본 판례는 초기에는 절대적 무효설의 입장에서 사해행위의 취소에 절대적 효력을 인정하여 채무자와 재산반환의 상대방이 필수적 공동소송의 관계에 있다는 견해를 표명하였으나,[42] 그 후 1911년의 대심원 연합부 판결로 상대적 무효설로 변경하여[43] 현재에 이르고 있고, 일본의 통설 역시 이를 지지하고 있다.

일본 판례의 이론을 요약하면, ①사해행위의 취소의 효력은 목적물의 반환에 필요한 범위 내에서만 상대적인 효력이 있을 뿐이고,[44] ②반환청구의 피고적격은 수익자 또는 전득자만이고 채무자는 피고적격이 없으며,[45] ③현실적인 재산급부가 수반되지 아니한 사해행위를 취소할 때에는 사해행위만의 취소를 구하는 것으로 충분하고, 재산급부가 수반된 경우에는 사해행위의 취소와 재산 반환을 함께 구하여야 하나 그 시기를 달리하여도 무방하고,[46] ④수익자와 전득자 중 누구를 상대방으로 할 것인가는 채권자의 선택에 달려 있다[47]는 것이라고 할 수 있다.

이상의 요약에 따르면 일본의 판례는 취소만을 규정한 일본 민법 제424조의 규정에도 불구하고 절충설 중 상대적 무효설(물권적 상대무효설)의 입장에 서 있는 것으로 보이고 이것이 일본의 통설이라고 할 수 있다.

41 新版 注釋民法(10)Ⅱ, 債權(Ⅰ), 有斐閣(2011), 807-808.
42 日大判 1907. 2. 10.
43 日大判 1911. 3. 24.
44 日大判 1920. 6. 3., 日大判 1920. 12. 24.
45 日大判 1911. 3. 24.
46 日大判 1915. 12. 10., 日大判 1917. 3. 31.
47 日大判 1917. 3. 31.

3. 우리나라의 학설과 판례

가. 학설

1) 통설: 상대적 무효설

통설[48]은 대법원 판례가 취하고 있는 상대적 무효설을 지지하고 있다. 즉, 채권자취소권의 본질은 사해행위를 취소하고 일탈재산의 반환을 구하는 것이고, 사해행위취소의 소는 형성의 소와 이행의 소가 결합한 것이라고 본다.

상대적 무효설의 요지는 ①사해행위 취소의 효과는 목적물의 반환에 필요한 범위 내에서 그 상대방에 대한 관계에서만 상대적인 효력이 있을 뿐이므로 수익자 또는 전득자만이 피고로 되고 채무자는 피고로 될 수 없으며(당사자 적격의 한정), ②원칙적으로 재산 반환과 함께 사해행위의 취소를 함께 청구하여야 하며(형성소송과 이행소송의 병합), ③전득자가 있는 경우에 수익자와 전득자 중 누구를 상대방으로 하여 채권자취소권을 행사할 것인가는 채권자의 자유로운 선택에 달려있고(상대방 선택의 자유), ④취소 및 원상회복의 효력은 소송당사자인 채권자와 수익자(전득자 포함) 사이의 상대적인 관계에서만 발생하기 때문에 채무자와 수익자, 또는 수익자와 전득자 사이의 법률관계에는 영향을 미치지 않고(판결의 상대적 효력), ⑤취소 및 원상회복에 따른 불이익은 수익자가 스스로 감수하여야 하므로 채무자에 대해 손해배상을 청구하지 못하는 것이 원칙이나 채무자가 그로 인해 부당이득을 얻은 경우에는 채무자에 대해 부당이득반환을 청구할 수 있고, 채무자는 수익자에 대해 부당이득반환의무를 부담하게 되지만 그 경우에도 수익자는 부당이득반환청구권을 가지고 취소채권자에게 대항할 수 없다는 것이다.[49]

2) 기타 학설

그 외 일본의 책임설을 지지하는 견해,[50] 채무자와 수익자 그리고 때로는 전득자 모두를 취소소송의 상대방으로 해야 하고, 채무자와 수익자, 수익자와 전득자간의 법률행위를 모두 취소해야 한다는 견해,[51] 독일의 채권설을 지지하여 채권

48 곽윤직, 채권총론(민법강의Ⅲ), 박영사(2018), 145-147; 민법주해 Ⅸ, 채권(2), 박영사(1995), 807-808 (김능환); 김상용, 채권총론(제3판), 화산미디어(2016), 239-240; 윤철홍, 채권총론(제3전정판), 법원사(2018) 268; 정기웅, 채권총론(제2전정판), 법문사(2014) 251 등.

49 이순동, 채권자취소권(제3판), 육법사(2017), 121-122.

50 고상룡, "채권자취소권의 법적 성질", 고시계 26권 4호, 국가고시학회(1981), 27.

51 김증한/김학동, 채권총론, 박영사(1998), 194.

자취소권은 물권적 청구권이 아니라 채권적 청구권이고, 그 소송형태는 형성의 소가 아니라 이행의 소로 보며, 채권자는 일탈재산의 취득자를 상대로 그가 취득한 재산의 반환을 청구할 수 있을 뿐인데 그 반환이라는 것은 현실적인 소유명의의 회복이 아니라 채권자가 그 재산에 대하여 강제집행하는 것을 취득자가 인용하는 것을 말하는 것이라는 견해[52] 등이 있다.

나. 판례

우리 대법원 판례는 상대적 무효설을 취하고 있다. 즉, 판례에 의하면, ①채권자는 사해행위의 취소와 동시에 원상회복을 청구할 수 있고(취소만을 청구할 수도 있다),[53] ②사해행위취소 판결의 효력은 채권자와 수익자 또는 전득자 사이에서만 상대적으로 효력이 있고, 소송당사자가 아닌 채무자 또는 채무자와 수익자 사이의 법률관계에는 그 효력이 미치지 아니하고,[54] 수익자만을 상대로 한 사해행위 취소판결의 효력은 전득자에게 미치지 아니하며,[55] ③채무자는 사해행위 취소소송의 피고적격이 없다[56]고 판시하고 있다.

다. 소결 (= 상대적 무효설)

일본 민법과 달리 우리 민법 제406조 제1항은 "취소 및 원상회복을 법원에 청구할 수 있다"고 규정하여 채권자취소권의 본질을 형성권으로 파악하는 형성권설이나 청구권으로 파악하는 청구권설은 우리 법제하에서 채택하기 어렵다. 일탈재산의 현실적 반환이 아니라 수익자 명의로 둔 상태에서 채권자가 강제집행하는 것을 수인하도록 명할 뿐이라는 일본의 책임설 내지 독일의 채권설이 이론적으로 우수한 점이 있는 것은 분명하나, 우리 법제상 강제집행인용소송이 바로 인정될 수 있는지 의문이고, 인정될 수 있다고 하더라도 구체적인 집행절차규정이 없는 현 상황에서 바로 이 견해를 채택하기는 어렵다.

따라서 채권자취소권의 본질을 사해행위의 취소와 일탈재산의 반환을 구하는 것으로 보는 절충설이 타당하고, 그 중에서도 판례와 통설이 취하고 있는 상대적 무효설을 따를 수밖에 없다고 할 것이다. 상대적 무효설의 여러 문제점은 입법적

52 김재형, 민법론2, 박영사(2010), 17-19.
53 대법원 1980. 7. 22. 선고 80다795 판결.
54 대법원 1988. 2. 23. 선고 87다카1989 판결.
55 대법원 1984. 11. 24.자 84마610 결정.
56 대법원 1991. 8. 13. 선고 91다13717 판결.

으로 해결할 문제로서 단순히 해석론으로 극복하기 어렵다.

상대적 무효설에 의하면, 채권자취소권은 형성권과 원상회복청구권이 결합된 것이므로 그에 기한 사해행위취소의 소도 형성의 소와 이행의 소의 결합으로 본다. 채권자취소권은 소송법상의 권리가 아니라 실체법상의 권리이며 민법 제406조가 "~ 법원에 청구할 수 있다"고 규정한 뜻은 권리행사의 방법을 규정한 것에 불과하다.

채권자취소권은 채권의 공동담보의 보호를 목적으로 채권자에게 인정되는 권리로서 채권에 종된 권리이므로, 채권이 양도되면 채권자취소권도 이에 따라 이전한다. 따라서 사해행위 성립 후에 채권을 양수한 자도 채권자취소권을 행사할 수 있다.

채권자대위권 행사의 경우와 달리, 채권자취소권행사의 소에 있어서는 피고인 수익자 혹은 전득자는 그가 채무자에게 대항할 수 있는 항변사유로써 취소채권자에게 대항할 수 없다. 그러나 취소채권자에게도 개별적으로 관련되는 항변사유로써는 대항할 수 있다고 보아야 한다. 즉 채권자가 당해 사해행위의 당사자였든가, 그 사해행위에 채권자가 동의를 하거나 혹은 채권자취소권을 포기한 경우에는 채권자에게 대항할 수 있다.

Ⅲ. 채권자취소권의 요건

1. 총설

채권자취소권을 행사하기 위해서는 ①객관적 요건으로 '피보전채권의 존재' 및 '채무자의 사해행위'가 있을 것이 필요하고, ②주관적 요건으로 '채무자의 사해의사'와 '수익자 또는 전득자의 악의'가 있을 것이 필요하며, ③소극적 소송요건으로 '제척기간의 준수'가 필요하다.

즉, 채권자취소소송의 요건사실은 ①채권자의 피보전채권, ②채무자의 사해행위, ③채무자의 사해의사, ④수익자, 전득자의 악의 등인데, 이 중 ①, ②, ③은 청구원인사실이므로 취소채권자가 입증하여야 하고, ④는 항변사실이므로 수익자 또는 전득자 측에서 자신의 선의를 입증하여야 한다.

2. 객관적 요건

채권자가 채무자의 재산 처분행위를 사해행위라고 하여 취소하기 위하여는

①채권자취소권의 행사가 가능한 피보전채권을 가지고 있어야 하고(피보전채권), ②채무자의 법률행위가 있어야 하며(사해행위), ③그 법률행위가 채권자를 해하는 것이어야 한다(사해성).

가. 피보전채권

1) 피보전채권의 존재

피보전채권은 채권자취소권을 행사하는 채권자의 채무자에 대한 채권을 말한다. 채권자취소권이 채권에 부수되는 권리인 이상 채권자취소를 위해서는 채권자가 먼저 채무자에 대하여 유효한 채권을 가지고 있을 것이 당연한 전제가 된다. 즉, 채권자취소권은 채권에 종된 권리이므로 피보전채권의 존재는 당연한 논리적 전제이며,[57] 따라서 그 존부의 판단을 하지 아니한 채 취소를 인용한 때에는 이유불비의 위법이 있다.[58]

독일과 달리 우리 민법은 채권자가 채권자취소권을 행사할 때 피보전채권에 관한 집행권원을 취득하고 있을 것을 요구하지 않는다. 따라서 채무자를 상대로 한 피보전채권에 관한 소송이 진행 중에 있다고 해도 채권자는 이와 별도로 수익자 또는 전득자를 상대로 사해행위취소소송을 제기할 수 있다.

피보전채권의 존재가 인정되면 그 액수나 범위가 구체적으로 확정되지 않은 경우라고 하더라도 피보전채권이 될 수 있다.

2) 피보전채권의 종류

가) 금전채권 또는 종류채권

채권자취소권제도는 책임재산의 보전을 목적으로 하는 것이고 그 행사의 효과는 모든 채권자를 위하여 공동담보로서의 효력이 있으므로 피보전채권은 금전채권인 것이 보통이다.

대법원은 과거 "사해행위 취소권은 일반 채권자의 공동담보를 해치는 법률행위를 구제함을 목적으로 하는 것이므로 사해행위 취소권자는 금전 지급을 목적으로 하는 채권을 가지는 자임을 요한다."고 판시[59]하였으나, 그 후 "민법 제406조에 의하여 사해행위 취소권을 행사하는 채권자의 채권은 반드시 금전채권임을 요

57 대법원 1962. 2. 15. 선고 4294민상378 판결.
58 日大判 1932. 2. 26.
59 대법원 1961. 8. 10. 선고 4293민상436 판결.

하지 않고 금전 이외의 물건의 급부를 목적으로 하는 채권이라도 그 물건이 특정물이 아닌 이상 채무자의 자력은 그 권리의 보전에 밀접한 관계가 있으므로, 채무자가 사해의 의사로써 무자력의 결과를 가져올 행위를 한 때에는 그 채권자는 사해행위 취소권을 행사할 수 있다."고 하여[60] 백미의 급부청구권과 같이 금전 이외의 불특정물의 급부를 목적으로 하는 채권(종류채권)도 채권자취소권의 피보전채권이 될 수 있다고 하였다.

나) 특정물채권

(1) 특정물채권의 피보전적격

특정물채권 그 자체는 책임재산의 보전, 즉 공동담보의 유지와 관계가 없으므로 채권자취소권의 피보전채권이 될 수 없음이 원칙이다. 판례도 "채권자취소권은 채무자가 채권자를 해함을 알면서 자기의 일반재산을 감소시키는 행위를 한 경우에 그 행위를 취소하여 채무자의 재산을 원상회복시킴으로써 모든 채권자를 위하여 채무자의 책임재산을 보전하는 권리로서, 특정물채권을 보전하기 위하여 행사하는 것은 허용되지 않는다"고 하여[61] 같은 입장을 취하고 있다. 따라서 취득시효완성 후 소유자가 그 부동산을 처분하였다 하여 시효완성으로 인한 채권자의 소유권이전등기청구권(특정물채권)을 보전하기 위하여 채권자취소권을 행사할 수 없다.[62]

(2) 특정물채권이 금전채권으로 전환될 수 있는 경우

특정물채권이 사해행위 당시에는 아직 금전채권으로 전환되지 아니하였지만 장차 금전채권(손해배상채권 등)으로 전환될 것을 전제로 하여 피보전채권이 될 수 있느냐에 관해 견해의 대립이 있다.[63] 전형적 사례가 이중매매의 경우 제1매수인이 채권자취소권을 행사하여 2차 매매계약을 취소할 수 있느냐 하는 것이다.

우리 판례는 부동산의 이중매매의 경우 제1매수인인 채권자는 자신의 소유권이전등기청구권 보전을 위하여 채무자와 제2매수인 사이에 이루어진 2차 매매계약을 취소하여 그 소유권이전등기의 말소를 구하는 채권자취소권을 행사할 수 없고,[64] 이 경우 채권자가 매도인의 이중양도로 인하여 취득한 매도인에 대한 손해

60 대법원 1965. 6. 29. 선고 65다477 판결.
61 대법원 1995. 2. 10. 선고 94다2534 판결.
62 대법원 1992. 11. 24. 선고 92다33855, 33862 판결.
63 이에 관하여 자세한 것은, 강영호, "특정물채권자는 채권자취소권을 행사할 수 없는가", 사법논집 34집, 법원도서관(2002), 303-334 참조.
64 대법원 1996. 9. 20. 선고 95다1965 판결.

배상채권은 이중양도행위에 대한 사해행위 취소권을 행사할 수 있는 피보전채권에 해당할 수 없다[65]고 한다. 그 이유에 대하여는, 이중매매의 제1매수인은 이중매매에 의한 소유권이전등기가 경료됨으로써 비로소 이행불능에 의한 손해배상채권을 취득하게 될 뿐 이중매매 당시에는 채무자의 변제자력과 관계없는 특정물채권자에 불과하기 때문이라는 것이다.

일본 판례[66]는 처음에는 부정설을 취하였지만 그 후 최고재판소는 "이러한 채권도 궁극에 있어서 손해배상채권으로 변할 수 있고 채무자의 일반재산으로 담보되지 않으면 안되는 것은 금전채권과 같기 때문이다."[67]라고 판례를 변경하여 긍정설을 취한 이후 현재까지 유지되고 있다.

우리 다수설[68]은 특정물채권이라도 종국적으로는 채무불이행에 의한 손해배상채권으로 변화될 가능성을 내포하고 있고 그 손해배상채권은 채무자의 일반재산에 의하여 담보되는 것이므로 이를 보전함을 목적으로 하는 이상 채권자취소권을 행사할 수 있다고 보고 있다. 채권자취소권의 행사에는 다른 요건, 즉 채무자의 무자력과 수익자의 악의를 필요로 하므로 취소권을 인정하더라도 불합리하지 않다는 것이 그 이유이다. 일본의 통설도 같다.[69]

이에 반하여 위 대법원 판결을 지지하는 견해[70]는, ①부동산의 이중매매로 인한 이행불능은 부동산에 대한 제2의 매매가 무효이거나 취소되는 등으로 매도인 앞으로 회복될 가능성이 없음을 전제로 하는 것인데, 이중매매를 사해행위라고 하여 취소할 수 있다고 한다면 제1매수인에 대한 관계에서는 이행불능이라 할 수 없고 따라서 그 채권이 손해배상채권으로 변환될 수도 없다고 보아야 하며, ②채권자취소권에 의하여 제2 매매계약을 취소한 제1매수인이 부동산의 소유 명의 등기를 경료함으로써 특정물채권 본래의 목적을 달성하는 것을 막을 방법이 없다는 점을 고려하면 제1매수인에게 채권자취소권을 인정할 필요가 없다고 주장

65 대법원 1999. 4. 27. 선고 98다56690 판결.

66 日大判 1918. 10. 26.

67 日最判 1961. 7. 19.

68 곽윤직, 채권총론(민법강의Ⅲ), 박영사(2018), 152; 이순동, 채권자취소권(제3판), 육법사(2017), 132-134; 김증한/김학동, 채권총론, 박영사(1998), 200-201; 이은영, 채권총론(제4판), 박영사(2009), 463; 강영호, "특정물채권자는 채권자취소권을 행사할 수 없는가", 사법논집 34집, 법원도서관(2002), 303 이하 등.

69 新版 注釋民法(10)Ⅱ, 債權(Ⅰ), 有斐閣(2011), 827-829.

70 민법주해 Ⅸ, 채권(2), 박영사(1995), 810-811(김능환).

한다.

생각건대, 채권자취소권은 일반 채권자의 공동담보가 되는 채무자의 책임재산이 채무자의 처분행위로 인해 감소되거나 산일되는 것을 되돌려 장래의 강제집행을 주효하게 하기 위한 제도인 만큼, 이와 관련이 없는 특정물채권은 그 피보전채권이 될 수 없다고 보아야 한다. 그런데 특정물채권이 장래 손해배상채권으로 전환될 가능성이 있다는 이유로 채권자취소권의 피보전채권이 될 수 있다고 한다면 특정물의 인도나 소유권이전등기청구 등 특정물의 급부를 목적으로 하는 모든 채권이 채권자취소권의 피보전채권이 될 수 있다고 하는 것과 마찬가지여서(왜냐하면 민법 제390조는 채무불이행에 대한 금전 손해배상원칙을 규정하고 있어 모든 채권은 궁극적으로 금전지급을 구하는 손해배상채권으로 전환될 수 있다) 선뜻 동의하기 어렵다. 이중매매의 경우 제1매수인의 채권은 특정물에 대한 소유권이전등기청구권임이 분명한데, 이것을 피보전채권으로 하여 제2 매매계약을 취소하여 제2매수인 앞으로 경료된 소유권이전등기의 말소를 구할 수 있다고 하는 것은 지나치다. 제2 매매계약이 매도인의 배임행위에 적극 가담한 것이라는 등의 이유로 무효 또는 취소가 되는 경우가 없지 않지만 이것은 극히 제한된 범위에서 예외적으로 인정되고 있는데, 다수설의 견해에 의하면 제1매수인은 이렇게 복잡하고 어려운 이론구성을 할 필요 없이 채권자취소권이라는 손쉬운 방법으로 제2매수인 앞으로 넘어간 등기의 말소를 구할 수 있게 된다. 등기명의가 전전양도된 경우를 상정해 보면 문제는 더 심각해진다. 뒤에서 보는 것처럼 우리 채권자취소권제도가 많이 남용되고 있고, 집행권원도 취득하지 않은 채권자가 채무자와 제3자 사이의 거래관계에 간섭하여 그 효력을 부인하는 막강한 권리를 인정받음으로써 거래의 안전을 심각하게 위협하고 있는 현실을 감안해 보더라도 위 대법원의 판시는 타당하고, 위 지지견해 역시 그 논거가 정당해 보이므로 이에 찬동한다.

다) 담보부 채권

(1) 인적 담보부 채권의 경우

채권자의 채권에 보증인, 연대채무자 등 인적 담보가 붙어 있더라도 그것과는 관계없이 채권자취소권을 행사할 수 있다. 인적담보가 있다고 하여 채권자가 인적담보자로부터 우선변제를 받는다는 보장이 없기 때문이다.[71]

71 곽윤직, 채권총론(민법강의Ⅲ), 박영사(2018), 152; 이순동, 채권자취소권(제3판), 육법사(2017), 135; 김상용, 채권총론(제3판), 화산미디어(2016), 243.

(2) 물적 담보부 채권의 경우

채권자가 저당권, 질권 등의 담보권을 가지고 있는 경우 채권자취소권을 행사할 수 있는가에 관해 견해가 대립된다.

제1설은 통설로서, 담보제공자가 누구인가를 묻지 아니하고 그 담보물로부터 우선변제받을 금액을 공제한 나머지 채권액에 대하여서만 채권자취소권을 행사할 수 있다고 본다.[72] 채권자의 우선변제권이 확보되어 있는 범위 내에서는 채무자의 재산처분행위가 채권자를 해하는 결과로 될 수 없기 때문이다.

제2설은 채권자의 채권 전액을 기준으로 채권자취소권을 인정해야 한다고 본다.[73] 담보권과 채권자취소권은 목적이나 근거를 달리하는 것이고 담보물이 멸실되는 경우도 있어 언제나 우선변제가 확보되는 것도 아니기 때문이라는 것 등을 이유로 한다.

제3설은 채무자가 물상담보의 제공자인 경우에는 그 피담보채권액을 공제할 것이나, 제3자가 담보제공자인 경우에는 그 담보와는 관계없이 채권 전액을 기준으로 하여 채권자취소권을 인정하여야 한다고 본다.[74] 우선변제를 받을 경우 물상보증인이 채무자에 대하여 구상권을 취득하게 되는 것을 고려한다면 채권자가 파악하고 있는 담보가치는 본래 채무자의 재산에는 포함되어 있지 않는 것으로 봄이 타당하기 때문이라는 것 등을 이유로 한다. 이 견해가 일본의 다수설[75]이고 판례[76]이다.

우리 판례는 "주채무자 또는 제3자 소유의 부동산에 대하여 채권자 앞으로 근저당권이 설정되어 채권자에게 우선변제권이 확보되어 있다면 그 범위 내에서는 채무자의 재산처분행위는 채권자를 해하지 아니하므로 그 담보물로부터 우선변제받을 액을 공제한 나머지 채권액에 대하여만 채권자취소권이 인정된다."(대법원 2002. 4. 12. 선고 2000다63912 판결)고 하여 통설과 마찬가지로 제1설을 취하고 있다.

통설 및 판례가 타당하다. 즉, 담보제공자가 누구인지 불문하고 채권자가 우

72 곽윤직, 채권총론(민법강의Ⅲ), 박영사(2018), 152; 이순동, 채권자취소권(제3판), 육법사(2017), 135; 민법주해 Ⅸ, 채권(2), 박영사(1995), 814(김능환).

73 주석 채권총칙(상), 한국사법행정학회(1984), 410; 고경우, "채권자취소권에 있어서의 피보전권리", 판례연구 9집, 부산판례연구회(1998), 124.

74 김주수, 채권총론, 삼영사(2003), 247.

75 新版 注釋民法(10)Ⅱ, 債權(Ⅰ), 有斐閣(2011), 847.

76 日大判 1945. 8. 30.

선변제권을 확보하고 있는 한 채무자가 그 담보물을 처분하여도 채권자는 여전히 우선변제권을 보유하고 있으므로 그 처분행위로 인하여 해를 입지 않는다. 따라서 채권자의 우선변제권이 확보되어 있는 범위 내에서는 채무자의 재산처분행위가 채권자를 해하는 결과로 될 수 없으므로 그 담보물로부터 우선 변제받을 액을 공제한 나머지 채권액에 대하여만 채권자취소권이 인정된다고 보아야 한다.

채무자가 담보목적물 이외의 재산을 처분하는 경우에도 담보물의 가액이 피담보채권액을 상회하는 한 채권자취소를 인정할 필요가 없다. 다만 담보물의 가액이 피담보채권액을 하회하는 경우 그 부족액에 대하여는 채무자의 일반재산을 책임재산으로 기대하게 되므로 그 한도에서 채권자취소가 인정된다.[77]

라) 조건부 또는 기한부채권

취소채권자의 채권은 그것이 이행기에 있어야 하는 것이 아니므로 조건부·기한부 채권도 채권자취소권의 피보전채권이 될 수 있다.[78]

판례도 "채권자취소권 행사는 채무 이행을 구하는 것이 아니라 총채권자를 위하여 이행기에 채무 이행을 위태롭게 하는 채무자의 자력 감소를 방지하는 데 목적이 있는 점과 민법이 제148조, 제149조에서 조건부권리의 보호에 관한 규정을 두고 있는 점을 종합해 볼 때, 취소채권자의 채권이 정지조건부채권이라 하더라도 장래에 정지조건이 성취되기 어려울 것으로 보이는 등 특별한 사정이 없는 한, 이를 피보전채권으로 하여 채권자취소권을 행사할 수 있다."(대법원 2011. 12. 8. 선고 2011다55542 판결)고 하여 이를 긍정하고 있다.

마) 그 밖의 채권

채권자취소권제도는 '강제집행의 준비절차'이기 때문에 강제집행이 가능하다는 것을 전제로 한다. 따라서 강제집행을 할 수 없는 자연채무나 파산절차에서 면책결정이 확정된 채권[79]은 피보전채권이 될 수 없다.[80]

채권자취소권은 일반 채권자의 공동담보를 보전하기 위한 제도이므로 작위나 부작위를 목적으로 하는 채권과 같이 채무자의 일반재산과 아무런 관계가 없는

77 新版 注釋民法(10) Ⅱ, 債權(Ⅰ), 有斐閣(2011), 847.

78 곽윤직, 채권총론(민법강의Ⅲ), 박영사(2018), 152; 김증한/김학동, 채권총론, 박영사(1998), 202; 김주수, 채권총론, 삼영사(2003), 248; 이순동, 채권자취소권(제3판), 육법사(2017), 137 등.

79 대법원 2008. 6. 26. 선고 2008다25978 판결.

80 이순동, 채권자취소권(제3판), 육법사(2017), 156.

것은 채권자취소권의 피보전채권이 될 수 없다. 다만, 이러한 채권도 채무불이행으로 인하여 손해배상채권으로 전환된 경우에는 피보전채권으로 될 수 있다.

일본 판례 중에는 임차권이 채권자취소권의 피보전채권이 될 수 없다는 판례[81]가 있다.

3) 피보전채권의 성립시기

가) 원칙: 사해행위 이전 성립

(1) 원칙

채권자취소권의 피보전채권은 원칙적으로 사해행위로서 취소되어야 할 행위가 행하여지기 전에 성립되어 있어야 한다. 우리나라의 통설[82]이고 판례도 "사해행위로 인하여 사해행위 이후에 권리를 취득한 채권자를 해친다고 할 수 없으므로 취소채권자의 채권은 사해행위가 있기 이전에 발생하고 있어야 함은 채권자취소권의 성질상 당연한 요건이다."(대법원 1995. 2. 10. 선고 94다2534 판결)라고 하여 같은 입장을 취하고 있다. 일본의 통설 및 판례도 같다.[83]

피보전채권이 사해행위 전에 성립되어 있어야 한다는 요건이 필요한 이유는 피보전채권의 성립시기가 채권자취소권 발생요건 중 하나인 사해행위성 존부와 직접 관련이 있기 때문이며, 사해의사의 존부와도 관련된 경우가 많기 때문이다. 즉 채권자는 채권이 발생한 당시에 있어서의 채무자의 자력을 신용의 기초로 하여 채권을 취득하였으므로, 사해행위 당시에 아직 존재하지 아니하는 채권은 그 사해행위에 의하여 침해당할 수 없다.[84] 또한 채무자로서도 당시 존재하지 않는 채권자에 대하여 그 책임재산의 부족이 초래되거나 심화된다는 것을 인식하였다고 볼 수 없으므로 아직 성립하지도 않은 채권에 대하여는 채무자의 사해의사를 인정할 수도 없다.[85]

(2) 채권의 이전 등

채권자의 채권이 사해행위 이전에 성립되어 있는 이상 사해행위 이후에 채권

81 日大判 1910. 12. 2.

82 곽윤직, 채권총론(민법강의Ⅲ), 박영사(2018), 152; 김증한/김학동, 채권총론, 박영사(1998), 201; 김주수, 채권총론, 삼영사(2003), 246 등.

83 新版 注釋民法(10)Ⅱ, 債權(Ⅰ), 有斐閣(2011), 829-830.

84 곽윤직, 채권총론(민법강의Ⅲ), 박영사(2018), 152.

85 조영철, "채권자취소권에 있어서의 피보전채권의 성립시기", 재판실무연구 1권, 수원지방법원(1996), 99.

이 양도되어도 그 양수인이 채권자취소권을 행사할 수 있고(대법원 2012. 2. 9. 선고 2011다77146 판결), 이 경우 채권양도의 대항요건을 사해행위 이후에 갖추었더라도 무방하다(대법원 2006. 6. 29. 선고 2004다5822 판결). 채무자는 채권양도인을 해할 의사는 있었다 하더라도 채권양수인을 해할 의사가 없었다는 이유를 들어 취소를 면할 수 없다.[86]

(3) 사해행위에 등기 등이 필요한 경우

사해행위가 단지 재산권 이전의 채권채무만을 발생시키고 재산의 현실적인 이전은 그 채무의 이행에 의하여 비로소 행하여지는 경우에, 취소채권자의 채권이 사해행위와 그 채무이행 사이(예컨대 부동산 매매계약과 그에 기한 등기 경료의 사이)에 발생하였다면, 사해행위는 어디까지나 채무부담행위 그 자체이고 이행은 그 연장에 불과한 것이기 때문에 이와 같은 경우 사해행위 당시 피보전채권이 아직 발생하지 않았으므로 채권자는 채권자취소권을 행사할 수 없다는 것이 우리나라[87] 및 일본[88]의 판례이다. 원래 그 재산은 특별한 사정이 없는 한 책임재산이 될 수 없는 성질의 것이므로 채권자취소권의 대상으로 될 수 없다고 하며, 일본의 통설[89]도 같다.

(4) 예약과 가등기의 경우

사해행위가 예약과 예약완결권 행사에 의해 이루어진 경우 사해행위 여부는 예약시를 기준으로 판단한다(대법원 2016. 7. 14. 선고 2014다233268 판결). 따라서 피보전채권 발생 전에 한 매매예약에 기하여 그 채권 발생 후에 예약완결권이 행사된 경우에는 사해행위 당시 피보전채권이 성립하지 않았으므로 그 매매는 취소의 대상이 되지 않는다. 대물변제 예약에 기하여 대물변제가 된 경우에도 같다(대법원 2002. 9. 6. 선고 2002다9257 판결).

가등기에 기하여 본등기가 경료된 경우 가등기의 원인인 법률행위와 본등기의 원인인 법률행위가 명백히 다른 것이 아닌 한 사해행위 요건의 구비 여부는 가등기의 원인된 법률행위 당시를 기준으로 하여 판단하여야 한다(대법원 2001. 7. 27. 선고 2000다73377 판결 등). 따라서 가등기가 경료될 당시 피보전채권이 성립하지 않았다면 그 후에 본등기가 경료되더라도 사해행위를 이유로 취소할 수 없다.

86 日大判 1935. 10. 11.
87 대법원 1962. 11. 15. 선고 62다634 판결.
88 日最判 1958. 2. 21., 日最判 1980. 1. 24.
89 新版 注釋民法(10) Ⅱ, 債權(1), 有斐閣(2011), 834-835.

다만, 가등기가 경료된 후 사정변경으로 본등기를 경료해주지 않아도 됨에도 불구하고 본등기를 경료해 준 경우, 즉 가등기에 기한 본등기청구권(예약완결권)을 10년간 행사하지 아니하여 제척기간이 도과되었음에도 불구하고 채무자가 가등기에 기한 본등기를 마쳐주었다면 그러한 행위는 매매예약과 별개로 채권자취소권의 대상이 될 수 있다.[90]

(5) 액수나 범위 확정 불요

채권이 성립되어 있는 이상 그 액수나 범위까지 확정되어 있을 필요는 없다. 대법원도 "채권자취소권 행사는 채무 이행을 구하는 것이 아니라 총채권자를 위하여 채무자의 자력 감소를 방지하고, 일탈된 채무자의 책임재산을 회수하여 채권의 실효성을 확보하는 데 목적이 있으므로, 피보전채권이 사해행위 이전에 성립되어 있는 이상 액수나 범위가 구체적으로 확정되지 않은 경우라고 하더라도 채권자취소권의 피보전채권이 된다."(대법원 2018. 6. 28. 선고 2016다1045 판결)고 하여 같은 입장을 취하고 있고, 일본의 판례도 불법행위에 기한 손해배상채권을 피보전채권으로 한 사안에서 이를 긍정하고 있다.[91] 다만 채권의 액수나 범위는 사해성의 판단, 즉 채무자의 무자력 여부를 판단하는 데 영향을 미칠 수 있다.

(6) 변제기 도래 불요

피보전채권이 사해행위 이전에 성립되어 있는 이상 사해행위시까지 변제기가 도래할 필요는 없다.[92] 채권자취소권은 장래의 강제집행 보전을 위해 채무자의 책임재산을 유지하기 위한 제도이므로 반드시 변제기가 도래하여야만 행사할 수 있다고 볼 필요가 없는 것이다.[93] 이 점은 변제기 도래를 행사요건으로 규정한 채권자대위권과 대비된다(민법 제404조 제2항).

그런데 취소권 행사시까지는 이행기가 도래해야 할 필요가 있는지 여부가 문제된다. 취소권의 행사요건으로서 집행권원을 요구하지 않는 우리 민법 하에서는 이행기가 도래하지 않더라도 사해행위취소의 소를 제기하는 것은 허용된다고 보아야 한다. 다만, 변론종결 시까지 이행기가 도래하지 아니한 채권의 경우 사해성

90 이순동, 채권자취소권(제3판), 육법사(2017), 149-150(대법원 2013. 5. 31.자 2012마712 결정이 본등기경료행위를 시효이익 포기행위로 보아 매매예약과 별개의 사해행위가 된다고 한 것은 제척기간 경과를 간과한 것으로서 잘못이라고 비판하고 있다).

91 日大判 1919. 5. 20.

92 日大判 1920. 12. 27.

93 이순동, 채권자취소권(제3판), 육법사(2017), 151.

의 판단에 지장이 생길 수는 있다. 즉 채무자의 책임재산은 언제나 증감변동하는 것이고 피보전채권의 이행기가 변론종결 시로부터 장기간 남아 있는 경우에는 사해성을 인정하기 어려운 경우가 있을 수 있다.

독일법에 의하면 피보전채권은 원칙으로 집행력 있는 집행권원이 존재하고 그 채권의 변제기가 도래할 것을 요건으로 한다.

나) 예외: 기초적 법률관계론

(1) 판례의 태도

대법원 1995. 11. 28. 선고 95다27905 판결은, "채권자취소권에 의하여 보호될 수 있는 채권은 원칙적으로 사해행위라고 볼 수 있는 행위가 행하여지기 전에 발생된 것임을 요하지만, 그 사해행위 당시에 이미 채권 성립의 기초가 되는 법률관계가 발생되어 있고, 가까운 장래에 그 법률관계에 기하여 채권이 성립되리라는 점에 대한 고도의 개연성이 있으며, 실제로 가까운 장래에 그 개연성이 현실화되어 채권이 성립된 경우에는, 그 채권도 채권자취소권의 피보전채권이 될 수 있다고 할 것이다. 왜냐하면, 위와 같은 경우에도 채권자를 위하여 책임재산을 보전할 필요가 있고, 채무자에게 채권자를 해한다는 점에 대한 인식이 있었다고 볼 수 있기 때문이다."고 판시하였고, 이것이 확고한 판례로 자리잡았다.[94] 일본의 판례·통설도 이와 같다.[95]

즉, 채권자취소권에 의하여 보호되는 채권은 원칙적으로 채무자가 채권자를 해함을 알고 재산권을 목적으로 한 법률행위를 하기 전에 발생된 것이어야 하지만, ①그 사해행위 당시에 이미 채권성립의 기초가 되는 법률관계가 발생되어 있고(기초적 법률관계의 존재), ②가까운 장래에 그 법률관계에 기하여 채권이 성립되리라는 점에 대한 고도의 개연성이 있으며(고도의 개연성), ③실제로 가까운 장래에 그 개연성이 현실화되어 채권이 성립(개연성의 현실화 - 채권의 실제 발생)된 경우에는 그 채권도 채권자취소권의 피보전채권이 될 수 있다고 하여 피보전채권의 성립시기에 관한 위 일반원칙에 대한 예외를 명시적으로 인정하고 있다.

94 대법원 2000. 2. 25. 선고 99다53704 판결, 대법원 2000. 3. 28. 선고 99다69938 판결, 대법원 2000. 6. 27. 선고 2000다17346 판결, 대법원 2004. 11. 12. 선고 2004다40955 판결, 대법원 2017. 9. 21. 선고 2015다53841 판결, 대법원 2017. 11. 29. 선고 2017다241819 판결, 대법원 2019. 12. 13. 선고 2017다208294 판결 등.

95 新版 注釋民法(10) Ⅱ, 債權(Ⅰ), 有斐閣(2011), 832.

(2) 3가지 요건

(가) 기초적 법률관계

기초적 법률관계는 채권 발생의 기초가 되는 법률관계를 말한다. 채권은 당사자 사이의 합의 내지 계약으로 뿐만 아니라, 사무관리나 부당이득, 불법행위, 그 밖에 법률의 규정 등 법정채권 발생원인에서도 발생할 수 있는 만큼, 그것으로부터 채권이 발생할 수 있는 관계인 한 굳이 당사자 사이의 계약관계에 한하지 않으며, 준법률관계나 사실관계 기타 법정 채권발생원인도 기초적 법률관계에 포함될 수 있다고 넓게 보아야 할 것이다.[96] 따라서 기초적 법률관계의 의미는 형평과 도의의 관념에 기초하여, 사해행위성과 사해의 의사를 기준으로 구체적 사안에 따라 개별적으로 판단되어야 한다.

(나) 채권성립의 고도의 개연성

채권성립의 고도의 개연성이란 사해행위 당시 취소채권자의 피보전채권이 조만간 성립할 가능성이 매우 높다는 것을 뜻한다. 기본적으로 사실관계 확정 및 규범적 판단의 문제로서 실무에서 가장 많이 문제되고 있는 쟁점이다.

채권성립의 고도의 개연성이라고 하는 요건은 채권자와 채무자 사이에 이미 성립되어 있는 기초적 법률관계의 종류, 채무자의 재산상태 및 그 변화 내용, 일반적으로 종전에 그와 같은 상태에서 채권이 발생하는 빈도 및 그 빈도에 대한 일반인의 인식 정도, 채무자의 재산 처분행위와 채권발생과의 시간적 간격 등을 종합하여 규범적으로 판단할 것이고, 그 판단은 채무자의 시각에서가 아니라 일반인의 시각에서 이루어져야 할 것이다.[97]

판례도 "여기서 채무자의 재산처분행위 이후에 발생한 채권에 대하여 채권자취소권을 인정하기 위한 요건으로서의 고도의 개연성은 단순히 향후 채권이 발생할 가능성이 있는 정도에 그쳐서는 안 되고, 적어도 채무자의 사해의사를 추단할 수 있는 객관적 사정이 존재하여 일반적으로 누구라도 채권의 발생을 예견할 수 있을 정도에 이르렀다고 볼 만한 상태에서 채무자의 재산처분행위가 이루어졌어야 하며, 구체적으로 이러한 고도의 개연성이 있는지 여부는 채권자와 채무자 사이의 기초적 법률관계의 내용, 채무자의 재산 상태 및 그 변화 내용, 일반적으로 그와 같

96 조영철, "채권자취소권에 있어서의 피보전채권의 성립시기", 재판실무연구 1권, 수원지방법원(1996), 113-114.

97 장희석, "채권자취소권에 의하여 보호되는 피보전채권의 성립시기 등", 판례연구 11집, 부산판례연구회(2000), 100.

은 상태에서 채권이 발생하는 빈도 및 이에 대한 일반인의 인식 정도, 채무자의 재산처분행위와 채권 발생과의 시간적 간격 등 여러 가지 사정을 종합하여 객관적으로 판단하여야 한다”(대법원 2013. 2. 14. 선고 2012다83100 판결 등)고 판시하고 있다.

(다) 개연성의 현실화(채권의 실제 발생)

실제로 가까운 장래에 그 개연성이 현실화되어 채권이 성립되어야 한다. 채권자취소소송의 변론종결 시까지 채권이 성립되어 있지 않으면 사해행위취소란 논할 필요가 없는 것이다. ‘가까운 장래’라는 개념도 다분히 불확정 개념이지만 각 개별 사안에서 결과적으로 발생하는 채권의 성질과 발생을 둘러싼 제반 사정을 종합하여 판단되어야 할 것이다. 그리고, 채권이 성립되기 전에 예상되었던 것과 결과적으로 성립된 채권의 내용과 범위가 다소 다르다고 하여도 무관하다고 본다.[98]

신용보증약정에 있어서 사전구상권의 발생 여부에 관계없이 고도의 개연성 여부만으로 피보전채권의 인정 여부를 결정하여야 한다는 견해가 있으나, 고도의 개연성만으로 피보전채권을 결정하게 되면 결국에는 신용보증약정 자체만으로 채권자취소권을 행사할 수 있게 되어 실질적으로 그 범위 제한이 없게 되므로 가까운 장래에 채권이 실현되는 것을 전제조건으로 삼아야 한다는 것이 판례의 태도이고 타당한 해석이다. 다만 고도의 개연성에 관하여 엄격하게 해석하는 방향으로 나가면 위 두 가지 견해의 실질적인 차이는 거의 없게 된다.

(라) 검토

채권자취소권은 피보전채권을 전제로 하는 것으로서 채권자취소소송의 변론종결 시까지 채권이 성립되어야 함은 당연한 전제이고, 기초적 법률관계라는 것도 그와 같은 채권의 성립을 위한 것에 불과하기 때문에, 위 3가지 요건 중 핵심적인 요건은 결국 “채권 성립의 고도의 개연성”이라고 할 수 있다.

사해행위 이후에 성립한 채권이지만 위와 같은 3가지 요건에 관한 판단 과정을 거쳐 채권자취소권의 피보전채권으로 인정되는 경우, 그 다음 단계는 채무자의 재산 처분행위가 사해행위에 해당하는지 및 채무자의 사해의사가 있는지의 여부가 될 것인데, 그 판단은 피보전채권의 종류와 그 성립 원인, 사해행위 당시 채권자와 채무자 및 채무자와 수익자 사이의 상호관계, 처분행위의 종류와 처분 전후의 재산 변동 내용, 구상보증 채무의 연대보증인 경우 주채무자의 재산상태와

98 장희석, “채권자취소권에 의하여 보호되는 피보전채권의 성립시기 등”, 판례연구 11집, 부산판례연구회(2000), 100-101.

연대보증 채무자의 그 인식 정도, 채무자의 재산 처분 의도 등을 종합하여 결정할 것이지만, 그 핵심은 결국 채권이 발생할 개연성이 아주 높은 단계에서 채무자가 채권자를 해할 의사로 사해행위를 하였는지의 여부라고 할 것이다.

그런데 여기에서 말하는 채권자를 해할 의사라는 것은 채권자취소권의 주관적 요건으로 지적되는 사해의 의사와는 그 어감이 다르다. 즉, 사해행위 성립의 주관적 요건인 사해의사(詐害意思)는 단순히 공동담보에 부족이 생기는 것을 인식하는 것을 말하는 것인데, 여기에서 말하는 사해의 의사는 그것을 넘어 특정의 채권 발생 가능성을 예견하고, 그 특정채권자를 적극적으로 해할 의도로서 재산적 처분행위를 한다고 하는 "사해적 예견(詐害的 豫見)"을 말한다고 할 것이다.[99]

(3) 판례 분석

(가) 구상채권

신용보증약정을 체결한 것은 통상 채권성립의 기초적 법률관계로 인정된다. 즉, 신용보증약정을 체결하였고, 구상채권 성립의 고도의 개연성이 있는 상태에서 장래 구상채무를 부담하는 주채무자 또는 연대보증인이 사해행위를 하였으며, 실제로 가까운 장래에 구상채권이 성립한 경우 사해행위취소가 인정된다.

만약 신용보증계약 체결일이 사해행위라고 주장하는 매매계약 이후인 경우에는 아직 채권성립의 기초가 되는 법률관계가 형성되지도 않았으므로, 위 신용보증계약에 기한 구상금채권은 채권자취소권의 피보전채권이 될 수 없다(대법원 2006. 9. 28. 선고 2005다8286, 8293 판결).

판례 사안 중 구상채무의 연대보증인이 재산처분을 한 경우에 관하여 채권성립의 고도의 개연성 등을 긍정한 사례들을 살펴보면 다음과 같다.

①대법원 1997. 10. 28. 선고 97다34334 판결은, 구상채권성립에 대한 고도의 개연성의 존재 여부를 판단함에 있어서는 주채무자인 소외 회사의 당시의 재정상태 등 객관적인 사정에 의하여야 한다고 하면서, 주채무자가 거래정지처분을 받음으로써 채권자(신용보증기금)가 사전구상권을 취득한 날(1995. 5. 5.)의 약 1달 전(1995. 4. 4.)에 신용보증계약의 연대보증 채무자가 그 유일한 재산을 수익자에게 증여한 사안에 대해 사해행위시와 사전구상권을 취득한 날짜가 시간적으로 매우 근접해 있다는 점(약 1달 정도)을 고려하여 사해행위취소를 인정하였다. ②대법원

99 조영철, "채권자취소권에 있어서의 피보전채권의 성립시기", 재판실무연구 1권, 수원지방법원(1996), 114-115; 김대정, "채권자취소권의 피보전채권의 성립시기", 민사법학 17호, 한국사법행정학회(1999), 389.

2000. 2. 25. 99다53704 판결은, 주채무자의 재정상태와 사해의사를 모두 참작하여 고도의 개연성을 판단하였다. 즉 증여계약이 이루어진 1994. 9. 21.은 주채무자인 소외 회사의 부도(1994. 10. 15.)로부터 1달도 못되는 시점이므로(증여로 인한 소유권이전등기는 부도 직전인 1994. 10. 6.에 이루어졌다), 당시 소외 회사가 이미 재정적 곤란을 겪고 있었으리라는 점은 능히 짐작이 가능하고, 또한 구상금채무의 연대보증인이 부동산을 처인 피고에게 증여하게 된 납득할 만한 이유를 밝히지 못하고 있는 점, 연대보증인이 소외 회사의 이사이며 대표이사의 동생이어서 소외 회사의 재정상태를 잘 알고 있었던 것으로 보이는 점 등을 합하여 그 증여는 채권성립의 고도의 개연성이 있는 상태에서 채권자를 해할 의도로 한 것이라고 인정하였다. ③대법원 2000. 2. 25. 선고 99다42384 판결은, 주채무자의 재정상태를 고려하여 고도의 개연성을 인정하였다. 1996년 6월경 ○○피혁의 회사경영에 불만을 가진 갑이 관계당국에 진정을 제기함에 따라 양주군이 ○○피혁에게 양주군 내에 있는 무허가 공장건물을 철거하라는 행정처분을 내리고 이에 양주군 공장에 있던 재고자산을 수원창고로 옮기는 과정에서 위 갑의 선동에 의하여 동요된 직원들이 재산을 염가로 처분하고 정상조업을 거부하는 등으로 회사업무에 차질이 초래되어 ○○피혁이 조만간에 부도를 내지 않을 수 없는 입장에 있었다. 구상금채무의 연대보증인이 피고에게 근저당권을 설정하여 준 같은 달 11일부터 며칠 후인 같은 달 17일(사해행위로부터 6일 후)에는 ○○피혁이 부도가 났으므로 사해행위 당시에는 원고의 사전 구상권이 발생하리라는 고도의 개연성이 있었다고 보았다. ④대법원 2010. 4. 29. 선고 2009다80705 판결은, 신용보증기금이 갑회사와 체결한 신용보증약정에 따라 갑회사의 물품대금채무를 대위변제한 후 연대보증인에 대한 구상금채권을 피보전권리로 하여 연대보증인인 갑회사의 대표이사가 그 신용보증약정 체결 전 자기 소유의 부동산에 관하여 갑회사의 채권자인 은행과 체결한 근저당권설정계약에 대해 사해행위취소를 구한 사안에서, 위 신용보증약정이 근저당권설정계약 전 체결한 구 신용보증약정과 기초적 법률관계가 동일하다고 보아 근저당권설정계약 체결 당시 이미 위 구상금채권의 성립의 기초가 되는 구 신용보증약정과 위 대표이사에 대한 연대보증계약이 성립하여 있었고, 근저당권설정계약 체결 직전 무렵부터 갑회사의 자금사정이 악화되어 가까운 장래에 구상금채권이 발생할 고도의 개연성이 있었으므로, 위 구상금채권은 채권자취소권의 피보전채권이 된다고 판시하였다. ⑤대법원 2011. 11. 10. 선고 2011다53614 판

결은, 갑 주식회사의 을 신용보증재단에 대한 장래 구상금채무를 연대보증한 갑 회사 대표이사의 처 병이 자신의 유일한 재산인 아파트를 정을 거쳐 무 등에게 매도하였는데, 갑 회사는 매매계약 체결 당시 국세를 체납하고 있었고, 매매계약에 따른 소유권이전등기일로부터 약 80여 일 후에 기한의 이익을 상실하는 신용보증사고를 발생시켰으며, 그 후 얼마 지나지 않아 어음부도를 낸 끝에 폐업한 사안에서, 위 구상금채권이 채권자취소권의 피보전채권이 된다고 보았다. ⑥또 대법원 2012. 1. 12. 선고 2010다64792 판결은, 신용보증약정을 체결한 상태에서 구상채무의 연대보증인이 수익자와 사해행위인 근저당권설정계약을 체결하였고 그로부터 2개월 내지 6개월 지나 신용보증사고가 발생한 사안에 대해 채권성립의 고도의 개연성이 있다고 하여 사해행위취소를 인정하였고, ⑦대법원 2011. 1. 13. 선고 2010다68084 판결은, 이행보증보험계약이 체결된 상태에서 구상채무의 연대보증인이 2008. 7. 22. 수익자와 매매예약을 체결하였고, 보증사고는 2008. 12. 26. 및 2009. 1. 23. 발생하였지만, 구상채무의 주채무자인 소외 회사가 2008. 7.경부터 물품대금의 지급을 지체하고 2008. 8. 1. 도급받은 공사가 중단된 상태에 있었던 점 등을 감안하여 채권성립의 고도의 개연성이 있다고 하였다. ⑧대법원 1997. 10. 28. 선고 97다34334 판결은, 1994. 2. 22. 신용보증계약이 체결되었는데, 구상채무의 연대보증인이 1995. 4. 4. 부동산을 증여했고 1995. 5. 9. 주채무자가 부도났는데, 위 증여계약 당시 주채무자 회사는 대출금을 변제하지 못하는 형편이었고 거래처의 연쇄부도로 다액의 손해를 본 상황이었던 점 등 위 증여계약 당시 소외 회사의 재정 상태에 비추어 원고의 구상채권 성립에 대한 개연성이 있었다고 인정할 여지가 있다고 하였다.

이에 반해 고도의 개연성 등을 부정한 사례들은 다음과 같다.

①대법원 1995. 11. 28. 선고 95다27905 판결은, 재산처분(사해행위) 당시 구상금채권이 발생하지 않았을 뿐 아니라 구상권 성립의 기초가 되는 신용보증약정 자체가 사해행위 후에 발생한 경우로서 기초적 법률관계론의 첫 번째 요건을 갖추지 못한 경우에 대한 것이다. ②대법원 1996. 2. 9. 선고 95다14503 판결은, 구상금채무의 연대보증인이 1993. 8. 30. 부동산을 증여하였고 그 뒤인 1994. 1. 25. 구상채무가 성립하였는데, 위 사해행위 당시 주채무자의 재정상태에 대하여 아무런 자료가 나타나 있지 않은 사안인데, 대법원은 위와 같은 사정만으로는 연대보

증인이 사해행위를 할 당시에 채권자의 구상권 행사가 임박하였다거나 장차 채권자가 구상권을 행사하게 되는 사태가 발생하리라는 사실에 대한 고도의 개연성이 있었다고 보기 어렵다고 하였다. ③대법원 2000. 6. 27. 선고 2000다17346 판결은, 주채무자가 거래정지처분을 받기 20일 이전에 구상채무의 연대보증인이 재산을 처분하였으나 채권자의 구상금채권은 그로부터 11개월 뒤에 발생하였고 재산처분 당시 주채무자의 재정상태를 인정할 아무런 자료가 없어 채권성립의 고도의 개연성을 부정하였다. 즉 11개월의 기간은 판례에서 말하는 '가까운 장래'에 해당되지 않는데다가 주채무자가 사해행위일로부터 20일 남짓 지난 1996. 7. 19. 부도처분을 받았다는 점 이외에는 주채무자의 재정상태에 관하여 아무런 자료가 제출되어 있지 않아(이 점은 원고의 입증사항임) 그 부도발생이 일반적인 경우처럼 적극재산에 대한 소극재산의 초과로 인한 것이라고 속단하기 어렵고, 적극재산을 충분히 갖춘 상태에서 일시적인 유동성 부족에 기인한 부도로 볼 여지도 있으므로, 이러한 의문을 풀지 못한 책임은 입증책임분배의 원칙에 따라 결국 원고가 부담할 수밖에 없다는 점을 고려하여 고도의 개연성을 부정하였다. ④대법원 2006. 9. 28. 선고 2005다8286, 8293 판결은, 2001. 4. 26. 신용보증약정이 체결되었고 구상채무의 연대보증인이 부동산 매매계약을 체결한 것은 2001. 9. 20.인데, 주채무자는 사해행위일로부터 1년 3개월이 지난 2003. 1. 1.부터 처음으로 대출금의 이자지급을 연체하였고 2003. 8. 28. 기한의 이익을 상실하였으며, 2003. 12. 26. 원고가 대위변제하여 구상금채권을 취득한 사안에 대한 것이다. 대법원은 "위와 같은 사정에 비추어 보면 이 사건 매매계약 체결 당시 위 신용보증계약에 기한 원고의 구상금채권이 발생하지 않았을 뿐 아니라, 비록 이 사건 매매계약 체결 당시 채권성립의 기초가 되는 법률관계는 발생되어 있었다고 하더라도 가까운 장래에 그 법률관계에 기하여 채권이 성립하리라는 점에 대한 고도의 개연성이 있었다고 보기도 어렵다"고 하면서 "단순히 소극재산이 적극재산을 초과하고 있었다거나 별건의 보증채무와 관련하여 채무변세 독촉을 받고 있있다는 사징만으로는 그와 같은 개연성이 있다고 단정하기 어렵고, 더구나 이 사건 매매계약 체결 이후인 2001. 12. 7. 원고가 채무자와 별도의 신용보증계약을 체결한 점을 감안하면 더욱 그러하다."고 판시하였다.

결국 이른바 보증구상사건에서는 (i)피보전채권이 현실적으로 발생한 시기와 사해행위가 있었던 시기와의 근접성, (ii)사해행위 당시의 주채무자의 재정상태 및 이에 대한 인식정도라는 2개의 사정이 '채권발생의 고도의 개연성'이라는 요건을 판단하는 중요한 자료가 된다고 할 것이다.[100]

(나) 조세채권

사해행위 당시 아직 조세채권이 성립하지는 않았으나, 그 이전에 조세채무자가 실질적 대표자로 있는 회사에서 가공원가를 계상하였고, 과세관청이 위 가공원가를 조세채무자에 대한 인정상여로 소득처분하여 종합소득세 부과처분을 하였다면, 위 조세채권은 가공원가를 계상한 시점에 이미 그 기초적 법률관계가 발생하였고, 가까운 장래에 채권이 성립할 고도의 개연성이 있었으며, 실제 그 개연성이 현실화되어 채권이 성립하였으므로 채권자취소권의 피보전채권이 될 수 있다 (대법원 2001. 3. 23. 선고 2000다37821 판결).

(다) 대환

현실적인 자금의 수수 없이 형식적으로만 신규 대출을 하여 기존 채무를 변제하는 이른바 대환은 특별한 사정이 없는 한 형식적으로는 별도의 대출에 해당하나 실질적으로는 기존 채무의 변제기 연장에 불과하므로, 그 법률적 성질은 기존 채무가 여전히 동일성을 유지한 채 존속하는 준소비대차로 보아야 하고, 이러한 경우 채권자와 보증인 사이에 사전에 신규 대출 형식에 의한 대환을 하는 경우 보증책임을 면하기로 약정하는 등의 특별한 사정이 없는 한 기존 채무에 대한 보증책임이 존속된다. 따라서 2007. 2. 14.에 신용보증약정이 체결된 후 수회 기한이 연장되다가 최종적으로 2009. 4. 2. 종전 보증서를 회수하면서 새로 신용보증약정을 체결하였는데 채무자가 그 전인 2009. 2. 21. 수익자에게 특허권을 양도한 경우 비록 위 특허권 양도계약이 이 사건 신용보증약정 체결 전에 이루어졌다 하더라도, 그 양도계약 당시 이미 채권자와 채무자 사이에 기존의 각 신용보증약정이 체결되어 있었을 뿐만 아니라 그것이 이 사건 신용보증약정과 동일성을 유지하면서 보증기한만 연장하여 이 사건 신용보증약정을 체결하기에 이른 것으로 볼 것이므로, 위 특허권 양도계약 당시 채권자의 구상금채권 성립의 기초가 되는 법률관계가 발생되어 있다고 판단한 것은 정당하다(대법원 2012. 2. 23. 선고 2011다76426 판결).

(라) 준소비대차와 경개

준소비대차에 기한 채무는 당사자의 반대의사가 없는 한, 기존채무와 동일성

100 같은 뜻 이순동, 채권자취소권(제3판), 육법사(2017), 146.

을 유지하면서 단지 소비대차의 규정에 따르는 것으로 약정한 것에 지나지 않는 것으로 추정되므로, 기존채무의 성립 후에 특정채권자를 위하여 한 채무자의 행위는 사해행위의 요건을 충족하는 한 준소비대차계약 성립 전의 것이라 하여도 사해행위로 취소할 수 있다.[101]

일본 판례도 "사해행위 이전에 성립된 외상대금채권에 관하여 사해행위 이후에 준소비대차계약을 체결하였더라도 채권자취소권을 행사할 수 있다."고 판시하였다.[102]

경개(更改)에 관해 보면, 종전 대출과 신규대출이 대출과목, 대출금액, 대출이율, 연대보증인의 범위, 대출채무의 개수가 다르다는 점에서 통상의 대환이 아니라 경개로 인정되는 경우에도 "원고가 정부의 방침에 따라 대환처리의 목적으로 신규대출을 실행하였다는 점, 원고로서는 종전 대출과목이 할인어음이었기 때문에 만기가 도래한 어음할인금의 대출기한을 연장하기 위해서는 동일한 대출과목으로는 만기연장을 할 수 없고 새로운 대출을 실행하는 수밖에 없었다는 점, 어음할인금 중 변제된 일부 금액을 제외한 나머지 대부분의 어음할인금은 실제의 자금거래 없이 장부상으로만 결제된 것으로 처리되었으므로 그 신규대출은 실질적으로 종전 대출의 만기를 연장한 것에 불과하였다는 점, 소외 1은 채무자의 대표이사로서 특별한 사정이 없는 한 신규대출시에도 연대보증인으로 될 것이 확실시 되었다는 점, 신규대출금은 수차에 걸친 만기연장에도 불구하고 전액 미지급되었다는 점 등 신규대출의 경위와 그 경과에 비추어 보면, 원고의 신규대출이 1997. 2. 6.에야 실행되었고, 이후 1998. 4. 30.경 채무자의 최종 부도로 변제기가 도래하였지만 사해행위인 1997. 1. 21. 당시 이미 신규대출에 따른 채권 성립의 기초가 되는 법률관계가 발생되어 있었고, 가까운 장래에 그 법률관계에 기하여 채권이 성립되리라는 점에 대한 고도의 개연성이 있었으며, 실제로 가까운 장래에 그 개연성이 현실화되어 채권이 성립된 경우에 해당하므로, 원고는 신규대출에 따른 보증채권을 이 사건 사해행위취소의 피보전채권으로 삼을 수 있다."(대법원 2002. 3. 29. 선고 2001다81870 판결)고 판시하였다.

(마) 물품거래관계

사해행위 당시 계속적인 물품거래관계가 존재하였다는 사정만으로 채권성립

101 이순동, 채권자취소권(제3판), 육법사(2017), 138.
102 日大判 1975. 7. 17.

의 기초가 되는 법률관계가 발생하여 있었다고 할 수 없다.

즉, 대법원 2017. 11. 29. 선고 2017다241819 판결은, "계속적인 물품공급계약에서 대상이 되는 물품의 구체적인 수량, 거래단가, 거래시기 등에 관하여까지 구체적으로 미리 정하고 있다거나, 일정한 한도에서 공급자가 외상으로 물품을 공급할 의무를 규정하고 있지 않은 이상, 계속적 물품공급계약 그 자체에 기하여 거래당사자의 채권이 바로 성립하지는 아니하며, 주문자가 상대방에게 구체적으로 물품의 공급을 의뢰하고 그에 따라 상대방이 물품을 공급하는 별개의 법률관계가 성립하여야만 채권이 성립한다. 따라서 특별한 사정이 없는 한 사해행위 당시 계속적인 물품거래관계가 존재하였다는 사정만으로 채권성립의 기초가 되는 법률관계가 발생하여 있었다고 할 수 없다."고 판시하였다.

(바) 신용카드 가입계약

신용카드 가입계약만 체결하고 실제로 신용카드를 사용하지 않은 경우 신용카드 가입계약을 '채권성립의 기초가 되는 법률관계'에 해당한다고 보기 어렵다.

대법원은 채무자가 1997. 1. 6. 원고와 신용카드 가입계약을 체결하고 신용카드를 발급받았지만 이를 사용하지 않고 있다가 2003. 4. 4. 사해행위로 지칭되는 매매계약을 체결한 뒤 그 20여 일 이후인 2003. 4. 26.부터 신용카드를 사용하였고 2003. 5.부터 신용카드 대금을 연체한 사안에 대하여 "신용카드가입계약은 신용카드의 발행 및 관리, 신용카드의 이용과 관련된 대금의 결제에 관한 기본적 사항을 포함하고 있기는 하나 그에 기하여 신용카드업자의 채권이 바로 성립되는 것은 아니고, 신용카드를 발행받은 신용카드회원이 신용카드를 사용하여 신용카드가맹점으로부터 물품을 구매하거나 용역을 제공받음으로써 성립하는 신용카드 매출채권을 신용카드가맹점이 신용카드업자에게 양도하거나, 신용카드업자로부터 자금의 융통을 받는 별개의 법률관계에 의하여 비로소 채권이 성립하는 것이므로, 단순히 신용카드가입계약만을 가리켜 여기에서 말하는 '채권성립의 기초가 되는 법률관계'에 해당한다고 할 수는 없다."고 하면서 위 신용카드대금채권은 사해행위 이후에 발생한 채권에 불과하여 사해행위 취소의 피보전채권이 될 수 없다고 하였다(대법원 2004. 11. 12. 선고 2004다40955 판결).

(사) 준법률관계나 사실관계

채무자나 연대보증인이 대출계약 또는 연대보증계약의 성립을 위해 자기 재산의 등기부등본과 인감증명서, 과세증명 등의 서류를 은행에 교부하여 대출계약 또는 연대보증계약이 체결될 것이 확실시 된 상태에서 대출실행 직전에 위 담보재산을 수익자에게 증여해 버리는 경우와 같이 형평과 도덕적 관점에서 허용될 수 없는 경우 기초적 법률관계론에 기초한 사해행위취소가 인정된다.

즉, 판례는 "채권자취소권에 의하여 보호될 수 있는 채권은 원칙적으로 사해행위라고 볼 수 있는 행위가 행하여지기 전에 발생된 것임을 요하지만, 그 사해행위 당시에 이미 채권 성립의 기초가 되는 법률관계가 발생되어 있고, 가까운 장래에 그 법률관계에 터잡아 채권이 성립되리라는 점에 대한 고도의 개연성이 있으며, 실제로 가까운 장래에 그 개연성이 현실화되어 채권이 성립된 경우에는, 그 채권도 채권자취소권의 피보전채권이 될 수 있는바, 이는 채무자가 채권자를 해한다는 사해의사로써 채권의 공동담보를 감소시키는 것은 형평과 도덕적 관점에서 허용할 수 없다는 채권자취소권 제도의 취지에 근거한 것으로서, 이렇게 볼 때 여기에서의 '채권성립의 기초가 되는 법률관계'는 당사자 사이의 약정에 의한 법률관계에 한정되는 것이 아니고, 채권성립의 개연성이 있는 준법률관계나 사실관계 등을 널리 포함하는 것으로 보아야 할 것이며, 따라서 당사자 사이에 채권 발생을 목적으로 하는 계약의 교섭이 상당히 진행되어 그 계약체결의 개연성이 고도로 높아진 단계도 여기에 포함되는 것으로 보아야 한다."고 하면서 "소외 2는 1998. 6. 20. 위 연대보증 신청 서류들을 소외 1을 통해 원고 은행에 제출함으로써 원고 은행에게 연대보증계약에 대한 청약의 의사표시를 한 것이거나 또는 소외 2와 원고 은행과 사이에 연대보증계약 체결을 위해 상당히 구체적인 교섭이 이루어져 앞으로 연대보증계약이 확실하게 체결되리라는 정당한 기대 내지 신뢰가 형성된 관계에 이르렀다고 볼 수 있어 이 사건 증여행위시인 1998. 6. 23. 이전에 원고 은행과 소외 2 사이에서는 이 사건 대출금에 대한 연대보증채무 성립에 관한 기초적 법률관계 또는 사실관계가 형성되어 있었고, 소외 2의 연대보증하에 대출승인이 날 것이 거의 확실하여 위 기초적 법률관계 내지 사실관계에 기하여 연대보증채권이 발생하리라는 점에 대한 고도의 개연성도 있었으며 실제로 그 연대보증채권이 발생하였으므로, 원고 은행의 소외 2에 대한 1998. 6. 25.자 연대보증채권은 1998. 6. 23. 행하여진 이 사건 사해행위에 대한 관계에서 채권자취소권에 의하여 보호될 수 있는 피보전채권에 속한다."고 판시한 원심이 정당하다고 하였다(대법원 2002. 11. 8. 선고 2002다42957 판결).

(아) 손해배상채권 등

공사계약 해제로 인한 공사대금 반환청구권이 발생하기 전이라도 채권성립에 대한 고도의 개연성이 있으면 채권자취소권의 피보전채권이 될 수 있지만, "채권자의 공사대금 반환채권이 채무자와 제3자의 증여계약 당시에는 아직 발생되지 않았고 또한 채무자가 채권자의 주택에 대한 건축허가를 정상적인 방법으로는 받을 수 없음을 알고 관계 공무원에게 청탁하여 건축허가를 받아 공사를 진행시키려고 노력하는 등 채권자와 사이에 체결한 공사계약을 이행하는 과정에 있었던 경우, 가까운 장래에 공사대금 반환채권이 성립될 고도의 개연성이 있었다고 볼 수 없으므로, 채권자는 공사대금 반환채권을 피보전채권으로 하여 채무자와 제3자 사이의 증여계약이 사해행위임을 이유로 그 취소를 구할 수 없다."(대법원 1997. 5. 23. 선고 96다38612 판결).

각서에 기한 부동산 소유권이전등기절차 이행의무를 부담하는 채무자가 각서가 무효라고 주장하며 수익자에게 이를 처분한 사안에 대하여 대법원은, 채무자가 각서상의 채무를 이행할 의사가 없음을 명백하고도 종국적으로 밝힘으로써 원고가 채무자에 대한 채무불이행을 원인으로 한 손해배상채권을 갖게 된다면 그 채권도 채권성립의 고도의 개연성 조건을 충족하는 한 채권자취소권의 피보전채권이 될 수 있다고 하였다(대법원 2005. 8. 19. 선고 2004다53173 판결).

4) 피보전채권의 범위

가) 이자와 지연손해금 포함

채권자가 채권자취소권을 행사할 때에는 원칙적으로 자신의 채권액을 초과하여 취소권을 행사할 수 없고, 이 때 채권자의 채권액에는 사해행위 이후 사실심 변론종결 시까지 발생한 이자나 지연손해금이 포함된다(대법원 2003. 7. 11. 선고 2003다19572 판결).

피보전채권의 범위는 채권자취소소송에서 취소의 범위를 한정하는 기능을 가진다. 피보전채권이 발생한 후의 사해행위만 취소할 수 있으므로 사해행위 후에 발생한 이자나 지연손해금은 피보전채권의 범위에 포함되지 않는다고 볼 여지가 있고 과거 일본 판례는 이와 같은 입장을 취하고 있었다.[103]

그러나 사해행위 후에 발생한 이자, 지연손해금은 원본채권의 당연한 확장이

103 日最判 1987. 4. 7.

라고 볼 것이므로 채권자가 채권자취소권을 행사할 수 있는 채권액에 사해행위 이후 사실심 변론종결 시까지 발생한 이자나 지연손해금이 포함된다고 보는 것이 합리적이다.[104] 특히 앞에서 본 것과 같이 채권성립의 고도의 개연성이 있는 경우 아직 피보전채권이 성립하기 전의 사해행위도 취소될 수 있다고 한다면 피보전채권의 범위에 사해행위 후에 사실심 변론종결 시까지 발생한 이자와 지연손해금도 포함된다고 보는 것이 타당할 것이다.[105] 일본 판례도 그 후 우리 대법원 판례와 같이 바뀌었다.[106]

나) 조세의 가산금

이자와 지연손해금이 원본채권에 가산되는 것과 같이 피보전채권이 조세채권인 경우 가산금과 중가산금도 피보전채권에 포함된다.

대법원은 "국세징수법 제21조, 제22조가 규정하는 가산금과 중가산금은 국세가 납부기한까지 납부되지 않은 경우 미납분에 관한 지연이자의 의미로 부과되는 부대세의 일종으로서, 과세권자의 확정절차 없이 국세를 납부기한까지 납부하지 아니하면 같은 법 제21조, 제22조의 규정에 의하여 당연히 발생하고 그 액수도 확정되는 것이다. 따라서 이 사건 양도소득세 채권이 채권자취소권의 피보전채권으로 인정되는 이상 그 양도소득세 채권액에는 이에 대한 사해행위 이후 사실심 변론종결 시까지 발생한 가산금과 중가산금도 포함된다."(대법원 2007. 6. 29. 선고 2006다66753 판결)고 판시하였다.

다) 우선변제권이 확보되어 있는 부분 제외

(1) 채권자 앞으로 주채무자 또는 물상보증인 소유의 재산에 대하여 근저당권 등 물적담보가 설정되어 우선변제권이 확보되어 있다면 그 범위 내에서는 채무자의 재산처분행위에 의해 채권자의 채권이 침해받는다고 할 수 없으므로 채권자취소권은 인정되지 않는다.[107] 만약 채권자의 채권액이 그 재산의 가액이나 채권최고액을 초과하는 경우에는 그 초과되는 부분에 관해 채권자취소권이 인정된다.

대법원도 "주채무자 또는 제3자 소유의 부동산에 관하여 채권자 앞으로 근저당권이 설정되어 있고, 그 부동산의 가액 및 채권최고액이 당해 채무액을 초과하

104 조해섭, 채권자취소권법, 법문사(2019), 62.
105 이순동, 채권자취소권(제3판), 육법사(2017), 154.
106 日最判 1996. 2. 8.
107 대법원 2001. 7. 27. 선고 2000다73377 판결 등.

여 채무 전액에 대하여 채권자에게 우선변제권이 확보되어 있다면 그 범위 내에서는 채무자의 재산처분 행위가 채권자를 해하지 아니하므로, 채무자가 비록 유일한 재산을 처분하는 법률행위를 하더라도 채권자에 대하여 사해행위가 성립하지 않는다고 보아야 하고, 그 채무액이 부동산의 가액 및 채권최고액을 초과하는 경우에는 그 담보물로부터 우선변제 받을 금액을 공제한 나머지 채권액에 대하여만 채권자취소권이 인정된다."(대법원 2014. 7. 10. 선고 2013다50763 판결)고 판시하고 있다.

(2) 피보전채권의 존재와 범위는 채권자취소권 행사의 요건에 해당하므로, 채권자로서는 담보권의 존재에도 불구하고 자신이 주장하는 피보전채권이 그 우선변제권의 범위 밖에 있다는 점을 주장·입증하여야 한다(대법원 2002. 11. 8. 선고 2002다41589 판결).

(3) 따라서 사해행위 당시 피담보부동산의 가액 및 채권최고액 중 적은 금액을 초과하는 부분이 채권자취소권의 피보전채권이 된다고 할 것인데, 채권자의 채권에 원금과 이자 부분이 있는 경우에는 변제충당의 법리를 유추적용하여 우선변제 담보범위에 포함되는 부분을 확정한 뒤 남은 원금 및 이에 대한 사실심 변론종결 시까지 발생하는 이자 및 지연손해금이 피보전채권액이 될 것이다.

대법원도 "채권자의 채권원리금이 우선변제권에 의하여 전액 담보되지 아니하는 경우에는 변제충당의 법리를 유추적용하여 이자가 원금에 우선하여 담보된다고 보아야 하므로 사해행위의 시점에서 담보되지 아니하는 부분에는 원금에 해당하는 금원이 포함되어 남아 있게 되고, 따라서 채권자가 채권자취소권을 행사할 수 있는 피보전채권의 범위는 사해행위 당시 담보부동산의 가액과 채권최고액 중 적은 금액을 초과하는 부분에 해당하는 채권원리금 및 그 중 원금 부분에 대하여 그 후 사실심 변론종결 시점까지 발생한 지연이자 상당의 금원이 된다."(대법원 2010. 2. 11. 선고 2009다81616 판결)고 판시하였다.

(4) 구체적으로 예를 들어 본다.

채권자가 채무자에게 8억 원을 대출하고 당시 시가 10억 원 상당의 물상보증인 소유의 부동산에 채권최고액 9억 원의 근저당권을 설정 받았는데, 채무자가 자신의 유일한 재산을 수익자에게 처분하였고 채권자의 대여 원금에 대하여 처분행위시까지 발생한 이자는 2억 원이고 근저당권 목적 부동산의 처분행위 당시 시가는 11억 원이라고 가정해 본다. 이 경우, 채권자는 채무자의 처분행위 당시의 담보목적물의 시가와 채권최고액 중 적은 금액인 채권최고액 9억 원의 범위 내에서 우선변제권을 확보해 있는데, 위 처분행위 당시 발생한 이자 2억 원이 먼저 충당 공제되고 나머지 7억 원이 원금에 충당 공제되어 우선변제 받을 수 있으므로, 나머지 원금 1억 원 및 이에 대하여 처분행위 다음날부터 변론종결일까지 발생하는 이자를 피보전채권액으로 하여 채권자취소권을 행사할 수 있다.[108]

5) 피보전채권의 존속과 소멸

가) 피보전채권의 존재 시기

채권자취소권은 피보전채권의 존재를 전제로 하는 것이므로 피보전채권은 사해행위 당시는 물론 변론종결 시에도 존재하여야 한다. 만일 변론종결 시에 피보전채권이 존재하지 않는다면 채권자취소권 행사는 받아들여질 수 없다.

나) 피보전채권의 시효소멸

사해행위취소소송의 상대방인 수익자나 전득자는 피보전채권의 소멸시효 완성을 주장할 수 있다. 즉, 소멸시효를 원용할 수 있는 사람은 권리의 소멸에 의하여 직접 이익을 받는 자에 한정되는데, 사해행위취소소송의 상대방이 된 사해행위의 수익자는 사해행위가 취소되면 사해행위에 의하여 얻은 이익을 상실하게 되나, 사해행위취소권을 행사하는 채권자의 채권이 소멸되면 그와 같은 이익의 상실을 면할 수 있는 지위에 있으므로, 그 채권의 소멸에 의하여 직접 이익을 받는 자에 해당한다(대법원 2007. 11. 29. 선고 2007다54849 판결).

이 점은 채권자대위소송에서 제3채무자는 소멸시효의 이익을 직접 받는 자에 해당하지 않아 소멸시효 완성의 항변을 할 수 없는 것과 대비된다(대법원 2004. 2. 12. 선고 2001다10151 판결: 채권자가 채권자대위권을 행사하여 제3자에 대하여 하는 청구에 있어서, 제3채무자는 채무자가 채권자에 대하여 가지는 항변으로 대항할 수 없고, 채권의 소멸시효가 완성된 경우 이를 원용할 수 있는 자는 원칙적으로는 시효이익을 직접 받는 자뿐이고, 채권자대위소송의 제3채무자는 이를 행사할 수 없다).

한편 채권자의 수익자나 전득자를 상대로 한 채권자취소소송의 제기는 피보전채권에 대한 소멸시효 중단의 효력이 없다.[109] 채권자취소의 효력은 소송당사자인 채권자와 수익자 또는 전득자에게만 상대적으로 미치고 채무자에게는 미치지

108 조해섭, 채권자취소권법, 법문사(2019), 68-69.
109 日最判 1962. 10. 12.

않기 때문이다.

다) 면책

채권자취소권은 채무자의 책임재산을 보전하기 위한 제도로서 채무자에 대하여 채권을 행사할 수 있음이 전제되어야 할 것인바, 채무자 회생 및 파산에 관한 법률 제566조 본문은 "면책을 받은 채무자는 파산절차에 의한 배당을 제외하고는 파산채권자에 대한 채무의 전부에 관하여 그 책임이 면제된다."고 규정하고 있고, 다만 그 단서에서 들고 있는 일정한 채무의 경우에만 책임이 면제되지 아니한다는 예외규정을 두고 있으므로, 채무자가 파산절차에서 면책결정을 받은 때에는 파산채권을 피보전채권으로 하여 채권자취소권을 행사하는 것은 그 채권이 위 법률 제566조 단서의 예외사유에 해당하지 않는 한 허용되지 않는다(대법원 2008. 6. 26. 선고 2008다25978 판결).

라) 피보전채권의 추가·변경

채권자가 사해행위의 취소를 청구하면서 그 보전하고자 하는 채권을 추가하거나 교환하는 것은 그 사해행위취소권을 이유 있게 하는 공격방법에 관한 주장을 변경하는 것일 뿐이지 소송물 또는 청구 자체를 변경하는 것이 아니므로, 소의 변경이라 할 수 없다(대법원 2003. 5. 27. 선고 2001다13532 판결). 따라서 제소기간 경과 후 피보전채권을 추가 또는 변경하더라도 채권자취소권 행사가 부적법하다고 할 수 없다.

마) 채권자취소판결 확정 후 피보전채권의 소멸

채권자취소권은 채무자의 사해행위를 채권자와 수익자 또는 전득자 사이에서 상대적으로 취소하고 채무자의 책임재산에서 일탈한 재산을 회복하여 채권자의 강제집행이 가능하도록 하는 것을 본질로 하는 권리이므로, 채권자취소권에 의하여 책임재산을 보전할 필요성이 없어지면 채권자취소권은 소멸한다. 따라서 채권자취소소송에서 피보전채권의 존재가 인정되어 사해행위취소 및 원상회복을 명하는 판결이 확정되었다고 하더라도, 그에 기하여 재산이나 가액의 회복을 마치기 전에 피보전채권이 소멸하여 채권자가 더 이상 채무자의 책임재산에 대하여 강제집행을 할 수 없게 되었다면, 이는 위 판결의 집행력을 배제하는 적법한 청구이의 사유가 된다(대법원 2017. 10. 26. 선고 2015다224469 판결).

6) 피보전채권이 인정되지 않는 경우 소송상 처리

피보전채권이 인정되지 않는 경우 이를 소송요건 불비로 보아 각하할 것인지 아니면 청구원인사실의 입증부족으로 보아 청구기각할 것인지의 문제이다.

당사자적격의 문제로 보아 소를 각하할 여지가 있다는 견해[110]가 있다. 형성소송에서는 이행소송과는 달리 법규에서 형성권이 부여된 자가 곧 원고적격자가 되는데, 채권자취소소송은 채권자대위권에서 보다도 더욱 당사자적격의 문제로 보아야 한다는 것을 이유로 들고 있다.

그러나 제3자의 소송담당의 일종인 채권자대위소송에 있어서 대위에 의하여 보전될 채권자의 채무자에 대한 권리가 인정되지 아니할 경우에는 채권자가 스스로 원고가 되어 채무자의 제3채무자에 대한 권리를 행사할 당사자적격이 없게 되므로 그 대위소송은 부적법하여 각하할 수밖에 없지만, 채권자취소소송은 제3자의 소송담당 형태가 아니라 채권자가 자신의 권리를 직접 행사하는 것이므로 반드시 채권자대위소송에서의 대위 적격과 같은 당사자적격의 문제로 볼 것이 아니고(즉, 통상의 채권자가 채무자를 상대로 자신의 채권을 주장하는 대여금청구 등 일반 소송과 다를 것이 없다), 피보전채권의 존재는 청구원인을 이유있게 하는 요건사실 중 하나로서 본안에 관한 판단사항이므로, 피보전채권의 존재가 인정되지 않더라도 당사자적격이 없다는 이유로 소를 각하할 것이 아니라 청구를 기각하는 것이 타당하다.[111]

판례도 원고가 소외인에 대하여 소유권이전등기청구권이 있음을 전제로 하여 주위적으로는 소외인과 피고들 사이의 매매계약이 통정허위표시임을 이유로 소외인을 대위하여 피고들 명의의 소유권이전등기말소를 구하고 예비적으로는 위 매매계약이 원고의 위 소유권이전등기청구권 또는 그 이행불능으로 인한 손해배상청구권을 해함을 이유로 위 매매계약의 취소 및 피고들 명의의 소유권이전등기의 말소를 구한 사안에 대하여 원고의 소외인에 대한 소유권이전등기절차 이행의 전소가 패소확정되었음을 이유로 주위적 청구에 대해서는 파기자판하여 소를 각하하고, 예비적 청구에 대해서는 청구기각한 원심을 그대로 확정하여 청구기각설을 분명히 하였다(대법원 1993. 2. 12. 선고 92다25151 판결).

110 민법주해 IX, 채권(2), 박영사(1995), 833(김능환).

111 같은 뜻 이순동, 채권자취소권(제3판), 육법사(2017), 159; 조해섭, 채권자취소권법, 법문사(2019), 74.

나. 사해행위

1) 총설

채권자취소권의 대상이 되는 행위는 채무자가 한 채권자를 해하는 법률행위 중 재산권을 목적으로 한 법률행위에 한정된다(민법 제406조 제1항).

채무자가 아닌 제3자 또는 수익자나 전득자가 행한 법률행위는 채권자취소의 대상이 되지 아니하므로 수익자나 전득자를 상대로 동시 또는 별도로 채권자취소의 소를 제기하더라도 취소를 구할 법률행위는 어디까지나 채무자와 수익자 사이의 법률행위이지 수익자와 전득자, 또는 전득자와 타 전득자 사이의 법률행위가 아니다.

사해행위가 채무의 발생을 내용으로 하고 그 채무의 이행으로서 일정한 행위가 행하여지는 경우(예컨대 부동산 매매계약과 그 계약상 의무의 이행으로서의 소유권이전등기의 경료)에는 그 채무발생행위만이 취소의 대상으로 되고 이행행위는 그 취소의 효과로서 원상회복만 되면 충분하므로 따로 이행행위만을 취소의 대상으로 삼을 수 없다. 이점에서 권리변동의 성립요건 또는 대항요건의 부인을 별도로 인정하고 있는 부인권의 경우(채무자 회생 및 파산에 관한 법률 제394조)와 다르다.

취소의 대상이 되는 법률행위는 계약은 물론 채무의 포기나 채무면제와 같은 단독행위, 법인의 설립과 같은 합동행위도 포함되고 채권행위·물권행위·준물권행위를 모두 포함하나, 단순한 부작위나 사실행위 등은 그 대상이 될 수 없다.

2) '행위'의 존재

가) 변론종결 시까지 존재

사해행위가 취소되려면 채권자취소소송의 변론종결 시까지 사해행위가 존재하여야 한다. 따라서 "채권자가 채무자의 부동산에 관한 사해행위를 이유로 수익자를 상대로 그 사해행위의 취소 및 원상회복을 구하는 소송을 제기하여 그 소송계속 중 위 사해행위가 해제 또는 해지되고 채권자가 그 사해행위의 취소에 의해 복귀를 구하는 재산이 벌써 채무자에게 복귀한 경우에는, 특별한 사정이 없는 한, 그 채권자취소소송은 이미 그 목적이 실현되어 더 이상 그 소에 의해 확보할 권리보호의 이익이 없어지는 것이고, 이는 그 목적재산인 부동산의 복귀가 그 이전등기의 말소 형식이 아니라 소유권이전등기의 형식을 취하였다고 하여 달라지는 것은 아니다."(대법원 2008. 3. 27. 선고 2007다85157 판결).

나) 중간생략등기

부동산이 A→B→C 의 순서로 순차 양도되었으나 등기는 A→C 로 중간생략등기가 경료된 경우 최초매도인(A)과 최종매수인(C) 사이에는 양도행위가 존재하지 않으므로 그들 사이의 법률행위의 취소를 구할 수는 없다.[112] A 의 채권자로서는 채무자 A 의 수익자 B 에 대한 처분행위가 사해행위라는 이유로 전득자인 C 를 상대로 A→B 사이의 사해행위 취소 및 C 명의 등기의 말소를 구해야 할 것이다.

다) 부존재 또는 무효인 행위

법률행위가 처음부터 존재하지 아니하거나 무효인 경우에는 취소의 대상이 될 수 없으나, 통정허위표시는 채권자취소권 행사의 대상이 된다.

즉 채무자의 법률행위가 통정의 허위표시인 경우 채권자취소권의 대상이 될 수 있는가에 관하여는, 채무자와 상대방 사이의 법률행위는 무효이므로 채권자로서는 채무자가 상대방에 대하여 가지는 목적물반환청구권을 대위행사할 수 있을 뿐 그 행위의 취소를 구할 수는 없다는 견해, 통정허위표시는 선의의 제3자에게 대항하지 못하므로 전득자에 대한 관계에서 그 자가 통정허위표시라는 점에서는 선의이고 사해의 점에서는 악의인 경우에 한하여 취소할 수 있고 그 밖의 경우에는 채권자대위권에 의하여야 한다는 견해 등이 있으나, 다수설[113]은 통정허위표시나 채권자취소권은 다 같이 채무자의 재산보전을 목적으로 하는 제도로서 양자가 병존할 수 있음을 전제로, 상대방이 수익자이거나 전득자이거나를 불문하고 채권자가 통정허위표시임을 이유로 그 취소를 구할 수는 없으나 사해행위로서의 요건도 갖추고 있음을 주장·입증하여 그 취소를 소구할 수 있고, 이 경우 상대방은 채무자와의 법률행위가 통정허위표시이어서 무효라는 이유로 채권자취소권의 행사를 저지할 수 없다고 한다.[114]

순수한 이론적 측면에서는 무효행위로서 취소의 대상이 없으므로 취소권의 대상이 되지 못한다고 해석함이 상당할 것이나, 그와 같은 외관에 의한 불이익의 제거수단을 채권자에게 부여한다고 해서 달리 그 상대방에게 불이익이 생긴 것도

112 日大判 1918. 5. 11.

113 곽윤직, 채권총론(민법강의Ⅲ), 박영사(2018), 148-149; 김증한/김학동, 채권총론, 박영사(1998), 195-196 등.

114 학설 대립에 관해 자세한 것은 민법주해 Ⅸ, 채권(2), 박영사(1995), 817-818(김능환) 참조.

아니므로 인정하여도 무방하다.

판례는 일관하여 통정허위표시도 채권자취소권의 대상으로 된다고 한다.[115] 이에 비해 일본에서는 통정허위표시는 사해행위취소권의 대상이 되지 않는다는 것이 대심원 이래의 판례이다.[116]

3) '채무자'가 한 행위

채권자취소의 대상이 되는 것은 채무자가 한 행위이다. 따라서 채무자 아닌 자가 한 행위, 예컨대 채무자와의 사이에서 채무자를 위하여 저당권을 설정하여 물상담보를 제공하기로 약정한 자가 그 부동산을 타에 양도하였더라도 그 자와 채권자 사이에는 직접적인 채권·채무관계가 없으므로 위 양도행위는 취소의 목적으로 되지 아니하고,[117] 수익자가 한 법률행위 역시 취소의 대상으로 되지 아니하며,[118] 전득자가 한 저당권설정행위도 취소할 수 없다.[119] 반면에 채무자의 대리인이 한 법률행위는 그 효과가 직접 채무자에게 귀속되는 것이므로 취소의 대상이 된다.[120]

채무자에는 주채무자, 연대채무자는 물론, 보증채무자 등 취소권을 행사하는 채권자에 대한 관계에서 채무를 부담하는 자는 모두 포함된다.[121]

채권자취소의 대상은 언제나 '채무자와 수익자 사이의 법률행위'이다. 따라서 채권자취소소송의 상대방이 전득자라고 하더라도 취소의 대상이 되는 사해행위는 채무자와 수익자 사이에서 행하여진 법률행위에 국한되고, 수익자와 전득자 사이의 법률행위는 취소의 대상이 되지 않는다(대법원 2004. 8. 30. 선고 2004다21923 판결). 만일 수익자와 전득자 사이의 법률행위의 취소를 구하는 경우 법원으로서는 소의 이익이 없다는 이유로 각하하여야 한다.

4) 채무자가 한 '법률행위'

가) 원칙

채권자취소권의 행사 대상은 채무자가 한 '법률행위'이다(민법 제406조 제1항).

115 대법원 1998. 2. 27. 선고 97다50985 판결 등.
116 日大判 1908. 6. 20.
117 日大判 1903. 2. 9.
118 日大判 1916. 3. 30.
119 日大判 1916. 5. 30.
120 곽윤직, 채권총론(민법강의Ⅲ), 박영사(2018), 147.
121 조해섭, 채권자취소권법, 법문사(2019), 76.

법률행위의 종류나 성질은 문제되지 않는다. 계약은 물론, 소멸시효 이익의 포기[122]나 채무면제와 같은 단독행위, 공익법인의 설립과 같은 합동행위[123]도 취소의 목적으로 될 수 있다. 그러나 회사설립행위에 관하여는 상법 제185조의 특별규정이 있으므로 민법상 채권자취소권의 목적으로 되지 않는다.[124]

무상행위는 물론이고 유상행위도 취소의 대상이 된다. 채무자가 제3채무자에게 기한의 유예를 주는 행위도 취소의 대상이 된다.[125]

실무에서 많이 접할 수 있는 사해행위의 유형으로는 매매, 증여, 담보의 제공(제3자를 위한 물상보증도 포함), 변제 및 대물변제, 상계, 채권양도를 비롯한 권리의 양도 및 계약상 지위의 양도,[126] 채무인수, 채무면제, 상속재산 분할협의 등이 있다.

나) 준법률행위

법문상 "법률행위"라고 규정하고 있어 "준법률행위"도 목적이 될 수 있는가에 대하여 의문이 제기될 수도 있지만, 비교법적으로 보아 독일의 채권자취소권법 제1조가 취소의 목적인 행위를 법률행위(Rechtsgeschäft)라고 하지 아니하고 법적 행위(Rechtshandlungen)라고 규정한 점과 제도의 목적, 즉 채권자취소권제도는 채권의 공동담보를 보전하기 위한 제도이므로 채무자의 재산감소 효과를 가져오는 채무자의 행위이면 모두 취소의 대상이 된다고 보아야 하므로 법률행위에 한하지 않고 준법률행위도 포함하는 것으로 해석하는 데에 이설이 없다. 따라서 최고나 변제, 채권양도 통지 등의 준법률행위도 모두 채권자취소권 행사의 대상이 된다.

그런데, 채권양도의 경우 채권자취소의 대상은 채권양도계약이고 그 대항요건을 구비하는 양도통지행위는 별도로 취소의 대상이 되지 않는다는 것이 판례이다. 즉, 대법원은 "채권자취소권은 채무자가 채권자에 대한 책임재산을 감소시키는 행위를 한 경우 이를 취소하고 원상회복을 하여 공동담보를 보전하는 권리이고, 채권양도의 경우 권리이전의 효과는 원칙적으로 당사자 사이의 양도계약 체결과 동시에 발생하며 채무자에 대한 통지 등은 채무자를 보호하기 위한 대항요건일 뿐이므로, 채권양도행위가 사해행위에 해당하지 않는 경우에 양도통지가 따

122 대법원 2013. 5. 31.자 2012마712 결정.
123 日大判 1945. 8. 30.
124 日最判 1964. 1. 23.
125 이순동, 채권자취소권(제3판), 육법사(2017), 177.
126 대법원 1995. 5. 26. 선고 95다7413 판결.

로 채권자취소권 행사의 대상이 될 수는 없다."고 판시하였다(대법원 2012. 8. 30. 선고 2011다32785, 32792 판결).

한편, 시효중단사유로 되는 채무의 승인에 관하여는 기존재산관계의 확인일 뿐 재산감소행위가 아니라는 이유로 반대하는 견해[127]도 있으나 다수설은 최고 등과 마찬가지로 채권자취소권의 목적이 된다고 본다.[128] 시효중단사유가 되는 채무의 승인은 소멸시효 이익의 포기와 같이 채무자의 소극재산을 증가시키는 효과가 있으므로 사해성의 요건을 갖추는 한 채권자취소권의 대상이 될 수 있다고 봄이 타당하다.

다) 사실행위 및 부작위

취소의 대상인 사해행위는 원칙으로 법률행위에 한하고 단순한 사실행위나 부작위는 채권자취소권의 대상이 되지 않는다. 예컨대, 채무자가 자기의 재산을 파손하는 행위는 채권자를 해하는 행위일지라도 사해행위가 될 수 없고, 시효중단 조치를 취하지 아니하는 것과 같은 단순한 부작위도 채권자취소권의 목적이 될 수 없다.

그러나 부작위라도 민법 제15조, 제131조와 같이 상대방의 최고에 대하여 일정기간 내에 확답을 하지 아니하면 취소할 수 있는 법률행위를 추인한 것으로 간주하거나 추인을 거절하는 것으로 간주되는 경우에는 채권자취소권의 목적이 될 수 있다는 견해[129]와 반대하는 견해[130]가 있는데 전자의 견해가 다수설이다.

증여의 승낙 의사표시를 하지 않는 행위도 단순한 부작위여서 법률행위가 아니기 때문에 취소의 대상이 되지 않는다고 설명하는 견해[131]가 있으나, 증여의 승낙을 하지 않거나 거절하는 행위와 같은 수익의 거절행위는 부작위이기 때문이 아니라 기존의 재산을 감소시키는 행위에 해당하지 않기 때문에 취소의 대상이 되지 않는다고 보는 것이 타당하다.

라) 이행행위

일반적으로 계약관계는 계약의 체결과 그에 따른 이행으로 이루어지는데, 계

127 주석 민법, 채권총칙(2)(제4판), 한국사법행정학회(2013), 237(손진홍).
128 곽윤직, 채권총론(민법강의Ⅲ), 박영사(2018), 148; 민법주해 Ⅸ, 채권(2), 박영사(1995), 816(김능환).
129 곽윤직, 채권총론(민법강의Ⅲ), 박영사(2018), 148; 민법주해 Ⅸ, 채권(2), 박영사(1995), 816(김능환).
130 주석 민법, 채권총칙(2)(제4판), 한국사법행정학회(2013), 235-236(손진홍).
131 민법주해 Ⅸ, 채권(2), 박영사(1995), 815.

약의 체결로 채권채무관계는 확정적으로 발생하는 것이므로 취소의 대상이 되는 사해행위는 그 계약체결행위이지 계약을 이행하는 행위가 아니다. 계약에 기한 이행행위까지 이루어졌다면 그 결과물은 원상회복청구의 대상이 된다.

예컨대, 부동산을 처분하는 법률행위가 있는 경우 우리 판례는 물권행위의 독자성과 무인성을 인정하지 않으므로 이때 법률행위라는 것은 등기를 하는 것 자체에 관한 합의가 아니라 실체법상의 원인이 되는 행위 즉 채권행위를 가리킨다고 보아야 한다.[132] 판례도 "소유권이전등기에 있어 등기원인이라고 함은 등기를 하는 것 자체에 관한 합의가 아니라 등기하는 것을 정당하게 하는 실체법상의 원인을 뜻하는 것으로서, 등기를 함으로써 일어나게 될 권리변동의 원인행위나 그의 무효, 취소, 해제 등을 가리킨다."(대법원 1999. 2. 26. 선고 98다50999 판결)고 판시하고 있다.

따라서 채무자의 부동산에 관한 처분행위에 의하여 물권변동이 일어난 경우 채권자로서는 부동산 물권변동의 원인이 되는 채권행위를 사해행위로 보아 그 취소를 구하고, 그 원상회복을 위해 채권행위의 이행으로 경료된 등기의 말소를 구해야 한다.

한편, 계약체결과 동시에 특별한 이행을 요하지 아니하고 곧바로 재산의 이전효과가 발생하는 경우, 예컨대 채무면제 행위를 한 경우 채권자로서는 사해행위인 채무면제 행위만 취소하면 충분하다.

마) 소송행위

(1) 소송행위의 경우, 순수한 소송행위가 채권자취소권의 대상이 되지 아니한다는 점에 대하여는 이론이 없지만, 청구의 포기나 인낙, 재판상 화해 등과 같이 소송행위인 동시에 실체법상의 법률행위로서의 성격도 아울러 가지고 있는 경우, 이들 행위가 채권자취소권의 대상이 되는지의 점에 대하여는 견해의 대립이 있는데, 취소의 대상이 된다는 견해가 다수설이다.[133]

하급심 판결로는 청구인낙 행위는 순수한 소송행위가 아니라 실체법상 법률행위의 성질도 공유하고 있으며, 사해행위로부터 채권자를 보호하기 위해서는 위와 같이 실체법상 법률행위의 성질을 가지는 소송행위에 대하여도 채권자취소권

132 조해섭, 채권자취소권법, 법문사(2019), 84.

133 이순동, 채권자취소권(제3판), 육법사(2017), 182 등. 학설대립에 관해 자세한 것은 민법주해 IX, 채권(2), 박영사(1995), 816-817(김능환) 참조.

을 인정할 필요가 있다고 하여 이를 긍정한 사례,[134] 재판상화해[135]와 기일불출석으로 인한 의제자백[136]에 대해 취소를 긍정한 사례와 어음공증행위가 소송행위라는 이유로 부정한 사례[137]가 동시에 보인다.

생각건대, 소송절차를 구성하는 당사자의 소송행위는 원칙적으로 행위자의 내심의 의사 또는 동기에 불구하고 객관적인 표시행위를 기준으로 그 효력을 판정하여야 하고, 착오·사기·강박 등 의사표시의 하자에 관한 민법의 규정을 적용 또는 유추적용할 수 없는 것이므로,[138] 가사 사해행위가 소송행위의 방법으로 이루어졌고, 그 소송행위가 실체법상의 법률행위의 성질도 아울러 가지고 있다고 하더라도 소송의 제3자인 채권자의 의사에 따라 사후에 이를 취소할 수 있다고 하는 것은 소송절차의 안정과, 소송의 결과를 신뢰하고 그 후 이루어진 동적 거래의 안전을 심각하게 해치는 것이 되므로, 이를 부정하여 소송행위에 대한 사해행위 취소는 인정되지 않는다고 하여야 할 것으로 생각한다.[139]

(2) 소송상 상계는 순수한 소송행위라고 할 수 없으므로 채권자취소권의 대상이 된다고 보아야 한다.[140]

(3) 한편, 외관상 일련의 소송행위인 것처럼 보이나 실질은 당사자 사이의 양도합의에 의한 이행행위로 인정되는 경우 채권자취소권의 대상이 된다. 즉, "무자력상태의 채무자가 소송절차를 통해 수익자에게 자신의 책임재산을 이전하기로 하여, 수익자가 제기한 소송에서 자백하는 등의 방법으로 패소판결 또는 그와 같은 취지의 화해권고결정 등을 받아 확정시키고, 이에 따라 수익자 앞으로 책임재

134 인천지방법원 1996. 12. 18. 선고 96가합4356 판결 [하집1996-2, 84] (그 주문은 "소외 ×××가 별지목록 기재 각 부동산에 관하여 1995. 11. 13. 서울고등법원 95나29507호 소유권이전등기 청구 사건에서 피고들에 대하여 한 청구인낙을 취소한다."로 되어 있다.) (위 판결은 항소되어 서울고등법원 1997. 10. 2. 선고 97나2377호 판결로 취소되었으나, 그 취소이유는 사해의사가 인정되지 않는다는 이유로 원고 패소 판결을 선고한 것일 뿐 청구인낙이 채권자취소의 대상이 아니라는 것은 아니고, 위 고등법원 판결은 심리불속행 상고기각됨으로써 이 점에 관한 대법원의 정식 견해는 표명되지 못하였다).

135 서울지방법원 2003. 7. 28. 선고 2002가합28338 판결.

136 광주고등법원 1984. 3. 16. 선고 83나329 판결.

137 서울지방법원 북부지원 1997. 4. 18. 선고 96가합10304 판결 [하집1997-1, 84], (원고는 청구취지로서 채무자가 피고에게 약속어음을 발행·공증한 행위를 사해행위로 취소하여 줄 것을 청구하였으나, 위 법원은 청구취지 난에 "공증에 관련된 집행수락행위는 소송행위로서 사해행위 취소의 대상이 되지 않는다"고 밝히면서, 그 전제가 되는 어음 발행행위의 취소만을 명하였다.)

138 대법원 1997. 10. 10. 선고 96다35484 판결, 대법원 1980. 8. 26. 선고 80다76 판결 등.

139 같은 뜻 민법주해 Ⅸ, 채권(2), 박영사(1995), 817(김능환).

140 곽윤직, 채권총론(민법강의Ⅲ), 박영사(2018), 147; 장종운, 신 사해행위취소소송(제2판), 진원사(2016), 34.

산에 대한 소유권이전등기 등이 마쳐졌다면, 이러한 일련의 행위의 실질적인 원인이 되는 채무자와 수익자 사이의 이전합의는 다른 일반 채권자의 이익을 해하는 사해행위가 될 수 있다."는 것이 판례이다(대법원 2017. 4. 7. 선고 2016다204783 판결). 이 경우 판결주문은 "채무자와 수익자 사이의 ××에 관한 ○○○○. ○. ○.자 양도합의를 취소한다."는 것이 된다[광주고등법원 2015. 12. 17. 선고 (전주)2014나3844 판결].

(4) 약속어음 발행 및 공증의 경우도 같다. 즉, 채무자가 채무초과 상태에서 약속어음을 발행하여 교부하고, 위 어음금의 지급을 지체할 경우 강제집행을 인낙한다는 내용의 집행증서를 작성해 주고, 수익자는 이를 이용하여 채무자의 제3채무자에 대한 채권에 대해 압류·전부명령을 받아 강제집행한 경우, 대법원은 "채무자가 처음부터 특정 채권자로 하여금 채무자의 적극재산인 채권을 강제집행의 형식을 빌려 압류·전부받게 할 목적으로 채무부담행위를 하고 그와 아울러 그에 대하여 강제집행을 승낙하는 취지가 기재된 공정증서를 작성하여 주고 채권자는 이를 이용하여 채무자의 채권을 압류·전부받은 때와 같이, 실질에 있어 채무자가 자신의 채권을 특정 채권자에게 양도한 것과 다를 바가 없는 것으로 볼 수 있는 특별한 사정이 있는 경우" 사해행위가 성립한다고 판시하였다(대법원 2009. 1. 15. 선고 2007다61618 판결). 이 때 취소의 대상이 되는 것은 '약속어음의 발행행위'이다.

바) 가등기의 경우

채무자 소유 부동산에 관하여 소유권이전청구권을 보전하기 위한 가등기를 마친 경우에, 가등기 자체만으로는 소유권이전의 효력이 발생하지 않지만 후일 본등기를 마치면 가등기 시에 소급하여 소유권변동의 효력이 발생하고 그 결과 채권자가 채무자의 재산으로부터 완전한 변제를 받을 수 없게 되어 채권자를 해할 수 있다(대법원 1975. 2. 10. 선고 74다334 판결 등 참조). 따라서 채권자를 해하는 가등기의 원인인 법률행위는 사해행위로서 취소의 대상이 되고, 그 법률행위가 사해행위로 취소되면 특별한 사정이 없는 한 가등기권자는 그 취소에 따른 원상회복으로서 원물반환의무인 가등기말소의무를 진다(대법원 2015. 5. 21. 선고 2012다952 전원합의체 판결).

사) 행정관서의 인가나 허가가 필요한 행위

법률행위에 행정관서의 인가나 허가가 필요한 경우, 즉 농지법에 의한 농지의 매매나 구 국토의 계획 및 이용에 관한 법률 제118조 제1항의 토지거래허가지역 내의 토지에 관한 거래계약 등과 같이 행정관서의 인가나 허가가 법률행위의 성립요건 또는 효력발생요건인 경우에도 기본행위가 채권자취소권의 목적으로 될 수 있는지가 문제된다.

대법원은 관할관청이 버스여객자동차운수사업 양도·양수에 관한 인가처분을 하였지만 그 기초가 된 운송사업양도·양수계약이 사해행위로 취소되는 것을 인정하여 이를 긍정하고 있다(대법원 1979. 2. 13. 선고 78누428 전원합의체 판결). 일본의 판례도 같다.[141]

위와 같은 행정관서의 처분은 소위 보충적 행위로서 비록 그와 같은 처분이 있더라도 기본행위가 취소되는 이상 그 처분이 행위의 효력을 발생할 수 없기 때문에 채권자취소권의 요건으로서 채무자의 법률행위는 존재하는 것이고 따라서 채권자취소권을 인정할 실익도 있다고 할 것이다. 이 경우 기본행위가 사해행위로서 확정판결로 취소된 이상 당사자로서는 보충행위의 무효확인을 구할 이익도 있다.

5) 채무자가 한 '재산권을 목적으로 한' 법률행위

가) 재산권을 목적으로 하는 법률행위

(1) 채권자취소권의 대상이 되는 사해행위는 언제나 채무자의 행위 중 '재산권을 목적으로 한' 법률행위에 한정된다. 민법 제406조 제1항은 채무자가 한 '재산권을 목적으로 하는 법률행위'가 취소의 대상이 된다고 규정함으로써 이 요건을 명확히 하고 있다.

(2) 채권자취소권 제도는 채무자의 사해적 재산감소행위의 효력을 부인하여 채무자의 일반재산을 보전함으로써 채권자를 보호하기 위한 제도이다. 그러므로 채권자취소권 행사의 대상이 되는 채무자의 행위는 직접 채무자의 일반재산을 구성하는 권리에 관한 것이어야 한다. 그렇지 않으면 채무자의 재산관리의 자유를 부당하게 제한할 염려가 있기 때문이다.

따라서 간접적으로 채무자의 재산상의 이익에 영향을 미칠 수 있는 법률행위라 하더라도 직접 재산권 자체를 목적으로 하지 않는 혼인·이혼·입양·파양 혹은 상속의 승인이나 포기와 같은 가족법상의 법률행위는 취소의 대상이 되지 않는 것이 원칙이다.

141 日最判 1960. 2. 9.

(3) 채무자의 부작위나 노무를 목적으로 하는 법률행위 또는 증여나 유증을 거절하는 행위 등과 같이 재산행위라 할지라도, 직접 일반재산의 감소를 초래하는 것이 아니며, 또 채무자의 자유의사에 맡겨져야 할 성질의 법률행위는 취소의 대상이 되지 않는다.

(4) 채무자가 하는 고용계약이나 위탁계약 등은 재산권을 목적으로 하는 행위라고 할 수 없다.[142] 회사설립행위는 재산출연을 그 요소로 하는 행위이기 때문에 취소의 대상이 되지만 상법에 특별규정이 있으므로 그에 따른다(상법 제185조, 제269조, 제552조).

나) 재산권의 성질을 겸유하고 있는 신분상의 행위

(1) 법률행위는 보통 재산행위와 신분행위로 구분할 수 있고 그것은 발생하는 효과가 재산상의 법률관계에 관한 것이냐 신분상의 법률관계에 관한 것이냐에 따른 구분이다. 본조에서 말하는 재산권을 목적으로 한 법률행위란 일응 재산행위라고 말할 수 있겠으나, 과연 어느 행위가 재산행위인지 아니면 신분행위인지 불분명한 경우도 많고, 경우에 따라서는 양 행위의 성질을 겸유하고 있는 경우도 있다. 따라서 구체적인 행위 유형별로 채권자취소권의 대상이 되는지 살펴볼 필요가 있다.

(2) 상속의 포기 및 유증의 포기는 채권자취소권의 대상이 되지 아니한다.

이들 행위는 모두 당사자인 채무자가 자유롭게 선택할 '인적 결단'의 성격을 가지고 있고, 실제로 이들 행위로 인해 채무자의 일반재산이 그전보다 감소된 것도 아니기 때문이다(안 받았을 뿐이지 줄인 것이 아니다).

대법원은 상속의 포기에 관해, "상속의 포기는 비록 포기자의 재산에 영향을 미치는 바가 없지 아니하나(그러한 측면과 관련하여서는 '채무자 회생 및 파산에 관한 법률' 제386조도 참조) 상속인으로서의 지위 자체를 소멸하게 하는 행위로서 순전한 재산법적 행위와 같이 볼 것이 아니다. 오히려 상속의 포기는 1차적으로 피상속인 또는 후순위상속인을 포함하여 다른 상속인 등과의 인격적 관계를 전체적으로 판단하여 행하여지는 '인적 결단'으로서의 성질을 가진다. 그러한 행위에 대하여 비록 상속인인 채무자가 무자력상태에 있다고 하여서 그로 하여금 상속포기를 하지 못하게 하는 결과가 될 수 있는 채권자의 사해행위취소를 쉽사리 인정할 것

142 이순동, 채권자취소권(제3판), 육법사(2017), 184.

이 아니다. 그리고 상속은 피상속인이 사망 당시에 가지던 모든 재산적 권리 및 의무·부담을 포함하는 총체재산이 한꺼번에 포괄적으로 승계되는 것으로서 다수의 관련자가 이해관계를 가지는데, 위와 같이 상속인으로서의 자격 자체를 좌우하는 상속포기의 의사표시에 사해행위에 해당하는 법률행위에 대하여 채권자 자신과 수익자 또는 전득자 사이에서만 상대적으로 그 효력이 없는 것으로 하는 채권자취소권의 적용이 있다고 하면, 상속을 둘러싼 법률관계는 그 법적 처리의 출발점이 되는 상속인 확정의 단계에서부터 복잡하게 얽히게 되는 것을 면할 수 없다. 또한 상속인의 채권자의 입장에서는 상속의 포기가 그의 기대를 저버리는 측면이 있다고 하더라도 채무자인 상속인의 재산을 현재의 상태보다 악화시키지 아니한다. 이러한 점들을 종합적으로 고려하여 보면, 상속의 포기는 민법 제406조 제1항에서 정하는 '재산권에 관한 법률행위'에 해당하지 아니하여 사해행위취소의 대상이 되지 못한다."고 판시하였다(대법원 2011. 6. 9. 선고 2011다29307 판결).

유증의 포기에 관해 최근 대법원은, "유증을 받을 자는 유언자의 사망 후에 언제든지 유증을 승인 또는 포기할 수 있고, 그 효력은 유언자가 사망한 때에 소급하여 발생하므로(민법 제1074조), 채무초과 상태에 있는 채무자라도 자유롭게 유증을 받을 것을 포기할 수 있다. 또한 채무자의 유증 포기가 직접적으로 채무자의 일반재산을 감소시켜 채무자의 재산을 유증 이전의 상태보다 악화시킨다고 볼 수도 없다. 따라서 유증을 받을 자가 이를 포기하는 것은 사해행위 취소의 대상이 되지 않는다고 보는 것이 옳다."고 판시하였다(대법원 2019. 1. 17. 선고 2018다260855 판결).

(3) 상속재산 분할협의는 채권자취소권의 대상이 된다.

대법원은, "상속재산의 분할협의는 상속이 개시되어 공동상속인 사이에 잠정적 공유가 된 상속재산에 대하여 그 전부 또는 일부를 각 상속인의 단독소유로 하거나 새로운 공유관계로 이행시킴으로써 상속재산의 귀속을 확정시키는 것으로 그 성질상 재산권을 목적으로 하는 법률행위이므로 사해행위취소권 행사의 대상이 될 수 있고, 한편 채무자가 자기의 유일한 재산인 부동산을 매각하여 소비하기 쉬운 금전으로 바꾸거나 타인에게 무상으로 이전하여 주는 행위는 특별한 사정이 없는 한 채권자에 대하여 사해행위가 되는 것이므로, 이미 채무초과 상태에 있는 채무자가 상속재산의 분할협의를 하면서 자신의 상속분에 관한 권리를 포기함으로써 일반 채권자에 대한 공동담보가 감소한 경우에도 원칙적으로 채권자에 대한 사해행위에 해당한다."고 판시하였다(대법원 2007. 7. 26. 선고 2007다29119 판결).

이 부분은 실무상 사해행위취소소송이 많이 제기되고 있는 유형 중 하나인데, 상속재산 분할협의 결과 구체적 상속분에 조금 미달하는 정도에 불과하다면 사해행위가 되지 않고, 구체적 상속분에 상당히 미달하는 경우만 사해행위가 된다는 점을 주의할 필요가 있다. 후자의 경우 취소의 범위는 미달하는 부분에 한정된다.

즉 대법원은, "채무초과 상태에 있는 채무자가 상속재산의 분할협의를 하면서 상속재산에 관한 권리를 포기함으로써 결과적으로 일반 채권자에 대한 공동담보가 감소되었다 하더라도, 그 재산분할결과가 위 구체적 상속분에 상당하는 정도에 미달하는 과소한 것이라고 인정되지 않는 한 사해행위로서 취소되어야 할 것은 아니고, 구체적 상속분에 상당하는 정도에 미달하는 과소한 경우에도 사해행위로서 취소되는 범위는 그 미달하는 부분에 한정하여야 한다."고 판시하였다(대법원 2001. 2. 9. 선고 2000다51797 판결).

(4) 이혼을 원인으로 한 재산분할은 원칙적으로 채권자취소권의 대상이 되지 않지만 그것이 과대하거나 재산분할을 구실로 한 재산처분이라고 인정될 수 있는 정도면 채권자취소권의 대상이 되고, 그 경우 취소의 범위는 상당 부분을 초과하는 부분에 한정된다.

대법원은, "이혼에 있어서 재산분할은 부부가 혼인 중에 가지고 있었던 실질상의 공동재산을 청산하여 분배함과 동시에 이혼 후에 상대방의 생활유지에 이바지하는 데 있지만, 분할자의 유책행위에 의하여 이혼함으로 인하여 입게 되는 정신적 손해(위자료)를 배상하기 위한 급부로서의 성질까지 포함하여 분할할 수도 있다고 할 것인바, 재산분할의 액수와 방법을 정함에 있어서는 당사자 쌍방의 협력으로 이룩한 재산의 액수 기타 사정을 참작하여야 하는 것이 민법 제839조의2 제2항의 규정상 명백하므로 재산분할자가 이미 채무초과의 상태에 있다거나 또는 어떤 재산을 분할한다면 무자력이 되는 경우에도 분할자가 부담하는 채무액 및 그것이 공동재산의 형성에 어느 정도 기여하고 있는지 여부를 포함하여 재산분할의 액수와 방법을 정할 수 있다고 할 것이고, 재산분할자가 당해 재산분할에 의하여 무자력이 되어 일반 채권자에 대한 공동담보를 감소시키는 결과가 된다고 하더라도 그러한 재산분할이 민법 제839조의2 제2항의 규정 취지에 반하여 상당하다고 할 수 없을 정도로 과대하고, 재산분할을 구실로 이루어진 재산처분이라고 인정할 만한 특별한 사정이 없는 한 사해행위로서 채권자취소권의 대상이 되지 아니하고, 위와 같은 특별한 사정이 있어 사해행위로서 채권자취소권의 대상이 되는 경우에도 취소되는 범위는 그 상당한 부분을 초과하는 부분에 한정된다고 할 것이다."고 판시하였다(대법원 2005. 1. 28. 선고 2004다58963 판결).

재산분할이 너무 과대하거나 재산분할을 빙자한 재산처분이라는 점은 채권자가 증명하여야 하는데, 실무상 사해행위취소가 인용된 사례는 많지 않다. 취소가 인정된 사례로 채무자의 유일한 재산인 아파트를 처에게 이전하여 준 것이 상당성을 넘는 것이라고 한 대법원 2001. 2. 9. 선고 2000다63516 판결이나 재산분할의 정도가 과대하다고 본 원심판단을 수긍한 대법원 2006. 6. 29. 선고 2005다73105 판결 및 대법원 2006. 9. 14. 선고 2005다74900 판결 등 참조.

(5) 이혼 후 아직 협의나 심판절차를 거쳐 확정되지 않은 재산분할청구권을 포기하는 행위는 채권자취소권의 대상이 되지 아니한다.

즉 대법원은, "이혼으로 인한 재산분할청구권은 이혼을 한 당사자의 일방이 다른 일방에 대하여 재산분할을 청구할 수 있는 권리로서 이혼이 성립한 때에 그 법적 효과로서 비로소 발생하는 것일 뿐만 아니라, 협의 또는 심판에 의하여 구체적 내용이 형성되기까지는 그 범위 및 내용이 불명확·불확정하기 때문에 구체적으로 권리가 발생하였다고 할 수 없으므로 협의 또는 심판에 의하여 구체화되지 않은 재산분할청구권은 채무자의 책임재산에 해당하지 아니하고, 이를 포기하는 행위 또한 채권자취소권의 대상이 될 수 없다."고 판시하였다(대법원 2013. 10. 11. 선고 2013다7936 판결).

(6) 이혼으로 인한 위자료나 양육비의 경우 그것이 과다한 경우 사해행위로 인정되어 취소될 수 있다. 대법원은 "채권자가 채무자를 상대로 손해배상채권을 보전하기 위하여 그 소유의 부동산에 대하여 가압류결정을 받기 하루 전에 채무자가 합의이혼을 하고 처에 대한 위자료 및 자녀의 양육비조로 그의 유일한 재산인 위 부동산을 처에게 무상양도하였다면 그 양도경위에 비추어 채무자는 그 양여행위로써 자신이 무자력에 빠지게 되어 채권자를 해한다는 사실을 알고 있었다고 보여지므로 위 양여행위는 채권자에 대한 사해행위가 된다."고 판시한 바 있다(대법원 1990. 11. 23. 선고 90다카24762 판결).

다만, 형식상 위자료나 양육비 명목으로 지급한 재산이라도 재산분할의 성결을 가지고 있다면 재산분할로 보고 사해행위 여부를 판단하여야 한다(대법원 2001. 5. 8. 선고 2000다58804 판결).

다) 강제집행의 대상이 되는 재산의 처분행위

재산권을 목적으로 하는 법률행위라도 그 재산권이 법률상 압류가 금지되거나 그 밖의 이유로 강제집행을 통하여 책임재산을 보전한다는 목적을 현실적으로 달성할 수 없는 경우에는 채권자취소권의 대상이 되지 않는다. 채권자취소권제도의 취지에 비추어 당연한 결론이다.

따라서 민사집행법 제195조가 규정하고 있는 채무자의 생활필수품 등 압류금지동산, 제246조에서 규정하고 있는 소액임대차보증금 반환채권 등 압류금지채권이나 기타 각종 특별법이 규정하고 있는 압류금지 재산과 관련된 채무자의 처분행위는 채권자취소권의 대상이 되지 아니한다.

라) 공법상의 권리를 처분하는 행위

공법상의 허가권 등 권리도 관련법의 규정에 의해 양도가 가능하고 독립한 재산적 가치를 가지고 있어 민사집행법 제251조의 '그 밖의 재산권'에 대한 집행방법에 의하여 강제집행할 수 있는 것이면 이러한 공법상의 권리를 처분하는 채무자의 행위도 채권자취소권의 대상이 된다.

판례를 보면, ①공유수면관리법 제11조 제1항, 제2항, 같은 법 시행령 제19조 제1항의 각 규정에 의하면, 공유수면점용허가권은 공법상의 권리라고 하더라도 허가를 받은 자가 관할 관청의 허가 없이 그 점용허가권을 자유로이 양도할 수 있으므로 독립한 재산적 가치를 가지고 있고, 법률상 압류가 금지된 권리도 아니어서 민사집행법 제251조 소정의 '그 밖의 재산권'에 대한 집행방법에 의하여 강제집행을 할 수 있으므로 사해행위로서 이를 양도한 경우에는 채권자취소권의 대상이 되고(대법원 2005. 11. 10. 선고 2004다7873 판결), ②건축 중인 건물 외에 별다른 재산이 없는 채무자가 수익자에게 책임재산인 위 건물을 양도하기 위해 수익자 앞으로 건축주명의를 변경해주기로 약정하였다면 위 양도 약정이 포함되어 있다고 볼 수 있는 건축주명의변경 약정은 채무자의 재산감소 효과를 가져오는 행위로서 다른 일반 채권자의 이익을 해하는 사해행위가 될 수 있고(대법원 2017. 4. 27. 선고 2016다279206 판결), ③구 화물자동차 운수사업법(2011. 6. 15. 법률 제10804호로 개정되기 전의 것, 이하 같다)에 의하면, 화물자동차 운송사업의 허가는 화물자동차 운송사업을 합법적으로 영위할 수 있는 자격에 불과하고, 화물자동차 운송사업의 양도가 이루어지면 허가를 포함하여 화물자동차 운송사업과 관련한 물적 시설인 화물자동차가 일체로서 이전되는 것이므로 화물자동차 운송사업을 떠난 허가만을 법원이 강제집행의 방법으로 압류하여 환가하기에 적합하지 아니하나, 구 화물자동차 운수사업법 제16조, 구 화물자동차 운수사업법 시행규칙(2011. 12. 31. 국토해양부령 제430호로 개정되기 전의 것) 제23조에 의하면, 화물자동차 운송사업자는 관할관청에 대한 신고만으로 허가를 포함한 화물자동차 운송사업의 전부 또는 일부를 양도할 수 있고, 민사집행법 제251조에 의하여 화물자동차 운송사업의 물적 시설인 화물자동차가 일괄하여 강제집행될 경우에는 그에 관한 허가 역시 일체로서 환가될 수 있다. 따라서 화물자동차 운송사업자가 채무초과 상태에서 화물자동차 운송사업을 양도하는 행위는 물적 시설인 화물자동차가 양도 대상에서 제외되었다는 특별한 사정이 없는 한 사해행위취소의 대상이 된다(대법원 2014. 5. 16. 선고 2013다36453 판결).

이에 반해 ④구 수산업법의 규정에 의하면 어업허가의 양도는 허용되지 않는 것으로 해석되므로 민사집행법 제251조 소정의 강제집행의 대상이 될 수 없는 어업허가를 양도한 행위는 채권자취소권의 대상이 될 수 없다(대법원 2010. 4. 29. 선고 2009다105734 판결).

다. 사해성

1) 사해성의 의미

채권자취소권의 대상이 되는 채무자의 법률행위는 ‘채권자를 해하는’ 것이어야 한다. 여기서 채권자를 해한다는 것은 채무자의 재산처분행위에 의하여 일반재산이 감소되어 채권의 공동담보에 부족이 생기거나, 이미 부족상태에 있는 공동담보가 한층 더 부족하게 됨으로써 채권자의 채권을 완전하게 만족시킬 수 없게 되는 것, 즉 채무자의 소극재산이 적극재산보다 많아지거나 그 부족정도가 심화되는 것을 의미한다.

채무자의 재산적 법률행위로 말미암아 채무자의 채무 총액이 적극재산의 총액을 초과한다는 것이 확정되지 아니하고서는 채무자에게 채권자를 해하는 법률행위가 있었다고 단정할 수 없다.[143]

대법원도 “민법 제406조의 채권자취소권의 대상인 ‘사해행위’란 채무자가 적극재산을 감소시키거나 소극재산을 증가시킴으로써 채무초과상태에 이르거나 이미 채무초과상태에 있는 것을 심화시킴으로써 채권자를 해하는 행위를 말한다.”고

143 대법원 1962. 11. 15. 선고 62다634 판결.

판시하고 있다(대법원 2017. 10. 26. 선고 2015다254675 판결).

2) 사해성의 판단

가) 원칙

채무자의 재산권에 관한 법률행위로 인하여 일반 채권자의 공동담보가 되는 채무자의 책임재산이 채무초과상태로 되거나 이미 채무초과상태에 있는 것을 더욱 심화시키는 경우 사해행위가 성립하므로, 사해성의 판단은 채무자의 재산처분 당시 이미 채무자가 채무초과상태에 있었는지 및 그 처분행위로 인해 채무초과상태가 심화되거나 새로 유발되었는지를 검토하여 채무초과상태의 유발 또는 심화가 확인되면 사해성이 있는 것으로 판단하게 된다. 따라서 그 판단은 다분히 객관적인 요소들을 증거에 의해 심리·확정하는 과정을 통해 진행된다.

채무자의 일반재산은 적극재산과 소극재산으로 구성되기 때문에 재산감소행위는 적극재산을 감소시키는 처분행위뿐만 아니라 소극재산을 증가시키는 채무부담행위도 포함한다. 그 결과 소극재산의 총액이 적극재산의 총액을 초과하는 것, 즉 채무초과 또는 무자력이 되거나 그것이 더 심화되는 경우에 사해성이 인정된다.

채무초과상태를 심화시킨다는 것은 소극재산을 더욱 확대하거나 저극재산을 더욱 축소시키는 행위는 물론이고 채무초과상태에서 일반 책임재산의 변제력을 질적으로 약화시키는 행위도 포함한다.[144]

사해행위에서 공동담보의 이탈로 인한 채권자의 손해는, 단순히 그러한 손해 발생의 위험이 있다는 것만으로는 부족하고 현실적인 것임을 요하지만(대법원 2007. 7. 12. 선고 2007다24954 판결), 반드시 채무자의 재산을 강제집행하여 그 효과가 주효하지 않을 것을 요하지는 아니하며, 사해사실은 취소채권자가 주장·입증하여야 한다.

나) 종합적 사정 고려

대법원 판례 중에는 이러한 객관적인 판단 외에 여러 주관적 사정까지 종합적으로 고려하여 사해성 여부를 판단하여야 한다고 설시한 것들이 있는데, 예컨대 대법원 2010. 9. 30. 선고 2007다2718 판결은, "채무자가 책임재산을 감소시키는 행위를 함으로써 일반 채권자들을 위한 공동담보의 부족상태를 유발 또는 심화시킨 경우에 그 행위가 채권자취소의 대상인 사해행위에 해당하는지 여부는,

144 조해섭, 채권자취소권법, 법문사(2019), 87.

행위목적물이 채무자의 전체 책임재산 가운데에서 차지하는 비중, 무자력의 정도, 법률행위의 경제적 목적이 갖는 정당성 및 그 실현수단인 당해 행위의 상당성, 행위의 의무성 또는 상황의 불가피성, 채무자와 수익자 간 통모의 유무와 같은 공동담보의 부족 위험에 대한 당사자의 인식의 정도 등 그 행위에 나타난 여러 사정을 종합적으로 고려하여, 그 행위를 궁극적으로 일반 채권자를 해하는 행위로 볼 수 있는지 여부에 따라 최종 판단하여야 한다."고 판시하였고, 같은 취지의 판례들이 많이 있다.

위 대법원 판시와 같이 통모 등의 여러 요소를 종합적으로 고려하여 사해행위 여부를 판단하여야 할 것이다. 그러나 먼저 채무자의 무자력이라는 객관적 요소를 중심으로 사해성을 1차적으로 판단하고, 통모 등의 주관적 요소나 기타 종합적 사정은 보충적으로 고려하는 것이 타당하다고 본다.

다) 일련의 행위

채무자가 연속하여 수개의 재산행위를 한 경우에는 채권자취소권에 관하여 각 행위별로 그로 인하여 무자력이 초래되었는지 여부에 따라 사해성을 판단하는 것이 원칙이지만, 그 일련의 행위들을 하나의 행위로 볼 특별한 사정이 있는 때에는 이를 일괄하여 전체로서 사해성이 있는지 판단하여야 한다. 이때 그러한 특별한 사정이 있는지 여부는 행위의 상대방의 동일성, 각 재산행위의 시간적 근접성, 채무자와 상대방의 관계, 행위의 동기 내지 기회의 동일성 여부 등을 기준으로 결정되어야 하지만, 그 각 처분행위가 동일한 목적을 달성하기 위한 일련의 법적 처리과정에서 상호 연계하여 이루어진 것이라는 등 특별한 연관관계가 없는 경우까지도 그 범위를 함부로 넓혀서 하나의 행위인 것처럼 일괄 평가할 것은 아니라 할 것이다(대법원 2013. 7. 25. 선고 2013다33874 판결, 대법원 2010. 5. 27. 선고 2010다15387 판결 등).

구체적으로 보면, ①채무자가 공장부지와 공장건물 등에 관한 매매계약을 체결하면서 그 부동산이 토지거래허가구역 내에 있어 토지거래허가를 받아야 함을 고려하여 소유권이전등기를 하기 전에 상대방에게 근저당권을 설정해 주기로 특약을 하여 근저당권설정등기가 경료된 사안에서, 매매계약과 근저당권설정계약은 계약의 당사자가 동일하고, 그 목적물도 사실상 동일하며, 실질적으로 동시에 이루어졌고, 그 부동산이 토지거래허가의 대상임에도 그 허가를 얻지 아니한 채 매매계약이 체결되고 또 대금의 일부가 먼저 지급되는 등 근저당권설정계약이 주로 매매계약의 이행을 미리 확보할 목적으로 또는 매매계약이 무효로 확정된 경우 이미 지급된 매매대금의 반환을 담보할 목적으로 체결되었음을 알 수 있으므로, 위 계약들은 사해행위 여부의 판단에서 이를 하나의 행위로 봄이 상당하고, 채무자의 채무초과 상태 등 사해행위 요건의 구비 여부는 애초의 법률행위인 매매계약 당시를 기준으로 판단하여야 한다고 하였고(대법원 2010. 5. 27. 선고 2010다15387 판결), ②채무자가 아파트 수분양권 및 아파트 여러 채를 보유하고 있다가 채권자가 채무자 재산에 강제경매를 신청하자 불과 6일 만에 수익자에게 수분양권을 양도하고 1달 내에 다른 아파트들을 오빠, 남편 등 친인척 관계에 있는 사람들에게 소유권을 이전한 사안에 대하여 채무자의 각 처분행위는 동일한 사해의사에 따른 일련의 행위로서 하나의 행위라고 평가할 여지가 충분하므로 수익자에 대한 수분양권 양도행위로 채무초과 상태에 이르렀는지를 판단함에 있어서는 오빠, 남편 등에게 양도한 아파트들을 적극재산으로 고려하면 아니 된다고 판시하였다(대법원 2014. 3. 27. 선고 2012다34740 판결).

한편, ③채무자가 그 소유 부동산을 처분한 대금을 남편의 계좌로 2차례 나누어 1주일 간격으로 송금하여 증여하였다면서 양도소득세 납부채무를 피보전채권으로 사해행위취소를 주장한 사안에서, 채무자가 매매대금을 피고에게 송금하는 방법으로 증여한 각 행위는 각 별도의 처분행위인 이상, 그것이 사해행위가 되는지 여부는 각 증여행위 당시의 조세채무와 잔존 적극재산의 금액을 비교하여 판단할 것이고, 채권자가 주장하는 것처럼 각 증여행위의 상대방이 동일하고 동일한 부동산의 처분대금을 증여한 것이라는 사정만으로 각 증여행위가 상호 연계되어 있다는 등 이를 전체적으로 일괄하여 하나의 사해행위로 평가할 특별한 사정이 있다고는 할 수 없다면서 1차 증여 당시는 채무초과상태가 되지 않았다고 본 원심의 판단을 수긍하였고(대법원 2013. 7. 25. 선고 2013다33874 판결), ④채무자가 수 개의 부동산을 보유하고 있다가 그중 하나를 피고에게 매도한 후 1달 10일 동안 나머지 대부분의 부동산을 다른 사람들에게 매도한 사안에 대하여, 채무자가 연속하여 수개의 재산처분행위를 하였으나 그 상대방이 모두 다르고 상당한 시간적 간격이 있으며 특정인을 제외하고는 그 상대방들이 채무자와 사이에 특별한 관계가 없고 처분기회가 동일하거나 관련되어 있다는 자료도 없으며 채권자도 채무자의 처분행위 중 특정인에 대한 처분행위만을 사해행위라고 주장하고 있는 점 등에 비추어 채무자의 수개의 재산처분행위를 하나의 행위로 보아 사해성 여부를 판단할 수는 없다고 판시하였다(대법원 2002. 9. 24. 선고 2002다23857 판결).

라) 공동채무인 경우

(1) 연대보증인의 법률행위가 사해행위에 해당하는지 여부를 판단함에 있어서 주채무에 관하여 주채무자 또는 제3자 소유의 부동산에 대하여 채권자 앞으로 근저당권이 설정되어 있는 등으로 채권자에게 우선변제권이 확보되어 있는 경우가 아닌 이상, 주채무자의 일반적인 자력은 고려할 요소가 아니다(대법원 2003. 7. 8. 선고 2003다13246 판결).

(2) 채무자가 구상채무의 연대보증인인 경우 채무초과 상태는 연대보증인인 채무자의 자산 상태를 가지고 판단할 것이지 주채무자의 자산 상태를 가지고 판단할 사항은 아니며(대법원 2000. 3. 28. 선고 99다59849 판결), 사해성의 판단에 있어서 다른 연대보증인의 자력은 고려할 필요가 없다(대법원 1999. 9. 3. 선고 99다23055 판결).

(3) 특정채권에 대한 공동연대보증인 중 1인이 다른 공동연대보증인에게 재산을 증여하여 특정채권자가 추급할 수 있는 채무자들의 총 책임재산에는 변동이 없다고 하더라도 재산을 증여한 연대보증인의 재산이 감소되어 그 특정한 채권자를 포함한 일반 채권자들의 공동담보에 부족이 생기거나 그 부족이 심화된 경우에는, 그 증여행위의 사해성을 부정할 수는 없다(대법원 2009. 3. 26. 선고 2007다63102 판결).

(4) 사해의사를 판단함에 있어서도 "연대보증인에게 부동산의 매도행위 당시 사해의 의사가 있었는지 여부는 연대보증인이 자신의 자산상태가 채권자에 대한 연대보증채무를 담보하는 데 부족이 생기게 되리라는 것을 인식하였는가 하는 점에 의하여 판단하여야 하고, 연대보증인이 주채무자의 자산상태가 채무를 담보하는 데 부족이 생기게 되리라는 것까지 인식하였어야만 사해의 의사를 인정할 수 있는 것은 아니다."(대법원 1998. 4. 14. 선고 97다54420 판결).

3) 사해성 판단의 기준시점

가) 원칙

사해성 판단의 기준시점은 첫째로 처분행위 시이고, 둘째로 취소권 행사 시(사실심의 구두변론종결 시)이다. 즉 사해행위 당시는 물론 취소권 행사 시(사실심 변론종결 시)에도 사해성을 갖추고 있어야 한다.

먼저 채무자의 재산처분행위가 사해행위가 되는지 여부는 처분행위 당시를 기준으로 판단해야 한다는 점에 관해 대법원은 여러 차례 판시한 바 있다(대법원 2001. 7. 27. 선고 2000다73377 판결, 대법원 2009. 10. 29. 선고 2009다47852 판결, 대법원 2017. 10. 26. 선고 2015다254675 판결 등). 따라서 채무자의 처분행위 시 채권자를 해하는 행위가 아니라면 그 후 채무자의 재산상태가 악화되더라도 사해행위는 성립하지 아니한다.[145]

한편, 처분행위 시 채권자를 해하는 행위라 하더라도 사실심 변론종결 시 채권자를 해하지 아니하면 채권자취소권은 소멸한다. 즉 처분행위 당시에는 채권자를 해하는 것이었더라도 그 후 채무자가 자력을 회복하거나 채무가 감소하여 취소권 행사 시(사실심 변론종결 시)에는 채권자를 해하지 않게 된 때에는, 채권자취소권에 의한 책임재산보전의 필요성이 없으므로 채권자취소권은 소멸한다(대법원 2009. 3. 26. 선고 2007다63102 판결). 다만 사해행위 당시에 무자력이었음이 입증된 이상 그 후의 사정변경에 의하여 채권자취소권을 인정할 필요가 없어졌다는 사실은 상대방이 입증하여야 한다.[146]

나) 가액의 산정

사해행위의 성립여부를 판단하기 위하여서는 취소채권자의 채권액 및 채무자의 총재산액이 파악되어야 할 것인데, 그 산정 기준시기는 사해행위 당시이다. 이는 사해행위의 성립이 인정되는 것을 전제로 하여 가액배상을 할 금액을 산정하는 기준시기 문제와 개념상 차이가 있다.

대법원도, "채무자의 재산처분행위가 사해행위가 되는지 여부는 처분행위 당시를 기준으로 판단하여야 하므로 담보로 제공된 부동산이 사해성 여부가 문제되는 재산처분행위가 있은 후에 임의경매 등 절차에서 환가가 진행된 경우에는 그 재산처분행위의 사해성 여부를 판단하기 위한 부동산 가액의 평가는 부동산 가액의 하락이 예상되는 등 특별한 사정이 없는 한 사후에 환가된 가액을 기준으로 할 것이 아니라 사해성 여부가 문제되는 재산처분행위 당시의 시가를 기준으로 하여야 한다."(대법원 2002. 11. 8. 선고 2002다41589 판결)고 판시한 바 있다.

담보설정된 부동산에 관한 사해행위 여부를 판단함에 있어서는 근저당권의 경우 채권최고액이 아니라 실제로 이미 발생하여 있는 채권금액을 기준으로 판단

145 日大判 1925. 4. 20.
146 日大判 1916. 5. 1.

하여야 한다(대법원 2001. 10. 9. 선고 2000다42618 판결).

다) 구체적인 사례

(1) 어느 시점에서 사해행위에 해당하는 법률행위가 있었는가를 따짐에 있어서는 당사자 사이의 이해관계에 미치는 중대한 영향을 고려하여 신중하게 이를 판정하여야 할 것이고, 사해행위에 해당하는 법률행위가 언제 있었는가는 실제로 그러한 사해행위가 이루어진 날을 표준으로 판정할 것이되, 다른 특별한 사정이 없는 한 처분문서에 기초한 것으로 보이는 등기부상 등기원인일자를 중심으로 그러한 사해행위가 실제로 이루어졌는지 여부를 판정할 수밖에 없다(대법원 2009. 6. 11. 선고 2007다4004 판결, 대법원 2010. 2. 25. 선고 2007다28819, 28826 판결 등).

(2) 채무자가 수익자에게 채무 담보를 위한 백지 근저당권설정계약서를 교부한 당시는 채무초과 상태가 아니었으나, 수익자가 백지 근저당권설정계약서를 보충한 날에는 채무초과의 상태에 있었던 경우, 담보제공 행위인 근저당권설정계약이라는 채무자의 처분행위가 이루어진 것은 수익자가 백지 근저당권설정계약서를 보충한 날이므로, 이 날을 기준으로 사해성을 판단하여야 한다(대법원 2000. 4. 25. 선고 99다55656 판결, 대법원 2012. 11. 15. 선고 2012다65058 판결).

(3) 가등기에 기하여 본등기가 경료된 경우, 가등기의 원인인 법률행위와 본등기의 원인인 법률행위가 명백히 다른 것이 아닌 한, 사해행위 요건의 구비 여부는 가등기의 원인인 법률행위 당시를 기준으로 하여 판단하여야 한다(대법원 2009. 6. 11. 선고 2007다4004 판결). 따라서 가등기 당시를 기준으로 채무자가 무자력 상태에 있었는지 여부를 판단하여야 하고(대법원 1998. 3. 10. 선고 97다51919 판결), 제척기간의 준수 여부도 가등기의 원인행위를 안 날을 기준으로 판단해야 한다. 즉, "채무자 소유의 부동산에 관하여 수익자의 명의로 소유권이전청구권의 보전을 위한 가등기가 경료되었다가 그 가등기에 기한 소유권이전등기의 본등기가 경료된 경우에, 가등기의 등기원인인 법률행위와 본등기의 등기원인인 법률행위가 명백히 다른 것이 아닌 한, 본등기의 기초가 된 가등기의 등기원인인 법률행위를 제쳐놓고 본등기의 등기원인인 법률행위만이 취소의 대상이 되는 사해행위라고 볼 것은 아니므로, 채권자가 가등기의 등기원인인 법률행위를 안날이 언제인지와 관계없이 본등기가 경료된 것을 안 날로부터 따로 사해행위의 취소를 청구하는 소의 제척기간이 진행된다고 볼 수는 없다."(대법원 1993. 1. 26. 선고 92다11008 판결).

(4) 채무자가 자신의 채무를 담보하기 위하여 현재 보유하고 있거나 장래에

보유하게 될 채권을 일괄하여 채권자에게 양도하기로 하는 예약은 이른바 집합채권의 양도예약에 해당한다. 집합채권의 양도예약은 당사자의 계약 내용이 장차 선택권과 예약완결권의 행사로 채권양도의 효력이 발생하는 경우에 채권이 다른 채무의 변제를 위한 담보로 양도될 것을 예정하고 있는지 아니면 다른 채무의 변제에 갈음하여 양도될 것을 예정하고 있는지에 따라 집합채권의 양도담보의 예약 또는 대물변제의 예약으로서의 성질을 가질 수 있고, 계약 내용이 명백하지 아니한 경우에는 일반적인 채권양도에서와 마찬가지로 특별한 사정이 없는 한 채무변제를 위한 담보로 양도되는 것을 예정하고 있는 양도담보의 예약으로 추정된다. 그리고 이와 같은 집합채권의 양도담보의 예약이 체결된 다음 예약완결권의 행사에 기하여 채권이 양도된 경우 사해행위 여부는 양도담보 예약 시를 기준으로 판단하여야 한다(대법원 2016. 7. 14. 선고 2014다233268 판결).

4) 채무자의 무자력

가) 무자력의 의의

(1) 사해성 판단의 핵심은 채무자의 무자력 여부이다. 즉, 사해행위란 채무자의 재산처분행위로 인해 책임재산이 감소하여 채권의 공동담보에 부족이 생기거나 이미 부족상태에 있는 공동담보가 한층 더 부족하게 되어 채권을 완전하게 만족시킬 수 없게 된 것을 의미하므로(대법원 2003. 12. 12. 선고 2003다40286 판결), 사해행위 당시 채무자가 무자력 상태에 있는지 판단하는 것이 사해행위취소소송의 핵심 쟁점이 된다.

이 때 무자력이란 채무자가 전혀 변제자력이 없게 되었다는 것을 의미하는 것이 아니라 채무자의 책임재산이 총채권자의 채권을 변제하기에 부족한 채무초과상태에 있다는 것을 의미한다.[147]

(2) 채무자의 법률행위에 관하여 그 사해성 유무, 즉 채무자의 재산처분행위로 인하여 무자력상태가 초래되었거나 심화되었는지 여부를 판단하기 위해서는 처분행위 당시의 채무자의 적극재산과 소극재산의 각 총액을 산정하여 채무초과 여부를 가려야 하는바, 사해행위취소의 요건으로서의 무자력이란 채무자의 변제자력이 없음을 뜻하는 것이고 특히 임의 변제를 기대할 수 없는 경우에는 강제집행을 통한 변제가 고려되어야 하므로, 소극재산이든 적극재산이든 위와 같은 목

147 조해섭, 채권자취소권법, 법문사(2019), 106.

적에 부합할 수 있는 재산인지 여부가 변제자력 유무 판단의 중요한 고려요소가 되어야 한다(대법원 2006. 2. 10. 선고 2004다2564 판결).

(3) 이와 같이 강제집행과의 관계를 고려하여야 하므로, "적극재산을 산정함에 있어서는 다른 특별한 사정이 없는 한 실질적으로 재산적 가치가 없어 채권의 공동담보로서의 역할을 할 수 없는 재산은 이를 제외하여야 할 것이고, 그 재산이 채권인 경우에는 그것이 용이하게 변제를 받을 수 있는 확실성이 있는 것인지 여부를 합리적으로 판정하여 그것이 긍정되는 경우에 한하여 적극재산에 포함시켜야 할 것이며, 압류금지재산은 공동담보가 될 수 없으므로 이를 적극재산에 포함시켜서는 아니 된다."(대법원 2005. 1. 28. 선고 2004다58963 판결). 또 채무자의 소극재산은 실질적으로 변제의무를 지는 채무를 기준으로 산정해야 한다(대법원 2006. 2. 10. 선고 2004다2564 판결).

(4) 연대보증인의 법률행위가 사해행위에 해당하는지 여부를 판단함에 있어서 주채무에 관하여 주채무자 또는 제3자 소유의 부동산에 대하여 채권자 앞으로 근저당권이 설정되어 있는 등으로 채권자에게 우선변제권이 확보되어 있는 경우가 아닌 이상, 주채무자의 일반적인 자력은 고려할 요소가 아니다(대법원 2003. 7. 8. 선고 2003다13246 판결).

(5) 합자회사의 무한책임사원이 한 대물변제계약 등 법률행위가 사해행위에 해당하는지를 판단할 때, 무한책임사원 고유의 채무 총액과 합자회사의 부채 총액을 합한 액이 무한책임사원 고유의 재산 총액을 초과하는 경우에는 그 법률행위는 특별한 사정이 없는 한 사해행위에 해당한다고 볼 수 있지만, 합자회사의 무한책임사원 책임이 보충성을 갖고 있는 점 등에 비추어 법률행위 당시 합자회사가 그 재산으로 채무를 완제할 수 있었다는 점(상법 제212조 제1항)이 주장·입증된 경우에는 합자회사의 채무를 고려함이 없이 무한책임사원 고유의 채무 총액과 고유의 재산 총액을 비교하여 법률행위가 사해행위에 해당하는지를 판단하여야 한다(대법원 2012. 4. 12. 선고 2010다27847 판결).

나) 적극재산의 산정

(1) 적극재산의 범위

적극재산은 채무자의 부동산, 동산, 채권 등으로 구성된다. 조건부나 기한부 권리도 적극재산에 포함될 수 있다.

채무자 소유의 재산에 물적 담보가 설정되어 있는 경우, 그 재산의 가액에서 피담보채권액을 공제한 잔액만이 채무자의 적극재산으로 평가되어야 한다.

채무자의 적극재산은 강제집행이 가능한 재산이어야 하므로 압류가 금지된 재산은 제외되고(대법원 2005. 1. 28. 선고 2004다58963 판결), 자본잠식 상태인 회사의 주식 등 실질적으로 재산적 가치가 없어 채권의 공동담보가 될 수 없는 재산 또한 제외된다(대법원 2006. 10. 26. 선고 2005다76753 판결).

그렇다고 실질적으로 재산가치가 있는 재산을 강제집행이나 현금화의 용이성이 다소 떨어진다는 이유만으로 채무자의 적극재산에서 제외할 수는 없다(대법원 2012. 10. 11. 선고 2010다85102 판결).

한편, 사해행위의 결과 수익자에게 귀속된 재산은 채무자의 적극재산에서 제외되어야 한다(대법원 2005. 5. 27. 선고 2003다36478, 36485 판결).

(2) 부동산

(가) 채무자 소유의 재산이 다른 채권자의 채권에 물상담보로 제공되어 있다면, 물상담보로 제공된 부분은 채무자의 일반 채권자들을 위한 채무자의 책임재산이라고 할 수 없으므로, 그 물상담보에 제공된 재산의 가액에서 다른 채권자가 가지는 피담보채권액을 공제한 잔액만을 채무자의 적극재산으로 평가하여야 한다(대법원 2012. 1. 12. 선고 2010다64792 판결). 전세권 또는 우선변제적 효력이 있는 임차권이 설정되어 있는 경우에도 마찬가지로 부동산의 가액에서 전세금 또는 임대차보증금을 공제한 잔액만을 채무자의 적극재산으로 평가하여야 한다.

(나) 채무자 소유인 여러 부동산에 공동저당권이 설정되어 있는 경우 책임재산을 산정할 때 각 부동산이 부담하는 피담보채권액은 특별한 사정이 없는 한 민법 제368조의 규정 취지에 비추어 공동저당권의 목적으로 된 각 부동산의 가액에 비례하여 공동저당권의 피담보채권액을 안분한 금액이라고 보아야 한다. 공동채무자들이 하나의 부동산을 공동소유하면서 전체 부동산에 저당권을 설정한 경우에도 특별한 사정이 없는 한 위 법리가 적용된다(대법원 2017. 5. 30. 선고 2017다205073 판결).

따라서 채무자의 재산 중 공동담보로 제공된 부동산에 관해서는 사해행위 당시를 기준으로 각 부동산의 가액에서 위와 같이 안분하여 산정한 피담보채권액을 채권최고액의 한도에서 공제한 잔액을 각 부동산의 적극재산 가액으로 평가한다.[148]

148 조해섭, 채권자취소권법, 법문사(2019), 115~116.

(다) 수 개의 부동산 중 일부는 채무자의 소유이고 다른 일부는 물상보증인의 소유인 경우에는, 물상보증인이 민법 제481조, 제482조의 규정에 따른 변제자대위에 의하여 채무자 소유의 부동산에 대하여 저당권을 행사할 수 있는 지위에 있는 점 등을 고려할 때, 그 물상보증인이 채무자에 대하여 구상권을 행사할 수 없는 특별한 사정이 없는 한 채무자 소유의 부동산에 관한 피담보채권액은 공동저당권의 피담보채권액 전액으로 봄이 상당하다. 이러한 법리는 하나의 공유부동산 중 일부 지분이 채무자의 소유이고, 다른 일부 지분이 물상보증인의 소유인 경우에도 마찬가지로 적용된다(대법원 2013. 7. 18. 선고 2012다5643 전원합의체 판결. 이 판결로 '채무자와 물상보증인의 공유인 부동산에 관하여 저당권이 설정되어 있고, 채무자가 그 부동산 중 자신의 지분을 양도하여 그 양도가 사해행위에 해당하는지를 판단할 때 채무자 소유의 부동산 지분이 부담하는 피담보채권액은 원칙적으로 각 공유지분의 비율에 따라 분담된 금액'이라는 취지의 대법원 2002. 12. 6. 선고 2002다39715 판결과 대법원 2005. 12. 9. 선고 2005다39068 판결을 변경함).

(라) 건물의 공유자가 공동으로 건물을 임대하고 임차보증금을 수령한 경우 특별한 사정이 없는 한 그 임대는 각자 공유지분을 임대한 것이 아니라 임대목적물을 다수의 당사자로서 공동으로 임대한 것이고 임차보증금 반환채무는 성질상 불가분채무에 해당한다. 임차인이 공유자 전원으로부터 상가건물을 임차하고 상가건물 임대차보호법 제3조 제1항에서 정한 대항요건을 갖추어 임차보증금에 관하여 우선변제를 받을 수 있는 권리를 가진 경우에, 상가건물의 공유자 중 1인인 채무자가 처분한 지분 중에 일반 채권자들의 공동담보에 제공되는 책임재산은 우선변제권이 있는 임차보증금 반환채권 전액을 공제한 나머지 부분이다(대법원 2017. 5. 30. 선고 2017다205073 판결).

(마) 종합체육시설(수영장, 골프연습장, 체력단련장, 실내스키장 등)을 양수한 경우 체육시설의 설치·이용에 관한 법률 제17조에 따라 모집한 회원에 대한 입회금액의 반환채무도 승계되므로, 책임재산액을 산정하면서 회원보증금 반환채무액을 공제해야 한다(대법원 2013. 11. 28. 선고 2012다31963 판결).

(바) 채권자대위권에 관한 판례이기는 하지만, 채무자의 적극재산인 부동산에 이미 제3자 명의로 소유권이전청구권보전의 가등기가 경료되어 있는 경우에는 강제집행을 통한 변제가 사실상 불가능하므로, 위 가등기가 가등기담보 등에 관한 법률에 정한 담보가등기로서 강제집행을 통한 매각이 가능하다는 등의 특별한 사

정이 없는 한 위 부동산은 실질적으로 재산적 가치가 없어 적극재산을 산정함에 있어서 이를 제외하여야 한다는 판례(대법원 2009. 2. 26. 선고 2008다76556 판결)가 있다.

(3) 채권

(가) 적극재산이 채권인 경우에는 그것이 용이하게 변제를 받을 수 있는 확실성이 있는 것인지 여부를 합리적으로 판정하여 그것이 긍정되는 경우에 한하여 적극재산에 포함시켜야 할 것이다(대법원 2005. 1. 28. 선고 2004다58963 판결).

(나) 따라서 채권의 경우 상대방의 재산상태 등 추심의 용이성 및 확실성을 따져 적극재산에 산입할 것인지 여부를 판단해야 하는데, 대법원 2001. 10. 12. 선고 2001다32533 판결은, 사해행위 당시 채무자가 소외 회사에 대해 채권을 가지고 있었지만 소외 외사는 폐업한 채무초과 상태에 있었고, 별도의 물적 담보 등을 가지고 있지 아니하였으며, 2년이 넘도록 변제받지 못하고 있었던 섬 등을 들어 위 채권은 적극재산에 포함되지 않는다는 취지로 판시하였다.

(다) 대법원 2006. 2. 10. 선고 2004다2564 판결은, 채무자 명의의 정기예금에 관하여 무기명 양도성예금증서가 발행되었고, 그 양도성예금증서를 채무자가 아닌 제3자가 소지하다가 다른 사람에게 처분한 경우, 그 정기예금은 양도성예금증서의 소지인에게 지급될 것이므로 채무자의 적극재산으로 보기 어렵고, 그 양도성예금증서도 채권자들이 그 존재를 쉽게 파악하고 이를 집행의 대상으로 삼을 수 있었다는 특별한 사정이 있는 경우라야만 그 양도성예금증서가 표창하는 예금채권 상당액을 위 채무자의 적극재산으로 볼 수 있다고 하였다.

(라) 임대차보증금 반환채권에 관해 대법원은, "사해행위 당시 존속하고 있는 임대차관계에서의 임차인의 보증금반환채권은 장차 임대차관계가 종료되는 등으로 그 권리가 실제로 성립하는 때에 선순위권리의 존재 또는 임차인의 차임지급의무 불이행 등으로 임차인이 이를 현실적으로 반환받을 가능성이 없거나 제한되는 것으로 합리적으로 예측되는 등의 특별한 사성이 없는 한 이를 애초의 보증금액 상당의 가치대로 적극재산에 포함된다고 평가하는 것이 그 권리의 성질이나 내용 등에 부합한다."고 판시하였다(대법원 2013. 4. 26. 선고 2012다118334 판결).

(마) 민사집행법 제246조 제1항 제4호에 의하면, 급료·연금·봉급·상여금·퇴직금·퇴직연금 그 밖에 이와 비슷한 성질을 가진 급여채권의 2분의 1에 해당하는 금액은 압류가 금지되어 있으므로 퇴직금 중 2분의 1에 해당하는 금액은 적극재

산에 포함될 수 없다(대법원 2005. 1. 28. 선고 2004다58963 판결).

(바) 이혼으로 인한 재산분할청구권은 이혼을 한 당사자의 일방이 다른 일방에 대하여 재산분할을 청구할 수 있는 권리로서 이혼이 성립한 때에 그 법적 효과로서 비로소 발생하는 것일 뿐만 아니라, 협의 또는 심판에 의하여 구체적 내용이 형성되기까지는 그 범위 및 내용이 불명확·불확정하기 때문에 구체적으로 권리가 발생하였다고 할 수 없으므로 협의 또는 심판에 의하여 구체화되지 않은 재산분할청구권은 채무자의 책임재산에 해당하지 아니한다(대법원 2013. 10. 11. 선고 2013다7936 판결).

(4) 그 밖의 재산

(가) 금전의 경우 적극재산 중 하나이지만 채권자의 입장에서 그 소재 파악이 불가능하거나 어려운 경우가 많아 현실적으로 적극재산에 산입하기 어렵다. 따라서 채무자가 금전의 형태로 자산을 보유하고 있는 경우에는 채무자가 그 보관장소 등을 공개하고 지속적으로 보유하고 있지 않는 한, 채권자들이 이를 집행의 대상으로 삼을 수 없거나 강제집행을 통한 변제가 사실상 불가능한 사정이 있다고 볼 수 있으므로, 채무자의 적극재산에 포함되지 않는다고 할 것이다.[149]

유체동산의 경우도 마찬가지라고 할 수 있으므로, 채무자가 사해행위 당시 재고상품이나 원자재, 기계·기구 등의 유체동산을 보유하고 있고, 채권자들이 그 소재를 쉽게 파악하여 집행의 대상으로 삼을 수 있다는 사정이 채무자에 의해 증명되어야 적극재산에 산입될 수 있을 것이다.

대법원은, "사해행위 당시에 채무자가 은닉하였거나 채권자가 쉽게 찾아내어 강제집행에 착수할 수 없는 사정이 있던 재산은 무자력을 정하는 데에 적극재산에서 제외하여야 한다고 할 수 없다."(대법원 1976. 2. 24. 선고 74다1947 판결)고 하여 기본적으로 입증의 문제로 보고 있다.

(나) 기업의 영업권, 신용 등 무형적 가치에 관해 대법원은 "회사의 신용·노력·기능(기술)·장래의 수입 등은 원칙적으로 회사의 자산 총액을 산정함에 있어 고려할 대상이 아니다."라고 판시하였다(대법원 2012. 4. 12. 선고 2010다27847 판결).

(다) 채무자의 부동산이 신탁법상 신탁된 경우 적극재산이 되는 것은 부동산 자체가 아니라 신탁계약상의 수익권이고, 그 가액은 감정을 통해 확정될 수 있는

149 조해섭, 채권자취소권법, 법문사(2019), 125.

데, 대법원은 "신탁재산에 대한 수익권의 가치는 장차 신탁이 종료되었을 때 예상되는 신탁재산 가액에서 소요비용과 신탁보수 등을 공제하고 거기에서 다시 우선수익자들에 대한 채무를 공제한 후 남은 금액을 사해행위 당시의 현가로 할인하는 방식으로 평가하여야 하고, 단순히 사해행위 당시의 신탁재산의 시가를 기초로 그 가치를 평가해서는 아니 된다"고 판시하였다(대법원 2013. 12. 12. 선고 2012다111401 판결).

다) 소극재산의 산정

(1) 원칙

채무자의 소극재산에 포함되는지 여부는 실질적으로 변제의무를 지는 채무인지 여부를 기준으로 판단한다.[150]

소극재산의 산정에 있어서, 채무자의 채무가 보증채무이거나, 채무자 외 제3자가 채권자에게 물상담보를 제공하고 있거나, 제3자가 공동보증인 또는 연대채무자로 되어 있다고 하더라도 원칙적으로 이를 고려함이 없이 피담보채무 전액을 소극재산으로 산정하여야 한다.

채무자의 처분행위 당시에 가집행선고 있는 판결상의 채무가 존재하고 있었다고 하더라도 그것이 나중에 상급심의 판결에 의하여 감액된 경우에는 그 감액된 판결상의 채무만이 소극재산이 된다(대법원 2006. 2. 10. 선고 2004다2564 판결).

(2) 장래의 채무

채무자의 무자력 여부를 판단함에 있어 채무자의 소극재산은 원칙적으로 사해행위라고 볼 수 있는 행위가 행하여지기 전에 발생된 것임을 요하지만, 그 사해행위 당시에 이미 채무 성립의 기초가 되는 법률관계가 성립되어 있고 가까운 장래에 그 법률관계에 터잡아 채무가 성립되리라는 점에 대한 고도의 개연성이 있으며 실제로 가까운 장래에 그 개연성이 현실화되어 채무가 성립된 경우에는 그 채무도 채무자의 소극재산에 포함시켜야 한다(대법원 2011. 1. 13. 선고 2010다68084 판결).

(3) 물적 담보를 수반하는 채무

근저당권 등 물적 담보가 붙은 채무는 소극재산으로 별도로 계산하는 것이 아니라 그 담보제공 목적물을 적극재산으로 산정할 때 해당 채무를 공제하는 방법으로 계산한다(각각 소극재산과 적극재산으로 산정하는 것과 결론은 같다). 다만 부

150 조해섭, 채권자취소권법, 법문사(2019), 129.

동산의 가액을 초과하는 채무는 그 초과부분이 소극재산에 산입된다.

채무자가 사해행위로 허위의 근저당권을 설정한 경우, 그 허위의 피담보채무액을 제외한 나머지 진정한 채무만으로 채무초과 여부를 판단할 것이 아니라, 사해행위로 부담한 허위 근저당채무도 소극재산에 합산하여 채무초과 여부를 판단한다(즉 허위 근저당권설정으로 비로소 채무초과가 된 것이므로 사해성이 인정되는 것이다).[151]

채무자 소유 부동산에 담보권이 설정되어 있으면 그 피담보채권액을 공제한 나머지 부분만이 일반 채권자들의 공동담보로 제공되는 책임재산이 됨은 앞에서 본 것과 같은데, 수 개의 담보권설정행위가 모두 사해행위가 되는 경우에 관해 대법원은, "새로 설정된 담보권의 말소를 구하는 사해행위취소 청구에 앞서 선순위 담보권 설정행위가 사해행위로 인정되어 취소되고 그에 기한 등기가 말소되었거나 채권자가 선순위 담보권과 후순위 담보권에 대한 사해행위취소 및 등기말소를 구하는 소송에서 선순위 담보권 설정행위가 사해행위로 인정되는 경우에는 후순위 담보권 설정행위가 사해행위에 해당하는지 여부를 판단함에 있어 그 선순위 담보권의 피담보채무액을 당해 부동산에 설정된 담보권의 피담보채무액에 포함시켜서는 안 된다."고 판시하였다(대법원 2007. 7. 26. 선고 2007다23081 판결).

(4) 담보권 설정 후 양도한 행위가 모두 사해행위인 경우

채무자 소유 부동산에 담보권이 설정되어 있으면 그 피담보채무액을 공제한 나머지 부분만이 일반 채권자들의 공동담보로 제공되는 책임재산이 되므로 기존 담보권의 피담보채무액이 당해 부동산의 가액을 이미 초과하고 있다면 그 상태에서 한 당해 부동산의 양도 등 처분행위는 사해행위에 해당한다고 할 수 없다. 다만 그 후행 처분행위 당시 존재하는 선순위 담보권을 설정한 원인행위가 사해행위로 인정될 경우에는 그 담보권의 피담보채무는 후행 양도행위가 사해행위에 해당하는지 여부를 판단함에 있어 공제대상인 피담보채무 금액에 포함되어서는 아니 된다(대법원 2013. 5. 9. 선고 2011다75232 판결).

5) 사해행위 해당성의 배제 또는 조각

가) 개설

채무자의 재산처분행위가 일견 사해행위에 해당하는 것처럼 보이는 경우라도 구체적인 검토 결과 사해행위가 성립하지 않는다고 인정되는 경우들이 있다. 채

151 대법원 1999. 11. 26. 선고 99다40999 판결.

무초과상태의 유발 또는 심화라는 사해성의 의미에 관한 고찰에 기초하여 사해행위 성립이 부정되는 경우도 있고, 앞서 본 사해성의 판단방법에 관한 대법원 판례(대법원 2010. 9. 30. 선고 2007다2718 판결 등)처럼 여러 사정들을 종합적으로 고찰하여 사해행위 해당성 여부를 판단한 결과 사해성이 부정되는 경우도 있다.

결국 사해행위 성립 여부는 개개의 사건에서 구체적인 사정들을 종합 검토하여 판단할 사항이고, 바로 그런 사정 때문에 실무에서 사해행위취소소송이 매우 많이 제기되고 있고 그 심리도 점점 더 복잡해지고 있다고 할 수 있다. 이하 판례를 기초로 사해행위 해당성이 배제 또는 조각되는 사유들에 관해 알기 쉽게 정리해본다.

나) 재산의 감소가 없거나 전체적으로 불리하지 않은 경우

(1) 사해행위가 성립하려면 채무자의 어떤 재산처분행위를 통해 공동담보의 부족이 발생하거나 그 부족 정도가 심화되어야 한다. 따라서 종합적 검토 결과 채무자의 총재산에 감소를 초래하지 않는 경우에는 사해행위가 성립하지 아니 한다.

예컨대, 채무초과 상태인 채무자가 제3자로부터 돈을 빌려 주택을 매수하고 그 주택을 그 차용금채무의 담보로 제공한 경우, 단기간에 이루어진 일련의 행위 전후를 통하여 기존 채권자들의 공동담보가 감소되었다고 할 수 없으므로 담보제공행위만을 분리하여 그것이 사해행위에 해당한다고 보아서는 안 된다고 한 사례가 있고(대법원 2009. 4. 23. 선고 2008다95663 판결), 차용한 돈으로 토지를 매수하고 그 토지 위에 담보가등기를 설정한 경우(대법원 1982. 5. 25. 선고 80다1403 판결)나, 부동산 취득을 위한 대출금채무를 담보하기 위하여 신탁등기를 마쳤던 신탁회사 앞으로 취득부동산을 신탁한 경우(대법원 2008. 8. 11. 선고 2008다24487 판결)도 마찬가지 이유로 사해행위가 성립하지 않는다고 하였다. 전체적으로 보아 채무자의 재산이 감소하였다고 볼 수 없기 때문이다.

(2) 또한 채무자가 채권자의 요구에 따라 채권자에 대한 기존채무의 변제를 위하여 소비대차계약을 체결하고 강제집행을 승낙하는 취지가 기재된 공정증서를 작성하여 준 경우 전체적으로 채무자의 책임재산이 감소하였다고 볼 수 없으므로, 그와 같은 행위로 인해 채무자의 책임재산을 특정 채권자에게 실질적으로 양도한 것과 다를 바 없는 것으로 볼 수 있는 특별한 사정이 있는 경우에 해당하지 아니하는 한, 다른 채권자를 해하는 사해행위가 된다고 볼 수 없다(대법원 2015. 10. 29. 선고 2012다14975 판결).

(3) 같은 취지에서 원래 채무자의 책임재산이 아닌 것을 처분한 것이라면 일반 채권자의 공동담보가 감소하였다고 할 수 없으므로 사해행위가 성립하지 않는다. 따라서 횡령 또는 편취한 돈을 제3자에게 송금하거나 이체한 행위는 채권자취소권의 대상이 될 수 없다(대법원 2013. 4. 11. 선고 2011다27158 판결).

(4) 한편, 수익자가 채무초과상태에 있는 채무자의 부동산에 관하여 설정된 선순위 담보가등기의 피담보채무를 변제하여 그 가등기를 말소하는 대신 동일한 금액을 피담보채무로 하는 새로운 담보가등기를 설정하는 것은 채무자의 공동담보를 부족하게 하는 것이라고 볼 수 없어 사해행위가 성립한다고 할 수 없지만, 선순위 담보가등기를 말소시킨 후 그 부동산에 관하여 매매예약을 하고, 그에 기하여 소유권이전등기청구권 보전의 가등기를 경료한 경우에는 그 부동산의 가액, 즉 시가에서 피담보채무액을 공제한 잔액의 범위 내에서 사해행위가 성립한다(대법원 2003. 7. 11. 선고 2003다19435 판결).

(5) 공사대금을 지급받지 못한 아파트 공사 수급인이 신축 아파트에 대한 유치권을 포기하는 대신 수분양자들로부터 미납입 분양대금을 직접 지급받기로 하고, 그 담보를 위해 도급인과의 사이에 당해 아파트를 대상으로 수익자를 수급인으로 하는 신탁계약을 체결하고 수급인이 지정하는 자 앞으로 소유권이전등기를 경료하게 한 경우, 수급인의 지위가 유치권을 행사할 수 있는 지위보다 강화된 것이 아니고, 도급인의 일반 채권자들 입장에서도 수급인이 유치권을 행사하여 도급인의 분양사업 수행이 불가능해지는 경우와 비교할 때 더 불리해지는 것은 아니므로 위 신탁계약이 사해행위에 해당하지 않는다(대법원 2001. 7. 27. 선고 2001다13709 판결).

(6) 비슷한 취지로, 수급인의 저당권설정청구권을 규정하는 민법 제666조는 부동산 공사에서 그 목적물이 보통 수급인의 자재와 노력으로 완성되는 점을 감안하여 그 목적물의 소유권이 원시적으로 도급인에게 귀속되는 경우 수급인에게 목적물에 대한 저당권설정청구권을 부여함으로써 수급인이 사실상 목적물로부터 공사대금을 우선적으로 변제받을 수 있도록 하는 데 그 취지가 있고, 이러한 수급인의 지위가 목적물에 대하여 유치권을 행사하는 지위보다 더 강화되는 것은 아니어서 도급인의 일반 채권자들에게 부당하게 불리해지는 것도 아닌 점 등에 비추어, 신축건물의 도급인이 민법 제666조가 정한 수급인의 저당권설정청구권의 행사에 따라 공사대금채무의 담보로 그 건물에 저당권을 설정하는 행위는 특별한

사정이 없는 한 사해행위에 해당하지 아니한다(대법원 2008. 3. 27. 선고 2007다78616, 78623 판결).

(7) 가압류등기가 된 뒤 사해행위인 근저당권설정등기가 경료된 경우 가압류채권자는 불이익을 입지 않으므로 채권자취소권을 행사할 수 없다는 판례가 있다. 즉, 대법원은 "부동산에 대하여 가압류등기가 먼저 되고 나서 근저당권설정등기가 마쳐진 경우에 경매절차의 배당관계에서 근저당권자는 선순위 가압류채권자에 대하여는 우선변제권을 주장할 수 없으므로 그 가압류채권자는 근저당권자와 일반채권자의 자격에서 평등배당을 받을 수 있고, 따라서 가압류채권자는 채무자의 근저당권설정행위로 인하여 아무런 불이익을 입지 않으므로 채권자취소권을 행사할 수 없다."(대법원 2008. 2. 28. 선고 2007다77446 판결)고 판시하였으나 의문이다.

허위의 채권에 기해 근저당권설정등기를 경료해 주는 것은 물론이고(대법원 2010. 6. 24. 선고 2010다20617, 20624 판결), 진정한 채권이라고 하더라도 채무초과상태에서 일부 채권자에게만 근저당권설정등기를 경료해 주는 행위는 사해행위가 되는데(대법원 1997. 9. 9. 선고 97다10864 판결 등) 왜 후행 근저당권설정행위가 가압류채권자(그도 일반 채권자의 한 사람임은 물론이다)에 대해 사해행위가 되지 않는다는 것인지 납득하기 어렵다. 그 근저당권설정등기 때문에 가압류채권자가 근저당권자와 평등배당을 받게된 것 자체가 불이익이라고 하지 않을 수 없다.

또 위 판례는 채권자의 가압류 후 채무자가 물상보증을 위해 제3자에게 근저당권을 설정해 준 경우 그 근저당권이 채권자의 가압류와 동순위의 효력밖에 없다 하여도 그 자체로 다른 채권자를 해하는 행위가 된다고 한 판례(대법원 2010. 6. 24. 선고 2010다20617, 20624 판결)와도 정면으로 모순된다.[152]

다) 기존채무의 이행인 경우

(1) 계약이 적법하게 해제되면 그 계약의 이행으로 변동이 되었던 물권은 당연히 계약이 없었던 상태로 복귀하는 것이므로, 매수인이 매매에 의한 채무를 이행하지 아니하여 매매계약이 적법하게 해제된 것이라면, 매도인으로부터 매수인에게 넘어갔던 소유권은 당연히 복귀하여 매도인이 그 소유자가 되는 것이고, 따라서 부동산의 매수인이 매매계약 해제로 인한 원상회복의무의 이행으로서 자신의 명의로 경료된 소유권이전등기를 말소하거나 진정 명의 회복을 위하여 매도인

152 그 외 위 판결에 대한 비판적 평석으로 양형우, "채무자의 근저당권설정행위와 가압류채권자의 채권자취소권", 홍익법학 10권 2호, 홍익대학교(2009), 366-370 참조.

앞으로 부동산의 소유권이전등기를 경료하는 행위는 기존채무의 이행으로서 사해행위를 구성하지 아니한다(대법원 2009. 11. 12. 선고 2009다57675 판결).

(2) 부동산의 명의수탁자가 신탁행위에 기한 반환의무의 이행으로서 명의신탁자에게 신탁부동산의 소유권이전등기를 경료하는 행위도 기존채무의 이행으로서 사해행위를 구성하지 아니한다(대법원 2007. 4. 26. 선고 2006다79704 판결).

(3) 채무자가 이전부터 있는 채무의 변제를 위하여 약속어음을 발행하는 행위는 소극재산을 증가시키는 행위가 아니므로 그것만으로는 다른 채권자를 해하는 행위라고 보기 어렵고, 채무자가 기존 채무의 변제를 위하여 어음을 발행한 뒤 5개월이 더 지나 그 어음금 청구에 관하여 강제집행을 승낙하는 취지의 공정증서를 작성하여 주고 채권자가 이를 이용하여 채무자의 제3채무자에 대한 채권에 관하여 압류 및 전부명령을 받은 경우, 채무자가 그 채권을 채권자에게 양도한 것과 같이 볼 특별한 사정이 없는 이상 사해행위는 성립하지 않는다(대법원 2002. 8. 27. 선고 2002다27903 판결).

라) 충분한 물적 담보가 제공된 경우

(1) 채무자 또는 제3자 소유의 부동산에 채권자 앞으로 근저당권이 설정되어 있고 그 부동산의 가액 및 채권최고액이 당해 채권액을 초과하여 채권자에게 채권 전액에 대한 우선변제권이 확보되어 있다면, 채무자가 다른 재산을 처분하는 법률행위를 함으로써 전체적으로 책임재산이 부족하게 되더라도 위 근저당권을 설정받은 채권자를 해하지는 않으므로 당해 채권자에 대하여 사해행위가 성립하지 않는다(대법원 2009. 6. 23. 선고 2009다549 판결).

(2) 마찬가지로 우선변제권이 확보되어 있다면 연대보증인이 유일한 재산을 처분하는 법률행위를 하거나(대법원 2000. 12. 8. 선고 2000다21017 판결), 소액보증금이 최우선 변제되는 임대차계약을 체결하더라도 사해행위가 성립하지 않는다(대법원 2015. 11. 26. 선고 2015다48825 판결).

(3) 한편, 채무자가 채권자를 해하는 처분행위를 하였더라도, 그 후에 채권자가 채무자 또는 제3자 소유의 부동산을 담보로 제공받아 우선변제권을 취득하였고 사해행위취소소송의 사실심 변론종결 시에 그 부동산의 가액 및 채권최고액이 당해 채무액을 초과하여 채무 전액에 대하여 채권자에게 우선변제권이 확보됨에 따라 그 처분행위로 인하여 채권자를 해하지 않게 되었다면, 채권자취소권에 의하여 책임재산을 보전할 필요성이 없으므로 채권자취소권은 소멸하고, 그 채무액

이 부동산의 가액 및 채권최고액을 초과하는 경우에는 그 담보물로부터 우선변제받을 금액을 공제한 나머지 채권액에 대하여만 채권자취소권이 인정된다(대법원 2014. 7. 10. 선고 2013다50763 판결).

마) 목적 부동산의 가액이 피담보채권액에 미달한 경우

(1) 반대로 채무자의 입장에서 보면, 채무자가 처분한 목적물에 설정된 우선권이 그 목적물의 시가 이상이라면 이미 일반 채권자의 공동담보에 제공된 책임재산이라고 할 수 없으므로, 채무자가 그 재산을 처분하더라도 사해행위는 성립하지 아니한다.

즉, 채무자가 처분한 목적물에 담보권이 설정되어 있는 경우라면 그 목적물 중에서 일반 채권자들의 공동담보에 제공되는 책임재산은 피담보채권액을 공제한 나머지 부분만이라 할 것이고 그 피담보채권액이 목적물의 가격을 초과하고 있는 때에는 당해 목적물의 처분은 사해행위에 해당한다고 할 수 없다(대법원 2008. 4. 10. 선고 2007다78234 판결).

부동산의 가액에서 공제할 부담금은 당해 부동산에 설정된 근저당권의 피담보채무액, 전세권의 전세금, 우선변제의 효력이 있는 임대차보증금 등이다.

(2) 채권자의 입장에서 보면, 당해 채무액이 그 부동산의 가액 및 채권최고액을 초과하는 경우에는 그 담보물로부터 우선변제받을 액을 공제한 나머지 채권액에 대하여만 채권자취소권이 인정된다고 할 것이며, 피보전채권의 존재와 그 범위는 채권자취소권 행사의 한 요건에 해당된다고 할 것이므로, 이 경우 채권자취소권을 행사하는 채권자로서는 그 담보권의 존재에도 불구하고 자신이 주장하는 피보전채권이 그 우선변제권 범위 밖에 있다는 점을 주장·입증하여야 한다(대법원 2002. 11. 8. 선고 2002다41589 판결).

(3) 저당권의 피담보채권액이 목적물의 가액을 초과하였더라도 채무자가 목적물을 양도하기에 앞서 자신의 출재로 피담보채무의 일부를 변제하여 잔존 피담보채권액이 목적물의 가액을 초과하지 않게 되었다면 목적물의 양도로 목적물의 가액에서 잔존 피담보채권액을 공제한 잔액의 범위 내에서 사해행위가 성립하고, 이는 채무자의 출재에 의한 피담보채무의 일부 변제가 양도계약 체결 후 이에 따른 소유권이전등기 등이 마쳐지는 과정에서 이루어진 경우에도 마찬가지로 보아야 한다(대법원 2017. 1. 12. 선고 2016다208792 판결).

바) 신규자금의 융통이나 사업계속을 위한 담보제공 등: '최선의 방법'

(1) 채무초과상태에 있는 채무자가 그 소유의 부동산을 채권자 중의 어느 한 사람에게 채권담보로 제공하는 행위는 특별한 사정이 없는 한 다른 채권자들에 대한 관계에서 사해행위에 해당한다고 할 것이나, 자금난으로 사업을 계속 추진하기 어려운 상황에 처한 채무자가 자금을 융통하여 사업을 계속 추진하는 것이 채무변제력을 갖게 되는 최선의 방법이라고 생각하고 자금을 융통하기 위하여 부득이 부동산을 특정 채권자에게 담보로 제공하거나 신탁하고 그로부터 신규자금을 추가로 융통받았다면 특별한 사정이 없는 한 채무자의 담보권 설정 내지 신탁행위는 사해행위에 해당하지 않는다고 할 것이다. 그리고 채무자의 사해의사를 판단함에 있어 사해행위 당시의 사정을 기준으로 하여야 할 것임은 물론이나, 사해행위라고 주장되는 행위에 이르게 된 경위, 그 행위 이후의 채무자의 변제 노력 등도 사해의사의 유무를 판단함에 있어 다른 사정과 함께 고려되어야 하는 경우가 있다(대법원 2012. 10. 11.자 2010마2066 결정, 대법원 2009. 5. 14. 선고 2008다70701 판결 등)

(2) 다만, 채무자가 신규자금의 융통 없이 단지 기존채무의 이행을 유예받기 위하여 채권자 중 한 사람에게 담보를 제공하는 행위는, 그것이 비록 사업의 갱생이나 계속 추진의 의도에서 비롯된 것이라 할지라도, 다른 채권자들에 대한 관계에서 사해행위에 해당하고(대법원 2009. 3. 12. 선고 2008다29215 판결), 사업의 계속 추진과는 아무런 관계가 없는 기존 채무를 아울러 피담보채무 범위에 포함시켰다면, 그 부분에 대한 담보권 설정은 사해행위에 해당한다(대법원 2009. 5. 14. 선고 2008다70701 판결).

(3) 계속적인 거래관계에 있는 구입처로부터 외상매입대금채무에 대한 담보를 제공하지 않으면 사업에 필요한 물품의 공급을 중단하겠다는 통보를 받고 물품을 공급받아 사업을 계속 추진하는 것이 채무 변제력을 갖게 되는 최선의 방법이라고 생각하고 물품을 공급받기 위하여 부득이 부동산을 특정 채권자에게 담보로 제공하고 그로부터 물품을 공급받았다면 이 경우에도 특별한 사정이 없는 한 채무자의 담보권설정행위는 사해행위에 해당하지 않으며, 다만 사업의 계속 추진과는 아무런 관계가 없는 기존 채무를 아울러 피담보채무 범위에 포함시켰다면 그 부분에 한하여 사해행위에 해당할 여지는 있으나, 기존 채무를 위한 담보설정과 물품을 계속 공급받기 위한 담보설정이 불가피하게 동일한 목적하에 하나의

행위로 이루어졌고, 당시의 제반 사정하에서는 그것이 사업의 계속을 통한 회사의 갱생이라는 목적을 위한 담보제공행위로서 합리적인 범위를 넘은 것이 아니라면 기존 채무를 위한 담보설정행위 역시 사해행위에 해당하지 않을 수 있다(대법원 2002. 3. 29. 선고 2000다25842 판결).

(4) 채무초과의 상태에 있는 채무자가 적극재산을 채권자 중 일부에게 대물변제조로 양도하는 행위는 채무자가 특정 채권자에게 채무 본지에 따른 변제를 하는 경우와는 달리 원칙적으로 다른 채권자들에 대한 관계에서 사해행위가 될 수 있으나, 이러한 경우에도 사해성의 일반적인 판단 기준에 비추어 그 행위가 궁극적으로 일반 채권자를 해하는 행위로 볼 수 없는 경우에는 사해행위의 성립이 부정될 수 있다. 따라서 채무초과 상태의 채무자가 유일한 재산인 전세권과 전세금반환채권을 특정 채권자에게 그 채무 일부에 대한 대물변제조로 양도한 행위라도 그것이 최고액 채권자와의 거래관계를 유지하면서 채무초과 상태에 있던 회사의 갱생을 도모하기 위한 유일한 방안이었던 점 등을 감안하면 사해행위의 성립이 부정될 수 있다(대법원 2010. 9. 30. 선고 2007다2718 판결).

(5) 채무초과상태에 있는 갑 주식회사가 근로자들의 고용승계를 조건으로 보유하고 있던 버스 및 운송사업면허권을 을 주식회사에 양도하면서, 을 회사가 버스에 설정된 저당권의 피담보채무 등을 인수하여 양도대금에서 공제하고 나머지 차액을 갑 회사에 지급하기로 한 사안에서, 목적의 정당성과 행위의 상당성, 상황의 불가피성 등에 비추어 양도계약이 일반 채권자를 해하는 사해행위에 해당한다고 보기 어렵다고 한 사례도 있다(대법원 2017. 6. 29. 선고 2014다22574, 22581 판결).

3. 유형별 고찰

가. 서설

채무자의 행위가 그 형식이나 실질에 있어 총채권자의 공동담보에 부족을 초래하거나 그 부족상태를 심화시키는 결과를 가져오지 않는 경우에는 사해행위가 성립하지 않는바, 책임재산 감소행위의 사해성이 인정되기 위해서는 기본적으로 그 행위로 인하여 총채권자를 위한 공동담보의 부족(무자력)상태가 유발 내지 심화되는 결과가 초래될 것이 요구된다. 이와 같이 공동담보 부족에 의하여 채권자가 채권변제를 받기 어렵게 될 위험을 발생시키는 행위를 기본적 사해성 또는 1차적인 사해성이 있는 행위라고 부를 수 있다. 이러한 기본적 내지 1차적인 사해성이 있는 행위일 때에 비로소 채권자취소권에 의한 채권보전의 필요성이 인정된다고 볼 수 있으며, 그러한 행위를 궁극적으로 채권자취소권의 대상으로 삼아야 하는가 또는 이를 사해행위로 보아 채권자취소를 허용할 것인가 하는 문제가 논의될 여지가 생기는 것이다.

그러나 행위의 1차적인 사해성은 그 행위가 채권자취소의 대상인 사해행위로 인정될 여지가 있다는 의미일 뿐 그 이상도 그 이하도 아니다. 따라서 1차적인 사해성 있는 책임재산 감소행위에 대하여 언제나 채권자취소가 허용된다고 볼 수도 없고 그렇게 보아서도 안 된다.[153] 나아가 위와 같은 1차적인 사해성을 지니는 행위가 곧바로 채권자취소의 대상이 된다고 보는 경우 수익자나 전득자의 거래안전을 심각하게 해하는 문제도 있다.

결국 1차적인 사해성을 가지는 행위가 궁극적으로 채권자취소권의 행사 대상인 사해행위에 해당하는지 여부 내지 행위의 최종적 또는 궁극적인 사해성 유무는 관계되는 제반 이익을 적절히 고려하는 가운데 본질적으로 총채권자의 공동담보 유지를 위하여 채무자의 재산적 판단에 따른 행위에 취소채권자가 개입하는 것을 어느 범위까지 승인·허용할 것인가 하는 정책적인 관점에서 판단되어야 할 문제가 된다.[154]

이러한 점을 고려하여 대법원은, 앞에서 본 것과 같이, "채무자가 책임재산을 감소시키는 행위를 함으로써 일반 채권자들을 위한 공동담보의 부족상태를 유발 또는 심화시킨 경우에 그 행위가 채권자취소의 대상인 사해행위에 해당하는지 여부는, 행위목적물이 채무자의 전체 책임재산 가운데에서 차지하는 비중, 무자력의 정도, 법률행위의 경제적 목적이 갖는 정당성 및 그 실현수단인 당해 행위의 상당성, 행위의 의무성 또는 상황의 불가피성, 채무자와 수익자 간 통모의 유무와 같은 공동담보의 부족 위험에 대한 당사자의 인식의 정도 등 그 행위에 나타난 여러 사정을 종합적으로 고려하여, 그 행위를 궁극적으로 일반 채권자를 해하는 행위로 볼 수 있는지 여부에 따라 최종 판단하여야 한다."고 판시한 바 있다(대법원 2010. 9. 30. 선고 2007다2718 판결 등).

즉 특정행위에 대하여 채권자취소가 허용되어야 할 정도의 사해성이 있다고

153 김미리, "사해행위의 판단 기준과 대물변제의 사해성 판단", 대법원판례해설 제85호, 법원도서관(2010), 113.

154 양창수, "채권자취소권의 피보전채권과 사해행위", 고시계 36권 4호, 국가고시학회(1991), 34.

볼 것인지 여부를 궁극적으로 판단함에 있어서는 당해 행위에 나타난 객관적 및 주관적인 제반 사정을 종합적으로 고려하여야 하는 것이다. 이하 실무에서 주로 많이 문제되는 행위유형별로 사해행위 성립 여부에 관해 자세히 살펴본다.

나. 부동산의 매매

1) 문제의 소재

채무자가 부동산을 매각한 경우 부동산의 소유권을 상실하게 되는 대신 그 가치에 상응하는 대금을 수령하게 되므로 회계학적 의미에서는 채무자의 총재산에 변동이 없다고 할 수 있다. 그러나 부동산은 채무자의 자산 중에서 가장 중요한 재산이고, 채권자로서도 부동산을 통한 채권의 회수는 그 확실성이 높기 때문에 다른 재산처분과 동일하게 취급할 수 없고, 한편 금전은 고도의 유통성, 가치 분할성, 저장성 등의 특성에 의해 소비·산일(散逸)하거나 은닉하기 쉬운 특성을 가지고 있다.[155]

따라서 채무자가 책임재산에 속하는 부동산을 매각하여 처분하는 것은 책임재산의 보전이라는 측면에서 중대한 변화가 발생했다고 볼 수 있고, 실무에서도 부동산의 처분을 둘러싼 사해행위취소소송이 많이 제기되고 있다.

2) 무상양도나 염가의 매각

채무자가 부동산을 무상으로 양도하거나 염가에 매각하는 것은 당연히 채무자의 총재산을 감소시키는 행위로서 사해행위가 된다. 판례도 부동산을 무상으로 양도하는 행위는 사해행위에 해당한다고 보고 있다(대법원 1990. 11. 23. 선고 90다카24762 판결 등).

3) 적정가격에 의한 매각

가) 학설

부동산의 매매가 시가 상당의 적정한 가격으로 이루어진 경우에 관해 부정설은 사해행위의 성립을 부정하고 있다. 그 이유로 적정 가격에 의한 부동산 매도는 재산의 소유형태가 부동산에서 금전으로 바뀔 뿐 공동담보인 채무자의 총재산의 가액에는 변동이 없는 점, 채무자의 매각의 목적이나 매각대금의 사용의 용처에 따라 사해행위의 성부를 결정하는 것은 거래의 안전을 해할 염려가 많은 점, 채무자가 부동산을 환가하여 유용하게 이용함으로써 경제적 갱생을 꾀할 수 있는 경

155 조해섭, 채권자취소권법, 법문사(2019), 180.

제적 활동을 지나치게 구속하는 것은 타당하지 않다는 점 등의 이유로 언제나 사해행위가 되지 아니한다고 한다.[156]

긍정설은 부동산을 은닉 또는 소비하기 쉬운 금전으로 바꾸는 것은 실질적으로는 재산감소행위와 다를 바 없는 점, 채권자취소권을 행사하기 위해서는 객관적 요건인 재산감소행위 뿐만 아니라 주관적 요건으로서 채무자와 수익자 또는 전득자의 사해의사를 그 요건으로 하므로 그것이 사해행위가 된다고 하여 거래의 안전을 해하거나 채무자의 경제적 활동을 구속하는 것이라고 볼 수 없는 점 등을 들어 사해행위의 성립을 인정한다.[157]

나) 일본 판례

(1) 일본의 판례[158]는 부동산의 매각은 가격이 상당한 경우에도 원칙적으로 사해행위가 된다고 한다. 그 이유는 채무자가 그가 가지고 있는 부동산 외에는 채무를 변제할 자력을 가지지 아니함에도 그 부동산을 매도한 경우에는, 상당한 가액으로 매각한 것인지의 여부를 불문하고, 확고한 재산을 변화시켜 소비하기 쉬운 금전으로 바꿈으로써 채권자를 위한 확실한 담보를 상실시킨 것이기 때문이라고 한다. 채무자가 부동산으로 소유하는 것과 금전으로서 소유하는 것은 공동담보의 효력에 현저한 차이가 있다고 한다.

(2) 또한 채무자가 변제 기타 유용한 용처에 충당하기 위하여 상당한 대가로서 매각하고 또한 그 대금을 변제 또는 공조공과에 지불한다든가 유용한 물건의 구입자금으로서 사용하고 또한 그 물건이 현존하는 경우에는 사해행위가 아니라고 하면서 이러한 사실은 취소의 상대방이 주장·입증하여야 한다고 한다.[159] 이 경우에도 다만 채무자가 특히 어느 채권자와 통모하여 다른 채권자를 해하고 그 채권자에 대하여만 변제의 자금에 공할 목적으로 자기의 부동산을 매각하는 경우에는 사해행위가 된다고 한다.[160] 또한 변제를 위한 매매라도 그 대금이 부당하게 염가이면 사해행위로 본다.[161]

156 곽윤직, 채권총론(민법강의Ⅲ), 박영사(2018), 151; 김증한/김학동, 채권총론, 박영사(1998), 199-200 등.
157 김주수, 채권총론, 삼영사(2003), 245; 주석 채권총칙(상), 한국사법행정학회(1984), 416-427.
158 日大判 1906. 2. 5. 외 다수.
159 日大判 1904. 10. 21.
160 日大判 1932. 12. 13.
161 日大判 1920. 12. 27.

(3) 일본 판례법상의 원칙을 요약하면 다음과 같다. ①상당한 가격이라도 그 대가를 변제 기타 유용한 용처(用處)에 제공하지 아니한 경우에는 원칙적으로 사해행위가 된다(비변제형). ②다음으로 변제에 충당한 경우에는 원칙적으로 사해성이 부정되지만(변제형), 변제형은 다시 두 가지로 나누어 먼저 당해 부동산을 채권자 이외의 자에게 매각하여 그 대금을 채권자 1인에게 변제한 경우(제3자에 대한 변제형)에는 변제를 받은 채권자가 우선권을 갖는 경우[162]이든 갖지 않는 경우[163]이든 어느 경우이고 사해행위가 되지 아니한다. 그러나 ③부동산을 채권자의 1인에게 매각하여 대금을 그 채권자에게 변제하든가 대금채권과 채무를 상계하든가 하는 경우(대물변제형)는 그것이 우선권을 가지는 채권자에게 이루어진 경우에는 사해행위가 되지 않지만[164] 일반 채권자에게 이루어진 경우에는 사해행위를 인정한다.[165] ④제3자에 대한 변제형의 경우에도 사해행위의 당사자간에 통모적 해의가 있는 경우에는 사해행위의 성립이 인정될 가능성이 있다.[166]

다) 우리 판례

(1) 대법원은 일찍이 채무자가 그 채무 있음을 알면서 자기의 유일한 재산인 부동산을 매각하여 소비하기 쉬운 금전으로 바꾸는 행위는, 그 매각이 일부 채권자에 대한 정당한 변제에 충당하기 위하여 상당한 가격으로 이루어졌다든가 하는 특별한 사정이 없는 한, 항상 채권자에 대하여 사해행위가 된다고 판시[167]한 이래, 계속하여 채무자가 자기의 유일한 재산인 부동산을 매각하여 소비하기 쉬운 금전으로 바꾸는 행위는 특별한 사정이 없는 한 사해행위가 되고, 이러한 경우 채무자의 사해의사는 추정이 된다고 거듭 판시[168]하고 있다. 또한 위 판결들은 매도 당시 채무자가 채무초과 상태에 있었음을 필요로 하지 않고 있다. 즉 위의 판례들은 채무자가 그의 유일한 재산인 부동산들을 처분함으로써 무자력이 된 경우 처분 당시 채무초과의 여부를 살피지 않고 바로 사해행위의 성립을 인정하고 있다.

162 日最判 1966. 5. 27.
163 日大判 1919. 7. 16.
164 日大判 1919. 4. 16., 日最判 1961. 7. 19.
165 日最判 1964. 1. 23.
166 日最判 1971. 11. 19.
167 대법원 1966. 10. 4. 선고 66다1535 판결.
168 대법원 1997. 5. 9. 선고 96다2606 판결, 대법원 1998. 4. 14. 선고 97다54420 판결, 대법원 2000. 2. 25. 선고 99다59863 판결, 대법원 2000. 9. 29. 선고 2000다3262 판결, 대법원 2005. 7. 22. 선고 2004다43909 판결, 대법원 2009. 5. 14. 선고 2008다84458 판결 등.

(2) 유일한 부동산 매각이지만 사해행위가 되지 않는 특별한 사정에 관해 보면, ①일부 채권자에 대한 정당한 변제에 충당하기 위하여 상당한 가격으로 이루어진 경우(대법원 1966. 10. 4. 선고 66다1535 판결), ②채무자가 경매 진행 중인 부동산을 대금지급기일이 임박하여 최소한 경매보다는 나은 조건으로 처분한 경우(대법원 1995. 6. 9. 선고 94다32580 판결), ③부동산의 매각 목적이 채무의 변제 또는 변제자력을 얻기 위한 것이고, 대금이 부당한 염가가 아니며, 실제 이를 채권자에 대한 변제에 사용하거나 변제자력을 유지하고 있는 경우에는, 채무자가 일부 채권자와 통모하여 다른 채권자를 해할 의사를 가지고 변제를 하는 등의 특별한 사정이 없는 한, 사해행위에 해당한다고 볼 수 없다(대법원 2015. 10. 29. 선고 2013다83992 판결, 대법원 2015. 12. 23. 선고 2013다40063 판결)고 한 경우 등을 들 수 있다.

(3) 채권자 중 일부와 통모한 경우에는 사해행위로 인정된다. 즉, "채무자가 채무가 재산을 초과하는 상태에서 채권자 중 한 사람과 통모하여, 그 채권자만 우선적으로 채권의 만족을 얻도록 할 의도로, 채무자 소유의 부동산을 그 채권자에게 매각하고 위 매매대금채권과 그 채권자의 채무자에 대한 채권을 상계하는 약정을 하였다면 가사 매매가격이 상당한 가격이거나 상당한 가격을 초과한다고 할지라도, 채무자의 매각행위는 다른 채권자를 해할 의사로 한 법률행위에 해당한다."(대법원 1994. 6. 14. 선고 94다2961, 94다2978 판결) 같은 취지로 "근저당권이 설정된 부동산이라 하더라도 그 부동산의 가액에서 근저당권의 피담보채권액을 공제한 잔액의 범위 내에서는 일반 채권자들의 공동담보에 공하여져 있으므로, 채무자가 채무가 초과된 상태에서 근저당권이 설정된 자신의 부동산을 제3자에게 양도하고 그 양도대금은 근저당권의 피담보채무를 인수함으로써 그 지급에 갈음하기로 약정한 경우, 채무자로서는 실제로 매매대금을 한푼도 지급받지 아니한 채 일반 채권자들의 공동담보에 공하여져 있던 부동산을 부당하게 저렴한 가액으로 제3자에게 양도한 것으로 될 것이어서, 그와 같은 양도행위도 채권자를 해하는 사해행위에 해당한다."(대법원 1996. 5. 14. 선고 95다50875 판결)

(4) 한편, 채무자가 양도한 부동산에 제3자의 채무를 담보하기 위한 근저당권이 설정되어 있는 경우 그 부동산에서 일반 채권자들의 공동담보로 되는 책임재산은 채권최고액을 한도로 실제 부담하고 있는 피담보채권액을 뺀 나머지 부분이다. 따라서 근저당권의 피담보채권액과 채권최고액이 모두 부동산 가격을 초과하는 때에는 일반 채권자들의 공동담보로 되는 책임재산이 없으므로 부동산의 양도

가 사해행위에 해당하지 않는다. 채무자가 근저당권이 설정된 부동산을 처분하면서 매매대금으로 그 부동산에 대해서 다른 채권자에 우선하여 변제를 받을 수 있는 지위에 있는 근저당권자의 피담보채권액 중 일부를 변제하고 근저당권을 말소한 경우라면 특별한 사정이 없는 한 부동산 처분행위를 사해행위로 볼 수 없다(대법원 2018. 4. 24. 선고 2017다287891 판결).

라) 판례 이론의 정리

(1) 이상의 판례를 정리해 보면, ①무상 또는 현저히 저렴한 가격에 의한 부동산의 매각은 사해행위가 되고, ②채무자가 자신의 유일한 재산이거나 실질적으로 중요한 재산에 해당하는 부동산을 매각하여 금전으로 바꾸는 행위는, 비록 채무초과 상태에 있지 않거나 상당한 가격에 의한 매매라고 하더라도 원칙적으로 사해행위가 되고, 그 경우 채무자의 사해의사는 추정되며, ③다만, 부동산의 매각 목적이 채무의 변제 또는 변제자력을 얻기 위한 것이고, 대금이 부당한 염가가 아니며, 실제 이를 채권자에 대한 변제에 사용한 경우 등 특별한 사정이 있으면 사해행위가 성립하지 않는데 그러한 사정의 존재는 채권자취소권소송의 상대방이 입증하여야 하고, ④일부 채권자와 통모하여 이루어진 매매는 상당한 가격에 의한 것이더라도 사해행위가 성립하고, ⑤채무인수를 조건으로 한 매매 또한 실질적으로 채권자들의 공동담보를 없애는 것이 되어 사해행위가 된다.

(2) 부동산을 적정가격에 현금화하는 경우에도 공취의 용이성이나 책임재산의 실효성이라는 관점에서는 실질적으로 책임재산의 감소가 초래된다는 점, 즉 그 행위가 기본적으로 사해성을 갖는다는 점은 부인할 수 없다. 다만 그렇다고 이러한 행위가 언제나 사해행위가 된다고 보는 것은 채무자의 경제적 자유를 지나치게 구속하는 측면이 있다. 따라서 부동산을 적정가격에 현금화하는 행위도 그것이 공동담보의 부족을 유발 또는 심화시키는 결과를 낳는 경우에는 원칙적으로 사해성을 띤다고 보되, 행위목적물인 부동산이 채무자의 전체 책임재산 가운데에서 차지하는 비중, 채무자의 무자력의 정도, 법률행위의 경제적 목적이 갖는 정당성 및 그 실현수단인 당해 행위의 상당성, 공동담보의 부족 위험에 대한 당사자의 인식의 정도 등 당해 행위를 둘러싼 제반 사정을 종합적으로 고려하여 그 궁극적인 사해성의 존부를 판단할 수밖에 없다고 할 것이다.[169]

169 양창수, "채권자취소권의 피보전채권과 사해행위", 고시계 36권 4호, 국가고시학회(1991), 35-36.

4) 매매예약, 가등기 및 영업양도

가) 매매예약

채무자가 유일한 재산인 그 소유의 부동산에 관한 매매예약에 따른 예약완결권이 제척기간 경과가 임박하여 소멸할 예정인 상태에서 제척기간을 연장하기 위하여 새로 매매예약을 하는 행위는 채무자가 부담하지 않아도 될 채무를 새롭게 부담하게 되는 결과가 되므로 채권자취소권의 대상인 사해행위가 될 수 있다(대법원 2018. 11. 29. 선고 2017다247190 판결).

나) 가등기

(1) 채무자 소유 부동산에 관하여 소유권이전청구권을 보전하기 위한 가등기를 마친 경우에, 가등기 자체만으로는 소유권이전의 효력이 발생하지 않지만 후일 본등기를 마치면 가등기 시에 소급하여 소유권변동의 효력이 발생하고 그 결과 채권자가 채무자의 재산으로부터 완전한 변제를 받을 수 없게 되어 채권자를 해할 수 있다(대법원 1975. 2. 10. 선고 74다334 판결 등 참조). 따라서 채권자를 해하는 가등기의 원인인 법률행위는 사해행위로서 취소의 대상이 되고, 그 법률행위가 사해행위로 취소되면 특별한 사정이 없는 한 가등기권자는 그 취소에 따른 원상회복으로서 원물반환의무인 가등기말소의무를 진다.

(2) 나아가 사해행위인 매매예약에 기하여 수익자 앞으로 가등기를 마친 후 전득자 앞으로 그 가등기 이전의 부기등기를 마치고 나아가 그 가등기에 기한 본등기까지 마쳤다 하더라도, 위 부기등기는 사해행위인 매매예약에 기초한 수익자의 권리의 이전을 나타내는 것으로서 위 부기등기에 의하여 수익자로서의 지위가 소멸하지는 아니하며, 채권자는 수익자를 상대로 그 사해행위인 매매예약의 취소를 청구할 수 있다. 그리고 설령 부기등기의 결과 위 가등기 및 본등기에 대한 말소청구소송에서 수익자의 피고적격이 부정되는 등의 사유로 인하여 수익자의 원물반환의무인 가등기말소의무의 이행이 불가능하게 된다 하더라도 달리 볼 수 없으며, 특별한 사정이 없는 한 수익자는 위 가등기 및 본등기에 의하여 발생된 채권자들의 공동담보 부족에 관하여 원상회복의무로서 가액을 배상할 의무를 진다 할 것이다(대법원 2015. 5. 21. 선고 2012다952 전원합의체 판결).

다) 영업양도

영업은 일정한 영업 목적에 의하여 조직화된 유기적 일체로서의 기능적 재산이므로, 영업을 구성하는 유형·무형의 재산과 경제적 가치를 가지는 사실관계가 서로 유기적으로 결합하여 수익의 원천으로 기능하고, 하나의 재화와 같이 거래의 객체가 된다. 그리고 여러 개의 부동산, 유체동산, 그 밖의 재산권에 대하여 일괄하여 강제집행을 할 수 있으므로(민사집행법 제98조 제1항, 제2항, 제197조 제1항, 제251조 제1항 참조), 영업재산에 대하여 일괄하여 강제집행이 될 경우에는 영업권도 일체로서 환가될 수 있다. 따라서 채무자가 영업재산과 영업권이 유기적으로 결합된 일체로서의 영업을 양도함으로써 채무초과상태에 이르거나 이미 채무초과상태에 있는 것을 심화시킨 경우, 영업양도는 채권자취소권 행사의 대상이 된다(대법원 2015. 12. 10. 선고 2013다84162 판결).

다. 변제

1) 학설

일부의 채권자에게 변제하는 것은 원칙적으로 사해행위가 성립하지 않는다는 것이 통설이다. 즉 채무의 변제는 적극재산을 줄어들게 하나 동시에 소극재산도 줄어들게 하는 것이어서 전체적으로는 채무자의 자력이 늘어나거나 줄어드는 것이 아닐 뿐만 아니라 채무자는 비록 다른 채권자가 있더라도 변제를 거절하지는 못하기 때문이라고 한다. 다만, 일부의 채권자와 통정하여 다른 채권자를 해할 의사를 가지고 변제하는 것은 사해행위가 된다고 한다.[170]

2) 일본 판례

일본의 판례도 채무의 본지(本旨)에 따른 변제는 원칙적으로 사해행위가 아니라고 한다.[171] 그 이유는 채무자가 이미 이행기에 도래한 채무를 변제하는 것은 당연한 의무를 이행하는 것이기 때문에 다른 채권자가 있다 하더라도 변제를 거절할 수가 없고 다른 채권자가 그 채권의 변제를 구하는 것은 채권자의 당연한 권리행사이기 때문에 파산의 경우는 별론으로 하고 설령 그 변제의 결과 다른 채권자의 공동담보가 감소하더라도 그 권리행사를 저해하는 것은 아니기 때문이라고 한다. 다만 예외적으로 채무자가 특히 일부의 채권자와 공모하여 다른 채권자를 해할 의사를 가지고 변제를 한 경우에는 사해행위가 될 수 있다[172]고 하고, 하

170 곽윤직, 채권총론(민법강의Ⅲ), 박영사(2018), 150; 김증한/김학동, 채권총론, 박영사(1998), 198 등.

171 日大判 1916. 11. 22., 日最判 1958. 9. 26., 日最判 1977. 7. 12.

172 日最判 1958. 9. 26.

급심 판례는 채무자와 변제를 받은 채권자가 실질상 동일한 인격에 가까운 경우, 즉 채무자가 수익자의 개인회사인 경우[173]라든가 피보전채권이 조세채권인 경우[174] 등을 들고 있다.

3) 우리 판례

우리 대법원 판례 역시 변제의 사해행위성을 부정한다.[175] 즉 채권자가 채무의 변제를 구하는 것은 그의 당연한 권리행사로서 다른 채권자가 존재한다는 이유로 이것이 방해받아서는 아니되고 채무자도 채무의 본지에 따라 채무를 이행할 의무를 부담하고 있어 다른 채권자가 있는 경우라도 그 채무이행을 거절하지는 못하므로 채무자가 채무초과의 상태에서 특정채권자에게 채무의 본지에 따른 변제를 함으로써 다른 채권자의 공동담보가 감소하는 결과가 되는 경우에도 이 같은 변제는 채무자가 특히 일부의 채권자와 통모하여 다른 채권자를 해할 의사를 가지고 변제를 한 경우를 제외하고는 원칙적으로 사해행위가 되는 것은 아니라고 판시하고 있다.[176]

그리고 채무자가 특히 일부의 채권자와 통모하여 다른 채권자를 해할 의사를 가지고 변제를 하였는지 여부는 사해행위임을 주장하는 사람이 입증하여야 하며, 이는 수익자의 채무자에 대한 채권이 실제로 존재하는지 여부, 수익자가 채무자로부터 변제를 받은 액수, 채무자와 수익자와의 관계, 채무자의 변제능력 및 이에 대한 수익자의 인식, 변제 전후의 수익자의 행위, 그 당시의 채무자 및 수익자의 사정 및 변제의 경위 등 제반 사정을 종합적으로 참작하여 판단하여야 할 것이라고 판시한다(대법원 2005. 3. 25. 선고 2004다10985, 10992 판결).

채무자와 수익자의 통모 인정 여부에 관해서는, 갑 상호저축은행의 채무자 을이 병에게 채무를 변제한 행위가 사해행위에 해당하는지 문제 된 사안에서, 위 변제 당시 을은 관련 형사 판결이 확정된 직후여서 갑 상호저축은행으로부터 불법·부당 대출과 관련된 고액의 손해배상청구를 제기당할 것임이 예상되는 상황이었던 점 등 제반 사정에 비추어 을이 병과 통모하여 다른 채권자를 해할 의사를 가지고 채무변제행위를 하였다고 볼 여지가 충분함에도 이와 달리 본 원심판단에 법리오

173 日大阪地判 1964. 7. 2.

174 日東京地判 1973. 12. 17.

175 대법원 1967. 4. 25. 선고 67다75 판결, 대법원 1967. 7. 11. 선고 67다847 판결.

176 대법원 2001. 4. 10. 선고 2000다66034 판결, 대법원 2007. 5. 31. 선고 2005다28686 판결, 대법원 2014. 10. 27. 선고 2014다41575 판결 등.

해의 잘못이 있다고 한 사례(대법원 2019. 5. 16. 선고 2018다289009 판결) 참조.

4) 채무변제 계약으로 본 사례

통모와 관련하여 대법원 2010. 4. 29. 선고 2009다33884 판결은, "무자력상태의 채무자가 기존채무에 관한 특정의 채권자로 하여금 채무자가 가지는 채권에 대하여 압류 및 추심명령을 받음으로써 강제집행절차를 통하여 사실상 우선변제를 받게 할 목적으로 그 기존채무에 관하여 강제집행을 승낙하는 취지가 기재된 공정증서를 작성하여 주어 채권자가 채무자의 그 채권에 관하여 압류 및 추심명령을 얻은 경우에는 그와 같은 공정증서 작성의 원인이 된 채권자와 채무자의 합의는 기존채무의 이행에 관한 별도의 계약인 이른바 채무변제계약에 해당하는 것으로서 다른 일반 채권자의 이익을 해하여 사해행위가 된다."고 판시하였다.

5) 기존채무의 이행

변제와 같은 차원에서, 명의수탁자인 채무자가 반환의무의 이행으로서 신탁자가 지정하는 제3자 명의로 신탁부동산의 소유권이전등기를 경료하는 행위,[177] 부동산의 명의수탁자가 신탁행위에 기한 반환의무의 이행으로서 신탁부동산의 소유권이전등기를 경료하는 행위,[178] 부동산의 실제소유자인 명의신탁자가 명의수탁자로부터 그 등기를 회복하는 과정에서 그 중간 단계로 명의신탁의 양 당사자들과 그 부동산에 관한 가등기권자가 모두 합의한 바에 따라 그 가등기에 기한 본등기를 경료한 행위[179] 등은 모두 기존 채무의 이행으로서 사해행위를 구성하지 아니한다.

라. 대물변제

1) 의의

대물변제도 변제와 같이 채무이행의 한 형태이지만, 이미 발생한 채무에 관하여 당사자 사이의 새로운 합의에 의하여 원래 급부의 지급에 갈음하여 동산·부동산·채권 등의 급부(양도)를 하는 것이라는 점에서 차이가 있다. 즉, 채무의 본지(本旨)변제가 아니라 비본지(非本旨)변제에 해당하므로 사해성의 판단에 있어서도 변제와 차이가 있다. 한편, 대물변제는 실제로 다른 급부가 현실적으로 이루어져

177 대법원 1981. 2. 24. 선고 80다1963 판결.
178 대법원 2007. 4. 26. 선고 2006다79704 판결.
179 대법원 1996. 9. 20. 선고 95다1965 판결.

야 하는 요물계약에 해당한다.

2) 일본 판례

사해행위 성립 여부에 관한 일본의 판례를 보면, 상당하지 않은 가격에 의한 대물변제는 사해행위가 된다고 하고,[180] 우선권이 있는 담보권자에게 담보의 목적물건을 대물변제로서 양도하는 행위는 가격이 상당한 한 사해행위가 되지 아니한다고 한다.[181] 가격이 상당하지 않은 경우에는 피담보채권액까지는 다른 일반 채권자에 대하여 우선권이 있기 때문에 사해행위가 성립하지 아니하고 그것을 초과하는 부분에 대하여서만 사해행위가 된다.

문제는 상당한 가격에 의한 일반 채권자에의 대물변제행위의 사해성이다. 일본 판례는 사해성을 원칙적으로 긍정한다.[182] 또한 대물의 가격이 대물변제를 받는 채권자의 채권액에 하회하더라도 사해행위가 된다고 한다.[183]

3) 학설

우리 통설은 적정가격으로 하는 대물변제는 변제와 다름없이 사해행위로 되지 아니하나, 대물변제 받는 채권자의 채권액을 초과하는 가치를 가지는 것으로써 하는 대물변제나, 적정가격의 대물변제라도 특정채권자와 통모하여 하는 대물변제는 사해행위가 된다고 한다.[184] 그 이유는 변제와 같이 재산감소가 없다는 것이다.

4) 우리 판례

가) 종전의 판례

과거 판례는 변제와 마찬가지로 대물변제는 원칙적으로 사해행위가 되지 않는다고 하였다. 즉, 대법원 1962. 11. 15. 선고 62다634 판결은 "기존채무를 소멸시키기 위한 방법으로 대물변제가 있었고 그것이 상당한 가격으로 된 것이라면 채권자취소권의 대상이 될 수 없다."고 하였고, 대법원 1967. 4. 25. 선고 67다75 판결도 "채무자의 변제로 딴 채권자에 대한 변제자력이 없게 되었더라도 사해행위가 된다고는 볼 수 없고, 변제로서 본래의 급부에 대신하여 다른 급부를 하였더라

180 日最判 1967. 6. 29.
181 日大判 1925. 4. 20.
182 日大判 1919. 7. 11., 日大判 1935. 1. 29., 日大判 1941. 2. 10.
183 日大判 1941. 2. 10.
184 곽윤직, 채권총론(민법강의Ⅲ), 박영사(2018), 150; 김증한/김학동, 채권총론, 박영사(1998), 198 등.

도 상당한 가격으로 평가되었을 때는 사해행위가 되지 않는다."고 하였다.

대법원 1981. 7. 7. 선고 80다2613 판결은, "채무자가 어느 채권자로부터 압류당할 가능성이 있다고 판단하여 계쟁 부동산을 다른 채권자에게 양도하였다고 하여도 그것이 기존채무의 이행을 위하여 상당한 가격으로 평가되었을 때에는 사해의사가 없었다고 할 것이다."라고 하여 대물변제의 사해성 여부를 사해의사의 문제로 보았다.

나) 판례의 변경

그 후 대법원은 "채무가 초과된 채무자가 특정 부동산을 일부 채권자에게 대물변제로 넘겨주는 것도 사해행위가 될 수 있다."(대법원 1990. 11. 23. 선고 90다카27198 판결)고 하였고, "채무자가 채무가 재산을 초과하는 상태에서 채권자 중 한 사람과 통모하여 그 채권자만 우선적으로 채권의 만족을 얻도록 할 의도로 채무자 소유의 부동산을 그 채권자에게 매각하고 위 매매대금채권과 그 채권자의 채무자에 대한 채권을 상계하는 약정을 하였다면, 가사 매매가격이 상당한 가격이거나 상당한 가격을 초과한다고 할지라도 채무자의 매각행위는 다른 채권자를 해할 의사로 한 법률행위에 해당한다."(대법원 1994. 6. 14. 선고 94다2961, 2978 판결)고 판시하여, 채무자의 대물변제행위는 원칙적으로 사해행위가 된다고 판시하기 시작하였다.

이후 판례들은 계속하여, 대법원 1996. 10. 29. 선고 96다23207 판결, 대법원 1998. 5. 12. 선고 97다57320 판결, 대법원 1999. 11. 12. 선고 99다29916 판결, 대법원 2000. 9. 29. 선고 2000다3262 판결, 대법원 2005. 11. 10. 선고 2004다7873 판결 등에서 이미 채무초과의 상태에 빠져 있는 채무자가 그의 유일한 재산인 부동산을 채권자들 가운데 어느 한 사람에게 대물변제로 제공하는 행위는 다른 특별한 사정이 없는 한 다른 채권자들에 대한 관계에서 사해행위가 된다고 하였다.

그리고 대법원 1990. 11. 23. 선고 90다카27198 판결은, 채무가 초과된 채무자가 특정 부동산을 일부 채권자에게 대물변제로 넘겨주는 것도 사해행위가 될 수 있는데, 채무자에게 다른 재산이 다소간 있다고 하더라도 그것이 채무자의 채무 전액을 변제하고 남을 정도가 된다는 증명이 없는 한 사해행위 성립에 영향을 줄 수 없다는 취지로 판시하였고, 대법원 2007. 7. 12. 선고 2007다18218 판결, 대법원 2009. 9. 10. 선고 2008다85161 판결 등은, 채무자의 재산이 채무의 전부를 변제하기에 부족한 경우에 채무자가 그의 재산을 어느 특정 채권자에게 대물변제나 담보조로 제공하였다면 특별한 사정이 없는 한 이는 곧 다른 채권자의 이익을 해하는 것으로서 다른 채권자들에 대한 관계에서 사해행위가 되는 것이고, 위와 같이 대물변제나 담보조로 제공된 재산이 채무자의 유일한 재산이 아니라거나 그 가치가 채권액에 미달한다고 하여도 마찬가지라고 하였다.

이로써 대물변제에 관해 판례는 원칙적으로 사해행위에 해당한다는 입장에서 있다고 할 수 있다. 대물변제에 관한 판례의 태도 중 앞서 본 매매의 경우와 다른 점은 채무자가 채무초과 상태에 있어야 한다는 점이다.

다) 대물변제의 사해성

대물변제에 관하여 통설과 같이 해석하더라도 대물의 중요도나 그 가격평가의 상당성, 채무자의 무자력의 정도, 행위의 경제적인 목적, 행위상황의 불가피성, 해의적 통모 여부 기타 당해 행위에 나타난 제반 사정들을 종합적으로 고려하여 궁극적인 사해성 여부를 판단해야 할 것이다.[185]

그런데 채무자는 원칙적으로 채무의 본지에 따른 이행의무를 부담할 뿐 특별한 사정이 없는 한 그에서 한 걸음 더 나아가 대물로써 변제할 의무까지 부담하는 것은 아니라는 점에서 대물변제는 본지변제에 비하여 사해행위로서 취소를 인정할 수 있는 여지가 보다 많다고 할 수 있다.[186] 이런 측면에서 채무초과 상태에서의 대물변제는 그 목적물이 유일한 재산인지 여부를 불문하고 특별한 사정이 없는 한 사해행위로 인정된다는 위 판례의 결론이 타당하다고 할 것이다.

5) 채권양도를 통한 대물변제

가) 문제의 소재

대물변제의 목적물이 부동산이 아니라 채권인 경우, 즉, 일부채권자에 대한 기존채무의 변제에 갈음하여 채무자가 일반 채권자의 공동담보에 해당하는 금전채권을 양도한 행위의 사해성 판단에 관해서는 이를 긍정하는 판례와 부정하는 판례가 있다.

나) 사해행위 성립을 긍정한 판례

대법원 1997. 6. 27. 선고 96다36647 판결은, “채무자인 아파트 건설업자가

185 양창수, “채권자취소권의 피보전채권과 사해행위”, 고시계 36권 4호, 국가고시학회(1991), 36-37.
186 조남대, “채권자취소권의 대상으로서의 사해행위에 관한 고찰”, 사법논집 28집, 법원도서관(1997), 605.

채무가 초과된 상태에서 채권자 중 일부인 아파트 분양계약자들과 통모하여 그 분양계약자들만 우선적으로 채권의 만족을 얻도록 할 의도로 채무자의 그 분양계약자들에 대한 분양 잔대금 채권을 분양계약자들 전원으로 구성된 대책회에 양도하여 그 채권으로써 아파트 건축공사의 이행을 보증한 다른 건설회사들로 하여금 그 공사를 완공케 하고, 그 채권양도에 대한 대가로 채무자의 분양계약자들에 대한 잔여 공사 완성 및 아파트 인도채무를 면제받기로 하는 약정을 한 경우, 이는 채무자의 분양계약자들에 대한 잔여 공사 완성 등 채무의 대물변제로 채무자의 분양 잔대금 채권을 그 분양계약자들에게 양도한 것이므로, 가사 그 분양 잔대금 채권액이 잔여 공사 완성 등에 소요되는 비용을 초과하지 아니한다 하더라도 채무자의 분양 잔대금 채권양도 행위는 다른 채권자를 해할 목적으로 한 사해행위에 해당한다."고 판시하였다.

다) 사해행위 성립을 부정한 판례

이에 비해 대법원 2003. 6. 24. 선고 2003다1205 판결은, "채권자가 채무의 변제를 구하는 것은 그의 당연한 권리행사로서 다른 채권자가 존재한다는 이유로 이것이 방해받아서는 아니되고 채무자도 채무의 본지에 따라 채무를 이행할 의무를 부담하고 있어 다른 채권자가 있다는 이유로 그 채무이행을 거절하지는 못하므로, 채무자가 채무초과의 상태에서 특정채권자에게 채무의 본지에 따른 변제를 함으로써 다른 채권자의 공동담보가 감소하는 결과가 되는 경우에도 그 변제는 채무자가 특히 일부의 채권자와 통모하여 다른 채권자를 해할 의사를 가지고 변제를 한 경우가 아닌 한 원칙적으로 사해행위가 되는 것은 아니라고 할 것인바, 기존 금전채무의 변제에 갈음하여 다른 금전채권을 양도하는 경우에도 이와 마찬가지이다."라고 판시하였고, 대법원 2004. 5. 28. 선고 2003다60822 판결, 대법원 2005. 8. 19. 선고 2005다23049 판결, 대법원 2006. 6. 15. 선고 2005다62167 판결, 대법원 2007. 6. 1. 선고 2006다57292 판결, 대법원 2007. 7. 12. 선고 2006다86993 판결 등도 마찬가지 취지이다.

라) 검토

(1) 후자의 판례는 대물변제로서 하는 다른 채권의 양도를 일반 채무변제와 동일한 차원에서 파악하여 사해성을 판단하고 있으나, 대물변제는 채무 본래의 목적이 아닌 다른 재산을 급부하는 것으로서 이미 비본지변제의 성격을 가지고 있으므로, 채무의 본지변제와 동일 평면에서 비교하는 것은 타당하지 못하다.

(2) 즉, ㉠일부채권자에 대한 대물변제는 다른 채권자들의 입장에서는 그들의 공동담보를 감소시키는 행위로서 기본적으로 사해성을 띠는 행위라고 볼 수 있는 점, ㉡특히 대물변제는 그 자체로 의무적인 행위가 아니라는 점에서 본지변제와는 다르다고 보아야 하는 점, ㉢대다수의 판례는 채무초과 상태에서의 대물변제는 원칙적으로 사해성이 인정된다고 보고 있는 점, ㉣대물변제로 금전채권을 양도한 경우와 다른 재산으로 대물변제한 경우를 달리 취급해야만 할 어떤 본질적인 차이점이 있다고 보기 어려운 점, ㉤기존채무의 이행과 관련하여 본지변제의 목적물이 아닌 금전채권을 특정채권자에게 양도하는 경우에 이것이 이행에 갈음한 대물변제조의 채권양도인지, 이행을 위한 추심목적의 채권양도인지 아니면 이행을 담보하기 위한 담보목적의 채권양도인지를 구별하는 것은 원칙적으로 당사자의 의사해석에 달린 미묘한 문제라고 할 것이나, 그렇다고 하더라도 이들 각각의 경우는 모두 본지변제의 목적물이 아닌 금전채권을 특정채권자에게 양도함으로써 다른 채권자의 공동담보를 감소시키는 행위라는 측면에서는 아무런 차이가 없어 그 사해행위 해당 여부를 판정함에 있어서는 모두 마찬가지의 기준을 적용하여야만 할 것인 점, ㉥그런데 판례는 채무초과 상태에 있는 채무자가 그가 보유한 부동산을 일부채권자에게 채권담보로 제공하는 행위에 대해서는 이를 예외 없이 다른 채권자들에 대한 관계에서 원칙적으로 사해행위에 해당한다고 보고 있는 점 등을 종합하여 볼 때, 채무초과 상태에 있는 채무자가 기존채무의 변제에 갈음하여 금전채권을 양도한 경우에도 이를 여타의 대물변제 일반이나 담보제공 행위와 마찬가지로 다른 채권자들에 대한 관계에서 원칙적으로 사해행위가 된다고 하는 전자의 판례기준이 보다 타당하다고 할 것이다.[187]

(3) 그 후의 대법원 판례(대법원 2010. 9. 30. 선고 2007다2718 판결)는 "채무초과의 상태에 있는 채무자가 적극재산을 채권자 중 일부에게 대물변제조로 양도하는 행위는 채무자가 특정 채권자에게 채무 본지에 따른 변제를 하는 경우와는 달리 원칙적으로 다른 채권자들에 대한 관계에서 사해행위가 될 수 있다."고 하면서, 이 경우 사해성의 일반적인 판단 기준(채무자가 책임재산을 감소시키는 행위를 함으로써 일반 채권자들을 위한 공동담보의 부족상태를 유발 또는 심화시킨 경우에 그 행위가 채권자취소의 대상인 사해행위에 해당하는지 여부는, 행위목적물이 채무자의 전체 책임재

187 김미리, "사해행위의 판단 기준과 대물변제의 사해성 판단", 대법원판례해설 제85호, 법원도서관(2010), 135-136.

산 가운데에서 차지하는 비중, 무자력의 정도, 법률행위의 경제적 목적이 갖는 정당성 및 그 실현수단인 당해 행위의 상당성, 행위의 의무성 또는 상황의 불가피성, 채무자와 수익자 간 통모의 유무와 같은 공동담보의 부족 위험에 대한 당사자의 인식의 정도 등 그 행위에 나타난 여러 사정을 종합적으로 고려하여, 그 행위를 궁극적으로 일반 채권자를 해하는 행위로 볼 수 있는지 여부에 따라 최종 판단하여야 한다는 기준)에 비추어 그 행위가 궁극적으로 일반 채권자를 해하는 행위로 볼 수 없는 경우에는 사해행위의 성립이 부정될 수 있다고 하였고, 대법원 2012. 9. 13. 선고 2012다43546 판결, 대법원 2014. 1. 16. 선고 2012다110521 판결 등도 같은 취지의 판시를 계속하여 사실상 판례를 변경함으로써 이 문제는 일단락되었다고 할 수 있다.

6) 대물변제예약에 기하여 대물변제가 이루어진 경우

가등기에 기하여 본등기가 경료된 경우 사해행위 요건의 구비 여부는 원칙적으로 가등기의 원인인 법률행위 당시를 기준으로 하여 판단하여야 하는 것(대법원 2009. 6. 11. 선고 2007다4004 판결)처럼, 대물변제예약에 기하여 대물변제가 이루어진 경우 사해행위 요건의 구비 여부는 대물변제예약시를 기준으로 판단하여야 한다는 것이 판례(대법원 2002. 9. 6. 선고 2002다9257 판결 참조)이다.

7) 대물변제가 사해행위가 되지 않는 경우

대물변제가 갱생을 도모하기 위한 최선의 방법이라고 판단한 경우 등에는 사해성이 부정된다. 예컨대, 채무초과 상태의 채무자가 유일한 재산인 전세권과 전세금반환채권을 특정 채권자에게 그 채무 일부에 대한 대물변제조로 양도한 행위가 최고액 채권자와의 거래관계를 유지하면서 채무초과 상태에 있던 회사의 갱생을 도모하기 위한 유일한 방안이었다면, 위 양도행위는 다른 채권자를 해하는 사해행위라고 단정하기 어렵다(대법원 2010. 9. 30. 선고 2007다2718 판결).

마. 물적 담보의 제공

1) 특정 채권자를 위한 담보제공

가) 학설

채무자가 특정 채권자를 위하여 근저당권 설정 등 물적 담보를 제공한 경우에 관해 학설은, ①제1설(부정설, 변제나 상당한 가격에 의한 대물변제를 사해행위로 보지 않는 이상 특정채권자를 위한 물적 담보의 제공 역시 사해행위가 되지 아니한다),[188]

188 곽윤직, 채권총론(민법강의Ⅲ), 박영사(2018), 150; 김증한/김학동, 채권총론, 박영사(1998), 198-199.

②제2설(긍정설, 특정채권자를 위하여 물적 담보를 제공하는 것은 담보채권자에게 우선변제권을 주는 것이므로 다른 채권자의 공동담보를 감소케 하는 것으로서 사해행위가 된다),[189] ③제3설(제한적 긍정설, 일반적으로 사해행위의 성립을 긍정하지만, 채무자의 경제적 갱생을 도모하기 위한 적절한 수단으로 행해진 경우와 같이 특별한 사정이 있는 경우에 한하여 사해행위가 되지 않는다)[190] 등이 대립하고 있다.

나) 일본 판례

일본의 판례는, 다른 채권자의 공동담보를 감소시키는 결과로 된다는 것을 이유로 물상담보의 제공을 일반적으로 사해행위로 보면서도,[191] 기존채무의 변제자금 마련을 위한 수단의 일환으로 어선을 양도담보목적물로 제공하여 출어자금을 조달한 경우,[192] 기존채무를 변제할 목적으로 자금을 차용하면서 저당권을 설정한 경우,[193] 생계비 및 자녀의 교육비를 조달하기 위하여 금원을 차용하면서 양도담보를 제공한 경우,[194] 채무자가 그의 우유소매업을 계속하기 위하여 합리적인 범위 내에서 영업용 동산 등을 양도담보로 제공한 경우[195]에는 각각 사해행위의 성립을 부정한다.

다) 우리 판례

(1) 우리 판례는 채무자의 재산이 채무의 전부를 변제하기에 부족한 경우에 채무자가 그의 재산을 어느 특정 채권자에게 대물변제나 담보조로 제공하였다면 특별한 사정이 없는 한 이는 곧 다른 채권자의 이익을 해하는 것으로서 다른 채권자들에 대한 관계에서 사해행위가 되는 것이고(대법원 2005. 11. 10. 선고 2004다7873 판결, 대법원 2006. 6. 15. 선고 2006다12046 판결, 대법원 2007. 2. 23. 선고 2006다47301 판결 등 참조), 위와 같이 대물변제나 담보조로 제공된 재산이 채무자의 유일한 재산이 아니라거나 그 가치가 채권액에 미달한다고 하여도 마찬가지라고 할 것이다(대법원 2007. 7. 12. 선고 2007다18218 판결)라고 하여 물적 담보의 제공은 원칙적으로 사해행위가 된다는 입장이고, 이것이 확립된 판례이다.

189 조남대, "채권자취소권의 대상으로서의 사해행위에 관한 고찰", 사법논집 28집, 법원도서관(1997), 611.
190 김주수, 채권총론, 삼영사(2003), 244.
191 日最判 1957. 11. 1., 日最判 1960. 4. 26.
192 日大判 1930. 3. 3.
193 日大判 1935. 3. 30.
194 日最判 1967. 11. 9.
195 日最判 1969. 12. 19.

(2) 사해행위가 되기 위해서는 행위 당시 이미 채무자가 채무초과 상태에 있어야 한다. 대법원은 이 점을 명시한 바 있다. 즉, "어느 특정 채권자에 대한 담보제공행위가 사해행위가 되기 위하여는 채무자가 이미 채무초과 상태에 있을 것과 그 채권자에게만 다른 채권자에 비하여 우선변제를 받을 수 있도록 하여 다른 일반 채권자의 공동담보를 감소시키는 결과를 초래할 것을 그 요건으로 하므로, 채무자의 담보제공행위가 사해행위가 되는지 여부를 판단하기 위하여는 채무자의 재산상태를 심리하여 채무초과 여부를 밝혀보아야 한다."고 판시하였다(대법원 2000. 4. 25. 선고 99다55656 판결).

(3) 채무초과 상태에서 특정채권자에게 물적 담보를 제공하면 사해행위가 성립하고, 그 부동산이 유일한 재산일 필요는 없다. 즉, "어느 특정 채권자에 대한 담보제공행위가 사해행위가 되기 위하여는 채무자가 이미 채무초과 상태에 있을 것과 그 채권자에게만 다른 채권자에 비하여 우선변제를 받을 수 있도록 하여 다른 일반 채권자의 공동담보를 감소시키는 결과를 초래할 것을 그 요건으로 하며, 특정 채권자에게 부동산을 담보로 제공한 경우 그 담보물이 채무자 소유의 유일한 부동산인 경우에 한하여만 사해행위가 성립한다고 볼 수는 없다."(대법원 2014. 12. 11. 선고 2011다49783 판결)

(4) 채무초과 상태는 담보제공 행위 당시에 발생해 있어야 하지만 "그 사해행위 당시에 이미 채무 성립의 기초가 되는 법률관계가 성립되어 있고, 가까운 장래에 그 법률관계에 터잡아 채무가 성립되리라는 점에 대한 고도의 개연성이 있으며, 실제로 가까운 장래에 그 개연성이 현실화되어 채무가 성립된 경우에는 그 채무도 채무자의 소극재산에 포함시켜" 채무초과 여부를 판단해야 한다(대법원 2011. 1. 13. 선고 2010다68084 판결).

라) 물적 담보 제공의 사해성

채무자가 채무초과 상태에서 특정 채권자에 대하여 물적 담보를 제공하여 배타적 우선변제권을 부여하는 행위는 다른 채권자에 대한 관계에서 종전보다 일반책임재산에 의한 변제력을 비례적·상대적으로 약화시키는 것이므로, 기존의 채무초과상태를 질적으로 심화시키는 행위로서 사해행위에 해당한다고 할 수 있으므로[196] 판례의 위와 같은 태도는 타당하다고 할 것이다.

196 조해섭, 채권자취소권법, 법문사(2019), 167.

마) 부동산 외 다른 재산을 통한 물적 담보 제공

담보제공의 전형적인 예는 부동산에 관하여 근저당권을 설정해 주는 것이지만, 그 밖에 부동산에 관하여 채권 담보의 목적으로 매매예약을 체결하고 소유권이전청구권가등기를 마쳐주는 행위나(대법원 2008. 2. 14. 선고 2005다47106, 47113, 47120 판결), 담보를 위해 부동산 자체를 양도하는 행위(양도담보) 및 부동산 외에 채권(대법원 2007. 2. 23. 선고 2006다47301 판결)이나 주식(대법원 2007. 7. 12. 선고 2007다18218 판결) 등의 재산을 담보목적으로 양도하는 행위 등에 대해서도 같은 법리가 적용될 수 있다.

2) 물상보증

가) 물상보증의 의의 및 사해성

물상보증은 채무자가 제3자를 위해 자신의 재산에 관해 그 제3자의 채권자 앞으로 근저당권 등 담보권을 설정해 주는 행위를 말한다. 즉, 채무자는 직접적인 채무가 없음에도 다른 사람을 위해 자신의 재산에 근저당권 등 담보권을 설정해 줌으로써 그 담보가치만큼 채무자의 총재산이 감소하는 결과를 가져오게 되므로 특별한 사정이 없는 한 물상보증행위는 사해행위가 된다.

나) 판례

판례도 같다. 즉, 채무자가 아무 채무도 없이 다른 사람을 위해 자신의 부동산에 관하여 근저당권을 설정함으로써 물상보증인이 되는 행위는 그 부동산의 담보가치만큼 채무자의 총재산에 감소를 가져오는 것이므로, 그 근저당권이 채권자의 가압류와 동순위의 효력밖에 없다 하여도, 그 자체로 다른 채권자를 해하는 행위가 되고(대법원 2010. 6. 24. 선고 2010다20617, 20624 판결), 채무자가 제3자의 채무를 담보하기 위하여 자신의 부동산에 근저당권을 설정함으로써 물상보증인이 되는 행위는 부동산의 담보가치만큼 채무자의 일반 채권자들을 위한 책임재산에 감소를 가져오는 것이므로, 물상담보로 제공된 부동산의 가액에서 다른 채권자가 가지는 피담보채권액을 채권최고액의 범위 내에서 공제한 잔액만을 채무자의 적극재산으로 평가하여야 하고, 그로 인하여 채무자의 책임재산이 부족하게 되거나 상태가 심화되었다면 사해행위가 성립한다(대법원 2015. 6. 11. 선고 2014다237192 판결).

다) 채무초과 상태 불요

특정채권자에게 물적 담보를 제공한 경우와 달리 물상보증의 경우에는 사해행위 당시 채무자가 반드시 채무초과의 상태에 있을 필요는 없고 담보제공으로 인하여 비로소 채무초과상태에 빠진 경우에도 사해행위가 성립한다(위 대법원 2015. 6. 11. 선고 2014다237192 판결 참조).

3) 물적 담보 제공이 사해행위가 되지 않는 경우

가) 담보물을 대체하는 행위는 사해행위가 아니다.

즉, "수익자가 채무초과 상태에 있는 채무자의 부동산에 관하여 설정된 선순위 근저당권의 피담보채무를 변제하여 근저당권설정등기를 말소하는 대신 동일한 금액을 피담보채무로 하는 새로운 근저당권설정등기를 설정하는 것은 채무자의 공동담보를 부족하게 하는 것이라고 볼 수 없어 사해행위가 성립하지 아니한다." (대법원 2012. 1. 12. 선고 2010다64792 판결)

나) 담보가등기를 말소하고 새로운 매매예약에 기한 가등기를 경료하는 행위는 사해행위가 된다.

즉, "수익자가 채무초과상태에 있는 채무자의 부동산에 관하여 설정된 선순위 담보가등기의 피담보채무를 변제하여 그 가등기를 말소하는 대신 동일한 금액을 피담보채무로 하는 새로운 담보가등기를 설정하는 것은 채무자의 공동담보를 부족하게 하는 것이라고 볼 수 없어 사해행위가 성립한다고 할 수 없지만, 선순위 담보가등기를 말소시킨 후 그 부동산에 관하여 매매예약을 하고, 그에 기하여 소유권이전등기청구권 보전의 가등기를 경료한 경우에는 그 부동산의 가액, 즉 시가에서 피담보채무액을 공제한 잔액의 범위 내에서 사해행위가 성립한다."(대법원 2003. 7. 11. 선고 2003다19435 판결).

다) 자금을 차용하여 새로 부동산을 취득하고 담보를 제공하는 행위 등도 사해행위가 되지 않는다.

즉, "채무초과 상태에 있는 채무자가 그 소유의 부동산을 채권자 중의 어느 한 사람에게 채권담보로 제공하는 행위는 특별한 사정이 없는 한 다른 채권자들에 대한 관계에서 사해행위에 해당한다. 그러나 채무자의 재산처분행위가 사해행위가 되려면 그 행위로 채무자의 총재산이 감소되어 채권의 공동담보가 부족한 상태를 유발 또는 심화시켜야 하는 것이므로, 채무자가 제3자로부터 자금을 차용하여 부동산을 매수하고 해당 부동산을 차용금채무에 대한 담보로 제공하거나, 채무자가 제3자로부터 부동산을 매수하여 매매대금을 지급하기 전에 소유권이전등기를 마치고 해당 부동산을 매매대금채무에 대한 담보로 제공한 경우와 같이 기존 채권자들의 공동담보가 감소되었다고 볼 수 없는 경우에는 담보제공행위를 사해행위라고 할 수 없다. 나아가 위와 같은 부동산매수행위와 담보제공행위가 한꺼번에 이루어지지 않고 단기간 내에 순차로 이루어졌다고 하더라도 다른 특별한 사정이 없는 한 일련의 행위 전후를 통하여 기존 채권자들의 공동담보에 증감이 있었다고 평가할 것도 아니므로, 담보제공행위만을 분리하여 사해행위에 해당한다고 할 수 없다"(대법원 2018. 12. 28. 선고 2018다272261 판결, 대법원 2017. 9. 21. 선고 2017다237186 판결 등).

라) 사업계속을 위한 담보제공 등이 사해행위가 되지 않음은 앞의 사해행위 해당성의 배제 또는 조각에서 본 것과 같다.

즉, 채무초과 상태에 있는 채무자가 그 소유의 부동산을 채권자 중의 어느 한 사람에게 채권담보로 제공하는 행위는 특별한 사정이 없는 한 다른 채권자들에 대한 관계에서 사해행위에 해당한다고 할 것이나, 자금난으로 사업을 계속 추진하기 어려운 상황에 처한 채무자가 자금을 융통하여 사업을 계속 추진하는 것이 채무 변제력을 갖게 되는 최선의 방법이라고 생각하고 물품을 공급받기 위하여 채무초과 상태에 있으면서도 부득이 채무자 소유의 부동산을 특정 채권자에게 담보로 제공하고 그로부터 물품을 공급받았다면 특별한 사정이 없는 한 채무자의 담보권설정행위는 사해행위에 해당하지 않는다(대법원 2012. 2. 23. 선고 2011다88832 판결 등 참조). 그리고 이와 같이 설정된 담보권의 피담보채무에 기존 채무가 포함되었다고 하더라도 기존 채무를 위한 담보설정과 물품을 계속 공급받기 위한 담보설정이 불가피하게 동일한 목적하에 하나의 행위로 이루어졌고, 당시의 여러 사정하에서 그것이 사업의 계속을 통한 회사 갱생이라는 목적을 위한 담보제공행위로서 합리적인 범위를 넘지 아니한 때에는 기존 채무를 위한 담보설정행위 역시 사해행위에 해당하지 않는다(대법원 2018. 8. 30. 선고 2018다228318 판결). 다만, 신규자금의 융통 없이 단지 기존채무의 이행을 유예받기 위하여 자신의 채권자 중 한 사람에게 담보를 제공하는 행위는 다른 특별한 사정이 없는 한 다른 채권자들에 대한 관계에서 사해행위에 해당한다(대법원 2013. 4. 26. 선고 2011다37001 판결).

마) 도급인이 공사 수급인의 저당권설정청구에 따라 저당권을 설정해 주는 행위도 앞에서 본 것과 같이 사해행위가 되지 않는다.

즉, "민법 제666조는 '부동산공사의 수급인은 보수에 관한 채권을 담보하기 위하여 그 부동산을 목적으로 한 저당권의 설정을 청구할 수 있다'라고 규정하고 있는바, 이는 부동산공사에서 그 목적물이 보통 수급인의 자재와 노력으로 완성되는 점을 감안하여 그 목적물의 소유권이 원시적으로 도급인에게 귀속되는 경우 수급인에게 목적물에 대한 저당권설정청구권을 부여함으로써 수급인이 사실상 목적물로부터 공사대금을 우선적으로 변제받을 수 있도록 하는 데 그 취지가 있고, 이러한 수급인의 지위가 목적물에 대하여 유치권을 행사하는 지위보다 더 강화되는 것은 아니어서 도급인의 일반 채권자들에게 부당하게 불리해지는 것도 아닌 점 등에 비추어, 신축건물의 도급인이 민법 제666조가 정한 수급인의 저당권설정청구권의 행사에 따라 공사대금채무의 담보로 그 건물에 저당권을 설정하는 행위는 특별한 사정이 없는 한 사해행위에 해당하지 아니한다."(대법원 2018. 11. 29. 선고 2015다19827 판결)

4) 전세권 등의 설정

가) 사해행위 성립

채무자가 일반 채권자들의 공동담보가 되는 재산에 관해 제3자에게 우선변제권이 있는 전세권이나 소액임차권 등을 설정해 주는 행위는 성질상 사해행위에 해당한다.

나) 전세권 설정

"채무자가 일반 채권자들을 위한 공동담보가 부족한 상태에서 책임재산의 주요부분을 구성하는 부동산에 관하여 제3자에게 우선변제권이 있는 전세권을 설정하여 주고 전세금을 취득함으로써 그 부동산의 담보가치 일부를 은닉 또는 소비하기 쉽게 현금화하여 그 공동담보 부족상태를 실질적으로 심화시킨 점, 채무자가 당시 이미 부담하고 있었던 채무를 변제할 별다른 상환계획도 세우지 아니한 상태에서 위 임대차 및 전세권설정계약에 수반하여 자신이 운영하던 사업체의 영업까지 사실상 전부 양도하면서도 그에 대해서는 아무런 대가도 받지 아니한 채 장차 위 제3자에게 다시 반환하여야 할 임대차보증금 겸 전세금에 대하여 일정기간 동안의 금융을 얻었을 뿐 전세권설정계약을 통하여 전세금을 취득한 목적이 채권자 일반을 위하여 변제자력을 회복 또는 향상시키고자 한 것도 아니었던 점 등에 비추어 보면, 위 전세권설정계약은 채권자를 해하는 사해행위에 해당한다." (대법원 2010. 7. 15. 선고 2007다21245 판결).

다) 우선권 있는 임차권 설정

"주택임대차보호법 제8조의 소액보증금 최우선변제권은 임차목적 주택에 대하여 저당권에 의하여 담보된 채권, 조세 등에 우선하여 변제받을 수 있는 일종의 법정담보물권을 부여한 것이므로, 채무자가 채무초과상태에서 채무자 소유의 유일한 주택에 대하여 위 법조 소정의 임차권을 설정해 준 행위는 채무초과상태에서의 담보제공행위로서 채무자의 총재산의 감소를 초래하는 행위가 되는 것이고, 따라서 그 임차권설정행위는 사해행위취소의 대상이 된다."(대법원 2005. 5. 13. 선고 2003다50771 판결)

바. 명의신탁

1) 의의

명의신탁이란 널리 권리의 이전이나 그 행사에 등기 등이 필요한 재산의 실제 권리자와 명의자가 다른 경우를 의미하는데, 명의신탁관계는 신탁자(실제 권리자)와 수탁자(명의자) 사이의 계약에 의해 성립한다.[197]

과거 부동산에 관한 명의신탁이 널리 이용되었고 판례에 의해 그 유효성이 인정되어 오다가 부동산 실권리자명의 등기에 관한 법률이 시행된 후(1995. 7. 1.이후)에는 부동산 물권에 관한 명의신탁약정은 원칙적으로 무효이고 명의신탁약정에 따른 등기로 이루어진 부동산에 관한 물권변동도 무효가 되었다. 다만, 예외적으로 종중 또는 종교단체, 배우자 사이의 명의신탁약정은 조세포탈 등의 목적이 없는 한 여전히 유효하다(부동산 실권리자명의 등기에 관한 법률 제4조, 제8조).

명의신탁이 유효한 경우 채권자는 채무자를 대위하여 명의신탁을 해지하고 수탁자 앞으로 경료된 등기의 말소를 구할 수 있음은 물론이나, 채권자취소권을 행사하여 그 명의신탁약정을 취소하고 수탁자 앞으로 경료된 등기의 말소를 구하는 것도 가능하다고 할 것이다.

2) 명의신탁약정 자체가 사해행위가 됨

가) 명의신탁약정의 사해성

명의신탁약정은 일반 채권자의 공동담보가 되는 채무자(명의신탁자)의 재산이 대외적으로 타인(명의수탁자)에게 귀속됨으로써 적극재산이 감소하는 결과를 가져

197 조해섭, 채권자취소권법, 법문사(2019), 225.

오게 되므로 증여와 마찬가지로 무상계약의 성질을 가진다. 따라서 명의신탁약정에 의해 채무자의 채무초과상태가 유발되거나 채무초과상태가 심화된 경우 사해행위가 성립한다.

나) 무효여도 사해행위가 됨

명의신탁약정이 부동산 실권리자명의 등기에 관한 법률에 의해 무효인 경우에도 통정허위표시와 마찬가지로 법률행위의 외관에 의해 사해행위 여부를 판단하여야 하므로 채권자취소권의 대상이 된다고 할 것이다.

다) 판례도 사해성 인정

대법원도 "원고의 채무자인 소외인은 채무초과상태하에서 매수한 이 사건 부동산에 관하여 그 등기명의를 아들인 피고 1에게 신탁하고 이에 따라 피고 1 앞으로 소유권이전등기를 마쳤는바, 이 사건 명의신탁은 소외인이 공동담보인 금전을 출연하여 그 대가인 이 사건 부동산을 매수하고도 그의 공동담보재산으로 편입시키지 않고 명의수탁자인 피고 1 앞으로 소유권이전을 마치기로 하는 내용의 약정이라 할 것이므로, 이는 특별한 사정이 없는 한 소외인의 채권자인 원고를 해하는 사해행위가 된다."고 판시하였다(대법원 2004. 3. 25. 선고 2002다69358 판결).

라) 다른 재산의 명의신탁도 동일

부동산 명의신탁뿐만 아니라 예금주 명의신탁계약도 사해행위가 될 수 있고, 그 원상회복 방법은 명의인에 대하여 금융기관에 대한 예금채권을 출연자에게 양도하고 아울러 금융기관에 대하여 양도통지를 할 것을 명하는 방법으로 해야 한다(대법원 2015. 7. 23. 선고 2014다212438 판결).

마) 신탁법상의 신탁

신탁법상의 신탁도 원칙적으로 유효하나, 채권자취소권의 요건을 충족하는 경우 사해행위로서 취소될 수 있다. 대법원도 "채무자가 채무를 변제하지 아니한 채 그의 유일한 재산인 부동산에 관하여 제3자와 사이에 신탁계약을 체결하고 그 제3자 명의로 소유권이전등기를 경료한 경우, 그 신탁계약은 채권자를 해함을 알고서 한 사해행위라고 봄이 상당하다."고 판시하였다(대법원 1999. 9. 7. 선고 98다41490 판결).[198]

198 신탁법상의 사해신탁에 관해 자세한 것은 이순동, 채권자취소권(제3판), 육법사(2017), 415-454; 조해섭, 채권자취소권법, 법문사(2019), 236-247 각 참조.

3) 명의신탁이 유효한 경우 신탁자의 처분

명의신탁약정이 유효한 경우 신탁자가 수탁자 명의로 되어 있는 재산을 처분하는 것은 신탁자의 일반 채권자를 해하는 사해행위가 된다.

대법원은 "부부간의 명의신탁약정은 특별한 사정이 없는 한 유효하고(부동산 실권리자명의 등기에 관한 법률 제8조 참조), 이때 명의신탁자는 명의수탁자에 대하여 신탁해지를 하고 신탁관계의 종료 그것만을 이유로 하여 소유 명의의 이전등기절차의 이행을 청구할 수 있음은 물론, 신탁해지를 원인으로 하고 소유권에 기해서도 그와 같은 청구를 할 수 있는데, 이와 같이 명의신탁관계가 종료된 경우 신탁자의 수탁자에 대한 소유권이전등기청구권은 신탁자의 일반 채권자들에게 공동담보로 제공되는 책임재산이 된다. 그런데 신탁자가 유효한 명의신탁약정을 해지함을 전제로 신탁된 부동산을 제3자에게 직접 처분하면서 수탁자 및 제3자와의 합의 아래 중간등기를 생략하고 수탁자에게서 곧바로 제3자 앞으로 소유권이전등기를 마쳐 준 경우 이로 인하여 신탁자의 책임재산인 수탁자에 대한 소유권이전등기청구권이 소멸하게 되므로, 이로써 신탁자의 소극재산이 적극재산을 초과하게 되거나 채무초과상태가 더 나빠지게 되고 신탁자도 그러한 사실을 인식하고 있었다면 이러한 신탁자의 법률행위는 신탁자의 일반 채권자들을 해하는 행위로서 사해행위에 해당한다."고 판시하였다(대법원 2016. 7. 29. 선고 2015다56086 판결).

4) 명의신탁약정이 무효이고 수탁자 앞 등기가 무효인데 처분된 경우

가) 부동산 실권리자명의 등기에 관한 법률이 시행된 후 명의신탁약정은 원칙적으로 무효이고, 양자간 명의신탁, 3자간 명의신탁에 의해 경료된 등기 및 계약명의신탁에서 매도인이 악의인 경우 수탁자 앞으로 경료된 등기는 모두 무효가 된다(부동산 실권리자명의 등기에 관한 법률 제4조).

나) 이 경우 사해행위로 볼 수 있는 처분행위가 이루어져 수탁자 명의에서 제3자인 수익자 명의로 소유권이전등기나 근저당권설정등기가 경료된 경우, 사해행위취소를 주장할 수 있는 채권자는 신탁자의 채권자이지 수탁자의 채권자가 아니다. 왜냐하면 수탁자 앞 등기는 무효이므로 그 부동산은 수탁자의 소유재산이라고 볼 수 없어 수탁자의 일반 채권자들의 공동담보에 제공된 책임재산이라고 볼 수 없기 때문이다. 또 이 때 사해행위 취소의 대상은 신탁자와 수익자 사이의 처분행위이지 수탁자와 수익자 사이의 법률행위가 아니다.

다) 대법원은 양자간 명의신탁에 관한 사안에서, "부동산 실권리자명의 등기에 관한 법률의 시행 후에 부동산의 소유자가 등기명의를 수탁자에게 이전하는 이른바 양자간 명의신탁의 경우 명의신탁약정에 의하여 이루어진 수탁자 명의의 소유권이전등기는 원인무효로서 말소되어야 하고, 부동산은 여전히 신탁자의 소유로서 신탁자의 일반 채권자들의 공동담보에 제공되는 책임재산이 된다. 따라서 신탁자의 일반 채권자들의 공동담보에 제공되는 책임재산인 신탁부동산에 관하여 채무자인 신탁자가 직접 자신의 명의 또는 수탁자의 명의로 제3자와 매매계약을 체결하는 등 신탁자가 실질적 당사자가 되어 법률행위를 하는 경우 이로 인하여 신탁자의 소극재산이 적극재산을 초과하게 되거나 채무초과상태가 더 나빠지게 되고 신탁자도 그러한 사실을 인식하고 있었다면 이러한 신탁자의 법률행위는 신탁자의 일반 채권자들을 해하는 행위로서 사해행위에 해당할 수 있다. 이 경우 사해행위취소의 대상은 신탁자와 제3자 사이의 법률행위가 될 것이고, 원상회복은 제3자가 수탁자에게 말소등기절차를 이행하는 방법에 의할 것이다."라고 판시하였다(대법원 2012. 10. 25. 선고 2011다107382 판결).

라) 또 악의의 계약명의신탁 사안에 관하여 대법원은, "부동산에 관하여 부동산실권리자명의등기에관한법률 제4조 제2항 본문이 적용되어 명의수탁자인 채무자 명의의 소유권이전등기가 무효인 경우에는 그 부동산은 채무자의 소유가 아니기 때문에 이를 채무자의 일반 채권자들의 공동담보에 공하여지는 책임재산이라고 볼 수 없고, 채무자가 위 부동산에 관하여 제3자와 근저당권설정계약을 체결하고 나아가 그에게 근저당권설정등기를 마쳐주었다 하더라도 그로써 채무자의 책임재산에 감소를 초래한 것이라고 할 수 없으므로 이를 들어 채무자의 일반 채권자들을 해하는 사해행위라고 할 수 없고, 채무자에게 사해의 의사가 있다고 볼 수도 없다."고 판시하였다(대법원 2000. 3. 10. 선고 99다55069 판결, 대법원 2012. 8. 23. 선고 2012다45184 판결).

5) 명의신탁약정이 무효이고 수탁자 앞 등기가 유효인데 처분된 경우

가) 계약명의신탁에서 매도인이 선의인 경우 수탁자 앞 등기는 유효하고 수탁자는 신탁자에 대해 매수자금 상당액의 부당이득반환의무만 부담한다. 이 때 명의신탁 부동산에 관한 처분행위가 있는 경우 사해행위 취소를 주장할 수 있는 채권자는 수탁자의 채권자이고, 취소의 대상은 수탁자와 제3자 사이의 법률행위

가 된다.

나) 대법원은 선의의 계약명의신탁 사안에서, "부동산 실권리자명의 등기에 관한 법률 제4조 제1항, 제2항에 의하면 이른바 계약명의신탁약정에 따라 수탁자가 당사자가 되어 명의신탁약정이 있다는 사실을 알지 못하는 소유자와 사이에 부동산에 관한 매매계약을 체결한 후 그 매매계약에 따라 수탁자 명의로 소유권이전등기를 마친 경우에는 신탁자와 수탁자 사이의 명의신탁약정의 무효에도 불구하고 수탁자는 당해 부동산의 완전한 소유권을 취득하게 되고, 다만 수탁자는 신탁자에 대하여 매수대금 상당의 부당이득반환의무를 부담하게 된다. 또한 신탁자와 수탁자 사이에 신탁자의 지시에 따라 부동산의 소유 명의를 이전하기로 약정하였더라도 이는 명의신탁약정이 유효함을 전제로 명의신탁 부동산 자체의 반환을 구하는 범주에 속하는 것에 해당하여 역시 무효이다. 그리고 이와 같이 신탁자가 수탁자에 대하여 부당이득반환채권만을 가지는 경우에는 그 부동산은 신탁자의 일반 채권자들의 공동담보에 제공되는 책임재산이라고 볼 수 없고, 신탁자가 위 부동산에 관하여 제3자와 매매계약을 체결하는 등 신탁자가 실질적인 당사자가 되어 처분행위를 하고 소유권이전등기를 마쳐주었다고 하더라도 그로써 신탁자의 책임재산에 감소를 초래한 것이라고 할 수 없으므로, 이를 들어 신탁자의 일반 채권자들을 해하는 사해행위라고 할 수 없다."고 판시하였다(대법원 2013. 9. 12. 선고 2011다89903 판결).

6) 명의수탁자로부터 명의신탁자에게 이전된 경우

가) 부동산 실권리자명의 등기에 관한 법률 시행 전의 명의신탁등기나 같은 법이 예외로 인정하고 있는 종중이나 배우자간 명의신탁에 기한 수탁자 명의의 등기는 신탁자와 수탁자 내부 사이에서는 신탁자의 소유이므로 명의수탁자가 신탁행위에 기한 반환의무의 이행으로서 명의신탁자에게 신탁부동산의 소유권이전등기를 경료해 주는 행위는 기존채무의 이행으로서 사해행위를 구성하지 아니한다(대법원 2007. 4. 26. 선고 2006다79704 판결, 대법원 2001. 8. 24. 선고 2001다35884 판결 등).

나) 같은 취지에서, 부동산 실권리자명의 등기에 관한 법률 시행 전에 계약명의신탁에 따라 수탁자 앞으로 소유권이전등기가 경료되고, 법이 정한 유예기간이 경과하여 수탁자가 당해부동산의 완전한 소유권을 취득한 경우, 수탁자가 신탁자

에게 반환해야 할 부당이득의 대상은 당해 부동산 자체이므로 수탁자가 신탁자에게 부동산을 양도한 행위는 사해행위가 될 수 없다(대법원 2002. 12. 26. 선고 2000다21123 판결).

다) 이와는 달리, 수탁자 앞 등기가 유효한 선의의 계약명의신탁인 경우 수탁자가 신탁자에게 신탁부동산의 소유권을 이전해 주는 행위는 수탁자의 일반 채권자에 대한 관계에서 사해행위가 된다.

즉, "명의신탁자와 명의수탁자가 이른바 계약명의신탁 약정을 맺고 명의수탁자가 당사자가 되어 명의신탁 약정이 있다는 사실을 알지 못하는 소유자와 부동산에 관한 매매계약을 체결한 후 그 매매계약에 따라 당해 부동산의 소유권이전등기를 명의수탁자 명의로 마친 경우에는, 명의신탁자와 명의수탁자 사이의 명의신탁 약정의 무효에도 불구하고 부동산 실권리자명의 등기에 관한 법률 제4조 제2항 단서에 의하여 그 명의수탁자는 당해 부동산의 완전한 소유권을 취득하게 되고, 다만 명의신탁자에 대하여 그로부터 제공받은 매수자금 상당액의 부당이득반환의무를 부담하게 되는바, 위와 같은 경우에 명의수탁자가 취득한 부동산은 채무자인 명의수탁자의 일반 채권자들의 공동담보에 제공되는 책임재산이 되고, 명의신탁자는 명의수탁자에 대한 관계에서 금전채권자 중 한 명에 지나지 않으므로, 명의수탁자의 재산이 채무의 전부를 변제하기에 부족한 경우 명의수탁자가 위 부동산을 명의신탁자 또는 그가 지정하는 자에게 양도하는 행위는 특별한 사정이 없는 한 다른 채권자의 이익을 해하는 것으로서 다른 채권자들에 대한 관계에서 사해행위가 된다."(대법원 2008. 9. 25. 선고 2007다74874 판결).

사. 기타 처분행위

1) 증여

가) 증여의 사해성

증여는 채무자의 적극재산이 일방적으로 감소하는 행위이므로, 이로 인해 채무초과 상태가 되거나 채무초과 상태에서 증여행위를 한 경우 사해행위가 성립한다.

나) 송금에 의한 증여의 경우

채무자가 수익자 명의의 계좌에 금전을 송금한 행위에 대해 채권자는 채무자가 수익자에게 금전을 증여하는 사해행위를 하였다고 주장하면서 수익자를 상대로 사해행위취소 및 가액배상을 구하고, 수익자는 그 계좌는 자신 명의로 되어 있지만 채무자가 사실상 관리하였으므로 증여를 받은 것이 아니라고 주장하는 경우가 있다.

이러한 경우 증여를 인정할 것인지 여부에 관하여 대법원은, "송금 등 금전지급행위가 증여에 해당하기 위해서는 객관적으로 채무자와 수익자 사이에 금전을 무상으로 수익자에게 종국적으로 귀속시키는 데에 의사의 합치가 있어야 한다. 다른 사람의 예금계좌에 금전을 이체하는 등으로 송금하는 경우 다양한 원인이 있을 수 있는데, 과세 당국 등의 추적을 피하기 위하여 일정한 인적 관계에 있는 사람이 그 소유의 금전을 자신의 예금계좌로 송금한다는 사실을 알면서 그에게 자신의 예금계좌로 송금할 것을 승낙 또는 양해하였다거나 그러한 목적으로 자신의 예금계좌를 사실상 지배하도록 용인하였다는 것만으로는 특별한 사정이 없는 한 송금인과 계좌명의인 사이에 송금액을 계좌명의인에게 무상으로 증여한다는 의사의 합치가 있었다고 섣사리 추단할 수 없다. 이는 금융실명제 아래에서 실명확인절차를 거쳐 개설된 예금계좌의 경우에 특별한 사정이 없는 한 명의인이 예금계약의 당사자로서 예금반환청구권을 가진다고 해도, 이는 계좌가 개설된 금융회사에 대한 관계에 관한 것으로서 그 점을 들어 곧바로 송금인과 계좌명의인 사이의 법률관계를 달리 볼 것이 아니다."고 판시하였다(대법원 2018. 12. 27. 선고 2017다290057 판결).

다) 증여인지 변제인지 문제되는 경우

실무상 증여인지 변제인지 여부가 다투어지는 경우가 많다. 대법원은 "채무자가 채무초과 상태에서 자신의 재산을 타인에게 증여하였다면 특별한 사정이 없는 한 이러한 행위는 사해행위가 된다고 할 것이나, 채무자가 채무초과의 상태에서 특정 채권자에게 채무의 본지에 따른 변제를 함으로써 다른 채권자의 공동담보가 감소하는 결과가 되는 경우, 그 변제는 채무자가 특히 일부의 채권자와 통모하여 다른 채권자를 해할 의사를 가지고 변제를 한 경우가 아닌 한 원칙적으로 사해행위가 되는 것이 아니다. 그런데 사해행위의 취소를 구하는 채권자가 채무자의 수익자에 대한 금원 지급행위를 증여라고 주장함에 대하여, 수익자는 이를 기존 채무에 대한 변제로서 받은 것이라고 다투고 있는 경우, 이는 채권자의 주장사실에 대한 부인에 해당할 뿐 아니라, 위 법리에서 보는 바와 같이 채무자의 금원 지급행위가 증여인지, 변제인지에 따라 채권자가 주장·증명하여야 할 내용이 크게 달라지므로, 결국 위 금원 지급행위가 사해행위로 인정되기 위하여는 그 금전 지급행위가 증여에 해당한다는 사실이 증명되거나 변제에 해당하지만 채권자를 해할 의사 등 앞서 본 특별한 사정이 있음이 증명되어야 할 것이고, 그에 대한 증명책임은 사해행위를 주장하는 측에 있다고 할 것이다."(대법원 2014. 10. 27. 선고 2014다41575 판결)라고 판시하였다.

라) 공동채무자 사이의 증여

공동 연대보증인 사이의 증여도 사해행위가 될 수 있다. 즉, 특정한 채권에 대한 공동 연대보증인 중 1인이 다른 공동 연대보증인에게 재산을 증여하여 특정 채권자가 추급할 수 있는 채무자들의 총 책임재산에는 변동이 없다고 하더라도, 재산을 증여한 연대보증인의 재산이 감소되어 그 특정한 채권자를 포함한 일반 채권자들의 공동담보에 부족이 생기거나 그 부족이 심화된 경우에는, 그 증여행위의 사해성을 부정할 수는 없다(대법원 2009. 3. 26. 선고 2007다63102 판결).

2) 채무면제

채권자의 일방적인 의사표시에 의해 일반 채권자의 공동담보에 속하는 재산인 채권을 소멸시키는 채무면제도 이로 인해 채무초과상태가 되거나 기존의 채무초과상태가 심화되었다면 사해행위가 된다. 이 경우 채권자는 수익자인 제3채무자를 상대로 채무자의 채무면제행위 취소를 구해 그 확정판결을 받은 뒤 채무자의 제3채무자에 대한 채권에 대해 강제집행을 실시하면 된다.[199]

3) 무상의 채무부담행위

채무자가 대가없이 타인과 사이에 연대보증계약 등을 체결하여 연대보증채무나 연대채무를 부담하거나, 또는 타인의 특정 채권자와 사이에 채무를 인수하는 계약을 체결하는 경우 채무자의 소극재산이 증가하게 되므로 이로 인해 채무초과상태가 유발되거나 채무초과상태가 심화되었다면 사해행위가 성립한다.

단순 보증의 경우 보증인이 최고·검색의 항변권을 가지므로 주채무자의 변제자력이 충분한 경우 사해행위가 되지 않는다는 학설[200]이 있으나, 보증계약의 성립과 동시에 보증인은 주채무와 동일한 채무를 부담하게 되므로 그 당시를 기준으로 주채무자의 자력 유무와 무관하게 보증채무자의 무자력 여부를 판단하여 사

199 조해섭, 채권자취소권법, 법문사(2019), 213-214.

200 곽윤직, 채권총론(민법강의Ⅲ), 박영사(2018), 150~151; 김증한/김학동, 채권총론, 박영사(1998), 199 등.

해행위 해당 여부를 가리는 것이 타당하다.[201]

4) 소멸시효이익의 포기

채무자가 소멸시효 완성 후에 한 소멸시효이익의 포기행위는 소멸하였던 채무가 소멸하지 않았던 것으로 되어 결과적으로 채무자가 부담하지 않아도 되는 채무를 새롭게 부담하게 되는 것이므로 채권자취소권의 대상인 사해행위가 될 수 있다(대법원 2013. 5. 31.자 2012마712 결정).

5) 상계

가) 상계의 의의

상계는 당사자 쌍방이 서로 같은 종류를 목적으로 한 채무를 부담한 경우에 서로 같은 종류의 급부를 현실로 이행하는 대신 어느 일방 당사자의 의사표시로 그 대등액에 관하여 채권과 채무를 동시에 소멸시키는 것(대법원 2011. 4. 28. 선고 2010다101394 판결)으로서, 상계제도는 서로 대립하는 채권, 채무를 간이한 방법에 의하여 결제함으로써 양자의 채권채무관계를 원활하고 공평하게 처리함을 목적으로 하고 있고, 상계권을 행사하려고 하는 자에 대하여는 수동채권의 존재가 사실상 자동채권에 대한 담보로서의 기능을 하게 된다(대법원 2003. 4. 11. 선고 2002다59481 판결).

나) 상계의 사해성

상계는 채무자의 단독행위 또는 채무자와 수익자 사이의 계약에 의해 이루어질 수 있는데, 어느 것이든 그 행위로 인해 일반 채권자에 대한 관계에서 채무초과상태가 초래되거나 기존의 채무초과상태가 심화된다면 사해행위로 취소될 수 있다.[202]

즉, 채무초과상태의 채무자가 수익자에 대한 채무와 대등액에서 상계하는 경우, 상계행위 상대방인 수익자 또한 채무자에 대한 채권자 중 한사람이라고 할 수 있는데, 그의 변제자력은 충분한 반면 채무자는 채무초과상태에 있어 변제자력이 충분하지 않은 경우, 대등액의 상계라고 하더라도 사실상 특정 채권자인 수익자에게 대물변제와 같이 우선적인 만족을 주는 것이 되고 일반 채권자에 대해서는 공동담보가 감소하는 효과가 발생하게 되므로 사해성이 인정된다.

201 조해섭, 채권자취소권법, 법문사(2019), 261.
202 조해섭, 채권자취소권법, 법문사(2019), 215-224.

다) 상계가 취소된 경우

상계가 사해행위로 인정되어 취소되면 채무자의 수익자에 대한 채권은 부활하고 수익자의 채무자에 대한 채권도 부활하게 된다. 취소채권자 등 채무자에 대한 채권자는 채무자의 수익자에 대한 채권에 관해 압류·추심명령 등의 방법으로 강제집행하게 되고, 수익자도 이 절차에 참여할 수 있다(대법원 2003. 6. 27. 선고 2003다15907 판결).

6) 어음발행행위

기존 채무의 지급을 위하여 약속어음을 발행한 경우 약속어음채무와 기존채무가 병존하면서 어느 한 채무가 소멸하면 다른 채무도 그 목적이 달성되어 소멸하는 중첩적 관계에 있으므로 이 경우 채무자의 실질적인 소극재산이 증가되었다고 할 수 없다. 다만 채무자가 약속어음을 발행함으로써 새로운 채무를 부담하게 되는 경우에는 사해행위가 성립할 수 있다.

대법원도 "기존 채무의 지급을 위하여 약속어음이 발행된 경우에는 특별한 사정이 없는 한 그 약속어음의 발행으로 인하여 채무자의 채무가 새로이 증가되는 것이 아니므로 그 약속어음의 발행이 사해행위에 해당한다고 할 수 없지만, 채무자가 약속어음을 발행함으로써 새로운 채무를 부담하게 되는 경우에 있어서는 그 채무부담으로 인하여 채무자가 채무초과상태에 빠지거나 이미 빠져 있던 채무초과상태가 더욱 악화·심화된다면 그 약속어음의 발행은 다른 채권자를 해하는 것으로서 사해행위에 해당한다."고 판시하였다(대법원 2002. 10. 25. 선고 2000다64441 판결).

4. 주관적 요건

가. 개설

채권자취소권 행사의 주관적 요건은 채무자의 사해의사 및 채권자취소권 행사의 상대방인 수익자 또는 전득자의 악의이다.

채권자취소권은 채권자를 해함을 알고 한 채무자의 재산권을 목적으로 한 법률행위를 취소하는 제도이다(민법 제406조 제1항). 따라서 그 행사를 위한 주관적 요건으로 사해행위의 당사자인 채무자가 사해의 의사를 가지고 재산처분행위를 하였을 것이 필요하고 아울러 사해행위취소의 상대방인 수익자나 전득자에게도 악의가 있을 것이 필요하다.

나. 채무자의 사해의사

1) 사해의사의 의미

채무자는 채권자를 해하는 것을 알고 재산 처분행위를 하여야 하는 바, 채무자의 "채권자를 해하는 의사"가 바로 사해의 의사이다.

사해의사라고 함은, 채무자의 재산처분행위에 의하여 채권의 공동담보에 부족이 생기거나 이미 부족한 상태에 있는 공동담보가 한층 더 부족하게 됨으로써 채권자의 채권을 완전하게 만족시킬 수 없게 된다는 사실, 즉 사해성을 인식하는 것을 의미한다.[203]

2) 인식설이 통설·판례

사해의사의 구체적인 의미에 대하여는 사해행위의 객관적 요건에 관한 인식으로 충분하다는 인식설(認識說)과 그러한 인식을 넘어 그 결과에 대한 의도 내지 의욕이 필요하다는 의사설(意思說)이 대립하고 있으나, 통설은 인식설을 취하고 있다.[204]

판례도 "사해의사란 채무자가 법률행위를 함에 있어 그 채권자를 해함을 안다는 것이다. 여기서 '안다'고 함은 의도나 의욕을 의미하는 것이 아니라 단순한 인식으로 충분하다. 결국 사해의사란 공동담보 부족에 의하여 채권자가 채권변제를 받기 어렵게 될 위험이 생긴다는 사실을 인식하는 것이며, 이러한 인식은 일반 채권자에 대한 관계에서 있으면 족하고, 특정의 채권자를 해한다는 인식이 있어야 하는 것은 아니다."라고 판시(대법원 2009. 3. 26. 선고 2007다63102 판결)하여 인식설을 취하고 있음을 분명히 하고 있다.

사해의사는 채권자를 해한다는 것에 대한 현실적인 인식을 의미하므로 단순히 알 수 있었다는 것만으로는 부족하다. 따라서 채무자가 채권자를 해함을 알지 못한 데에 과실이 있더라도 사해성에 대한 인식이 없으면 사해행위는 성립하지 않는다.[205]

3) 예외적인 판례

일부 판례 중에는 사해의사를 판단함에 있어 마치 채무자에게 공동담보에 부족이 생긴다는 점에 대한 인식 외에 채권자를 해하는 점에 대한 인식 내지 의욕

203 조해섭, 채권자취소권법, 법문사(2019), 144.

204 곽윤직, 채권총론(민법강의Ⅲ), 박영사(2018), 153; 김증한/김학동, 채권총론, 박영사(1998), 202-203; 김주수, 채권총론, 삼영사(2003), 248 등.

205 곽윤직, 채권총론(민법강의Ⅲ), 박영사(2018), 153; 김증한/김학동, 채권총론, 박영사(1998), 202-203; 김주수, 채권총론, 삼영사(2003), 248 등.

까지 필요한 것처럼 판시한 것들이 있다.

예컨대 대법원 1995. 6. 9. 선고 94다32580 판결은, “채무자가 경락허가결정 이후 경매부동산을 채권자에게 매도하면서, 만약 채무자가 채무를 모두 변제하면 그 매매를 무효로 하되 1개월 내에 변제하지 못하면 그 부동산의 처분은 채권자에게 맡기기로 하고 채권자는 근저당권자에 대한 경락대금 상당의 채권을 대신 변제하여 매매대금의 지급에 충당하되 채권자가 그 경락 및 경매 절차를 정리하지 못했을 때에는 매매를 무효로 하기로 약정하였는데, 그 후 채권자가 경매 절차를 해결하기로 한 약정을 이행하지 아니하고 그에 따른 대안도 제시하지 아니하는 상황에서, 채무자가 대금지급기일이 임박하여 부동산을 상실할 위기에 처한 나머지 최소한 경매보다는 나은 조건으로 그 부동산을 제3자에게 처분하기에 이르렀다면, 그와 같은 채무자의 처분행위에 채권자를 해할 의사가 있었다고 보기는 어렵다.”고 하여 마치 ‘해의(害意)’가 필요한 것처럼 판시한 바 있다.

그러나 위 판례도 채무자의 사해의사 판단에 있어 사해성의 인식 외에 채권자를 해할 의도 내지 의욕(害意)까지 필요하다고 판단한 것이라고 볼 것은 아니고, 전체적인 취지는 사업계속 등을 위한 정당한 처분이어서 사해행위해당성이 배제 내지 조각된다고 판단한 것으로 이해하는 것이 타당하다.[206]

4) 판단의 표준

사해행위가 대리인에 의하여 이루어진 때에는 사해의사의 유무는 대리인을 표준으로 결정하여야 한다(민법 제116조 제1항). 특정한 법률행위를 위임받은 대리인의 경우에 본인에게 사해의 의사가 있으면 대리인에게는 그 인식이 없더라도 사해행위는 성립한다(제116조 제2항).

대법원도 수익자 또는 전득자의 악의에 관해 “대리인이 한 법률행위가 사해행위인지를 판단함에 있어 수익자 또는 전득자의 사해행위에 대한 악의의 유무는 대리인을 기준으로 판단하여야 한다.”(대법원 2013. 11. 28. 선고 2013다206986 판결)고 하여 같은 입장이다.

법인의 경우에는 보통은 대표자를 기준으로 할 것이나, 그 업무를 담당한 사람에게 권한이 위임되어 있는 경우에는 상법 제15조[207]의 부분적 포괄대리권을

206 조해섭, 채권자취소권법, 법문사(2019), 147-148.

207 상법 제15조(부분적 포괄대리권을 가진 사용인) ①영업의 특정한 종류 또는 특정한 사항에 대한 위임을 받은 사용인은 이에 관한 재판외의 모든 행위를 할 수 있다.

가진 상업사용인 제도를 합리적으로 적용함이 타당하다.[208]

회사가 파산한 경우에는 파산관재인을 기준으로 판단하고,[209] 회사설립행위가 사해행위가 되는 경우 설립자가 악의라면 회사도 악의로 인정된다.[210]

연대보증인에게 부동산의 처분행위 당시 사해의 의사가 있었는지 여부는 연대보증인이 자신의 자산상태가 채권자에 대한 연대보증채무를 담보하는데 부족이 생기게 되리라는 것을 인식하였는가 하는 점에 의하여 판단하여야 하고, 연대보증인이 주채무자의 자산상태가 채무를 담보하는 데 부족이 생기게 되리라는 것까지 인식하였어야만 사해의 의사를 인정할 수 있는 것은 아니다(대법원 2012. 4. 12. 선고 2011다110579 판결).

5) 판단의 기준시점

사해의사의 판단기준시는 행위 당시이다. 사해행위의 객관적 요건인 무자력의 판단과 마찬가지로 사해행위의 성부는 행위 당시를 기준으로 판단하여야 하므로 사해의사의 판단기준시도 행위 당시가 된다.

따라서 채권양도가 사해행위에 해당한다고 하기 위하여는 그 양도시를 기준으로 하여 사해의사의 유무를 판단하여야 하고 양도통지시를 기준으로 할 것이 아니다.[211]

판단 기준시점인 사해행위 당시에 사해의 의사가 없었던 이상 그 후에 채권자를 해함을 알았더라도 사해행위는 성립하지 않는다.

이와 같이 사해의사 유무의 판단 기준시점은 사해행위 당시이지만, 그 판단의 자료는 사해행위 당시의 사정뿐만 아니라 사해행위라고 주장되는 행위 이후의 채무자의 변제 노력과 채권자의 태도 등도 사해의사의 유무를 판단함에 있어 다른 사정과 더불어 간접사실로 삼을 수 있다(대법원 2012. 10. 11.자 2010마2066 결정, 대법원 2000. 12. 8. 선고 99다31940 판결, 대법원 2003. 12. 12. 선고 2001다57884 판결 등).

6) 입증책임

사해의 의사는 채권자가 이를 입증하여야 한다. 채무자의 사해의 의사는 채권자취소권의 행사를 위한 적극적인 요건이므로 그 입증책임은 취소채권자에게

208 조해섭, 채권자취소권법, 법문사(2019), 146.
209 日大判 1907. 7. 9.
210 日大判 1918. 10. 28.
211 日大判 1938. 4. 20.

있다.[212] 판례도 마찬가지로 사해의사의 입증책임이 적극적 당사자인 채권자에게 있음을 명백히 밝히고 있다(대법원 2000. 2. 25. 선고 99다42384 판결).

다만, 사해의사라는 것은 채무자의 처분행위로 인해 일반 채권자의 공동담보가 되는 책임재산이 부족하게 되어 채무초과상태에 빠지게 되거나 이미 채무초과상태에 있던 것이 그 부족정도가 더 심화된다는 사정을 인식하는 것을 의미하는 것이므로, 채무자의 재산처분행위가 사해행위에 해당하는 것으로 객관적으로 입증되는 경우(즉, 무자력이 초래되거나 무자력 상태가 심화된 것으로 밝혀진 경우)에는 특별한 사정이 없는 한 채무자의 사해의사도 사실상 추정된다고 할 것이다. 실제로 소송실무에서는 채무자의 사해의사 유무는 그다지 문제가 되지 않고 있다.

대법원도 유일한 재산의 처분에 관해 채무자의 사해의사는 추정된다고 하고 있다. 즉 채무자가 자기의 유일한 재산인 부동산을 매각하여 소비하기 쉬운 금전으로 바꾸는 행위는 특별한 사정이 없는 한 항상 채권자에 대하여 사해행위가 된다고 볼 것이므로 채무자의 사해의 의사는 추정이 된다고 판시하였다(대법원 1998. 4. 14. 선고 97다54420 판결 등).

따라서 이 경우 채무자에게 사해의 의사가 없었다는 사실은 사해행위의 성립을 다투는 상대방, 즉 수익자나 전득자가 입증하여야 한다. 이 경우의 추정은 사실상 추정이므로 입증책임이 전환되는 것은 아니고 따라서 수익자나 전득자가 특별한 사정을 입증하여 사해의사의 추정을 복멸시킨다면 이는 간접반증에 해당할 것이다.

다. 수익자 또는 전득자의 악의

1) 수익자·전득자의 의미

수익자라 함은 채무자의 사해행위로 인하여 이익을 받는 자, 즉 사해행위의 상대방(예컨대 부동산의 매수인, 대물변제를 받는 채권자, 채무면제를 받은 채무자 등)을 말한다. 수익자는 반드시 항상 행위 당시에 인격자로서 존재하여야 하는 것도 아니다.[213]

전득자라 함은 사해행위의 목적물의 전부(예컨대 소유권의 이전) 또는 일부(예컨대 저당권·지상권의 설정 등)를 수익자로부터 다시 취득한 자를 말한다. 수익자로부터

212 곽윤직, 채권총론(민법강의Ⅲ), 박영사(2018), 153; 김증한/김학동, 채권총론, 박영사(1998), 203 등.
213 日大判 1918. 10. 28.(회사설립행위가 사해행위인 경우 후에 설립된 회사가 수익자가 된다)

전득한 자만 아니라 전득자로부터 전득한 자도 전득자이다. 수익자의 상속인은 포괄승계로 인한 인격주체의 대체이므로 수익자로 되고 전득자가 아니다. 또한 전득의 경위가 수익자의 법률행위에 의하여서만 전득한 경우에 한하지 아니하고 그 경위는 불문한다. 따라서 전부명령에 의하여 권리를 취득한 자도 전득자이다.[214]

2) 수익자·전득자의 '악의'의 의미

수익자 또는 전득자가 채무자와의 법률행위 당시 또는 전득 당시에 채권자를 해한다는 것을 알지 못한 때에는 채권자취소권을 행사하지 못한다(민법 제406조 제1항 단서).

이 때 '채권자를 해한다는 것을 안다'는 것의 의미에 대하여 통설은 사해행위 당시 또는 전득 당시에 채권자를 해한다는 사실, 즉 사해행위의 객관적 요건을 구비하였다는 것에 대한 인식을 의미한다고 본다. 즉 수익자·전득자의 악의는 민법 제406조 제1항 단서의 표현대로 "채권자를 해함을 안다"는 것, 즉 사해행위의 객관적 요건이 구비되었다는 점에 대한 인식을 말한다.[215]

판례도 "채권자가 사해행위의 취소로서 수익자를 상대로 채무자와의 법률행위의 취소를 구함과 아울러 전득자를 상대로도 전득행위의 취소를 구함에 있어서, 전득자의 악의는 전득행위 당시 채무자와 수익자 사이의 법률행위가 채권자를 해한다는 사실, 즉 사해행위의 객관적 요건을 구비하였다는 것에 대한 인식을 의미한다."고 판시하였다(대법원 2015. 6. 11. 선고 2014다237192 판결).

이와 같은 인식의 결여, 즉 악의의 결여가 곧 선의이다. 선의·악의의 구별에 과실의 유무는 무관하다. 즉 과실로 채권자를 해함을 알지 못하였다고 하여 악의가 있다고 할 수 없음은 앞의 채무자의 사해의사의 경우와 같다.

사해신탁의 경우에는 수탁자(민법상의 채권자취소에 있어서의 수익자에 해당함)가 선의인 경우에도 취소권을 행사할 수 있어 민법상의 사해행위취소와 많이 다르다. 다만, 전득자라고 할 수 있는 신탁수익자가 선의인 때에는 사해신탁을 이유로 취소할 수 없다(신탁법 제8조 제1항).

3) 판단의 기준시점

수익자 또는 전득자의 선의·악의의 판단 기준시점도 행위 당시이다. 즉, 수익

214 日大判 1931. 3. 17.
215 곽윤직, 채권총론(민법강의Ⅲ), 박영사(2018), 153; 김증한/김학동, 채권총론, 박영사(1998), 203 등.

자에 있어서는 채무자와의 법률행위 당시, 전득자에 있어서는 전득 당시를 기준으로 선의·악의 여부를 판단하여야 한다.

따라서 이들 행위 당시에 수익자 또는 전득자가 채무자의 행위가 사해행위가 된다는 점, 즉 사해성에 대한 인식이 없었다면 그 후 사해성을 인식하게 되었다고 하더라도 소급적으로 악의가 되는 것이 아니다.

4) 입증책임

수익자 또는 전득자의 악의에 관한 입증책임에 관하여 ①민법 제406조 제1항 단서는 증명책임을 전환하는 규정이 아니라 수익자나 전득자의 악의를 요건으로 한다는 점을 규정한 것뿐이고, 수익자·전득자의 악의를 추정하는 것은 거래의 안전을 해치고 채권자를 지나치게 보호하는 것이므로 채권자가 수익자·전득자의 악의를 입증하여야 한다는 견해,[216] ②수익자에 대하여는 채무자의 악의가 입증된 이상 수익자의 악의를 추정하여도 무방하나, 수익자가 선의인 경우에는 전득자의 선의도 추정되어 채권자가 그 악의를 입증하여야 한다는 견해 등도 있으나, ③통설[217]은 민법 제406조 제1항의 규정 형식상 채무자의 악의가 입증되면 수익자·전득자의 악의도 추정되므로, 채권자취소권의 행사를 저지하기 위하여는 수익자 또는 전득자 스스로 선의를 입증하여야 한다고 한다.[218]

판례도 사해행위 취소에 있어서 수익자가 악의라는 점에 대하여는 그 수익자 자신에게 선의임을 입증할 책임이 있다거나,[219] 사해행위취소소송에 있어서 채무자의 악의의 점에 대하여는 그 취소를 주장하는 채권자에게 입증책임이 있으나, 수익자 또는 전득자가 악의라는 점에 관하여는 입증책임이 채권자에게 있는 것이 아니고 수익자 또는 전득자 자신에게 선의라는 사실을 입증할 책임이 있다[220]고 하여 위 통설과 같은 견해를 취하고 있다.

5) 입증의 정도 및 방법

사해행위취소소송에서 수익자의 악의는 추정되므로 수익자로서는 자신의 책

216 이은영, 채권총론(제4판), 박영사(2009), 472-473.

217 곽윤직, 채권총론(민법강의Ⅲ), 박영사(2018) 153; 김증한/김학동, 채권총론, 박영사(1998), 203; 김주수, 채권총론, 삼영사(2003), 249 등.

218 수익자·전득자의 악의 입증책임에 관하여 자세한 논의는 정규상, “사해행위취소소송에 있어서의 수익자·전득자의 선의의 입증책임 문제”, 월간고시 20권 5호, 법지사(1993), 87 이하 참조.

219 대법원 1998. 2. 13. 선고 97다6711 판결, 대법원 1991. 2. 12. 선고 90다16276 판결 등.

220 대법원 1997. 5. 23. 선고 95다51908 판결, 대법원 2006. 9. 28. 선고 2004다35465 판결, 대법원 2007. 7. 12. 선고 2007다18218 판결 등.

임을 면하려면 자신의 선의를 입증할 책임이 있다 할 것인데, 이 경우 수익자의 선의 여부는 채무자와 수익자의 관계, 채무자와 수익자 사이의 처분행위의 내용과 그에 이르게 된 경위 또는 동기, 그 처분행위의 거래조건이 정상적이고 이를 의심할만한 특별한 사정이 없으며 정상적인 거래관계임을 뒷받침할만한 객관적인 자료가 있는지 여부, 그 처분행위 이후의 정황 등 여러 사정을 종합적으로 고려하여 논리칙·경험칙에 비추어 합리적으로 판단하여야 할 것이다(대법원 2008. 7. 10. 선고 2007다74621 판결).

나아가 채무자의 재산처분행위가 사해행위에 해당할 경우에 사해행위 또는 전득행위 당시 수익자 또는 전득자가 선의였음을 인정함에 있어서는 객관적이고도 납득할 만한 증거자료 등에 의하여야 하고, 채무자나 수익자의 일방적인 진술이나 제3자의 추측에 불과한 진술 등에만 터 잡아 사해행위 또는 전득행위 당시 수익자 또는 전득자가 선의였다고 선뜻 단정하여서는 아니 된다(대법원 2015. 6. 11. 선고 2014다237192 판결).

6) 수익자 또는 전득자의 선의가 인정된 사례

실무상 사해행위취소소송의 피고가 된 수익자 또는 전득자는 수익 또는 전득 당시 채무자의 처분행위가 사해행위였음을 알지 못하였다고 항변하는 경우가 많지만 수익자 또는 전득자의 선의가 인정되는 경우는 그다지 많지 않다.

대법원 판례 중 수익자 또는 전득자의 선의가 인정된 사례를 보면 다음과 같다.

① 대법원 2011. 11. 10. 선고 2011다53614 판결은, "갑 주식회사의 을 신용보증재단에 대한 장래 구상금채무를 연대보증한 갑 회사 대표이사의 처 병이 부동산중개사무소를 통해 정과 자신의 유일한 재산인 아파트에 관한 매매계약을 체결하였다가, 정의 매수의사가 없어지자 그를 대신한 무 등과 같은 조건으로 매매계약을 체결하였고, 그 후 무 등은 정에게서 차용한 돈 등으로 매매대금을 모두 지급하여 소유권이전등기를 마친 사안에서, 무 등이 매매계약을 체결하면서 병과 정을 처음 알게 된 점, 정에게서 차용한 돈을 나중에 모두 변제한 점 등 여러 사정에 비추어 사해행위의 수익자인 무 등의 악의 추정이 번복되었다고 볼 여지가 충분하다."고 하였고,

② 대법원 2011. 3. 10. 선고 2010다102632 판결은, "피고는 2009. 2. 9. 결혼을 앞두고 있는 자신의 막내아들이 거주할 집을 구하러 소외 2의 공인중개사무소를 방문하였다가 이 사건 부동산을 둘러보고 마음에 들어 구입하기로 결정한 것

으로서, 피고가 실수요자로서 부동산중개사무소를 통하여 통상적인 거래에 의하여 이 사건 부동산을 매수한 사실, 그 약정한 매매대금 1억 2천만 원은 적정한 시가에 상당한 것인 사실, 피고는 이 사건 부동산을 매수하는 과정에서 비로소 소외 1을 알게 되었을 뿐이고 이들 사이에 친인척 등의 인적 관계나 다른 거래관계 등은 전혀 없었던 사실, 이 사건 매매를 중개한 소외 2도 매도인 소외 1의 일반적인 재산상태 또는 신용상태는 물론이고 이 사건 연대보증채무의 부담 등에 대하여 알지 못하였고, 따라서 소외 2가 피고에게 그러한 사정을 전할 여지도 없는 사실, 이 사건 매매 당시 이 사건 부동산의 등기부등본에는 약 9년 전에 경료된 채권최고액 1,800만 원의 근저당권설정등기 외에 다른 담보에 관한 등기나 가압류 또는 압류등기 등이 경료되어 있지 아니하여 소외 1의 신용상태를 의심할 만한 다른 사정은 보이지 아니하는 사실, 피고는 소외 1에게 이 사건 부동산의 매매대금 1억 2천만 원을 전부 제대로 지급하였고, 소외 1도 곧바로 이 사건 부동산을 피고에게 인도한 것으로 보이는 사실, 피고는 이 사건 매매계약이 체결되기 몇 개월 전에 자기 소유의 다른 부동산을 1억 2,400만 원에 매도하여 그 대금을 수령한 바 있고, 피고가 운영하는 식당도 번창하여 신용카드나 현금영수증으로 드러나는 매출 외에 현금으로 거래되는 실제 매출이 더 있을 것이어서, 피고가 계약금 5천만 원과 잔금 중 2천만 원을 현금으로 지급하였다고 하더라도 그 자금출처를 특히 의심할 만한 다른 사정은 찾아볼 수 없는 사실, 계약금의 영수증에 소외 1의 날인이 없거나 발행일이 정정되어 있다고 하더라도 이는 공인중개사인 소외 2의 실수 등으로 인한 것으로 보일 뿐이고 피고나 소외 1 등이 이를 허위로 작성할 이유는 찾아볼 수 없는 사실, 그리고 피고는 이 사건 매매가 사해행위에 해당함을 알면서도 이 사건 부동산을 매수할 만한 동기나 이유가 없을 뿐만 아니라 소외 1과 잘 아는 사이라면 굳이 부동산중개수수료 등을 부담하고 공인중개사를 통하여 매매계약을 체결할 필요까지는 없었을 것으로 보이는 사실 등을 인정할 수 있다. 이러한 사정을 종합하여 보면, 피고는 이 사건 매매계약 당시 채권자인 원고를 해함을 알지 못하였다고 봄이 상당하다."고 하였으며,

③ 대법원 2010. 2. 11. 선고 2009다80484 판결은, "피고 2는 소외 3과 친인척관계나 거래관계가 없어 소외 3의 채권채무관계나 신용상태를 알기 어려운 상황에서 실제로 매매대금을 지급하였고 그 매매대금의 출처가 확실하게 밝혀진 점, 나아가 피고 2는 이 사건 제2건물을 매수하여 임대수입을 얻는 것을 의도한

것으로 보이고 그가 사해행위임을 알면서도 이 사건 제2건물을 매수할 만한 동기나 이유를 찾기도 어려운 점, 또한 피고 2는 이 사건 제2건물을 매수한 후 종전의 임대차계약을 승계하였고 그 임대차계약의 종료 후에는 새로운 임대차계약을 체결하여 월차임을 받고 있으며, 대출금채무를 인수하여 그 이자를 납부하여 왔을 뿐만 아니라 이 사건 제2건물에 관한 제세공과금을 납부하여 온 점 등을 종합하여 보면, 피고 2는 이 사건 제2매매계약 체결 당시 그로 인하여 채권자를 해한다는 사실을 알지 못하였다고 봄이 상당하여 수익자인 피고 2에 대한 악의의 추정은 번복되었다고 할 것이다."고 판시하였다.

결국 수익자 또는 전득자가 채무자와 친인척관계 등의 이유로 원래부터 잘 알고 있던 사이인지 아니면 문제된 거래로 처음 알게 된 사이인지, 채무자의 자산상태에 대해 알 수 있는 사정이 있었는지, 매매금액 등 거래 내용이 상당한 것인지, 거래로 인한 대금지급이 실제로 이루어졌고 자금의 출처가 소명되는지, 거래 후 이를 유효한 것으로 전제하여 정상적인 거래를 이어가고 있는지 여부 등을 종합적으로 검토하여 수익자 또는 전득자의 선의 여부를 판단할 것이고 이는 결국 사실인정과 규범적 판단의 영역에 속한다고 할 것이다.

Ⅳ. 채권자취소권의 행사

1. 개설

채권자취소권은 사해행위의 취소 및 원상회복을 법원에 소송상 청구하는 방법으로 행사한다.

사해행위의 취소를 구하는 취소채권자가 원고가 되고 그 상대방이 피고로 된다. 채권자취소의 소는 상대적 효력을 가질 뿐이므로 항상 수익자, 전득자만을 피고로 삼아야 하고 채무자는 피고적격이 없다.[221]

채권자가 민법 제406조 제1항에 따라 사해행위의 취소와 원상회복을 청구하는 경우 사해행위의 취소만을 먼저 청구한 다음 원상회복을 나중에 청구할 수 있으나, 원상회복의 전제가 되는 사해행위의 취소를 구함이 없이 원상회복만을 구할 수는 없다(대법원 2008. 12. 11. 선고 2007다69162 판결).

채권자가 수익자에 대한 사해행위취소소송과는 별도로 전득자에 대하여 채권

221 대법원 2004. 8. 30. 선고 2004다21923 판결.

자취소권을 행사하여 원상회복을 구하는 경우, 민법 제406조 제2항에서 정한 기간 안에 전득자에 대한 관계에 있어서 채무자와 수익자 사이의 사해행위 취소를 청구해야 한다.[222]

채권자취소권이 대상이 되는 사해행위는 채무자가 한 법률행위이어야 하므로 채무자 이외의 자, 예컨대 수익자나 전득자가 한 법률행위는 채권자취소권의 대상이 되지 아니한다.[223]

한편 채권자가 사해행위의 취소를 청구하면서 그 보전하고자 하는 채권을 추가하거나 교환하는 것은 그 사해행위취소권을 이유있게 하는 공격방법에 관한 주장을 변경하는 것일 뿐이지 소송물 또는 청구 자체를 변경하는 것은 아니므로 소의 변경이라고 할 수 없다.[224]

2. 행사방법

가. 소를 제기하는 방법으로 행사

채권자취소권은 사해행위의 취소 및 원상회복을 '법원에 청구'(민법 제406조 제1항 본문)하여 행사한다. 소의 방법으로 행사하게 한 이유는 그 결과가 제3자의 이해에 중대한 영향을 미치기 때문에 법원으로 하여금 그 행사요건의 구비 여부를 엄격하게 심리·판단하게 함과 동시에 이를 다른 채권자에게 공시할 필요가 있기 때문이다.

'법원에 청구'하여 행사한다는 의미에 대하여 통설[225]은 소제기의 방식에 의하여 행사하여야 하고 단순히 소송 내에서 항변으로 주장하는 것은 허용되지 않는다고 본다.

이에 대하여는, 위 규정은 거래안전보호를 위하여 법률관계의 조기안정을 도모하기 위한 것이므로 재판 외에서도 행사할 수 있으나 그 결과로 생기는 청구권 기타의 법률관계에 관하여 민법 제406조 제2항의 기간 내에 소송계속이 이루어지도록 하여야 한다는 것을 뜻한다고 보는 견해가 있는 외에 부인권과의 균형상 채권자취소권 역시 항변으로 행사할 수 있다고 보는 견해도 있다.[226]

222 대법원 2005. 6. 9. 선고 2004다17535 판결.
223 대법원 2004. 8. 30. 선고 2004다21923 판결.
224 대법원 2003. 5. 27. 선고 2001다13532 판결.
225 곽윤직, 채권총론(민법강의Ⅲ), 박영사(2018), 154; 김증한/김학동, 채권총론, 박영사(1998), 204 등.
226 이들 학설에 관해 자세한 것은 민법주해 Ⅸ, 채권(2), 박영사(1995), 832(김능환); 新版 注釋民法(10) Ⅱ, 債權(I), 有斐閣(2011), 894-895 참조.

판례의 입장은 통설과 같다. 즉 재판상 행사한다는 것은 본소 또는 반소와 같이 일반적 의미의 소를 제기하는 것을 의미하고 소송과정에서 공격·방어방법으로 주장하는 것은 허용되지 아니한다.[227]

따라서 소장의 청구취지에 사해행위로서 어떤 행위를 취소하고 원상회복을 구한다는 취지를 명확하게 기재하지 않고 단순히 준비서면에 기재하여 변론에서 진술하는 것은 채권자취소권을 행사한 것이라고 볼 수 없다.

판례도, "준비서면에서 피고가 체결한 대물변제 계약이 사해행위에 해당되므로 이를 취소하고 이 사건 철근을 인도하여 줄 것을 구한다는 취지로 주장하였음을 알 수 있는 바, 원고의 이와 같은 주장은 사해행위의 취소를 단순한 소송상의 공격방법으로 주장한 것에 지나지 않는다고 볼 것이므로, 원고의 사해행위취소 주장은 그 당부에 관하여 판단할 필요도 없이 이유 없"다고 하였고(대법원 1995. 7. 25. 선고 95다8393 판결), 위와 같은 경우 법원이 사해행위의 취소를 소구하는 것인지의 여부를 석명하여야 할 의무가 있다고 볼 수 없다고 하였다(대법원 1993. 1. 26. 선고 92다11008 판결).

나. 소송의 형태

채권자취소소송의 형태는 형성권설에 의하면 형성소송이 되고, 청구권설에 의하면 이행소송이 되며, 책임설에 의하면 책임관계의 확인·형성과 그 이행을 구하는 형성소송과 강제집행인용소송의 결합으로 되고, 소권설에 의하면 강제집행인용소송이 된다. 신형성권설과 판례 및 통설이 취하는 상대적 무효설에 의하면 형성소송과 이행소송의 결합형태가 된다.[228]

형성의 소는 그 판결이 확정됨으로써 비로소 권리변동의 효력이 발생하게 되므로 형성의 소와 이에 의하여 형성되는 법률관계를 전제로 하는 이행소송 등을 병합하여 제기할 수 없는 것이 원칙이지만(대법원 1969. 12. 29. 선고 68다2425 판결 등 참조), 민법 제406조 제1항은 채권자가 사해행위의 취소와 원상회복을 법원에 청구할 수 있다고 규정함으로써 사해행위취소청구에는 그 취소를 전제로 하는 원상회복청구를 병합하여 제기할 수 있도록 허용하고 있다. 따라서 근저당권설정계약을 사해행위로서 취소하는 경우 그 부분이 확정되지 않았다고 하더라도 그 취

227 대법원 1978. 6. 13. 선고 78다404 판결, 대법원 1995. 7. 25. 선고 95다8393 판결, 대법원 1993. 1. 26. 선고 92다11008 판결, 대법원 1998. 3. 13. 선고 95다48599, 48605 판결 등.

228 민법주해 Ⅸ, 채권(2), 박영사(1995), 833(김능환).

소를 전제로 하여 원상회복으로서 수익자에 대하여 근저당권 말소등기절차의 이행이나 가액배상금의 지급을 구하는 이행소송 또는 원상회복 방법 중 하나인 배당이의의 소를 병합하여 제기하는 것이 가능하다(대법원 2004. 1. 27. 선고 2003다6200 판결).

같은 이유로 채권자가 반소로서 사해행위취소 및 원상회복을 구하는 경우 반소 판결의 확정이 없더라도 반소의 사해행위취소 판결을 이유로 원고의 본소 청구를 기각할 수 있다. 즉, "사해행위취소소송은 형성의 소로서 그 판결이 확정됨으로써 비로소 권리변동의 효력이 발생하나, 민법 제406조 제1항은 채권자가 사해행위의 취소와 원상회복을 법원에 청구할 수 있다고 규정함으로써 사해행위취소청구에는 그 취소판결이 미확정인 상태에서도 그 취소의 효력을 전제로 하는 원상회복청구를 병합하여 제기할 수 있도록 허용하고 있다. 또한 원고가 매매계약 등 법률행위에 기하여 소유권을 취득하였음을 전제로 피고를 상대로 일정한 청구를 할 때, 피고는 원고의 소유권 취득의 원인이 된 법률행위가 사해행위로서 취소되어야 한다고 다투면서, 동시에 반소로써 그 소유권 취득의 원인이 된 법률행위가 사해행위임을 이유로 법률행위의 취소와 원상회복으로 원고의 소유권이전등기의 말소절차 등의 이행을 구하는 것도 가능하다. 위와 같이 원고의 본소 청구에 대하여 피고가 본소 청구를 다투면서 사해행위의 취소 및 원상회복을 구하는 반소를 적법하게 제기한 경우, 사해행위의 취소 여부는 반소의 청구원인임과 동시에 본소 청구에 대한 방어방법이자, 본소 청구 인용 여부의 선결문제가 될 수 있다. 그 경우 법원이 반소 청구가 이유 있다고 판단하여, 사해행위의 취소 및 원상회복을 명하는 판결을 선고하는 경우, 비록 반소 청구에 대한 판결이 확정되지 않았다고 하더라도, 원고의 소유권 취득의 원인이 된 법률행위가 취소되었음을 전제로 원고의 본소 청구를 심리하여 판단할 수 있다고 봄이 타당하다. 그때에는 반소 사해행위취소 판결의 확정을 기다리지 않고, 반소 사해행위취소 판결을 이유로 원고의 본소 청구를 기각할 수 있다. 본소와 반소가 같은 소송절차 내에서 함께 심리, 판단되는 이상, 반소 사해행위취소 판결의 확정 여부가 본소 청구 판단 시 불확실한 상황이라고 보기 어렵고, 그로 인해 원고에게 소송상 지나친 부담을 지운다거나, 원고의 소송상 지위가 불안정해진다고 볼 수도 없다. 오히려 이로써 반소 사해행위취소소송의 심리를 무위로 만들지 않고, 소송경제를 도모하며, 본소 청구에 대한 판결과 반소 청구에 대한 판결의 모순 저촉을 피할 수 있다."는 것이 판례이다(대법원 2019. 3. 14. 선고 2018다277785, 277792 판결).

다. 소송의 당사자

1) 원고

채무자의 사해행위로 인하여 해를 입게 된 채권자가 채권자취소소송의 원고가 된다. 채권자취소권은 채권자가 자기 채권이 가지는 권능으로써 자기 이름으로 행사하는 것이고, 채무자의 대리인이나 채무자의 권리를 대위행사하는 것이 아니다.

채권자는 채권자취소권 행사가 가능한 피보전채권을 가지고 있어야 하나, 이는 소송요건이 아니고 청구원인을 이유있게 하는 요건사실 중 하나에 불과하므로, 피보전채권이 인정되지 않는 경우 당사자적격이 없다는 이유로 소를 각하할 것이 아니라 청구기각의 판결을 해야 한다.[229]

채권자취소권 행사를 위해 채권자가 집행권원을 취득하거나 피보전채권의 변제기가 도래하여야 하는 것은 아니다. 한편, 개인회생절차 개시결정이 내려진 후에는 채무자가 총채권자에 대한 평등변제를 목적으로 하는 부인권을 행사하여야 하고, 개인회생채권자목록에 기재된 개인회생채권을 변제받거나 변제를 요구하는 일체의 행위를 할 수 없는 개인회생채권자가 개별적 강제집행을 전제로 하여 개개의 채권에 대한 책임재산의 보전을 목적으로 하는 채권자취소소송을 제기할 수는 없다(대법원 2010. 9. 9. 선고 2010다37141 판결).

이와 같이 채권자취소권 행사의 주체는 채권자이나, 채권자대위에 의해 채권자의 채권자가 대위행사하는 것은 가능하다. 채권자취소권도 채권자대위권의 대상이 되는 것이다.[230]

2) 피고

가) 학설간의 차이

누가 채권자취소소송의 상대방, 즉 피고로 될 것인가 하는 문제에 관해 채권자취소권의 본질을 무엇으로 볼 것인가에 관한 학설에 따라 견해가 다르게 된다.

즉, 형성권설에 의하면 사해행위의 당사자인 채무자와 수익자가 피고로 되어야 하고, 청구권설·절충설·책임설·소권설에 의하면 재산반환 청구를 받거나 강제

[229] 대법원 1993. 2. 12. 선고 92다25151 판결.
[230] 대법원 2001. 12. 27. 선고 2000다73049 판결.

집행을 수인하여야 할 수익자 또는 전득자만이 피고로 되며, 신형성권설에 의하면 사해행위의 당사자뿐만 아니라 전득자가 있을 때에는 그 자도 피고로 되어야 한다.

나) 판례

판례는 통설과 같이 절충설 중 상대적 무효설을 취하여 사해행위의 취소에 상대적 효력만을 인정하는 결과, 소의 상대방은 언제나 재산반환청구를 받을 수익자 또는 전득자만이고 채무자는 피고적격을 가지지 못한다고 한다.[231] 따라서 수익자·전득자만이 피고로 되고 채무자는 피고적격이 없으므로 채무자를 피고로 하는 경우 부적법하므로 소를 각하하여야 한다.[232]

채권자가 수익자 등을 상대로 사해행위취소소송을 제기하면서 채무자를 상대로 본래의 피보전채권에 기한 급부이행청구소송을 병합한 경우에는 채무자와 수익자가 모두 공동피고로 됨은 물론이다. 이 경우 채무자는 채권자취소청구부분에 관한 판결에 대하여는 불복하여 항소할 수 있는 당사자적격이 없으므로 채무자가 채권자취소청구부분에 대하여 항소한 경우에는 항소를 각하하여야 한다(대법원 2009. 1. 15. 선고 2008다72394 판결).

3) 채권자의 피고 선택 가능성

가) 문제의 소재

채권자취소의 대상인 법률행위에 의해 처분된 재산이 수익자를 거쳐 전득자에게로 이전된 경우 채권자는 수익자 또는 전득자 중 어느 한 당사자를 상대로 채권자취소의 소를 제기할 수 있는지, 아니면 수익자와 전득자 모두를 피고로 하여야 하는지, 또 수익자 또는 전득자 중 어느 한 당사자를 피고로 한 경우 반환의 방법은 어떻게 할 것인지의 문제가 있다.

나) 상대방 선택의 자유

기본적으로 원고가 누구를 상대로 어떤 소송을 제기할 것인지는 본인이 자유롭게 선택할 사항이다. 채권자취소소송에 있어서도 채무자는 피고 적격이 없으므

231 대법원 1961. 11. 9. 선고 4293민상263 판결, 대법원 1962. 2. 15. 선고 4294민상378 판결, 대법원 1963. 8. 22. 선고 63다299 판결, 대법원 1967. 12. 26. 선고 67다1839 판결, 대법원 1984. 11. 24.자 84마610 결정, 대법원 1991. 8. 13. 선고 91다13717 판결, 대법원 2009. 1. 15. 선고 2008다72394 판결 등

232 대법원 1967. 12. 26. 선고 67다1839 판결, 대법원 1991. 8. 13. 선고 91다13717 판결, 대법원 2004. 8. 30. 선고 2004다21923 판결 등.

로 채무자를 상대로 사해행위의 취소와 원상회복을 구해서는 안 되지만, 사해행위를 통해 책임재산이 채무자에서 수익자로, 다시 수익자에서 전득자에게로 및 그 다음 전득자에게로 순차로 전부 또는 일부가 이전된 경우, 이들 수익자와 전득자들은 모두 사해행위취소소송의 피고 적격이 있으므로, 원고로서는 이들 모두를 피고로 하여 사해행위의 취소 및 원상회복을 구하는 소송을 제기할 수도 있고, 그 중 일부 당사자만 상대로 채권자취소소송을 제기할 수도 있다. 즉, 상대방 선택의 자유가 있는 것이다.

통설[233]도 수익자와 전득자가 모두 악의일 때에는 채권자의 선택에 따라 수익자를 상대방으로 하여 가액배상을 청구할 수도 있고 전득자를 상대방으로 하여 목적물의 반환을 청구할 수도 있다고 하여 상대방 선택의 자유를 인정하고 있다.

문제는 수익자 또는 전득자 중 일부가 선의이고 일부가 악의인 경우에 관해 일부 학설은 악의자만 피고가 될 수 있고 선의자는 피고가 될 수 없는 것처럼 '피고 적격'의 문제로 보거나 '누구는 상대방으로 될 수 없다'는 식으로 설명[234]하고 있는데 동의하기 어렵다.

수익자 또는 전득자의 악의는 추정되고 이들이 선의임을 입증할 책임이 있음은 앞에서 본 것과 같은 바, 선의 또는 악의는 모두 피고가 된 수익자 또는 전득자가 항변으로 주장할 사항이고 재판이 진행되면서 선의 또는 악의 여부가 판단되게 된다. 소를 제기하는 단계에서 원고가 먼저 판단할 사항이 아니라는 것이다. 또한, 수익자 또는 전득자의 선의·악의는 원고의 채권자취소권 행사를 저지할 요건사실 중 하나로서 법원이 증거에 기초하여 판단할 사항일 뿐 소송 자체가 부적법해지는 소송요건에 관한 사항이 아니다. 수익자 또는 전득자가 선의를 주장하고, 그것이 입증되면 원고의 그 피고에 대한 청구를 기각하면 되는 것이지 소가 부적법하다고 하여 각하할 것이 아니다.

따라서 이 문제를 피고 적격 문제로 오해하여 원고는 누구를 상대로 어떤 청구를 해야 한다고 단정적으로 서술하는 것은 타당하지 않다. 원고로서는 패소를 각오하고라도 관계되는 당사자 모두를 상대로 소를 제기할 수도 있고, 아니면 본인의 판단에 따라 승소가능성이 높다고 판단되는 당사자만 골라 그 당사자를 상

233 곽윤직, 채권총론(민법강의Ⅲ), 박영사(2018), 154; 김증한/김학동, 채권총론, 박영사(1998), 204 등.

234 예컨대, 주석 민법, 채권총칙(2)(제4판), 한국사법행정학회(2013), 291-294(손진홍); 민법주해 Ⅸ, 채권(2), 박영사(1995), 836~837(김능환) 등.

대로 사해행위취소소송을 제기할 수 있다. 오히려 이 문제는 수익자 또는 전득자의 선의 또는 악의 여부에 따라 원고로서는 누구를 상대로 어떤 소송을 제기하는 것이 더 바람직한가의 문제로 접근하는 것이 옳다고 본다. 이하 이러한 관점에서 살펴보기로 한다.

다) 수익자와 전득자 모두 악의인 때

(1) 원고로서는 수익자와 전득자 모두를 피고로 하여 사해행위의 취소 및 원상회복을 구할 수 있다. 전득자 A로부터 다시 사해행위 목적물을 취득한 전득자 B가 있는 경우에도 마찬가지이다.

이 경우 원상회복의 방법으로 원물반환을 구하는 경우에는, 전득자에 대해서는 수익자에게 전득자 명의로 마쳐진 소유권이전등기 또는 근저당권설정등기의 말소등기절차의 이행을 구하고, 수익자에 대해서는 채무자에게 수익자 명의로 마쳐진 소유권이전등기의 말소등기절차의 이행을 구하는 방법으로 원상회복의 청구를 할 수 있다.

가액배상을 구할 수도 있다. 사해행위로 수익자 앞으로 근저당권설정등기가 경료된 후 수익자가 전득자에게 그 근저당권을 양도하였는데, 경매절차에서 근저당권이 소멸되고 전득자가 배당금을 수령한 경우, 원고로서는 수익자와 전득자를 공동피고로 하여 사해행위인 근저당권설정계약의 취소 및 가액배상으로서 배당금 상당액의 공동지급(수익자와 전득자의 가액배상금 지급의무는 부진정연대채무의 관계에 있다)을 구할 수 있다(대법원 2014. 12. 11. 선고 2011다49783 판결).

(2) 원고로서는 수익자와 전득자 모두를 피고로 할 필요 없이 그 중 1인을 피고로 선택하여 사해행위취소 및 원상회복을 구할 수 있다. 즉, 수익자만을 피고로 하여 사해행위취소와 원물반환에 갈음한 가액배상을 구할 수도 있고, 전득자만을 피고로 하여 사해행위취소와 원물반환을 구할 수 있는 것이다.

(3) 수익자만을 피고로 한 경우, 원상회복으로는 가액배상을 구하는 것이 원칙이다. 즉, 대법원 1998. 5. 15. 선고 97다58316 판결은, "사해행위의 목적물이 수익자로부터 전득자로 이전되어 그 등기까지 경료되었다면 후일 채권자가 전득자를 상대로 소송을 통하여 구제받을 수 있는지 여부에 관계없이, 수익자가 전득자로부터 목적물의 소유권을 회복하여 이를 다시 채권자에게 이전하여 줄 수 있는 특별한 사정이 없는 한 그로써 채권자에 대한 목적물의 원상회복의무는 법률상 이행불능의 상태에 있다고 봄이 상당하다."고 하여 원물반환에 갈음한 가액배상청

구가 가능하다고 판시하였다.

그렇지만 채권자는 자신의 선택에 따라 가액배상 대신 수익자 명의 등기의 말소라는 원물반환청구를 할 수도 있다. 다만, 그 판결이 확정되더라도 등기상 이해관계 있는 제3자인 전득자의 승낙서나 이에 갈음할 수 있는 재판의 등본을 첨부하지 못하면 수익자 명의의 등기를 말소하지 못하게 된다.

이와 같이 수익자의 원상회복의무가 이행불능상태에 있다고 하여 원고가 반드시 수익자를 상대로 가액배상만을 구해야 한다고 볼 수 없음은 사적자치의 원칙에 비추어 분명하고, 법원으로서는 그 집행가능성과 상관없이 원고의 청구에 따라 원물반환을 명하는 판결을 선고하면 된다. 채권자로서는 민법 제406조 제2항의 제척기간 내에 전득자를 상대로 사해행위 취소와 함께 수익자 명의의 소유권이전등기의 말소등기에 대하여 승낙의 의사표시를 하라는 소를 별도로 제기할 수 있다.[235]

판례도 "사해행위 후 그 목적물에 관하여 제3자가 저당권이나 지상권 등의 권리를 취득한 경우에는 수익자가 목적물을 저당권 등의 제한이 없는 상태로 회복하여 이전하여 줄 수 있다는 등의 특별한 사정이 없는 한 채권자는 수익자를 상대로 원물반환 대신 그 가액 상당의 배상을 구할 수도 있다고 할 것이나, 그렇다고 하여 채권자가 스스로 위험이나 불이익을 감수하면서 원물반환을 구하는 것까지 허용되지 아니하는 것으로 볼 것은 아니고, 그 경우 채권자는 원상회복 방법으로 가액배상 대신 수익자 명의의 등기의 말소를 구하거나 수익자를 상대로 채무자 앞으로 직접 소유권이전등기절차를 이행할 것을 구할 수 있다."(대법원 2001. 2. 9. 선고 2000다57139 판결)고 하여 같은 입장을 취하고 있다.

(4) 채권자가 전득자만 피고로 한 경우에 관해 보면, 채권자는 전득자를 상대로 전득자 명의로 마쳐진 소유권이전등기의 말소를 구할 수 있음은 물론이다. 만약 그 앞 전자(수익자 또는 앞선 전득자 A)를 상대로 사해행위취소 및 등기말소 판결을 받기 전이라면 전득자 명의 등기의 말소만 구해서는 채무자 재산의 회복이라는 채권자취소소송의 목적을 달성하기 어려울 것이고 이들 전자를 상대로 별도의 채권자취소소송을 제기할 필요가 있다.

한편, 전득자만 피고로 한 채권자취소소송에서 채권자는, 진정한 등기명의를

235 조해섭, 채권자취소권법, 법문사(2019), 312.

회복하기 위한 방법으로서 그 등기의 말소를 구하는 외에 현재의 등기명의인을 상대로 직접 소유권이전등기절차의 이행을 구하는 것도 허용되는 법리를 적용하여, 전득자를 상대로 직접 채무자 앞으로 소유권이전등기절차를 이행할 것을 청구할 수도 있다고 본다.[236]

대법원은 수익자를 상대로 한 채권자취소소송에서 "사해행위의 취소로 인한 원상회복 방법으로 수익자 명의의 등기의 말소를 구하는 대신 수익자를 상대로 채무자 앞으로 직접 소유권이전등기절차를 이행할 것을 구할 수도 있다."(대법원 2000. 2. 25. 선고 99다53704 판결)고 판시한 바 있는데, 이러한 법리를 전득자를 상대로 한 소송에서도 적용할 수 있을 것이다. 왜냐하면, 전득자를 상대로 한 소송에서도 취소의 대상은 채무자와 수익자 사이의 사해행위이고, 원상회복의 전제가 되는 사해행위취소가 받아들여지는 이상 채무자의 사해의사 및 수익자의 악의는 인정된 상태이므로, 수익자를 상대로 한 별도의 사해행위취소판결이 없더라도 이를 전제로 하여 전득자에서 채무자에게로 바로 소유권이전등기를 경료하도록 하는 것이 더 합리적이기 때문이다.

수익자에서 바로 전득자에게 이전된 경우가 아니라 그 앞에 다른 전득자(전득자 A)가 있는 경우에도 마찬가지이다. 수익자와 전득자의 악의는 추정되기 때문에 특별히 피고로 된 전득자 B가 전자인 수익자나 전득자 A의 선의를 입증하지 못하는 이상 전득자 B로부터 바로 채무자 앞으로 소유권이전등기절차의 이행을 명하여도 무방할 것이다.

라) 수익자가 악의이고 전득자가 선의인 때

소 제기 당시 채권자의 판단에 수익자는 악의인데 전득자는 선의로 인정될 가능성이 높아 보이는 경우, 채권자로서는 수익자만 피고로 삼아 그를 상대로 사해행위취소 및 가액배상을 청구하는 것이 유리하다. 사해행위 목적물이 수익자로부터 전득자로 이전된 경우 특별한 사정이 없는 한 수익자의 원물반환의무는 이행불능 상태에 있다는 것이 판례이다(대법원 1998. 5. 15. 선고 97다58316 판결).

한편, 부동산이 사해행위인 매매계약에 의해 수익자에게 이전된 후 선의의 전득자 앞으로 근저당권설정등기 또는 지상권설정등기가 경료된 경우, 채권자는 수익자를 상대로 가액배상을 청구할 수 있음은 물론, 전득자 명의의 근저당권설

236 같은 뜻 조해섭, 채권자취소권법, 법문사(2019), 312-313.

정등기 또는 지상권설정등기의 부담을 그대로 안은 상태에서 수익자를 상대로 채무자 앞으로 소유권이전등기절차를 이행할 것을 구할 수도 있다(대법원 2001. 2. 9. 선고 2000다57139 판결).

마) 수익자가 선의이고 전득자가 악의인 때

수익자가 선의로 판단된다고 하더라도 수익자 및 전득자의 악의는 추정되는 것이므로, 채권자는 전득자를 피고로 하여 사해행위의 취소와 원상회복을 구할 수 있다.

대법원도 "채권자가 사해행위 취소로써 전득자를 상대로 채무자와 수익자 사이의 법률행위의 취소를 구함에 있어서, 전득자의 악의는 전득행위 당시 취소를 구하는 법률행위가 채권자를 해한다는 사실, 즉 사해행위의 객관적 요건을 구비하였다는 것에 대한 인식을 의미하므로, 전득자의 악의를 판단함에 있어서는 전득자가 전득행위 당시 채무자와 수익자 사이의 법률행위의 사해성을 인식하였는지 여부만이 문제가 될 뿐이고, 수익자가 채무자와 수익자 사이의 법률행위의 사해성을 인식하였는지 여부는 원칙적으로 문제가 되지 않는다(대법원 2012. 8. 17. 선고 2010다87672 판결)."고 판시하여 전득자를 상대로 한 채권자취소를 인정한 바 있다.

위 판례 사안은, 채권자가 수익자와 전득자 모두를 상대로 사해행위의 취소 및 원상회복을 청구한 것에 대하여 수익자는 적극적으로 선의 항변을 제기하여 선의임을 인정받아 청구가 기각된 반면, 전득자는 선의 항변을 하지 않은 사안이다. 수익자의 선의가 이미 인정된 이상 전득자를 상대로 하여서도 채무자와 수익자 사이의 사해행위를 취소할 수 없는 것 아닌가 하는 의문이 들 수 있으나, 전득자가 선의 항변을 하지 않는 이상 전득자에 대한 관계에서는 수익자 및 전득자의 악의가 그대로 추정되므로, 원고의 수익자에 대한 청구는 기각되지만 전득자에 대한 청구는 인용되는 결론이 나올 수 있는 것이다.

라. 관할법원

1) 토지관할

피고의 보통재판적 소재지의 법원이 채권자취소소송의 토지관할을 가지게 됨은 의문이 없다(민사소송법 제2조). 피고는 채무자가 아니라 수익자 또는 전득자이므로 그들의 주소지를 관할하는 지방법원에 채권자취소소송을 제기해야 한다.

채권자취소소송도 재산권에 관한 소이므로 그 의무이행지의 관할법원에 제기할 수 있다. 채권자취소소송의 의무이행지에 관해 대법원은, “채권자가 사해행위의 취소와 함께 수익자 또는 전득자로부터 책임재산의 회복을 구하는 사해행위취소의 소를 제기한 경우 그 취소의 효과는 채권자와 수익자 또는 전득자 사이의 관계에서만 생기는 것이므로, 수익자 또는 전득자가 사해행위이 취소로 인한 원상회복 또는 이에 갈음하는 가액배상을 하여야 할 의무를 부담한다고 하더라도 이는 채권자에 대한 관계에서 생기는 법률효과에 불과하고 채무자와 사이에서 그 취소로 인한 법률관계가 형성되는 것은 아닐 뿐만 아니라, 이 경우 채권자의 주된 목적은 사해행위의 취소 그 자체보다는 일탈한 책임재산의 회복에 있는 것이므로, 사해행위취소의 소에 있어서의 의무이행지는 ‘취소의 대상인 법률행위의 의무이행지’가 아니라 ‘취소로 인하여 형성되는 법률관계에 있어서의 의무이행지’라고 보아야 한다. 부동산등기의 신청에 협조할 의무의 이행지는 성질상 등기지의 특별재판적에 관한 민사소송법 제19조에 규정된 ‘등기할 공무소 소재지’라고 할 것이므로, 원고가 사해행위취소의 소의 채권자라고 하더라도 사해행위취소에 따른 원상회복으로서의 소유권이전등기 말소등기의무의 이행지는 그 등기관서 소재지라고 볼 것이지, 원고의 주소지를 그 의무이행지로 볼 수는 없다.”고 판시하였다(대법원 2002. 5. 10.자 2002마1156 결정).

따라서 원상회복방법으로 등기의 말소를 구하는 경우에는 등기할 공무소의 소재지가, 가액배상을 구하는 경우에는 금전채무의 지참채무 원칙에 따라 원고의 주소지가 각 의무이행지가 된다.

2) 관련재판적

원고가 채무자에 대한 본래의 채권에 기하여 이행청구를 하고 그 채권을 피보전권리로 하여 수익자 또는 전득자에 대하여 사해행위취소 및 원상회복청구를 병합하여 제기하는 경우 그들 사이에 민사소송법 제25조 제2항의 관련재판적이 인정된다고 할 것이다. 따라서 채무자와 수익자 또는 전득자를 공동피고로 한 소송의 경우 채무자의 주소지 또한 관할법원이 될 수 있다.

3) 사물관할

일반사건과 같이 소가에 의하여 사물관할을 결정하는데, 민사소송 등 인지규칙 제12조 제9호에 의하면, ‘사해행위취소의 소에 있어서는 취소되는 법률행위의 목적의 가액을 한도로 한 원고의 채권액’이 소송목적의 값이 된다.

4) 준거법

국제적 요소가 있는 채권자취소소송에 관하여 대법원은 "채권에 관한 법률관계에 외국적 요소가 있을 경우에, 당사자가 준거법을 선택한 바가 없고, 국제사법에도 당해 법률관계에 적용할 준거법을 정하는 기준에 관한 직접적 규정이 없는 경우에는 법률관계와 가장 밀접한 관련이 있는 국가의 법에 의하여야 한다(국제사법 제26조 등). 외국의 법률에 의하여 권리를 취득한 채권자가 우리나라에서 채권자취소권을 행사할 경우의 준거법에 관해서도 국제사법은 달리 정한 바가 없다. 그러므로 이때에도 법률관계와 가장 밀접한 관련이 있는 국가의 법이 준거법이 되어야 하는데, 채권자취소권의 행사에서 피보전권리는 단지 권리행사의 근거가 될 뿐이고 취소 및 원상회복의 대상이 되는 것은 사해행위이며, 사해행위 취소가 인정되면 채무자와 법률행위를 한 수익자 및 이를 기초로 다시 법률관계를 맺은 전득자 등이 가장 직접적으로 이해관계를 가지게 되므로 거래의 안전과 제3자의 신뢰를 보호할 필요도 있다. 이러한 요소 등을 감안하면, 외국적 요소가 있는 채권자취소권의 행사에서 가장 밀접한 관련이 있는 국가의 법은 취소대상인 사해행위에 적용되는 국가의 법이다."라고 판시하였다(대법원 2016. 12. 29. 선고 2013므4133 판결).

따라서 취소대상인 사해행위에 적용되는 국가의 법이 채권자취소권을 행사하는 소송의 준거법이 된다.

마. 소송물

1) 채권자취소소송의 소송물

소송물이란 민사소송에서 심판의 대상이 되는 소송의 객체를 말한다. 우리 판례는 청구원인에 의하여 특정되는 실체법상의 권리관계를 소송물로 보는 구소송물이론의 입장에 서 있다.

채권자취소권의 본질에 관해 통설인 절충설(그 중에서도 상대적 무효설)은 사해행위의 취소와 일탈한 재산을 회복하는 것 모두를 채권자취소권의 본질로 보므로, 채권자취소권은 사해행위를 취소하고 일탈한 재산의 반환을 청구하는 권리라고 본다. 판례도 "채권자취소권은 채무자의 사해행위를 채권자와 수익자 또는 전득자 사이에서 상대적으로 취소하고 채무자의 책임재산에서 일탈한 재산을 회복하여 채권자의 강제집행이 가능하도록 하는 것을 본질로 하는 권리"(대법원 2008.

4. 24. 선고 2007다84352 판결)라고 하여 같은 입장을 취하고 있다.

따라서 채권자취소소송은 사해행위의 취소를 구하는 형성소송과 일탈한 재산의 반환을 구하는 이행소송이 결합한 형태라고 보아야 하므로 소송물이 2개라고 할 것이다. 즉, 채권자취소권이라는 1개의 실체법적 권리 안에 사해행위취소권과 원상회복청구권이라는 2가지 권리가 내재되어 있지만 이것을 소송법적으로 행사하는 경우 취소청구라는 형성소송과 원상회복청구라는 이행소송의 2개의 별도 소송물이 되는 것이고, 이를 분리하여 청구하는 경우 각각의 청구는 모두 전부청구가 되는 것이지 이를 일부청구라고 볼 것은 아니다.[237]

대법원도 "사해행위 취소의 소와 원상회복청구의 소는 서로 소송물과 쟁점을 달리하는 별개의 소로서 양자가 반드시 동시에 제기되어야 하는 것은 아니고 별개로 제기될 수 있으며, 전자의 소에서는 승소하더라도 후자의 소에서는 당사자가 제출한 공격·방어 방법 여하에 따라 패소할 수도 있다."고 판시하였고(대법원 2012. 12. 26. 선고 2011다60421 판결, 대법원 2013. 4. 26. 선고 2011다37001 판결), 최근의 판례도 "사해행위취소의 소와 원상회복청구의 소는 서로 소송물이 다르고 1개의 소로써 제기할 경우 이를 객관적 병합으로 보고 있으며, 1개의 소로써 구하는 형성의 소인 사해행위취소청구와 이행의 소인 원상회복청구의 관계는 전자의 청구가 인용될 것을 조건으로 후자의 청구를 하는 것이다."(대법원 2019. 4. 11. 선고 2018다203715 판결)라고 판시하였다.

2) 취소청구와 원상회복청구의 관계

가) 사해행위취소소송은 취소채권자가 수익자 또는 전득자를 상대로 사해행위의 취소와 원물반환 또는 가액배상의 원상회복 청구를 병합하여 제기하는 것이 보통이다. 이들 청구, 즉 사해행위의 취소를 구하는 청구와 일탈재산의 원상회복을 구하는 청구는 각각 별개의 소송물로서 형성소송과 이행소송이 소송절차에서 결합된 객관적 병합의 관계에 있다.

나) 그런데 채권자취소소송의 주된 목적은 사해행위 취소 그 자체보다는 일탈된 책임재산의 회복에 있으므로, 일탈재산이 소송계속 중 사해행위의 해제 또는 해지로 벌써 채무자에게 복귀한 경우에는 특별한 사정이 없는 한 그 채권자취

237 이와 달리 채권자취소소송의 소송물은 취소와 원상회복청구가 결합된 1개의 소송물이고, 그 중 하나의 청구만 하는 경우 일부청구로 보아야 한다는 견해로는 조해섭, 채권자취소권법, 법문사(2019), 323-324; 이순동, 채권자취소권(제3판), 육법사(2017), 482-483 참조.

소소송은 이미 그 목적이 실현되어 더 이상 그 소에 의해 확보할 권리보호의 이익이 없어지게 된다(대법원 2008. 3. 27. 선고 2007다85157 판결).

다) 사해행위의 취소와 원상회복을 동시에 청구할 수 있는 경우 채권자의 선택에 따라 취소청구만을 분리하여 제기할 수도 있다. 대법원도 "채권자가 민법 제406조 제1항에 따라 사해행위의 취소와 원상회복을 청구하는 경우 사해행위의 취소만을 먼저 청구한 다음 원상회복을 나중에 청구할 수 있다."(대법원 2001. 9. 4. 선고 2001다14108 판결)고 하여 이를 인정하고 있다. 이 경우 사해행위취소 청구가 민법 제406조 제2항에 정하여진 기간 안에 제기되었다면 원상회복의 청구는 그 기간이 지난 뒤에도 할 수 있다(위 판례 참조).

다만 위 법리는 취소청구의 상대방과 원상회복청구의 상대방이 동일한 경우에 대한 것이고, 만일 상대방이 동일하지 않다면 민법 제406조 제2항의 제척기간 내에 취소소송이 제기되어야 한다. 즉, "채권자가 전득자를 상대로 민법 제406조 제1항에 의한 채권자취소권을 행사하기 위해서는, 같은 조 제2항에서 정한 기간 안에 채무자와 수익자 사이의 사해행위의 취소를 소송상 공격방법의 주장이 아닌 법원에 소를 제기하는 방법으로 청구하여야 하는 것이고, 비록 채권자가 수익자를 상대로 사해행위의 취소를 구하는 소를 이미 제기하여 채무자와 수익자 사이의 법률행위를 취소하는 내용의 판결을 선고받아 확정되었더라도 그 판결의 효력은 그 소송의 피고가 아닌 전득자에게는 미칠 수 없는 것이므로, 채권자가 그 소송과는 별도로 전득자에 대하여 채권자취소권을 행사하여 원상회복을 구하기 위해서는 위에서 본 법리에 따라 민법 제406조 제2항에서 정한 기간 안에 전득자에 대한 관계에 있어서 채무자와 수익자 사이의 사해행위를 취소하는 청구를 하지 않으면 아니 된다."(대법원 2005. 6. 9. 선고 2004다17535 판결).

라) 반대로 채권자가 사해행위의 취소를 구하지 않고 원상회복만을 구하는 경우 원상회복의 전제가 되는 사해행위의 취소가 없는 이상 원상회복청구권은 인정되지 아니하므로, 청구의 이유가 없다는 사유로 기각하여야 한다.

3) 취소만의 청구

사해행위의 취소만으로 그 일탈된 책임재산의 반환이라는 목적을 달성할 수 있는 경우, 예컨대 ①채무면제와 같은 단독행위인 경우, ②부동산매매계약만 체결되고 그 이전등기가 마쳐지지 않은 경우, ③다른 채무자의 채무를 인수하거나 보증한 경우 등에는 사해행위의 취소만을 구할 수 있고 그것으로 족하다.

대법원도 "채무자의 약속어음의 발행이 사해행위에 해당하는 경우, 그 어음을 발행받은 수익자가 약속어음에 관하여 공정증서를 작성받는 등으로 채무명의를 얻어 강제집행에까지 나아간 때에는, 채권자는 사해행위인 약속어음이 발행행위를 취소하고 강제집행의 결과 수익자가 얻은 환가금이나 추심금 또는 전부금의 반환이나 전부채권의 양도를 원상회복으로서 구할 수 있지만, 아직 강제집행절차가 종료되지 아니한 경우에 있어서는, 수익자가 어음채권을 취득한 것 외에 어떤 구체적인 수익을 얻었다고 할 수 없고 채무명의를 얻은 것 자체를 원상회복의 대상이 되는 수익에 해당한다고도 할 수 없으므로 그 채무명의의 반환이나 인도 등에 의한 원상회복을 청구할 여지는 없다."(대법원 2002. 10. 25. 선고 2000다64441 판결)고 하여 약속어음 발행행위의 취소청구만 인용하도록 하였다.

4) 피보전채권의 변경은 소의 변경 아님

채권자가 사해행위의 취소를 청구하면서 그 보전하고자 하는 채권을 추가하거나 교환하는 것은 그 사해행위취소권을 이유 있게 하는 공격방법에 관한 주장을 변경하는 것일 뿐이지 소송물 또는 청구 자체를 변경하는 것이 아니므로 소의 변경이라 할 수 없다(대법원 2003. 5. 27. 선고 2001다13532 판결).

그렇게 보는 논거는 다음과 같다. ①채권자취소소송의 소송물은 취소권 자체이므로 이를 이유 있게 하는 피보전채권은 소송물에 해당하지 않는다. ②채권자취소권은 채권자의 공동담보보전을 위하여 채권자에게 인정된 권리이지, 채권자의 개별적인 채권의 만족을 위하여 법이 인정한 것은 아니다. ③채권자취소권은 채무자와 수익자 사이의 법률행위를 취소하고, 그 원상회복을 하는 것을 목적으로 한다. 따라서 판결의 주문에도 법률행위의 취소와 그 원상회복만이 선언된다. ④채권자취소소송에 있어 피보전채권의 존부에 대하여는 기판력이 생기지 않는다.[238]

5) 원물반환과 가액배상

사해행위취소 및 원상회복으로서의 원물반환을 명하는 판결이 확정된 후 원물반환이 불가능하게 되었음을 이유로 다시 가액배상을 구할 수 있는가의 문제가

238 김대원, "사해행위취소소송에서 피보전채권을 변경하는 것이 소의 변경에 해당하는지 여부", 대법원 판례해설 44호, 법원도서관(2004), 181-182.

있다. 이는 원물반환청구와 가액배상청구를 동일한 소송물로 볼 것인가 아니면 별개의 소송물로 볼 것인가의 문제와 관련되어 있다.

이에 대하여는 동일소송물설,[239] 별개소송물설,[240] 구분설[241] 등이 있는데,[242] 우리 판례는 "사해행위 후 목적물에 관하여 제3자가 저당권이나 지상권 등의 권리를 취득한 경우에는 수익자가 목적물을 저당권 등의 제한이 없는 상태로 회복하여 이전하여 줄 수 있다는 등의 특별한 사정이 없는 한, 채권자는 원상회복 방법으로 수익자를 상대로 가액 상당의 배상을 구할 수도 있고, 채무자 앞으로 직접 소유권이전등기절차를 이행할 것을 구할 수도 있다. 이 경우 원상회복청구권은 사실심 변론종결 당시의 채권자의 선택에 따라 원물반환과 가액배상 중 어느 하나로 확정되며, 채권자가 일단 사해행위 취소 및 원상회복으로서 원물반환 청구를 하여 승소 판결이 확정되었다면, 그 후 어떠한 사유로 원물반환의 목적을 달성할 수 없게 되었다고 하더라도 다시 원상회복청구권을 행사하여 가액배상을 청구할 수는 없으므로 그 청구는 권리보호의 이익이 없어 허용되지 않는다."(대법원 2006. 12. 7. 선고 2004다54978 판결, 대법원 2018. 12. 28. 선고 2017다265815 판결 등)고 하여 동일소송물설을 취하고 있다. 최근의 판례도 원물반환청구와 가액배상청구는 동일한 소송물이라는 점을 명백히 밝히고 있다(대법원 2019. 4. 11. 선고 2018다203715 판결).

따라서 원물반환과 가액배상은 원상회복청구라는 동일한 소송물에 관한 청구이므로 중복하여 재차 청구할 수 없다.

3. 사해행위취소소송의 진행

가. 채무자에 대한 이행소송과의 문제

1) 병합청구 가능

채권자취소소송은 사해행위의 상대방인 수익자나 전득자를 상대로 제기하는 것인 만큼, 채권자가 아직 채무자를 상대로 한 피보전채권에 관한 집행권원을 취득하지 않은 상태라면 사해행위취소소송과 별도로 채무자를 상대로 한 이행소송

239 이백규, "채권자취소권의 행사요건", 법조 통권 534호, 법조협회(2001), 85-86.
240 박치봉, "원물반환을 청구취지로 하는 사해행위취소소송에서 가액배상판결을 할 수 있는가?", 재판과 판례 11집, 대구판례연구회(2002), 68-71.
241 윤경, "사해행위취소와 가액배상", 저스티스 제34권 제5호, 한국법학원(2001), 168-169.
242 학설에 관해 자세한 것은 이순동, 채권자취소권(제3판), 육법사(2017), 487 참조.

을 제기할 필요가 있고, 이를 병합하여 한꺼번에 채무자를 상대로 한 채무이행소송과 수익자 또는 전득자를 상대로 한 사해행위취소소송을 제기할 수 있다. 즉, 채무자와 수익자 또는 전득자가 공동피고가 되는 주관적 병합 형태의 소송이 된다.

이 경우 관련재판적이 적용될 수 있다. 즉, 민사소송법 제25조 제2항은 '소송목적이 되는 권리나 의무가 여러 사람에게 공통되거나 사실상 또는 법률상 같은 원인으로 말미암아 그 여러 사람이 공동소송인으로서 당사자가 되는 경우에 여러 사람 가운데 한 사람에 대한 관할권이 있는 법원에 소를 제기할 수 있다'고 규정하고 있는데, 채무자에 대한 피보전채권에 기한 채무이행청구와 수익자 또는 전득자를 상대로 한 그 피보전채권에 기한 사해행위의 취소 및 원상회복 청구는 바로 이 요건에 부합하는 소송형태라고 할 것이다.[243]

따라서 채무자의 보통재판적 소재지 또는 그 의무이행지인 원고의 주소지 관할법원에 채무이행소송과 사해행위취소청구를 병합한 소를 제기할 수 있다.

2) 소송물 가액

채무자에 대한 이행청구와 수익자 또는 전득자를 상대로 한 사해행위취소청구가 병합된 경우, 두 청구의 소가를 합산하여 산정할 것인지 아니면 일부 청구의 소가에 다른 청구의 소가가 흡수되는 것으로 볼 것인지의 문제가 있다.

민사소송 등 인지규칙 제21조는 '1개의 청구가 다른 청구의 수단에 지나지 않을 때에는, 특별한 규정이 있는 경우를 제외하고, 그 가액은 소가에 산입하지 아니한다. 다만, 수단인 청구의 가액이 주된 청구의 가액보다 다액인 경우에는 그 다액을 소가로 한다.'라고 규정하고 있는데, 채무자에 대한 이행청구와 수익자 또는 전득자를 상대로 한 사해행위취소청구는 목적과 수단의 관계에 있다고 할 것이므로 각 청구 중 다액인 청구를 기준으로 소가를 산정함이 타당하다.

대법원도 "채무자에 대한 금전지급을 구하는 이행청구의 소와 그 채무자의 사해행위에 따른 난일한 목석물의 수익자 또는 선득자에 대한 채권자취소 및 원상회복청구의 소의 주관적 병합의 경우에도 각 청구는 목적·수단의 관계에 있어 그 경제적 이익이 동일하거나 중복되어 각 소송물 가액 중 다액인 쪽을 기준으로 인지액을 산출하여야 한다."고 판시하였다(대법원 2008. 5. 29.자 2007마761 결정).

243 조해섭, 채권자취소권법, 법문사(2019), 366-367.

3) 선행 판결이 있는 경우

채무자를 상대로 한 채무이행소송에 관해 선행 판결이 있고 그것이 확정되었다면 그 내용은 사해행위취소소송에서 중요한 판단자료가 됨은 물론인데, 대법원은 여기서 더 나아가 "채권자가 채무자를 상대로 그 채무의 이행을 구하는 소를 제기하여 승소판결이 확정되면 채권자취소소송의 상대방인 수익자나 전득자는 그와 같이 확정된 채권자의 채권의 존부나 범위에 관하여 다툴 수 없다"고 판시하고 있다(대법원 2003. 7. 11. 선고 2003다19572 판결, 대법원 2017. 9. 21. 선고 2015다53841 판결).

위 판례의 사안은 원고가 채무자를 상대로 한 채무이행소송과 수익자를 상대로 한 사해행위 취소소송을 병합하여 제기하여 제1심에서 전부 승소하고 채무자가 항소를 하지 않아 그 부분은 분리 확정되고 수익자만 항소하여 채권자와 수익자 사이에서 사해행위취소소송의 항소심 및 상고심이 진행된 사건들이다. 위와 같은 사안에서 대법원은 사해행위취소소송의 피고인 수익자는 이미 확정된 채무자를 상대로 한 이행소송판결에 따른 결론, 즉 피보전채권의 존재 및 범위에 관해 더 이상 다툴 수 없다고 판시한 것이다.

대법원의 위와 같은 판시는 채권자대위소송에 관한 법리, 즉 "채권자대위권을 재판상 행사하는 경우에 있어서도 채권자인 원고는 그 채권의 존재사실 및 보전의 필요성, 기한의 도래 등을 입증하면 족한 것이지, 채권의 발생원인사실 또는 그 채권이 제3채무자인 피고에게 대항할 수 있는 채권이라는 사실까지 입증할 필요는 없으며, 따라서 채권자가 채무자를 상대로 하여 그 보전되는 청구권에 기한 이행청구의 소를 제기하여 승소판결이 확정되면 제3채무자는 그 청구권의 존재를 다툴 수 없다."(대법원 2000. 6. 9. 선고 98다18155 판결 등)는 판례이론을 채권자취소소송에 적용한 것으로 보이나[244] 수긍하기 어렵다.

채권자대위소송은 제3자의 소송담당의 한 형태로서 채권자는 채무자의 권리

244 최복규, "채권자와 채무자 사이의 확정판결에 의하여 채권자가 채권자취소권을 행사할 수 있는 채권액을 산정함에 있어 구 소송촉진등에관한특례법(2003. 5. 10. 법률 제6868호로 개정되기 이전의 것) 제3조 제1항 본문에 대한 위헌결정이 그 효력을 미치는지 여부(대법원 2003. 7. 11. 선고 2003다19572 판결 : 공2003하, 1720)", 대법원판례해설 제47호, 법원도서관(2004), 283-286은 위 판결에 대해 해설하면서 "결국, 채권자대위에 있어 채권자의 채무자, 즉 피대위자에 대한 채권의 존재가 확정판결 등에 의하여 확정된 경우에는 상대방이 그 채권의 존부에 관하여 다툴 수 없다고 보는 이상, 채권자취소소송에 있어서도 채권자의 채무자에 대한 채권의 존부 및 범위가 기판력 있는 확정판결 등을 통하여 확정되면, 수익자나 전득자가 이에 대하여 다툴 수 없는 것으로 보아야 할 것이다."라고 설명하고 있다.

를 대위하여 행사하는 것이고, 피보전채권의 존재는 소송요건이 되는 반면, 채권자취소소송은 채권자가 자신의 권리로 수익자 또는 전득자를 상대로 사해행위의 취소 및 원상회복을 구하는 소송으로서 피보전채권이 소송요건이 아니고 요건사실 중 하나일 뿐이다. 채권자취소소송에서 피보전채권의 존재 여부 및 범위는 수익자 또는 전득자를 상대로 한 사해행위취소 및 원상회복의 인정 여부 및 그 범위를 결정하는 데 중요한 요소가 되므로 수익자 또는 전득자로서는 피보전채권의 존부 및 범위에 관해 다툴 정당한 이익을 독자적으로 가지고 있다고 할 수 있다.

나아가 채권자가 채무자를 상대로 제기한 채무이행소송과 수익자 또는 전득자를 상대로 한 채권자취소소송은 소송당사자도 다르고 소송물도 별개이므로 기판력이 미칠 수 없다. 원고의 편의에 의해 채무자와 수익자 또는 전득자가 주관적 병합의 형태로 공동소송인이 되었을 뿐 그들의 이해관계는 서로 다르다. 채무자로서는 피보전채권의 존재 및 범위에 관해 다투지 않을 수도 있고, 실제로 자백간주로 원고 승소판결이 선고되는 경우가 많지만, 수익자 또는 전득자는 사해행위취소청구에 대해 적극적으로 다투는 경우가 많은데, 수익자 또는 전득자가 관여하지 않은 채권자와 채무자 사이의 이행소송판결의 결론에 기속당해 더 이상 피보전채권의 존재 여부 및 범위에 관해 다투지 못한다고 하는 것은 지나치다. 어느 모로 보나 채권자의 채무자를 상대로 한 이행소송의 판결이 확정되었다고 하더라도 수익자 또는 전득자는 독자적인 지위에서 이를 다툴 수 있다고 보는 것이 소송법적으로도 타당하고 국민의 법감정에도 부합하는 자연스러운 결론이라고 할 것이다.[245]

4) 피보전채권의 시효소멸 항변

채권자취소소송에서 수익자 또는 전득자는 취소채권자의 채무자에 대한 채권, 즉 피보전채권이 시효로 소멸하였다는 항변을 제기할 수 있다. 피보전채권의 소멸에 의해 직접적이고 독자적인 이익을 받기 때문이다.

대법원도 "소멸시효를 원용할 수 있는 사람은 권리의 소멸에 의하여 직접 이익을 받는 자에 한정되는바, 사해행위취소소송의 상대방이 된 사해행위의 수익자는, 사해행위가 취소되면 사해행위에 의하여 얻은 이익을 상실하고 사해행위취소권을 행사하는 채권자의 채권이 소멸하면 그와 같은 이익의 상실을 면하는 지위

245 같은 뜻 이순동, 채권자취소권(제3판), 육법사(2017), 664-666; 조해섭, 채권자취소권법, 법문사(2019), 368-370.

에 있으므로, 그 채권의 소멸에 의하여 직접 이익을 받는 자에 해당하는 것으로 보아야 한다."고 판시하였다(대법원 2007. 11. 29. 선고 2007다54849 판결).

이 점에서 채권자취소소송의 피고인 수익자 또는 전득자의 지위는 채권자대위소송의 제3채무자의 지위와 다르다. 즉, 대법원은 "채권자가 채권자대위권을 행사하여 제3자에 대하여 하는 청구에 있어서, 제3채무자는 채무자가 채권자에 대하여 가지는 항변으로 대항할 수 없고, 채권의 소멸시효가 완성된 경우 이를 원용할 수 있는 자는 원칙적으로는 시효이익을 직접 받는 자뿐이고, 채권자대위소송의 제3채무자는 이를 행사할 수 없다."(대법원 2004. 2. 12. 선고 2001다10151 판결)는 입장이다.

나. 사해행위취소소송의 경합

1) 복수의 채권자취소소송 가능

동일한 사건에 대한 중복제소는 부적법하다. 민사소송법 제259조(중복된 소제기의 금지)는 "법원에 계속되어 있는 사건에 대하여 당사자는 다시 소를 제기하지 못한다."고 규정하여 중복제소금지원칙을 천명하고 있다. 중복제소에 해당하기 위해서는 당사자와 소송물이 동일하고, 전소가 법원에 소송계속 중이어야 한다. 후소가 전소와 같은 법원에 제기되었는지 아니면 다른 법원에 제기되었는지 여부는 문제되지 않는다.

1인의 채권자가 채권자취소소송을 제기하여 소송계속 중인데 다른 채권자가 거듭하여 별소로서 동일한 수익자 또는 전득자를 피고로 하여 동일한 사해행위에 대한 채권자취소소송을 제기할 수 있는가의 문제가 있다.

채권자가 다수 있는 경우 각 채권자는 자기 고유의 권리로서 채무자의 재산처분 행위를 취소하고 일탈재산의 반환을 구할 수 있으므로 각 채권자가 동시 또는 이시에 별소를 제기한 경우 이들 소송은 채권자대위소송과는 달리 중복제소에 해당한다고 할 수 없고 채권자별로 소송물도 별개라고 할 것이다. 소송의 결론도 각기 다르게 날 수 있다. 즉, 전소에서는 피보전채권 또는 사해행위가 인정되지 않는다고 하여 청구기각 판결이 선고되었다고 하더라도 후소에서는 주장 및 입증의 정도에 따라 청구인용판결이 선고될 수 있는 것이다.

판례도, 채권자취소권의 요건을 갖춘 각 채권자는 고유의 권리로서 채무자의 재산처분 행위를 취소하고 그 원상회복을 구할 수 있는 것이므로 각 채권자가 동시 또는 이시에 채권자취소 및 원상회복소송을 제기한 경우 이들 소송이 중복제소에 해당하는 것이 아니라고 한다(대법원 2014. 8. 20. 선고 2014다28114 판결 등).

이와 같이 채권자취소소송에서의 각 채권자는 각자 고유의 취소권을 가진다고 생각할 수밖에 없고 별소가 계속되더라도 당사자의 동일성의 요건은 흠결되기 때문에 중복제소가 되지 아니하며, 병합하더라도 당사자와 소송물이 별개여서 단순한 주관적 객관적 병합에 불과하며, 판결은 각 채권자별로 독립하여 행하여진다.

2) 후소의 이익이 없다고 보는 시점: 회복시설(回復時說)

이와 같이 복수의 채권자들은 동일한 수익자 또는 전득자를 상대로 독자적으로 채권자취소소송을 제기할 수 있음이 원칙이나, 채권자취소의 효과는 모든 채권자를 위하여 그 효력이 있으므로(민법 제407조), 어느 일방 채권자가 먼저 수익자를 상대로 채권자취소소송을 제기하여 취소판결을 받아 확정되고 그에 따라 재산이나 가액의 회복을 마친 뒤라면, 다른 채권자의 채권자취소소송은 그와 중첩되는 범위에서 권리보호이익이 없다고 해야 할 것이다.

사해행위취소의 전소가 제기되어 이미 승소판결을 받은 경우 후소의 이익이 없게 되는 시점에 대하여 ①'전소의 판결확정시'라는 설(확정시설)[246]과 ②확정된 취소판결에 따라 재산이나 가액의 회복을 마친 시점이라는 설(회복시설)[247]이 대립하고 있다.

채권자취소권 행사에 의한 사해행위의 취소와 원상회복은 모든 채권자의 이익을 위하여 그 효력이 있다고 한 민법 제407조의 규정에 비추어 볼 때 경합된 소송 중 전소의 판결확정만으로 부족하고 현실적인 회복이 이루어져야 그 중첩된 범위 내에서 후소의 소의 이익이 없어지게 된다고 보아야 하므로 회복시설이 타당하다고 본다. 또한 경합소송의 판결이 확정되더라도 취소채권자가 집행을 하지 않는다면 다른 채권자, 채무자, 수익자 또는 전득자 등 어느 누구도 그 확정판결에 따른 집행을 할 수 없기 때문에 현실적인 회복을 마친 것을 소의 이익을 부정하는 요건으로 삼아야 할 것이다.

대법원도 "어느 한 채권자가 동일한 사해행위에 관하여 사해행위취소 및 원상회복청구를 하여 승소판결을 받아 그 판결이 확정되었다는 것만으로는 그 후에

246 민법주해 IX, 채권(2), 박영사(1995), 838(김능환); 오영준, "사해행위취소권과 채권자평등주의", 사법논집 제32집, 법원도서관(2001), 178.

247 조해섭, 채권자취소권법, 법문사(2019), 377; 윤경, "사해행위취소와 가액배상", 저스티스 제34권 제5호, 한국법학원(2001), 137.

제기된 다른 채권자의 동일한 청구가 권리보호의 이익이 없게 되는 것은 아니다. 그러나 확정된 판결에 기하여 재산이나 가액의 회복을 마친 경우에는 다른 채권자의 사해행위취소 및 원상회복청구는 그와 중첩되는 범위 내에서 권리보호의 이익이 없게 된다."고 판시(대법원 2003. 7. 11. 선고 2003다19558 판결, 대법원 2005. 5. 27. 선고 2004다67806 판결, 대법원 2014. 8. 20. 선고 2014다28114 판결)하여 회복시설을 취하고 있다.

따라서 어느 한 채권자가 동일한 사해행위에 관하여 채권자취소 및 원상회복청구를 하여 승소판결을 받아 그 판결이 확정되었다는 것만으로 그 후에 제기된 다른 채권자의 동일한 채권자취소 및 원상회복청구가 권리보호의 이익이 없어지게 되는 것은 아니고, 그에 기하여 재산이나 가액의 회복을 마친 경우에 비로소 다른 채권자의 채권자취소 및 원상회복청구는 그와 중첩되는 범위 내에서 권리보호의 이익이 없게 된다. 전소의 원고가 승소확정판결을 받았지만 나아가 원상회복을 마치지 아니한 경우 후소는 여전히 소의 이익이 있다.

3) 복수 소송인 경우 가액배상금의 산정: 전액지급설

채권자취소소송이 경합되었고 각기 가액배상을 명해야 할 경우 수익자 또는 전득자가 지급할 가액배상금은 채권자들의 피보전채권액을 안분한 금액인지 아니면 다른 채권자의 채권은 고려할 필요가 없이 전액 지급을 명하면 되는 것인지의 문제가 있다.

대법원은 "여러 명의 채권자가 사해행위취소 및 원상회복청구의 소를 제기하여 여러 개의 소송이 계속중인 경우에는 각 소송에서 채권자의 청구에 따라 사해행위의 취소 및 원상회복을 명하는 판결을 선고하여야 하고, 수익자(전득자를 포함한다)가 가액배상을 하여야 할 경우에도 수익자가 반환하여야 할 가액을 채권자의 채권액에 비례하여 채권자별로 안분한 범위 내에서 반환을 명할 것이 아니라, 수익자가 반환하여야 할 가액 범위 내에서 각 채권자의 피보전채권액 전액의 반환을 명하여야 한다."(대법원 2008. 4. 24. 선고 2007다84352 판결)고 하여 전액지급설을 취하고 있다.

이와 같이 여러 개의 채권자취소소송이 제기되어 별도로 진행되는 경우 법원으로서는, 먼저 확정된 채권자취소판결에 의해 실제로 원상회복이 이루어지지 않은 이상, 각 채권자취소소송에서 다른 채권자의 채권을 고려할 필요없이 가액배상금을 산정하면 된다.

4) 수익자의 이중지급 방지책

채권자취소의 선행 소송 판결이 확정되었다고 하더라도 이에 따른 현실적인 회복이 이루어지지 않은 동안에 후행 채권자취소소송이 제기되면 판결이 중첩되어 선고되어 확정될 수 있다. 이 경우 각 사해행위취소 판결은 모두 그 효력이 있고 중첩된 판결들 사이에서는 우열이 없다. 그 당연한 결과로 수익자 또는 전득자는 중첩된 범위 내에서 이중집행을 당할 위험성이 높다.

대법원은 "여러 개의 소송에서 수익자가 배상하여야 할 가액 전액의 반환을 명하는 판결이 선고되어 확정될 경우 수익자는 이중으로 가액을 반환하게 될 위험에 처할 수 있을 것이나, 수익자가 어느 채권자에게 자신이 배상할 가액의 일부 또는 전부를 반환한 때에는 그 범위 내에서 다른 채권자에 대하여 청구이의 등의 방법으로 이중지급을 거부할 수 있다."고 한다(대법원 2008. 4. 24. 선고 2007다84352 판결 등).

따라서 이중집행의 위험이 있는 수익자 또는 전득자는 그 중 어느 판결에 기하여 이미 집행을 당하였다면 다른 판결에 기한 집행에 대하여 권리남용을 이유로 청구이의의 소를 제기할 수 있고, 만일 이중집행을 당한 경우에는 이중집행된 목적물이 반환된 상대방인 채무자 또는 취소채권자를 상대로 부당이득반환청구를 할 수 있을 것이다.[248]

5) 수익자 또는 전득자의 가액배상금 공탁 가부

이중집행의 위험이 있는 수익자 또는 전득자는 권리로서 가액배상금을 공탁할 수 있다고 보는 견해들이 있다. 즉, 경합된 채권자취소소송의 판결이 있고 수익자 또는 전득자로서는 채권자들 사이의 가액배상금 채권의 부분적 귀속관계를 정확하게 알 수 없으므로 취소채권자 전부를 피공탁자로 하여 민법 제487조 후단의 채권자불확지의 변제공탁을 할 수 있다거나,[249] 수익자 또는 전득자는 채권가압류의 제3채무자의 지위와 유사하므로 민사집행법 제291조, 제248조 제1항을 유추적용하여 가액배상금을 집행공탁할 수 있고 취소채권자는 수익자를 상대로 가액배상금의 공탁을 요구할 수 있다고 보자는 것이다.[250]

248 윤경, "사해행위취소와 가액배상", 저스티스 제34권 제5호, 한국법학원(2001), 139-140.
249 조해섭, 채권자취소권법, 법문사(2019), 375-376, 667-669.
250 하현국, "채권자취소로 인한 가액배상과 취소채권자의 우선변제", 민사재판의 제문제 19권, 한국사법행정학회(2010), 94-105.

대법원은 "동일한 금액 범위 내의 사해행위취소 및 가액배상을 구하는 소송을 제기한 수인의 취소채권자들 중 누구에게 가액배상금을 지급하여야 하는지 알 수 없다는 이유로 채권자들의 청구금액 중 판결 또는 화해권고결정 등에 의하여 가장 다액으로 확정된 금액 상당을 공탁금액으로 하고 그 취소채권자 전부를 피공탁자로 하여 상대적 불확지공탁을 한 경우, 피공탁자 각자는 공탁서의 기재에 따라 각자의 소송에서 확정된 판결 또는 화해권고결정 등에서 인정된 가액배상금의 비율에 따라 공탁금을 출급청구할 수 있을 뿐이다."(대법원 2007. 5. 31. 선고 2007다3391 판결)고 하여 위와 같은 공탁가능성에 관해 언급한 바 있으나 판결이유에서 '이 변제공탁의 방법이 적절하였는지는 별론으로 하고'라고 하여 이러한 공탁이 가능한지에 관해 명확한 결론을 내지 않았다.

생각건대, 수익자 또는 전득자가 이중지급을 방지하기 위해 가액배상금을 공탁하는 방안을 검토해 보는 것은 충분히 경청해 볼 만한 견해이나,[251] 먼저 채권자불확지의 변제공탁에 관해 보면, 수익자 또는 전득자로서는 복수의 취소채권자들에 대해 부담하는 가액배상금 지급채무의 존재 및 그 금액에 관해 잘 알고 있고 다만 채권자들 사이의 내부 분배관계에 대해서만 잘 모르겠다는 것이므로, 이것이 민법 제487조 후단의 '변제자가 과실없이 채권자를 알 수 없는 경우'에 해당하는지 법리적으로 의문이고, 실제적인 유용성 측면에서 보더라도 피공탁자로 기재되지 않은 다른 채권자들은 그 가액배상금에 대해 권리를 행사할 수 없게 되는 문제점이 있을 뿐만 아니라, 피공탁자로 기재된 취소채권자들의 입장에서 보면 이들은 원래 가액배상판결을 받았으므로 바로 수익자 또는 전득자를 상대로 강제집행할 수 있는 입장에 있었는데 이러한 변제공탁이 허용된다면 취소채권자들은 가액배상금을 수령하기 위해 다른 피공탁자를 상대로 공탁물출급청구권의 확인을 구하는 별도의 소를 제기하여야 한다는 것이 되어 큰 불이익을 입게 된다. 따라서 현실적 유용성의 측면에서도 위와 같은 채권자불확지의 변제공탁을 허용하는 것이 과연 채권자취소소송의 관계 당사자들 사이의 이해관계를 충분히 절충한 합리적인 해결책인지 의문이라 하지 않을 수 없다. 한편, 집행공탁설에 관해 보면, 가액배상판결을 받은 수익자 또는 전득자의 지위가 과연 채권가압류명령을 받은 제

251 이순동, 채권자취소권(제3판), 육법사(2017), 636은 '여러 명의 채권자로부터 소송을 제기 당한 수익자 또는 전득자에게 자신이 배상할 금액을 공탁함으로써 책임을 면할 수 있는 방안이 검토되어야 한다'고 의견을 밝히고 있다.

3채무자의 지위와 같다고 할 수 있는지 근본적인 의문이 있을 뿐만 아니라 명문의 규정이 없는 상태에서 이를 선뜻 받아들이기 어렵다는 난점이 있어 역시 찬동하기 어렵다. 결국 이 문제는 입법적으로 해결되어야 하지 해석론을 통해 성급히 공탁을 허용하는 것은 곤란할 것으로 본다.[252]

다. 청구변경 등

1) 동일한 채권자의 중복 소송

동일한 채권자가 동일한 피고(수익자 또는 전득자)를 상대로 채권자취소소송을 중복하여 제기하면 후소는 부적법하여 각하된다. 이는 전소나 후소 중 어느 하나가 승계참가신청에 의하여 이루어진 경우에도 마찬가지이다. 전소, 후소의 구분은 소송계속의 발생시기의 선후, 즉 소장 또는 그와 동일한 서면이 상대방에게 송달된 때를 기준으로 판단한다.

한편, 채권자가 사해행위취소 및 원상회복청구를 하면서 보전하고자 하는 채권을 추가하거나 교환하는 것은 사해행위취소권과 원상회복청구권을 이유 있게 하는 공격방법에 관한 주장을 변경하는 것일 뿐이지 소송물 또는 청구 자체를 변경하는 것이 아니므로, 채권자가 보전하고자 하는 채권을 달리하여 동일한 법률행위의 취소 및 원상회복을 구하는 채권자취소의 소를 이중으로 제기하는 경우 전소와 후소는 소송물이 동일하다고 보아야 한다(대법원 2012. 7. 5. 선고 2010다80503 판결).

또, 채권자가 채무자의 어떤 금원지급행위가 사해행위에 해당한다고 하여 그 취소를 청구하면서 다만 그 금원지급행위의 법률적 평가와 관련하여 증여 또는 변제로 달리 주장하는 것은 그 사해행위취소권을 이유 있게 하는 공격방법에 관한 주장을 달리하는 것일 뿐이지 소송물 또는 청구 자체를 달리하는 것으로 볼 수 없다(대법원 2005. 3. 25. 선고 2004다10985, 10992 판결).

따라서 제소기간 내에 소를 제기하면서 채무자의 금원지급행위에 대한 사해행위취소 및 원상회복을 구하였다가 제소기간 경과 후에 그 금원지급행위에 관하

252 2014년에 법무부 민법개정위원회에서 마련한 민법 개정안 제407조의4 및 민사집행법 제248조의2 규정을 보면, 수익자 또는 전득자로부터 금전을 수령한 채권자는 채무자의 채권자에 대한 반환채권에 관하여 압류명령을 받은 것으로 보도록 하고, 일정 기간 동안 채권자는 자기의 채권으로 채무자에 대한 반환채무와 상계하지 못하며, 다른 채권자가 그 기간 내에 압류, 가압류 또는 배당요구를 하면 민사집행법 제248조 제2항 또는 제3항에 따른 집행공탁을 하도록 하고 있다. 윤진수, 권영준, "채권자취소권에 관한 민법 개정안 연구", 민사법학 제66호, 한국사법행정학회(2015), 529-537.

여 증여 또는 변제로 주장하는 것은 청구의 변경이 아니므로 부적법한 것이 되지 않는다.

2) 청구취지 변경

청구취지의 변경은 원칙적으로 소의 변경이 되므로 그 변경시를 기준으로 제소기간 준수 여부를 판단해야 한다.

다만, 대법원은 "공동저당권이 설정된 수 개의 부동산에 관한 일괄 매매행위가 사해행위에 해당함을 이유로 그 매매계약의 전부 취소 및 그 원상회복으로서 각 소유권이전등기의 말소를 구하다가 사해행위 이후 저당권이 소멸된 사정을 감안하여 법률상 이러한 경우 원상회복이 허용되는 범위 내의 가액배상을 구하는 것으로 청구취지를 변경하면서 그에 맞추어 사해행위취소의 청구취지를 변경한 데에 불과한 경우에는 하나의 매매계약으로서의 당해 사해행위의 취소를 구하는 소 제기의 효과는 그대로 유지되고 있다고 봄이 상당하다 할 것이므로 비록 취소소송의 제척기간이 경과한 후에 당초의 청구취지변경이 잘못 되었음을 이유로 다시 위 매매계약의 전부취소 및 소유권이전등기의 말소를 구하는 것으로 청구취지를 변경한다 해도 최초 소 제기시에 발생한 제척기간 준수의 효과에는 영향이 없다."고 하였다(대법원 2005. 5. 27. 선고 2004다67806 판결).

같은 취지로, 원고가 사해행위를 이유로 수익자를 상대로 배당이의의 소를 제기하면서 당초 소장의 청구취지로 배당표 경정청구만 기재하였다가 재판부의 석명준비명령을 받고 청구취지 변경신청서를 제출하면서 사해행위취소를 청구취지에 추가 기재한 사안에서, 대법원은 "원고가 이 사건 소장의 청구취지에 이 사건 배당표 경정청구만을 기재한 것은 소송물을 사해행위취소소송에서의 원상회복청구에 한정하고자 한 것이 아니라 착오로 사해행위취소청구 부분을 누락한 것으로 봄이 상당하고, 원고의 위와 같은 청구취지 변경은 청구취지의 보충 내지는 정정으로 볼 수 있을지언정 이를 가리켜 새로운 소의 제기라고 볼 수는 없다."고 하면서 청구취지 변경신청서를 제출한 때에 비로소 사해행위취소청구의 소를 제기한 것으로 보아 제척기간 도과를 이유로 소가 부적법하다고 판단한 원심판결을 파기하였다(대법원 2019. 10. 31. 선고 2019다215746 판결).

3) 수익자 판결의 기판력과 전득자에 대한 제소

채권자가 수익자를 상대로 사해행위취소를 구하는 소를 제기하여 채무자와 수익자 사이의 법률행위를 취소하는 내용의 판결이 선고되어 확정되었더라도 판결의 효력은 그 소송의 피고가 아닌 전득자에게는 미치지 아니하므로, 채권자가 전득자에 대하여 채권자취소권을 행사하여 원상회복을 구하기 위하여는 민법 제406조 제2항에서 정한 기간 안에 별도로 전득자에 대한 관계에서 채무자와 수익자 사이의 사해행위를 취소하는 청구를 하여야 한다. 이는 기존 전득자 명의의 등기가 말소된 후 다시 새로운 전득자 명의의 등기가 경료되어 새로운 전득자에 대한 관계에서 채무자와 수익자 사이의 사해행위를 취소하는 청구를 하는 경우에도 마찬가지이다(대법원 2014. 2. 13. 선고 2012다204013 판결).

라. 공동소송

1) 문제의 소재

채권자취소소송의 원고 또는 피고 중 일방 당사자가 복수이거나 쌍방 당사자가 모두 복수인 경우가 있을 수 있다. 예컨대 채무자가 수 개의 책임재산을 여러 수익자에게 처분한 경우 그들 수익자가 공동피고가 될 수 있고, 하나의 처분행위에 기초한 수익자와 전득자가 있는 경우 그 수익자와 전득자가 공동피고가 될 수 있으며, 여러 채권자가 공동원고가 되어 동일한 수익자 또는 전득자를 상대로 채권자취소소송을 제기하거나 각기 별도로 채권자취소소송을 제기하였다가 변론이 병합될 수도 있다. 어느 경우든 이들 공동소송은 모두 가능하고 통상의 공동소송으로 진행된다.

채권자취소소송의 결과 원물반환의 방법으로 원상회복이 이루어지는 경우에는 공동소송이더라도 특별히 문제될 것은 없다. 그런데 가액배상의 방법으로 원상회복이 되는 경우에는 피보전채권액 및 가액배상 한도액과의 관계에서 복잡한 문제가 제기될 수 있다.

저당권이 설정된 부동산이 사해행위에 의해 수익자에게 이전된 후 그 저당권설정등기가 말소된 경우, 사해행위취소에 따른 원상회복은 가액배상의 방법으로 하게 되는데 그 반환의 범위는 부동산 가액에서 저당권의 피담보채권액을 공제한 잔액인 공동담보가액을 한도로 하고, 한편 채권자가 취소권을 행사할 수 있는 범위는 자신의 피보전채권액을 한도로 하므로, 결국 수익자가 반환할 가액배상 금액은 피보전채권액과 공동담보가액 중에서 더 적은 금액이라고 할 것이다.[253]

채권자취소소송의 원고들의 피보전채권액의 합계가 피고의 가액배상 한도인

253 조해섭, 채권자취소권법, 법문사(2019), 385.

공동담보가액을 초과하고 그들의 청구권 사이에 중첩관계가 존재하는 경우나, 동일한 원고에게 가액배상을 할 여러 명의 피고들이 있고 그들의 의무 사이에 중첩관계가 있는 경우 어떻게 처리할 것인지가 문제된다.

2) 피고가 수인인 공동소송

가) 수익자 및 전득자가 공동피고인 경우

사해행위가 채권자에 의하여 취소되기 전에 이미 수익자 또는 전득자가 배당금을 지급받은 경우에는, 채권자는 원상회복방법으로 수익자 또는 전득자를 상대로 배당으로 수령한 금전의 지급을 가액배상의 방법으로 청구할 수 있다(대법원 2014. 12. 11. 선고 2011다49783 판결 등).

따라서 채무자가 그 소유의 부동산을 사해행위로 수익자에게 양도하고, 수익자는 전득자에게 근저당권설정등기를 경료해 준 뒤 그 근저당권에 기해 배당금을 지급받은 경우나 채무자가 수익자 앞으로 근저당권을 설정해 주고 수익자는 전득자에게 근저당권을 이전해 주었는데 경매절차를 통해 근저당권이 소멸한 경우와 같이 사해행위 후 전득행위가 있고 원물반환이 불가능한 경우 채권자는 수익자 및 전득자 모두를 피고로 하여 사해행위취소 및 원상회복으로서 가액배상을 청구할 수 있다.

사해행위취소에 따라 동일한 목적물에 관한 원상회복으로서 수익자 및 전득자가 모두 가액배상을 해야 하는 경우, 그들의 채무는 동일한 경제적 목적을 가지고 서로 중첩되는 부분에 관하여 일방의 채무가 변제 등으로 소멸할 경우 타방의 채무도 소멸하는 관계에 있다고 할 것이므로, 그 각 가액배상의무는 부진정연대채무의 관계에 있다고 할 것이다.[254] 판례도 같은 취지이다(대법원 2014. 12. 11. 선고 2011다49783 판결).

나) 수인의 수익자가 공동피고인 경우

수인의 수익자가 공동피고가 되어 사해행위취소소송을 진행한 결과 그들이 채권자에게 각기 가액배상의무를 부담하게 될 때 그 각 가액배상의무 또한 부진정연대채무의 관계에 있다고 할 것이다.

예컨대 채무자가 수익자 Y1에게 갑 부동산을 증여하고, 수익자 Y2에게 을 부동산을 증여하였는데, 채권자취소 전에 갑 부동산과 을 부동산 위에 있던 근저당

254 조해섭, 채권자취소권법, 법문사(2019), 386.

권설정등기가 각기 말소된 경우가 여기에 해당한다.

다) 공동피고의 가액배상금 지급의무의 중첩관계 표시방법

취소채권자의 피보전채권액이 수인의 수익자가 부담하는 가액배상 한도의 합계액을 초과하는 경우에는 각 수익자들에 대하여 각자의 가액배상 한도액의 지급을 명하면 되고,[255] 취소채권자의 피보전채권액이 수인의 수익자가 부담하는 각 가액배상금액보다 적은 경우에는 그 피보전채권액을 공동하여 지급하도록 명하면 되므로[256] 특별히 문제될 것이 없지만, 취소채권자의 피보전채권액이 각 수익자의 개별 가액배상 한도액은 초과하지만 수익자들의 가액배상 합계액에는 미달하는 경우 각 수익자가 지급하여야 할 금액을 구체적으로 어떻게 산정할 것인가의 문제가 있다.

예컨대, 취소채권자의 피보전채권액이 4억 원, 채무자가 수익자 Y1에게 양도한 부동산의 공동담보가액(부동산 가액 - 근저당권의 피담보채권액)이 3억 원, 채무자가 수익자 Y2에게 양도한 다른 부동산의 공동담보가액이 2억 원인 경우를 본다.

대법원은 "채권자가 여러 수익자들을 상대로 사해행위취소 및 원상회복청구의 소를 제기하여 여러 개의 소송이 계속 중인 경우에는 각 소송에서 채권자의 청구에 따라 사해행위의 취소 및 원상회복을 명하는 판결을 선고하여야 하며, 수익자가 가액배상을 하여야 할 경우에도 다른 소송의 결과를 참작할 필요 없이 수익자가 반환하여야 할 가액 범위 내에서 채권자의 피보전채권 전액의 반환을 명하여야 한다. 그리고 이러한 법리는 이 사건에서와 같이 채무자가 동시에 수인의 수익자들에게 각기 금원을 증여한 결과 채무초과상태가 되거나 그러한 상태가 악화됨으로써 그와 같은 각각의 증여행위가 모두 사해행위로 되고, 채권자가 그 수익자들을 공동피고로 하여 사해행위취소 및 원상회복을 구하여 각 수익자들이 부담하는 원상회복금액을 합산한 금액이 채권자의 피보전채권액을 초과하는 경우에도 마찬가지라고 할 것이다."(대법원 2014. 10. 27. 선고 2014다41575 판결)고 판시하였다.

즉, 판례는 각 수익자의 가액배상금 지급액은 각 그 가액배상 한도액인 공동담보가액의 비율에 따라 안분하여 산정할 것이 아니라 각 수익자로 하여금 그 가

255 예컨대, X의 피보전채권액이 6억 원, 수익자 Y1의 공동담보가액이 3억 원, 수익자 Y2의 공동담보가액이 2억 원인 경우, "원고에게, 피고 Y1은 3억 원, 피고 Y2는 2억원을 각 지급하라"고 하면 된다.
256 예컨대, X의 피보전채권액이 1억 원, 수익자 Y1의 공동담보가액이 3억 원, 수익자 Y2의 공동담보가액이 2억 원인 경우, "피고들(Y1, Y2)들은 공동하여 원고에게 1억 원을 지급하라"고 하면 된다.

액배상 한도액의 범위 내에서 채권자의 피보전채권액 전액을 각기 지급하도록 하여야 한다는 것이다.

앞의 사례의 경우 수익자 Y1과 Y2는 각각 그 부동산의 공동담보가액인 가액배상 한도액의 범위 내에서 채권자의 피보전채권액인 4억 원에 이르기까지의 금액을 부진정연대하여 지급할 의무가 있다. 따라서 이 경우 판결 주문(또는 청구취지)은 "피고 Y1, 피고 Y2는 4억 원의 한도 내에서 공동하여 원고에게, 피고 Y1은 3억 원을, 피고 Y2는 2억 원을 각 지급하라"는 것이 될 것이다(안분지급설에 의하면, "원고에게, 피고 Y1은 2억 4천만 원[257]을, 피고 Y2는 1억 6천만 원[258]을 각 지급하라"는 것이 될 터인데, 대법원은 이렇게 하지 말라고 판시한 것이다).

3) 원고가 수인인 공동소송

가) 문제의 소재

여러 명의 채권자들이 처음부터 공동원고가 되어 채권자취소소송을 제기하거나 각각 제기한 채권자취소소송이 변론병합 되었는데, 채권자들의 피보전채권액의 합계가 수익자의 가액배상 한도액을 초과하는 경우 어떻게 처리할 것인지 문제된다.

경우를 나누어본다.

- 사례 1: 취소채권자 X1의 피보전채권액이 3억 원, X2의 피보전채권액이 2억 원이고, 채무자가 수익자 Y에게 처분한 부동산의 공동담보가액이 4억 원(부동산 가액 6억 원 - 근저당권의 피담보채권액 2억 원)인 경우
- 사례 2: 취소채권자 X1의 피보전채권액이 3억 원, X2의 피보전채권액이 2억 원이고, 채무자가 수익자 Y에게 처분한 부동산의 공동담보가액이 1억 원인 경우
- 사례 3: 취소채권자 X1의 피보전채권액이 3억 원, X2의 피보전채권액이 2억 원이고, 채무자가 수익자 Y에게 처분한 부동산의 공동담보가액이 6억 원인 경우

나) 전액지급설

257 400,000,000원 x 300,000,000원/(300,000,000원 + 200,000,000원).
258 400,000,000원 x 200,000,000원/(300,000,000원 + 200,000,000원).

이 경우에 관해서도 채무자가 수인인 경우와 마찬가지로 안분지급설과 전액지급설로 견해가 나뉘나, 대법원은 "여러 명의 채권자가 사해행위취소 및 원상회복청구의 소를 제기하여 여러 개의 소송이 계속중인 경우에는 각 소송에서 채권자의 청구에 따라 사해행위의 취소 및 원상회복을 명하는 판결을 선고하여야 하고, 수익자 또는 전득자가 가액배상을 하여야 할 경우에도 수익자 등이 반환하여야 할 가액을 채권자의 채권액에 비례하여 채권자별로 안분한 범위 내에서 반환을 명할 것이 아니라, 수익자 등이 반환하여야 할 가액 범위 내에서 각 채권자의 피보전채권액 전액의 반환을 명하여야 한다. 이와 같은 법리는 여러 명의 채권자들이 제기한 각 사해행위취소 및 원상회복청구의 소가 민사소송법 제141조에 의하여 병합되어 하나의 소송절차에서 심판을 받는 경우에도 마찬가지이다."(대법원 2008. 6. 12. 선고 2008다8690, 8706 판결)라고 판시하여 전액지급설을 취하였다.

다) 공동원고에 대한 가액배상금 지급의무의 중첩관계 표시방법

취소채권자들의 청구액 합계가 가액배상금을 초과하는 경우 이들 상호간의 중첩관계를 어떻게 표시하고 어떻게 처리할 것인가의 문제가 있다.

이에 관해서는 안분지급설, 연대채권설, 채무자반환설[259] 등이 있으나, 민법 제409조의 불가분채권에 관한 규정 및 그에 관한 법리를 유추적용하여 해결하는 것이 합리적이라는 견해(불가분채권설)[260]가 타당하다고 본다.

따라서 취소채권자가 수인인 경우 각 취소채권자는 각기 수익자를 상대로 자신의 가액배상금 전부의 이행을 청구할 수 있고, 수익자는 인정되는 가액배상 한도액의 범위 내에서 모든 취소채권자를 위하여 각 취소채권자에게 인정되는 각 가액배상금 전부를 이행하여야 한다.

라) 전액지급설 및 불가분채권설에 따른 사례 해설

전액지급설 및 불가분채권설에 따라 앞의 각 사례들을 검토해보면 다음과 같은 결론에 이르게 된다.

- 사례 1: 수익자 Y는 가액배상 한도액 4억 원의 범위 내에서 채권자 X1에게 피보전채권액 3억 원 전액, 채권자 X2에게 피보전채권액 2억 원 전액을 각 가액배상금으로 지급하면 된다. 채권자들의 피보전

259 오영준, "사해행위취소권과 채권자평등주의", 사법논집 제32집, 법원도서관(2001), 196-200('수익자는 채무자에게 가액배상금을 지급하라'는 형식으로 판결주문을 선고하는 것이 타당하다고 한다).
260 조해섭, 채권자취소권법, 법문사(2019), 396.

채권액 비율로 안분하여 지급하는 것이 아니다. 따라서 이 경우 판결주문(또는 청구취지)은 "소외인(채무자)과 피고 사이의 사해행위를 4억 원의 한도에서 취소한다. 피고는 4억 원의 한도 내에서, X1에게 3억 원, X2에게 2억 원을 각 지급하라."는 형식이 될 것이다.

- 사례 2: 수익자 Y는 X1, X2에게 각기 가액배상금 1억 원의 지급의무를 부담하되 그 한도는 가액배상 한도액 1억 원이 되므로, X1, X2 중 한 사람에게 1억 원 모두를 지급해도 되고 그들에게 나누어 합계 1억 원을 지급해도 된다. 따라서 이 경우 판결주문은 "소외인(채무자)과 피고 사이의 사해행위를 1억 원의 한도에서 취소한다. 피고는 원고들(X1, X2)에게 1억 원을 지급하라."는 것이 될 것이다.

앞서 본 대법원 2008. 6. 12. 선고 2008다8690, 8706 판결의 사안이 바로 이 사례 2의 경우에 대한 것이다. 원심은 안분지급설을 취하여 수익자 Y는 가액배상 한도액 1억 원을 채권자 X1과 X2의 피보전채권액 비율로 안분한 금액, 즉 X1에게 60,000,000원,[261] X2에게 40,000,000원[262]을 각 지급하도록 판결하였는데, 대법원은 전액지급설에 따라 이를 파기하고 수익자 Y는 1억 원의 한도 내에서 X1과 X2에게 각각 가액배상금 1억 원을 지급하도록 "피고는 원고들(X1, X2)에게 1억 원을 지급하라."라고 명하는 것이 옳다는 취지로 판시한 것이다.[263]

- 사례 3: 채권자들의 피보전채권액 합계액이 수익자의 가액배상 한도인 공동담보가액보다 적은 경우이므로 중첩관계가 발생하지 않는다. 따라서 판결주문은 "소외인(채무자)과 피고 사이의 사해행위를 5억 원[264]의 한도에서 취소한다. 피고는 원고 X1에게 3억 원, X2에게 2억 원을 각 지급하라."는 것이 될 것이다.

261 100,000,000원 x 300,000,000원/(300,000,000원 + 200,000,000원).

262 100,000,000원 x 200,000,000원/(300,000,000원 + 200,000,000원).

263 다만, 위와 같은 사례에 관해 아직 실무에서는 여전히 채권자들의 채권액 비율로 안분해서 지급을 명하는 경우가 많은 것으로 보인다. 예컨대 서울고등법원 2020. 1. 16. 선고 2019나2035818 판결, 수원지방법원 2019. 11. 13. 선고 2018나72079 판결 등.

264 채권자들의 피보전채권액 합계액이 수익자의 가액배상 한도인 공동담보가액보다 적으므로 그 합계액 범위 내에서 사해행위를 취소하고 각 채권자의 피보전채권액을 지급하도록 한다. 대법원 1999. 9. 7. 선고 98다41490 판결 참조.

마) 분배의무 유무

취소채권자 상호간의 관계에 관하여 가액배상금을 지급받은 취소채권자는 다른 취소채권자에게 내부관계의 비율에 따라 그의 이익을 분배할 것이라는 견해[265]가 있으나, 판례는 아래에서 보는 것처럼 가액배상금을 수령한 취소채권자에게는 다른 채권자들에 대한 분배의무가 없다는 입장이고, 현행법의 해석으로는 이러한 판례의 태도가 타당하다고 할 것이므로 위 견해에 찬동하기 어렵다.

즉, 대법원은 "사해행위의 취소와 원상회복은 모든 채권자의 이익을 위하여 그 효력이 있으므로(민법 제407조), 채권자취소권의 행사로 채무자에게 회복된 재산에 대하여 취소채권자가 우선변제권을 가지는 것이 아니라 다른 채권자도 총채권액 중 자기의 채권에 해당하는 안분액을 변제받을 수 있는 것이지만, 이는 채권의 공동담보로 회복된 채무자의 책임재산으로부터 민사집행법 등의 법률상 절차를 거쳐 다른 채권자도 안분액을 지급받을 수 있다는 것을 의미하는 것일 뿐, 다른 채권자가 이러한 법률상 절차를 거치지 아니하고 취소채권자를 상대로 하여 안분액의 지급을 직접 구할 수 있는 권리를 취득한다거나, 취소채권자에게 인도받은 재산 또는 가액배상금에 대한 분배의무가 인정된다고 볼 수는 없다. 가액배상금을 수령한 취소채권자가 이러한 분배의무를 부담하지 아니함으로 인하여 사실상 우선변제를 받는 불공평한 결과를 초래하는 경우가 생기더라도, 이러한 불공평은 채무자에 대한 파산절차 등 도산절차를 통하여 시정하거나 가액배상금의 분배절차에 관한 별도의 법률 규정을 마련하여 개선하는 것은 별론으로 하고, 현행 채권자취소 관련 규정의 해석상으로는 불가피하다."(대법원 2008. 6. 12. 선고 2007다37837 판결)는 입장이다.[266]

바) 수익자 또는 전득자가 공탁한 경우

수익자 또는 전득자가 수인의 취소채권자들을 피공탁자로 하여 채권자불확지의 변제공탁을 하거나 집행공탁을 하도록 허용하자는 견해가 있음은 앞에서 본 것과 같다.

이러한 공탁이 허용되는 경우 공탁금의 수령방법에 관해 대법원은, "동일한 금액 범위 내의 사해행위취소 및 가액배상을 구하는 소송을 제기한 수인의 취소

265 조해섭, 채권자취소권법, 법문사(2019), 397.

266 위 판결의 해설로는, 서경환, "가액배상금을 수령한 사해행위취소채권자의 분배의무(소극)", 대법원 판례해설 75호(2008년 상), 법원도서관(2008), 69 이하 참조.

채권자들 중 누구에게 가액배상금을 지급하여야 하는지 알 수 없다는 이유로 채권자들의 청구금액 중 판결 또는 화해권고결정 등에 의하여 가장 다액으로 확정된 금액 상당을 공탁금액으로 하고 그 취소채권자 전부를 피공탁자로 하여 상대적 불확지공탁을 한 경우, 피공탁자 각자는 공탁서의 기재에 따라 각자의 소송에서 확정된 판결 또는 화해권고결정 등에서 인정된 가액배상금의 비율에 따라 공탁금을 출급청구할 수 있을 뿐이다."(대법원 2007. 5. 31. 선고 2007다3391 판결)고 하여 각 채권자들의 가액배상금의 비율(피보전채권액의 비율이 아님에 주의)에 따라 공탁금을 출급할 수 있다고 하였다.

공탁금 수령을 원하는 채권자는 위 법리에 따라 피공탁자로 기재된 다른 취소채권자와 합의하여 그 합의서를 기초로 공탁금을 공동출급하거나 합의에 응하지 않는 피공탁자를 상대로 공탁금출급청구권확인소송을 제기하여 판결을 받은 후 공탁금을 수령할 수 있을 것이나, 공탁이 무효라고 주장하여 바로 수익자 또는 전득자의 재산에 가액배상판결에 기한 강제집행을 시도할 수도 있을 것이다.

마. 회생·파산절차 관련

1) 채무자에 대하여 회생절차가 개시된 경우

가) 채권자취소소송 계속 중에 개시된 경우

(1) 소송절차의 중단 및 수계

채무자 회생 및 파산에 관한 법률 제113조 제1항은 "민법 제406조 제1항이나 신탁법 제8조에 따라 회생채권자가 제기한 소송 또는 파산절차에 의한 부인의 소송이 회생절차개시 당시 계속되어 있는 때에는 소송절차는 중단된다."고 규정하고 있고, 파산절차 및 개인회생절차에 대해서도 동일한 내용의 규정이 있다(제406조, 제584조).

따라서 채권자취소소송이 계속 중에 채무자에 대해 회생절차나 파산, 개인회생절차가 개시되면 소송은 중단되고, 회생관리인 또는 파산관재인이 원고(채권자)의 지위를 수계해야 한다. 다만, 개인회생절차의 경우 관리인이 따로 선임되지 않고 채무자가 계속 재산의 관리처분권을 보유하므로 채무자가 소송절차를 수계하게 된다.

원래 채권자취소소송에서 채무자는 소송당사자가 아니지만, 채권자취소권제도는 취소채권자가 전체 채권자를 위하여 채무자의 책임재산을 회복시키기 위한 개별적인 권리행사이므로 회생채권자 전체의 공동 이익을 위하여 직무를 행하는 관리인으로 하여금 그 역할을 인수하도록 하여 집단적·통일적인 처리를 도모하려는 데에 그 취지가 있다고 할 수 있다.[267]

대법원도 "구 채무자 회생 및 파산에 관한 법률(2013. 5. 28. 법률 제11828호로 개정되기 전의 것)은 파산채권자가 제기한 채권자취소소송이 파산채무자에 대한 파산선고 당시 법원에 계속되어 있는 때에 그 소송절차가 중단된다고 규정하고 있는데, 이는 채권자취소소송이 파산선고를 받은 파산채무자를 당사자로 하는 것은 아니지만 소송 결과가 파산재단의 증감에 직접적인 영향을 미칠 수 있을 뿐만 아니라, 파산채권자는 파산절차에 의하지 아니하고는 개별적인 권리행사가 금지되는 점(채무자 회생 및 파산에 관한 법률 제424조 참조) 등을 고려하여, 파산채권자가 파산채무자에 대한 파산선고 이후에는 채권자취소권을 행사할 수 없도록 하기 위한 것이다. 그 대신 채무자회생법은 파산관재인이 파산채무자에 대한 파산선고 이후 파산채권자가 제기한 채권자취소소송을 수계할 수 있다고 규정하여, 파산채권자의 채권자취소권이라는 개별적인 권리행사를 파산채권자 전체의 공동의 이익을 위하여 직무를 행하는 파산관재인의 부인권 행사라는 파산재단의 증식의 형태로 흡수시킴으로써, 파산채무자의 재산을 공정하게 환가·배당하는 것을 목적으로 하는 파산절차에서의 통일적인 처리를 꾀하고 있다. 이는 부인권이 파산채무자가 파산채권자를 해함을 알고 한 행위를 부인하고 파산채무자로부터 일탈된 재산의 원상회복을 구할 수 있는 권리라는 점에서 채권자취소권과 동일한 목적을 가지고 있기 때문이다"라고 판시하고 있다(대법원 2016. 7. 29. 선고 2015다33656 판결).

(2) 부인의 소로 청구취지 변경 및 이송

회생관리인(또는 파산관재인이나 채무자, 이하 '관리인'이라고만 한다)이 채권자취소소송을 수계한 경우 관리인은 채무자 회생 및 파산에 관한 법률이 규정한 부인의 소로 청구취지를 변경해야 하고, 관리인이 부인의 소로 청구취지 변경을 하지 않는 경우 채권자는 회생계속법원(또는 파산계속법원)에 부인권행사명령을 신청할 수 있다.

이 부인의 소는 회생계속법원(또는 파산계속법원)의 전속관할 사건이므로 회생계속법원(또는 파산계속법원)으로 이송하게 된다(채무자 회생 및 파산에 관한 법률 제

267 조해섭, 채권자취소권법, 법문사(2019), 411.

105조 제3항, 제396조 제3항, 제584조 제1항). 다만, 파산채권자가 제기한 채권자취소소송이 항소심에 계속된 후에는 파산관재인이 소송을 수계하여 부인권을 행사하더라도 채무자 회생 및 파산에 관한 법률 제396조 제3항이 적용되지 않고 항소심 법원이 소송을 심리·판단할 권한을 계속 가진다(대법원 2018. 6. 15. 선고 2017다265129 판결).

부인의 소의 제척기간 준수 여부는 당초의 채권자취소소송이 처음 제기된 때를 기준으로 판단해야 한다. 즉, "파산채권자가 파산채무자에 대한 파산선고 이전에 적법하게 제기한 채권자취소소송을 파산관재인이 수계하면, 파산채권자가 제기한 채권자취소소송의 소송상 효과는 파산관재인에게 그대로 승계되므로, 파산관재인이 채권자취소소송을 수계한 후 이를 승계한 한도에서 청구변경의 방법으로 부인권 행사를 한 경우, 특별한 사정이 없는 한, 제척기간의 준수 여부는 중단 전 채권자취소소송이 법원에 처음 계속된 때를 기준으로 판단하여야 한다."(대법원 2016. 7. 29. 선고 2015다33656 판결).

채권자가 채무자를 상대로 한 채무이행청구와 수익자 또는 전득자를 상대로 한 사해행위취소 및 원상회복청구를 병합하여 제기한 경우, 소송절차의 중단 및 수계의 대상이 되는 것은 원칙적으로 채권자취소소송만이다. 따라서 채무자를 상대로 한 채무이행청구를 제외한 사해행위취소소송 부분만 분리하여 회생계속법원(또는 파산계속법원)으로 이송해야 하는 것이 원칙이라고 할 수 있으나, 회생채무자에 대한 이행청구소송도 계속 진행할 수 없고 중단한 후 회생절차 내에서 회생채권신고 및 조사절차를 진행한 뒤 이의가 있는 경우 회생채권확정소송으로 진행해야 하므로 한꺼번에 소송 전체를 회생법원으로 이송하는 것도 사건처리의 효율성 측면에서 선택할 수 있는 방안이라고 할 수 있다.

(3) 소송수계가 되지 않은 상태에서 선고된 판결의 효력

채권자취소소송의 계속 중에 채무자에 대하여 회생절차 등이 개시되었는데 법원이 이를 알지 못한 채 소송수계가 이루어지지 않은 상태에서 판결이 선고되었다면, 대리인에 의하여 적법하게 대리되지 않았던 경우와 마찬가지로 위법하게 된다(대법원 2013. 6. 13. 선고 2012다33976 판결). 따라서 판결이 당연무효는 아니고 대리권의 흠결을 이유로 상소 또는 재심에 의하여 그 취소를 구할 수 있다.

나) 회생절차 개시 후 채권자취소소송이 제기된 경우

채무자에 대하여 회생절차 등이 개시된 후 채권자가 사해행위취소소송을 제

기하는 것은 허용되지 아니한다. 즉, 관리인만이 부인권 행사를 통해 책임재산을 회복할 수 있을 뿐 개별채권자가 민법상의 사해행위취소소송을 제기하는 것은 당사자적격이 없는 자가 제기한 소로서 부적법 각하될 것이다.

대법원도 "채무자가 채권자에 대한 사해행위를 한 경우에 채권자는 민법 제406조에 따라 채권자취소권을 행사할 수 있다. 그러나 채무자에 대한 파산선고 후에는 파산관재인이 파산재단을 위하여 부인권을 행사할 수 있다(채무자 회생 및 파산에 관한 법률 제391조, 제396조). 파산절차가 채무를 채권자들에게 평등하고 공정하게 변제하기 위한 집단적·포괄적 채무처리절차라는 점을 고려하여 파산선고 후에는 파산채권자가 아닌 파산관재인으로 하여금 부인권을 행사하도록 한 것이다. 따라서 파산선고 후에는 파산관재인이 총 채권자에 대한 평등변제를 목적으로 하는 부인권을 행사하여야 하고, 파산절차에 의하지 않고는 파산채권을 행사할 수 없는 파산채권자가 개별적 강제집행을 전제로 개별 채권에 대한 책임재산을 보전하기 위한 채권자취소의 소를 제기할 수 없다."고 판시하였다(대법원 2018. 6. 15. 선고 2017다265129 판결).

다만, 이 경우 "파산채권자가 파산선고 후에 제기한 채권자취소의 소가 부적법하더라도 파산관재인은 이러한 소송을 수계한 다음 청구변경의 방법으로 부인권을 행사할 수 있다고 보아야 한다. 이 경우 법원은 파산관재인이 수계한 소송이 부적법한 것이었다는 이유만으로 소송수계 후 교환적으로 변경된 부인의 소마저 부적법하다고 볼 것은 아니다."(대법원 2018. 6. 15. 선고 2017다265129 판결).

2) 수익자 또는 전득자에 대하여 회생절차가 개시된 경우

가) 채권자취소권은 환취권의 기초

채무자 회생 및 파산에 관한 법률 제70조는 환취권에 관하여 "회생절차개시는 채무자에게 속하지 아니하는 재산을 채무자로부터 환취하는 권리에 영향을 미치지 아니한다"고 규정하고, 파산절차 및 개인회생절차에 관해서도 동일한 내용을 규정하고 있다(제407조, 제585조).

사해행위취소권은 사해행위로 이루어진 채무자의 재산처분행위를 취소하고 사해행위에 의해 일탈된 채무자의 책임재산을 수익자 또는 전득자로부터 채무자에게 복귀시키기 위한 것이므로 환취권의 기초가 될 수 있다(대법원 2014. 9. 4. 선고 2014다36771 판결).

따라서 사해행위의 수익자 또는 전득자에 대하여 회생절차가 개시되는 경우

취소채권자가 사해행위의 취소와 함께 회생채무자인 수익자 또는 전득자로부터 사해행위의 목적인 재산 그 자체의 반환을 청구하는 것은 채무자 회생 및 파산에 관한 법률 제70조에 따른 환취권의 행사에 해당하여 회생절차개시의 영향을 받지 아니하므로, 취소채권자는 수익자 또는 전득자의 관리인을 상대로 사해행위의 취소 및 그에 따른 원물반환을 구하는 사해행위취소의 소를 제기할 수 있다(대법원 2019. 4. 11. 선고 2018다203715 판결).

나) 관리인을 상대로 청구

이와 같이 수익자 또는 전득자에 대해 회생절차나 파산절차가 개시된 경우 채권자는 그 관리인을 상대로 사해행위취소소송을 제기해야 한다. 관리인이 사해행위취소소송의 피고가 되는 것은 회생채무자인 수익자 또는 전득자의 재산처분권이 관리인에게 전속하여 소송상 관리인만이 당사자 적격을 가지는 데에 기인하는 것일 뿐 회생채무자의 재산 자체가 관리인에게 이전되는 것은 아니므로 관리인이 전득자의 지위에 있다고 할 수 없다(대법원 2014. 9. 4. 선고 2014다36771 판결).

한편, 채권자가 수익자 또는 전득자를 상대로 채권자취소소송을 제기한 후 수익자 또는 전득자에 대하여 회생절차나 파산절차가 개시된 경우 소송은 중단되고 회생관리인 또는 파산관재인이 소송을 수계하게 됨은 채무자 파산의 경우와 같다.

다) 가액배상채권은 공익채권으로서 면책대상이 아님

나아가 수익자 또는 전득자가 사해행위취소로 인한 원상회복으로서 가액배상을 하여야 함에도, 수익자 또는 전득자에 대한 회생절차개시 후 회생재단이 가액배상액 상당을 그대로 보유하는 것은 취소채권자에 대한 관계에서 법률상의 원인 없이 이익을 얻는 것이 되므로 이를 부당이득으로 반환할 의무가 있고, 이는 수익자 또는 전득자의 취소채권자에 대한 가액배상의무와 마찬가지로 사해행위의 취소를 명하는 판결이 확정된 때에 비로소 성립한다고 보아야 한다. 따라서 설령 사해행위 자체는 수익자 또는 전득자에 대한 회생절차개시 이전에 있었더라도, 이 경우의 사해행위취소에 기한 가액배상청구권은 채무자 회생 및 파산에 관한 법률 제179조 제1항 제6호의 '부당이득으로 인하여 회생절차개시 이후 채무자에 대하여 생긴 청구권'인 공익채권에 해당한다(대법원 2019. 4. 11. 선고 2018다203715 판결).

따라서 회생계획인가결정이 확정되더라도 위 가액배상청구권에 대해서는 면책의 효력이 발생하지 않는다.

바. 소송참가와 가집행선고 등

1) 채무자의 보조참가

채무자는 채권자취소소송의 당사자적격을 가지지 못하고 그 취소의 효력도 직접 받지 않는다. 그러나 실제의 소송과정에서 채무자의 무자력, 사해의사 등 취소요건의 충족 여부에 관한 다툼에 있어서는 채무자의 소송관여가 필요한 경우가 많다. 또한 채권자취소소송의 판결이 확정되면 채무자의 수익자에 대한 채권이 부활하거나 수익자의 채무자에 대한 채권이 부활하는 경우도 발생할 수 있고, 재산반환을 한 수익자로부터 부당이득반환청구를 당할 가능성도 있다.

따라서 채무자는 채권자취소소송의 결과에 법률상 이해관계가 있는 제3자에 해당하므로 피고로 된 수익자 또는 전득자를 위하여 보조참가를 할 수 있다.[268]

2) 독립당사자참가(사해방지참가)

채무자가 사해행위로 수익자에게 재산을 처분하였고, 이에 기해 수익자가 원고가 되어 채무자인 피고를 상대로 위 처분행위에 기한 이행청구를 하여 소송이 계속 중인 경우 채무자의 채권자가 독립당사자참가 중 사해방지참가의 형태로 수익자(위 소송의 원고)를 상대로 수익자와 채무자 사이의 사해행위의 취소를 구할 수 있는가?

대법원은 채권자취소권의 상대적 무효설에 기초하여 "원고의 피고에 대한 청구의 원인행위가 사해행위라는 이유로 원고에 대하여 사해행위취소를 청구하면서 독립당사자참가신청을 하는 경우, 독립당사자참가인의 청구가 그대로 받아들여진다 하더라도 원고와 피고 사이의 법률관계에는 아무런 영향이 없고, 따라서 그러한 참가신청은 사해방지참가의 목적을 달성할 수 없으므로 부적법하다."고 판시하였다(대법원 2014. 6. 12. 선고 2012다47548, 47555 판결).

3) 피보전채권의 양도와 승계참가

채권자취소권은 채권에 종된 권리이므로 피보전채권이 양도되면 양도인은 더 이상 채권자취소권을 행사할 수 없고 양수인이 채권자취소권을 행사하게 된다. 이 경우 채권자의 채권이 사해행위 이전에 성립한 이상 사해행위 이후에 양도되었다고 하더라도 양수인은 채권자취소권을 행사할 수 있으며, 채권 양수일에 채권자취소권의 피보전채권이 새로이 발생되었다고 할 수 없다(대법원 2012. 2. 9. 선

268 조해섭, 채권자취소권법, 법문사(2019), 308; 이순동, 채권자취소권(제3판), 육법사(2017), 462-463.

고 2011다77146 판결).

채권자취소소송의 계속 중에 피보전채권이 양도된 경우 양수인은 원고의 승계참가인으로 소송에 참가할 수 있고 양도인은 소송에서 탈퇴할 수 있다. 피보전채권의 양수인이 승계참가를 하면 참가의 시기에 관계없이 당초의 소제기 시에 소급하여 채권자취소소송의 제소기간 준수의 효력이 생긴다(민사소송법 제81조).[269]

4) 사해행위 목적물의 양도와 소송인수

채권자가 수익자를 상대로 채권자취소소송을 제기하여 그 소송계속 중에 사해행위취소 및 원상회복의 대상이 되는 목적물이 제3자에게 양도된 경우, 원고인 채권자가 민사소송법 제82조 제1항에 따라 그 양수인을 강제로 소송에 끌어들이는 소송인수신청을 하는 경우 이를 인정할 것인가?

소송인수는 당사자의 지위를 승계하는 것인데, 사해행위 목적물의 양수인은 전득자로서 독자적인 이해관계를 가지고 있는 제3자일 뿐 수익자의 법률적 지위를 승계한 자라고 보기 어려우므로, 위와 같은 소송인수는 허용되지 않는다고 할 것이다.[270]

5) 가집행선고

형성판결인 사해행위취소 판결부분이나 원상회복으로서 등기절차의 이행을 명하는 판결에 가집행의 선고를 붙일 수 없음은 당연하다.

원상회복으로서 가액배상을 명하는 경우, 가액배상의무는 사해행위의 취소를 명하는 판결이 확정된 때에 비로소 발생하므로 그 판결이 확정된 다음날부터 이행지체 책임을 지게 된다. 따라서 소송촉진 등에 관한 특례법 소정의 이율은 적용되지 않고 민법 소정의 법정이율인 연 5%의 비율이 적용된다(대법원 2009. 1. 15. 선고 2007다61618 판결). 따라서 가액배상판결에 대해서도 가집행의 선고를 붙일 수 없다.

4. 채권자취소권의 행사범위

가. 개요

1) 문제의 소재

채권자가 채권자취소권을 어느 범위에서 행사할 것인가의 문제이다. 좀 더

269 조해섭, 채권자취소권법, 법문사(2019), 404-405.
270 조해섭, 채권자취소권법, 법문사(2019), 405.

구체적으로는 사해행위가 성립하는 경우 채권자가 이를 취소하는 범위 및 원상회복을 명하게 되는 범위의 문제이다.

기본적으로 채권자취소권의 행사범위는 취소채권자의 피보전채권액에 의해 제한을 받고, 다른 채권자의 존재 여부나 목적물이 종류, 특히 가분 또는 불가분인지 여부, 원상회복의 방법이나 사해행위가 성립하는 범위 및 공평의 원칙 등에 의해 제한을 받게 된다.

2) 원칙

사해행위의 취소는 거래의 안전에 미치는 영향이 크므로 취소의 범위는 책임재산의 보전을 위하여 필요한 범위 내로 제한되어야 함이 원칙이다. 따라서 사해행위의 일부만을 취소하더라도 책임재산의 회복에 의한 채권보전의 목적을 달성할 수 있는 때에는 그 범위를 초과하여 취소할 수 없고, 채권자는 원칙적으로 자기의 채권액을 초과하여 취소권을 행사할 수 없다.

대법원도, "사해행위취소권은 채권의 공동담보를 보전하는 것을 목적으로 하므로, 그 취소의 범위는 공동담보의 보전에 필요하고 충분한 범위에 한정된다. 따라서 채무자가 사해행위에 의하여 비로소 채무초과상태에 이르게 되는 경우에, 채권자는 사해행위가 가분인 한 그 중 채권의 공동담보로 부족하게 되는 부분만을 자신의 채권액을 한도로 취소하면 족하고, 그 행위 전부를 취소할 수는 없다." 고 판시하였다(대법원 2010. 8. 19. 선고 2010다36209 판결).

3) 원상회복 방법과의 관계

원상회복 방법에 원물반환과 가액배상의 두 가지가 있음은 주지하는 바이고, 실무상 가액배상이 이루어지는 경우 취소채권자의 채권액 및 수익자 또는 전득자의 가액배상 한도액(공동담보가액) 중 더 적은 금액 범위 내에서 사해행위의 일부취소가 이루어지는 경우가 많다.

그러나 원상회복의 방법과 채권자취소권 행사의 범위는 논리필연적으로 결부되는 것은 아니다. 원물반환의 경우에도 전부취소가 아닌 일부취소만 하는 경우가 있을 수 있고, 가액배상인 경우에도 반드시 일부취소만 해야 하는 것이 아니다.

예컨대, 사해행위의 목적물이 수 개인 경우이고 그 중 일부만 취소하더라도 채권자의 채권 보전에 지장이 없다면 일부취소 및 일부 목적물에 대한 원물반환만 인정될 것이고, 근저당권설정계약을 사해행위로서 취소하는 경우 경매절차가 종료되어 수익자가 이미 배당금을 수령하였고 그 배당금이 취소채권자의 채권액보다 적은 경우에는 근저당권설정계약의 전부를 취소하고 가액배상을 명하게 된다.[271]

나. 피보전채권에 의한 행사범위 제한

1) 원칙: 취소채권자의 채권액에 한정

민법 제407조는 채권자취소권 행사의 효과는 '모든 채권자의 이익을 위하여 효력이 있다'고 하여 채권자평등주의를 규정하고 있어 채권자취소권 행사의 범위를 총채권자의 채권 합계액으로 볼 것인지 아니면 취소채권자의 채권액에 한정된다고 볼 것인지의 문제가 있다.

채권자평등주의 아래에서는 취소채권자가 만족을 얻는 단계에서 일반 채권자의 배당가입을 허용하기 때문에 다른 채권자의 존재를 고려할 필요가 있고, 우선주의를 취한다면 취소채권자 자신의 채권만족만 고려하면 되므로 취소채권자의 채권액을 기준으로 행사범위를 한정하게 된다.

사해행위의 취소는 책임재산의 보전을 위하여 필요한 범위 내로 제한되어야 하므로, 취소의 범위는 취소채권자의 채권액을 한도로 하고 다른 채권자가 있더라도 취소채권자의 채권액을 초과하여 취소하지 못한다는 것이 다수설이다.[272]

판례도 "채권자가 채권자취소권을 행사할 때에는 다른 채권자가 배당요구를 할 것이 명백하거나 목적물이 불가분인 경우와 같이 특별한 사정이 있는 경우가 아닌 한 원칙적으로 자신의 채권액을 초과하여 취소권을 행사할 수 없다."(대법원 2008. 11. 13. 선고 2006다1442 판결 등)고 하여 같은 입장을 취하고 있다.

따라서 취소채권자는 위와 같은 특별한 사정이 없는 한 자신의 채권액 범위 내에서 채무자의 책임재산을 회복하기 위하여 채권자취소권을 행사할 수 있고 그 취소에 따른 효력을 주장할 수 있을 뿐이며, 채무자에 대한 채권 보전이 아니라 제3자에 대한 채권 만족을 위해서는 사해행위 취소의 효력을 주장할 수 없다.[273]

2) 다른 채권자가 있는 경우

취소채권자에게 우선변제권이 인정되는 것은 아니므로 다른 일반 채권자의

271 조해섭, 채권자취소권법, 법문사(2019), 419.

272 곽윤직, 채권총론(민법강의Ⅲ), 박영사(2018), 154-155; 김증한/김학동, 채권총론, 박영사(1998), 205 등.

273 대법원 2010. 5. 27. 선고 2007다40802 판결.

배당가입도 고려하여 취소의 범위를 검토할 필요가 있다. 따라서 단순히 다른 채권자가 있다는 사실만으로 취소채권자가 그의 채권액을 넘어서 취소권을 행사할 수 있는 것은 아니지만, 다른 채권자가 배당요구할 것이 명백한 경우와 같이 보전의 필요성이 있을 때에는 취소채권자가 그의 채권액을 초과하여 취소권을 행사할 수 있다.

다른 채권자가 배당요구할 것이 명백한 경우로 판례는 다른 채권자들이 채권자단을 구성하고 있는 경우(대법원 1997. 9. 9. 선고 97다10864 판결), 다수의 채권자들이 사해행위취소소송을 제기하여 각급 법원에 계속 중인 경우(대법원 2014. 1. 16. 선고 2013다52110 판결) 등을 들고 있다.

다른 채권자가 배당요구할 것이 명백한 경우에 해당하여 취소채권자의 채권액을 넘어 취소해야 한다는 점에 관해서는 취소채권자에게 입증책임이 있으나, 위 대법원 판례와 같은 사안이라면 다른 채권자들이 배당요구할 것임이 사실상 추인된다고 할 것이다.

이에 대해서는 민법 제407조의 규정이 있는 이상 오히려 원칙과 예외를 바꾸어서 취소채권자는 일탈재산 전부에 대하여 취소를 할 수 있게 하고 이에 대하여 피고 측에서 다른 채권자가 배당요구를 하지 않을 만한 특별한 사정이 있음을 주장입증하도록 해야 한다는 견해도 있다.[274]

3) 피보전채권액의 산정

채권자취소권 행사의 범위를 한정하는 취소채권자의 피보전채권액은 사해행위 당시를 기준으로 산정하되, 사해행위 후에 발생한 이자나 지연손해금도 원본채권의 당연한 확장이므로 사해행위 이후 사실심 변론종결 시까지 발생한 이자나 지연손해금도 위 채권액에 포함된다(대법원 2003. 7. 1. 선고 2003다19572 판결).

또한 피보전채권에 관하여 물적담보가 설정되어 우선변제권이 확보되어 있다면 그 범위 내에서는 채무자의 재산처분행위에 의해 채권자의 채권이 침해받는다고 할 수 없으므로 채권자취소권은 인정되지 않고 채권자의 채권액이 그 재산의 가액이나 채권최고액을 초과하는 부분에 한하여 채권자취소권 행사가 인정된다(대법원 2014. 7. 10. 선고 2013다50763 판결). 피보전채권의 존재와 범위는 채권자취소권 행사의 요건에 해당하므로, 채권자로서는 담보권의 존재에도 불구하고 자신

274 전원열, "채권자취소권의 효력론 비판 및 개선방안", 저스티스 통권 제163호, 한국법학원(2017), 224.

이 주장하는 피보전채권이 그 우선변제권의 범위 밖에 있다는 점을 주장·입증하여야 한다(대법원 2002. 11. 8. 선고 2002다41589 판결).

(☞ 그 외 피보전채권액의 산정에 관해 자세한 것은 앞의 민법 제406조 Ⅲ. 2. 가. 4) 피보전채권의 범위 부분 주석 참조)

4) 취소채권자가 수인인 경우

원고인 취소채권자 모두 각자의 피보전채권액 범위 내에서 사해행위취소 및 원상회복을 구할 수 있으므로, 원고들의 채권액을 합계한 금액이 피고의 가액배상 한도액보다 적은 경우 그 합계한 금액만큼 사해행위를 취소하고 피고로 하여금 원고들에게 각 그 피보전채권액 전액의 지급을 명하게 된다(대법원 1999. 9. 7. 선고 98다41490 판결).

다. 사해행위 목적물에 의한 행사범위 제한

1) 목적물이 가분인 경우

사해행위 목적물이 복수이고 가분인 경우에는 채권보전에 필요한 한도에서 일부의 물건에 관하여만 취소가 인정된다. 채무자가 여러 필지의 토지를 한꺼번에 매각하거나 여러 건의 금전채권을 양도한 경우 등이 여기에 해당한다.

2) 목적물이 불가분인 경우

1필의 토지나 건물 1동의 증여와 같이 사해행위의 목적물이 불가분인 경우에는 목적물의 가격이 피보전채권액을 넘더라도 채권자의 채권액 범위를 초과하여 사해행위 전부를 취소할 수 있다. 사해행위 목적물이 물리적 또는 사회통념상 불가분인 경우뿐만 아니라 거래의 실정상 경제적인 일체성을 가지는 경우에도 채권액의 범위를 넘어 사해행위 전체를 취소할 수 있다.[275]

대법원 1975. 2. 25. 선고 74다2114 판결은 채무자가 대지와 건물을 함께 처분한 경우에 대하여, "대지와 건물이 동일인의 소유이므로 대지의 가격만으로도 채권자의 채권액보다 다액이라 하여 대지와 건물중 그 일방만을 취소하게 되면 건물의 소유자와 대지의 소유자가 다르게 되어 그 가격과 효용을 현저히 감소시킬 것이므로 이 건의 경우에는 경제적인 이유로 불가분의 관계에 있다하여 이를 전부 취소함이 정당하다."고 판시하였고, 대법원 1975. 6. 24. 선고 75다625 판결은 자동차운송사업면허권과 부대시설 및 차량 40여 대가 양도된 사안에서, "자동차

275 조해섭, 채권자취소권법, 법문사(2019), 424.

운송사업면허권과 부대시설 전부 및 차량의 양도가 사해행위가 되는 경우에 양도된 차량을 분할할 수 있다고 하더라도 양도된 차량전체가 다른 부대시설과 함께 하나의 노선면허권의 대상이 되어서 경제적으로 보아 분할하여 취소하는 것이 경제적 실정에 적합하지 아니하다고 하여 위 면허권과 부대시설 전부 및 차량의 양도계약 전체를 취소한 것은 정당하다."고 판시하였다.

라. 사해행위의 성립범위나 공평의 원칙에 의한 제한

1) 처분행위 중 일부에 대해서만 사해성이 인정되는 경우

가) 연대보증계약의 일부 취소

대법원 2010. 8. 19. 선고 2010다36209 판결은 채무자의 연대보증행위로 인해 비로소 채무초과상태가 된 경우 그 채무초과상태 부분에 관한 연대보증행위만 사해행위가 성립한다고 보아 일부취소를 인정하였다.

즉, 채권자의 피보전채권액이 3억 원이고, 채무자의 순재산(적극재산 - 소극재산)이 1억 원으로서 채무초과 상태가 아니던 채무자가 수익자와 사이에 2억 원의 연대보증계약을 체결하여 비로소 채무자의 총재산이 1억 원의 채무초과상태가 된 경우, 사해행위가 성립하는 부분은 1억 원 부분의 연대보증행위이므로 그 부분에 관한 연대보증계약만 취소할 수 있다고 하였다. 그 이유에 관해 대법원은, 위와 같은 사안에서 피고가 1억 원의 연대보증채무를 부담하였다면 채무초과가 아니므로 사해행위가 성립하지 않아 취소를 할 수 없는데, 1억 1천만 원의 연대보증채무를 부담하여 채무초과상태가 되었다고 하여 돌연 1억 1천만 원의 연대보증행위 전부를 취소할 수 있다고 하는 것은 부당하기 때문이라고 설명하고 있다.

나) 근저당권설정계약의 일부취소와 채권최고액의 감축

같은 취지에서 대법원 2006. 12. 7. 선고 2006다43620 판결은, 5억 원의 근저당권설정등기가 경료되어 있는 부동산에 관해 사해행위로 20억 원의 근저당권설정등기를 경료하였지만 그 차용금 중 일부로 5억 원의 근저당권설정등기를 말소한 경우, '근저당권설정계약 중 이에 의하여 담보되는 차용금의 일부 금원으로 선순위 근저당권의 피담보채무를 변제한 부분을 제외한 나머지 부분에 대하여만 사해행위가 성립'하므로 "근저당권설정계약의 채권최고액 20억 원에서 변제한 선순위 근저당권의 피담보채무액을 공제한 잔액의 한도에서 사해행위를 취소하고, 근저당권설정등기의 채권최고액 20억 원을 변제한 선순위 근저당권의 피담보채무액으로 감축하는 근저당권변경등기절차의 이행을 명하였어야 한다."고 판시하였다.

2) 저당권이 설정된 부동산이 처분된 후 그 저당권이 말소된 경우

근저당권이 설정된 부동산이 사해행위로 이전된 경우 사해행위는 부동산의 가액에서 근저당권의 피담보채권액을 공제한 잔액의 범위에서 성립한다고 보아야 하므로 사해행위 후 변제 등에 의해 그 근저당권설정등기가 말소된 경우 일부취소와 가액배상의 방법으로 원상회복을 명하는 것이 원칙이다.

대법원도 "저당권이 설정되어 있는 부동산에 관하여 사해행위가 이루어진 경우에 그 사해행위는 부동산의 가액에서 저당권의 피담보채권액을 공제한 잔액의 범위 내에서만 성립한다고 보아야 하므로 사해행위 후 변제 등에 의하여 저당권설정등기가 말소된 경우, 사해행위를 취소하여 그 부동산 자체의 회복을 명하는 것은 당초 일반 채권자들의 공동담보로 되어 있지 아니하던 부분까지 회복시키는 것이 되어 공평에 반하는 결과가 되어, 그 부동산의 가액에서 저당권의 피담보채권액을 공제한 잔액의 한도에서 사해행위를 취소하고 그 가액의 배상을 명할 수 있을 뿐(대법원 1998. 2. 13. 선고 97다6711 판결)"이라고 판시하였고 같은 취지의 판시를 계속 이어오고 있다(대법원 2009. 6. 11. 선고 2007다4004 판결, 대법원 2013. 4. 11. 선고 2012다107198 판결, 대법원 2018. 9. 13. 선고 2017다53470 판결 등).

3) 과잉회복방지를 위한 제한

사해행위 취소로 인해 원래 채무자가 일반 채권자의 공동담보로 보유하고 있던 책임재산 이상을 회복하는 결과가 되는 것은 허용되지 않으므로 이 경우 사해행위의 일부취소와 가액배상 방법에 의한 원상회복을 하게 된다.

대법원도, "어느 부동산에 관한 법률행위가 사해행위에 해당하는 경우에는 원칙적으로 그 사해행위를 취소하고 소유권이전등기의 말소 등 부동산 자체의 회복을 명하여야 할 것이나, 사해행위를 취소하여 그 부동산 자체의 회복을 명하게 되면 당초 일반 채권자들의 공동담보로 되어 있지 아니하던 부분까지 회복을 명하는 것이 되어 공평에 반하는 결과가 되는 경우에는 그 부동산의 가액에서 공동담보로 되어 있지 아니하던 부분의 가액을 공제한 잔액의 한도에서 사해행위를 취소하고 그 한도에서 가액의 배상을 명함이 상당하다."고 하면서 사해행위취소소송의 수익자가 건물의 원시취득자로부터 기존의 채권액 상당의 가치 범위 내에서 건물 부분을 양도받기로 약정하였고, 그 건물이 아직 완공되지 않은 상태에서 수

익자가 매매계약에 따라 추가공사비를 투입하여 건물을 완공함으로써 그의 비용으로 건물의 객관적 가치를 증대시키고 그 가치가 현존하고 있는 경우, 당해 매매계약 전부를 취소하고 그 원상회복으로서 소유권이전등기의 말소등기절차의 이행을 명하게 되면 당초 일반 채권자들의 공동담보로 되어 있지 아니하던 부분까지 회복을 명하는 것이 되어 공평에 반하는 결과가 된다는 이유로, 위 건물의 가액에서 공동담보로 되어 있지 아니한 부분의 가액을 산정하여 이를 공제한 잔액의 한도에서 사해행위를 취소하고 그 한도에서 가액의 배상을 명함이 상당하다고 하였다(대법원 2010. 2. 25. 선고 2007다28819, 28826 판결).

V. 원상회복의 방법

1. 개설

가. 원상회복의 의의

채무자가 채권자를 해함을 알고 재산권을 목적으로 한 법률행위를 한 때에는 채권자는 그 취소 및 원상회복을 법원에 청구할 수 있다(민법 제406조 제1항). 이와 같이 우리 민법은 '취소'만 규정하고 있는 일본 민법과 달리 '취소 및 원상회복'을 법원에 청구할 수 있다고 규정하여 채권자취소권의 본질적 내용이 사해행위의 취소와 일탈한 책임재산의 원상회복임을 명시하고 있다.

채권자취소권은 채무자의 사해행위를 채권자와 수익자 또는 전득자 사이에서 상대적으로 취소하고 채무자의 책임재산에서 일탈한 재산을 회복하여 채권자의 강제집행이 가능하도록 하는 것을 본질로 하는 권리(대법원 2017. 10. 26. 선고 2015다224469 판결)이므로, 채권자취소권의 내용인 원상회복은 채권자가 강제집행을 할 수 있는 상태로 채무자의 책임재산을 회복한다는 의미라고 할 수 있다.[276]

채권자취소권의 내용인 사해행위의 취소와 원상회복 중에 실질적으로 주된 목적은 일탈한 책임재산의 회복에 있고 사해행위의 취소는 그 목적 실현을 위한 수단이라고 볼 수 있다. 그런데 원상회복의 구체적인 내용, 즉 원상회복의 방법과 절차, 범위 등에 관해 민법은 아무런 규정을 두지 않고 학설과 판례에 맡겨두고 있어 실무에서는 사해행위의 성립 여부 못지않게 원상회복의 방법과 범위 등에 관해 치열한 다툼이 제기되는 것이 보통이다. 이하 원상회복의 구체적인 방법에

276 조해섭, 채권자취소권법, 법문사(2019), 449.

관해 살펴본다.

나. 원상회복의 방법: 원물반환의 원칙

사해행위의 취소에 따른 원상회복은 원칙적으로 그 목적물 자체의 반환에 의하여야 하고, 그것이 불가능하거나 현저히 곤란한 경우에는 예외적으로 가액배상에 의하여야 한다(대법원 2010. 4. 29. 선고 2009다104564 판결).

채권자취소권이 일반 채권자의 공동담보가 되는 채무자의 책임재산이 채무자의 사해행위로 인해 일탈된 것을 반환시켜 채무자의 책임재산으로 되돌려 놓은 후 강제집행 절차를 통해 모든 채권자가 평등하게 만족을 얻고자 하는 제도인 이상, 사해행위의 취소에 따른 원상회복은 일탈한 재산 자체의 회복, 즉 원물반환의 방법에 의하는 것을 원칙으로 함이 논리상 당연하다.

다만, 원상회복의 방법으로 원물반환에 의할 것인지 아니면 가액배상에 의할 것인지가 언제나 분명히 구분되는 것은 아니다. 대법원도 "원상회복의 방법으로서 원물반환의무와 가액배상의무는 양자를 구분하는 기준이 절대적으로 존재하는 것이 아니라 단지 상대적으로만 구분된다고 볼 수 있다."고 하였다(대법원 2019. 4. 11. 선고 2018다203715 판결).

다. 원상회복청구의 상대방과 이행의 상대방

1) 원상회복청구의 상대방

채무자의 처분행위로 책임재산이 일탈된 경우 처분행위의 효과를 보유하고 있는 수익자 또는 전득자가 원상회복청구의 상대방이 된다. 채권자로서는 수익자 또는 전득자 모두를 피고로 하여 한꺼번에 사해행위의 취소 및 원상회복을 청구하거나 그 중 어느 한 당사자만 피고로 하여 사해행위의 취소 및 원상회복을 청구한 뒤 순차적으로 다른 당사자를 상대로 사해행위취소소송을 제기할 수도 있다.

채권자가 먼저 수익자를 상대로 사해행위취소 및 원상회복 청구를 하여 승소의 확정판결을 받았다고 하더라도 그 판결의 효력은 전득자에게 미치지 않으므로, 채권자는 제척기간 내에 별소로 전득자를 상대로 사해행위의 취소 및 원상회복을 구하지 않으면 안 된다(대법원 2005. 6. 9. 선고 2004다17535 판결 등).

2) 원상회복 이행의 상대방

원상회복은 채무자의 책임재산을 되돌리는 것이므로 수익자 또는 전득자가 원상회복을 이행하여야 할 상대방은 원칙적으로 채무자이다. 즉, 수익자 또는 전득자는 채무자에 대해 사해행위의 목적물을 반환할 의무를 지게 되는 것이다.

따라서 채권자는 수익자 또는 전득자를 상대로 채무자에게 사해행위의 목적물을 반환하도록 청구하게 되고 이로써 족하다(소유권이전등기가 수익자로부터 전득자 앞으로 순차 경료된 경우에는 순차 경료된 소유권이전등기의 각 말소를 청구할 수도 있고 바로 전득자에서 채무자에게로 소유권이전등기를 경료해 줄 것을 청구할 수도 있다).

경우에 따라서는 채권자 자신에게 반환해 주도록 청구할 수 있다. 즉, 목적물이 동산 또는 금전인 경우 채무자가 수령하지 않을 우려가 있으므로 채권자는 직접 자신에게 동산을 인도하거나 금전을 지급하도록 청구할 수 있다(대법원 1999. 8. 24. 선고 99다23468, 23475 판결).

원물반환이 불가능하거나 곤란한 경우 등에는 원물반환 대신 가액배상의 방법으로 원상회복이 이루어지는데, 이 가액배상의 상대방은 채권자가 되므로 채권자는 수익자 또는 전득자에게 직접 자신에게 가액배상금을 지급해 주도록 청구할 수 있다.

라. 원상회복의 범위: 사용이익의 반환 여부

1) 문제의 소재

사해행위취소의 결과 수익자가 사해행위 목적물을 채무자에게 반환할 때 그 사용이익도 반환해야 하는지의 문제가 있다. 예컨대, 채무자가 수익자에게 부동산을 처분하여 수익자가 이를 직접 사용하거나 제3자에게 임대하여 임대료를 받은 경우 그 사용수익이나 임료상당액도 반환해야 하는지, 또는 금전의 증여가 사해행위로 인정되어 취소되는 경우 수익자는 금전을 받은 때 이후의 이자를 반환해야 하는지의 문제이다.

2) 판례

대법원은 부동산의 사용이익 반환 여부에 관하여, "채권자취소권은 채무자가 채권자를 해함을 알면서 일반재산을 감소시키는 행위를 한 경우에 그 행위를 취소하여 채무자의 재산을 원상회복시킴으로써 채무자의 책임재산을 보전하기 위하여 인정된 권리로서, 사해행위의 취소 및 원상회복은 책임재산의 보전을 위하여 필요한 범위 내로 한정되어야 하므로 원래의 책임재산을 초과하는 부분까지 원상회복의 범위에 포함된다고 볼 수 없다. 따라서 부동산에 관한 법률행위가 사해행위에 해당하여 민법 제406조 제1항에 의하여 취소된 경우에 수익자 또는 전득자가 사해행위 이후 그 부동산을 직접 사용하거나 제3자에게 임대하였다고 하더라도, 당초 채권자의 공동담보를 이루는 채무자의 책임재산은 당해 부동산이었을 뿐 수익자 또는 전득자가 그 부동산을 사용함으로써 얻은 사용이익이나 임차인으로부터 받은 임료상당액까지 채무자의 책임재산이었다고 볼 수 없으므로 수익자 등이 원상회복으로서 당해 부동산을 반환하는 이외에 그 사용이익이나 임료상당액을 반환해야 하는 것은 아니다."(대법원 2008. 12. 11. 선고 2007다69162 판결)라고 하여 이를 명시적으로 부정한 바 있다.

그런데 금전의 증여가 사해행위로 취소된 경우에 관해 대법원은, 금전의 지급을 사해행위로서 취소하여 원상회복으로 금전의 지급을 구하는 경우 원금 외에 지연배상금의 지급도 구할 수 있고, 이 경우 지연배상금의 기산점은 상대방이 실제로 금전을 지급받은 때로 보아야 한다고 하면서 이것은 가액배상의 경우 그 판결이 확정된 다음날부터 이행지체의 책임이 있는 것과 다르다는 취지로 판시하였고(대법원 2006. 10. 26. 선고 2005다76753 판결), 그 후 나온 대법원 2011. 2. 10. 선고 2009다53666 판결은, "금전의 지급을 사해행위로서 취소하여 원상회복을 구하는 경우 그 반환범위에는 원금 외에 수익자가 실제로 금전을 지급받은 때부터 법정이자 상당액도 포함된다고 보아야 하고(대법원 2006. 10. 26. 선고 2005다76753 판결 참조), 그 금원 산정의 기준이 되는 법정이율에 대하여는 소송촉진 등에 관한 특례법 제3조상의 이율은 적용되지 아니한다고 할 것이다."라고 판시하여 금전을 원물반환하는 경우 민법이 정하는 연 5%의 법정이자 상당액도 반환되어야 한다고 하였다.

3) 검토

사용이익의 반환 문제에 관해서는 이를 긍정하는 여러 견해들이 보인다. 즉, 채권자취소권에서 원상회복은 사해행위인 법률행위가 없었던 상태로 복귀하는 것이 아니라 채권자가 강제집행을 할 수 있는 상태로 책임재산을 회복시킨다는 의미이므로 사해행위 이후 수익자가 목적물을 사용·수익함으로써 얻은 이득도 원상회복으로 반환해야 비로소 책임재산이 회복된다고 할 수 있고, 금전증여의 경우에도 원금만 반환하여서는 원상회복이 되었다고 할 수 없고 민법에서 정한 법정이자를 가산하여 반환해야 한다면서, 그 근거로 계약해제에 관한 민법의 규정을 유추적용하거나 부당이득에 관한 규정을 유추적용하는 것이 타당하다고 하는 견해,[277] 계약해제의 효과로서의 원상회복의 법리를 유추적용하여 이를 긍정하자는 견해,[278] 금전을 반환하는 경우의 대법원 판례와의 일관성 유지를 위해 부동산 사용이익의 반환도 인정되어야 한다는 견해[279] 등이 그것이다.

생각건대, 사해행위취소 및 원상회복을 인정하는 근거는 그것이 부당이득이거나 불법행위가 되기 때문이 아니라 형평의 견지에서 법이 특별히 인정한 것(☞ 앞의 민법 제406조 Ⅰ. 5. 채권자취소권의 법적 인정의 근거 부분 및 대법원 1998. 5. 15. 선고 97다58316 판결 참조)이라는 점에서 부당이득반환의 법리(계약해제의 원상회복도 부당이득반환의 일종이다)를 바로 유추적용할 수 있는지 의문이 있고, 금전은 당연히 법정이자를 낳는 재산이라고 할 수 있지만 부동산은 반드시 그렇지 않으므로, 예컨대 채무자는 비워둔 채 임료 상당의 수입을 올리지 못했지만 수익자는 자신의 노력으로 임료 상당의 수입을 올린 경우가 있을 수 있는데 그러한 수입까지 모두 반환하도록 하는 것은 원래 채무자의 책임재산이 아니었던 부분까지 회복하는 것이 되어 과잉회복의 문제가 있는 점, 사용이익은 금전이므로 채무자가 아니라 취소채권자에게 지급될 것인데, 부동산을 원물반환하는 경우 그 재산은 취소채권자뿐만 아니라 일반 채권자 모두의 공동담보재산이 되어 채권자취소권 제도의 취지에 부합한다고 볼 수 있지만 사용이익을 금전으로 취소채권자에게 지급하면 채권자의 우선변제에 사용되어 채권자취소권 제도의 본래 취지에 부합하지 않는다는 점, 나아가 수익자로서는 사해행위 목적물을 반환하는 것을 넘어 일정 금액의 지급의무까지 추가로 부담하게 되는 손해를 보게 된다는 점, 채권자취소권 제도가 너무 남용되고 있고 집행권원도 취득하지 않은 채권자에게 너무 큰 권한을 주는 근본적인 문제가 있어 가급적 그 취소 및 원상회복의 범위를 제한하는 것이 타당하다는 점 외에 실무적인 문제로서 금전의 경우와 달리 부동산의 경우에는 그 사용이익의 발생 여부 및 범위에 관해 추가적인 증거조사 및 심리가 필요할 것이므로 이로 인한 소송지연과 비용증가의 문제가 있으므로, 부동산의 사용이익 반환과 금전의 법정이자 반환을 다르게 보는 판례 이론도 수긍할 수 있다고 본다.

277 김재형, "채권자취소권 행사로 인한 원상회복의 범위: 금전 증여를 취소한 경우 이자 또는 지연손해금의 지급여부를 중심으로", 판례실무연구XI, 박영사(2015), 255-263.
278 서인겸, "채권자취소권에 관한 몇 가지 쟁점", 인권과 정의 395호, 대한변호사협회(2009), 173-177.
279 이순동, 채권자취소권(제3판), 육법사(2017), 509-510.

마. 대상청구

원물반환에 의한 원상회복이 불가능해진 경우 그에 갈음한 대상청구가 인정되는가? 판례는 이를 긍정하고 있다.

즉, 대법원은 "우리 민법이 이행불능의 효과로서 채권자의 전보배상청구권과 계약해제권 외에 별도로 대상청구권을 규정하고 있지 않으나 해석상 대상청구권을 부정할 이유는 없다."고 하면서 채권자가 수익자를 상대로 제기한 사해행위취소소송에서 원물반환으로 근저당권설정등기의 말소를 구하여 승소판결이 확정되었는데, 그 후 해당 부동산이 관련 경매사건에서 담보권 실행을 위한 경매절차를 통하여 제3자에게 매각된 사안에서, 위와 같이 부동산이 담보권 실행을 위한 경매절차에 의하여 매각됨으로써 확정판결에 기한 수익자의 근저당권설정등기 말소등기절차의무가 이행불능된 경우, 채권자는 대상청구권 행사로서 수익자가 말소될 근저당권설정등기에 기한 근저당권자로서 지급받은 배당금의 반환을 청구할 수 있다고 하였다(대법원 2012. 6. 28. 선고 2010다71431 판결).

이 대상청구는 가액배상청구와 법률적 성격이 다르므로, 원고의 청구가 어느 것인지 불분명한 경우 이를 석명하여 분명히 밝힐 필요가 있을 것이다(위 판례 사안에서도 대법원은 "원고의 위와 같은 주장 속에는 가액배상만을 구하는 것이 아니라 대상청구도 함께 구하고 있는 것으로 봄이 상당하다."고 판시하였다).

2. 원물반환에 의한 원상회복

가. 부동산 소유권 등기 관련

사해행위의 목적물이 부동산이고, 채무자에게서 수익자 앞으로 소유권이전등기가 마쳐진 경우의 원물반환 방법에 관해 본다.

1) 말소등기에 의한 회복

가) 통상의 경우

채무자가 책임재산을 이루는 부동산을 수익자에게 증여하거나 매매하는 등으로 처분하여 소유권이전등기까지 마쳐준 경우, 물권행위의 독자성과 무인성이 인정되지 않으므로 사해행위취소의 대상은 채권행위인 증여계약 또는 매매계약이 됨은 당연하나, 등기의 원인행위만 취소하고 사해행위의 목적물을 그대로 수익자 앞으로 남겨두어서는 취소채권자나 일반 채권자가 그 재산을 상대로 강제집행할 수 없으므로 그 등기명의를 채무자 앞으로 환원시킬 필요가 있게 된다.

부동산 소유권 등기에 관한 원상회복방법의 가장 원칙적인 모습은 채무자로부터 수익자 앞으로 경료된 소유권이전등기를 말소하는 것이다. 만일 부동산이 수익자에서 전득자로 이전되거나 전득자 앞으로 근저당권이 설정된 경우라면, 전득자 명의의 소유권이전등기 또는 근저당권설정등기를 말소함과 동시에 수익자 명의의 소유권이전등기를 말소하면 채무자 앞으로 책임재산이 회복될 것이다.

수익자 또는 전득자 명의 등기의 말소를 명하는 판결은 이행판결 중 의사의 진술을 명하는 판결에 해당하므로 판결이 확정되면 등기권리자는 단독으로 등기신청을 할 수 있는데(부동산등기법 제23조 제4항), 원고인 채권자는 판결 확정 후 등기권리자의 지위에 있는 채무자를 대위하여 수익자 또는 전득자 명의 등기의 말소를 신청하게 된다.

판결 등 집행권원에 의한 등기의 신청에 관한 업무처리지침(등기예규 제1607호) 3. 마.항은 채권자취소소송의 경우 '수익자(甲)를 상대로 사해행위취소판결을 받은 채권자(乙)는 채무자(丙)를 대위하여 단독으로 등기를 신청할 수 있다. 이 경우 등기신청서의 등기권리자란에는 "丙 대위신청인 乙"과 같이 기재하고, 등기의무자란에는 "甲"을 기재한다'라고 등기절차에 관해 규정하고 있다.

나) 말소에 대한 승낙의 의사표시를 구하는 경우

사해행위의 목적물에 관해 수익자 및 전득자가 모두 존재하는 경우(예컨대 수익자 앞으로 소유권이 이전된 후 전득자 앞으로 근저당권설정등기가 경료된 경우 등) 채권자로서는 수익자 및 전득자를 모두 피고로 하여 각 등기의 말소를 청구할 수 있음은 물론이나 그 선택에 따라 수익자만을 피고로 하여 수익자 명의 등기의 말소를 구할 수도 있다.

그런데 위와 같은 판결이 확정되더라도 등기상 이해관계 있는 제3자인 전득자의 승낙서를 첨부하지 못하는 이상 실제로는 수익자 명의 등기 말소의 판결을 집행할 수 없게 된다(부동산등기법 제57조 제1항).

따라서 채권자로서는 별소로서 전득자를 상대로 수익자 명의로 마쳐진 등기의 말소에 대하여 승낙의 의사표시를 구하는 소를 제기할 수 있고, 전득자를 상대로 한 승소판결이 확정되면 이를 첨부하여 수익자 명의 등기를 말소하게 된다(전득자 명의 등기는 등기관이 직권으로 말소한다). 채권자가 전득자를 상대로 제기하는 위와 같은 소송도 채권자취소권 행사의 일종이므로 민법 제406조 제2항의 제소기간 제한을 받는다고 할 것이다.

2) 이전등기에 의한 회복

채무자가 책임재산인 부동산을 처분한 경우 채권자가 이를 취소하고 원상회복을 구함에 있어 수익자 또는 전득자 명의 등기의 말소대신 채무자 앞으로 직접 소유권이전등기를 해 주도록 청구할 수도 있다.

대법원은, "자기 앞으로 소유권을 표상하는 등기가 되어 있었거나 법률에 의하여 소유권을 취득한 자가 진정한 등기명의를 회복하기 위한 방법으로는 그 등기의 말소를 구하는 외에 현재의 등기명의인을 상대로 직접 소유권이전등기절차의 이행을 구하는 것도 허용되어야 하는바, 이러한 법리는 사해행위 취소소송에 있어서 취소 목적 부동산의 등기명의를 수익자로부터 채무자 앞으로 복귀시키고자 하는 경우에도 그대로 적용될 수 있다고 할 것이고, 따라서 채권자는 사해행위의 취소로 인한 원상회복 방법으로 수익자 명의의 등기의 말소를 구하는 대신 수익자를 상대로 채무자 앞으로 직접 소유권이전등기절차를 이행할 것을 구할 수도 있다."(대법원 2000. 2. 25. 선고 99다53704 판결)고 하여 이러한 법리를 확립하고 있다.

따라서 채권자로서는 말소등기 외에 이전등기의 방법으로도 부동산 소유권 등기에 관한 원상회복을 실현할 수 있다. 특히 수익자에서 전득자 앞으로 순차 소유권이전등기가 경료되었는데 수익자가 선의일 가능성이 있는 경우나, 수익자 앞으로 소유권이전등기가 마쳐진 뒤 전득자 앞으로 근저당권설정등기가 경료되었는데 전득자가 선의일 가능성이 있는 경우에는 말소등기의 방법보다 이전등기의 방법을 선택하는 것이 더 유리할 수 있다.

이전등기의 방법에 의하는 경우 그 등기원인은 사해행위취소이고 그 연월일은 판결확정일이라고 보아 청구취지를 "이 사건 판결 확정일자 사해행위 취소에 의한 원상회복을 원인으로 한 소유권이전등기절차를 이행하라."는 형식으로 기재하는 것이 타당할 것이다.[280]

3) 저당권이 설정된 부동산이 양도된 경우

가) 사해행위 후 저당권이 계속 존속하고 있는 경우

저당권이 설정되어 있는 재산이 사해행위로 양도된 경우에 그 사해행위는 그 재산의 가액, 즉 시가에서 저당권의 피담보채권액을 공제한 잔액의 범위 내에서

280 조해섭, 채권자취소권법, 법문사(2019), 456.

성립한다(대법원 2008. 2. 14. 선고 2006다33357 판결 등). 우선변제의 효력을 가진 전세권, 임차권 등이 설정되어 있는 부동산의 경우에도 마찬가지이다(대법원 2007. 7. 26. 선고 2007다29119 판결 등).

따라서 근저당권이 설정되어 있는 부동산이 사해행위로 양도되었고, 채권자취소소송의 변론종결일까지 그 근저당권이 그대로 존속하고 있는 경우, 사해행위 취소에 의한 원상회복의 방법은 수익자 명의의 소유권이전등기를 말소하거나, 채무자 앞으로 소유권이전등기를 경료하는 원물반환의 방법에 의하게 된다.

그렇게 하더라도 근저당권에 의해 우선변제권을 확보한 채권자에게 아무런 영향을 미치지 않게 되고, 일반 채권자의 공동담보에 제공된 채무자의 재산이 원래 상태 그대로 회복되기 때문이다.

나) 사해행위 후 저당권이 말소된 경우

이 경우는 원물반환이 아니라 가액배상의 방법으로 원상회복하는 것이 원칙이다. 즉, “저당권이 설정되어 있는 부동산이 사해행위로 이전된 경우에 그 사해행위는 부동산의 가액에서 저당권의 피담보채권액을 공제한 잔액의 범위 내에서만 성립한다고 보아야 하고, 사해행위 후 변제 등에 의하여 저당권설정등기가 말소된 경우, 사해행위를 취소하여 그 부동산 자체의 회복을 명하는 것은 당초 일반 채권자들의 공동담보로 되어 있지 아니하던 부분까지 회복을 명하는 것이 되어 공평에 반하는 결과가 되므로, 그 부동산의 가액에서 저당권의 피담보채무액을 공제한 잔액의 한도에서 사해행위를 취소하고 그 가액의 배상을 구할 수 있을 뿐이다.”(대법원 2009. 6. 11. 선고 2007다4004 판결)라는 것이 확립된 판례이다.

위와 같은 경우 반드시 가액배상만 해야 하는 것은 아니고 경우에 따라 원물반환의 방법에 의한 원상회복도 가능하다. 즉, “가액배상의 방법으로 원상회복이 이루어져야 한다고 하더라도 채권자와 수익자 모두 원물반환을 원하고 있고, 원물반환에 의하더라도 일반 채권자들을 위한 책임재산의 보전이라는 채권자취소권의 목적 달성에 별다른 지장이 없는 경우라면 굳이 가액배상을 고집하기보다는 사해행위취소에 따른 본래적 의미의 원상회복 방법인 원물반환에 의하는 것이 오히려 공평의 관념에 부합한다고 할 것이고, 이러한 수익자의 의사는 사해행위취소의 효과로 수익자가 원상회복의무를 부담하는 때인 사해행위취소소송의 사실심 변론종결 시를 기준으로 판단함이 상당하다고 할 것이다.”(대법원 2013. 4. 11. 선고 2012다107198 판결, 대법원 2018. 9. 13. 선고 2017다53470 판결 등)는 것이 판례여서 구체적인 사정에 따라 원물반환의 방법에 의한 원상회복도 가능하도록 하고 있다.

반대로 가액배상의 방법에 의한 원상회복이 정당한데 특별한 사정이 없음에도 법원이 임의로 원물반환을 명할 수는 없다. 즉, "사해행위 후 기존의 근저당권이 변제에 의하여 말소된 이 사건에서 채권자의 사해행위의 취소 및 원상회복으로서의 가액배상청구가 정당한 이상, 특별한 사정이 없는 한 채권자가 구하는 가액배상의 범위를 넘어 원물반환을 명하는 것은 허용될 수 없다."는 것이 판례이다(대법원 2009. 5. 14. 선고 2009다4947 판결).

다) 수 개의 저당권 중 일부가 말소된 경우

수 개의 근저당권이 설정된 부동산이 사해행위로 처분된 후 일부 근저당권이 말소되고 일부 근저당권은 존속하고 있는 경우, 원물반환의 방법에 의하면 종전에 일반 채권자들의 공동담보로 제공되지 않았던 부분까지 회복시키는 것이 되어 공평의 원칙에 반하므로 가액배상의 방법으로 원상회복해야 한다.

대법원도, "사해행위의 목적인 부동산에 수개의 저당권이 설정되어 있다가 사해행위 후 그 중 일부 저당권만이 말소된 경우, 사해행위의 취소에 따른 원상회복은 가액배상의 방법에 의할 수밖에 없을 것이고, 그 경우 배상하여야 할 가액은 그 부동산의 가액에서 말소된 저당권의 피담보채권액과 말소되지 아니한 저당권의 피담보채권액을 모두 공제하여 산정하여야 한다."(대법원 2007. 7. 12. 선고 2005다65197 판결)고 판시하였다.

라) 피담보채무 일부가 변제된 경우

수익자가 종전 근저당채무의 일부를 대위변제하여 피담보채무액을 감소시킨 경우, 원물반환을 하는 것은 당초의 공동담보 가액을 초과하는 반환을 하는 것이 되므로 가액배상의 방법에 의할 것인가?

대법원은 이를 부정한다. 즉, "채무자가 사해행위로써 양도한 부동산에 근저당권이 설정되어 있는 경우 그 부동산 중에서 일반 채권자들의 공동담보에 제공되는 책임재산은 피담보채무액을 공제한 나머지 부분만이므로 수익자에 의하여 피담보채무의 일부가 대위변제된 경우에 공동담보 재산이 그만큼 증가하는 결과로 됨은 사실이나, 근저당권의 피담보채무액은 근저당권의 확정시까지는 채권최고액의 범위 내에서 유동적이므로, 설령 수익자가 취득 후 그 피담보채무의 일부를 대위변제하였더라도, 그 대위변제에 의하여 근저당권이 말소되거나 근저당권의 피담보채무액이 감소하여 확정되는 등의 사정이 없는 한, 사해행위의 취소에 따른 원상회복 후 피담보채무가 다시 증가할 가능성을 배제할 수 없어 그 근저당권으로 부담하는 잠재적인 채무는 여전히 채권최고액 전액이라고 할 수밖에 없을 뿐만 아니라, 채무자를 위하여 변제한 자는 변제자대위의 법리에 따라 채권최고액의 범위 내에서 채권자의 근저당권을 행사할 수 있는 것이어서 대위변제에 의하여 피담보채무가 종국적으로 감소하였다고 할 수도 없으므로, 수익자에 의한 채무 일부의 대위변제가 있은 경우에 사해행위의 취소에 따라 그 부동산 자체의 회복을 명하더라도 당초 일반 채권자들의 공동담보로 되어 있지 아니하던 부분까지 회복을 명하는 것이 된다고 할 수는 없다."(대법원 2002. 12. 6. 선고 2002다39715 판결)는 것이고, 이러한 판례의 입장이 타당하다고 본다.[281]

마) 수익자에게 저당권을 설정한 후 이전등기까지 경료한 경우

채무자가 수익자에게 저당권을 설정한 뒤 그 부동산에 관한 소유권이전등기까지 마쳐주어 저당권설정등기는 혼동으로 소멸한 경우, 저당권설정행위 및 부동산양도행위 모두 사해행위에 해당한다면 채권자로서는 수익자 명의 소유권이전등기의 말소와 함께 저당권설정계약의 취소를 구할 수 있다. 저당권설정등기 자체는 이미 말소되어 원상회복의 대상이 되지 않는다.[282]

비슷한 취지로 저당권이 설정된 부동산을 양도한 후 수익자가 그 저당권을 말소하였더라도 당초의 저당권설정행위가 사해행위가 되는지에 따라 부동산 양도행위의 사해성 여부가 달라진다면 채권자로서는 이미 해지된 저당권설정계약의 취소를 구할 권리보호이익이 있고(대법원 2013. 5. 9. 선고 2011다75232 판결), 사해행위 후 경락에 의해 저당권설정등기가 말소되었더라도 그 저당권설정계약의 취소를 구할 이익이 있다(대법원 2013. 4. 26. 선고 2011다37001 판결).

4) 부동산의 사용이익 반환 여부

대법원은 사해행위 취소로 인한 원상회복으로 부동산을 원물반환하는 경우 그 사용이익이나 임료 상당액은 반환대상에 포함되지 않는다는 입장(대법원 2008. 12. 11. 선고 2007다69162 판결)임은 앞에서 본 것과 같다.

281 같은 뜻 조해섭, 채권자취소권법, 법문사(2019), 462-463.
282 조해섭, 채권자취소권법, 법문사(2019), 462-463, 465-466.

나. 가등기 관련

1) 말소등기에 의한 회복

채무자 소유 부동산에 관하여 수익자 앞으로 소유권이전청구권을 보전하기 위한 가등기를 마친 경우에, 가등기 자체만으로는 소유권이전의 효력이 발생하지 않지만 후일 본등기를 마치면 가등기 시에 소급하여 소유권변동의 효력이 발생하고 그 결과 채권자가 채무자의 재산으로부터 완전한 변제를 받을 수 없게 되어 채권자를 해할 수 있다(대법원 1975. 2. 10. 선고 74다334 판결 등 참조). 따라서 채권자를 해하는 가등기의 원인인 법률행위는 사해행위로서 취소의 대상이 되고, 그 법률행위가 사해행위로 취소되면 특별한 사정이 없는 한 수익자인 가등기권자는 그 취소에 따른 원상회복으로서 원물반환의무인 가등기말소의무를 진다(대법원 2015. 5. 21. 선고 2012다952 전원합의체 판결).

2) 저당권이 설정된 부동산에 사해행위로 가등기가 경료된 후 저당권이 말소된 경우: 여전히 원물반환(말소)

저당권이 설정된 부동산에 관해 사해행위를 원인으로 한 가등기가 경료된 후 그 저당권이 말소되거나 피담보채무가 일부 변제된 경우, 가액배상을 하는 것이 아니라 여전히 가등기말소의 방법으로 원상회복을 하게 된다.

왜냐하면 가등기 설정이라는 사해행위(매매예약 등)가 있다고 하여도 부동산 자체는 여전히 채무자의 소유로 있으면서 일반 채권자들의 공동담보에 제공되고 있으므로, 사해행위 후 저당권의 말소 등으로 일반 채권자들의 공동담보가 증가하더라도 그것은 사해행위나 사해행위의 취소(가등기 말소)와 무관하게 발생한 것이므로 원상회복의 방법에서 이를 고려할 필요가 없다. 이 점에서 사해행위로 부동산이 양도된 후 저당권이 말소된 경우 단순히 양도행위를 취소하고 그 소유권이전등기를 말소하면 원래 일반 채권자들의 공동담보로 되어 있지 않던 부분까지 회복하는 것이 되어 공평에 반하는 결과가 되는 경우와 다르다.

대법원도 "소유권이전등기청구권보전을 위한 가등기가 사해행위로서 이루어진 경우 그 매매예약을 취소하고 원상회복으로서 가등기를 말소하면 족한 것이고, 가등기 후에 저당권이 말소되었다거나 그 피담보채무가 일부 변제된 점 또는 그 가등기가 사실상 담보가등기라는 점 등은 그와 같은 원상회복의 방법에 아무런 영향을 주지 않는다."고 판시하였다(대법원 2003. 7. 11. 선고 2003다19435 판결).

3) 가등기에 기한 본등기가 이루어진 경우

채무자가 수익자 앞으로 사해행위에 의해 매매예약에 의한 소유권이전청구권 보전의 가등기를 경료해 주었다가 그 가등기에 기해 본등기가 경료된 경우, 가등기의 원인인 법률행위와 본등기의 원인인 법률행위가 명백히 다른 것이 아닌 한 사해행위 요건의 구비 여부는 가등기의 원인된 법률행위 당시를 기준으로 하여 판단하여야 하고(대법원 2001. 7. 27. 선고 2000다73377 판결), 사해행위로 인정되는 경우 가등기 및 본등기의 각 원인행위의 취소와 가등기 및 본등기의 각 말소등기절차를 명하는 방법으로 원상회복이 이루어지게 된다(대법원 2009. 6. 11. 선고 2007다4004 판결의 원심인 대구고등법원 2006. 12. 7. 선고 2004나6338 판결 등).

4) 가등기가 이전된 경우

가등기 자체도 부기등기의 방법으로 이전될 수 있음은 물론이다. 즉, 가등기에 의하여 순위 보전의 대상이 되는 물권변동의 청구권은 그 성질상 양도될 수 있는 재산권일 뿐만 아니라 가등기로 인하여 그 권리가 공시되어 결과적으로 공시방법까지 마련된 셈이므로, 이를 양도한 경우에는 양도인과 양수인의 공동신청으로 그 가등기상의 권리의 이전등기를 가등기에 대한 부기등기의 형식으로 할 수 있다(대법원 2015. 5. 21. 선고 2012다952 전원합의체 판결).

이와 같이 가등기 이전의 부기등기가 경료된 경우 가등기가 원인무효의 것이라면 그 말소등기청구는 양수인만을 상대로 구하면 족하고 양도인은 말소등기청구에 있어서의 피고적격이 없다(대법원 1994. 10. 21. 선고 94다17109 판결 등).

그런데 사해행위에 의해 수익자 앞으로 소유권이전청구권 보전의 가등기가 경료된 후 전득자 앞으로 가등기 이전의 부기등기가 경료된 경우는 어떻게 되는가?

대법원은 과거 사해행위인 매매예약에 의하여 마친 가등기를 부기등기에 의하여 이전하고 그 가등기에 기한 본등기를 마친 경우에, 그 가등기에 의한 권리의 양도인은 가등기말소등기청구 소송의 상대방이 될 수 없고 본등기의 명의인도 아니므로 취소채권자에게 가액배상의무를 부담하지 않는다고 하였으나(대법원 2005. 3. 24. 선고 2004다70079 판결), 대법원 2015. 5. 21. 선고 2012다952 전원합의체 판결은 위 판결을 폐기하면서 다음과 같이 판시하였다.

"사해행위인 매매예약에 기하여 수익자 앞으로 가등기를 마친 후 전득자 앞으로 그 가등기 이전의 부기등기를 마치고 나아가 그 가등기에 기한 본등기까지 마쳤다 하더라도, 위 부기등기는 사해행위인 매매예약에 기초한 수익자의 권리의 이전을 나타내는 것으로서 위 부기등기에 의하여 수익자로서의 지위가 소멸하지는 아니하며, 채권자는 수익자를 상대로 그 사해행위인 매매예약의 취소를 청구할 수 있다. 그리고 설령 부기등기의 결과 위 가등기 및 본등기에 대한 말소청구소송에서 수익자의 피고적격이 부정되는 등의 사유로 인하여 수익자의 원물반환의무인 가등기말소의무의 이행이 불가능하게 된다 하더라도 달리 볼 수 없으며, 특별한 사정이 없는 한 수익자는 위 가등기 및 본등기에 의하여 발생된 채권자들의 공동담보 부족에 관하여 원상회복의무로서 가액을 배상할 의무를 진다 할 것이다."(대법원 2015. 5. 21. 선고 2012다952 전원합의체 판결).

따라서 수익자로부터 전득자 앞으로 가등기 이전의 부기등기가 경료된 경우에도 채권자는 수익자를 상대로 사해행위에 해당하는 가등기 설정의 원인행위(매매예약 등)의 취소와 가액배상에 의한 원상회복을 청구할 수 있다.

다. 부동산 제한물권 등기 관련

1) 말소등기에 의한 회복

채무자가 수익자 앞으로 근저당권설정등기 등 제한물권을 설정해준 행위가 사해행위에 해당하여 취소되는 경우 그 원상회복은 원물반환, 즉 수익자에 대하여 채무자 앞으로 수익자 명의로 경료된 근저당권설정등기의 말소등기절차의 이행을 구하는 방법으로 하게 된다.

근저당권 외에 전세권, 지상권 등이 사해행위를 원인으로 설정되고 수익자 앞으로 그 등기가 마쳐진 경우도 마찬가지이다.

2) 선행 저당권이 말소된 경우

1번 근저당권이 설정되어 있는 부동산에 관하여 사해행위로 2번 근저당권이 설정되었다가 1번 근저당권이 말소된 경우, 사해행위로 가등기가 경료된 경우와 마찬가지로 그 원상회복은 원물반환인 2번 근저당권설정등기의 말소등기방법에 의한다.

대법원도 "사해행위로 경료된 근저당권설정등기가 사해행위취소소송의 변론종결 시까지 존속하고 있는 경우 그 원상회복은 근저당권설정등기를 말소하는 방법에 의하여야 하고, 사해행위 이전에 설정된 별개의 근저당권이 사해행위 후에 말소되었다는 사정은 원상회복의 방법에 아무런 영향을 주지 아니한다."(대법원

2007. 10. 11. 선고 2007다45364 판결)고 판시하였다.

만일 2번 근저당권이 1번 근저당권을 포괄적으로 승계한 것으로 볼 수 있는 특별한 사정이 있는 경우에는 2번 근저당권설정계약의 일부취소와 채권최고액을 감축하는 근저당권변경등기를 하는 방법으로 원상회복이 이루어지게 된다.

대법원 2006. 12. 7. 선고 2006다43620 판결은, 5억 원의 근저당권설정등기가 경료되어 있는 부동산에 관해 사해행위로 20억 원의 근저당권설정등기를 경료하였지만 그 차용금 중 일부로 5억 원의 근저당권설정등기를 말소한 경우, "근저당권설정계약 중 이에 의하여 담보되는 차용금의 일부 금원으로 선순위 근저당권의 피담보채무를 변제한 부분을 제외한 나머지 부분에 대하여만 사해행위가 성립"하므로 "근저당권설정계약의 채권최고액 20억 원에서 변제한 선순위 근저당권의 피담보채무액을 공제한 잔액의 한도에서 사해행위를 취소하고, 근저당권설정등기의 채권최고액 20억 원을 변제한 선순위 근저당권의 피담보채무액으로 감축하는 근저당권변경등기절차의 이행을 명하였어야 한다."고 판시하였다.

3) 저당권이 이전된 경우

저당권도 가등기와 마찬가지로 이전될 수 있다. 즉, 저당권부 채권이 양도되는 경우 저당권이전의 부기등기가 행해지는데, 이와 같은 저당권의 이전원인만이 무효로 되거나 취소, 해제되는 경우 저당권 이전의 부기등기도 말소를 구할 소의 이익이 있다(대법원 2005. 6. 10. 선고 2002다15412, 15429 판결).

따라서 채무자가 유효한 근저당권을 가지고 있는데, 그 근저당권부 채권을 수익자에게 양도하고 근저당권 이전의 부기등기를 경료한 행위가 사해행위로 인정되는 경우, 채권자는 그 양도행위를 취소하고 근저당권 이전의 부기등기 말소와 채권양도가 취소되었다는 취지의 통지를 하도록 청구할 수 있다.[283]

만일 수익자 앞으로 근저당권을 설정한 행위가 사해행위이고, 이어 전득자 앞으로 근저당권 이전의 부기등기가 된 경우라면, 채권자로서는 전득자를 상대로 채무자와 수익자 사이의 근저당권설정계약의 취소와 전득자 명의의 근저당권설정등기의 말소를 구하면 된다. 부기등기의 말소를 구할 필요가 없다. 가등기 이전의 경우와 동일하다.

판례도, "근저당권의 양도에 의한 부기등기는 기존의 근저당권설정등기에 의

283 조해섭, 채권자취소권법, 법문사(2019), 474-475.

한 권리의 승계를 등기부상 명시하는 것뿐으로, 그 등기에 의하여 새로운 권리가 생기는 것이 아닌 만큼 근저당권설정등기의 말소등기청구는 양수인만을 상대로 하면 족하고, 양도인은 그 말소등기청구에 있어서 피고적격이 없다. 근저당권 이전의 부기등기는 기존의 주등기인 근저당권설정등기에 종속되어 주등기와 일체를 이루는 것이어서 피담보채무가 소멸된 경우 또는 근저당권설정등기가 당초 원인무효인 경우 주등기인 근저당권설정등기의 말소만 구하면 되고 그 부기등기는 별도로 말소를 구하지 않더라도 주등기의 말소에 따라 직권으로 말소된다."(대법원 1995. 5. 26. 선고 95다7550 판결)고 하고 있다.

라. 목적물이 금전 또는 동산인 경우

1) 채권자 앞으로 원물반환

채무자가 일반 채권자의 공동담보가 되는 금전 또는 동산을 사해행위에 의해 수익자에게 양도한 경우 채권자는 그 양도행위의 취소와 일탈된 금전 또는 동산을 원물반환 하도록 청구할 수 있는데, 이때 채권자는 직접 자신에게 그 금전 또는 동산을 반환하도록 청구할 수 있다(채권자수령설). 사해행위의 목적물이 부동산인 경우에는 채무자를 대위하여 채권자가 직접 채무자 앞으로 말소등기 또는 이전등기를 신청할 수 있지만, 금전 또는 동산인 경우 채무자가 수령하지 않거나 은닉해 버리면 책임재산 회복의 목적을 달성할 수 없기 때문이다.

여기에 대해서는 채권자에의 직접적인 인도청구는 허용될 수 없고 채무자에게 반환되어야 하고 채무자가 수령을 거절하면 공탁해야 한다는 견해(채무자수령설)[284]가 있으나, 채무자가 수령한 재산을 은닉하거나 임의처분해 버리는 경우 채권자의 강제집행이 어렵게 되어 책임재산 보전을 목적으로 하는 채권자취소권 제도의 본래 취지에 부합하지 않는 문제가 있으므로 수긍하기 어렵다.

대법원도 "민법 제406조에 의한 사해행위의 취소에 따른 원상회복은 원칙적으로 그 목적물 자체의 반환에 의하여야 하는바, 이 때 사해행위의 목적물이 동산이고 그 현물반환이 가능한 경우에는 취소채권자는 직접 자기에게 그 목적물의 인도를 청구할 수 있다."(대법원 1999. 8. 24. 선고 99다23468, 23475 판결)고 판시하여 채권자수령설을 취하고 있다.

284 이은영, 채권총론(제4판), 박영사(2009), 487.

2) 법정이자 가산

금전을 원물반환하는 경우 그 반환범위에는 금전을 지급받은 때부터 계산한 법정이자가 포함되고, 그 이율은 민법이 정한 연 5%라는 것이 판례임은 앞에서 본 것과 같다(대법원 2011. 2. 10. 선고 2009다53666 판결).

마. 목적물이 채권인 경우

1) 채무자가 사해행위로 채권을 양도한 경우

가) 양도 채권이 소멸한 경우

사해행위에 해당하는 채권양도가 채권자에 의하여 취소되기 전에 이미 채권 양수인인 수익자 등이 제3채무자로부터 그 채권을 변제받는 등으로 양도채권이 소멸된 경우에는, 원물반환이 불가능하므로 채권자는 원상회복의 방법으로 수익자 등을 상대로 그 채권양도의 취소와 함께 변제로 수령한 금전의 지급을 가액배상의 방법으로 청구할 수 있다(대법원 2003. 11. 28. 선고 2003다50061 판결).

나) 양도채권이 소멸하지 않은 경우

채무자의 수익자에 대한 채권양도가 사해행위로 취소되는 경우, 수익자가 제3채무자로부터 아직 그 채권을 추심하지 아니한 때에는, 채권자는 사해행위취소에 따른 원상회복으로서 수익자가 제3채무자에 대하여 채권양도가 취소되었다는 취지의 통지를 하도록 청구할 수 있다(대법원 2015. 11. 17. 선고 2012다2743 판결).

이 경우 청구취지는 '피고(수익자)는 소외인(제3채무자)에게 별지 기재 채권양도가 취소되었다는 취지의 통지를 하라'는 것이 된다. '채권을 채무자에게 양도하고 양도통지하라'는 내용으로 하지 않는다. 채권양도 취소의 통지만으로 일탈재산의 회복이라는 목적을 달성할 수 있기 때문이다.

채권양도가 취소되었다고 하더라도 그 효력은 채권자와 수익자 사이에 상대적으로 미칠 뿐 채무자가 권리자가 되는 것이 아니므로, 채권자가 제3채무자를 공동피고로 하여 채무자를 대위하여 그 채권에 관한 지급을 바로 구할 수 없다.

대법원도, "사해행위의 취소는 채권자와 수익자의 관계에서 상대적으로 채무자와 수익자 사이의 법률행위를 무효로 하는 데에 그치고, 채무자와 수익자 사이의 법률관계에는 영향을 미치지 아니한다. 따라서 채무자의 수익자에 대한 채권양도가 사해행위로 취소되고, 그에 따른 원상회복으로서 제3채무자에게 채권양도가 취소되었다는 취지의 통지가 이루어지더라도, 채권자와 수익자의 관계에서 그 채권이 채무자의 책임재산으로 취급될 뿐, 채무자가 직접 그 채권을 취득하여 권리자로 되는 것은 아니므로, 채권자는 채무자를 대위하여 제3채무자에게 그 채권에 관한 지급을 청구할 수 없다."(대법원 2015. 11. 17. 선고 2012다2743 판결)고 한다.

채권자로서는 판결이 확정된 후 이 판결을 제3채무자에게 보내 채권양도 취소의 통지절차를 마친 후 채무자에 대한 집행권원을 갖추어 채권에 대한 강제집행 절차를 통해 이를 추심할 수 있게 된다.

다) 양도채권의 일부가 추심된 경우

사해행위에 해당하는 채권양도가 채권자에 의하여 취소되기 전에 이미 채권 중 일부를 추심한 경우는 어떻게 할 것인가?

예컨대, 채무자 갑이 제3채무자 을에 대하여 3억 원의 채권을 가지고 있다가 수익자 병(피고)에게 이 채권을 양도하였는데, 채권자가 사해행위취소를 하기 전에 이미 병이 을로부터 1억 원을 추심한 경우라면, 판결주문(또는 청구취지)은 '1. 소외 갑과 피고 병 사이에 체결된 별지 목록 기재 채권 3억 원에 관한 2019. 1. 1. 자 채권양도계약을 취소한다. 2. 피고 병은 원고에게 1억 원(가액배상금) 및 이에 대한 이 판결 확정일 다음날부터 다 갚는 날까지 연 5%의 비율로 계산한 돈을 지급하라. 3. 피고 병은 소외 을에게 별지 목록 기재 채권 3억 원 중 2억 원에 관한 채권양도계약이 취소되었다는 취지의 통지를 하라.'는 것이 될 것이다.[285]

라) 저당권부 채권이 양도된 경우

저당권부 채권의 양도에는 채권양도의 규정과 부동산 물권변동에 관한 규정이 모두 적용된다. 따라서 이들 각 약정 및 그 결과물의 원상회복을 함께 구하지 않으면 안 된다.

예컨대, 채무자 갑이 제3채무자 을에 대한 채권을 담보하기 위해 을 소유 부동산 위에 근저당권설정등기를 마쳐둔 상태에서 사해행위로 병에게 그 근저당권부 채권을 양도하고 근저당권 이전의 부기등기까지 마쳐준 경우, 판결주문(또는 청구취지)은 '1. 소외 갑과 피고 병 사이에 체결된 별지 목록 기재 채권에 관한 2019. 1. 1.자 채권양도계약 및 근저당권 양도계약을 각 취소한다. 2. 피고 병은 소외 을에게 별지 목록 기재 채권에 관한 채권양도계약이 취소되었다는 취지의 통지를 하라. 3. 피고 병은 소외 갑에게 ○○ 등기소 2019. 1. 1. 접수 제○○○○호

285 조해섭, 채권자취소권법, 법문사(2019), 485.

로 마친 근저당권 이전의 부기등기의 말소등기절차를 이행하라.'는 것이 될 것이다.[286]

2) 채무자가 사해행위로 채권을 포기(채무면제)한 경우

채무자의 제3채무자에 대한 채무면제가 사해행위에 해당하는 경우 채권자는 수익자인 제3채무자를 상대로 그 채무면제행위의 취소만 구하면 된다. 재산이 이전된 경우가 아니므로 별도의 원상회복이 필요 없다.

3) 예금 명의신탁의 경우

채무자가 수익자와의 명의신탁약정에 의해 수익자 명의로 예금계좌를 개설한 뒤 채무자의 돈을 입출금하는 방식으로 거래를 한 경우, 대외적으로 예금채권은 명의수탁자인 수익자에게 귀속되므로 이러한 명의신탁약정 자체가 사해행위가 된다. 그 경우 원상회복 방법은 명의인인 수익자에 대하여 금융기관에 대한 예금채권을 출연자인 채무자에게 양도하고 그 양도통지를 할 것을 명하는 방법으로 하게 된다.

대법원도, "명의수탁자는 명의신탁자와의 관계에서 상대방과의 계약으로 취득한 권리를 명의신탁자에게 이전하여 줄 의무를 지고, 출연자와 예금주인 명의인 사이에 예금주 명의신탁계약이 체결된 경우 명의인은 출연자의 요구가 있을 때에는 금융기관에 대한 예금반환채권을 출연자에게 양도할 의무가 있으므로, 예금주 명의신탁계약이 사해행위에 해당하여 취소될 경우 취소에 따른 원상회복은 명의인이 예금계좌에서 예금을 인출하여 사용하였거나 예금계좌를 해지하였다는 등의 특별한 사정이 없는 한 명의인에 대하여 금융기관에 대한 예금채권을 출연자에게 양도하고 아울러 금융기관에 대하여 양도통지를 할 것을 명하는 방법으로 이루어져야 한다."(대법원 2015. 7. 23. 선고 2014다212438 판결)고 판시하였다.

위 판례에서 예외적인 상황으로 설시한 '명의인이 예금계좌에서 예금을 인출하여 사용'한 경우라면 원물반환이 불가능하고 가액배상의 방법으로 원상회복되어야 할 것인데, 명의수탁자로서 예금명의인인 수익자가 예금을 인출하여 사용한 경우에만 가액배상이 인정되고 명의신탁자로서 출연자인 채무자가 예금을 인출하여 사용한 경우에는 가액배상의무가 인정되지 않는다.

대법원은, "출연자와 예금주인 명의인 사이의 예금주 명의신탁계약이 사해행

286 조해섭, 채권자취소권법, 법문사(2019), 487.

위에 해당하여 취소되는 경우 그 취소에 따른 원상회복은 수탁자인 명의인이 금융회사에 대한 예금채권을 출연자에게 양도하고 아울러 금융회사에 대하여 양도통지를 하도록 명하는 방법으로 이루어져야 한다. 예금계좌에서 예금이 인출되어 사용된 경우에는 위와 같은 원상회복이 불가능하므로 가액반환만이 문제 되는데, 신탁자와 수탁자 중 누가 예금을 인출·사용하였는지에 따라 결론이 달라진다. 신탁자가 수탁자의 통장과 인장, 접근매체 등을 교부받아 사용하는 등 사실상 수탁자의 계좌를 지배·관리하고 있을 때에는 신탁자가 통상 예금을 인출·사용한 것이라고 볼 수 있다. 그러나 신탁자가 사실상 수탁자의 계좌를 지배·관리하고 있음이 명확하지 않은 경우에는 신탁자가 명의인의 예금계좌에서 예금을 인출하거나 이체하여 사용했다는 점을 수탁자가 증명하지 못하면 수탁자가 예금을 인출·사용한 것으로 보아야 한다. 예금을 인출·이체하는 데 명의인 본인 확인이나 본인 인증 등을 거쳐야 한다는 점에 비추어 일반적으로는 명의인이 예금을 사용했다고 보는 것이 보다 자연스럽기 때문이다."(대법원 2018. 12. 27. 선고 2017다290057 판결)라고 판시하였다.

바. 목적물이 주식인 경우

1) 주권이 발행된 경우

주권이 발행된 경우 주식의 양도는 주권의 교부에 의하고, 주권에 관해서는 유체동산 집행의 방법에 따라 강제집행이 이루어진다. 따라서 채무자가 사해행위로 수익자에게 주권을 교부한 경우 원상회복은 주권을 반환하는 원물반환의 방법에 의하게 된다.

대법원도 "주권은 동산에 해당하고 원물반환이 가능하므로 주권의 양도가 사해행위로 인정되어 취소되는 경우 채권자는 직접 자신에게 주권을 반환하도록 청구할 수 있다."(대법원 1999. 8. 24. 선고 99다23468, 23475 판결)고 판시하였다.

한편, 상장주식인 경우 언제든지 시장에서 다시 취득하여 원물반환 할 수 있으므로 수익자가 현재 주식을 처분하여 보유하고 있지 않다고 하더라도 주식반환의무가 불가능하여 가액배상을 해야 하는 경우라고 할 수 없다.

대법원도 "사해행위의 목적물이 상장주식인 경우, 수익자 또는 전득자는 대체물인 그 상장법인의 주식 중 원상회복을 할 수량을 다시 취득하여 원물반환의무를 이행할 수 있으므로 양도받은 주권 그 자체를 보유하고 있지 않다는 사실만으로 주식반환의무가 불가능하게 되었다고 할 수 없다."(대법원 2007. 7. 12. 선고

2007다18218 판결)고 하였다.

2) 주권발행 전의 주식인 경우

회사가 주권을 발행하지 않은 경우에도 회사의 성립 후 또는 신주의 납입기일 후 6개월이 경과하면 주권 없이 의사표시만으로 주식을 양도할 수 있고, 그 양도는 지명채권 양도의 일반원칙에 따르게 된다(대법원 1995. 5. 23. 선고 94다36421 판결 등).

따라서 채무자가 자신의 보유 주식을 수익자에게 처분한 것이 사해행위에 해당하는 경우 채권자는 채권양도의 경우와 마찬가지로 수익자를 상대로 주식양도행위의 취소와 주식의 발행회사에게 주식양도가 취소되었다는 취지의 통지를 하도록 청구하면 된다.

사. 기타 재산

1) 특허권, 자동차 등

특허권, 자동차 등 행정기관에 등록함으로써 권리의 득실변경이 이루어지는 재산의 처분행위가 사해행위에 해당하는 경우 그 원상회복 방법은 부동산의 경우를 준용하면 된다. 즉, 수익자로 하여금 채무자에게 해당 권리의 말소등록절차를 이행하도록 명하는 방법으로 회복하게 된다.

2) 공법상의 권리

공법상의 허가권 등 권리도 관련법의 규정에 의해 양도가 가능하고 독립한 재산적 가치를 가지고 있어 민사집행법 제251조의 '그 밖의 재산권'에 대한 집행방법에 의하여 강제집행할 수 있는 것이면 이러한 공법상의 권리를 처분하는 채무자의 행위도 채권자취소권의 대상이 될 수 있음은 앞에서 본 것과 같다[☞ 앞의 민법 제406조 Ⅲ. 2. 나. 5) 라) 공법상의 권리를 처분하는 행위 부분 주석 참조].

공유수면점용허가권, 신축 중인 건물의 건축주명의, 자동차운송사업 허가 명의, 폐기물처리업 허가 명의 등이 여기에 해당하는바, 그 원상회복 방법은 진정한 등록명의 회복을 원인으로 한 명의변경절차의 이행을 명하는 방식으로 함이 타당할 것이다(대법원 2004. 8. 30. 선고 2004다21923 판결 참조).

3) 아파트 수분양권

아파트를 분양받을 수 있는 권리(수분양권)의 처분이 사해행위에 해당하고 분양자측에서 수분양권 명의변경을 허용하는 경우, 그 원상회복의 방법은 수익자로 하여금 채무자 앞으로 진정한 명의 회복을 원인으로 한 수분양자 명의변경절차의 이행을 구하는 것으로 함이 적절할 것이다.[287]

3. 가액배상에 의한 원상회복

가. 개설

1) 가액배상의 의의

사해행위취소에 따른 원상회복은 원칙적으로 그 목적물 자체를 반환하는 원물반환의 방법에 의하여야 한다. 그것이 채권자취소권제도의 취지, 즉 채무자의 사해행위로 인해 일반 채권자들의 공동담보에 제공되고 있던 채무자의 책임재산이 일탈된 경우, 사해행위취소를 통해 채무자의 처분행위를 취소하고, 일탈재산을 회복하여 다시 채무자의 책임재산으로 되돌림으로써 일반 채권자들의 채권을 보전하고자 하는 취지에 부합하기 때문이다.

그런데 경우에 따라서는 원물반환이 불가능하거나 현저히 곤란한 경우가 있다. 예컨대 목적물이 멸실되거나 제3자에게 양도되어 경험법칙 또는 거래상의 관념에 비추어 이를 반환하는 것이 사실상 또는 법률상 불가능해진 경우 등이 그것이다.

또한 경우에 따라서는 원물반환이 가능하다고 하더라도 그러한 반환이 이루어지는 경우 채무자가 사해행위를 하지 않았다면 있었을 원래의 책임재산을 초과하여 더 많은 책임재산을 회복하는 결과를 초래하여 공평의 원칙상 원물반환이 타당하지 않은 경우도 있을 수 있다.

이와 같이 원물반환이 불가능하거나 적절하지 않은 경우 수익자 또는 전득자로 하여금 원물반환 대신 일탈재산 상당의 가액을 배상하도록 할 필요가 있는데, 이것이 바로 채권자취소권 행사로 인한 원상회복 방법 중 하나인 가액배상이다.

2) 가액배상의 법적 성질

가액배상의 근거 내지 법적 성질에 관하여는, ①부당이득에 의한 악의의 수익자의 반환의무에 준하는 것이라는 견해(준부당이득설), ②점유자의 회수자에 대한 손해배상채무(민법 제204조)에 준한다는 견해(민법 제204조설), ③대상청구의 일종이라는 견해(대상청구권설), ④채권자취소권의 인정근거를 형평의 견지에서 법이

287 조해섭, 채권자취소권법, 법문사(2019), 498.

특별히 인정한 것이라는 데에서 구하는 이상 가액배상청구 역시 법률에 의하여 원상회복의무의 일종으로 상대방에게 인정된 것이라는 견해(원상회복의무설) 등이 있다.

이에 관하여 판례는, "채권자의 사해행위취소 및 원상회복청구가 인정되면, 수익자 또는 전득자는 원상회복으로서 사해행위의 목적물을 채무자에게 반환할 의무를 지게 되고, 원물반환이 불가능하거나 현저히 곤란한 경우에는 원상회복의무의 이행으로서 사해행위 목적물의 가액 상당을 배상하여야 하는바, 원래 채권자와 아무런 채권·채무관계가 없었던 수익자가 채권자취소에 의하여 원상회복의무를 부담하는 것은 형평의 견지에서 법이 특별히 인정한 것이므로, 그 가액배상의 의무는 목적물의 반환이 불가능하거나 현저히 곤란하게 됨으로써 성립하고, 그 외에 그와 같이 불가능하게 된 데에 상대방인 수익자 등의 고의나 과실을 요하는 것은 아니다."(대법원 1998. 5. 15. 선고 97다58316 판결)라고 하여, 원상회복의무설을 취하고 있다.

이와 같이 수익자 또는 전득자의 가액배상의무는 사해행위가 성립하고 원물반환이 불가능하거나 현저히 곤란하다는 요건을 갖추면 성립하는 것이고 수익자 또는 전득자의 고의나 과실을 요하지 아니한다.

3) 원물반환 청구와의 관계

가) 원물반환의 원칙: 임의로 가액배상을 구할 수 없음

사해행위취소로 인한 원상회복은 원물반환의 방법에 의하는 것이 원칙이고, 원물반환이 불가능하거나 현저히 곤란한 사정이 있는 때 비로소 가액배상의 방법에 의하게 된다. 가액배상이 채권자에게 현실적으로 이익이 될 가능성이 큰 경우도 있지만, 법리적으로는 원물반환이 사해행위의 전부 취소이고 가액배상은 일부 취소이므로 원물반환보다 유리하다고 할 수 없다.

따라서 원물반환이 가능함에도 채권자가 임의로 가액배상을 구할 수 없다. 이에 관해서는 이설이 없고, 대법원도 "부동산에 관한 법률행위가 사해행위에 해당하는 경우에는 채무자의 책임재산을 보전하기 위하여 사해행위를 취소하고 원상회복을 명하여야 한다. 사해행위취소로 인한 원상회복은 원물반환의 방법에 의하는 것이 원칙이지만, 원물반환이 불가능하거나 현저히 곤란한 사정이 있는 때에는 원물반환에 대신하여 금전적 배상으로서의 가액배상이 허용된다."(대법원 2019. 4. 11. 선고 2018다203715 판결 등)는 원칙론을 여러 차례에 걸쳐 설시한 바 있

다. 만일 채권자가 끝내 청구취지 변경을 하지 않고 가액배상을 구한다면 청구를 기각해야 할 것이다.[288]

나) 가액배상이 정당한 경우 원물반환을 명할 수 없음

반대로 가액배상을 하는 것이 정당한데도 원물반환을 하도록 명하는 것은 원칙적으로 허용되지 않는다. 대법원 2009. 5. 14. 선고 2009다4947 판결의 원심인 부산고등법원 2008. 12. 3. 선고 2008나11795 판결은 취소채권자인 원고가 가액배상을 구함에 대하여 수익자인 피고가 자신의 피해를 감수하고서라도 그 명의의 소유권이전등기를 말소하는 원물반환을 원한다고 주장하자 법원이 가액배상을 하는 경우 취소채권자에게만 사실상 우선변제효를 부여하여 채권자평등의 원칙이 무너질 수 있다는 등의 이유로 이를 받아들여 원물반환을 명했는데, 대법원은 "사해행위 후 기존의 근저당권이 변제에 의하여 말소된 이 사건에서 채권자의 사해행위의 취소 및 원상회복으로서의 가액배상청구가 정당한 이상, 특별한 사정이 없는 한 채권자가 구하는 가액배상의 범위를 넘어 원물반환을 명하는 것은 허용될 수 없다."고 하였다(다만 원물반환을 명하는 유리한 판결을 받은 원고의 상고는 상고의 이익이 없어 부적법하다고 하여 상고를 각하하였다. 대법원 2009. 5. 14. 선고 2009다4947 판결).

다) 당사자 쌍방이 동의한 경우는 가액배상 대신 원물반환 가능

위 판례에서 말하는 특별한 사정으로 당사자 쌍방이 동의한 경우를 들 수 있다. 즉, "가액배상의 방법으로 원상회복이 이루어져야 한다고 하더라도 채권자와 수익자 모두 원물반환을 원하고 있고, 원물반환에 의하더라도 일반 채권자들을 위한 책임재산의 보전이라는 채권자취소권의 목적 달성에 별다른 지장이 없는 경우라면 굳이 가액배상을 고집하기보다는 사해행위취소에 따른 본래적 의미의 원상회복 방법인 원물반환에 의하는 것이 오히려 공평의 관념에 부합한다고 할 것이고, 이러한 수익자의 의사는 사해행위취소의 효과로 수익자가 원상회복의무를 부담하는 때인 사해행위취소소송의 사실심 변론종결 시를 기준으로 판단함이 상당하다."(대법원 2013. 4. 11. 선고 2012다107198 판결, 대법원 2018. 9. 13. 선고 2017다53470 판결 등)는 것이 판례이다.

따라서 비록 가액배상을 명해야 할 사안이라고 하더라도 위와 같은 특별한

288 이순동, 채권자취소권(제3판), 육법사(2017), 544.

사정이 있으면 원물반환의 방법에 의한 원상회복도 가능하다.

라) 가액배상이 가능한 경우라도 채권자 스스로 원물반환을 구하는 것은 가능

한편, 가액배상이 가능한 경우라고 하더라도 채권자가 스스로 위험이나 불이익을 감수하면서 원물반환을 구하는 것까지 허용되지 않는 것은 아니라는 것이 판례의 입장이다.

대법원은, "사해행위 후 그 목적물에 관하여 제3자가 저당권이나 지상권 등의 권리를 취득한 경우에는 수익자가 목적물을 저당권 등의 제한이 없는 상태로 회복하여 이전하여 줄 수 있다는 등의 특별한 사정이 없는 한 채권자는 수익자를 상대로 원물반환 대신 그 가액 상당의 배상을 구할 수도 있다고 할 것이나, 그렇다고 하여 채권자가 스스로 위험이나 불이익을 감수하면서 원물반환을 구하는 것까지 허용되지 아니하는 것으로 볼 것은 아니고, 그 경우 채권자는 원상회복 방법으로 가액배상 대신 수익자 명의의 등기의 말소를 구하거나 수익자를 상대로 채무자 앞으로 직접 소유권이전등기절차를 이행할 것을 구할 수 있다."(대법원 2001. 2. 9. 선고 2000다57139 판결)고 판시하였다.

마) 청구취지 변경 없이 가액배상 인정 가능

취소채권자가 원물반환을 구하였으나 심리결과 원물반환은 할 수 없고 가액배상을 해야 할 사안인 경우, 원물반환청구를 기각할 것인지 아니면 원물반환청구 안에 가액배상청구가 포함되어 있다고 보아 청구취지 변경 없이 가액배상을 명할 것인가?

대법원은, "사해행위인 계약 전부의 취소와 부동산 자체의 반환을 구하는 청구취지 속에는 위와 같이 일부취소를 하여야 할 경우 그 일부취소와 가액배상을 구하는 취지도 포함되어 있다고 볼 수 있으므로 청구취지의 변경이 없더라도 바로 가액반환을 명할 수 있다."(대법원 2001. 6. 12. 선고 99다20612 판결)는 입장이다.

위 판례 사안의 경우 저당권이 설정되어 있는 부동산이 사해행위로 이전된 뒤 저당권설정등기가 말소된 경우인데, 피고는 사실심 변론종결 시까지 저당권설정등기의 말소사실이나 원물반환 대신 가액배상을 해야 한다는 주장을 하지 않았고 다만 원고가 소장에 첨부한 등기부등본에 저당권말소사실이 나타나 있을 뿐이었다. 대법원은 위와 같은 경우에도 원고의 원물반환청구 속에는 가액배상청구가 포함되어 있으므로 청구취지 변경이 없더라도 가액배상을 명해야 한다고 판시한 것이다.

이에 대해서는 변론주의 원칙상 취소채권자가 원물반환을 구하는 경우 피고인 수익자 또는 전득자가 항변사유로서 원물반환이 불가능하다는 사유를 주장·입증해야 한다는 반대 견해가 있다.[289]

바) 원물반환 판결 확정 후 가액배상 청구 불가, 대상청구 가능

원물반환을 명하는 판결이 확정된 후 원물반환이 불가능하게 되었음을 이유로 다시 가액배상을 구할 수 있는가의 문제가 있는데, 판례는 동일소송물설[290]을 취하여 "사해행위 후 목적물에 관하여 제3자가 저당권이나 지상권 등의 권리를 취득한 경우에는 수익자가 목적물을 저당권 등의 제한이 없는 상태로 회복하여 이전하여 줄 수 있다는 등의 특별한 사정이 없는 한, 채권자는 원상회복 방법으로 수익자를 상대로 가액 상당의 배상을 구할 수도 있고, 채무자 앞으로 직접 소유권 이전등기절차를 이행할 것을 구할 수도 있다. 이 경우 원상회복청구권은 사실심 변론종결 당시의 채권자의 선택에 따라 원물반환과 가액배상 중 어느 하나로 확정되며, 채권자가 일단 사해행위 취소 및 원상회복으로서 원물반환 청구를 하여 승소 판결이 확정되었다면, 그 후 어떠한 사유로 원물반환의 목적을 달성할 수 없게 되었다고 하더라도 다시 원상회복청구권을 행사하여 가액배상을 청구할 수는 없으므로 그 청구는 권리보호의 이익이 없어 허용되지 않는다."(대법원 2006. 12. 7. 선고 2004다54978 판결, 대법원 2018. 12. 28. 선고 2017다265815 판결 등)고 판시하였다.

다만, 가액배상을 다시 구하는 것이 아니라 원물반환에 의한 원상회복이 불가능해졌음을 이유로 이에 갈음한 대상청구를 하는 것은 허용된다(대법원 2012. 6. 28. 선고 2010다71431 판결).[291]

4) 지연손해금

가액배상은 금전의 지급을 명하는 것이므로 이에 대해 지연손해금이 가산될 수 있음은 당연하다.

가액배상의 경우 그 이행기 및 지연손해금의 기산일이 언제이고 적용할 이율이 몇 %인지에 관해 견해가 나뉘나, 대법원은 "가액배상의무는 사해행위의 취소

289 이진수, "가액배상을 구하는 사해행위취소소송에서 원물반환을 명할 수 있는지 여부", 판례연구 21집, 부산판례연구회(2010), 676; 박치봉, "사해행위취소소송에서 원물반환청구와 가액반환청구의 소송물", 재판관 판례 제24집, 대구판례연구회(2015), 188.

290 ☞ 앞의 민법 제406조 Ⅳ. 2. 마. 소송물 부분 참조.

291 ☞ 앞의 민법 제406조 Ⅴ. 1. 마. 대상청구 부분 주석 참조.

를 명하는 판결이 확정된 때에 비로소 발생하므로 그 판결이 확정된 다음날부터 이행지체 책임을 지게 되고, 따라서 소송촉진 등에 관한 특례법 소정의 이율은 적용되지 않고 민법 소정의 법정이율이 적용된다 할 것이므로, 원심이 가액배상금에 대한 지연손해금으로서 이 판결확정일 다음날부터 완제일까지 민법 소정의 법정이율인 연 5%의 비율에 의한 지연손해금을 인용한 조치는 정당하다."(대법원 2009. 1. 15. 선고 2007다61618 판결)고 판시하였고, 현재 이에 관해 별 이견이 없다.

따라서 실무에서는 가액배상을 구하는 경우 "피고는 원고(취소채권자)에게 ○○○원 및 이에 대하여 이 판결 확정일 다음날부터 다 갚는 날까지 연 5%의 비율로 계산한 돈을 지급하라."는 형식으로 청구취지가 작성되고 있고, 판결주문도 같은 형식으로 선고되고 있다.

다만, 채권자취소소송에서 채권자의 선택에 따라 사해행위의 취소를 구하는 청구와 원상회복을 구하는 청구를 분리하여 행사하는 것이 가능함은 앞에서 본 것과 같은데(대법원 2001. 9. 4. 선고 2001다14108 판결 참조), 취소청구를 하여 그 승소판결이 확정된 다음 원상회복으로서의 가액배상을 구하는 경우에는 이미 성립한 '이행기의 정함이 없는 채권'을 청구한 것으로 보아야 하므로, 일반채권과 마찬가지로 소장부본의 송달 다음날부터 소송촉진 등에 관한 특례법이 정한 연 12%의 비율로 계산한 지연손해금의 지급을 구할 수 있을 것이다.[292]

나. 가액배상을 해야 할 경우

1) 불능형: 원물반환이 불가능하거나 현저하게 곤란한 경우

가) 원칙

채권자의 사해행위취소 및 원상회복청구가 인정되면, 수익자는 원상회복으로서 사해행위의 목적물을 채무자에게 반환할 의무를 진다. 만일 원물반환이 불가능하거나 현저히 곤란한 경우에는 원상회복의무의 이행으로서 사해행위 목적물의 가액 상당을 배상하여야 하는데, 여기서 원물반환이 불가능하거나 현저히 곤란한 경우란 원물반환이 단순히 절대적, 물리적으로 불가능한 경우가 아니라 사회생활상 경험법칙 또는 거래 관념에 비추어 채권자가 수익자나 전득자로부터 이행의 실현을 기대할 수 없는 경우를 말한다(대법원 2018. 12. 28. 선고 2017다265815 판결).

292 이순동, 채권자취소권(제3판), 육법사(2017), 542.

나) 수익자가 목적물을 처분한 경우

(1) 목적물 양도

사해행위의 목적물이 수익자로부터 전득자로 이전되어 그 등기까지 경료되었다면 후일 채권자가 전득자를 상대로 소송을 통하여 구제받을 수 있는지 여부에 관계없이, 수익자가 전득자로부터 목적물의 소유권을 회복하여 이를 다시 채권자에게 이전하여 줄 수 있는 특별한 사정이 없는 한 그로써 채권자에 대한 목적물의 원상회복의무는 법률상 이행불능의 상태에 있다고 봄이 상당하다(대법원 1998. 5. 15. 선고 97다58316 판결).

따라서 수익자가 사해행위 목적물을 전득자에게 처분한 경우 특별한 사정이 없는 한 원상회복은 가액배상의 방법에 의하게 된다.

(2) 제한물권 설정

사해행위 후 그 목적물에 관하여 제3자가 저당권이나 지상권 등의 권리를 취득한 경우에는 수익자가 목적물을 저당권 등의 제한이 없는 상태로 회복하여 이전하여 줄 수 있다는 등의 특별한 사정이 없는 한 채권자는 수익자를 상대로 원물반환 대신 그 가액 상당의 배상을 구할 수 있다(대법원 2001. 2. 9. 선고 2000다57139 판결).

이 경우 채권자는 자신의 위험부담 하에 원물반환을 선택할 수도 있다. 즉, "채권자가 스스로 위험이나 불이익을 감수하면서 원물반환을 구하는 것까지 허용되지 않는 것은 아니다. 채권자는 원상회복 방법으로 가액배상 대신 수익자 명의 등기의 말소를 구하거나 수익자를 상대로 채무자 앞으로 직접 소유권이전등기절차를 이행할 것을 구할 수도 있다."(대법원 2018. 12. 28. 선고 2017다265815 판결).

(3) 가압류·가처분

저당권 등 제한물권이 아니라 수익자의 채권자가 가압류 또는 가처분 집행을 한 경우는 어떤가?

수익자 앞으로 소유권이전등기가 경료된 뒤 수익자의 채권자가 가압류 또는 가처분 집행을 한 경우 이들은 부동산등기법 제171조의 말소등기에 대하여 등기상 이해관계 있는 제3자에 해당하고(대법원 1998. 11. 27. 선고 97다41103 판결 참조), 수익자의 채권자로서 이미 가지고 있던 채권확보를 위하여 부동산을 압류 또는 가압류한 자에게 사해행위취소판결의 효력이 미친다고 볼 수 없으므로(대법원 2005. 11. 10. 선고 2004다49532 판결), 이들은 취소채권자의 수익자에 대한 말소등기청구에 관해 승낙의 의사표시를 할 의무가 있는 제3자라고 볼 수 없다.

따라서 사해행위 후 그 목적물에 관하여 수익자의 채권자가 가압류 또는 가처분 집행을 한 경우에는, 수익자가 목적물을 가압류 등의 제한이 없는 상태로 회복하여 이전하여 줄 수 있다는 등의 특별한 사정이 없는 한 채권자는 수익자를 상대로 원물반환 대신 그 가액배상을 구할 수 있다고 할 것이다.[293]

(4) 부기등기에 의한 이전

수익자 앞으로 사해행위에 의한 가등기 또는 근저당권설정등기가 경료된 뒤 전득자 앞으로 가등기 또는 근저당권 이전의 부기등기가 경료된 경우, 채권자는 전득자를 상대로 가등기 또는 근저당권설정등기의 말소를 구할 수 있음은 물론이지만 수익자를 상대로 가등기 또는 근저당권설정의 원인행위를 취소하고 가액배상을 구할 수 있다.

즉, "사해행위인 매매예약에 기하여 수익자 앞으로 가등기를 마친 후 전득사 앞으로 가등기 이전의 부기등기를 마치고 나아가 가등기에 기한 본등기까지 마쳤다 하더라도, 위 부기등기는 사해행위인 매매예약에 기초한 수익자의 권리의 이전을 나타내는 것으로서 부기등기에 의하여 수익자로서의 지위가 소멸하지는 아니하며, 채권자는 수익자를 상대로 사해행위인 매매예약의 취소를 청구할 수 있다. 그리고 설령 부기등기의 결과 가등기 및 본등기에 대한 말소청구소송에서 수익자의 피고적격이 부정되는 등의 사유로 인하여 수익자의 원물반환의무인 가등기말소의무의 이행이 불가능하게 된다 하더라도 달리 볼 수 없으며, 특별한 사정이 없는 한 수익자는 가등기 및 본등기에 의하여 발생된 채권자들의 공동담보 부족에 관하여 원상회복의무로서 가액을 배상할 의무를 진다."(대법원 2015. 5. 21. 선고 2012다952 전원합의체 판결).

(5) 채권양도가 사해행위인데 채권이 소멸하거나 예금을 인출한 경우

수익자가 사해행위에 해당하는 채권양도를 받은 뒤 제3채무자로부터 그 채권을 변세받는 등으로 양도채권이 소멸된 경우(대법원 2003. 11. 28. 선고 2003다50061 판결)나 일부 변제받은 경우, 예금명의신탁에서 명의인이 예금을 인출한 경우(대법원 2015. 7. 23. 선고 2014다212438 판결, 대법원 2018. 12. 27. 선고 2017다290057 판결 등) 등도 원물반환이 불가능한 경우이므로 가액배상의 방법으로 원상회복이 이루어진다.

293 같은 뜻 조해섭, 채권자취소권법, 법문사(2019), 509-501; 유해용, "사해행위취소의 대상과 효력에 관한 판례 연구", 법과 정의 그리고 사람: 박병대 대법관 재임기념 문집, 사법발전재단(2017), 1340.

다) 목적물의 멸실이나 훼손

수익자가 사해행위에 의해 채무자로부터 취득한 물건을 멸실, 훼손하거나, 일반재산에 혼입하여 특정성을 상실한 경우 등에는 그 멸실, 훼손 등에 귀책사유가 없더라도 가액배상의무를 부담한다.

그러나 사해행위가 없었더라도 이미 존재하고 있던 사정이나 뒤에 발생한 사정 때문에 목적물이 멸실, 훼손된 경우, 예컨대 수익자가 사해행위에 의해 건물을 매수한 후 그의 귀책사유 없이 인근에서 번져 온 화재에 의해 건물이 소실된 경우에는 사해행위와 목적물의 멸실, 훼손 사이에 인과관계가 없으므로 가액배상의무가 없다고 보아야 한다.[294]

2) 공평형: 과잉회복이 되거나 공평에 반하는 결과가 되는 경우

가) 양도 후 저당권 말소

어느 부동산의 매매계약이 사해행위에 해당하는 경우에는 원칙적으로 그 매매계약을 취소하고 그 소유권이전등기의 말소 등 부동산 자체의 회복을 명하여야 하지만, 그 사해행위가 저당권이 설정되어 있는 부동산에 관하여 당해 저당권자 이외의 자와의 사이에 이루어지고 그 후 변제 등에 의하여 저당권설정등기가 말소된 때에는, 매매계약 전부를 취소하여 그 부동산 자체의 회복을 명하는 것은 당초 담보로 되어 있지 아니하던 부분까지 회복시키는 것이 되어 공평에 반하는 결과가 되므로, 그 부동산의 가액에서 저당권의 피담보채권액을 공제한 잔액의 한도에서 그 매매계약의 일부 취소와 그 가액의 배상을 구할 수 있을 뿐 부동산 자체의 회복을 구할 수는 없다(대법원 1996. 10. 29. 선고 96다23207 판결).

이러한 법리는 그 부동산이 담보신탁을 목적으로 이전된 경우에도 마찬가지라고 보아야 할 것이며, 또한 근저당권설정등기가 사해행위로 인한 소유권이전등기보다 나중에 말소된 경우뿐만 아니라 근저당권설정등기의 말소등기와 소유권이전등기가 같은 날 접수되어 함께 처리되고 그 원인일자가 동일한 경우에도 마찬가지라고 할 것이다(대법원 2014. 1. 23. 선고 2013다72169 판결).

사해행위로 수익자에게 부동산이 양도된 원인은 매매나 증여는 물론, 담보신탁이나 양도담보의 목적으로 이전된 경우에도 마찬가지이고(대법원 2002. 4. 12. 선고 2000다63912 판결), 근저당권이 설정되어 있는 부동산인 경우라면 부동산의 가

294 조해섭, 채권자취소권법, 법문사(2019), 508-509.

액에서 채권최고액을 한도로 근저당권의 실제 피담보채권액을 공제한 부분에 대하여 일부취소 및 가액배상이 이루어지게 된다.

그리고 "그 부동산이 사해행위로 이전된 후 피담보채무 전액이 소멸된 이상 특별한 사정이 없는 한 그 피담보채무의 소멸의 원인이 무엇인지, 소멸의 원인 중에 변제도 포함되어 있는 경우라면 변제에 있어서의 실제 자금의 출연주체가 누구인지 여부는 더 나아가 따질 여지도 없다."는 것이 판례이다(대법원 2002. 11. 8. 선고 2002다41589 판결).

만일 저당권자에게 이전된 경우라면 어떻게 되는가? 이 경우는 저당권이 혼동에 의해 소멸한 경우이므로 수익자 앞으로 경료된 소유권이전등기의 말소를 구하는 원물반환의 방법에 의해 원상회복을 하면 되고, 수익자가 저당권에 기해 이미 경매절차에서 배당금을 수령한 경우라면 이와 별도로 저당권설정계약의 취소와 저당권에 기해 수령한 배당금의 반환을 가액배상으로 구하면 된다.

나) 전세권, 임차권, 유치권 등이 사해행위 후 소멸한 경우도 동일

사해행위 목적물에 저당권이 설정되어 있던 경우뿐만 아니라 전세권이나 우선변제효력이 있는 임차권, 유치권 등이 성립하고 있다가 사해행위로 목적물이 수익자에게 이전된 후 그 전세권 등이 소멸한 경우에도 마찬가지로 사해행위 당시의 부동산 가액에서 우선변제의 효력이 미치는 전세금 또는 임대차보증금 등을 공제한 잔액의 범위 내에서 사해행위가 성립하므로, 원상회복은 원물반환이 아니라 가액배상의 방법에 의하게 된다.

대법원도 "어느 부동산에 관한 법률행위가 사해행위에 해당하는 경우에는 원칙적으로 그 사해행위를 취소하고 소유권이전등기의 말소 등 부동산 자체의 회복을 명하여야 하는 것이나, 주택임대차보호법이 정한 대항요건 및 확정일자를 갖춘 임차인 또는 소액임차인이 있는 부동산에 관하여 사해행위가 이루어진 경우에 그 사해행위는 부동산의 가액에서 위 임대차보증금 액수를 공제한 잔액의 범위 내에서만 성립한다고 보아야 할 것이므로 사해행위 후 수익자가 우선변제권 있는 임대차보증금 반환채무를 이행한 경우, 사해행위를 취소하여 그 부동산 자체의 회복을 명하는 것은 당초 일반 채권자들의 공동담보로 되어 있지 아니하던 부분까지 회복시키는 것이 되어 공평에 반하는 결과가 되므로, 그 부동산의 가액에서 위 임대차보증금 액수를 공제한 잔액의 한도에서 사해행위를 취소하고 그 가액의 배상을 명할 수 있을 뿐이라고 할 것이다."라고 판시한 바 있다(대법원 2013. 4. 11.

선고 2012다107198 판결).

이 경우 임대차계약의 체결시기 및 임대차보증금의 공제와 관련하여 주의할 점이 있다. 즉, "저당권이 설정되어 있는 부동산에 관하여 사해행위 후 변제 등으로 저당권설정등기가 말소되어 사해행위 취소와 함께 가액반환을 명하는 경우, 부동산 가액에서 저당권의 피담보채권액을 공제한 한도에서 가액반환을 하여야 한다. 그런데 그 부동산에 위와 같은 저당권 이외에 우선변제권 있는 임차인이 있는 경우에는 임대차계약의 체결시기 등에 따라 임차보증금 공제 여부가 달라질 수 있다. 가령 사해행위 이전에 임대차계약이 체결되었고 임차인에게 임차보증금에 대해 우선변제권이 있다면, 부동산 가액 중 임차보증금에 해당하는 부분이 일반 채권자의 공동담보에 제공되었다고 볼 수 없으므로 수익자가 반환할 부동산 가액에서 우선변제권 있는 임차보증금 반환채권액을 공제하여야 한다. 그러나 부동산에 관한 사해행위 이후에 비로소 채무자가 부동산을 임대한 경우에는 그 임차보증금을 가액반환의 범위에서 공제할 이유가 없다. 이러한 경우에는 부동산 가액 중 임차보증금에 해당하는 부분도 일반 채권자의 공동담보에 제공되어 있음이 분명하기 때문이다."는 것이 판례이다(대법원 2018. 9. 13. 선고 2018다215756 판결).

한편 단순히 대항력만 가지고 있는데 선순위 저당권이 있어 소멸할 운명에 놓인 임차권의 경우도 다르게 보아야 한다.

즉, "부동산에 대한 매매계약이 사해행위임을 이유로 이를 취소함과 아울러 원상회복으로 가액배상을 명하는 경우, 주택임대차보호법 제3조 제1항이 정한 대항력을 갖추었으나 그전에 이미 선순위 근저당권이 마쳐져 있어 부동산이 경락되는 경우 소멸할 운명에 놓인 임차권의 임차보증금반환채권은, 임대차계약서에서 확정일자를 받아 우선변제권을 가지고 있다거나 주택임대차보호법상의 소액임차인에 해당한다는 등의 특별한 사정이 없는 한 수익자가 배상할 부동산의 가액에서 공제할 것은 아니다."는 것이 판례이다(대법원 2001. 6. 12. 선고 99다51197, 51203 판결).

대법원은 유치권이 성립하고 있다가 사해행위로 처분된 후 유치권이 소멸한 경우에도 위의 법리가 그대로 적용된다고 판시하고 있다(대법원 2013. 4. 11. 선고 2013다1105 판결).

다) 가압류된 부동산이 사해행위로 양도된 후 가압류가 말소된 경우는 해당 없음

사해행위 당시 어느 부동산이 가압류되어 있다는 사정은 채권자 평등의 원칙상 채권자의 공동담보로서 그 부동산의 가치에 아무런 영향을 미치지 아니하므로, 가압류가 된 여부나 그 청구채권액의 다과에 관계없이 그 부동산 전부에 대하여 사해행위가 성립하고, 따라서 사해행위 후 수익자 또는 전득자가 그 가압류 청구채권을 변제하거나 채권액 상당을 해방공탁하여 가압류를 해제시키거나 또는 그 집행을 취소시켰다 하더라도, 법원이 사해행위를 취소하면서 원상회복으로 원물반환 대신 가액배상을 명하여야 하거나, 다른 사정으로 가액배상을 명하는 경우에도 그 변제액을 공제할 것은 아니다(대법원 2003. 2. 11. 선고 2002다37474 판결).

사해행위로 목적물이 수익자 앞으로 이전된 후 수익자의 채권자에 의해 비로소 가압류·가처분이 집행된 앞서 본 경우와 다르다는 점에 유의.

라) 사해행위 후 목적물의 가치가 증대 또는 변경된 경우

수익자가 사해행위로 목적물을 취득한 후 수익자의 행위에 의해 목적물의 가치가 증대하거나 변경된 경우, 원물반환을 명하게 되면 당초 일반 채권자들의 공동담보로 되어 있지 아니하던 부분까지 회복을 명하는 것이 되어 공평에 반하는 결과가 되는 경우에도 마찬가지 법리가 적용된다.

즉, ①사해행위취소소송의 수익자가 건물의 원시취득자로부터 기존의 채권액 상당의 가치 범위 내에서 건물 부분을 양도받기로 약정하였고, 그 건물이 아직 완공되지 않은 상태에서 수익자가 매매계약에 따라 추가공사비를 투입하여 건물을 완공함으로써 그의 비용으로 건물의 객관적 가치를 증대시키고 그 가치가 현존하고 있는 경우(대법원 2010. 2. 25. 선고 2007다28819, 28826 판결), ②사해행위인 건축주 명의변경 약정에 의해 수익자 앞으로 신축 중인 건물의 건축주 명의가 변경된 후 수익자가 건물을 완공하여 사용승인을 받고 소유권보존등기까지 마친 경우(대법원 2017. 4. 27. 선고 2016다279206 판결), ③담보신탁된 부동산을 매도한 행위가 사해행위에 해당하는데 그 매수인(수익자)이 채무자를 대위하여 제3자에 대한 채무를 변제하고 신탁계약을 해지하여 그 부동산의 소유권을 이전받은 경우(대법원 1999. 11. 9. 선고 99다50101 판결, 대법원 2016. 11. 25. 선고 2016다20732 판결), ④채무자가 수익자에게 약속어음 공정증서를 작성해 주어 공사대금채권을 압류전부받게 해 준 것이 채권양도나 다름없어 사해행위가 되는 경우, 수익자가 그 공사대금채권의 제3채무자의 하수급인으로서 스스로 공사를 수행하여 완공함으로서 그 압류전부된 공사대금채권의 가치가 압류전부를 전후하여 달라진 경우(대법원 2002. 10. 25. 선고 2000다7783 판결) 등의 경우 가액배상의 방법으로 원상회복이 이루어지게 된다.

마) 주식가치 변동은 가액배상 사유 아님

주식의 증여 등이 사해행위로 취소되는 경우 사해행위 이후 사정변경에 따른 주식 가치의 변동은 주식의 통상적인 속성에 포함되는 것이고 주식 자체의 성질이나 내용에는 변화가 없는 것이어서, 이를 가액배상의 사유로 삼을 수는 없다(대법원 2009. 3. 26. 선고 2007다63102 판결).

다. 가액배상의 범위 및 산정방법

1) 가액배상의 한도

가액배상은 ①채권자의 피보전채권액, ②사해행위 목적물의 공동담보가액(목적물 가액 - 피담보채권액), ③수익자나 전득자가 취득한 이익 중 적은 금액을 한도로 한다. 수익자나 전득자가 목적물의 소유권을 취득한 경우에는 ②와 ③이 같으나, 제한물권을 설정받은 것이라면 그 근저당권설정등기의 채권최고액이 ③의 이익에 해당한다(대법원 2019. 4. 11. 선고 2018다203715 판결).

2) 가액배상액의 산정 기준시기

가액배상은 원물반환에 갈음하는 것이고, 원물반환의무의 존부는 채권자취소소송의 사실심 변론종결 시를 기준으로 하여 판단되는 것이므로, 가액배상액의 산정기준시기도 사실심 변론종결 시를 기준으로 한다.

대법원도 "근저당권이 설정되어 있는 부동산에 관하여 사해행위가 이루어진 후 근저당권이 말소되어 그 부동산의 가액에서 근저당권 피담보채무액을 공제한 나머지 금액의 한도에서 사해행위를 취소하고 가액의 배상을 명하는 경우 그 가액의 산정은 사실심 변론종결 시를 기준으로 하여야 하고, 이 경우 사해행위가 있은 후 그 부동산에 관한 권리를 취득한 전득자에 대하여는 사실심 변론종결 시의 부동산 가액에서 말소된 근저당권 피담보채무액을 공제한 금액과 사실심 변론종결 시를 기준으로 한 취소채권자의 채권액 중 적은 금액의 한도 내에서 그가 취득한 이익에 대해서만 가액배상을 명할 수 있다."(대법원 2019. 4. 11. 선고 2018다203715 판결)고 판시하였다.

따라서 위 ①, ②, ③은 모두 사실심 변론종결 시를 기준으로 산정하여 그 중 적은 금액의 한도에서 가액배상을 명하게 된다.

3) 채권자의 피보전채권액

채권자가 채권자취소권을 행사할 때에는 원칙적으로 자신의 채권액을 초과하여 취소권을 행사할 수 없고, 이 때 채권자의 채권액에는 사해행위 이후 사실심 변론종결 시까지 발생한 이자나 지연손해금이 포함되고(대법원 2003. 7. 11. 선고 2003다19572 판결), 우선변제권이 확보되어 있는 부분은 제외된다(대법원 2014. 7. 10. 선고 2013다50763 판결)[☞ 자세한 것은 앞의 민법 제406조 Ⅲ. 2. 가. 4) 피보전채권의 범위 부분 주석 참조].

4) 사해행위 목적물의 공동담보가액

실무상 가액배상이 이루어지는 경우 채권자의 피보전채권액에 대해서는 별 다툼이 없고, 사해행위 목적물의 공동담보가액을 산정하는 것에 대해 치열한 공방이 벌어지는 것이 보통이다. 구체적으로 보면, 사해행위 목적물의 가액을 사실심 변론종결 시 기준으로 산정하는 것 자체는 크게 어려울 것이 없으나, 그 가액에서 공제할 금액을 어느 범위에서 인정하고 또 얼마나 인정할 것인지에 관해 다툼이 벌어지는 경우가 많다.

이하 각 항목별로 공제 여부 및 공제할 금액에 관해 살펴본다.

가) 목적물의 가액

사해행위 목적물의 가액은 감정 등의 방법으로 객관적으로 산정해야 한다. 당사자 간에 실제로 수수된 금액을 기준으로 할 것이 아니다. 대법원도 "그 가액은 수익자가 전득자로부터 실제로 수수한 대가와는 상관없이 사실심 변론종결 시를 기준으로 객관적으로 평가하여야 한다."(대법원 2010. 4. 29. 선고 2009다104564 판결)고 하고 있다. 따라서 수익자가 아무런 대가를 받지 않고 전득자에게 사해행위 목적물을 양도하였다고 하더라도 그 목적물의 사실심 변론종결 당시의 시가를 기준으로 가액배상액을 산정해야 한다.

한편, 사해행위의 성립 여부는 사해행위 당시를 기준으로 판단해야 하므로, 목적물의 객관적인 가액을 산정하기 위해 시가감정을 하는 경우, 사해행위 당시 및 사실심의 변론종결에 근접한 시점(통상은 감정일이 될 것이다)의 양 시점을 기준으로 감정평가를 의뢰하는 것이 보통이다.

사해행위 목적물에 지상권이나 지역권 등이 설정되어 있는 경우 그러한 부담을 감안한 시가를 산정하여야 함은 물론이다.

나) 사해행위 후 저당권이 말소된 경우 저당권의 피담보채권액 공제

근저당권이 설정된 부동산이 사해행위에 의하여 수익자에게 이전된 후 변제

등에 의해 그 근저당권이 소멸한 경우에는 부동산 가액에서 말소된 근저당권의 피담보채권액을 공제한다. 수 개의 근저당권이 설정되어 있다가 그 중 일부 근저당권이 말소된 경우에는 말소된 근저당권의 피담보채권액 뿐만 아니라 말소되지 아니한 근저당권의 피담보채권액도 모두 공제해야 한다(대법원 2007. 7. 12. 선고 2005다65197 판결). 일반 채권자의 공동담보로 제공된 부분은 부동산 가액에서 근저당권의 피담보채권액을 공제한 잔액부분이기 때문이다.

이 때 근저당권의 피담보채권액이 사해행위 후 사실심 변론종결 시에 이르기까지 증대하였다면 근저당권의 채권최고액 범위 내에서 이를 모두 공제하여야 한다. 변제로 근저당권이 소멸한 경우라면 그 변제금액이 피담보채권액이 된다(만약 피고가 실제로 변제한 금액을 입증하지 않는다면 채권최고액을 공제할 것이다).[295] 위 변제금액의 경우 출연액 원금 외에 출연일로부터 사실심 변론종결 시까지 발생하는 약정이자나 법정이자도 포함해야 한다는 견해도 있으나, 실제로 발생하지도 않은 이자를 공제하는 것은 형평의 원칙에 맞지 않으므로 출연액 원금만 공제하는 것이 타당할 것이다.[296]

반대로 피담보채권액이 사해행위 당시보다 줄었다면 사해행위 당시의 피담보채권액을 공제해야 한다.

대법원도, "피담보채무액을 공제함에 있어 사실심 변론종결 당시의 피담보채무액이 사해행위 당시의 그것보다 현실적으로 증대되어 남아있는 경우에는 근저당권의 채권최고액의 범위 내에서 이를 모두 공제하여야 할 것이나, 그와 반대로 수익자에 의하여 피담보채무의 일부가 대위변제되어 사실심 변론종결 당시의 피담보채무액이 사해행위 당시의 그것보다 줄어들게 되었다면, 그러한 경우에도 사실심 변론종결 당시의 감소된 피담보채무액만을 공제하는 것은 사해행위 당시 채권자들의 공동담보로 제공되지 아니한 부분까지 회복시키는 결과가 되어 불공평하므로 사해행위 당시의 피담보채무액을 공제하는 방법에 의하여 가액반환의 범위를 확정하여야 한다."(대법원 2005. 10. 14. 선고 2003다60891 판결)고 판시하였다.

295 이영갑, "채권자취소소송에서 반환할 가액배상액의 산정", 판례연구 14집, 부산판례연구회(2003), 247-248.

296 이영갑, "채권자취소소송에서 반환할 가액배상액의 산정", 판례연구 14집, 부산판례연구회(2003), 248.

다) 공동저당인 경우

채무자 소유인 여러 부동산에 공동저당권이 설정되어 있는 경우 책임재산을 산정할 때 각 부동산이 부담하는 피담보채권액은 특별한 사정이 없는 한 민법 제368조의 규정 취지에 비추어 공동저당권의 목적으로 된 각 부동산의 가액에 비례하여 공동저당권의 피담보채권액을 안분한 금액이라고 보아야 한다. 공동채무자들이 하나의 부동산을 공동소유하면서 전체 부동산에 저당권을 설정한 경우에도 특별한 사정이 없는 한 위 법리가 적용된다(대법원 2017. 5. 30. 선고 2017다205073 판결).

따라서 공동저당권이 설정된 채무자 소유의 수 개의 부동산 중 일부가 사해행위에 의하여 수익자에게 이전된 후 공동저당권 설정등기가 말소된 경우 가액배상액을 산정하기 위해 사해행위의 목적 부동산 가액에서 공제하여야 하는 피담보채권액은 채권최고액을 한도로 하여 공동저당권의 목적으로 된 각 부동산의 가액에 비례하여 공동저당권의 피담보채권액을 안분한 금액이 된다.

한편, 공동저당 목적물 전부가 사해행위에 의해 일괄 이전된 경우라면 전체 가액에서 전체 피담보채권액을 공제하면 된다.

즉, “공동저당권이 설정된 수 개의 부동산 전부의 매매계약이 사해행위에 해당하는 경우 그 사해행위 이후에 변제 등에 의하여 공동저당권이 소멸한 때에는 그 부동산의 가액으로부터 저당권의 피담보채권액을 공제한 잔액의 한도 내에서 매매계약을 일부 취소하고 그 가격에 의한 배상을 명하여야 하고 일부 부동산 자체의 회복을 인정할 수는 없으며, 이 때 사해행위의 목적 부동산 전부가 하나의 계약으로 동일인에게 일괄 양도된 경우에는 사해행위로 되는 매매계약이 공동저당 부동산의 일부를 목적으로 할 때처럼 그 부동산 가액에서 공제하여야 할 피담보채권액의 산정이 문제되지 아니하므로 특별한 사정이 없는 한 그 취소에 따른 배상액의 산정은 목적 부동산 전체의 가액에서 공동저당권의 피담보채권 총액을 공제하는 방식으로 함이 그 취소 채권자의 의사에도 부합하는 상당한 방법이라 할 것이고, 한편 사해행위로 인하여 일탈한 재산의 범위는 사해행위 당시 이미 정하여지는 이상 위의 경우에 있어서 그 저당권의 피담보채무의 변제 및 저당권 말소의 원인과 그 자금의 제공자가 누구인지 혹은 그 이익이 잔존하는지 여부는 상관이 없다 할 것이므로, 그 공동저당권 말소의 원인이 하나의 사해행위로서 동일인에게 일괄 양도된 부동산 중 일부에 대한 공동저당권의 실행에 따른 것이라 하

여 달리 볼 것도 아니다."(대법원 2005. 5. 27. 선고 2004다67806 판결)

라) 경매절차의 집행비용 공제

경매절차 진행 중인 부동산이 사해행위로 이전된 후 저당권이 말소된 경우, 저당권의 피담보채권액뿐만 아니라 집행비용도 공제되어야 한다.

"저당권자의 신청에 의하여 담보권 실행을 위한 경매절차가 진행중인 물건이 사해행위로 이전되고 그 후 변제 등에 의하여 저당권설정등기가 말소되어 그 경매신청이 취하된 경우에는, 그 물건의 가액에서 저당권의 피담보채권액뿐만 아니라 그 경매절차에서 우선적으로 변상받을 수 있었던 집행비용액도 공제하여야 하고, 이러한 법리는 선박우선특권자의 신청에 의하여 담보권 실행을 위한 경매절차가 진행중인 선박이 사해행위로 이전되고 그 후 변제 등에 의하여 선박우선특권에 의하여 담보되는 채권이 소멸되어 그 경매신청이 취하된 경우에도 마찬가지이다. 이 경우 배상하여야 할 가액은 사해행위 취소시인 사실심 변론종결 시를 기준으로 하여 그 물건의 가액에서 우선적으로 변상받을 수 있었던 집행비용을 공제하는 방식으로 산정하여야 하고, 집행비용액을 공제함에 있어 사실심 변론종결 당시의 집행비용액이 사해행위 당시의 그것보다 현실적으로 증가한 경우에는 이를 모두 공제하여야 한다."(대법원 2008. 8. 21. 선고 2008다26360 판결)

마) 사해행위 후 새로 저당권이 설정된 경우에는 공제 안 함

이와는 달리 채무자 소유의 부동산에 관해 사해행위에 의한 근저당권이 설정되어 원물반환이 불가능하다는 이유로 가액배상을 명하게 되는 경우, 원래 일반 채권자들의 공동담보에 제공된 책임재산은 근저당권이 설정되지 않은 부동산 가액 전부이므로 새로 설정된 근저당권의 피담보채권액을 공제할 것이 아니다.

대법원도, "어느 부동산에 관한 법률행위가 사해행위에 해당하는 경우에는 원칙적으로 그 사해행위를 취소하고 소유권이전등기의 말소 등 부동산 자체의 회복을 명하여야 하는 것이나, 다만 원물반환이 불가능하거나 현저히 곤란한 경우에는 원상회복의무의 이행으로서 사해행위 목적물의 가액 상당의 배상을 명하여야 하는 것이고, 이러한 가액배상에 있어서는 일반 채권자들의 공동담보로 되어 있어 사해행위가 성립하는 범위 내의 가액의 배상을 명하여야 하는 것이므로, 사해행위 후 그 목적물에 관하여 선의의 제3자가 저당권을 취득하였음을 이유로 가액배상을 명하는 경우에는 사해행위 당시 일반 채권자들의 공동담보로 되어 있었던 부동산 가액 전부의 배상을 명하여야 할 것이고, 그 가액에서 제3자가 취득한

저당권의 피담보채권액을 공제할 것은 아니다."(대법원 2003. 12. 12. 선고 2003다40286 판결)고 판시하였다.

바) 임대차보증금 관련

저당권과 마찬가지로 우선변제의 효력을 가신 임차권이 실정된 부동산이 사해행위로 이전된 후 그 임차권이 소멸한 경우, 부동산의 가액에서 임대차보증금을 공제한 잔액의 한도에서 사해행위를 취소하고 가액배상을 명하게 됨은 당연하다. 또한 사해행위 후에 비로소 성립한 임차권이라면 우선변제 효력이 있는 것이라도 임대차보증금을 공제할 이유가 없음은 앞의 저당권의 경우와 마찬가지이다(대법원 2018. 9. 13. 선고 2018다215756 판결).

임대차목적물이 수인의 공유인 경우, 임대차보증금 반환채무는 불가분채무이므로, 공유자 중 1인의 공유지분 처분행위가 사해행위가 되어 가액배상을 명하는 경우 공유지분 가액에서 임대차보증금 전부를 공제해야 한다(대법원 2017. 5. 30. 선고 2017다205073 판결).

우선변제효력은 없고 대항력만 갖춘 임대차의 경우 선순위 저당권설정등기가 경료되어 있다면 가액배상을 할 때 그 임대차보증금은 부동산의 가액에서 공제할 것이 아니다(대법원 2001. 6. 12. 선고 99다51197, 51203 판결).

사) 기타

(1) 가압류 채권액

사해행위 목적물에 가압류가 되어 있어도 그 가압류 채권액을 공제할 것은 아니다. 즉, 사해행위 당시 어느 부동산이 가압류되어 있다는 사정은 채권자 평등의 원칙상 채권자의 공동담보로서 그 부동산의 가치에 아무런 영향을 미치지 아니하므로, 가압류가 된 여부나 그 청구채권액의 다과에 관계없이 그 부동산 전부에 대하여 사해행위가 성립하고, 따라서 사해행위 후 수익자 또는 전득자가 그 가압류 청구채권을 변제하거나 채권액 상당을 해방공탁하여 가압류를 해제시키거나 또는 그 집행을 취소시켰다 하더라도, 법원이 사해행위를 취소하면서 원상회복으로 원물반환 대신 가액배상을 명하여야 하거나, 다른 사정으로 가액배상을 명하는 경우에도 그 변제액을 공제할 것은 아니다(대법원 2003. 2. 11. 선고 2002다37474 판결).

(2) 채권양도받은 수익자가 채권을 추심하여 채무자에게 지급한 경우

채무자와 수익자 사이에 이루어진 금원 지급은 가액배상액을 산정함에 있어

고려할 사항이 아니다.

대법원도 "채무자가 강제집행을 회피할 목적으로 자기의 사실상 유일한 재산을 제3자에게 무상으로 양도한 행위는 다른 파산채권자들과의 관계에서 사해행위가 되고, 그 제3자가 양수채권을 추심하여 그 돈을 채무자에게 주었다고 하더라도 그 금액 상당을 원상회복이나 가액반환의 범위에서 공제할 것은 아니다."(대법원 2013. 4. 11. 선고 2012다211 판결)고 판시하였다.

(3) 수익자에게 부과된 증여세, 취득세 등

사해행위에 의해 사해행위 목적물을 취득한 수익자가 부담한 증여세, 취득세 등의 비용은 가액배상액을 산정하면서 공제될 금액이 아니다.

대법원도, "증여의 형식으로 이루어진 사해행위를 취소하고 원물반환에 갈음하여 그 목적물 가액의 배상을 명함에 있어서는 수익자에게 부과된 증여세액과 취득세액을 공제하여 가액배상액을 산정할 것도 아니다."(대법원 2003. 12. 12. 선고 2003다40286 판결)고 판시한 바 있다.

(4) 우선권이 인정되는 임금채권이나 조세채권

가액배상액을 산정함에 있어 채무자가 부담하고 있는 채무 중 우선권이 인정되는 임금채권이나 조세채권 등도 공제할 것인지의 점에 관해, ①이러한 채권자들이 반드시 배당요구를 한다고 단정할 수 없으므로 고려할 필요가 없다는 견해, ②당해세는 물론이고 일반 조세채권도 그 가산금 및 체납처분비까지 포함하여 모든 세액을 공제하여야 한다는 견해, ③원칙적으로 공제할 것이 아니나 사해행위 목적물에 압류나 가압류를 해 둔 경우에는 공제해야 한다는 견해 등이 있는바, 임금채권이나 조세채권이 사해행위 전에 사해행위 목적물에 압류나 가압류를 해 둔 경우 집행절차에서 우선하여 배당받게 되므로, ③의 견해가 타당하다고 본다.[297]

라. 가액배상의 방법

1) 채권자의 직접 청구 가능

취소채권자는 가액배상의 방법으로 원상회복을 구할 경우 상대방인 수익자 또는 전득자를 상대로 가액배상금을 직접 자신에게 지급해 주도록 청구할 수 있다.

297 이영갑, "채권자취소소송에서 반환할 가액배상액의 산정", 판례연구 14집, 부산판례연구회(2003), 251-252.

대법원도 "사해행위취소로 인한 원상회복으로서 가액배상을 명하는 경우에는, 취소채권자는 직접 자기에게 가액배상금을 지급할 것을 청구할 수 있고, 위 지급받은 가액배상금을 분배하는 방법이나 절차 등에 관한 아무런 규정이 없는 현행법 아래에서 다른 채권자들이 위 가액배상금에 대하여 배당요구를 할 수도 없으므로, 결국 채권자는 자신의 채권액을 초과하여 가액배상을 구할 수는 없다." (대법원 2008. 11. 13. 선고 2006다1442 판결)는 입장이다.

가액배상 판결이 확정되면 채권자는 이를 집행권원으로 하여 수익자 또는 전득자의 일반 재산에 대해 강제집행을 할 수 있고 다른 채권자가 강제집행을 하고 있는 경우라면 배당요구를 통해 그 집행절차에 참가할 수 있다.

2) 취소채권자와 다른 채권자의 관계

사해행위의 취소와 원상회복은 모든 채권자의 이익을 위하여 효력이 있으므로(민법 제407조), 취소채권자가 자신이 회복해 온 재산에 대하여 우선권을 가지는 것은 아니라고 할 것이다. 따라서 사해행위의 수익자 소유의 부동산에 대한 경매절차에서 취소채권자가 수익자에 대한 가액배상판결에 기하여 배당요구하여 배당을 받은 경우, 그 배당액은 배당요구를 한 취소채권자에게 그대로 귀속되는 것이 아니라 채무자의 책임재산으로 회복이 되는 것이며, 이에 대하여 채무자에 대한 채권자들은 채권만족에 관한 일반원칙에 따라 채권 내용을 실현할 수 있는 것이다(대법원 2005. 8. 25. 선고 2005다14595 판결).

다만, 다른 채권자들이 채권집행 등의 절차를 거치지 않고 직접 취소채권자를 상대로 안분액의 지급을 청구할 수 없고 취소채권자에게 분배의무가 있는 것도 아니므로 사실상 취소채권자는 가액배상을 통해 우선적인 만족을 얻게 되는 것이 보통이다.

대법원도, "사해행위의 취소와 원상회복은 모든 채권자의 이익을 위하여 그 효력이 있으므로(민법 제407조), 채권자취소권의 행사로 채무자에게 회복된 재산에 대하여 취소채권자가 우선변제권을 가지는 것이 아니라 다른 채권자도 총채권액 중 자기의 채권에 해당하는 안분액을 변제받을 수 있는 것이지만, 이는 채권의 공동담보로 회복된 채무자의 책임재산으로부터 민사집행법 등의 법률상 절차를 거쳐 다른 채권자도 안분액을 지급받을 수 있다는 것을 의미하는 것일 뿐, 다른 채권자가 이러한 법률상 절차를 거치지 아니하고 취소채권자를 상대로 하여 안분액의 지급을 직접 구할 수 있는 권리를 취득한다거나, 취소채권자에게 인도받은 재산 또는 가액배상금에 대한 분배의무가 인정된다고 볼 수는 없다. 가액배상금을 수령한 취소채권자가 이러한 분배의무를 부담하지 아니함으로 인하여 사실상 우선변제를 받는 불공평한 결과를 초래하는 경우가 생기더라도, 이러한 불공평은 채무자에 대한 파산절차 등 도산절차를 통하여 시정하거나 가액배상금의 분배절차에 관한 별도의 법률 규정을 마련하여 개선하는 것은 별론으로 하고, 현행 채권자취소 관련 규정의 해석상으로는 불가피하다."(대법원 2008. 6. 12. 선고 2007다37837 판결)는 입장이다.

3) 취소채권자와 수익자·전득자의 관계

가) 수익자의 상계 주장 불가

채권자취소권은 채권의 공동담보인 채무자의 책임재산을 보전하기 위하여 채무자와 수익자 사이의 사해행위를 취소하고 채무자의 일반재산으로부터 일탈된 재산을 모든 채권자를 위하여 수익자 또는 전득자로부터 환원시키는 제도로서, 수익자로 하여금 자기의 채무자에 대한 반대채권으로써 상계를 허용하는 것은 사해행위에 의하여 이익을 받은 수익자를 보호하고 다른 채권자의 이익을 무시하는 결과가 되어 위 제도의 취지에 반하게 되므로, 수익자가 채권자취소에 따른 원상회복으로서 가액배상을 할 때에 자신도 채무자에 대한 채권자라는 이유로 채무자에 대하여 가지는 자기의 채권과의 상계를 주장할 수는 없다.

또 채권자취소권 행사의 효력은 채권자와 수익자 또는 전득자와의 상대적인 관계에서만 미치는 것이므로 채권자취소권의 행사로 인하여 채무자가 수익자나 전득자에 대하여 어떠한 권리를 취득하는 것은 아니라고 할 것이고, 따라서 수익자가 채무자에게 가액배상금 명목으로 금원을 지급하였다는 점을 들어 채권자취소권을 행사하는 채권자에 대하여 가액배상에서의 공제를 주장할 수는 없다(대법원 2001. 6. 1. 선고 99다63183 판결).

나) 수익자의 안분액 청구 불가

같은 이유로 수익자가 채권자에게 안분액의 분배를 청구할 수도 없다. 즉, 수익자가 채무자의 채권자인 경우 수익자가 가액배상을 할 때에 수익자 자신도 사해행위취소의 효력을 받는 채권자 중의 1인이라는 이유로 취소채권자에 대하여 총채권액 중 자기의 채권에 대한 안분액의 분배를 청구하거나, 수익자가 취소채권자의 원상회복에 대하여 총채권액 중 자기의 채권에 해당하는 안분액의 배당요구권으로써 원상회복청구와의 상계를 주장하여 그 안분액의 지급을 거절할 수 없다(대법원 2003. 11. 28. 선고 2003다50061 판결).

다) 수익자의 별개 채권에 기한 압류 가능

다만, 수익자가 취소채권자에 대해 별개의 채권을 가지고 있는 경우, 그 채권에 기해 채권자의 자신에 대한 가액배상채권을 압류·전부 받는 것은 가능하다.

즉, 수익자가 채권자취소권을 행사하는 채권자에 대해 가지는 별개의 다른 채권을 집행하기 위하여 그에 대한 집행권원을 가지고 채권자의 수익자에 대한 가액배상채권을 압류하고 전부명령을 받는 것은 허용된다. 이는 수익자의 채무자에 대한 채권을 기초로 한 상계나 임의적인 공제와는 내용과 성질이 다르다. 또한 채권자가 채무자의 제3채무자에 대한 채권을 압류하는 경우 제3채무자가 채권자 자신인 경우에도 이를 압류하는 것이 금지되지 않으므로 단지 채권자와 제3채무자가 같다고 하여 채권압류 및 전부명령이 위법하다고 볼 수 없다(대법원 2017. 8. 21.자 2017마499 결정).

4. 경매절차에서의 단계별 원상회복 방법

가. 사해행위로 저당권이 설정된 경우 경매절차 관련 문제

채무자가 수익자 앞으로 저당권을 설정해 준 행위가 사해행위에 해당하는 경우, 채권자는 사해행위인 저당권설정계약의 취소와 수익자 명의로 경료된 저당권설정등기의 말소등기절차를 채무자에게 이행하도록 청구하게 된다.

그런데 저당권이 설정된 사해행위 목적 부동산에 관하여 경매절차가 개시되어 매각허가되고 최고가매수인이 대금을 납부하면 최고가매수인은 목적부동산의 소유권을 취득하게 되고 수익자 명의의 저당권설정등기는 집행법원의 촉탁에 의해 말소된다(민사집행법 제135조, 제144조, 제268조).

그 경우 저당권설정계약이 사해행위로 취소된다고 하더라도 매수인의 소유권 취득에는 영향이 없으므로 채권자가 매수인 명의의 소유권이전등기에 관하여 말소를 청구할 수 없고(대법원 2001. 2. 27. 선고 2000다44348 판결), 수익자를 상대로도 더 이상 원상회복으로서 저당권설정등기 자체의 말소를 구할 수 없게 된다.

이와 같이 사해행위로 경료된 저당권설정등기가 경매절차를 통해 말소된 경우, 사해행위 취소를 구할 소의 이익이 있는지 및 각 경매진행 단계별로 원상회복의 방법은 어떻게 되는지가 문제된다.

나. 사해행위취소의 이익

사해행위로 경료된 수익자 명의의 저당권설정등기가 경매절차를 통해 말소되어 더 이상 저당권설정등기의 말소를 구할 수 없게 되었다고 하더라도 취소채권자로서는 여전히 사해행위인 저당권설정행위의 말소를 구할 이익이 있다.

대법원도 "채무자와 수익자 사이의 근저당권설정계약이 사해행위인 이상 그로 인한 근저당권설정등기가 경락으로 인하여 말소되었다고 하더라도 수익자로 하여금 근저당권자로서의 배당을 받도록 하는 것은 민법 제406조 제1항의 취지에 반하므로, 수익자에게 그와 같은 부당한 이득을 보유시키지 않기 위하여 그 근저당권설정등기로 인하여 해를 입게 되는 채권자는 근저당권설정계약의 취소를 구할 이익이 있다."(대법원 1997. 10. 10. 선고 97다8687 판결)고 판시하였다.

대법원은 이 경우 수익자는 경매절차에서 '담보권자'로서 배당을 받을 수 없다고 하였다. 즉, "채무자의 특정 채권자에 대한 담보권설정행위가 사해행위로 취소 확정된 경우에는 취소채권자 및 그 취소의 효력을 받는 다른 채권자에 대한 관계에서는 무효이므로 그 취소된 담보권자는 별도의 배당요구를 하여 배당요구채권자로서 배당받는 것은 별론으로 하고 '담보권자'로서는 배당받을 수 없다고 할 것이며, 이는 사해행위취소 및 원상회복의 판결이 확정되었으나 그 담보권 등기가 말소되지 않고 있다가 경매로 인한 매각으로 말소된 경우에도 마찬가지이다."는 것이 판례이다(대법원 2009. 12. 10. 선고 2009다56627 판결).

위 판례의 사안은 전득자인 원고를 상대로 한 사해행위취소 판결이 2007. 6. 확정되었지만 근저당권설정등기가 말소되지 않은 상태에서 경매가 진행되어 낙찰되었고, 2008. 4. 배당기일에 배당받지 못한 원고가 배당받은 다른 담보권자(취소채권자는 아니나 사해행위 당시 채권자취소권을 행사할 수 있었던 지위에 있어 사해행위취소의 효력을 받는 채권자로부터 담보권을 이전받았다)를 상대로 배당이의의 소를 제기한 것인데, 대법원은 원고의 근저당권이 사해행위로서 취소된 이상 추가배당절차에서 원고는 근저당권자로서 배당을 받을 수 없고, 원고가 채권계산서를 제출한 것을 두고 배당요구한 것이라고 볼 수 없다고 판시한 것이다. 대법원 2002. 9. 24. 선고 2002다33069 판결도 같은 취지의 판시로 볼 수 있다.

다. 경매진행 단계별 원상회복방법 개요

[판례] 대법원 2011. 2. 10. 선고 2010 다 90708 판결

근저당권설정계약을 사해행위로서 취소하는 경우 경매절차가 진행되어 타인이 소유권을 취득하고 근저당권설정등기가 말소되었다면 원물반환이 불가능하므로 가액배상의 방법으로 원상회복을 명할 것인바, 이미 배당이 종료되어 수익자가 배당금을 수령한 경우에는 수익자로 하여금 배당금을 반환하도록 명하여야 하고, 배당표가 확정되었으나 채권자의 배당금지급금지가처분으로 인하여 수익자가 배당금을 현실적으로 지급받지 못한 경우에는 배당금지급채권의 양도와 그 채권양도의 통지를 명할 것이나, 채권자가 배당기일에 출석하여 수익자의 배당 부분에 대하여 이의를 하였다면 그 채권자는 사해행위취소의 소를 제기함과 아울러 그 원상회복으로서 배당이의의 소를 제기할 수 있고, 이 경우 법원으로서는 배당이의의 소를 제기한 당해 채권자 이외의 다른 채권자의 존재를 고려할 필요 없이 그 채권자의 채권이 만족을 받지 못한 한도에서만 근저당권설정계약을 취소하고 그 한도에서만 수익자의 배당액을 삭제하여 당해 채권자의 배당액으로 경정하여야 한다.

따라서 저당권설정행위가 사해행위로 인정되어 채권자취소권 행사에 의해 취소되었는데, 사해행위의 결과물인 저당권설정등기는 경매절차를 통해 이미 소멸한 경우라면, 그 원상회복의 방법은 ①배당표 확정 전이라면 배당이의의 소를 통한 배당표 경정, ②배당표 확정 후 배당금 수령 전이라면 배당금지급채권의 양도와 양도통지, ③배당금 수령 후라면 배당금 반환의 3가지 방법 중 어느 한 방법에 의하게 된다. ③의 방법이 가액배상임은 분명하나, ①, ②의 방법은 무엇인가? 이것도 원물반환과 가액배상 중 어느 하나에 속하는가 아니면 제3의 원상회복방법이라고 볼 것인가?

저당권설정행위가 사해행위로 취소되었지만 저당권이 이미 경매로 소멸한 경우 원물반환이 불가능한 경우이므로 가액배상의 방법으로 원상회복하게 된다. 저당권이라는 제한물권은 이미 배당금이라는 형태로 바뀌어 존속하고 있으므로 그 배당금을 반환해야 하는 것이다. 다만, 경매절차의 진행과 관련하여 아직 배당금을 현실적으로 수령하지 못한 과도기의 단계에 있을 때에는 그 배당금을 지급받는 방법이 다를 수 있다. 이때 이용되는 방법이 배당표 경정이나 배당금지급채권의 양도가 되는 것이다. 따라서 위 ①, ②의 방식도 결국 배당금이라는 가액배상금을 받기 위한 구체적인 방법 중 하나라고 보아야 하므로 이들도 가액배상의 범

주에 속한다고 본다.

이하 경매진행단계별로 살펴본다.

라. ① 배당표 확정 전: 배당이의의 소로 배당표 경정

1) 배당이의의 소 제기

사해행위로 설정된 근저당권에 기해 수익자가 배당금을 수령하는 것으로 배당표가 작성된 경우 채권자가 채권자취소권 행사에 기한 원상회복방법으로서 배당이의의 소를 제기할 수 있는가에 관해 아래의 대법원 판결이 처음으로 이를 명시적으로 인정하는 판시를 하였다.

[판례] 대법원 2004. 1. 27. 선고 2003다6200 판결
근저당권설정계약을 사해행위로서 취소하는 경우 경매절차가 진행되어 타인이 소유권을 취득하고 근저당권설정등기가 말소되었다면 원물반환이 불가능하므로 가액배상의 방법으로 원상회복을 명할 것인바, 이미 배당이 종료되어 수익자가 배당금을 수령하였다면 수익자로 하여금 배당금을 반환하도록 명하여야 하고, 배당표가 확정되었으나 채권자의 배당금지급금지가처분으로 인하여 수익자가 배당금을 현실적으로 지급받지 못한 경우에는 배당금지급채권의 양도와 그 채권양도의 통지를 명할 것이나, 채권자가 배당기일에 출석하여 수익자의 배당 부분에 대하여 이의를 하였다면 그 채권자는 사해행위취소의 소와 병합하여 원상회복으로서 배당이의의 소를 제기할 수 있다고 할 것이고, 다만 이 경우 법원으로서는 배당이의의 소를 제기한 당해 채권자 이외의 다른 채권자의 존재를 고려할 필요 없이 그 채권자의 채권이 만족을 받지 못한 한도에서만 근저당권설정계약을 취소하고 그 한도에서만 수익자의 배당액을 삭제하여 당해 채권자의 배당액으로 경정하여야 한다.

2) 구체적인 방법

배당요구를 하거나 첫 경매개시결정등기 전에 등기된 가압류채권자 등 민사집행법 제148조의 배당받을 채권자의 범위에 포함되어 배당절차에 참가할 수 있는 채권자로서 배당기일에 출석하여 사해행위로 근저당권을 취득한 수익자에 대한 배당 부분에 대하여 이의를 하였다면, 그 채권자는 1주일 내에 배당이의의 소를 제기하는 방법으로 원상회복을 구할 수 있다.

이 배당이의는 근저당권설정행위가 사해행위로서 취소되어야 함을 원인으로 하는 것이고, 사해행위취소는 공격방어방법이 아니라 소의 형태로 청구하여야 하

므로 단순히 배당이의의 소에서 사해행위취소를 주장하는 것은 안 되고 별도로 사해행위취소의 소를 제기해야 한다.[298]

만일 사해행위취소소송이 진행 중이라면 기존의 사해행위취소소송의 청구취지 중 원상회복에 관한 부분을 배당이의의 소 형태로 변경하거나 추가하면 될 것이고, 아직 사해행위취소소송이 제기되지 않았다면 새로 사해행위취소소송을 제기해야 한다. 이 때 배당이의의 소와 함께 사해행위취소 청구를 병합 제기하거나 별도로 제기할 수 있고, 별도로 계속된 두 사건을 나중에 병합할 수도 있다.

배당이의의 소는 집행법원이 속한 지방법원이 관할하고, 이 관할은 전속관할에 속한다(민사집행법 제156조, 제21조). 1주일 내에 집행법원에 소제기 사실을 증명하는 서류를 제출해야 하고, 첫 변론기일에 출석하지 않으면 소를 취하한 것으로 간주된다(민사집행법 제154조 제3항, 제158조).

3) 배당표 경정의 범위

사해행위취소의 소를 제기하면서 그 원상회복으로서 배당이의의 소를 제기한 경우 법원으로서는 다른 채권자의 존재를 고려할 필요 없이 배당이의의 소를 제기한 채권자의 채권이 만족을 받지 못한 한도에서만 근저당권설정계약을 취소하고 그 한도에서만 수익자의 배당액을 삭제하여 당해 채권자의 배당액으로 경정하여야 한다(대법원 2011. 2. 10. 선고 2010다90708 판결). 이는 이의신청을 하지 아니한 다른 채권자 가운데 원고보다 선순위의 채권자가 있다 하여도 마찬가지이다(대법원 2001. 2. 9. 선고 2000다41844 판결).

따라서 취소채권자는 다음 항에서 보는 다른 채권자들의 부당이득반환청구 우려가 있다고 하여 자신의 채권액을 초과하여 수익자의 배당액 전액에 대하여 배당표 경정을 구할 수는 없다.

수익자의 배당액이 취소채권자의 채권액을 초과하는 경우 남는 부분은 어떻게 되는가?

[판례] 대법원 1998. 5. 22. 선고 98 다 3818 판결

채권자가 제기한 배당이의소송은 대립하는 당사자인 채권자들 사이의 배당액을 둘러싼 분쟁을 상대적으로 해결하는 것에 지나지 아니하고 그 판결의 효력은 오직 소송당사자인 채권자들 사이에만 미칠 뿐이므로, 배당이의소송의 판결에서 계쟁

298 조해섭, 채권자취소권법, 법문사(2019), 560.

배당 부분에 관하여 배당을 받을 채권자와 그 수액을 정함에 있어서는 피고의 채권이 존재하지 않는 것으로 인정되는 경우에도, 이의신청을 하지 아니한 다른 채권자의 채권을 참작함이 없이 그 계쟁 배당 부분을 원고가 가지는 채권액의 한도 내에서 구하는 바에 따라 원고의 배당액으로 하고, 그 나머지는 피고의 배당액으로 유지함이 상당하다.

따라서 취소채권자의 채권액을 초과하는 부분은 그대로 수익자 몫으로 남게 되는데, 이 부분은 별도의 채권자취소소송을 통해 해결하는 수밖에 없을 것이다. 즉, 수익자가 배당금을 출급하기 전에 배당금출급청구권을 지급금지가처분 한 뒤 사해행위취소 판결을 받아 추가배당을 받는 방법, 수익자가 배당금을 수령한 뒤에는 가액배상으로서 배당금의 반환을 구하는 방법 등이 있을 것이다.

4) 다른 채권자들의 부당이득반환청구 가능

배당이의소송은 대립하는 당사자 사이의 배당액을 둘러싼 분쟁을 그들 사이에서 상대적으로 해결하는 것에 지나지 아니하여 그 판결의 효력은 오직 그 소송의 당사자에게만 미칠 뿐이며, 확정된 배당표에 의하여 배당을 실시하는 것은 실체법상의 권리를 확정하는 것이 아니므로, 배당을 받아야 할 채권자가 배당을 받지 못하고 배당을 받지 못할 자가 배당을 받은 경우에는 배당을 받지 못한 채권자로서는 배당에 관하여 이의를 한 여부에 관계없이 배당을 받지 못할 자이면서도 배당을 받았던 자를 상대로 부당이득반환청구권을 갖는다 할 것이고, 배당을 받지 못한 그 채권자가 일반 채권자라고 하여 달리 볼 것은 아니다(대법원 2007. 2. 9. 선고 2006다39546 판결, 대법원 2019. 7. 18. 선고 2014다206983 전원합의체 판결 등).

위와 같은 법리는 채권자취소권 행사의 한 형태로 배당이의의 소가 제기되고 이에 기해 배당표가 경정된 경우에도 그대로 적용된다.

즉, "확정된 배당표에 의하여 배당을 실시하는 것은 실체법상의 권리를 확정하는 것이 아니므로, 배당을 받아야 할 채권자가 배당을 받지 못하고 배당을 받지 못할 자가 배당을 받은 경우에는 배당을 받지 못한 채권자로서는 배당에 관하여 이의를 한 여부에 관계없이 배당을 받지 못할 자이면서도 배당을 받았던 자를 상대로 부당이득반환청구권을 가지며, 배당을 받지 못한 그 채권자가 일반 채권자라거나 배당이의 소송에서 승소하여 배당표를 경정한 것이 사해행위 취소판결에 의한 것이라고 하여 달리 볼 것은 아니다. 이 때 배당이의 소송을 통하여 자신이 배당받아야 할 금액보다 초과하여 배당받은 채권자는, 그 초과 부분을 적법하게 배당요구를 하였으나 배당이의 소송에 참여하지 못한 다른 채권자에게 부당이득으로서 반환할 의무가 있을 뿐 사해행위를 한 채무자에게 반환할 의무는 없다." (대법원 2011. 2. 10. 선고 2010다90708 판결)

위 판례에서 말하는 부당이득 성립의 기준이 되는 '자신이 배당받아야 할 금액'이란 무엇을 말하는 것인가? 여기에 대해서는 수익자의 배당액 전액을 기준으로 취소채권자가 배당받을 수 있는 금액으로 파악하는 입장과 배당표 경정으로 취소채권자가 배당받은 금액을 기준으로 취소채권자가 배당받을 수 있는 금액으로 파악하는 두 가지 견해가 가능하지만 그 중 전자로 보는 것이 더 타당하다는 설명과 같은 취지의 하급심 판결례가 있다.[299]

이 경우 취소채권자에 대해 부당이득반환청구를 할 수 있는 다른 채권자는 당해 경매절차에서 적법하게 배당요구를 하는 등으로 배당절차에 참가하여 배당받을 권리가 있는 채권자에 한정됨은 법리상 당연하다.

한편, 피고로 된 취소채권자는 '자신은 수익자로부터 가액배상을 받았을 뿐이고 이미 채무자에 대한 채권과 상계처리하여 부당이득반환의무가 없다'는 취지로 항변하는 것이 보통이지만, 대법원은 "원심이 사해행위로 근저당권을 설정받은 수익자에게 배당된 금원은 그 경매절차에서 배당요구하였던 다른 채권자들 사이에서 분배되어야 할 금원으로서, 배당이의소송을 제기하여 배당표를 경정받음으로써 위 배당금을 자신의 안분액보다 초과하여 수령한 피고(취소채권자)로서는 그 부분에 관하여는 권리 없는 자가 배당을 받아간 경우에 해당하여 이를 나머지 채권자인 원고에게 반환할 의무가 있을 뿐 채무자인 소외인에게 이를 반환할 의무는 없다는 이유로, 소외인에 대한 이 사건 배당금 반환채무가 존재함을 전제로 한 피고(취소채권자)의 상계주장을 배척한 것은 정당하다."(대법원 2011. 2. 10. 선고 2010다90708 판결)고 하여 취소채권자의 위와 같은 주장을 배척하고 있다.

5) 가액배상 제도의 문제점 일부 해결

가액배상의 경우 최대의 문제점으로 지적되고 있는 것은 취소채권자가 수익자로부터 가액배상금을 직접 지급받아 사실상 우선적 변제를 받게 되고 다른 채

299 자세한 것은 서정원, "경매절차에서 근저당권설정계약이 사해행위로 취소되는 경우, 수익자인 근저당권자에 대한 배당액의 처리 문제", 민사판례연구 34권, 박영사(2012), 289-296 참조.

권자들은 안분배당을 받을 방법이 없다는 것인데, 위와 같은 부당이득반환 법리는 이러한 문제점의 해결에 다소 도움이 될 수 있다.

즉, 취소채권자가 채권자취소권 행사의 방법으로 배당표를 경정하여 수익자 앞으로 배당된 금액을 취소하여 자신이 배당받게 되었다고 하더라도 다른 채권자들은, 배당에 참가하여 배당받을 권리가 있었던 이상, 취소채권자를 상대로 그 배당액 중 취소채권자가 배당받을 몫을 넘는 부분에 관해 부당이득반환을 구할 수 있게 됨으로써 사실상 안분지급을 받는 효과를 누리게 되는 것이다.

최근 대법원 전원합의체 판결(대법원 2019. 7. 18. 선고 2014다206983 전원합의체 판결)도 배당절차에서의 부당이득반환 법리를 그대로 유지하면서 그 논거 중 하나로 위와 같은 효과를 명시적으로 언급하였는바, 아래에 해당되는 판시 전문을 소개해 본다.

> (나) 사해행위 취소소송에서 가액반환의 문제점 보완
>
> 부동산에 대한 (근)저당권설정행위가 사해행위에 해당하는 경우 원칙적으로 취소채권자는 원상회복으로서 (근)저당권설정등기의 말소를 구하여야 하지만 부동산에 대한 경매절차가 개시되어 부동산이 매각되고 매수인이 대금을 납부하여 저당권설정등기가 집행법원의 촉탁에 따라 말소되면 취소채권자는 더 이상 원상회복으로서 (근)저당권설정등기의 말소를 구할 수 없게 되므로, 이러한 경우에는 원상회복의 방법으로서 가액반환이 허용된다(대법원 2001. 2. 27. 선고 2000다44348 판결 등 참조). 취소채권자는 이미 배당금을 현실적으로 수령한 수익자인 (근)저당권자에 대하여 직접 자기에게 배당금을 반환할 것을 청구할 수 있으나(대법원 1998. 5. 15. 선고 97다58316 판결, 대법원 1999. 9. 7. 선고 98다41490 판결 등 참조), 취소채권자가 회복해 온 재산(배당금)은 모든 채권자를 위한 공동담보로 제공되어야 한다(민법 제407조 참조). 원상회복된 배당금에 대하여 취소채권자는 우선권을 가지지 않지만, 실제로는 취소채권자가 수령한 배당금을 채무자에게 반환할 채무와 채무자에 대한 자신의 채권과 상계하는 등으로 사실상 우선변제받는 것을 막을 수 없어 민법 제407조의 채권자평등 원칙에 위반된다는 지적이 있어 왔다.
>
> 현행법상 제도적 미비로 인해 취소채권자가 독점적 이득을 취득할 수도 있게 되는 문제가 있지만, 종래 대법원 판례에 따라 배당절차에서 배당이의 등을 하지 않은 다른 채권자들도 취소채권자를 상대로 부당이득반환 청구를 할 수 있으므로, 결과적으로 배당절차에 참가한 채권자들 사이에 채권자평등 원칙이 구현될 수 있는 기회가 어느 정도 보장되어 있다. 그런데 만일 대법원 판례를 변경하여 배당이의 등을 하지 않은 채권자의 부당이득반환 청구를 원칙적으로 금지하게 되면 위와 같이 사해행위취소에 따른 가

액반환 사안에서 취소채권자의 독점적 이득 취득 문제를 보완하거나 교정할 수 있는 수단을 잃게 되는 문제가 있다.

마. ② 배당표는 확정되었으나 배당금을 수령하지 않은 경우

1) 가액배상의 방법: 배당금지급채권의 양도와 양도통지

배당표가 확정되면 수익자의 부동산에 대한 물권은 해당 부동산의 환가액 중 일부인 배당금에 대한 채권으로 변하게 된다. 배당금지급채권에 대하여 취소채권자가 신청한 지급금지가처분이 내려지면 집행법원은 배당액을 공탁하게 된다. 이때 수익자의 배당금지급채권은 공탁금출금청구권으로 변하게 된다.

대법원은, "수익자가 경매절차에서 채무자와의 사해행위로 취득한 근저당권에 기하여 배당에 참가하여 배당표는 확정되었으나 채권자의 배당금 지급금지가처분으로 인하여 배당금을 현실적으로 지급받지 못한 경우, 채권자취소권의 행사에 따른 원상회복의 방법은 수익자에게 바로 배당금의 지급을 명할 것이 아니라 수익자가 취득한 배당금지급청구권을 채무자에게 반환하는 방법으로 이루어져야 하고, 이는 결국 배당금지급채권의 양도와 그 채권양도의 통지를 배당금지급채권의 채무자에게 하여 줄 것을 청구하는 형태가 될 것이다."(대법원 1997. 10. 10. 선고 97다8687 판결)라고 판시하여, 수익자가 취득한 배당금지급채권을 채무자에게 반환하는 방법으로 원상회복이 이루어져야 한다고 하였다.

반환의 상대방은 취소채권자가 아니라 채무자이다. 따라서 판결주문(또는 청구취지)은 '수익자는 채무자에게 별지 기재 배당금지급채권을 양도하는 의사표시를 하고, 대한민국에게 그 채권양도의 통지를 하라'는 것이 된다.

수익자의 배당금채권에 대한 압류 등이 경합하여 제3채무자인 대한민국이 집행공탁을 한 경우에도 위와 마찬가지의 법리가 적용된다(대법원 2004. 7. 9. 선고 2003다38245 판결 참조).

2) '배당금지급채권 양도'의 의미: 추가배당

그런데 위 배당금지급채권의 양도와 양도통지로 인해 실제로 채무자에게 배당금지급채권이 양도된 것으로 보아 취소채권자가 직접 채무자를 대위하여 제3채무자인 대한민국을 상대로 배당금의 지급을 청구하거나, 채권압류 및 추심명령을 받아 직접 추심할 수 있는 것은 아니다.

이 경우 처리방법에 관해 대법원은, "근저당권자에게 배당하기로 한 금원에 대하여 지급금지가처분결정이 있어 경매법원이 그 배당금을 공탁한 후에 그 근저당권설정계약이 사해행위로서 취소된 경우, 공탁금의 지급 여부가 불확정 상태에 있는 경우에는 공탁된 배당금이 피공탁자에게 지급될 때까지는 배당절차는 아직 종료되지 않은 것이라고 볼 수도 있으므로 반드시 배당절차가 확정적으로 종료되었다고 단정할 수는 없다는 점, 채권자취소의 효과는 채무자에게 미치지 아니하고 채무자와 수익자와의 법률관계에도 아무런 영향을 미치지 아니하므로 취소채권자의 사해행위취소 및 원상회복청구에 의하여 채무자에게로 회복된 재산은 취소채권자 및 다른 채권자에 대한 관계에서 채무자의 책임재산으로 취급될 뿐 채무자가 직접 그 재산에 대하여 어떤 권리를 취득하는 것은 아니라는 점 등에 비추어 보면, 그 공탁금은 그 경매절차에서 배당요구하였던 다른 채권자들에게 추가배당함이 상당하다."고 하면서 "경매법원이 추가배당을 실시할 경우에 배당받을 채권자는 경매절차에서 적법하게 배당요구한 채권자이어야 하는데, 근저당권자로서 경매법원에 채권계산서를 제출하기는 하였지만 그 근저당권설정계약이 사해행위로서 취소된 때에는 이를 적법한 배당요구로 볼 수 없다."고 판시하였다(대법원 2002. 9. 24. 선고 2002다33069 판결).

즉, 배당절차에 들어간 이상 수익자인 근저당권자에게 배당하기로 한 배당금은 그 배당요구의 종기까지 배당요구를 하는 등으로 민사집행법 제148조의 배당받을 채권자의 범위에 포함된 채권자들에게 배당되는 재산이 되는 것이지 채무자의 일반 채권자들의 공동담보재산이 되는 것은 아니므로, 채권자취소권 행사에 의해 수익자의 배당금지급채권이 채무자에게 양도되더라도 그 배당금은 추가배당절차를 통해 배당받을 수 있었던 채권자들에게 그 우선순위에 따라 분배되게 된다. 이 경우 민법 제407조의 "전조의 규정에 의한 취소와 원상회복은 모든 채권자의 이익을 위하여 그 효력이 있다."는 규정의 '모든 채권자'는 '그 집행절차의 배당요구의 종기까지 적법한 배당요구를 하는 등으로 민사집행법 제148조의 배당받을 채권자의 범위에 포함된 채권자'에 한정된다고 보아야 한다.[300]

이어 나온 대법원 2009. 5. 14. 선고 2007다64310 판결은 다음과 같이 판시하여 이 경우 추가배당을 하게 되는 이유와 그 법률관계에 관해 명확히 밝혔다.

[300] 오영준, "사해행위취소권과 채권자평등주의", 사법논집 제32집, 법원도서관(2001), 232.

[판례] 대법원 2009. 5. 14. 선고 2007다64310 판결
근저당권자에게 배당하기로 한 배당금에 대하여 처분금지가처분결정이 있어 경매법원이 그 배당금을 공탁한 후에 그 근저당권설정계약이 사해행위로 취소된 경우, 공탁금의 지급 여부가 불확정 상태에 있는 경우에는 공탁된 배당금이 피공탁자에게 지급될 때까지 배당절차는 아직 종료되지 않은 것이라고 볼 수도 있으므로 반드시 배당절차가 확정적으로 종료되었다고 단정할 수는 없다는 점, 채권자취소의 효과는 채무자에게 미치지 아니하고 채무자와 수익자와의 법률관계에도 아무런 영향을 미치지 아니하므로 취소채권자의 사해행위취소 및 원상회복청구에 의하여 채무자에게로 회복된 재산은 취소채권자 및 다른 채권자에 대한 관계에서 채무자의 책임재산으로 취급될 뿐 채무자가 직접 그 재산에 대하여 어떤 권리를 취득하는 것은 아니라는 점 등에 비추어 보면, 그 공탁금은 그 경매절차에서 적법하게 배당요구하였던 다른 채권자들에게 추가배당함이 상당하고, 그 공탁금지급청구권에 관한 채권압류 및 추심명령은 추가배당절차에서 배당되고 남은 잉여금에 한하여 효력이 있을 뿐이다. 따라서 취소채권자나 적법하게 배당요구하였던 다른 채권자들로서는 추가배당 이외의 다른 절차를 통하여 채권의 만족을 얻을 수는 없으므로, 취소채권자라고 하더라도 배당금지급청구권에 대한 채권압류 및 추심명령에 기하여 배당금을 우선 수령하는 것은 허용되지 아니하고, 취소채권자가 그와 같은 절차를 거쳐 배당금을 우선 수령하였다면 적법하게 배당요구하였던 다른 채권자들과의 관계에서 부당이득이 성립한다.

이로써 사해행위취소에 의해 배당금지급채권이 채무자에게 반환된 경우 그 배당금은 추가배당절차를 통해 분배되어야 하고, 추가배당절차에서 배당받을 사람은 민사집행법 제148조의 배당받을 채권자에 한정되고, 사해행위로 근저당권이 취소된 수익자는 추가배당절차에서 배당을 받을 수 없으며, 배당요구를 하지 않은 취소채권자나 기타 일반 채권자들은 추가배당절차에서 배당되고 남은 잉여금이 있는 경우에 한해 채권의 만족을 얻게 된다.

3) 추가배당절차

취소채권자는 채무자와 수익자 사이의 근저당권설정계약이 사해행위에 해당하여 취소한다는 내용이 담긴 확정판결정본을 집행법원에 제출함으로써 추가배당을 신청할 수 있다.[301]

301 서정원, "경매절차에서 근저당권설정계약이 사해행위로 취소되는 경우, 수익자인 근저당권자에 대한 배당액의 처리 문제", 민사판례연구 34권, 박영사(2012), 306.

민사집행법 제160조, 제161조의 추가배당이란 종전 배당표상 배당받은 것으로 기재된 채권자에 대한 배당액의 전부 또는 일부를 당해 채권자가 배당받지 못하는 것으로 확정된 경우에 그 채권자의 배당에 대하여 이의를 제기하였는지에 관계없이 배당에 참가한 모든 채권자를 대상으로 배당순위에 따라 추가로 배당하는 절차를 의미한다. 추가배당은 종전 배당절차의 계속이나 다만 추가배당하여야 할 금액만을 배당할 금액으로 한 배당절차이다.[302]

근저당권에게 배당금을 지급하는 내용으로 배당표가 확정되었으나 채권자취소권의 행사에 의해 그 근저당권설정계약이 취소되었다면 근저당권자는 그 근저당권에 의해 배당받을 권리를 상실하여 그에게 배당을 실시할 수 없는 명백한 사유가 생겼으므로 민사집행법 제160제 제1항 제1호, 제161조를 유추적용하여 추가배당을 하게 된다.

배당요구를 하지 않은 채권자가 뒤늦게 수익자인 근저당권자의 배당금지급채권에 관해 지급금지가처분을 한 후 사해행위취소 소송을 제기한 경우 배당금지금채권의 양도와 양도통지의 승소판결을 받게 되지만, 이 경우에도 예외없이 추가배당절차를 거쳐야 하고 잔여액이 있는 경우에 한하여 채권집행절차를 통해 추심할 수 있다.[303] 그런데 배당받을 채권자들에게 모두 배당하고도 잉여액이 남는 경우란 쉽게 상정할 수 없으므로, 결국 위와 같은 경우 배당요구하지 않은 취소채권자는 아무런 이익을 얻지 못하게 될 가능성이 높다.

한편, 판결주문은 배당금지급채권의 양도와 양도통지이지만, 그 실질은 추가배당을 하라는 것이고, 추가배당은 근저당권설정계약의 취소로 인해 발생하는 것이므로, 청구취지나 판결주문에 '근저당권설정계약을 취소한다'는 문구 외에 '배당금지급채권을 양도하고 양도통지하라'는 문구는 불필요하여 삭제하는 것이 타당하다는 의견들이 있고,[304] 충분히 경청할 만한 견해이나, 이것은 사해행위취소로 인한 원상회복에 관한 부분을 판결주문으로 표시한 것이므로 굳이 삭제할 필요까지는 없을 것으로 본다.[305]

302 법원실무제요 민사집행(Ⅱ), 법원행정처(2003), 615-617.

303 서정원, "경매절차에서 근저당권설정계약이 사해행위로 취소되는 경우, 수익자인 근저당권자에 대한 배당액의 처리 문제", 민사판례연구 34권, 박영사(2012), 313.

304 서정원, "경매절차에서 근저당권설정계약이 사해행위로 취소되는 경우, 수익자인 근저당권자에 대한 배당액의 처리 문제", 민사판례연구 34권, 박영사(2012), 313-314; 이우재, "사해행위취소의 효력과 배당절차에서의 취급", 재판자료 제117집, 법원도서관(2009), 447 등.

305 조해섭, 채권자취소권법, 법문사(2019), 568.

바. ③ 수익자가 배당금을 수령한 경우

1) 배당금 상당액의 가액배상청구

경매절차를 통해 저당권설정등기가 말소되고 수익자가 저당권자로서 배당금을 수령한 경우, 원물반환이 불가능하게 되었으므로 그 배당금 상당액을 가액배상하게 된다.

즉, 근저당권설정계약을 사해행위로서 취소하는 경우 경매절차가 진행되어 타인이 소유권을 취득하고 근저당권설정등기가 말소되었다면 원물반환이 불가능하므로 가액배상의 방법으로 원상회복을 명할 것인바, 이미 배당이 종료되어 수익자가 배당금을 수령한 경우에는 수익자로 하여금 배당금을 반환하도록 명하여야 한다(대법원 2011. 2. 10. 선고 2010다90708 판결, 대법원 2001. 2. 27. 선고 2000다44348 판결 등).

가액배상액 산정의 기준시기는 사실심의 변론종결 시이므로, 가액배상의 대상이 되는 금액은 배당금과 이에 대한 배당금 수령일로부터 사실심 변론종결일까지 민사 법정이율로 계산한 법정이자가 될 것이고, 채권자는 사실심 변론종결 시까지 발생한 자신의 채권액 전액의 범위에서 가액배상을 구할 수 있다.[306]

2) 가액배상을 구할 수 있는 채권자의 범위

위와 같이 저당권에 기해 배당금을 수령한 수익자를 상대로 그 배당금 상당액을 가액배상으로 반환하도록 청구할 수 있는 채권자의 범위에 관해, 앞의 ①배당이의의 소나 ②배당금지급채권의 양도의 경우와 마찬가지로 적법한 배당요구를 한 채권자로 제한된다는 견해와 일반 채권자 전원이 할 수 있다는 견해가 갈리고 있다.

제1설(배당요구권자 제한설)[307]은 배당요구권자들에게 배당되고 남는 것이 있는 경우에 한하여 나머지 채권자들이 가액배상을 구할 수 있다고 본다. 그 이유는 사해행위취소에서 '모든 채권자를 위하여'의 의미가 강제집행절차를 거치면서 집행법상의 법리에 따라 '적법하게 배당을 요구한 채권자를 위하여'로 제한되었다고 본다.

306 서정원, "경매절차에서 근저당권설정계약이 사해행위로 취소되는 경우, 수익자인 근저당권자에 대한 배당액의 처리 문제", 민사판례연구 34권, 박영사(2012), 297.

307 오영준, "사해행위취소권과 채권자평등주의", 사법논집 제32집, 법원도서관(2001), 230~233; 임기환, "채권자취소권의 행사에 따른 원상회복의 방법으로서의 배당이의의 소", 민사판례연구 28권, 박영사(2006), 764 이하; 이순동, 채권자취소권(제3판), 육법사(2017), 549 등.

경매절차가 진행된 이상 해당 배당금은 '모든 채권자'를 위한 책임재산이 아니라 '배당요구를 한 채권자'의 책임재산이라는 의미로 제한되었고, 이는 배당이 종결되어 배당금이 지급된 이후에도 별도의 책임재산을 구성하는 것이 아니라고 한다.

제2설(일반 채권자 가능설)[308]은 적법한 배당요구를 하였는지 여부를 불문하고 사해행위취소의 일반요건을 갖추면 족하다고 본다. 이는 배당절차가 종결됨으로써 가액배상금은 경매절차와 별도로 채무자의 책임재산을 구성하게 된다는 점을 강조하면서, 근저당권설정계약이 사해행위를 이유로 뒤늦게 취소된다고 하더라도 배당금이 지급된 이상 배당금은 이미 배당절차에서 이탈하였으므로 집행법원이 배당요구채권자들에게 배당순위에 따른 배당금 지급을 다시 할 수도 없으므로 종결된 절차의 제약을 그대로 유지할 필요가 없다는 것 등을 이유로 한다.

판례는, "확정된 배당표에 의하여 배당을 실시하는 것은 실체법상의 권리를 확정하는 것이 아니므로, 배당을 받아야 할 채권자가 배당을 받지 못하고 배당을 받지 못할 자가 배당을 받은 경우에는, 배당을 받지 못한 채권자로서는 배당에 관하여 이의를 한 여부 등에 관계없이 배당을 받지 못할 자이면서도 배당을 받았던 자를 상대로 부당이득반환청구권을 가지며, 반대로 자신이 배당받아야 할 금액보다 초과하여 배당받은 채권자는 그 초과 부분을 적법하게 배당요구를 하였으나 정당한 배당을 받지 못한 다른 채권자에게 부당이득으로서 반환할 의무가 있다. 위와 같은 법률관계는 경매법원이 근저당권자를 배당을 받아야 할 채권자로 인정하여 배당금을 지급하였는데 그 근저당권자가 채무자와 체결한 근저당권설정계약이 사해행위에 해당되어 취소됨으로써 그 근저당권에 기하여 배당받을 권리가 상실된 경우에도 마찬가지이다. 이러한 경우 수익자인 근저당권자에게 지급된 배당금은 사해행위로 설정된 근저당권이 없었더라면 배당절차에서 더 많이 배당받을 수 있었던 다른 배당요구권자들에게 반환되어야 하고, 배당요구를 하지 아니한 채권자 및 채무자 등은 다른 배당요구권자들의 배당요구채권을 모두 충족시키고도 남는 잉여금이 있다는 등의 특별한 사정이 없는 한, 수익자에 대하여 아무런 권리를 갖지 못하며, 이는 배당요구를 하지 아니한 채권자가 그 근저당권을 설정한 계약에 대하여 사해행위 취소의 소를 제기하여 승소한 자라 할지라도 마찬가지이다."(대법

308 서정원, "경매절차에서 근저당권설정계약이 사해행위로 취소되는 경우, 수익자인 근저당권자에 대한 배당액의 처리 문제", 민사판례연구 34권, 박영사(2012), 300-301; 이우재, "사해행위취소의 효력과 배당절차에서의 취급", 재판자료 제117집, 법원도서관(2009) 448 이하; 황진구, "사해행위의 취소와 원상회복이 모든 채권자의 이익을 위하여 효력이 있다는 의미", 민사판례연구 39권(2017), 37 등.

원 2012. 12. 26. 선고 2011다60421 판결)고 하여 제1설을 취하고 있는 것으로 보인다.

3) 검토

제1설을 취하는 경우, 사해행위인 저당권설정행위를 뒤늦게 알게 되어 사해행위취소소송을 제기한 채권자의 보호에 소홀하게 되고, 사해행위취소의 효과로서 원상회복은 원물 자체를 반환함이 원칙이나 원물반환이 불가능하거나 현저하게 곤란하게 된 경우 가액을 배상하게 되는데, 저당권설정행위가 사해행위인 경우 저당권이 소멸하면서 배당금을 수령하였다면 원물반환 대신 그 배당금을 가액배상하도록 명하는 것이 원론적으로 타당함에도 취소채권자가 과거 집행절차에서 배당요구를 한 적이 있었는지 여부에 따라 가액배상청구권 인정 여부가 달라지게 된다는 것은 납득하기 어려우며, 특히 이미 집행절차가 종료되어 추가배당이 불가능한 상황이므로 과거 집행절차에서 배당요구를 하였는지 내지 후순위로 배당금을 수령할 위치에 있었는지 여부는 도무지 문제가 되지 않음에도 마치 추가배당절차를 거치는 경우처럼 배당요구의 유무를 취소채권자의 자격으로 문제삼는 논리적 모순이 있다.

따라서 저당권설정행위가 사해행위로 인정되어 취소되고, 그 저당권이 집행절차를 통해 소멸되었다면, 집행절차가 종결되지 않은 동안에는 채권자취소권을 행사하는 채권자는 배당받을 채권자의 지위에 있어야 비로소 배당이의의 소나 배당금지급채권의 양도 및 양도통지의 방법(추가배당)으로 원상회복을 구할 수 있다고 할 것이지만 이미 집행절차가 종결되었다면 더 이상 추가배당을 할 수 없으므로 원칙으로 돌아가 배당요구 여부를 묻지 않고 모든 채권자가 가액배상의 방법으로 배당금의 반환을 구할 수 있다고 보는 제2설이 더 설득력이 있어 보인다. 향후 학설 및 판례를 통해 이 부분이 추가로 더 논의되어 견해가 정리될 필요가 있다고 할 것이다.

사. 유사 사안에 적용

이상의 논의들은 모두 다음 판례들에서 보는 사례들에도 그대로 적용될 수 있다.

즉, 저당권이 설정된 부동산에 관하여 사해행위를 원인으로 저당권을 취득하였다가 선행 저당권의 실행으로 사해의 저당권이 말소되었으나 수익자에게 돌아갈 배당금채권이 있는 경우의 원상회복의 방법으로는, 그 배당금채권이 수익자에게 지급된 경우에는 동액 상당의 가액의 배상으로, 배당금지급금지가처분 등으로 인하여 지급되지 못한 경우에는 그 배당금채권의 양도절차의 이행으로 각 이루어져야 할 것이고, 이러한 법리는 저당권이 설정된 부동산의 소유권이 사해행위로서 양도되었다가 그 저당권의 실행으로 말미암아 양수인인 수익자에게 배당이 이루어진 경우에도 마찬가지이고(대법원 2005. 5. 27. 선고 2004다67806 판결), 저당권이 설정된 부동산의 소유권이 사해행위로서 양도되었다가 그 저당권의 실행으로 말미암아 양수인인 수익자에게 배당이 이루어진 경우, 원상회복의 방법은 그 배당금이 수익자에게 지급된 경우에는 동액 상당의 가액의 배상으로, 배당금지급금지가처분 등으로 인하여 지급되지 못한 경우에는 그 배당금채권의 양도절차의 이행으로 각 이루어져야 하는바, 이러한 법리는 경매법원이 수익자에게 배당하여야 할 금원을 수익자에게 배당하지 않고 다른 사람에게 배당하는 바람에 수익자가 배당금을 지급받지 못하고, 자신의 권리 이상으로 배당을 받은 다른 사람에 대하여 부당이득반환채권을 취득한 경우에도 마찬가지라고 봄이 상당하다(대법원 2008. 12. 11. 선고 2007다91398, 91404 판결)는 것이 판례이다.

VI. 채권자취소권 행사의 효과

채권자취소권 행사의 효과는 중복을 피하기 위해 제407조의 주석에서 살펴보기로 한다.

VII. 채권자취소권의 소멸

1. 서설

채권자취소권은 채권에 종된 권리이므로 채권이 변제로 소멸하는 등의 사정이 있으면 그 채권자는 더 이상 채권자취소권을 행사할 수 없게 되고, 그 외 민법 제406조 제2항이 정한 제척기간이 경과하면 채권자취소의 소를 제기할 수 없게 된다. 실무에서는 제척기간 경과 여부가 많이 문제되고 있으므로, 이하 제척기간을 중심으로 채권자취소권의 소멸에 관해 살펴본다.

2. 민법 제406조 제2항의 취지와 기간의 성격

가. 민법 제406조 제2항의 취지

사해행위취소의 소는 채권자가 취소의 원인을 안 날로부터 1년, 법률행위가 있은 날로부터 5년 내에 제기하여야 한다(민법 제406조 제2항).

독일의 경우에는 구채권자취소법에서는 10년 내에 행사하여야 하고 법률행위가 있는 후 30년이 경과하면 소멸한다고 규정하였다가 현행 채권자취소법에서는 사해행위의 유형(즉, 고의에 의한 사해행위인지 또는 무상행위인지 등)에 따라 1년 내지 10년의 기간 내에 채권자취소권을 행사할 수 있도록 규정하고 있고, 프랑스에서는 별도의 규정이 없어 무제한이라고 보는 견해와 소권의 일반원칙에 따라 30년의 시효로 소멸한다고 보는 견해가 대립하고 있으며, 일본 민법 제426조는 취소의 원인을 안 때로부터 2년, 사해행위가 있는 때로부터 20년의 시효로 소멸한다고 규정하고 있다.[309]

일반 법률행위의 취소권 행사기간[민법 제146조(취소권의 소멸) 취소권은 추인할 수 있는 날로부터 3년 내에 법률행위를 한 날로부터 10년 내에 행사하여야 한다]보다 더 단기로 규정한 것은, 채권자취소권은 공동담보의 보전을 위하여 이미 행하여진 채무자의 재산처분행위의 효력을 부인하고, 수익자나 전득자로부터 그가 취득한 재산을 회수하는 것을 본질적 기능으로 하는 것이어서, 제3자에게 미치는 영향이 크므로 법률관계를 조속히 확정시킬 필요가 있기 때문이다.[310]

나. 기간의 성격: 제척기간

민법 제406조 제2항이 규정하는 기간은 제소기간으로서 제척기간이라고 함이 통설[311] 및 판례[312]이다.

제척기간은 권리자로 하여금 해당 권리를 신속하게 행사하도록 함으로써 법률관계를 조속히 확정시키려는 데 그 제도의 취지가 있는 것으로서, 그 기간의 경과 자체만으로 곧 권리 소멸의 효과를 가져오게 하는 것이다(대법원 2014. 8. 20. 선고 2012다47074 판결).

따라서 채권자가 취소원인을 안 날로부터 1년 또는 채무자의 법률행위 있은 날로부터 5년 중 어느 하나의 기간이 먼저 경과하면 그 기간의 경과 자체만으로 채권자취소권은 소멸하게 된다. 흔히 전자를 단기 제척기간, 후자를 장기 제척기간이라고 부른다.

309 新版 注釋民法(10) Ⅱ, 債權(I), 有斐閣(2011), 961-962.
310 곽윤직, 채권총론(민법강의Ⅲ), 박영사(2018), 156; 이순동, 채권자취소권(제3판), 육법사(2017), 639.
311 곽윤직, 채권총론(민법강의Ⅲ), 박영사(2018), 156; 김증한/김학동, 채권총론, 박영사(1998), 207 등.
312 대법원 1975. 4. 8. 선고 74다1700 판결 등.

다. 직권심리

제406조 제2항의 기간은 출소기간이자 제척기간이므로, 소멸시효와는 달리 상대방으로부터 기간이 경과하였다는 주장이 없더라도 법원이 직권으로 기간경과에 의한 권리소멸 여부를 심리·판단하여 그 기간이 도과된 후에 제기된 채권자취소의 소는 부적법한 것으로 각하하여야 한다(대법원 2005. 4. 28. 선고 2004다71201 판결).

다만 직권조사의 정도를 넘어 직권탐지까지 해야 하는 것은 아니다. 즉, 채권자취소의 소는 채권자가 취소원인을 안 때로부터 1년 이내에 제기하여야 하고, 채권자취소권의 행사기간은 제소기간이므로 법원은 그 기간 준수 여부에 대하여 의심이 있는 경우에는 법원이 필요한 정도에 따라 직권으로 증거조사를 할 수 있으나, 법원에 현출된 모든 소송자료를 통하여 살펴보았을 때 그 기간이 도과되었다고 의심할 만한 사정이 발견되지 않는 경우까지 법원이 직권으로 추가적인 증거조사를 하여 기간 준수 여부를 확인하여야 할 의무는 없다(대법원 2001. 2. 27. 선고 2000다44348 판결).

라. 입증책임과 석명권 행사

기간의 경과 여부가 불분명한 경우 제척기간의 도과에 관한 입증책임은 채권자취소소송의 상대방에게 있다(대법원 2009. 3. 26. 선고 2007다63102 판결).

채권자취소소송의 당사자가 사해행위의 성립여부에 대하여만 다투고 제척기간의 기산점 및 제척기간이 도과된 것인지 여부에 대하여는 당사자 사이에 전혀 쟁점이 된 바가 없었음에도 법원이 원고에게 의견진술의 기회를 주거나 석명권을 행사하지 않은 채 제척기간 경과를 이유로 소를 각하하는 것은 당사자가 전혀 예상하지 못하였던 법률적인 관점에 기한 예상 외의 재판으로 원고에게 불의의 타격을 가한 것으로 위법하다는 것이 판례이다(대법원 2006. 1. 26. 선고 2005다37185 판결).

3. 제척기간의 기산점

가. 취소원인을 안 날로부터 1년

1) '취소원인을 안 날'의 의미

채권자취소권 행사에 있어서 제척기간의 기산점인 채권자가 '취소원인을 안 날'이라 함은 채권자가 채권자취소권의 요건을 안 날, 즉 채무자가 채권자를 해함을 알면서 사해행위를 하였다는 사실을 알게 된 날을 의미한다고 할 것이므로, 단순히 채무자가 재산의 처분행위를 하였다는 사실을 아는 것만으로는 부족하고, 구체적인 사해행위의 존재를 알고 나아가 채무자에게 사해의 의사가 있었다는 사실까지 알 것을 요하나, 나아가 채권자가 수익자나 전득자의 악의까지 알아야 하는 것은 아니다(대법원 2000. 9. 29. 선고 2000다3262 판결).

사해행위를 하였다는 사실을 안다는 것은 채무자의 행위에 의해 채권의 공동담보에 부족이 생기거나 이미 부족상태에 있는 공동담보가 한층 더 부족하게 되어 채권을 완전하게 만족시킬 수 없게 되었으며(사해행위의 객관적 요건 충족), 나아가 채무자에게 사해의 의사가 있었다는 사실(사해행위의 주관적 요건 충족)까지 아는 것을 말한다(대법원 2002. 11. 26. 선고 2001다11239 판결).

따라서 채권자가 ①취소의 대상인 법률행위의 존재를 인지하고, ②그 법률행위로 인해 책임재산이 부족하게 된다는 점(사해성)을 인지하고, ③채무자의 사해의사까지 인지해야 비로소 '취소원인을 알았다'고 할 수 있고, 여기서 더 나아가 ④수익자나 전득자의 악의까지 알 필요는 없다는 것이다.[313]

2) 알았는지 여부의 판단방법

제척기간의 도과 여부는 소의 적법 여부를 정하는 중요한 요건이므로, 증거에 의해 엄격히 판단할 필요가 있다. 사해행위의 객관적 사실을 알았다고 하여 취소원인을 알았다고 추정할 수는 없고, 그 제척기간의 도과에 관한 증명책임은 사해행위취소소송의 상대방에게 있다(대법원 2018. 4. 10. 선고 2016다272311 판결).

다만, 판례는 일정한 경우 채권자가 사해행위의 존재를 알았다고 추인하고 있다. 즉, 채무자가 자기의 유일한 재산인 부동산을 매각하여 소비하기 쉬운 금전으로 바꾸는 행위는 특별한 사정이 없는 한 채권자에 대하여 사해행위가 되어 채무자의 사해의 의사가 추정되는 것이므로, 이와 같이 채무자가 유일한 재산인 부동산을 처분하였다는 사실을 채권자가 알았다면 특별한 사정이 없는 한 채무자의 사해의사도 채권자가 알았다고 봄이 상당하다고 하였다(대법원 2000. 9. 29. 선고 2000다3262 판결).

313 홍준호, "채권자취소권 행사의 제척기간의 기산점", 민형사실무연구, 서울북부지방법원(2004), 29-31.

3) 알았는지 여부의 판단 기준

가) 전득자 상대 소송의 경우

채권자취소소송의 상대방이 전득자인 경우에도 사해행위는 언제나 채무자와 수익자 사이의 법률행위를 가리키므로 기간의 기산점이 달라지지 않는다.[314] 즉, 채권자는 채무자와 수익자 사이의 사해행위를 안 날로부터 1년 내에 전득자를 상대로 채권자취소소송을 제기해야 한다.

그런데 채권자가 채무자와 수익자 사이의 사해행위 존재와 그 사해행위성을 알게 된 날 이후에 비로소 수익자와 전득자 사이의 전득행위의 존재를 알게 된 경우라면 채권자가 전득행위가 존재함을 알았을 때 비로소 취소의 원인을 알게 된 것으로 보고 그 날로부터 1년 내에 전득자를 상대로 채권자취소소송을 제기할 수 있다고 해석함이 타당하다는 견해가 있다.[315]

그러나 전득자를 상대로 한 채권자취소소송에서도 취소의 원인은 채무자와 수익자 사이의 법률행위가 채권자를 해하는 사해행위에 해당한다는 것이지 수익자와 전득자 사이의 전득행위가 채권자를 해하는 사해행위라는 것이 아니므로 위와 같이 해석하는 것은 민법 제406조 제2항의 명문규정에 부합하지 않는다. 또 법률관계를 조속히 확정하고자 하는 제척기간 제도의 취지에 부합하지 않는 문제가 있으며, 무엇보다 채무자와 수익자 사이의 사해행위 존재를 알게 된 날로부터 1년이 경과하여 제척기간의 효과로서 채권자취소권이 소멸한 경우에도 위 견해에 의하면 그 뒤 수익자와 전득자 사이의 전득행위가 존재하고 채권자가 이를 알게 되었다면 그 날로부터 다시 1년 내에 전득자를 상대로 채권자취소소송을 제기할 수 있다는 것이 되어 법적 안정성을 지나치게 해할 뿐만 아니라 제척기간 경과의 효과로 이미 소멸한 권리가 우연한 사정에 의해 다시 부활하는 것으로 의제되는 불합리가 있어 찬동하기 어렵다.

대법원도, 채무자가 1997. 4. 10. 수익자에게 유일한 재산인 건물에 관한 매매예약을 체결하였다가 소유권이전등기까지 경료해 주었고, 수익자는 1997. 12. 10. 전득자와 매매예약을 체결하여 소유권이전청구권 보전의 가등기를 설정해 준 상태에서, 채권자가 먼저 1998. 6. 수익자를 상대로 사해행위의 취소와 수익자 명의

314 新版 注釋民法(10) Ⅱ, 債權(I), 有斐閣(2011), 962.

315 홍준호, "채권자취소권 행사의 제척기간의 기산점", 민형사실무연구, 서울북부지방법원(2004), 40-41; 이순동, 채권자취소권(제3판), 육법사(2017), 655.

등기의 말소를 구하는 채권자취소소송을 제기하여 2001. 12. 7. 승소 판결을 받았고, 그 판결 확정 후인 2002. 3. 25. 전득자를 상대로 채권자취소소송을 제기한 사안에서, "민법 제406조 제2항의 제척기간의 기산점인 채권자가 '취소원인을 안 날'이라 함은 채권자가 채권자취소권의 요건을 안 날, 즉 채무자가 채권자를 해함을 알면서 사해행위를 하였다는 사실을 알게 된 날을 의미하는 것"이라고 하면서 "원고가 1998. 6.경 소외인 2(수익자)를 상대로 사해행위취소 소송을 제기하였으므로 원고는 늦어도 그 무렵에는 소외인 1(채무자)이 원고를 해함을 알면서 소외인 2(수익자)에게 이 사건 건물을 매도하였음을 알고 있었다고 할 것이고, 그로부터 1년이 경과한 후인 2002. 3. 25.에 제기된 이 사건 소는 민법 제406조 제2항 소정의 제소기간이 도과된 후에 제기된 것이어서 부적법하다."(대법원 2005. 6. 9. 선고 2004다17535 판결)고 판시하여, 제척기간의 기산점이 되는 날은 채무자의 사해행위 사실을 안 날이면 되고 전득행위가 있은 사실까지 알 필요가 없다고 판시하였다.

나) 채권자대위의 경우

채권자취소권은 채권자대위권의 대상이 된다. 즉, 채권자는 채무자를 대위하여 채권자취소권을 행사할 수 있는데, 이 경우 민법 제406조 제2항의 제소기간은 대위의 목적으로 되는 권리의 채권자인 채무자를 기준으로 하여 그 준수 여부를 가려야 할 것이고, 따라서 채권자취소권을 대위행사하는 채권자가 취소원인을 안 지 1년이 지났다 하더라도 채무자가 취소원인을 안 날로부터 1년, 법률행위가 있은 날로부터 5년 내라면 채권자취소의 소를 제기할 수 있다(대법원 2001. 12. 27. 선고 2000다73049 판결).

다) 채권양도의 경우

채권이 양도되면 양수인은 양도인이 종전에 채무자에 대해서 가지고 있던 것과 동일한 내용의 채권을 취득하게 되고 채무자는 채권양도의 통지를 받은 때까지 양도인에 대하여 생긴 사유로써 양수인에게 대항할 수 있는바(민법 제451조 제2항), 양도인에 대하여 생긴 사유 중에는 제척기간의 경과 사실도 포함되므로, 만일 양도인이 채무자의 행위가 사해행위에 해당한다는 사실을 알고 있었다면 제척기간의 도과 여부는 양도인을 기준으로 판단해야 한다.[316]

대법원도, "사해행위가 있은 후 채권자가 취소원인을 알면서 피보전채권을

316 이순동, 채권자취소권(제3판), 육법사(2017), 651-652.

양도하고 양수인이 그 채권을 보전하기 위하여 채권자취소권을 행사하는 경우에는, 채권의 양도인이 취소원인을 안 날을 기준으로 제척기간 도과 여부를 판단하여야 한다."(대법원 2018. 4. 10. 선고 2016다272311 판결)고 판시하였다.

만일 채권양도인이 취소원인을 알지 못하고 채권양도를 하였고, 후에 채권양수인이 취소원인을 알게 되었다면 채권양수인이 알게 된 날을 기준으로 단기 제척기간을 기산해야 함은 당연하다.

라) 채권자 파산의 경우

채권자가 사해행위의 취소원인을 알게 되어 채권자취소소송의 제척기간이 진행되던 도중 채권자가 파산하여 파산관재인이 선임된 경우라도 그 제척기간은 파산관재인이 사해행위의 취소원인을 안 때부터 새로 진행되어야 하는 것은 아니다(대법원 2006. 8. 25. 선고 2004다24144 판결).

따라서 파산관재인이 선임되고 1년 내에 채권자취소소송이 제기되었다고 하더라도 이미 채권자가 사해행위의 취소원인을 안 날로부터 1년이 경과한 뒤라면 그 소는 부적법하다.

한편, 파산자의 채권에 기한 사해행위취소의 소에서 채무자의 사해행위를 알았는지 여부는 파산자를 기준으로 판단하여야 하나, 파산자가 사해행위의 취소원인을 알지 못한 상태에서 파산관재인이 선임되었다면, 그 후로는 민법 제406조 제2항에 정한 채권자가 채무자의 사해행위를 알았는지 여부는 파산관재인을 기준으로 판단하여야 한다(대법원 2008. 4. 24. 선고 2006다57001 판결). 이 때 파산관재인이 채권자 A 및 B 의 파산관재인을 겸하고 있는 경우라면 파산관재인이 채무자의 행위가 채권자 A 에 대하여 사해행위가 된다는 점을 인식하였다고 하여 채권자 B 에 대해서까지 사해행위를 하였다는 사실을 알았다고 볼 수 없다.

4) 취소원인을 알았다고 판단한 사례[317]

가) 기술신용보증기금의 직원이 신용보증사고 발생을 통지받고 채무자의 재산상태를 조사하여 채무자 소유의 아파트가 신용보증사고 발생 직전에 수익자에게 소유권이전등기가 경료된 사실을 발견하고 수익자에게 매매대금의 출처에 관한 명세서를 제출하여 줄 것을 요구하는 채권조회서를 발송한 경우, 위 채권조회서를 발송할 무렵에 채무자의 사해의 의사를 알았다고 보았고(대법원 2005. 6. 24.

317 자세한 것은 이순동, 채권자취소권(제3판), 육법사(2017), 646-647 참조.

선고 2005다19859 판결),

나) 상호신용금고가 채무자의 재산상태를 조사한 결과 그가 무자력임을 파악하고 있었던 상태에서 가압류신청을 위하여 부동산 등기부등본을 발급받을 무렵 수익자 명의의 소유권이전청구권가등기가 경료된 사실을 확인하였다면 그 무렵에 사해행위를 알았다고 보아야 하고(대법원 2006. 2. 23. 선고 2005다64422 판결),

다) 채권자가 채무자의 재산상태를 조사한 결과 자신의 채권 총액과 비교하여 채무자 소유의 부동산의 가액이 그에 미치지 못하는 것을 이미 파악하고 있었던 상태에서 채무자의 재산에 대하여 가압류를 하는 과정에서 그 중 일부 부동산에 관하여 제3자 명의의 근저당권설정등기나 가등기가 경료된 사실을 확인하였다면, 다른 특별한 사정이 없는 한 채권자는 그 가압류 무렵에는 채무자가 채권자를 해함을 알면서 사해행위를 한 사실을 알았다고 봄이 상당하다(대법원 2012. 1. 12. 선고 2011다82384 판결, 대법원 2002. 11. 26. 선고 2001다11239 판결).

5) 취소원인을 알지 못하였다고 판단한 사례

가) 채권자가 채무자 소유의 부동산에 대한 가압류신청시 첨부한 등기부등본에 수익자 명의의 근저당권설정등기가 경료되어 있었다는 사실만으로는 채권자가 가압류신청 당시 취소원인을 알았다고 인정할 수 없고(대법원 2000. 6. 13. 선고 2000다15265 판결),

나) 은행이 채무자에 대한 어음금채권에 대한 대손상각 조치를 취한 것만으로 채무자의 부동산 처분행위와 사해의사까지 알았다고 볼 수 없고(대법원 2006. 7. 4. 선고 2004다61280 판결),

다) 채권자가 채무자의 제3자에 대한 금전의 증여행위가 사해행위에 해당한다는 것을 확실히 알지 못한 채 그 금전으로 취득한 제3자 명의의 부동산이 실은 채무자의 소유인데 제3자에게 명의신탁한 것으로 잘못 알고 그 부동산을 대상으로 처분금지가처분신청을 하여 그 처분금지가처분등기가 경료되었다는 사정만으로는, 채권자가 그때부터 채무자가 채권자를 해함을 알면서 사해행위인 금전의 증여행위를 하였다는 사실을 알게 되었다고 볼 수 없다(대법원 2009. 4. 9. 선고 2008다81398 판결).

나. 법률행위 있은 날로부터 5년

채권자취소소송은 법률행위가 있은 날로 5년 내에 제기되어야 한다(민법 제406조 제2항). 여기서 법률행위라 함은 취소의 대상이 되는 채무자와 수익자 사이의 법률행위를 말하는 것이므로 전득자를 상대로 사해행위취소 소송을 제기하는 경우에도 반드시 채무자와 수익자 사이의 법률행위가 있은 날로부터 5년 내에 제기되어야 한다.[318]

사해행위에 해당하는 법률행위가 언제 있었는가는 실제로 그러한 사해행위가 이루어진 날을 표준으로 판정할 것이다. 다만 이를 판정하기 곤란한 경우 등에는 처분문서에 기초한 것으로 보이는 등기부상 등기원인일자를 중심으로 그러한 사해행위가 실제로 이루어졌는지 여부를 판정할 수 있다(대법원 2010. 2. 25. 선고 2007다28819, 28826 판결).

4. 소송절차상 문제

가. 취소 후 원상회복과 제척기간

사해행위취소와 원상회복청구는 별개의 소송물이므로 사해행위의 취소를 먼저 구한 뒤 원상회복청구를 별도로 하는 경우 원상회복청구는 민법 제406조 제2항의 제척기간이 지난 뒤에도 할 수 있다.

대법원은 과거 사해행위의 취소와 원상회복의 청구는 동시에 행사할 수 있는 것이므로, 사해행위의 취소가 확정한 때에 원상회복으로 인한 새로운 반환청구권이 발생한다고 볼 수 없고 제척기간의 경과에 의해 사해행위취소청구권과 원상회복청구권이 동시에 소멸한다는 취지로 판시하였으나(대법원 1980. 7. 22. 선고 80다795 판결), 대법원 2001. 9. 4. 선고 2001다14108 판결로 "채권자가 민법 제406조 제1항에 따라 사해행위의 취소와 원상회복을 청구하는 경우 사해행위 취소 청구가 민법 제406조 제2항에 정하여진 기간 안에 제기되었다면 원상회복의 청구는 그 기간이 지난 뒤에도 할 수 있다."고 하여 사실상 위 동시소멸 판례를 변경하였다.

나. 전득자에 대한 청구

채권자가 먼저 수익자를 상대로 채권자취소소송을 제기하여 승소판결을 받아

318 이순동, 채권자취소권(제3판), 육법사(2017), 654.

두었다고 하더라도 전득자를 상대로 채권자취소소송을 제기할 때에는 민법 제406조 제2항의 제척기간 제한이 그대로 적용된다.

즉, 채권자가 전득자를 상대로 민법 제406조 제1항에 의한 채권자취소권을 행사하기 위해서는, 같은 조 제2항에서 정한 기간 안에 채무자와 수익자 사이의 사해행위의 취소를 소송상 공격방법의 주장이 아닌 법원에 소를 제기하는 방법으로 청구하여야 하는 것이고, 비록 채권자가 수익자를 상대로 사해행위의 취소를 구하는 소를 이미 제기하여 채무자와 수익자 사이의 법률행위를 취소하는 내용의 판결을 선고받아 확정되었더라도 그 판결의 효력은 그 소송의 피고가 아닌 전득자에게는 미칠 수 없는 것이므로, 채권자가 그 소송과는 별도로 전득자에 대하여 채권자취소권을 행사하여 원상회복을 구하기 위해서는 위에서 본 법리에 따라 민법 제406조 제2항에서 정한 기간 안에 전득자에 대한 관계에 있어서 채무자와 수익자 사이의 사해행위를 취소하는 청구를 하지 않으면 아니 된다(대법원 2005. 6. 9. 선고 2004다17535 판결).

채권자가 수익자만을 상대로 수익자 명의 등기의 말소를 구하는 채권자취소소송을 제기하여 승소판결을 받았다고 하더라도 등기상 이해관계 있는 제3자(전득자)의 승낙이 없는 이상 수익자 명의의 등기를 말소할 수 없고, 이에 전득자를 상대로 별소로 승낙의 의사표시를 구하는 소를 제기하는 경우, 이것은 사해행위취소소송이므로 민법 제406조 제2항의 제척기간의 제한을 받는다고 할 것이다.[319]

다. 피보전채권의 추가·변경 등

1) 피보전채권의 변경

채권자가 사해행위의 취소를 청구하면서 그 보전하고자 하는 채권을 추가하거나 교환하는 것은 그 사해행위취소권을 이유 있게 하는 공격방법에 관한 주장을 변경하는 것일 뿐이지 소송물 또는 청구 자체를 변경하는 것이 아니므로, 소의 변경이라 할 수 없다.

따라서, 원고가 당초 채무자에 대한 A 채권을 피보전채권으로 하여 사해행위 취소를 구하다가 항소심에서 피고의 변제공탁으로 그 채권이 소멸하자 채무자에 대한 B 채권을 피보전채권으로 바꾸어 사해행위 취소를 구하는 것은 소의 교환적 변경이 아니므로, B 채권을 피보전채권으로 주장한 것이 민법 제406조 제2항의

319 조해섭, 채권자취소권법, 법문사(2019), 348.

제척기간을 경과한 뒤라고 하더라도 소가 부적법하게 되는 것이 아니다(대법원 2003. 5. 27. 선고 2001다13532 판결 참조).

2) 법률적 평가의 변경

마찬가지로 채권자가 채무자의 어떤 금원지급행위가 사해행위에 해당된다고 하여 그 취소를 청구하면서 다만 그 금원지급행위의 법률적 평가와 관련하여 증여 또는 변제로 달리 주장하는 것은 그 사해행위취소권을 이유 있게 하는 공격방법에 관한 주장을 달리하는 것일 뿐이지 소송물 또는 청구 자체를 달리하는 것으로 볼 수 없다. 따라서 채무자의 어떤 금원지급행위가 사해행위에 해당한다고 하여 제척기간 내에 사해행위취소의 소를 제기한 이상 그 금원지급행위에 관하여 증여 또는 변제로 주장을 변경한 것이 제척기간이 도과한 후라고 하더라도 소가 부적법하게 되는 것이 아니다(대법원 2005. 3. 25. 선고 2004다10985, 10992 판결 참조).

라. 청구취지의 변경

제소기간 내에 전부취소 및 원물반환을 구하였다가 기간 경과 후에 일부취소 및 가액배상 청구로 변경한 경우에는 단지 청구취지가 감축된 것으로 보아야 하므로 기간 준수 여부는 최초의 청구를 기준으로 판단하면 되고 따라서 제척기간 도과의 문제가 없다.

만일 소 제기 후에 사해행위 자체가 추가되거나 사해행위 취소의 목적물이 추가되는 경우에는 소의 추가적 변경에 해당하므로 그 추가시를 기준으로 제척기간 준수 여부를 판단하여야 할 것이다.[320]

다만, 대법원은 수 개의 부동산에 관한 일괄 매매행위에 대해 사해행위 취소를 구하다가 일부 감축하여 가액배상을 구한 뒤 다시 처음의 청구로 돌아간 경우에는 하나의 매매행위에 대한 사해행위 취소를 구하는 제척기간 준수의 효력이 그대로 유지된다고 보았다(대법원 2005. 5. 27. 선고 2004다67806 판결 참조).

같은 취지로, 원고가 사해행위를 이유로 수익자를 상대로 배당이의의 소를 제기하면서 당초 소장의 청구취지로 배당표 경정청구만 기재하였다가 재판부의 석명준비명령을 받고 청구취지 변경신청서를 제출하면서 사해행위취소를 청구취지에 추가 기재한 사안에서, 대법원은 "원고가 이 사건 소장의 청구취지에 이 사

320 조해섭, 채권자취소권법, 법문사(2019), 352.

건 배당표 경정청구만을 기재한 것은 소송물을 사해행위취소소송에서의 원상회복 청구에 한정하고자 한 것이 아니라 착오로 사해행위취소청구 부분을 누락한 것으로 봄이 상당하고, 원고의 위와 같은 청구취지 변경은 청구취지의 보충 내지는 정정으로 볼 수 있을지언정 이를 가리켜 새로운 소의 제기라고 볼 수는 없다."고 하면서 청구취지 변경신청서를 제출한 때에 비로소 사해행위취소청구의 소를 제기한 것으로 보아 제척기간 도과를 이유로 소가 부적법하다고 판단한 원심판결을 파기하였다(대법원 2019. 10. 31. 선고 2019다215746 판결).

마. 가등기에 기한 본등기의 경우

채무자 소유의 부동산에 관하여 수익자의 명의로 소유권이전청구권의 보전을 위한 가등기가 경료되었다가 그 가등기에 기한 소유권이전등기의 본등기가 경료된 경우에, 가등기의 등기원인인 법률행위와 본등기의 등기원인인 법률행위가 명백히 다른 것이 아닌 한, 본등기의 기초가 된 가등기의 등기원인인 법률행위를 제쳐놓고 본등기의 등기원인인 법률행위만이 취소의 대상이 되는 사해행위라고 볼 것은 아니므로, 채권자가 가등기의 등기원인인 법률행위를 안날이 언제인지와 관계없이 본등기가 경료된 것을 안 날로부터 따로 사해행위의 취소를 청구하는 소의 제척기간이 진행된다고 볼 수는 없다(대법원 1993. 1. 26. 선고 92다11008 판결).

따라서 가등기의 등기원인인 법률행위와 본등기의 등기원인인 법률행위가 명백히 다른 것이 아닌 한, 가등기 및 본등기의 원인행위에 대한 사해행위 취소 등 청구의 제척기간의 기산일은 가등기의 원인행위가 사해행위임을 안 때라고 할 것인바, 채권자가 가등기의 원인행위가 사해행위임을 안 때부터 1년 내에 가등기의 원인행위에 대하여 취소의 소를 제기하였다면 본등기의 원인행위에 대한 취소 청구는 그 원인행위에 대한 제척기간이 경과한 후 제기하더라도 적법하다(대법원 2006. 12. 21. 선고 2004다24960 판결).

5. 기타 소멸사유

가. 피보전채권의 소멸

채권자취소권은 채권의 보전을 위한 권리이므로, 그 기초가 되는 피보전채권이 소멸하면 채권자취소권도 소멸한다. 따라서 채권이 변제 등으로 소멸하거나 포기되면 채권자취소권도 소멸하고, 채권자에 대한 회생절차가 개시되어 회생계획에 의해 피보전채권이 면제되거나 회생계획에 따른 변제가 이루어지면 채권이 소멸하게 되므로 이를 기초로 한 채권자취소권도 같이 소멸하게 된다. 이 경우 이미 채권자취소권 소송이 확정된 경우라면 채무자는 이를 청구이의 사유로 주장할 수 있다.

즉, "채권자취소권은 채무자의 사해행위를 채권자와 수익자 또는 전득자 사이에서 상대적으로 취소하고 채무자의 책임재산에서 일탈한 재산을 회복하여 채권자의 강제집행이 가능하도록 하는 것을 본질로 하는 권리이므로, 채권자취소권에 의하여 책임재산을 보전할 필요성이 없어지면 채권자취소권은 소멸한다. 따라서 채권자취소소송에서 피보전채권의 존재가 인정되어 사해행위 취소 및 원상회복을 명하는 판결이 확정되었다고 하더라도, 그에 기하여 재산이나 가액의 회복을 마치기 전에 피보전채권이 소멸하여 채권자가 더 이상 채무자의 책임재산에 대하여 강제집행을 할 수 없게 되었다면, 이는 위 판결의 집행력을 배제하는 적법한 청구이의 이유가 된다."는 것이 판례이다(대법원 2017. 10. 26. 선고 2015다224469 판결).

나. 사해성의 소멸

채무자의 처분행위 당시에는 사해성을 가지고 있었으나 채권자취소권의 행사 당시에는 채무자가 자력을 회복하는 등으로 사해성을 가지지 않게 되었다면 채권자취소권은 소멸한다.

즉, 사해성의 요건은 행위 당시는 물론 채권자가 취소권을 행사할 당시(사해행위취소소송의 사실심 변론종결 시)에도 갖추고 있어야 하므로, 처분행위 당시에는 채권자를 해하는 것이었더라도 그 후 채무자가 자력을 회복하거나 채무가 감소하여 취소권 행사시에 채권자를 해하지 않게 되었다면, 채권자취소권에 의하여 책임재산을 보전할 필요성이 없으므로 채권자취소권은 소멸한다(대법원 2009. 3. 26. 선고 2007다63102 판결).

또, 채무자가 채권자를 해하는 처분행위를 하였더라도, 그 후에 채권자가 채무자 또는 제3자 소유의 부동산을 담보로 제공받아 우선변제권을 취득하였고 사해행위취소소송의 사실심 변론종결 시에 그 부동산의 가액 및 채권최고액이 당해 채무액을 초과하여 채무 전액에 대하여 채권자에게 우선변제권이 확보됨에 따라 그 처분행위로 인하여 채권자를 해하지 않게 되었다면, 채권자취소권에 의하여 책임재산을 보전할 필요성이 없으므로 채권자취소권은 소멸한다(대법원 2014. 7. 10. 선고 2013다50763 판결).

제 407 조 [채권자취소의 효력]

전조의 규정에 의한 취소와 원상회복은 모든 채권자의 이익을 위하여 그 효력이 있다.

[관련조문] 민법 제373조(채권의 목적), 제404조(채권자대위권), 제405조(채권자대위권행사의 통지), 제406조(채권자취소권), 채무자 회생 및 파산에 관한 법률 중 부인권 제100조~제113조의2, 제391조~제406조의2, 제584조.

[참고문헌] 곽윤직, 채권총론(민법강의Ⅲ), 박영사(2018); 김재형, 민법론2, 박영사(2010); 김증한/김학동, 채권총론, 박영사(1998); 민법주해 Ⅸ, 채권(2), 박영사(1995); 법원실무제요 민사집행(Ⅱ), 법원행정처(2003); 이순동, 채권자취소권(제3판), 육법사(2017); 이은영, 채권총론(제4판), 박영사(2009); 조해섭, 채권자취소권법, 법문사(2019); 주석 민법, 채권총칙(2)(제4판), 한국사법행정학회(2013); 주석 채권총칙(상), 한국사법행정학회(1984); 건국대학교 산학협력단(연구책임자 전원열), 사해행위취소 및 부인권제도에 관한 개선방안 연구, 법원행정처(2017); 유병현, 채권자취소소송에 관한 연구: 강제집행과 관련하여, 고려대학교(1993); 新版 注釋民法(10)Ⅱ, 債權(Ⅰ), 有斐閣(2011); 강혜림, "채권자취소권에 관한 법무부 민법(재산권) 개정안과 일본 법무성 민법(채권관계) 요강안의 비교법적 고찰", 재산법연구 제32권 제3호, 법문사(2015); 고상룡, "채권자취소권의 법적 성질", 고시계 26권 4호, 국가고시학회(1981); 김가을, "일본민법제정사에 있어서 채권자취소권에 대한 검토", 홍익법학 제13권 제2호(2012); 김재형, "채권자취소권의 본질과 효과에 관한 연구", 인권과 정의 329호, 대한변호사협회(2004); 신신호, "사해행위취소 및 원상회복으로 소유권이전등기의 말소를 명한 판결의 소송당사자가 아닌 다른 채권자가 위 판결에 기하여 채무자를 대위하여 마친 소유권이전등기 말소등기의 효력", 대법원판례해설 105호(2015년 하), 법원도서관(2016); 신지혜, "사해행위취소권에 관한 일본 개정 민법상 쟁점과 시사점", 민사법학 제83호, 한국사법행정학회(2018); 양형우, "사해행위취소로 원상회복된 부동산 처분행위의 효력", 홍익법학 제18권 제3호, 홍익대학교(2017); 오수원, "프랑스와 일본에서의 채권자취소권행사의 효력이 미치는 채권자의 범위와 채권자들의 권리행사방법", 민사법연구 제26집(2018. 12.); 오영준, "사해행위취소의 효력이 미치는 채권자의 범위", 민사판례연구 제26권, 박영사(2004); 유해용, "사해행위취소의 대상과 효력에 관한 판례 연구", 법과 정의 그리고 사람: 박병대 대법관 재임기념 문집, 사법발전재단(2017); 윤진수, 권영준, "채권자취소권에 관한 민법 개정안 연구", 민사법학 제66호, 한국사법행정학회(2015); 이계정, "민법 제407조(채권자평등주의)의 법률관계에 관한 연구", 사법논집 제47집, 법원도서관(2008); 이순동, "사해행위취소권에 관한 일본 민법 개정안의 연구", 법조 통권 712호, 법조협회(2016); 이인규, "사해행위 이후에 목적부동산에 대한 경매절차에서 배당을 받은 교부권자와 가압류권자에게 사해행위 취소의 효력이 미쳐 그 경매절차에서의 배당금이 부당이득이 되는지 여부(=소극)", 대법원판례해설 제57호, 법원도서관(2006); 이종엽, "가액배상 판결의 집행법상 실현", 저스티스 101호, 한국법학원(2007); 전원열, "사해행위취소 후 복귀한 재산에 대한 채무자의 처분권: - 대법원 2017. 3. 9. 선고 2015다217980 판결 -", 법조 통권 726호, 법조협회(2017); 전원열, "채권자취소권의 효력론 비판 및 개선방안", 저스티스 통권 제163호, 한국법학원(2017); 제철웅, "채권자취소제도의 해석상 문제점과 입법적 개선방안: 특히 채권자취소권의 효력을 중심으로", 법학평론 제7권, 서울대학교(2017); 조용현, "사해행위취소 판결의 효력이 수익자의 고유채권자에게 미치는지 여부", 대법원판례해설 제79호(2009년 상), 법원도서관(2009); 조해근, "채권자취소로 인한 원상회복의 효

력", 청연논총, 사법연수원(2019); 황진구, "사해행위의 취소와 원상회복이 모든 채권자의 이익을 위하여 효력이 있다는 의미", 민사판례연구 39권, 박영사(2017).

Ⅰ. 서설

1. 민법 제407조의 의의

우리 민법은 채권자취소권에 관해 제406조에서 사해행위가 있는 경우 채권자는 일정한 기간 내에 법원에 사해행위의 취소와 원상회복을 청구할 수 있다고 규정하고, 이어 제407조에서 채권자취소권 행사로 인한 취소와 원상회복은 모든 채권자의 이익을 위하여 효력이 있다고 규정하고 있다.

민법 제407조는 제406조와 함께 채권자취소권이 행사된 결과 어떠한 효과가 발생하고 그 효과가 미치는 범위가 어디까지인지를 밝히는 조문이다. 특히 취소와 원상회복이 모든 채권자의 이익을 위하여 효력이 있다고 하여 채권자평등주의 원칙을 천명하고 있다.

민법 제407조는 채권자취소권 행사의 결과 취소채권자가 우월적 지위에 서는 것이 아니라 다른 채권자들과 평등하게 채권의 만족을 받게 된다는 점 및 원상회복된 재산에 대한 취소채권자의 강제집행에 다른 채권자가 참가할 수 있고, 경우에 따라 다른 채권자도 원상회복의 결과를 이용하여 직접 강제집행을 실시할 수 있다는 것을 분명히 밝힌 점에서 의의가 있다.

2. 연혁 및 비교법적 고찰

가. 연혁

민법 제407조는 민법전을 제정하면서 채권자취소권에 관한 구 민법(일본 민법)의 규정을 그대로 받아들이면서, 다만 구 민법 하에서의 채권자취소권의 본질에 관한 학설 및 판례의 변천을 고려하여 구 민법이 단순히 "전조의 규정에 의한

'취소'는 모든 채권자의 이익을 위하여 그 효력이 발생한다"고 규정한 것을 고쳐 "전조의 규정에 의한 '취소와 원상회복'은 모든 채권자의 이익을 위하여 그 효력이 있다"고 바꾼 것이다.

일본 민법의 채권자취소권 관련 규정은 프랑스의 브와소나드(Gustave Boissonade) 교수가 마련한 초안을 기초로 입법되었는데, 브와소나드는 당시 일본이 파산법을 두지 않고 있는 점을 감안하여 당시 프랑스의 주류적 견해와 다르게 채권자취소권 행사의 효과가 모든 채권자들에게 미치는 것으로 민법을 기초하였고, 이것이 그대로 이어지면서 우리 민법 제407조의 규정이 성립하게 되었다.[1]

나. 비교법적 고찰

민법 제407조는 채권자취소권 행사의 효과가 모든 채권자에게 미친다고 하여 채권자평등주의 원칙을 천명하고 있다. 그런데 독일, 프랑스, 미국 등 주요국의 채권자취소권 제도는 모두 취소채권자 우선주의 원칙에 기초하여 운영되고 있다. 이들 국가에서는 채권자취소권을 행사하더라도 일탈재산이 채무자에게로 복귀하지 않고 수익자 또는 전득자의 수중에 둔 상태에서 취소채권자가 채무자에 대한 집행권원으로 강제집행을 실시하는 형태를 취하고 있고 다른 채권자는 그 집행절차에 참가할 수 없다.[2]

통설과 판례가 채권자취소권의 본질에 관해 상대적 무효설을 취하고 있는 것과 결부하여 민법 제407조의 평등주의 원칙은 채권자취소권의 효과와 회복된 책임재산에 대한 강제집행방법 및 이해관계인들의 법률관계 등에 관해 많은 문제점을 야기하고 있다.

Ⅱ. 채권자취소권 행사의 효과

1. 취소의 효과에 관한 학설과 판례

가. 논의의 범위

이것은 채권자취소권의 행사로서 채무자와 수익자 사이의 사해행위가 '취소'될 때 그 취소의 의미와 효과가 무엇인지에 관한 논의이다. 이 부분은 채권자취소

1 자세한 내용은 전원열, "채권자취소권의 효력론 비판 및 개선방안", 저스티스 통권 제163호, 한국법학원(2017), 234-241 참조.

2 건국대학교 산학협력단(연구책임자 전원열), 사해행위취소 및 부인권제도에 관한 개선방안 연구, 법원행정처(2017), 265-266.

권의 본질을 무엇으로 볼 것인가의 논의와 직접 관련이 있다. 과거 채권자취소권의 본질에 관해 형성권설, 청구권설, 절충설(병합설), 책임설, 소권설, 신형성권설 등의 대립이 있었고, 절충설 내에서도 절대적 무효설, 상대적 무효설, 채권적 상대무효설이 대립하고 있었는데, 통설·판례는 절충설 중 상대적 무효설의 입장에 서 있다.[3]

상대적 무효설에 의하면, ①사해행위취소의 효과는 목적물의 반환에 필요한 범위 내에서 그 상대방에 대한 관계에서만 상대적인 효력이 있을 뿐이므로 수익자 또는 전득자만이 피고로 되고 채무자는 피고로 될 수 없으며(당사자 적격의 한정), ②원칙적으로 재산 반환과 함께 사해행위의 취소를 함께 청구하여야 하며(형성소송과 이행소송의 병합), ③전득자가 있는 경우에 수익자와 전득자 중 누구를 상대방으로 하여 채권자취소권을 행사할 것인가는 채권자의 자유로운 선택에 달려 있고(상대방 선택의 자유), ④취소 및 원상회복의 효력은 소송당사자인 채권자와 수익자(전득자 포함) 사이의 상대적인 관계에서만 발생하기 때문에 채무자와 수익자, 또는 수익자와 전득자 사이의 법률관계에는 영향을 미치지 않게 된다(판결의 상대적 효력).

채권자취소권의 본질에 관한 위 학설 대립과는 별도로 채권자취소권 행사의 효과에 국한해 보면 아래와 같은 학설 대립이 현재에도 유효하게 남아 있다고 할 수 있다.

나. 학설

1) 상대적 무효설(상대적 효력설)[4]

채권자취소권의 본질에 관해 상대적 무효설을 취하는 결과 채권자취소권 행사의 효과에 관해서도 상대적 무효설을 취하는 것이 통설과 판례이다.

이 설은 채권자취소권 행사에 의한 채무자와 수익자 사이의 사해행위취소는 일반적인 법률행위의 취소(민법 제141조의 취소)와는 효과가 다르다고 본다. 즉, 취소의 효과는 소송의 당사자인 채권자와 수익자(또는 전득자)의 관계에서만 상대적으로 채무자와 수익자 사이의 법률행위를 무효로 하는 데에 그치고 채무자와 수

3 ☞ 자세한 것은 제406조의 주석 중 Ⅱ. 2. 일본에서의 학설과 판례 및 3. 우리나라의 학설과 판례 부분 참조.

4 곽윤직, 채권총론(민법강의Ⅲ), 박영사(2018), 155-156; 김증한/김학동, 채권총론, 박영사(1998), 206-207 등.

익자 사이의 법률관계에는 영향을 미치지 않는다고 본다. 따라서 취소의 효과로서의 원상회복도 채권자와 수익자(또는 전득자)와의 상대적 관계에서만 발생할 뿐이고 채무자가 직접 권리를 취득하지 않는다.

2) 절대적 무효설(절대적 효력설, 취소효과설)[5]

이 설은 취소의 의미를 일반적 법률행위의 취소와 마찬가지로 본다. 즉, 채권자취소권 행사의 결과 채무자와 수익자 사이의 법률행위는 소급적·절대적으로 취소되고 일탈재산도 채무자에게 절대적으로 복귀한다고 본다.

원래 채권자취소권의 본질에 관한 형성권설 또는 신형성권설을 취하면 이러한 절대적 무효설을 취하게 되는데, 이 설은 그것과 별개로 채권자취소권의 효과 국면에서 위와 같은 절대적 무효설을 주장하면서, 채무자에게 판결의 효력이 미치지 않는 것은 기판력의 법리 때문인 것으로 이해한다.

3) 책임설[6]

채권자취소권의 행사 이후에도 사해행위에 의해 일탈되었던 재산은 그대로 수익자(또는 전득자)의 소유로 남아 있으면서 취소채권자의 채권에 대한 책임재산이 된다는 견해이다.

이 설에 의하면, 채권자취소권은 채무자의 책임재산으로부터 일탈한 재산에 대하여 책임재산의 귀속을 회복시키려는 제도가 아니라 사해행위를 책임관계의 측면에서 무효화하는 형성권으로 파악된다. 채권자취소권의 행사를 통해 채무자에게로 책임재산이 복귀하는 것이 아니라, 수익자(또는 전득자)가 책임재산을 그대로 보유한 상태에서 취소채권자의 강제집행을 받게 된다. 이를 책임법적 무효라고 한다.

4) 채권설[7]

이 설은 채권자취소권의 본질은 책임재산의 반환을 청구하는 것이라고 보아 채권자취소권은 원상회복이라는 법정채권관계를 발생시키는 권리로 본다. 채권자취소권의 본질에 관한 청구권설의 견해와 비슷한 것으로서 독일의 통설과 판례이다.

5 이은영, 채권총론(제4판), 박영사(2009), 481-482.
6 고상룡, "채권자취소권의 법적 성질", 고시계 26권 4호, 국가고시학회(1981), 27; 유병현, 채권자취소소송에 관한 연구: 강제집행과 관련하여, 고려대학교(1993), 176 이하 등.
7 김재형, 민법론2, 박영사(2010), 17-19.

이 설에 의하면 채권자취소권에서 취소는 수익자 앞으로 이전된 재산에 대하여 강제집행을 할 수 있는 상태로 만들기 위한 것으로서 그 전제로서 사해행위를 취소하는 것이다. 따라서 채권자취소권에 기한 원상회복청구권은 법률이 규정한 채권적 청구권으로 보게 된다.

다. 판례

대법원 판례는 채권자취소권의 효과에 관해 상대적 무효설을 확립하고 있다. 즉, "채권자가 사해행위의 취소와 함께 수익자 또는 전득자로부터 책임재산의 회복을 명하는 사해행위취소의 판결을 받은 경우 그 취소의 효과는 채권자와 수익자 또는 전득자 사이에만 미치므로, 수익자 또는 전득자가 채권자에 대하여 사해행위의 취소로 인한 원상회복 의무를 부담하게 될 뿐, 채권자와 채무자 사이에서 그 취소로 인한 법률관계가 형성되거나 취소의 효력이 소급하여 채무자의 책임재산으로 복구되는 것은 아니다."(대법원 2014. 6. 12. 선고 2012다47548, 47555 판결)고 하고 있다.

따라서 판례에 의하면, ①채무자와 수익자 사이의 법률행위가 사해행위로 인정되어 취소되더라도 그 취소에는 소급효가 없으므로 취소에 의하여 사해행위의 목적재산이 소급하여 채무자의 책임재산으로 회복되는 것이 아니고, ②채권자취소는 채권자와 수익자 또는 전득자의 관계에서만 상대적으로 채무자와 수익자 사이의 법률행위를 무효로 하는 데에 그치고 채무자와 수익자 사이의 법률관계에는 영향을 미치지 않으며, ③채권자취소권 행사에 의해 채무자에게 회복된 재산은 취소채권자 및 민법 제407조의 효력이 미치는 다른 채권자에 대한 관계에서 채무자의 책임재산으로 취급될 뿐 채무자가 직접 그 재산에 대하여 어떤 권리를 취득하는 것은 아니다. ④또, 채권자취소권 행사의 결과 사해행위가 취소되더라도 그 재산은 여전히 수익자의 소유이고, 다만 채권자에 대한 관계에서 채무자의 책임재산으로 환원되어 강제집행을 당할 수 있는 부담을 지고 있는 데 지나지 않는다(대법원 2016. 11. 25. 선고 2013다206313 판결).

2. 취소의 효력이 미치는 채권자의 범위

가. 논의의 범위

민법 제407조는 '취소 및 원상회복은 모든 채권자의 이익을 위하여 그 효력이 있다'고 규정하고 있는데, 여기서 말하는 '모든 채권자', 즉 채권자취소권 행사의 효과를 받는 채권자의 범위에 관해 견해의 대립이 있다.

이들 견해에 대해서도 절대적 효력설, 상대적 효력설 등의 용어를 사용하기도 하나,[8] 앞의 채권자취소권 행사의 효과에 관한 절대적 무효설(절대적 효력설)이나 상대적 무효설(상대적 효력설)과는 그 적용 국면이 다르다는 점을 유의하여야 한다. 즉, 앞의 논의는 채권자취소권 행사의 효과가 채권자와 수익자 사이에서만 미치는지 아니면 채무자와 수익자 사이 등 다른 이해관계인에게도 미치는지의 차원에서의 논의이고, 지금의 논의는 채권자취소권 행사의 효과가 미치는 채권자의 범위가 어디까지인지에 관한 논의이다. 따라서 정확하게 말하면 모두 6가지 경우의 수(채권자의 범위에 관한 아래의 3가지 견해 × 취소의 효과에 관한 절대적 효력설과 상대적 효력설의 2가지 견해)가 있게 되는데,[9] 그 동안 용어들이 혼용되면서 논의의 초점을 흐린 측면이 있었다.

나. 학설

제1설(상대적 효력설이라고도 한다)은 채권자취소권 행사의 효과는 취소채권자에게만 미친다고 본다. 채권자취소권의 효력이 미치는 채권자의 범위를 가장 좁게 보는 견해이다.

채권자취소권 행사의 효력이 채권자와 수익자 사이에서만 미치고 채무자와 수익자 사이에서는 미치지 않는다고 보는 판례·통설의 상대적 무효설(상대적 효력설)은 바로 이 제1설과 잘 어울리는 것이다. 독일, 프랑스 등 주요국에서는 채권자취소권 행사의 효과는 채권자와 수익자 사이에서만 미치고 채무자와 수익자 사이에는 미치지 않으며, 채권자들 중에서는 바로 이 제1설처럼 취소채권자에게만 그 효력이 미친다고 보고 있다.

제2설(절대적 효력설이라고도 한다)은 채권자취소권 행사에 의한 취소 및 원상회복의 효과는 채무자의 모든 채권자에게 미친다고 본다. 즉, 사해행위 이후에 채권을 취득한 채권자도 민법 제407조의 채권자에 포함된다고 본다. 우리 민법이 계수한 일본 민법의 기초가 된 브와소나드의 민법초안은 바로 이 제2설의 견해에 기초하고 있다.

8 황진구, "사해행위의 취소와 원상회복이 모든 채권자의 이익을 위하여 효력이 있다는 의미", 민사판례연구 39권, 박영사(2017), 14 등.

9 건국대학교 산학협력단(연구책임자 전원열), 사해행위취소 및 부인권제도에 관한 개선방안 연구, 법원행정처(2017), 262-263.

제3설(절충설이라고도 한다)은 사해행위 전에 채권을 취득한 모든 채권자에게 미치지만 사해행위 후에 채권을 취득한 채권자에게는 미치지 않는다고 본다. 평등주의 원칙을 천명한 제407조의 문면해석에 충실하면서도 제2설의 적용범위를 다소 제한한 절충적 견해로서 우리나라의 통설적 견해이다.

다. 판례

대법원은 "채권자취소권은 채무자가 채권자를 해함을 알면서 자기의 일반재산을 감소시키는 행위를 한 경우에 그 행위를 취소하여 채무자의 재산을 원상회복시킴으로써 모든 채권자를 위하여 채무자의 책임재산을 보전하는 권리이나, 사해행위 이후에 채권을 취득한 채권자는 채권의 취득 당시에 사해행위취소에 의하여 회복되는 재산을 채권자의 공동담보로 파악하지 아니한 자로서 민법 제407조에 정한 사해행위취소와 원상회복의 효력을 받는 채권자에 포함되지 아니한다." (대법원 2009. 6. 23. 선고 2009다18502 판결)고 판시하여 제3설(절충설)을 취하고 있다.

3. 채권자에 대한 효과

가. 채권자평등의 원칙

사해행위의 취소와 원상회복은 채무자의 책임재산의 보전을 직접적인 목적으로 하고 그 효과는 모든 채권자의 이익을 위하여 발생하므로(민법 제407조), 취소채권자는 회복된 재산에 대하여 우선권을 가지거나 취소권을 행사하지 않은 다른 채권자에 대하여 우월적인 지위에 서는 것이 아니다.

회복된 재산으로부터 채권의 만족을 받는 것은 공동담보의 보전을 넘어서는 것인데, 민법은 그에 관하여 아무런 규정도 두지 않고 있고, 이에 관한 집행절차 또한 마련되어 있지 않다. 따라서 사해행위의 취소에 상대적 효력만을 인정하는 통설·판례에 의하는 한, 취소채권자는 채권만족에 관한 일반원칙에 따라 책임재산이 채무자에게로 회복된 후 채무자로부터 임의변제를 받거나 일반적인 강제집행의 방법에 따라 채권의 내용을 실현할 수밖에 없다. 이때에 다른 채권자들은 이중경매의 신청이나 배당요구 등에 의하여 집행절차에 참가하여 평등배당을 받을 기회를 부여받게 된다. 이에 따라 채권자취소권제도는 강제집행의 준비절차로서 기능하게 되는 것이다.

대법원도 "사해행위의 취소와 원상회복은 모든 채권자의 이익을 위하여 효력이 있으므로(민법 제407조), 취소채권자가 자신이 회복해 온 재산에 대하여 우선권을 가지는 것은 아니라고 할 것이므로, 사해행위의 수익자 소유의 부동산에 대한 경매절차에서 취소채권자가 수익자에 대한 가액배상판결에 기하여 배당을 요구하여 배당을 받은 경우, 그 배당액은 배당요구를 한 취소채권자에게 그대로 귀속되는 것이 아니라 채무자의 책임재산으로 회복되는 것이며, 이에 대하여 채무자에 대한 채권자들은 채권만족에 관한 일반원칙에 따라 채권 내용을 실현할 수 있는 것이다."(대법원 2005. 8. 25. 선고 2005다14595 판결)라고 판시하였다.

다른 채권자가 회복된 채무자의 책임재산에 대한 집행절차에 참가하기 위해서는 배당요구의 종기까지 이중경매신청 또는 배당요구를 하거나 첫 경매개시결정 전에 가압류등기를 마칠 것을 요한다(민사집행법 제148조).

나. 취소채권자에 대한 효과

1) 집행절차를 통한 채권만족의 원칙

가) 반환 목적물이 부동산인 경우

사해행위 목적물이 부동산인 경우, 취소채권자는 직접 자기에게 소유권이전등기절차를 이행하도록 청구할 수 없고 채무자에게 소유권이전등기나 소유권말소등기의 절차를 이행하도록 청구해야 한다.

판결이 확정되면 취소채권자는 등기권리자인 채무자를 대위하여 채무자 앞으로 소유권등기를 마친 후 부동산 강제집행의 절차에 따라 채권의 만족을 받게 된다. 이 때 취소채권자가 채무자에 대한 집행권원을 취득하여야 함은 물론이다. 채무자에 대한 집행권원을 취득한 다른 채권자들도 이 집행절차에 참가하거나 독자적으로 강제집행을 실시할 수 있다.

나) 반환 목적물이 유체동산인 경우

반환의 목적물이 유체동산인 경우, 취소채권자는 반환의 목적물이 금전인 경우와 마찬가지로 자기에게 인도할 것을 구할 수 있지만(대법원 1999. 8. 24. 선고 99다23468, 23475 판결), 인도받은 유체동산이 바로 취소채권자의 소유가 되는 것은 아니고 부동산의 경우와 마찬가지로 유체동산에 관한 강제집행절차를 거쳐야 채권의 만족을 받을 수 있다.

다) 반환 목적물이 채권인 경우

채무자의 수익자에 대한 채권양도가 사해행위로 취소되는 경우, 수익자가 제

3채무자로부터 아직 그 채권을 추심하지 아니한 때에는, 채권자는 사해행위취소에 따른 원상회복으로서 수익자가 제3채무자에 대하여 채권양도가 취소되었다는 취지의 통지를 하도록 청구할 수 있다(대법원 2015. 11. 17. 선고 2012다2743 판결).

채권양도가 취소되었다고 하더라도 그 효력은 채권자와 수익자 사이에 상대적으로 미칠 뿐 채무자가 권리자가 되는 것이 아니므로, 채권자가 제3채무자를 상대로 그 채권에 관한 지급을 바로 구할 수 없다(대법원 2015. 11. 17. 선고 2012다2743 판결).

채권자로서는 판결이 확정된 후 이 판결을 제3채무자에게 보내 채권양도 취소의 통지절차를 마친 후 채무자에 대한 집행권원을 갖추어 채권에 대한 강제집행 절차를 통해 이를 추심하게 된다.

채무자의 수익자에 대한 채무면제가 사해행위에 해당하여 채권자취소권 행사에 의해 채무면제행위가 취소된 경우, 취소채권자에 대한 관계에서 채무자의 제3채무자에 대한 채권이 부활하게 되므로 취소채권자는 마찬가지로 채권집행의 일반적인 절차에 따라 채권의 만족을 얻을 수 있다.

2) 취소채권자가 금전을 지급받은 경우

가) 우선변제의 문제

사해행위의 목적물이 금전인 경우 채권자는 직접 자신에게 그 금전을 반환하도록 청구할 수 있고, 원상회복을 가액배상의 방법으로 하는 경우에도 채권자는 직접 자신에게 이행할 것을 청구할 수 있다. 채무자가 금전을 수령하지 않거나 반환받은 목적물을 은닉·소비하는 경우 책임재산 회복의 목적을 달성할 수 없게 되기 때문이다.

취소채권자는 수익자 또는 전득자로부터 임의 지급을 받거나 사해행위취소로 인한 금전지급을 명하는 판결을 집행권원으로 하여 수익자나 전득자 소유의 일반재산에 대해 강제집행을 실시하여 금전의 반환을 받거나 가액배상금을 수령하게 된다.

취소채권자가 수령한 금전은 바로 취소채권자의 소유로 귀속되는 것이 아니라 일반 채권자들의 공동담보재산이 되어 강제집행절차를 통해 평등분배되어야 함이 원칙이다. 그러나 사해행위취소로 회복한 금전에 관한 분배의 방법이나 절차에 관한 아무런 규정이 없는 현행법 아래에서는 취소채권자가 자신의 채권 변제에 이를 바로 충당하여 우선변제의 효과를 보고 있는 것이 현실이다.

이에 대해 다른 채권자들이 취소채권자에 대해 안분액의 지급을 청구하거나, 수익자가 자신도 채무자에 대한 채권자 중 한 사람이라고 주장하면서 자기의 채권액을 안분한 금액만큼의 상계를 주장하거나 지급을 거절할 권리가 없다.

대법원도 "채권자취소권은 채권의 공동담보인 채무자의 책임재산을 보전하기 위하여 채무자와 수익자 사이의 사해행위를 취소하고 채무자의 일반재산으로부터 일탈된 재산을 모든 채권자를 위하여 수익자 또는 전득자로부터 환원시키는 제도이므로, 수익자인 채권자로 하여금 안분액의 반환을 거절하도록 하는 것은 자신의 채권에 대하여 변제를 받은 수익자를 보호하고 다른 채권자의 이익을 무시하는 결과가 되어 제도의 취지에 반하게 되므로, 수익자가 채무자의 채권자인 경우 수익자가 가액배상을 할 때에 수익자 자신도 사해행위취소의 효력을 받는 채권자 중의 1인이라는 이유로 취소채권자에 대하여 총채권액 중 자기의 채권에 대한 안분액의 분배를 청구하거나, 수익자가 취소채권자의 원상회복에 대하여 총채권액 중 자기의 채권에 해당하는 안분액의 배당요구권으로써 원상회복청구와의 상계를 주장하여 그 안분액의 지급을 거절할 수는 없다."(대법원 2001. 2. 27. 선고 2000다44348 판결)고 판시하였다. 일본 판례도 마찬가지이다.[10]

한편, 취소채권자 또한 다른 채권자들에 대하여 안분액을 분배할 의무가 없고, 이로 인해 취소채권자가 사실상 우선적 만족을 얻게 되는 불공평한 결과가 초래하게 되더라도 현행법 아래에서는 어쩔 수 없다는 것이 판례이다.

즉, 사해행위의 취소와 원상회복은 모든 채권자의 이익을 위하여 그 효력이 있으므로(민법 제407조), 채권자취소권의 행사로 채무자에게 회복된 재산에 대하여 취소채권자가 우선변제권을 가지는 것이 아니라 다른 채권자도 총채권액 중 자기의 채권에 해당하는 안분액을 변제받을 수 있는 것이지만, 이는 채권의 공동담보로 회복된 채무자의 책임재산으로부터 민사집행법 등의 법률상 절차를 거쳐 다른 채권자도 안분액을 지급받을 수 있다는 것을 의미하는 것일 뿐, 다른 채권자가 이러한 법률상 절차를 거치지 아니하고 취소채권자를 상대로 하여 안분액의 지급을 직접 구할 수 있는 권리를 취득한다거나, 취소채권자에게 인도받은 재산 또는 가액배상금에 대한 분배의무가 인정된다고 볼 수는 없다. 가액배상금을 수령한 취소채권자가 이러한 분배의무를 부담하지 아니함으로 인하여 사실상 우선변제를

10 日最判 1971. 1. 19.

받는 불공평한 결과를 초래하는 경우가 생기더라도, 이러한 불공평은 채무자에 대한 파산절차 등 도산절차를 통하여 시정하거나 가액배상금의 분배절차에 관한 별도의 법률 규정을 마련하여 개선하는 것은 별론으로 하고, 현행 채권자취소 관련 규정의 해석상으로는 불가피하다(대법원 2008. 6. 12. 선고 2007다37837 판결). 일본 판례도 마찬가지이다.[11]

나) 우선변제의 근거에 관한 학설

취소채권자가 수익자 또는 전득자로부터 회수한 금전으로부터 자기 채권의 만족을 받는 방법 및 근거에 대하여 다음과 같은 견해의 대립이 있다.[12]

(1) 상계설

취소채권자는 원상회복으로서 상대방으로부터 지급 또는 반환받은 금전을 채무자에게 반환하여야 할 채무가 있고 이 채무와 채무자에 대한 자기의 채권을 상계함으로써 취소채권자가 우선변제받을 수 있다는 견해로서 우리나라의 통설[13] 및 판례[14]이고, 일본의 다수설[15]이며 일본 판례[16]의 입장이다.

이 견해에 대하여는 취소에 상대적 효력만을 인정하면서 채무자가 취소채권자에 대하여 재산반환청구권을 취득한다고 함은 모순이라는 지적이 있고, 취소채권자가 상계의 의사표시를 실제로 하지 않는 경우가 많은 현실과도 맞지 않는다는 비판이 있다.

(2) 일방적 변제충당설

취소채권자는 상대방으로부터 인도받은 금전을 그대로 자기 채권의 변제에 충당하여 우선변제받을 수 있다는 견해이다. 별도의 상계 의사표시 없이 취소채권자 자신의 채권 변제에 충당하고 있는 현실에 부합하는 견해이나, 이 견해에 대하여는 그렇게 변제충당을 하는 근거나 절차가 불명확하다는 비판이 있다.

(3) 강제집행설

취소채권자가 인도받은 금전으로부터 자기채권의 만족을 얻기 위해서는 반드

11 日最判 1962. 10. 9.

12 학설대립에 관해 자세한 것은 민법주해 Ⅸ, 채권(2), 박영사(1995), 856-857(김능환) 참조.

13 곽윤직, 채권총론(민법강의Ⅲ), 박영사(2018), 206; 김증한/김학동, 채권총론, 박영사(1998), 155; 김주수, 채권총론, 삼영사(2003), 253 등.

14 대법원 2019. 7. 18. 선고 2014다206983 전원합의체 판결

15 新版 注釋民法(10)Ⅱ, 債權(Ⅰ), 有斐閣(2011), 935.

16 日最判 1962. 10. 9.

시 채무자에 대한 집행권원에 기하여 그 금전에 대한 강제집행(배당절차 진행)을 하여야 한다는 견해이다. 그러나 이 견해에 의하더라도 채권자가 채무자에 대한 집행권원을 가지고 있는 한 그 금전에 대하여 집행관에게 인도함과 동시에 강제집행을 신청해 버리면 이를 알지 못한 다른 채권자들은 배당요구 등을 할 여지가 없게 되므로(민사집행법 제247조 제1항 제3호 참조), 사실상 취소채권자의 우선변제를 허용하게 된다.

(4) 책임설

이 설은 취소채권자가 수익자 또는 전득자에 대한 강제집행인용판결에 의하여 아직 그 재산이 채무자에게로 반환되지 않은 상태에서도 직접 수익자 또는 전득자의 재산에 대하여 강제집행을 할 수 있다고 한다. 여기에 대해서는 명문의 규정이 없는 상태에서 바로 강제집행인용소송을 인정할 수 있는지 의문이라는 비판이 제기된다.

다) 다른 채권자의 분배참여 수단

취소채권자가 위와 같이 사실상 우선변제를 받게 되는 것을 막기 위하여 다른 채권자가 취할 수 있는 수단에 관해 검토해 본다.

(1) 취소채권자의 수익자에 대한 채권에 관해 가처분하거나 집행에 참가하는 방안

먼저 취소채권자가 수익자로부터 가액배상금 등을 현실로 수령하지 못하도록 취소채권자 및 수익자를 상대로 가처분(채권추심 및 처분금지가처분이나 지급금지가처분 등)이나 가압류를 신청하는 방안을 생각해 볼 수 있으나, 다른 채권자는 취소채권자에 대해 어떠한 권리도 가지고 있지 않으므로 위와 같은 보전처분은 불가능하다.

취소채권자가 수익자의 일반재산에 대해 강제집행을 하거나 배당요구를 하고 있는 상태에서 다른 채권자들이 배당요구의 방법으로 집행에 참가하는 것도 수익자에 대해 별도의 집행권원을 가지고 있지 않는 한 불가능하다. 민법 제407조가 채권자취소권 행사로 인한 취소 및 원상회복의 효력은 모든 채권자의 이익을 위하여 그 효력이 있다고 하여 다른 채권자들이 취소채권자의 승소판결에 기한 기판력과 집행력을 이용하여 바로 수익자의 재산에 강제집행을 할 수 있는 것이 아니기 때문이다.

(2) 채무자의 취소채권자에 대한 금전반환청구권에 관한 압류 등

채권자가 수익자로부터 금전의 회복을 받는 경우 그 금전은 채무자의 책임재산이 되므로 채무자가 취소채권자에 대해 가지는 금전반환청구권을 다른 채권자가 압류 또는 가압류하여 채권집행절차를 통해 만족을 받는 방안이다.

여기에 대해서는 먼저 채권자취소권 행사의 효과에 관한 상대적 무효설에 따르면 채권자취소의 효과는 채무자에게 미치지 않고 채무자가 직접 그 재산에 대하여 어떤 권리를 취득하는 것이 아니므로, 과연 다른 채권자가 압류할 채무자의 취소채권자에 대한 금전반환청구권이 존재하는지 의문이라는 반론이 제기된다.

다만, 통설인 상계설에 따르면 채무자는 취소채권자에 대해 금전반환청구권이 있다는 것을 전제로 하므로 다른 채권자의 압류·가압류가 가능하게 될 수도 있으나, 채권가압류명령을 받은 제3채무자는 그 후에 취득한 채권에 의한 상계로 그 가압류채권자에게 대항하지 못하지만 수동채권이 가압류될 당시 자동채권과 수동채권이 상계적상에 있거나 자동채권의 변제기가 수동채권의 그것과 동시 또는 그보다 먼저 도래하는 경우에는 제3채무자는 자동채권에 의한 상계로 가압류채권자에게 대항할 수 있으므로(대법원 1989. 9. 12. 선고 88다카25120 판결), 자동채권인 취소채권자의 피보전채권은 특별한 사정이 없는 한 이미 변제기에 도래하여 상계적상에 있을 것이므로 다른 채권자의 압류에도 불구하고 취소채권자는 상계로써 대항할 수 있어 위 압류·가압류는 별 효용이 없을 것이다.[17] 만일 피보전채권의 기한이나 조건이 도래·성취되지 않았거나 항변권이 부착된 경우라면 취소채권자는 상계로써 대항할 수 없으므로, 이 경우에 한해 위 압류·가압류 방안이 유용한 해결책이 될 수 있을 것이다.

(3) 채무자에 대한 파산을 신청하는 방안

다른 채권자로서는 채무자에 대한 파산을 신청하여 집단적 청산절차를 통해 평등분배를 받을 수도 있겠지만, 이는 절차가 복잡하고 시간이 오래 걸리며, 채권자들에게 그다지 실익이 없을 수 있다.

(4) 수익자를 상대로 별개의 채권자취소소송을 제기하는 방안

다른 채권자가 동일한 수익자를 상대로 별개의 채권자취소소송을 제기하는 방안은 가장 실효성 있는 대응방안이 될 수 있다. 복수의 채권자가 동시에 또는

17 이종엽, "가액배상판결의 집행법상 실현", 저스티스 101호, 한국법학원(2007), 262.

시기를 달리하여 사해행위취소 및 원상회복청구의 소를 제기한 경우 이들 소가 중복제소가 되는 것이 아니므로(대법원 2014. 8. 20. 선고 2014다28114 판결), 다른 채권자들은 별도의 사해행위취소소송을 제기하여 승소판결을 받아둠으로써 취소채권자가 선행 사해행위취소판결에 기하여 수익자 소유의 재산에 강제집행을 실시할 때 그 집행권원으로 집행에 참가하여 안분배당을 받을 수 있게 된다. 이 때 취소채권자와 다른 채권자는 각자의 피보전채권액의 비율에 따라 안분배당을 받는 것이 아니라 각자의 소송에서 확정된 판결 또는 화해권고결정 등에서 인정된 가액배상금의 비율에 따라 안분배당을 받게 된다(대법원 2007. 5. 31. 선고 2007다3391 판결 참조).

3) 취소소송에 소요된 비용의 우선변제 여부

사해행위의 취소 및 원상회복은 모든 채권자의 이익을 위하여 그 효력이 있으므로 사해행위취소소송에 소요된 비용은 공익비용으로서 우선변제된다는 견해가 있으나, 판례는, 사해행위취소소송에 의하여 사해행위의 목적이 된 재산이 채무자의 책임재산으로 원상회복되고 그에 대한 강제집행절차가 진행된 사안에서, 사해행위취소소송을 위하여 지출한 소송비용, 사해행위취소를 원인으로 한 말소등기청구권 보전을 위한 부동산처분금지가처분 비용, 사해행위로 마쳐진 소유권이전등기의 말소등기 비용은 위 집행에 의하여 우선적으로 변상받을 수 있는 '강제집행에 필요한 비용'에 해당하지 않는다고 보고 있다(대법원 2011. 2. 10. 선고 2010다79565 판결).

다. 다른 채권자에 대한 효과

1) 채권자평등주의 원칙의 적용

채권자취소권의 행사에 따른 사해행위취소 판결의 효력은 원칙적으로 소송당사자인 취소채권자와 수익자(또는 전득자) 사이에서만 상대적으로 미치고 소송당사자가 아닌 채무자나 다른 채권자에게는 미치지 않는 것이 원칙이지만, 민법 제407조는 사해행위의 취소와 원상회복은 모든 채권자의 이익을 위하여 효력이 있다는 채권자평등주의 원칙을 규정하고 있어 채권자취소권 행사의 상대적 효력과 채권자평등의 원칙을 어떻게 조화롭게 적용할 것인지가 문제된다.

먼저, 채권자평등주의 원칙에 따라 취소채권자가 원상회복을 마치더라도 취소채권자가 다른 채권자에 대하여 우월적 지위를 가지는 것은 아니다. 즉, 취소권을 행사하지 않았던 다른 채권자들도 채무자에 대한 집행권원을 가지고 회복된 책임재산에 대한 강제집행절차에 참가할 수 있다.

나아가 다른 채권자들은 취소채권자의 승소판결에 기한 효력, 특히 기판력과 집행력까지 원용할 수 있는가?

채권자취소권은 각각의 채권자에게 개별적으로 인정되는 고유의 권리로서 어느 채권자가 받은 사해행위취소 및 원상회복판결의 기판력이나 집행력은 다른 채권자에게 확장되지 않는다고 보아야 한다. 채권자취소권은 각 채권자의 고유의 권리이고 소송물이 다르기 때문이다.[18] 만약 사해행위취소 및 원상회복판결의 기판력과 집행력이 확장된다면 채무자의 다른 채권자는 별도로 사해행위취소 및 원상회복청구의 소를 제기할 필요가 없고 제기한다고 하더라도 권리보호의 이익이 없어 각하되어야 할 것이다. 그러나 판례·통설은 사해행위취소소송의 경합을 인정하고 있고, 선행 소송에서 사해행위취소 판결을 받고 그 회복까지 마친 경우에만 비로소 후소의 권리보호이익이 없어진다고 보고 있다(대법원 2003. 7. 11. 선고 2003다19558 판결 등).

따라서 민법 제407조의 채권자평등주의 원칙은 사해행위취소판결 그 자체의 효력을 규정한 것이라기보다는 사해행위취소판결의 결과 '회복된 책임재산에 대한 효력'을 규정한 것으로 보아야 하고, 채권자취소권 행사에 의해 취소와 원상회복이 이루어진 상태가 모든 채권자의 이익을 위하여 효력이 있다는 취지이므로, 회복된 재산에 대하여 취소채권자가 강제집행을 실시할 때 다른 채권자가 참가하거나 다른 채권자가 그 상태를 이용하여 강제집행을 할 수 있다는 의미로 보는 것이 타당할 것이다.[19]

2) 다른 채권자가 말소등기판결을 대위 집행한 경우

취소채권자가 수익자를 상대로 사해행위취소소송을 제기하여 수익자 명의 소유권이전등기를 말소하는 내용의 승소확정판결(화해권고결정)을 받아두고 그 판결에 기한 등기절차를 마치지 않았는데, 다른 채권자가 임의로 이 판결에 기해 채무

18 황진구, "사해행위의 취소와 원상회복이 모든 채권자의 이익을 위하여 효력이 있다는 의미", 민사판례연구 39권, 박영사(2017), 28; 신신호, "사해행위취소 및 원상회복으로 소유권이전등기의 말소를 명한 판결의 소송당사자가 아닌 다른 채권자가 위 판결에 기하여 채무자를 대위하여 마친 소유권이전등기 말소등기의 효력", 대법원판례해설 105호(2015년 하), 법원도서관(2016), 135-138.

19 황진구, "사해행위의 취소와 원상회복이 모든 채권자의 이익을 위하여 효력이 있다는 의미", 민사판례연구 39권, 박영사(2017), 46; 이계정, "민법 제407조(채권자평등주의)의 법률관계에 관한 연구", 사법논집 제47집, 법원도서관(2008), 472-474.

자를 대위하여 채무자 앞으로 말소등기를 경료한 사안이 있다. 이에 대해 대법원은 다음과 같이 판시하였다.

"사해행위 취소의 효력은 채무자와 수익자의 법률관계에 영향을 미치지 아니하고, 사해행위 취소로 인한 원상회복 판결의 효력도 소송의 당사자인 채권자와 수익자 또는 전득자에게만 미칠 뿐 채무자나 다른 채권자에게 미치지 아니하므로, 어느 채권자가 수익자를 상대로 사해행위 취소 및 원상회복으로 소유권이전등기의 말소를 명하는 판결을 받았으나 말소등기를 마치지 아니한 상태라면 소송의 당사자가 아닌 다른 채권자는 위 판결에 기하여 채무자를 대위하여 말소등기를 신청할 수 없다. 그럼에도 불구하고 다른 채권자의 등기신청으로 말소등기가 마쳐졌다면 등기에는 절차상의 흠이 존재한다.

그러나 채권자가 사해행위 취소의 소를 제기하여 승소한 경우 취소의 효력은 민법 제407조에 따라 모든 채권자의 이익을 위하여 미치므로 수익자는 채무자의 다른 채권자에 대하여도 사해행위의 취소로 인한 소유권이전등기의 말소등기의무를 부담하는 점, 등기절차상의 흠을 이유로 말소된 소유권이전등기가 회복되더라도 다른 채권자가 사해행위취소판결에 따라 사해행위가 취소되었다는 사정을 들어 수익자를 상대로 다시 소유권이전등기의 말소를 청구하면 수익자는 말소등기를 해 줄 수밖에 없어서 결국 말소된 소유권이전등기가 회복되기 전의 상태로 돌아가는데 이와 같은 불필요한 절차를 거치게 할 필요가 없는 점 등에 비추어 보면, 사해행위 취소 및 원상회복으로 소유권이전등기의 말소를 명한 판결의 소송당사자가 아닌 다른 채권자가 위 판결에 기하여 채무자를 대위하여 마친 말소등기는 등기절차상의 흠에도 불구하고 실체관계에 부합하는 등기로서 유효하다"(대법원 2015. 11. 17. 선고 2013다84995 판결).[20]

즉 대법원은, "①취소채권자가 수익자를 상대로 사해행위취소 및 원상회복을 명하는 확정판결을 받았다고 하더라도 기판력이 미치지 않는 다른 채권자가 이 판결에 기초하여 직접 원상회복을 실현할 수는 없다. ②따라서 다른 채권자가 채

20 이 판결에 대한 평석으로는, 신신호, "사해행위취소 및 원상회복으로 소유권이전등기의 말소를 명한 판결의 소송당사자가 아닌 다른 채권자가 위 판결에 기하여 채무자를 대위하여 마친 소유권이전등기 말소등기의 효력", 대법원판례해설 105호(2015년 하), 법원도서관(2016), 119 이하 참조. 위 필자는 이 판결에 의해 대법원이 선행소송에 의해 사해행위가 취소되었을 뿐 원상회복이 이루어지 아니한 경우 다른 채권자는 민법 제407조의 규정에 따라 별도의 사해행위취소를 구할 필요없이 곧바로 원상회복을 구할 수 있다는 법리를 최초로 선언하였다고 보고 있다.

무자를 대위하여 말소등기를 신청한 것은 원래 등기절차상 허용되지 않는 신청이므로 등기관이 각하하였어야 함에도 이를 간과하여 말소등기가 마쳐진 경우 등기절차상의 흠은 있지만 실체관계에 부합하는 등기로서 유효하다. ③왜냐하면 어차피 다른 채권자가 사해행위취소판결에 따라 사해행위가 취소되었다는 사정을 들어 수익자를 상대로 다시 소유권이전등기의 말소를 청구하면[21] 수익자는 말소등기를 해 줄 수밖에 없기 때문이다."는 것이다.

3) 효과가 미치는 채권자의 범위

채무자의 채권자 중 민법 제407조에 의해 취소채권자의 사해행위취소 및 원상회복의 효과를 받는 채권자는 사해행위 전에 채권을 취득한 채권자일 것을 요한다. 사해행위 이후에 채권을 취득한 채권자는 채권의 취득 당시에 사해행위취소에 의하여 회복되는 재산을 채권자의 공동담보로 파악하지 않은 자이기 때문이다(대법원 2009. 6. 23. 선고 2009다18502 판결). 이들 채권자들은 원상회복된 채무자의 재산에 대한 강제집행절차에서 배당을 요구할 권리가 없다(대법원 2015. 10. 29. 선고 2012다14975 판결).

이와 같이 사해행위 이후에 채권을 취득한 채권자는 원칙적으로 민법 제407조의 적용을 받지 않으나, 예외적으로 사해행위 당시에 이미 채권 성립의 기초가 되는 법률관계가 발생되어 있고, 가까운 장래에 그 법률관계에 터 잡아 채권이 성립되리라는 점에 대한 고도의 개연성이 있으며, 실제로 가까운 장래에 그 개연성이 현실화되어 채권이 성립된 경우에는, 그 채권도 채권자취소권의 피보전채권이 될 수 있으므로(대법원 2012. 2. 23. 선고 2011다76426 판결), 다른 채권자가 사해행위 이후에 채권을 취득하였다고 하더라도 그 채권이 위와 같은 피보전채권으로서의 적격을 가지고 있다면, 채권자취소권의 효력이 미치는 채권자에 해당한다고 할 것이다.[22]

4) 수익자도 다른 채권자에 해당함

사해행위취소소송의 상대방이었던 수익자가 채무자에 대해 원래 채권을 가지고 있던 채권자 중의 한 사람인 경우 그 수익자도 사해행위취소의 결과 진행되는

21 위 판례 사안의 경우 사해행위일로부터 이미 5년이 지난 뒤에 말소등기신청이 이루어졌는데, 대법원은 다른 채권자가 수익자를 상대로 다시 원상회복을 구하는 소를 제기하면 수익자는 이미 5년의 제척기간이 지났지만 말소등기청구에 응할 수밖에 없을 것이라고 판시한 것이다.

22 조해섭, 채권자취소권법, 법문사(2019), 611.

책임재산의 강제집행에 채권자의 일원으로 참가할 수 있다.

즉, "민법 제406조에 의한 채권자취소와 원상회복은 모든 채권자의 이익을 위하여 그 효력이 있는 것인바, 채무자가 다수의 채권자들 중 1인(수익자)에게 담보를 제공하거나 대물변제를 한 것이 다른 채권자들에 대한 사해행위가 되어 채권자들 중 1인의 사해행위 취소소송 제기에 의하여 그 취소와 원상회복이 확정된 경우에, 사해행위의 상대방인 수익자는 그의 채권이 사해행위 당시에 그대로 존재하고 있었거나 또는 사해행위가 취소되면서 그의 채권이 부활하게 되는 결과 본래의 채권자로서의 지위를 회복하게 되는 것이므로, 다른 채권자들과 함께 민법 제407조에 의하여 그 취소 및 원상회복의 효력을 받게 되는 채권자에 포함된다고 할 것이고, 따라서 취소소송을 제기한 채권자 등이 원상회복된 채무자의 재산에 대한 강제집행을 신청하여 그 절차가 개시되면 수익자인 채권자도 그 집행권원을 갖추어 강제집행절차에서 배당을 요구할 권리가 있다."(대법원 2003. 6. 27. 선고 2003다15907 판결)는 것이 판례이다.

다만, 수익자가 원래 채무자에 대하여 채권을 가지고 있던 사람이 아니라 단순히 사해행위취소로 인해 취소채권자에게 원상회복의무를 이행하여 채무자에 대하여 부당이득반환청구권을 비로소 취득한 경우라면, 이러한 수익자의 채무자에 대한 채권은 당초의 사해행위 이후에 취득한 채권에 불과하므로 수익자는 원상회복된 재산에 대한 강제경매절차에서 배당을 요구할 권리가 없다(대법원 2015. 10. 29. 선고 2012다14975 판결).

4. 채무자에 대한 효과

가. 회복재산에 대한 권리취득 없음

1) 원칙

채권자취소의 상대적 효력에 따라 채무자와 수익자 사이의 사해행위를 취소하고 원상회복을 명하는 판결이 있더라도 그 취소의 효과는 채무자에게 미치지 않는다. 따라서 채권자취소판결에 기해 채무자의 책임재산이 회복되더라도 채무자가 그 재산의 소유권을 취득하게 되는 것은 아니고, 채권자가 채무자에 대한 집행권원에 기초하여 회복된 채무자의 책임재산에 대한 강제집행을 실시하는 것을 용인하여야 하는 지위에 있을 뿐이다.

판례도 채권자취소의 효과는 채무자에게 미치지 아니하고 채무자와 수익자 사이의 법률관계에도 아무런 영향을 미치지 아니하므로 취소채권자의 사해행위취소 및 원상회복청구에 의하여 채무자에게로 회복된 재산은 취소채권자 및 다른 채권자에 대한 관계에서 채무자의 책임재산으로 취급될 뿐 채무자가 직접 그 재산에 대하여 어떤 권리를 취득하는 것은 아니라는 입장이다(대법원 2009. 5. 14. 선고 2007다64310 판결).

즉, 원상회복되는 재산은 강제집행을 위하여 필요한 한도에서 그 명의만 채무자 명의로 회복될 뿐 그 실질은 적어도 채무자가 완전한 처분권을 행사할 수 있는 채무자의 재산으로 복귀되지 않는다는 것이고,[23] 회복재산에 대한 실체적 권리는 여전히 수익자에게 귀속되어 있는 상태에서 취소채권자 및 민법 제407조의 효력을 받는 채권자가 강제집행을 함에 있어서 회복재산이 채무자에 속하는 책임재산으로 취급되어 적법한 집행의 대상이 된다는 의미이다.[24]

2) 채권양도가 취소된 경우

채무자가 제3채무자에 대해 가지고 있는 채권을 수익자에게 양도한 것이 사해행위로 인정되어 취소되고 채권양도가 취소되었다는 통지를 하는 방법으로 원상회복이 이루어져도 채무자가 그 채권을 다시 취득하게 되는 것은 아니다.

그러므로 채무자의 제3채무자에 대한 채권이 양도된 뒤에 어느 채권자가 그 채권에 관한 전부명령을 받은 경우 그 전부명령은 무효인데, 그 후의 사해행위취소소송에서 피전부채권에 대한 채권양도계약이 취소되고 그 채권의 복귀를 명하는 판결이 확정되었다고 하더라도, 위 채권이 소급하여 채무자에게 복귀하거나 이미 무효로 된 전부명령이 다시 유효하게 되는 것은 아니다(대법원 2007. 4. 12. 선고 2005다1407 판결).

이와 같이 채권자취소권 행사에 의해 채무자의 채권양도가 취소되는 경우 그 효과는 취소채권자에 대한 관계에서 그 채권이 채무자의 채권인 것으로 취급될 뿐이다(채권자취소의 상대적 효력).

따라서 채무자는 제3채무자에게 채권의 지급을 구할 수 없고 제3채무자는 채권의 지급을 할 수 없다.[25] 마찬가지로 취소채권자도 채무자를 대위하여 제3채무

23 조해근, “채권자취소로 인한 원상회복의 효력”, 청연논총, 사법연수원(2019), 10.

24 조해섭, 채권자취소권법, 법문사(2019), 638.

25 다만, 채권양도 취소의 통지를 받은 후 제3채무자가 채무자에게 그 채권을 변제한 경우 채권의 준점유자에 대한 변제로서 유효하게 인정될 여지가 있다.

자를 상대로 그 채권의 지급을 구할 수 없다.

대법원도, "채무자의 수익자에 대한 채권양도가 사해행위로 취소되는 경우, 수익자가 제3채무자에게서 아직 채권을 추심하지 아니한 때에는, 채권자는 사해행위취소에 따른 원상회복으로서 수익자가 제3채무자에게 채권양도가 취소되었다는 취지의 통지를 하도록 청구할 수 있다. 그런데 사해행위의 취소는 채권자와 수익자의 관계에서 상대적으로 채무자와 수익자 사이의 법률행위를 무효로 하는 데에 그치고, 채무자와 수익자 사이의 법률관계에는 영향을 미치지 아니한다. 따라서 채무자의 수익자에 대한 채권양도가 사해행위로 취소되고, 그에 따른 원상회복으로서 제3채무자에게 채권양도가 취소되었다는 취지의 통지가 이루어지더라도, 채권자와 수익자의 관계에서 채권이 채무자의 책임재산으로 취급될 뿐, 채무자가 직접 채권을 취득하여 권리자로 되는 것은 아니므로, 채권자는 채무자를 대위하여 제3채무자에게 채권에 관한 지급을 청구할 수 없다."고 판시하였다(대법원 2015. 11. 17. 선고 2012다2743 판결).

취소채권자 및 민법 제407조의 적용을 받는 채권자는, 채무자를 대위하여 직접 제3채무자에 대해 채무의 이행을 청구할 수는 없으나, 채권에 관한 일반적인 집행절차에 따라 채무자의 책임재산으로 회복된 제3채무자에 대한 채권에 관한 강제집행을 실시하여 채권의 만족을 얻을 수 있다.

3) 부동산 양도가 취소된 경우

채무자의 수익자에 대한 부동산 양도가 사해행위로 인정되어 취소되고 말소등기 또는 이전등기의 방법으로 채무자의 재산으로 회복된 경우, 마찬가지로 채권자취소의 상대적 효력에 의해 그 부동산은 취소채권자 등 민법 제407조의 효력을 받는 채권자들에 대한 관계에서만 채무자의 책임재산으로 취급되어 강제집행의 대상이 될 뿐 여전히 수익자가 그 소유권을 보유하게 된다. 따라서 재산세 등 각종 세금을 부담하는 주체는 등기상 명의인인 채무자가 아니라 실제 소유자인 수익자가 된다.

즉, "민법 제406조의 채권자취소권의 행사로 인한 사해행위의 취소와 일탈재산의 원상회복은 채권자와 수익자 또는 전득자에 대한 관계에 있어서만 그 효력이 발생할 뿐이고 채무자가 직접 권리를 취득하는 것이 아니므로 채권자가 수익자와 전득자를 상대로 사해행위 취소와 일탈재산의 원상회복을 구하는 판결을 받아 그 등기 명의를 원상회복시켰다고 하더라도 재산세 납세의무자인 사실상의 소유자는 수익자라고 할 것이다."는 것이 판례이다(대법원 2000. 12. 8. 선고 98두11458 판결).

이 경우 등기의 외관과 실질이 일치하지 않는 문제가 발생한다. 마치 명의신탁과 같이 외관은 채무자의 소유이나 내부관계에서는 수익자가 소유권을 유보하고 있는 것과 같은 현상이 벌어지는 것이다. 명의신탁의 경우 수탁자가 그 부동산을 처분하면 상대방의 선의·악의를 묻지 않고 부동산의 소유권이 적법하게 상대방에게 이전되는바(부동산 실권리자명의 등기에 관한 법률 제4조 제3항 참조), 사해행위취소에 의해 외관상 부동산 소유명의를 가지고 있는 채무자가 그 부동산을 처분한 경우에는 어떻게 되는가?

대법원 2017. 3. 9. 선고 2015다217980 판결은, "사해행위의 취소는 채권자와 수익자의 관계에서 상대적으로 채무자와 수익자 사이의 법률행위를 무효로 하는 데에 그치고 채무자와 수익자 사이의 법률관계에는 영향을 미치지 아니하므로, 채무자와 수익자 사이의 부동산매매계약이 사해행위로 취소되고 그에 따른 원상회복으로 수익자 명의의 소유권이전등기가 말소되어 채무자의 등기명의가 회복되더라도, 그 부동산은 취소채권자나 민법 제407조에 따라 사해행위 취소와 원상회복의 효력을 받는 채권자와 수익자 사이에서 채무자의 책임재산으로 취급될 뿐, 채무자가 직접 그 부동산을 취득하여 권리자가 되는 것은 아니다(대법원 2015. 11. 17. 선고 2012다2743 판결 등 참조). 따라서 채무자가 사해행위 취소로 그 등기명의를 회복한 부동산을 제3자에게 처분하더라도 이는 무권리자의 처분에 불과하여 효력이 없으므로, 채무자로부터 제3자에게 마쳐진 소유권이전등기나 이에 기초하여 순차로 마쳐진 소유권이전등기 등은 모두 원인무효의 등기로서 말소되어야 한다. 이 경우 취소채권자나 민법 제407조에 따라 사해행위 취소와 원상회복의 효력을 받는 채권자는 채무자의 책임재산으로 취급되는 그 부동산에 대한 강제집행을 위하여 위와 같은 원인무효 등기의 명의인을 상대로 그 등기의 말소를 청구할 수 있다고 보아야 한다."고 판시하였다.

즉, 채무자가 자신 명의로 회복된 부동산을 처분하는 것은 무권리자의 처분에 해당하여 무효이고, 그 무효인 등기에 기초하여 새로 경료된 등기들도 모두 무효이며, 민법 제407조의 효력을 받는 채권자는 강제집행을 위하여 이들 원인무효 등기의 명의인들을 상대로 말소청구를 할 수 있다는 것이다.

그런데 과거 대법원은 "사해행위의 목적부동산에 수익자에 대한 채권자의 가압류등기가 경료된 후 채무자와 수익자 사이의 위 부동산에 관한 매매계약이 사해행위라는 이유로 취소되어 수익자 명의의 소유권이전등기가 말소되었다 하더라도 사해행위의 취소는 상대적 효력밖에 없어 특단의 사정이 없는 한 가압류의 효력이 당연히 소멸되는 것은 아니므로 채무자로부터 위 부동산을 직접하여 양도받은 자는 가압류의 부담이 있는 소유권을 취득하였다 할 것인바, 원심이 위 부동산에 관한 수익자 명의의 소유권이전등기가 원인무효라는 이유만으로 가압류채권자의 위 부동산에 대한 강제집행을 불허한 조치는 사해행위취소의 효력에 관한 법리를 오해한 위법이 있다."(대법원 1990. 10. 30. 선고 89다카35421 판결)고 하여 채무자 앞으로 회복된 부동산을 양도받은 제3자가 적법하게 소유권을 취득하는 것으로 판시한 바 있어, 과연 위 2015다217980 판결이 종전 판례를 변경한 것인지, 민법 제407조의 채권자들이 등기 명의인을 상대로 채무자를 대위하여 말소를 구하는 근거는 무엇인지(즉, 채무자의 처분이 무권리자의 처분이어서 무효라고 하면서 그 채무자를 대위하여 말소를 구할 수 있다는 것은 모순이다) 등에 관해 의문이 제기되고 있다.[26]

선의·악의 구분없이 명의수탁자의 처분행위 효력을 인정함으로써 거래의 안전을 도모한 것과 달리 채무자의 사해행위취소 부동산의 처분행위를 모두 무효로 보게 되면 거래의 안전을 심각하게 해하는 문제가 발생하게 된다. 또 채무자의 임의처분행위는 무권리자의 처분이라고 하면서 왜 채권자가 실시하는 강제경매에 기한 처분(이것도 사법상의 매매에 해당한다)은 유효하여 매수인이 소유권을 취득하게 되는지 설명하기 어렵게 된다.

4) 수익자가 채무자에게 가액배상금을 지급한 경우

사해행위취소판결로 채무자가 수익자에 대해 어떤 권리를 취득하는 것은 아니므로 수익자가 채무자에게 가액배상금을 지급하였다고 하더라도 이는 무권리자에게 지급한 것에 불과하여 취소채권자에게 주장할 수 없다.

대법원도, "채권자취소권은 채권의 공동담보인 채무자의 책임재산을 보전하기 위하여 채무자의 일반재산으로부터 일탈된 재산을 모든 채권자를 위하여 수익

26 위 판결의 평석에 관하여는, 전원열, "사해행위취소 후 복귀한 재산에 대한 채무자의 처분권; - 대법원 2017. 3. 9. 선고 2015다217980 판결 -", 법조 통권 726호, 법조협회(2017), 368 이하; 유해용, "사해행위취소의 대상과 효력에 관한 판례 연구", 법과 정의 그리고 사람: 박병대 대법관 재임기념 문집, 사법발전재단(2017), 1344-1355 등 참조.

자 또는 전득자로부터 환원시키는 제도로서, 그 행사의 효력은 채권자와 수익자 또는 전득자와의 상대적인 관계에서만 미치는 것이므로 채권자취소권의 행사로 인하여 채무자가 수익자나 전득자에 대하여 어떠한 권리를 취득하는 것은 아니라고 할 것이고, 따라서 수익자가 채무자에게 가액배상금 명목으로 금원을 지급하였다는 점을 들어 채권자취소권을 행사하는 채권자에 대하여 가액배상에서의 공제를 주장할 수는 없다."(대법원 2001. 6. 1. 선고 99다63183 판결)고 판시하였다.

나. 집행채무자로서의 지위

사해행위취소권 행사에 의해 채무자에게로 회복된 재산은 취소채권자 및 민법 제407조에 따라 취소의 효력을 받는 모든 채권자들에 대한 관계에서 채무자의 책임재산으로 취급된다.

따라서 취소채권자나 다른 채권자들은 채무자에 대한 집행권원에 기초하여 위 회복된 재산에 대한 강제집행을 실시할 수 있다. 집행절차를 통해 사해행위 목적물을 경락받고 대금까지 납부한 매수인은 그 재산의 소유권을 적법하게 취득하게 된다.

한편, 강제집행절차에서 잉여금이 발생한 경우 어떻게 할 것인가? 배당받을 수 있는 채권자들의 채권에 모두 배당하고도 잉여금이 남는 경우 그 잉여금은 강제집행 목적물의 소유자에게 지급하는 것이 원칙인데, 채권자취소권 행사에 의해 회복된 재산인 경우는 어떻게 되는가?

채권자취소권의 행사로 인한 사해행위의 취소와 일탈재산의 원상회복은 채권자와 수익자 또는 전득자에 대한 관계에 있어서만 그 효력이 발생할 뿐이고 채무자가 직접 권리를 취득하는 것이 아니므로(대법원 2000. 12. 8. 선고 98두11458 판결), 강제집행의 결과 채권자들에게 배당하고 남은 잉여금이 생긴 경우 그 잉여금은 채무자에게 지급할 것이 아니라 수익자에게 지급되어야 한다.[27]

다. 채무자와 수익자 사이의 관계

1) 원칙

채권자취소의 상대적 효력에 따라 채무자와 수익자 사이의 사해행위가 취소되더라도 그것은 취소채권자와 수익자(또는 전득자) 사이에서 상대적으로 발생하는 것일 뿐 채무자에게 채권자취소의 효과가 미치는 것이 아니므로 채무자와 수

27 법원실무제요 민사집행(Ⅱ), 법원행정처(2003), 513.

익자 사이의 법률관계에 영향을 미치지 않게 됨이 원칙이다.

대법원도, 사해행위취소판결의 기판력은 그 취소권을 행사한 채권자와 그 상대방인 수익자 또는 전득자와의 상대적인 관계에서만 미칠 뿐 그 소송에 참가하지 아니한 채무자 또는 채무자와 수익자 사이의 법률관계에는 미치지 아니한다(대법원 1988. 2. 23. 선고 87다카1989 판결)거나, 채권자취소의 효과는 채무자에게 미치지 아니하고 채무자와 수익자와의 법률관계에 아무런 영향을 미치지 아니한다(대법원 2009. 5. 14. 선고 2007다64310 판결)고 하여 이를 분명히 한 바 있다.

2) 수익자에 대한 부당이득반환의무

대법원 2017. 9. 26. 선고 2015다38910 판결은 "채무자의 법률행위가 사해행위에 해당하여 취소를 이유로 원상회복이 이루어지는 경우, 특별한 사정이 없는 한 채무자는 수익자 또는 전득자에게 부당이득반환채무를 부담한다."고 판시하였다.

사해행위취소의 효력이 미치지 않는 채무자가 수익자(또는 전득자)에 대하여 부당이득반환의무를 부담하게 되는 것은, 수익자의 재산이 사해행위취소에 의해 채무자의 책임재산으로 회복되고, 이 재산이 채권자의 강제집행에 의해 채무자의 채권자에 대한 채무변제의 효과가 발생하는 이상, 채무자는 법률상 원인 없이 수익자의 재산에 의해 이익을 얻고 이로 인해 수익자에게 손해를 가한 것으로 되기 때문이다.[28]

3) 대물변제가 취소된 경우 수익자의 채권 부활

대법원 2003. 6. 27. 선고 2003다15907 판결은, 민법 제406조에 의한 채권자취소와 원상회복은 모든 채권자의 이익을 위하여 그 효력이 있는 것인바, 채무자가 다수의 채권자들 중 1인(수익자)에게 담보를 제공하거나 대물변제를 한 것이 다른 채권자들에 대한 사해행위가 되어 채권자들 중 1인의 사해행위 취소소송 제기에 의하여 그 취소와 원상회복이 확정된 경우에, 사해행위의 상대방인 수익자는 그의 채권이 사해행위 당시에 그대로 존재하고 있었거나 또는 사해행위가 취소되면서 그의 채권이 부활하게 되는 결과 본래의 채권자로서의 지위를 회복하게 되는 것이므로, 다른 채권자들과 함께 민법 제407조에 의하여 그 취소 및 원상회복의 효력을 받게 되는 채권자에 포함된다고 할 것이고, 따라서 취소소송을 제기한

28 조해섭, 채권자취소권법, 법문사(2019), 646.

채권자 등이 원상회복된 채무자의 재산에 대한 강제집행을 신청하여 그 절차가 개시되면 수익자인 채권자도 그 집행권원을 갖추어 강제집행절차에서 배당을 요구할 권리가 있다고 하였다.

즉, 채무자의 수익자에 대한 대물변제가 사해행위로 인정되어 취소된 경우 대물변제의 목적물은 채무자의 책임재산으로 회복되어 취소채권자 등의 강제집행 대상이 되고, 수익자의 채무자에 대한 기존 채권은 부활하여 수익자는 그 채권으로 위 사해행위 목적물에 대한 집행절차에 채권자 중 한 사람으로 참가할 수 있다는 것이다.

4) 매매계약이 취소된 경우

채무자가 수익자로부터 주식을 고가로 매수하면서 그 매매대금지급채무와 수익자에 대한 기존 채권(수익자가 채무자에 대하여 별도의 채무를 부담하고 있었음)을 상계처리 하였는데, 주식매매계약이 사해행위로 취소된 경우, 취소채권자로서는 매매계약의 이행을 위해 상계처리한 것의 효과를 부정하여 채무자의 수익자에 대한 기존 채권이 부활한 것으로 취급할 수 있다.

즉, 대법원은 "사해행위인 매매가 취소되는 경우에는 그 취소의 효과로 인하여 당연히 취소 채권자로서는 위 매매의 효력이 유효하게 존속함을 전제로 하여 이루어진 상계의 효력, 즉 기존채무 소멸의 효과를 부정할 수 있다고 할 것이므로 별도로 채무자의 상계의 의사표시를 취소할 것도 없이 채무자의 수익자에 대한 기존의 채권이 부활하는 것으로 취급할 수 있다."고 판시하였다(대법원 2003. 8. 22. 선고 2001다64073 판결).

마치 채무자의 제3채무자에 대한 채무면제가 사해행위에 해당하여 취소된 경우나 채무자의 채권양도가 취소된 경우와 마찬가지의 효과가 발생한다고 볼 수 있다. 따라서 취소채권자 및 민법 제407조의 효력이 미치는 채권자들은 채무자에 대한 집행권원을 갖추어 위 부활된 채무자의 제3채무자의 채권에 대해 채권집행의 방법에 의해 채권의 만족을 얻게 된다.

5. 수익자(또는 전득자)에 대한 효과

가. 원상회복의무

채권자취소권 행사에 의해 사해행위가 취소되고 원물반환 또는 가액배상의 방법에 의한 원상회복을 명하는 판결이 확정되면 수익자는 취소채권자에게 사해행위 목적물의 원물을 반환하거나 가액배상금을 지급할 의무를 부담한다.

원물반환의 경우, 부동산소유권이전등기의 말소등기절차의 이행 등 의사의 진술을 명하는 판결인 경우, 수익자가 임의로 이행하지 않으면 취소채권자는 확정판결에 기해 등기권리자인 채무자를 대위하여 말소등기절차를 단독으로 신청할 수 있다.

가액배상의 경우, 수익자가 임의 이행하지 않는 경우 취소채권자는 그 판결을 집행권원으로 하여 수익자의 일반재산에 대한 강제집행을 실시하거나 다른 채권자의 수익자 재산에 대한 강제집행절차에 배당요구의 방법으로 참가할 수 있다.

가액배상금 지급청구에 대해 수익자는 자신도 채무자에 대한 채권자 중 한 사람이라는 이유로 채무자에 대하여 가지는 자기의 채권과의 상계를 주장하거나, 채무자에게 가액배상금 명목의 돈을 지급하였다는 점을 들어 채권자취소권을 행사하는 채권자에 대해 이를 가액배상금에서 공제할 것을 주장할 수 없다(대법원 2017. 8. 21.자 2017마499 결정). 수익자의 상계항변을 허용하게 되면 사해행위에 의하여 이익을 받은 수익자를 보호하고 다른 채권자의 이익을 무시하는 결과가 되어 채권자취소권 제도의 취지에 반하기 때문이다(대법원 2001. 6. 1. 선고 99다63183 판결).

마찬가지 이유로 수익자가 자신도 사해행위취소의 효력을 받는 채권자 중의 1인이라는 이유로 취소채권자에 대하여 총채권액 중 자기의 채권에 대한 안분액의 분배를 청구하거나, 수익자가 취소채권자의 원상회복에 대하여 총채권액 중 자기의 채권에 해당하는 안분액의 배당요구권으로써 원상회복청구와의 상계를 주장하여 그 안분액의 지급을 거절할 수는 없다(대법원 2003. 11. 28. 선고 2003다50061 판결).

다만 수익자가 취소채권자에 대해 별개의 채권을 가지고 있는 경우, 그 채권으로 상계하거나 그에 대한 집행권원을 가지고 채권자의 수익자에 대한 가액배상채권을 압류하고 전부명령을 받는 것은 허용된다(대법원 2017. 8. 21.자 2017마499 결정).

나. 채권의 부활 또는 부당이득반환채권 취득

앞에서 본 것과 같이 사해행위 취소로 원상회복이 이루어지는 경우 특별한 사정이 없는 한 수익자는 채무자에 대하여 부당이득반환채권을 취득하게 되고(대법원 2017. 9. 26. 선고 2015다38910 판결), 채무자의 수익자에 대한 변제나 대물변제가 사해행위로 인정되어 취소된 경우 수익자의 채무자에 대한 채권이 부활하게 되어 수익자는 그 채권으로 회복된 채무자의 책임재산에 대한 강제집행절차에 참가할 수 있게 된다(대법원 2003. 6. 27. 선고 2003다15907 판결).

다. 반환 후 재산의 소유자 지위

채권자취소의 상대적 효력에 의해 채무자와 수익자 사이의 부동산매매계약이 사해행위로 취소되고 그에 따른 원상회복으로 수익자 명의의 소유권이전등기가 말소되어 채무자의 등기명의가 회복되더라도, 그 부동산은 취소채권자나 민법 제407조에 따라 사해행위 취소와 원상회복의 효력을 받는 채권자와 수익자 사이에서 채무자의 책임재산으로 취급될 뿐, 채무자가 직접 그 부동산을 취득하여 권리자가 되는 것은 아니다(대법원 2017. 3. 9. 선고 2015다217980 판결).

따라서 채무자 명의로 회복된 목적재산에 관한 재산세 납세의무자는 채무자가 아니라 수익자이고(대법원 2000. 12. 8. 선고 98두11458 판결), 강제집행의 결과 채권자들에게 배당하고 남은 잉여금이 생긴 경우 그 잉여금은 채무자에게 지급할 것이 아니라 수익자에게 지급되어야 한다.[29]

같은 논리로 토지와 지상 건물이 함께 양도되었다가 채권자취소권의 행사에 따라 그 중 건물에 관하여만 양도가 취소되고 수익자와 전득자 명의의 소유권이전등기가 말소되었다고 하더라도, 이는 관습상 법정지상권의 성립요건인 '동일인의 소유에 속하고 있던 토지와 지상 건물이 매매 등으로 인하여 소유자가 다르게 된 경우'에 해당한다고 할 수 없으므로, 건물에 관한 강제집행절차에서 경락인이 위 건물을 낙찰받아 대금을 납부하게 되면 그 때 비로소 건물과 토지의 소유자가 다르게 되었으므로 건물을 위한 관습상의 법정지상권을 취득하게 된다(대법원 2014. 12. 24. 선고 2012다73158 판결).

또, 사해행위취소 및 원상회복판결이 확정되었지만 아직 수익자 명의 소유권이전등기의 말소등기가 마쳐지지 않은 상태에서 수익자가 목적 부동산을 점유하는 것은 자기 소유 부동산을 점유하고 있는 것에 불과하여 사해행위취소판결이 확정된 날로부터 10년이 지나 소유권이전등기가 말소되더라도 수익자가 10년의 등기부취득시효 완성을 주장할 수 없다.

29 법원실무제요 민사집행(Ⅱ), 법원행정처(2003), 513.

즉, "부동산에 관한 소유권이전의 원인행위가 사해행위로 인정되어 취소되더라도, 사해행위취소의 효과는 채권자와 수익자 사이에서 상대적으로 생길 뿐이다. 따라서 사해행위가 취소되더라도 부동산은 여전히 수익자의 소유이고, 다만 채권자에 대한 관계에서 채무자의 책임재산으로 환원되어 강제집행을 당할 수 있는 부담을 지고 있는 데 지나지 않는다. 그러므로 수익자의 등기부취득시효가 인정되려면, 자기 소유 부동산에 대한 취득시효가 인정될 수 있다는 것이 전제되어야 한다. 그러나 부동산에 관하여 적법·유효한 등기를 하여 소유권을 취득한 사람이 당해 부동산을 점유하는 경우에는 특별한 사정이 없는 한 사실상태를 권리관계로 높여 보호할 필요가 없고, 부동산의 소유명의자는 부동산에 대한 소유권을 적법하게 보유하는 것으로 추정되어 소유권에 대한 증명의 곤란을 구제할 필요 역시 없으므로, 그러한 점유는 취득시효의 기초가 되는 점유라고 할 수 없다."(대법원 2016. 11. 25. 선고 2013다206313 판결)

라. 청구이의

수익자에 대한 사해행위취소 및 원상회복판결이 확정된 뒤 그 집행 전에 채권자취소권의 피보전채권이 변제에 의해 소멸하거나 회생계획 인가결정을 통해 변경·소멸된 경우 그러한 사유는 수익자의 재산에 대한 채권자의 강제집행에 대한 적법한 청구이의 사유가 된다.

즉, 채권자취소소송에서 피보전채권의 존재가 인정되어 사해행위 취소 및 원상회복을 명하는 판결이 확정되었다고 하더라도, 그에 기하여 재산이나 가액의 회복을 마치기 전에 피보전채권이 소멸하여 채권자가 더 이상 채무자의 책임재산에 대하여 강제집행을 할 수 없게 되었다면, 이는 위 판결의 집행력을 배제하는 적법한 청구이의 사유가 된다는 것이 판례이다(대법원 2017. 10. 26. 선고 2015다224469 판결).

마. 제3자이의

채권자가 채무자 소유 부동산에 4억 원의 대여금 채권에 기초한 가압류 집행을 한 후 그 부동산이 사해행위인 매매를 통해 수익자 앞으로 이전되자 수익자를 상대로 사해행위취소소송을 제기하여 선행 근저당권 소멸을 이유로 가액배상금 3억 원의 지급을 명하는 판결을 받아 이를 수령하였다면, 채권자는 가압류 집행으로 보전하고자 한 채무자의 공동담보재산 전부를 취득한 것이 되어 가압류는 더 이상 유지될 필요가 없고, 따라서 채권자가 채무자에 대한 나머지 1억 원의 대여금 채권 집행을 위해 다시 가압류에 기해 수익자 명의 부동산에 대한 강제집행을 실시하는 경우 수익자는 제3자이의의 소로 다툴 수 있다.

이러한 취지에서 대법원은, "제3자이의의 소는 이미 개시된 집행의 목적물에 대하여 소유권 또는 목적물의 양도나 인도를 막을 수 있는 권리를 주장함으로써 그에 대한 집행의 배제를 구하는 소이므로 그 소의 원인이 되는 권리는 집행채권자에게 대항할 수 있는 것이어야 하고, 그 대항 여부는 그 권리의 취득과 집행의 선후에 의하여 결정되는 것이 보통이므로 그 권리가 집행 당시에 이미 존재하여야 하는 것이 일반적이라고 할 것이지만, 집행 후에 취득한 권리라고 하더라도 특별히 권리자가 이로써 집행채권자에게 대항할 수 있는 경우라면 그 권리자는 그 집행의 배제를 구하기 위하여 제3자이의 소를 제기할 수 있다고 할 것이다."고 하면서, 채권자 갑이 채무자 을과 수익자 병 사이의 부동산에 관한 매매예약 및 매매계약의 사해행위취소 확정판결에 따라 병으로부터 가액배상금을 모두 변제받았음에도 을에 대한 피보전채권의 확정판결을 집행권원으로 위 부동산에 관하여 가압류에 따른 강제경매를 신청하였고, 법원이 강제경매개시결정을 하자 병이 갑을 상대로 제3자이의의 소를 제기한 사안에서, 갑이 위 책임재산의 가치 전부를 취득하여 자기 채권의 만족에 사용함으로써 책임재산에 관한 집행이 종결된 것과 같은 결과에 이르게 되어 위 부동산에 대한 강제집행의 보전을 목적으로 하는 가압류는 당초의 목적을 달성하여 더 이상 유지될 필요성이 없으므로, 가압류 집행 후 본집행으로 이행하기 전에 위 부동산의 소유권을 취득한 병이 집행채권자인 갑에 대하여 그 소유권 취득을 주장하여 대항할 수 있어, 제3자이의의 소에 의하여 위 강제집행의 배제를 구할 수 있다고 판시하였다(대법원 2014. 10. 27. 선고 2012다76744 판결).

6. 취소채권자와 다른 이해관계인 사이의 관계

가. 제3자에 대한 효력

사해행위취소의 효력은 상대적이기 때문에 소송당사자인 채권자와 수익자(또는 전득자) 사이에만 발생할 뿐 소송의 상대방 아닌 제3자에게는 아무런 효력을 미치지 않으므로, 사해행위 취소판결이 확정되었다고 하더라도 소유권이전등기를 마치거나 인도를 받음이 없이 사해행위를 할 당시로 소급하여 채무자가 책임재산을 회복하였다고 볼 것이 아니다.

따라서 채무자인 사용자 소유의 부동산이 제3자에게 양도된 후 위 부동산에 관하여 개시된 경매절차에서 위 부동산이 사용자의 책임재산이 아니라는 이유로 배당을 받지 못한 임금채권자가 제3자를 상대로 사해행위취소소송을 제기하고 제3자가 이를 인락하였다 하더라도 그 취소의 효력은 위 임금채권자와 수익자인 제3자 사이에만 발생할 뿐 사해행위 이전에 이미 위 부동산에 대하여 근저당권을 가지고 있던 자에게는 미치지 아니하며, 위 부동산이 소급하여 채무자의 책임재산으로 회복되는 것도 아니므로 임금채권자는 우선변제권을 내세워 위 근저당권자에게 경매절차에서 배당받은 금원의 반환을 구할 수 없다(대법원 2001. 5. 29. 선고 99다9011 판결).[30]

나. 취소채권자와 전득자 사이의 관계

마찬가지 논리로 채권자가 수익자를 상대로 한 사해행위취소 판결의 효력은 전득자에게 미치지 아니한다. 즉, 채무자와 수익자만을 상대로 한 사해행위 취소소송에서 채무자와 수익자간의 법률행위를 취소하고 수익자 명의로 된 소유권이전등기의 말소를 명하는 판결이 확정되었다고 하여도 그 판결의 효력은 전득자에게 미칠 수 없다(대법원 1984. 11. 24.자 84마610 결정).

따라서 채권자는 전득자를 상대로 별도의 채권자취소소송을 제기해야 하는데, 취소채권자와 전득자 사이의 법률관계는 민법 제406조 제1항 단서에 의해 해결된다. 즉, 전득자가 선의인 경우에는 사해행위취소가 인정되지 않고, 전득자가 악의인 경우 사해행위가 취소되고 전득자는 원상회복의무를 부담하게 된다.

다. 취소채권자와 수익자의 채권자 사이의 관계

사해행위취소 및 원상회복판결에 의해 일탈재산이 채무자에게 회복되기 전에 수익자의 고유채권자가 그 반환될 재산에 관하여 압류 또는 가압류를 한 경우 어떻게 되는가?

대법원은 "피고들이 수익자와 새로운 법률관계를 맺은 것이 아니라 수익자의 채권자로서 이미 가지고 있던 채권확보를 위하여 이 사건 부동산을 압류 또는 가압류한 자에 불과하더라도 목적부동산의 매각대금에 대하여 사해행위 취소채권자에게 수익자의 채권자인 피고들에 우선하여 변제받을 수 있는 권리를 부여하여

30 이 판결에 대한 평석으로는, 오영준, "사해행위취소의 효력이 미치는 채권자의 범위", 민사판례연구 제26권, 박영사(2004), 151 이하 참조.

사해행위취소판결의 실효성을 확보하여야 할 아무런 근거가 없으므로 사해행위취소의 상대적 효력을 부정하여 피고들에게 사해행위취소판결의 효력이 미친다고는 볼 수 없다(즉, 취소채권자가 경매절차에서 수익자의 채권자들보다 우선하여 변제받을 수 없다)"고 판시하였다(대법원 2005. 11. 10. 선고 2004다49532 판결).[31]

비슷한 취지로 대법원은, "사해행위의 목적부동산에 수익자에 대한 채권자의 가압류등기가 경료된 후 채무자와 수익자 사이의 위 부동산에 관한 매매계약이 사해행위라는 이유로 취소되어 수익자 명의의 소유권이전등기가 말소되었다 하더라도 사해행위의 취소는 상대적 효력밖에 없어 특단의 사정이 없는 한 가압류의 효력이 당연히 소멸되는 것은 아니므로 채무자로부터 위 부동산을 진전하여 양도받은 자는 가압류의 부담이 있는 소유권을 취득하였다."(대법원 1990. 10. 30. 선고 89다카35421 판결)고 판시하였고, "사해행위의 취소는 취소소송의 당사자 간에 상대적으로 취소의 효력이 있는 것으로 당사자 이외의 제3자는 다른 특별한 사정이 없는 이상 취소로 그 법률관계에 영향을 받지 않는다. 사해행위의 취소에 상대적 효력만을 인정하는 것은 사해행위 취소채권자와 수익자 그리고 제3자의 이익을 조정하기 위한 것으로 그 취소의 효력이 미치지 아니하는 제3자의 범위를 사해행위를 기초로 목적부동산에 관하여 새롭게 법률행위를 한 그 목적부동산의 전득자 등만으로 한정할 것은 아니므로, 수익자와 새로운 법률관계를 맺은 것이 아니라 수익자의 고유채권자로서 이미 가지고 있던 채권 확보를 위하여 수익자가 사해행위로 취득한 근저당권에 배당된 배당금을 가압류한 자에게 사해행위취소 판결의 효력이 미친다고 볼 수 없다."(대법원 2009. 6. 11. 선고 2008다7109 판결)[32]고 판시하였다.

Ⅲ. 채권자취소권제도의 문제점과 개선방안

1. 이용현황

채권자취소권제도는 구 민법 시대부터 있던 제도이지만 비교적 최근에 이용

31 이 판결에 대한 평석으로는, 이인규, "사해행위 이후에 목적부동산에 대한 경매절차에서 배당을 받은 교부권자와 가압류권자에게 사해행위 취소의 효력이 미쳐 그 경매절차에서의 배당금이 부당이득이 되는지 여부(=소극)", 대법원판례해설 제57호, 법원도서관(2006), 224 이하 참조.

32 이 판결에 대한 평석으로는, 조용현, "사해행위취소 판결의 효력이 수익자의 고유채권자에게 미치는지 여부", 대법원판례해설 제79호(2009년 상), 법원도서관(2009), 143 이하 참조.

도가 급격히 증가한 제도 중 하나라고 할 수 있다. 특히 1997년의 IMF 구제금융 사태를 거치면서 채권자취소권을 행사하여 수익자 또는 전득자의 처분행위를 취소하고 일탈재산의 반환을 구하는 사해행위취소소송의 사건 수가 급격히 증가하였고, 관련 판례도 쏟아져 나오고 있다.

대법원의 2019년 사법연감 통계에 의하면, 2018년 한 해 동안 전국 법원에 접수된 민사본안사건은 총 250,510건이고, 그 중 사해행위취소 사건은 7,143건이어서 전체의 2.85%를 차지하고 있다. 같은 해 대여금청구 사건이 8.32%, 부동산 소유권이전등기청구 사건이 5.63%, 임대차보증금 사건이 1.66%, 임금청구 사건이 1.55%인 것을 감안할 때 사해행위취소소송의 비중이 적지 않음을 알 수 있다.

한편, 대법원의 종합법률정보를 통해 판례를 검색해 보면, 대법원 판례만 대상으로 '사해행위 + 채권자취소'[33]를 검색어로 넣어 검색하면 2020. 2. 20. 현재 모두 1,132건의 대법원 판례가 검색된다. 그런데 검색기간을 2000. 1. 1. 이후의 것으로 제한하면 대법원 판례가 982건, 2010. 1. 1. 이후의 것으로 제한하면 대법원 판례가 548건이 검색되는바, 2000년 이후 판례가 급증하였고, 지금도 계속하여 대법원 판례가 많이 나오는 사건분야임을 잘 알 수 있다. 그만큼 실무에서 많이 문제되고 있고 법리상으로도 어려운 문제들이 많다는 것을 잘 알 수 있다.

2. 사건증가의 원인

이렇게 사해행위취소소송이 증가한 원인으로는, 먼저 경제적 여건 악화 등으로 인해 채무초과에 이른 채무자가 많아졌고, 채권의 만족을 얻고자 하는 채권자의 입장에서는 채무자의 책임재산을 보전하는 것이 무엇보다 중요하기 때문에 채권자취소권을 행사할 유인이 더 많아졌다는 점, 채권자취소권은 채권자가 집행권원이 없더라도 손쉽게 행사할 수 있는 권리이고 학설과 판례가 사해행위취소의 대상을 폭넓게 인정하고 수익자 또는 전득자의 악의 추정을 쉽게 깨트리지 않는 경향이 있어 원고 승소가능성이 비교적 높다는 점, 법원이 일부취소와 가액배상을 널리 인정하고 있고 그 경우 취소채권자는 사실상 독점적 만족을 얻는 큰 혜택이 있다는 점 등이 사해행위취소소송의 급격한 증가를 가져왔다고 할 수 있다.[34]

33 판결문 중 '사해행위'나 '채권자취소'라는 단어가 들어간 판례를 검색하는 방법이다.

34 건국대학교 산학협력단(연구책임자 전원열), 사해행위취소 및 부인권제도에 관한 개선방안 연구, 법원행정처(2017), 216.

3. 문제점[35]

채권자취소권이 빈번하게 이용되고 그 인정범위가 확대됨에 따라 본래 예상치 못했던 부작용들이 나타나고 있다. 그 중 무엇보다도 중요한 문제는 거래의 안전이 심각하게 위협받을 수 있다는 점이다. 과거, 사건 수가 적을 때에는 사해행위취소소송으로 거래가 취소당하는 수익자 중에는 채무자와 공모한 악의자가 많았지만, 지금처럼 사건 수가 대폭 확대된 상황에서는 일반적인 매매나 담보설정 등 정상적인 거래를 한 선의자들 중에도 사해행위취소소송을 통해 예상치 못한 피해를 입는 경우가 많이 발생할 수 있다.

특히 채무자의 여러 채권자들 중 1인이 먼저 채무자의 상황을 예의주시하고 있다가 적극적으로 나서 다른 채권자들보다 먼저 매매나 대물변제 등의 방법으로 채무자의 재산을 이전받았고, 이제 자신의 재산이 된 것으로 믿고 기존에 설정되어 있던 근저당권의 피담보채무까지 자신의 돈으로 모두 변제하였는데, 그 동안 아무 말 없이 조용히 있던 채권자가 나타나 위 매매나 대물변제를 사해행위로 취소한다면서 가액배상을 해 달라고 요구하는 경우 문제의 심각성이 더 커진다.

1번으로 채권회수에 부지런하였던 채권자(수익자)가 사해행위취소소송에서 패소하게 되면 자신의 출재로 2번 채권자(취소채권자)에게 금전으로 가액배상을 해야 하고, 이때 자신의 채무자에 대한 채권으로 상계하거나 안분액 상당을 공제해 달라고 주장하지도 못하는 반면, 2번 채권자는 뒤늦게 권리행사에 나선 결과 가액배상금을 받아 자신의 채권 변제에 우선 충당함으로써 '2등의 역전 승리' 현상이 발생하는 것이다. 이러한 상황이 과연 정당하고 합리적인 것인가라는 의문이 제기된다.

이와 같이 가액배상을 손쉽게 인정하고, 원상회복에 기한 법률효과로 취소채권자의 권리를 강화할수록, 취소채권자만 우대받는 반면에 또 다른 채권자일 수 있는 수익자나 제3자 등의 권리를 심각하게 제한하는 결과가 초래될 수 있다. 이로 인한 문제는 채무자 회생 및 파산에 관한 법률상 부인권 행사의 결과 회복된 재산이 관리인이나 파산관재인에 의해 전체 채권자를 위하여 변제의 재원으로 활용되는 것과 비교하면 더욱 명확해진다.

35 자세한 것은 건국대학교 산학협력단(연구책임자 전원열), 사해행위취소 및 부인권제도에 관한 개선방안 연구, 법원행정처(2017), 216-218 참조.

4. 상대적 효력설의 문제점

현재 판례·통설이 취하고 있는 상대적 효력설(상대적 무효설)은 취소채권자의 우선권이 보장되는 법제에서 잘 통용될 수 있는 이론이고, 실제 독일이나 프랑스 등 주요국에서는 상대적 효력설과 우선주의 원칙에 의해 채권자취소권제도가 별 문제 없이 운영되고 있다. 그러나 우리나라는 민법 제407조에서 채권자평등주의 원칙을 채택하고 있어 채권자취소권의 상대적 효력설과 잘 맞지 않는 문제점이 있다.

이러한 문제점은 채권자취소권 행사에 의한 원상회복방법으로 원물반환, 특히 부동산소유권등기가 채무자 앞으로 회복되는 경우에 극명하게 드러난다. 상대적 효력설에 의하면 사해행위취소의 효력이 채무자에게 미치지 않게 되므로, 채무자는 회복된 재산의 소유 명의만 가질 뿐 그 처분권을 취득하는 것이 아니다. 권리의 외관과 실질이 일치하지 않는 것이다. 이로 인해 여러 가지 어려운 법률적 문제들이 제기된다. 나아가 가액배상의 방법으로 원상회복이 이루어지는 경우, 그 가액배상금을 분배하는 방법이나 절차에 관한 규정이 흠결되어 있어 실제로는 취소채권자가 민법 제407조의 규정을 형해화하면서 사실상 우선변제를 받아버리는 문제도 현행법의 해석으로는 해결하기 어려운 문제점 중 하나이다.[36]

5. 개선방안

최근 선고된 대법원 전원합의체 판결(대법원 2019. 7. 18. 선고 2014다206983 전원합의체 판결)은, 배당절차에서 배당받을 권리 있는 채권자가 자신이 배당받을 몫을 받지 못하고 그로 인해 권리 없는 다른 채권자가 그 몫을 배당받은 경우에는 배당이의 여부 또는 배당표의 확정 여부와 관계없이 배당받을 수 있었던 채권자는 배당금을 수령한 다른 채권자를 상대로 부당이득반환 청구를 할 수 있다는 종전 판례를 그대로 유지하면서, 이러한 법리를 그대로 유지할 현실적 필요성 중의 하나로 채권자취소소송의 가액배상에 따른 문제점 보완을 들었다. 즉, 배당절차에서 배당이의 등을 하지 않은 다른 채권자들도 취소채권자를 상대로 부당이득반환 청구를 할 수 있으므로, 결과적으로 배당절차에 참가한 채권자들 사이에 채권자평등 원칙이 구현될 수 있는 기회가 어느 정도 보장된다는 것이다.

36 그 외 상대적 효력설과 관련한 채권자취소권제도의 문제점에 관해 자세한 것은, 전원열, "채권자취소권의 효력론 비판 및 개선방안", 저스티스 통권 제163호, 한국법학원(2017), 205 이하 참조.

그러나 채권자취소권제도는 위와 같은 정도의 보완으로는 해결하기 어려운 여러 문제점들을 가지고 있고 그 정도가 심화되고 있으므로 이를 근본적으로 해결하는 방법으로 입법적 해결을 도모할 필요가 있다.

우리 채권자취소권제도의 모태가 되었던 일본도 드디어 120년 만에 민법의 재산법부분을 전면 개정하면서 채권자취소권제도를 대대적으로 수술하여 2020년에 새로운 제도를 시행하게 된다.[37]

우리나라의 경우 2009년에 법무부민법개정위원회가 출범하여 5년에 걸친 작업 끝에 2014년에 재산법분야를 전면적으로 개정한 민법개정안을 마련하여 국회에 제출하면서 채권자취소권제도도 대폭 손질하여 민법 10개 조항, 민사집행법 1개 조항을 개정하는 내용의 개정안이 마련되었으나 제대로 심의되지 못하고 회기만료로 아쉽게 폐기된 적이 있다.[38] 이제 다시 학계와 실무계의 심도 있는 연구와 검토를 거쳐 다시 한 번 채권자취소권제도에 관한 입법적 개선작업이 이루어질 필요가 있다.

37 일본 민법의 채권자취소권제도 개정내용에 관해 자세한 것은, 신지혜, "사해행위취소권에 관한 일본 개정 민법상 쟁점과 시사점", 민사법학 제83호, 한국사법행정학회(2018), 69 이하 참조.

38 채권자취소권에 관한 2014년 민법개정안에 관한 자세한 내용은, 윤진수, 권영준, "채권자취소권에 관한 민법 개정안 연구", 민사법학 제66호, 한국사법행정학회(2015), 503 이하 참조.

제 3 절 수인의 채권자 및 채무자

[총설]

[관련조문] 민법 제263조(공유지분의 처분과 공유물의 사용, 수익)~제265조(공유물의 관리, 보존), 제272조(합유물의 처분, 변경과 보존), 제273조(합유지분의 처분과 합유물의 분할금지), 제275조(물건의 총유), 제276조(총유물의 관리, 처분과 사용, 수익), 제278조(준공동소유), 제408조(분할채권관계), 제409조(불가분채권), 제413조(연대채무의 내용), 제428조(보증채무의 내용), 제428조의2(보증의 방식), 제428조의3(근보증), 제712조(조합원에 대한 채권자의 권리행사).

[참고문헌] 민법주해 X, 채권(3), 박영사(1995); 민법주해 XVI, 채권(9), 박영사(1999); 주석 민법, 채권총칙(2)(제4판), 한국사법행정학회(2013); 주석 민법, 물권(2)(제5판), 한국사법행정학회(2019); 곽윤직, 채권총론(민법강의Ⅲ), 박영사(2018); 김상용, 채권총론(제3판), 화산미디어(2016); 김용한, 물권법론, 박영사(1996); 김증한/김학동, 물권법, 박영사(1997); 김주수, 채권총론, 삼영사(2003); 박종두/박세오, 채권법총론(제4판), 삼영사(2014); 이영준, 물권법, 박영사(2009); 이영준, 한국민법론[물권편](신정2판), 박영사(2004); 이은영, 물권법, 박영사(2006); 권영준, "2013년 민법 개정시안 해설(채권편)", 2013년도 법무부 연구용역 과제 보고서; 권재문, "상속재산이 변형된 가분채권과 상속재산 분할 – 대법원 2016. 5. 4. 자 2014스122 결정", 동북아법연구 제11권 제1호(2017); 김경욱, "민법상 조합의 민사소송상의 지위", 민사소송 제13권 제1호(2009); 김세진, "임대차관계의 공동상속에 따른 법률관계와 공동소송의 형태", 법조 제675호(법조협회, 2012); 김성수, "일본 개정민법(채권법)(2017년)의 다수당사자의 채권관계", 법학연구(연세대학교 법학연구원) 제30권 제1호(2020. 3.); 김성률, "공유물 이용에 관한 법률관계의 특수성", 실무연구자료 제6권(2005), 대전지방법원; 김재형, "조합에 대한 법적 규율", 민사판례연구(XIX), 박영사(1997); 김학동, "공유의 법률관계(1)", 고시연구 제22권 제11호(1995); 남효순, "우리 민법상 합유와 준합유의 강제", 저스티스 통권 159호(2017); 민유숙, "법인 아닌 사단의 보존행위를 위한 소의 원고 적격", 대법원판례해설 제57호(2006); 박철, "공동명의예금과 다수당사자 채권관계의 법리", 민사판례연구 24(2002); 방웅환, "조합채권·채무의 귀속과 행사", 재판실무연구 제5권, 수원지방법원(2013); 양창수, "[논점강좌 민법] 분할채권·분할채무", 고시연구 25권 2호(1998); 윤태영, "다수당사자 채권관계에서의 분할주의원칙 제한을 위한 합리적 모색--'연대의 추정'에 대하여 비판적으로 검토하며-", 재산법연구 26권 3호(2010); 윤철홍, "조합의 재산관계", 채권법에 있어서 자유와 책임(김형배교수화갑기념논문집), 박영사(1994); 이은희, "임대차에 있어서 다수당사자의 채권관계", 아세아여성법학 제22호(2019); 임건면, "부진정연대채무에 관련된 몇 가지 문제점과 유형화 시도", 성균관법학 제29권 제1호(2017. 3.); 제철웅, "'수인의 채무자 있는 채권관계'의 이해에 대한 비판적 검토", 비교사법 제15권 제1호(2007); 전원열, "채권의 공동상속", 일감법학 제35호(2016).

Ⅰ. '다수당사자의 채권관계'의 개관

1. 개념과 용어

민법 제3편 제1장 제3절은 '수인의 채권자 및 채무자'라는 표제 하에 하나의 동일한 급부에 관하여 채무자, 채권자 혹은 그 쌍방이 복수인 경우('동일한 내용의 급부를 목적으로 하는 채권자 또는 채무자의 수만큼의 다수의 채권관계가 성립하는 경우'가 더 정확한 표현임을 지적하는 견해도 있다[1])를 규율하고 있다. 이를 '다수당사자의 채권관계', '다수주체의 채권관계', '복수주체의 채권관계' 등으로 부르는데, 이 중 '다수당사자의 채권관계'는 구 민법에서 비롯된 용어로서 '수인의 채권자 및 채무자'보다 학계·실무계에서 더 많이 사용되고 있다.[2] 여기에서도 편의상 '수인의 채무자 및 채권자'보다는 '다수당사자의 채권관계'를 주로 사용하기로 한다.

이 절에서 규정하는 것은 분할채권관계(분할채권과 분할채무), 불가분채권관계(불가분채권과 불가분채무), 연대채무와 보증채무이며, 학설은 그 외에 연대채권과 부진정연대채무도 인정하고 있다. 특별법인 신원보증법상의 '신원보증채무'도 다수당사자의 채권관계 중 하나로 분류된다.[3]

한편 하나의 채권관계가 수인에게 공동소유적으로 귀속되는 경우, 공동소유에 관한 민법 제278조가 준용됨으로써, 물권의 공동소유에 대응하여 채권의 준공동소유(준공유, 준합유, 준총유) 관계가 성립한다고 보는 것이 일반적이다.[4] 이러한 경우까지를 '다수당사자의 채권관계'에 포괄하기도 한다.[5]

1 곽윤직, 채권총론(민법강의Ⅲ), 박영사(2018), 157.
2 민법주해 X, 채권(3), 박영사(1995), 1-2(허만).
3 주석 민법, 채권총칙(2)(제4판), 한국사법행정학회(2013), 367-369(문홍안).
4 주석 민법, 채권총칙(2)(제4판), 한국사법행정학회(2013), 367-368(문홍안).
5 곽윤직, 채권총론(민법강의Ⅲ), 박영사(2018), 157; 김상용, 채권총론(제3판), 화산미디어(2016), 252-253. 다만 채권의 공동귀속관계 중 준공유관계만이 '수인의 채권자가 있는 채권관계'에 해당하고, 준합유나 준총유의 경우에는 복수 채권자가 아니라 조합체 또는 비법인사단에 귀속되므로 '수인의 채권자가 있는 채권관계'에 해당하지 않고, 채무의 경우에도 그 성격에 따라 불가분채무, 연대채무, 부진정연대채무가 될 뿐 채무의 공동소유적 귀속이라고 볼 수 없다는 지적으로는, 제철웅, "'수인의 채무자 있는 채권관계'의 이해에 대한 비판적 검토", 비교사법 제15권 제1호(2007), 22-23.

2. 민법 제3편 제1장 제3절의 채권관계

민법 제3편 제1장 제3절에서 규정하고 있는 것은 분할채권관계(분할채권과 분할채무), 불가분채권관계(불가분채권과 불가분채무), 연대채무와 보증채무이다. 학설은 나아가 해석상 연대채권[6]과 부진정연대채무[7]도 인정하여, 그 성질상 허용되는 범위 내에서 민법 제3편 제1장 제3절의 조항을 적용 또는 유추적용하거나 그 적용을 배제한다.

급부의 내용이 양적으로 분할되어 채권·채무가 독립적으로 다수의 주체에 분속하는 경우 분할채권채무관계가 되고, 복수의 채권·채무가 독립적으로 다수의 주체 사이에 중첩적으로 분속하는 경우 그 성격에 따라 불가분채권채무, 연대채무, 연대채권, 부진정연대채무, 보증채무, 신원보증채무관계가 된다.[8]

다수당사자 채권관계가 이중 어느 경우에 해당하는지는 1차적으로 당사자 간의 법률해위 해석에 의하나, 민법은 만약 당사자 사이에 특별한 의사표시가 없으면 분할채권 또는 채무분할로 본다는 보충적 규정을 두고 있다(민법 제408조). 이는 로마법의 "채권은 당연히 분할된다(nomina sunt ipso jure divisa)"는 원칙에서 유래한 것으로, 현재 대륙법 여러 국가가 따르고 있다.[9] 그러나 이에 대하여는 거래실정상 연대관계가 더 일반적이고 연대채무의 담보적 성격에 비추어 후자를 원칙으로 하여야 하며 분할채무는 제한적으로 인정되어야 한다는 견해가 주장되고 있다.[10]

채권관계에서는 계약자유의 원칙이 지배하고, 거래관계의 필요에 따라 얼마든지 당사자들이 새로운 형태의 다수당사자 채권관계를 형성할 수 있으므로, 민법의 규정은 보충적이다.

3. 채권채무의 공동소유적 귀속

물건에 대한 공동소유관계가 공유, 합유, 총유로 구별되는 것처럼 채권 또한 민법 제278조에 따라 그 공동귀속관계(준공동소유관계)를 준공유, 준합유, 준총유로

6 주석 민법, 채권총칙(2)(제4판), 한국사법행정학회(2013), 367-369(제철웅), 498 이하.
7 주석 민법, 채권총칙(2)(제4판), 한국사법행정학회(2013), 367-369(제철웅), 485 이하.
8 주석 민법, 채권총칙(2)(제4판), 한국사법행정학회(2013), 370(문흥안).
9 양창수, "[논점강좌 민법] 분할채권·분할채무", 고시연구 25권 2호(1998), 130-131.
10 김상용, 채권총론(제3판), 화산미디어(2016), 259. 그에 대한 비판으로는, 윤태영, "다수당사자 채권관계에서의 분할주의원칙 제한을 위한 합리적 모색--'연대의 추정'에 대하여 비판적으로 검토하며-", 재산법연구 26권 3호(2010), 1 이하.

규율할 수 있다는 것이 일반적인 견해이다.[11] 달리 표현하자면, 물권법상의 공동소유에 있어 목적물 위에 존재하는 소유권은 하나이고 그것이 다수인에게 공동으로 귀속하는 것처럼, 채권의 공동소유적 귀속에 있어서도 채권은 하나이고 그것이 다수인에게 공동으로 귀속한다는 것이다.[12] [13]

채무 또한 공동소유적으로 귀속될 수 있는가에 대하여, 대부분의 학자는 채권채무를 나누지 않고 공동소유적 귀속을 논한다.[14]

Ⅱ. 민법 제3편 제1장 제3절의 채권관계

1. 의의

다수당사자 채권관계의 각 형태는 뒤에서 상술하기로 하고, 여기에서는 각 유형에 대하여 간단히 그 의의를 살펴본다.

가. 분할채권채무(민법 제408조)

분할채권채무관계는 한 개의 가분급부에 대한 채권 또는 채무가 다수의 채권자 또는 채무자에게 분할하여 귀속되는 관계이다. 다른 의사표시가 없으면 분할채권 또는 분할채무로 본다(민법 제408조).

예를 들어, 갑, 을, 병 3인이 각 1/3지분씩 공유하는 부동산을 총 3억 원에 매도하였다면, 달리 특별한 약정이 없는 한 3억 원의 매매대금채권은 갑, 을, 병에게 각 1억 원씩 분할하여 귀속된다.[15] 또 다른 예로, 갑, 을, 병이 공동으로 변호사 정을 소송대리인으로 선임하였다면, 달리 특약이 없는 한 소송위임계약에 따른 약정금 지급채무는 분할채무이다.[16]

그러나 공동채권자 또는 공동채무자 간에 아무런 법률관계가 없는 경우를 제

11 곽윤직, 채권총론(민법강의Ⅲ), 박영사(2018), 159-160; 김상용, 채권총론(제3판), 화산미디어(2016), 255.

12 민법주해 X, 채권(3), 박영사(1995), 4(허만).

13 여러 유형의 채권에서 채권의 준공동소유적 귀속을 인정할지 여부에 관하여는 다양한 견해가 있는데, 이 부분은 뒤에서 상술한다. 각 견해의 소개로는, 주석 민법, 물권(2)(제5판), 한국사법행정학회(2019), 114(최준규).

14 민법주해 X, 채권(3), 박영사(1995), 3-4(허만).

15 대법원 1995. 3. 28. 선고 94다59745 판결은 공유지분권자의 매매대금채권이 분할채권임을 전제로 한다. 만약 대금을 일괄하여 청구하고 일괄하여 변제하기로 하는 특약이 있다면 달리 볼 수 있겠으나, 공유자가 형식상 하나의 매매계약으로써 공동으로 매도하였다는 점만으로 특약의 존재를 단정할 수는 없다. 양창수, "[논점강좌 민법] 분할채권·분할채무", 고시연구 25권 2호(1998), 133.

16 대법원 1993. 2. 12. 선고 92다42941 판결, 대법원 2018. 5. 17. 선고 2016다35833 전원합의체 판결.

외하고는, 실제 거래관계에서 전체 계약의 해석상 연대관계나 불가분관계를 특약하였다고 볼 여지가 많다. 또 앞서 본 바와 같이 분할채권채무관계의 범위를 제한적으로 해석하고 연대채무 또는 불가분채무의 인정범위를 넓혀야 한다는 견해도 주장되고 있다.

나. 불가분채권채무(민법 제409조~제412조)

불가분채권채무관계는 다수의 채권자 또는 채무자가 각각 채권의 목적인 급부 전부에 대하여 채권을 가지거나 채무를 부담하지만, 그 중 한 채권자나 채무자가 채권을 실현하거나 변제하면 다른 채권자의 채권이나 채무자의 채무도 소멸하게 되는 관계이다.

성질상 불가분채권이 되는 경우는 흔하지 않다. 채권자 각자가 채권 전부를 행사하는 것이 쉽다는 실익은 있으나, 채권자 중 1인이 변제를 수령하고 잠적할 수도 있기 때문이다.[17] 불가분채권임이 인정되는 대표적인 예로는 임대인이 수인인 경우 임대차가 종료한 때에 임차인으로부터 목적물을 반환받을 권리를 들 수 있다.[18] 이 경우 공동임대인 중 1인은 모든 임대인을 위하여 이행을 청구할 수 있고, 임차인은 모든 임대인을 위하여 공동임대인 중 1인에게 이행할 수 있다.[19]

한편 불가분채무는 채무자 중 누구에게라도 채권 전부를 청구할 수 있으므로, 채권의 담보력을 높이는 기능을 한다. 따라서 불가분채무는 불가분채권보다는 더 널리 인정된다. 예를 들어, 갑, 을, 병이 공동으로 정 소유의 토지를 불법점유하면서 사용·수익한 경우, 정에 대한 부당이득반환채무는 특별한 사정이 없는 한 불가분적 이득의 상환으로서 불가분채무이다. 따라서 갑, 을, 병 각자가 채무 전부를 이행할 의무가 있고, 1인의 채무이행으로 다른 채무자도 그 의무를 면하게 된다.[20] 또 공동매도인인 갑, 을, 병이 매매계약의 특약사항으로 여러 불가분채무를 부담하였고, 이들의 밀접한 신분관계상 그 계약 이행에 관하여 전원의 의사나 능력이 일체로서 고려되었다는 사정이 인정되는 경우, 그 매매계약의 무효로 인한

17 주석 민법, 채권총칙(2)(제4판), 한국사법행정학회(2013), 373(문흥안); 김주수, 채권총론, 삼영사(2003), 259.

18 김세진, "임대차관계의 공동상속에 따른 법률관계와 공동소송의 형태", 법조 제675호(법조협회, 2012), 16; 대법원 1968. 9. 17. 선고 68다1142, 68다1143 판결의 방론.

19 이은희, "임대차에 있어서 다수당사자의 채권관계", 아세아여성법학 제22호(2019), 81 이하.

20 대법원 1981. 8. 20. 선고 80다2587 판결.

갑, 을, 병의 매수인에 대한 부당이득반환채무도 성질상 불가분채무가 된다.[21] 약정에 의한 불가분채무도 인정된다고 보는 것이 통설이다.

다. 연대채무(민법 제312조-제427조)

1) 연대채무는 채권자가 수인의 채무자에게 동일한 내용의 급부에 대하여 전부 또는 일부를 청구할 권리를 가지며, 채무자가 변제한 범위에서 다른 모든 채무자의 채무를 소멸시키는 다수채무자 관계를 말한다. 연대채무는 채권자가 다수 채무자로부터 임의로 전액 변제를 받을 수 있으므로 인적 담보에 의하여 채권의 효력을 강화시키는 기능이 있다.[22]

연대채무는 성질상 가분급부를 대상으로 하지만, 성질상 불가분인 채무에 관하여 연대의 특약을 한 경우 이를 연대채무로 볼 것인지 불가분채무로 볼 것인지에 관하여는 논란이 있다.[23] 일본 개정 민법은 연대채무(제436조)와 불가분채무(법 제430조)의 구분을 명문화하여, 기본적으로 연대채무는 가분채무로서 법령의 규정 또는 당사자의 의사표시에 기초한 것이고, 불가분채무는 채무의 목적이 성질상 불가분이 된 것이라고 규정함으로써, 가분채무를 당사자의 의사에 의하여 불가분채무로 할 수 없음을 명확히 하였다.[24]

2) 명문의 규정은 없으나, 학설은 연대채무에 대응하여 다수 채권자 중 어느 채권자가 변제를 받으면 그 범위 내에서 모든 채권자의 채권이 소멸되는 '연대채권'의 가능성을 인정한다.[25]

연대채권은 로마법에서 유래한 것으로서, 독일 민법(제428조), 프랑스 민법(개정 제1311조), 스위스 채무법(제150조) 등에 명문의 규정을 두고 있고, 일본에서도 명문의 규정은 없으나 강학상 연대채권 개념을 인정하여 왔다.[26]

21 대법원 1997. 5. 16. 선고 97다7356 판결.
22 민법주해 X, 채권(3), 박영사(1995), 7(허만).
23 민법주해 X, 채권(3), 박영사(1995), 78(차한성).
24 김성수, "일본 개정민법(채권법)(2017년)의 다수당사자의 채권관계", 법학연구(연세대학교 법학연구원) 제30권 제1호(2020. 3.), 155-156.
25 민법주해 X, 채권(3), 박영사(1995), 6(허만).
26 김성수, "일본 개정민법(채권법)(2017년)의 다수당사자의 채권관계", 법학연구(연세대학교 법학연구원) 제30권 제1호(2020. 3.), 183.

일본 개정 민법[27]은 제432조 이하에서 연대채권 규정을 신설하여, 채권의 목적이 성질상 불가분이면 불가분채권으로, 채권의 목적이 성질상 가분인 경우에 법령의 규정 또는 당사자의 의사표시에 의하여 수인이 연대하여 채권이 있는 경우에는 연대채권으로 하고(제432조), 변제, 청구, 상계, 경개, 면제, 혼동은 절대적 효력이 있으나(제433조~제435조) 나머지 사유는 상대적 효력이 있다고(제436조) 규정한다.

법무부 민법개정위원회의 2013년도 민법개정시안에서도 제414조의2에서 연대채권 규정을 신설하였다.[28]

3) 명문의 규정은 없으나 학설은 "수인의 채무자가 동일한 급부에 대하여 각각 독립하여 전부를 급부할 의무를 부담하고, 채무자 중 1인이 변제하면 모든 채무자의 채무자가 소멸하는 다수당사자의 채무로서, 민법의 연대채무에 속하지 않는 채무"를 부진정연대채무라고 하여, 다수의 채무자 상호 간에 공동목적에 의한 주관적인 관련이 존재하지 않아 연대채무의 개념에 이를 포함시키는 것이 부적절한 경우에 이를 인정하고 있으며,[29] 판례도 이를 긍정한다.[30] 부진정연대채무는 채무자 간에 주관적인 관련이 존재하지 않아 채무자 중 1인에게 생긴 사유가 다른 채무자에게 영향을 미치지 않는 범위가 연대채무에 비하여 넓다는 특징이 있다.

라. 보증채무(민법 제428조-제448조)

보증채무는 보증채무자가 오로지 채권자의 채권담보를 위하여 부담하는 채무로, 주채무자가 채무를 이행하지 않는 경우에 이를 이행하여야 할 채무를 말한다. 보증채무는 다시 주된 채무의 변제가 없는 경우에만 책임을 부담하는 보통의 보증채무와 그와 상관없이 책임을 부담하는 연대보증채무로 나뉜다.

일본 민법과 우리 민법은 다수당사자의 채권관계에 보증채무도 포함하고 있으나, 이는 비교법적으로 특수한 경우이고, 대다수의 입법례는 이를 보증계약으로 하여 전형계약의 일종으로 규정하고 있다.[31]

27 일본 민법은 2017(平成29년). 5. 16. '민법의 일부를 개정하는 법률(2017년 법률 제44호)'로 대폭 개정되어, 2020(令和2년). 4. 1.부터 시행되었다. 이하 위와 같이 개정되기 전의 것을 일본 구 민법, 현행 일본 민법을 '일본 개정 민법'이라 한다.

28 권영준, "2013년 민법 개정시안 해설(채권편)", 2013년도 법무부 연구용역 과제 보고서, 14 이하.

29 임건면, "부진정연대채무에 관련된 몇 가지 문제점과 유형화 시도", 성균관법학 제29권 제1호(2017. 3.), 214.

30 대법원 1971. 2. 9. 선고 70다2508 판결 외 다수.

31 민법주해 X, 채권(3), 박영사(1995), 9(허만).

2. 다수당사자 채권관계의 기능

보증채무는 여러 채무자의 일반재산을 책임재산으로 삼아 채권의 만족을 얻을 수 있는 인적 담보의 기능을 수행한다. 물적 담보제도는 담보권이 설정된 목적물로부터 우선변제를 받을 수 있으나, 그러한 목적물을 갖지 못한 채무자는 인적 담보를 통하여 자금을 융통할 수 있고, 채권자 또한 채권의 효력을 강화시킬 수 있다.

다만 보증제도가 보증인에게 가혹하게 작용하는 경우가 많으므로, 보증인 보호에 관한 특별법에 이어 민법 제428조의2, 제428조의3을 신설함으로써, 보증은 그 의사가 보증인의 기명날인 또는 서명이 있는 서면으로 표시되어야 효력을 발생하도록 하고, 근보증의 경우에는 보증하는 채무의 최고액을 서면으로 특정하여야만 효력이 있도록 하였다.

분할채무, 불가분채무, 연대채무는 본래 보증과 같은 채권담보의 기능이 없고, 당사자 사이에서 결제를 간편하게 하면서도 모든 채권자가 만족을 얻을 수 있는 데에 초점을 맞추고 있다. 그러나 분할채무의 경우 채무자 가운데 무자력자가 있으면 채권자는 그만큼 불이익을 입으므로 채권의 실효성을 약화시키는 데 반하여, 불가분채무와 연대채무의 경우 여러 채무자 중 한 명에게 채권 전부의 이행을 청구할 수 있어 그러한 우려가 없으므로, 사실상의 인적 담보적 기능도 일정 정도 수행하고 있다고 할 수 있다. 학설은 이러한 점을 고려하여 분할주의 원칙을 제한하고자 시도하고 있다.[32]

3. 다수당사자 채권관계에서의 주된 문제

가. 대외적 효력

1) 복수주체와 상대방과의 관계, 즉 각 채권자와 채무자 사이에서 혹은 채권자와 각 채무자 사이에서, 이행의 청구나 변제가 어떠한 효력을 갖게 되느냐가 대외적 효력의 문제이다. 즉 채무자가 복수인 경우 채권자가 각 채무자에게 채무자의 수로 분할한 부분만을 청구할 수 있는가 아니면 급부 전부를 청구할 수 있는가, 혹은 전부 또는 일부를 동시에 또는 순차로 청구할 수 있는가, 채권자가 복수

32 그 전체적인 소개로는, 윤태영, "다수당사자 채권관계에서의 분할주의원칙 제한을 위한 합리적 모색 -'연대의 추정'에 대하여 비판적으로 검토하며-", 재산법연구 26권 3호(2010), 5 이하.

인 경우 각 채권자가 단독으로 채무자에게 급부 전부를 청구하고 수령할 수 있는가, 공동으로 청구하고 수령해야 하는가, 혹은 각 채권자 수로 분할한 일부만을 단독으로 청구하고 수령하는가가 문제된다.

분할채권채무관계에서는 분할된 채권 또는 채무가 각 채권자 또는 각 채무자에 의하여 다른 공동채권자 또는 공동채무자와 관계없이 개별적으로 청구되고 변제된다. 그러나 불가분채무와 연대채무의 경우에는 채권자가 각 채무자에게 전액을 청구할 수 있고, 각기 전액 변제의무를 부담하며, 그 중 1인이라도 변제하면 내부적 구상관계는 별개로 하고 모든 공동채무자의 채무가 소멸한다. 보증채무의 경우에는 주채무자의 책임이 우선한다(연대보증은 예외). 불가분채권 또는 연대채권의 경우에는 1인의 채권자가 단독으로 청구하고 급부를 이행받을 수 있으며, 이로써 채무는 소멸한다.[33]

2) 당사자 1인에 관하여 생긴 사유의 효력

수인의 채권자 중 한 사람과 채무자 간에 발생한 사유 또는 채권자와 수인의 채무자 중 한 사람과 사이에 발생한 사유가 다른 채권자 또는 채무자에게도 효력이 미치는지가 문제된다. 어떠한 사유 발생 시 다른 모든 채권자 또는 채무자에게 효력이 미치는 경우 이를 '절대적 효력' 또는 '객관적 효력'이 있다고 하고, 그 사유가 발생한 채권자 또는 채무자에게만 효력이 생기면 '상대적 효력' 또는 '주관적 효력'이 있다고 한다. 이 또한 대외적 효력의 일종이라 할 수 있다.[34]

나. 대내적 효력

수인의 채권자 중 1인이 변제받았을 때 다른 채권자에게 어떻게 나누어줄 것인가, 혹은 수인의 채무자 중 1인이 출연하여 채무를 소멸시켰을 때 이를 다른 채무자에게 어떻게 분담(구상)하도록 할 것인가가 문제된다. 분할채권관계에서는 원칙적으로 채권자 상호간이나 채무자 상호간에 분급이나 구상의 문제가 발생하지 않으나, 그 밖의 경우에는 수인의 채권자 또는 채무자 사이의 내부관계에 따라 분급 또는 구상 문제가 발생한다.[35] 부진정연대채무의 경우 주관적 공동관계가 없어 부담부분이 없고, 따라서 특별한 사정이 없는 한 구상관계가 당연히 발생하지는

33 그 전체적인 구조는 박종두/박세욱, 채권법총론(제4판), 삼영사(2014), 301 참조.
34 각 채권채무관계 유형에 따른 각 사유의 절대적 효력과 상대적 효력의 구조는 박종두/박세욱, 채권법총론(제4판), 삼영사(2014), 301-302 참조.
35 주석 민법, 채권총칙(2)(제4판), 한국사법행정학회(2013), 378(문홍안).

않으나,[36] 판례는 공동불법행위의 경우 공동불법행위자들 간의 과실 정도에 따라 일정 부담부분이 존재할 수 있고 이에 따라 구상관계도 성립할 수 있는 것으로 보고 있으며,[37] 그 외에도 다수인이 부담하는 채무가 경제적 동일성이 있는 경우(계약책임과 불법행위책임이 경합하는 경우 등) 등에는 구상관계를 인정하고 있다.[38]

Ⅲ. 채권채무의 공동소유적 귀속

1. 개설

채권채무의 공동소유적 귀속은 민법 제278조에 따라 물권의 공유, 합유, 총유와 같이 채권 또는 채무도 수인의 주체에게 공동으로 귀속되는 것(준공유, 준합유, 준총유)을 말한다.

민법 제278조는 '준공동소유'라는 표제 하에, "본절의 규정은 소유권 이외의 재산권에 준용한다. 그러나 다른 법률에 특별한 규정이 있으면 그에 의한다."고 규정하고 있는데, 공동소유 절(민법 제2편 물권 제3장 소유권 제3절 공동소유)에서는 각 공동소유 유형별로 처분, 변경, 보존, 관리, 수익 배분, 분할에 관하여 각기 다르게 규정하고 있다.

채권도 재산권의 일종이지만, 이에 관하여 준공동소유를 인정할지, 그리고 다수당사자 채권관계 규정과의 관계를 어떻게 정립하여야 할 것인지에 관하여는 학설이 갈린다.

우리나라의 학설로는 ①채권에 관하여 준공유, 준합유, 준총유의 공동소유적 귀속 형태가 인정되는데, 그 중 준공유에 관한 특칙이 민법 제408조 이하이고, 준공유된 채권에 관하여 제408조 이하의 적용을 배제하고 공동소유편의 규정을 적용시키려면 준공유의 특약이 있어야 한다는 견해,[39] ②채권에 대한 지배(처분, 변경, 보존, 관리, 수익의 배분 등)에 관하여는 준공동소유에 관한 규정을 적용하고 채권의 내용이나 효력에 관해서는 불가분채권의 규정에 따라야 한다는 견해,[40] ③

36 민법주해 X, 채권(3), 박영사(1995), 11(허만).

37 대법원 1967. 12. 29. 선고 67다2034, 2035 판결 외 다수.

38 임건면, "부진정연대채무에 관련된 몇 가지 문제점과 유형화 시도", 성균관법학 제29권 제1호(2017. 3.), 215 이하.

39 김증한/김학동, 물권법, 박영사(1997), 338; 민법주해 X, 채권(3), 박영사(1995), 12-13(허만); 곽윤직, 채권총론(민법강의Ⅲ), 박영사(2018), 159; 송덕수, 채권법총론(제4판), 박영사(2018), 287.

40 김용한, 물권법론, 박영사(1996), 344.

물건의 지배를 수반하는 채권(임차권, 사용차권 등)에 관하여는 준공동소유를 인정하나 그렇지 않은 경우에는 불가분채권에 관한 규정이 적용된다는 견해,[41] ④채권에 배타적 지배를 전제로 하는 소유권 규정을 준용하는 것은 적절치 않고 민법 제408조 이하의 규정을 적용하면 된다는 견해[42] 등이 있다.[43] [44] 이 중 ①설이 대체로 다수설이나, 아직 명확하게 이론이 정립되어 있지 않은 상태이다.

다수설은, 채권에 대해서도 다수당사자 간의 결합관계에 대응하여 총유적·합유적·공유적 귀속이 가능하고, 이와 별도로 다수당사자 채권관계를 정한 조문이 제408조 이하인데, 민법 제278조 단서의 "다른 법률에 특별한 규정"에 해당하는 것이 제408조 이하의 다수당사자 채권관계 규정이라고 본다. 이에 따라 채권자들 간의 결합관계가 강할 때에는 채권의 준총유 또는 준합유가 성립하고 그런 정도의 결합관계가 없을 때에는 채권의 준공유에 해당하게 되지만, 후자의 경우에는 제408조 이하가 우선적용되어, 원칙적으로 채권의 준공유에서는 민법 제278조에 따라 공유관계 규정이 준용되지 않고 분할채권, 불가분채권, 연대채권으로 규율되며, 제408조 이하 규정의 적용을 배제하려면 준공유의 특약이 있어야 한다는 것으로 대체로 정리할 수 있다.[45] 다만 다수설과 같이 채권이 준공유되는 경우 바로 제408조 이하가 특칙으로 우선적용된다고 보면, 채권이 준공유 법리로 규율되는 경우는 없게 되는데, 뒤에서 보는 바와 같이 판례는 불가분채권이 공동상속되는 경우 다수당사자 채권관계가 아니라 공유 관련 규정을 준용하여 규율한다.

채무 또한 공동소유적으로 귀속될 수 있는가가 문제된다. 채무의 공동소유적 귀속 자체는 인정하는 것이 일반적이나, 채무의 준합유, 준총유를 인정하면서도 채무의 준공유에 대하여는 불가분채무와 다를 것이 없다고 하거나,[46] 채무의 준공유는 인정할 실익이 없으므로 민법 제278조가 준용되지 않는다고 보는 견해 등이 있다.[47]

41 이영준, 물권법, 박영사(2009), 643.

42 이은영, 물권법, 박영사(2006), 508; 박철, "공동명의예금과 다수당사자 채권관계의 법리", 민사판례연구 24(2002), 320 이하.

43 주석 민법, 물권(2)(제5판), 한국사법행정학회(2019), 114(최준규) 참조.

44 이러한 논의는 대체로 일본에서의 논의와 유사한데, 일본에서의 논의에 관하여는, 전원열, "채권의 공동상속", 일감법학 제35호(2016), 228 참조.

45 전원열, "채권의 공동상속", 일감법학 제35호(2016), 227 이하 참조.

46 곽윤직, 채권총론(민법강의Ⅲ), 박영사(2018), 159; 김주수, 채권총론, 삼영사(2003), 260 등.

47 민법주해 X, 채권(3), 박영사(1995), 13(허만).

한편 채권과 채무, 그 공동귀속의 형태를 나누어, 먼저 채권이 공유적으로 귀속하는 경우에는 공유자 전원에게 채권이 분할 또는 불가분적으로 귀속되므로 수인의 채권자가 있는 채권관계라고 할 수 있으나, 합유의 경우에는 조합체에, 총유의 경우에는 법인격 없는 사단에 각기 귀속하므로, 이는 단일한 주체에게 귀속할 뿐 '다수 채권자'가 있는 채권관계라고 할 수 없다는 견해도 있다. 이 견해는 채무의 경우에도, 채무가 공유이면 그 공유관계의 당사자가 채무의 성질에 따라 분할채무, 불가분채무 혹은 부진정연대채무를 부담하므로 이 경우에는 수인의 채무자가 있는 채권관계에 해당하지만, 조합체나 비법인사단에 채무가 귀속될 경우에는 단일한 주체에 귀속되는 것이므로 이에 해당하지 않는다고 한다.[48]

2. 채권채무의 준공유

하나의 채권이 여러 사람에게 귀속되는 경우 채권의 준공유가 성립한다. 채권의 준공유를 어떻게 규율할 것인지에 관하여는 앞서 본 여러 학설이 있으나, 결국은 민법 제408조 이하를 적용하여 규율할 것인지, 공유에 관한 규정을 준용하여 이에 따라 규율할 것인지의 문제로 귀결된다.

예를 들어, 공유자들이 공유물을 타인에게 임대하여 차임채권이 발생한 경우, 만약 이 차임채권에 대해 준공유가 성립하고 민법 제278조에 의하여 공유에 관한 규정들이 준용된다고 보면, 차임청구는 관리행위로서 지분과반수에 기하여 청구해야 하고(제265조) 그 수취한 차임에서 공유물이 지고 있는 부담이나 공유물관리비용을 충당하고 남은 잉여금을 각 공유자에게 분배하여야 한다.[49] 반면에 제408조가 우선적용된다고 보면, 임대료는 가분채권이므로 각 공유자가 분할채권을 취득하여 각자가 자기 몫의 임대료를 청구할 수 있다.[50] 공유자들 간의 관계를 규율하는 데 있어서는 채권의 준공유법리를 적용하고 임대인들과 임차인 간의 관계를 규율하는 데 있어서는 제408조 이하의 규정을 적용해야 한다는 견해에 의하더라도, 역시 임대료채권은 분할채권이 되어 각 임대인이 개별적으로 분할된 금액을

48 제철웅, "'수인의 채무자 있는 채권관계'의 이해에 대한 비판적 검토", 비교사법 제15권 제1호(2007), 20-26.

49 김성률, "공유물 이용에 관한 법률관계의 특수성", 실무연구자료 제6권(2005), 대전지방법원, 17; 김학동, "공유의 법률관계(1)", 고시연구 제22권 제11호(1995), 84.

50 이영준, 한국민법론[물권편](신정2판), 박영사(2004), 510; 양창수, "[논점강좌 민법] 분할채권·분할채무", 고시연구 25권 2호(1998), 133.

청구할 수 있다.[51]

불가분채권의 준공유의 경우도 마찬가지이다. 공유물의 임대인들이 임대차가 종료한 때에 임차인으로부터 목적물을 반환받을 권리는 임대인들이 이를 준공유하지만 그 성질상 불가분이므로 불가분채권에 관한 규정이 우선적용된다고 본다면, 제409조에 따라 각 임대인은 모든 임대인을 위하여 이행을 청구할 수 있고, 임차인은 모든 임대인을 위하여 각 임대인에게 이행할 수 있다.[52] 반면 민법 제278조에 의하여 공동소유 절의 규정이 준용된다고 본다면, 목적물 반환청구가 관리행위이냐 보존행위이냐에 따라 그 청구의 방법이 달라진다.

학설을 살펴보면, 앞서 본 바와 같이, 대체로 채권의 준공유 관계에 대하여 민법 제408조 이하의 규정이 우선적용된다고 보는 것이 다수설인 것으로 보인다.

몇몇 학자들은 당사자 사이의 특약에 의하여도 채권의 공유적 귀속을 발생시킬 수 있다고 보나,[53] 실제로 활용된 예는 찾아보기 힘들며,[54] [55] 적어도 가분채권에 관하여는 이러한 특약을 인정하지 말아야 한다는 견해도 있다.[56]

다만 불가분적 채권이 공동상속되거나, 가분채권이 공동상속되었더라도 상속 즉시 법정상속분에 따라 분할되지 않는 경우에는, 이를 민법 제408조 이하의 규정에 의하여 규율할 것이 아니라, 처분, 관리, 사용수익, 보존 등의 영역으로 나누어 제263조~제268조를 적용하는 방식으로 해결하여야 한다는 견해가 있다.[57]

불가분채권이 상속과 동시에 분할되지 않고 상속인들의 준공유 상태로 있는 경우, 공유 관련 규정에 의하여만 규율한 판례가 있다. 판례는, 택지개발예정지구 내의 이주자택지 공급대상자가 가지는 이주자택지에 관한 공급계약 청약권을 그 공급대상자 사망으로 상속인들이 공동상속하게 된 경우, 이들은 피상속인의 청약권을 준공유하게 되므로, 청약권을 준공유하고 있는 공동상속인들 전원이 공동으로만 한국토지공사에 대하여 청약권을 행사할 수 있고, 그 청약의 의사표시에 대

51 이은희, "임대차에 있어서 다수당사자의 채권관계", 아세아여성법학 제22호(2019), 81-82.
52 대법원 1968. 9. 17. 선고 68다1142, 68다1143 판결의 방론.
53 곽윤직, 채권총론(민법강의Ⅲ), 박영사(2018), 159; 민법주해 X, 채권(3), 박영사(1995), 13(허만).
54 주석 민법, 채권총칙(2)(제4판), 한국사법행정학회(2013), 381(문흥안).
55 공동명의 예금이 이러한 경우에 해당하는지가 논란이 되어 왔으나, 결국 분할채권 관계로 규율된다는 것이 판례인데(대법원 2004. 10. 14. 선고 2002다55908 판결), 이 문제는 뒤에서 다시 살펴본다.
56 전원열, "채권의 공동상속", 일감법학 제35호(2016), 231 이하.
57 권재문, "상속재산이 변형된 가분채권과 상속재산 분할 - 대법원 2016. 5. 4.자 2014스122 결정", 동북아법연구 제11권 제1호(2017), 273 이하.

한 승낙의 의사표시를 구하는 소송은 청약권의 준공유자 전원이 원고가 되어야 하는 고유필수적 공동소송이라고 보았다.[58]

그 검토연구관의 대법원판례해설에 의하면, 이 경우 상속인들이(각기 복수의 불가분채권을 가지는 것이 아니라) 청약권이라는 하나의 권리를 준공유하고 있는 것이므로, 불가분채권에 관한 규정이 적용될 여지는 없고, 공유 관련 규정을 준용하여 민법 제264조에 따라 공동상속인 전원이 공동으로 이를 행사하여야 한다고 본 것이라고 설명한다.[59]

채무의 준공유에 대하여는 불가분채무와 다를 것이 없다고 하거나,[60] 채무의 준공유는 인정할 실익이 없으므로 제278조가 준용되지 않는다고 설명된다.[61]

3. 채권채무의 준합유

가. 채권채무의 준합유관계는 법률의 규정 또는 계약에 의하여 수인이 조합체로서 채권을 가지거나 채무를 부담하는 경우이다(민법 제271조 제1항 참조). 예를 들어, 조합재산의 불법적 침해에 따른 손해배상청구권은 조합원의 준합유가 되고, 조합재산의 매도에 따른 소유권이전등기의무 또한 조합원에게 합유적으로 귀속한다.

이에 대하여는, '조합체'라는 단일한 주체에게 채권채무가 귀속할 뿐이므로 '다수 채권자'가 있는 채권관계라고 할 수 없다는 견해도 있다.[62]

앞서 본 다수설에 의하면, 조합원이 준합유하는 조합채권 및 조합재산으로 책임지는 채무에 관해서는 합유에 관한 규정이 준용되고, 다수당사자 채권관계에 관한 규정들은 적용되지 않는다.

합유에 관한 규정의 준용을 당사자 간의 특약으로 배제할 수 있는가에 관해서는, 채권의 준합유는 공동체인 조합을 전제로 하나의 채권이 지분별로 합유자에게 공동으로 귀속한다는 본질을 가지므로 이에 관하여는 물권법이 적용되나,

58 대법원 2003. 12. 26. 선고 2003다11738 판결.

59 최복규, "택지개발예정지구 내의 이주자택지 공급대상자 확정에 의하여 발행한 구체적인 수분양권에 기하여 이주자택지에 관한 공급계약을 체결할 수 있는 청약권을 공동상속한 경우 그 행사방법", 대법원판례해설 47호(2004.07), 300 이하.

60 곽윤직, 채권총론(민법강의Ⅲ), 박영사(2018), 159; 김주수, 채권총론, 삼영사(2003), 260 등.

61 민법주해 X, 채권(3), 박영사(1995), 13(허만).

62 제철웅, "'수인의 채무자 있는 채권관계'의 이해에 대한 비판적 검토", 비교사법 제15권 제1호(2007), 20-26.

다수당사자의 채권은 공동체를 전제로 하지 않고 따라서 당사자 사이에 하나의 채권을 공동으로 귀속시키려는 의사 없이 수인의 채권자에게 각각 귀속시키려는 의사가 있을 경우 다수당사자의 채권관계로 규율하는 것이므로, 합유에 관한 민법 제272조 내지 제274조는 물권법정주의에 따른 강행규정이고, 다수당사자 채권관계에 관한 규정이 적용되는 성질의 것이 아니며, 따라서 당사자 사이의 특약으로 그 적용을 배제할 수 없다는 견해가 있다.[63]

나. 채권이 준합유되는 경우, 민법 제278조에 의하여 합유에 관한 규정들이 준용된다. 따라서 그 채권이 가분급부를 목적으로 하는 것이더라도 수액적으로 분할되지 않고, 각 조합원은 전액에 대하여 잠재적인 지분을 가질 뿐이다. 각 채권자의 합유지분은 채권 전부에 미치지만, 이는 계산적이고 잠재적인 것에 불과하므로 합유자는 전원의 동의 없이 채권에 대한 지분을 처분하지 못하고(제273조 제1항), 조합원 1인이 단독으로 채권을 추심하거나 처분할 수 없다. 위 잠재적 지분은 조합관계가 종료되거나 합유물이 조합재산에서 제외되었을 때에 비로소 지분환급청구권이나 잔여재산분배청구권 등 처분가능한 것으로 현실화될 수 있을 뿐이다.[64] 마찬가지 맥락에서, 각 채권자의 개별적인 채권상의 지분도 압류할 수 없다.[65] 또 당해 채권을 처분 또는 변경함에는 합유자 전원의 동의가 있어야 하는데(제272조), 여기에는 채권의 추심 또는 처분이 포함된다고 본다. 판례는 조합 자체의 권리능력 및 당사자능력을 인정하지 않고 있으므로, 조합채권을 행사하려면 조합원 전원이 공동원고가 되어야 하고, 그 성격은 고유필수적 공동소송이다.[66] 다만 조합업무를 집행할 권한을 수여받은 업무집행조합원은 조합재산에 관하여 조합원으로부터 임의적 소송신탁을 받아 자기 이름으로 소송을 수행하는 것이 허용된다.[67]

63 남효순, "우리 민법상 합유와 준합유의 강제", 저스티스 통권 159호(2017), 200 이하.

64 방웅환, "조합채권·채무의 귀속과 행사", 재판실무연구 제5권, 수원지방법원(2013), 67-68.

65 대법원 2007. 11. 30.자 2005마1130 결정.

66 대법원 1994. 10. 25. 선고 93다54064 판결, 대법원 1996. 12. 10. 선고 96다23238 판결 등; 김경욱, "민법상 조합의 민사소송상의 지위", 민사소송 제13권 제1호(2009), 94 이하.

67 대법원 1984. 2. 14. 선고 83다카1815 판결, 대법원 1997. 11.28. 선고 95다35302 판결.

이처럼 채권의 합유적 귀속은 불가분채권에 있어 각 채권자가 단독으로 불가분채권 전액을 수령함으로써 발생하는 위험을 회피하는 수단이 될 수 있다.[68]

실무상 채권의 준합유는 공동수급체의 공사대금채권에 관하여 가장 빈번하게 문제되고 있다. 판례는 공동수급체의 공사대금채권이 원칙적으로 공동수급체의 구성원에게 합유적으로 귀속하는 것이어서 특별한 사정이 없는 한 구성원 중 1인이 임의로 도급인에 대하여 출자지분의 비율에 따른 급부를 청구할 수 없고, 구성원 중 1인에 대한 채권으로써 그 구성원 개인을 집행채무자로 하여 공동수급체의 도급인에 대한 채권에 대하여 강제집행을 할 수 없다고 하면서도,[69] 경우에 따라서는 특약의 효력을 인정하여 각 구성원에게 분할귀속되는 분할채권관계를 인정하기도 했다.[70] 이에 관하여 판례가 엇갈리자, 대법원 2012. 5. 17. 선고 2009다105406 전원합의체 판결은, 공동수급체의 구성원들이 기성대가 등을 공동수급체의 구성원별로 직접 지급받기로 하는 공동수급협정을 하고, 이를 입찰서류와 함께 도급인에게 제출하고 도급인이 별다른 이의를 유보하지 않은 채 이를 수령한 다음 공동도급계약을 체결하게 되었다면, 공동수급체와 도급인 사이에서 위 공사대금채권에 관하여 그 출자지분의 비율에 따라 직접 도급인에 대하여 권리를 취득하게 하는 묵시적인 약정이 이루어졌다고 보는 것이 타당하다고 판시함으로써, 조합관계에서도 당사자의 특약에 따른 분할채권관계를 인정한 바 있다.

다. 조합채무의 경우는 좀 더 복잡하다. 조합채무는 조합이 사회의 활동주체로서 부담하게 되는 조합의 채무로서,[71] 조합의 대여금반환채무, 상품 등의 구입으로 인한 대금채무, 조합의 업무집행자의 업무집행과정에서 타인에게 발생한 손해로 인한 손해배상채무 등을 그 예로 들 수 있다.[72] 그런데 조합채무는 조합원 개인의 채무와는 구별되고 전 조합원에게 합유적으로 귀속되며 조합재산이 그에 대해 책임을 지게 되나, 다른 한편 조합 그 자체는 권리능력이 없어 채무의 귀속주체가 될 수 없기 때문에 조합채무도 결국은 개별 조합원의 채무가 되므로 각 조합원은 조합채무에 대하여 고유재산을 가지고 책임을 져야만 한다(민법 제712조). 그 경우 제712조에 따라 조합원 개인은 그의 분담액의 범위 내에서만 분할책

68 민법주해 X, 채권(3), 박영사(1995), 14(허만).

69 대법원 1997. 8. 26. 선고 97다4401 판결, 대법원 2001. 2. 23. 선고 2000다68924 판결 등.

70 대법원 2002. 1. 11. 선고 2001다75332 판결.

71 그 개념에 관하여는 민법주해 XVI, 채권(9), 박영사(1999), 109(김재형) 이하 참조.

72 김경욱, "민법상 조합의 민사소송상의 지위", 민사소송 제13권 제1호(2009), 99.

임을 지게 된다.[73] [74] 이러한 조합재산에 의한 합유적 책임과 조합원 고유재산에 의한 개인적 책임은 병존한다고 보아야 한다.[75]

조합의 채권자는 채권전액에 관해 조합재산으로부터의 변제를 요구할 수 있으며, 조합재산에 대한 강제집행을 위해서는 조합원 전원을 상대로 채권전액에 관한 이행의 소를 제기하여 판결(집행권원)을 받아야만 한다.[76] 청구가 조합재산 자체에 관한 것이어서 대체성이 없는 경우(조합재산인 부동산에 대한 소유권이전등기 청구 등), 조합원에 대한 개별 청구는 할 수 없고, 반드시 조합원 전원을 피고로 하는 고유필수적 공동소송에 의하여야 한다.[77] 그러나 채권자가 조합에 대해 금전채권과 같이 대체성이 있는 채권을 가지고 있는 경우에는 개별 조합원을 상대로 소를 제기하는 것이 가능한데,[78] 이 경우에는 조합원 각각의 분할채무일 뿐 채무의 합유적 귀속이라 할 수 없다.

채무가 조합원 전원에게 합유적으로 귀속될 경우, 구성원 모두가 그 전체에 대하여 책임을 지므로, 이는 분할채무의 성립을 제한하는 하나의 수단이 될 수 있다.[79]

4. 채권채무의 준총유

법인이 아닌 사단이 채권이나 채무를 가지는 경우 채권채무의 총유적 귀속이 성립한다(민법 제275조 제1항 참조). 총유적 귀속의 경우, 사원은 당해 채권채무에 대하여 개인적인 권리의무가 없다.[80]

먼저, 채권이 법인이 아닌 사단에 귀속되면 이는 총유재산이 된다. 사원은 개인적으로 채권을 추심할 수 없고, 그 채권에 대하여 개인적으로 아무런 권리도 갖

73 보다 상세한 논의는 김재형, "조합에 대한 법적 규율", 민사판례연구(XIX), 박영사(1997), 657~568 참조.

74 다만 조합채무가 특히 조합원 전원을 위하여 상행위가 되는 행위로 인하여 부담하게 된 것이라면 상법 제57조 제1항에 따라 조합원들의 개인책임도 연대책임이 된다. 대법원 1976. 12. 14. 선고 76다2212 판결, 대법원 1998. 3. 13. 선고 97다6919 판결 등.

75 윤철홍, "조합의 재산관계", 채권법에 있어서 자유와 책임(김형배교수화갑기념논문집), 박영사(1994), 561; 김경욱, "민법상 조합의 민사소송상의 지위", 민사소송 제13권 제1호(2009), 100.

76 윤철홍, "조합의 재산관계", 채권법에 있어서 자유와 책임(김형배교수화갑기념논문집), 박영사(1994), 561.

77 김경욱, "민법상 조합의 민사소송상의 지위", 민사소송 제13권 제1호(2009), 101-102.

78 대법원 1992. 11. 27. 선고 92다30405 판결, 대법원 1985. 11. 12. 선고 85다카1499 판결.

79 민법주해 X, 채권(3), 박영사(1995), 14(허만).

80 민법주해 X, 채권(3), 박영사(1995), 18(허만); 제철웅, "'수인의 채무자 있는 채권관계'의 이해에 대한 비판적 검토", 비교사법 제15권 제1호(2007), 24 이하.

지 못하며, 그 채무자는 법인이 아닌 사단에 변제하여야 한다.

소송의 형태에 관하여, 총유물의 관리 및 처분은 사원총회의 결의에 의하여야 하고(민법 제276조 제1항), 공유나 합유의 경우처럼 보존행위는 그 구성원 각자가 할 수 있다는 규정을 두고 있지 않으므로, 총유재산에 관한 소송은 법인 아닌 사단이 그 명의로 사원총회의 결의를 거쳐 하거나 또는 그 구성원 전원이 당사자가 되어 필수적 공동소송의 형태로 할 수 있을 뿐이다. 그 사단의 구성원은 설령 그가 사단의 대표자라거나 사원총회의 결의를 거쳤다 하더라도 그 소송의 당사자가 될 수 없으며, 이는 보존행위의 경우도 마찬가지이다.[81]

채무의 준총유적 귀속에 있어서도 채무는 법인이 아닌 사단에 속하고, 그 사단의 총유재산으로 변제의 책임을 부담하며, 사원은 개인적으로 책임을 부담하지 않는다(통설).[82]

81 대법원 2005. 9. 15. 선고 2004다44971 전원합의체 판결. 총유관계 소송의 상세에 관하여는 민유숙, “법인 아닌 사단의 보존행위를 위한 소의 원고 적격”, 대법원판례해설 제57호(2006), 116 이하 참조.

82 민법주해 X, 채권(3), 박영사(1995), 18(허만); 주석 민법, 채권총칙(2)(제4판), 한국사법행정학회(2013), 385(문홍안).

제 1 관 총칙

제 408 조 [분할채권관계]

채권자나 채무자가 수인인 경우에 특별한 의사표시가 없으면 각 채권자 또는 각 채무자는 균등한 비율로 권리가 있고 의무를 부담한다.

[관련조문] 민법 제469조(제삼자의 변제), 제481조(변제자의 법정대위), 제536조(동시이행의 항변권), 제547조(해지, 해제권의 불가분성), 제616조(공동차주의 연대의무), 제654조(준용규정), 제712조(조합원에 대한 채권자의 권리행사), 제713조(무자력조합원의 채무와 타조합원의 변제책임), 제760조(공동불법행위자의 책임), 제832조(가사로 인한 채무의 연대책임), 제1006조(공동상속과 재산의 공유) 상법 제57조(다수채무자간 또는 채무자와 보증인의 연대).

[참고문헌] 민법주해 X, 채권(3), 박영사(1995); 주석 민법, 채권총칙(2)(제4판), 한국사법행정학회(2013); 곽윤직, 채권총론(민법강의Ⅲ), 박영사(2018); 김상용, 채권총론(제3판), 화산미디어(2016); 김주수, 채권총론, 삼영사(2003); 김경욱, "민법상 조합의 민사소송상의 지위", 민사소송 제13권 제1호(2009); 김세진, "임대차관계의 공동상속에 따른 법률관계와 공동소송의 형태", 법조 제675호(법조협회, 2012); 김성수, "일본 개정민법(채권법)(2017년)의 다수당사자의 채권관계", 법학연구(연세대학교 법학연구원) 제30권 제1호(2020. 3.); 김성률, "공유물 이용에 관한 법률관계의 특수성", 실무연구자료 제6권(2005), 대전지방법원; 김재형, "조합에 대한 법적 규율", 민사판례연구(XIX), 박영사(1997); 김학동, "공유의 법률관계(1)", 고시연구 제22권 제11호(1995); 민유숙, "법인 아닌 사단의 보존행위를 위한 소의 원고 적격", 대법원판례해설 제57호(2006); 박철, "공동명의예금과 다수당사자 채권관계의 법리", 민사판례연구 24(2002); 방웅환, "조합채권·채무의 귀속과 행사", 재판실무연구 제5권, 수원지방법원(2013); 양창수, "[논점강좌 민법] 분할채권·분할채무", 고시연구 25권 2호(1998); 윤태영, "다수당사자 채권관계에서의 분할주의원칙 제한을 위한 합리적 모색--'연대의 추정'에 대하여 비판적으로 검토하며-", 재산법연구 26권 3호(2010); 윤철홍, "조합의 재산관계", 채권법에 있어서 자유와 책임(김형배교수화갑기념논문집), 박영사(1994); 이은희, "임대차에 있어서 다수당사자의 채권관계", 아세아여성법학 제22호(2019); 임건면, "부진정연대채무에 관련된 몇가지 문제점과 유형화 시도", 성균관법학 제29권 제1호(2017. 3.); 제철웅, "'수인의 채무자 있는 채권관계'의 이해에 대한 비판적 검토", 비교사법 제15권 제1호(2007).

Ⅰ. 분할채권관계의 의의 및 기능

1. 의의

민법 제408조는 다수당사자 채권관계의 총칙적 규정으로서, 우리 민법이 다수당사자의 채권관계에 있어 분할채권관계를 원칙으로 하고 있다는 것을 분명히 한 것이다. '분할채권관계'란 하나의 가분급부에 대하여 채권자 또는 채무자가 수인인 경우에, 특별한 의사표시가 없으면 그 채권 또는 채무가 수인의 채권자나 채무자 사이에서 분할되어 각각 독립된 채권을 가지거나 채무를 지는 다수당사자의 채권관계를 말한다.[1]

급부의 성질상 불가분이 아니고, 당사자들도 특별한 의사표시를 하지 않고 있으면 분할채권관계가 된다.[2]

민법 제408조에는 두 가지 의미가 있다. 첫째, 복수의 채권자 또는 복수의 채무자가 있는 채권관계에서 급부가 성질상 불가분이 아니고 당사자 사이에 특별한 의사표시도 없으면 분할채권 혹은 분할채무가 원칙이라는 것이다. 둘째, 각 분할채권자의 채무자에 대한 권리 또는 각 분할채무자의 채권자에 대한 의무 범위는 특별한 의사표시가 없는 한 균등비율로 분할한다는 것이다.[3]

2. 기능

분할주의 원칙은 개인주의사상의 표현으로 법률관계 특히 소송관계를 간명하게 한다는 데에 그 장점이 있다. 다만 채권자가 각 채무자에게, 채무자가 각 채권자에게 각각 따로이 권리를 행사하고 의무를 이행하는 것이 큰 불편을 초래하고, 특히 무자력인 채무자가 있는 경우 채권의 효력을 약화시키는 결과를 낳는다. 이에 따라 분할주의 원칙을 합리적으로 제한하려는 논의가 이어지고 있는 반면,[4]

1 민법주해 X, 채권(3), 박영사(1995), 19-20(허만).
2 대법원 1992. 10. 27. 선고 90다13628 판결.
3 MüKoBGB / Heinemeyer, 8th edition 2019, BGB § 420 marg. 1; 민법주해 X, 채권(3), 박영사(1995), 20(허만).
4 곽윤직, 채권총론(민법강의Ⅲ), 박영사(2018), 161-162; 김상용, 채권총론(제3판), 화산미디어(2016), 259; 김증한/김학동, 채권총론(제6판), 박영사(1998), 215-216; 양창수, "[논점강좌 민법] 분할채권·분할채무", 고시연구 25권 2호(1998), 135; 민법주해 X, 채권(3), 박영사(1995), 22(허만) 등.

이에 대한 비판론도 존재한다.[5]

Ⅱ. 연혁과 입법례

1. 연혁

분할채권관계는 로마법에서 비롯되었다.

로마법은 "채권은 법률상 당연히 분할된다(nomina sunt ipso iure divisa)"는 원칙에 따라 다수당사자 채권관계에서 급부가 가분이면 이를 분할채권관계로 하고, 그 분할의 비율은 균등한 것을 원칙으로 하였다.[6] 한편 로마법 발전 초기에 채권채무의 상속이나 양도, 소송대리가 인정되지 않던 것을 보완하기 위하여 예외적으로 씨족, 가족공동체, 조합과 같은 사업공동체에 연대채권채무관계를 인정하였으나(그 경우 1인이 사망해도 연대채권채무가 다른 연대채권자나 연대채무자를 위하여 존속할 수 있고, 이들이 소송을 할 수 있다), 점차 로마법상 소송대리가 인정되고 채권채무의 상속 또는 양도가 인정되고부터 연대채권은 의미를 잃게 되고, 다만 연대채무는 그 인적 담보적 기능으로 인하여 계속 발전하여 왔다.[7]

이러한 로마법상의 분할주의는 대륙법계에서 널리 채택되었으나, 각국의 상황에 따라 달리 발전하여 왔다.

2. 입법례

가. 독일

독일 민법은 제420조에서 "수인이 가분급부를 부담하거나 수인이 가분급부를 청구할 수 있는 경우에 의심스러운 때에는 각 채무자는 평등한 비율로 의무를 부담하고 각 채권자는 평등한 비율로 권리를 가진다."고 규정함으로써 분할주의 원칙을 밝히고 있다. 즉 우리 법과 마찬가지로 원칙적으로 분할주의에 의하고, 그 비율은 평등한 것으로 규정한다.[8]

5 그러한 예로 이은영, 채권총론(제4판), 박영사(2009), 493; 윤태영, "다수당사자 채권관계에서의 분할주의원칙 제한을 위한 합리적 모색-'연대의 추정'에 대하여 비판적으로 검토하며-", 재산법연구 26권 3호(2010), 19 이하 참조.

6 양창수, "[논점강좌 민법] 분할채권·분할채무", 고시연구 25권 2호(1998), 131.

7 윤태영, "다수당사자 채권관계에서의 분할주의원칙 제한을 위한 합리적 모색-'연대의 추정'에 대하여 비판적으로 검토하며-", 재산법연구 26권 3호(2010), 14 이하.

8 MüKoBGB / Heinemeyer, 8th edition 2019, BGB § 420 marg. 1; 민법주해 X, 채권(3), 박영사(1995), 20(허만).

그러나 성질상 불가분급부이면 분할주의 원칙이 적용되지 않고, 그 불가분채무자들은 연대책임을 부담한다(독일 민법 제431조).[9] 또 제427조에서는, 수인이 계약에 의하여 협동하여(gemeinschaftlich) 가분급부를 하여야 할 의무를 부담하는 경우에는 연대채무로 추정한다는 규정을 두고 있다. 이에 따라 제420조의 분할주의의 원칙의 적용범위는 상당히 제한된다.[10] 또한 법인 아닌 사단의 재산, 조합재산, 부부공동재산, 분할 전의 공동상속재산은 합유적으로 귀속한다고 보기 때문에, 이 점에서도 분할주의 원칙의 적용이 제한된다.[11]

나. 프랑스

제정 프랑스 민법은 연대성(solidarité)은 법률 또는 합의에 의해 명시되어야 한다는 규정(프랑스 구 민법 제1202조)[12]을 둠으로써 간접적으로나마 채권과 채무의 분할원칙원칙(principe de division)을 채택하였다. 또한 상속과 조합에서도 마찬가지로 분할주의를 선언하였다(프랑스 구 민법 제1220조, 제1862조, 제1863조).

프랑스 민법의 개정에 있어서는, 소위 카탈라 개정시안[13] 성안 과정에서, 분할주의 원칙을 폐기하고 공동채권자나 공동채무자 간에 반대약정이 없는 한 연대를 민사에서도 기본원칙으로 하여야 한다는 주장이 제기되었다. 그러나 이러한 개정에 따르는 위험과 이익이 제대로 평가되지 않았고 소비자 보호에도 부합하지 않는다는 등의 이유로 분할주의 원칙이 유지되었고,[14] 이는 그 후의 법무부 초안, 떼레(Terré) 초안에서도 마찬가지다.[15]

9 제철웅, "'수인의 채무자 있는 채권관계'의 이해에 대한 비판적 검토", 비교사법 제15권 제1호(2007), 4.

10 다만 '공동으로 가분급부를 하여야 할 의무를 부담'하는 것의 해석이 명확한 것은 아니다. 예를 들어 다수당사자가 외형상 단일한 계약을 체결하였다 하더라도, 계약해석상 각 당사자가 독립한 계약을 체결한 것으로 볼 수 있는 경우(예를 들어 여러 고객이 그룹투어 여행계약을 체결하였다든가, 입주자들이 공동으로 난방가스 공급계약을 체결하였다든가)에는 이러한 연대관계는 성립하지 않는다. MüKoBGB / Heinemeyer, 8th edition 2019, BGB § 427 marg. 4.

11 윤태영, "다수당사자 채권관계에서의 분할주의원칙 제한을 위한 합리적 모색-'연대의 추정'에 대하여 비판적으로 검토하며-", 재산법연구 26권 3호(2010), 14

12 프랑스 민법은 나폴레옹 시대에 제정되어 거의 200년간 큰 변화가 없었으나 Ordonnance n° 2016-131(2016. 2. 10.)에 의하여 채권편이 전면개정되어 2017. 10. 1.부터 시행되었다. 이하 위 개정 전의 프랑스 민법을 '프랑스 구 민법'이라 한다.

13 Avant-projet de réforme du droit des obligations et du droit de la prescription (2005). 프로젝트를 주도한 Pierre Catala 교수의 이름을 따서 흔히 카탈라 개정시안이라 부른다. 김성수, "프랑스채권법개정시안에서의 채무의 양태와 채무의 소멸", 민사법학 제45권 제2호(2009), 각주 1) 참조.

14 김성수, "프랑스채권법개정시안에서의 채무의 양태와 채무의 소멸", 민사법학 제45권 제2호(2009), 252.

15 이은희, "프랑스 민법상 불가분채권관계", 민사법학 제89호(2019), 54-55.

최종적으로 통과된 프랑스 개정 민법은 아래와 같이 분할주의 원칙을 재천명하고 있다.[16]

제1309조

① 수인의 채권자 또는 채무자 사이의 채권관계는 그들 사이에 당연히 분할된다. 채권관계가 연대인 경우에도 그들의 상속인 간에는 분할이 일어난다. 채권관계가 법률이나 계약으로 다르게 규율되지 않는 경우 분할은 균등하게 일어난다.

② 각 채권자는 공동채권(créance commune)의 자기 부분만 권리가 있다. 각 채무자는 공동채무(dette commune)의 자기 부담부분만 부담한다.

③ 다만 수인의 채권자와 채무자 사이의 채권관계가 연대이거나 그 부담하는 급부가 불가분인 때에는 그러하지 아니하다.

즉 프랑스 개정 민법 제1309조는 분할의 원칙을 선언한 후 그에 대하여 연대채권관계와 불가분적 급부를 목적으로 하는 채권관계의 예외를 두고 있다.

다. 스위스

스위스 채무법(Obligationenrecht)은 분할원칙에 관한 명문규정을 두지 않았으나, 연대채권과 연대채무에 관한 규정만을 두고 있는 한편, 연대채무에 관한 제143조 제1항에서 채무자들은 각각 전체 채무에 대하여 책임을 지겠다는 의사표시를 한 경우 연대채무를 부담하게 된다고 규정하고, 제2항에서 그러한 의사표시가 없는 한 법률의 규정이 있는 경우에만 연대채무를 부담한다고 규정함으로써, 연대의 추정을 인정하지 않고 분할채무 원칙을 채택한 것으로 인정된다.[17]

라. 일본

일본 구 민법[18] 제427조는 "수인의 채권자 또는 채무자가 있는 경우에 특별한 의사표시가 없는 때에는 각 채권자 또는 채무자는 각각 동일한 비율로 권리가 있고 의무를 부담한다."고 규정하여, 우리 민법과 같이 분할관계를 원칙으로 하였다. 일본 구 민법의 제정과정에서는 연대추정의 원칙이 논의되기도 하였으나,[19]

16 이은희, "프랑스 민법상 불가분채권관계", 민사법학 제89호(2019), 56의 번역에 의함.

17 양창수, "[논점강좌 민법] 분할채권·분할채무", 고시연구 25권 2호(1998), 131, 각주 3).

18 2017(平成29년). 5. 16. '민법의 일부를 개정하는 법률(2017년 법률 제44호)'에 의하여 개정되기 전의 것. 이하 '일본 구 민법'이라고만 한다.

19 그 논의의 상세는 윤태영, "다수당사자 채권관계에서의 분할주의원칙 제한을 위한 합리적 모색-'연대의 추정'에 대하여 비판적으로 검토하며-", 재산법연구 26권 3호(2010), 17-19 참조.

최종 심의과정에서는 결국 분할관계를 원칙으로 채택하였다.[20]

2000년대부터 본격적으로 진행된 일본 구 민법의 개정 논의 과정[21]에서는 다수당사자 채권관계 규정 중 연대채권채무, 불가분채권채무 관계에 그 개정논의가 집중되었고, 분할채권관계의 원칙은 변동되지 않았다.[22] 최종 개정 법률에서도 분할채권채무관계에 관하여는 '분할채권 및 분할채무'라는 표제 하에 제427조가 그대로 유지되었고, 불가분채권과 불가분채무(제428조~제431조), 연대채권(제432조~제435조), 연대채무(제436조~제445조)에 관하여만 큰 변화가 있었다.[23]

Ⅲ. 분할주의 원칙의 제한

1. 제한의 논의

분할주의 원칙은 채권관계 및 소송관계를 간명하게 한다는 큰 장점이 있는 반면, 복수 채무자 중 무자력자가 있는 경우 채권의 실효성을 약화시키고, 복수 채권자가 존재하는 경우 이들이 모두 별도로 소를 제기하여야 하는 번거로움을 야기한다. 또한 실제 거래현실에서는 설령 가분급부를 대상으로 하더라도 복수 채권자들이나 복수 채무자들이 분할하지 않고 전체로서 채무를 이행받거나 이행하는 것을 전제하거나, 그렇게 전체로서 이행되어야만 계약의 목적이 실효적으로 달성되는 경우도 많다.

반면 분할주의를 제한하게 되면, 특정 채권자만이 유리하고 다른 채권자들은 불리하게 되는 경우도 발생할 수 있고(채권자 중 1인이 전부를 변제받을 수 있으므로), 채무자의 입장에서는 전체 채무를 책임지게 됨으로써 그 부담이 지나치게 가혹해질 우려가 있다.

이에 따라 어느 경우에 분할주의를 유지하고 어느 경우에 분할주의를 제한할

20 주석 민법, 채권총칙(2)(제4판), 한국사법행정학회(2013), 390~391(문흥안).

21 일본 민법의 개정 과정 전반에 관하여는 加藤雅信·김상수, "日本에서의 채권법개정 10년사", 서강법률논총, 7(1)(2018), 3-79 참조. 채권총칙편 개정에 관하여는 정태윤, "일본 개정민법(채권관계) 중 주요 부분에 관한 개관", 민사법학 82호(2018), 255-350 참조.

22 다만 중간시안에서는 분할채무와 분할채권에 관한 규정을 나누어서 각각 따로 규정하였으나, 최종 법률에서는 결국 일본 구 민법 제427조가 그대로 유지되었다. 法務省民事局参事官室, 民法（債権関係）の改正に関する中間試案の補足説明, 189, 207-208.

23 다수당사자 채권관계에 관한 일본 개정 민법의 개정 내용의 상세는 김성수, "일본 개정민법(채권법)(2017년)의 다수당사자의 채권관계", 법학연구(연세대학교 법학연구원) 제30권 제1호(2020. 3.) 참조. 특히 151, 각주 10)의 표 참조.

것인지를 논의할 필요성이 있다.

2. 법률에 의한 제한

가. 민법상의 제한

1) 민법 제616조는 사용대차의 경우에 공동차주가 연대하여 그 의무를 부담한다고 규정하여 연대를 추정하고 있으며, 이를 다시 임대차에 준용한다(제654조). 이는 프랑스 민법과 스위스 채무법의 입법례를 받아들인 것이다. 다만 공동차주의 채무에 대해서만 연대의무가 발생하고, 공동임차인의 채권이나 공동임대인의 채무에는 위 조항이 적용되지 않으며, 이 부분 채권과 채무는 원칙적으로 분할채권관계이다.[24]

2) 민법 제760조는 수인이 공동불법행위로 인하여 손해배상의무를 부담하는 경우에 연대채무가 성립한다고 규정하고 있는데, 학설,[25] 판례[26]는 다수의 채무자 상호 간에 공동목적에 의한 주관적인 관련이 존재하지 않아 연대채무의 개념에 이를 포함시키는 것이 부적절하다고 보아, 부진정연대채무의 개념을 인정하여 이를 연대채무와 다소 다르게 규율하고 있다.

3) 조합채권자는 조합재산에 대하여 합유적으로 조합채무의 이행을 청구할 수 있는 것과 병존하여 조합원에 대하여도 조합원 고유재산으로부터의 이행할 것을 청구할 수 있는데, 이 때 조합원이 부담하는 채무는 균분으로 추정된다(민법 제712조). 그런데 어느 조합원이 무자력인 때에는, 그 변제할 수 없는 부분에 대하여 다른 조합원들이 연대책임을 부담한다(제713조). 다만 이때의 책임범위는 그 무자력인 조합원의 전체 부담분이 아니라, 이를 다시 나머지 조합원들이 균분한 만큼이다. 위 조항은 각 조합원의 개인적 책임에 관하여 분담주의 원칙을 채택함으로 인하여 조합채권자를 보호하는 데 미흡하게 된 것을 보충하기 위하여 규정한 것이다.[27]

4) 부부의 일방이 일상의 가사에 관하여 제3자와 법률행위를 한 때에는 다

24 이은희, "임대차에 있어서 다수당사자의 채권관계", 아세아여성법학 제22호(2019), 72 이하.
25 임건면, "부진정연대채무에 관련된 몇 가지 문제점과 유형화 시도", 성균관법학 제29권 제1호(2017. 3.), 214.
26 대법원 1971. 2. 9. 선고 70다2508 판결 외 다수.
27 민법주해 XVI, 채권(9), 박영사(1999), 125(김재형).

른 일방은 이로 인한 채무에 대하여 연대책임이 있다(민법 제832조). 이에 관하여는, 부부간의 일상가사대리권(제827조)과 동전의 양면이라는 견해[28]와, 부부일방과 거래한 상대방을 보호하기 위한 독자적인 규정이라는 견해[29] 등이 있다.

5) 채권채무의 합유적 귀속과 총유적 귀속 또한 성격은 다소 다르나 실질적으로는 분할주의의 제한이 된다(☞ 민법 제3편 제1장 제3절 [총설] Ⅲ. 주석 참조).

나. 상법상의 제한

상법 제57조 제1항은 수인이 그 1인 또는 전원에게 상행위가 되는 행위로 인하여 채무를 부담한 때에는 연대하여 변제할 책임이 있다고 규정하여, 상사채무에 대해서는 분할주의가 아닌 연대주의가 원칙임을 명확히 하고 있다.[30] 또 상법 제57조 제2항은, 보증인이 있는 경우에 그 보증이 상행위이거나 주채무가 상행위로 인한 것인 때에는 주채무자와 보증인은 연대하여 변제할 책임이 있다고 하여, 보증인의 최고·검색의 항변권이나 분별의 이익을 배제하고 있다. 이러한 규정들은 상거래상의 채무이행을 확실하게 하여 거래의 안전을 보호하기 위한 것이다.

3. 학설 및 판례에 의한 제한

가. 학설

다수설[31]은 다음과 같은 논리를 가지고 분할채무관계의 성립을 제한하고자 한다. ①외관상 수인의 계약 당사자가 있는 경우라 할지라도 실제로는 그 중 1인만이 계약 당사자가 되고, 나머지는 계약의 이익만을 향수하는 관계에 있는 경우에는 그 1인이 단독으로 전 채무를 부담한다고 해석한다. ②수인이 부담하는 채무가 각 채무자가 불가분적으로 향수하는 이익의 대가로서의 의의를 가지거나, 또는 불가분급부의 대가로서의 의의를 가지는 때에는 비록 그 채무 자체는 가분적이라 하더

28 최봉경, "일상가사대리권과 그로 인한 부부연대책임의 상호관계에 관한 해석론," 서울대학교 법학 제46권 제4호(2005), 56 이하.

29 오병철, "일상가사대리권과 일상가사채무 연대책임과의 관계", 가족법연구 제21권 2호(2007), 10 이하.

30 따라서 조합채무가 조합원 전원을 위하여 상행위가 되는 행위로 인하여 부담하게 된 것이라면(동업으로 사업을 하는 경우 등) 상법 제57조 제1항을 적용하여 조합원들의 연대책임이 인정된다. 대법원 1992. 11. 27. 선고 92다30405 판결, 대법원 2016. 7. 14. 선고 2015다233098 판결 등 참조.

31 곽윤직, 채권총론(민법강의Ⅲ), 박영사(2018), 161-162; 김상용, 채권총론(제3판), 화산미디어(2016), 259; 김증한/김학동, 채권총론(제6판), 박영사(1998), 215-216; 양창수, "[논점강좌 민법] 분할채권·분할채무", 고시연구 25권 2호(1998), 135; 민법주해 X, 채권(3), 박영사(1995), 22(허만) 등.

라도 성질상 불가분채무라고 본다. ③당사자 사이에 특히 채무자로 되는 자 전원의 자력이 종합적으로 고려된다고 볼 수 있는 특별한 사정이 있는 때에는 연대채무로 하는 묵시의 특약이 있다고 해석하거나,[32] 혹은 연대를 추정한다.[33]

이에 대하여 분할주의에 대한 제한을 반대하는 견해도 있다. 이 견해들은 ① 당사자의 약정이나 법률의 규정, 관습법이 없는 경우에까지 연대채무를 인정하여 인적담보를 확보케 하려는 해석태도는 채권자 위주의 법해석으로서 채무자의 이익을 해치고, ②입법연혁상 일본 민법 제정 당시 연대의 추정이 논의되었다가 최종적으로 채택되지 않았고 이를 우리나라가 계수한 이상, 연대의 추정은 현행 민법의 해석상 무리이며, ③비교법적으로 독일 민법만이 연대추정을 광범위하게 인정할 뿐, 프랑스와 스위스법은 분할주의를 취하고 있어, 우리 민법상의 분할주의가 세계적인 입법추세에도 부합하며, ④성질상 불가분이 아닌데도 불가분채무인 것으로 무리하게 해석할 것이 아니라 필요한 경우에 묵시적인 연대의 의사효시를 완화하여 해석함으로써 해결할 수 있다는 근거를 든다.[34]

분할채권관계에 대한 제한에 관하여는, 복수 채권자가 있는 경우 이를 불가분채권 또는 연대채권으로 보게 되면 채권을 먼저 행사하는 채권자의 권한은 강화되는 반면 다른 채권자에게는 불측의 위험이 초래될 수 있으므로(급부를 수령한 채권자가 이를 처분한 경우 등 내부적 정산의 위험은 채무자가 아니라 다른 채권자들이 부담하게 된다), 분할채권관계에 대한 제한론은 타당하지 않다고 한다.[35]

나. 판례

판례는 당사자 간에 특별한 의사표시가 없는 한, 공유자가 공유부동산을 공동매도한 경우의 대금채권은 분할채권이라고 보기도 하고,[36] 한 소송의 당사자들

32 김상용, 채권총론(제3판), 화산미디어(2016), 259; 김형배, 채권총론(제2판), 박영사(1998), 455; 김주수, 채권총론, 삼영사(2003), 265 등.

33 곽윤직, 채권총론(민법강의Ⅲ), 박영사(2018), 161-162; 김증한/김학동, 채권총론(제6판), 박영사(1998), 215-216 등.

34 이은영, 채권총론(제4판), 박영사(2009), 493; 윤태영, "다수당사자 채권관계에서의 분할주의원칙 제한을 위한 합리적 모색--'연대의 추정'에 대하여 비판적으로 검토하며-", 재산법연구 26권 3호(2010), 19 이하.

35 양창수, "[논점강좌 민법] 분할채권·분할채무", 고시연구 25권 2호(1998), 132; 주석 민법, 채권총칙(2)(제4판), 한국사법행정학회(2013), 396(문홍안).

36 대법원 1995. 3. 28. 선고 94다59745 판결은 공유지분권자의 매매대금채권이 분할채권임을 전제로 한다. 만약 대금을 일괄하여 청구하고 일괄하여 변제하기로 하는 특약이 있다면 달리 볼 수 있겠으나, 공유자가 형식상 하나의 매매계약으로써 공동으로 매도하였다는 점만으로 특약의 존재를 단정할 수는 없다. 양창수, "[논점강좌 민법] 분할채권·분할채무", 고시연구 25권 2호(1998), 133.

이 동일한 변호사를 선임한 경우 소송위임계약에 따른 약정금 지급채무는 분할채무라고 하는 등,[37] 묵시의 의사표시에 의한 연대채무의 성립을 인정한 경우를 찾을 수 없고, 연대의 추정을 인정한 사례도 찾을 수 없다.

다만 판례는 급부 자체가 가분적인 경우까지도 해석상 불가분채무로 보는 경우가 종종 있다. 예를 들어, ①건물의 공유자가 공동으로 건물을 임대하고 보증금을 수령한 경우, 특별한 사정이 없는 한 그 임대는 각자 공유지분을 임대한 것이 아니고 임대목적물을 다수의 당사자로서 공동으로 임대한 것이므로 그 보증금 반환채무는 성질상 불가분채무에 해당된다고 보거나,[38] ②공유자가 공유물에 대한 관계에서 부당이득을 한 경우 그 부당이득반환의무는 불가분적 채무라고 하거나,[39] ③산업재해보상보험법 제6조 제1항의 규정에 의하여 보험가입자가 되는 사업의 사업주가 여러 사람인 경우 공동사업자들이 부담하는 보험료채무[40] 또는 국민건강보험법에 따라 공동사용자가 근로자들과 관련하여 부담하는 보험료 납부의무[41] 등 일정한 공법상 납부의무 또한 불가분채무로 본다.[42] ④공유자들이 토지를 매도하였는데, 매매대금을 공유자 중 1인이 전부 수령하여 다시 배분한 사정 및 매수인의 토지 매수목적이 가스 충전소 설치여서 불가분적으로 토지 전체를 매수하여야 하고 이러한 사정을 매도인들도 알았다는 점 등을 들어, 소유권이전등기의무와 대금지급의무가 모두 불가분이라고 본 사례도 있다.[43] 이와 같이 불가분채무로 인정됨으로써 공동채무자는 채무 전부에 대하여 책임을 지게 된다.

다수설은 불가분채무의 범위를 확대하는 이러한 판례의 태도에 대하여 담보력 강화 측면에서 대체로 긍정적으로 평가하나, '성질상의 불가분급부'라고 하면, 급부의 성질상 급부의 본질 또는 가치를 훼손함이 없이는 수개의 급부로 분할하

[37] 대법원 1993. 2. 12. 선고 92다42941 판결, 대법원 2018. 5. 17. 선고 2016다35833 전원합의체 판결.

[38] 대법원 1998. 12. 8. 선고 98다43137 판결, 대법원 2017. 5. 30. 선고 2017다205073 판결.

[39] 대법원 1980. 7. 22. 선고 80다649 판결(임야 공유자가 그 지상에 타인에 의하여 식재된 수목을 부합에 의하여 취득하게 된 경우의 부당이득반환의무), 대법원 1992. 9. 22. 선고 92누2202 판결(시유지를 공유물의 주차장으로 사용함으로써 부과받은 변상금납부의무), 대법원 1997. 5. 16. 선고 97다7356 판결(토지거래허가구역 내 토지의 매매계약이 확정적으로 무효가 됨으로써 매도인들이 부담하는 매매대금반환의무), 대법원 2018. 6. 28. 선고 2016다219419, 219426 판결(대지사용권이 없는 전유부분의 공유자가 대지 소유자에게 반환하여야 하는 그 전유부분 비율의 차임 상당 부당이득반환의무) 등.

[40] 대법원 1994. 6. 24. 선고 93누6782 판결.

[41] 대법원 2008. 5. 29. 선고 2006두8419 판결, 대법원 2009. 4. 9. 선고 2008두23153 판결.

[42] 한편 판례는 건축물을 공동으로 건축하는 사업자가 과오납한 기반시설부담금의 환급금채권도 불가분채권으로 본다. 대법원 2019. 10. 18. 선고 2019두39833 판결.

[43] 대법원 1995. 3. 28. 선고 94다59745 판결.

여 이행할 수 없는 것을 의미하는데, 판례가 채무의 본질과 다르게 불가분채무를 확대하는 것은 타당하지 않다고 비판하는 견해도 있다.[44]

다. 제408조에 관한 개정논의

2004년도 법무부 민법개정안 논의 과정에서는, 제408조의 분할주의 원칙 내신에 연대채무 원칙을 다수당사자의 채권관계에서 원칙으로 삼자는 논의가 있었으나, 여러 이견이 있어 결국 개정 논의과정에서 제외되었다.[45] 민법개정위원회의 2014년도 개정시안에서도 다수당사자 채권관계에 관한 규정 중 연대채권의 신설(제412조의2)과 보증의 요건 강화 및 효력 제한에 관한 규정을 신설하였을 뿐 분할주의 원칙은 그대로 유지되었다.[46]

일본 민법 개정 과정에서도 앞서 본 바와 같이 분할주의 원칙을 규정한 구 민법 제427조가 그대로 유지되었다.

IV. 분할채권채무관계의 성립

1. 성립요건

가. 한 개의 가분급부

분할채권관계가 성립하기 위해서는 한 개의 가분급부에 관한 것이어야 한다. 가분급부란 급부의 성질 또는 가치를 손상시키지 않고 여러 개의 급부로 분할하여 이행할 수 있는 것을 말한다. 급부의 가분성은 원칙적으로 급부의 물리적, 자연적 성질에 의하여 결정되지만, 학설은 그 외에도 당사자의 의사 및 거래의 실정 등을 종합적으로 고려하여야 한다고 본다.[47]

가분급부의 대표적인 예로는 금전급부가 있으나, 그 밖에도 무게, 면적, 용량 등으로 나눌 수 있는 급부라면 가분이라고 볼 수 있다. 용역 이행도 그 내용과 가치를 손상시킴이 없이 나누어 이행될 수 있다면 '가분'이라고 볼 수 있다. 반면 부

44 윤태영, "다수당사자 채권관계에서의 분할주의원칙 제한을 위한 합리적 모색--'연대의 추정'에 대하여 비판적으로 검토하며-", 재산법연구 26권 3호(2010), 20 이하.

45 법무부, (민법개정총서)2004년 법무부민법개정안(채권편), 법무부 민법개정자료발간팀(2012. 12.), 91-92.

46 권영준, "2013년 민법 개정시안 해설(채권편)", 2013년도 법무부 연구용역 과제 보고서, 10 이하; 서희석, "일본 '민법(채권관계) 개정요강안'의 검토", 2014년도 법무부 연구용역과제보고서(2014), 127 이하.

47 민법주해 X, 채권(3), 박영사(1995), 23-24(허만); 주석 민법, 채권총칙(2)(제4판), 한국사법행정학회(2013), 398(문홍안).

작위의무는 채무자 중 한 명만 위반해도 목적을 달성할 수 없으므로 성질상 불가분일 것이다.[48] 구체적인 사안에서 어떤 급부가 가분인지 불가분인지 판단하는 것이 반드시 명확한 것은 아니다.

나. 수인의 채권자 또는 채무자

분할채권채무관계가 성립하기 위해서는 채권자가 수인이거나 채무자가 수인이어야 한다. 양쪽이 모두 복수일 수도 있다.

'채권채무' 관계여야 하므로 형성권[49]에는 제408조가 적용될 여지가 없고, 공유에 관한 규정이 준용된다. 그 경우 당해 권리의 처분행위는 준공유자 전원이 함께 하여야 하며, 이를 소로써 할 경우에는 고유필수적 공동소송이 된다.

다. 당사자 사이에 다른 의사표시가 없을 것

당사자 사이에 불가분채권채무관계 또는 연대채무관계를 성립시키고자 하는 의사표시가 없어야 한다.

판례는 명시적으로 연대약정 또는 불가분약정을 한 경우를 제외하고는 대체로 이러한 '다른 의사표시'가 있음을 인정하는 데에 신중한 편이다. 대여금 채권자들 중 1인이 다른 채권자의 채권까지 변제받을 권한을 부여받았다 하더라도, 이것만으로는 불가분채권관계가 성립하였다고 볼 수 없다고 한다.[50] 또 수인의 채권자가 동일한 채무자에게 각기 금전을 대여하면서 동일한 토지에 관하여 공동으로 담보권을 설정하였다가 그 후 공유물분할 방법으로 각 채권자들의 대여금 비율에 따라 각 단독소유로 소유권이전등기를 마친 다음 각각 따로 자기 몫의 담보부동산을 처분하였다면, 위 각 채권자들이 공동으로 담보목적의 소유권이전등기를 경료받은 사유만을 가지고 채무자에 대한 정산금 반환채무가 연대채무라고 볼 수 없다고 한다.[51]

48 MüKoBGB / Heinemeyer, 8th edition 2019, BGB § 420 marg. 4, 5.

49 참고로 과거 대법원은 매매예약에 따른 복수 채권자의 매매예약완결권은 준공유 법리에 따라 언제나 공동으로 행사되어야 하고 그 소송의 성격은 고유필수적 공동소송이라고 보았으나(대법원 1984. 6. 12. 선고 83다카2282 판결 등), 대법원 2012. 2. 16. 선고 2010다82530 전원합의체 판결은 매매예약의 내용상 공동명의로 담보가등기를 마친 수인의 채권자가 각자의 지분별로 별개의 독립적인 매매예약완결권을 가진다고 해석되는 경우, 채권자 중 1인은 단독으로 자신의 지분에 관하여 가등기담보 등에 관한 법률이 정한 청산절차를 이행한 후 소유권이전의 본등기절차 이행청구를 할 수 있다고 보아, 이러한 기존 판례를 변경하였다.

50 대법원 1992. 10. 27. 선고 90다13628 판결.

51 대법원 1987. 5. 26. 선고 85다카1146 판결.

2. 유형적 고찰

가. 분할채권

1) 수인이 계약에 의하여 가분급부를 목적으로 한 채권을 취득하는 경우

가) 당사자 간에 특별한 의사표시가 없는 한, 공유자가 공유부동산을 공동매도한 경우의 대금채권은 분할채권이다.[52] 수인이 공동으로 부동산을 매수한 경우, 그 소유권이전등기청구권 또한 분할채권이다.[53] 대여금 채권자들 중 1인이 다른 채권자의 채권까지 변제받을 권한을 부여받았다 하더라도, 이것만으로는 불가분채권관계가 성립하였다고 볼 수 없고, 위 대여금채권은 분할채권이다.[54]

나) 공유자가 공유물을 공동으로 임대한 경우에 관하여, 통설은, 이 경우에는 다수당사자 채권관계에 관한 규정이 우선적용되는데, 임대료는 가분채권이므로 각 공유자가 분할채권을 취득하여 각자가 자기 몫의 임대료를 청구할 수 있다고 본다.[55] 반면 차임채권에 대해 준공유가 성립하고 민법 제278조에 의하여 공유에 관한 규정들이 준용되어, 그 차임청구는 관리행위로서 지분과반수에 기하여 청구해야 하고(제265조), 그 수취한 차임에서 공유물이 지고 있는 부담이나 공유물관리비용을 충당하고 남은 잉여금을 각 공유자에게 분배하여야 한다는 견해도 있다.[56] 공동임차인이 가지는 부속물매수청구권 행사에 따른 매매대금채권에도 마찬가지 법리가 적용될 것이다.[57]

다) 공동명의로 예금채권이 개설되어 공동명의자가 함께 출금하여야 하는 예금채권의 성격에 관하여 논란이 있다.

52 대법원 1995. 3. 28. 선고 94다59745 판결은 공유지분권자의 매매대금채권이 분할채권임을 전제로 한다. 만약 대금을 일괄하여 청구하고 일괄하여 변제하기로 하는 특약이 있다면 달리 볼 수 있겠으나, 공유자가 형식상 하나의 매매계약으로써 공동으로 매도하였다는 점만으로 특약의 존재를 단정할 수는 없다. 양창수, "[논점강좌 민법] 분할채권·분할채무", 고시연구 25권 2호(1998), 133.

53 대법원 1981. 2. 24. 선고 79다14 판결.

54 대법원 1992. 10. 27. 선고 90다13628 판결.

55 이영준, 한국민법론[물권편](신정2판), 박영사(2004), 510; 양창수, "[논점강좌 민법] 분할채권·분할채무", 고시연구 25권 2호(1998), 133; 이은희, "임대차에 있어서 다수당사자의 채권관계", 아세아여성법학 제22호(2019), 81-82; 민법주해 X, 채권(3), 박영사(1995), 28(허만).

56 김성률, "공유물 이용에 관한 법률관계의 특수성", 실무연구자료 제6권(2005), 대전지방법원, 17; 김학동, "공유의 법률관계(1)", 고시연구 제22권 제11호(1995), 84.

57 이은희, "임대차에 있어서 다수당사자의 채권관계", 아세아여성법학 제22호(2019), 84.

학설로는, ①준공유설(민법의 공유에 관한 규정이 우선적용된다고 보는 견해),[58] ②준합유설(공동목적을 위하여 수인이 결합하여 공동명의로 예금한 경우, 예금조합이 결성된 것과 같이 보아 이러한 조합원의 준합유라고 보는 견해),[59] ③공동반환특약부 분할채권설(공동예금주 간에 목적적 결합인 조합체가 결성된 것이 아니라 단지 특정한 재산인 예금에 관하여만 자금분배에 관한 공통목적이 존재하는 경우에는 이를 준합유로 볼 수 없으므로, 그 성격은 분할채권이고, 단지 예금주 간에 공동반환특약이 체결되어 그 특약의 효력으로써 공동예금주나 금융기관이 구속된다는 견해)[60] 등이 주장되어 왔다.

판례는, 은행에 공동명의로 예금을 하고 은행에 대하여 그 권리를 함께 행사하기로 한 경우에 만일 동업자금을 공동명의로 예금한 경우라면 채권의 준합유관계에 있다고 볼 것이나, 공동명의 예금채권자들 각자가 분담하여 출연한 돈을 동업 이외의 특정 목적을 위하여 공동명의로 예치해 둠으로써 그 목적이 달성되기 전에는 공동명의 예금채권자가 단독으로 예금을 인출할 수 없도록 방지·감시하고자 하는 목적으로 공동명의로 예금을 개설한 경우라면, 하나의 예금채권이 분량적으로 분할되어 각 공동명의 예금채권자들에게 공동으로 귀속되고, 각 공동명의 예금채권자들이 예금채권에 대하여 갖는 각자의 지분에 대한 관리처분권은 각자에게 귀속된다고 본다. 또 후자의 경우, 예금채권자 전원에게 관리처분권이 공동귀속된다고 볼 수 없으므로, 은행에 대한 예금반환청구가 필수적 공동소송이라 할 수 없고, 다만 예금채권자 전원의 반환청구가 필요한데, 다른 공동명의 예금채권자가 그 공동반환청구절차에 협력하지 않을 때에는, 예금주는 먼저 그 사람을 상대로 제소하여 예금주 단독으로 하는 반환청구에 관하여 승낙의 의사표시를 하라는 등 공동반환절차에 협력하라는 취지의 판결을 얻은 다음 이 판결을 은행에 제시함으로써 예금을 반환받을 수 있다고 본다.[61]

58 황영목, "예금에 대한 강제집행", 재판자료 제35집(1987), 413 이하.

59 허만, "공동명의로 개설된 예금채권과 다수당사자의 채권관계", 민사판례연구 제15집(1993), 128 이하. 단 개별 사안마다 구체적인 사정을 따져보아야 한다고 강조한다.

60 윤진수, 금융거래법강의 2, 법문사(2001), 28 이하(단 예금주 간 조합관계가 성립하는 경우에는 준합유가 성립할 수도 있겠으나, 은행이 이를 모른 경우에까지 준합유관계가 성립하기는 어렵고, 당사자가 이를 은행에 밝히지 않았다면 원칙적으로 공동반환특약부 분할채권이라고 한다). 공동명의예금계약을 체결한 경우 그 법률관계는 계약의 내용에 의하여 결정될 뿐인데, 공동명의예금계약에 통상 따르는 공동반환특약에 의하면, 예금인출 청구를 할 경우 예금주 전원이 기명·날인한 예금청구서를 제출하여야 하는 제한이 있으므로 이러한 제한에 따라야 할 쌍방의 의무가 성립하고, 그 이외의 법률관계는 통상의 예금계약과 동일하다는 견해도 그 법리구성은 다소 달리하나 실질적인 결론은 큰 차이가 없다. 박철, "공동명의예금과 다수당사자채권관계의 법리", 민사판례연구 제24집(2002), 336 이하.

61 대법원 1994. 4. 26. 선고 93다31825 판결.

나아가 위 예금채권이 분할채권인 이상, 공동명의 예금채권자 중 1인에 대한 별개의 대출금채권을 가지는 은행으로서는 그 대출금채권을 자동채권으로 하여 그의 지분에 상응하는 예금반환채권에 대하여 상계할 수 있고,[62] 공동명의 예금채권자 중 1인에 대한 채권자가 그 지분에 상응하는 예금채권에 대한 압류 및 추심명령 등을 얻어 집행하고자 하는 경우, 은행은 위 공동반환특약을 들어 지급을 거절할 수 없다.[63]

2) 수인이 법률의 규정에 의하여 채권을 취득하는 경우

수인이 법률의 규정에 의하여 채권을 취득하는 경우, 당사자의 직접적인 의사에 의하여 채권이 발생한 것이 아니므로 분할채권관계로 보는 것이 합리적이다. 공유물에 대한 불법행위로 인하여 공유자들이 취득하는 손해배상청구권[64]이나 공유물에 대한 제3자의 부당이득에 따른 차임 상당 부당이득반환청구권[65] 등은 모두 분할채권으로서 각 지분에 따라 분할귀속된다. 수인이 공동으로 타인의 사무를 관리하고 취득하는 비용상환청구권에 대하여는 불가분채권으로 보아야 한다는 견해[66]와 분할채권으로 보아야 한다는 견해[67]의 대립이 있다.

3) 가분채권을 공동상속하는 경우

민법 제1006조는 상속재산은 그 공유로 한다는 명문의 규정을 두고 있으나, 공동상속의 성격을 두고는 공유설과 합유설이 대립되어 왔는데,[68] 다수설과 판례는 공유설을 지지하고 있다.[69] 다만 가분채권의 공동상속 시에 상속인들이 이를 준공유하는가에 관하여는 추가적인 논란이 있다.

판례는 금전채무와 같이 급부의 내용이 가분인 채무가 공동상속된 경우, 이는 상속 개시와 동시에 당연히 법정상속분에 따라 공동상속인에게 분할되어 귀속되는 것이므로, 공동상속인들은 분할채권관계에 놓이게 되며, 이렇게 분할되어 각

62 대법원 2004. 10. 14. 선고 2002다55908 판결.
63 대법원 2005. 9. 9. 선고 2003다7319 판결.
64 대법원 1970. 4. 14. 선고 70다171 판결, 대법원 2008. 4. 24. 선고 2007다44774 판결.
65 대법원 1979. 1. 30. 선고 78다2088 판결, 대법원 2018. 6. 28. 선고 2016다219419, 219426 판결.
66 김용한, 채권법총론, 박영사(1990), 288.
67 양창수, "[논점강좌 민법] 분할채권·분할채무", 고시연구 25권 2호(1998), 133; 민법주해 X, 채권(3), 박영사(1995), 32(허만); 주석 민법, 채권총칙(2)(제4판), 한국사법행정학회(2013), 400(문흥안).
68 각국의 입법례와 우리나라의 학설에 관한 소개는, 전원열, "채권의 공동상속", 일감법학 제35호(2016), 218-226 참조.
69 대법원 1964. 12. 29. 선고 64다1054 판결.

상속인에게 귀속된 채권은 원칙적으로 상속재산 분할의 대상이 될 여지가 없다고 본다.[70]

다만 가분채권을 일률적으로 상속재산분할의 대상에서 제외하면, 공동상속인들 중에 초과특별수익자가 있는 경우 초과특별수익자는 초과분을 반환하지 아니하면서도 가분채권은 법정상속분대로 상속받게 될 수도 있고, 특별수익이 존재하거나 기여분이 인정되어 구체적인 상속분이 법정상속분과 달라질 수 있는 상황에서 상속재산으로 가분채권만이 있는 경우에는 모든 상속재산이 법정상속분에 따라 승계되므로 수증재산과 기여분을 참작한 구체적 상속분에 따라 상속을 받도록 함으로써 공동상속인들 사이의 공평을 도모하려는 민법 제1008조, 제1008조의2의 취지에 어긋나게 되므로, 이와 같은 특별한 사정이 있는 때는 상속재산분할을 통하여 공동상속인들 사이에 형평을 기할 필요가 있으므로 가분채권도 예외적으로 상속재산분할의 대상이 될 수 있다고 본다.[71]

이렇게 이미 상속 즉시 분할귀속된 채권을 상속재산분할 대상으로 삼아 법정상속분과 달리 분할하는 경우, 채권양도에 해당하여 그 대항요건을 갖추어야 한다는 지적이 있다.[72]

참고로 일본 판례는, 상속재산이 주식, 투자신탁수익권인 경우에 관하여, 주식의 경우 공익권, 수익권의 경우 각종 감독권 등 불가분적 권리가 포함되어 있어, 이들 권리가 상속과 동시에 바로 상속인들에게 분할귀속되는 것은 아니고, 그 경우 상속인들은 이를 준공유하게 되며, 위 권리로부터 수익금, 원본상환금 등이 발생하여 피상속인 계좌에 입금되었다 하더라도, 이 또한 준공유 상태에 있으므로, 상속인 중 1인이 자신의 상속분에 상응하는 금액을 금융기관에 바로 지급청구할 수 없다고 보았다.[73]

이에 따르면 외견상 가분채권인 상속재산이라 하더라도 바로 상속 즉시 분할귀속되지 않고 상속재산분할이 완료되는 시점까지는 준공유되는 경우가 발생할 수 있다. 그 경우 민법 제408조에 의하여 해결하면 불합리해지는 결과가 발생하

70 대법원 1997. 6. 24. 선고 97다8809 판결, 대법원 2006. 6. 30. 선고 2005도5338 판결.

71 대법원 2016. 5. 4.자 2014스122 결정. 보고 재판연구관의 평석으로는, 방웅환, "가분채권과 대상재산에 대한 상속재산분할", 대법원판례해설 제107호(2016년 상) 참조.

72 전원열, "채권의 공동상속", 일감법학 제35호(2016), 232-233 참조.

73 日最判 2014. 2. 25., 日最判 2014. 12. 12.. 위 판결들의 사실관계 및 판시의 상세는, 전원열, "채권의 공동상속", 일감법학 제35호(2016), 235-237 참조.

므로, 준공유 법리로 규율하여야 할 것이다.[74] [75]

참고로 불가분채권(청약권)의 상속시에 공유 관련 규정에 의하여만 규율한 판례가 있다. 판례는, 상속인들이 피상속인의 청약권을 준공유하게 되고, 이는 전원이 공동으로만 행사하여야 하며, 그 청약의 이사표시에 대한 승낙의 의사표시를 구하는 소송은 청약권의 준공유자 전원이 원고가 되어야 하는 고유필수적 공동소송이라고 보았다.[76] [77]

나. 분할채무

1) 수인이 계약에 의하여 가분급부를 목적으로 하는 채무를 부담하는 경우

수인이 계약에 의하여 가분급부를 목적으로 하는 채무를 부담하는 경우, 명시적으로 연대 약정을 하거나 이를 불가분적으로 이행하겠다는 약정을 한 경우에는 이에 따라 연대채무 또는 불가분채무가 되고, 그러한 약정이 없을 경우에는 분할채무가 된다. 명시적인 의사표시가 없는 상황에서도 계약 전체의 사정을 종합하여 그러한 연대나 불가분의 '묵시적인 의사표시'를 인정할 수 있는지 혹은 연대를 추정할 수 있는지에 관하여, 학설은 대체로 긍정적이나 판례는 이러한 묵시적 의사표시를 인정하는 데에 매우 신중한 태도를 보이고 있음은 민법 제408조 Ⅳ. 1. 다.에서 본 바와 같다.

민법 제408조 Ⅳ. 1. 다.에 소개한 판례 외에도, 수인의 골재운송업자들이 그 운임합계액으로 소외회사로부터 약속어음 1매를 발행받아 그 어음을 각자 받을 몫의 금액으로 나눈 수매의 어음으로 할인받은 것이라면 위 소비대차관계는 그 성질상 불가분채무 또는 연대채무라고 볼 수 없어 당사자 간에 특별한 의사표시가 없는 한 채무자 각자가 각각 자기 몫으로 받은 어음액면금액 상당의 채무변제 책임만 지는 분할채무라고 본 경우,[78] 한 소송의 당사자들이 공동으로 동일한 변

74 권재문, "상속재산이 변형된 가분채권과 상속재산 분할 – 대법원 2016. 5. 4.자 2014스122 결정", 동북아법연구 제11권 제1호(2017), 273 이하.

75 일본 판례는 최근, 예금채권에 관하여는 아예 현금과 같이 보아 가분채권으로서 분할귀속되는 것이 아니라 상속인이 준공유한다고 보았다. 日最判 2016. 12. 19.. 그 사실관계와 판시는, 권재문, "상속재산이 변형된 가분채권과 상속재산 분할 – 대법원 2016. 5. 4.자 2014스122 결정", 동북아법연구 제11권 제1호(2017), 272-273 참조.

76 대법원 2003. 12. 26. 선고 2003다11738 판결.

77 최복규, "택지개발예정지구 내의 이주자택지 공급대상자 확정에 의하여 발행한 구체적인 수분양권에 기하여 이주자택지에 관한 공급계약을 체결할 수 있는 청약권을 공동상속한 경우 그 행사방법", 대법원판례해설 47호(2004.07), 300 이하.

78 대법원 1985. 4. 23. 선고 84다카2159 판결.

호사를 선임한 경우, 그 소송 결과에 따라 불가분적 이익을 향유하게 되거나 패소시 부진정연대채무를 부담하게 되더라도, 이것만으로는 소송위임계약에 따른 보수금지급채무를 연대 또는 불가분채무로 단정할 수 없다고 본 경우,[79] 말소되어야 할 하나의 등기가 수인의 명의로 되어 있는 경우 그 말소의무의 불이행으로 인한 손해배상채무를 분할채무로 본 경우[80] 등이 있다.

2) 수인이 법률의 규정에 의하여 채무를 부담하는 경우

수인이 법률의 규정에 의하여 가분급부를 목적으로 하는 채무를 부담하는 경우에는 분할채무가 성립하는 것이 원칙이다. 다만 공동불법행위의 경우 '연대하여' 손해배상책임을 부담한다는 명문의 규정이 있다(민법 제760조). 판례는 급부 자체가 가분적이라 하더라도 그 급부가 불가분적 권리의무에서 파생한 것이라면 경우에 따라 성질상 불가분채무라고 보고 있다(☞ 민법 제408조 Ⅳ. 1. 가. 및 민법 제408조, 제411조 주석 참조).

3) 채무를 공동으로 상속하는 경우

금전채무와 같이 급부의 내용이 가분인 채무가 공동상속된 경우, 이는 상속개시와 동시에 당연히 법정상속분에 따라 공동상속인에게 분할되어 귀속된다(준공유설에 의할 경우). 따라서 금전채무는 상속재산 분할의 대상이 될 여지가 없다.[81] 만약 이미 피상속인에 관하여 집행권원을 받아 둔 상태라면, 각 상속인의 상속분에 따라 분할된 금액을 기재하여 승계집행문을 받아 집행할 수 있다.[82]

판례는 소유권이전등기의무를 가분채무로 보아, 이를 공동상속한 경우, 공동상속인은 상속지분비율에 따라 소유권이전등기의무를 상속한다고 본다. 만약 공동상속인들 중 1인이 상속등기를 마친 후 다른 상속인들로부터 지분을 매수하여 단독소유자가 되었다고 하더라도 자신의 상속지분을 넘는 부분에 대하여는 소유권이전등기의무를 부담하지 않는다.[83] 다만 피상속인으로부터 매수한 부동산에 관하여 그 공동상속인들의 협의분할에 의하여 그 중 1인만이 단독으로 그 상속등기까지 마쳤다면 협의분할의 소급효에 의하여 나머지 공동상속인들은 이 사건 부

79 대법원 1993. 2. 12. 선고 92다42941 판결. 같은 취지로 대법원 2018. 5. 17. 선고 2016다35833 전원합의체 판결.
80 대법원 1959. 7. 16. 선고 4291민상546 판결.
81 대법원 1997. 6. 24. 선고 97다8809 판결.
82 대법원 2003. 2. 14. 선고 2002다64810 판결.
83 대법원 1979. 2. 27. 선고 78다2281 판결.

동산을 상속한 것이 아니고 등기명의자도 아니므로, 지분소유권이전등기절차를 이행할 의무가 없다.[84] [85]

V. 분할채권채무관계의 효력

1. 대외적 효력

가. 균등분할의 원칙

각 채권자 또는 각 채무자는 다른 특별한 의사표시가 없는 한 균등한 비율로 채권을 가지고 채무를 부담한다. 그러나 채권채무가 계약으로부터 발생하는 경우, 일반적으로 계약당사자가 분할비율을 정하게 된다. 다만 공동채권자 또는 공동채무자끼리의 내부적 합의는 거래상대방에게 주장할 수 없으므로, 대외적으로 이를 주장하기 위해서는 거래상대방과 합의하여야 한다.

나. 각 분할채권채무의 독립성 및 1인에 생긴 사유의 효력

각 채권자의 채권 또는 각 채무자의 채무는 각기 독립한 분할채권 또는 분할채무이다. 따라서 각 채권 또는 각 채무에 관하여 생긴 사유는 모두 상대적 효력만이 있다.

채권 소멸, 채무불이행, 경개, 혼동, 소멸시효 완성, 면제, 채권자지체 등도 모두 다른 채권자 또는 채무자에게 영향을 미치지 않는다. 1인에게 존재하는 무효나 취소의 원인도 그 분할채권자 1인에게만 영향을 미치고, 그 부분만 무효이거나 취소될 수 있다.[86]

각 채권자가 자신의 분할채권을 넘어 전체 채권에 이행청구하면 타인의 채권을 행사하는 것이 되며, 분할채권액을 초과하여 변제하였다면 그 초과액은 부당이득이 된다. 각 채무자가 자신의 부담부분을 넘어서 변제하면 타인의 채무의 변제가 되고, 분할채무의 독립성을 고려하면 그는 이해관계 없는 자(민법 제469조 제2항)이자 변제할 정당한 이익이 없는 자(제481조)에 해당할 것이나,[87]

84 대법원 1991. 8. 27. 선고 90다8237 판결.

85 위 판례에 대한 분석은, 김병선, "소유권이전등기의무의 공동상속에 관한 판례의 태도 —대판 1979. 2. 27, 78다2281 판결 및 대판 1991. 8. 27. 90다8237를 중심으로—", 법학연구 제21권 제2호(2013.4) 참조.

86 민법주해 X, 채권(3), 박영사(1995), 43(허만).

87 곽윤직, 채권총론(민법강의Ⅲ), 박영사(2018), 163; 송덕수, 채권법총론(제4판), 박영사(2018), 291.

다. 해제 및 동시이행

1) 분할채권관계가 한 개의 계약에 의하여 성립한 경우, 계약의 해제 또는 해지는 전원이 전원에 대하여 행사하여야 한다(민법 제547조). 이는 해제 또는 해지의 불가분성에 의한 것이다.

따라서 매매계약의 일방 당사자가 사망하였고 그에게 여러 명의 상속인이 있는 경우에 그 상속인들이 위 계약을 해제하려면, 상대방과 사이에 다른 내용의 특약이 있다는 등의 특별한 사정이 없는 한, 상속인들 전원이 해제의 의사표시를 하여야 한다.[88]

다만 하나의 부동산을 수인이 공유하는 경우 각 공유자는 각 그 소유의 지분을 자유로이 처분할 수 있으므로, 공유자 전원이 공유물에 대한 각 그 소유지분 전부를 형식상 하나의 매매계약에 의하여 동일한 매수인에게 매도하는 경우라도 당사자들의 의사표시에 의하여 각 지분에 관한 소유권이전의무, 대금지급의무를 불가분으로 하는 특별한 사정이 없는 한 실질상 각 공유지분별로 별개의 매매계약이 성립되었다고 할 것이고, 일부 공유자가 매수인의 매매대금지급의무 불이행을 원인으로 한 그 공유지분에 대한 매매계약을 해제하는 것은 가능하다고 본 판례가 있다.[89]

복수의 매도인이나 매수인이 있는 사안에서 어느 경우에 해당하는지는 구체적인 사안의 사실관계에 따라 판단하여야 할 것이다.

2) 분할채권관계가 매매와 같은 쌍무계약에 의하여 발생한 경우, 당사자 일방은 분할채권의 전부 또는 분할채무의 전부와 대가관계에 있는 채무 또는 채권 전부에 대하여 상대방의 이행의 제공이 있을 때까지 동시이행의 항변을 할 수 있다(민법 제536조)고 보는 것이 통설이다.[90] 이에 대하여, 분할채무에 대응하는 어느 한 쪽의 급부가 불가분이면 그 분할채무자 전원으로부터의 이행이 있을 때까지 불가분급부의 이행을 거절할 수 있지만, 반대채무도 가분인 경우에는, 분할채권관계의 독립성에 비추어 이행을 제공하지 않은 자에 대한 그 부분 급부를 거절할

88 대법원 2013. 11. 28. 선고 2013다22812 판결.

89 대법원 1995. 3. 28. 선고 94다59745 판결. 단 위 판결은 전체적인 계약 내용에 비추어 지분별로 별개의 매매계약이 성립한 것이 아니라 소유권이전의무와 대금지급의무를 불가분으로 하는 하나의 매매계약이 성립하였다고 보아, 결국 지분에 대하여만 매매계약을 해제할 수는 없다고 판단하였다.

90 민법주해 X, 채권(3), 박영사(1995), 39(허만); 주석 민법, 채권총칙(2)(제4판), 한국사법행정학회(2013), 405(문홍안).

수 있다는 견해도 있다.[91]

라. 소송에서의 분할채권관계

수인의 채무자를 공동피고로 하여 일정금액을 소구하는 경우에, 그 채권관계가 연대채무 또는 불가분채무라는 주장을 하지 않는 이상 각 공동피고에 대하여 균등분할된 일정금액을 청구하는 것으로 해석된다.

만약 피고가 2인인 경우 주문에서 "피고들은 원고에게 1,000만 원을 지급하라."고 명하였다면, 분할채무의 원칙에 따라 피고별로 그 균분액의 지급을 명하는 의미가 되어, 결국 이 경우 피고 각각은 그 1인당 균분액인 500만 원씩의 지급의무를 각 부담하게 된다. 실무에서는 이와 같은 경우 주문의 명료성을 제고하는 차원에서 그 균분액을 주문상에 분명하게 명시하여 "피고들은 원고에게 각 500만 원을 지급하라."는 주문을 내는 것이 옳다고 한다.[92]

2. 대내적 효력

민법 제408조는 분할채권관계에 있어서 분할채권자 또는 분할채무자와 그 상대방 간의 관계를 규정한 것에 불과하고, 분할채권자 상호간 또는 분할채무자 상호간의 내부관계까지 규정한 것은 아니다. 그러나 특별한 의사표시나 사정이 없는 한, 대내관계에서도 그 비율이 균등하다고 추정하는 것이 당사자의 의사나 공평의 관념에 적합할 것이다.

만약 공동채무자 중 1인이 대외적으로 균분추정에 따라 대내적 부담비율 이상으로 변제하였다면 다른 채무자에게 이를 구상할 수 있고, 공동채권자 중 1인이 대내적 취득비율을 초과하여 변제를 수령하였다면 다른 채권자에게 부당이득을 반환하여야 할 것이다.

91 김형배, 채권총론(제2판), 박영사(1998), 484; 양창수, "[논점강좌 민법] 분할채권·분할채무", 고시연구 25권 2호(1998), 138.

92 김미리, "복수의 채무자 사이 채무중첩관계에 관한 새로운 주문표시 방법과 관련 기재례", 청연논총 제13집(2016년), 16-17.

제 2 관 불가분채권과 불가분채무

제 409 조 [불가분채권]

채권의 목적이 그 성질 또는 당사자의 의사표시에 의하여 불가분인 경우에 채권자가 수인인 때에는 각 채권자는 모든 채권자를 위하여 이행을 청구할 수 있고 채무자는 모든 채권자를 위하여 각 채권자에게 이행할 수 있다.

[참고문헌] 민법주해 X, 채권(3), 박영사(1995); 주석 민법, 채권총칙(2)(제4판), 한국사법행정학회(2013); 김성수, "일본 개정민법(채권법)(2017년)의 다수당사자의 채권관계", 법학연구(연세대학교 법학연구원) 제30권 제1호(2020. 3.); 이은희, "프랑스민법상 불가분채권관계", 민사법학 제89호(2019); 이은희, "임대차에 있어서 다수당사자의 채권관계", 아세아여성법학 제22호(2019); 황재훈, "프랑스법상 연대채권·채무", 저스티스 제175호(2019).

Ⅰ. 불가분채권의 의의 및 기능

1. 의의

채권의 목적인 급부가 그 성질 또는 당사자의 의사표시에 의하여 불가분이고 채권자가 다수인 경우, 채무자로서는 이를 분할하여 이행할 수 없고, 채권자들 또한 분할하여 급부를 수령할 수 없다. 이에 따라 각 채권자 중 1인이 모든 채권자를 위하여 이행을 청구할 수 있고, 채무자 또한 모든 채권자를 위하여 각 채권자에게 이행할 수 있도록 한 것이다.

불가분채권관계는 기본적으로 다수당사자 사이의 채권관계이므로 당사자에 따라 각각 독립된 채권관계이지만 단지 그 급부가 불가분인 관계로 상호간에 제약을 받을 뿐이다. 따라서 급부가 가분으로 바뀌면 보통의 분할채권관계로 변경된다(민법 제412조).

불가분채권은 성격상 연대채권, 부진정연대채권과 유사하다. 연대채권은 채권자 각자가 독립해서 전부의 급부를 청구할 수 있고 한 채권자에게 변제함으로써 모든 채권자의 채권이 소멸한다는 점에서 같다. 그러나 불가분채권 중에서도 급부가 성질상 불가분인 경우가 아니라 당사자의 의사표시에 의하여 불가분으로 된 경우에는 연대채권과 구별하기가 용이하지 않을 것이다. 뒤에서 보는 일본 개정 민법의 경우에는 아예 불가분채권을 급부의 성질상 불가분인 경우로 한정하였다.

2. 기능

불가분채권은 채권자 각자가 단독으로 청구 및 수령할 권한을 가지고 있기 때문에 채권자 각자의 권리행사가 용이하고, 채무자도 채권자 중 한 사람을 임의로 선택하여 채무를 이행할 수 있으므로 편리하다. 그러나 채권자 상호 간에서 이행된 급부를 분배하는 일이 남는다.

불가분채무의 경우 채권의 인적 담보력을 실질적으로 강화하는 효과가 있으나, 불가분채권은 앞서 본 바와 같이 이행청구와 채무이행의 편의성 외에 큰 장점이 없으므로, 실무상의 중요성은 떨어진다.

3. 비교법적 검토

가. 독일 민법 제432조는 급부가 불가분이고 복수의 채권자가 있는 경우, 그 채권자가 연대채권자가 아닌 한 채무자는 모두에 대하여만 이행할 수 있고, 채권자 중 1인은 모든 채권자에게 이행할 것을 청구하거나 모든 채권자를 위하여 공탁할 것을 청구할 수 있으며, 불가분채권자 중 1인에 생긴 사유는 상대적 효력만 있다고 규정한다. 즉 불가분채권자 중 1인이 단독원고가 되어 소를 제기할 수는 있으나, 그 이행은 불가분채권자 전원에 대하여 하도록(혹은 공탁하거나 법원이 임명한 보관인에게 하도록) 청구하여야 한다.[1] 불가분채무의 경우에는 제431조에서 연대채무자로서의 책임을 부담한다고 규정한다.

나. 프랑스 개정 민법[2]은 제1309조 제3항에서 급부가 불가분인 경우를 분할채권관계의 예외로 규정하고, 다시 제1320조에서 불가분채권채무관계에 관하여 별도의 규정을 두고 있다.[3]

제1320조

① 성질 또는 계약으로 불가분인 급부를 목적으로 하는 채권관계의 각 채권자는 전부의 변제를 청구하여 수령할 수 있으며, 다른 채권자에게 정산하

1 MüKoBGB / Heinemeyer, 8th edition 2019, BGB § 432 Rn. 1-3.
2 Ordonnance n° 2016-131(2016. 2. 10.), 2017. 10. 1. 시행.
3 이은희, "프랑스민법상 불가분채권관계", 민사법학 제89호(2019), 59-60의 번역에 의함.

여야 한다. 그러나 채권자는 단독으로 그 채권을 처분하거나 물건 대신 대금을 수령할 수 없다.

② 위 채권관계의 각 채무자는 그 전부에 대해 의무를 부담한다. 그러나 다른 채무자에게 그들의 부담부분을 구상할 권리가 있다.

③ 위 채권자와 채무자의 각 상속인에 대하여도 마찬가지이다.

제1320조는 프랑스 구 민법의 제1217조부터 제1225조까지를 통합한 것이다. 우리 민법과 명백히 다른 부분은 제1320조 제1항 단서에서 "채권자는 단독으로 그 채권을 처분하거나 물건 대신 대금을 수령할 수 없다."고 규정한 것인데, 이는 채권의 불가분성으로 인하여 불가피하게 준공유관계가 발생하고, 그 결과 공동채권자 중 1인이 단독으로 불가분채권을 처분할 수 없음을 명확히 한 것으로, 프랑스 구 민법에도 유사한 취지의 조항이 있었으나 더 간명하게 정리되었다.[4]

다. 일본

일본 구 민법[5]은 제428조에서 불가분채권에 관하여 우리 민법 제409조와 거의 동일한 조항을 두고 있었으나, 개정 민법에서는 더 이상 당사자의 의사표시에 의한 불가분채권은 인정하지 않고, 오로지 급부의 성질에 따른 불가분채권만 인정한다. 만약 가분급부를 목적으로 하는 것이고 계약에 의해 각 채권자가 모든 채권자를 위하여 전부 또는 일부의 이행을 청구할 수 있고, 채무자가 모든 채무자를 위하여 각 채권자에게 이행을 할 수 있는 것으로 하였다면, 개정법에서는 신설된 연대채권 규정에 따라 연대채권으로 처리한다. 또한 연대채권자 중 1인에게 경개, 면제, 혼동이 발생한 경우의 효력에 관한 규정(일본 개정 민법 제433조와 제435조)을 제외하고는, 연대채권의 규정을 불가분채권의 경우에 준용하고, 불가분채권자 중 1인과 채무자 사이에 경개, 면제가 있던 경우는 일본 구 민법의 규율을 그대로 따르고 있다.[6]

불가분채무의 경우에도, 구 민법에서의 당사자의 의사표시에 의한 불가분채

4 프랑스 민법상의 불가분채권관계의 상세에 관하여는 이은희, "프랑스민법상 불가분채권관계", 민사법학 제89호(2019) 참조; 프랑스 민법상의 불가분채권채무관계와 연대채권채무관계의 전체적인 비교에 관하여는, 황재훈, "프랑스법상 연대채권·채무", 저스티스 제175호(2019) 참조.

5 2017(平成29년). 5. 16. '민법의 일부를 개정하는 법률(2017년 법률 제44호)'에 의하여 개정되기 전의 것. 이하 '일본 구 민법'이라고만 한다.

6 김성수, "일본 개정민법(채권법)(2017년)의 다수당사자의 채권관계", 법학연구(연세대학교 법학연구원) 제30권 제1호(2020. 3.), 193-196 참조.

무는 더 이상 인정하지 않고 채무의 목적이 불가분인 경우로 한정하며, 그 규율에 관하여는 대체로 연대채무에 관한 규정을 준용하는 것으로 개정이 이루어졌다.[7]

Ⅱ. 불가분채권의 성립

1. 성질상의 불가분채권

급부의 성질상 그 급부가 불가분인 경우이다. 가분급부란 급부의 성질 또는 가치를 손상시키지 않고 여러 개의 급부로 분할하여 이행할 수 있는 것을 말하는데, 성질상의 불가분채무란 그 역으로 이를 분할하여 이행할 경우 급부의 성질이나 가치가 손상되는 경우를 말한다. 액면, 무게, 면적, 용량 등으로 나눌 수 있는 급부라면 가분이라고 볼 수 있다.[8] 종류물이 아닌 특정 동산의 소유권이전이나 인도는 불가분급부라 할 것이고, 부작위의무 이행, 서비스계약 등의 '하는 채무'도 불가분인 경우가 많을 것이나, 급부의 구체적인 내용에 따라 달라질 수 있다.[9]

공유자의 공유물반환청구권, 토지공유자의 건물철거 및 토지인도청구권, 임대인이 여럿인 경우의 건물명도청구권 등은 성질상의 불가분채권에 속한다고 설명된다.[10] 단 우리 판례는 공유물에 관한 대부분 사건에서 공유물 보존행위의 법리를 통하여 공유자 중 1인이 보존행위로서 공유물 전부에 대하여 방해배제청구를 할 수 있다고 판시하여 왔다.[11] 다만 판례는, 공유물에 끼친 불법행위를 이유로 하는 손해배상청구권은 특별한 사유가 없는 한 각 공유자가 지분에 대응하는 비율의 한도내에서만 이를 행사할 수 있다고 본다.[12]

그 밖에 임대차계약에 따라 공동임대인이 가지는 불가분적 권리, 즉 임대차기간 중 임차인이 목적물을 선량한 관리자로서의 주의를 기울여 보존할 것을 요구할 권리, 임차인에게 용법을 준수할 것을 요구할 권리, 임대차가 종료한 때에

7 채무자 1인에 관하여 생긴 사항이 절대적 효력이 있는지 상대적 효력이 있는지에 관하여는 김상수, "일본 개정민법(채권법)(2017년)의 다수당사자의 채권관계", 법학연구(연세대학교 법학연구원) 제30권 제1호(2020. 3.), 159-160의 표 참조.

8 MüKoBGB / Heinemeyer, 8th edition 2019, BGB § 420 marg. 4, 5.

9 살아있는 말을 인도하라는 급부, 건물 신축공사 도급계약에 따른 건물 완성 및 인도청구권 등. 이은희, "프랑스민법상 불가분채권관계", 민사법학 제89호(2019), 66 이하.

10 주석 민법, 채권총칙(2)(제4판), 한국사법행정학회(2013), 409(문흥안).

11 대부분의 판례는 공유자 중 1인(소수지분권자)이 공유물을 독점적으로 사용하는 다른 공유자(소수지분권자)를 상대로 방해배제청구를 할 수 있는가에 관한 것인데, 이에 관하여는 최근 인도청구는 할 수 없다는 전원합의체 판결이 내려졌다. 대법원 2020. 5. 21. 선고 2018다287522 판결.

12 대법원 1970. 4. 14. 선고 70다171 판결.

임차인으로부터 목적물을 반환받을 권리, 임차인이 수인인 경우, 공동임차인들이 임대인에게 임차목적물의 인도를 요구할 권리 등은 불가분채권의 예로 들 수 있다.[13]

본래의 급부가 불가분인 경우 이로부터 파생되는 손해배상청구권이나 부당이득반환청구권 등이 불가분인가에 관하여는 논란이 있는데, 이에 관하여는 불가분채무 부분에서 살펴본다.

2. 의사표시에 의한 불가분채권

당사자가 특약으로 불가분채권으로 약정하는 것은 자유이나, 이러한 특약은 우리나라 실무상 흔하지 않다. 프랑스에서는 불가분채권 또는 불가분채무의 채무불이행 시 발생하는 손해배상채권 또한 불가분급부로 약정함으로써, 본래의 불가분급부가 가분급부로 변형되었을 때 불가분성이 유지될 수 있도록 하는 경우가 있다.[14]

앞서 본 바와 같이 일본 개정 민법에서는 의사표시에 의한 불가분채권을 더 이상 인정하지 않고, 기존의 불가분채권과 같은 내용의 약정을 한 경우 연대채권 관계로 규율한다.

Ⅲ. 불가분채권의 효력

1. 대외적 효력

불가분채권자는 각자가 단독으로 채무자에 대하여 자기에게 전부의 급부를 청구할 수 있다. 따라서 소의 제기나 강제집행 등도 채권자 1인이 단독으로 할 수 있고, 이러한 청구는 다른 채권자에 대하여도 효력을 갖는다(절대적 효력). 이행청구로 인한 이행지체, 시효중단의 효력도 절대적이다.[15]

이에 대하여는, 독일 민법 제432조와 같이 채권자 1인이 단독으로 이행청구를 할 수 있되 그 이행은 총채권자에게 하도록 규정하는 것이 바람직하다는 입법론적 비판이 있다.[16]

채무자는 임의의 채권자를 선택하여 그에게 이행할 수 있고 그 효력은 다른

13 이은희, "임대차에 있어서 다수당사자의 채권관계", 아세아여성법학 제22호(2019), 85.
14 황재훈, "프랑스법상 연대채권·채무", 저스티스 제175호(2019), 156 이하.
15 주석 민법, 채권총칙(2)(제4판), 한국사법행정학회(2013), 410(문홍안).
16 민법주해 X, 채권(3), 박영사(1995), 49(허만).

채권자에게도 미친다(☞ 그 외 1인의 채권자에 생긴 사항의 효력은 민법 제410조 주석 참조).

2. 대내적 효력

불가분채권자 간의 대내적 효력에 관하여는 명문의 규정이 없다. 그러나 급부의 이행을 받은 채권자는 이를 채권자들 사이의 내부관계 비율에 따라 분할하여야 한다는 데에 이론이 없다. 내부적 비율은 균등한 것으로 추정한다.[17]

17 민법주해 X, 채권(3), 박영사(1995), 50(허만); 주석 민법, 채권총칙(2)(제4판), 한국사법행정학회(2013), 410(문홍안).

제 410 조 [1 인의 채권자에 생긴 사항의 효력]

① 전조의 규정에 의하여 모든 채권자에게 효력이 있는 사항을 제외하고는 불가분채권자중 1인의 행위나 1인에 관한 사항은 다른 채권자에게 효력이 없다.

② 불가분채권자 중의 1인과 채무자간에 경개나 면제있는 경우에 채무전부의 이행을 받은 다른 채권자는 그 1인이 권리를 잃지 아니하였으면 그에게 분급할 이익을 채무자에게 상환하여야 한다.

[참고문헌] 민법주해 X, 채권(3), 박영사(1995); 주석 민법, 채권총칙(2)(제4판), 한국사법행정학회(2013); 곽윤직, 채권총론(민법강의Ⅲ), 박영사(2018); 상용, 채권총론(제3판), 화산미디어(2016); 김용한, 채권법총론, 박영사(1988); 김증한/김학동, 채권총론(제6판), 박영사(1998); 김형배, 채권총론(제2판), 박영사(1998); 박종두/박세욱, 채권법총론(제4판), 삼영사(2014); 송덕수, 채권법총론(제4판), 박영사(2018); 양형우, 민법의세계(이론과 판례)(제11판), 피앤씨미디어(2019); 정기웅, 채권총론(제2전정판), 법문사(2014).

Ⅰ. 1인의 채권자에게 생긴 사항의 효력

불가분채권관계에서 각 채권자는 독립적으로 채무자에게 불가분급부 전체의 이행을 청구할 수 있으므로, 한 채권자에 대하여 생긴 사항은 다른 채권자에게는 효력이 없는 것이 원칙이다. 제410조 제1항은 이를 규정하고 있다.

다만 경개나 면제의 경우 채권자들 간의 내부적 이익조정이 문제되므로, 이에 관하여는 제2항에서 별도의 규정을 두고 있다.

Ⅱ. 절대적 효력이 생기는 사항

민법 제409조에 따라 채권자 1인은 모든 채권자를 위하여 이행을 청구할 수 있고, 채무자 또한 채권자 중 1인에게 이행함으로써 채무 전부를 면할 수 있으므로, 이행청구나 이행과 관련된 사항들은 절대적 효력이 있다.

따라서 채권자 1인이 이행청구하면 모든 채권자들에 대하여 시효중단의 효력이 있고, 이행청구에 따른 이행지체의 효력도 모든 채권자들에 대하여 발생한다. 채무자는 채권자 중 1인에게 변제를 제공함으로써 모든 채권자들을 수령지체에 빠지게 할 수 있다.[1] 채무자가 채권자 중 1인에게 적법하게 공탁하였다면 그로써 변제의 효력이 모든 채권자에게 발생한다. 채무자가 공탁요건을 갖추지 못하고 공탁하였는데 피공탁자로 기재된 채권자 중 1인이 이의 유보 없이 이를 수령하였다면 그로 인한 변제의 효과도 채권자들 전원에게 생긴다.

Ⅲ. 상대적 효력이 생기는 사항

1. 원칙적인 상대적 효력

본조는 제409조에서 규정한 것 외에는 채권자 1인에 대하여 생긴 사항은 다른 채권자에게는 효력이 없다고 하여 상대적 효력이 원칙임을 규정하고 있다. 따라서 경개, 면제, 대물변제, 상계와 같은 행위 또는 시효완성이나 혼동과 같은 사항은 각각의 해당 채권자에 대하여만 효력이 있다는 것이 통설이다.[2]

2. 채무자에 대한 이익의 상환

가. 채권자 한 사람과 채무자 사이에 경개 또는 면제가 행해진 경우에도, 상대적 효력의 원칙에 따라 경개 또는 면제에 의한 채권소멸의 효과는 다른 채권자에게 미치지 않고, 다른 채권자는 여전히 불가분채권 전부의 이행을 채무자에게 청구할 수 있다. 그러나 그로 인한 채무자의 불이익은 조정되어야 한다. 민법 제410조 제2항은 이 때 전부의 변제를 받은 채권자가 이익을 내부적으로 다른 채권자에게 분급하고 그 다른 채권자가 다시 이를 채무자에게 반환하는 것으로 처리하지 않고 별도의 규정을 두어 전부 변제를 받은 채권자가 다른 채권자에게 분급할 이익을 직접 채무자에게 상환하도록 한 것이다.[3]

불가분채권의 성질에 비추어 각 채권자는 그 급부 전부를 불가분적으로 변제받고자 하는 것이므로, 이는 그대로 채권자가 보유하는 것이 타당하고,[4] 따라서 상환하여야 할 이익은 지분적 이익이 아니라 그 가액이익이다.[5] 예를 들어, 갑과

1 다만 제409조에서는 '이행제공'이 아니라 '이행'만을 규정하고 있다는 점을 들어, 이행제공에 관하여 절대적 효력을 부정하는 견해도 있다고 한다. 민법주해 X, 채권(3), 박영사(1995), 51(허만)에 인용된 각주 1) 참조.

2 민법주해 X, 채권(3), 박영사(1995), 51(허만).

3 민법주해 X, 채권(3), 박영사(1995), 52(허만); 주석 민법, 채권총칙(2)(제4판), 한국사법행정학회(2013), 412(문흥안).

4 김증한/김학동, 채권총론(제6판), 박영사(1998), 223.

5 이설 없음.

을이 병으로부터 1억 원에 경주마를 매수하였는데 그 중 을이 채무를 면제하였다면, 단독으로 경주마를 인도받은 갑은 병에게 경주마에 대한 1/2의 공유지분을 상환하는 것이 아니라 가액의 1/2인 5,000만 원을 상환하여야 한다.

상환의무는 채무자의 이행이 있는 경우에 비로소 성립하므로, 채무자는 동시이행의 항변을 하거나 미리 상환받을 금액의 공제를 주장할 수 없다.[6]

나. 민법 제410조 제2항은 경개와 면제에 관하여만 규정하고 있으나, 통설은 혼동, 상계, 대물변제, 시효완성 등 다른 상대적 효력이 있는 사항의 경우에도 역시 내부적 조정 문제가 발생하므로 제410조 제2항이 유추적용되어야 한다고 해석한다.[7]

혼동의 경우, 예를 들어 갑과 을이 병으로부터 1억 원에 경주마를 매수하였는데 병이 사망하여 을이 채무자 병을 상속하였고 갑이 을로부터 급부 전부를 이행받았다면, 갑이 을에게 민법 제410조 제2항을 적용하여 가액이익인 5,000만 원을 상환하여야 한다는 견해와,[8] 을은 채무자로서의 지위와 불가분채권자로서의 지위를 모두 가지고 있으므로 그의 선택에 따라 채무자로서 5,000만 원의 가액이익을 상환받는 것과 내부관계에 따른 분급으로 경주마에 대한 1/2 지분을 분급받는 것 중에서 선택할 수 있다는 견해[9]가 있다.

6 민법주해 X, 채권(3), 박영사(1995), 52(허만); 주석 민법, 채권총칙(2)(제4판), 한국사법행정학회(2013), 412(문흥안).

7 민법주해 X, 채권(3), 박영사(1995), 52(허만); 주석 민법, 채권총칙(2)(제4판), 한국사법행정학회(2013), 412(문흥안); 곽윤직, 채권총론(민법강의Ⅲ), 박영사(2018), 166; 송덕수, 채권법총론(제4판), 박영사(2018), 293; 박종두/박세욱, 채권법총론(제4판), 삼영사(2014), 313 등.

8 곽윤직, 채권총론(민법강의Ⅲ), 박영사(2018), 166; 김용한, 채권법총론, 박영사(1988), 296; 주석 민법, 채권총칙(2)(제4판), 한국사법행정학회(2013), 456(제철웅) 등.

9 민법주해 X, 채권(3), 박영사(1995), 52-53(허만); 주석 민법, 채권총칙(2)(제4판), 한국사법행정학회(2013), 412(문흥안); 김형배, 채권총론(제2판), 박영사(1998); 김상용, 채권총론(제3판), 화산미디어(2016), 268; 정기웅, 채권총론(제2전정판), 법문사(2014), 283; 양형우, 민법의세계(이론과 판례)(제11판), 피앤씨미디어(2019), 987 등.

제 411 조 [불가분채무와 준용규정]

수인이 불가분채무를 부담한 경우에는 제413조 내지 제415조, 제422조, 제424조 내지 제427조 및 전조의 규정을 준용한다.

[관련조문] 민법 제409조(불가분채권), 제410조(1인의 채권자에 생긴 사항의 효력), 제413조(연대채무의 내용), 제414조(각 연대채무자에 대한 이행청구), 제415조(채무자에 생긴 무효, 취소), 제416조(이행청구의 절대적 효력), 제417조(경개의 절대적 효력), 제418조(상계의 절대적 효력), 제419조(면제의 절대적 효력), 제420조(혼동의 절대적 효력), 제421조(소멸시효의 절대적 효력), 제422조(채권자지체의 절대적 효력), 제423조(효력의 상대성의 원칙), 제424조(부담부분의 균등), 제425조(출재채무자의 구상권), 제426조(구상요건으로서의 통지), 제427조(상환무자력자의 부담부분).

[참고문헌] 민법주해 X, 채권(3), 박영사(1995); 주석 민법, 채권총칙(2)(제4판), 한국사법행정학회(2013); 사법연수원, 민사실무(2)(2019); 곽윤직, 채권총론(민법강의Ⅲ), 박영사(2018); 김증한/김학동, 채권총론(제6판), 박영사(1998); 김상용, 채권총론(제3판), 화산미디어(2016); 김준호, 채권법(제10판), 법문사(2019); 김형배, 채권총론(제2판), 박영사(1998); 이은영, 채권총론(제4판), 박영사(2009); 송덕수, 채권법총론(제4판), 박영사(2018); 김형배, 채권총론(제2판), 박영사(1998); 양형우, 민법의세계(이론과 판례)(제11판), 피앤씨미디어(2019); 정기웅, 채권총론(제2전정판), 법문사(2014); 지원림, 민법강의 제17판, 홍문사(2020); 김미리, "복수의 채무자 사이 채무중첩관계에 관한 새로운 주문표시 방법과 관련 기재례", 청연논총 제13집, 사법연수원(2016).

Ⅰ. 불가분채무의 의의와 기능

1. 의의

불가분채무라 함은 나누어 이행할 수 없는 급부를 목적으로 하는 수인의 채무를 말한다. 불가분채무에는 불가분채권과 마찬가지로 성질상의 불가분채무와 의사표시에 의한 불가분채무가 있다.

불가분채무에 관하여는 민법 제411조에 의하여 연대채무의 일부 규정이 준용되어, 연대채무와 마찬가지로 1인의 채무자가 이행하면 다른 채무자도 그 의무를 면하고, 채권자가 어느 불가분채무자에 대해 채무 전부의 이행을 청구할 수 있으며(제413조, 제414조), 그 내부적 구상관계도 역시 연대채무와 같이 규율한다(제424

조 내지 제427조). 그러나 채무자 중 1인에 관하여 생긴 사유의 효력에 관하여는 채권자지체(제422조)를 제외하고는 연대채무의 절대적 효력에 관한 규정(제416조 내지 제421조)이 준용되지 않고 그 대신에 제410조가 준용되어, 결국 이행에 관한 절대적 효력(제410조), 채권자지체의 절대적 효력(제422조)에 관하여만 명문의 규정으로 절대적 효력이 인정된다. 이에 따라 그 밖의 사유에 대해서도 절대적 효력을 추가로 인정할 수 있는가에 대하여 논란이 있다(☞ 자세한 내용은 민법 제3편 제1장 제3절 제3관 연대채무 [총설] 참조).

또한 급부의 성질이나 당사자의 의사표시 해석상 어느 경우를 불가분급부로 인정할 것인지도 문제된다.

2. 비교법적 검토

독일은 불가분채무에 관하여 연대채무자로서의 책임을 진다고 규정하고(제431조), 일본 개정 민법도 불가분채무에 관하여 제430조에서 연대채무에 관한 규정을 준용하고 있다. 반면 프랑스 개정 민법은 제1320조에서 불가분채권채무에 관하여 독자적인 규정을 두고 있다(☞ 자세한 내용은 민법 제408조 Ⅰ. 3. 주석 참조).

3. 기능

불가분채무는 채무자 각자가 전체에 대한 채무를 이행하여야 하므로 사실상 인적 담보의 기능을 가지고 있다. 그리고 채무자 1인에 관하여 생긴 사항 중 절대적 효력이 인정되는 경우가 연대채무보다 적어, 담보적 기능이 연대채무보다 강하다고 할 수 있다. 이에 따라 급부가 성질상의 불가분이라고 해석하는 경우를 확대하거나, 당사자의 묵시의 의사표시에 의한 불가분채무를 인정함으로써, 분할채무의 단점을 보완하고 채권의 실효성을 강화하자는 논의가 있다(☞ 민법 제408조 Ⅲ. 주석 참조).

Ⅱ. 불가분채무의 성립

1. 성질상의 불가분채무

가. 어떠한 급부가 성질상 불가분인가에 관하여는 제408조 주석 참조. 단 채무자들이 함께 공연을 하는 경우와 같이 채무자 1인이 각자 전부의 이행을 할 수는 없고, 채무자들 전원이 협동하여야만 채무의 목적을 달성할 수 있는 경우, 채

무자 1인에게 전부 이행을 청구할 수는 없으므로, 이는 일반적인 불가분채무와는 달리 보아야 한다고 하면서, 이를 공동채무의 새로운 유형인 '협동채무'로 보아야 한다는 견해가 있다.[1] 그러나 우리나라에서는 특별히 이 개념을 인정할 실익이 없을 것이다.[2]

급부의 가분성은 원칙적으로 급부의 물리적, 자연적 성질에 의하여 결정되지만, 학설은 그 외에도 당사자의 의사 및 거래의 실정 등을 종합적으로 고려하여야 한다고 본다.[3] 판례도 이러한 학설에 따라 급부 자체가 가분적인 경우까지도 해석상 불가분채무로 본 경우가 있다.

나. 판례가 그 자체로는 가분성이 있는 채무를 성질상의 불가분채무로 인정한 대표적인 경우를 살펴보면 다음과 같다.

1) 건물의 공유자가 공동으로 건물을 임대하고 보증금을 수령한 경우, 특별한 사정이 없는 한 그 임대는 각자 공유지분을 임대한 것이 아니고 임대목적물을 다수의 당사자로서 공동으로 임대한 것이므로 그 보증금 반환채무는 성질상 불가분채무라고 본다.[4]

2) 공유자가 공유물에 대한 관계에서 부당이득을 한 경우 그 부당이득반환의무는 불가분적 채무라고 본다. 판례는 공유자가 그 지상에 타인에 의하여 식재된 수목을 부합에 의하여 취득하게 된 경우의 부당이득반환의무,[5] 시유지를 공유물의 주차장으로 사용함으로써 공유자들이 부과받은 변상금납부의무,[6] 토지거래허가구역 내 토지의 매매계약이 확정적으로 무효가 됨으로써 매도인들이 부담하는 매매대금반환의무,[7] 대지사용권이 없는 전유부분의 공유자가 대지 소유자에게 반환하여야 하는 그 전유부분 비율의 차임 상당 부당이득반환의무[8] 등을 모두 성질상의 불가분채무로 보았다.

1 민법주해 X, 채권(3), 박영사(1995), 55, 59(허만).

2 제철웅, "'수인의 채무자 있는 채권관계'의 이해에 대한 비판적 검토", 비교사법 제15권 제1호(2007), 47.

3 민법주해 X, 채권(3), 박영사(1995), 23-24(허만); 주석 민법, 채권총칙(2)(제4판), 한국사법행정학회(2013), 398(문홍안).

4 대법원 1998. 12. 8. 선고 98다43137 판결, 대법원 2017. 5. 30. 선고 2017다205073 판결.

5 대법원 1980. 7. 22. 선고 80다649 판결.

6 대법원 1992. 9. 22. 선고 92누2202 판결.

7 대법원 1997. 5. 16. 선고 97다7356 판결.

8 대법원 2018. 6. 28. 선고 2016다219419, 219426 판결.

3) 산업재해보상보험법 제6조 제1항의 규정에 의하여 보험가입자가 되는 사업의 사업주가 여러 사람인 경우 공동사업자들이 부담하는 보험료채무[9] 또는 국민건강보험법에 따라 공동사용자가 근로자들과 관련하여 부담하는 보험료 납부의무[10] 등 일정한 공법상 납부의무 또한 불가분채무로 본다.[11]

불가분채무의 범위를 확대하는 이러한 판례의 태도에 대하여, 담보력 강화 측면에서 찬성하는 견해와 채무의 본질과 다르게 불가분채무를 확대하는 것은 타당하지 않다고 비판하는 견해가 있음은 앞서 민법 제408조 Ⅲ.에서 살펴본 바와 같다.

다. 한편 판례는 부동산 소유권이전등기의무를 원칙적으로 가분채무로 보아, ①토지의 매도인은 2인의 공동매수인에게 특별한 사정이 없는 한 각 1/2씩의 지분권에 관하여 각 소유권이전등기절차를 이행할 의무가 있고,[12] ②매매계약에 따른 소유권이전등기의무를 공동상속한 경우, 공동상속인은 상속지분비율에 따라 소유권이전등기의무를 상속하며,[13] ③공유토지의 일부에 대하여 취득시효가 완성된 경우, 시효취득자는 각 공유자별로 그 각 지분에 관한 소유권이전등기청구권을 가지며,[14] ④하나의 부동산을 수인이 공유하는 경우 공유자 전원이 공유물에 대한 각 그 소유지분 전부를 형식상 하나의 매매계약에 의하여 동일한 매수인에게 매도하는 경우라도 당사자들의 의사표시에 의하여 각 지분에 관한 소유권이전의무, 대금지급의무를 불가분으로 하는 특별한 사정이 없는 한 실질상 각 공유지분별로 별개의 매매계약이 성립되었다고 보아야 하고, 따라서 해제도 각자가 그 지분에 관하여 할 수 있다고[15] 보았다. 판례가 이렇게 보는 것은 특정물인 동산과는 달리 토지는 분할할 수 있다고 보기 때문이다.

9 대법원 1994. 6. 24. 선고 93누6782 판결.

10 대법원 2008. 5. 29. 선고 2006두8419 판결, 대법원 2009. 4. 9. 선고 2008두23153 판결.

11 한편 판례는 건축물을 공동으로 건축하는 사업자가 과오납한 기반시설부담금의 환급금채권도 불가분채권으로 본다. 대법원 2019. 10. 18. 선고 2019두39833 판결.

12 대법원 1981. 2. 24. 선고 79다14 판결.

13 대법원 1979. 2. 27. 선고 78다2281 판결.

14 대법원 1994. 12. 27. 선고 93다32880, 93다32897 판결.

15 대법원 1995. 3. 28. 선고 94다59745 판결. 단 위 판결은 전체적인 계약 내용에 비추어 지분별로 별개의 매매계약이 성립한 것이 아니라 소유권이전의무와 대금지급의무를 불가분으로 하는 하나의 매매계약이라고 보아, 결국 지분에 대하여만 매매계약을 해제할 수는 없다고 보았다.

라. 판례는 건물의 공동상속인이 토지 소유자에 대하여 부담하는 건물철거의무에 대하여, 지분의 한도 내에서만 철거의무를 부담한다고 본다.[16] 그러면서도 그 건물철거의무 자체의 성격은 불가분채무라고 본다.[17] 이에 따라, 피고들은 각자가 건물 전체에 관하여 철거의무를 부담하지만, 피고들은 각지 그 지분의 한도 내에서 건물 전체에 관한 철거의무를 진다는 취지이지 피고들에게 공동 상속인들의 다른 한 사람인 소외 2의 고유지분에 관하여서까지 그 철거의무를 부담시키는 것은 아니고,[18] 그 소송의 성격은 필수적 공동소송이 아니라고 한다.[19] 즉 판례에 따르면 위 건물공유자들은 각기 지분에 관하여 건물 전체의 철거의무를 부담하나 (이는 건물철거의무가 그 자체로 불가분적 성격을 띠고 있기 때문이다), 토지소유자가 건물공유자 모두를 상대로 소를 제기할 필요는 없고, 순차로 각 지분에 관한 건물 전부의 철거판결을 받아 그 지분 합계가 1이 될 때 철거집행을 할 수 있다.[20]

2. 의사표시에 의한 불가분채무

당사자가 특약으로 불가분채무를 약정하는 것은 자유이나, 실제로 이러한 특약을 하는 경우는 매우 드물다 할 것이고, 만약 특약이 있다 하더라도 연대채무일 가능성이 더 높을 것이다.

Ⅲ. 불가분채무의 효력

1. 대외적 효력

가. 불가분채무에 관하여는 민법 제413조 및 제414조가 준용되어, 채권자는 불가분채무자의 1인 또는 모든 채무자에 대하여 동시 또는 순차로 전부의 이행을 청구할 수 있다. 그러나 일부청구는 불가분채무의 성질상 당연히 할 수 없다.

나. 채권자의 불가분채무자에 대한 소송은 고유필수적 공동소송이나 유사필

16 대법원 1968. 7. 31. 선고 68다1102 판결.
17 대법원 1980. 6. 24. 선고 80다756 판결.
18 대법원 1980. 6. 24. 선고 80다756 판결.
19 대법원 1993. 2. 23. 선고 92다49218 판결.
20 그 경우의 주문기재례는 다음과 같다.
"1. 원고에게, 피고 甲은 1/4 지분에 관하여, 피고 乙은 1/5 지분에 관하여, 피고 丙, 丁은 각 1/8 지분에 관하여, 각 별지 목록 (2) 기재 건물을 철거하고, 각 같은 목록 (1) 기재 대지를 인도하라.
2. 원고의 피고들에 대한 각 나머지 청구를 기각한다." 사법연수원, 민사실무(2)(2019), 93.

수적 공동소송이 아니다.[21] 따라서 채권자는 채무자 중 일부를 상대로만 소를 제기할 수도 있고, 채무자 일부에 대하여는 패소하고 일부에 대하여는 승소할 수도 있다.

채권자가 불가분채무자들을 공동피고로 하여 동일한 급부의 이행을 청구하는 소를 제기한 경우 그 주문의 형태가 논란이 된다. 과거에는 실무상 불가분채무나 부진정연대채무와 같이 채무자들 간에 연대관계나 합동관계 등이 존재하지 않지만 동일한 급부의 전부이행의무를 지는 경우에 '각자'를 사용하여 왔는데, '각자'라는 표현이 '각'과 명확히 구분되지 않아 당사자들에게 오해와 혼란을 야기한다는 문제의식 하에, 최근에는 '각자' 대신 '공동하여'를 사용하는 것이 실무례이다.[22]

2. 채무자 1인에 대하여 생긴 사항의 효력

가. 채무자 1인에 대하여 생긴 사항의 효력에 관하여는 연대채무에 관한 규정이 준용되지 않고 불가분채권에 관한 민법 제410조 제1항이 준용된다. 따라서 제409조에 의하여 모든 채권자에게 효력이 있는 사항을 제외하고는 1인에 대한 사항은 모두 상대적인 효력이 있다. 제409조는 이행청구와 이행에 대하여 절대적 효력을 인정하고 있으나, 그 준용범위에는 논란이 있다.

나. 통설은 연대채무에 있어서 이행청구에 절대적 효력을 인정한 민법 제416조가 불가분채무에는 준용되지 않았는데, 이는 불가분채무에서는 연대채무에서와 같이 이행청구에 관한 절대적 효력을 인정하지 않겠다는 입법자의 결단이므로, 제409조 중 이행청구의 절대적 효력은 불가분채무에 준용되지 않고, 이행청구에 상대적 효력만 있다고 해석한다.[23] 소수설은, 제411조는 제410조를 준용하고, 제410조 제1항은 다시 제409조에 의하여 모든 채권자에게 효력이 있는 사항을 제외한 나머지 사항은 상대적 효력만 있다고 규정하고 있으며, 제416조를 불가분채무에 준용하지 않은 것은 이미 이행청구에 관하여 불가분채권에 관한 규정을 준용

21 대법원 1994. 12. 27. 선고 93다32880, 93다32897 판결(시효취득자가 공유자들에 대하여 시효취득을 원인으로 소유권이전등기청구를 한 사안).

22 전체적인 논의는, 김미리, "복수의 채무자 사이 채무중첩관계에 관한 새로운 주문표시 방법과 관련 기재례", 청연논총 제13집, 사법연수원(2016) 참조.

23 곽윤직, 채권총론(민법강의Ⅲ), 박영사(2018), 166; 김증한/김학동, 채권총론(제6판), 박영사(1998), 224; 김상용, 채권총론(제3판), 화산미디어(2016), 270; 김준호, 채권법(제10판), 법문사(2019), 336; 이은영, 채권총론(제4판), 박영사(2009), 499; 송덕수, 채권법총론(제4판), 박영사(2018), 294; 민법주해 X, 채권(3), 박영사(1995), 62(허만); 주석 민법, 채권총칙(2)(제4판), 한국사법행정학회(2013), 454-455(제철웅) 등.

하고 있으므로 중복하여 준용할 필요가 없었기 때문이므로, 이행청구에는 절대적 효력이 있다고 해석한다.[24]

통설에 의하면, 이행청구, 이행지체, 시효중단 모두 상대적인 효력을 가진다. 반면 소수설에 의하면 위 사유 모두 절대적인 효력이 있다.

다. 채무자 1인이 채무를 이행하면 모든 채무자의 채무가 소멸한다.[25] 변제, 변제 제공, 이에 따른 수령지체와 공탁 등에도 모두 절대적인 효력이 있다.

라. 그 밖의 사유에 대하여는 원칙적으로 상대적인 효력이 있음에 그친다. 경개, 면제, 혼동, 시효 완성, 채무자 1인의 과실, 이행불능 등은 모두 상대적 효력만이 있다.

대물변제와 상계에 관하여, ①통설은 불가분채권과 마찬가지로 본래의 급부가 아닌 이상 상대적 효력만 있다고 본다.[26] 그러나 ②채무자 중 1인이 대물변제나 상계를 하면 채권 전부가 만족되므로 이 또한 '이행'에 해당하여 절대적 효력이 인정된다는 견해,[27] ③대물변제는 실제로 채권의 만족을 준다는 점에서 변제와 같이 보아야 하므로 절대적 효력이 인정되지만 상계에는 상대적 효력만 인정된다는 견해,[28] ④대물변제와 상계에는 원칙적으로 상대적 효력만 있지만, 채권자가 1인거나 총채권자에 대하여 대물변제 또는 상계를 한 경우, 채권 전부가 만족되므로 절대적 효력을 인정할 수 있다는 견해[29] 등도 있다.

마. 통설에 따르면, 채권자와 채무자 1인 사이에 경개나 면제가 있는 경우 이는 상대적 효력만 있으므로 다른 채무자는 채권자에게 채무 전부를 이행할 의무가 여전히 남는다.[30] 이에 대하여는 위 ④의 논리에 따라, 총채권자와 경개계약을

24 김형배, 채권총론(제2판), 박영사(1998), 491; 주석 민법, 채권총칙(2)(제4판), 한국사법행정학회(2013), 415(문홍안); 양형우, 민법의세계(이론과 판례)(제11판), 피앤씨미디어(2019), 989~990; 정기웅, 채권총론(제2전정판), 법문사(2014), 284; 지원림, 민법강의 제17판, 홍문사(2020), 1217.

25 대법원 2001. 12. 11. 선고 2000다13948 판결.

26 곽윤직, 채권총론(민법강의Ⅲ), 박영사(2018), 166 등.

27 주석 민법, 채권총칙(2)(제4판), 한국사법행정학회(2013), 455(제철웅); 정기웅, 채권총론(제2전정판), 법문사(2014), 284.

28 이은영, 채권총론(제4판), 박영사(2009), 499; 양형우, 민법의세계(이론과 판례)(제11판), 피앤씨미디어(2019), 990.

29 김형배, 채권총론(제2판), 박영사(1998), 491-492; 김상용, 채권총론(제3판), 화산미디어(2016), 269; 민법주해 X, 채권(3), 박영사(1995), 62(허만).

30 민법주해 X, 채권(3), 박영사(1995), 62(허만); 주석 민법, 채권총칙(2)(제4판), 한국사법행정학회(2013), 416(문홍안).

체결하거나 총채권자가 면제를 한 경우에는 절대적 효력이 있다는 견해도 있다.[31]

바. 경개, 면제에 관하여 민법 제410조 제2항이 준용됨에 따라, 채무 전부를 이행받은 채권자는 그 경개나 면제를 받은 채무자가 부담하였어야 할 부분에 관하여 그 가액이익을 변제한 채무자에게 상환하여야 한다. 다만 성질상은 불가분이 아니지만 해석상 확대된 성질상의 불가분채무나 의사표시에 의한 불가분채무의 경우에까지 다른 채무자가 여전히 경개나 면제 후에도 전부이행의무를 부담한다면 더 법률관계가 복잡해지므로, 그 경우에는 경개나 면제가 있는 채무자의 부담부분을 공제한 나머지를 이행하면 된다.[32] 경개계약의 경우, 채권자가 불가분채무자 중 1인과 경개계약을 체결하면, 채권자는 이로써 자신의 처분권한 범위 내에 있는 구채권을 소멸시키고 신채권을 성립시키는 것이므로, 1인의 불가분채권자가 경개계약으로 구채권을 소멸시킨 것과는 사정이 다르고, 따라서 제410조 제2항은 성질상 불가분채무에 준용할 것이 아니고, 오히려 제417조를 유추적용해야 한다는 견해가 있다.[33]

그 밖의 상대적 효력이 있는 사유에 관하여도 민법 제410조 제2항을 준용하여 이익상환을 할 것인지에 관한 논의는 대체로 불가분채권에 관한 논의와 유사하다.

사. 어느 채무자에 대하여만 생긴 법률행위의 무효 또는 취소의 원인은 다른 채무자에게 영향을 미치지 않는다(민법 제415조).

3. 대내적 효력

불가분채무자 상호간의 부담비율, 구상관계에 대하여는 연대채무에 관한 규정이 모두 준용된다(☞ 상세한 내용은 연대채무에 관한 각 규정의 해설 참조). 이에 따라 불가분채무자가 변제 기타 자기의 출재로 공동면책을 얻은 때에는 다른 불가분채무자를 상대로 그 불가분채무자의 부담부분에 관하여 구상권을 행사할 수 있다(제411조, 제425조). 이 때 부담부분은 균등한 것으로 추정되나(제411조, 제424조), 만약 불가분채무자 사이에 부담부분에 관한 특약이 있거나 특약이 없더라도 채무자의 수익비율이 다르다면 그 특약 또는 비율에 따라 부담부분이 결정된다.[34]

31 김형배, 채권총론(제2판), 박영사(1998), 491-492; 김상용, 채권총론(제3판), 화산미디어(2016), 269; 민법주해 X, 채권(3), 박영사(1995), 62(허만).

32 주석 민법, 채권총칙(2)(제4판), 한국사법행정학회(2013), 416(문홍안).

33 주석 민법, 채권총칙(2)(제4판), 한국사법행정학회(2013), 456(제철웅).

34 대법원 2020. 7. 9. 선고 2020다208195 판결.

제 412 조 [가분채권, 가분채무에의 변경]

불가분채권이나 불가분채무가 가분채권 또는 가분채무로 변경된 때에는 각 채권자는 자기부분만의 이행을 청구할 권리가 있고 각 채무자는 자기부담부분만을 이행할 의무가 있다.

[관련조문] 민법 제408조(분할채권관계).

[참고문헌] 민법주해 X, 채권(3), 박영사(1995); 주석 민법, 채권총칙(2)(제4판), 한국사법행정학회(2013).

Ⅰ. 개설

민법 제408조의 분할주의 원칙에 따라, 불가분채권이나 불가분채무가 그 급부의 불가분성을 잃고 가분적으로 변경되는 경우, 불가분채권이나 불가분채무는 분할채권 또는 분할채권이 된다. 불가분채권채무는 그 급부의 성질상 또는 의사표시에 의한 불가분성으로 인하여 별도의 규율을 받은 것이므로, 가분적이 되면 본래의 분할주의 원칙으로 돌아가는 것이다. 이 점에서 불가분채권채무는 연대채권채무와 다르다.[1]

Ⅱ. 불가분급부의 가분급부로의 변경

1. 성질상의 불가분급부가 가분급부로 변경되는 경우로는, 특정물 인도급부를 목적으로 하는 불가분채권 또는 불가분채무가 채무자 과실에 의한 목적물 멸실로 손해배상채권 또는 손해배상채무로 변경되는 경우를 들 수 있다.[2] 또 공연자 3인의 공연계약에서 공연자 과실로 공연이 무산된 경우의 공연자들의 손해배상책임을 예로 들기도 한다.[3] 단 후자의 경우 실제 거래에서는 공연자들이 채무불이행으로 인한 손해를 연대하여 배상하기로 한다는 특약을 두는 경우가 많을 것이다.

2. 당초 당사자의 의사에 따라 급부를 불가분으로 하기로 합의한 경우, 그 급부를 더 이상 불가분으로 하지 않기로 변경합의를 하였거나 불가분의 면제를 한 경우

1 민법주해 X, 채권(3), 박영사(1995), 64(허만).
2 민법주해 X, 채권(3), 박영사(1995), 65(허만).
3 주석 민법, 채권총칙(2)(제4판), 한국사법행정학회(2013), 418(문흥안).

분할채권 또는 분할채무로 변경된다. 만약 성질상 가분인 급부를 당사자 합의에 따라 불가분으로 한 경우에, 그 급부에 관한 이행지체로 인한 손해배상채무는 그대로 불가분채무로 보아야 한다.[4]

Ⅲ. 분할이행청구와 분할이행의무

이와 같이 불가분채권채무가 분할채권채무로 변경되면, 분할채권관계에 관한 법리가 그대로 적용된다. 분할의 비율은 각 채권자의 이익부분이나 각 채무자의 부담부분에 의하여 결정되고, 이를 정하지 않은 경우 균등비율로 추정된다(민법 제408조).

4 민법주해 X, 채권(3), 박영사(1995), 65(허만).

제 3 관 연대채무

[총설]

[관련조문] 민법 제201조(점유자와 과실), 제202조(점유자의 회복자에 대한 책임), 제278조(준공동소유), 제413조(연대채무의 내용)~제427조(상환무자력자의 부담부분), 제466조(대물변제), 제485조(채무자의 담보상실, 감소행위와 법정대위자의 면책), 제487조(변제공탁의 요건, 효과), 제489조(공탁물의 회수), 제688조(수임인의 비용상환청구권), 제712조(조합원에 대한 채권자의 권리행사), 제713조(무자력조합원의 채무와 타조합원의 변제책임).

[참고문헌] 곽윤직, 채권총론, 박영사(2003); 민법주해 X, 채권(3), 박영사(1995); 주석 민법, 채권총칙(2)(제3판), 한국행정사법학회(2000); 곽윤직, 채권총론(제6판), 박영사(2003); 김형배, 채권총론, 박영사(1998); 이은영, 채권총론, 박영사(2006); 제철웅, 담보법, 율곡출판사(2017); 제철웅, "보증채무 및 연대채무에서의 구상권 상실: 비교법적 검토를 통한 새로운 해석가능성의 모색", 비교사법 제9권 제1호, 한국비교사법학회(2002); 제철웅, "부분구상과 전부구상의 구별기준", 민사판례연구 XXVI, 박영사(2004); 辻正美, 史料 債權總則(15), 民商法雜誌 제84권 제2호, 有斐閣(1981); 高橋 眞, 史料 債權總則(16), 民商法雜誌 제84권 제3호, 有斐閣(1981); 高橋 眞, 史料 債權總則(17), 民商法雜誌 제84권 제4호, 有斐閣(1981); 注釋民法(11), 債權(2), 有斐閣(1965); 山田誠一, 多數當事者の債權および債務, 債權法改正と民法學, 商事法務(2018); 潮見佳男, 新債權總論 II, 信山社(2017); 淡路剛久, 連帶債務の一體性と相互保證性, ジュリスト(增刊), 民法の爭點(1973); 我妻榮, 新訂 債權總論, 岩波書店(1964); Münchener Kommentar zum BGB, Bd. 4, 6. Aufl., C.H. Beck(2017); Soergel Kommentar zum BGB, BGB, 12. Aufl., Kohlhammer(1990); Windscheid/Kipp, Lehrbuch des Pnadektenrechts, Bd. II, 9 Aufl.(1906), Literarische Anstalt Rütten & Loenig, 1906; Ehmann, Horst, Die Gesamtschuld, Duncker & Humblot(1972); Selb, Mehrheit von Gläubigern und Schuldern, Mohr & Siebeck(1984); J. von Staudigers Kommentar zum BGB, Bd. 2, §§ 397-432, Seiler-de Gruyter(2017); J. von Staudigers Kommentar zum BGB, Bd. 2, §§ 397-432, Seiler-de Gruyter(1999); J. von Staudigers Kommentar zum BGB, Bd. 2, §§ 652-704, Seiler-de Gruyter(1995); Gaël Chantepie/Mathias Latina, La réforme du droit des obligation, Dalloz(2016); Flume, Allgemeiner Teil des bürgerlichen Rechts, Bd. I, 1.Teil, Springer Verlag(1983); Juris Praxis Kommentar zum BGB(JurisPK-BGB), Bd 2. Schuldrecht, Juris(2004); Juris-Classeur Civil, Art. 1197 à1216, Editions du Juris Classeur (1995); J. Gernhuber, Die Erfüllung und ihr Surrogate, Mohr &Siebeck(1983); Entwurf eines Bürgerlichen Gesetzbuchs für das Königreich Bayern 1861-1864 mit Motiven, Scientia Verlag(1973); Roland/Boyer, Droit Civil Obligations 2. Contrat et quasi-contrat Régime géneral, Litec(1998); Ferid, Das Französische Zivilrecht, Bd. I, Verlagsgesellschaft Recht und Wirtschaft(1971); Philippe Simler/Phillipe Delebeque, Droit Civil: les sûretés, Dalloz(2000).

Ⅰ. 서설

"수인의 채권자 및 채무자"의 관계를 규율하는 민법 제3편 제1장 제3절은 수인의 채무자가 있는 채권관계를 분할채무, 불가분채무, 연대채무, 보증채무로 구분한다. 그 중, 급부실현에 대한 채권자의 경제적 이익이 동일하여 수인의 채무자 중 1인이 변제하면 다른 채무자의 채무도 소멸하는 것, 그러나 채권자와의 관계에서 채무자 상호간에 부종적인 지위가 없는 채무 그리고 이와 유사한 채무(이하에서는 이런 채무를 공동채무라 총칭하기로 한다)로는 불가분채무, 연대채무가 있다. 그 밖에도 통설은, 민법에 그 규정이 없지만, 공동채무의 유형으로 부진정연대채무를 인정한다. 또한 공동소유관계상의 채무도 공동채무의 일종으로 보는 학설도 있다.[1] 일부 학설은 협동채무도 공동채무의 하나에 포함시키기도 한다.[2]

총설에서는 연대채무가 여러 유형의 공동채무와 비교하여 어떤 특징이 있는지를 설명한다. 특히 민법전의 공동채무만이 아니라 공동소유관계상의 채무도 공동채무의 일종으로 볼 수 있는지, 불가분채무는 연대채무와 어떻게 다른지,[3] 또한 부진정연대채무에 관하여 다수의 학설[4] 및 판례[5]는 변제, 대물변제, 공탁, 상계를 제외하고는 연대채무에 있어서 인정되는 절대효를 거의 인정하지 않는데, 이러한

1 가령 곽윤직, 채권총론(제6판), 박영사(2003), 153 이하 참조.

2 이 점은 민법주해 X, 채권(3), 박영사(1999), 55, 59 (허만) 참조. 가령 채권자와 채무자가 A, B 간에 A, B 모두의 채무이행이 있어야만 비로소 채권의 목적이 실현될 수 있다고 합의하는 것을 협동채무라고 정의한다.

3 민법주해 X, 채권(3), 박영사(1999), 55(허만); 주석 민법, 채권총칙(2)(제3판), 한국사법행정학회(2000), 169(강봉수) 등 참조. 한편 민법주해 X, 채권(3), 박영사(1999), 78(차한성)에서는 불가분급부를 내용으로 하는 연대채무도 있을 수 있다고 한다.

4 가령 민법주해 X, 채권(3), 박영사(1999), 84(차한성); 곽윤직, 채권총론(제6판), 박영사(2003), 177 이하 참조.

5 대법원 2010. 9. 16. 선고 2008다97218 전원합의체 판결은 상계의 절대효를 인정함으로써 상계의 상대효를 인정하는 종래의 대법원판결인 대법원 1989. 3. 28. 선고 88다카4994 판결, 대법원 1996. 12. 10. 선고 95다24364 판결의 법률론을 변경하였다.

이해가 타당한지를 중심으로 공동채무에서 연대채무가 차지하는 지위를 검토할 것이다.

Ⅱ. 외국법과의 비교

먼저 공동채무에 관한 우리 민법전의 규정 및 해석에 많은 영향을 미친 독일, 프랑스, 일본 구 민법, 일본 명치 민법의 법적 규율을 살펴본다.

1. 독일

가. 독일 보통법의 공동채무

독일의 보통법에서는 공동연대채무(Korrealobligation), 단순연대채무(Solidarobligation), 불가분채무라는 세 유형의 공동채무가 인정되었다. 공동연대는 수인의 채무자가 1개의 채무를 부담하는 것으로 관념되었기 때문에, 채권자와 1인의 채무자 사이에 생긴 사유, 가령 변제, 대물변제, 공탁, 상계, 경개, 채무전체의 면제, 시효중단 등에는 절대효가 인정되었다.[6] 단순연대는 다수의 채무자가 독립한 채무를 부담하지만, 각 채무가 목적상 결합되어 있는 것을 말한다. 단순연대채무의 경우 공동연대보다 절대효의 인정범위가 좁았는데, 변제, 대물 변제, 공탁, 상계, 경개 등에 절대효가 인정되었다.[7]

한편 불가분채무는 급부가 불가분인 공동채무로서, 이것 역시 연대채무의 일종으로 파악하였다. 즉 대외관계에서의 절대효는 기본적으로 공동연대와 동일하게 처리되며,[8] 1인의 불가분채무자가 채권자에게 변제하면 다른 채무자에게 그의 부담부분만큼 구상할 수 있다고 한다. 그러나 불가분채무가 이행불능이 되어 금전채무로 전환하면 분할채무가 된다는 학설도 적지 않았다고 한다.[9]

6 Windscheid/Kipp, Lehrbuch des Pnadektenrechts, Bd. II, 9 Aufl., Literarische Anstalt Rütten (1906), § 295 참조.
7 Windscheid/Kipp, Lehrbuch des Pnadektenrechts, Bd. II, 9 Aufl., Literarische Anstalt Rütten (1906), § 296 참조.
8 급부의 불가분성으로 인해 연대가 성립하므로, 채무의 단일성이 있기 때문이라는 것이다. Windscheid/Kipp, Lehrbuch des Pnadektenrechts, Bd. II, 9 Aufl.(1906), § 299 참조.
9 Ehmann, Die Gesamtschuld, Ducker & Humblot (1972), S. 204 참조.

나. 독일 민법의 규정

1) 독일 민법의 입법자들은 보통법시대의 공동연대채무, 단순연대채무, 불가분채무 등을 단일한 제도로 통합하였다. 첫째, 공동연대채무와 단순연대채무의 구분을 없애고 단순연대채무를 중심으로 연대채무로 통합하였다. 이 점은 성립원인이 아니라 급부의 내용과 효과를 기준으로 연대채무를 정의하는 독일 민법 제421조에서 잘 드러난다. 동조는 '수인의 채무자가 각자 채무 전부를 이행할 의무가 있고, 채권자는 그 급부를 단지 1회만 수령할 수 있는 경우'의 공동채무자를 연대채무자로 정의하기 때문이다. 둘째, 수인이 불가분급부의무를 부담할 때에도, 연대채무자로서 책임을 지도록 규정함으로써(동법 제431조), 연대채무와 불가분채무의 구분을 없앴다.[10] 가령 임차인과 전차인은 각자 임대인에게 임대목적물반환의무를 부담하는데, 독일의 통설이 이 양자를 연대채무자라고 하는 것이 그 예이다.[11] 또한 성질상 가분급부이지만 채권자와의 합의에 의해 그 채무를 협동하여(gemeinschaftlich) 이행하기로 한 경우 연대채무자로서 책임을 지는 것으로 추정한다(동법 제427조).[12] 이런 것들로부터 우리는 독일 민법의 입법자가 "수인의 채무자 있는 채권관계"를 분할채무나 연대채무 중 어느 하나에 해당되도록 하였음을 알 수 있다.

2) 독일 민법의 연대채무 규정을 간단히 살펴보면 다음과 같다. 첫째, 연대채무의 대외관계에서 인정되는 절대효는 변제, 대물변제, 공탁, 상계(동법 제422조 제

10 수인의 채무자가 성질상 불가분인 1차적 급부의무를 부담할 때, 그 채무가 이행불능이 되면 2차적 급부의무=손해배상채무로 금전채무로 전환할 경우, 불가분채무자가 이 때의 2차적 급부의무도 연대채무자로서 책임을 지는지가 문제된다. 독일 학설들은 불가분채무자 전원의 책임 있는 사유로 이행불능이 되었다면 전원이 연대채무자로서 책임을 부담하지만, 일부의 불가분채무자의 유책사유로 이행불능이 되었다면 그 불가분채무자만이 2차적 급부의무에 대해 책임을 진다고 한다. Staudinger/Dirk Looschelders, BGB(2017), § 432 Rn. 14 ff. 참조.

11 채권자의 동일한 이익(dasselbe interesse)를 충족시킬 수 있는 "한 번의 급부"(eine Leistung)가 있는 것이 연대채무의 징표이기 때문이다. 그 결과 채무의 성립원인이 서로 다르더라도(가령 불법행위책임과 계약상의 채무불이행책임 등) 연대채무의 성립에는 영향을 미치지 않는다. 이에 대해서는 Staudinger/Dirk Looschelders, BGB, § 421 Rn. 17 참조.

12 수인이 협동하여 채무를 이행하기로 합의한 경우 그것이 연대채무인지 분할채무인지를 둘러싼 보통법(gemeines Recht) 시대의 논란을 종식시키기 위해 이 규정을 두었다. 독일 민법 제427조는 추정규정이므로 반대의 명시적 또는 묵시적 합의로 그 추정이 깨어질 수 있고, 그 경우 분할채무가 된다고 한다. 가령 수인의 승객이 그룹으로 택시기사에게 각자의 목적지까지 데려 달라고 한 경우, 수인의 승객은 연대채무를 부담하지만, 우연히 수인의 승객이 동일한 목적지까지 가기로 한 경우 각 승객은 분할채무를 부담한다고 한다. 이에 대해서는 Staudinger/Dirk Looschelders, BGB, § 427 Rn. 2 ff. 참조.

1항),[13] 면제(동법 제423조),[14] 채권자지체(동법 제424조)에 한정된다. 나머지 사유는 달리 정하지 않았다면 상대효밖에 없다(동법 제425조).[15] 둘째, 연대 채무의 대내관계, 즉 구상관계는 가령 위임, 조합, 사무관리, 부당이득과 같이 그들 상호간의 내부적 법률관계에만 맡겨 두지 않는다. 별도의 법정구상권을 인정한다는 것이다.[16] 또한 자기 부담부분을 넘어 변제한 연대채무자로 하여금 채권자의 채권을 법정양도받아 다른 연대채무자에게 구상할 수 있도록 한다(동법 제426조). 이로써 공동면책을 한 연대채무자는 3개의 구상수단을 가진다.[17] 동법 제426조 제1항의 법정구상권은 변제 전에는 다른 연대채무자에 대한 협력 및 면책청구권, 변제 후에는 사후구상권의 형태를 띤다.[18] 그런데 내부적 법률관계에 기한 구상권이 있으면 그것이 법정구상권의 내용과 범위를 정하는 기준이 되고, 내부적 법률관계에 기한 구상권이 없고 또한 법률에 다른 규정도 없다면 동법 제426조 제1항의 법정구상권으로써 구상할 수 있다.[19] 한편 동법 제426조 제2항의 법정채권양도는 채권자의 채권과 담보권으로써 구상할 수 있는 수단을 제공한다. 법정구상권과 법정양도받은 채권은 각기 별도의 소멸시효에 걸리지만, 전자는 구상의무자의 원채무의 범위를 넘어설 수 없고,[20] 전자가 소멸하면 후자도 소멸하며,[21] 전자와 분리하여 후자를 양도할 수 없다는 점[22]에서 상호 긴밀한 관련성이 있다.

13 독일 민법 제422조 제2항은 우리 민법 제418조 제2항과 달리 '연대채무자 중 1인에 속한 채권으로써는 다른 연대채무자가 상계할 수 없다.'고 규정한다. 한편 2017년 개정된 일본 민법 제439조 제2항에서 정한 것처럼 다른 연대채무자가 상계할 수 있는 반대채권 있음을 이유로 이행거절을 할 수 있는 권한도 독일에서는 인정하지 않는다. 이에 대해서는 Staudinger/Dirk Looschelders, BGB, § 422 Rn. 27 참조.

14 채권자와 연대채무자 1인 사이의 면제계약은 그 계약 당사자가 채권관계 전체를 해소할 것을 의욕한 경우에는 나머지 연대채무자에게도 효력이 있다고 규정한다. 이 점에서 우리 민법 제419조의 면제와는 차이가 있다. 독일법에서는 면제나 면제와 동일한 효과가 있는 법률행위(채무부존재의 확인)를 계약으로 구성하였기 때문에 여기서 '면제계약'이라고 표현된 것이다. 면제계약에 대해서는 Staudinger/Volker Riebel, BGB (1999), § 397 Rn. 1 ff. 참조.

15 독일 민법 제425조 제2항은 해지, 이행지체, 과실, 연대채무자 1인의 이행불능, 소멸시효, 소멸시효의 중단과 정지, 채권과 채무의 혼동, 기판력 등을 그 예로서 열거한다.

16 Staudinger/Dirk Looschelders, BGB(2017), § 426 Rn. 1 ff. 참조.

17 Staudinger/Dirk Looschelders, BGB(2017), § 426 Rn. 142 ff.

18 Staudinger/Dirk Looschelders, BGB(2017), § 426 Rn. 92. 참조.

19 Staudinger/Noack, BGB(1999), § 426 Rn. 5 참조. 제426조 제1항 제1문에서는 "달리 정하지 않았으면" 인수(人數)에 따라 균등한 구상의무가 있다고 한다. 그런데 내부관계에 기한 구상권은 여기서 말하는 '달리 정한 것'에 해당될 것이다.

20 Staudinger/Noack, BGB(1999), § 426 Rn. 120 참조. 우리 법의 해석으로는 변제자대위로 취득한 채권자의 채권이 구상권을 넘어 설 수 없다고 하는 것과는 차이가 있다.

21 Staudinger/Noack, BGB(1999), § 426 Rn. 129 참조. 이 점은 우리 법의 해석과 다르지 않다.

22 Staudinger/Noack, BGB(1999), § 426 Rn. 130 참조.

다. 학설에 의해 인정되는 여타의 공동채무

1) 학설들은 독일 민법의 공동채무 관련 규정의 불완전성을 이유로,[23] 다양한 유형의 공동채무를 인정한다. 첫째, 협동채무(gemeinschaftliche Schuld)를 인정한다. 각 채무자가 전부급부의무를 부담하지는 않지만, 채무 전부의 이행 에 각 채무자가 협력할 의무를 부담하며, 그 협력을 통해서만 채무 전부가 이행될 수 있는 경우로서 사실상의 협동채무, 법률상의 협동채무로 구분한다. 가령 수인의 연주자가 협주하기로 하는 경우(사실상의 협동채무), 공유자가 각자 공유지분 모두를 채권자에게 이전하기로 하거나 주위토지통행의 수인(受忍)이 공유자 전원의 의무인 경우(법률상의 협동채무) 등이 그 예라고 한다.[24] 협동 채무가 성립하면 채권자는 개별 채무자가 아니라 채무자 전부에 대해서만 일차적 급부의무의 이행을 소구(訴求)해야 한다. 즉 필요적 공동소송(독일 민사소송법 제62조)이 된다. 또한 급부장애는 불가피하게 급부결과에 영향을 미치므로, 각 협동채무자가 그로 인한 책임을 질 수 있다. 가령 채무자 1인의 불완전 급부가 있으면 계약 전부를 해지 또는 해제할 수 있고, 연대채무와 달리 이행 지체, 과실, 이행불능에도 절대효가 있다고 한다.[25] 둘째, 일부 학설들은 합유채무(Gesamthandschuld)도 인정한다. 전통적인 관점에서 보면, 합유채무는 단체(공동상속인, 부부재산공동체, 민법상의 조합 등)의 채무가 아니라, 단체 구성원의 개인적 채무로서 합유재산으로써 책임을 진다는 점에서 연대채무와 구별된다고 한다.[26] 또한 합유채무를 협동채무의 한 형태라고 한다.[27] 그러나 민법상의 조합을 단체(gruppe)로 파악하는 견해는 조합(합유체) 자체가 채무자이며, 조합원의 채무는 부종적이라고 본다. 즉 조합채무가 조합원에게도 확장됨

23 Selb, Mehrheit von Gläubigern und Schuldern, Mohr & Siebeck(1984), S. 189 참조.

24 Selb, Mehrheit von Gläubigern und Schuldern, Mohr & Siebeck(1984),S. 190 ff.; Staudinger/Dirk Looschelders, BGB(2017), vorbem zu §§ 420-432 Rn. 73 참조.

25 Staudinger/Dirk Looschelders, BGB(2017), vorbem zu §§ 420-432 Rn. 76 참조. 독일 민법은 연대채무에서의 위와 같은 사유에는 상대효만이 인정되기 때문이다(동법 제425조 제2항).

26 Selb, Mehrheit von Gläubigern und Schuldern, Mohr & Siebeck(1984), S. 196 ff. 참조.

27 Selb, Mehrheit von Gläubigern und Schuldern, Mohr & Siebeck(1984), S. 9; Staudinger/Noack, BGB(1999), vor §§ 420 Rn. 19 참조. Selb는 합유재산을 협동적으로 처분하여 채무를 이행해야 한다는 점, 합유자 전원을 상대로 한 집행권원으로써 합유재산에 대해 공취할 수 있다는 점에서는 협동채무라고 한다.

으로써 이들이 연대채무자의 책임을 진다는 것이다.[28]

2) 셋째, 독일 민법 시행 이후부터 다수의 학설들은 부진정연대채무를 인정해 왔다.[29] 독일 민법의 입법자들은 연대채무자 상호간의 내부적 법률관계의 유무 및 내용여하를 불문하고, "실무상의 고려" 때문에 모든 연대채무관계에 법정구상권(동법 제426조)을 인정하였다. 그러나 학설들은 동조를 적용하기에 부적당한 사안유형이 있다고 보았다. 가령 멸실된 물건의 소유자에 대해 도둑이 손해배상채무를 지고, 임차인도 계약상의 손해배상채무를 지는 경우 도둑이 임차인에 대해 동조 제1항의 협력 및 면책청구권 또는 사후구상권을 행사해서는 안 될 것이다. 그런데 이런 사안도 연대채무의 성립요건(동법 제421조)을 충족할 수 있다. 따라서 이들을 연대채무자라고 하면, 도둑에게 제426조의 법정구상권을 인정해야 할지 모른다. 이런 '잘못된 구상에 대한 우려'(Angst vor dem falschen Regreß)를 불식시키기 위해서는, 일정한 공동채무는 연대채무에서 분리해 낼 필요가 있었다. 부진정연대채무를 둘러싼 논의의 전개는 바로 이런 사정을 배경으로 한다.[30] 초기 독일의 주류적 학설은 목적공동관계 (Zweckgemeinschft)가 있는 경우를 연대채무라 하고, 그 밖의 공동채무를 부진정연대채무로 정의하였다. 그 후 채무의 동일단계성 또는 동일순위성 (Gleichstufigkeit oder Gleichrangigkeit der Verpflichtungen)이 있을 때를 연대채무라 하고, 채무에 더 근접해 있는 자(근접 단계 또는 선순위의 채무자)와 채무에서 멀리 떨어져 있는 자(나중 단계 또는 후순위의 채무자)가 공동채무를 부담할 때는 이들은 연대채무자가 아니라고 하며, 전자는 후자에 대해 구상할 수 없다는 견해가 다수의 지지를 받았다.[31]

반면 Ehemann은 연대채무를 3가지로 유형으로 구분한 후 종래 부진정연대채무로 파악하던 것도 연대채무의 한 유형으로 포섭한다. 그리고 동법 제426조 제1항 제1문의 "달리 정하지 않은 한"의 해석을 통해 '잘못된 구상에의 우려'를 불

28 Flume, Allgemeiner Teil des bürgerlichen Rechts, Bd. I, 1.Teil, Springer Verlag(1983), § 16 Ⅳ. 2 참조. 최근의 독일 판례는 조합을 법인격 있는 것으로 보고, 또, 조합원의 책임은 조합책임에 부종한다는 관점을 취한다는 것을 들어 합유채무의 존재에 대해 부정적인 견해도 있다. Staudinger/Dirk Looschelders, BGB(2017), vorbem zu §§ 420-432 Rn. 77 참조.

29 그 논의의 전개는 Ehmann, Die Gesamtschuld, S. 48 ff. 참조.

30 이 점은 Ehmann, Die Gesamtschuld, S. 46 ff. 참조.

31 Selb, Mehrheit von Gläubigern und Schuldern, S. 137 ff. 참조. Ehmann, Die Gesamtschuld, S. 62 ff.는 Selb의 견해는 잘못된 구상에 대한 우려의 또 다른 표현에 지나지 않는다고 주장한다.

식할 수 있다고 주장한다.[32] 오늘날 Ehmann의 견해를 지지하는 견해도 증가하고 있다.[33]

라. 입법적 개선의 노력

독일은 1992년 채권법개정위원회의 채권법 개정의견서 제출을 시발로 해서 채권법 개정을 위한 작업을 지속해 왔다. 그러나 채권법개정위원회는 다수 당사자 채권관계는 논의의 범위에 포함시키지 않았다. 2002년 채권법 개정에서도 연대채무에 관한 규정 중에는 실질적으로 개정된 것이 없다. 다만, 제425조 제2항의 표제만이 "중단과 정지"에서 "시효의 재진행, 정지, 진행정지"로 달라졌을 뿐이다. 이는 소멸시효법의 개정에 영향을 받은 것에 불과하다.[34]

2. 프랑스

프랑스 민법은 2016년 2월 10일 명령(Ordonnance)에 의해 대폭적으로 개정되었다. 프랑스 민법의 단순화 및 현대화를 통해 역사적으로 작용해 왔던 프랑스 민법전의 국제적 영향력을 유지하고, 계약법을 국제적 차원에서 조화시키는 것이 그 목적이었다. 프랑스의 연대채무 규정도 이 때 대폭 개정되었다. 그 전까지 프랑스 민법 제1197조부터 제1199조까지가 연대채권에 관한 규정을, 제1200조부터 제1216조까지가 연대채무에 관한 규정을 각각 규율하고 있었다. 개정 민법에서는 연대채권과 연대채무 모두에 공통된 규정을 제1309조, 제1310조 규정하고, 연대채권에 관한 규정을 제1311조부터 제1312조까지, 연대채무에 관한 규정을 제1313조부터 제1319조에 규정하였다. 종전 민법이든 개정 민법이든 연대채무자 1인과 채권자 사이에 발생한 사유의 효력에 관하여는 위 규정들 이외에도 개별 규정에서 따로 규율하고 있었다. 연대채무의 성립과 내용을 직접 다루고 있는 민법 규정을 대

32 Ehmann, Die Gesamtschuld, S. 193 ff. 참조. Ehmann은 동일 원인에 의한 연대채무(gleichgründige Gesamtschuld), 보호목적 연대채무(Schutzzweckgesamtschuld), 담보적 연대채무(Sicherungsgesamtschuld)의 3 유형으로 구분한다.

33 Staudinger/Noack, BGB, Vor. §§ 420 Rn. 20에서도 구상권을 규정한 독일 민법 제426조 제1항을 유연하게 해석할 수 있다고 한다. 즉 전부구상에서부터 구상배제까지를 해석론을 통해 도출할 수 있다는 것이다. 또 면제에 관한 제423조, 채권자 지체에 관한 제424조의 규정도 부진정연대채무와 연대채무를 구별짓는 근거가 되지 않는다고 한다. 진정연대와 부진정연대를 구분할 필요가 없다는 것이다. Staudinger/Dirk Looschelders, BGB, § 421 Rn. 20 ff. 에서는 그동안의 학설들을 검토하면서, 진정연대와 부진정연대를 구분할 필요가 없이 넓은 범위의 개념으로 연대채무를 파악하면서 연대채무의 개별 규정을 여러 사안 유형에 개별적으로 적용하거나 제한함으로써 사안 적합적 해결방안을 찾는 것이 필요하다고 평가하고 있다.

34 Staudinger/Dirk Looschelders, BGB, vorbem zu §§ 420-432 Rn. 10 참조.

폭 축소시킴으로써, 현행 민법에서의 연대채무에 관한 규정은 종전 민법의 17개 규정에서 9개 규정(공통 규정인 제1309조, 제1310조 포함)으로 축소되었다. 그러나 근본적인 관점에서의 변화는 없었다고 평가된다.[35] 그러나 몇 가지 중요한 부분의 개정이 있었다. 2016년 개정 전 민법의 규정은 우리 민법에도 많은 영향을 미치고 있기 때문에 아래에서는 그것을 먼저 개관하고, 이어서 개정 민법의 연대채무에 관한 규정을 간단히 소개한다.

가. 2016년 개정 전 프랑스 민법의 연대채무

종전의 프랑스 민법(종전 민법이라 한다. 관련 내용의 현행 민법의 규정은 따로 표시해 둔다)의 공동채무에는 연대채무(종전 민법 제1200조 이하=현행 민법 제1310조 이하)와 불가분채무가 있다(종전 민법 제1217조 이하=현행 민법 제1320조). 현행법도 마찬가지이지만, 종전 민법도 연대채무의 절대적 효력에 관하여는 해당 사유를 규율하는 조항에서 연대채무에는 어떻게 규율되는지를 별도로 규율하고 있다.

채권자가 채무자 중 1인에게 채무 전부 또는 일부의 이행을 청구할 수 있고, 채무자 중 1인의 변제로 다른 채무자도 면책이 될 때 이를 연대채무라 한다(종전 민법 제1200조 = 현행 민법 제1313조). 전통적으로 프랑스법에서는 수인의 연대채무는 단일한 채무(une seule dette)를 부담한다는 관념을 갖고 있었다.[36] 따라서 동법의 연대채무는 다음과 같은 특징이 있다.

첫째, 우리 민법이나 독일 민법과 달리 연대채무의 성립요건을 법정하는데, 연대채무는 명시적 약정이 있거나 법률규정상 당연연대로 될 때 성립한다(종전 민법 제1202조 = 현행 민법 제1310조). 가령 채권자가 수인의 채무자 중 1인에게 전부 또는 일부의 이행을 청구할 수 있게끔 합의하였으나 연대를 명시하지 않았다면 그 채무는 연대채무가 아니라, 별개의 공동채무이며, 그 내용은 합의의 해석에 따르게 된다.[37] 법률상의 당연연대[38] 가운데에는 형사처벌을 받은 공범의 연대책임(프랑스 형

35 Gaël Chantepie/Mathias Latina, La réforme du droit des obligation, nos. 824 참조.

36 Roland/Boyer, Droit Civil Obligations 2. Contrat et quasi-contrat Régime géneral, Litec(1998), p. 717 참조.

37 그 결과 연대채무가 성립되는 경우가 많지 않다. 그럼에도 불구하고 프랑스의 판례는 명시적 합의가 없는 경우에도 연대채무를 인정한다. 가령 상인의 신용담보필요성을 감안하여 1 개의 상법상의 계약에 수인의 채무자가 있을 때 연대채무가 추정된다. Staudinger/Dirk Looschelders, vorbem zu §§ 420-432 Rn. 20 참조.

38 공동의 사용차주(프랑스 종전 민법 제1887조), 수인의 수임인이 동일 사무를 수임한 경우(동법 제2002조), 수인의 조합원(상법 제221-1조), 아동에 의해 발생한 손해에 대한 부모의 책임(프랑스 민법 제1242조) 등이 그 예이다.

법 제375-2조, 제480-1조, 제543조)도 있는데, 공동불법행위자를 당연 연대로 인정하는 민법 규정은 없다. 판례는 이런 사안의 채권자를 보호하기 위해, 형법의 법정연대채무의 법정신을 확장하여 형법상의 공범 일반에 대해 연대채무를 인정하고, 고의로 상호협력 하여 공동불법행위를 한 자들도 연대채무자로 인정한다.[39]

둘째, 채권자와 1인의 연대채무자 사이에 발생한 사유에는 절대효, 부분적 절대효(혼합효), 상대효가 인정될 수 있다. 먼저 변제, 대물변제(종전 민법 제1243조 = 현행 민법 제1342-4조 제2항), 공탁 (종전 민법 제1257조 제2항 = 현행 민법 제1345-1조), 상계(종전 민법 제1290조 = 현행 민법 제1347조, 종전 민법 제1294조 제3항 = 현행 민법 제1345-6조) 등은 모두 절대효가 있다. 계약상의 채무소멸사유의 하나인 면제(종전 민법 제1285조 제1항 = 현행 민법에는 삭제),[40] 경개(종전 민법 제1281조 = 제1335조 제1항)[41]에도 절대효가 인정된다. 또한 내부적 부담부분의 한도에서 모든 채무자를 위해 효력이 발생하는 부분적 절대효(혼합효)의 사유에는 혼동(종전 민법 제1301조 제3항 = 현행 민법 제1349-1조), 다른 채무자에 대한 권리행사를 유보한 채무면제(종전 민법 제1285조 제2항 = 현행 민법 제1350-1조 제1항),[42] 단순연대면제(종전 민법 제1210조 = 현행 민법 제1316조)[43] 등이 있다. 그러나 면제를 포함하지 않는 화해는 상대효가 있을 뿐이다(민법 제2051조).[44] 한편 채무 소멸을 가져오지 않는 여타의 항변사유에도 폭넓게 절대효가 인정된다. 연대채무자 1인에 대한 채권자의 청구, 연대채무자 중 1인의 채무승인 (민법 제2245조 제1항, 종전 민법 제1206조 = 현행 민법 제1315조) 등 시효중단사유의 절대효, 채무자 1인의 이행지체 중의 물건멸실 또는 1인의 과실로 인한 물건멸실의 절대효(종전 민법 제1205조 = 현행 민법 제1319조),[45]

39 Ferid, Das Französische Zivilrecht, Bd. I, Verlagsgesellschaft Recht und Wirtschaft(1994), 2E60 f 참조.

40 제1항은 면제의 상대방 아닌 다른 연대채무자에 대한 권리를 유보한다는 것을 명시적으로 표현하지 않았다면 모든 연대채무자를 면책시키는 효과가 있다고 규정한다.

41 다만 채권자가 다른 연대채무자의 동의를 요구하거나 보증인의 동의를 요구한 경우 다른 연대채무자 또는 보증인이 경개에 대해 동의하지 않았다면 그 경개계약의 효력은 상실된다(종전 민법 제1281조 제3항).

42 이 경우 면제받은 채무자의 내부적 부담부분의 한도에서 다른 연대채무자도 면책된다.

43 1인의 연대채무자를 연대면제하면, 다른 연대채무자에 대해서는 연대면제를 받은 채무자의 부담부분을 공제한 잔액에 대해서만 연대소권을 가진다. 가령 300의 연대채무를 지는 A, B, C (각자의 부담부분은 동일) 중 A를 연대면제하면, 채권자는 B, C에게 200을 청구할 수 있다.

44 '이해관계인 중의 1인에 의한 화해(la transaction)는 다른 이해관계인을 구속하지 않고, 다른 이해관계인은 이에 대항할 수 없다.'고 규정한다.

45 그 결과 연대채무자는 위험을 부담하여(종전 민법 제1138조 제2항), 채무불이행책임을 지게된다(종전 민법 제1147조). 즉 다른 연대채무자도 가액배상의무가 있다는 점에서 절대효가 있다. 그러나 이를 초과하는 손해배상의무를 부담하지는 않는다(종전 민법 제1205조 제1항, 제2항).

채무자 1인에 대한 이자청구의 절대효(종전 민법 제1207조 = 현행 민법 제1314조) 등이 그것이다. 그러나 채권자지체는 상대효가 있다. 이처럼 폭넓은 절대효가 인정되는 것은 연대채무자 각자는 채권자와의 관계에서 '상호를 대리한다'는 정신에 입각하여 연대채무의 대외관계를 규율하기 때문이다.[46] 즉 채권자가 채무자 중 1인에 대한 의사표시를 하면 그 의사표시의 수령자는 다른 연대채무를 위해 수동대리를 하기 때문에 다른 연대채무자에게도 영향을 미치고, 채무자 1인의 의사표시는 달리 정하지 않았으면 능동대리로 인정되므로 다른 연대채무자에게도 효력이 있다는 것이다.[47]

셋째, 연대채무자 상호간에는 종전 민법 제1213조, 제1214조 = 현행 민법 제1317조 제1항, 제2항에 기한 분할 구상채권관계가 성립한다.[48] 그러나 독일 민법과 달리 사전구상권, 즉 협력 및 면책 청구권은 인정되지 않는다.[49] 동법 제1213조, 제1214조의 구상권의 법적 근거는 위임 또는 사무관리일 수 있는데, 프랑스의 학설은 이를 위임소권에 유사한 소권이라고 한다.[50] 한편 공동면책을 한 연대채무자는 종전 민법 제1251조 = 현행 민법 제1346조의 변제자대위로 취득한 채권자의 채권과 담보권으로써도 구상할 수 있다.

나. 학설에 의해 인정되는 전부채무

1) 프랑스 민법 제정 직후 학설들은 불완전 연대채무 이론에 의해, 상호대리권 없는, 즉 연대채무 아닌 공동채무 개념을 발전시켰다. 그 후 피해자가 복수의 불법행위자 각자에게 전부급부를 청구할 수 있지만, 그 청구권의 중첩은 인정되지 않는 전부채무(obligation in solidum) 이론이 확립되었다.[51] 이 이론은 종전 민법 제1382조[52]를 발전시켜, 손해를 공동으로 야기한 수인의 가해자는 그 손해와 가해

46 Ferid, Das Französische Zivilrecht, Bd. I, Verlagsgesellschaft Recht und Wirtschaft(1994), 2E68에서는 이를 위임계약에 기한 상호대리로 설명한다(Madatstheorie).

47 표의자인 채권자가 다른 의사를 표시한 경우에는 그렇지 않다. 가령 면제에서 다른 채무자에 대한 권리를 유보한 경우(종전 민법 제1285조 제2항), 경개에서 다른 연대채무자의 별도의 동의를 요구한 경우(종전 민법 제1281조 제3항) 등이 그 예이다.

48 다만 상환의무자 중 변제자력이 없는 자의 부담부분은 다른 자력 있는 구상의무자의 부담부분의 비율로 분담된다(종전 민법 제1214조 제2항).

49 연대채무와 보증채무 간의 가장 큰 차이 중의 하나로 사전구상권(협력 및 면책청구권)의 불인정을 들기도 한다. 한편 보증의 경우에는 담보상실로 인한 채무면책이 인정되지만(종전 민법 제2037조 참조), 연대채무에서는 이와 같은 것이 인정되지 않는다는 점도 보증채무와의 차이이다. Philippe Simler/Phillipe Delebeque, Droit Civil: les sûretés, Dalloz(2000), n. 152 et n. 251-2 참조.

50 Ferid, Das Französische Zivilrecht, Bd. I, 2E84 참조.

51 이하 Ferid, Das Französische Zivilrecht, Bd. I, 2E87 ff. 참조.

사이의 불가분적 인과관계로 인해 손해 전부에 대해 책임이 있다는 것을 내용으로 한다. 전부채무는 법률규정에 의한 연대채무나 이를 유추적용 하는 사안(연대채무)에는 적용되지 않고, 또한 가해와 손해 사이의 인과관계를 확정할 수 있어서 분할책임이 적용되는 경우에도 적용되지 않는다. 즉 그 적용은 불가분적 인과관계가 있는 경우에 한정된다. 그 밖에 전부채무는 불법행위에 기한 채권과 계약상의 채권, 다수 공동보증인의 책임(종전 민법 제2025조), 건축수급인과 건축사(종전 민법 제1792조), 부모의 아동부양의무(종전 민법 제203조), 사용자와 피용자의 책임(종전 민법 제1384조 제5항) 등 법률에 의한 공동책임의 사안에도 적용된다고 한다.

2) 전부채무의 대외관계에서 변제, 대물변제는 절대효가 있지만, 그 밖의 사유에는 상대효가 인정된다. 그러나 가해자 중 1인에 대한 채무면제가 있을 때, 다른 가해자가 면제받은 가해자에게 구상할 수 없는 경우에는 그 자의 부담부분만큼 채권자가 이를 포기하였음을 원용할 수 있다고 한다.[53] 한편 대내관계에서의 구상권은 전부채무자 상호간의 내부적 법률관계에 의해 결정된다. 가령 종전 민법 제1384조의 대위책임에서는 전부구상이 가능하다. 그러나 종전 민법 제1213조 이하 규정은 일반법상의 법정신의 표현이라고 할 수 있는 한도에서는 그 유추적용이 긍정된다. 즉 동일한 원인에 의해 손해배상 책임이 있는 다수의 채무자는 채권자의 이익을 위해서만 전체에 대해 책임이 있으므로, 손해가담과의 관계에서 구상의무가 있다는 것이다. 또한 구상의무자의 무자력이 있을 때 그 분담에 관하여서도 종전 민법 제1214조 제2항이 유추적용된다고 한다.[54]

다. 2016년 개정 민법의 연대채무

종전법에서는 연대채권, 연대채무가 법률에 규정되어 있었고, 앞서 언급한 전부채무가 판례와 학설에 의해 인정되어 왔다. 2016년 민법 개정을 통해 프랑스의 연대채무는 독일법과의 유사점이 더 많아졌다고 할 수 있다. 그 특징은 다음과 같다.

첫째, 현행 민법 제1310조에서 연대채권 및 연대채무는 법률 또는 당사자의 합의로 성립할 수 있다고 규정하고 있다. 이로써 종전 민법에 있었던 '명시적 합

52 '타인에게 손해를 야기하는 사람의 모든 행위는 손해를 초래한 과실 있는 자로 하여금 그 손해를 배상할 의무가 있게 한다.'고 규정되어 있었다. 현행 민법 제1240조도 동일한 내용이다.

53 프랑스 파기원의 판결(Cass. civ. 9.3.1962, D 1962, 625)이라고 한다. Ferid, Das Französische Zivilrecht, Bd. I, 2E94 참조.

54 Ferid, Das Französische Zivilrecht, Bd. I, Verlagsgesellschaft Recht und Wirtschaft(1994), 2E95 참조.

의'을 요구하던 요건이 없어졌다. 묵시적 합의나 추단적 의사표시를 통해서도 연대채무, 연대채권이 성립할 수 있다는 것이다.

둘째, 그러나 종전부터 인정되어 오던 폭넓은 절대효는 거의 대부분이 그대로 유지되었다. 이행지체의 절대효(현행 민법 제1314조, 종전 민법 제1207조에 상응), 기판력 및 시효중단의 절대효도 그대로 유지되었다. 종전 민법 제1205조의 이행지체 중 멸실 및 유책사유에 의한 이행불능의 절대효 규정은 없어졌지만 현행 민법 제1319조에서 포괄적으로 채무불이행의 경우 모두가 책임을 진다는 규정을 두었기 때문에 절대효를 전제하고 있다고 할 수 있다. 종전 민법의 면제 규정인 제1285조 제1항에서는 절대효를, 제2항은 부분적 절대효를 규정하였지만, 현행 민법 제1335조 제1항에서는 부분적 절대효만을 규정한 점은 차이가 있다.

결론적으로 민법 개정을 통한 연대채무의 규정은 조문의 단순화를 추구하였지만,[55] 실질적인 변경은 거의 없다고 해도 과언이 아닐 것이다.

3. 일본 구 민법

일본은 2017년 민법 개정을 통해 연대채권에 관한 규정을 신설하고, 연대채무에 관한 규정도 대폭 개정하였다. 그런데 우리 민법의 이해에는 개정 전 민법인 명치 민법에 대한 언급이 필요하며, 명치 민법의 이해에는 Boissonade가 기초한 일본 구 민법의 이해가 필요하다. 아래에서는 이 목적의 범위에서 일본 구 민법을 간단히 살펴본다. 일본 구 민법은 프랑스 민법과 그 해석론을 토대로 공동채무를 연대채무, 불가분채무, 전부채무의 3유형으로 구분하였다. 아래에서는 연대채무와 전부채무에 관한 일본 구 민법의 규정을 살펴본 후, 명치 민법과 개정 일본 민법의 특징을 살펴본다.

가. 구 민법에서의 연대채무

1) 구 민법은 연대채무자 상호간에 상호대리관계가 있고, 연대채무자 중 1인이 능동대리, 수동대리를 할 수 있음을 명시하고 있다(채권담보편 제52조 제1항). 연대채무의 대외관계에서의 폭넓은 절대효는 이런 상호대리관계로부터 도출된다.

55 한 예가 종전법 제1208조에서는 추상적으로 채무자 중 1인에게 있는 사유로 채권자에게 대항할 수 있는 사유를 포괄적으로 규정하였지만, 현행법 제1315조에서는 항변사유를 채무에 고유한 항변사유(상계, 면제 등), 채무자 1인에 고유한 항변사유(변제기 유예 등), 채무자 전원에 해당되는 항변사유(계약의 무효, 취소)로 구분하여 규정한 것이 그 예이다. Gaël Chantepie/Mathias Latina, La réforme du droit des obligation, nos. 839 참조.

경개(재산담보편 제57조 제2항, 재산편 제501조),[56] 면제(재산담보편 제57조 제2항, 재산편 제506조),[57] 상계(재산담보편 제57조 제2항, 재산편 제521조 제2항)[58]에는 절대효가, 혼동(재산담보편 제57조 제2항, 재산편 제535조), 연대면제(재산편 제509조 제1항, 재산담보편 제57조 제2항)[59]에는 부분적 절대효가 인정된다. 연대채무의 성립상의 하자, 즉 무능력 기타 합의의 하자에 기한 항변은 그 당사자만이 할 수 있지 만, 일단 그 항변으로 연대채무로부터 벗어나게 되면, 그의 내부적 부담부분의 한도에서 다른 채무자의 채무도 감축된다(채권담보편 제58조). 그 밖에 시효중단(재산담보편 제61조), 과실, 이행지체, 이행불능에도 절대효가 인정된다(재산담보편 제62조).

2) 연대채무의 대내관계는 다음과 같은 특징이 있다. 첫째, 부분구상의 원칙을 분명히 한 것은 프랑스 민법과 동일하지만, 연대채무자 상호간의 구상권을 조합 또는 위임에 기한 비용상환소권임을 분명히 하고, 구상의 범위를 변제한 금액, 재산출연에 필요하였던 손해의 배상, 지출한 때로부터의 법정이자, 피할 수 없는 비용으로 구체화하고 있다(채권담보편 제63조). 둘째, 프랑스 종전 민법에는 보증채무자의 구상권 상실에 관한 규정은 있지만(종전 민법 제2031조), 연대채무에서는 아무 규정이 없는데 반해, 구 민법에서는 연대채무에도 보증채무의 구상권 상실규정을 준용하도록 하였다(채권담보편 제65조). 셋째, 변제자대위에 기한 구상도 가능하다는 것(채권담보편 제64조), 구상의무자의 무자력위험에 대한 분담에 관한 것(채권담보편 제66조)은 프랑스 종전 민법에서의 처리와 동일하다.

나. 전부채무

프랑스 민법학에서 인정되는 전부채무를 구 민법은 명문으로 규정하였다(채권담보편 제1부 제2장 제1절 제4관). 첫째, 수인이 동일한 행위로 인해 불법행위책임

56 재산법 제501조 제1항은 프랑스 종전법 제1281조와 동일한 내용이다. 한편 동조 제3항은 연대채권자 중 1인과 한 경개는 연대채권자의 부담부분만큼 채무자를 면책하게 한다는 내용을, 제4항은 성질상의 불가분채권자 중 1인과 한 경개에 관하여 우리 민법 제411조 제2항과 유사한 내용을 규정하고 있다.

57 프랑스 종전법 제1285조와 동일한 내용인데, 이에 덧붙여 임의의 불가분채무의 면제는 연대채무와 동일하게, 성질상의 불가분채무의 면제는 우리 민법 제411조 제2항과 동일하게 처리하는 규정을 두었다.

58 프랑스 종전법과 차이라면 우리 민법 제419조 제2항과 같은 규정을 두었다는 점이다. 아울러 재산편 제521조에서는 임의의 불가분채무에서는 연대채무와 동일하게 상계할 수 있게 하고, 성질상의 불가분채무에서는 불가분채권에서의 상계와 동일하게 처리하는 규정을 두었다.

59 연대면제에 부분적 절대효를 인정한 것, 합의에 의한 불가분채무에서 그 불가분성의 면제도 연대채무와 동일하게 처리한 것, 성질상의 불가분채무에서의 불가분성의 면제는 가액상환의무를 부담하도록 하는 규정을 두었다.

을 지는데, 각자의 과실 또는 해태(懈怠)를 알 수 없는 경우(책임무능력자의 관리자의 책임, 사용자책임, 공작물책임, 동물점유자의 책임 등등을 포함) 전부채무가 성립하지만(재산편 제378조 본문, 채권담보편 제73조), 공모가 있는 공동불법행위는 법률상의 연대채무이다(재산편 제378조 단서). 둘째, 제3자가 병존적으로 채무를 인수한 경우 전부채무가 성립한다(재산편 제497조 제2항, 채권담보편 제73조). 셋째, 수인의 채무자가 전부(pour le tout, mais sans solidarité) 채무를 부담하는 것으로 법률에서 정한 경우도 있다. 전부채무에는 상호대리와 관련된 연대채무의 절대효가 적용되지 않는다. 전부채무자 중 1인이 채무 전부를 이행한 경우 다른 전부채무자도 면책되고, 변제한 채무자는 채권자의 소권(변제자대위)과 사무관리소권(내부관계에 기한 구상권)으로써 구상할 수 있다고 규정한다(채권담보편 제73조).

4. 일본 명치 민법

가. 일본 명치 민법의 연대채무의 특징

일본 민법은 구 민법의 전부채무를 민법전에 두지 않기로 하고,[60] 불가분채무, 연대채무만을 법정(法定)하였다. 일본 민법의 공동채무의 특징은 다음과 같다. 첫째, 불가분채무든 연대채무든 채권자와의 관계에서 공동채무자 상호간에 대리권이 없다는 주의에 입각하여 대외관계를 규율하고자 했다. 따라서 상호대리사상에 입각한 다수의 구 민법 규정이 삭제되었다.[61] 둘째, 대외관계에서 절대효를 인정한 주된 이유는 실용적인 이유 또는 채권자 및 채무자의 이익을 절충하였기 때문이다.[62] 이런 사상에 입각하여 우리 민법 제413조 내지 제421조, 제423조 내지 제427조와 거의 동일한 내용의 규정을 입법하였다. 일본 민법은 우리 민법 제422조의 채권자지체의 절대효에 관한 규정이 없는 대신, 우리 구 파산법 제19조(채무자회생 및 파산에 관한 법률 제428조)에서 인정하는 것과 동일한 내용, 즉 '연대채무자 전원 또는 그 중 수인이 파산선고를 받은 때 채권자는 그 채권 전액으로써 재단의 배당에 참가할 수 있다'는 것을 명치 민법 제441조에서 규정하고 있다. 한편 혼동 규정은 우리 민법과 다르다. 명치 민법 제438조는 "연대채무자의 1인과 채권

60 高橋 眞, 史料 債權總則(16), 民商法雜誌 제84권 제3호, 有斐閣(昭和 56=1984) 453 참조. 그 사용빈도에 의문이 있기 때문이라고 한다.

61 연대채무자 상호간에 대리관계가 있음을 정하고 있는 구 민법 채권담보편 제52조 제1항을 비롯하여 연대채무자 1인의 과실, 이행지체, 이행불능, 연대면제 등 절대효 또는 부분적 절대료를 갖던 다수의 구 민법 규정이 삭제되었다. 高橋 眞, 史料 債權總則(16), 民商法雜誌 제84권 제3호, 453-454 참조.

62 ☞ 그 내용과 한계에 관하여 상세한 것은 아래 제3관 연대채무 [총설] Ⅲ. 2.에서 상술한다.

자 간에 혼동이 있는 때는 그 채무자는 변제를 한 것으로 간주한다" 고 정하기 때문이다. 그런데 프랑스 종전 민법 제1301조 제3항, 제1209조를 전범(典範)으로 한 일본 구 민법의 혼동 규정(채권담보편 제57조에 의해 준용되는 재산편 제535조 제1항)은, "채권자가 연대채무자의 1인에게 상속되거나 연대채무자의 1인이 채권자에게 상속되면 연대채무는 그 1인의 부분만 소멸한다"고 규정하였다. 일본 민법 제정(구 민법의 수정)과정에서 기초자(起草者)가 제시한 원안은 일본 구 민법 재산편 제535조 제1항과 동일하였으나, 원안과 같이 하면 구상관계에서 의문이 생길 수 있다는 이유로 명치 민법에서는 이렇게 개정하였다. 달리 말하면 내용상으로는 구 민법과 차이가 없었다.[63] 일본의 학설은 혼동으로 인해 연대채무가 전부 소멸하고 구상관계만 남는다고 해석한다.[64]

나. 해석론에 인정되는 부진정연대채무

일본 명치 민법 시행 후 일본 민법학은 구 민법과 프랑스 민법에서 인정되던 전부 채무를 해석론으로 발전시키지 않은 채, 독일 민법학의 영향 하에 부진정연대 채무이론을 수입하여, 다수의 공동채무를 부진정연대채무로 파악하였다. 일본의 부진정연대채무 이론의 주된 특징은 일본 명치 민법의 연대채무의 절대효가 독일법에 비해 넓기 때문에 채권 담보력의 강화를 목적으로 하는 연대채무의 본래의 제도취지가 실현되기 곤란하다는 점에 주안점을 두면서, 될 수 있는대로 연대채무의 절대효를 인정하지 않는 방향으로 공동채무를 해석하고자 한 것에 그 특징이 있다.[65]

다. 平成 29년(2017년) 개정 민법에서의 연대채무

平成 29년(2017년) 개정되어 令和 2년(2020년)부터 시행되는 민법에서는 매우 중요한 변화가 이루어졌다. 첫째, 연대채권에 관한 규정을 제432조부터 제435조의 2에 걸쳐 5개의 규정으로 규율하고 있다. 둘째, 성질상 불가분인 채권, 채무는 모두 불가분채권, 불가분채무로 분류하고, 성질상 가분인 급부를 목적으로 하는 채권, 채무만을 당사자의 합의로 연대채권, 연대채무로 할 수 있도록 규정하였다.[66]

63 高橋 眞, 史料 債權總則(17), 民商法雜誌 제84권 제4호, 608 이하 참조.
64 注釋民法(11), 債權(2), 有斐閣(昭和 40=1966), 98 이하(椿壽夫 집필부분) 참조.
65 注釋民法(11), 債權(2), 有斐閣(昭和 40=1966), 57이하(椿壽夫 집필부분) 참조.
66 이런 특징에 관하여는 山田誠一, 多數當事者の債權および債務, 債權法改正と民法學, 商事法務(2018), 150면 이하 참조.

셋째, 연대채무는 제436조부터 제445조에 걸쳐 9개의 조문으로 규율하는데, 명치 민법의 학설에서 인정되는 부진정연대채무를 연대채무의 범주에 포섭시켜 양자에 단일한 법률효과를 인정하게 되었다.[67] 그 중 명치 민법과 개정 민법의 연대채무의 차이는 나음과 같나.

첫째, 연대채무자 1인에 대한 이행청구의 절대효(명치 민법 제434조), 1인의 연대채무자의 채무의 소멸시효 완성의 부분적 절대효(명치 민법 제439조)가 삭제되었다.[68] 어떤 연대채무자가 채권자에 대해 반대채권이 있지만 상계하지 않을 경우 다른 연대채무자가 반대채권 있는 연대채무자의 부담부분의 한도에서 상계할 수 있도록 하였던 명치 민법 제436조 제2항을 삭제하는 대신, 그의 부담부분의 한도에서 이행거절권능을 다른 연대채무자에게 부여하는 것으로 개정하였다(현행 민법 제439조 제2항). 나아가 면제의 부분적 절대효에 관한 명치 민법 제437조도 삭제하였다.[69] 이로써 규정취지의 정당성이 의문시되던 규정들을 정비한 셈이다.

둘째, 연대채무자 상호간의 구상관계에 관하여 명치 민법과 다른 규정을 두었다. 우선 연대채무자 중 1인이 일부변제하여 공동면책을 한 경우 그 변제액이 자기 부담부분을 초과하는지와 무관하게 각자의 부담부분의 비율에 따라 다른 연대채무자에게 구상할 수 있도록 하였다(현행 민법 제442조 제1항).[70] 상환무자력자의 부담부분의 분담에 관하여 부담부분이 없는 자 상호간에는 균등하게 무자력자의 부담부분을 분담하도록 하는 규정을 신설하였다(현행 민법 제444조 제2항).

5. 소결

우리 민법은 일본 명치 민법과 거의 동일한 내용의 불가분채무 및 연대채무 규정을 도입하면서, 채권자지체의 절대효를 인정하는 규정을 신설하였다.[71] 그런

67 潮見佳男, 新債權總論 II, 信山社(2017), 586이하 참조.

68 현행 민법 제441조에 의해 당사자 사이에 다른 합의가 없으면 여타의 사유는 상대적 효력밖에 없게 된다. 따라서 채권자는 다른 연대채무자에게 전액의 지급을 청구할 수 있다. 이와 조화를 이루기 위해 제445조를 개정하여 시효완성 후 전액을 변제한 연대채무자는 시효완성된 다른 연대채무자에게 구상할 수 있도록 하였다.

69 당사자 사이에 다른 합의가 없으면 법률에서 정한 절대효 사유 이외에는 상대효밖에 인정되지 않는다. 그 결과 면제를 하더라도 다른 연대채무자에 대해 전액의 지급을 청구할 수 있게 된다. 이와 조화를 이루기 위해 제445조를 개정하여 면제 후 전액을 변제한 연대채무자는 면제받은 다른 연대채무자에게 구상할 수 있도록 하였다.

70 이 규정은 독일 민법의 규정이나 프랑스 민법과는 정반대의 태도를 취한 것이다.

71 채권자지체의 절대효(제422조)는 독일 민법에서 규정하고 있는 것이다. 民法案審議錄 上卷, 245-253 참조.

데 위의 서술에서 짐작할 수 있듯이 일본 명치 민법이나 우리 민법의 공동채무 관련 규정은, 독일법, 프랑스법의 어느 한 법제의 영향을 받은 것이 아니라, 프랑스 종전 민법, 이에 대한 Boissonade의 독창적 이해, 독일 민법, 그리고 이들 각 법제의 내용에 대한 일본 민법 기초자(起草者) 및 입법의원들의 독특한 이해가 혼합되어 만들어진 혼용적 독창물이라고 할 수 있다. 연대채무와 불가분채무를 구분하는 점에서는 독일 민법과 다르며, 상호대리사상을 명시적으로 배제하고 있다는 점에서는 프랑스 종전 민법, 일본 구 민법과도 다르고, 연대채무자의 대내관계의 긴밀성을 전제하는 점에서는 독일 민법, 프랑스 종전 민법과도 다르다. 이런 특징은 우리 법의 연대채무의 이해를 어렵게 만들 뿐 아니라, 역으로 혼용적 독창물이 가지는 장점을 간과하기 쉽게 만들기도 한다. 아래에서는 우리 법의 공동채무의 특징을 살펴본다.

Ⅲ. 우리 민법의 공동채무의 유형과 그 특징

1. 채무의 공동소유적 귀속이 '수인의 채무자 있는 채권관계'인가?

다수의 학설은 채권·채무의 공유적 귀속(준공유), 합유적 귀속(준합유), 총유적 귀속(준총유)이라는 관념을 인정한다.[72] 채권의 경우 공동소유자에게 귀속된 채권의 보존, 관리, 처분 등의 권한과 관련하여 준공동소유에 관한 규정 (민법 제278조)의 적용이 문제되지만, 채무의 경우 공유자, 조합체, 비법인사단에 귀속된 채무의 내용이 무엇인지, 누가 어떤 책임을 지는지가 문제되기 때문에 양자는 차원이 다르다. 따라서 이 글에서는 양자를 구분해서 공동소유 당사자에게 귀속되는 채무가 공동채무와 어떤 관련성이 있는지를 살펴본다.

가. 공유자, 조합체, 비법인사단에의 채무 귀속이 '수인의 채무자 있는 채권관계'의 한 유형인가?

1) 다수의 학설은 당사자의 특약으로 채무의 공유적 귀속이 가능하지만, 실제에서는 불가분채무가 생기는 것과 큰 차이가 없다고 한다.[73] 채무의 준합유에서는 각 채무자가 급부 전부를 이행해야 하나 모든 채무자가 공동으로 이행할 필요는

72 곽윤직, 채권총론, 박영사(2003), 153 이하; 민법주해 X, 채권(3), 박영사(1999), 12 이하(허만); 주석 민법, 채권총칙(2)(제3판), 한국행정사법학회(2000), 137 이하(문흥안) 참조.

73 곽윤직, 채권총론, 박영사(2003), 153 참조. 반면 민법주해 X, 채권 (3), 박영사(1999), 13 (허만)은 채무의 공유적 귀속이라는 관념을 부정한다.

없고, 채권자는 임의의 채무자를 선택하여 청구하지 못하고 채무자 전원에 대해 공동으로 청구해야 한다고 본다. 또 조합체의 채무에 대해서는 조합재산만이 아니라 조합원도 자기의 고유재산으로써 책임을 지는데, 양자의 관계가 병존적인지, 이차적인지, 분할적인지, 불가분연대적인지 등은 합유관계의 종류, 내용에 따라 구체적·개별적으로 판정해야 한다고 본다.[74] 채무의 준총유에서는 채무는 비법인 사단에게 속하고 그 재산으로써 책임을 지고, 각 사원은 개인적 채무나 책임을 부담하지 않는다고 한다.[75]

2) 가령 조합체가 조합원 중 1인에게 사무처리를 위임하여, 그가 자기 명의로 계약을 체결하면 그가 단독으로 채무를 부담할 것이다. 이 경우 채무의 합유적 귀속은 문제되지 않는다. 또한 수인의 공유자가 법률행위로써 채무를 부담할 때 분할채무, 불가분채무, 연대채무 또는 기타의 공동 채무를 지도록 계약할 수 있다. 이 경우에도 채무의 공유적 귀속은 문제되지 않는다. 그런데 채무가 공동소유자에게 귀속된 상태를 전제하면, 채무의 공동소유적 귀속은 다음과 같이 처리될 것이다.

첫째, 건물의 공유자가 타인 소유 대지에 권원 없이 건물을 짓고 있다면, 건물철거, 대지반환 채무는 공유자에게 귀속될 것이다. 이 때의 채무는 불가분채무이고, 대지의 사용이익에 대한 부당이득반환채무는 분할채무로 볼 것이다.[76] 이와 다른 내용의 채무의 공유적 귀속은 상정하기 어렵다.

74 곽윤직, 채권총론, 박영사(2003), 154; 민법주해 X, 채권(3), 박영사(1999), 15 이하 (허만) 참조.

75 곽윤직, 채권총론, 박영사(2003), 154; 민법주해 X, 채권(3), 박영사(1999), 18 (허만) 참조.

76 판례는 이와 유사한 사안에서 공유자를 불가분채무자라고 한다. 공유자가 제261조에 따라 부당이득반환의무를 부담하는 사안인 대법원 1981. 7. 22. 선고 80다649 판결, 수인이 타인토지를 불법점유하여 사용이익을 부당이득으로 반환하여야 할 사안인 대법원 1981. 8. 20. 선고 80다2587 판결, 대법원 1991. 10. 8. 선고 91다3901 판결 등에서 이런 표현을 사용한다. 그러나 이들 사안에서의 채무가 성질상 불가분이지도 않고, 당사자가 불가분급부를 합의한 것도 아니므로, 위 판결의 용어사용은 이론상 잘못된 것이다. 그러나 위 판결의 용어사용은 수인의 채무자에게 전부급부의무가 있음을 강조한 것이라고 선해(善解)할 수는 있을 것이다. 즉 부진정연대채무라는 의미에서 불가분채무라는 용어를 사용한 것이라고 해석할 수는 있다는 것이다. 후자의 판결사안은 공동불법행위와 유사하기 때문에 불법점유자로 하여금 토지소유자에게 부진정연대책임을 지도록 한 것이라고 보면 그 결론을 수긍할 수 있을 것이다. 그러나 전자의 판결은 그 결론도 수긍하기 어렵다. 공유물에 손해를 입혀 공유자가 손해배상 또는 부당이득반환청구를 할 때 분할채권으로 보는 것(가령 대법원 1970. 4. 14. 선고 70다171 판결 참조)과 비교하면, 공유자의 의사와 무관하게 얻은 이익의 반환 역시 공유지분의 비율에 따라 처리하는 것이 합리적이다. 공유 부동산에 부합됨으로써 소유권을 상실한 자를 상정해 보면 그는 결국 공유지분을 압류하여 채권을 실현해야 하기 때문이다. 물론 그가 원물을 부당이득으로 반환청구할 때에는 불가분채무일 것이다.

둘째, 동일지분을 가진 A, B, C 3인으로 구성된 조합체가 타인 물건을 불법점유할 때 이를 반환할 채무는 그 조합체가 부담하는 것이지, 조합체 아닌 조합원 개인에게 귀속되는 것은 아니다. 이 점은 채권자가 조합체를 상대로 반환청구의 소를 제기하여야 하지, 개별 조합원을 피고로 해서는 안 된다는 것에서도 잘 드러난다.[77] 물론 조합체가 가령 사용이익(300)을 부당이득으로 반환할 채무를 질 때, 조합체를 상대로 300의 부당이득반환청구소송을 제기할 수 있고, 조합원 각자를 상대로 각각 100의 개인책임을 추궁할 수도 있다. 또한 전자의 예에서 반환할 물건이 멸실되어 그 손해(3,000)를 배상해야 할 경우 조합체를 상대로 3,000의 손해배상청구를, A를 상대로 1,000의 손해배상청구를 할 수도 된다. 이처럼 조합원이 지는 채무는 조합체의 채무가 조합원에 확장되어 그와 병존하여 부담하는 책임의 일환으로 볼 것이다.[78] 이 점은 위의 예에서 A가 조합체를 탈퇴한 경우 잘 드러난다. 채권자는 B, C를 상대로 물건반환청구소송을 제기해야 하고, A를 피고로 할 것은 아니다. 물론 물건반환에 부수한 책임(민법 제201조, 제202조)에 관하여는 A도 채무를 부담할 것이다(민법 제712조, 제713조). 조합탈퇴의 예에서도 드러나듯이 조합체에 귀속되는 채무는 단체로서의 조합이 지는 채무이지, 조합체와 무관한 조합원 개인들의 채무가 아니다. 이런 관점을 취한다면, 조합체에 귀속된 채무를 두고 '수인의 채무자 있는 채권관계'라고 할 수 없다. 셋째, 채무가 비법인사단에 귀속되는 경우에도 사원 개인이 채무자가 되지 않기 때문에, '수인의 채무자 있는 채권관계'라고 할 수 없다.

셋째, 비법인사단이 채무를 부담할 경우 사원은 개인책임을 부담하지 않기 때문에 여기에 별도로 공동채무를 관념할 이유는 없다.

77 조합에 관한 소송의 설명은 민법주해 XVI, 채권(9), 박영사(1997), 95-101(김재형) 참조.

78 학설은 그동안 조합재산으로써 지는 책임과 조합원이 지는 책임의 관계에 초점을 맞추어 논의하여 왔다. 이에 대해서는 민법주해 XVI, 채권(9), 박영사(1997), 115 이하(김재형) 참조. 그러나 단체로서의 조합체가 채무자라는 관점을 인정하게 되면, 조합원이 지는 채무는 병존적 성격의 것으로 이해할 수 있다. 조합체가 채무자라는 관념은 Flume, Allgemeiner Teil des bürgerlichen Rechts, Bd. 1, 1.Teil, § 16 Ⅳ 2 참조.

나. 소결

공유관계의 당사자에게 채무가 귀속되면, 그 성질에 따라서는 분할채무, 불가분채무, 또는 사정에 따라 부진정연대채무가 될 것이다. 또한 공유관계의 당사자는 채권자와의 계약에 기해 다양한 내용의 채무를 부담할 수도 있다. 그런데 조합체, 비법인사단에 채무가 귀속될 경우에는 그 단체가 채무자이지, 단체 아닌 그 구성원의 채무는 아니다. 그렇기 때문에 채무가 조합체, 비법인사 단에 귀속될 때에는 '수인의 채무자 있는 채권관계'라고 할 수 없다

2. 연대채무의 특징

가. 연대채무의 법적 성질에 관한 기존 학설의 비판적 검토

1) 연대채무의 법적 성질로 거론되는 주관적 공동관계설 및 상호보증설의 기능

학설들은 연대채무의 법적 성질로, ①독립된 복수의 채무가 있고, ②각 채무자는 전부급부의무를 부담하며, ③채무자 가운데 1인이 전부를 급부하면 전원의 채무가 소멸하고, ④채무자 사이에 일정한 주관적 결합관계가 존재함을 들고 있다.[79] 채무자 사이의 주관적 결합관계는 연대채무의 절대효 및 구상권의 근거를 설명하기 위한 것이라고 한다. 주관적 결합관계에 관하여는 다음과 같은 설명이 있다. 첫째, 독일의 목적공동관계설에 영향을 받아 '채권자는 각 채무자를 통하여 동일한 목적을 추구하며 각 채무자는 이를 인식하고 있는 결합관계'로써 주관적 결합관계를 설명하는 견해가 있다(주관적 공동관계설).[80] 둘째, 연대채무자는 자기의 부담부분에 대해서는 주채무자의 지위에 서고 다른 사람의 부담부분에 대해서는 보증인의 지위에서는 실질적 상호보증관계가 있다고 함으로써 주관적 결합관계를 설명하기도 한다(상호보증설).[81] 셋째, 일부 견해는 위 양 견해가 절대효에 관하여 완전한 설명을 하지 못한다고 하면서, 부담부분의 범위에서 절대효가 인정

79 주석 민법, 채권총칙(2)(제3판), 한국행정사법학회(2000), 174 이하(강봉수); 민법주해 X, 채권(3), 박영사(1995), 70 이하 (차한성) 참조.

80 곽윤직, 채권총론, 박영사(2000), 162 참조. 이런 주관적 공동관계가 있기 때문에 채권의 목적 실현 이외의 사유에 대해서도 어느 정도의 절대효를 인정하고, 이것은 당사자 사이의 법률관계를 간이하게 결제하고 공평의 이념에도 적합하다고 한다. 민법주해 X, 채권(3), 박영사(1995), 72 (차한성) 참조.

81 김형배, 채권총론, 박영사(1998), 451; 이은영, 채권총론, 박영사(2006), 505 참조. 이 견해에 따르면 채무자 중 1인에게 생긴 사유는 그 자의 부담부분의 한도에서는 다른 채무자에게도 효력을 미치지만, 그 부분 이외의 한도에서는 다른 사람에게 영향을 주지 않는다고 한다. 민법주해 X, 채권 (3), 박영사 (1995), 72(차한성)도 참조.

되는 것은 상호보증관계의 승인에서, 전체적 또는 일체적으로 절대효가 인정되는 것(가령 청구의 절대적 효력)은 채무자 사이의 공동사업관계나 공동생활관계를 전제한 것이라고 설명하기도 한다.[82] 즉 우리 학설은 주관적 결합관계의 성질로부터 연대채무의 내부관계(민법 제425조 내지 제427조)를 설명하는 것에 그치지 않고, 연대채무의 절대효를 설명하는 것에 더 많은 관심을 기울이고 있다.

2) 주관적 공동관계설 또는 상호보증설로써 절대효를 설명하고자 하는 시도는 정당한가?

가) 연대채무자 상호간의 주관적 관계를 설명하는 점에서는 우리 학설의 주관적 공동관계설 또는 상호보증관계설 상호간에는 실질적으로 대립적인 성격을 찾기 어렵다. 우리 민법의 연대채무의 주요한 특징의 하나는 연대채무의 대내관계에 관한 독특한 규율이다. 즉 자기의 출재로 공동면책을 한 연대채무 자가 다른 연대채무자에게 구상권을 행사할 때 출재한 날로부터의 법정이자, 피할 수 없는 비용 기타 손해배상을 청구할 수 있는 것이 그것이다(민법 제425조).[83] 또한 이미 소멸된 연대채무를 변제한 것이어서 공동면책이 없는 경우라도, 달리 말하면 변제자대위를 할 수 없더라도, 다른 연대채무자에게 구상권을 행사할 수 있다(민법 제426조 제2항).[84] 그리고 이때의 구상범위도 공동면책이 있는 경우와 다를 바 없다. 민법 제425조, 제426조는 연대채무자 간에 상호보증관계가 있다고 보고, 그들 사이의 내부관계를 규율하고자 하였던 일본 구 민법의 규정을 내용 변경 없이 그

82 淡路剛久, 連帶債務の一體性と相互保證性, ジュリスト(增刊), 民法の爭點(昭和 53), 198-199 참조. 민법주해 X, 채권(3), 박영사(1995), 73(차한성)에서 재인용.

83 가령 900의 연대채무를 부담하는 A, B, C(부담부분은 동일) 중 A가 900을 지급한 경우를 보자. 독일 민법 제426조 제1항이 적용되면, A는 B, C에게 300을 구상할 수 있고, 법정이자는 B,ㅊrk 이행지체에 빠지지 않는 한 이를 청구할 수 없다. 출재액에 대한 법정이자, 피할 수 없는 비용 및 손해배상은 A, B, C 사이에 위임관계가 있을 때 거기에 기해 청구할 수 있을 뿐이다. MünchKomm/Seiler, BGB, 6. Aufl., C.H. Beck(2017), § 670 Rn. 12 ff. 참조. 독일 민법 제426조 제1항에 기해서는 이를 상환받을 수 없다는 것이다. 이 점이 우리 민법 제425조 제2항과의 차이점이다.

84 공동면책을 실현하지 않은 연대채무자에게는 독일 민법 제426조 제2항에 의한 법정채권양도는 말할 것도 없고, 제1항에 기한 구성권도 인정되지 않는다. 그러나 이런 연대채무자는 내부적 법률관계(가령 위임)에 기초하여 구상권을 행사할 수 있다. 선관주의의무를 기울였음에도 불구하고 연대채무가 이미 소멸하였음을 알지 못하고 변제한 경우, 그는 위임인이 다른 연대채무자에게 독일 민법 670의 필요비상환을 구할 수 있기 때문이다. 필요비상환청구의 요건에 관하여는 Staudinger/Wittmann, BGB, § 670 Rn. 9 참조. 원칙적으로 위임인의 지시를 좇아야 하고, 독일 민법 제665조에 좇은 위임에 대한 통지가 준수되어야 한다. JurisPK-BGB/Hönn, BGB, § 670 Rn. 10 참조. 한편 우리의 경우 변제로 연대채무가 이미 소멸되었음에도 변제자의 사후통지가 없어서 그 사실을 알지 못한 연대채무자가 사전통지 후 변제하였다면 전자에 대해 구상권을 행사할 수 있다(민법 제426조 제2항).

대로 수용한 것이었다. 즉 연대채무자 간에 상호위임 유사적 관계에 기초한 상호보증관계가 있음을 전제하였기 때문에 민법 제688조와 같은 취지의 규정을 제425조 제2항에 둔 것이다.[85] 이런 사정을 감안하면 우리 민법의 연대채무자 상호간에는 독일 민법보다 훨씬 더 긴밀한 주관적 목적공동관계, 즉 상호보증적 수준의 목적공동관계가 있다고 설명하는 것이 가능하다. 달리 말하면 주관적 관계에서 상호보증적 공동목적 없는 공동채무자는 연대채무자가 될 수 없고, 그들에게는 민법 제425조 이하가 적용될 수 없다. 독일 민법학에서는 연대채무자 상호간의 관계를 설명하면서 연대채무의 적용범위를 좁히려는 이론(목적공동관계설, 채무의 동일단계성 또는 동일순위성 이론), 넓히려는 이론(연대채무의 유형론)이 있지만, 우리 민법의 내용은 독일 민법과는 근본적으로 다르다고 할 것이다.

나) 연대채무의 대외관계와 대내관계는 동전의 양면처럼 일체로서 연대채무를 규정하는 것이며,[86] 그 중 어느 하나로써 연대채무의 내용이 규정되지는 않는다. 연대채무자 상호간에 주관적 공동목적관계 또는 상호보증적 관계가 있다는 것은 우리 법의 연대채무의 대내관계를 설명하는 훌륭한 도구일 수는 있다. 그러나 이로써 대외관계도 설명하려는 것은 무리이다. 가령 내부적으로 상호보증관계를 서기로 한 A, B가 채권자에 대해 연대채무를 부담하는 경우, A에 대한 청구의 시효중단효가 B에게 미치는 것(민법 제416조)이나 A에 대한 시효소멸 완성으로 절대효가 인정한 민법 제421조를 상호보증관계로써는 설명될 수 없다. 보증인에 대한 시효중단은 주채자에게 미치지 않고, 보증채무가 시효로 소멸하더라도 주채무자에는 영향을 미치지 않기 때문이다. 연대채무자 상호간에 훨씬 긴밀한 결합도를 전제하는 상호보증관계설에 의해서도 곧바로 위 양 규정을 설명할 수 없다면, 이보다 약한 결합관계를 상정하는 주관적 공동목적관계설도 마찬가지라고 할 것이다. 대외관계의 절대효의 인정근거는 내부관계의 성격과는 다른 관점에서 이해되어야 한다.

나. 연대채무의 대외관계에서의 절대효를 인정하는 근거

우리 민법상의 연대채무의 절대효의 정당화 근거를 하나의 원리로 환원하여 설

85 이 점은 제철웅, "보증채무 및 연대채무에서의 구상권 상실: 비교법적 검토를 통한 새로운 해석가능성의 모색", 비교사법 제9권 제1호, 130 이하, 136 이하 참조.

86 이 점을 지적하는 것으로는 Ehmann, Die Gesamtschuld, S. 97 ff. 참조. 수인의 연대채무자를 둠으로써 채권실현의 안전과 편의성을 도모한다는 측면만이 아니라, 연대채무자 상호간의 구상관계도 연대채무의 필수구성요소라고 한다.

명하는 것은 가능하지 않다. 오히려 절대효의 인정근거를 연대채무의 목적 실현과의 관련성, 의사표시의 효력, 형평과 실무상의 편의, 채권자와 채무자 간의 이익 조정이라는 각기 다른 네 가지 유형으로 구분하여 설명하는 것이 더 적절할 것이다.[87]

1) 연대채무의 목적실현과 절대효

가) 변제, 대물변제, 공탁, 상계로 채권자가 만족을 얻으면 당연히 다른 연대채무자의 채무도 소멸한다는 결론은 연대채무의 정의(민법 제413조, 제414조)로부터 도출된다. 대물변제는 변제와 동일한 효과가 있고(제466조), 변제공탁은 공탁물회수청구권이 있는 동안에는 해제조건부이기는 하지만 변제와 같은 효력이 있으며(제487조, 제489조), 상계 역시 채권자의 입장에서는 자기 채권의 실현이 있기 때문에 변제와 같은 효과가 있다.[88] 이들 사유는 민법 제413조의 "이행"으로 평가되기 때문에 절대효가 인정된다.[89]

나) 연대채무자 1인의 변제제공으로 채권자지체에 빠진 경우 그것이 다른 연대채무자에게도 효력이 있다는 민법 제422조도 연대채무의 정의규정(제413조, 제414조)에서 파생될 수 있다. 연대채무자 중 1인의 변제로 모든 연대채무자가 면책될 수 있기 때문에, 그 중 1인의 변제제공이 있는 단계에서부터 모든 연대 채무자에게 그 효력이 미치도록 하는 것이 합리적이기 때문이다.[90]

2) 의사표시의 효력과 절대효

가) 채권자가 연대채무자 중 1인에게 한 면제의 의사표시에 부분적 절대효를 인정한 것(민법 제419조)은 이례적인 것처럼 보인다. 그러나 거기에 부분적 절대효를 수반하는 의사가 내포되어 있다면 별 문제가 없다. 달리 말하면, 면제의 절대효의 정당화근거로는 면제의 의사표시의 내용 해석에 보다 깊은 주의를 기울여야 한다.

87 이에 관해서는 제철웅, 담보법, 율곡출판사(2017), 190 이하 참조.

88 高橋 眞, 史料 債權總則(17), 民商法雜誌 제84권 제4호, 596-600 참조. 연대채무에서 상계는 어느 법제이든 변제와 마찬가지로 절대효를 인정한다. 다만 연대채무자 중 1인이 다른 연대채무자의 반대채권으로써 상계하도록 한 제418조 제2항은 이와 다르다.

89 변제, 대물변제, 공탁, 상계의 절대효를 정한 독일 민법 제422조를 임의규정이 아닌 강행규정으로 해석하는 것도 그것이 연대채무의 정의 내지 성질과 직접 관련이 있기 때문이다. Staudinger/Noack, BGB, § 422 Rn. 7 ff. 참조.

90 독일 민법 제424조도 채권자지체의 절대효를 인정하고 있다. 다만 채권자지체를 벗어나기 위한 요건에 관하여는 다양한 논의가 있다. Staudinger/Noack, BGB, § 424 Rn. 9 ff. 참조.

첫째, 채권자가 연대채무 전부를 면제하기 위해 연대채무자 중 1인에게 면제의 의사표시를 할 수도 있을 것이다. 물론 연대채무자 상호간에 대리관계를 전제하지 않으므로, 채권자는 수동대리권한 없는 연대채무자 중 1인에게 연대 채무자 전원을 위한 면제의 의사표시를 하지 않을 것이다.[91] 그러나 채권자가 1인의 연대채무자를 전달사자로 삼을 수도 있고, 상대방만이 아니라 다른 연대채무자에게도 면제의 효력을 미치고자 하는 제3자를 위한 면제계약을 체결할 수도 있다. 이런 특수한 경우가 아니라면 연대채무 전부의 면제를 내용으로 하는 의사표시는 인정될 수 없을 것이다.

둘째, 1인의 연대채무자의 채무를 전부 면제해 주겠다는 내용의 의사표시를 할 수도 있다. 이 의사표시는 다른 연대채무자에 대한 구상의무로부터도 벗어나게 해 주겠다는 의미를 내포할 수 있다. 그렇지 않으면 그 면제는 실효성이 없기 때문이다. 가령 100의 채무를 부담하는 A, B 두 명의 연대채무자 중 A의 채무를 완전히 면제해 준 경우, 채권자가 B로부터 100을 청구한다고 가정하자. 채권자는 면제의 의사표시로써 연대채무자 상호간의 구상관계를 변화시킬 권한이 없고, 따라서 100을 변제한 B는 제425조 이하의 규정에 의해 A에게 50을 구상할 것이다.[92] 문제는 이 때 발생할 수 있다. 즉 A는 채권자에게 B의 구상으로부터 자신을 면책시켜 줄 것을 청구할 수 있을 것이다. 결과적으로 채권자는 A의 면책청구에 의해 곧바로 B에게 반환해야 할 것(50)을 B에게 청구하는 셈이다. 곧바로 반환할 것(50)을 청구하는 것은 신의성실의 원칙에 반한다.[93] 물론 A가 B에게 구상해 주었다면, 채권자에게 50을 되돌려 받아야 할 것이다.[94] 이를 간명하게 처리하기 위해 부분적 절대효를 둔 것으로 이해할 수 있을 것이다. 즉 민법 제419조는

91 이 점은 일본 민법의 심의과정에서 확인된 바이다. 高橋 眞, 史料 債權總則(17), 民商法雜誌 제84권 제4호, 601-607 참조.

92 면제의 부분적 절대효를 없앤 개정 일본 민법에서는 제445조에서 채권자에게 변제한 연대채무자가 면제받은 채무자에게 구상할 수 있다고 규정하고 있다.

93 이 점은 일본 민법의 심의과정에서도 잘 드러난다. 高橋 眞, 史料 債權總則(17), 民商法雜誌 제84권 제4호, 601-607 참조. 불가분채권자의 1인이 채무자의 채무를 면제한 경우에도 실질적으로는 이와 동일하게 처리된다. 즉 다른 불가분채권자는 전액을 청구할 수 있지만 면제한 채권자에게 분급할 이익을 가액으로 채무자에게 상환해 주어야 하기 때문이다(명치 민법 제429조). 만약 가액상환이 없으면 그것은 면제한 채권자의 부당이득이 될 것이므로, 계산을 간단히 하기 위해 채무자에게 가액상환을 하도록 규정하였다. 이 점은 辻 正美, 史料 債權總則(15), 民商法雜誌 제84권 제2호, 289-295 참조.

94 다수의 학설은 이러한 면제를 상대적 면제라 하여, 이와 같은 면제도 인정된다고 한다. 민법주해 X, 채권(3), 박영사(1995), 115-116(차한성) 참조. 그러나 이런 상대적 면제를 인정할 실익은 거의 없고, 당사자의 의사가 명확하지 않는 한 이런 면제를 인정하는 것은 신의성실의 원칙과 조화되기 어렵다.

이처럼 채권자의 의사표시의 효력에 의해 도출되는 절대효이지, 연대채무의 성질로부터 도출되는 것은 아니다.[95]

셋째, 연대면제의 의사표시를 할 수도 있다. 프랑스 민법과 달리 우리 민법은 연대면제의 의사표시는 부담부분의 한도에서만 채무이행을 하도록 하는 것으로 이해한다.[96] 가령 300의 연대채무를 부담하는 A, B, C 중 C에게 연대면제의 의사표시를 한 경우, 이는 A, B에게는 각각 300씩을 청구할 수 있지만, C에게는 100만을 청구하겠다는 의사표시이다. 300을 변제한 A가 C에게 100을 구상할 수 있음은 물론이다. 만약 B가 무자력이어서 그 위험을 어떻게 분담하여야 할 것인지가 문제될 때, 제427조 제2항은 A가 C에게 100을 구상하고 50은 채권자가 부담하도록 규정한다. 동조는 채권자의 연대면제의 의사표시에 이런 내용이 포함되어 있다고 추정하지만, 채권자가 이와 다른 의사표시를 하면, 연대면제는 연대채무자의 내부관계에 영향을 미치지 않는 것으로 해석해야 할 것이다.[97]

넷째, 연대채무자 1인에게는 직접 책임을 추궁하지 않겠다는 의미의 의사표시

95 민법 제419조가 적용될 수 있는 사안은 다음과 같다. 첫째, 연대채무자가 채권자와 화해계약을 통해 채무 일부를 이행하면서 나머지 채무를 면제받는 경우. 가령 A, B가 100의 연대채무를 부담하는 데, A가 채권자와의 화해계약을 체결하면서 40의 채무만 변제하고 나머지 채무는 전부 면제해주기로 하였다면, 채권자는 B로부터 60이 아니라 A가 면제받은 10만큼 감축된 50의 채무만을 청구할 수 있다. 둘째, 수인의 연대채무자 중 일부와 채권자가 채무분할합의를 하는 것도 이와 유사하다. 300의 연대채무를 부담하는 A, B,C 중 B, C와 분할합의를 하면서 B, C에게 각각 80씩만 변제받고 나머지 채무는 면제하기로 한 경우 각각에게 면제된 20씩은 A에게 청구할 수 없고, A는 100만을 지급하면 될 것이다. 채무 전부의 면제에 대해서만 절대효를 규정하는 독일법에서도 위의 각 사례에서는 부분적 절대효를 인정한다. 가령 Staudinger/Noack, BGB, § 423 Rn. 19 ff. 참조.

96 프랑스 종전 민법 제1210조의 연대면제는 Pothier가 인정하지 않던 것으로 프랑스 종전 민법에 새롭게 도입된 것이다. 학자들은 채권자의 연대면제의 의사로부터 다른 연대채무자의 채무를 일부(연대면제 받은 자의 부담부분만큼) 면제하겠다는 의사가 추정되지는 않는다는 이유로 동조에 대해 비판적이다. 그런데 종전법 제1211조, 제1212조에서는 제1210조와 같은 채권자의 의사(이는 명시적 또는 묵시적 의사를 포함)를 확인할 수 있는 상황을 규정하고 있다. 따라서 제1211조, 제1212조가 적용되지 않으면 부분적 절대효 있는 연대면제는 인정되지 않는다고 한다. 이에 대해서는 Juris-Classeur Civil, Art. 1197 à1216 Fasc, 20 Solidarité:Fasc, 2 n. 121 참조. 개정 프랑스 민법 제1316조는 종전법 제1210조의 원칙을 폐기하고, 대신 '연대채무자 1인으로부터 채무 일부를 변제받고 그의 채무를 면제해 준 경우, 채무자가 변제한 부분을 공제한 금액을 제외한 나머지 부분에 대한 채권을 다른 연대채무자에게 보유한다.'라고 규정한다. Gaël Chantepie/Mathias Latina, La réforme du droit des obligation, n. 842 참조. 이와 비교할 때 우리 법의 연대면제의 대외적 효력은 민법 제427조 제2항을 제외하는 것이 채권자의 의사에 더 잘 부합할 것이다.

97 학설들은 정당하게도 이를 당사자의 의사에 적합하지 않는 규정이라고 한다. 가령 곽윤직, 채권총론, 박영사(2003), 175 참조. 연대면제의 의사표시 역시 그 내용이 다양할 수 밖에 없으므로, 그 내용을 추정하는 규정을 두는 것이 필요하다(高橋 眞, 史料 債權總則(17), 民商法雜誌 제84권 제4호, 601-607에서도 이런 추정규정을 둘 필요가 있음을 지적하고 있다). 그러나 채권자가 이와 다른 의사표시를 하면, 민법 제427조 제2항이 아니라 제1항에 따른 구상이 이루어지게 될 것이다.

를 할 수도 있다. 채권자는 나머지 연대채무자에게 전액을 청구할 수 있고, 전액을 변제한 연대채무자는 부제소를 약속받은 자에게 구상권을 행사할 수 있다. 부제소의 의사표시의 상대방은 다른 연대채무자의 구상에는 응해야겠지만, 채권자에 대해서는 책임을 지지 않게 된다. 즉 다른 연대채무자가 자력이 없어서 채권자가 만족을 얻지 못하더라도 채권자에게 공취당하지 않을 수 있다.

채권자의 면제에는 이와 같이 여러가지 이유가 있을 것이다. 연대채무의 채권 실현의 담보와 편의 기능도 중요하지만, 채권관계의 조속한 종결 역시 채권자에게 매우 중요하다는 점을 감안하면, 일부 변제와 일부 면제를 결합시키는 것이 채권추심에 더 효율적일 수 있다.[98] 즉 민법 제419조, 제427조 제2항과 같은 내용의 면제의 의사표시는 채권자의 합리적인 판단에서 비롯된 것이다. 면제는 채권자의 의사표시의 효력으로 인해 인정되는 절대효라는 것이다.

나) 민법 제417조 역시 계약의 효력에 의해 인정되는 절대효로 볼 수 있다. 일본 민법의 심의과정에서도 경개의 절대효의 정당화근거를 그 계약의 효력에서 찾았다. 즉 경개는 기존 채무의 소멸과 신채무의 성립을 내용으로 하며, 구채무에 수반한 담보도 원칙적으로 소멸하기 때문에 그 절대효를 인정한 것이다.[99] 논의의 편의상 연대채무자와 채권자 사이의 경개로서, 채무자변경의 경개나 채권자변경의 경개를 제외하면, 그 경개는 채무의 내용, 즉 급부내용의 변경을 가져오는 경개가 남는데, 이는 대물변제와 매우 유사하다. 대물변제로 신채무의 변제와 동시에 구채무가 소멸되지만, 경개는 구채무의 소멸과 신채무의 변제 사이에 시간적 간격이 있다. 이런 시간적 간격을 이유로 경개의 절대효가 부정될 이유는 없을 것이다.

가령 불가분채권자 A, B 중 A가 채무자 C와 경개계약을 하면, 이로써 A의 채권은 소멸하지만 B의 채권은 소멸하지 않는다. A가 B의 채권을 처분할 권한이 없기 때문이다. B가 C에게 원래의 급부를 청구할 때, A가 권리를 잃지 아니하였으면 그에게 분급할 이익을 B는 C에게 상환하여야 한다(민법 제410조 제2항). 여기서 A가 권리를 잃었다 함은 경개계약상의 채권이 이미 실현된 것을 의미한다. 경개계약상의 채권이 실현되지 않았다면 B가 A에게 분급할 이익을 C에게

98 우리 학설은 일부면제에 관하여 독특한 이론을 전개한다. 학설의 개관은 민법주해 X, 채권(3), 박영사(1995), 116 (차한성) 참조.

99 高橋 眞, 史料 債權總則(16), 民商法雜誌 제84권 제3호, 468의 富井正章의 진술 참조.

상환하는 것은 문제를 더 복잡하게 만들기 때문이다. 만약 경개계약상의 채권이 아직 실현되지 않았는데 B가 C에게 불가분채무의 이행을 청구하여 C가 B에게 채무를 이행한다면, A, C 간의 경개계약은 그 효력을 상실하고, 이제 A가 B에 대한 분급청구권을 가진다고 해석하는 것이 타당하다는 것이다.[100] 이런 논리를 연대채무에도 확장하여 경개계약상의 채무가 이행되기 전에는 절대효가 발생하지 않는다고 해석할 수 있을까? 이를 부정할 것이다. 불가분채권과 달리 연대채무에서는 1인의 채권자가 경개계약으로써 자신의 처분권한 범위 내에 있는 구채권을 소멸시키고 신채무를 성립시켰기 때문이다. 채권자의 의사표시는 연대채무를 소멸시키고 신채무로 대체하겠다는 의미로 해석하는 것이 합리적이라는 것이다. 가령 100의 연대채무를 부담하는 A, B 중 A와 채권자가 경개계약으로써 자동차를 지급받기로 하고, 그 채무가 이행되었다면 B의 채무가 소멸되는 것은 자명하다. 그런데 A가 아직 그 채무를 이행하기 전에 채권자가 B에게 100을 청구할 수 있고, 따라서 자신이 한 경개계약의 효력을 상실시킬 수 있다고 하면, 이로 인해 A가 불이익을 입게 될 것이다. 채권자의 선행행위(경개)에 반하는 후행행위(원래의 급부청구)로 인해 선행계약의 상대방에게 불이익을 가하는 것을 용인하는 해석을 해서는 안 될 것이다. 따라서 경개계약은, 당사자가 달리 정한 바가 없다면, 연대채무 전부를 소멸시키고 신채무를 성립시키려는 의사를 내포한 것으로 해석해야 할 것이다. 이런 효과를 발생시키지 않으려면 채권자는 경개계약에 조건을 부착시켜 다른 연대채무자에 대한 권리를 유보하도록 유의하여야 할 것이다. 경개의 절대효 역시 의사표시의 효력에 의해 인정된다는 것이다.

민법전에서 경개제도를 두지 않는 독일에서도 경개에 상대효를 인정하는 소수의 견해도 있지만,[101] 독일의 통설은 경개(Novation)에 대물변제와 마찬가지로

100 우리 학설은 이 문제를 논의하지 않는다. 독일법의 연대채권(독일법에서는 불가분채권도 연대채권으로 구성하기 때문이다)에서의 논의가 시사하는 바가 있을 것이다. 가령 연대채권자 1인과 경개계약을 한 경우 다른 연대채권자의 청구로 채무자가 원래의 급부를 이행하면 경개계약은 그 효력을 상실한다고 해석한다. Staudinger/Noak, BGB, § 429 Rn. 31 참조. 이렇게 해석하지 않으면 다음과 같은 불합리한 문제가 발생한다. A, B에게 100의 가치 있는 고양이를 급부할 채무자(C)가 동일 가치가 있는 개를 급부하기로 A와 경개계약을 하였지만, 아직 이행하지 않은 경우를 보자. B의 청구로 C가 B에게 고양이를 급후하면 B는 C에게 50의 이익을 상환해야 한다고 해석해야 한다면, C는 A에게 개를 급부해야 하고, A로부터 다시 50을 상환받아야 할 것이다. 그래야만 C로서는 100의 가치에 상응하는 급부를 하는 셈이기 때문이다. 이런 결과는 매우 번잡하므로 해석론으로 채택할만하지 않다는 것이다.

101 J. Gernhuber, Die Erfüllung und ihr Surrogate, Mohr &Siebeck(1983), § 18, 11 참조.

구채무 소멸의 효력을 인정하며,[102] 이 점에서는 대물변제의 특수한 형태이므로 독일 민법 제422조의 절대효가 인정된다고 한다.[103]

3) 형평 또는 실무상의 편의와 절대효

가) 혼동의 부분적 절대효(민법 제420조)는 형평 또는 실무상의 편의로 인해 인정된 것이다.[104] 만약 부분적 절대효가 인정되지 않는다면, 혼동이 발생한 연대채무자=채권자가 다른 연대채무자에게 채무 전부의 이행을 청구할 수 있다는 의미이다. 이렇게 이해할 경우, 연대채무자는 변제하자마자 곧바로 연대채무자=채권자의 부담부분만큼 구상권을 행사할 수 있다. 결과적으로 연대채무자=채권자는 곧바로 반환하여야 할 자기 부담부분을 포함하여 청구하는 것이므로 그 청구는 신의성실의 원칙에 반하는 것이다. 따라서 신의칙의 항변으로 연대채무자=채권자의 부담부분만큼 공제한 잔액만 지급하면 될 것이다.[105] 이를 신의칙의 원용 또는 해석론에 맡겨 두지 않고, 명문으로 입법한 것은 매우 적절하다고 볼 것이다.

나) 채권자에 대해 반대채권을 가진 연채채무자가 상계하지 아니한 때에는 그 채무자의 부담부분에 한하여 다른 연대채무자가 상계할 수 있도록 한 민법 제418조 제2항은 타인의 권리에 대한 처분권한을 법률로써 허용한다는 점에서, 매우 이례적이다.[106] 그러나 실질적 타당성이라는 점에서 보면 큰 문제가 없으며, 오히려 현명한 규정이라고 볼 여지도 있다. 가령 100의 연대채무(부담부분은 동일)를 부담하는 A, B 중 B가 채권자에 대해 100의 반대채권을 가지고 있는 데도 상계하지 않는 동안, 채권자가 A에게 100을 청구한다고 하자. A는 민법 제426조 제1항에 좇아 이 사실을 B에게 통지할 것이고, B는 50을 상계할 것이다. A의 통

102 독일의 통설은 구채무를 소멸시키기 위해 신채무를 인수하는 것을 경개로 보고 있다. 즉 채무이행의 목적으로 신채무를 인수하기로 한 경우 이행에 갈음하는 것으로 추정하지는 않지만(독일 민법 제364조 제2항), 구채무를 소멸시키기 위해 신채무를 인수하기로 한 경우는 이를 경개로 본다는 것이다. Staudinger/Olzen, BGB, § 364 Rn. 42 참조.

103 Staudinger/Olzen, BGB, § 364 Rn. 41 ff. 참조. 그는 구채무의 이행에 갈음하여 신채무를 부담하기로 하는 것(경개)과 대물변제를 구분하는 소수설을 개념법학적이라고 비판한다.

104 일본 명치 민법 심의과정에서도 이는 계산의 편의 때문에 인정되었음이 드러난다. 高橋 眞, 史料 債權總則(17), 民商法雜誌 제84권 제4호, 608-609 참조. 일본 학설이 혼동에 부분적 절대효 아닌 절대효를 인정하는 것은 일본 구 민법이나 일본 명치 민법 起草者(기초자)의 견해와는 다르다는 점은 위 Ⅱ. 4. 가. 참조.

105 이런 해석은 혼동의 절대효를 법전에 규정하지 않은 독일법에서도 동일하게 인정된다. Soergel/Wolf, BGB, 12. Aufl., § 425 Rn. 18 참조.

106 독일 민법에서도 이런 규정이 없고, 개정 일본 민법은 상계권 대신 이행거절권을 인정하였다.

지에도 불구하고 B의 회신이 없는 경우, 반대채권 있음을 알고 있더라도 A가 상계하지 못하고 100을 이행해야 한다면, 그 후 A는 B에게 50을 구상할 것이고, B는 다시 채권자에게 50을 청구할 것이다. 타인의 허락없이 그의 권리를 처분할 수 없다는 점에서는 이런 처리가 타당할 수 있다. 그러나 상호 보증관계에 있는 연대채무자는 채권자의 청구가 있을 때 다른 연대채무자에게 민법 제688조 제2항의 면책청구권을 가지므로, 채권자의 청구가 있으면 A는 B의 부담부분의 한도에서 협력 및 면책청구권을 실현시켜 자신의 부담부분과 합하여 채권자에게 변제할 수 있다. B에게 반대채권이 있으면, 이를 양도받거나 사안에 따라 A가 B의 상계권을 대위행사할 수도 있다. 이런 절차를 간이하게 하는 것이 민법 제418조 제2항이라고 볼 수도 있다. 형식적 이념 또는 가치가 아니라 실질을 추구하는 것 역시 합리적인 입법자가 추구할 수 있는 적절한 입법기술일 것이다.[107]

4) 채권자와 채무자 간의 이익조정과 절대효

가) 연대채무에서의 상호대리사상을 배척한 이상 연대채무자 중 1인에 대한 청구에 절대효를 인정(민법 제416조)함으로써 모든 연대채무자에 대해 시효중단이 되게 할 이유도 없고, 그에게 발생한 이행지체효과가 다른 연대채무자에게도 미치게 할 이유도 없다.[108] 물론 일본 민법의 기초자(起草者)들은 이행청구의 절대효를 인정함으로써 채권자를 두텁게 보호하고자 하였을 것이다.[109]

반면 균형상 연대채무자의 이익을 보호하기 위한 규정도 필요하다고 보고, 민법 제421조에서 이를 구체화하였다. 즉 시효중단 사유인 승인의 절대효를 부정하는 대신, 승인한 채무자를 보호하기 위해 소멸시효완성의 부분적 절대효를 인정하였다.[110]

나) 그러나 첫째, 일본 민법 입법자들의 이런 입법목적의 타당성은 매우 의문

107 근대의 민법 제정시대에 바이레른 민법초안 제228조도 실질적 이익의 침해가 없다는 점을 중시하여 동조와 동일한 내용의 규정을 두었다. Entwurf eines Bürgerlichen Gesetzbuchs für das Königreich Bayern 1861-1864 mit Motiven, Scientia Verlag(1973), § 421 f. 참조.

108 곽윤직, 채권총론, 박영사(2003), 166은 이행청구의 절대효로 인해, 이행청구를 받지 않은 연대채무자도 이행지체에 빠지고 또한 그에 대한 채권도 시효가 중단된다고 한다. 채권자를 두텁게 보호한다는 것이다.

109 일본 명치 민법 심의과정에서 이는 상호대리 사상의 배척이라는 원칙에 반할 수 있음이 지적되었지만, 편의상 인정되었다고 한다. 高橋 眞, 史料 債權總則(16), 民商法雜誌 제84권 제3호, 463-467 참조

110 일본 명치 민법 심의과정에서 이 규정은 원안에는 없었고, 民法整理會에서 비로소 도입되었다. 高橋 眞, 史料 債權總則(17), 民商法雜誌 제84권 제4호, 613 참조. 그러나 개정 일본 민법은 이 두 규정을 모두 삭제하였다.

스럽다. 연대채무와 비교하면 불가분채권에 소멸시효의 (사실상의) 부분적 절대효를 인정하는 것이 더 적합함에도 이는 부정하면서,[111] 연대채무에는 이를 인정한 것을 보면, 입법의도의 일관성이 의심스럽기 때문이다. 가령 100의 연대 채무를 부담하는 A, B가 있을 때 합리적으로 선택, 판단하는 채권자는 그 중 사력 있는 A에게 추심하려고 할 수 있다. 채권자의 이런 선택과 판단에, 다른 특별한 사정이 없음에도 불구하고, 부분적 절대효라는 불이익을 부과할 이유가 없다. 즉 채권자가 A로부터 전액을 변제받았다면, A가 B에게 구상할 수 있게 하고, 자신의 예상과 달리 A로부터 변제를 받지 못한 경우 소멸시효완성으로 인해 B에게 더 이상 채권을 행사할 수 없도록 하는 것이 원칙이었어야 한다는 것이다. 이 점에서 보면 민법 제419조는 입법 정책적으로는 수긍하기 어려운, 그러나 입법재량의 범위 내에 있는 규정이어서, 그 적용범위를 넓게 이해할 것은 아니다.

둘째, 소멸시효의 부분적 절대효는 민법 제421조가 없더라도 제485조를 통해 유사한 효과가 발생할 수는 있을 것이다. 가령 위의 A, B 중 A, B로부터 저당권을 설정받았는데, 채권자가 A에 대해서만 권리를 행사하는 바람에 B의 채무가 시효소멸 되었다면 A는 민법 제485조에 의해 B의 저당권으로부터 상환받을 수 없는 범위에서는 책임을 면할 것이다.

다. 소결

대내관계와 대외관계를 통해 통합적으로 정의되는 연대채무는, 그 대내관계는 민법 제425조 제2항에서, 대외관계는 제413조, 제414조에서 이를 각각 정의한다고 이해할 수 있다. 주관적 공동관계설 또는 상호보증관계설은 전자의 특징을 설명하는 이론 이상일 수 없다. 이로써 대외관계도 설명하려고 해서는 안된다. 오히려 연대채무의 대외관계의 효력은 유형적으로 설명되어야 한다. 즉 연대채무의 정의규정으로부터 변제, 대물변제, 공탁, 상계(민법 제418조 제1항)의 절대효를, 의사표시의 효력으로부터 면제, 경개의 (부분적) 절대효를, 형평 또는 실무상의 편의라는 관점에서 혼동, 상계(민법 제418조 제2항)의 부분적 절대효를 각각 설명할 수 있

111 소멸시효가 완성된 불가분채권자 중 1인은 채권을 상실할 것이고, 다른 채권자가 전부를 급부받더라도 소멸시효가 완성된 채권자에게 이익을 분급해 줄 이유가 없다. 따라서 그 자에게 분급할 이익만큼 채무자에게 가액으로 상환하는 것이 더 적절할 수 있다. 일본 명치 민법 입법과정에서 富井正章은 이 점을 인정하여 일본 명치 민법 제429조에 규정하고자 하였다. 그러나 梅謙次郎이 반대함으로써 규정되지 못했다. 그 논거는 불가분채권의 청구에 절대효가 있다는 것, 채무자의 채무승인은 모든 채권자에 대한 승인이라는 주장이었다. 辻 正美, 史料 債權總則(15), 民商法雜誌 제84권 제2호, 295 참조. 그런데 우리 민법 제421조와 동일한 내용의 규율에는 梅謙次郎이 찬성하였다.

다. 이들 절대효의 규정은, 연대채무가 상호보증적 관계에서 성립하는 채무라고 정의한다면, 나름 수긍할 만한 입법이며, 연대채무의 채권담보적 효력을 약화시키는 것으로 저평가될 것은 아니다.[112] 입법론적으로 가장 문제가 많은 것은 오히려 채권담보력을 강화하고자 한 민법 제416조의 절대효이며, 이와 대칭되는, 연대채무자를 보호하고자 한 제421조도 입법론적으로 문제가 있다. 그러나 민법 제421조는 제485조를 통해 동일한 효과가 실현될 경우도 있기 때문에 그 비판은 오히려 제한적이어야 할 것이다.

3. 연대채무와 불가분채무와의 차이점

가. 불가분채무와 연대채무의 유사성과 차이

성질상의 또는 임의의 불가분채무는 불가분적으로 급부되어야 한다는 점에서 연대채무와 차이가 있다. 그러나 1인의 채무자가 이행하면 다른 채무자도 그 의무를 면하고(민법 제411조에 의해 준용되는 제413조), 채권자는 어느 불가분채무자에 대해 동시나 순차로 채무의 전부의 이행을 청구할 수 있다(민법 제411조에 의해 준용되는 제414조)는 점에서는 연대채무와 유사하다(불가분채무이므로 제414조의 일부의 이행을 청구하는 것은 준용되지 않는다). 또한 대외관계에서 불가분채무자 상호간에 대리관계가 없음을 전제하는 점, 불가분채무자 상호간의 관계를 위임 또는 그에 유사한 관계에 기한 상호보증관계로 법정하여 처리하는 점(제411조에서 준용하는 제424조 내지 제427조)은 연대채무와 공통된다. 이렇게 보면, 연대채무와 불가분채무는 급부의 불가분성에서 차이가 있으므로, 급부의 불가분성에서 비롯되는 것을 제외하면 대외관계에서 연대채무와 불가분채무를 달리 취급할 이유가 없다. 다만 연대채무에서 인정되는 이행청구의 절대효와 소멸시효완성의 절대효는 합리적이라고 보기 어려운 입법자의 결단에 기인한 것이므로, 법률에 그 규정이 없음에도 불구하고 굳이 이를 불가분채무에 준용 또는 유추적용할 이유는 없다.[113]

112 적지 않은 학설은 우리 법의 절대효 규정을 입법론으로서 문제가 많다고 지적한다. 가령 곽윤직, 채권총론, 165; 김형배, 채권총론, 453, 459-460; 민법주해 X, 채권(3), 박영사(1995), 70(차한성) 참조.

113 반면 김형배, 채권총론, 박영사(1998), 443-444는 다른 견해를 주장한다. 첫째, 민법 제411조에서 제410조를 명시적으로 준용하므로 제410조 제1항을 제409조와 연계하여 이해하면 이행청구에도 절대효를 인정할 수 있다고 하면서 제416조를 준용하지 않은 것은 입법상의 오류라고 주장한다. 둘째, 시효완성된 채무자의 부담부분만큼 채권자가 가액상환을 해야 한다고 주장한다.

나. 급부의 불가분성으로 인해 연대채무에서의 절대효는 불가분채무에서 어떻게 변형될 것인가?

1) 불가분채무의 목적 실현과 절대효

통설은 변제, 공탁, 채권자지체에는 절대효를 인정하지만, 대물변제, 상계에 절대효는 인정하지 않는다고 한다.[114] 그러나 대물변제나 상계에 절대효를 부정할 이유는 없다. 이것 역시 민법 제411조에 의해 준용되는 제413조의 '이행'이기 때문이다.[115]

2) 의사표시의 효력과 절대효

가) 불가분채무자 전원을 위한 면제의 절대효는 이를 부정할 이유가 없다. 그 밖에 불가분채무자 중 1인에 대해 면제, 불가분성의 면제는, 연대채무에서의 면제, 연대면제와 실질적으로 달리 취급할 이유가 없다. 그러나 급부의 불가분성으로 인해 채권자는 다른 불가분채무자에게 채무 전부의 이행을 청구할 수 있다고 할 것이다. 대신 채무전부를 이행해야 하는 불가분채무자는 면제받은 채무자의 부담부분만큼 가액상환을 청구할 수 있다(민법 제411조에 의해 준용되는 제410조 제2항).

나) 채권자와 불가분채무자 중 1인이 경개계약을 체결하면, 채권자는 이로써 자신의 처분권한 범위 내에 있는 구채권을 소멸시키고 신채권을 성립시키게 된다. 그러나 1인의 불가분채권자가 경개계약으로써 구채권을 소멸시킨 것과는 사정이 다르다. 따라서 불가분채권에서의 경개를 규정한 민법 제410조 제2항은 불가분채무에 준용할 성질의 것이 아니다.[116] 오히려 제417조를 여기에 유추적용하는 것이 적합하다. 경개계약을 체결하면서도 다른 불가분채무자에게 원래의 급부를 청구할 권리를 유보하기 위해서는 경개계약에서 조건을 부착하는 등의 별도의 합의가 있어야만 할 것이다.

114 곽윤직, 채권총론, 박영사(2003), 160이하 참조. 한편 我妻榮, 新訂 債權總論, 岩波書店(1964), 399 이하는 채무자 1인에 관하여 생긴 사유의 효력에 관하여 불가분채무를 불가분채권과 동일하게 취급해야 한다고 하면서, 변제, 채권자지체에만 절대효를 인정한다.

115 김형배, 채권총론, 박영사(1998), 443도 같은 뜻. 이은영, 채권총론, 박영사(2006), 498은 대물변제의 절대효는 인정하지만, 상계는 상대효를 인정한다. 그 밖의 학설에 관하여는 민법주해 X, 채권(3), 박영사(1995), 62(차한성) 참조. 일본에서도 위의 사유에 절대효를 주장하는 견해가 있다. 注釋民法(11) 채권(2), 有斐閣(1965), 41(椿壽夫).

116 그러나 통설은 제410조 제2항이 준용된다고 한다. 민법주해 X, 채권(3), 박영사(1995), 62(차한성) 참조.

3) 형평 또는 실무상의 편의와 절대효

가) 불가분채무자 중 1인이 채권자를 상속하더라도, 채권자는 다른 불가분채무자에게 채무 전부의 이행을 청구할 수 있음은 말할 것도 없다. 그러나 불가분채무자 상호간에 상호보증적 관계가 있음을 전제하기 때문에(민법 제411조), 채무를 이행한 불가분채무자는 혼동으로 소멸한 불가분채무자의 부담부분만큼 채권자에게 곧바로 구상할 수 있다. 따라서 불가분채무를 이행하는 채무자는 혼동으로 그 채무가 소멸된 불가분채무자의 내부적 부담부분에 해당되는 만큼 가액상환을 청구할 수 있다고 할 것이다.[117] 즉 실질적인 부분적 절대효가 인정된다.

나) 우리 법의 연대채무는 가분채무임을 전제하기 때문에 그의 내부적 부담부분의 한도에서 다른 연대채무자의 채권자에 대한 반대채권으로써 상계할 수 있도록 하는 민법 제418조 제2항은 불가분채무에는 적용되지 않는다.

다. 소결

연대채무와 불가분채무의 구분은 급부의 가분성 여하에 달려 있다. 입법론적으로 보면 독일 민법처럼 연대채무와 불가분채무를 별개의 공동채무로 유형화하지 않고 양자를 동일한 범주(연대채무)에 통합시키는 것도 가능할 것이다. 그러나 우리 민법은 연대채무와 불가분채무의 대외관계를 다르게 규정하기 때문에 양자를 구분할 필요가 있다.

IV. 민법에서 규율하지 않는 공동채무의 유형과 그 내용은 어떻게 이해하고 형성할 것인가?

1. 민법상의 연대채무 및 여타의 공동채무의 구별기준

연대채무는 대내관계(민법 제425조)와 대외관계(제413조, 제414조)의 양면을 통해 통합적으로 정의되므로, 이들 규정상의 개념징표를 갖추지 못한 공동채무는 연대채무가 아니다. 그런데 연대채무의 개념 징표의 어느 일부를 공유하는 공동채무가 있다. 이들을 어떻게 구별한 것인지를 살펴본다.

가분급부의무를 부담하는 공동채무자 상호간에 위임 또는 이와 유사한 관계

117 불가분채권에서의 가액상환청구권을 규정하고 있는 제410조 제2항에 있어서 학설들은 이를 동시이행의 관계가 없다고 이해한다. 가령 민법주해 X, 채권(3), 박영사(1995), 52(허만) 참조.

에 기한 상호보증적 관계가 없다면 이를 연대채무라 할 수 없다. 여기에는 민법 제425조 제2항, 제426조가 적용될 수 없기 때문이다. 학설은 이를 부진정연대채무라고 한다. 법률에서 어떤 채무를 연대채무로 칭하더라도 연대채무자 간에 상호보증적 관계가 없다면 부진정연대채무라고 평가해야 할 것이다. 그 점에서 통설이 공동불법행위자를 부진정연대채무자로 평가하는 것은 적절하다.[118] 한편 공동채무자가 불가분급부의무를 부담하지만, 그들 상호간에 상호보증적 관계가 없다면 이들을 부진정불가분채무자라 할 수 있다. 이들에게도 민법 제425조 제2항, 제426조가 준용되지 않기 때문이다.

2. 부진정연대채무 또는 부진정불가분채무에 유추적용될 규정은 어떤 것인가?

가. 대내관계

민법은 부진정연대채무 또는 부진정불가분채무를 규율하지 않기 때문에, 연대채무 또는 불가분채무의 규정을 유추적용해야 할 것이다. 부진정연대채무의 대내관계(구상관계)는 독자의 구상권 또는 채무불이행에 기한 손해배상청구권 등이 있다면 이에 의해 처리하면 될 것이다. 그러나 이런 내부관계가 없다면 변제자대위 또는 보험자대위, 사회보험자의 대위에 기해 구상할 수도 있다. 다만 이 경우에도 부분구상을 원칙으로 하는 민법 제425조 제1항, 상환무자력자의 부담부분을 각자의 부담부분에 비례하여 분담하게 하는 제427조 제1항은 유추적용될 수 있다. 부진정불가분채무의 경우도 마찬가지이다. 다만 사정에 따라서는 부분구상이 아니라 전부구상이 허용되는 경우도 있을 것이다.[119]

나. 대외관계

1) 종래 우리 학설은 연대채무의 절대효를 채권담보력을 약화시키기 때문에 입법론적으로 문제가 있다고 평가함으로써 그 절대효의 긍정적인 면을 소홀하게 취급하였다. 부진정연대채무에서의 절대효를 좁게 인정하는 경향,[120] 대법원이 상

118 가령 민법주해 X, 채권(3), 박영사(1995), 83(차한성); 주석 민법, 채권총칙(2)(제3판), 한국사법행정학회(2000), 183-184(강봉수) 참조.

119 내부적 부담부분이 없는 자가 다른 가해자들과 함께 부진정연대채무를 부담할 경우, 전자에 대해 후자는 전부구상의무를 부담한다. 대법원 2005. 10. 13. 선고 2003다24147 판결 참조. 이 문제의 상론은 제철웅, "부분구상과 전부구상의 구별기준", 민사판례연구 XXVI, 68 이하 참조.

120 곽윤직, 채권총론, 박영사(2003), 177은 변제, 대물변제, 공탁, 상계에 절대효를 인정하고, 제416조 내지 제422조는 유추적용되지 않는다고 한다.

계의 절대효조차 부정했던 것[121]도 이와 무관치 않다. 그러나 연대채무의 절대효를 단일한 원리로 환원하여 설명할 수 없고, 유형적으로 분석하여 그 정당성을 검토하여야 한다는 관점을 취하면(☞ 위 [총설] Ⅲ. 2. 참조), 부진정연대채무에서의 절대효도 새로운 각도에서 재평가하게 될 것이다.[122]

첫째, 채권의 목적실현에서 비롯되는 절대효는 연대채무이든 부진정연대채무이든 이를 구별할 이유가 없다. 즉 변제, 대물변제, 공탁, 상계에 절대효를 부정할 이유가 없으며, 채권의 목적실현과 불가분적으로 결합되어 있는 채권자지체의 절대효 역시 이를 부정할 이유가 없다.[123]

둘째, 의사표시의 효력에 의해 인정되는 절대효 역시 부진정연대채무라고 해서 이를 달리 취급할 이유가 없다. 부진정연대채무자 A, B가 각자 100의 채무를 부담하는데 채권자가 내부적 부담부분이 50인 A의 채무를 전부 면제하기로 한 경우, B에게 100 전부를 청구함으로써 B가 A에게 50을 구상하게 하는 것은 선행행위에 모순되는 사후행위일 뿐 아니라, 곧바로 반환하여야 할 것을 청구하는 것으로 신의성실의 원칙에 반하는 행위이기도 하다. 가령 위의 예에서 화해계약을 통해 A로부터 20을 받고 나머지 채무는 전부 면제해 주기로 한 경우, 이는 채권자가 그 시점에서의 제반사정을 감안하여 자신의 유·무형의 이익이 최대한 실현될 수 있다고 판단하였기 때문일 것인데, 사후에 이에 반하는 모순행위를 허용해서는 안 될 것이다.[124] 문제는 채권자의 면제의 의사표시가 부진정연대채무자 전원을 면제시키겠다는 의미인지(절대효), 의사표시의 상대방만을 면제하되, 그의

121 대법원 1996. 12. 10. 선고 95다24364 판결 참조. 대법원 1999. 11. 26. 선고 99다34499 판결에서는 책임보험자와 가해자인 피보험자가 피해자에게 손해배상책임을 부담할 경우 전자의 상계에 절대효를 인정하면서, 양 채무는 '손해배상이라는 단일한 목적을 위해 존재하고, 객관적으로 밀접한 공동관련성'이 있기 때문에 한 채무자로부터 만족을 얻으면 다른 채무자의 채무도 소멸한다고 한다. 연대채무만이 아니라 부진정연대채무, 불가분채무 일반이 바로 '채권의 실현이라는 단일한 목적을 위해 존재하고, 객관적으로 밀접한 공동관련성'이 있다.

122 민법 제413조의 주석에서 설명하겠지만, 독일법과 개정 일본 민법은 연대채무와 부진정연대채무를 구분하는 관념을 포기하고, 연대채무의 절대효의 효력이 그대로 부진정연대채무에도 적용되도록 하고 있다는 점도 유의할 필요가 있다.

123 단순연대를 표준으로 하여 연대채무를 규정하고 있는 독일 민법도 수령지체에 절대료를 인정하고 있음에 유의해야 한다.

124 대법원 2006. 1. 27. 선고 2005다19378 판결, 대법원 1993. 5. 27. 선고 93다6560 판결에서는 일부를 변제받으면서 채무면제의 합의를 한 것의 효력을 상대적이라고 판단하였다. 채무자로부터 일정 금액을 손쉽게 추심하기 위한 방편만으로 "일체의 책임을 묻지 않겠다"고 한 것이라면, 그 기망적 행위에 정당성을 부여한 결과밖에 되지 않을 것이다. 물론 면제의 의사표시의 해석은 신중하여야 한다. 대법원 2007. 3. 15. 선고 2004다64272 판결, 대법원 2003. 10. 10. 선고 2003다19206 판결 참조.

부담부분에 관하여 다른 연대채무자의 구상으로부터 벗어나게 하겠다는 것인지(부분적 절대효), 연대의 면제인지, 부제소의 합의를 한 것인지 등을 판단하는 것이 중요하다. 이는 그 의사표시를 전후한 제반사정을 감안하여 판단하여야 할 것이다. 경개 역시 이와 다를 바 없다. 즉 부진정연대채무 전부를 소멸시키면서 새로운 채무를 성립시키려는 의사라면 거기에 절대효를 부정할 이유가 없다.

셋째, 형평 또는 실무상의 편의를 위해 인정되는 연대채무에서의 절대효도 부진정연대채무에서 인정하는 것이 적절할 수 있다. 내부적 부담부분이 동일한 부진정연대채무자 A, B 가 100의 부진정연대채무를 부담하는데, A 가 채권자를 상속한 경우, A 는 B 에게 50만을 청구하게 하는 것이 그 예이다.[125] 그러나 민법 제418조 제2항을 부진정연대채무에 유추적용할 수 있는지는 신중한 검토가 필요하다. 타인 권리를 처분할 권한을 허용하는 것은 이례적이기 때문이다. 다만, 입법자가 연대채무에서 형평과 실무에서의 편의성을 위해 법형식을 깨뜨리는 결단을 하였다면, 유사한 사안에서도 그 취지를 존중하는 것이 바람직할 수 있다. 문제는 부진정연대채무 중 이와 유사한 사안이 있을 수 있는지가 검토되어야 할 것이다.

넷째, 채권자와 채무자 간의 이익의 조정을 위해 둔 절대효, 즉 민법 제416조, 제421조는 부진정연대채무에 유추적용 되어서는 안될 것이다.

2) 부진정불가분채무의 대외관계를 불가분채무의 대외관계와 실질적으로 달리 취급할 이유는 없다. 불가분채무에는 입법자가 달리 채권자와 채무자 간의 이익조정을 위한 특단의 결단을 내린 일이 없기 때문이다. 따라서 양자는 대내관계에서만 차이가 있을 뿐, 대외관계에서는 차이가 없다고 할 것이다.

3. 법률행위에 의해 민법 규정과 다른 '수인의 채무자 있는 채권관계'를 정하는 경우

연대채무이든 불가분채무이든 당사자 간의 합의로 민법상의 채권관계와 다른 내용의 합의를 할 수 있다. 그러나 연대채무에서 채권의 목적실현으로 인해 인정되는 절대효, 즉 변제, 대물변제, 공탁, 상계에 관하여는 이를 실질적으로 부정하

125 교통사고에서의 피해자가 100의 손해를 입고 가해자 A, 그의 보험자 B가 있을 때 채권자가 A를 상속한 경우를 보자. A, B는 보험계약으로써 B가 채무 전부를 부담하기로 사전약정한 것이므로 민법 제420조가 유추적용되더라도 채권자는 채권 전부를 B에게 청구할 수 있다. 동일 사안에서 가해자 A, 그의 보험자 B, 가해자 C, 그의 보험자 D가 있는데 A, C의 부담부분이 각각 50인 경우 채권자가 A를 상속한 경우를 보자. 제420조가 유추적용되면 채권자는 C, D에게 50을, B에게는 50을 청구할 수 있다고 해석할 것이다.

는 합의를 할 수 없다. 이를 허용한다면 그것은 이미 연대채무가 아니기 때문이다. 이 점은 불가분채무의 경우도 다를 바 없다. 이를 제외한다면 연대채무나 불가분채무에서 민법의 규정과 달리 합의할 수 있다. 한편 당사자의 합의로 협동채무를 성립시킬 수도 있다. 그러나 독일 학설에서 주장하듯이 이를 별도의 공동채무의 유형이라고 볼 이유는 없을 것이다. 첫째, 각 채무자가 계약의 당사자라고 하더라도, 채무자 중 1인의 채무불이행으로 계약의 목적을 달성할 수 없거나 채권자에게 손해가 발생한 경우 다른 채무자도 책임을 지도록 한 것이면, 그 채무는 조합체에 귀속되었다고 해석하는 것이 더 나을 수 있다. 둘째, 공유자 A, B가 공유지분 전부를 매도하고, 매수인이 그 전부를 급부받아야 채권의 목적을 실현할 수 있는 경우(소위 법률상의 협동채무)라면, 다른 특별한 사정이 없으면, A, B는 각자 분할채무를 부담하지만 각 분할채무 전부가 이행되어야 1개의 계약의 목적이 달성되게끔 일체화되었다고 해석하면 될 것이다. 이 경우는 위 첫째와 달리 각자는 자신의 지분이전에 대해 책임을 지는 것이 원칙이고, 다만 B의 채무불이행이 있으면 채권자는 A, B 모두를 상대로 그 계약을 해제할 수 있다는 것, 그러나 A는 채무불이행으로 인한 손해배상책임은 지지 않는다고 해석하면 될 것이다.[126] 이렇게 해석하면 우리 법의 해석에서 별도의 협동채무를 인정할 실익은 없을 것으로 보인다.

126 대법원 1995. 3. 28. 선고 94다59745 판결, 대법원 2003. 5. 16. 선고 2000다54659 판결 등에서 여러 개의 계약일 수 있는 것을 불가분적으로 결합시켜 1개의 계약으로 한 경우라는 표현을 사용하는 것이 이 의미이다.

제 413 조 [연대채무의 내용]

수인의 채무자가 채무전부를 각자 이행할 의무가 있고 채무자 1인의 이행으로 다른 채무자도 그 의무를 면하게 되는 때에는 그 채무는 연대채무로 한다.

[관련조문] 민법 제35조(법인의 불법행위책임), 제58조(이사의 사무집행), 제65조(이사의 임무해태), 제400조(채권자지체)~제403조(채권자지체와 채권자의 책임), 제414조(각 연대채무자에 대한 이행청구)~제427조(상환무자력자의 부담부분), 제447조(연대, 불가분채무자이 보증인의 구상권), 제461조(변제제공이 효과), 제616조(공동차주의 연대채무), 제654조(준용규정), 제688조(수임인의 비용상환청구권), 제707조(준용규정), 제750조(불법행위의 내용), 제755조(감독자의 책임), 제756조(사용자의 배상책임), 제759조(동물의 점유자의 책임), 제760조(공동불법행위자의 책임), 제832조(가사로 인한 채무의 연대채무), 제1006조(공동상속과 재산의 공유), 제1007조(공동상속인의 권리의무승계), 제1008조(특별수익자의 상속분), 상법 제21조(상호의 단일성), 제81조(성명, 상호의 사용허락으로 인한 책임), 제138조(순차운송인의 연대책임, 구상권), 제321조(발기인의 인수 납입담보책임), 제313조(이사, 감사의 조사, 보고), 제323조(발기인, 임원의 연대책임), 제399조(회사에 대한 책임), 제567조(준용규정), 제401조(제3자에 대한 책임), 농업협동조합법 제54조, 광업법 제91조, 중소기업협동조합법 제51조.

[참고문헌] 곽윤직, 채권총론, 박영사(2003); 김상용, 채권총론, 화산미디어(2014); 김주수, 채권총론, 삼영사(1999); 김증한/김학동, 채권총론, 박영사(1998); 김형배, 채권총론, 박영사(1998); 민법주해 X, 채권(3), 박영사(1995); 이은영, 채권총론, 박영사(2006); 주석 민법, 채권총칙(2)(제3판), 한국사법행정학회(2000); 김주수, "일상가사대리권과 가사로 인한 채무의 연대성", 경희법학 제9권 제2호, 경희대(1974); 이영규, "연대채무법리에 관한 연구", 한양대(1991); 정태륜, "공동불법행위에 관한 연구", 서울대(1994); 제철웅, "보증채무 및 연대채무에서의 구상권 상실: 비교법적 검토를 통한 새로운 해석가능성의 모색", 비교사법 제9권 제1호, 한국비교사법학회(2002); 於保不二雄, 債權總論, 有斐閣(1972); 我妻榮, 親族法, 有斐閣(1961); 高橋眞, 史料 債權總則 (16), 民商法雜誌 제84권 제3호, 有斐閣(1981); 注釋民法(11), 債權 2, 有斐閣(1965); 山中康雄, いわゆる辨濟ということの意義, 民商法雜誌 제33권 제3호, 有斐閣(1930); 淡路剛久, 連帶債務, 不可分債務, 法學セミナ(1981); 潮見佳男, 新債權總論 II, 信山社 (2017); 末川博, 不眞正連帶債務に關する疑問, 民法に於ける特殊問題の研究 II, 弘文堂書房(1925); 淡路剛久, 連帶債務の一體性と相互保證性, ジュリスト(增刊) 民法の爭點(1978); Ferid, Das Französische Zivilrecht, Bd. I, Verlagsgesellschaft Recht und Wirtschaft(1971); Medicus, Bürgerliches Recht, 17. Aufl., Carl Heymanns(1998); Medicus, Schuldrecht I, 12. Aufl., C.H.Beck(2000); Larenz, Schuldrecht AT, J. von Staudigers Kommentar zum BGB, Bd. 2, §§ 397-432, Seiler-de Gruyter(1999), Soergel Kommentar zum BGB, BGB, 12. Aufl., Kohlhammer(1990); Hüffer, Die Auslgleichung bei dem Zusammentreffen von Bürgschaft und dinglichenr Kreditisierung als Problem der Gesamtschulder, AcP 171(1971); Eisele, Correalitiät und Solidarität, AcP 77(1891); Ehmann, Horst, Die Gesamtschuld, Duncker & Humblot(1972); Selb, Mehrheit von Gläubigern und Schuldern, Mohr & Siebeck(1984); Münchener Kommentar zum BGB, 4. Aufl., C.H.Beck(2001); Juris-Classeur Civil, Art. 1197 à1216, Editions du Juris Classeur (1995).

Ⅰ. 본조의 의의 및 연대채무의 개념

1. 본조의 의의

본조는 동일한 내용의 급부에 관하여 ①수인의 채무자가 채무 전부를 각자 이행할 의무가 있고, ②그 중 1인의 채무자가 이행하면 다른 채무자도 면책되는 채무를 연대채무라고 한다. 또한 표제가 '연대채무의 내용'이므로, 본조를 연대채무의 정의 규정으로 이해할 수 있다. 이 규정은 연대채무에서 각 채무자가 채무전액에 대해 단독책임을 지며(전액단독책임성), 채권자는 중첩하여 급부를 수령할 수 없음(급부수령의 1배액성)을 잘 표현하고 있다. 그러나 본조가 연대채무의 개념요소를 망라적으로 규정하지는 않는다. 수인의 채무자 있는 채권관계 중, 불가분채무, 부진정연대채무, 보증채무도 본조의 정의개념에 포섭될 수 있지만, 이들을 연대채무라고 하지는 않기 때문이다. 본조는 연대채무의 개념요소를 불충분하게 정의하고 있는 셈이다.[1]

2. 연대채무의 개념

가. 개관

통설은 연대채무의 개념을 다음과 같은 요소로 구분하여 설명하고 있다.[2]

①각 연대채무자의 채무는 독립된 복수의 채무이다. ②연대채무자 각자가 전액급부의무를 부담한다. ③채무자의 1인이 이행하면 다른 채무자의 채무도 소멸한다. ④채무자 간에는 일정한 주관적 결합관계가 있다.

1 관련 문헌은 주석 민법, 채권총칙(2)(제3판), 한국사법행정학회(2000), 169(강봉수); 민법주해 X, 채권(3), 박영사(1995), 66(차한성) 참조.

2 주석 민법, 채권총칙(2)(제3판), 한국사법행정학회(2000), 174(강봉수) ; 민법주해 X, 채권(3), 박영사(1995), 70-71(차한성) 참조.

나. 연대채무의 복수성 및 독립성

연대채무에서 수인의 채무자가 1개의 채무를 부담하는 것인지, 아니면 연대채무자의 수만큼 복수의 채무가 있는 것인지는 독일의 보통법에서 논란이 되었고, 일본 명치 민법의 제정에서도 논란이 되었던 문제이다. 일본 명치 민법의 제정 당시 이에 대한 해답을 내리지 않고 필요한 조문들을 규정하였다.[3] 오늘날의 학설은 연대채무자의 수만큼 복수의 채무가 있다는 것을 일반적으로 승인하고 있다. 그렇게 보면 다음과 같은 내용이 쉽게 설명될 수 있다고 한다.[4] ①1개의 법률행위에 의해 연대채무가 성립하는 경우 채무자 중 1인에게 법률행위의 무효·취소 사유가 있더라도 다른 연대채무자의 채무에 영향을 미치지 않는다(민법 제415조). ②채무자 1인에 대한 채권만을 타에 양도·전부할 수 있다. ③채무자 1인만을 위한 보증을 세우거나(민법 제447조) 기타 담보를 설정할 수 있다. ④각 채무자의 채무가 동일한 내용의 급부에 대한 것일 때에도 기한, 조건, 이행기, 이행지, 이자 등에 있어서 각기 다른 내용을 규율할 수 있다.

일본의 학설 중에는 연대채무의 개수론은 이로써 연대채무의 제반 현상을 무난히 설명할 수 있다는 의미밖에 없다는 견해도 있다.[5] 한편 각 연대채무자는 상호 독립하여 채무를 부담하고 있다. 이 점에서 부종성을 가지고 있는 보증채무와 구분된다.

다. 동일한 하나의 가분급부 전부에 대한 책임

첫째, 연대채무는 가분급부여야 한다.[6] 수인의 채무자가 불가분급부를 해야 하는 경우에는 연대채무가 아니라 불가분채무가 성립된다는 것이다. 불가분채무에 관하여 연대의 특약을 하는 경우 그것이 불가분채무인지, 아니면 연대채무인지 등을 둘러싼 논란이 있다.[7] 프랑스 민법에서는 불가분채무와 연대채무 간의 구

3 일본 명치 민법 제432조, 제433조(우리 민법 제413조, 제415조에 상당)의 논의에서 기조자(起草者)는 어떤 견해를 취하든 마찬가지라는 입장을 피력하고 있다. 高橋眞, 史料 債權總則 (16), 民商法雜誌 제84권 제3호, 456-462 참조. 명치 민법의 제432조는 현행 민법 제436조로 자리 배치를 달리 하면서, '가분채무'임을 분명히 하였다. 제433조는 제437조로 자리 배치를 달리하여 동일한 내용으로 규정되어 있다.

4 주석 민법, 채권총칙(2)(제3판), 한국사법행정학회(2000), 174(강봉수); 민법주해 X, 채권(3), 박영사(1995), 71(차한성) 참조.

5 注釋民法(11), 債權 2, 有斐閣(1965), 50-51(椿壽夫) 참조.

6 주석 민법, 채권총칙(2)(제3판), 한국사법행정학회(2000), 174(강봉수) 참조.

7 민법주해 X, 채권(3), 박영사(1995), 78(차한성) 참조.

분이 분명하다.[8] 그런데 불가분채무자가 연대의 합의를 하는 경우도 있고 연대채무자가 불가분의 합의를 하는 경우도 있기 때문에, 이와 같은 것이 문제될 수 있다. 반면 독일법에서는 급부의 가분성이 연대채무의 개념지표가 아니며, 독자의 채무유형으로 불가분채무를 인정하지 않기 때문에 이런 논의가 의미가 없다. 우리 민법에서 연대채무와 불가분채무에 과연 어느 정도의 차이점을 인정할 것인지에 따라 위의 논의에 대해 각기 다른 대답이 가능할 것이다. 사견으로는 성질상이든, 합의에 의한 것이든 급부의 불가분성이 있는 불가분채무에 있어서, 그 급부의 불가분성으로 인한 차이를 제외한다면, 연대채무와 실질적으로 다를 것이 없다고 본다. 따라서 프랑스 민법에서와는 달리 불가분채무에서 연대합의를 하였다고 해도 별다른 의미가 없을 것이다.

둘째, 수인의 연대채무자는 채권자에 대해 동일한 하나의 급부를 이행하여야 한다. 독일법에서는 급부내용이 동일할 필요는 없다는 견해가 일반적이다. 가령 ①1인의 채무자는 원상회복의무를, 다른 채무자는 원상회복에 갈음하는 금전배상채무를 부담하더라도 각 급부에 대해 채권자가 동일한 이익을 가진다면, 양자를 연대채무자라고 한다.[9] ②액수가 각기 다른 금전채무를 부담하는 경우에도 동일한 범위에서는 연대채무가 성립한다고 한다.[10] 우리 학설도 위②의 예를 연대채무관계로 인정하지만, ①의 예를 연대채무로 인정하지는 않는다. 즉 급부내용의 동일성이 연대채무의 개념지표라는 것이다. 위 ①의 예는 통상 수인의 채무자 중 1인은 부당이득반환의무로서 원상회복의무를, 다른 1인은 불법행위에 기한 손해배상채무를 부담하는 경우, 1인의 채무자는 불법 행위에 기한 손해배상채무를, 다른 1인의 채무자는 계약에 기한 원상회복의무를 부담하는 경우 등에 해당된다. 우리나라에서는 이런 예는 부진정연대채무의 한 유형이라고 한다. 한편 수인의 채무자가 1개 또는 수개의 법률행위로써 위 ①과 같은 채무를 부담하는 경우도 있을 것인데, 이는 1인의 채무자에 대한 임의채권 이 수인의 채무자에게로 확대된 것과

8 종전 프랑스 민법은 가분채무와 불가분채무를 연대채무 규정에 이어서 제1217조부터 제1225조에서 규정하였다. 불가분채무는 제1217조부터 제1219조까지(성립에 관한 부분), 제1222조부터 제1225조(효과에 관한 부분)에서 규정하였다. 그런데 개정 프랑스 민법에서는 불가분채권과 불가분채무를 제1320조 1개 조문에서 규정하고 있다.

9 Staudinger/Noack, BGB(1999), § 421 Rn. 30, 32; Soergel/Wolf, BGB, § 421 Rn 18; BGHZ 43, 232; 51, 275 참조.

10 Staudinger/Noack, BGB, § 421 Rn. 32 참조.

유사하게 처리하면 될 것이다.[11]

셋째, 각 채무자는 전액급부의무를 부담한다. 이 점에서 연대채무는 분할채무와 구분된다.

라. 급부수령의 1배액성(培額性)

채권자는 수인의 채무자 각자에게 급부전부를 청구할 수 있지만, 급부전부를 1배액만 수령할 수 있고, 중첩적으로 수령할 수는 없다. 가령 수급인이 수인의 채무자(도급인) 각자에게 일을 완성하여 그들 각자에게 동일한 내용의 급부(보수)를 청구할 수 있다면, 이 때 채권자(수급인)는 각 채무자(도급인)에게 동일한 내용의 급부(보수)를 청구하되, 그 급부를 중첩하여 수령할 수 있다. 이 경우 채무자(도급인) 각자의 급부에 대한 채권자(수급인)의 이익은 동일하지 않다. 그러나 연대채무에서는 각 채무자의 급부에 대해 채권자는 동일한 이익을 가진다. 따라서 급부수령은 1회에 한정된다.

마. 연대채무자 간의 주관적 결합관계

학설들은 연대채무자 상호간에 일정한 주관적 결합관계가 존재한다는 것에 이론(異論)이 없다. 이런 주관적 결합관계의 인정을 통해 연대채무의 대외관계에서 인정되는 절대효를 설명하고, 나아가 연대채무자 상호간의 구상관계의 근거를 설명하기도 한다.[12] 한편 이 개념요소는 연대채무와 부진정연대채무를 구분하는데 사용되기도 한다.[13] 이 문제는 연대채무의 법적 성질과도 관련되는 문제이므로 항을 바꾸어 설명한다.

3. 연대채무의 개념요소로서의 연대채무자 상호간의 주관적 결합관계

가. 외국법

1) 독일법

독일 민법 제421조는 연대채무의 일반적 구성요건을 규정하고 있는데, 우리 민법 제413조와 유사하게, '채무자 각자가 급부 전부를 이행할 의무가 있고, 채권

11 그러나 주석 민법, 채권총칙(2)(제3판), 한국사법행정학회(2000), 175(강봉수)은 당사자의 의사 범위 내에서는 연대채무에 준하여 처리해도 좋을 것이라고 한다.

12 주석 민법, 채권총칙(2)(제3판), 한국사법행정학회(2000), 175 이하(강봉수); 민법주해 X, 채권(3), 박영사(1995), 71-72(차한성); 곽윤직, 채권총론, 박영사(2003), 162; 김증한/김학동, 채권총론, 박영사(1998), 234 참조.

13 주석 민법, 채권총칙(2)(제3판), 한국사법행정학회(2000), 176 이하(강봉수) 참조.

자는 그 급부를 1회만 청구할 수 있는 방식의 채무를 수인이 부담하는 경우(연대채무자), 채권자는 임의로 각 채무자로부터 급부 전부 또는 일부를 청구 할 수 있다. 모든 채무자는 급부 전부가 실현될 때까지 채무를 부담한다.'고 규정한다. 그런데 학설은 이 규정의 기능에 관하여 각기 다른 견해를 제시하고 있다.

가) 독일 민법 제421조를 연대채무의 성립요건 규정이 아니라 법률효과 규정으로 이해하는 견해

일부의 학설은 독일 민법 제421조가 연대채무의 성립요건 규정이 아니라, 이미 성립된 연대채무를 전제하여, 그 기준적 법률효과를 정하는 규정이라고 이해한다.[14] 그러나 독일의 통설은 동조가 연대채무의 성립요건에 관한 규정이라고 이해한다.[15]

나) 독일 민법 제421조의 개념요소 이외에 추가적인 요소를 부가하는 견해

독일의 통설은 동조가 연대채무의 성립요건에 관한 규정이지만, 연대채무를 망라적으로 정의하지는 않는다고 이해한다. 즉 독일 민법 제421조의 개념정의에는 포섭되지만, 연대채무에 관한 독일 민법의 규정인 제422조 내지 제426조의 규정이 적용되기 어려운 "수인의 채무자 있는 채권관계"도 있다는 것이다. 채권자지체에 관한 독일 민법 제424조, 특히 연대채무자 상호간의 법정구상권을 정한 제426조의 적용 여부를 문제삼는다. 가령 임차인이 점유하는 물건을 훔친 후 멸실시킨 도둑과 임차인의 소유자에 대한 손해배상채무도 독일 민법 제421조에 포섭될 수 있는데, 도둑이 손해배상을 한 후 제426조의 법정구상권의 행사를 통해 임차인에게 손해배상액의 반을 상환받을 수 있다고 해석할 수는 없다는 것이다. 이런 견해는 독일 민법 제421조를 연대채무의 성립에 관한 최소요건만을 정한 것이며, 추가적인 개념요소가 있어야만 연대채무를 충분히 정의할 수 있다고 한다.[16] 추가적인 개념요소에 대해 다음과 같은 견해가 제시되었다.

첫째, 채무원인의 통일성설.[17] 이는 채무의 성립원인이 동일하여야 한다는 것을 추가적인 연대채무의 개념요소로 보는 견해이다. 그러나 '수인이 동일한 채무를 보증한 경우, 공동으로 보증한 것이 아니라 하더라도, 그들은 연대채무자로서

14 Hüffer, AcP 171(1971), 469, 477 참조.

15 이에 대해서는 Staudinger/Noack, BGB, § 412 Rn. 9 f. 참조.

16 이에 대해서는 Staudinger/Noack, BGB, § 412 Rn. 11 f. 참조.

17 Eisele, AcP 77(1881), 374, 419 ff., 481. Staudinger/Noack, BGB, § 412 Rn. 16에서 재인용. BGH NJW 1997, 1014에서도 이런 표현을 사용하고 있다고 한다.

책임을 진다'고 규정하는 독일 민법 제769조에 비추어 보면, 채무원인이 동일하지 않는 경우에도 연대채무를 인정한다고 해야 할 것이므로, 학설들은 더 이상 이를 지지하지 않는다고 한다.

둘째, 목적의 공동성이론. 초창기에는 각자의 채무로써 채권자의 동일한 이익을 만족시킨다는 것에 관하여 각 채무자가 명확히 인식하고 있다는 '주관적 목적공동관계' 이론이 주장되었다. 그러나 이는 독일 민법 제840조[18]와 일치하지 않는 문제가 발생하였다. 이런 이유 때문에 채무가 동일한 목적을 위한 것이면 연대채무관계가 인정된다는 객관적 목적공동관계설이 오랜 기간동안 지배적인 견해로 자리잡았다. 그러나 객관적 목적공동관계란 채무자가 채권자의 동일한 이익을 만족시켜야 한다는 것, 즉 하나의 급부를 부담한다는 것 이상의 의미가 없다는 비판에 직면하였다.

셋째, 채무자 간의 동일단계성 또는 동일순위성 이론. 오늘날의 다수설은 채무자 간에 동일단계성 또는 동일순위성이 있어야 한다는 것을 연대채무의 추가적인 개념요소로 주장한다. 이에 따르면 연대채무자 상호간의 내부관계에서 구상이 가능하여야 연대채무라고 할 수 있고, 특정의 연대채무자에게만 내부적 급부의무가 있을 경우-가령 위의 도둑과 임차인의 소유자에 대한 손해배상 채무에서 도둑의 책임-에는 연대채무를 인정할 수 없다고 한다. 채권자와의 관계에서는 각자 채무 전부를 이행하여야 하더라도, 그 채무자들이 동일단계 또는 동일순위에 있지 않다면, 선행단계 또는 선순위의 채무자는 나중 단계 또는 후순위의 채무자에게 독일 민법 제426조의 협력 및 면책청구권을 행사할 수 없고, 사후구상권도 행사할 수 없다는 것이다. 또한 나중단계 또는 후순위의 채무자가 변제제공을 통해 채권자를 수령지체에 빠뜨리더라도, 이로써 선행단계 또는 선순위의 채무자가 이익을 볼 이유가 없다고 한다.[19]

다) 연대채무에 관한 추상적, 통일적인 개념요소를 부정하는 견해

첫째, Ehemann은 연대채무에 관한 추상적, 통일적 개념요소를 부정하고, 연대채무를 세 가지의 기본유형으로 구분하여 설명한다. 즉 동일 원인에 의해 성립

18 독일 민법 제840조 제1항은 "하나의 불법행위에서 비롯된 손해에 대해 수인이 병존적으로 책임을 질 때, 그들은 연대채무자로서 책임이 있다"고 규정하는데, 여기에는 피용자와 사용자책임의 부담자, 제832조의 감독의무자책임, 동물보유자, 감독자의 책임(제833조, 제834조), 부동산점유자, 건물점유자, 건물보유자의 책임(제836조, 제837조, 제838조) 등이 해당된다.

19 Selb, Mehrheiten von Gläubigern und Schuldern, S. 137 ff. 참조.

한 연대채무, 보호목적 연대채무, 담보적 연대채무의 3유형이 그것이다.[20] 이 견해는 손해배상채무의 성립에 기여한 정도 또는 과실의 정도에 따라 구상권의 인정유무 및 그 범위가 결정되는 경우(보호목적 연대채무),[21] 그리고 주채무자와 담보적 기능을 하는 채무자 등 동일 단계성이 없는 채무자 상호간의 경우(담보적 연대채무)도 연대채무를 인정한다는 점[22]에서 기존의 학설과 차이가 있다. 즉 독일 민법 제426조의 "달리 정하지 않은 경우"의 해석을 통해, 동조의 법정구상권이 인정되지 않을 수 있는 연대채무, 동조와 다른 범위의 법정구상권이 인정되는 연대채무가 있다는 것이다.

둘째, 이와 유사한 견해로서 독일 민법 제421조의 개념요소만으로 연대채무를 정의하는 견해도 있다.[23] 이는 연대채무를 유형별로 구분할 필요도 없으며, 추가적인 개념요소를 덧붙일 필요도 없고, 목적지향적 해석을 통해 법률규정을 구체화함으로써 연대채무와 여타의 "수인의 채무자 있는 채권관계"를 구분할 수 있다고 한다.

2) 프랑스법

가) 연대채무

우리 민법 제413조와 마찬가지로 프랑스 종전 민법 제1200조 역시 '채권자가 채무자 중 1인에게 채무 전부 또는 일부의 이행을 청구할 수 있고, 채무자 중 1인의 변제로 다른 채무자도 면책이 될 때' 이를 연대채무라고 정의한다. 그러나 프랑스 종전 민법 제1200조만이 연대채무의 개념을 정한 것으로 볼 수 없다. 프랑스 종전 민법은 연대채무자 상호간에 대리관계가 있음을 전제로 한 다양한 규정을 두고 있기 때문이다.[24] 그러므로 프랑스 민법에서의 연대채무는 공동채무자간에 상호대리관계가 있고, 대외적으로는 제1200조와 같은 내용의 채무를 부담하는 것으로서, 명시적 합의 또는 법률규정을 통해 성립하는 채무를 의미한다.[25]

20 Ehemann, Die Gesamtschuld, 193 ff. 참조.
21 Ehemann, Die Gesamtschuld, 241 f. 참조.
22 Ehemann, Die Gesamtschuld, 360 f. 참조.
23 Staudinger/Noack, § 421 Rn. 14 f., 27 ff. 참조.
24 Ferid, 2 E 67 이하를 참조.
25 개정 프랑스 민법 제1310조 이하의 규정도 일부 종전 규정의 삭제가 있지만, 종전 규정의 단순화를 지향하면서 종전 민법의 연대채무의 규정과 본질적으로 동일한 내용을 규정한 것이다.

나) 전부채무

프랑스 종전 민법 제정 직후 프랑스 학설들은 불완전연대채무이론에 의해, 상호 대리권 없는, 즉 연대채무 아닌 공동채무 개념을 발전시켰다. 그 후 복수의 불법행위자 각자에게 피해자가 전부급부를 청구할 수 있지만, 그 청구권의 중첩은 인정하지 않는 전부채무(obligatio in solidum) 이론이 확립되었다.[26] 이 이론은 종전 민법 제1382조[27]를 발전시켜, 손해를 공동으로 야기한 수인의 가해자는 그 손해와 가해 사이의 불가분적 인과관계로 인해 손해 전부에 대해 책임이 있다는 것을 내용으로 한다.[28] 전부채무는 형법 제55조 및 이를 유추적용하는 사안(연대채무)에는 적용되지 않고, 또한 가해와 손해 사이의 인과관계를 확정할 수 있어서 분할책임이 적용되는 경우에도 적용되지 않는다. 즉 그 적용은 불가분적 인과관계가 있는 경우에 한정된다. 그 밖에 전부채무는 불법행위에 기한 채권과 계약상의 채권, 다수 공동보증인의 책임(프랑스 종전 민법 제2025조), 건축수급인과 건축사(동법 제1792조), 부모의 아동부양의무(동법 제203조), 사용자와 피용자의 책임(동법 제1384조 제5항) 등 법률에 의한 공동책임의 사안에도 적용된다고 한다.

3) 일본 명치 민법

일본 명치 민법의 기초자들은 첫째, 연대채무자 상호간에 상호대리관계가 있다는 관념에 기초한 구 민법의 다수의 규정을 채택하지 않았다.[29] 즉, 불가분채무든 연대채무든 채권자와의 관계에서 공동채무자 상호간에 대리권이 없다는 주의에 입각하여 대외관계를 규율하고자 했다.[30] 둘째, 대외관계에서 절대효를 인정한 주된 이유는 실용적인 이유 또는 채권자 및 채무자의 이익을 절충하였기 때문이다.[31] 이런 사상에 입각하여 우리 민법 제413조 내지 제421조, 제423조 내지 제427조와 동일한 내용의 규정을 입법하였다. 일본 명치 민법은 우리 민법 제422조의 채권자지체의 절대효에 관한 규정이 없는 대신, 우리 구 파산법 제19조(채무자

26 이하 Ferid, 2 E 87 ff. 참조.

27 "타인에게 손해를 야기하는 인간의 모든 행위는 손해를 초래한 과실있는 자로 하여금 그 손해를 배상할 의무있게 한다."고 규정한다.

28 정태륜, 공동불법행위에 관한 연구(서울대 박사학위논문), 68 이하를 참조.

29 高橋 眞, 史料 債權總則(16), 民商法雜誌 제84권 제3호, 453 참조.

30 연대채무자 상호간에 대리관계가 있음을 정하고 있는 채권담보편 제52조 제1항을 비롯하여, 연대채무자 1인의 過失, 이행지체, 이행불능, 연대면제 등 절대효 또는 부분적 절대효를 갖던 다수의 구 민법 규정이 삭제되었다. 高橋 眞, 史料 債權總則(16), 民商法雜誌 제84권 제3호, 453-454 참조.

31 ☞ 그 내용과 한계에 관하여 상세한 것은 제3관 연대채무 [총설]을 참조.

회생 및 파산에 관한 법률 제428조)에서 인정하는 것과 동일한 내용, 즉 '연대채무자 전원 또는 그 중 수인이 파산선고를 받은 때 채권자는 그 채권 전액으로써 재단의 배당에 참가할 수 있다'는 것을 일본 명치 민법 제441조에서 규정하고 있다.

2020년부터 시행되는 일본 민법은 연대채무와 부진정연대채무의 개념을 통일시켰다는 점에서 독일 민법의 연대채무 규정에 더 근접해 있지만, 독일법과는 다른 내용이 다수 포함되어 있다.[32]

나. 우리 학설

우리 학설은 연대채무자 간의 주관적 결합관계가 있어야 연대채무로 보는데, 그 이론은 앞서 살펴 본 외국의 학설들, 특히 독일의 영향을 받은 바 크다. 우리 민법이 프랑스법과 같이 연대채무자 상호간에 상호대리 관계가 있음을 전제로 한 규정이 없기 때문에 이 부분에 있어서는 프랑스법의 영향이 거의 없다고 해도 과언이 아니다. 아래에서는 우리 학설의 연대채무에 대한 이해를 개관한다.

1) 주관적 공동관계설

독일의 주관적 목적공동관계설에 영향을 받은 이론이다. 우리 민법의 연대채무에는 절대적 효력사유가 많고 경우에 따라서는 내부적 부담부분이 대외관계에까지 영향을 주며(민법 제418조 제2항, 제419조 내지 제421조), 구상관계에서도 구상권의 범위가 확장되어 있고(제425조 제2항), 구상에 관한 통지 여부에 따라 구상권이 제한되므로(제426조), 독일 민법에서의 연대채무에서보다 훨씬 강한 내부적 연결관계가 있고, 그 연결관계를 잘 설명할 수 있다고 한다.[33]

2) 상호보증설

이 견해는 절대적 효력을 설명하는 경우 주관적 공동관계라고 하는 것만으로는 애매하다고 비판한다. 연대채무자 사이에는 각자가 자기의 부담부분에 대해서는 주채무자의 지위에 서고 다른 사람의 부담부분에 대해서는 보증인의 지위에 선다고 하는 실질적 상호보증관계가 있고, 그 결과 채무자 중 1인에 대해서 생긴 사유는 그 자의 부담부분의 한도에서는 다른 채무자에게도 효력을 미치지만, 그

32 면제의 상대효를 규정한 민법 제445조, 자기 부담부분을 초과하지 않은 경우에도 구상할 수 있도록 한 민법 제442조 제1항 등이 대표적인 예이다.

33 주석 민법, 채권총칙(2)(제3판), 한국사법행정학회(2000), 176-177(강봉수) 참조.

부분 이외의 한도에서는 다른 사람에게 영향을 주지 않는다고 한다.[34]

3) 절충설

일본 학자 淡路는 위 양 견해의 한계를 다음과 같이 지적한다. 즉 청구의 절대적 효력은 주관적 공동관계에 의해서 설명이 되겠지만, 부분적 절대효, 가령 면제, 시효의 절대적 효력은 이로써 설명하기 어렵고, 상호보증설은 부분적 절대효를 설명할 수 있지만 청구의 절대적 효력에 대해서는 설명하지 못한다는 것이다. 그는 절대효와 부분적 절대효는 법기술적으로 명확히 구별될 필요가 있고, 연대채무의 절대효는 채무자 사이의 공동사업관계(조합관계나 조합에 이르는 공동사업관계)나 공동생활관계를 전제로 하고, 상호보증적 효력은 채무자 사이에 상호보증관계를 승인한 것을 전제로 한다고 주장한다. 따라서 이런 각 실체를 갖추었을 때 관련된 연대채무규정을 적용하여야 한다는 것이다.[35]

다. 사견

1) 연대채무자 상호간의 내부관계에 관한 설명이론으로서의 주관적 결합관계

우리 민법의 연대채무의 주요한 특징의 하나는 연대채무의 대내관계에 관한 규율이다. 독일 민법과 비교할 때 다음과 같은 차이점이 있다. ①가령 900의 연대채무를 부담하는 A, B, C(부담부분은 동일) 중 A가 900을 지급한 경우를 보자. 독일 민법 제426조 제1항이 적용되면, A는 B, C에게 300을 구상할 수 있고, 법정이자는 B, C가 이행지체에 빠지지 않는 한 이를 청구할 수 없다. 출재액에 대한 법정이자, 피할 수 없는 비용 및 손해배상은 A, B, C 사이에 위임관계가 있을 때 거기에 기해 청구할 수는 있지만,[36] 독일 민법 제426조 제1항에 기해서는 이를 상환받을 수 없다. 반면 우리 민법 제425조 제2항은 A로 하여금 B, C에게 300과 그에 대한 법정이자를 당연히 청구할 수 있게 하고, 피할 수 없는 비용과 손해배상의 청구도 허용한다. ②이미 소멸된 연대채무를 변제한 것이어서 공동면책이

34 이 학설은 일본에서 유래된 것이다. 山中康雄, いわゆる辨濟ということの意義, 民商法雜誌 33-3, 340 참조. 우리 학설 중 이를 지지하는 견해로는 이은영, 김형배 등이 있다. 한편 민법주해 X, 채권(3), 박영사(1995), 72.(차한성)에서는 이 학설은 공동채무자 사이에 상호보증관계가 없을 때 불가분채무로 된다고 한다. 그러나 불가분채무에도 제425조가 준용되기 때문에, 불가분채무자 상호간에는 상호보증관계가 있거나, 아니면 연대채무자 상호간과 마찬가지로 긴밀한 내부관계가 있음을 전제하였다고 볼 것이다.

35 淡路剛久, 連帶債務, 不可分債務, 法學セミナ 1981-11, 41; 同, 連帶債務の一體性と相互保證性, ジュリスト(增刊) 民法の爭點(昭和 53), 198-199 참조.

36 MünchenerKomm/Seiler, BGB, 4. Aufl., § 670 Rn. 12, Rn. 14 ff. 참조.

없는 경우, 즉 변제자대위를 할 수 없는 경우, 다른 연대채무자에게 구상권을 행사할 수 있는지에 관하여도 차이가 있다. 공동면책을 실현하지 않은 연대채무자에게는 독일 민법 제426조 제2항에 의한 법정채권양도는 말할 것도 없고, 제1항에 기한 구상권도 인정되지 않는다. 다만 내부적 법률관계(가령 위임)에 기초하여 구상권을 행사할 수 있다. 선관주의의무를 기울였음에도 불구하고 연대채무가 이미 소멸하였음을 알지 못하고 변제한 경우, 그는 위임인인 다른 연대채무자에게 독일 민법 제670조의 필요비상환을 구할 수 있기 때문이다.[37] 반면 우리의 경우 변제로 연대채무가 이미 소멸되었음에도 변제자의 사후통지가 없어서 그 사실을 알지 못한 연대채무자가 사전통지 후 변제하였다면 전자에 대해 구상권을 행사할 수 있다(제426조 제2항). 이 때의 구상범위도 공동면책이 있는 경우와 마찬가지로 제425조 제2항이 적용된다.

우리 민법 제425조, 제426조는 연대채무자 간에 상호위임이 있다고 보고, 그들 사이의 내부관계를 규율하고자 하였던 일본 구 민법의 규정을 내용 변경 없이 그대로 수용한 것이었다. 즉 연대채무자 간에 상호위임 또는 이와 유사한 관계가 있음을 전제하였기 때문에 민법 제688조와 같은 취지의 규정을 민법 제425조 제2항에 둔 것이다.[38] 이런 사정을 감안하면 우리 민법의 연대채무자 상호간에는 독일 민법보다 훨씬 더 긴밀한 주관적 목적공동관계, 즉 상호보증적 수준의 목적공동관계가 있다. 달리 말하면 상호보증적 공동목적 없는 공동채무자는 연대채무자가 될 수 없고, 그들에게는 제425조 이하가 적용될 수 없다. 물론 내부적으로는 수인의 연대채무자 중 1만이 채무를 부담하는 경우에도 연대채무가 성립될 수 있기 때문에, 이를 상호보증관계라고 하는 것은 반드시 적절하지는 않다. 오히려 채무자간에 상호위임관계가 있다고 하는 것이 적절할 수 있다. 가령 연대채무자 A, B 중 내부적으로는 A 의 채무로 하기로 하고, 연대채무를 성립시킨 경우, B 는 A 를 위해 연대채무를 부담한다는 점에서 수임인의 지위에 있고, 자신이 부담하는 연대채무를 변제해야 한다는 B 의 사무처리를 A 가 수임받았다고 볼 수 있다(상호위임관계).

37 필요비상환청구의 요건에 관하여는, Staudinger/Wittmann, BGB, § 670 Rn. 9를 참조. 원칙적으로 위임인의 지시를 좇아야 하고, 독일 민법 제665조에 좇은 위임인에 대한 통지가 준수되어야 한다. JurisPK-BGB/Hönn, BGB, § 670 Rn. 10 참조.

38 이 점은 제철웅, "보증채무 및 연대채무에서의 구상권 상실: 비교법적 검토를 통한 새로운 해석가능성의 모색", 비교사법 제9권 제1호, 130 이하, 136 이하를 참조.

2) 내부적 관계에 관한 이론으로써 대외관계를 설명할 수 있는가?

연대채무의 대외관계와 대내관계는 동전의 양면처럼 일체로서 연대채무를 규정하는 것이며,[39] 그 중 어느 하나로써 연대채무의 내용이 규정되지는 않는다. 연대채무자 상호간에 주관적 공동목적관계, 상호보증적 관계 또는 상호위임관계가 있다는 것은 우리 법의 연대채무의 대내관계를 설명하는 훌륭한 도구일 수는 있지만, 이로써 대외관계를 할 수는 없다. 가령 상호보증관계에 있는 A, B, C가 채권자와 서로를 위하여 연대보증계약을 체결한 것이 아니라면, 청구의 시효중단을 규정한 제416조나 시효소멸의 절대효를 인정한 제421조는 상호보증관계로써는 설명될 수 없다. 연대채무자 상호간에 훨씬 긴밀한 결합도를 전제하는 상호보증관계설에 의해서도 위 양 규정을 설명할 수 없다면, 이보다 약한 결합관계를 상정하는 주관적 공동목적관계설도 마찬가지라고 할 것이다. 연대채무자의 내부관계를 설명할 때에는 상호위임관계가 있다고 하면 되겠지만, 대외관계의 절대효 인정근거는 상호위임관계로는 설명될 수 없다는 것이다.

3) 연대채무의 개념요소

우리 민법상의 연대채무의 개념은 제413조와 제425조 제2항을 결합시켜 이해해야 한다. 그 점에서 우리 학설이 연대채무의 개념요소로 들고 있는 4가지는 기본적으로 타당하다고 할 것이다. 연대채무자 상호간의 주관적 결합관계는 제425조 제2항, 제426조가 적용될 수 있을 정도의 내부관계가 있어야 한다. 그렇지만 이를 주관적 공동관계설이나 상호보증설로 한정할 필요는 없다. 수인의 연대채무자 중 1인만이 내부적 부담부분이 있는 경우, 즉 상호보증이 아니라 실질적으로 편면적 보증관계라도 연대채무일 수 있다. 그렇기 때문에 연대채무자 상호간에 위임 또는 그와 유사한 관계가 인정되지 않으면 연대채무를 인정하기 어렵다고 보아야 할 것이다.

39 이 점을 지적하는 것으로는 Ehemann, Die Gesamtschuld,, S. 97 ff. 참조. 수인의 연대채무자를 둠으로써 채권실현의 안전과 편의성을 도모한다는 측면만이 아니라, 연대채무자 상호간의 구상관계도 연대채무의 필수구성요소(notwendige Korrelat)라고 한다.

Ⅱ. 연대채무의 성립

1. 법률행위에 의한 연대채무의 성립

가. 법률행위에 의한 성립요건 일반

법률행위에 의해 연대채무가 성립하기 위해서는 그 법률행위의 내용에 다음과 같은 것이 포함되어야 한다.

첫째, 수인의 채무자가 동일한 채권자에 대해 채무를 부담하여야 한다. 연대채무는 수인의 채무자 있는 채권관계의 일종이기 때문이다.

둘째, 수인의 채무자는 동일한 채권자에게 동일한 내용의 급부를 이행해야 한다. 급부내용이 동일하지 않지만, 경제적 가치는 동일한 경우도 있을 수 있는데, 이 경우 연대채무가 성립하지 않는다고 할 것이다.[40] 이 때에는 부진정연대채무를 인정하는 것으로 충분할 것이다.

셋째, 채무는 가분급부여야 한다. 독일 민법과 달리 우리 민법은 수인의 채무자가 불가분급부를 부담하는 경우 이를 불가분채무라고 하여 연대채무와 구분하기 때문에, 연대채무의 목적은 가분급부를 내용으로 한다고 이해해야 할 것이다.[41]

넷째, 수인의 채무자 각자는 전부급부의무를 부담하여야 한다.

다섯째, 채권자는 전부급부를 중첩적으로 수령할 수 없다. 즉 1회의 전부급부청구권만이 인정된다.

여섯째, 연대채무가 성립되기 위해서는 연대의 합의가 있어야 한다. 여기서 말하는 연대의 합의는 채무자 상호간에 연대의 합의만이 아니라, 채권자와의 관계에서 연대채무를 성립시킴을 합의하는 것을 의미한다고 볼 것이다. 채무자 상호간에 연대합의가 요구되는 것은, 당사자 사이에 다른 합의가 없는 한, 내부관계에서 민법 제425조 제2항, 제426조의 구상관계가 성립되기 때문이다. 수인의 채무자와 채권자가 연대채무를 성립시킴을 합의하여야 하는 것은, 연대채무에서만

40 독일법에서는 이런 경우 연대채무의 성립을 긍정한다. Staudinger/Noack, BGB, § 421 Rn. 30, 32 참조.

41 반대 견해로는 민법주해 X, 채권(3), 박영사(1995), 78(차한성) 참조. 개정 일본 민법 제436조는 연대채무를 정의하면서 "채무의 목적이 그 성질상 가분인 경우"라고 규정함으로써 가분채무임을 분명히 하였다.

특히 제416조, 제421조의 절대효가 성립되기 때문이다. 이런 합의 없이 위 다섯 개의 요건이 충족된 경우에는 설령 수인의 채무자 상호 간에 상호위임관계에 관한 합의를 하였다 하더라도, 연대채무가 성립하지 않는다고 해야 할 것이다. 즉 채권자와의 관계에서는 제416조, 제421조는 적용되지 않는다고 해야 할 것이다.

나. 단독행위에 의한 연대채무의 성립도 가능한가?

단독행위에 의한 연대채무의 성립을 부정할 이유는 없다. 그런데 일부 학설은 유언으로 수유자에게 일정 금액을 유증하면서, 공동상속인들로 하여금 이를 연대하여 지급하도록 한 경우,[42] 공동상속인은 연대채무를 부담한다고 한다. 그러나 공동상속인은 각자의 상속분에 따라 상속재산을 공유하며(민법 제1006조, 제1007조, 제1008조), 공동상속인이 부담하는 유증의무도 그 급부가 가분일 때에는 분할되어 공동상속인에게 귀속되기 때문에, 이런 주장은 자명하지 않다. 이 주장의 당부는 공동상속인의 유증의무이행방법도 피상속인의 처분권한의 범위 내에 속하는가와 관련되어 있다. 900의 적극재산을 남긴 피상속인이 450을 D 에게 유증하면서 공동상속인 A, B, C 로 하여금 연대채무자로서 이를 이행하도록 한 경우를 보자. 유증의 이행방법에 관한 정함이 없다면 A, B, C 는 각자 300씩을 상속하면서 그 중 150을 D 에게 지급할 것인데, 유증의 이행방법으로써 연대채무자의 책임을 지도록 하였다면, 300을 상속받은 A 는 대외적으로 450의 유증의무를 부담하게 될 것이며, 결과적으로 B, C 의 무자력위험을 부담하게 될 것이다. 문제의 핵심은 채무이행의 방법을 피상속인이 유언으로 정할 수 있는가에 있다.[43] 공동으로 재단법인을 설립하고자 하는 수인이 연대하여 재단법인에 재산을 출연할 것을 약정할 수는 있으며, 이 때에는 단독행위에 의해 연대채무가 성립될 수 있다고 볼 것이다.

다. 법률행위의 형식 등

1) 연대채무 성립의 요식성

연대채무를 성립시기는 법률행위는 요식행위가 아니다. 통상의 다른 채무와 마찬가지로 불요식의 법률행위로써 연대채무를 성립시킬 수 있다.

42 주석 민법, 채권총칙(2)(제3판), 한국사법행정학회(2000), 178(강봉수); 민법주해 X, 채권(3), 박영사(1995), 73(차한성) 참조.

43 유증에서 채무이행의 방법을 정할 수 있는지에 관하여 논의하는 학설들은 찾기 어렵다. 일본 민법 개정 작업에서 이를 긍정하면서 논의를 전개하였다. 가령 潮見佳男, 新債權總論 II, 信山社 (2017), 588 주 71 참조.

2) 연대채무의 합의는 명시적이어야 하는가?

프랑스 종전 민법은 연대채무의 합의는 명시적이어야 한다고 정하였지만(종전 민법 제1202조), 개정 프랑스 민법은 묵시적 합의로도 연대채무가 성립될 수 있다고 규정한다. 우리 민법은 연대채무 성립에 관한 규정을 두지 않지만, 학설들은 묵시적 합의로도 연대채무를 성립시킬 수 있다고 하는 데 의견이 일치되어 있다.[44]

3) 연대합의가 추정되는가?

프랑스 종전 민법은 연대채무는 추정되지 않는다고 한다(종전 민법 제1202조). 우리의 경우 연대채무의 합의가 추정되는가에 관하여는 견해의 대립이 있다. 일반적으로 판례는 연대의 추정에 대해 소극적이다. 그 예로서 들고 있는 판례는 대법원 1987. 5. 26. 선고 85다카1146 판결, 대법원 1985. 4. 23. 선고 84다카2159 판결, 대법원 1963. 9. 5. 선고 63다370 판결, 대법원 1967. 1. 31. 선고 66다782 판결[45] 등이다. 연대채무자는 전부급부를 해야 하므로 (명시적 또는 묵시적) 특약이나 법률의 규정에 의하지 않고서는 연대채무가 추정되지 않는다는 견해는 소수설이다.[46] 당사자가 총채무자의 자력을 종합적으로 고려하였다고 볼 수 있는 특별한 사정이 있는 때에는 오히려 연대의 묵시적 특약이 있다고 추정하여야 한다는 견해가 다수설이다.[47]

한편 상법 제57조 제1항은 '수인이 그 1인 또는 전원에게 상행위가 되는 행위로 인하여 채무를 부담한 때에는 연대하여 변제할 책임이 있다'고 규정하는데, 이는 연대채무를 추정하는 규정이다. 여기서 말하는 "1인 또는 전원에게 상행위가 되는 행위"는 그 행위의 효력이 전원에게 미치는 것을 전제하는 것은 말할 것도 없다.[48] 그러나 법률에 추정규정이 없는 이상 연대채무의 합의를 추정하는 것에

44 가령 주석 민법, 채권총칙(2)(제3판), 한국사법행정학회(2000), 178(강봉수); 민법주해 X, 채권(3), 박영사(1995), 76(차한성) 참조.

45 연대임을 표시하지 않은 2인의 신원보증인 간에는 분별의 이익이 있다고 한다.

46 김형배, 채권총론, 박영사 (1998), 455; 이은영, 채권총론, 박영사(2006), 509 참조. 이에 관하여는 민법주해 X, 채권(3), 박영사(1995), 76(차한성 집필부분) 참조.

47 곽윤직, 채권총론, 박영사(2003), 163; 김증한/김학동, 채권총론, 박영사(1998), 227 참조; 김주수, 채권총론, 삼영사(1999), 283 등 참조. 주석 민법, 채권총칙(2)(제3판), 한국사법행정학회(2000), 179(강봉수); 민법주해 X, 채권(3), 박영사(1995), 76(차한성)도 참조.

48 가령 대기업에 설치된 조달본부를 통해 계열회사가 구입한 물품대금은 각 개별회사가 개별적으로 - 그 법적 구성은 조달본부를 대리인으로 하였다고 볼 수 있다- 물품을 구입한 것이므로 상법 제57조 제1항이 적용되지 않는다. 대법원 1987. 6. 23. 선고 86다카633 판결; 주석 민법, 채권총칙(2)(제3판), 한국사법행정학회(2000), 179(강봉수) 참조.

는 신중하여야 할 것이다. 다만 일정한 사실이 있을 때에는 연대채무의 합의가 있는 것으로 일응 추정되는 사안유형은 존재하겠지만(사실상의 추정), 다수설이 말하는 것처럼 "총채무자의 자력을 종합적으로 고려하였다고 볼 수 있는 특별한 사정"만으로 연대채무를 추정하는 것은 사실상 추정이 법리에 부합하는지 의문이다.

라. 1개의 법률행위 또는 수개의 법률행위로 성립되는 연대채무

첫째, 채권자와 수인의 채무자 간의 1개의 법률행위로써 연대채무가 성립될 수 있다. 이 경우 채권자와 1인의 연대채무자와의 관계에서 해제사유가 발생한 경우 모든 연대채무자에 대해 또는 모든 연대채무자에 의해 해제할 수 있다(민법 제547조). 가령 1개의 매매계약으로써 X 를 매수한 A, B, C 가 매도인 = 채권자와의 관계에서 연대하여 매매대금을 지급하기로 하였다면, A 가 채무를 불이행한 경우 해제를 원하는 채권자는 전원에 대해 계약을 해제하여야 할 것이고, 채권자가 채무를 불이행한 경우 A, B, C 전원이 이를 해제하지 않으면 계약을 해제할 수 없다.

둘째, 채권자와 수인의 채무자(A, B) 간에 수개의 법률행위로써 연대채무가 성립될 수도 있다. 채권자와 A 가 먼저 계약한 후, 채권자와 B 가 각각 별개의 계약으로써 채권자에 대해 연대채무를 부담하기로 하는 것도 가능하다는 것이다. 그러나 연대채무의 개념요소로 연대채무자 간의 상호위임 또는 이와 유사한 관계가 있어야 하기 때문에, 채권자와의 합의 및 사후적이라도 A, B 간의 연대합의가 있어야 한다.[49] 위의 예에서 A 의 사전 또는 사후동의 없이 B 가 연대채무를 부담하기로 합의하였다 하더라도, A, B 는 연대채무자라고 할 수 없다는 것이다. 이 경우 A, B 간에는 부진정연대채무관계가 성립할 것이다.

마. 각 채무의 범위가 다른 경우의 연대채무

학설은 연대채무의 각 채무자의 채무액이나 이율에 차이가 있어도 무방하다고 한다.[50] 물론 이 때 급부의 동일성이 인정되는 범위 내에서만 연대채무관계가 성립할 것이다. 가령 채권자로부터 A 가 70만원을 월 2푼의 이율로 차용하고, 그 중 50만원을 월 1푼 5리의 이율로 B 가 연대채무를 부담하기로 한 경우, A, B 는

49 곽윤직, 채권총론, 박영사(2003), 163; 김상용, 채권총론, 화산미디어(2014), 292; 김형배, 채권총론, 박영사(1998), 456; 김증한/김학동, 채권총론, 박영사(1998), 227; 김주수, 채권총론, 삼영사(1999), 282; 주석 민법, 채권총칙(2)(제3판), 한국사법행정학회(2000), 179(강봉수); 민법주해 X, 채권(3), 박영사(1995), 77(차한성)도 참조.

50 민법주해 X, 채권(3), 박영사(1995), 77(차한성) 참조.

원본 50만원, 월 1푼 5리의 범위에서 연대채무 관계에 있을 수 있다. 이 때 A가 원본 30만원, 이자 1만 4천원을 변제한 경우 B의 원본채무와 이자채무가 어느 범위에서 감축되는지가 문제된다(☞ 이 문제는 민법 제414조 Ⅱ. 2. 주석 참조).

바. 중첩적(병존적) 채무인수와 연대채무

제3자가 기존의 채무에 가입하여 새로운 채무자로 되고 종전의 채무자와 동일한 내용의 채무를 부담하는 병존적 채무인수의 경우 인수인과 원채무자 사이에 연대채무가 성립하는가를 둘러싸고 견해의 대립이 있다. 일부 학설은 연대채무관계가 된다고 하고, 다른 일부 견해는 부진정연대채무로 보아야 한다는 견해도 있다. 판례 중에는 이를 연대채무관계로 보는 것도 있다.[51] 이 문제는 연대채무의 개념요소를 기준으로 하여 답하여야 할 것이다. 중첩적 채무 인수가 있으면 대외관계에 있어서 민법 제413조, 제414조가 그대로 적용될 수 있는 데, 인수인과 채무자 간에 연대의 합의, 즉 상호위임관계 또는 이와 유사한 관계가 있다면 연대채무관계를 인정할 수 있을 것이다. 그러나 이런 관계가 없다면 연대채무관계를 인정할 수 없을 것이다. 결국 중첩적 채무인수 일반에 대해 이를 연대채무인지 여부를 판단할 것이 아니라, 각 사안별로 연대채무관계의 인정여부를 판단해야 할 것이다.

2. 법률규정에 의해 성립되는 연대채무

가. 연대채무의 성립을 명시하는 법률규정

1) 민법

①법인의 이사 기타 대표자가 법인의 목적범위 외의 행위로 인해 타인에게 손해를 가한 때 그 사항의 의결에 찬성하거나 그 의결을 집행한 사원, 이사 및 기타 대표자의 손해배상책임(제35조 제2항),[52] ②임무를 해태한 이사의 법인에 대한 손해배상책임(제65조), ③수인의 차주(借主)가 공동으로 사용대차한 경우 공동차주의 의무(제616조), 수인의 임차인이 공동으로 임대차한 경우 공동 임차인의 의무

[51] 대법원 1997. 4. 22. 선고 96다56443 판결(공보 1997, 1544).

[52] 주석 민법, 채권총칙(2)(제3판), 한국사법행정학회(2000), 180(강봉수); 민법주해 X, 채권(3), 박영사(1995), 79(차한성)은 이를 "법인의 불법행위로 인한 손해"라고 표현하고 있다. 그러나 민법 제35조 제2항이 적용되는 경우에는 법인은 불법행위책임을 지지 않음을 유의하여야 한다. 또한 대표자 등의 불법행위로 법인이 손해를 입은 경우 그 사항의 의결에 찬성하거나 그 의결을 집행한 사원, 이사 및 기타 대표자가 법인에 대해 불법행위책임을 지겠지만, 이는 민법 제35조 제2항이 적용되는 것이 아니라, 제65조 또는 제760조가 적용될 것이다.

(제654조, 제616조), ④공동불법행위자의 손해배상책임(제760조), ⑤부부의 일상가사로 인한 채무의 연대책임(제832조) 등이 있다.

2) 상법

①익명조합원이 자신의 성명을 영업자의 상호 중에 사용하게 하거나 자기 상호를 영업자의 상호로 사용하게 허락한 때 그 사용 이후의 채무에 대한 익명조합원과 영업자의 책임(상법 제81조), ②순차로 운송하는 경우 운송물의 멸실, 훼손 또는 연착으로 인한 손해에 대한 각 운송인의 책임(제138조), ③합명 회사의 재산으로 회사채무를 완제할 수 없게 된 경우의 각 사원의 변제책임 (제21조), ④주식회사 발기인의 인수되지 않은 주식에 대한 인수책임, 납입되지 않은 주식에 대한 납입담보책임(제321조), ⑤주식회사 임원(이사 또는 감사)이 주식회사 설립에 관한 사항에 대한 조사, 보고의무(제313조 제1항)의 해태로 회사 또는 제3자에게 손해배상의무를 지는 경우, 그와 발기인 간의 연대책임(제323조), ⑥주식회사 및 유한회사의 이사의 회사에 대한 책임(제399조, 제567조), ⑦주식회사 및 유한회사 이사의 악의 또는 중과실로 인한 임무해태로 제3자에게 손해를 가한 경우, 이사와 회사의 연대손해배상책임(제401조, 제567조) 등이 있다.

3) 기타 특별법

①조합임원의 조합 또는 타인에 대한 손해배상책임(농업협동조합법 제54조 제2항), ②광업권자와 조광권자의 배상책임(광업법 제91조 제4항), 공동광업권자, 공동조광권자의 손해배상책임(동조 제5항), ③임무해태한 감사의 조합에 대한 손해 배상책임(중소기업협동조합법 제51조) 등이 있다.

나. 법률규정에 의한 연대채무에 관한 학설의 이해

위와 같이 법률에서 연대채무를 인정하는 취지는 "공동사무 내지 사업 또는 공동불법행위에 관여한 다수인에게 공동의 책임을 부담시킴으로써 그 행동에 신중을 기하게 하는 동시에 채권자의 보호를 두텁게 하기 위한 것"이라고 한다.[53] 그러나 공동불법행위의 경우에는 주관적 공동관계가 없기 때문에 민법 제760조에서 '연대책임'을 법정하였다 하더라도 부진정연대채무라고 이해하고 있다.[54] 또한

53 민법주해 X, 채권(3), 박영사(1995), 79(차한성); 주석 민법, 채권총칙(2)(제3판), 한국사법행정학회(2000), 181(강봉수) 참조.
54 민법주해 X, 채권(3), 박영사(1995), 80(차한성); 주석 민법, 채권총칙(2)(제3판), 한국사법행정학회(2000), 181(강봉수) 참조.

일부 학설은 민법 제413조 이하가 그대로 적용되는 경우는 제616조, 제654조의 경우 뿐이라고 하기도 하며,[55] 법인의 불법행위책임 과 이사 기타 대표자의 개인책임를 지적하여 부진정연대채무라고 하기도 한다.[56] 나아가 부부간의 일상가사에 대한 연대채무(민법 제832조) 역시 연대채무이지만 제413조 이하가 그대로 적용되지 않는다고 한다.[57] 즉 부부가 부담하는 연대채무는 부부공동생활의 대외적 단일성으로부터 보아 부부가 전적으로 동 일한 내용의 채무를 병존적으로 부담하고 나아가 일방에게 생긴 사유는 무제한으로 절대적 효력이 생긴다는 것이다.[58]

다. 사견

1) 연대채무의 인정기준

연대채무는 법률행위 또는 법률규정에 의해 성립될 수 있기 때문에, 후자의 경우에도 연대채무의 개념요소가 있어야 할 것이다. 그러나 법률행위에 의해 성립되는 연대채무와 달리 법률규정에 의해 성립되는 연대채무에서는 통상 연대의 합의가 없다. 그러나 수인의 채무자 상호간의 연대 합의는 그들 상호간에 위임 또는 이와 유사한 관계를 인정할 수 있다면 그것으로써 연대합의를 갈음할 수 있을 것이다. 또한 수인의 채무자와 채권자 사이의 연대채무 성립의 합의는 법률규정으로써 갈음할 수 있을 것이다. 수인의 채무자에게 연대책임을 지움으로써 채권자를 보호하는 만큼, 절대효(특히 민법 제421조)의 불이익이 있다고 하더라도 이는 채권자에게 부당한 불이익이라고 볼 수 없을 것이다. 결국 입법취지가 무엇인가가 결정적일 것이다.

2) 개별적 검토

가) 조합관계로 인해 상호간에 위임법의 규정이 적용될 수 있는 사안

조합업무의 집행과 관련하여서는 위임에 관한 규정이 준용된다(민법 제707조). 조합사무집행과 관련하여 1인이 대외적 채무를 부담할 경우, 다른 조합원에게 면책 및 비용상환을 청구할 수 있다(제707조, 제688조). 따라서 법률규정으로써 조합원이 연대채무를 부담하게 되었다면, 상호간의 구상관계는 민법 제425조 이하가

55 민법주해 X, 채권(3), 박영사(1995), 80(차한성) 참조.

56 주석 민법, 채권총칙(2)(제3판), 한국사법행정학회(2000), 181(강봉수) 참조.

57 민법주해 X, 채권(3), 박영사(1995), 80(차한성) 참조.

58 민법주해 X, 채권(3), 박영사(1995), 79 주(32)(차한성)는 김주수, "일상가사대리권과 가사로 인한 채무의 연대성", 경희법학 9-2, 54; 我妻榮, 親族法, 有斐閣(1961), 109을 인용하고 있다.

적용될 수 있을 것이다. 第425조 이하는 위임법의 특별법이라고 할 수 있기 때문이다. 익명조합원과 영업자 상호간의 관계는 내부적 조합관계이고, 특히 성명 또는 상호사용을 통해 대외적으로 조합관계임을 드러낸 것이다. 그러므로 상법 제81조의 연대책임의 내용에는 민법 제413조 이하가 그대로 적용되어도 아무 문제가 없다. 주식회사 발기인 상호간에도 조합관계가 있으므로 이들이 부담하는 연대책임(상법 제321조)도 동일하다고 할 수 있다. 합명회사의 채무를 그 재산으로 완제할 수 없는 경우 무한책임사원이 연대하여 그 채무를 완제하도록 하는 책임을 부담하는 것도 무한책임사원 상호간에는 통상 조합관계가 있기 때문에 이들이 부담하는 연대채무는 민법 제413조 이하가 적용된다고 할 것이다.

나) 상호간에 위임 유사의 협력관계가 인정되며, 채무가 협력관계의 집행과 관련된 경우

부부는 공동생활에 필요한 비용은 특별한 약정이 없는 한 공동으로 부담하여야 한다(민법 제833조). 부부의 공동생활 가운데 가장 중요한 부분이 일상가사이며, 특별한 약정이 없는 한, 일상가사비용도 공동으로 부담하여야 한다. 또한 일상가사에 대해서는 상호를 대리할 수 있다(민법 제827조). 대리인과 본인 사이에는 통상 위임 또는 조합관계가 있기 마련이다(제680조, 제709조, 제128조). 대리인과 본인 사이에 내부적 원인관계가 없다고 하더라도, 대리인은 본인을 대리하여 법률행위를 함에 있어서 일정한 재량권을 갖기 마련이다. 따라서 선관주의로써 본인의 법률행위를 대리하여야 하고, 그 사무처리로 인해 부담하게 된 비용의 상환을 청구할 수 있다. 즉 본인과 대리인 사이에 위임관계가 없더라도 위임에 관한 규정이 유추적용될 수 있다. 부부가 일상가사에서 상호를 대리할 수 있도록 법률로써 정하였다면, 법률에 별도의 규정이 없더라도 그들 상호간에는 위임법이 유추적용되어야 할 것이다.[59] 또한 부부가 공동으로 그 비용을 부담하여야 하는 일상가사에서 비롯되는 채무는 상호 위임과 유사한 협력관계에서 비롯된 채무이다. 따라서 일상가에 대한 법정연대책임에는 민법 제413조 이하가 적용될 수 있다. 그런데 일부 학설은 부부간에는 일방에서 생긴 사유가 무제한으로 절대효가 있다는 이유로

59 가령 법정대리인이 본인의 사무를 처리함에 있어서 일정한 주의의무가 법정되는 것이 일반적이고(가령 민법 제922조, 제956조), 상호간의 관계에 있어서 위임의 규정을 준용하거나(민법 제919조, 제856조), 수임인의 재산관리 및 재산관리와 관련하여 지출한 비용의 상환에 관한 별도의 규정을 둔다(민법 제24조 내지 제26조, 제918조, 제923조, 제957조 이하 등). 명문의 규정이 없을 때에는 위임법의 규정이 유추적용되기도 한다.

제413조 이하가 적용되지 않는다고 한다. 그러나 이 견해는 부부별산제, 일상가사 비용에 대한 공동 부담을 정하고 있는 민법 규정에 반하는 것이라고 할 것이다. 이 견해에 따르면 일상가사채무를 부담한 후 이혼한 경우, 통상의 연대채무로 전환된다고 한다. 채권관계의 외적인 사유인 이혼으로 인하여 채권관계에 변화가 생긴다는 것은 납득하기 어렵다.

공동차주, 공동임차인의 의무를 연대채무로 법정한 것도 동일하게 볼 수 있다. 타인의 물건을 빌려 사용하고 있는 경우에는 그 물건의 보존 및 반환과 관련하여서는 불가분채무를 부담하는데, 그 의무를 이행함에 있어서 상호협력이 필요할 것이다. 물건보존 및 반환채무는 상호협력관계에서 비롯된 채무라고 파악하여 이를 연대채무로 규정하고 있다고 볼 것이다. 물론 당사자가 반대의 약정을 하면, 분할채무를 부담하는 것도 가능하다. 민법 제616조, 제654조의 규정은 임의규정이기 때문이다.

다) 상호간에 위임 유사의 협력관계가 인정될 수 있고, 손해배상채무가 그런 협력관계에서 비롯된 경우

수인의 이사가 있는 경우 법인의 사무집행은 이사의 과반수로써 결정한다(민법 제58조). 따라서 이들 상호 협력과 견제를 통해 법인의 사무를 집행하여야 할 책임이 있다고 할 것이다. 이런 책임이 있기 때문에, 이들 상호간에는 위임 유사의 관계가 성립한다고 볼 수 있을 것이다. 그러므로 제35조 제2항의 책임이나 수인의 이사의 법인에 대한 손해배상책임(민법 제65조)에는 연대채무의 규정의 적용에 문제가 없다. 주식회사 발기인과 임원의 연대책임에 관한 상법 제323조도 이와 유사하다고 할 것이다.

라) 편면적 위임관계 또는 이와 유사한 관계에서 비롯된 손해배상채무로서, 채권자보호에 특히 중점이 있는 경우

회사와 이사 사이에는 위임관계 또는 이와 유사한 관계가 있다. 그러나 이때의 위임관계는 상호위임관계가 아니라 편면적 위임관계이다. 즉 회사가 그 사무처리를 이사에게 위임하는 관계에 있다는 것이다. 이사의 손해배상채무에 대해 회사도 책임을 지는 경우에는 그 관계는 민법 제413조가 적용되는 연대 채무가 아니라고 할 것이다. 첫째, 이사가 손해배상을 하였다 하더라도 회사에 구상할 수 없다. 둘째, 회사가 손해배상을 하였다 하더라도 이사에게 지출한 비용에 대한 법정이자, 피할 수 없는 비용 또는 기타 손해배상을 청구할 수 있기 위해서는 이사가 회사에 대해 위임인 또는 이와 유사한 지위에 있다고 해야 할 것인데, 이런 관계가 인정되지 않는다. 셋째, 회사는 이 경우 대위책임을 지는 것이므로 실질에 있어서는 사용자책임의 경우와 다를 바 없다. 이런 관점을 취하면 이 경우는 부진정연대채무라고 하는 것이 적절할 것이다.

마) 단순히 채권자를 보호하기 위해 연대책임을 정한 경우

판례는 민법 제760조의 공동불법행위가 성립되기 위해서는 객관적 공동관련성이 있는 것으로 충분하다고 한다. 이런 관점에서 보면 공동불법행위자 상호 간에는 위임 또는 이와 유사한 관계가 인정될 여지가 없다. 이런 가해자들에게 제413조 이하를 적용시키는 것은 타당하지 않다고 할 것이다. 그렇기 때문에 민법 제760조의 규정에도 불구하고, 이를 부진정연대채무로 해석하여야 할 것이다. 이와 유사한 상황에 있는 것이 순차운송인의 연대책임(상법 제138조)이다. 통상 순차운송인 상호간에는 위임, 조합관계가 있을 수 없다. 이들이 연대책임을 부담하는 것은 운송 중에 손해가 발생한 것은 분명하지만 누가 가해자인지가 불명하기 때문에 손해배상책임을 연대하여 지도록 한 것이다. 즉 이 때의 연대책임은 민법 제760조(특히 제2항)의 공동불법행위와 매우 유사하다는 것이다. 따라서 부진정연대채무라고 해석해야 할 것이다.

Ⅲ. 부진정연대채무

1. 의의

가. 부진정연대채무 개념의 연혁

독일의 보통법에서는 단순연대와 공동연대의 구분이 있었으나, 독일 민법의 입법자들은 양 제도를 단순연대로 통합하여 연대채무를 단일하게 규정하였다. 그러나 독일 민법 시행 후 가령 소유물의 멸실에 대해 각자 손해배상책임을 부담하는 도둑 및 임차인의 경우 연대채무가 아니라, 부진정연대채무라는 개념에 포섭되어야 한다는 주장이 대두하였다. 그 중 1인이 변제하면 다른 채무자의 채무도 소멸되지만, 이들 상호간에는 독일 민법 제426조의 법정구상권이 인정되지 않는다는 것이다. 그 후 연대채무의 개념요소를 둘러싼 다양한 논의가 전개되었는데, 독일 민법 제421조의 개념요소 이외에 다른 요소를 추가함으로써 연대채무 개념을 정의하는 견해는 전통적으로 동법 제421조의 요건에 포섭되지만 연대채무 개

념에는 포섭되지 않는 것을 부진정연대채무라고 하였다.[60] 그런데 오늘날의 다수설인 채무자간의 동일단계성 또는 동일순위성이론은 동법 제421조의 개념요소 이외에 다른 요소를 추가함으로써 연대채무개념을 정의하지만, 부진정연대채무라는 개념을 사용할 필요는 없다고 한다.[61] 동법 제421조 이외에 별도의 추가적 개념요소 없이 연대채무를 정의하는 견해에서도 부진정연대채무라는 개념을 사용하지 않는다.[62]

프랑스 민법의 연대채무는 연대채무자간에 상호대리관계가 있음을 전제하고 있으며, 이에 입각하여 채권자와 1인의 연대채무자 사이에 발생한 사유에 대해 광범위한 절대효를 인정하고 있다. 이런 이유로 연대채무는 명시적 합의를 통하여 성립시키거나 법률규정으로써 성립될 수 있도록 하고 있다. 그런데 수인의 채무자 간에 상호대리관계가 존재하지는 않지만, 그들 각자가 전부급부 의무를 부담하고, 그 중 1인의 채무이행으로 다른 채무자도 면책되는 채권관계는 다수 존재한다. 이들 채권관계를 연대채무와 구분짓기 위해 프랑스의 학설들은 초창기에는 불완전연대채무라는 개념을 사용하였으나, 그 후 전부채무라는 개념을 사용함으로써 이런 채권관계를 설명하고 있다.

일본 명치 민법의 기초자들은 연대채무자간에 상호대리 관계가 있다는 프랑스민법의 관념을 부정함으로써 구 민법에 규정되어 있던 연대채무의 대외관계에서의 절대효를 대폭적으로 감축하였다. 그러나 연대채무자간에 상호대리관계가 있음을 전제한 구 민법의 규정을 자구수정만을 거친 후 그대로 수용하였다. 그 결과 연대채무자간에 상호위임관계가 없어서, 구상관계에 관한 일본 명치 민법 제

60 채무자 상호간의 주관적 결합관계를 연대채무의 개념요소로서 추가하는 견해가 그것이다. 주관적 결합관계를 주관적 목적공동관계, 객관적 목적공동관계로 설명하는 견해가 있다.

61 즉 채무자 상호간에 동일단계성이 없는 경우에는 연대채무가 아니며, 그렇다고 부진정연대채무라고 할 필요도 없다고 한다. 가령 Medicus, Schuldrecht I, 12. Aufl., S. 390 참조. 한편 주석 민법, 채권총칙(2)(제3판), 한국사법행정학회(2000), 183(강봉수)에서는 '연대채무의 특질을 채무자간의 동일단계성에 두고 이러한 동일단계에 있지 않은 채무끼리는 연대채무나 부진정연대채무로서의 연대성을 부인함과 아울러 연대채무와 부진정연대채무의 구별조차도 점차 포기하는 경향'이라고 한다. 그러나 수인의 채무자 각자가 전부급부의무를 부담하고, 채권자는 전부급부를 1배액만 보유할 수 있는 채권관계 모두를 연대채무라 하지 않는다. 그 중 일부, 즉, 각 채무자가 동일단계 또는 동일순위에 있지 않을 때에는 연대채무라고 하지 않는다는 점에서 실질적으로는 종래와 마찬가지로 연대채무 및 부진정연대채무의 구분이 남아 있다고 볼 수 있다.

62 가령 제3자의 가해로 근로자에게 손해가 발생한 경우, 근로자는 제3자에 대해 손해배상을 청구할 수 있을 뿐 아니라 사용자에 대해서도 임금계속지급청구권을 행사할 수 있는데, 채무의 동일단계성 또는 동일순위성이론에 따르면 이는 연대채무가 아니라고 하지만, Ehemann, Gesamtschuld, §§ 9 f.에서는 이런 유형 역시 독일 민법 제421조가 적용되는 연대채무라고 한다.

442조 내지 제443조가 적용될 수 없지만, 채권자와의 관계에서는 일본 명치 민법 제432조가 그대로 적용될 수 있는 채권관계의 존재는 필연적이었다. 일본 학설은 독일의 학설을 계수하여 이런 채권관계를 부진정연대채무라고 정의하기에 이르렀다. 그러나 개정민법은 부진정연대채무와 연대채무를 통합하여 규율함으로써 향후 부진정연대채무라는 개념을 사용하지 않도록 하였다.[63] 그러나 우리 민법 제425조 제2항에 관한 규정을 개정민법 제442조 제2항에 그대로 존지하였다. 그 결과 공동불법행위자 중 1인이 변제하면 다른 공동불법행위자가 공동불법행위자가 있다는 사실을 모르더라도 변제한 날로부터 이자를 가산하여 구상할 수 있다. 이 점은 매우 큰 변화이다. 공동불법행위자 상호간에는 상호연대, 상호위임 관계가 있을 수 없는데도, 변제한 날 이후의 이자를 가산하도록 하였기 때문이다. 이런 변화는 개정 일본 민법에 일관된 면이 있다. 부탁없는 보증채무자가 주채무를 소멸시키는 변제를 한 경우 명치 민법 제462조 제1항은 우리 민법 제444조 제1항과 마찬가지로 사무관리법에서의 비용상환과 동일한 법률효과가 실현되도록 규정하였으나, 개정 일본 민법 제462조 제1항은 이 경우에도 이자를 가산하여 구상할 수 있도록 하였다.

나. 부진정연대채무에 관한 통설의 개념정의

우리 민법학에서도 일본의 개정 민법 이전의 학설에 영향을 받아 부진정연대채무 개념을 사용하여 연대채무에 관한 민법 제413조 이하가 그대로 적용되지 않는 채권관계의 존재를 인정하고 있다.

종래의 통설은 부진정연대채무를 다음과 같이 정의한다. 즉, 수인의 채무자가 동일한 내용의 급부에 관하여 각자 독립하여 전부급부의무를 부담하고 채무자 중 1인이 변제하면 다른 채무자의 채무도 소멸된다는 점에서는 연대채무와 같지만, 채무자 간의 공동목적에 의한 주관적인 관련이 없어 1인에 대하여 생긴 사유 중 목적도달사유(변제 또는 이와 동일시되는 대물변제, 공탁, 상계 등) 이외에는 다른 채무자에게 그 효력이 미치지 않고, 채무자 간에 구상관계를 그 당연한 내용으로 하지 않는다.[64]

63 潮見佳男, 新債權總論 II, 信山社(2017), 586 이하 참조.

64 민법주해 X, 채권(3), 박영사(1995), 81(차한성) 참조. 주석 민법, 채권총칙(2)(제3판), 한국사법행정학회(2000), 181(강봉수)에서는 '채무자간에 구상관계도 생기지 않는 채무관계'라고 정의한다.

다. 부진정연대채무 개념의 필요성에 대한 논의

1) 채권담보력을 약화시키는 공동연대형의 연대채무 규정의 적용을 배제시키려는 견해

종래의 다수설은 우리의 연대채무가 "공동연대"형이어서 절대적 효력의 범위가 넓고, 따라서 채권의 담보력이 약화 내지 삭감되어 있기 때문에, 채권의 담보력을 강화시킬 수 있는 수인의 채무자 있는 채권관계를 인정할 필요가 있다는 이유로 부진정연대채무 개념의 필요성을 주장하였다. 그 결과 채무자 간에 주관적 공동관계가 없는 경우에는 이를 부진정연대채무라고 개념지워, 채권만족 이외의 사유에는 절대효를 인정하지 않고 있다.[65]

2) 부진정연대채무 개념에 부정적인 견해

일부 주석서[66]는 부진정연대채무 개념에 부정적인 독일 및 일본의 학설을 소개한다. 그 요지를 간단히 정리하면 다음과 같다. 첫째, 독일의 다수설인 채무의 동일단계성 또는 동일순위성 이론은 수인의 채무자 간에 대등성이 없을 때에는 연대채무는 물론 부진정연대채무의 개념도 부정한다.[67] 둘째, 일본의 학설 중에는, 부진정연대채무는 서로 다른 주체 간의 청구권경합에 불과하므로 이런 개념을 인정할 필요가 없다는 것,[68] 부진정연대채무는 연대채무가 아니며, 연대채무 규정의 적용 또는 준용이 없음을 표시하는 소극적 의미밖에 없으므로 그 개념을 사용할 필요가 없고, 오히려 불가분채무가 공동채무의 원칙적 형태이며, 연대채무는 상호보증이 가해진 특수한 불가분채무라고 보면서 부진정연대채무는 불가분채무에 대부분 흡수되는 무용한 개념이라고 보는 것,[69] 셋째, 부진정연대채무는 연대채무가

65 민법주해 X, 채권(3), 박영사(1995), 81 이하(차한성) 참조. 일본 학설도 마찬가지이다. 注釋民法(11), 債權 2, 有斐閣(1965), 59, 62(椿壽夫)에서는, 그 결과 일본의 통설은 부진정연대채무를 대외관계에서의 상대성, 대내관계의 부재를 특징으로 한다고 파악한다고 한다.

66 주석 민법, 채권총칙(2)(제3판), 한국사법행정학회(2000), 187 이하(강봉수); 민법주해 X, 채권(3), 박영사(1995), 82 이하(차한성) 참조.

67 민법주해 X, 채권(3), 박영사(1995), 82(차한성)에서는 Larenz, Schuldrecht AT, S. 637; Medicus, Schuldrecht Allgemeiner Teil, S. 342를 인용하고 있다.

68 주석 민법, 채권총칙(2)(제3판), 한국사법행정학회(2000), 187(강봉수); 민법주해 X, 채권(3), 박영사(1995), 82(차한성)에서는 末川博, 不眞正連帶債務に關する疑問, 民法に於ける特殊問題の研究 II, 172, 182을 각각 인용하고 있다.

69 주석 민법, 채권총칙(2)(제3판), 한국사법행정학회(2000), 187(강봉수); 민법주해 X, 채권(3), 박영사(1995), 82(차한성)에서는, 山中康雄, いわゆる辨濟ということの意義, 民商法雜誌 제33권 제3호, 346 이하를 인용하고 있다.

아니라는 소극적 의미밖에 없고, 부진정연대채무개념을 통일적으로 정의할 필요가 없다는 견해,[70] 넷째, 통설에서 부진정연대채무라고 하는 것을 개별적, 구체적으로 검토하여 기본적 연대채무(민법 제616조, 제654조), 연대채무자간의 관계가 밀접한 연대채무(제832조), 징벌적 연대채무(제760조), 배려적 연대채무(중첩적 채무인수가 있는 경우) 등의 유형으로 구분하면, 통설이 말하는 부진정연대채무 중 상당 부분은 연대채무 영역에 포섭될 수 있고, 그 나머지를 부진정연대채무라고 하면 되겠지만, 독일의 학설처럼 표현연대채무(scheinbare Gesamtschuld)라는 용어가 더 적합하다는 견해[71]를 소개한다.

3) 사견

첫째, 우리 민법의 연대채무는 채무자간에 상호위임 또는 이와 유사한 관계를 전제하고 있다. 그러나 대외관계의 면에서 보면, 독일 보통법상 공동연대(Korrealschuld)와는 다르며, 연대채무자간에 상호대리관계가 있음을 전제하고 있는 프랑스 민법과는 의식적으로 단절하였다. 따라서 우리 민법의 연대채무를 공동연대형이어서 채권담보력이 약화, 삭감되어 있다거나, 채권담보력의 강화를 위해 연대채무 아닌 부진정연대채무를 인정할 필요가 있다는 주장의 수용에는 신중을 기할 필요가 있다. 특히 단순연대형의 연대채무를 기본으로 하고 있는 독일에서도 민법 또는 해석론으로 우리 민법 제417조(경개), 제418조 제1항(상계), 제422조(채권자지체)의 절대효, 제419조(면제), 제420조(혼동)의 부분적 절대효를 인정하고 있음에 유의하여야 한다. 달리 말하면 독일의 민법 또는 학설에 의해 절대효가 인정되지 않는 것은 제416조(이행청구), 제421조(소멸시효)의 사안뿐이다. 나아가 채권의 담보력 강화를 고유한 기능으로 삼고 있는 연대보증채무에서도 폭넓은 절대효가 인정된다. 이를 감안한다면, 연대채무의 주된 기능을 '채권의 담보력 강화'에만 초점을 맞추는 것은 타당하지 않다. 달리 말하면 채권의 담보력 강화를 위해 될 수 있는 대로 부진정연대채무를 폭넓게 인정해야 한다는 것은 잘못된 관념이다.

둘째, 부진정연대채무를 통일적 개념으로 정의하는 문제와 부진정연대채무관계에 통일적 법률효과를 인정하여야 하는가는 별개의 문제임을 유의하여야 한다.

70 민법주해 X, 채권(3), 박영사(1995), 82(차한성)에서는 淡路剛久, 連帶債務の一體性と相互保證性, ジュリスト(增刊) 民法の爭點(昭和 53), 201을 인용하고 있다.

71 민법주해 X, 채권(3), 박영사(1995), 83(차한성)은 이영규, 연대채무법리에 관한 연구, 1991년 한양대학교박사논문, 87을 인용한다.

이 점은 연대채무에도 그대로 적용된다. 즉 연대채무의 개념에 포섭되는 채권관계에 적용되는 법률효과가 통일되어 있지는 않다는 것이다. 물권법정주의와는 달리 채권관계는 그 내용형성의 자유가 보장되기 때문이다. 따라서 특정 채권관계가 연대채무라 하더라도 그 채권관계는 당사자 사이의 합의로 연대채무 규정 중 일부는 적용되지 않는 것이 얼마든지 가능하기 때문이다. 가령 연대채무자 상호간의 합의로 민법 제425조 이하와 다른 합의를 하는 것도 가능할 것이며, 연대채무자와 채권자 간의 합의로 절대효에 관한 규정 중 일부를 적용되지 않도록 하는 것도 가능하다. 이를 감안하면, 부진정연대채무의 개념에 포섭되더라도 그 채권관계의 내용에 통일성이 없다는 것이 하등 문제될 것이 없다. 따라서 부진정연대채무에 통일적 법률효과가 부여되지 않는다고 해서 그 개념을 부정할 이유는 없다.

셋째, 불가분채무를 공동채무의 원칙적 형태라고 보는 견해는 독일 민법과 달리 우리 민법이 연대채무와 불가분채무를 구분하고 있음을 감안한다면 수용하기 어렵다. 성질상이든, 합의에 의한 것이든 급부내용의 가분적이냐 불가분적이냐에 따라 법률효과에 차이를 두고 있기 때문에 불가분채무를 원칙적 형태라고 하는 것은 해석론상으로는 수용할 수 없기 때문이다.

넷째, 법률에서 연대채무를 부담한다고 정한 많은 사안을 부진정연대채무라고 정의하는 통설을 비판하면서, 그 중 상당부분을 연대채무의 유형에 포섭시키고자 하는 위 Ⅲ. 1. 다. 2) 넷째의 견해는 기본관점은 타당하다고 볼 수 있다. 그러나 연대채무 또는 부진정연대채무의 개념요소를 확정짓지 않은 상태에서 이를 유형화함으로써, 제760조의 공동불법행위, 중첩적 채무인수 일반을 연대채무에 포섭시키는 잘못을 범하고 있다. 법률상의 연대채무 규정을 어떻게 이해할 것인가는 위 Ⅱ.의 3. 3)의 기준이 타당할 것이다.

라. 부진정연대채무의 개념 정의

1) 개념요소

부진정연대채무로 인정되기 위해서는, ①수인의 채무자가 동일한 채권자에 대해 동일한 내용의 가분급부의무를 부담하여야 하고, ②수인의 채무자 각자가 전부급부의무를 부담하지만, ③채권자는 전부급부를 중첩적으로 수령할 수 없고 1배액만 수령할 수 있는 채권관계로서, ④수인의 채무자간에 상호위임 또는 이와 유사한 관계가 존재하지 않아야 한다. 위 ④의 개념요소에서는 수인의 채무자 중의 1인만이 내부적으로 채무 전부를 부담하기로 하였는가, 그 중 1인은 내부적 부담부분이 없는가는 중요하지 않다. 채무자 간에 상호위임관계가 있지만, 그 중 1인만이 내부적으로는 채무 전부를 부담하기로 한 경우에도 연대채무가 성립할 수 있기 때문이다. 결국 채무자 간에 상호위임관계 또는 이와 유사한 관계가 없다는 점을 제외한다면, 부진정연대채무는 연대채무와 다를 바 없다. 한편 통설의 연대채무 개념 정의와 비교하면, 위의 개념정의는 대외관계에서의 절대효의 인정범위 여부는 부진정연대채무의 개념요소에 포함되지 않는다는 점에서 차이가 있다. 절대효의 인정 여부는 부진정연대채무가 성립하였을 때 그 채권관계의 내용, 즉 법률효과의 측면에서 고찰되어야 하는 것이지, 이를 개념정의의 요소로 삼을 필요는 없기 때문이다.

2) 특수한 형태

첫째, 부진정연대채무에서는 동일한 채권자에게 수인의 채무자가 전부급부의무를 부담하지만, 그 범위가 각기 다른 경우가 드물지 않다. 피해자에 대해 이사 A와 법인 B가 각각 민법 제750조, 제35조 제1항에 기해 불법행위책임을 질 경우, 피해자에 대해 피용자 A와 사용자 B가 각각 제750조, 제756조에 기해 불법행위책임을 질 경우, 피해자에 대해 A는 계약상의 손해배상책임을, B는 불법행위책임을 질 경우 등에 이런 일이 빈번히 발생할 수 있다. 이 때 동일한 범위의 채무액에 대해서만 A, B는 부진정연대채무 관계에 있게 된다. 다액의 채무를 부담하는 A의 입장에서 보면, 자신의 채무액(=X + Y) 중 일부(X)는 B와 부진정연대채무의 관계에 있고, 나머지(Y)는 단독으로 부담하는 채무인 셈이다(☞ 일부변제가 있을 때의 채무소멸의 문제는 민법 제414조 Ⅱ. 2. 주석 참조).

둘째, 수인의 채무자가 부담하는 급부내용이 동일하지 않지만, 그 급부의 경제적 가치가 동일한 경우 양자는 부진정연대채무관계에 있는지가 문제될 수 있다.[72] 특히 문제되는 것은 일부 채무자는 불가분채무를, 다른 채무자는 가분채무를 부담할 때이다. 우리 민법의 불가분채무, 연대채무는 모두 수인의 채무자간의 상호위임 또는 이와 유사한 관계가 있음을 전제하므로, 위 예의 채무는 불가분채무도, 연대채무도 아니다. 오히려 부진정불가분채무와 부진정연대채무의 혼합형태라고 파악하는 것이 적절할 것이다.

72 독일에서는 이런 경우 연대채무의 성립을 긍정한다. BGHZ 43, 227, 51, 275; Staudinger/Noack, § 421 Rn. 30, 32 참조. 그러나 Medicus, Schuldrecht I, 12. Aufl., Rn. 799에서는 이에 대해 비판적이다.

2. 부진정연대채무의 발생원인

통설은 부진정연대채무의 발생원인에 대해 주로 동일한 손해를 수인이 각각의 입장에서 전보해야 할 의무를 부담하는 경우 발생한다고 한다.[73] 그 예로 ①사용자 또는 대리감독자의 배상책임(민법 제756조 제1항, 제2항)과 피용자의 배상책임(제750조), ②책임무능력자의 가해행위에 대한 법정감독의무자의 배상책임과 대리감독자의 배상책임(제755조 제1항, 제2항), ③동물의 가해행위에 대한 점유자와 그에 갈음하여 보관하는 자의 배상책임(제759조 제1항, 제2항), ④공동불법행위자의 배상책임(제760조), 공동불법행위들의 각 사용자의 배상책임,[74] ⑤법인의 불법행위책임(제35조 제1항)과 이사 기타 대표자의 불법행위책임(제750조), ⑥타인의 가옥을 소실한 자의 불법행위책임과 화재보험회사의 계약상의 전보의무, ⑦임치물을 부주의로 도난당한 수치인의 채무불이행책임과 절취자의 불법행위책임, ⑧임대인의 이행보조자가 임차목적물에 대한 임차인의 사용을 방해하는 경우 임대인의 채무불이행책임과 그 보조자의 불법행위책임,[75] ⑨그 밖에 계약에 의해 부진정연대채무가 발생하는 것도 가능할 것이라고 한다.[76]

이에 대해 일부 주석서는 위 ⑥, ⑦의 경우에는 동일한 손해에 대해 우발적으로 복수채무가 발생한 것이며 그 사이에 아무런 공동목적에 의한 결합이 없고, 따라서 부담부분이 정해진 것도 없기 때문에 부진정연대채무로부터 제외해야 한다는 일본 학설,[77] 위 ①, ②, ③의 사안은 주관적 공동관계가 상호보증적이지 않고 편면적인 경우, 주관적 공동관계가 확실히 없다는 이유로 불가분채무에 포함시키는 일본 학설을 소개하기도 한다.[78]

위 ① 내지 ⑨에서 든 예들은 부진정연대채무가 성립되는 원인을 예시한 것이며, 그 원인은 여기에 한정되지 않는다. 다양한 원인에 의해 성립되는 수인의

73 곽윤직, 채권총론, 박영사(2003), 175; 주석 민법, 채권총칙(2)(제3판), 한국사법행정학회(2000), 183(강봉수); 민법주해 X, 채권(3), 박영사(1995), 83(차한성) 참조.

74 대법원 1969. 1. 28. 선고 68다2245 판결.

75 대법원 1994. 11. 11. 선고 94다22446 판결(공보 1994년, 2361) 참조.

76 주석 민법, 채권총칙(2)(제3판), 한국사법행정학회(2000), 184(강봉수) 참조.

77 민법주해 X, 채권(3), 박영사(1995), 83(차한성); 주석 민법, 채권총칙(2)(제3판), 한국사법행정학회(2000), 188(강봉수) 참조. 거기서 소개하는 일본 학설은 부진정연대채무에도 내부적으로는 법률 또는 약정에 기하여 부담부분이 있고, 대외적으로만 절대적 효력에 관한 연대채무 규정이 적용되지 않을 뿐이라고 한다.

78 민법주해 X, 채권(3), 박영사(1995), 84(차한성)은 山中康雄, いわゆる辨濟ということの意義, 民商法雜誌 제33권 제3호, 有斐閣(1930), 346 이하를 인용한다.

채무자 있는 채권관계가 부진정연대채무에 속하는가, 아닌가는 결국 그 개념요소에 의해 판정되어야 할 것이다. 위 ①, ②, ③, ⑥, ⑦의 경우에도 위 Ⅲ. 1. 라. 1)에서 언급한 부진정연대채무의 개념요소를 모두 가지고 있고, 동시에 연대채무는 아니다. 따라서 이를 부진정연대채무가 아니라고 할 이유는 없는 것이다. 이를 부진정연대채무에서 제외시키는 견해는 결국 그 개념요소에 대해 다른 관념을 지지한다는 것이므로, 그 당부(當否)는 개념요소의 이해가 올바른가에 의해 판단될 것이다.

3. 부진정연대채무의 효력

가. 대외적 효력

1) 학설

부진정연대채무는 수인의 채무자가 동일한 채권자에 대해 동일한 내용의 가분급부의무를 부담하고, 각자가 전부급부의무를 지고, 채권자는 전부급부를 중첩적으로 보유할 수 없는 채무(급부보유의 1배액성)라고 개념정의하였다. 채권자는 채무자 1인에 대해 또는 동시나 순차로 그 전원에 대해 채무의 전부나 일부의 이행을 청구할 수 있는 것은 이런 개념 정의로부터 필연적으로 도출된다. 그런데 종래의 통설은 채권자와 채무자 중 1인에 대해 생긴 사유 가운데 변제 및 이와 동일시할 수 있는 대물변제 및 공탁, 상계[79]를 제외하고는 다른 채무자의 채무에 영향을 미치지 않는다고 해석하고 있다.[80] 채권의 만족을 가져 오는 사유 이외에는 모두 상대적 효력이 있을 뿐이고, 따라서 민법 제416조, 제417조, 제418조 제2항, 제419조 내지 제422조는 부진정연대채무에는 적용되지 않는다고 한다.[81] 공동불

79 상계의 상대효를 인정한 대법원 1989. 3. 28. 선고 88다카4994 판결, 대법원 1996. 12. 10. 선고 95다24364 판결, 면제의 상대효를 인정한 대법원 2006. 1. 27. 선고 2005다19378 판결 등 참조. 대법원 2010. 9. 16. 선고 2008다97218 전원합의체 판결로 상계의 절대효를 인정하는 것으로 판례가 변경되었다.

80 곽윤직, 채권총론, 박영사(2003), 177; 김형배, 채권총론, 박영사(1998), 484; 이은영, 채권총론, 박영사(2006), 515; 주석 민법, 채권총칙(2)(제3판), 한국사법행정학회(2000), 184(강봉수); 민법주해 X, 채권(3), 박영사(1995), 84(차한성) 참조.

81 물론 당사자 사이의 특약으로 어떤 사유에 대해서는 절대적 효력을 인정하더라도 상관이 없다고 한다. 곽윤직, 채권총론, 박영사(2003), 177; 김증한/김학동, 채권총론, 박영사(1998), 242; 민법주해 X, 채권(3), 박영사(1995), 84(차한성) 참조. 한편 판례는 면제에 상대효만을 인정한다. 대법원 1975. 10. 7. 선고 75다1513 판결, 대법원 1971. 2. 9. 70다2508 판결, 대법원 1980. 7. 22. 79다1107 판결, 대법원 1981. 6. 23. 선고 80다1796 판결, 대법원 1993. 5. 27. 93다6560 판결 등 참조. 김용균, "부진정연대채무자의 1인에 대한 면제의 효력", 대법원판례해설, 19-1호, 94 참조.

법행위자 1인에 대한 관계에서 피해자와 운행지배와 운행이익의 공유가 인정되어 손해배상액이 감액된 경우에도 그 효력은 다른 공동불법 행위자에 대한 관계에서는 인정되지 않는다고 한다.[82] 어느 채무자에 대해 채권의 소멸시효가 완성되었다 하더라도 다른 채무자에게 영향을 주지 않는다고 한다.[83] 따라서 다른 채무자에 대한 채권의 소멸시효 완성 후에 채무를 변제한 채무자는 다른 채무자에 대하여 여전히 구상권을 행사할 수 있다고 한다.[84]

한편 파산재단에의 배당참가에 관하여 부진정연대채무와 연대채무를 구분하여 파산법 제19조의 제약을 인정하지 않고, 채권자는 일부변제, 일부배당이 있어도 파산선고 당시 기준의 채무액이 아니라 원래의 채무전액에 대하여 배당 참가할 수 있다는 견해도 있고,[85] 일부 학설은 1개의 채권이 전부 만족될 때 까지는 일부변제나 일부배당이 있더라도, 각 채무는 그 독립성을 그대로 보유 한다고 주장하기도 한다.[86]

또한 일부 주석서는 공동불법행위책임이나 사용자책임 등을 생기게 하는 경우에는 피해자보호와 배상의무자 간의 형평의 요청을 조화시키기 위해 면제나 시효에 한정적으로 절대적 효력을 인정해야 한다는 일본학설,[87] 연대채무 자체가 매우 다양한 유형이 있는 것이어서 민법 제413조 이하는 표준적인 연대채무를 규정한 것에 불과하고, 부진정연대채무라는 것 역시 제413조 이하의 규정이 수정된 결과의 한 경우를 지칭한 것에 불과한 것이어서, 공동불법행위에 의한 채무도 광의의 연대채무에 포함되어 원칙적으로 제413조 이하가 적용되지만 성질에 따라 적용조문에 수정이 이루어지는 것으로 이해하면 충분하다는 일본학설[88]을 각각

82 대법원 1997. 8. 26. 선고 94다37844 판결. 주석 민법, 채권총칙(2)(제3판), 한국사법행정학회(2000), 185(강봉수) 참조.

83 대법원 1997. 9. 12. 선고 95다42027 판결 참조.

84 대법원 1997. 12. 23. 선고 97다42830 판결 참조.

85 김형배, 채권총론, 박영사(1998), 484; 곽윤직, 채권총론, 박영사(2003), 177 참조. 이에 대해 김상용, 채권총론, 화산미디어(2014), 279; 주석 민법, 채권총칙(2)(제3판), 한국사법행정학회(2000), 185(강봉수)은 파산법 제19조의 법문이 "수인의 채무자가 각각 전부의 채무를 이행하여야 할 경우"라고만 규정하고 있어 과연 이와 같이 구별해야 하는지 의문을 제기하고 있다.

86 곽윤직, 채권총론, 박영사(2003), 177; 김형배, 채권총론, 박영사(1998), 484 참조. 그러나 김상용, 채권총론, 화산미디어(2014), 280은 변제된 범위 내에서는 절대효가 있다고 한다.

87 민법주해 X, 채권(3), 박영사(1995), 85(차한성)은 淡路剛久, 連帶債務, 不可分債務, 法學セミナ (1981), 232-3을 인용하고 있다.

88 민법주해 X, 채권(3), 박영사(1995), 85(차한성)은 川井健, 共同不法行爲の諸問題, 實務民事訴訟講座 (3), 321을 인용하고 있다.

소개하기도 한다.

2) 사견

기존의 통설은 연대채무에서의 절대효의 정당화근거를 주관적 공동관계 또는 상호보증관계에서 찾았기 때문에, 채무자간에 주관적 공동관계 또는 상호 보증관계가 없는 부진정연대채무에는 연대채무에 비해 훨씬 좁은 범위에서 절대효를 인정하고자 하였다. 그러나 통설의 전제, 즉 채무자간에 주관적 공동관계 또는 상호보증관계가 있기 때문에 연대채무에 폭넓은 절대효가 인정된다는 것에 대해 의문을 제기하여야 한다(☞ 이에 대해서는 제3관 [총설]을 참조). 우리 법의 연대채무는 대외관계와 대내관계라는 양면으로 구성되어 있으므로, 연대채무의 개념요소는 이 양면의 특성에서 추출되어야 한다. 그런데 채무자간의 주관적 공동관계 또는 상호보증관계의 존재란 연대채무의 대내관계의 특성을 설명하는 데에는 적절한 이론일지 모르지만, 그것으로는 연대채무의 대외관계를 설명할 수는 없다. 주관적 공동관계 또는 상호보증관계가 연대채무의 대외관계와는 논리적 관련성이 없음에도 불구하고, 이 이론으로써 대외관계의 효력을 설명한다는 것은 무리이다. 즉 연대채무의 대외관계의 효력은 별도의 관점에서 설명하고, 또한 별도로 그 정당화근거를 찾아야 한다. 여기서는 절대효를 인정하는 근거를 유형화하여, 채권만족에서 비롯되는 절대효, 의사표시의 효력에 의해 인정되는 절대효, 공평 또는 실무상의 편의에서 비롯되는 절대효, 채권자와 채무자 간의 이익형량에서 비롯된 절대효로 구분할 수 있다고 보았다. 부진정연대채무는 연대채무와 대외관계의 면은 원칙적으로 동일하지만, 대내관계는 연대채무와는 다른 '수인의 채무자 있는 채권관계'라고 본다면, 연대채무의 대외관계에 인정되는 절대효는, 특별한 다른 사정이 없으면, 부진정연대채무에도 동일하게 인정되어야 할 것이다. 첫째, 총설에서 언급하였듯이, 채권자와 채무자 간의 이익형량에 입각한 절대효는 논리필연적이지도 않고, 입법자의 이익형량이 적절한지에 대해서도 의문이 있다는 점을 감안한다면, 법률에 그 규정이 없음에도 불구하고 이를 부진정연대채무에도 인정할 이유는 없을 것이다. 즉 민법 제416조, 제421조는 이를 유추적용할 이유가 없다는 것이다. 둘째, 상계에 관한 민법 제418조 제2항은 권리자의 동의 없이 타인으로 하여금 그의 권리를 처분하도록 한다는 점에서 매우 이례적이지만, 연대채무자 상호간의 구상관계를 감안하면 이를 인정하더라도 실질상의 공평이 실현될 수 있다고 하였다. 그러나 부진정연대채무에서는 채무자 간의 상호구상관계가 상호 위임관계에 있는 연대채무자 간의 그

것과 차이가 있기 때문에 이를 쉽사리 인정할 것은 아니라고 판단된다. 이 규정도 부진정연대채무에는 적용되지 않는다고 할 것이다. 이를 제외한 여타의 규정은, 채권자와 부진정연대채무자 사이의 별도의 명시적 또는 묵시적 합의가 없다면, 부진정연대채무에도 그대로 인정해도 무방할 것이다.

나. 대내관계: 구상관계

1) 학설

다수의 학설은 부진정연대채무자 간에는 주관적 공동관계가 없기 때문에, 부담부분이 없고, 따라서 구상관계가 당연히 발생하지는 않는다고 한다. 구상관계가 생기는 사안도 있지만, 그것은 연대채무에서와 같이 공동면책을 위한 출연의 분담이라는 주관적 관계에 의한 것이 아니고 그들 채무자 사이에 존재한 별개의 법률관계에 기한 것이므로 연대채무에서의 구상관계와는 그 성질이 다르다고 한다.[89] 판례는 공동불법행위자 상호간에는 특별한 사정이 없는 한, 공평의 이념상 과실정도에 비례하는 부담부분이 있고 그에 따라 구상권이 있지만,[90] 상호간 주관적 밀접한 연관관계가 없기 때문에 통지에 관한 민법 제426조는 준용되지 않는다고 한다.[91]

일부 주석서는 부진정연대채무에도 내부적 법률관계에 따른 구상관계가 생길 수도 있으며 또한 부담부분이라고 하는 것도 고찰될 수 있다는 이유로 부진정연대채무에도 구상관계를 정면에서 인정하는 일본 학설,[92] 구상관계가 생기지 않는다는 것은 부진정연대채무로 되는 여러 경우에 대한 공통의 특징이 아니고 구상

89 곽윤직, 채권총론, 박영사(2003), 177 참조; 김증한/김학동, 채권총론, 박영사91998), 243; 민법주해 X, 채권(3), 박영사(1995), 85(차한성); 주석 민법, 채권총칙(2), 한국사법행정학회(2000), 186(강봉수) 참조.

90 대법원 1980. 7. 22. 선고 79다1107 판결, 대법원 1983. 5. 24. 선고 83다카208 판결(공보 제708호, 1013), 대법원 1997. 12. 12. 선고 96다50896 판결(공보 1998, 254), 대법원 1995. 11. 14. 선고 94다34449 판결(공보 1996년 상, 1)은 공동불법행위 자인 부진정연대채무자들에 대한 손해배상을 명하는 1심판결에 대하여 1인만이 항소하고 나머지 부진정연대채무자에 대하여는 1심판결이 확정된 뒤 항소심에서 상대방의 부대항소에 기하여 인용금액이 증액된 경우 부진정연대채무자들 상호간에 채무의 범위가 달라지게 된 원인이 항소한 부진정연대채무자의 과잉행위로 인한 것이므로, 그가 증액된 부분을 출재하였다 하더라도 다른 부진정연대채무자에게 그 효력을 주장할 수 없어야 공평의 관념에 합당하다고 한다.

91 대법원 1976. 7. 13. 선고 74다746 판결(공보 1976, 9309). 이에 대한 반대학설로는 김상용, 채권총론, 화산미디어(2014), 320(이중변제방지의 이유).

92 민법주해 X, 채권(3), 박영사(1995), 86(차한성)은 於保不二雄, 債權總論, 有斐閣(1972), 249; 注釋民法(11), 債權 2, 有斐閣(1965), 67을 인용한다.

관계는 각각의 법률관계에 맡겨져 있다고 하는 의미 밖에 없으므로 구상관계가 없다는 것으로써 부진정연대채무의 본질로 삼을 수 없다는 일본 학설[93] 등을 소개하기도 한다.

2) 사견

비용지출로 인해 손실을 입은 자가 그 지출비용의 수령자인 상대방이 아니라 제3자로부터 그 지출비용을 상환받음으로써 손실을 전보받는 것을 구상이라고 한다. 이는 비용상환청구권의 특수한 형태라고 이해할 수 있다.[94] 그런데 구상을 가능하게 하는 법적 수단은 다양하다. 첫째, 구상권으로써 하는 구상이 있다. 민법 제425조 제2항의 법정구상권, 구상의무자와의 계약관계에 기한 구상권, 사무관리법에 기한 비용상환청구권, 부당이득법에 기한 구상부당이득반환청구권 등이 이에 해당된다. 둘째, 계약상의 채무불이행책임을 추궁함으로써도 구상할 수 있다. 가령 민법 제756조에 기해 손해배상을 한 사용자가 피용자에게 근로계약상의 채무불이행을 이유로 손해배상을 청구하는 것이 그 예이다. 셋째, 법정양도를 통해 취득한 채권자의 채권과 담보권으로써 하는 구상도 있다. 민법 제481조의 변제자대위, 상법 제688조의 보험자대위, 각종 사회보장법상의 사회보험자대위 등이 그 예이다.

한편 연대채무에서의 구상은 연대채무자간에 상호위임관계가 있다고 전제한 후, 자신의 출재로써 공동면책을 시킨 채무자로 하여금 다른 연대채무자에 대해 그의 내부적 부담부분에 한해(민법 제425조 제1항) 구상할 수 있도록 하되, 이에 대해 출연한 날로부터의 법정이자, 불가피한 비용, 기타 손해배상을 구상할 수 있도록 법정하고 있다(제425조 제2항). 동조 제2항의 구상권의 범위는 수임인의 위임인에 대한 비용상환청구권 및 손해배상청구권(제688조)의 범위와 동일하다. 따라서 제425조의 법정구상권은 제688조의 구상권의 특별규정이라고 이해할 수 있다.

부진정연대채무에는 민법 제425조 제2항 또는 제688조와 동일한 범위의 구상권이 인정될 여지가 없다. 왜냐하면 채무자간에 상호위임관계가 없는 것이 부진정연대채무이기 때문이다. 그렇다고 해서 부진정연대채무에 구상관계가 인정되지 않을 이유가 없다. 수인의 채무자가 채권자에 대해 전부급부의무를 지고, 그 중 1인의 변제로 다른 채무자도 공동면책되기 때문에, 오히려 채무자간의 구상관

93 민법주해 X, 채권(3), 박영사(1995), 86(차한성)은 淡路剛久, 連帶債務, 不可分債務, 法學セミナ(1981), 232을 인용하고 있다.

94 이 점은 Medicus, Bürgerliches Recht, 17. Aufl., Carl Heymanns(2004), Rn. 905 ff. 참조.

계는 필연적이다. 다만 그 구상수단 중 제425조 제2항 또는 제688조에 의한 구상권이 인정되지 않을 뿐이다. 대신 부진정연대채무에서도 법정양도를 통한 구상이 가능한 경우도 있고, 계약상의 손해배상청구권의 행사를 통해서 구상할 수 있는 사안도 있으며, 사무관리 또는 부당이득법에 기한 구상이 가능한 사안도 있다. 이것은 그 때 그 때의 부진정연대채무의 내부 관계에 따라 판단하면 될 것이다. 물론 부진정연대채무자 중 내부적 부담부분이 1인 자가 변제한 후에는 내부적 부담부분이 0 인 자에게 구상할 수 없다. 이런 사안 때문에 부진정연대채무에는 구상관계가 없다고 할 수는 없다. 연대 채무에서도 내부적 부담부분이 1인 자가 변제한 후, 내부적 부담부분이 0 인 자에게 구상할 수 없는 사안이 있기 때문이다.

Ⅳ. 연대채권

1. 외국법

가분급부와 불가분급부에 따라 채권관계의 내용을 구분하는 프랑스 법에서는 연대채권은 가분급부에 대해 인정하는데, 채권자의 이익보다는 채무자의 이익에 중점을 두며, 연대채무보다 그 중요성이 덜하다고 한다. 그러나 연대채무와 마찬가지로 연대채권자 간에 상호대리관계가 있다고 보고, 이로써 1인의 연대 채권자와 채무자 간에 발생한 사유, 특히 변제의 절대효를 설명한다. 즉 1인의 연대채권자가 전부급부를 청구할 때, 자신에게 분급될 부분에 대해서는 자신의 권리를 행사하는 것이고, 그 밖의 부분은 다른 연대채권자의 대리인으로서 그 권리를 행사한다고 본다.[95] 프랑스 종전 민법에 따르면, 연대채권은 법률행위로만 성립하는데, 그 예는 거의 없다고 한다.[96] 가령 공동명의예금(compte joint)도 연대채권이 아니라 통상전체예금의 처분에 관한 폭넓은 상호대리권이 인정된다고 한다.[97] 연대채권자와 채무자 간의 관계는 다음과 같다. ①채무자는 임의로 연대채권자 중 1인에게 채무 전부를 이행할 수 있지만, 연대채권자 중 1인의 소구(訴求)가 있을 때에는 그가 아닌 다른 연대채권자에게 지급할 수 없다(종전 민법 제1198조 제1항, 현

95 Ferid, Das Französische Zivilrecht Bd. I, 2 E 97 참조. 2016년 프랑스 민법 개정으로 연대채권은 제1311조와 제1312조에서 규정되어 있다. 연대채권의 성립은 제1310조에 의해 법률 또는 당사자의 합의로 성립하도록 하였다는 점에서 종전법과 차이가 있다. 그러나 효력에서는 차이가 없기 때문에 종전법에 따른 설명을 한다.

96 2016년 개정 민법은 법률규정으로도 연대채권이 성립될 수 있도록 개정하였다(동 민법 제1310조).

97 Ferid, Das Französische Zivilrecht Bd. I, 2 E 98 참조.

행 민법 제1311조 제2항). ②변제, 상계, 공탁에 절대효가 인정되지만, 대물변제에는 상대효가 인정된다. 연대채권자의 상호대리권은 다른 급부(aliud)의 수령권한에까지 미치는 것은 아니라고 보기 때문이다. ③연대채권자는 대리인으로서 다른 연대채권자의 권리도 행사할 수 있다는 관념으로 인해, 연대채권자 1인에 대한 채무자의 항변사유에는 부분적 절대효(분급할 이익부분에 상응함)가 인정된다. 면제(종전 민법 제1198조 제2항), 혼동, 기타 채무변경적 사건에 부분적 절대효가 인정된다. 그러나 시효중단은 모든 채권자를 위한 절대효가 인정된다(종전 민법 제1199조, 현행 민법 제1312조).[98] 연대채권자 상호간의 관계를 민법전에서 구체적으로 정하지는 않지만, 상호대리사상에 입각하여 각 채권자 에게 귀속되어야 할 이익은 위임법에 따라 분급되어야 한다고 본다.[99]

가분급부와 불가분급부에 따라 채권관계의 내용을 구분하지 않는 독일법에서는 수인의 채권자가 각자 전부급부를 청구할 수 있고, 채무자는 전부급부를 1회만 이행하면 되는 채권관계를 연대채권이라고 정의한다(독일 민법 제428조). 채무자는 임의로 채권자 중 1인에게 이행하면 되고, 설사 채권자의 1인이 채무자를 상대로 소구하고 있다고 하더라도 마찬가지이다(동법 제428조 제2문). 각 명의자가 예금전부에 대해 처분권을 가지는 공동명의예금이 실무상 연대채권의 중요한 예라고 한다.[100] 연대채권자와 채무자 간의 관계는 다음과 같다. ①채권자지체(동법 제429조 제1항)만이 아니라 혼동(동법 제429조 제2항)의 절대효가 인정된다. 다만 혼동으로 연대채권 전부가 소멸하지만 나머지 연대채권자들은 혼동이 발생한 연대채권자에게 자신에게 귀속될 이익의 분급을 청구할 수 있다.[101] ②연대채권에는 독일 민법 제422조, 제423조가 준용되기 때문에(동법 제429조 제3항), 연대채무에 인정되는 절대효, 즉 변제, 대물변제, 공탁, 상계, 면제에도 각각 절대효가 인정될 수 있을 것이다. 다만 대물변제를 채무변경계약으로 파악하는 견해는 다른 연대채권자의 동의없이 한 대물변제로는 연대채권 전부가 소멸하지는 않는다고 한다.[102] 또한 연

98 Ferid, Das Französische Zivilrecht Bd. I, 2 E 99 f. 참조.

99 Ferid, Das Französische Zivilrecht Bd. I, 2 E 102 참조.

100 Staudinger/Noack, BGB, § 428 Rn. 20 참조.

101 Staudinger/Noack, BGB, § 430 Rn. 12 참조.

102 이 때에는 상대효가 인정되지만, 신의성실의 원칙에 따라 대물변제를 합의한 연대채권자는 원래의 급부를 청구할 수 없고, 다른 연대채권자는 원래의 급부를 청구할 수 있다고 하더라도 채무자는 대물변제로 이행한 급부를 반환받기 위해 동시이행의 항변권을 행사할 수 있다고 한다. Staudinger/Noack, § 429 Rn. 9 참조.

대채권자의 1인은 다른 연대채권자의 채권을 처분할 권리가 당연히 있는 것은 아니므로, 이런 처분권없는 연대채권자 중 1인과 체결한 면제계약[103]은 상대효가 있을 뿐이라고 한다.[104] ③경개는 상대효만이 있는데, 채무자가 원래의 급부를 나머지 연대채권자에게 급부하면, 경개계약상의 채권은 소멸한다.[105] 그 밖의 사유도 상대효가 있다. 연대채권자 간에는, 달리 정한 바가 없으면, 수령한 급부를 균등한 비율로 분급할 것을 청구할 수 있는 법정의 분급청구권(Ausgleichsanspruch)이 있다(독일 민법 제430조). 물론 이와 별도로 내부관계상의 청구권이 있을 수 있으며, 후자가 우선한다고 한다.[106]

2017년 민법개정을 통해 일본은 연대채권에 관한 규정을 신설하였다. 제432조에서는 채무의 목적이 성질상 가분이고, 법률규정 또는 의사표시로 수인이 연대하여 채권을 가질 때 각 채권자는 모든 채권자를 위해 전부 또는 일부의 이행을 청구할 수 있고, 채무자는 모든 채권자를 위하여 각 채권자에게 이행할 수 있는 것을 연대채권이라고 정의한다. 연대채권의 효력으로는 연대채권자 중 1인과 채무자가 한 경개나 면제가 있을 때 부분적 절대효가 생긴다고 규정하고(제433조),[107] 상계에 절대효를 규정하며(제434조), 그 밖의 사유는 별도의 의사표시가 없는 한 상대효가 있을 뿐이라고 규정한다(제434조).[108]

2. 연대채권의 의의와 법률효과

다수의 학설은 수인의 채권자가 동일한 채무자에 대해 동일한 내용의 급부에 대해 각자 독립해서 전부 또는 일부의 이행을 청구할 수 있고, 그 중 1인 또는 수인의 채권자가 급부를 수령하면 모든 채권자의 채권이 소멸하는 다수당사자의 채권관계를 연대채권이라고 한다. 불가분채권은 급부의 불가분성으로 인해 성립하지만 연대채권은 급부의 불가분성과 무관하게 채권자간의 주관적 공동관계가 있

103 우리 법의 면제는 단독행위이지만, 독일 민법 제397조는 계약으로 면제가 이루어지는 것을 원칙으로 한다.

104 이 점에서 면제계약의 절대효 규정(독일 민법 제423조)을 연대채권에 준용하도록 하는 독일 민법 제429조 제3항은 너무 포괄적이라고 지적한다. Staudinger/Noack, § 429 Rn. 18 참조.

105 Staudinger/Noack, § 429 Rn. 31 참조.

106 Staudinger/Noack, § 430 Rn. 2 참조.

107 경개나 면제를 한 연대채권자가 그 권리를 상실하지 않았다면 분급하였을 부분에 대해서는 다른 연대채권자가 이행을 청구할 수 없다고 규정하고 있다.

108 그 특징은 潮見佳男, 新債權總論 II, 信山社(2017), 625 이하 참조.

다는 점에서 차이가 있다고 한다.[109] 법률에 의해 성립되는 연대채권은 없고, 법률행위에 의해서만 연대채권이 성립될 수 있는데, 당사자가 달리 정하지 않았다면 연대채무의 규정을 유추적용할 수 있다고 한다.[110] 일부 주석서는 연대채무규정은 불합리한 점이 많으므로 불가분채권에 관한 규정을 유추적용하여야 한다는 일본 학설을 소개하기도 한다.[111]

3. 사견

우리 민법은 불가분채권은 민법전에 두면서 연대채권에 관하여는 이를 규정하지 않는다. 우리 민법은 불가분채권의 개념요소를 ①수인의 채권자가 동일 한 채무자에 대해 동일한 내용의 불가분급부에 대해 각자 독립해서 전부 이행을 청구할 수 있고, ②그 중 1인 또는 수인의 채권자가 급부를 수령하면 모든 채권자의 채권이 소멸하는 것에 한정하고 있다(민법 제409조).

여기서 불가분채권과 유사하지만 그 개념요소에 포섭되지 않는 공동채권관계를 별도의 개념 하에 포섭할 필요가 있는지 여부가 문제된다. 통설처럼 연대채권을 정의하는 것도 한 방법이겠지만, 연대채권을 굳이 연대채무에 대칭시킬 이유는 없다. 우리 민법의 불가분채권과 불가분채무도 상호대칭적 관계에 있지 않기 때문이다. 불가분채권자간의 내부관계는 그 때 그 때의 채권자 간의 내부관계에 맡겨져 있고, 이를 별도로 규율하지는 않는 반면, 불가분채무에서는 채무자 간에 상호위임관계가 있음을 전제하고 민법 제425조 내지 제427조를 준용한다는 것이다. 이런 사정을 감안한다면, 연대채권의 개념요소를 대외관계에 한정시키는 것도 가능할 것이다. 즉 동일한 내용의 가분급부를 그 내용으로 한다는 점에서만 불가분채권과 연대채권을 구분할 수도 있다는 것이다. 연대채무자간의 내부관계를 상호간의 법률관계에 맡길 수도 있지만, 각 채무자들의 내부적 분담관계를 간명하게 하기 위해 법률에서 이를 정하는 것이 필요하다고 보았지만(민법 제425조 내지 제427조), 연대채권자 상호간의 관계는 내부적 법률관계에 맡겨 두더라도 별다른

109 주석 민법, 채권총칙(2)(제3판), 한국사법행정학회(2000), 189(강봉수); 민법주해 X, 채권(3), 박영사(1995), 86(차한성) 참조.

110 주석 민법, 채권총칙(2)(제3판), 한국사법행정학회(2000), 189(강봉수); 곽윤직, 채권총론, 박영사(2003), 177; 김주수, 채권총론, 삼영사(1999), 281; 김증한/김학동, 채권총론, 박영사(1998), 244; 김형배, 채권총론, 박영사(1998), 486; 민법주해 X, 채권(3), 박영사(1995), 87(차한성) 참조.

111 주석 민법, 채권총칙(2)(제3판), 한국사법행정학회(2000), 189(강봉수); 민법주해 X, 채권(3), 박영사(1995), 87(차한성)에서는 於保不二雄, 債權總論, 有斐閣(1972), 251을 인용한다.

문제가 없다. 수령한 급부를 분급하는 것만이 문제되기 때문이다.

이런 입장에서 보면, 연대채권의 대외관계는 다음과 같이 규율될 것이다.

①변제, 공탁, 상계의 절대효가 인정될 것이다. ②그러나 권리자의 동의나 법률의 규정이 없는 한, 타인의 권리를 처분할 권한을 인정하는 것에는 언제나 소극적이어야 할 것이므로, 다른 연대채권자의 동의 없이 한 대물변제, 경개에는 상대효만을 인정하여야 할 것이다. ③면제, 혼동에는 부분적 절대효를 인정할 수 있을 것이다. ④연대채권자 중 1인이 이행청구(민법 제416조)를 하더라도, 그가 다른 연대채권자를 적법하게 대리하여 이행청구 한 것이 아닌 한, 절대효를 인정할 근거가 없다. 그 결과 연대채권자의 중 일부의 채권은 시효로 소멸할 수 있다. 그렇지만 다른 연대채권자는 채권 전부를 청구할 수 있으므로 채무자는 그에게 전부급부를 하여야 한다. 급부를 수령한 연대채권자는 내부관계에 기해 다른 연대채권자에게 귀속될 이익을 분급하여야 한다. ⑤ 채권자지체에 인정되는 절대효는 이와 달리 취급해야 한다. 채무자는 채권자 중 누구에게라도 급부하면 되기 때문에, 그 중 1인에게 변제제공함으로써 모든 채권자와의 관계에서 채권자지체의 효과를 발생시킬 수 있다. 즉 변제제공의 효과로서 지연이자를 지급할 이유가 없고(민법 제461조), 채권자지체의 효과(민법 제401조 내지 제403조)를 채권자에게 주장할 수 있다는 것이다.

제 414 조 [각 연대채무자에 대한 이행청구]

채권자는 어느 연대채무자에 대하여 또는 동시나 순차로 모든 연대채무자에 대하여 채무의 전부나 일부의 이행을 청구할 수 있다.

[관련조문] 민법 제35조(법인의 불법행위책임), 제413조(연대채무의 내용), 제415조(채무자에 생긴 무효, 취소)~제427조(상환무자력자의 부담부분), 제447조(연대, 불가분채무자의 보증인의 구상권), 제469조(제3자의 변제), 제476조(지정변제충당), 제477조(법정변제충당), 제481조(변제자의 법정대위), 제485조(채권자의 담보상실, 감소행위와 법정대위자의 면책), 제1006조(공동상속과 재산의 공유), 상법 제682조(제3자에 대한 보험대위), 민사소송법 제84조(소송고지의 요건)~제86조(소송고지의 효과), 민사집행법 제45조(집행문부여에 대한 이의의 소), 채무자회생 및 파산에 관한 법률 제428조(전부의 채무를 이행할 의무를 지는 자가 파산한 경우의 파산채권액), 제430조(장래의 구상권).

[참고문헌] 곽윤직, 상속법, 박영사(2004); 곽윤직, 채권총론, 박영사(2003); 김상용, 채권총론, 화산미디어(2014); 김주수/김상용, 친족상속법, 법문사(2018); 김주주, 채권총론, 삼영사(1999); 김증한/김학동, 채권총론, 박영사(1998); 김형배, 채권총론, 박영사(1998); 민법주해 X, 채권(3), 박영사(1995); 이근식/한봉희, 신친족상속법, 일조각(1978); 정광현, 신친족상속법요론, 법문사(1962); 주석 민법, 채권총칙(2)(제3판), 한국사법행정학회(2000); 강동욱, "피용자 본인이 손해액의 일부를 변제한 경우 사용자의 손해배상채무의 소멸범위", 판례연구(부산판례연구회) 제11집(2000년); 김성룡, "많은 손해배상의무자의 일부변제로 인하여 소멸하는 적은 손해배상의무자의 채무의 범위", 법조 제45권 제2호(1996년 2월호); 김영태, "사용자책임과 피용자 본인의 책임과의 관계, 피용자 본인이 손해의 일부를 변제한 경우 사용자의 손해배상의 범위", 대법원판례해석, 제21호(1994년 상반기), 법원도서관(1994); 손철우, "다액의 채무를 부담하는 부진정연대채무자 일부변제한 경우 그 변제의 효력", 민사판례연구 제25집, 박영사(2003년); 제철웅, "부진정연대채무 및 일부보증에서 채무자의 일부변제와 변제충당", 법조 제597호(2006년 6월); 注釋民法(11), 債權(2), 有斐閣(1965); 齊藤秀夫/麻上正信/林屋札二編, 注解 破産法(제3판)(上卷), 青林書院(1998); 我妻榮, 新訂 債權總論, 岩波書店(1964); J. von Staudigers Kommentar zum BGB, Bd. 2, §§ 397-432, Seiler-de Gruyter(1999); Münchener Kommentar zum BGB, 4. Aufl., C.H.Beck(2001); Philippe Simler/Phillipe Delebeque, Droit Civil: les sûretés, Dalloz(2000).

Ⅰ. 본조의 내용과 의의

1. 비교법

독일 민법 제421조 제1문 전단은 우리 민법 제413조와 마찬가지로 연대채무를 정의하고, 후단에서는 우리 민법 제414조와 마찬가지로 '채권자는 임의로 각 채무자로부터 채무 전부 또는 일부의 이행을 청구할 수 있다'고 규정하고 있다. 또한 동조 제2문은 '전체 급부가 실현될 때까지 모든 채무자의 채무는 잔존한다'고 규정하고 있다. 독일 민법 제421조 제1문 전단은 연대채무를 정의하고, 제1문 후단 및 제2문은 연대채무의 법률효과를 정의하는 것으로 이해될 수 있다.[1]

프랑스 종전 민법은 제1200조에서 연대채무를 정의하고, 연대채무의 성립요건에 관한 것을 제1201조 내지 제1202조에서 규정하고, 제1203조 이하에서는 연대채무의 효력을 정하고, 연대채무의 절대효에 관한 내용은 채무소멸의 사유에 관한 별도의 규정에서 개별적으로 규정하였다. 특히 제1203조에서는 우리 민법 제414조와 유사한 내용을 정하고 있다. 즉 '연대특약에 의한 채무의 채권자는 그의 선택에 좇아 어떤 채무자에 대하여도 이행청구를 할 수 있으며, 이 경우 이행청구를 받은 채무자는 분별의 이익으로 채권자에게 대항할 수 없다'고 정하고 있다. 개정 프랑스 민법은 연대채무와 연대채권이 각각 법률규정 또는 합의로 성립할 수 있다는 점을 제1310조에서 통일적으로 규율한 후, 제1313조에서 종전 민법 제1203조, 제1204조를 통합하여 규정하고 있다.

일본 명치 민법은 우리 민법 제413조와 같은 연대채무 정의규정을 두지 않고, 곧바로 연대채무의 효과를 동법 제432조 이하에서 정하고 있었는데, 개정 민법 제436조 역시 우리 민법 제413조와 같은 정의규정은 두지 않고, 대신 연대채무를 정의할 수 있는 내용을 제436조 전단에 포함시키고 있다. 동조 후단은 우리 민법 제414조와 유사한 내용을 규정하고 있다. 일본 민법 제436조 후단은 우리 민법 제414조와 마찬가지로, 채권자는 '그 채무자의 1인에 대하여 또는 동시나 순차로 총채무자에 대하여 전부 또는 일부의 이행을 청구할 수 있다'고 정하고 있다. 한편 명치 민법 제441조에는 '연대채무자의 전원 또는 그 중 수인이 파산선고를 받은 때는 채권자는 그 채권 전액에 대해 각 재단의 배당에 가입할 수 있다.'고 정

1 Staudinger/Noack, BGB, § 421 Rn. 1 참조.

하고 있었으나, 개정 민법에는 이 규정을 삭제하였다.

2. 본조의 내용과 의의

일부 주석서는 본조가 "채권의 강화와 권리행사의 안전과 편의의 보장이라는 연대채무의 특질에 따라 채권자의 권리행사에 최대한의 자유를 인정"하는 것이며, 또한 본조가 "연대채무복수설의 유력한 근거"가 되며,[2] "본조에서 인정되는 채권자의 권리에서 연대채무의 각자 전액단독책임성과 급부의 1 배액성(培額性)"이 도출된다고 한다.[3]

그러나 본조에 채권자와 연대채무 간의 본질적인 법률효과를 정한 것 이상의 의미를 부여하기는 어렵다. 연대채무만이 아니라 부진정연대채무에서도 채권자와 채무자 간에는 본조와 동일한 법률효과가 인정된다. 급부의 불가분성으로 인해 일부청구를 할 수 없다는 점을 제외한다면, 불가분채무에서도 본조와 동일한 법률효과가 인정된다. 본조의 법률효과는 결국 연대채무의 정의와 불가분적으로 결합된 것이라고 할 수 있다.

Ⅱ. 본조의 법률효과

1. 채권자의 선택권

가. 연대채무의 본질적 법률효과는 채권자에게는 임의의 급부청구권이 있다는 것이다. 본조는 이행청구의 상대방인 채무자 및 급부청구의 범위에서 채권자에게 선택권을 부여하고 있다. 이 점에서 연대채무는 분할채무와 구분된다.[4] 채무자는 채권자의 청구에 대해 분할의 항변 내지 분별의 이익을 주장할 수 없고, 다른 연대채무자에게 자력이 있음을 항변할 수도 없다. 자기의 부담부분 상당액을 이미 다른 연대채무자에게 교부하였다는 사실로써도 항변할 수 없다.[5]

나. 채권자의 선택권에 아무 제한이 없는지가 문제된다. 첫째, 연대채무자 중 1인에 대해 소멸시효가 완성되면 그의 부담부분의 한도에서 다른 연대채무자의

2 민법주해 X, 채권(3), 박영사(1995), 89(차한성); 주석 민법, 채권총칙(2)(제3판), 한국사법행정학회(2000), 190(강봉수) 참조.

3 민법주해 X, 채권(3), 박영사(1995), 89(차한성) 참조.

4 Staudinger/Noack, BGB, § 421 Rn. 110 참조.

5 민법주해 X, 채권(3), 박영사(1995), 90(차한성) 참조.

채무도 감축되기 때문에(민법 제421조), 채권자의 선택권에는 제한이 따른다. 둘째, 채권자의 고의 또는 과실로 다른 연대채무자의 구상권의 실현을 담보할 수 있는 연대채무자 중 1인에 대한 담보권이 상실되거나 감소된 경우, 그 상실 또는 감소로 인하여 상환을 받을 수 없는 한도에서 다른 연대채무자의 채무가 감축된다(민법 제485조).[6] 셋째, 채무자 중 1인에 대해서만 권리를 행사하는 것이 사정에 따라서는 권리남용이 될 수도 있을 것이다.[7]

한편 사용자 또는 법인이 부진정연대채무자인 수인의 피용자 또는 이사에 대해 구상권 또는 손해배상청구권을 행사할 경우, 과실상계 및 신의성실의 원칙에 입각하여 구상권 및 손해배상청구권의 감액을 인정할 수도 있을 것이다.[8]

2. 연대채무자의 부담액이 각기 다른 경우

가. 수인의 연대채무자가 부담하는 채무액이 각자 다른 경우, 연대채무는 동일한 범위의 급부에 대해서만 성립한다. 가령 연대채무자 A, B, C가 각자 채권자에 대해 900, 700, 500의 채무를 부담하는 경우, A, B, C의 연대채무는 500의 범위, A, B의 연대채무는 700의 범위에서 각각 성립할 수 있다. C가 200을 변제하면 A, B의 채무도 각각 200씩 변제되는 것에는 아무 문제가 없다. 그러나 A가 200을 변제하면 B, C의 연대채무가 소멸되는지, 아니면 A의 채무만이 소멸되는지가 문제된다. 이 문제를 집중하여 다루는 학설을 찾기 어려운데, 일부 학설은 위와 같은 경우 채무전액에 대해 미지급액이 있는 한 자신이 부담하는 채무액

6 독일 민법에는 보증채무에는 관련된 규정이 있지만(동법 제776조), 연대채무에는 이에 관한 규정이 없다. 연방대법원은 이 문제에 대한 판단을 유보하였다. BGH NJW 1983, 1423, 1424. 프랑스 종전 민법에서도 보증의 경우에는 담보상실로 인한 채무면책이 인정되지만(현행 민법 제2314조 참조. 이 규정은 2006년 3월 23일 명령으로 조문위치가 변경되었다), 연대채무에서는 이와 같은 것이 인정되지 않는다. Philippe Simler/Philippe Delebeque, Droit civil:les sûretés, n° 152 et n° 251-2 참조.

7 권리남용과 관련하여 독일 민법에서는 이를 개별적으로 판단한다고 한다. Staudinger/Noack, BGB, § 421 Rn. 114 참조.

8 대법원 1996. 4. 9. 선고 95다52611 판결(공보 1996년, 1390)에서는 회사의 업무방침을 어기고 한 영업행위로 인해 매출대금을 회수하지 못하는 손해를 회사에게 입힌 피용자에 대한 회사의 손해배상청구에 있어서, 대법원은 사업성격, 규모, 시설현황, 피용자의 업무내용, 근로조건, 근무태도, 가행행위의 발생원인과 성격, 가행행위의 예방이나 손실분산을 위한 사용자의 배려 정도 등 제반사정을 감안하여 손해배상청구권을 감액할 수 있다고 한다. 대법원 2005. 10. 28. 선고 2003다69638 판결(공보 2005년, 1847)에서는 이를 이사에게도 확장하고 있다. 이사가 법령 또는 정관을 위배하여 회사에 손해배상의무를 질 때에도 당해 사업의 내용과 성격, 당해 이사의 임무위반의 경위 및 임무위반행위의 태양, 회사의 손해발생 및 확대에 관여된 객관적 사정이나 그 정도, 이사의 평소의 회사에 대한 공헌도, 임무위반행위로 인해 당해 이사의 이득유무, 회사의 조직체계의 흠결 유무나 위험관리체제의 구축 여부 등 제반사정을 참작하여 손해배상액을 제한할 수 있다고 한다.

을 변제할 책임을 면하지 못한다고 한다. 연대채무는 채무전액의 지급을 확실히 하기 때문이라는 것이다.[9] 한편 이런 문제를 변제충당의 문제로 보면서, 연대채무는 여럿이 공동으로 부담하는 것인 만큼 유리하고, 만일 여기에 충당된다면 다른 채무자에게 구상하기 위한 번잡한 절차가 따르는 점에서 부면 먼저 단독채무에 충당하는 편이 더 변제의 이익이 있다는 견해도 있다.[10]

이를 변제충당의 문제로 보는 이론이 타당하다. 첫째, 변제충당에 관하여는 1차적으로 지정권을 채무자에게 부여하고, 2차적으로는 채권자에게 부여한다(민법 제476조). 물론 채권자가 지정할 경우 채무자는 즉시 이의를 제기할 수 있다(제476조 제2항). 채무자 또는 채권자에 의한 지정이 없을 경우 법정변제충당의 방법에 따라 처리된다(민법 제477조 내지 제479조). 법정변제충당에 관한 제477조는 채무자의 이익을 중시하고(동조 제1호, 제2호),[11] 채권자의 이익은 부차적으로 고려한다 (동조 제3호). 변제이익이 동일한 경우 채권액에 비례하여 안분하여 충당한다(동조 제4호). 가령 주채무자가 부담하는 두 개의 채무(X, Y) 중 하나는 보증인이 없고(X), 하나는 보증인이 있는 경우(Y) 주채무자의 입장에서는 양 채무는 변제이익이 동일하다.[12] 주채무자가 X, Y 두 채무 모두의 변제에 충분하지 않는 일부만을 변제하였다면, 민법 제476조의 변제지정이 없는 한, 변제이익이 동일하므로 채무액에 비례하여 변제충당될 수 있을 것이다(제477조 제4호).[13] 둘째, 그러나 민법의 변제충당규정은 임의규정이므로 당사자가 명시적, 묵시적 합의에 의해 민법과 달리 정할 수 있다. 앞의 예에서 Y 채무의 보증인과 채권자 간의 합의로 주채무자의 X 채무를 먼저 변제충당하고, 그 후 Y 채무를 변제충당하기로 합의한 경우, 채무자의 일부변제가 있을 때, 채권자와 보증인 사이에는 제477조 제4호가 적용되지 않고, X 채무의 변제에 먼저 충당될 것이다.

9 민법주해 X, 채권(3), 박영사(1995), 77-78, 90(차한성); 我妻榮, 新訂 債權總論, 岩波書店(1964), 406 참조.

10 주석 민법, 채권총칙(2)(제3판), 한국사법행정학회(2000), 191(강봉수); 注釋民法(11), 債權(2), 有斐閣(1965), 74(椿壽夫) 참조. 다른 연대채무자의 부담부분이 0일 때에는 구상의 문제가 생기지 않으므로 변제이익이 동일하다고 지적한다.

11 채무자가 채권자에 대해 가령 자신의 고유한 채무와 보증인으로서 부담하는 채무 또는 연대채무자로서 부담하는 채무가 각기 있고, 그 채무 전부가 아닌 일부를 변제한 경우 자신의 고유한 채무에 변제충당하는 것이 채무자에게 변제이익이 더 크다. 대법원 2002. 7. 12. 선고 99다68652 판결, 대법원 1999. 7. 9. 선고 98다55543 판결.

12 제철웅, "부진정연대채무 및 일부보증에서 채무자의 일부변제와 변제충당", 법조 제597호(2006년 6월), 86-87 참조.

13 대법원 1985. 3. 12. 선고 84다카2093 판결(공보 1985년, 542) 참조.

변제충당의 법리는 1개의 채무의 일부분에 대해서만 보증을 서거나, 연대채무관계에 있거나, 부진정연대채무관계에 있는 경우에도 유추적용될 수 있다.[14] 가령 보증인이 일부보증을 하였다면, 채무자의 채무를 단독으로 부담하는 부분(X), 보증인과 공동으로 부담하는 부분(Y)으로 구분할 수 있고, 여기에 민법 제478조가 유추적용될 수 있다는 것이다. 일부보증의 경우 보증계약의 당사자는, 반대의 합의가 없는 한, 주채무자가 변제하지 않은 잔액을 그 보증 한도만큼 보증하기로 계약하였다고 해석할 수 있다.[15] 따라서 위의 예에서 X에 먼저 변제충당되고 그 후 Y에 변제충당될 것이다.[16]

이상의 논의를 연대채무에도 그대로 적용할 수 있다. 연대채무는 그 법률효과로서 채권자가 연대채무자 중 1인 또는 전원에게 동시나 순차로 채무 전부나 일부를 청구할 수 있고(민법 제414조), 연대채무 전액이 변제될 때까지 모든 채무자의 채무가 존속하는 채무이다. 따라서 가령 연대채무자 A, B, C가 각각 900, 700, 500의 채무를 부담한다면, C의 입장에서는 A의 채무가 잔존하고, 그것이 500의 범위 내에 있다면 C가 연대채무자로 책임을 지겠다는 것을 합의하였다고 해석할 수 있다. 즉 일부보증과 유사하다는 것이다. 그러므로 A가 일부변제를 하면, 다른 특별한 사정이 없는 한, A가 단독으로 부담하는 채무 부분에 먼저 충당될 것이다.[17]

나. 변제충당의 법리를 유추적용할 경우, 부진정연대채무의 경우에는 위와 다른 결과가 도출될 수 있다. 변제충당에 관한 합의를 부진정연대채무자와 채권자 사이에는 통상 기대할 수 없기 때문이다. 따라서 여기에는 민법 제478조, 제477조 제4호가 유추적용될 것이다.

14 그 근거는 민법 제478조의 유추적용이 될 것이다. 변제충당의 법리를 유추적용하여야 한다는 견해로는 제철웅, "부진정연대채무 및 일부보증에서 채무자의 일부변제와 변제충당", 법조 제597호(2006년 6월), 83-87 참조.

15 이에 대해서는 제철웅, "부진정연대채무 및 일부보증에서 채무자의 일부변제와 변제충당", 법조 제597호(2006년 6월), 89 이하 참조.

16 대법원 1985. 3. 12. 선고 84다카1261 판결도 같은 취지.

17 주석 민법, 채권총칙(2)(제3판), 한국사법행정학회(2000), 191(강봉수)도 결론은 동일하다. 이 주석과의 차이점은 연대채무의 경우 그 근거를 채무 중 일부에 대해 연대채무를 부담하는 자와 채권자 간의 합의에서 찾는다는 점에 있다. 이런 입장에 따르면 가령 내부적 부담부분이 A에게만 있는 경우, 즉 1개의 채무를 단독부담부분과 연대채무가 있는 부분으로 나누었을 때 변제이익이 동일하게 되는 사안에도, 본문과 동일한 결론에 이른다는 점에 차이가 있다. 즉 A가 200을 변제하더라도 B는 700, C는 500의 채무를 여전히 부담하게 된다는 것이다.

1) 먼저 불법행위로 인해 피용자가 손해배상책임(X + Y)을 지고, 사용자도 민법 제756조의 불법행위책임을 부담하지만 손해배상책임의 범위가 적은 경우 (Y)의 사안, 그리고 이사의 불법행위책임(X + Y)에 대해, 법인도 민법 제35조의 불법행위책임을 지는데, 후자의 손해배상범위가 적은 사안(Y)이 문제된다(이하 제1사안). 책임범위의 상이(相異)는 피용자 또는 이사는 피해자와의 관계에서 과실상계를 원용할 수 없지만, 사용자 또는 법인은 피해자의 과실상계를 원용하여 그 손해배상액이 감축될 때 발생한다. 이 때 동일한 급부인 Y 부분에 대해서만 부진정연대채무관계가 성립한다. 그런데 피용자 또는 이사가 일부변제를 하는 경우 대법원 2018. 3. 22. 선고 2012다74236 전원합의체 판결 이전의 대법원은 그 변제금 중 사용자 또는 법인의 과실비율에 상응하는 만큼은 사용자 또는 법인이 지급하여야 할 손해배상의 일부로 변제된 것으로 처리하였다.[18] 대법원은 이런 결론을 "직접 불법행위를 저지른 피용자(또는 이사) 본인은 내세울 수 없는 사정을 참작하여 사용자(또는 법인)가 배상하여야 할 손해의 금액을 감할 수 있도록 과실상계를 허용한 취지는, 궁극적으로 피용자 (또는 이사) 본인이 손해를 배상할 자력이 없는 경우 피해자와 사용자 사이에 그로 인한 손해를 공평 타당하게 분담하도록 하려는 데에 있다"는 것에서 그 근거를 찾았다(소위 과실비율설). 이 판결에 대해서는 대법원과 동일한 논리로써 이를 긍정하는 견해,[19] 다액의 채무를 부담하는 자의 무자력위험을 합리적으로 배분할 것을 강조하면서 대법원 판결을 비판하는 견해,[20] 채권자의 보호를 중시하면서 대법원 판결을 비판하는 견해(외측설),[21] 변제충당의 법리, 즉 이런 사안에는 민법 제477조 제4호를 유추적용하여야 한다는 견해(안분비례설)[22] 등이 주장되었다. 사용자책임이나 법인의 불법행위 책임이 문제되

18 전자에 관하여는 대법원 1994. 2. 22. 선고 93다53696 판결, 대법원 1995. 7. 14. 선고 94다19600 판결, 대법원 1998. 7. 24. 선고 97다55706 판결, 대법원 1999. 2. 12. 선고 98다55154 판결 등 다수의 판결을 참조. 후자에 관하여는 대법원 2004. 3. 26. 선고 2003다34045 판결 참조.

19 김영태, "사용자책임과 피용자 본인의 책임과의 관계, 피용자 본인이 손해의 일부를 변제한 경우 사용자의 손해배상의 범위", 대법원판례해석, 제21호(1994년 상반기), 190 이하 참조.

20 김성룡, "많은 손해배상의무자의 일부변제로 인하여 소멸하는 적은 손해배상의무자의 채무의 범위", 법조 제45권 제2호(1996년 2월호), 158 이하 참조.

21 손철우, "다액의 채무를 부담하는 부진정연대채무자 일부변제한 경우 그 변제의 효력", 민사판례연구 제25집(2003년), 86 이하; 감동욱, "피용자 본인이 손해액의 일부를 변제한 경우 사용자의 손해배상채무의 소멸범위", 판례연구(부산판례연구회) 제11집(2000년), 351 이하 참조.

22 제철웅, "부진정연대채무 및 일부보증에서 채무자의 일부변제와 변제충당", 법조 제597호(2006년 6월), 83 이하 참조.

는 부진정연대채무의 사안에는 판례가 말하는 과실비율설이나 안분비례설은 그 결론에서는 동일하다.

2) 부진정연대채무인 계약상의 채무자와 불법행위법상의 채무자가 각기 그 책임범위가 다른 사안도 있다(제2사안). 채권자가 채무자에게 소비대차계약상의 채권을 가지는데, 타인이 그 소비대차계약상의 채권의 미실현 위험이라는 경제적 손해를 전보할 채무를 부담하는 경우가 그 대표적인 예이다.[23] 가령 대법원 2002. 6. 14. 선고 2002다11441 판결(공보 2002년, 1658)에서는 금융기관의 임원이 내부규정을 위반하여 초과대출을 한 경우 그 임원의 손해배상의 범위에 대해, 대법원은 "상호신용금고의 대표이사가 재직 당시 동일인에 대한 대출한도를 초과하여 돈을 대출하면서 충분한 담보를 확보하지 아니하는 등 그 임무를 해태하여 상호신용금고로 하여금 대출금을 회수하지 못하게 하는 손해를 입게 한 경우, 회수하지 못한 대출금 중 동일인 대출한도를 초과한 금액에 해당하는 손해를 상법 제399조에 따라 상호신용금고에 배상할 책임이 있다"고 한다. 따라서 은행은 대출채무자에 대해 대출금채권(X + Y)을, 임원에 대해서는 동일인 대출한도를 초과한 금액에 해당되는 손해배상채권(Y)을 가지며, 대출채무 자와 임원은 Y 부분에 대해 부진정연대채무관계에 있게 된다. 다음 판결도 이런 예 중의 하나이다.

[판례] 대법원 1998. 9. 8. 선고 98다17022 판결

원고은행은 甲에게 대출하면서 甲이 담보로 제공한 부동산의 감정을 피고에게 의뢰 하고, 등기속달우편으로 직접 송부하여 줄 것을 요청하였다. 피고는 부동산의 가격을 553,457,900원으로 감정하였는데(이 감정가격에 의하면 원고의 대출규정상 대출 한도액은 323,457,900원이다), 甲이 피고를 기망하여 피고로부터 감정평가서를 교부 받은 후, 피고 명의의 별도의 감정평가서를 위조하여 감정평가액을 963,457,900원 으로 기재하여 원고에게 제출하자, 원고는 甲에게 500,000,000원을 대출하였다. 甲이 부도가 난 후 이 사건 부동산은 463,143,000원에 경락되고 원고는 228,753,563원을 배당받았다. 원심은 당초의 감정평가액에 따른 대출한도액을 초과한 176,542,100원(500,000,000원 − 323,457,900원)만큼 초과대출을 함으로써 원고가 손해를 입었고, 이 손해는 원고의 요청에 따르지 않고 甲 에게 직접 감정평가서를 교부

[23] 그 밖에 채권자가 1인의 채무자에 대해서는 담보책임법에 기한 손해배상청구권을 가지고, 다른 1인에 대해서는 불법행위법에 기한 손해배상채권을 가지는 경우도 있을 수 있지만, 이런 사안의 실천적 의미는 거의 없을 뿐 아니라, 이 문제를 정면에서 다룬 대법원 판결도 없기 때문에 여기서는 언급하지 않는다. 다만 필요한 한도에서 아래 제414조 Ⅲ.에서 언급한다.

해 준 피고의 과실에 기한 것이라고 평가한 후, 원고의 과실을 70%로 하여 과실상계를 한 후 52,962,630원(176,542,100원 × 30%)에 대해 대출일로부터 판결선고일까지는 연 5%의 지연이자를, 그 후는 소송촉진특례법에 따라 연 25%의 지연이자를 지급하라고 판단하였다. 대법원은 '감정평가서의 교부행위로 인한 원고의 손해액은 그와 같은 사정이 없을 경우 예상되는 원고의 재산상태와 현실로 그와 같은 사정이 생긴 후의 원고의 재산상태의 차액이 될 것'이라고 전제한 후, 이 사건 "원고가 실제로 대출한 금 500,000,000원은 위조된 감정평가서에 의할 경우 대출한도액의 범위 안에 있고, 다른 한편 선순위 근저당권의 존재를 고려하더라도 피고측의 감정서 교부 행위가 없었을 경우 위 담보권실행을 위한 경매절차에서 원고가 배당받을 수 있는 금액은 그와 같은 사정이 생긴 후 원고가 실제로 배당받은 금액(228,753,563원)과 같다고 할 수 있으므로, 원고의 손해액은 실제 대출액과 정당한 감정평가서에 의할 경우 대출한도액의 차액인 176,542,100원이 된다"고 하였다. 또한 원고의 과실을 70%로 판단하여 과실상계한 것도 위법이 없다고 하면서, 피고의 상고를 기각하였다.

위 판결에서 원고는 甲에게 500,000,000원의 대출금채권(및 그에 대한 이자 채권)을 가지고 있고, 피고에 대해 52,962,630원(176,542,100원 × 30%)의 불법행위법상의 손해배상채권및 그 지연이자액(연 5%)을 가지고 있다. 甲과 피고는 52,962,630원에 대해 부진정연대채무관계에 있다. 위 판결의 원심법원과 대법원은 甲이 원고에게 228,753,563원을 변제하였음에도 불구하고 피고의 채무액은 전연 감축되지 않고 여전히 남아 있다고 판단하였다. 일부변제에 관하여 제2사안과 제1사안은 명백히 다른 결론에 도달하였다. 이런 결론은 다음 판결에서도 이어지고 있다.

[판례] 대법원 2000. 3. 14. 선고 99 다 67376 판결
원고은행은 乙 회사에 대해 합계 4,500,000,000원을 대출하고 대출원금 중 222,240,000원을 변제받았으며, 乙 회사에 대한 대출금원금채권으로써 乙 회사의 원고 은행에 대한 184,510,978원의 예금채권과 상계하였다. 그런데 원고은행은 乙 회사에 대해 대출하면서 피고회사와 불상보증 및 연대보증계약을 각각 체결하였는데, 이 계약은 피고회사의 직원 丙이 乙 회사의 대표이사 甲과 공모하여 이루어진 것으로 적법한 대리행위도 아니고 표현대리의 적용을 받을 수도 없는 것이었다. 원심은 원 고은행의 피고회사에 대한 사용자책임을 긍정하면서 원고은행의 과실을 30%로 인 정하여 과실상계한 후, 피고회사의 손해배상액은 3,150,000,000원으로 확정하였다. 원심법원은 乙 회사가 상계하거나 변제한 금액 합계 406,750,978원의 일부변제- 이로써 乙 회사의 이자, 지연이자, 원본에 각 충당되었다 -로 인해 피고

회사의 채무도 과실비율설의 입장에 따라 감축된다고 보고, 그 잔액과 각 대출일로부터 지연이자 의 지급을 인정하였다. 그러나 대법원은, "피고회사의 사용자책임으로 인한 손해배상채무와 乙 회사의 대출금채무는 서로 별개의 원인으로 발생한 독립된 채무이나 동일한 경제적 목적을 가진 채무로서 서로 중첩되는 부분에 관하여는 일방의 채무 가 변제 등으로 소멸하면 타방의 채무도 소멸하는 이른바 부진정연대의 관계에 있고, 위와 같이 금액이 다른 채무가 서로 부진정연대의 관계에 있을 때 금액이 많은 채무의 일부가 변제 등으로 소멸하는 경우 그 중 먼저 소멸하는 부분은 당사자의 의사와 채무 전액의 지급을 확실히 확보하려는 부진정연대채무제도의 취지에 비추 어 볼 때 다른 채무자와 공동으로 채무를 부담하는 부분이 아니라 단독으로 채무를 부담하는 부분으로 보아야 한다"고 판단하여 원심판결을 파기, 환송하였다.

위 두 판결의 결론은 앞의 제1사안과 양립될 수 있다. 소액의 채무를 부담하는 부진정연대채무자가 내부적 부담부분이 1인 채무자 −즉 다액의 채무를 부담하는 부진정연대채무자− 의 무자력위험을 인수하기로 채권자와 명시적 또는 묵시적으로 합의한 경우(일부보증 또는 일부금액 대한 연대채무)뿐만 아니라, 이와 동일시할 수 있는 사정이 있을 경우에는 신의칙상 전자로 하여금 원래의 자기 채무의 범위 내에서 잔존 채무를 이행하도록 할 수 있을 것이다. 이 점이 잘 드러나는 것이 위 두 번째 판결이다. 거기에서는 채권자가 대출채권을 담보하기 위해 연대보증을 요구하였고, 이에 피고의 피용자가 피고의 직인 등을 위조하여 대출채무자를 위하여 연대보증계약을 체결하였으나 무권대리이거나 민법 제126조의 표현대리의 적용을 받지 못하여 사용자인 피고가 계약책임을 부담하지 않게 되었다. 고의로 대출채권자를 속인 피용자는 신의칙상 채권자와의 관계에서 대출채무자의 무자력위험을 안분하여 배분할 것을 항변할 수 없고, 과실상계의 결과 피용자보다 적은 책임범위를 부담하는 사용자인 피고 역시 마찬가지라고 보아야 할 것이다. 그 점에서 "당사자의 의사와 채무 전액의 지급을 확실히 확보하려는 부진정연대채무제도의 취지"를 원용하여 외측설을 취한 대법원의 결론은 원칙적으로 타당하다고 할 것이다.[24] 그러나 이와 같은 신의칙의 적용을 쉽게 확장하면, 당사자의 합의를

24 그러나 피고의 책임은 일부보증인의 책임보다 과중해서는 안될 것이다. 달리 말하면 대출채무자가 대출원금에 대한 대출이자를 지급함으로써 불법행위책임을 지는 자의 법정지연이자도 소멸된다고 보아야 한다는 것이다. 그렇지 않을 경우 채권자는 대출이자와 법정이자를 누적적으로 취하는 2중이득을 얻을 것이다.

의제하게 될 것이고, 변제충당의 합의가 있는 사안과 그렇지 않은 사안의 경계가 무너질 수 있다.

3) 그러나 대법원 2018. 3. 22. 선고 2012다74236 전원합의체 판결은 종래 안분비례설에 입각하여 판결을 하였던 대법원 1994. 2. 22. 선고 93다53696 판결, 대법원 1994. 8. 9. 선고 94다10931 판결, 대법원 1995. 3. 10. 선고 94다5731 판결, 대법원 1995. 5. 12. 선고 94다6246 판결, 대법원 1995. 7. 14. 선고 94다19600 판결, 대법원 1998. 7. 24. 선고 97다55706 판결, 대법원 1999. 2. 12. 선고 98다55154 판결, 대법원 2001. 11. 13. 선고 2001다12362 판결, 대법원 2004. 3. 26. 선고 2003다34045 판결, 대법원 2005. 4. 29. 선고 2005다11893 판결, 대법원 2012. 6. 28. 선고 2010다73765 판결, 대법원 2012. 9. 13. 선고 2012다26947 판결을 변경하였다. 전원합의체 판결은 대법원 1999. 11. 23. 선고 99다50521 판결, 대법원 2007. 10. 25. 선고 2007다49748 판결, 두 판결의 법률론을 기준으로 부진정연대채무에서 다액의 채무자가 일부변제를 한 경우 변제충당하도록 결정하였다. 위 전원합의체 판결은 대법관 전원이 이런 변경에 찬성하였다는 점에서 해석론의 역사에서 몇 몇 안 되는 획기적 태도 변경이라고 할 수 있을 것이다. 여기서는 대법원 2012다74236 전원합의체 판결의 사안과 법률론을 간단히 정리해본다.

[사안] 소외 1은 공인중개사 피고의 중개로 소외 2에게 자기 소유 아파트를 임대하였다. 소외 1은 임대차보증금 잔금 198,000,000원의 수령, 수령한 잔금과 자신이 추가로 건네 준 5,406,000원으로 자신의 은행 대출금의 변제를 피고의 중개보조원인 소외 3에게 부탁하였다. 소외 3은 임대차보증금 잔금과 추가로 건네받은 5,406,000원을 횡령하였다. 그 후 소외 3은 임대차보증금 잔금 중 97,222,343원을 변제하였다. 나머지 잔액 및 피해액에 대해 소외 1은 피고에게 청구하였다. 제1심은 피고의 공인중개사법 제30조 제1항에 따른 불법행위책임에서는 과실상계로 소외 1의 손해 중 50%에 대해서만 배상책임이 있다고 하면서, 소외3이 변제한 금액은 모두 소외 3이 단독으로 부담하는 채무의 변제에 충당한다고 판단하였다. 원심법원은 소외 3이 변제한 금액 중 피고의 과실비율에 상응하는 48,611,171원은 피고의 손해배상채무의 변제에도 충당된다고 하였다. 소외3이 일부변제한 금액이 안분비례설에 따라 피고가 부담하는 채무의 변제에도 충당되는지, 아니면 외측설에 따라 할 때 소외3이 단독으로 부담하는 채무의 변제에 먼저 충당되는지가 쟁점이었다.

[대법원 판결] 대법원 전원합의체는 "[~] 금액이 다른 채무가 서로 부진정연대관

계에 있을 때 다액채무자가 일부 변제를 하는 경우 그 변제로 인하여 먼저 소멸하는 부분은 당사자의 의사와 채무 전액의 지급을 확실히 확보하려는 부진정연대채무 제도의 취지에 비추어 볼 때 다액채무자가 단독으로 채무를 부담하는 부분으로 보아야 한다. 이러한 법리는 사용자의 손해배상액이 피해자의 과실을 참작하여 과실상계를 한 결과 타인에게 직접 손해를 가한 피용자 자신의 손해배상액과 달라졌는데 다액채무자인 피용자가 손해배상액의 일부를 변제한 경우에 적용되고, 공동불법행위자들의 피해자에 대한 과실비율이 달라 손해배상액이 달라졌는데 다액채무자인 공동불법행위자가 손해배상액의 일부를 변제한 경우에도 적용된다. 또한 중개보조원을 고용한 개업공인중개사의 공인중개사법 제30조 제1항에 따른 손해배상액이 과실상계를 한 결과 거래당사자에게 직접 손해를 가한 중개보조원 자신의 손해배상액과 달라졌는데 다액채무자인 중개보조원이 손해배상액의 일부를 변제한 경우에도 마찬가지이다."

대법원이 종전의 판결을 변경한 이유는 판결이유, 즉 "[~] 부진정연대채무란 수인의 채무자가 동일한 내용의 급부에 대하여 각자 독립하여 전부를 급부할 의무를 부담하는 다수당사자의 법률관계를 말한다. 부진정연대채무자에게 생긴 사유 중 채권의 목적을 달성시키는 변제 등과 같은 사유 이외에는 다른 채무자에게 그 효력을 미치지 않는다. 이로 인하여 채권자는 채무 전액의 지급을 확실히 확보할 수 있게 되고, 이러한 점에서 부진정연대채무는 연대채무와 비교하여 채권자의 지위를 강화하는 의미를 가진다."에서 나타나 있듯이, '채권자의 보호'라는 정책적 고려가 가장 큰 영향을 미친 것으로 보인다. 그러나 이것으로는 충분한 이유가 될 수 없기 때문에, 다수의견은 당사자의 의사를 원용하였다. 즉 "당사자를 피해자(채권자, 이하 '피해자'라고만 한다), 소액채무자와 다액채무자로 보면, 피해자와 소액채무자의 의사는 부진정연대채무의 어느 유형에서나 유사하다. 즉, 피해자는 단독 부담부분이, 소액채무자는 공동 부담부분이 소멸될 것을 원할 것이다. 일반적으로 다액채무자의 의사 또한 명시되지 않는 한 그 의사가 단독 부담부분이 소멸되기를 원할 것인지, 공동 부담부분이 소멸되기를 원할 것인지는 부진정연대채무의 유형에 따라 달라진다고 보기 어렵다. 오히려 사용자책임 사안을 살펴보면, 아래와 같은 이유로 단독 부담부분이 소멸된다고 보는 것이 다액채무자의 의사에 부합한다." 그러나 당사자의 의사는 변제자의 명시적 의사이거나 묵시적 의사의 해석에 근거한 것이어야 하는데, 위 판결은 이를 뒷받침하는 이 사건의 변제자=소외3의 의사에 관하여는 아무런 언급이 없다. 일반 추상적 당사자의 의사를 원용할 뿐이다.

수인의 부진정연대채무자 중 일부는 다액의 채무를 부담하고, 나머지는 소액의 채무를 부담할 경우, 다액의 채무자는 소액을 부담하는 채무 부분=X과 그것을 초과한 자신의 채무부분 Y를 부담할 것인데, 변제충당에 관한 다액 채무자의 의사 없이 일부를 변제한 경우 X, Y 중 어떤 채무의 변제에 충당되는지가 문제될 수 밖에 없고 이 경우 변제충당의 법리를 유추적용하는 것이 법 해석방법론으로 적절할 것이다. 김재형 대법관은 보충의견에서 변제충당의 법리의 유추적용이 필요할 수도 있음을 언급하고 있다. "[~] 금액이 다른 채무가 서로 부진정연대의 관계에 있을 때 채무자가 채권자에게 일부 변제를 한 경우 이행기의 도래 여부나 이행기의 선후는 문제 될 여지가 없고 오로지 변제이익만이 문제 된다. 이 경우 공동 부담부분과 단독 부담부분 중 어느 쪽이 먼저 소멸한다고 볼 것인지는 채권자, 그리고 부진정연대의 관계에 있는 다른 채무자의 이해관계에 중대한 영향을 미친다. 부진정연대채무는 채권의 담보력을 강화해서 채권의 현실적인 만족을 얻도록 하기 위한 목적을 가지고 있는데, 이는 채무자의 일부 변제 효과를 판단할 때에도 고려되어야 한다. 금액이 다른 채무가 서로 부진정연대의 관계에 있을 때 채권자를 기준으로 해서는 단독 부담부분이 변제이익이 많다고 볼 수 있지만, 채무자를 기준으로 해서는 경우에 따라 변제이익이 달라질 수 있어 공동 부담부분과 단독 부담부분 중 어느 쪽도 변제이익이 많다고 단정할 수 없다. 따라서 채무자의 변제이익이 많은 채무에 법정충당의 우선권을 부여한 민법 제477조 제2호를 부진정연대채무에 유추적용할 수 없다. 제477조 제4호는 채권자가 아닌 채무자의 변제이익을 기준으로 법정변제충당을 정하고 있는 것으로, 채권자의 채권 만족을 확보하기 위한 부진정연대채무와는 규범목적이 상반된다. 부진정연대의 관계에 있는 채무자가 채무를 일부 변제한 경우 위 조항을 유추적용하여 공동 부담부분과 단독 부담부분이 그 금액에 비례하여 소멸한다면, 채권자를 보호하기 위해서 부진정연대채무를 인정하는 취지가 몰각된다. 그 결론이 채무자에게 반드시 이익이 되는 것도 아니다. 결국 부진정연대채무에 위 조항을 유추적용하면 제도의 목적에 반하는 불합리한 결과가 나온다. 사안의 유사성만으로 불합리한 결과를 가져오는 유추의 정당성까지 긍정할 수는 없다."고 한다.

부진정연대채무의 성격이나 일반추상적 당사자의 의사로부터 이런 결론을 도출한 것을 해석론이라고 할 수 있는지는 의문이다. 결론의 당부는 법질서 전체의 관점에서 보아야 할 것인데, 법관의 세계관에서 결론의 부당성을 전제한 후 유추적용을 포기하는 것이 해석론일 수 있는지 의문이다. 결론적으로 위 대법원 전원합의체 판결은 사법정책적 결단에 기한 새로운 법창설이라고 보는 것이 더 적절할 것이다. 법원이 새로운 법질서를 창출하는 것은 그 고유한 권한일 것이고, 이 결론에 대해서는 학문적 성찰이 필요할 것이다.

3. 소송과 강제집행에서의 연대채무

가. 채권자는 동시 또는 순차로 연대채무자의 전원 또는 수인에 대해, 전부 또는 일부의 청구를 할 수 있다. 그 점에서 수인의 연대채무자를 상대로 소를 제기하더라도 이는 필요적 공동소송이 아닌 통상의 공동소송이다. 일부 연대채무자를 상대로 한 소송이 계속되어 있더라도 다른 연대채무자를 상대로 한 소제기가 중복제소가 되지 않는다. 일부 연대채무자에 대한 판결이 확정된 후 현실적으로 이행받을 때까지 다른 채무자를 상대로 이행의 소를 제기할 수 있고, 전소의 기판력은 후소에 미치지 않는다. 일부 연대채무자에 대해 전액을 소구한 후 판결선고 전에 다른 채무자로부터 일부변제를 받았다면 채권자는 그 잔액에 대해서만 승소판결을 받을 수 있다. 한편 채권자가 연대채무자 중 1인을 상대로 소를 제기하여 그 청구가 인용된 경우 연대채무자가 부담할 소송비용은 연대채무가 아니다.[25]

나. 채권자가 연대채무자 중 1인을 상대로 소를 제기한 경우, 연대채무자가 소송고지를 하면 이로써 소송참가와 같은 효력이 발생한다(민사소송법 제84조 이하 참조). 채권자가 공동소송의 형태를 취하지 않고 연대채무자 중 1인만을 상대로 소를 제기한 경우 연대채무자로서 책임을 진다는 사실을 판결문에 표시할 필요는 없다. 공동소송의 형태를 취한 경우 재판실무는 판결의 주문에 피고들 간의 관계를 표시하고 있다. 즉 불가분채무나 부진정연대채무인 경우에는 '각자'로, 연대채무의 경우에는 '연대하여'로 표시하며, '각자'가 아닌 '각'이란 표현은 피고의 의무의 중첩관계를 표시하는 것이 아니라 독립적 관계를 표시하는 것으로 관용되고 있다고 한다. 따라서 공동채무관계에 있음에도 불구하고 이를 표시하지 않고 각 피고별 의무액을 독립적으로 표시하면, 그 각 의무액의 산술적 합산액의 지급을

25 민법주해 X, 채권(3), 박영사(1995), 91(차한성) 참조. 다만 공동소송의 경우 민사소송법 제102조 제1항 단서에 의해 연대하여 부담하도록 한 경우에는 연대채무가 될 것이다.

명하는 결과가 되어 위법하다고 한다.[26]

다. 채권자는 동시 또는 순차로 연대채무자의 전원이나 수인에 대해, 전부 또는 일부의 청구를 할 수 있다는 것은 강제집행의 단계에서도 관철된다. 이 때 채권자는 자신의 채권액 이상의 지급받을 가능성도 있나. 어느 연대채무자에 의해 강제이행 되면 여타의 채무자도 공동면책된다. 따라서 채권자의 채권이 더 이상 존재하지 않을 때에는 연대채무자는 집행이의의 소를 제기할 수 있다(민사집행법 제45조). 현실적으로 초과집행이 있는 경우, 즉 2중변제를 한 연대채무자는 채권자에게 부당이득반환청구를 할 수도 있고, 민법 제426조에 의한 구상권을 행사할 수도 있다(☞ 자세한 것은 민법 제426조 주석 참조).

4. 파산절차와 연대채무

가. 파산법의 규정

연대채무자의 전원 또는 수인이나 1인이 파산선고를 받은 때 채권자는 각각의 파산재단의 배당에 참가할 수 있는데, 파산재단의 배당에 참가할 수 있는 금액에 관하여는 채무자회생 및 파산에 관한 법률 제428조에서 특별한 규정을 두고 있다. 즉 "여럿의 채무자가 각각 전부의 채무를 이행하여야 하는 경우 그 채무자의 전원 또는 일부가 파산선고를 받은 때에는 채권자는 파산선고시에 가진 채권 전액에 관하여 파산채권자로서 그 권리를 행사할 수 있다." 이에 따르면 배당에 참가할 수 있는 금액은 파산선고시의 채권이고 일단 배당에 참가한 뒤에는 다른 파산재단으로부터 일부배당을 받거나 파산하지 않은 채무자로부터 일부 임의변제를 받더라도 배당참가액을 감액할 필요가 없다. 그러나 파산선고 이전에 이미 배당 또는 변제를 받은 금액이 있다는 그것은 공제되어야 한다.

나. 학설

학설 중에는 파산개시 전의 금액을 기준으로 하는 우리 파산법 규정은 파산배당이 2, 3할인 점을 감안할 때 채권자를 충분히 보호할 수 없게 되어, 채권 강화라는 연대채무의 특질을 무시하는 것이며, 선행한 파산절차의 종료, 즉 배당이 후행하는 파산절차 개시 이전인가 이후인가에 따라 배당에 가입할 수 있는 채권액에 차이를 두게 되어 불공평하다고 하면서, 항상 전액으로 배당에 가입할 수 있

26 민법주해 X, 채권(3), 박영사(1995), 88(차한성) 참조. 대법원 1977. 11. 8. 선고 77다1558 판결, 대법원 1984. 6. 26. 선고 84다카88, 89 판결 참조.

도록 하는 스위스 파산법 규정이 합리적이라고 주장하는 견해가 있다.[27] 또한 부진정연대채무에는 파산법 제19조의 적용이 없다고 하는 견해도 있다.[28] 이에 따르면 부진정연대채무의 경우에는 설령 파산절차 개시 이전에 일부변제를 받았다 하더라도 원래의 부진정연대채무액 전액으로써 파산절차의 배당에 참가할 수 있다는 것이다.

다. 비교법

독일의 경우, 수인 또는 전원의 연대채무자에 대해 파산절차가 개시된 경우에도 채권자의 지위에는 변함이 없다. 즉 채권자는 파산채권자(Insolvenzgläubiger)로서 파산개시 시점에서의 채권액으로써 배당에 참가할 수 있다(독일의 파산법 제43조). 파산 개시 전에 연대채무자의 일인으로부터 일부변제를 받은 경우에는 이를 공제한 나머지 금액으로써 배당에 참가할 수 있다. 그러나 파산법 제43조는 '채권의 완전한 실현이 있을 때까지 그 전액(배당요구한 전액)을 행사할 수 있다'고 정하기 때문에, 파산 개시 후 다른 연대채무자의 파산재단으로부터 일부변제를 받더라도 파산절차 개시 시점에서의 채권액에 영향을 주지는 않는다. 즉 당초의 배당요구 채권액이 감축되지 않는다.[29] 이 점에서만 독일 민법 제422조의 실체법상의 규정과 차이가 있다. 이는 연대채무관계의 장점을 파산절차에서도 효력이 있도록 하기 위한 것이라고 한다.[30] 물론 파산절차가 개시되지 않은 연대채무자로부터 일부변제가 있는 경우에는, 파산절차에서 배당요구하는 금액에서 일부변제받은 금액을 공제하여야 한다는 주장도 있다.[31] 그러나 동법 제43조는 파산절차 개시 시점의 채권액을 기준으로 해서, 완전한 만족이 있을 때까지 권리를 행사할 수 있도록 정하고 있고, 동법 제44조는 일부변제한 연대채무자는 구상채권에 관하여 파산절차에 참가할 수 없다고 규정하고 있음[32]을 근거로 이에 반대하는 견

27 곽윤직, 채권총론, 박영사(2003), 164; 김주수, 채권총론, 삼영사(1999), 285; 김증한/김학동, 채권총론, 박영사(1998), 229; 김상용, 채권총론, 화산미디어(2014), 281; 민법주해 X, 채권(3), 박영사(1995), 92(차한성); 주석 민법, 채권총칙(2)(제3판), 한국사법행정학회(2000), 191 이하(강봉수) 참조. 일본 학설도 이런 견해가 적지 않다. 注釋民法(11), 債權(2), 有斐閣(1965), 111(椿壽夫) 참조.

28 곽윤직, 채권총론, 박영사(2003), 177; 김형배, 채권총론, 박영사(1998), 484 참조.

29 BGHZ 117, 127; BGH NJW 1969, 796 참조.

30 Staudinger/Noack, BGB, § 422 Rn. 125 ff. 참조.

31 MünchKomm/Selb, BGB, § 422 Rn. 35.

32 독일 파산법(InsO) 제44조는 연대채무자는 채권자가 자신의 권리를 행사하지 않을 때에 한하여 파산선고를 받은 연대채무자에 대한 장래의 구상채권으로써 배당요구를 할 수 있다고 정하고 있다. Staudinger/Noack, BGB, § 426 Rn. 200 참조.

해도 있다.[33] 다른 연대채무자의 일부변제가 있으면 그것으로써 청구액을 충족시킬 것이므로 배당액이 그만큼 감축되고, 따라서 파산채권자에게 초과지급되는 것을 막는다고 한다. 한편 다른 연대채무자로부터 전부 변제를 받은 경우 그 때부터는 채권자는 더 이상 파산절차의 배당에 참가할 수 없고 대신 변제한 연대채무자가 구상권으로써 배당에 참가할 수 있다고 한다.[34] 파산법 제43조는 독일 민법 제422조의 예외규정이므로 좁게 해석되어야 한다고 한다. 가령 A, B 2명의 연대채무자 중 A는 전액, B는 그 중 1/2에 대해 채권자에게 책임이 있는 경우, B가 자기 책임부분 전부를 변제한 경우 파산절차에 전액으로 채권신고한 채권자의 채권액은 반으로 감축되어야 한다는 것이다.[35]

스위스의 채권집행 및 파산법(Bundesgesetz über Schuldbetreibung und Konkurs)은 수인의 연대채무자가 파산한 경우 채권 전액으로써 배당참가할 수 있고, 파산절차에서 채무 전액을 변제한 것이 아니면 일부변제를 이유로 다른 연대채무자의 구상은 인정되지 않는다고 한다(동법 제216조 제3항). 파산개시 전에 일부변제가 있었던 경우라도 다른 연대채무자의 구상권 유무와 무관하게 채권자는 채권전액으로써 배당참가할 수 있지만(동법 제217조 제1항), 배당신고할 권리는 채권자와 일부변제한 연대채무자에게 속하며, 배당절차에서 먼저 채권자를 만족시킨 후 잔액을 일부변제한 연대채무자에게 배분하도록 정하고 있다(동법 제217조 제2항).

프랑스 법에서는 완전변제를 받을 때까지 채권 전액으로써 배당요구할 수 있지만, 어떤 채무자에 대해서도 파산절차가 개시되기 전에 채무자로부터 일부변제를 받은 경우에는 그 금액을 제외한 나머지 금액으로써 파산절차에 배당요구할 수 있다고 한다.

라. 사견

연대채무자 전원 또는 일부가 파산하기 전에 채권자가 연대채무자 중 1인 또는 수인으로부터 일부변제를 받았다면, 채권자의 채권은 이를 공제한 잔액으로 감축된다. 이 상태에서 연대채무자 전원 또는 일부가 파산되었다면 채권자는 잔존채권으로써 각 파산재단에 배당요구를 할 수 있다는 것은 실체법 규정인 민법 제413조, 제414조의 원칙에 일치한다. 파산채권자에 대한 여타의 채권자도 파산선

33 Staudinger/Noack, BGB, § 422 Rn. 128. 참조.
34 Staudinger/Noack, BGB § 422 Rn. 129 참조.
35 BGH NJW 1969, 796; Staudinger/Noack, BGB, § 422 Rn. 130 참조.

고 전에 일부변제를 받았다면, 잔존채권으로써 배당요구를 할 것이다. 이 점을 감안하면, 연대채무의 경우 일부변제에도 불구하고 채권자가 원래의 채권 전액으로써 배당요구할 수 있도록 하는 것은 다른 채권자에 비해 연대채권자를 특별히 우대하는 것이며, 이를 정당화할 근거를 찾기 어렵다.

한편 채권자가 연대채무자의 파산재단에 배당요구를 하지 않으면, 다른 연대채무자가 장래의 구상권으로써 배당요구를 할 수 있고, 채권자가 파산선고 시의 채권 전액으로써 배당요구를 하면 장래의 구상권으로써 배당요구 할 수 없다. 그런데 파산채권자가 파산선고시의 채권 전액으로써 배당요구를 한 후, 다른 연대채무자로부터 일부변제를 받은 경우, 배당요구한 채권자의 채권에는 변함이 없지만, 그 연대채무자는 변제한 비율에 따라 채권자의 채권을 취득한다[채무자회생 및 파산에 관한 법률 제430조 제2항(구 파산법 제21조 제2항에 상당)]. 그러나 이 규정의 해석에는 신중을 기해야 할 것이다. 즉 채권자의 채권이 전부 만족을 얻은 것이 아니라면 채권자에게 우선배당될 것이고, 채권자가 전부 만족을 얻었다면 잔액은 대위변제자인 연대채무자에게 귀속될 것이다.[36] 또한 채무자회생 및 파산에 관한 법률 제430조 제2항에 의해 채권자의 채권을 취득할 연대채무자는 자기의 부담부분 이상을 변제한 자여야 하며, 파산재단으로부터 채권자에게 배당된 금액이 파산채무자의 부담부분을 넘은 경우에는 대위변제자는 동조에 기해 채권자의 채권을 취득할 수 없다. 이렇게 해석해야만 민법 제413조, 제414조의 원칙이 연대채무자의 파산절차에서도 그대로 관철될 수 있을 것이다. 실체법상의 규정보다 채권자를 더 우대할 특별한 이유가 없기 때문이다.

이상을 감안하면 현행법에 따르면 다음과 같이 처리될 것이다. 가령 내부적 부담부분이 동일한 연대채무자 A, B, C 가 900의 연대채무를 부담하는 경우, ① A, B, C 가 파산한 경우 채권자는 900의 채권 전액으로써 파산재단에 배당요구를 할 수 있다. ②B, C 가 파산하자 채권자가 채권 전액(900)으로 배당요구를 하였는데, 그 후 A 가 300을 변제하였다면, 채권자의 채권에 감축이 발생하지 않는다. 그렇다고 A 가 채권자의 채권 또는 구상권으로써 배당요구를 할 수 없다. 자신의 부담부분을 넘어서 채권자를 만족시킨 것이 아니기 때문이다.[37] ③A 가 300을 일

36 대위는 채권자를 해하지 못한다는 원칙에 따라 이렇게 처리될 것이다. 대법원 1995. 3. 3. 선고 94다33514 판결 참조.

37 ☞ 부담부분의 해석에 관하여는 제425조 주석 참조.

부변제한 후 B, C 가 파산하였다면, 채권자는 600의 채권으로써 배당요구 할 수 있고, A 는 구상권으로써 배당요구할 수 없다. 왜냐하면 자신이 부담부분을 넘어서 채권자를 만족시킨 것이 아니기 때문이다. ④B 의 파산재단에 채권자가 채권 전액(900)으로써 배당요구를 하였는데, 그 후 A 가 400을 변제하였다면 채권자는 B 의 파산재단으로부터 500까지 배당받을 수 있다. 현실적으로 채권자가 300 이상을 배당받았다면, A 는 채무자회생 및 파산에 관한 법률 제430조 제2항에 의해 채권자의 채권을 대위취득하여 배당받을 수 없다. 왜냐하면 B 는 자신의 부담부분 이상을 변제하였으므로 원칙적으로 A 에 대해 구상의무를 부담하지 않기 때문이다.[38] 이런 결론으로써 채권자의 실체법상의 권리가 파산절차에서도 가능한 한 관철될 수 있고, 연대채무에서의 채권자를 여타의 채권자보다 불이익하게 취급하지도 않고, 채권자가 확보하고자 하였던 원래의 담보기능을 초과하는 권한을 부여하지도 않는 공평이 실현될 수 있다. 이 점에서는 우리 법이 매우 타당한 입법임을 알 수 있다. 스위스의 채권집행 및 파산법과 비교해 볼 때의 차이는, 스위스 법에서는 위 ③의 경우 채권자가 600이 아니라 900으로써 배당요구를 할 수 있다는 점에 있다. 이런 처리는 이미 채무 일부가 소멸되었음에도 불구하고 연대채무자 있는 경우의 채권자를 여타의 채권자보다 우대한다는 단점이 있음을 간과해서는 안 될 것이다.

또한 일부 학설처럼 부진정연대채무에는 채무자 회생 및 파산에 관한 법률 제419조가 적용되지 않는다거나, 부진정연대채무에서는 채권자가 일부변제를 받더라도 다른 부진정연대채무자에게 원래의 채권 전액을 행사할 수 있다거나, 파산절차에서 원래의 채권 전액으로써 배당요구를 할 수 있다는 것은 부진정연대채무의 개념에 반할 뿐 아니라, 부진정연대채무에서의 채권자를 다른 채권자에 비해 근거없이 우월적으로 취급하는 이론이며, 이를 정당화할 수 있는 근거를 찾기 어렵다고 볼 것이다.

38 물론 채무자회생 및 파산에 관한 법률 제430조 제2항의 해석을 둘러싸고는 다양한 견해가 있을 수 있다. 日本 破産法 제26조의 해석에서도 마찬가지인데, 본문과 같은 해석이 다수설이다. 齊藤秀夫/麻上正信/林屋札二편, 注解 破産法(제3판)(上卷), 青林書院(1998), 158-159 참조. ☞ 그 밖에 상세한 것은 제425조의 주석 참조.

Ⅲ. 채권자의 권리행사와 관련된 특수한 문제

1. 연대채무자 1인의 사해행위와 채권자취소권

통설은 연대채무자 중 1인이 사해행위를 한 경우 다른 연대채무자의 자력 여하를 불문하고 채권자는 그 취소를 소구할 수 있다고 한다.[39] 채권자는 연대채무자 중 누구로부터도 채권 전액을 청구할 수 있는데, 연대채무자 중 1인이 자력감소행위를 하였다면 채권자와의 관계에서 사해행위임에는 변함이 없기 때문이다.

2. 연대채무의 공동상속

가. 문제상황

연대채무자 중 1인이 사망하고 그 상속인이 1인이라면 상속인과 다른 연대채무자 사이에 연대채무가 존속한다는 점에 의문이 없다. 그러나 ①상속인이 수인인 경우 상속분에 따라 그 연대채무가 분할되는지 여부, ②분할될 경우 다른 연대채무자와의 관계가 문제된다.

나. 기존의 학설

1) 다수설

공동상속인은 그 상속재산을 공유로 한다고 규정하는데(민법 제1006조), 다수설은 공유설을 취한다.[40] 이에 따르면 피상속인의 채무가 가분채무이면 이는 당연히 공동상속인에게 분할되고, 불가분채무인 경우에는 공동상속인들이 부담하는 채무도 불가분채무가 된다.[41] 대법원 판결[42] 및 일본 판례[43]는 가분채무는 공동상속인에게 당연히 분할된다고 한다. 연대채무도 가분채무이므로 상속인들은 각각 그 분할승계된 범위 내에서 다른 채무자와 연대채무를 부담하며 상속인 상호간에는 연대관계는 존재하지 않는 것으로 보고 있다. 가령 A, B가 90의 연대채무를

39 김주수, 채권총론, 삼영사(1999), 285; 김상용, 채권총론, 화산미디어(2014), 281; 주석 민법, 채권총칙(2)(제3판), 한국사법행정학회(2000), 192(강봉수); 민법주해 X, 채권(3), 박영사(1995), 92(차한성) 참조.

40 양창수, 공동상속재산의 공유, 법정고시, 1996년 9월호, 34 참조.

41 민법주해 X, 채권(3), 박영사(1995), 93-94(차한성); 주석 민법 채권총칙(2)(제3판), 한국사법행정학회(2000), 193(강봉수) 참조.

42 대법원 1980. 11. 25. 선고 80다카1847 판결, 대법원 1997. 6. 24. 97다8809 판결(공보 1997년, 2285) 참조.

43 注釋民法(11), 債權(2), 有斐閣(1965), 193은 日最判 1959. 6. 19.(民集 13-6, 757)을 인용하고 있다.

부담하고(내부적 부담부분은 동일), 처와 자녀가 A를 상속하였다면, 처는 54, 자녀는 36의 채무를 부담하고, 처와 자녀 사이에는 연대관계가 없고, 공동상속인 전체와 B 간에는 연대채무관계가 있다고 한다.[44] 그러면서 채권자가 공동상속인 중 1인에게 청구하면 다른 연대채무자에게 절대효가 생기지만, 다른 공동상속인에 대해서는 아무런 영향이 없고, 다른 연대채무자에게 청구하면 공동상속인 전원에 대해 절대적 효력이 생긴다고 한다.

2) 소수설

우선 민법 제1006조의 "공유"를 합유로 이해하는 견해도 있다.[45] 합유설은 상속재산분할이 이루어질 때까지 채권·채무는 공동상속인에게 연대적으로 귀속된다고 한다. 이 이론은 제1006조의 "공유"라는 문언에 반할 뿐 아니라, 합유에 관한 민법 규정에도 반하는 해석을 하고 있다는 점[46]에서 오늘날 이를 지지하는 견해를 찾기는 어렵다. 합유자가 부담하는 채무는 법률 또는 법률행위에 의해 달리 정하지 않는 한, 민법 제712조 이하의 규정을 표준으로 하여 처리하여야 할 것이기 때문이다.

한편 연대채무는 그 급부가 불가분임을 본질로 하기 때문에 공동상속인은 본래의 채무와 같은 연대채무를 부담한다는 학설도 있고,[47]가분채무라 하더라도 공동상속의 경우에는 채권자보호를 위해 불가분채무로 해석하여야 한다는 견해도 있다.[48] 그러나 우리 법의 연대채무는 가분채무임을 전제하기 때문에, 그 급부가 불가분임을 본질로 한다는 것은 잘못된 전제에 기초하여 법률적 주장을 하는 것이므로 수용하기 어렵다. 또 상속채권자의 보호를 위해 가분채무라 하더라도 불가분채무로 해석해야 한다는 견해는 상속이라는 우연한 사정으로 인해 상속채권자가 과잉보호받게 되는 것을 간과하고 있기 때문에 수용하기 어렵다. 즉 상속채권자는 피상속인의 책임재산으로 자신의 채권이 만족될 것이라고 예상하였을 것인데, 상속재산의 분리청구권으로써 이를 실현할 수 있다. 그런데 공동상속인이

44 이 예는 민법주해 X, 채권(3), 박영사(1995), 94-95(차한성)에서 차용한 것인데, 설명의 편의를 위해 약간 변형하였다.

45 정광현, 신친족상속법요론, 법문사(1962), 357; 이근식/한봉희, 신친족상속법, 일조각(1978), 243 참조.

46 이 학설은 공동상속인이 있을 때 상속재산을 이들이 합유적으로 취득한다고 규정한 독일 민법 제2032조, 상속채권자에 대해 공동상속인은 연대채무자로서 책임이 있다는 동법 제2058조 이하를 그대로 우리 법의 해석에 원용하려는 것이다.

47 김주수/김상용, 친족상속법, 법문사(2018), 692 참조.

48 곽윤직, 상속법, 박영사(2004), 232-233 참조.

당연히 연대채무를 부담한다고 하면, 상속채권자는 피상속인의 책임재산에 덧붙여 상속인의 고유재산을 책임재산으로 파악할 수 있기 때문에 상속채권자를 과잉보호하게 된다는 것이다. 즉 상속으로 인해 채권자의 담보기능이 강화되는 셈이라는 것이다.

다. 사견

연대채무는 가분채무이므로, 공동상속인에게 그 상속분에 따라 분할귀속된다는 이론이 타당하다. 그러나 공동상속인 간에는 연대채무관계가 없고, 다른 연대채무자와 공동상속인 간에만 연대채무관계가 있다는 다수설에는 문제가 있다. 다수설은 내부적 부담부분을 감안하지 않았기 때문이다. 위 Ⅲ. 1. 나. 1)의 예를 중심으로 살펴본다. 내부적 부담부분 역시 내부관계에서 A가 부담하여야 할 채무라는 점을 감안하면, 처와 자녀의 부담부분은 각각 27, 18이 될 것이다. 위 학설처럼, B와 처는 54의 한도에서, B와 자녀 사이에는 36의 한도에서 각각 연대채무관계가 있다면, 처가 54를 변제한 경우 B의 채무도 54만큼 감축될 것이다. 이 때 처가 B에게서 27을 구상할 수 있다고 할 것인가가 문제된다. 만약 A가 54를 변제하였다면 그는 B에게 9만을 구상할 수 있을 것인데, 처가 변제하였다고 해서 27을 구상할 수 있다고 하면, 상속으로 인해 B의 부담부분이 증가하는 결과가 될 수 있다.[49] 만약 자녀가 36을 변제하였다면 그는 자신의 부담부분 18을 초과한 18을 B에게서 구상할 수 있다고 하면, 이것 역시 A의 사망으로 인해 B가 불이익한 결과가 된다. 이런 결론을 회피하기 위해서는 결국 처가 54를 변제한 경우 그는 마치 A가 변제한 것과 마찬가지로 B로부터 9를, 자녀로부터 18을 구상할 수 있다고 해야 한다. 한편 B가 45를 변제하면, 처의 채무는 45만큼, 자녀의 채무는 36만큼 여전히 남아 있을 것이다. 이 상태에서 처가 45를 변제하면, 처는 자녀로부터 18을 구상할 수 있게 된다. 이렇게 보면 공동상속인인 처와 자녀 사이에는 A의 부담부분 45를 한도로 연대관계가 있고, 따라서 처와 자녀 간의 공통부분인 36만큼은 연대채무관계에 있는 것과 같이 처리될 것이다. 또한 B와 처간에는 54만큼 연대채무관계에 있고, 45를 초과한 9는 B의 내부적 부담부분이 될 것이다. 그러나 자녀가 36을 변제한 경우, 마치 A가 변제한 것과 마찬가지로 그는 B에게

49 물론 B가 나머지 금액을 전부 변제하면 자녀에게 구상할 수 있을 것이므로, 종국적인 내부적 부담부분에는 변화가 없다. 그러나 위 본문과 같은 처리는 자녀의 무자력위험을 B가 부담하여야 하는 예상치 않은 결과를 가져 올 것이다.

서는 구상할 수 없고, 처로부터 18을 구상할 수 있을 것이다. 구상의무에 응하더라도 처는 B와 연대채무관계에 있으므로 그의 채무는 여전히 54가 된다. 처가 54를 변제하게 되면 그는 B에게 45를 구상할 수 있다고 해야 한다.

그러므로 다음과 같은 정식이 이런 관계를 가장 적절하게 설명할 수 있을 것이다. ①연대채무자를 공동상속한 경우 대외관계 및 대내관계에서의 피상속인의 채무는 각각 분할되어 상속되고, ②내부적 부담부분을 초과하여 채권자에게 부담하는 채무에 대해 공동상속인 상호간에는 연대채무관계가 성립하며, ③공동상속인 전체와 다른 연대채무자 간에 연대채무관계가 성립하는데, 그 특징은 공동상속인의 변제가 피상속인의 부담부분을 넘어섰다면 다른 연대채무자에게 구상할 수 있고, 다른 연대채무자가 자신의 부담부분을 넘어서서 변제한 경우 공동상속인의 부담부분의 한도에서 구상할 수 있는데, 어느 일방이 무자력이 될 때 민법 제427조에 따라 처리된다는 것에 있다.[50] 따라서 채권자가 공동상속인 중 1인과의 사이에서 발생한 사유는 다른 공동상속인 및 다른 연대채무자와의 관계에서 절대효가 발생할 수 있다는 것이다.[51]

3. 채권양도

가. 연대채무자 중 1인 내지 일부에 대한 채권을 타에 양도할 수 있음은 널리 인정되고 있다.[52] A, B가 연대채무자인 경우 채권자가 A에 대한 채권을 타에 양도한 경우, A는 양수인에게 채무를 이행하여야 하고, B는 종래의 채권자에게 채무를 이행하여야 한다. 이 때 동일한 채무를 각기 다른 채권자에게 부담하는 것과 같은 외양을 가지지만, A, B가 연대채무자라는 성격에는 변함 이 없다. 채권자의 일방적 행위로 종래의 채권관계에 변화가 생기지 않기 때문이다. 채권양수인과 A 사이에 발생한 사유는 B와 채권양도인에게도 그 효력을 미친다고 할 것이며, A, B 사이의 내부관계에 관한 민법 제425조 이하의 규정도 그대로 적용될 것이다.

나. 채권자가 연대채무자 A, B에 대한 채권 모두를 양도하였으나 그 중 A에 대해서만 통지한 경우도 있을 것이다. 이때에도 위 1)과 마찬가지로 채권 양수인

50 부담부분의 의미에 관하여는 제425조에서 다시 상론한다.
51 이 논의에서 구상의 전제인 '자기의 부담부분'을 비율을 기준으로 볼 것인지, 아니면 가액을 기준으로 볼 것인지에 따라 보다 복잡한 논의가 있을 것이다. ☞ 이 문제에 관한 상론은 아래 민법 제424조 주석 참조.
52 이에 대해서는 민법주해 X, 채권(3), 박영사(1995), 92(차한성) 참조.

은 A에 대해서만 채권을 행사할 수 있다. 이 때 A, B의 채권양도인 및 양수인에 대한 관계는 결과적으로 위 Ⅲ. 1. 나. 1)에서 설명한 것과 동일할 것이다.

4. 변제충당

채무자가 다른 채무자와 공동으로 부담하는 연대채무와 단독채무를 지고 있을 때, 위 양 채무 모두를 변제하지 못하는 변제를 한 경우, 그 일부변제는 어느 채무의 변제에 충당되는지가 문제된다. 학설은 채무자 또는 채권자에 의한 지정이 없는 경우 단독채무가 연대채무보다 변제이익이 더 크기 때문에 다른 특별한 사정이 없으면 전자의 변제에 충당된다고 한다.[53] 1개의 채무 중 일부에 대해서만 연대관계가 있는 부등액 연대채무에서도 동일하다고 한다.[54] 후자의 경우에는 적은 범위의 채무를 부담하는 연대채무자와 채권자 사이의 명시적 또는 묵시적 합의에서 변제충당의 방법을 구하여야 한다(☞ 앞의 민법 제414조 Ⅱ. 2. 주석 참조). 부진정연대채무의 경우 위 Ⅱ. 2.에서 언급한 대법원 2018. 3. 22. 선고 2012다74236 전원합의체 판결로 결론에서는 연대채무의 경우와 다를 바 없이 처리된다.

5. 제3자의 변제

연대채무자 아닌 제3자가 변제할 수도 있다(민법 제469조). 첫째, 이해관계 있는 제3자가 연대채무자 전원을 위해 변제하는 경우, 그는 연대채무자 전원에 대해 전액으로 구상할 수 있다. 이 때 각각의 연대채무자와의 내부적 법률관계(계약, 사무관리법 또는 부당이득법)에 기한 구상권과 민법 제481조의 변제자대위로 취득한 채권자의 채권(연대채무자 전원에 대한 채권)과 담보권으로써 구상할 수 있다.

둘째, 이해관계 있는 제3자가 연대채무자 중 1인을 위해 변제하는 경우, 그 1인에 대해 내부관계에 기한 구상권과 그 자에 대한 채권자의 채권과 담보권으로써 구상할 수 있음은 위 첫째와 동일하다. 이 때 제3자가 보증인일 경우에는 그 주채무자가 다른 연대채무자에게 구상할 수 있는 범위에서만 구상권을 가지도록 규정하고 있다(민법 제447조).

그런데 제3자가 보증인이 아닌 경우, 다른 연대채무자에게 구상할 수 있는지, 어떤 범위에서 구상할 수 있는지가 문제된다. 독일법에서는 그 제3자는 피대위자인 연대채무자에 대한 채권자의 채권을 취득하겠지만, 다른 연대채무자에 대한

53 곽윤직, 채권총론, 박영사(2003), 251; 민법주해 X, 채권(3), 박영사(1995), 95(차한성) 참조.
54 민법주해 X, 채권(3), 박영사(1995), 95(차한성) 참조.

채권자의 채권을 취득하지는 않는다고 한다.[55] 또한 제3자와 다른 연대채무자 간에는 사무관리관계나 부당이득반환관계도 성립할 수 없으므로, 법률에 다른 규정이 없는 한, 구상할 수 없다고 한다.[56] 그렇지만 제3자의 변제로 연대채무 전부가 소멸하게 되는 효과가 발생하고, 이는 제3자의 피대위자를 위한 변제로 인한 것이므로, 피대위자는 다른 연대채무자에게 구상권을 취득할 수 있다.[57]

이 문제를 상론한 우리 학설은 없지만, 민법 제447조를 설명하면서, 만약 동조가 없었다면, 주채무자인 연대채무자가 제3자(보증인)에게 구상해 준 후, 다른 연대채무자에게 각자의 부담부분에 따라 구상권을 행사할 수 있을 것이라고 설명하는 견해가 있다.[58] 부진정연대채무관계에서 그 중 1인을 위한 보험자가 피보험자를 대위변제한 사안이기는 하지만, 대법원(가령 대법원 1999. 6. 11. 선고 99다3143 판결 등 참조)은 피대위자(가령 수인의 가해자 중 1인)가 피해자의 가해자에 대한 채권을 취득하고, 또한 피대위자가 다른 가해자에 대한 구상권을 취득하며, 대위변제자는 이것을 상법 제682조의 보험자대위로 취득한다고 한다. 제3자의 대위변제로 피대위자의 연대채무가 소멸하고, 그 결과 다른 연대채무자의 채무도 소멸하므로, 법률적으로는 피대위자가 변제한 것과 같이 취급할 수도 있다. 그 결과 피대위자가 채권자의 다른 연대채무자에 대한 채권을 취득하고 또는 내부관계에 기한 구상권도 취득할 수 있다. 보험자대위와 변제자대위는 동일한 법정신에 기초한 것임을 전제한다면,[59] 피대위자와의 관계에서 변제할 정당한 이익이 있는 제3자와 다른 연대채무자도 피대위자의 채무를 소멸시킬 공동의 이익이 있는 자라고 볼 수 있고, 제3자가 피대위자로부터 다른 연대채무자에 대한 구상권과 채권자의 채권을 대위취득한다고 볼 수 있을 것이다. 결과적으로 민법 제447조를 유추적용하는 것과 동일한 결과가 될 것이다.

셋째, 이해관계 없는 제3자가 연대채무자 전원을 위하여 변제하는 경우, 그는

55 Staudinger/Noack, BGB, § 422 Rn. 32 참조.

56 독일 민법 제268조의 변제권있는 제3자(우리 법의 변제할 정당한 이익이 있는 제3자에 유사)가 연대채무자 중 1인을 위해 변제한 경우 이와 같이 처리된다고 한다. Staudinger/Noack, BGB, §422 Rn. 33 ff.

57 그러나 제3자에게 구상의무를 이행한 후 채권자의 채권과 담보권을 취득할 수 있을 것이라고 한다. Staudinger/Noack, BGB, §422 Rn. 32, 35 참조.

58 민법주해 X, 채권(3), 박영사(1995), 358(박병대) 참조.

59 보험계약자 또는 피보험자의 손해가 제3자에 의해 발생한 경우, 제3자와 보험자는 전자의 손해를 전보할 공동의 책임을 지므로, 보험자가 그 손해를 전보해 준 경우에는 전자의 제3자에 대한 권리를 대위취득할 있도록 한 것이 보험자대위이기 때문이다.

연대채무자 전원에 대해 전액으로써 구상할 수 있다. 구상의 근거 및 범위는 각각의 연대채무자와의 내부적 법률관계(계약, 사무관리법 또는 부당이득 법)에 의해 결정될 것이다. 이 때 제3자가 임의대위를 하면 채권자의 채권으로써도 구상할 수 있다.

넷째, 이해관계 없는 제3자가 연대채무자 중 어느 1인을 위하여 변제하는 경우도 있을 것이다. 대위변제자가 피대위자에게 전액을 구상할 수 있음은 위 셋째와 동일하다. 그러나 민법 제480조에 의해 다른 연대채무자에 대한 채권 을 취득하지 않는 한, 다른 연대채무자에 대해서는 구상할 방법이 없다.[60] 한편 임의대위자의 변제로 피대위자의 채무가 소멸될 것이고, 그로 인해 그 피대위자는 다른 연대채무자에 대한 구상권과 채권자의 다른 연대채무자에 대한 채권과 담보권을 취득한다는 것은 위 둘째와 동일하게 처리될 것이다. 그러나 그 구상권 및 채권과 담보권은 임의대위변제자에게 당연히 이전되지는 않는다.

다섯째, 이해관계 없는 제3자의 변제가 연대채무자 전원을 위해 변제하였지만, 그 중 1인의 의사에 반하는 경우도 있을 것이다. 의사에 반한 변제가 이루어진 채무자의 채무는 변제로 소멸하지는 않겠지만, 그 자를 제외한 다른 연대채무자의 채무가 소멸됨으로써 연대채무자 전원의 채무가 소멸되는 효과가 발생한다.[61] 이 때 일부 학설은 대위변제자는 의사에 반하지 않는 채무자에게 구상하고, 후자는 의사에 반하여 변제된 채무자에게 다시 구상하게 된다고 하고,[62] 다른 일부 학설은 민법 제447조를 유추적용하여 제3자가 의사에 반하여 변제된 연대채무자에게 그의 부담부분의 한도에서 구상권을 인정하여야 한다는 견해도 있다.[63] 그러나 제3자가 연대채무자 중 1인을 위해 임의대위변제한 경우, 제3자의 다른 연대채무자에 대한 구상권이 인정되지 않는다면, 이 경우도 동일하게 처리해야 할 것이다. 또한 의사에 반하여 변제된 연대채무자에 대한 다른 연대채무자의 구상권 역시 연대채무자 1인을 위한 임의대위변제가 있는 경우와 동일하게 처리해야 할 것이다.

60 대법원 1996. 9. 20. 선고 96다22655 판결 참조.
61 민법주해 X, 채권(3), 박영사(1995), 96(차한성) 참조.
62 민법주해 X, 채권(3), 박영사(1995), 96(차한성) 참조.
63 김형배, 채권총론, 박영사(1998), 469; 我妻榮, 新訂 債權總論, 岩波書店(1964), 426 참조.

제 415 조 [채무자에 생긴 무효, 취소]

어느 연대채무자에 대한 법률행위의 무효나 취소의 원인은 다른 연대채무자의 채무에 영향을 미치지 아니한다.

[관련조문] 민법 제137조(법률행위의 일부무효), 제413조(연대채무의 내용)~제427조(상환무자력자의 부담부분).

[참고문헌] 곽윤직, 채권총론, 박영사(2003); 민법주해 X, 채권(3), 박영사(1995); 我妻榮, 新訂 債權總論, 岩波書店(1964); Mugdan, Die gesamten Materialien zum BGB für das Deutsch Reich, Bd. II, Scientia Verlag(1979); J. von Staudigers Kommentar zum BGB, Bd. 2, §§ 397-432, Seiler-de Gruyter(1999); Reuter/Martinek, Ungerechtfertigte Bereicherung, Mohr & Siebeck(1983).

Ⅰ. 본조의 의의

1. 본조의 내용

학설들은 본조가 '수인이 한 개의 계약에 의해 연대채무를 부담하는 경우 1인에 대한 법률행위의 하자가 다른 연대채무자에 영향을 주지 않음'을 밝힘으로써 연대채무 발생원인의 독립성 내지 비견련성을 나타낸 것이라고 한다.[1] 또한 본조의 취지를, 연대채무자 중 1인에 존재하는 발생원인의 하자에 의해 계약전체가 무효로 되어 연대채무 전체가 성립하지 않게 된다면 채권의 효력 확보와 강화를 목적으로 하는 연대채무의 성질에 반하므로 이를 방지하기 위한 것이라는 일본 학설,[2] 각 채무자가 일정한 공동목적으로 연결되어 각각 별개 독립의 채무를 부담하는 연대채무에서 그 성립원인은 개별적으로 취급하는 것이 당사자의 의사에 적합하기 때문이라는 일본의 학설[3]을 언급하기도 한다. 그러나 연대채무는 1개의 계약 또는 수개의 계약을 통해 성립될 수 있음을 감안하면, 조문상으로는 본조가 '1개의 계약에 의해 연대채무가 성립된 사안'에만 적용된다고 볼 근거가 명확하지는 않다.

1 민법주해 X, 채권(3), 박영사(1995), 96(차한성); 곽윤직, 채권총론, 박영사(2003), 220 참조.
2 일본 학설의 소개는 민법주해 X, 채권(3), 박영사(1995), 97(차한성) 참조.
3 민법주해 X, 채권(3), 박영사(1995),97(차한성)은 我妻榮, 新訂 債權總論, 岩波書店(1964), 407 을 인용하고 있다.

2. 외국법

독일 민법 제1초안 제322조 제2항은 '연대채권 또는 연대채무에서의 권리 또는 의무는 그 중 1인의 채권 또는 1인의 채무가 성립되지 않았다고 해서 영향을 받지 않는다'고 규정하고 있었다.[4] 그러나 이 규정의 내용은 타당하지만, 불필요한 오해를 불러 일으킬 수도 있기 때문에 이를 규정할 필요가 없다고 판단하여 제2초안에는 포함되지 않았다.[5] 그 결과 연대채무자 중 1인 또는 수인에게 법률행위의 무효 또는 취소 사유가 있을 때의 효력에 관하여 독일 민법에는 아무런 규정이 없다. 대신 독일 민법 제425조 제1항은 제422조 내지 제424조에 열거하지 않은 사안은, 채권관계로부터 다른 결론이 도출되지 않는 한, 상대효만을 가진다고 규정하기 때문에, 법률행위의 무효, 취소도 여기에 해당되는 것으로 해석된다. 그 결과 ①수개의 계약으로 연대채무가 성립된 경우, 1개의 계약이 무효, 취소되더라도 다른 계약에 영향을 미치지 않고, ②1개의 계약으로 연대채무가 성립된 경우에도 다른 연대채무자와 채권자 사이의 계약에는 영향을 미치지 않는다고 한다. 다만 후자의 경우 법률행위의 일부가 무효, 취소된 것이므로 그 무효 또는 취소부분이 없었더라도 법률행위를 하였을 것임이 인정되지 않으면 전부가 무효 또는 취소될 수 있다(독일 민법 제139조).[6]

프랑스 민법도 연대채무자 중 1인 또는 수인에게 발생한 법률행위의 무효 또는 취소가 다른 연대채무자에게 어떤 영향을 미치는지에 관한 법률규정은 없다. 학설은 그 효력을 상대적이라고 본다. 또한 스위스 채무법에도 이에 관한 사항을 법률에 규정하지 않고 있다.

반면 일본 명치 민법 제433조, 개정 민법 제437조에서 이 규정과 동일한 내용을 규율하고 있다.

3. 본조의 취지

외국의 법과 비교해 보거나 본조의 연혁을 보면, 본조는 당연한 내용을 규정한 것이며 여기에 일반 법원칙과 다른 효과를 부여하기 위해 본조를 둔 것이 아니라고 할 것이다. 이런 관점에서 보면 본조는 연대채무가 1개의 계약으로 성립되

4 Motiv II 157=Mugdan II 86.
5 Protokolle 871=Mugdan II 604.
6 Staudinger/Noack, BGB, § 425 Rn. 90 참조.

었건, 수개의 계약으로 성립되었건 간에 법률행위의 무효, 취소로 인해 연대채무자 중 1인 또는 수인이 연대채무를 부담하지 않게 되었다는 사실만으로는 다른 연대채무자에게 영향을 미치지 않음을 분명히 밝혀주는 규정이라고 할 것이다. 또한 법률행위의 무효, 취소사유가 아닌 다른 사유 또는 일반법 규정의 적용으로 인해 연대채무 전체가 무효 또는 취소되는 것을 막는 규정도 아니라고 할 것이다.

Ⅱ. 본조의 내용

1. 적용조건

가. 1개의 법률행위여야 하는가?

본조가 1개의 계약으로 연대채무를 부담하는 경우에 그 적용이 있다는 학설은,[7] '별개의 행위'에 의해 연대채무가 성립한 때에는 1개의 행위의 하자가 다른 계약에 영향을 주지 않는 것이 당연하기 때문이라고 한다. 그러면서도 '별개의 행위'에서 병존적 채무인수는 제외되어야 한다고 한다. 병존적 채무인수의 경우 원채무의 존재를 전제로 하기 때문에 원채무가 무효, 취소가 되면 그에 영향을 받기 때문이라고 한다.

본조는 연대채무자 1인에게 발생한 법률행위의 무효, 취소 사유가 다른 연대채무자와 채권자 간의 채권관계에 당연히 영향을 미치는 것은 아님을 밝히는 의미 이상이 없다. 그 점에서 위 무효, 취소사유는 상대효밖에 없다고 할 수 있다. 그러나 제3자에게 발생한 사유(위의 무효, 취소 사유)도 다른 이유로 인해 당사자 간의 채권관계에 영향을 미치는 경우도 얼마든지 있을 수 있다. 가령 A가 이미 채권자에 대해 채무를 부담하는 경우, B가 A와의 연대합의에 기초하여 채권자와의 사이에 A와 연대하여 채무를 부담하기로 하는 경우 A, B는 연대채무를 부담하게 된다. 그런데 채권자가 A와 체결한 계약에 (무효)취소사유가 있음을 알고 있음에도 불구하고 과실로 잘못된 정보를 B에게 제공함으로써 B가 채권자와 연대채무를 부담하기로 계약하였다면, A와 채권자 간의 계약이 무효임이 드러나거나 취소된 경우 B는 동기의 착오를 이유로 취소할 수 있을 것이다.[8] 채권자가 이를

7 민법주해 X, 채권(3), 박영사(1995), 97(차한성) 참조.
8 민법주해 X, 채권(3), 박영사(1995), 98(차한성)은 일본의 한 학설을 소개하면서 착오 주장을 간단히 받아들여서는 안 될 것이라고 한다.

알면서도 이를 감추거나 잘못된 정보를 제공하였다면 B는 사기를 이유로 자신의 법률행위를 취소할 수도 있을 것이다. 또한 위의 사례에서 B가 A의 채무의 유효를 조건으로 채권자와 계약을 체결할 수도 있을 것인데, 무효 또는 취소로 A의 채무가 부정되면 B의 채무 역시 조건성취로 인해 효력을 상실하게 될 것이다. '원채무의 존재를 전제로 하는 병존적 채무'란 이처럼 묵시적으로 합의한 조건의 성취로 인해 나중의 계약도 그 효력을 상실하는 것으로 이해할 수 있을 것이다. 한편 1개의 계약으로 연대채무를 성립시킨 경우 그 중 1인에게 무효, 취소사유가 있다고 해서 당연히 전체 채무가 무효, 취소되지도 않고, 그 자의 부담부분만큼 채무가 감축되지도 않는다는 것도 법률행위의 일반원칙에 비추어 볼 때 의문이 없다고 할 것이다.

나. 무효, 취소 사유

본조에서 말하는 무효·취소사유에는 제한이 없다. 의사무능력, 행위무능력, 의사의 흠결 또는 하자로 인한 무효, 취소, 무권대리인에 의한 계약 등이 그 대표적인 예일 것이다.

2. 효과

가. 잔존하는 연대채무의 내용

무효 또는 취소로 인해 연대채무자 중 1인이 연대채무를 부담하지 않게 되면, 다른 특별한 사정이 없는 한, 나머지 연대채무자는 전액에 대해 연대채무를 부담하게 된다. 가령 A, B가 채권자로부터 100을 차용하면서 연대하여 이를 반환하기로 한 경우, A와의 계약이 무효·취소되더라도 채권자는 B에게 100의 반환채권을 행사할 수 있다. 한편 연대채무를 부담하는 것과 동일한 법률관계에 기해 수인의 연대채무자가 반대급부청구권을 가지는 경우, 무효·취소로 인해 1인의 연대채무자가 연대채무를 부담하지 않게 되면, 다른 특별한 사정이 없는 한, 반대급부청구권은 잔존하는 연대채무자에게 귀속된다.

나. 무효·취소로 인해 다른 연대채무자의 채무에 영향을 미칠 수 있는 사유

1개의 법률행위로 연대채무를 성립시킨 경우, 자신의 법률행위가 무효·취소된 연대채무자는 연대채무를 부담하지 않게 된다. 그런데 이 경우 1개 법률 행위 중 일부가 무효·취소된 것이기 때문에, 그 사유가 없었더라도 법률행위를 하였을 것임이 인정되지 않는 한, 연대채무를 성립시킨 계약 전부가 무효·취소가 될 것이다(민법 제137조).[9] 본조가 민법 제137조의 적용을 배제하는 규정이 아니기 때문에, 이런 결론은 제137조의 적용을 통해 도출될 수 있다. 그 밖에도 부당이득반환관계로 인해 다른 연대채무자에게 영향을 미치는 경우가 있을 수 있다. 이는 아래에서 살펴본다.

다. 연대채무자 중 일부에게 무효·취소사유가 있을 때의 부당이득반환관계

1) A, B 가 채권자로부터 100을 차용하기로 하고, 원리금을 연대하여 반환하기로 한 경우, B 와의 관계에서 무효·취소가 발생하였다면, A 는 채권자에게 자신에게 100을 지급할 것을 청구할 수 있다(☞ 위 Ⅱ. 2. 가.를 참조). 이미 A, B 에게 100이 지급된 경우 채권자는 B 에게 부당이득으로 100의 반환을 구할 수 있을 것이다.

2) 채권자가 A, B 에게 부동산 소유권을 지분적으로 이전하면서, 대금 100이 지급은 A, B 가 연대채무자로서 부담하기로 합의할 수도 있을 것이다. 이 때 B 와의 계약이 무효·취소된 경우, 채권자는 B 에게 지분을 이전하지 않아도 될 것이다. B 의 반대급부청구권이 상실되기 때문에 채권자의 급부청구권도 그만큼 감축되어야 한다. 그 결과 A 는 B 의 지분에 해당하는 반대급부를 지급할 이유가 없다. 이런 사안에서는 일부 연대채무자에게 발생한 무효·취소 사유가 결과적으로 다른 연대채무자에게 영향을 미치게 된다. 그러나 이런 결과는 본조가 아니라, 급부와 반대급부의 견련성으로 인해 발생하는 것이다.

3) 위 1), 2)에서 보듯이 연대채무자 중 일부에 무효·취소 사유가 발생한 경우 부당이득반환관계가 이처럼 달리 취급되는 것은 결국 반대채권자로서 연대채무자들이 채권자에게 어떤 권리를 행사하였는가와 밀접한 관련이 있다고 할 것이다.[10] 이 문제는 부당이득법에서 중심적으로 다루어야 할 사안이므로 여기서는 더 이상 언급하지 않는다.

라. 무효·취소 사유가 없는 연대채무자가 채무 전부를 이행한 경우의 구상

무효·취소로 인해 연대채무자 중 1인 또는 수인이 연대채무로부터 이탈하고,

9 독일 학설도 이런 결과를 인정한다. Staudinger/Noack, BGB, § 425 Rn. 90 참조.

10 독일법에서는 계약이 전부 무효·취소된 경우 반대급부를 수령한 연대채무자가 채권자에 대해 부담하는 부당이득반환의무가 연대채무인지, 분할채무인지가 논의되고 있다. 상세한 것은 Reuter/Martinek, Ungerechtfertigte Bereicherung, Mohr & Siebeck(1983), §17 Ⅲ 4 참조.

다른 연대채무자가 그 채무를 이행한 경우, 이탈한 자에게 구상할 수 있는 지가 문제된다. 일부 학설은, 원칙적으로 당사자의 내부관계에 의해 결정되겠지만, 특별한 사정이 없는 한 이탈한 자에 대해 구상할 수 없다고 한다.[11] 이를 지지하기 어렵다.

첫째, 연대채무자 중 1인에게 발생한 무효·취소 사유로 인해 연대채무 전체가 효력을 상실하는 경우. 연대채무자가 불가분채권자 또는 이와 유사한 지위에서 반대급부를 수령하였다면(가령 부동산을 불가분채권자로서 매수하고 대금을 연대하여 지급하기로 한 경우), 연대채무자들에 대한 채권자의 급부부당이득반환청구에 있어서 연대채무자 각자가 전부급부의무를 부담할 것이다. 이 때 연대채무자 중 1인이 부당이득반환채무 전부를 이행하였다면, 그는 변제자대위로 취득한 채권자의 채권으로써 다른 연대채무자에게 구상할 수 있을 것이다.

둘째, 연대채무자 중 1인에게 발생한 무효·취소 사유로 인해 결과적으로 다른 연대채무자의 채무가 감축되는 경우. 연대채무자가 분할채권자 또는 이와 유사한 지위에서 반대급부를 수령하기 때문에, 연대채무자의 반대급부가 소멸되는 만큼 그들의 급부의무도 감축되는 사안(가령 공유지분의 매수인이 대금을 연대하여 지급하기로 한 사안)이 여기에 해당될 것이다. 이 때 다른 연대채무자가 채무를 이행하더라도 구상의 문제가 발생할 여지가 없다.

셋째, 연대채무자 중 1인에게 무효·취소 사유가 있더라도 다른 연대채무자의 전부급부의무에 아무런 영향이 없는 경우(가령 연대채무자가 소비대차의 차주인 경우). 무효·취소로 인해 연대채무에서 이탈한 자 역시 채권자가 이행한 급부 전부에 대해 부당이득반환의무를 부담하고, 잔존하는 연대채무자도 전부급부의무를 부담할 수 있다. 잔존하는 연대채무자가 전부급부의무를 이행한 경우, 그는 변제자대위로 취득한 채권자의 부당이득반환채권으로써 연대채무에서 이탈한 자에게 구상할 수 있다. 물론 원래의 연대채무에서의 내부적 부담부분에 준하여 그 범위에서 구상할 수 있을 것이다.[12]

11 민법주해 X, 채권(3), 박영사(1995), 98(차한성) 참조.

12 무효·취소 사유가 발생한 연대채무자는 이미 연대채무에서 이탈하였기 때문에, 잔존하는 연대채무자와의 관계에서 민법 제425조 이하가 적용될 수 없음은 물론이다.

제 416 조 [이행청구의 절대적 효력]

어느 연대채무자에 대한 이행청구는 다른 연대채무자에게도 효력이 있다.

[관련조문] 민법 제168조(소멸시효의 중단사유), 제169조(시효중단의 효력), 제174조(최고와 시효중단), 제176조(압류, 가압류, 가처분과 시효중단), 제387조(이행기와 이행지체), 제413조(연대채무의 내용)~제427조(상환무자력자의 부담부분), 제544조(이행지체와 해제), 제547조(해지, 해제권의 불가분성), 소송촉진 등에 관한 특례법 제3조(법정이율).

[참고문헌] 곽윤직, 채권총론, 박영사(2003); 김주수, 채권총론, 삼영사(1999); 민법주해 X, 채권(3), 박영사(1995); 주석 민법, 채권총칙(2)(제3판), 한국사법행정학회(2000); 高橋 眞, 史料 債權總則, 民商法雜誌 제84권 제3호, 有斐閣(1981); Münchener Kommentar zum BGB, 4. Aufl., C.H.Beck(2001).

Ⅰ. 본조의 의의

1. 본조의 내용

본조는 채권자가 연대채무자 중 1인에 대해 이행을 청구하면, 마치 전원에 대해 이행청구가 있었던 것과 동일한 효과가 생긴다는 것을 규정한다. 그 결과 연대채무자 중 1인에 대해 이행청구를 함으로써 그가 이행지체에 빠지면 다른 연대채무자도 이행지체에 빠지는 효과가 발생하며, 이행청구로 소멸시효가 중단되면 다른 연대채무자에 대한 채권의 소멸시효도 중단되는 효과가 발생한다.

2. 본조의 평가

가. 통상 본조는 채권의 담보력을 강화하기 위한 규정이라고 평가된다. 그러나 이행청구의 상대방이 아닌 다른 연대채무자의 입장에서는 민법 제387조의 요건이 충족되지 않았음에도 불구하고 이행지체에 빠지게 되고, 민법 제168조, 제169조의 요건이 충족되지 않았음에도 불구하고 채무의 시효진행이 중단되는 효과가 생긴다. 이는 이행지체 및 시효중단에 관한 일반법의 원칙에 반하는 것으로 그 정당성에 의문이 있다. 채권자와의 관계에서 연대채무자는 주채무자와 보증인의 관계에 있지도 않고,[1] 연대채무자는 상호간에 능동대리 또는 수동대리의 권한이

[1] 주채무자가 이행지체에 빠지면 보증인도 그로 인한 책임을 져야 하고, 주채무의 시효가 중단되면 보증채무도 시효중단이 되지만, 연대채무에는 이런 효과가 인정되지 않는다.

있는 것도 아니기 때문이다. 이런 이유로 학설들은 본조가 독립한 수개의 채무라는 연대채무의 성질에 반한다거나, 채무자의 불이익이 너무 커서 채권자의 보호에 편재되어 있다고 비판하기도 한다.[2] 그러나 일부 학설은 시효완성의 절대적 효력(민법 제421조)과 대비해 보면 본조가 부정적이지는 않다는 견해도 있다.[3] 즉 본조는 목적도달 이외의 절대적 효력사유가 채권의 효력을 약화시키기 때문에 채권의 효력을 강화하기 위해 인정된 것이고, 특히 시효완성의 절대적 효력을 인정하므로 청구에 의한 시효중단에 절대적 효력을 인정하는 것은 부득이하다는 것이다.

나. 일본 구 민법 채권담보편 제61조 제1항은, 프랑스 종전 민법 제1199조 제2항과 마찬가지로, '연대채무자의 1인에 대해 채권자의 이익을 위해 시효를 중단시키거나 이행지체에 빠뜨리는 원인은 다른 채무자에 대하여 동일한 효력이 있다'고 한다. 이 규정은 명치 민법의 기초자들이 배척한, 연대채무자 간에 상호대리관계를 전제한 것이다. 그럼에도 불구하고 명치 민법의 기초자들은 본조와 동일한 내용의 원안을 마련하였다. 이로써 지연배상책임의 성립, 이행청구 후 불가항력에 의한 목적물멸실의 책임, 시효중단 3가지의 효과가 발생함을 규정하고자 하였다. 본조의 기초자인 富井政章은 이 규정이 구 민법만이 아니라 다수의 나라에서 채택하고 있다고 설명하였다.[4] 그러나 프랑스 종전 민법 제1205조, 제1206조, 제1207조 및 이탈리아 민법 제1191조, 제1192조 등 프랑스 민법의 영향을 받은 나라들을 제외하면, 스위스 채무법 제165조, 독일 민법 제425조는 연대채무자 1인에게 발생한 이행지체, 시효중단 등의 상대효를 정하고 있다. 또한 일본 민법의 기초자들은 연대채무에서의 상호대리사상을 부정하였기 때문에 富井政章의 설명은 쉽게 납득하기 어렵다. 그렇기 때문에 심의과정에서 磯部四郎 위원은 원안 제430조 제2항에서는 시효중단의 효력은 다른 불가분채권자에게 효력을 미치지 않도록 규정하였는데,[5] 연대채무 및 불가분채무에서는 시효중단에 절대효를 인정하는 것은

2 민법주해 X, 채권(3), 박영사(1995), 99(차한성) 참조.

3 민법주해 X, 채권(3), 박영사(1995), 100(차한성)은 곽윤직, 채권총론, 박영사(2003), 225; 김주수, 채권총론, 삼영사(1999), 288을 인용하고 있다.

4 高橋 眞, 史料 債權總則, 民商法雜誌 제84권 제3호, 有斐閣(1981), 465 참조.

5 원안 제430조 제1항: 불가분채권자의 1인과 채무자 간에 상계, 경개 또는 면제가 있을 때에도 다른 채권자는 채무 전부의 이행을 청구할 수 있다. 단 그 일인의 채권자가 그 권리를 상실하지 않았으면 분급할 이익을 채무자에게 상환하여야 한다. 제2항: 그 밖에 불가분자의 1인의 행위 또는 그 1인에 대해 생긴 사항은 다른 채권자에게 그 효력이 미치지 않는다.

모순되지 않는가라는 의문을 제기하였다.[6] 2017년 개정된 일본 민법에서 이 규정이 삭제된 것은 때 늦은 감이 있다.

다. 본조는 연대채무자 간의 상호대리관계의 부정이라는 원칙이 관철되지 않은 예라고 볼 것이다. 이는 일본 민법의 기초자들이 불가분채권 및 불가분채무에서 시효중단의 상대효를 인정하고자 하였던 것에서도 짐작할 수 있다. 그러나 일본 민법의 시행 후 '채권의 담보력을 강화할 필요'가 있다는 관념이 득세함에 따라, 소멸시효 완성의 절대효가 있기 때문에 본조가 필요하다는 인식이 확산된 것으로 보인다. 이런 관념 때문에 불가분채권에서도 이행청구의 절대효를 인정하는 견해가 다수설로 자리잡게 되었다.

Ⅱ. 본조의 내용

1. 요건

가. 본조의 청구에는 재판외의 청구, 재판상의 청구가 모두 포함된다. 일부청구가 있는 경우에는 그 범위에서만 절대적 효력이 생긴다고 한다.[7] 본조는 모든 채무가 이미 이행기에 도달하였음을 전제하는 것인데, 연대채무의 이행기가 각기 다른 경우 아직 이행기에 도래하지 않은 채무에 대해서는 본조가 적용되지 않는다고 할 것이다.[8]

나. 압류, 가압류, 가처분, 승인은 시효중단의 효력은 있지만(민법 제168조 제2호, 제3호), 본조의 이행청구에는 해당되지 않기 때문에, 본조가 예정하고 있는 법률효과는 발생하지 않는다. 그 밖에 파산절차 참가, 지급명령신청, 화해를 위한 소환, 강제집행의 신청은 본조의 청구의 일종으로 볼 수 있다는 견해도 있다.[9]

6 富井政章은 '수인이 공동으로 채무를 부담한 경우에는 각 채무자는 연대하여 이행할 책임이 있다'는 원안 제448조가 채택되지 않으면, 원안 제431조(불가분채무)도 이행청구에 상대효를 인정하는 것으로 고치면 된다고 대답하였다. 그 결과 우리 민법 제411조처럼 제416조는 불가분채무에 준용되지 않는 것으로 규정되었다. 高橋 眞, 史料 債權總則, 民商法雜誌 제84권 제3호, 有斐閣(1981), 466 참조.

7 민법주해 X, 채권(3), 박영사(1995), 99(차한성) 참조.

8 민법주해 X, 채권(3), 박영사(1995), 99(차한성) 참조.

9 민법주해 X, 채권(3), 박영사(1995), 100(차한성) 참조.

2. 효과

가. 시효중단

본조의 이행청구가 있으면 시효중단의 효과가 발생한다. 가령 연대채무자 A, B 중 A에게 최고를 하면, B에 대한 채권도 시효중단의 효과가 생긴다. 물론 최고는 6개월 내에 재판상의 청구, 파산절차참가, 화해를 위한 소환, 임의 출석, 압류 또는 가압류, 가처분을 하지 않으면 시효중단의 효력이 없다(민법 제174조). 한편 A에 대한 이행청구 후 6개월 내에 A의 재산에 압류, 가압류, 가처분을 한 경우 A에 대한 채권은 시효중단되지만, B에 대해서는 이를 B에게 통지하지 아니하면 시효중단의 효력이 없다(제176조).

나. 이행지체책임

1) 1인의 연대채무자에 대해 이행청구를 함으로써 그가 이행지체에 빠지면(민법 제387조 제2항), 다른 연대채무자도 이행지체에 빠지는 효과가 발생한다. 그러나 연대채무자 중 1인이 제387조 제1항의 적용에 의해 이행지체에 빠지면, 여기에는 본조가 적용되지 않는다.

2) 본조가 적용되어 모든 연대채무자가 이행지체에 빠지게 되면, 지연배상의무도 연대채무가 된다. 여기에는 유의할 점이 있다. 가령 채권자가 100의 채무를 부담하는 연대채무자 A, B 중 A를 상대로 재판상청구를 하면서 소장 부본송달 다음날로부터 현실의 지급 때까지 소송촉진특례법 제3조에 따라 지연이자의 지급을 청구한 경우, A는 원본과 100에 대한 소송촉진특례법의 지연이자를 지급해야 할 경우가 있겠지만, B는 민법상의 지연배상책임이 있을 뿐이다. 판결의 효력은 A에게 미치는 것이지, B에게 미치지 않기 때문이다.

3) 이행지체를 이유로 계약을 해제할 경우도 있다. 이 때 해제권의 성립요건인 '상당한 기간을 정한 이행의 최고'를 모든 채무자에게 하여야 하는지, 아니면 1인에게 하는 것으로 충분한지가 문제된다. 학설은 후자의 입장을 취한다.[10] 또한 계약을 해제할 때에는 해제·해지의 불가분성(민법 제547조)에 의해 채무자 전원에 대해 해제의 의사표시를 하여야 하고, 그 중 1인에 대하여만 한 경우에는 해제의

[10] 민법주해 X, 채권(3), 박영사(1995), 102(차한성) 각주 10 참조.

효과가 생기지 않는다고 한다.[11] 첫째, 1개의 계약으로 연대채무를 성립시킨 경우, 연대채무자 1인에 대해서만 민법 제544조의 요건이 충족되더라도 채권자는 연대채무자 전원에 대해 해제권을 취득할 수 있다고 할 것이고,[12] 따라서 이때에는 전원을 상대로 계약을 해제해야 할 것이다(제547조).[13] 둘째, 연대채무자가 각자 채권자와 독립하여 합의함으로써 연대채무를 성립시킨 경우, 이를 통해 단일한 계약을 형성하고자 한 것으로 해석될 경우에도 위와 동일하다.[14] 법률행위에 의해 연대채무가 성립된 경우에는 설령 연대채무자와 채권자가 별개의 계약을 통해 계약하였다 하더라도, 다른 특별한 사정이 없다면, 경제적인 관점에서는 1개의 계약으로 볼 수 있을 것이다.[15] 셋째, 매우 드물겠지만, 수인의 연대채무자와 별개의 계약에 기해 연대 채무가 성립한 경우라면, 1인의 연대채무자가 이행지체에 빠지더라도 다른 연대채무자와의 관계에서 해제권 성립의 요건인 '상당한 기간을 정한 이행의 최고'가 없는 한 그 자에 대해 해제권이 성립한다고 볼 이유는 없다. 왜냐하면 본조의 이행청구와 민법 제544조의 '상당한 기간을 정한 이행의 최고'는 동일하지 않기 때문이다. 한편 이 때 전원에 대해 해제권을 취득하더라도 일부에 대해서는 해제권을, 다른 일부에 대해서는 이행청구를 할 수 있는지가 문제된다. 이 문제는 아래에서 다룰 것과 다르지 않다.

4) 연대채무자 중 1인이 이행지체에 빠진 경우 채권자는 민법 제395조에 좇아 원래의 급부에 갈음하여 전보배상을 청구하는 것도 가능하다. 이 때 채권자는 어느 일방에게는 전보배상을, 다른 연대채무자에게는 원래의 급부를 청구할 수 있는지가 문제될 것이다. 원래의 급부가 채권자에게 이익이 없을 때에는 그렇지 않겠지만, 이를 부정할 이유는 없을 것이다.[16] 전보배상청구권 역시 제2차적 급부청구권이므로 연대채무의 존속에는 영향을 미치지 않는다.

11 민법주해 X, 채권(3), 박영사(1995), 102(차한성); 주석 민법, 채권총칙(2)(제3판), 한국사법행정학회(2000), 198(강봉수) 참조.

12 독일의 경우에도 동일하다. BGH NJW 1976, 1931; MünchKomm/Janßen, BGB, § 356 Rn. 3 참조.

13 민법주해 X, 채권(3), 박영사(1995), 102(차한성) 참조.

14 독일의 통설은 이와 같은 내용을 인정한다. MünchKomm/Janßen, BGB, § 356 Rn. 4 참조.

15 연대채무라 하더라도 보증적 성격이 강한 경우에는 연대채무자와 채권자 사이에 부종성에 관한 합의가 있는 것으로 해석할 수 있는 사안도 있을 것이다. 가령 병존적 채무인수가 있는 사안에 이를 인정할 수도 있을 것이다.

16 독일의 학설도 이와 다르지 않다. MünchKomm/Bydlinski, BGB, § 425 Rn. 16 참조.

다. 이행지체 후의 이행불능

1인의 연대채무자가 이행지체에 빠진 후 채무자의 과실없이 이행불능이 발생한 경우, 채무자는 민법 제392조에 따른 책임을 져야 한다. 그런데 채무자 중 일부에게 이행불능이 있더라도 다른 연대채무자의 이행이 가능하다면 이행 불능을 이유로 계약을 해제하거나 전보배상을 청구하는 것은 가능하지 않다.

제 417 조 [경개의 절대적 효력]

어느 연대채무자와 채권자간에 채무의 경개가 있는 때에는 채권은 모든 연대채무자의 이익을 위하여 소멸한다.

[관련조문] 민법 제413조(연대채무의 내용)~제416조(이행청구의 절대적 효력), 제418조(상계의 절대적 효력)~제427조(상환무자력자의 부담부분), 제500조(경개의 요건, 효과), 제505조(신채무에의 담보이전).

[참고문헌] 곽윤직, 채권총론, 박영사(2003); 김주수, 채권총론, 삼영사(1999); 김증한/김학동, 채권총론, 박영사(1998); 김형배, 채권총론, 박영사(1999); 민법주해 X, 채권(3), 박영사(1995); Münchener Kommentar zum BGB, 4. Aufl., C.H.Beck(2001); J. Gernhuber, Die Erfüllung und ihre Surrogate, Mohr &Siebeck(1983); J. von Staudigers Kommentar zum BGB, Bd. 2, §§ 397-432, Seiler-de Gruyter(1999); J. von Staudigers Kommentar zum BGB, Bd. 2, §§ 397-432, Seiler-de Gruyter(1999).

Ⅰ. 본조의 의의

1. 본조의 내용

경개는 채무의 요소를 변경함으로써 신채무를 성립시키고 구채무를 소멸시키는 유상계약이다(민법 제500조). 본조는 채권자와 어느 연대채무자 간의 경개로 채무가 소멸되면 그 효과가 모든 채무자에게 미치는 것으로 규정하고 있다. 가령 연대채무자 A, B 가 채권자에게 200의 금전채무를 부담하는데, A 가 200의 채무이행에 갈음하여 물건의 소유권을 이전하기로 계약한 경우, B 의 채권자에 대한 채무도 소멸된다는 것이다. 채권자와 어느 연대채무자 사이에 채무의 요소를 변경하는 것이 경개인지 여부는 그 합의로써 구채무를 소멸시키고자 하는 것인지에 의해 판단될 것이다.[1]

[1] 독일 민법 제364조 제2항은 '채권의 만족을 위해 채무자가 채권자에 대해 신채무를 인수한 경우, 그 채무는 이행에 갈음하여 인수한 것으로 추정되지 않는다'고 규정하기 때문에, 신채무를 부담하기로 하는 채무자와 채권자 간의 계약은 경개계약이 아니라, 그 채무부담은 '변제를 위한 급부(Leistung erfüllungshalber)' 또는 '담보를 위한 급부(Leistung sicherungshalber)'일 수 있다고 본다. 결국 경개인지 여부는 당사자의 의사해석문제인데, 구채무를 소멸시키고자 하는 것이면 경개가 인정된다고 한다. MünchKomm/Wenzel, § 364 Rn. 6 f. 참조.

2. 본조의 평가

가. 기존 학설

경개도 채권자에게 실질적인 만족을 준다는 점에서 변제와 동일시할 수 있다는 견해를 소개하는 주석서도 있지만,[2] 통설은 경개에 변제성을 인정하는 것은 형식적 사고에 기인한 것이고, 본조에서 경개의 절대효를 인정하는 근거는 당사자간의 법률관계를 간편하게 처리할 수 있고 당사자의 의사에도 합치하기 때문이라고 한다.[3] 그렇지만 다수의 학설은 본조에 의해 연대채무의 담보적 기능이 약화되기 때문에, 채권강화라는 연대채무의 본질적 요청에 배치된다고 비판한다. 이를 기초로 입법론적으로는 본조를 의문시하는 견해가 많으며, 경개에 상대적 효력사유로 하는 것이 이론적으로 타당하다고 주장하기도 한다.[4]

나. 사견

본조는 채권자와 어느 연대채무자간의 합의가 구채무를 소멸시키고 신채무를 성립시키기로 한 것이라고 해석될 경우(경개계약의 성립), 그로 인해 다른 연대채무자의 채무도 소멸하도록 한다. 경개에 이런 절대효를 인정하는 것이 타당한가? 민법전에 경개제도를 두지 않는 독일에서는 경개에 상대효를 인정하는 소수의 견해가 있지만,[5] 통설은 대물변제와 마찬가지로 경개(Novation) 에 구채무 소멸의 효력을 인정한다.[6] 이 점에서는 경개는 대물변제의 특수한 형태이므로 독일 민법 제422조의 절대효가 인정된다고 한다.[7] 신채무의 인정을 통해 구채무를 소멸시키는 효과가 있는 경개제도를 인정하고 있는 우리 법에서는, 채권자와 연대채무자의 1인 간의 경개합의에 절대효를 인정하지 않을 이유가 없다. 경개가 있으면 다른 약정이 없는 한 구채무를 위한 담보가 소멸하며, 제3자가 제공한 구채무에 대

2 민법주해 X, 채권(3), 박영사(1995), 103(차한성) 참조.

3 곽윤직, 채권총론, 박영사(2003), 167; 김주수, 채권총론, 삼영사(1999), 289; 김증한/김학동, 채권총론, 박영사(1998), 232; 김형배, 채권총론, 박영사(1999), 461; 민법주해 X, 채권(3), 박영사(1995), 103(차한성) 참조.

4 민법주해 X, 채권(3), 박영사(1995), 103-104(차한성) 참조.

5 J. Gernhuber, Die Erfüllung und ihre Surrogate, Mohr &Siebeck(1983), § 18, 11 참조.

6 독일의 통설은 구채무를 소멸시키기 위해 신채무를 인수하는 것을 경개로 보고 있다. 즉 채무이행의 목적으로 신채무를 인수하기로 한 경우 이행에 갈음하는 것으로 추정하지는 않지만(독일 민법 제364조 제2항), 구채무를 소멸시키기 위해 신채무를 인수하기로 한 경우는 이를 경개로 본다는 것이다. Staudinger/Olzen, BGB, § 364 Rn. 42 참조.

7 Staudinger/Olzen, BGB, § 364 Rn. 41 ff. 참조. 그는 구채무의 이행에 갈음하여 신채무를 부담하기로 하는 것(경개)와 대물변제를 구분하는 소수설을 개념법학적이라고 비판한다.

한 담보로써 신채무를 담보하고자 할 때에는 그 제3자의 동의를 얻어야 한다는 점을 감안하면(민법 제505조), 연대채무자의 1인과의 경개로 다른 연대채무자의 채무도 모두 소멸되게 하는 것은 우리 민법의 경개의 효력에 반하지 않는다. 오히려 구채무의 이행에 갈음하여 신채무를 성립시키고서도 다른 연대채무자에게 구채무의 이행을 청구하도록 허용하는 것이 신의성실의 원칙에 반한다고 볼 것이다. 경개계약을 체결한 채권자가 다른 연대 채무자의 일반재산도 책임재산으로 삼고자 한다면, 담보기능의 계속적 수행에 대한 다른 연대채무자의 동의를 조건으로 경개계약을 하여야 할 것이다. 이런 조치가 없었다면 경개의 일반원칙에 좇아 구채무인 연대채무 모두가 소멸되도록 하는 것이 신의성실의 원칙에도 합치할 것이다.

Ⅱ. 본조의 요건·효과

1. 요건

가. 본조가 적용되기 위해서는 민법 제500조의 경개계약을 체결하여야 한다. 채무의 요소(내용)를 변경시키는 모든 계약이 경개라고 볼 수는 없으며, 새롭게 성립한 신채무가 구채무와 동일성이 없어야 하고, 신채무의 성립으로써 구채무를 소멸시키려는 의사가 있어야 할 것이다(☞ 상세한 것은 민법 제500조 주석 참조).

나. 통설에 따르면 본조는 강행규정이 아니므로 경개 당사자의 특약에 의하여 그 적용을 배제하여 상대적 효력만 생기게 하는 것도 가능하다고 한다.[8] 그러나 이 문제는 신중하게 검토해야 할 것이다. 본조와 관련하여 특히 의미 있는 경개는 신채무의 인수(또는 부담)를 통해 구채무를 소멸시키고자 하는 것인데, 이는 기능상 대물변제와 구분하기 어렵다. 다른 급부가 현실적으로 실현됨으로써 구채무가 소멸되는 대물변제에는, 채무자의 무자력위험, 즉 권리실현의 위험이 남아있는 채권양도도 포함된다. 채권자가 종래의 채무자에 대해 새로운 채권을 취득함으로써 구채무를 즉시 그리고 종국적으로 소멸시키고자 합의하였다면(경개), 이를 제3채무자에 대한 채권을 취득함으로써 구채무를 소멸시키는 것(대물변제)과 구분하는 것은 지나친 개념법학적 사고가 아닐 수 없다. 적어도 채무소멸의 효과

8 민법주해 X, 채권(3), 박영사(1995), 104(차한성) 참조.

라는 측면에서는 양자를 동일하게 취급하여야 할 것이다.

그렇다면 통설처럼 경개 당사자의 특약으로 본조의 적용을 배제할 수 있다고 하려면, 대물변제의 당사자가 특약으로 절대효를 배제할 수 있다고도 해야 할 것이다. 이는 변제에도 불구하고 채무자와 채권자의 합의로 다른 연대채무자에 대한 채권을 존속하기로 하는 합의가 유효하다는 것과 다를 바 없다. 이 점을 감안한다면, 경개의 당사자의 특약에 의해 본조의 적용을 배제할 수 없다고 해야 할 것이다.[9] 그러나 신채무가 이행되면 비로소 구채무 소멸의 효과가 발생하기로 하는 합의는 가능하며, 이는 정지조건부 경개합의 또는 대물변제의 예약이라고 볼 수 있을 것이다. 이를 경개의 상대효에 관한 합의로 볼 것은 아니다.

다. 프랑스 종전 민법 제1281조 제1항은 채권자와 연대채무자 중 1인 사이의 경개합의로 다른 연대채무자도 면책되도록 규정하며, 제3항은 다른 연대채무자도 신채무에 대해 연대채무자로서 책임을 계속 지도록 합의하는 경우, 다른 연대채무자의 동의를 요하도록 하고, 그 동의가 없으면 구채권은 존속하도록 규정하고 있다.[10] 프랑스 법의 이 규정은 연대채무자 간에 상호대리권을 전제하였기 때문에 가능한 규정인데, 그런 관념을 부정하는 우리 법에서는 당사자의 이런 합의를, 다른 연대채무자가 신채무에 대해서도 연대채무자로서 또는 불가분채무자로서 책임을 질 것을 조건으로 경개계약을 체결한 것으로 이해할 수 있을 것이다.

라. 한편 학설들은 채권자는 다른 연대채무자의 의사에 반하는 경우에도 연대채무자 중 1인과 유효하게 경개계약을 체결할 수 있다고 한다.[11] 당사자 간의 특별한 합의가 없는 한, 어느 한 연대채무자가 다른 연대채무자와 채권자 간의 계약에 개입할 권한이 있을 수 없으므로, 그의 동의와 무관하게 그 계약의 효력 여부를 판단하면 될 것이다.

2. 효과

가. 연대채무자 중 1인과 채권자 사이에 경개가 성립되면 신채무가 성립하고 그 때까지 존속하던 연대채무는 소멸한다. 경개로써 구채무를 소멸시킨 연대채무

9 변제, 대물변제(연대채무자 중 1인과 채권자 간의 경개도 이 일종이다), 상계, 공탁의 절대효를 규정한 독일 민법 제422조는 강행규정이라고 해석되는 것에 유의할 필요가 있다. Staudinger/Noack, BGB, § 422 Rn. 7 ff. 참조.

10 2016년 개정 민법에서도 동일한 규정을 두고 있다.

11 민법주해 X, 채권(3), 박영사(1995), 105(차한성) 참조.

자는 다른 연대채무자에 대해 민법 제425조 이하에 따라 구상권을 행사할 수 있다. 특약으로써 본조의 적용을 배제하기로 한 경우 경개가 있더라도 그로써 바로 구상권이 발생할 수 없다는 견해도 있지만,[12] 본조의 적용을 배제하고 경개에 상대효만을 인정하기로 한 합의는 정지조건부 경개계약 또는 대물변제의 예약으로 해석하는 것이 올바름은 앞서 지적한 바와 같다.

나. 어느 연대채무자와 경개계약을 한 채권자의 입장에서는 구채무가 소멸되지만, 신채무가 이행된 것도 아니면서 다른 연대채무자에 대한 채권을 상실하기 때문에 경개계약상의 채무자의 무자력위험에 노출된다. 즉 채권의 담보력이 현저히 약화될 수 있다. 그렇기 때문에 채권자의 입장에서는 채권의 담보력 약화에 갈음하는 이익을 예견할 수 있을 때 비로소 이런 경개계약을 체결할 것이다.

다. 어느 연대채무와 경개계약을 체결하면서 다른 연대채무자도 신채무에 대해 책임을 지도록 하기 위해서는 그에 대한 이들의 동의를 조건으로 경개계약을 체결할 수도 있을 것이다. 이들의 동의가 있다면, 그 급부의 내용에 따라 종전의 연대채무자는 신채무에 대해 연대채무자 또는 불가분채무자로서 책임을 질 것이다.

12 민법주해 X, 채권(3), 박영사(1995), 105(차한성) 참조.

제 418 조 [상계의 절대적 효력]

① 어느 연대채무자가 채권자에 대하여 채권이 있는 경우에 그 채무자가 상계한 때에는 채권은 모든 연대채무자의 이익을 위하여 소멸한다.
② 상계할 채권이 있는 연대채무자가 상계하지 아니한 때에는 그 채무자의 부담부분에 한하여 다른 연대채무자가 상계할 수 있다.

[관련조문] 민법 제413조(연대채무의 내용)~제417조(경개의 절대적 효력), 제419조(면제의 절대적 효력)~제427조(상환무자력자의 부담부분), 제433조(보증인과 주채무자의 항변권)~제435조(보증인과 주채무자의 취소권), 민사소송법 제218조(기판력의 주관적 범위).

[참고문헌] 강현중, 민사소송법, 박영사(2006); 곽윤직, 채권총론, 박영사(2003); 김주수, 채권총론, 삼영사(1999); 민법주해 X, 채권(3), 박영사(1995); 주석 민법, 채권총칙(2)(제3판), 한국사법행정학회(2000); 山中康雄, いわゆる辨濟ということの意義, 民商法雜誌 제33권 제3호, 有斐閣(1930); J. von Staudigers Kommentar zum BGB, Bd. 2, §§ 397-432, Seiler-de Gruyter(1999); Honsell/Vogt/Wiegand hrsg., Kommentar zum Schweizerischen Privatrecht Obligationenrecht(OR), 2. Aufl., Helbing & Lichtenhahn(1996.); Entwurf eines Bürgerlichen Gesetzbuchs für das Königreich Bayern 1861-1864 mit Motiven(Neudruck 1973); Code Civil de L'Empire du Japon accompagné d'un Exposé des Motifs T. 2, 信山社(1891).

Ⅰ. 상계의 절대적 효력(제1항)

1. 의의

연대채무자 중 1인이 채권자에 대한 자신의 반대채권으로 상계한 경우, 자신의 채권자에 대한 채무가 반대채권의 범위 내에서 소멸될 뿐 아니라 다른 연대채무자의 채무도 소멸된다(제1항). 일부 학설은 제1항이 강행규정이 아니기 때문에 연대채무 성립 시 또는 상계권 행사 시에 당사자간에 본조의 적용을 배제하는 특약을 하는 것은 계약자유의 원칙상 무방하다고 한다.[1] 그러나 상계가 변제에 준하는 것으로서 채권만족에 의한 채권소멸이므로 본조를 강행규정으로 보는 견해도

[1] 곽윤직, 채권총론, 박영사(2003), 167; 민법주해 X, 채권(3), 박영사(1995), 106(차한성); 주석 민법, 채권총칙(2)(제3판), 한국사법행정학회(2000), 201(강봉수) 참조.

있다.[2] 후자의 견해가 타당하다. 변제, 대물변제, 상계의 상대효를 인정하게 되면 채권자는 연대채무자로부터 중첩적으로 급부를 수령할 수 있게 되고, 이와 같은 것은 이미 민법 제413조, 제414조의 연대채무가 아니기 때문이다.[3]

2. 내용

가. 유효한 상계가 있었다면 그 한도에서 모든 연대채무자의 채무는 소멸하고, 상계의 당사자가 계약으로 상계된 채권을 부활시키더라도 다른 채무자에게 영향을 줄 수 없다고 한다.[4] 이미 상계로 소멸된 채권을 부활시킨다는 것은 실질적으로 새로운 채권관계의 합의로 이해할 것이다. 따라서 다른 연대채무자만이 아니라, 부활 합의의 당사자의 다른 채권자에 대해서도 효력이 없다고 할 것이다. 가령 연대채무자 A, B 중 A에 대해 집행권원을 가지고 있는 채권자에 대해 A가 상계의 의사표시를 한 후, A와 채권자가 부활을 합의하였다 하더라도, A 재산에 대한 배당절차에 참여한 다른 채권자와의 관계에서 채권자는 종래의 집행권원으로써 배당참여를 할 수 없다.

나. 연대채무자 중 1인과 채권자 간의 판결의 기판력은 다른 연대채무자에게는 미치지 않는다(민사소송법 제218조). 그런데 학설 중에는 상계의 절대효로 인하여 판결의 효력이 확장되는지의 문제를 다루는 것도 있다. 가령 연대채무자 중 1인이 채권자로부터 소구(訴求)당하자 자기의 반대채권으로 상계항변을 하고 그 항변이 받아들여져 채권자 패소의 판결이 선고된 경우, 그 후 다른 연대채무자가 채권자로부터 소구당한 때에 전(前) 판결의 기판력의 반사적 효력에 의해 채무소멸의 항변을 할 수 있는지의 문제를 다루면서, 이를 긍정하는 견해[5]와 이를 부정하는 견해[6]를 소개하기도 한다. 채권자가 연대채무자를 상대로 한 소송에서 패소하

2 김주수, 채권총론, 삼영사(1999), 288 참조.

3 독일에서도 가령 Soergel/Wolf, BGB, § 422 Rn. 1은 이를 임의규정이라고 하지만, 독일 판례 및 통설은 변제, 대물변제, 공탁, 상계의 절대효를 규정한 독일 민법 제422조는 강행규정이라고 한다. Staudinger/Noack, BGB, § 422 Rn. 7 ff. 참조.

4 민법주해 X, 채권(3), 박영사(1995), 106-107(차한성); 주석 민법, 채권총칙(2)(제3판), 한국사법행정학회(2000), 201(강봉수) 참조.

5 김주수, 채권총론, 삼영사(1999), 247; 민법주해 X, 채권(3), 박영사(1995), 107(차한성) 참조.

6 강현중, 민사소송법, 박영사(2006), 708; 민법주해 X, 채권(3), 박영사(1995), 107(차한성) 참조. 한편 日最判 1978. 3. 23.(判例時報 제886호, 35)에서는 '부진정연대채무자 중 1인과 채권자 사이의 상계로 채권이 소멸한 한도에서 다른 채무자의 채무도 소멸하고, 다른 채무자가 채권자와 사이에 소송에서 이 채무소멸을 원용하여 판결의 기초로 삼기 위해서는 위 상계가 실체법상 유효함을 인정받아야 하고, 채권자와 채무자 사이에 상계의 효력을 긍정한 확정판결이 존재하는 경우에도 그 판결의 효력이 다른 채무자와의 사이에 소송에 미치는 것은 아니라고 한다.

더라도 그 기판력은 다른 연대채무자에게는 미치지 않는다. 피고인 연대채무자의 변제, 대물변제 등의 주장이 받아들여졌기 때문일 수도 있다. 그런데 그 기판력이 다른 연대채무자에게 미치지 않는다는 것은 후소(後訴)에서 변제, 대물변제되었다는 판단에 구속되지 않는다는 것을 의미한다면, 전소(前訴)에서 상계항변을 받아들였다 하더라도, 후소에서 자동채권을 인정하지 않을 수도 있음을 의미한다. 따라서 전소에서 상계적상 상태에서 상계하였음이 인정되어야 비로소 상계의 절대효에 의해 그 한도에서 후소에서 채무소멸이 인정될 것이다. 즉 전소에서의 상계의 기판력 때문에 후소에서 채무소멸이 인정되는 것이 아니다.

Ⅱ. 공동채무자의 상계권 행사(제2항)

1. 의의

본조 제2항은 어느 연대채무자의 반대채권으로써 다른 연대채무자가 채권자에게 상계할 수 있음을 정한 것이다. 가령 300의 연대채무(내부적 부담부분은 동일)를 지는 A, B, C 중 A가 채권자에게 200의 반대채권이 있는데 A가 이로써 상계하지 않을 때, B 또는 C는 A의 부담부분(100)의 한도에서 A의 반대채권으로써 연대채무를 상계할 수 있다. 이로써 A의 연대채무가 소멸할 뿐 아니라 B, C의 연대채무도 소멸한다.

이 규정은 타인의 권리(채권)를 처분하는 권한을 부여한다는 점에서 매우 이례적이다. 그렇기 때문에 프랑스 종전 민법 제1294조 제3항, 독일 민법 제422조 제2항에서는 명문으로 이를 금지하고, 스위스 채무법 제145조 제1항의 해석상으로도 동일한 결론이 도출된다.[7] 그러나 우리 민법과 일본 명치 민법 제436조 제2항[8]은 이를 허용하고 있다. 2017년 개정된 일본 민법은 이 규정을 삭제하고 대신 다른 연대채무자가 상계적상 상태의 반대채권이 있지만 아직 상계하지 않는 경우 연대채무자는 그 연대채무자의 부담부분의 한도에서 이행을 거절할 수 있도록 규정하고 있다.

7 동조 제1항은 "연대채무자는 그 자신의 채권자와의 관계에 기한 것이거나 연대채무에 공통된 성립상의 원인 또는 내용에 기한 항변권으로써만 대항할 수 있다"고 규정하고 있기 때문이다. OR-Schnyder, Helbing & Lichtenhahn(1996.), Art. 145 N. 2 참조.

8 민법주해 X, 채권(3), 박영사(1995), 108. 주(9)(차한성)에서는 일본 민법은 "상계를 원용할 수 있다"고 규정하고 있는데, 원용의 의미를 다수설은 상계권의 행사로 이해하는 반면, 소수설은 이행거절권으로 보고 있다고 한다.

학설들은 이런 규정을 둔 이유로 반대채권을 가진 채무자에게 상계권행사를 확실하게 하여 그를 보호하고 당사자 간의 결제(구상관계)를 간편화하는 것을 들고 있다.[9] 명치 민법 하의 일부 일본학설은 연대채무의 특질이 상호보증에 있다고 보면서 보증에 관한 법리(동법 제433조)와 같은 원리라고 설명하기도 한다.[10] 한편 일부 학설은 일부변제의 수령을 채권자에게 강제하는 결과가 되어 채권의 힘을 약화시킨다고 비판하기도 한다.[11]

연대채무의 성격을 설명하는 이론인 상호보증관계설은 연대채무자 간의 내부관계를 설명하는 데에는 적절할지 모르지만, 이로써 대외관계를 설명할 수는 없다. 즉 연대채무자 간에 상호보증관계가 있다고 하더라도 채권자와의 관계에서 보증계약을 체결한 것이 아니므로 보증채무의 부종성이 인정될 여지가 없다. 또한 주채무자의 항변으로써 대항할 수 있는 보증인의 항변권(민법 제433조, 제435조), 주채무자의 채권으로 상계할 수 있는 보증인의 권리(제434조) 등이 당연히 연대채무자에게 인정되는 것도 아니다. 한편 동조가 일부변제의 수령을 채권자에게 강제함으로써 채권의 힘을 약화시킨다는 비판 역시 잘못되었다. 결국 동조의 문제점은 타인의 권리를 처분할 수 있는 권한을 연대채무자에게 부여하는 것이 어떻게 정당화될 수 있는가에 있다.

일찍이 바이에른 민법초안 제228조는 동조와 마찬가지로 반대채권 있는 연대 채무자가 상계하지 않을 때 그의 부담부분의 한도에서 다른 연대채무자가 상계권을 행사할 수 있도록 규정하고 있었다.[12] 또한 다른 연대채무자가 반대채권 있는 연대채무자의 상계권을 행사하는 것을 금하는 독일 민법 제422조 제2항에도 불구하고 독일의 판례는 연대채무자 간의 관계가 매우 밀접한 경우(가령 연대채무를 부담하는 공동상속인) 다른 연대채무자가 상계적상의 상태에 있으면 이를 이유로 이행거절권능을 인정한다.[13] 일본 구 민법에서도 동조와 같은 규정을 두고

9 민법주해 X, 채권(3), 박영사(1995), 108(차한성) 참조.

10 민법주해 X, 채권(3), 박영사(1995), 109(차한성)에서는 山中康雄, いわゆる辨濟ということの意義, 民商法雜誌 제33권 제3호, 有斐閣(1930), 342을 언급하고 있다.

11 민법주해 X, 채권(3), 박영사(1995), 108(차한성) 참조.

12 구상의무있는 연대채무자의 입장에서는 다른 연대채무자가 자신의 상계권을 행사하더라도 실질적 이익의 침해가 없다고 보았다. Entwurf eines Bürgerlichen Gesetzbuchs für das Königreich Bayern 1861-1864 mit Motiven(Neudruck 1973), S. 421 f. 참조.

13 BGHZ 38, 122, 126. 독일 판례는 보증에 관한 독일 민법 제770조 제2항을 유추적용하여 이런 결론에 도달하는데, 그 근거를 유치권에 관한 독일 민법 제273조의 유추 또는 상법 제129조 제3항에서 찾는 견해도 있다. 이에 대해서는 Staudinger/Noack, BGB, § 422 Rn. 27 f. 참조.

있었다(재산편 제521조).[14] 이런 사정을 감안하면 동조가 이론적 근거는 박약하더라도 실무상의 필요, 또는 공평의 요청에 부응하는 것임을 짐작할 수 있다. 연대채무자 상호간에 위임관계가 있다고 전제하면, 연대채무자는 채무변제를 위해 상호 협력하여야 할 의무가 있다(민법 제688조 제2항). 채권자가 어느 연대채무자에게 이행청구하면, 모든 연대채무자는 자신의 부담부분을 출연함으로써 이행청구를 받은 상대방과 더불어 그 채무를 변제해야 하고, 이를 위해 연대채무자 상호간에 협력청구권 또는 면책청구권이 인정될 수도 있다. 이 때 반대채권 있는 연대채무자가 자신의 부담부분을 출연하지도 않고, 상계하지도 않는 것은 협력의무의 위반이 될 것이다. 다른 연대채무자는 반대채권 있는 연대채무자를 상대로 그의 부담부분만큼 사전구상을 할 수도 있을 것이다. 그러나 이런 절차는 번거롭기 때문에 그 자의 부담부분의 한도에서 다른 연대채무자의 상계권을 인정한 것이라고 볼 것이다. 이렇게 하더라도 자신의 권리가 침해당한 연대채무자는 실질적 불이익을 입지 않는다. 한편 반대채무 있는 채권자는 자신의 채권으로써 이를 상계하고 나머지의 채권을 실현할 수 있기 때문에, 다른 연대채무자가 협력의무를 불이행하는 연대채무자의 상계권을 행사 하더라도 불이익을 입지 않는다. 즉 동조는 이론적 일관성보다는 실무상의 편의성, 공평이라는 점을 중시하여 둔 규정이라고 볼 수 있고, 이 규정 때문에 특별히 채권의 힘이 약화되지는 않는다. 그러나 부진정연대채무자 간에 협력청구권 또는 면책청구권을 인정하지 않는다면, 이들 상호간의 관계에서 동조가 유추적용될 수 있을지에 대해서는 신중한 검토가 필요할 것이다.

2. 내용

가. 채무이행을 위해 자신의 부담부분에 해당되는 출연을 하지 않는 어느 연대채무자가 채권자에 대해 반대채권을 가지고 있지만, 상계권을 행사하지 않을 때 다른 연대채무자가 이를 행사할 수 있다. 가령 300의 연대채무(부담 부분은 동일)를 부담하는 A, B, C 중 A가 채권자에게 200의 반대채권을 가지고 있을 때,

[14] Boissonade는 연대채무와 보증채무 간에 차이가 있지만, 연대채무자는 자기의 고유한 부담부 분을 초과한 액에 대해서는 다른 연대채무자를 위한 연대보증과 다를바 없다고 보았다. 다른 연대채무자의 부담부분의 한도에서는 연대채무자는 보증인과 유사하므로, 그의 채권자에 대한 반대채권으로써 상계할 수 있도록 한 것이다. Code Civil de L'Empire du Japon accompagné d'un Exposé des Motifs T. 2; 信山社(1891), pp. 783 참조.

이미 A가 채권자에게 100을 변제하였다면 B, C는 A의 반대채권으로써 상계할 수 없다. 또한 본조의 상계권은 반대채권을 가지고 있는 연대채무자 스스로가 상계할 수 있음에도 불구하고 상계하지 않을 때 다른 연대채무자가 이를 행사할 수 있다. 즉 상계적상 상태에 있지 않은 반대채권으로써는 상계할 수 없다는 것이다.

나. 반대채권으로써 상계할 수 있는 연대채무자가 파산선고를 받은 후, 다른 연대채무자가 본조에 의해 상계권을 행사할 수 있는지에 관하여 이를 긍정하는 견해[15]와 부정하는 견해[16]가 대립한다. 파산관재인이 상계하지 않을 경우 다른 연대채무자가 상계하는 것을 막을 이유는 없을 것이다. 한편 채권자가 어느 연대채무자를 상대로 채무이행을 소구한 경우, 그는 다른 연대채무자의 반대채권으로써 상계하는 것도 가능하다. 이 때 반대채권 있는 연대채무는 소송당사자가 아님에도 불구하고 그에게 상계항변의 기판력이 미친다고 한다.[17]

15 민법주해 X, 채권(3), 박영사(1995), 109(차한성) 등 참조.
16 日大阪高判 1977. 4. 14.(判時 858, 74).
17 민법주해 X, 채권(3), 박영사(1995), 109(차한성) 참조.

제 419 조 [면제의 절대적 효력]

어느 연대채무자에 대한 채무면제는 그 채무자의 부담부분에 한하여 다른 연대채무자의 이익을 위하여 효력이 있다.

[관련조문] 민법 제413조(연대채무의 내용)~제418조(상계의 절대적 효력), 제420조(혼동의 절대적 효력)~제427조(상환무자력자의 부담부분), 제506조(면제의 요건, 효과), 제539조(제3자를 위한 계약), 국가배상법 제2조(배상책임), 헌법 제29조(공무원의 불법행위와 배상책임).

[참고문헌] 곽윤직, 채권총론, 박영사(2003); 김주수, 채권총론, 삼영사(1999); 김증한/김학동, 채권총론, 박영사(1998); 김형배, 채권총론, 박영사(1999); 민법주해 X, 채권(3), 박영사(1995); 山中康雄, いわゆる辨濟ということの意義, 民商法雜誌 제33권 제3호, 有斐閣(1930); 辻 正美, 史料 債權總則(15), 民商法雜誌 제84권 제2호, 有斐閣(1981); 高橋 眞, 史料 債權總則(17), 民商法雜誌 제84권 제4호, 有斐閣(1981); 我妻榮, 新訂債權總論, 岩波書店(1964); Ferid, Das Französische Zivilrecht, Bd. I, Verlagsgesellschaft Recht und Wirtschaft(1971); Münchener Kommentar zum BGB, 4. Aufl., C.H.Beck(2001); J. von Staudigers Kommentar zum BGB, Bd. 2, §§ 397-432, Seiler-de Gruyter(1999); Juris-Classeur Civil, Art. 1197 à1216, Editions du Juris Classeur (1995).

Ⅰ. 본조의 의의

1. 내용

본조는 연대채무자 중 1인이 채권자로부터 자신이 부담하는 채무를 면제받게 되면 그 채무가 소멸할 뿐 아니라, 그 채무자의 부담부분에 한하여 다른 연대채무자도 면책됨을 정하고 있다. 가령 채권자가 100의 연대채무(부담부분은 동일)를 지는 A, B 중 A의 채무를 면제한 경우 A의 채무가 소멸할 뿐 아니라, B도 A의 부담부분인 50만큼 공동면책되기 때문에(부분적 절대효), B는 채권자에게 50만 이행하면 된다. B가 50을 이행하더라도 A에게 구상할 수 없음은 자명하다. 그런데 일부 견해[1]는 위의 경우 자신의 부담부분에 해당하는 채무를 면제받은 A의 부담

1 김형배, 채권총론, 박영사(1999), 463 참조.

부분이 0이 되고, 채권자와의 관계에서는 A는 고유채무만을 면제받았을 뿐이고 다른 연대채무자의 부담부분에 대한 담보의무는 여전히 부담하기 때문에 A, B가 채권자에게 대해 50의 연대채무를 부담한다고 한다.

그러나 본조를 이렇게 해석할 수는 없을 것이다. 이런 해석이 가능하기 위해서는 채권자가 A와 B 사이의 내부관계를 변경시킬 권한이 있어야 할 것인데, 그와 같은 권한은 당사자 전원의 합의가 없는 한 인정할 수 없고, 법률로써 이런 권한을 인정할 이유도 없기 때문이다. 채권자로서는 A, B가 부담하는 연대채무 전체를 일부 또는 전부 면제하거나, A 또는 B의 채무를 면제하거나 A, B의 연대를 면제하거나, A 또는 B와 부제소의 합의를 할 권한은 있지만, A, B의 내부관계를 변경시켜 A, B가 50의 채무를 부담하되, 50을 변제한 B가 A에게 구상하지 못하도록 할 권한은 없다는 것이다.

2. 평가

가. 학설

통설[2]은 본조의 근거를 당사자 간의 구상에 관한 법률관계를 간략하게 결제하려는 데에서 찾고 있다. 이를 다음과 같이 설명한다.[3] 채권자가 90의 연대채무(부담부분은 동일)를 부담하는 A, B, C 중 A의 채무를 면제한 경우, 면제에 상대적 효력을 인정하게 되면, B, C는 채권자에게 90의 채무 전액을 부담할 것이고, 만약 B가 이를 변제한 후 A에게 30을 구상하게 될 것인데, 30의 구상의무를 이행한 A로서는 채권자에게 그 액수만큼 부당이득반환청구를 허용하지 않을 수 없게 될 것이고, 이는 구상의 순환을 가져 온다. 이를 피하기 위한 것이 본조라는 것이다. 그런데 통설은 본조가 의도하는 구상관계의 간략화는 채권자의 면제의사가 면제받은 채무자로 하여금 다른 연대채무자와의 내부관계에서도 부담을 면제받게 하려는 경우에 의미가 있고, 채권자에게 그와 같은 의사가 없음이 명백한 경우에는 본조를 적용할 수 없다고 한다. 물론 채권자의 의사가 분명하지 않은 경우에는 본조가 적용될 것인데, 본조가 적용되면 결과적으로 연대채무자 사이에 분별의 이익을 인정하는 셈이 되어 연대채무의 담보력을 감소시켜 채권자의 지위를 약화

2 곽윤직, 채권총론, 박영사(2003), 167; 김형배, 채권총론, 박영사(1999), 464; 민법주해 X, 채권(3), 박영사(1995), 111(차한성) 참조.
3 민법주해 X, 채권(3), 박영사(1995), 111(차한성)의 예를 가공한 것이다.

하게 된다고 비판한다.[4] 그 결과 입법론적으로는 면제에 상대적 효력을 인정하는 것으로 변경해야 한다고 주장한다.[5]

나. 입법례

프랑스 종전 민법 제1285조 제1항은 연대채무자 1인의 이익을 위해 체결한 채무 면제합의는, 다른 연대채무자에 대한 권리를 명시적으로 유보하지 않은 한, 모든 연대채무자의 채무를 면책시키는 효력이 있다고 정하고 있고, 동조 제2항은 채권자가 다른 연대채무자에 대한 권리를 명시적으로 유보한 경우에는 면제한 채무자의 부담부분을 공제한 채무액에 한하여 다른 연대채무자로부터 그 이행을 청구할 수 있다고 규정하고 있다.[6] 제1항처럼 연대채무자 중 1인과 면제계약을 체결하였음에도 불구하고, 반대의 약정이 없는 한, 연대채무자 전원이 면책되는 효과가 발생하는 것은, 채권자와의 관계에서 연대채무자 간에 상호대리권이 있다는 관념[7]에 입각한 것이다. 한편 종전 민법 제1210조는 채권자가 연대채무자 1인에 대해 연대면제를 한 경우, 채권자는 다른 연대채무자에 대해 연대면제를 받은 채무자의 부담부분을 공제한 잔액에 대해 채권을 가진다고 정하고 있다. 가령 90의 연대채무(부담부분은 동일)를 지는 A, B, C 중 A 와 채권자가 연대면제를 합의하였다면, A 는 30의 분할채무를, B, C 는 60의 연대채무를 지게 된다. 즉 프랑스 종전 민법은 연대채무자 전원의 채무를 면책시키는 면제, 면제합의의 상대방만 면책시키는 면제, 연대면제 등 3가지 유형의 면제를 법률에서 정하고 있었다. 그러나 프랑스 민법에서는 실체법상의 권리는 채권자에게 유보하되 소를 제기하지 않기로 하는 합의(pactum de non petendo)는 낯설다고 한다.[8] 개정 민법에서는 종전 민법 제1285조 제1항의 규정을 삭제하고, 제2항의 부분적 절대효 규정만 남겨 두

4 곽윤직, 채권총론, 박영사(2003), 167; 김형배, 채권총론, 박영사(1999), 464; 민법주해 X, 채권(3), 박영사(1995), 111(차한성).

5 민법주해 X, 채권(3), 박영사(1995), 111(차한성) 참조. 한편 여기에서는 법률관계의 간이한 결제가 필요하다면 불가분채무와 같은 규정(민법 제411조, 제410조 제2항)을 두면 좋을 것이라는 山中康雄, いわゆる辨濟ということの意義, 民商法雜誌 제33권 제3호, 有斐閣(1930), 345의 견해를 소개하고 있다.

6 개정 프랑스 민법에서는 위 제1항을 삭제하고, 제2항만을 존치하고 있다.

7 Ferid, Das Französische Zivilrecht Bd. I, 2 E 68 ff. 참조.

8 부제소합의와 유사한 효력은 소권의 포기합의에서 비롯될 수 있는데, 프랑스의 전통적 견해에 따르면 그 합의에는 실체법상의 권리포기도 포함된다고 한다. Ferid, Das Französische Zivilrecht Bd. I, 2 D 80 참조. 실체법상의 권리 포기 없는 부제소의 합의란, 합의의 당사자인 채권자는 채무자를 상대로 소구(訴求)할 수 없지만, 채무자가 채권자에 대해 반대채권을 가질 경우, 채권자는 부제소의 합의의 대상인 채권으로써 상계할 수 있다는 점에 그 특징이 있다.

었다(현행 민법 제1350-1조 제1항). 또 연대면제에 관한 규정은 그대로 존치하였다(현행 민법 제1316조).

독일 민법 제423조는 채권자와 어느 연대채무자 간의 면제합의는 그 계약의 당사자가 전체 채무를 해소하고자 한 경우에는 모든 채무자를 위하여 효력이 있다고 규정하고 있다. 동조의 적용 여부는 당사자의 계약의 해석문제이다. 학설들은 3가지 유형의 면제를 인정하고 있다. 첫째, 연대채무자 누구도 더 이상 책임을 지지 않는 것을 내용으로 하는 면제(동법 제423조). 채권자와 모든 연대채무자가 면제계약의 당사자일 때 통상 이런 내용의 계약을 할 것이다. 한편 채권자와 연대채무자 중 1인이 면제계약을 하는 경우,[9] 내부적으로는 계약상대방인 연대채무자만이 채무를 부담하고, 면제계약의 당사자도 이를 알고 있다면 이렇게 해석될 것이라고 한다.[10] 둘째, 계약의 당사자에게만 효력 있는 경우로서(제423조가 적용되지 않는 경우), 계약상대방인 연대채무자에게 책임을 묻지 않고 다른 연대채무자에게 채무 전부를 청구하는 것을 내용으로 하는 것이 있다. 그런데 채권자와 연대채무자 간의 계약으로는 연대채무자 간의 내부관계에 영향을 미치지 못하기 때문에, 채무 전부를 이행한 다른 연대채무자는 면제받은 연대채무자에게 구상권을 행사할 수 있다. 따라서 이 때의 면제는 부제소의 합의와 그 실질이 다르지 않다.[11] 셋째, 면제계약의 상대방인 연대채무자를 다른 연대채무자에 대한 구상의무로부터도 벗어나게 하겠다는 내용의 면제계약이 있다. 이때에는 그 연대채무자의 내부적 부담부분의 한도에서 다른 연대채무자의 채무도 감축되는 효과가 발생한다(부분적 절대효).[12]

위 둘째와 같은 개별적 효력은 면제받은 채무자의 입장에서는 실질적으로는 아무런 혜택도 없기 때문에, 오늘날 압도적인 독일의 통설은 개별적 효력 있는 면제는 위 셋째를 내용으로 하는 것으로 추정되고, 둘째와 같은 것을 내용으로 하는 면제를 인정하기 위해서는 채권자가 이를 입증하여야 한다고 본다.[13] 특히 연대채무의 일부 면제를 수반한 화해계약이 있는 경우 위 셋째 유형의 계약이 있다고

9 이 때에는 계약상대방만이 아니라 나머지 연대채무자도 면책하는 것을 내용으로 하기 때문에 제3자를 위한 면제계약의 성격도 있다고 한다. MünchKomm/Bydlinski, BGB, § 423 Rn. 1 참조.

10 MünchKomm/Bydlinski, BGB, § 423 Rn. 4 참조.

11 MünchKomm/Bydlinski, BGB, § 423 Rn. 3; § 426 Rn. 57 참조.

12 MünchKomm/Bydlinski, BGB, § 423 Rn. 3 f. 참조.

13 MünchKomm/Bydlinski, BGB, § 426 Rn. 57. 독일의 판례도 이와 유사한 입장이라고 한다. BGHZ 58, 216, 220; BGH ZIP 1989, 431; BGH NJW 2000, 1942 등 참조.

해석하지 않으면 채권자의 신의에 반하는 행동을 긍정하게 될 것이라고 한다.[14] 보험자 간의 채무분할합의가 있는 경우에도 명시적 합의가 없더라도 부분적 절대효가 있는 것으로 해석해야 한다고 한다.[15] 연대채무 상태에 있음을 알지 못하는 경우에도 면제계약의 당사자의 의사가 채권관계상의 채무를 더 이상 청구하지 않겠다고 한 것인지, 즉 상대방을 구상의무로부터도 벗어나게 하겠다는 것으로 해석될 수 있는지가 결정적이지, 수인의 가해자가 있는데도 이를 알지 못하였는지는 중요하지 않다고 한다.[16]

이상에서 살펴 본 바와 같이, 독일 민법 제423조는 연대채무자 전원에게 효력이 미치는 면제계약에 대해서만 규정하고 있지만, 학설, 판례는 부분적 절대효 있는 면제, 부제소의 합의 등 3 유형을 인정하고 있음을 알 수 있다. 물론 계약자유가 인정되기 때문에 당사자의 합의로 연대관계를 해소하고 분할채무로 하는 합의, 즉 소위 연대면제도 허용되지 않을 이유가 없을 것이다.

다. 사견

면제의 부분적 절대효를 인정한 것은 민사법의 일반법리에서 벗어난 어떤 것을 인정한 것이 아니라, 민법 제506조의 면제의 의사표시가 연대채무 전체에 미치는 법적 효력을 분명히 한 것이라고 이해해야 할 것이다. 물론 면제의 의사표시의 내용은 그 의사표시와 관련된 제반사정을 감안하여 이를 해석하여야 하겠지만, 그 의사표시가 민법 제506조에서와 같은 효력, 즉 연대채무자의 채무를 소멸시키고자 하는 것이라면, 다른 특별한 사정이 없는 한, 그 자를 구상의무로부터도 벗어나도록 하는 의사라고 해석하는 것이 타당할 것이다. 이 점은 연대채무자 간에 상호대리관계를 부정하는 독일의 통설, 판례도 긍정하는 바이다. 그 점에서 보면, 본조는 채권의 효력을 약화시킨다고 볼 것도 아니며, 입법론적으로 문제가 많다고 볼 것도 아니다.

14 Staudinger/Noack, BGB, § 423 Rn. 24 참조.
15 Staudinger/Noack, BGB, § 423 Rn. 28 참조.
16 Staudinger/Noack, BGB, § 423 Rn. 31 f. 참조.

다른 경우도 마찬가지이지만, 면제의 의사표시의 내용을 해석함에 있어서도 주의가 필요하다. 면제라는 외형을 띄더라도 여기에는 여러 유형이 있기 때문이다. 첫째, 채권자가 연대채무 전부를 면제하기 위해 연대채무자 중 1인에게 면제의 의사표시를 할 수도 있다. 그러나 프랑스 민법과 달리 연대채무자 상호간에 대리관계가 없으므로, 채권자는 통상 수동대리권한 없는 연대채무자 중 1인에게 연대채무자 전원을 위한 면제의 의사표시를 하지는 않을 것이다.[17] 그렇지만 채권자가 1인의 연대채무자를 전달사자로 삼을 수도 있을 것이다. 만약 면제계약을 체결하였다면, 계약상대방만이 아니라 다른 연대채무자에게도 효력 있는 제3자를 위한 면제계약으로 해석될 경우도 있을 것이다. 이런 경우가 아니라면 연대채무 전부의 면제를 내용으로 하는 의사표시라고 해석할 이유는 없다.

둘째, 어느 상대방의 연대채무를 면제하겠다는 내용의 의사표시를 할 수도 있다. 이 의사표시는 그의 부담부분에 대한 구상의무로부터도 벗어나게 해주겠다는 의미를 내포한다. 그렇지 않으면 그 면제는 실효성이 없기 때문이다. 가령 100의 채무를 부담하는 A, B 두 명의 연대채무자 중 A 의 채무를 완전히 면제해 준 경우를 보자. 채권자로부터 채무전부의 이행을 청구받은 B 의 입장에서 보면 채권자는 곧이어(B 자신이 A 에게 구상할 때) A 의 청구에 의해 그에게 반환할 몫(A 의 부담부분)도 포함하여 자신에게 이행을 청구하는 셈이 된다. 곧바로 반환하여야 할 것을 청구하는 것은 다른 특별한 사정이 없는 한 신의성실의 원칙에 반하는 것이다.[18] 한편 A 가 구상의무(고유한 자기 부담부분에 대한 구상의무)로부터도 면책될 수 있게 하는 면제를 채권자와 A 간의 계약으로 체결하였다면, 그 계약은 A 의 부담부분만큼 B 의 채무도 면책되도록 하는 제3자를 위한 계약으로 해석할 수 있을 것이다.[19] 따라서 B 는 A 의 부담 부분만큼 자신의 채무도 감축되었음을 원용할 수 있을 것이다. 본조는 이런 과정을 간명하게 하고 동시에 명확하기 위한 목적이

17 이 점은 일본 민법의 심의과정에서도 확인된 바이다. 高橋 眞, 史料 債權總則(17), 民商法雜誌 제84권 제4호, 有斐閣(1981), 601-607 참조.

18 이 점은 일본 민법의 심의과정에서도 잘 드러난다. 高橋 眞, 史料 債權總則(17), 民商法雜誌 제84권 제4호, 有斐閣(1981), 601-607 참조. 불가분채권자의 1인이 채무자의 채무를 면제한 경우에도 실질적으로는 이와 동일하게 처리된다. 즉 다른 불가분채권자는 전액을 청구할 수 있지만 면제한 채권자에게 분급할 이익을 가액으로 채무자에게 상환해 주어야 하기 때문이다(일본 민법 제429조). 만약 가액상환이 없으면 그것은 면제한 채권자의 부당이득이 될 것이므로, 계산을 간단히 하기 위해 채무자에게 가액상환하도록 규정하였다. 이 점은 辻 正美, 史料 債權總則(15), 民商法雜誌 제84권 제2호, 有斐閣(1981), 289-295 참조.

19 MünchKomm/Bydlinski, BGB, § 426 Rn. 57 참조.

라고 이해해야 할 것이다. 즉 본조는 채권자의 면제의 의사표시의 효력에 의해 도출되는 절대효이지, 연대채무의 성질로부터 도출되는 것은 아니다.[20]

셋째, 연대면제의 의사표시를 할 수도 있다. 프랑스 민법과 달리 우리 민법은 그 의사표시의 내용을 부담부분의 한도에서만 채무이행을 하도록 허용하는 것으로 이해한다(☞ 이에 관한 상세한 것은 아래 제419조 Ⅱ. 4.를 참조).

넷째, 연대채무자 1인에게는 직접 책임을 추궁하지 않겠다는 의미의 의사표시를 할 수도 있다. 채권자는 나머지 연대채무자에게 전액을 청구할 수 있고, 전액을 변제한 연대채무자는 부제소를 약속받은 자에게 구상권을 행사할 수 있다. 부제소의 의사표시의 상대방은 다른 연대채무자의 구상에는 응해야겠지만, 채권자에 대해서는 책임을 지지 않게 된다. 즉 다른 연대채무자가 자력이 없어서 채권자가 만족을 얻지 못하더라도 채권자에게 공취당하지 않을 수 있다.

외형상 면제의 형식을 띈 의사표시를 채권자가 하는 데에는 여러가지 이유가 있을 것이다. 연대채무의 채권 실현의 담보와 편의도 중요하지만, 완전한 만족이 없더라도 채권관계를 조속히 종결짓는 것 역시 채권자에게 매우 중요하다는 점을 감안한다면, 특히 일부변제와 일부면제를 결합시키는 것(이는 화해계약으로도 할 수 있다)이 채권추심에 더 효율적이고, 채권자에게 유리할 수도 있다. 이런 이유 때문에 하는 면제는 채권자의 합리적인 계산과 판단에서 비롯된 것이다. 거기에 본조와 같은 부분적 절대효를 인정하지 않으려는 것이 오히려 신의성실의 원칙에 반하는 법해석일 것이다.

Ⅱ. 본조의 면제와 여타의 유형

1. 본조의 면제

가. 채권자의 의사표시를 부제소의 의사표시로 해석할 경우에는 본조가 적용

20 민법 제419조가 적용될 수 있는 사안들은 다음과 같다. 첫째, 연대채무자가 채권자와 화해계약을 통해 채무 일부를 이행하면서 나머지 채무를 면제받은 경우. 가령 A, B가 100의 연대채무를 부담하는데, A가 채권자와 화해계약을 하면서 40의 채무만 변제하고 나머지 채무는 전부 면제해 주기로 하였다면, 채권자는 B로부터 60이 아니라, A가 면제받은 10만큼 감축된 50의 채무를 청구할 수 있다. 둘째, 수인의 연대채무자 중 일부와 채권자가 채무분할합의를 하는 것도 이와 유사하다. 300의 연대채무를 부담하는 A, B, C 중 B, C와 분할합의를 하면서 B, C에게 각각 80씩만 받고 나머지 채무는 면제하기로 한 경우, 각각에게 면제된 20씩은 A에게 청구할 수 없고, A는 100만을 지급하면 될 것이다. 채무 전부의 면제에 대해서만 절대효를 규정하는 독일법에서도 위의 각 사례에서는 부분적 절대효를 인정한다. 가령 Staudinger/Noack, BGB, § 423 Rn. 19 ff. 참조.

되지 않는다. 이 때 채권자는 그 연대채무자에 대해서는 소구할 수 없는 채권을 가지는 것이지, 그의 채무가 소멸되는 것은 아니기 때문이다. 수인의 연대채무자 중 일부에 대해 다른 연대채무자가 변제하지 않을 경우 외에는 이행을 청구하지 않겠다고 약정한 경우에도 본조가 적용되지 않는다. 이 때의 연대채무자는 항변권을 가지겠지만, 그의 채무가 소멸되지 않기 때문이다. 수인의 연대채무자 중 일부에게 연대를 면제하겠다는 의사표시를 한 경우에도 본조가 적용되지 않는다. 그 연대채무자는 자신의 부담부분만큼 분할채무를 부담하는 것이지, 그 채무가 소멸되는 것은 아니기 때문이다.

나. 본조는 채권자의 의사표시가 채무자로 하여금 더 이상 채무를 부담하지 않도록 하려는 것, 그 결과 다른 연대채무자의 구상으로부터도 벗어나도록 하려는 것을 내용으로 할 때 적용된다. 특히 연대채무자 중 1인이 일부 변제하면 나머지 채무를 면제하겠다는(또는 더 이상 책임을 추궁하지 않겠다는) 제안 하에 이루어진 면제, 또는 화해계약의 경우가 본조가 적용되는 대표적인 예라고 할 것이다(☞ 일부면제에 대해서는 후술함). 이런 의사표시는 그 연대채무자와의 특수한 관계에 기인하는 경우도 있을 것이다. 이런 면제의 의사표시는 사후적으로 이루어질 수도 있지만 사전적으로도 이루어질 수 있는데, 그 효과에는 차이가 없다고 할 것이다(☞ 부진정연대채무와 사전적 면제에 관하여는 후술함).[21]

다. 수인의 연대채무자 중 1인의 내부적 부담부분이 1이고, 나머지 연대채무자의 부담부분은 0인 경우, 전자의 연대채무를 면제한 경우 본조의 적용으로 연대채무 전체가 변제되는 것과 동일한 효과가 발생한다.[22] 그런데 내부적 부담부분을 알지 못하였다면 결과적으로 연대채무가 전부 소멸될 수도 있다. 다수의 학설들은 연대채무자간의 부담비율이 평등하지 않다는 주장은 채권자가 그러한 불평등을 알았거나 알 수 있었던 경우로 제한하여야 하고, 그 입증 책임은 부담부분의 불평등을 주장하는 자가 부담한다고 한다.[23] 그러나 이런 주장은 이론적으로는 공감하기 어렵다. 90의 연대채무를 부담(A의 내부적 부담부분이 1인 경우)하는

21 MünchKomm/Bydlinski, BGB, § 426 Rn. 57 참조.

22 독일법에서는 위와 같은 경우 통상 연대채무자 전원을 면제하기로 하는 계약이 있다고 해석하게 된다고 한다. Staudinger/Noack, BGB, § 423 Rn. 23 참조.

23 곽윤직, 채권총론, 박영사(2003), 167; 김주수, 채권총론, 삼영사(1999), 290; 김증한/김학동, 채권총론, 박영사(1998), 232; 김형배, 채권총론, 박영사(1999), 464 이하; 민법주해 X, 채권(3), 박영사(1995), 112 (차한성) 참조.

A, B, C가 있는데, 채권자가 A의 채무를 면제해 준 경우를 보자. 첫째, 채권자가 A는 내부적 부담부분이 0이라고 오신하여 그의 채무를 면제하였다면, 사안에 따라 착오 또는 사기를 이유로 자신의 법률행위를 취소할 수 있을 것이다.[24] 둘째, 채권자가 A의 내부적 부담부분이 1/3이라고 오신하고, B, C로부터 60을 추심할 의사를 가지고 A의 채무를 면제한 경우도 있을 것이다. 사안에 따라 자신의 법률행위를 취소할 수 있을 때, 일부 취소가 가능한지 여부가 문제될 것이다. 그러나 면제의 의사표시 전부 또는 일부를 취소하지 않았음에도 불구하고, 위 예에서 A의 채무는 면제되고, B, C는 60의 연대채무를 부담할 수 있는 방도는 없다고 할 것이다.

라. 본조의 면제는 단독행위인 민법 제506조의 면제를 의미하지만, 면제계약이 있는 경우에도 적용된다.[25] 재판상 화해에 의해 채권자가 연대채무자 중 1인에 대해 그 채무액을 감액한 경우에도 위 Ⅱ. 1. 나.에서 언급한 것과 마찬가지로 본조가 적용될 수 있다.[26]

마. 본조는 채권자가 연대채무자 중 1인 또는 일부의 채무를 면제하는 경우의 효력을 규정한 것인데, 채권자가 연대채무자 전원의 채무를 면제시키는 것도 가능하다. 이를 금지하는 법률규정도 없고, 금지할 이유도 없기 때문이다. 그런데 채권자가 연대채무자 중 1인 또는 일부에 대한 의사표시로 전원의 채무를 면제시킬 때 어떻게 이를 이론구성할 것인가가 문제된다. 종래 의사표시를 수령한 채무자에게는 수동대리권이 없으므로 무권대리행위로 되지만 다른 채무자의 추인에 의하여 그것이 유효해진다는 설,[27] 연대채무자는 다른 채무자에게도 유리한 의사표시에 관하여는 상호대리권이 있다는 설,[28] 연대채무에서는 각 채무자가 채무를 소멸시킬 수 있으므로 이 경우에는 대리권의 유무를 불문하고 다른 채무자에 대하여 효력이 있다는 설,[29] 등이 있었다. 그러나 연대채무자 간에 당연히 상호대리권이 인정될 이유가 없다는 점, 각 채무자는 변제, 대물변제, 상계, 공탁, 경개로

24 ☞ 이 문제에 관한 상론은 민법 제424조 주석 참조.

25 김주수, 채권총론, 삼영사(1999), 290; 민법주해 X, 채권(3), 박영사(1995), 113(차한성) 참조.

26 김주수, 채권총론, 삼영사(1999), 290; 민법주해 X, 채권(3), 박영사(1995), 113(차한성) 참조.

27 민법주해 X, 채권(3), 박영사(1995), 114(차한성)은 김주수, 채권총론, 290; 我妻榮, 新訂 債權總論, 岩波書店(1964), 417 참조.

28 민법주해 X, 채권(3), 박영사(1995), 114(차한성) 참조.

29 곽윤직, 채권총론, 박영사(2003), 168; 김증한/김학동, 채권총론, 박영사(1998), 232; 민법주해 X, 채권(3), 박영사(1995), 114(차한성) 참조.

채무를 소멸시킬 수 있고, 이로 인해 전원의 채무도 소멸되지만, 면제는 채권자의 의사표시의 효력으로써 채무가 소멸되는 것이라는 점에서 위 둘째, 셋째의 견해는 지지할 수 없다. 채권자가 단독행위인 면제의 의사표시를 한 경우를 상정해 보면, 채권자는 직접적인 의사표시의 상대방만이 아니라 다른 연대채무자 전원을 위한 수개의 의사표시를 한 것으로 이론구성할 수 있을 것이다. 이때 직접의 상대방은 수령사자가 될 수도 있을 것이며, 무권대리인으로서 민법 제136조가 적용되는 경우도 있을 것이다. 한편 면제를 계약으로 한 경우라면 직접 상대방만이 아니라 나머지 채무자를 위해서도 효력이 있는 제3자를 위한 계약이라고 해석할 수 있을 것이다. 요컨대 연대채무자 전원에게 효력 있는 면제가 있는 경우에도 그것은 채권자의 의사표시의 효력으로 인한 것이므로, 그 의사표시가 어떻게 다른 연대 채무자에게도 효력이 발생할 수 있는가의 문제로 접근해야 한다.

2. 소위 '상대적 면제'

가. 통설은 본조가 임의규정이므로, 연대채무자 중 1인의 채무를 면제하면서 다른 연대채무자에 대해 채무 전액을 청구할 가능성을 유보하는 것이 가능하며, 이때에는 본조가 적용되지 않는다고 한다.[30] 또한 면제계약에 의해 위와 같은 내용의 계약을 체결하는 것도 가능하며, 단독행위인 면제에 의해서도 위와 같은 소위 '상대적 면제'가 가능하다고 한다. 그 이유로 ①상대적 면제를 인정하면 다른 채무자는 본조가 정한 면책의 혜택을 받지 못하게 되나, 본조 자체가 채권의 담보적 목적이라는 관점에서 문제가 있는 규정이고, 공동채무자의 이익을 담보목적에 따른 채권자의 의사보다 우선시킬 이유가 없고, ②계약에 의한 상대적 면제를 유효하다고 보면, 단독행위에 의한 경우를 이와 달리 볼 이유가 없고, ③구상의 순환을 피한다는 것은 하나의 기술적 배려에 불과한 만큼 이보다는 연대채무의 목적, 담보적 기능이 더욱 중시되어야 한다는 등을 들고 있다.[31] '상대적 면제' 이론에 따르면, 채권자는 면제된 채무자에 대해 채무이행을 청구할 수 없지만, 다른 연대채무자에게는 채무 전액을 청구할 수 있고, 채무를 변제한 다른 연대채무자는 면제받은 연대채무자에게 구상할 수 있고, 구상에 응한 연대채무자는 채권자

30 곽윤직, 채권총론, 박영사(2003), 167: 김주수, 채권총론, 삼영사(1999), 290; 김형배, 채권총론, 박영사(1999), 465; 민법주해 X, 채권(3), 박영사(1995), 113(차한성) 참조.

31 민법주해 X, 채권(3), 박영사(1995), 115(차한성) 참조.

에게 부당이득의 반환을 청구할 수 있다고 한다.[32] 그러나 당사자의 특약 또는 채권자의 면제의 의사표시 속에 면제된 채무자에게 단지 이행청구만을 하지 않을 뿐 채무자 간의 구상관계에는 관여하지 않겠다는 뜻이 포함되어 있다면, 위의 예에서 구상에 응한 연대채무자가 채권자에게 부당이득반환을 청구할 수 없다고 한다.[33]

이에 반하여 일부 주석서는 단독행위에 의한 상대적 면제는 쓸데없는 구상순환만을 생기게 하는 것이므로 문제가 있다거나 모든 채무자와의 합의가 없으면 상대적 면제는 무효라고 보는 일본 학설을 소개하기도 한다.[34]

나. 계약이든 단독행위이든 면제는 채권자와 그 의사표시의 상대방인 연대채무자 간의 채무를 소멸시키는 것을 내용으로 하는 것이며, 연대채무자 상호 간의 내부관계에 영향을 미치는 것을 그 내용으로 할 수 없다. 설령 후자와 같은 것을 의사표시의 내용으로 삼았다 하더라도 그것은 연대채무자 간의 관계에는 어떠한 영향도 미치지 못한다. 그렇다면 결국 '상대적 면제'란 채권자와 연대채무자 간의 의사표시의 내용이 '다른 연대채무자로부터 전액을 변제받을 것이며, 변제한 연대채무자가 구상을 청구하면 그 범위에서는 너로 하여금 그 구상의무로부터 벗어나게 해 주겠다'는 것이어야 한다. 반면 연대채무자 중 1인 또는 일부에게 하는 채권자의 면제는 '너의 채무를 소멸시켜 주겠으니 이로써 다른 연대채무자로부터도 구상당하지 않도록 하겠다'는 내용이다. 양자 모두 '다른 연대채무자로부터의 구상청구에서 벗어날 수 있는 면제를 하겠다' 는 것에서는 공통되지만, 전자(前者)는 다른 연대채무자가 현실적으로 구상청구할 시점에서 채권자가 그런 의무를 부담하겠다는 것이며, 후자는 즉시 그와 같은 의무를 부담하겠다는 것에서 차이가 있을 뿐이다.[35] 그러나 여기에 어떤 실질적인 차이가 있는 것은 아니다. 의사표시의 해석은 신의성실의 원칙에 좇아서 하여야 하는 것이므로, 다른 특별한 사정이 없는 한, 채권자의 면제의 의사표시를 전자와 같은 내용으로 해석할 이유는 없을 것이다.

32 민법주해 X, 채권(3), 박영사(1995), 115(차한성) 참조.

33 민법주해 X, 채권(3), 박영사(1995), 116(차한성)은 이런 이론의 주장자로 我妻榮, 新訂 債權總論, 岩波書店(1964), 417을 인용하면서, 이는 실질적으로 부제소의 의사표시에 불과하다고 한다.

34 일본 학설은 민법주해 X, 채권(3), 박영사(1995), 115(차한성) 참조.

35 이런 의무가 있기 때문에 다른 연대채무자는 면제받은 연대채무자의 부담부분만큼 자신의 채무가 소멸되었음을 주장할 수있다. 이를 면제계약으로 하였다면 제3자를 위한 계약이 될 것이다

3. 일부면제

가. 채권자가 채무자로부터 채무 일부를 변제받으면서 잔액에 대해 그 채무를 면제하는 일부면제의 형태를 취하는 것이 일반적일 것이다. 이런 일부면제의 경우 본조의 적용에 대해 적지 않은 논란이 있다. 90의 연대채무(내부적 부담부분은 동일)를 부담하는 A, B, C 중 채권자가 A로부터 20을 변제받으면서 나머지 70의 채무를 면제하는 경우를 예로 삼아 살펴본다.

1) 제1설

면제된 금액은 항상 면제받은 채무자의 부담부분에 대한 것이라는 견해.[36] 이 견해는 전부면제이든 일부면제이든 부담부분의 한도에서 절대효가 생긴다고 한다. 그 결과 A의 부담부분(30)은 70의 면제로 0이 되고, A가 변제한 20은 B, C의 부담부분을 변세한 것이 되어, A는 B, C에게 각각 10씩을 구상할 수 있고, B, C는 채권자에게 40의 채무를 부담한다고 한다(A의 부담부분 30은 본조의 부분적 절대효에 의해 소멸되고, A가 변제한 20은 변제의 절대효로 소멸되므로, 연대채무 50이 소멸된 셈이라는 것이다).

2) 제2설

일부면제가 있더라도 면제받은 채무자가 지급해야 할 잔액이 그 채무자의 부담부분을 초과하는 경우에는 그 채무자의 부담부분은 감소하지 아니하고 따라서 다른 연대채무자의 채무에도 영향을 주지 않으나, 일부면제에 의한 잔액이 피면제자의 부담부분보다 적은 경우에는 그 차액만큼 부담액을 감소시켜 다른 연대채무자의 채무액도 그 범위에서 감소한다는 견해.[37] 위에서 A는 70을 면제받았으므로, 잔액 20은 A의 부담부분 내이고, 따라서 그 차액인 10(30 - 20)만큼 다른 연대채무자의 채무도 감축된다. 따라서 다른 연대채무자는 A의 20의 변제, 10의 절대효 있는 면제를 제외한 나머지 60만을 변제하면 된다. 위의 예에서 A가 50을 면세받았다면, 잔액 40은 A의 부담부분을 초과하므로 절대효가 생기지 않고, A가 40을 변제하더라도 B, C는 50의 연대 채무를 부담하게 된다.

3) 제3설

일부면제는 면제된 채무자의 부담부분 중 채무금액에 대한 면제액의 비율만

36 이 학설은 민법주해 X, 채권(3), 박영사(1995), 116(차한성) 참조.
37 김형배, 채권총론, 박영사(1999), 467; 민법주해 X, 채권(3), 박영사(1995), 117(차한성) 참조.

큼 절대효가 있다는 견해.[38] 위의 예에서 A가 채무전부를 면제받았다면 B, C에게는 30의 채무가 소멸되는 효력이 생길 것인데, 70의 채무를 면제받았으므로 30의 70/90, 즉 13.33만큼의 절대효가 생긴다고 한다. A가 20을 변제하였으므로 B, C는 56.66의 연대채무를 부담하게 된다. A는 B, C에게 1.66씩 구상할 수 있다고 한다(자신의 부담부분 30 중 13.33은 면제로 소멸되고, A의 변제 20 중 16.66은 자기 부담부분의 변제이고, 나머지 3.33은 타인 채무의 변제인 셈이기 때문이다).

나. 계약이든 단독행위이든 면제는 채권자와 그 의사표시의 상대방인 연대채무자 간의 채무를 소멸시키는 것을 내용으로 하는 것이며, 연대채무자 상호 간의 내부관계에 영향을 미치는 것을 그 내용으로 할 수 없다. 따라서 채권자는 어느 연대채무자의 채무를 소멸시켜 줄 수 있지만, 그 연대채무자의 다른 연대채무자에 대한 구상관계에 직접 영향을 미치는 것을 면제의 내용으로 할 수 없다. 설령 그런 내용의 의사표시를 하더라도 이는 제3자에게 그 효력이 없다. 이런 관점에서 보면 위 제1설 및 제3설은 구상관계를 직접 변경시키는 내용의 면제를 상정하기 때문에 잘못된 견해이다.

위의 예는 "20을 변제하면 나머지는 더 이상 청구하지 않겠다는 채권자의 의사표시를 어떻게 해석할 수 있고, 그 의사표시에는 어떤 효력이 인정될 것인가"라는 문제로 귀착될 것이다. 제1설과 같은 효력이 발생하기 위해서는 채권자의 의사표시는 일부면제가 아니라 A의 채무 전부를 면제하는 것을 내용으로 해야 한다. 채무가 소멸되었음에도 불구하고 A가 B, C를 위해 변제하였다면 결과적으로 제1설과 거의 동일한 효과가 발생할 것이다. 위의 예에서 제3설과 동일한 효력이 발생하기 위해서는 채권자가 A의 채무 90 중 70의 채무를 소멸시켜 주었음에도 불구하고 A의 변제 20 중 16.66은 자기 채무의 이행으로, 나머지 3.33은 내부적으로는 채무 없음에도 불구하고 B, C를 위해 변제한 경우여야 할 것이다. 채권자의 의사표시를 위와 같이 해석할 수 있을 때 비로소 위 제1설 및 제3설의 결론이 수용될 것이다.

한편 위 제2설은 결과적으로 옳을 수 있지만, 그 결론은 채권자의 의사표시의 내용으로부터 도출되어야 할 것이다. 위의 예에서 채권자가 '40을 변제하면 A의 나머지 채무는 면제하겠다'고 하였다면, 이는 잔액 50에 관하여 A에 대해 부

[38] 日大判 1940. 9. 21.(民集 19, 1701).

제소의 약속을 한 것으로 이해할 수 있다. A가 자기 부담부분을 초과하여 지급한 부분, 즉 10에 대해 B, C에게 구상할 수 있지만, 채권자의 B, C 에 대한 권리에는 영향을 미치지 않는다. B가 전액을 변제한 후 C가 무자력상태에 빠졌다면 B는 A에게 10을 구상할 수 있을 것이다(제427조 제1항). 한편 위의 예처럼 채권자가 'A가 20을 변제하면 나머지 채무는 면제하겠다'고 하였다면, 그것은 A의 고유한 부담부분 30 중 나머지(30-20)에 대해 다른 연대채무자로부터의 구상의무로부터 벗어나도록 하겠다는 의사표시로 해석될 수도 있다. 이때에는 A가 면제받은 10의 부분만큼 B, C의 연대채무도 소멸하게 되므로, B, C의 채무는 60이 된다.

4. 연대의 면제

가. 채권자는 연대채무를 해소하여 분할채무로 전환시킬 수도 있다. 연대관계를 통해 채권의 담보력을 강화한 채권자가 이를 포기하고, 각 채무자들의 부담부분만큼 분할하여 그 채권을 행사하겠다는 의사표시를 단독행위로써 한 경우, 사적자치의 관점에서 보면 이를 부정할 이유가 없다.

가령 90의 연대채무(부담부분은 동일)를 지는 A, B, C 전원에 대해 채권자가 이를 분할채무로 해 주겠다는 의사를 표시하면, 이로써 A, B, C는 각각 30의 분할채무를 부담하게 될 것이다. 이를 절대적 연대면제라 할 수 있다.[39] 이런 효과는 채권자가 A, B, C와 연대면제계약을 체결함으로써도 실현할 수도 있고, A와 제3자를 위한 연대면제계약을 체결함으로써도 실현할 수 있다.

한편 채권자가 A에 대해서 연대면제를 할 뿐 아니라, 동시에 연대면제 받은 채무자의 부담부분만큼 다른 연대채무자의 채무도 면제하는 것도 가능할 것이다(부분적 절대적 연대면제). 즉 A는 분할채무 30을 부담하고, B, C는 60의 연대채무를 부담하게 하는 것이 그것이다. 연대채무자 간의 상호대리관계를 전제하지 않는 우리 법제에서 이런 효과가 실현되기 위해서는, ①채권자가 A를 전달사자로 삼아 B, C에게 면제의 의사표시를 전달하거나, ②A를 (무권) 수동대리인으로 삼아 한 의사표시에 대해 B, C가 추인하거나, ③채권자와 A 간에 제3자를 위한 연대면제계약을 체결하고 B, C가 수익의 의사표시를 한 경우(제539조 제2항)여야 할 것이다. 의사표시의 해석을 통해 위와 같은 것이 인정되지 않는다면, 부분적 절대

39 민법주해 X, 채권(3), 박영사(1995), 157(차한성) 참조.

적 연대면제를 인정할 수는 없을 것이다.[40]

나. 한편 채권자는 연대채무자 중 1인에 대해서만 연대면제를 할 수도 있다(상대적 연대면제).[41] 이 경우 채권자는 첫째, 채무자로 하여금 구상의무에서도 벗어나게 해 주겠다는 의사로써 연대면제를 할 수도 있다. 위의 예에서 A에게 이런 연대면제를 하였고, A가 30의 채무를 이행하였다면, A는 B, C에게 구상할 수 없다. 그런데 B가 60을 변제한 후 C가 무자력이 되었다면, C의 무자력은 A, B가 분담하여야 할 것이다(민법 제427조 제1항). 따라서 B는 A에게 15를 구상할 수 있게 된다. 채권자와 A 간의 연대면제(또는 연대면제계약)가 있더라도, 이것은 A, B, C 간의 구상관계에 직접적인 변화를 줄 수 없기 때문이다. 그러나 A는 채권자로 하여금 B의 구상으로부터 자신을 면책해 줄 것을 청구할 수 있고, 만약 15의 구상의무를 이행하였다면 A는 채권자에게 부당이득반환을 청구할 수는 있다. 연대면제 또는 연대면제계약을 통해 채권자가 A에게 위와 같은 면책을 약속하였다고 해석할 수 있기 때문이다. 법률에 특별한 규정이 없는 한, 이 때 B가 채권자에게 직접 15의 구상권을 행사할 이론적 근거는 없다. 왜냐하면 채권자와 A 간에 연대면제계약을 체결하였다 하더라도, 그것이 제3자를 위한 연대면제계약이며, 그 내용은 B가 채권자에 대한 장래의 구상권을 취득하는 것이라고 해석하는 것은 매우 드문 일일 것이기 때문이다. 우리 민법은 이런 연대면제계약이 있는 것으로 추정하여, 민법 제427조 제2항에서 B로 하여금 직접 채권자에게 구상권을 행

40 프랑스 종전 민법에서는 연대채무자 1인에 대해 연대소권을 포기하면 그 상대방의 채무가 분할채무로 될 뿐 아니라, 그 한도에서 다른 연대채무자의 연대채무도 감축된다고 규정하고 있다(프랑스 종전 민법 제1210조). 그런데 동조는 Pothier가 인정하지 않던 것으로 프랑스 민법에 새롭게 도입된 것인데, 학자들은 어느 한 연대채무자에게 연대면제를 해 주더라도 그의 의사로부터 다른 연대채무자의 채무를 일부(연대면제 받은 자의 부담부분만큼) 면제하겠다는 의사가 추정되지는 않는다는 이유로 동조에 대해 비판적이다. 그런 이유 때문에 동법 제1211조, 제1212조에서는 종전 민법 제1210조와 같은 채권자의 의사(이는 명시적 또는 묵시적으로 할 수 있다)를 확인할 수 있는 상황을 규정하고 있다. 따라서 제1211조, 제1212조가 적용되지 않으면, 부분적 절대적 연대면제는 인정되지 않을 것이다. 이에 대해서는 Juris-Classeur Civil, Art. 1197 à 1216 Fasc. 20 Solidarité: Fasc. 2, n° 121 (par Dr. francçais) 참조.

41 프랑스에서도 종전 민법 제1210조가 적용되지 않는 연대면제는 여기서의 상대적 연대면제와 다를 바 없을 것이다. 이 때 나머지 연대채무자에게 전액을 청구하는 것이 가능하다고 한다. Juris-Classeur Civil, Art. 1197 à 1216 Fasc. 20 Solidarité: Fasc. 2, n° 122 (par Jacques Mestre/Marie-Ève Tian) 참조.

사할 수 있도록 하고 있다.[42]

둘째, 채권자가 단순히 연대면제 받은 채무자의 채무를 연대채무에서 분할채무로 전환시켜 주는 것에 그치는 경우도 있을 것이다. 위의 예에서 A는 30의 분할채무를 부담하게 되고, B, C는 여전히 90의 연대채무를 부담하게 될 것이다 A가 30의 채무를 이행한 경우 B, C에게 구상할 수 없음은 물론이다. B가 60을 변제한 후, C가 무자력이 되었다면 B는 A에게 15를 구상할 것이다(민법 제427조 제1항). 채권자와 A 간의 연대면제로는 A, B, C 간의 구상관계에 직접 변화를 줄 수 없기 때문이다. 한편 채권자는 A의 채무를 분할채무로 전환시켜 주었을 뿐이지, 모든 구상의무로부터 벗어나게 해 주겠다는 의사표시를 한 적이 없으므로, 채권자에게 자신을 면책해 줄 것을 청구하거나, 구상의무를 이행 한 후 그 상환을 구할 수 없다. 당사자의 의사표시를 이렇게 해석할 경우에는 민법 제427조 제2항은 적용되지 않는다고 해석할 것이다. 동조는 임의규정이므로, 다른 특별한 사정이 없으면, 임의규정보다는 당사자의 의사가 앞서기 때문이다.[43]

5. 부제소의 합의

채권자와 어느 한 연대채무자 간의 면제의 의사표시가 민법 제506조의 면제가 아니라 소구하지 않겠다는 것으로 해석해야 할 경우도 있다. 이때에는 채권자는 그 연대채무자에 대해 채권을 가지고 있지만 소구할 수 없으므로 강제집행할

42 한편 프랑스에서도 한때 이런 주장이 없었던 것은 아니라고 한다. 가령 60,000의 연대채무(부담 부분은 동일)를 부담하는 A, B, C, D 중 채권자가 A에게 같은 민법 제1210조의 연대면제를 한 경우, A가 15,000를 변제한 후 B, C, D에게 구상할 수 없다. B가 45,000을 변제한 후 D가 무자력이 되면 D의 무자력위험은 A, B, C가 각각 5,000씩 분담하여야 한다(종전 민법 제1214조 제2항). 그런데 A는 연대면제를 받았기 때문에 A의 부담부분은 채권자가 분담해야 한다는 주장이 한 때 있었지만, 파기원은 연대면제로부터 채권자의 이런 의사를 추정할 수 없다는 이유로 배척하였다고 한다. 즉 B는 A에게 5,000을 구상할 수 있다는 것이다. 동법 제1215조는 이를 명확하게 하고 있다. 물론 동조는 임의규정이므로 연대면제를 하면서 채권자가 A로 하여금 위와 같은 내용의 구상의무로부터도 면책될 수 있게 해 주겠다는 의사를 표시할 수도 있으며, 그 때에는 B가 채권자에게 5,000을 구상할 수 있다고 한다. 특히 D가 무자력이라 는 사실을 이미 채권자가 연대면제를 할 시점에 알고 있는 경우에는 이런 의사를 추정하는 것도 가능하다고 한다. Juris-Classeur Civil, Art. 1197 à 1216 Fasc. 20 Solidarité: Fasc. 2, n° 127 (par Jacques Mestre/Marie-Ève Tian) 참조.

43 곽윤직, 채권총론, 박영사(2003), 175는 이를 당사자의 의사에 적합하지 않는 규정이며, 입법론으로서도 옳은지 의문스럽다고 한다. 그러나 면제의 의사표시의 내용은 다양할 수 밖에 없으므로, 일정한 내용의 것으로 추정하는 규정을 두는 것이 필요하다[高橋 眞, 史料 債權總則(17), 民商法雜誌 제84권 제4호, 有斐閣(1981), 601-607에서도 이런 추정규정을 둘 필요가 있음을 지적하고 있다]. 프랑스법의 연대면제와 비교하면, 우리 법의 연대면제는 채권자의 이익을 고려하고 있고, 제427조 제2항 역시 채권자에게 불이익하지 않다. 물론 연대면제 역시 추정규정이므로 채권자는 이와 다른 의사표시를 할 수 있다.

수 없게 될 것이다. 물론 그 연대채무자가 채권자에 대해 반대채권을 가지고 있으면 이로써 소구할 수 없는 채권을 상계하는 것은 가능할 것이다. 한편 부제소의 합의를 하더라도 채권자는 여전히 그 연대채무자에 대한 채권을 가지고 있으므로 본조가 적용될 여지가 없고, 다른 연대채무자에게는 전액을 청구할 수 있다. 다른 연대채무자가 전액을 변제하면 그는 부제소의 혜택을 얻은 연대채무자에게 구상할 수 있다. 어느 한 연대채무자와 채권자 간의 합의(부제소의 합의)는 연대채무자 간의 내부관계에는 어떤 영향도 미치지 않기 때문이다. 변제한 연대채무자의 구상에 응한 연대채무자는 채권자에게 어떤 권리도 가지지 않는다. 따라서 부제소의 합의를 하면, 채권자는 다른 연대채무자의 무자력위험을 부담하게 될 것이다.

6. 부진정연대채무에서의 면제

가. 통설은 연대채무의 절대효를 채권담보력을 약화시키기 때문에 입법론적으로 문제가 있다고 평가함으로써 그 절대효의 긍정적인 면을 소홀하게 취급한 면이 없지 않다. 이런 이유 때문에 부진정연대채무에서의 절대효를 좁게 인정하여 왔고,[44] 대법원은 심지어 한 때 상계의 절대효조차 부정했었다.[45] 통설, 판례는 본조가 부진정연대채무에 적용되지 않는다고 한다.[46]

그러나 연대채무의 절대효를 단일한 원리로 환원하여 설명할 수 없고, 유형적으로 분석하여 그 정당성을 검토하여야 한다는 관점을 취한다면, 부진정연대채무에서의 절대효도 새로운 각도에서 재평가할 수 있게 된다. 특히 의사표시의 효력에 의해 인정되는 절대효인 면제 역시 부진정연대채무라고 해서 이를 달리 취급할 이유가 없다. 즉 채권자의 면제의 의사표시가 부진정연대채무자 전원을 면제시키겠다는 의사일 경우도 있을 것이고, 의사표시의 상대방만을 면제하겠다는 것일 수 있으며, 연대의 면제를 내용으로 할 수도 있고, 부제소의 의사표시를 할

44 곽윤직, 채권총론, 박영사(2003), 177은 변제, 대물변제, 공탁, 상계에 절대효를 인정하고, 민법 제416조 내지 제422조는 (유추) 적용되지 않는다고 한다.

45 대법원 1996. 12. 10. 선고 95다24364 판결 참조. 그러나 대법원 2010. 9. 16. 선고 2008다97218 전원합의체 판결은 상계의 상대효를 인정하던 판례를 변경하고 절대효를 인정하였다. 대법원 1999. 11. 26. 선고 99다34499 판결에서는 책임 보험자와 가해자인 피보험자가 피해자에게 손해배상책임을 부담할 경우 전자의 상계에 절대효를 인정하면서, 양 채무는 '손해배상이라는 단일한 목적을 위해 존재하고, 객관적으로 밀접한 공동관련성'이 있기 때문에 한 채무자로부터 만족을 얻으면 다른 채무자의 채무도 소멸한다고 한다. 연대채무만이 아니라 부진정연대채무, 불가분채무 일반이 바로 '채권의 실현이라는 단일한 목적을 위해 존재하고, 객관적으로 밀접한 공동관련성'이 있다.

46 대법원 1980. 7. 22. 선고 79다1107 판결(집 28-2, 201); 민법주해 X, 채권(3), 박영사(1995), 113(차한성) 참조.

수도 있다. 이 중 어디에 해당되는지는 의사표시의 해석의 문제일 것이다.

여기서 본조가 예정하고 있는 둘째의 사안을 보자. 부진정연대채무자 A, B가 각자 100의 채무를 부담하는데 채권자가 내부적 부담부분이 50인 A의 채무를 전부 면제하기로 한 경우, B에게 100전부를 청구함으로써 B가 A에게 50을 구상하게 하는 것은 선행행위에 모순되는 사후행위라고 할 것이다. 가령 화해계약을 통해 A로부터 20을 받고 나머지 채무는 면제해 주기로 한 경우, 이는 채권자가 그 시점에서의 제반사정을 감안하여 자신의 유·무형의 이익이 최대한 실현될 수 있다고 판단하였기 때문일 것인데, 사후에 이에 반하는 모순행위를 허용된다는 것은 납득할 수 없다.[47]

나. 앞서(제419조 I. 2.) 본 바와 마찬가지로 독일법에서는 상대방의 채무를 종국적으로 소멸시켜 다른 연대채무자의 구상청구로부터도 벗어나게 해 주고자 하는 면제에는 부분적 절대효를 인정한다. 그런데 일반적으로 독일법의 연대채무는 채권의 담보력을 강화하기 위해 절대효를 좁은 범위에서만 인정한다고 평가되는데, 거기서의 연대채무가 우리 법의 부진정연대채무와 기능적으로 매우 유사하다는 점을 감안하면, 채권의 담보력 강화를 해친다는 이유로 위 가.와 같은 결론을 배척할 것은 아니다. 한편 프랑스법에서는 상호대리관계가 없는 공동채무를 전부채무(obligatio in solidum)라고 하고, 거기에는 변제, 변제의 대용수단에 대해서만 절대효를 인정한다는 점에서 우리 법의 부진정연대채무와 기능적으로 유사하다. 그런데 프랑스법에서도 채권자가 전부채무자 중의 1인을 면제함으로써, 채무 전부를 변제할 다른 전부채무자가 면제 받은 자에게 구상할 수 없게 되는 경우, 그 자의 부담부분만큼 채권자가 자신의 권리를 포기하였다고 항변할 수 있다고 한다.[48] 이를 보더라도 프랑스법의 전부채무에서의 면제는 실질적으로 위 가.와 동일한 결론에 도달하게 된다. 이런 점을 감안하면, 채권의 담보력 강화라는 이유로 부진정연대채무에서의 면제의 부분적 절대효를 부정할 이유는 없다.

47 대법원 2006. 1. 27. 선고 2005다19378 판결, 대법원 1993. 5. 27. 선고 93다6560 판결에서는 일부를 변제받으면서 채무면 제의 합의를 한 것의 효력을 상대적이라고 판단한다. 채무자로부터 일정 금액을 손쉽게 추심하기 위한 방편만으로 "일체의 책임을 묻지 않겠다"고 한 것이라면, 그 기망적 행위에 정당성을 부여한 결과밖에 되지 않을 것이다. 물론 면제의 의사표시의 해석은 신중하여야 한다. 대법원 2007. 3. 15. 선고 2004다64272 판결, 대법원 2003. 10. 10. 선고 2003다19206 판결 참조.

48 프랑스 파기원의 판결(Cass. Civ. 9.3.1962, D 1962, 625)이기도 하다고 한다. Ferid, Das Französische Zivilrecht, 2 E 94 참조.

Ⅲ. 본조의 효과

1. 연대채무

본조가 적용될 수 있는 면제가 있다는 것은 민법 제506조의 면제가 있다는 것을 의미하며, 따라서 면제받은 연대채무자는 대외적으로 연대채무를 더 이상 부담하지 않게 된다. 채권자의 이런 면제의 의사표시(제506조)는 면제받은 자가 다른 연대채무자와의 관계에서 부담할 내부적 부담부분에 상응한 구상의무로부터도 벗어나게 해 주겠다는 내용을 포함하는 것으로 해석된다. 그렇기 때문에 본조가 그의 부담부분만큼 다른 연대연대채무자의 채무도 감축되도록 규정하고 있는 것이다. 즉 본조의 적용으로 다른 연대채무자의 연대채무는 면제받은 연대채무자의 부담부분만큼 당연히 감축된다.

문제는 면제받은 연대채무자의 부담부분에는 민법 제427조 제1항의 부담부분도 포함한다고 해석할 것인지의 여부이다. 가령 90의 연대채무(부담부분은 동일)를 부담하는 A, B, C 중 채권자가 A를 면제하고, 채권자가 B로부터 60을 변제받았는데 C가 무자력일 때 B는 C의 부담부분 30을 A, B에게 분담하도록 할 것(제427조 제1항)을 청구할 수 있는지가 문제된다. 이 문제의 해결 역시 A를 면제해 준 채권자의 의사의 해석으로부터 도출되어야 할 것이다. ①민법 제427조 제2항의 연대면제처럼 면제의 의사표시를 한 채권자가 A가 장차 부담할 제427조 제1항의 구상의무로부터도 면책하겠다는 의사라고 해석된다면, 제427조 제2항을 유추하여 B는 채권자에게 15를 구상할 수 있다고 할 것이다. 위와 같은 의사로써 연대면제를 한 경우에도 채권자에게 직접 구상할 수 있도록 하기 때문에, 더 큰 혜택을 주는 면제의 경우에 동일한 효과를 인정하지 않을 이유가 없기 때문이다. ②그러나 대부분의 경우 채권자로서는 다른 연대채무자 중의 1인의 무자력상태 또는 그 위험이 높음을 알지 못하기 때문에, 그의 면제의 의사로부터 제427조 제1항의 구상의무로부터도 면책하겠다는 의사를 인정하는 것은 무리라 할 것이다. 즉 통상의 경우 연대채무자가 부담하는 제425조의 구상의무로부터도 면책하겠다는 의사로 해석해야 할 것이다. 이 경우 B는 A에게 15를 구상할 수 있을 것이다.

2. 부진정연대채무

가. 앞서 언급한 것처럼 채권자가 부진정연대채무자 중 1인을 면제한 것과 연

대채무자 중 1인을 면제한 것의 효과를 달리 취급할 이유는 없다. 어느 부진정연대채무자를 면제(민법 제506조)한 것이라고 해석할 경우라면, 이로써 그 자의 다른 부진정연대채무자에 대한 구상의무로부터도 면책하는 것을 내용으로 한다고 해석될 것이기 때문이다. 부진정연대채무자 중 1인을 면제한 경우, 본조가 유추적용되는지, 아니면 민법의 일반이론에 맡겨 해결하여야 하는지가 문제될 수 있다. 가령 위의 예에서 A가 면제를 받은 후 이런 사실을 알지 못한 B가 채권자에게 100을 전부 변제하였다고 하자. 연대채무는 민법 제426조로 인해 사전 및 사후통지 의무가 있지만, 부진정연대채무에는 동조가 유추적용되지 않기 때문에 이런 일은 얼마든지 발생할 수 있다. 이 때 본조가 유추적용된다면, A에게 구상하려는 시점에서 비로소 A의 면제 사실을 알게 된 B는 채권자에게 비채변제를 이유로 부당이득반환청구를 하면 될 것이다. 본조가 유추적용되지 않는다고 하면, A는 채권자에게 자신을 구상의무로부터 면책해 줄 것을 청구할 것이고, 채권자는 B에게 50을 반환해야 할 것이다. B가 이미 100을 변제했다면 A가 50을 구상의무의 이행으로 지급한 후 채권자에게 부당이득반환청구를 해야 할 것이다. 여기서도 양자의 차이가 없다는 것이다.

나. 한편 부진정연대채무자 상호간의 부담부분에 대해서도 불명확한 점이 적지 않을 것이다. 가령 채권자는 면제받는 부진정연대채무자의 부담부분이 1/2임을 전제로 면제하였는데, 그 자의 부담부분이 1/2을 초과한다면 그 한도에서는 면제의 효력이 발생하지 않도록 할 수 있는지가 문제된다. 또한 부진정연대채무에서는 채권자의 채권액이 불확정한 경우도 적지 않을 것이다. 가령 부진정연대채무자 A, B, C의 내부적 부담부분이 동일한 경우, 채권자와 A가 A의 부담부분을 100(전체 채무액은 300)으로 추정한 후, A로부터 80을 변제받고 A의 나머지 채무는 전부 면제해 주었는데, 나중에 전체 채무가 210임이 밝혀지거나, 반대로 450임이 밝혀지는 경우가 있을 것이다. 이럴 때 어떻게 처리할지가 문제된다.

면제의 일종인 연대면제에 관한 프랑스 법의 해결방법이 여기에 참조가 될 수 있다. 위와 같은 내용의 연대면제가 있었다면 프랑스 법에 따르면, 전자의 경우, A는 채권자에게 자신이 초과지급한 것(10)의 반환을 구할 수 없다고 한다. 채권자는 다른 연대채무자 B, C에게 130의 이행을 청구할 수 있다. A는 B, C에게 자신의 부담부분을 초과하여 지급한 10에 대해 각각 5씩 구상할 수 있을 것이다. 후자의 경우 채권자는 A에게 50의 지급(부분적 절대효를 발생시키려고 했던 액수가

20이므로 실제 내부부담부분이 150인 경우 50이 미지급된 셈이라는 것이다.)을 청구할 수 없다고 한다. 그렇다고 B, C에게 300 이상의 지급을 청구할 수도 없다고 한다. 이런 결론은 모두 채권자와 A 간의 연대면제의 의사표시의 내용해석에서 도출되는 것이다.[49] 면제를 한 경우라고 해서 이와 달리 취급할 것은 아니다. 즉 면제의 의사표시의 내용해석에 따라 결론에 차이가 생길 수 밖에 없으며, 사정에 따라서는 의사표시의 결함을 들어 이를 취소하는 경우도 있을 것이다.

3. 부진정연대채무와 사전적 면제

가. 어느 한 연대채무자에 대한 면제가 다른 연대채무자에게 어떤 효력을 미치는가는 결국 채권자의 면제 또는 면제계약의 내용이 무엇인가에 따라 좌우될 것이다. 본조가 면제의 의사표시의 효력에 기인한 것이라면, 사전적 면제라고 해서 본조와 달리 취급할 이유는 없을 것이다. 사전적 면제에는 법률에 의한 면제와 법률행위에 의한 면제 두 가지 종류가 있을 수 있다.

나. 수인의 부진정연대채무자 중 1인 또는 일부의 채무를 면제하는 법률규정으로는 국가배상법 제2조 제1항 단서가 있다. 헌법 제29조 제2항은 "군인, 공무원, 경찰공무원 기타 법률이 정하는 자가 전투, 훈련 등 직무집행과 관련하여 받은 손해에 대하여는 법률이 정하는 보상 외에 국가 또는 공공단체에 공무원의 불법행위로 인한 배상은 청구할 수 없다"고 규정하고 있다. 국가배상법 제2조 제1항 단서는 이를 구체화하여 위와 같은 경우 공무원연금법, 군인연금법 등 다른 법령에 의해 정해진 재해보상금, 유족연금, 상이연금 등의 보상을 지급받을 수 있고, 국가배상법에 의한 배상이나 민법에 의한 손해배상을 청구할 수 없도록 규정하고 있다. 가령 공무원 A의 불법행위로 헌법 제29조 제2항, 국가배상법 제2조 제1항 단서의 직무를 집행 중이던 공무원(채권자)이 부상을 당한 경우, 채권자는 A에게 손해배상청구권을 가지지 않고,[50] 국가 또는 지방자치단체에 대해서도 국가배상법상의 손해배상청구권을 가지지 않는다. 즉 A와 국가 또는 공공단체는 면책된다

49 Juris-Classeur Civil, Art. 1197 à 1216 Fasc. 20 Solidarité: Fasc. 2, n° 122 (par Jacques Mestre/Marie-Ève Tian) 참조.

50 공무원이 직무집행에 관하여 불법행위로 타인에게 손해를 입힌 경우, 피해자는 국가배상법에 따라 국가 또는 지방자치단체에 대해 손해배상을 청구할 수 있고, 그 공무원에 대해서는 직접 손해배상청구권을 행사할 수 없다. 다만 그 공무원의 불법행위가 고의 또는 중과실에 기한 경우에는 직접 공무원에 대해서도 손해배상청구권을 행사할 수 있다. 대법원 1996. 2. 15. 선고 95다38677 전원합의체 판결 참조.

는 것이다. 채권자가 유·무형의 다른 방법으로 채무자로부터 이익을 얻거나 이를 기대하기 때문에 채무면제를 하는 것이 일반적임을 감안한다면, 국가배상법상의 면책도 통상의 면제와 실질적으로 다를 바 없다. 즉 채권자는 국가로부터 각종의 재해보상금이나 연금의 형태로 보상받는다는 것이다. 그런데 위의 가해에 민간인 B 가 개입하여, A, B 의 공동불법행위로 채권자에게 100의 손해가 발생하였고, 그 손해에 대한 A, B 의 기여정도는 동일한 경우를 가정해 보자. A, 국가 또는 공공단체의 채 권자에 대한 채무는 위 법률에 의해 이미 면제되었으므로, A 의 부담부분의 비율만큼 B 의 채무도 감축되어야 할 것이다(민법 제419조의 유추적용). 만약 A 및 국가 또는 지방자치단체의 부담부분만큼 B 의 채무가 감축되지 않는다면, B 가 100을 전부 이행한 후 그는 A 및 국가 또는 지방자치단체에 50을 구상할 수 있어야 할 것이다. 그러나 A 및 국가 또는 지방자치단체는 국가배상법에 의해 그 채무가 면제되었기 때문에, 채권자에게 자신을 면책해 줄 것을 청구할 수 있어야 한다. 채권자가 B 에게 청구하는 100에는 국가 또는 지방자치단체의 청구에 의해 B 에게 반환하여야 할 50이 포함되어 있다. 즉 채권자의 100의 청구는 곧바로 반환하여야 할 것을 청구하는 것으로 신의성실의 원칙에 반하게 된다. B 의 신의칙의 원용이 없더라도 본조가 유추적용되어 채권자의 B 에 대한 채권은 A 및 국가 또는 지방자치단체의 부담부분만큼 감소되어야 할 것이다. 대법원 2001. 2. 15. 선고 96다42420 전원합의체 판결은 B 의 채무가 A 및 국가 또는 지방자치단체의 부담부분만큼 감축된다고 판단하였다. 이는 헌법 제29조 제2항 및 국가배상법 제2조 제1항 단서의 취지를 존중하면서도,[51] 부진정연대채무관계에서의 면제의 효과에 관한 이론과도 부합한다.[52]

독일의 통설과 판례도 연대채무를 부담할 수 있지만 그 중 1인의 책임이 법률에 의해 면제된 사안을 위와 동일하게 다루고 있다. 즉 면책혜택을 받지 못한 가해자(채무자)에 대한 피해자의 채권은 면제 혜택을 받은 가해자가 그 혜택이 없었더라면 그에게 귀속되었을 내부적 부담부분만큼 감축된다고 한다. 법률상의 면책 혜택을 받지 못한 채무자의 채무가 감축되는지 여부를 판단하는 기준은 결국

51 만약 A가 고의나 중과실로 다른 공무원을 가해한 것이라면, A는 불법행위책임을 면할 수 없다. 그러나 이 경우에도 국가배상법 제2조 제1항 단서의 요건은 충족되므로 국가 또는 지방자치단체가 면책되는 것에는 영향을 미치지 않는다.

52 헌법재판소는 위의 예에서 B는 자신의 과실부분을 초과하는 부분에 대해 국가 또는 지방자치단체에 구상할 수 있어야 한다고 판단하였다. 헌법재판소 1994. 12. 29. 선고 93헌바21 결정 참조.

당해 법률의 목적이 면책 혜택을 받은 가해자의 손해배상책임을 전제한 후 그 자의 책임을 면제하는지, 아니면 처음부터 채무(특히 불법행위책임)의 성립을 저지시키는 것인지에 달려 있다. 사회보장법상의 보상이 인정되는 사안은 전자에 해당되어 면책 혜택 없는 채무자의 채무가 감축되겠지만,[53] 책임성립요건인 주의의무위반의 정도를 완화하여 고의 또는 중과실로 하거나 자기 재산에 대한 주의정도로 한 경우에는 후자에 해당되어 이런 혜택 없는 가해자의 채무를 감축시키지 않는다고 한다.[54]

다. 법률행위로써 사전적 면제가 있는 경우도 상정할 수 있다. 장래의 피해자와 장래의 가해자 간의 면제계약 또는 장래의 피해자의 사전의 단독행위인 면제가 있는 경우이다. 이 경우에도 사후적 면제가 있는 것과 달리 취급할 이유는 없다. 가령 장래의 피해자로부터 면제를 받은 A가 과실로 피해자를 가해하여 100의 손해를 입혔다면, 채권자는 A에게 손해배상책임을 물을 수 없다. 그런데 B가 개입되어 A, B의 공동불법행위로 피해(100)를 입은 경우도 있을 것이다. 독일에서는 세 가지의 해결방법이 제시되었다. ①책임무능력자 또는 자연현상이 개입되더라도 B가 100을 배상할 책임이 있는 것처럼, A의 개입도 이와 동일하므로, B만이 100의 배상책임이 있다는 주장이다.[55] 이 주장은 결국 제3자에게 부담만 지우는 계약의 효력을 인정하는 것과 같다는 비판을 받고 있다. ②채권자는 B에게만 100을 청구할 수 있고, B는 A의 부담부분만큼 구상할 수 있다는 해결책도 있다. A는 실질적으로 면책의 혜택을 받지 못하고, 단지 B의 무자력위험을 부담하지 않는 장점만이 있다. 결국 장래 채권자의 면책은 부제소의 합의와 다를 바 없게 된다. 그러나 장래 채권자의 면책이 제3자의 구상으로부터도 벗어나도록 하겠다는 내용으로 해석되는 경우가 오히려 빈번할 것인데, 이런 경우라면 A는 B의 구상청구에 대해 채권자로 하여금 면책해 줄 것을 청구할 수 있다고 한다. 곧바로 B에게 반환하여야 할 것을 청구하는 것은 신의성실에 반하는 행위로 평가되기

53 사회보장법 제7권 제104조 내지 제106조의 사용자, 가해자인 피해근로자의 근무관계상의 동료, 공무원을 고용한 국가 또는 공공단체 등이 여기에 해당된다고 한다. Staudinger/Noack, BGB, § 426 Rn. 145 ff. 참조

54 독일 민법 제708조, 제1359조, 제1664조에 의한 주의의무위반 정도의 완화의 혜택이 여기에 해당되며, 이 경우에는 혜택 없는 가해자만이 손해배상책임을 지게 된다. Staudinger/Noack, BGB, § 426 Rn. 154 ff. 참조

55 이를 주장하는 학설에 관하여는 Staudinger/Noack, BGB, § 426 Rn. 159 참조

때문이다.[56] ③B의 채무는 A의 내부적 부담부분만큼 처음부터 감축된다는 주장도 있다.[57] 이 중 어느 견해가 타당한가의 문제는 결국 장래 채권자의 면제의 의사표시의 내용해석과 관련되어 있다고 한다. A를 제3자의 구상으로부터도 벗어나게 하겠다는 의사가 인정될 때에는, B에게도 효력 있는 일부 면제, 즉 제3자를 위한 면제계약이 있기 때문에 A의 부담부분만큼 B의 채무도 감축된다는 것이 통설, 판례이다. 그러나 이런 내용의 면제로 인정하기 위해서는 이를 뒷받침할 근거가 있어야 할 것이라고 한다.[58] 이런 결론은 우리 법의 해석에서도 참조할 만하다. 면제가 연대채무관계에 미치는 효력은 결국 채권자의 의사표시의 내용해석 문제이기 때문이다.

56 이에 관하여는 Staudinger/Noack, BGB, § 426 Rn. 160 f. 참조.
57 이에 관하여는 Staudinger/Noack, BGB, § 426 Rn. 162 ff. 참조
58 Staudinger/Noack, BGB, § 426 Rn. 165 ff.; MünchKomm/Bydlinski, BGB, § 426 Rn. 57 ff. 참조

제 420 조 [혼동의 절대적 효력]

어느 연대채무자와 채권자간에 혼동이 있는 때에는 그 채무자의 부담부분에 한하여 다른 연대채무자도 의무를 면한다.

[관련조문] 민법 제413조(연대채무의 내용)~제419조(면제의 절대적 효력), 제421조(소멸시효의 절대적 효력)~제427조(상환무자력자의 부담부분), 제507조(혼동의 요건, 효과).

[참고문헌] 김주수, 채권총론, 삼양사(1999); 민법주해 X, 채권(3), 박영사(1995); 高橋 眞, 史料 債權總則(17), 民商法雜誌 제84권 제4호, 有斐閣(1981); 注釋民法(11), 債權(2), 有斐閣(1965); Ferid, Das Französische Zivilrecht, Bd. I, Verlagsgesellschaft Recht und Wirtschaft(1971); J. von Staudigers Kommentar zum BGB, Bd. 2, §§ 397-432, Seiler-de Gruyter(1999); Münchener Kommentar zum BGB, 4. Aufl., C.H.Beck(2001).

Ⅰ. 본조의 의의

1. 혼동은 채권의 소멸원인(민법 제507조)이므로, 혼동이 발생한 연대채무자의 채무는 소멸한다. 그런데 이로 인해 다른 연대채무자에게 어떤 영향을 미치는 지가 문제된다. 여기에는 여러 입법례가 있다.

프랑스 종전 민법 제1301조 제3항, 제1209조는 본조와 마찬가지로 혼동이 있으면 그 연대채무자의 부담부분만큼 다른 연대채무자의 채무도 소멸하도록 규정하고 있었다.[1] 프랑스 개정 민법도 이와 동일한 내용이다(현행 민법 제1349-1조).

프랑스 종전 민법의 이 규정을 전범(典範)으로 해서 일본 구 민법은 채권담보편 제57조에 의해 준용되는 재산편 제535조 제1항에서, "연대채무자의 1인이 채권자를 상속하거나 연대채무자의 1인을 채권자가 상속하면 연대채무는 그 1인의 부담부분만큼 소멸한다"고 규정하였다. 그런데 일본 명치 민법 제438조는 "연대채무자의 1인과 채권자 간에 혼동이 있는 때는 그 채무자는 변제를 한 것으로 간주한다."고 정하고 있다. 일본 명치 민법 제정과정에서 기초자가 제시한 원안은 일본 구 민법 재산편 제535조 제1항과 동일하였으나, 원안과 같이 하면 구상관계에서 의문이 생길 수 있다는 이유로 명치 민법과 같이 개정하였다. 즉 구 민법과 비교

1 Ferid, Das Französische Zivil Recht, 2 E 75 참조.

해서 내용상의 차이가 없었다.[2] 그러나 오늘날 다수의 일본 학설은 혼동으로 인해 연대채무가 전부 소멸하고 구상관계만 남는다고 해석하고 있다.[3] 2017년 개정된 일본 민법도 혼동의 효력에 관하여는 명치 민법과 동일한 내용이다(현행 민법 제440조).

독일 민법 제425조 제2항은, 채권관계로부터 다른 결론이 도출되지 않는 한 절대효가 인정되지 않고, 당해 연대채무자에 대해서만 그 효력이 인정되는 사유 중 하나로 혼동을 열거하고 있다. 그런데 독일법에서 혼동에 절대효가 없다는 것은 그로 인해 연대채무가 소멸되어, 구상관계로 전환되지 않는다는 의미이다.[4] 독일의 판례와 다수의 학설은 혼동으로 채권자가 된 종전의 연대채무자(=신채권자)는 자신의 내부적 부담부분을 공제한 잔액에 대해 다른 연대채무자에게 청구할 수 있다고 한다.[5] 독일에서는 오히려 나머지 연대채무자가 혼동으로 채권자가 된 자에게 자신의 부담부분만큼만 지급하면 되는지, 아니면 혼동이 생긴 연대채무자의 부담부분을 공제한 잔액을 연대채무로서 변제하고 다른 연대채무자에게 구상해야 하는지를 둘러싼 논의가 있다.[6]

2. 본조는 어느 연대채무자와 채권자 사이에 혼동이 있더라도 연대채무가 소멸되지 않고, 혼동이 있는 연대채무자의 부담부분만큼 그 채무가 감축된 상태에서 다른 연대채무자가 계속하여 연대채무를 부담함을 분명히 하고 있다. 독일, 프랑스 및 일본 구 민법 및 일본 명치 민법 제정과정에서의 기초자의 의사 등을 감안하면, 본조와 같이 혼동에 부분적 절대효를 인정하는 것이 당연하다. 즉시 반환하여야 할 것(혼동이 발생한 연대채무자의 부담부분)을 청구하는 것은 신의칙에 반하는 것이어서 그 상대방의 항변으로써도 배척될 수 있는데, 그것 없이도 동일한 효과를 인정하기 위하여 이를 법정한 것이 본조라고 이해할 수 있다. 일부 학설이 주

2 高橋 眞, 史料 債權總則(17), 民商法雜誌 제84권 제4호, 有斐閣(1981), 608 이하 참조.

3 注釋民法(11), 債權(2), 有斐閣(1965), 98 이하(椿壽夫) 참조.

4 그러나 우리 학설 중에는, 독일 민법에서는 혼동으로 다른 채무자는 아무런 영향을 받지 않고, 채권자가 된 종전의 채무자에게 그의 부담부분에 대하여까지 일단 변제를 한 후, 변제받은 채무자=신채권자로부터 다시 이를 반환받는다고 소개하는 것도 있다. 민법주해 X, 채권(3), 박영사(1995), 119(차한성) 참조.

5 BAG NJW 1986, 3104; Staudinger/Noack, BGB, § 425 Rn. 65 f. 참조. 이런 결론은 위 예의 A(신채권자)가 독일 민법 제426조 제1항에 따라 즉시 반환하여 할 것(구상의무의 이행)을 연대채무자에게 청구하는 것은 독일 민법 제242조의 신의칙에 반하기 때문이라고 한다.

6 이 점은 Staudinger/Noack, BGB, § 425 Rn. 67 ff.; MünchKomm/Bydlinski, BGB, § 425 Rn. 26 ff. 참조.

장하듯이, 당해 채무자의 부담부분에 한하여 구상관계를 생략하기 위해 본조와 같은 부분적 절대효를 인정한다고 보는 것은 적절하지 않다. 가령 90의 연대채무를 부담하는 A, B, C 중 A가 혼동으로 채권자로 되면, 그와 종래의 채권자 간의 채권관계는 소멸하겠지만, 이로 인해 연대채무자(A, B, C) 간의 내부관계(채권관계)가 소멸되지는 않는다는 것이다. 즉 A, B, C 간의 구상관계가 남아 있다는 것이다. 그러므로 B가 60을 변제한 후, A에게는 구상할 수 없지만 C에게 구상할 수 있다. 만약 C가 무자력이면 B는 A에게 15만큼을 분담할 것을 청구할 수 있다(민법 제427조 제1항). 그러므로 구상관계가 생략되지 않는다.

Ⅱ. 본조의 효과

1. 어느 연대채무자와 채권자 사이에 혼동이 있으면 그 연대채무자의 채무가 소멸한다(민법 제507조). 본조는 혼동으로 인해 다른 연대채무자의 채무도 혼동이 발생한 연대채무자의 부담부분만큼 감축된다는 것을 정하고 있다. 90의 연대채무(부담부분은 동일)를 부담하는 A, B, C 중 A가 채권자를 단독상속한 경우, B, C의 채무는 30만큼 감축된다. B, C는 연대채무자로서 60의 채무를 신채권자 A에게 부담한다.

2. 채권양도가 있는 경우에도 혼동이 생긴다. 위의 예에서 A가 채권자의 채권을 매수하여 이를 양도받은 경우에는 그 실질이 변제와 다를 바 없기 때문에 본조가 적용되지 않고, 연대채무는 소멸하고 구상관계로 전환된다고 할 것이다.[7] A가 채권자를 상속하더라도 한정승인이 있으면 아직 혼동이 발생하지 않으므로, 본조가 적용되지 않는다.[8]

3. 본조는 혼동이 발생한 연대채무자와 다른 연대채무자 간의 채권관계에는 영향을 미치지 않기 때문에, 그들 사이의 구상관계는 남게 된다. 그러나 혼동이 발생한 연대채무자의 부담부분(민법 제425조 제1항)만큼 다른 연대채무자의 채무도 감축되었기 때문에, 그 한도에서는 혼동이 발생한 연대채무자에게 구상할 수 없다. 그러나 다른 연대채무자 중 1인의 무자력위험을 분담하여야 할 구상관계는 잔존

7 실질을 중시하는 견해이다. 독일의 판례-학설도 이렇게 처리한다. BGHZ 17, 214, 222; Staudinger/Noack, BGB, § 425 Rn. 69 참조.

8 김주수, 채권총론, 삼양사(1999), 292; 민법주해 X, 채권(3), 박영사(1995), 120(차한성) 참조..

하기 때문에, 혼동이 발생한 연대채무자도 민법 제427조 제1항에 따라 다른 연대채무자 중 1인의 무자력위험을 분담하여야 한다.

혼동이 발생한 연대채무자=신채권자가 자기 채권을 전부 실현하지 못하더라도 자기 부담부분 이상을 변제한 연대채무자는 그렇지 않은 다른 연대채무자에게 구상할 수 있다. 이 경우 신채권자가 분담할 다른 연대채무자의 무자력위험과 미실현채권액의 합계액은 연대채무가 전부 이행되었을 때 신채권자가 분담하였을 금액을 넘을 수는 없다. 앞의 예에서 A는 B, C에게 60을 청구할 수 있는데, B가 50을 변제하였다면 B는 C에게 20을 구상할 수 있다. C가 무자력이면 B는 A에게 C의 부담부분 중 10의 분담을 청구할 수 있는가? 이를 긍정하면 A는 20(미실현채권 10 + 무자력위험의 분담으로서의 구상의무 10)의 손실을 입을 것이다. 그러나 A는 여전히 B에게 10의 잔존채권이 있는데 이로써 상계함으로써 A의 채권은 B에 의해 모두 실현되었다. C가 무자력이므로 B는 상계로써 변제한 10 중 5의 분담을 A에게 청구할 것이므로, 종국적으로 A는 C의 무자력위험을 15만큼 부담하게 된다. 위의 예에서 B가 40을 변제하였다면, B는 A에게 민법 제427조 제1항에 의한 무자력위험의 분담을 청구할 수 없다. A의 미실현채권이 20이므로, 그 채권이 전부 실현되더라도 15 이상의 손실을 보지 않을 것이기 때문이다.

4. 본조는 부진정연대채무에는 적용이 없다는 견해도 있다.[9] 그러나 본조의 정당화근거가, 즉시 반환하여야 할 것(혼동이 발생한 연대채무자의 부담부분)을 청구하는 것은 신의칙에 반하기 때문에 신의칙의 항변을 인정한 것과 동일한 효과를 인정한 것이라고 한다면, 본조는 부진정연대채무에도 유추적용되어야 할 것이다. 위 예의 A, B, C가 부진정연대채무자라고 가정하자. A와 채권자 간에 혼동이 발생하였을 때 A가 B에게 90을 청구하면 B의 입장에서는 90을 변제하자마자 30을 A에게 구상할 수 있을 것이므로, 신의칙을 원용하여 60만 이행하겠다고 항변할 수 있을 것이다. B가 40을 변제하면 A에게는 민법 제427조 제1항에 의한 구상도 가능하지 않을 것이고, 50을 변제하였다면 제427조 제1항의 무자력위험의 분담은 5에 한정될 것이다. 연대채무와 동일하게 처리하는 것이 부진정연대채무에서의 채권자에게 어떤 불이익도 가져 오지 않는다.

9 민법주해 X, 채권(3), 박영사(1995), 120(차한성) 참조.

제 421 조 [소멸시효의 절대적 효력]

어느 연대채무자에 대하여 소멸시효가 완성한 때에는 그 부담부분에 한하여 다른 연대채무자도 의무를 면한다.

[관련조문] 민법 제174조(최고와 시효중단), 제176조(압류, 가압류, 가처분과 시효중단), 제184조(시효의 이익의 포기 기타), 제413조(연대채무의 내용)~제420조(혼동의 절대적 효력), 제422조(채권자지체의 절대적 효력)~제427조(상환무자력자의 부담부분).

[참고문헌] 민법주해 X, 채권(3), 박영사(1995); 주석 민법, 채권총칙(2)(제3판), 한국사법행정학회(2000); 高橋 眞, 史料 債權總則(17), 民商法雜誌 제84권 제4호, 有斐閣(1981); 注釋民法(11), 債權(2), 有斐閣(1965); J. von Staudigers Kommentar zum BGB, Bd. 2, §§ 397-432, Seiler-de Gruyter(1999); Juris-Classeur Civil, Art. 1197 à1216, Editions du Juris Classeur (1995).

Ⅰ. 본조의 의의

1. 비교법

가. 독일법에서는 소멸시효완성은 상대효를 가진다. 즉 어느 1인의 연대채무자에 대해 시효가 완성되었다 하더라도 채권자는 다른 연대채무자에게 전액을 청구할 수 있다.[1] 채무 전부를 변제한 연대채무자는 시효완성으로 채권자에 대해 더 이상 채무를 부담하지 않게 된 연대채무자에게 독일 민법 제426조 제1항에 의한 구상권으로써 구상할 수 있다. 이 때 시효완성으로 자신의 채무가 소멸되었음을 항변할 수 없다.[2] 그러나 독일에서도 시효완성으로 어느 한 연대채무자의 채무가 소멸하면 그의 부담부분만큼 다른 연대채무자의 채무도 소멸한다는 주장도 있고, 어느 한 연대채무자에 대해 채무면제를 한 경우와 의식적으로 소멸시효가 도과되도록 방치한 경우를 구분할 수 없다는 점을 들어 부분적 절대효를 인정해야 한다는 견해도 있으며, 특히 연대채무자 상호간 에 내부적 법률관계가 없는 사안, 즉

1 Staudinger/Noack, § 425, Rn. 55 ff. 참조.
2 Staudinger/Noack, § 426, Rn. 8 f. 참조.

우리 법의 부진정연대채무의 사안에서는, 시효완성된 연대채무자의 부담부분만큼 다른 연대채무자의 채무도 소멸된다는 주장도 있다.[3]

나. 프랑스 종전 민법 제1206조는 "연대채무자 중 1인에 대한 모든 추급(les poursuitses)은 연대채무자 전원에 대한 시효를 중단시킨다"고 규정하고 있고, 연대채무자 중 1인에 의한 채무 승인도 다른 연대채무자에 대해서도 시효진행을 중단시키는 효력이 있다.[4] 이런 이유로 1인의 연대채무자만이 시효완성으로 채무를 면하고, 다른 연대채무자의 채무는 잔존하는 경우를 상정하기 어렵다.[5] 이에 반하여 전부채무(obligation in solidum)에서는 어느 한 공동채무자의 채무의 시효는 완성되고 다른 채무자의 시효는 완성되지 않는 경우가 있을 수 있다. 그 효과에 관하여 프랑스 파기원의 판결은 통일되어 있지 않다고 한다. 과거의 판결은 채권자는 다른 공동채무자에게 채무 전부의 이행을 청구할 수 없다고 하였다. 전통적으로 전부채무에서는 변제한 공동채무자는 변제자대위로 취득한 채권으로 다른 채무자에게 구상할 수 있는데, 채권자의 행위로 어느 한 공동채무자에 대해 시효가 완성되도록 함으로써 변제한 공동채무자의 구상을 방해하였기 때문이라는 것이다. 그러나 그 후의 판결은 전부청구를 인정하고 있다고 한다. 그러나 이런 대립은 첫째, 보험자와 피보험자가 전부채무를 부담할 경우, 1인에 대한 추급은 다른 공동채무자에 대해서도 시효중단의 효력이 있다는 판결을 함으로써 실질적으로 완화되었고, 둘째, 변제로 공동면책을 한 채무자는 변제자대위만이 아니라 자신의 권리에 기해서도 구상할 수 있다고 함으로써 실질적으로 완화되었다고 한다.[6]

다. 일본 구 민법에서는 연대채무자 1인에 대한 시효중단은 모든 연대채무자에게 절대효가 인정되었기 때문에(채권담보편 제61조 제1항), 프랑스 민법과 마찬가지로 시효완성으로 어느 1인의 연대채무가 소멸하고, 다른 연대채무자의 채무는 잔존하는 경우를 상정하기 어려웠을 것이다. 그런 이유 때문인지 구 민법에는 이에 관한 규정이 없다. 또한 일본 명치 민법의 기초자들도 시효완성의 절대효를 인

3 이에 대해 상세한 것은 Staudinger/N0ack, § 426, Rn. 10 f. 참조.

4 Juris Classeur civil, Art. 1197 à 1216 Fasc. 20, Solidarité: Fasc. 2, n° 88 참조. 개정 프랑스 민법에서는 단순화를 위해 종전 민법 제1206조를 없애고, 연대채권자 1인의 추급으로 인한 시효중단만 연대채권-연대채무 규정인 현행 민법 제1312조에서 규정하고, 연대채무자에 대한 소멸시효 중단은 소멸시효에 관한 규정에서 규율한다. 제1206조에 상응하는 것은 제2245조에서 규정하고 있다.

5 Juris Classeur civil, Art. 1197 à 1216 Fasc. 20, Solidarité: Fasc. 2, n° 73에서도, 시효완성으로 채권 전체를 소멸시키는 것은 연대채무자 중 누구라도 채권자에게 대항할 수 있는 사유로 열거되어 있다.

6 Juris Classeur civil, Art. 1197 à 1216 Fasc. 3, Solidarité: Fasc. 3, n° 16, 68, 74 참조.

정하는 조문을 민법수정안 원안에는 두지 않았다. 민법안심의과정에서 이행청구의 절대효를 인정하면서도, 일본 민법의 기초자들은 시효완성으로 연대채무자 중 1인의 채무는 소멸하고, 다른 연대채무자는 여전히 채무를 부담하는 일은 거의 상정할 수 없다고 본 듯하다. 그런데 시효완성의 부분적 절대효는 원안을 심의한 이후 민법정리회에서 새롭게 첨가되었다. 기초자들은 이행청구의 절대효로 인해 채무자 중 어느 일인(一人)에게만 시효가 완성되는 일은 드물다고 보았지만, 채무자의 1인은 채무승인을 하고, 다른 1인은 하지 않는 것처럼 매우 드문 사안이 있을 수 있고, 이 때 면제와 동일한 효력을 인정하는 것이 공평하다고 판단하였다.[7] 일본 명치 민법의 기초자들은 어느 한 연대채무자에 의한 채무승인의 절대효를 인정하는 프랑스 법과는 달리, 여기에 상대효가 인정된다는 것을 전제하면서도, 이 경우 소멸시효가 완성된 자의 부담부분만큼 승인한 연대채무자의 채무도 감축되도록 하는 것이 공평하다고 판단하였다.[8] 어쨌든 일본 명치 민법의 기초자들은 본조가 적용될 사안이 매우 한정적이라고 본 듯하다.

2. 본조의 의의

연대채무자 중 1인의 채무는 소멸시효가 완성되었지만, 다른 연대채무자의 채무는 시효가 완성되지 않은 경우가 있을 수 있다. 이 때 시효가 완성된 연대채무자의 내부적 부담부분만큼 다른 연대채무자의 채무도 소멸하는 효과를 인정하는 것이 본조이다. 가령 소멸시효가 완성된 연대채무자만이 내부적으로 채무 전부를 부담하고 있다면, 마치 주채무자의 채무가 시효로 소멸된 경우 보증인의 채무도 소멸되는 것처럼, 다른 연대채무자의 채무도 전부 소멸된다. 소멸시효가 완성된 연대채무자의 내부적 부담부분이 동일하다면, 그의 부담부분만큼 다른 연대채무자의 채무도 절대적으로 소멸된다. 다수의 학설들은 본조가 연대채무의 고유한 기능의 하나인 채권담보력을 약화시키는 것이어서 입법론적으로 문제가 많다고 지적한다.[9]

그런데 본조가 적용될 수 있는 사안은 그렇게 넓지 않다. 첫째, 채권자가 연대채무자 중 1인에 대해 한 재판외 청구는 모든 채무자에 대해 시효중단의 효력

7 高橋 眞, 史料 債權總則(17), 民商法雜誌 제84권 제4호, 有斐閣(1981), 613 참조.

8 高橋 眞, 史料 債權總則(17), 民商法雜誌 제84권 제4호, 有斐閣(1981), 613 참조.

9 주석 민법, 채권총칙(2)(제3판), 한국사법행정학회(2000), 214(강봉수); 민법주해 X, 채권(3), 박영사(1995), 121-122(차한성) 참조.

이 생긴다(민법 제416조). 그 후 채권자가 민법 제174조에서 정한 기간 내에 연대채무자 중 1인에 대해 재판상의 청구를 하면 이것 역시 모든 채무자에 대해 시효중단의 효력이 있다. 둘째, 채권자가 연대채무자 중 1인에 대해 압류, 가압류 및 가처분을 한 경우 이를 다른 연대채무자에게 통지하면 그 연대채무자에 대해서도 시효중단의 효력이 생긴다(민법 제176조). 셋째, 그러나 연대채무자 중 1인이 승인을 한 경우에는 다른 연대채무자의 시효가 중단되지는 않는다. 이런 사정을 감안하면 현실적으로는 본조가 적용될 사안은, 연대채무자 중 1인은 채무를 승인하였지만 채권자가 다른 연대채무자에 대해 그 권리를 행사하지 않았거나, 소멸시효기간을 각기 다르게 합의한 경우 등에 한정될 것이다.

Ⅱ. 본조의 내용

1. 요건

가. 연대채무자 중 1인 또는 수인의 소멸시효가 완성되고 다른 연대채무자의 소멸시효는 완성되지 않는 경우 본조가 적용된다. 연대채무자 중 1인 또는 수인의 소멸시효가 완성되는 이유는 다양할 수 있지만, 이는 문제되지 않는다. 병존적 채무인수를 한 경우 원채무자의 채무가 시효완성으로 소멸된 경우에도 본조가 적용된다.

나. 시효완성자가 시효이익을 포기하는 경우에도 본조가 적용되는지가 문제된다. 시효완성의 효력을 상대적 효력으로 보는 견해를 취할 경우, 다른 연대 채무자는 시효완성을 원용할 수 있는 자인지, 아니면 본조에 의해 당연히 시효완성의 이익을 누리는지가 문제된다. 시효완성의 부분적 절대적 효력을 인정하는 일본 민법 하에서도 학설, 판례는 시효완성자가 시효이익을 포기하더라도 그 효력은 상대효밖에 없다고 하면서, 시효완성으로 당연히 본조가 적용된다고 한다.[10] 2020년부터 시행된 일본 개정민법은 소멸시효의 절대효를 삭제하고, 상대효로 전환하였다. 채권자는 연대채무자 중 1인에 대한 채권은 시효로 소멸하였음에도 불구하고 다른 연대채무자에게 전액을 청구할 수 있다. 채권자를 만족시킨 연대채무자는 시효완성된 연대채무자의 부담부분에 대해 구상권을 행사할 수 있다(현행

10 注釋民法(11), 債權(2), 有斐閣(1965), 101, 105(椿壽夫) 참조. 日大判 1931. 6. 4.(民集 10.401), 日大判 1927. 6. 8.(新聞 2731.14)를 언급하고 있다.

민법 제445조 후단).

다. 한편 일부 학설은 본조가 강행규정이 아니므로 연대채무 성립 시에 당사자 간의 특약에 의해 그 적용을 배제할 수 있다고 주장한다.[11] 시효이익을 미리 포기하거나 법률행위로 이를 배제하거나 기간을 연장할 수 없도록 하는 민법 제184조는 강행규정이다. 그러나 본조는 어느 연대채무자에게 시효가 완성되면 다른 연대채무자에게 그 이익을 받도록 규정하고 있는 것이지, 자기 채무의 시효완성의 효력을 정한 것이 아니다. 따라서 본조의 이익을 포기하기로 하는 합의를 하더라도 그것이 민법 제184조에 반하는 것은 아니다. 즉 본조의 적용을 배제하기로 하는 합의를 하였다면, 다른 특별한 사정이 없는 한, 그 합의는 유효하다고 할 것이다. 다만 본조의 적용을 배제하기로 하는 합의는 그 합의의 당사자에게만 효력을 미치는 것이고, 다른 연대채무자에게는 효력이 없다.

2. 효과

가. 어느 연대채무자의 채무가 시효로 소멸하면, 그의 부담부분의 한도에서 다른 연대채무자의 채무도 소멸한다. 시효완성자의 내부적 부담부분이 동일하지 않은 경우에도 본조가 적용된다. 다만 부담부분이 균등한 것으로 추정되기 때문에(민법 제424조), 부담부분이 이와 다르다는 것은 주장자가 입증하여야 할 것이다.

나. 본조는 채권자와의 관계에서 부분적 절대효를 규정한 것이며, 시효완성자와 다른 연대채무자 간의 내부관계를 그 규율대상으로 하지 않는다. 연대채무자 상호간의 내부관계에 대한 영향은 반사적인 것에 지나지 않는다. 가령 부담부분이 동일한 연대채무자 A, B, C가 채권자에게 90의 채무를 부담하는 경우, A의 채무가 시효완성으로 소멸하였다면 B, C 역시 채권자에 대해 30의 채무가 소멸되는 효과가 있음을 정한 것이 본조이다. B 또는 C가 60을 변제 한 경우 A에 대한 구상관계를 본조가 직접 규율하는 것은 아니라는 것이다. 가령 60을 변제한 경우를 보자. 본조가 소멸시효의 완성으로 A의 부담부분만큼 전체 연대채무가 소멸되도록 규정하고 있으므로, 그 한도(30)에서는 마치 A가 자기 부담부분만큼의 채무를 이행한 것처럼 인정하여도 좋을 것이다. 따라서 자기 부담부분의 채무를 이행한 A에게 B는 구상할 수 없다고 할 것이다. 그러나 C가 무자력으로 된

11 주석 민법, 채권총칙(2)(제3판), 한국사법행정학회(2000), 215(강봉수) 참조.

경우, B는 A에게 제427조 제1항에 따라 C의 부담 부분(30)을 15씩 분담할 것을 청구할 수 있다. 달리 말하면 본조는 연대채무자와 채권자와의 대외관계를 규율한 것이지, 내부관계를 직접 그 규율대상으로 한 것은 아니라는 것이다.

제 422 조 [채권자지체의 절대적 효력]

어느 연대채무자에 대한 채권자의 지체는 다른 연대채무자에게도 효력이 있다.

[관련조문] 민법 제400조(채권자지체)~제403조(채권자지체와 채권자의 책임), 제413조(연대채무의 내용)~제427조(상환무자력자의 부담부분), 제461조(변제제공의 효과), 제487조(변제공탁의 요건, 효과).

[참고문헌] 주석 민법, 채권총칙(2)(제3판), 한국사법행정학회(2000); 潮見佳男, 新債權總論 Ⅱ, 信山社(2017); 注釋民法(11), 債權(2), 有斐閣(1965); Ferid, Das Französische Zivilrecht, Bd. I, Verlagsgesellschaft Recht und Wirtschaft(1971); Erman Kommentar zum BGB, Bd. II, 11.Aufl., Achendorff Rechtscerlag(2004); J. von Staudigers Kommentar zum BGB, Bd. 2, §§ 397-432, Seiler-de Gruyter(1999); Münchener Kommentar zum BGB, 4. Aufl., C.H.Beck(2001).

Ⅰ. 본조의 의의

1. 비교법

프랑스 민법은 상호대리사상에 입각하여 연대채무의 대외관계를 규율하지만, 채권자지체의 절대효에 관하여는 아무런 규정을 두지 않고 있다. 프랑스 종전 민법은 '채권자지체'의 효과에 관한 규정을 두지 않는 대신 채무자의 현실제공이 있음에도 불구하고 채권자가 그 수령을 거절하면 공탁을 통해 채무로부터 벗어날 수 있도록 규정하고 있었다(프랑스 종전 민법 제1257조 이하). 그런데 연대채무자가 현실제공을 하였지만 아직 공탁하지 않은 상태(우리 민법 하에서의 채권자지체의 요건이 충족된 사안)의 법률효과에 관하여는 다툼이 많다고 한다. 프랑스 법에서는 소유권이전의 합의로 채권자에게 위험이 이전되는데(프랑스 종전 민법 제1138조), 동조가 적용되지 않는 그 밖의 사안에서 채권자지체가 있더라도 우리 민법 제538조 제1항 제2문과 같은 위험이전의 효과를 인정하지 않는 것이 일반적이라고 한다. 또 채권자지체가 있더라도 우리 민법 제402조와 같은 이자지급의 면제를 인정하지도 않았다.[1] 그런데 프랑스 종전 민법에서는 공탁이 있기 전까지의 채권자지체

1 Ferid, Das französische Zivilrecht, Bd. I, 2C 157 ff. 참조.

에는 상대효가 인정된다고 한다.[2] 왜냐하면 채권자지체는 채권자의 수령거절에 의해 발생하는 효과인데, 채권자의 행위(=수령거절)에 연대채무에서 인정되는 상호대리사상을 원용할 수 없기 때문이라고 한다. 한편 현행 민법 제1345조는 우리 법과 유사한 채권자지체와 그 효과를 규정하고 있다. 즉 채무자는 이자지급의무를 면하고, 위험이 채권자에게 이전된다. 따라서 채권자지체의 효과에 관하여 우리 민법이나 독일 민법에 더욱 근접해 있기 때문에 연대채무자 1인에 의한 채권자지체의 절대효가 인정될지 여부가 관심사일 수 있다. 그러나 이에 관하여는 규정을 두지 않았다. 따라서 종전의 해석과 동일하게 해석할 수 있을 것이다. 즉, 상호대리사상을 원용할 수 있는지 여부가 절대효 인정의 관건이라 할 것이다.

일본 구 민법에서도 연대채무자 중 1인과 채권자 사이의 생긴 채권자지체의 효력에 관하여 아무런 규정이 없었을 뿐 아니라, 일본 민법의 제정과정에서도 논의된 바 없다. 일본 명치 민법에서도 채권자지체의 절대효에 관하여는 아무런 규정이 없다. 그러나 일본 명치 민법 제정 후의 다수설은 채권자지체에 상대효를 인정하였다. 그런데 그 이후의 일본 통설은 채권만족이 발생하지 않은 이유가 오로지 채권자 측에 있기 때문에 어느 한 연대채무자에 의한 변제제공을 채권자가 수령하지 않게 되면 그 수령지체의 효력은 모든 채권자에게 효력이 있다고 한다.[3] 연대채무와 부진정연대채무를 통합하여 규율하는 결단을 내린 개정 일본 민법에서는 법에서 정한 사유 이외에는 모두 상대효만 있도록 규정하고 채권자와 채권자와 다른 연대채무자 간의 별도의 합의에 의해서만 그 효력이 있도록 규정하였다(일본 현행 민법 제441조 단서).[4] 따라서 다른 합의가 없으면 채권자지체에는 상대효가 인정될 것이다.

독일 민법은 적법한 변제제공은 변제 그 자체와 마찬가지로 모든 채무자에게 효력이 있음을 동법 제424조에서 명문으로 밝히고 있다.

2. 본조의 의의

채권자 측의 사정(수령거절 또는 수령불능)이 없었더라면 변제를 통해 연대채무가 소멸될 수 있었을 것이므로, 연대채무자 중 1인이 변제제공을 한 이상 다른 연대채무자들은 추가적인 행위를 할 필요가 없을 것이다. 또한 수령지체의 효과를

2 Ferid, Das französische Zivilrecht, Bd. I, 2E 78 참조.
3 注釋民法(11), 債權(2), 有斐閣(1965), 78 이하(椿壽夫) 참조.
4 潮見佳男, 新債權總論 Ⅱ, 信山社(2017), 593 참조.

다른 연대채무자에게도 미치도록 할 필요도 있다. 가령 종류물을 급부할 의무를 부담하는 연대채무자 A, B 중 A 가 현실제공을 하였음에도 불구하고 채권자의 수령거절이 있는 경우를 보자. 채권자지체 중 목적물이 A 의 책임없는 사유로 멸실되었다면, A 의 채무가 소멸할 뿐 아니라 B 의 채무도 소멸한다고 해야만, A 가 B 에게 구상권을 행사할 수 있을 것이다. 채권자지체에 상대효를 인정한다면, 위의 경우 목적물의 멸실에도 불구하고 채권자는 B 에게 연대채무의 이행을 청구할 수 있게 되고, B 가 A 에게 구상을 청구할 수 있게 되어 구상관계의 복잡화를 초래하게 될 것이다.

Ⅱ. 본조의 내용

1. 요건

가. 연대채무자 중 1인과 채권자 사이에 채권자지체의 요건이 충족되어야 한다(☞ 상세한 것은 민법 제400조 주석 참조).

나. 연대채무관계로 인해 채권자지체의 요건에 추가할 것이 있는가? 첫째, 독일에서는 내부관계에서 부담부분이 없는 연대채무자가 변제제공을 한 경우에는 독일 민법 제424조가 적용되지 않는다는 학설도 있다.[5] 우리 법의 부진정연대채무, 불가분채무에 해당되는 사안도 독일 민법에서는 연대채무에 포섭될 수 있는데, 가령 보험자와 가해자가 연대채무관계에 있을 때 전자의 변제제공에 의한 채권자체의 효과를 후자가 향유하게 해서는 안 된다는 것이다. 그러나 연대채무자간의 내부관계가 대외관계에 영향을 미칠 이유가 없다는 것, 내부적 부담부분 없는 연대채무자의 변제제공으로 채권자지체가 발생한 후 목적물이 멸실된 경우 채권자가 위험을 부담하는 것이 타당하다는 것 등을 이유로 이런 구분이 필요 없다는 주장도 있다.[6] 우리 법의 해석에서도 이런 구분을 두지 않는 것이 필요할 것이다. 둘째, 연대채무자 중 1인이 현실제공을 하여 채권자지체에 빠뜨리는 것으로 본조의 요건은 모두 충족된다. 셋째, 채권자가 연대채무자 중 1인에게 미리 수령거절의 의사표시를 한 경우 구두제공을 통해 채권자지체에 빠뜨릴 수 있는 자는 수령거절의 의사표시의 상대방인 연대채무자여야 하고, 다른 연대채무자여서는

5 가령 Erman/Westerman, BGB, § 424 Rn.1 참조.
6 Staudinger/Noack, BGB, § 424 Rn. 4 f. 참조.

안 된다. 넷째, 채권자의 협력 등의 행위가 있어야 하는 사안에서는 채권자가 연대채무자 중 1인에게 요구되는 협력을 하였다면, 협력을 받지 않는 연대채무자라 하더라도 구두제공만으로는 채권자지체에 빠뜨릴 수 없다.[7]

2. 채권자지체의 종료

채권자지체에 빠뜨린 연대채무자에 대해 채권자가 수령의 의사표시를 함으로써 채권자지체로부터 벗어나게 되면, 모든 연대채무자에 대해 수령지체의 효과가 종료된다. 그런데 독일에서는 수령지체로부터 벗어나기 위해서는 모든 연대채무자에 대해 수령의 의사표시를 하여야 한다는 견해도 있고,[8] 연대채무자 중 누구에 대해서 하더라도 무방하다는 견해도 있다고 한다.[9] 그러나 다수 학설은 변제제공을 한 채무자에 대해 수령의 의사표시를 하여야 수령지체로부터 벗어나고, 변제제공을 하지 않은 채무자에 대해 한 경우에는 상대효만이 있을 뿐이라고 한다.[10] 수령의 의사표시는 이행의 최고라는 측면도 가지므로 이행청구의 절대효를 인정하는 우리 민법 하에서는 수령의 의사표시를 누구에게 하더라도 채권자지체가 종료되는 효과가 생긴다고 볼 것이다.[11]

3. 효과

채권자가 어느 연대채무자에 대해 수령지체에 빠지면 그 법률효과는 모든 연대채무자에게 미친다. 첫째, 수령지체가 있으면 연대채무자는 이자지급의무를 면하게 된다. 즉 연대채무자 중 1인의 변제제공이 있으면 변제제공자만이 아니라 나머지 연대채무자도 지연이자의무를 면하게 되고(민법 제461조), 지연이자 아닌 그 밖의 이자지급의무(가령 부당이득반환의무 등)도 면하게 된다(제402조). 둘째, 채권자지체로 인해 목적물의 보관 또는 변제의 비용의 증가에 대한 상환청구권은 모든 연대채무자가 아닌 채권자지체 후 위와 같은 추가적인 비용 지출을 한 당해 연대채무자만이 이를 행사할 수 있다(제403조).[12] 셋째, 변제제공을 한 연대채무자만이 아니라 다른 연대채무자도 변제공탁을 할 수 있다. 수령지체의 효과가 모든 연대

7 Staudinger/Noack, BGB, § 424 Rn. 8 참조.
8 MünchKomm/Selb, BGB, § 424 Rn. 2 참조.
9 Resenberg가 이런 견해라고 한다. Staudinger/Noack, BGB, § 424 Rn. 9 참조.
10 Staudinger/Noack, BGB, § 424 Rn. 9 ff. 참조.
11 주석 민법, 채권총칙(2)(제3판), 한국사법행정학회(2000), 216(강봉수) 참조.
12 Staudinger/Noack, BGB, § 424 Rn. 14 참조.

채무자에게 미치기 때문에, 모든 연대채무자에 대한 관계에서 채권자는 제487조의 '변제를 받지 아니하거나 받을 수 없는 때'에 해당되기 때문이다.[13] 넷째, 채권자지체 중 급부목적물에 대해 고의 또는 중대한 과실이 없으면 그 멸실 또는 훼손에 대해 책임을 지지 않는다(제401조). 가령 연대채무자의 과실로 목적물이 멸실된 경우 모든 연대채무자는 면책될 것이며, 멸실된 목적물의 보유자인 연대채무자는 다른 연대채무자에 대해 구상권을 행사할 수 있다. 그 멸실로 인해 모든 연대채무자가 면책되며, 이는 당해 목적물의 보유자인 연대채무자의 출연으로 면책된 것과 동일하기 때문이다.[14]

13 Staudinger/Noack, BGB, § 424 Rn. 15 참조.
14 Staudinger/Noack, BGB, § 424 Rn. 16 참조.

제 423 조 [효력의 상대성의 원칙]

전7조의 사항외에는 어느 연대채무자에 관한 사항은 다른 연대채무자에게 효력이 없다.

[관련조문] 민법 제170조(재판상의 청구와 시효중단), 제174조(최고와 시효중단), 제176조(압류, 가압류, 가처분과 시효중단), 제179조(제한능력자의 시효정지)~제182조(천재 기타 사변과 시효정지), 제413조(연대채무의 내용)~제422조(채권자지체의 절대적 효력), 제424조(부담부분의 균등)~제427조(상환무자력자의 부담부분), 제616조(공동차주의 연대채무), 제654조(준용규정).

[참고문헌] 곽윤직, 채권총론, 박영사(2003); 김상용, 채권총론, 화산미디어(2014); 김형배, 채권총론, 박영사(1999); 주석 민법, 채권총칙(2)(제3판), 한국사법행정학회(2000); 潮見佳男, 新債權總論 II, 信山社(2017); 注釋民法(11), 債權(2), 有斐閣(1965); Ferid, Das Französische Zivilrecht, Bd. I, Verlagsgesellschaft Recht und Wirtschaft(1971); Juris-Classeur Civil, Art. 1197 à1216, Editions du Juris Classeur (1995)J; J. von Staudigers Kommentar zum BGB, Bd. 2, §§ 397-432, Seiler-de Gruyter(1999); Münchener Kommentar zum BGB, 4. Aufl., C.H.Beck(2001); Palandt Kommentar zum BGB, 62. Aufl., C.H.Beck(2003).

Ⅰ. 본조의 의의

1. 비교법

가. 프랑스 민법에서는 본조와 같은 규정이 없다. 그러나 프랑스 민법은 연대채무자 간에는 위임계약에 기초하여 상호를 대리하는 관계가 있다는 전제 하에 연대채무를 규율하기 때문에 폭넓은 절대효가 인정되며, 부분적 절대효를 인정하는 사유도 다수 존재한다. 절대효는 다시 채무를 소멸시키는 효력(주된 효력), 채무의 내용을 변경시키는 효력(부수적 효력)으로 구분할 수 있다. 주된 효력의 영역에서 절대효가 인정되는 것으로는 변제(프랑스 종전 민법 제1200조 = 현행 민법 제1311조), 대물변제(종전 민법 제1243조 = 현행 민법 제1342-4조 제2항)는 법률에 규정이 있지만, 법률에 규정이 없더라도 변제와 동일한 효력이 인정되는 사유에는 주된 효력으로서의 절대효가 인정된다. 즉 공탁, 상계가 그 예이다. 면제(종전 민법 제1285조 제1항 = 현행 민법에서는 삭제), 경개(종전 민법 제1281조 제1항, 제2항 = 현행 민법 제1335-1조) 등에는 절대효가 인정된다. 혼동(종전 민법 제1301조 제3항 = 현행 민법 제

1349-1조)에는 부분적 절대효가 인정된다. 부수적 효력 중 절대효가 인정되는 것으로는, 재판상의 권리행사(종전 민법 제1206조), 최고(종전 민법 제2249조), 채무자의 승인(종전 민법 제2249조)에 의한 시효중단,[1] 어느 연대채무자의 이행지체와 과실이 있는 경우 목적물의 멸실에 대한 가액배상의무(종전 민법 제1205조 = 현행 민법 제1319조), 연대채무자 1인에 대한 이자지급청구가 있을 때의 지연배상의무(종전 민법 제1207조 = 현행 민법 제1314조)에는 절대효가 인정된다. 또한 연대채무자 중 1인에게 위약벌의 요건이 충족되면 다른 연대채무자도 그 책임이 있다. 연대채무자 1인에 대한 판결도 절대효가 인정된다(종전 민법 제1208조 = 현행 민법 제1315조).

그러나 연대채무자 간의 상호대리관계가 적용될 여지가 없는 사유에 대해서는 상대효가 인정된다. 가령 화해(민법 제2051조), 채권자지체에는 상대효만이 인정된다고 한다.[2] 그 밖에도 연대채무를 성립시키는 채권자와의 합의에서의 결함, 기한 또는 정지조건의 합의, 추급의 유예(suspension des poursuites) 등은 상대효가 인정된다고 한다.[3]

나. 독일 민법에서는 연대채무자 간에 상호위임관계 또는 상호대리관계를 전제하지 않기 때문에, 어느 연대채무자와 채권자 사이에 발생한 사유가 다른 연대채무자에 대해 효력을 미치지 않는 것이 원칙이다. 대신 독일 민법은 제422조 내지 제424조에서 절대효의 사유를 열거하고 있다. 변제, 대물변제, 공탁, 상계(제422조), 채권관계 전부를 해소하기 위해 어느 한 연대채무자와 채권자 간에 체결된 면제계약(제423조), 채권자지체(제424조)가 그것이다. 동법 제425조 제1항에서는 "제422조 내지 제424조에서 열거한 사유 외에는, 채권관계에서 다른 내용이 도출되지 않는 한, 그 사유가 발생한 채무자에 대해서만 효력이 있다"고 규정하고, 제2항에서는 "특히 해지, 이행지체, 과실, 연대채무자의 1인에게 발생한 이행불능, 소멸시효, 소멸시효의 중단과 정지, 채권과 채무의 혼동, 그리고 기판력있는 판결의 경우 그러하다"고 함으로써 상대효의 사유를 예시하고 있다. 그러나 어느 한 연대채무자와 채권자 간의 채권관계에서 다른 내용이 도출되는 경우에는 상대효 아닌 절대효가 인정될 수 있다. 가령 위 규정에서 열거하고 있는 사유인 혼동의

1 이 규정들은 단순화를 위해 연대채무 규정에서는 삭제되고, 시효중단규정에 통일적으로 규율되어 있다.

2 Ferid, Das Französische Zivilrecht, Bd. I, Verlagsgesellschaft Recht und Wirtschaft(1971), 2E 74, 78 참조.

3 Juris-Classeur Civil, Art. 1197 à1216, Editions du Juris Classeur (1995), n° 75 참조.

경우에도 부분적 절대효를 인정하는 것,[4] 어느 한 연대채무자만을 면책시키기 위한 면제계약의 경우에도 부분적 절대효를 인정하는 것[5]을 보더라도 법률에서 이를 밝히지 않았다고 해서 쉽게 상대효가 인정된다고 보아서는 안될 것이다.

다. 일본 명치 민법은 우리 민법과 유사하게 청구(동법 제434조), 경개(동법 제435조), 상계(동법 제436조), 면제(동법 제437조), 혼동(동법 제438조), 시효완성(동법 제439조)에는 절대효를 인정하고, 동법 제440조에서는 "전6조에 열거한 사항을 제외하고 연대채무자의 1인에게 발생한 사항은 다른 채무자에게 대해 그 효력이 없다."고 규정하고 있다. 그러나 학설들은 대물변제, 공탁에도 절대효를 인정하며, 채권자지체에도 절대효를 인정하였다.[6] 그러나 부진정연대채무와 연대채무를 통일적으로 규율하는 결단을 내린 2017년 개정 일본 민법은 변제, 대물변제, 경개(현행 민법 제438조), 상계(현행 민법 제439조), 혼동(현행 민법 제440조) 이외의 모든 사유는 상대효가 있은 것으로 개정하였다.[7]

2. 본조의 의의

가. 채권의 상대효라는 관점에서 보면 채권자와 어느 한 연대채무자 간에 생긴 사유는 그들 사이에만 효력이 있다고 할 것이다. 그러나 채권자의 입장에서 보면 연대채무는 동일한 경제적 목적의 실현을 위해 수인이 채무를 부담하는 것이므로, 연대채무자 중 1인에게 발생한 사유가 다른 연대채무자에게도 그 효력이 미칠 수 밖에 없다(변제, 대물변제, 공탁, 상계). 또한 채권자의 의사표시의 효력에 의해 다른 연대채무자에게도 그 효력을 미칠 수 있는 것도 있다(경개, 면제). 신의성실의 원칙이나 공평의 실현을 위해 입법자가 절대효를 인정한 경우도 있다(혼동, 어느 연대채무자의 부담부분의 한도에서 그의 반대채권을 자동채권으로 다른 연대채무자가 상계하는 것). 나아가 당사자 간의 이익의 조정을 위해 입법자가 절대효를 인정하는 경우도 있다(이행청구, 소멸 시효완성의 효력). 입법자들은 이런 여러가지 고려하에 절대효가 인정되는 사유를 예시한 후, 그 밖의 사유에 대해서는 채권관계의 일반원칙에 좇아 상대효가 인정됨을 확인할 필요가 있었을 것이며, 이를 규정한 것이 본조라고 할 것이다.

4 Staudinger/Noack, BGB, § 425 Rn. 66 ff. 참조.
5 ☞ 이에 대해서는 위 제419조의 주석을 참조.
6 注釋民法(11), 債權(2), 有斐閣(1965), 106(椿壽夫) 참조.
7 그 특징은 潮見佳男, 新債權總論 Ⅱ, 信山社(2017), 589 이하 참조.

나. 그러나 "전7조의 사항 외"에는 언제나 상대효가 인정된다고 보아서는 안 될 것이다. 이미 앞의 제7조에서 언급하지 않은 대물변제, 공탁에 절대효가 인정되는 것에서도 알 수 있듯이, 앞의 규정에서 열거하지 않은 사유의 경우 일응 상대효가 인정되겠지만, 채권관계의 내용으로부터 (부분적) 절대효가 인정될 수도 있음을 간과해서는 안 된다.

학설들은 당사자의 특약으로 특정 사유에 절대효를 인정하기로 하는 합의를 하거나, 전7조에서 언급한 절대효의 사유에 상대효를 인정하기로 하는 합의를 할 수 있다고 한다.[8] 그러나 이런 결론도 쉽게 도출되지는 않는다. 가령 연대채무를 합의하였음에도 불구하고 변제, 대물변제, 공탁, 상계의 사유에 절대효를 인정하지 않기로 하는 합의는 무효라고 할 것이다. 그 합의는 연대채무와는 양립할 수 없기 때문이다. 또한 혼동의 부분적 절대효를 부정하는 합의 역시 신의성실의 원칙에 반하는 합의이므로 그 효력을 부정하여야 할 것이다. 경개의 절대효를 부정하는 합의 역시 신의성실의 원칙에 반할 수 있다. 다만 이런 합의는 조건부 합의로 해석될 수 있을 것이다. 그 밖의 사유(가령 이행청구, 면제, 이행최고, 소멸시효 완성)에 상대적 효력을 인정하기로 하는 합의는 그 합의의 당사자를 구속할 것이다. 다른 연대채무자에게 당연히 그 효력이 미치는 것은 아니라고 할 것이다. 한편 상대적 효력사유에 절대적 효력을 인정하는 경우 그로 인해 다른 당사자에게 이익을 주는 경우에는 모두가 당사자가 될 필요가 없다고 하기도 한다.[9] 그러나 어느 한 연대채무자와 채권자 간의 합의가 제3자를 위한 계약으로 해석되지 않는 한, 제3자인 다른 연대채무자에게 효력이 미친다고 볼 근거는 없다.

3. 상대적 효력 유무가 문제되는 사유

가. 소멸시효중단, 정지사유

1) 이행청구에는 절대효가 인정되기 때문에(민법 제416조), 어느 일인의 연대채무자에 대해 이행을 최고하면 그것으로 모든 연대채무자에 대해 시효진행이 중단된다. 어느 1인의 연대채무자를 상대로 재판상의 청구를 한 경우 시효중단 사유가 종료하기 전까지(☞ 민법 제170조 주석 참조) 모든 연대채무자에 대해 시효중단의

8 곽윤직, 채권총론, 박영사(2003), 169; 김상용, 채권총론, 화산미디어(2014), 307; 김형배, 채권총론, 박영사(1999), 469; 주석 민법, 채권총칙(2)(제3판), 한국사법행정학회(2000), 216 이하(강봉수) 참조.

9 주석 민법, 채권총칙(2)(제3판), 한국사법행정학회(2000), 217 (강봉수) 참조.

효력이 생긴다. 그런데 재판외의 청구는 6개월 이내에 민법 제174조에서 정한 조치를 취하지 않으면 시효중단의 효력이 생기지 않는다. 제174조에 정한 조치를 취하면 모든 연대채무자에 대해 시효중단의 효력이 미치는지가 문제된다. 재판상 청구, 파산절차참가, 화해를 위한 소환, 임의출석 등을 제416조의 이행청구와 동일하게 평가할 수 있다면 이를 긍정할 수 있다. 그러나 압류, 가압류, 가처분의 경우에는 시효의 이익을 받을 자에게 하지 아니한 때에는 그에게 통지하여야 시효중단의 효력이 있다고 하므로(제176조), 채권자가 이 조치만을 취해서는 모든 연대채무자에 대해 시효중단의 효력을 인정할 수는 없을 것이다.[10] 채권자가 애초부터 압류, 가압류, 가처분을 한 경우도 마찬가지이다. 연대채무자의 1인의 승인을 한 경우에도 시효중단의 효력이 모든 연대채무자에게 미치는 것은 아니다.[11]

2) 시효정지의 사유(민법 제179조 내지 제182조)에도 상대적 효력이 인정된다. 따라서 어느 연대채무자에 대해 시효정지의 사유가 발생한 경우, 다른 연대채무자의 시효도 정지되는 것은 아니다.

나. 시효이익의 포기

소멸시효가 완성된 경우에는 민법 제421조가 당연히 적용된다. 따라서 시효완성자가 시효이익을 포기하더라도 제421조에 따라 시효완성자의 부담부분만큼 다른 연대채무자의 채무가 감축된다. 시효이익을 포기한 자가 자기 부담부분을 초과하여 변제하면, 다른 연대채무자에게 구상할 수 있다. 소멸시효가 완성됨으로써 시효완성자와 채권자 간의 채권관계가 소멸하더라도, 다른 특별한 사정이 없다면, 연대채무자의 내부관계에 영향을 미치지는 않기 때문이다. 가령 90의 연대채무를 부담하는(내부적 부담부분은 동일) A, B, C 중 A 의 채무가 시효완성으로 소멸한 경우, A 가 시효이익을 포기하고 90을 변제한 경우, A 는 B, C 로부터 각각 30씩을 구상할 수 있다. 시효이익을 포기한 A 가 40을 변제한 경우 그는 B, C 로부터 각각 5를 구상할 수 있다. 채권자가 A 로부터 40을 변제받은 경우, 그는 B, C 에게 50의 이행을 청구할 수 있다. 채권자가 받은 40 중 30은 시효이익을 포기한 A 로부터 변제받은 것이므로, B, C 의 채무 60 중 10만이 A 의 이행으로 소멸되었다고 볼 것이다. 한편 A 가 시효이익을 포기 하지 않았음에도 불구하고 B 또

10 주석 민법, 채권총칙(2)(제3판), 한국사법행정학회(2000), 217 (강봉수) 참조.
11 주석 민법, 채권총칙(2)(제3판), 한국사법행정학회(2000), 217 (강봉수) 참조.

는 C가 90을 변제한 경우 그가 채권자에게 초과하여 지급한 30은 비채변제여서 이를 부당이득으로 반환청구 할 수 있을 것이다.[12]

다. 채무자의 과실

연대채무자 중 1인에게 과실이 있는 경우 상대적 효력이 인정된다.[13] 따라서 과실로 인한 채무불이행이 있을 때 이를 이유로 한 손해배상청구권은 과실 있는 연대채무자에 대해 성립한다. 그러나 사안에 따라서는 달리 판단하여야 할 경우도 있다. 가령 수인의 사용차주 또는 임차인이 대주 또는 임대인에 대해 부담하는 채무는 연대채무인데(민법 제616조, 제654조), 연대채무자 중 1인의 과실로 목적물이 멸실 또는 훼손된 경우 다른 연대채무자는 책임이 없는지가 문제된다. 독일 대법원은 자동차를 공동임차한 자 중 1인의 과실로 목적물 반환의무가 불이행된 사안에서 다른 연대채무자의 책임을 긍정하였다. 독일 대법원은 '공동임차인 중 일인이 계약에 좇아 그 목적물을 반환할 의무를 부담할 경우, 이런 계약에서는 다른 공동임차인의 과실에 대해서도 책임을 지우는 것을 정당화시킬 수 있는 내용의 것'이라고 하면서, 계약체결에 앞서 그 목적물을 공동으로 사용할 다른 임차인의 신뢰성에 대해 그 스스로 확신을 가져야 한다는 것을 그 이유로 내세웠다.[14] 이와 유사한 사안, 즉 임차인 간에 긴밀한 인적 결합관계가 존재하는 경우에는 어느 일인의 과실을 다른 연대채무자에게 귀속시킬 수 있다고 하는 학설도 적지 않다.[15] 가령 일상가사에 대한 부부의 연대채무(제832조)에서 일인의 연대채무자의 과실에 대해 다른 연대채무자도 책임을 지도록 하는 것이 필요할 것이다. 물론 연대채무자 중 1인의 과실에 절대효가 인정된다고 하지 않고, 다른 이론구성으로도 이런 결론을 도출할 수 있을 것이다.

한편 독일의 학설은 수인의 연대채무자가 법률적 또는 사실상의 이유로 책임공동관계를 형성하는 경우, 즉 구상의무에 있어서 1인으로 취급하여야 할 경우, 1인의 연대채무자의 과실이 있으면 다른 연대채무자도 그로 인한 책임을 부담하여

12 日大判 1938. 11. 10.(民集 17.2102)은 시효완성후의 채무승인은 시효완성을 알고 이를 한 것으로 추정한다는 명제 하에, 연대채무의 경우에 시효완성자가 아닌 자가 변제한 경우 시효완성의 사실을 알지 못하고 변제하였음을 입증할 책임이 변제자에게 있다고 판단하 였다고 한다. 注釋民法(11), 債權(2), 有斐閣(1965), 105(椿壽夫) 참조.

13 주석 민법, 채권총칙(2)(제3판), 한국사법행정학회(2000), 218(강봉수) 참조.

14 BHGZ 65,226,229; Staudinger/Noack, § 425 Rn. 45 참조.

15 Staudinger/Noack, BGB, § 425 Rn. 46 참조.

야 한다고 본다.[16]

라. 이행불능 등 채무불이행

학설들은 채무자 1인에게 이행불능, 불완전이행, 청구 이외의 사유(확정기한부 채무에서 변제기의 도래)에 의한 이행지체가 있을 때, 다른 연대채무자가 채무불이행책임을 지지 않는다는 점에서 상대효가 있다고 한다.[17] 물론 여기서 말하는 이행불능은 주관적 이행불능을 의미하는 것이다. 객관적 이행불능의 경우에는 연대채무 전체가 이행불능이 되기 때문이다.[18] 전자의 경우 다른 연대채무자의 급부의무는 여전히 존속하기 때문에 주관적 이행불능은 상대효가 있다(가령 종류물 급부의무). 주관적 이행불능이 유책사유에 기한 것이라면 2차적 급부의무로서 손해배상의무를 부담할 것이고, 다른 연대채무자는 여전히 1차적 급부의무를 부담할 것이다. 그 연대채무가 쌍무계약에 기인한 것이라고 하더라도 마찬가지이다.[19] 그러나 다른 연대채무자가 채무를 이행할 수 있는 경우라면 연대채무자 중 1인의 이행불능을 이유로 채권자는 계약을 해제할 수는 없다.[20] 연대채무자 중 일인이 이행지체에 빠진 후 그에게 과실없는 사유로 급부목적물이 멸실된 경우(민법 제392조 본문)라 하더라도, 마찬가지이다.

변제기가 각기 달리 정해진 것이 아니라면, 확정기한부 있는 연대채무인 경우 그 기한의 도과로 모든 연대채무자는 이행지체에 빠지게 된다. 또한 기한 없는 채무라 하더라도 채권자가 연대채무자 중 1인에게 이행을 최고함으로써 모든 연대채무자가 이행지체에 빠지게 된다(민법 제416조). 따라서 모든 채무자가 지연배상의무를 부담하게 될 것이다. 즉 지연배상의무에 대해서도 연대채무가 성립한다. 반면 연대채무자 중 1인만이 이행지체에 빠진 경우에는 지연배상의무에 대한 연대채무관계는 성립하지 않는다.

한편 연대채무가 쌍무계약에 기인한 경우 연대채무자 중 1인만의 이행지체가 있을 때 민법 제544조에 따른 계약해제가 가능한지 등이 문제될 수 있다. 독일에

16 Staudinger/Noack, BGB, § 425 Rn. 52 참조.

17 주석 민법, 채권총칙(2)(제3판), 한국사법행정학회(2000), 218(강봉수) 참조.

18 Staudinger/Noack, BGB, § 425 Rn. 53 참조. 그 한도에서는 절대효가 인정된다.

19 독일의 학설 중에는 연대채무자 중 1인이 주관적 이행불능이고, 다른 연대채무자는 이행할 수 있는 경우라면 그 채무는 아직 주관적 이행불능이 아니기 때문에 전자에 대해 전보배상을 청구할 수 없다는 견해도 있다고 한다. 가령 MünchKomm/Selb, BGB, § 425 Rn. 6. 그러나 이에 반대하면서 본문과 같이 주장하는 견해도 있다. Staudinger/Noack, BGB, § 425 Rn. 54 참조.

20 Staudinger/Noack, BGB, § 425 Rn. 86 참조.

서는 1인의 연대채무자만이 이행지체에 빠지더라도 그에 대해 기한을 정하여 이행을 최고한 후에는 연대채무자 전부에 대해 계약을 해제할 수 있다는 견해도 있고,[21] 모든 연대채무자가 이행지체에 빠져야 하며, 각 연대채무자에 대해 기한을 정하여 이행을 최고한 후에야 연대채무자 전부에 대해 계약을 해제할 수 있다는 견해도 있다.[22] 연대채무자 1인의 이행지체로 인해 계약의 목적을 달성할 수 없거나 그 이행이 채권자에게 이익이 없는 경우가 아니라고 한다면 후자의 견해처럼 해결하는 것이 타당할 것이다.

독일의 학설, 판례는 당사자 간의 계약으로 해제권을 유보한 경우 연대채무자 중 1인에 대해 해제권의 요건이 충족되면 모든 연대채무자에 대해 해제권을 행사할 수 있다고 한다.[23]

마. 채권양도 및 전부

채권양도 역시 상대적 효력만이 인정된다. 가령 연대채무자 A, B, C에 대해 90의 채권을 보유하고 있는 甲이 그 채권 전부를 乙에게 양도하고, A에 대해서만 통지하였다면, 乙은 A가 아닌 B, C에 대해서는 채무의 이행을 구할 수 없다. B, C에 대해서는 여전히 甲이 채권자라는 것이다. 이 때 A가 乙에게 변제하면 이로써 B, C의 연대채무도 소멸한다. 채권양도에도 불구하고 연대채무의 성격에는 변함이 없기 때문이다.

한편 B, C가 甲에게 변제하였다면 A의 乙에 대한 채무도 소멸하게 된다. 이 때 甲은 乙에 대해 채무불이행책임을 지게 될 것이다. 채권양도에도 불구하고 甲이 양도통지를 하지 않은 것이 채무불이행으로 평가될 수 있을 것이며, B, C의 변제로 乙의 채권이 소멸된 것 간에는 상당인과관계를 인정할 수 있기 때문이다.[24]

전부명령이 있는 경우라고 해서 달라질 것은 없다. 위의 예에서 甲의 채권자 乙이 연대채무자 A, B, C가 있음을 알지 못하고 A에 대한 甲의 채권을 전부받

21 Palandt/Heinrichs, BGB, § 425 Rn. 2 참조.

22 Staudinger/Noack, BGB, § 425 Rn. 30; Soergel/Wolf, § 425 Rn. 9; MünchKomm/Selb, BGB, § 425 Rn. 6 등 참조.

23 BGH NJW 1976, 1931, 1932. Staudinger/Noack, BGB, § 425 Rn. 86 참조.

24 주석 민법, 채권총칙(2)(제3판), 한국사법행정학회(2000), 219(강봉수)에서는 이 경우 甲이 이를 乙에게 교부하여야 한다면서, 그 근거에 대해서는 언급하지 않지만, 본문과 같이 판단하는 것이 적절할 것이다.

은 경우, B, C는 여전히 甲에 대해 채무를 부담하게 된다. B 또는 C의 변제로 A의 乙에 대한 채무도 소멸하게 되고, 반대로 A의 乙에 대한 변제로 B, C의 甲에 대한 채무도 소멸하게 될 것이다. A가 甲의 B에 대한 채권을 전부받은 경우라면, 이는 혼동과 동일하게 처리하여 B는 A의 부담부분을 공제한 잔액에 대해서만 A에게 이행하면 될 것이다. 이로써 C의 甲에 대한 채무도 소멸하게 되고, B는 C에게 구상할 수 있을 것이다.[25]

바. 확정판결

연대채무자 중 일인에 대한 판결의 기판력은 다른 연대채무자에게 미치지 않는 것이 원칙이다. 따라서 채권자가 연대채무자 중 일인에 대해 제기한 소송에서 패소판결이 확정되었더라도, 다른 연대채무자를 상대로 이행의 소를 제기할 수 있다. 그런데 전소(前訴)에서 승소판결을 얻은 연대채무자는 채권자와의 관계에서는 기판력으로 인해 채무를 이행할 필요는 없지만, 그 판결이 연대채무자 간의 내부관계에는 영향을 미치지 않는다. 따라서 후소(後訴)에서 다른 연대채무자가 패소하여 채무를 이행한 경우라면, 그 다른 연대채무자는 전소에서 승소한 연대채무자를 상대로 구상할 수 있다.[26] 반면 실체법적으로 연대채무를 부담하지 않는 자가 패소하여 채무를 이행하더라도, 그것으로 연대채무자의 지위를 획득하지도 않고, 따라서 연대채무자로서 구상할 수 있는 것도 아니다.

한편 패소판결로 인해 연대채무자가 변제한 경우 이로써 실체법상의 채무가 변제된 경우라면 다른 연대채무자의 채무도 소멸하게 되고, 변제한 연대채무자는 구상권을 가지게 될 것이다. 채권자가 제기한 이행의 소에서 연대채무자가 상계항변을 하여 받아들여진 경우, 실체법상의 연대채무가 소멸되었다면 민법 제418조에 의해 절대효가 인정될 것이다.[27] 이를 상계항변을 인정한 판결의 절대효라고 볼 것은 아니다.

25 주석 민법, 채권총칙(2)(제3판), 한국사법행정학회(2000), 220(강봉수)에서는 이 경우 매우 복잡하고 불명료한 관계가 성립한다고 하지만, 위 본문과 같이 간명하게 처리하면 될 것이다.

26 Staudinger/Noack, BGB, § 425 Rn. 73 참조.

27 주석 민법, 채권총칙(2)(제3판), 한국사법행정학회(2000), 221(강봉수)에서는 상계항변을 인정한 판결에 절대효가 인정되는 것인지, 판결의 반사적 효력으로 인한 것인지가 불분명하다고 한다. 이는 실체법적인 효력의 관점에서 파악하는 것이 타당할 것이다.

제 424 조 [부담부분의 균등]

연대채무자의 부담부분은 균등한 것으로 추정한다.

[관련조문] 민법 제109조(착오로 인한 의사표시), 제413조(연대채무의 내용)~제423조(효력의 상대성의 원칙), 제425조(출재채무자의 구상권)~제427조(상환무자력자의 부담부분), 제448조(공동보증인간의 구상권), 제476조(지정변제충당)~제479조(비용, 이자, 원본에 대한 변제충당의 순서).

[참고문헌] 곽윤직, 채권총론, 박영사(2003); 김상용, 채권총론, 화산미디어(2014); 김형배, 채권총론, 박영사(1999); 주석 민법, 채권총칙(2)(제3판), 한국사법행정학회(2000); 김용덕, 공동보증인 간의 부담부분과 구상권, 민사판례연구 제12집, 박영사(1990); 我妻榮, 新訂 債權總論, 岩波書店(1964); 注釋民法(11), 債權(2), 有斐閣(1965); 潮見佳男, 新債權總論 Ⅱ, 信山社(2017); Juris-Classeur Civil, Art. 1197 à1216, Editions du Juris Classeur (1995); Münchener Kommentar zum BGB, 4. Aufl., C.H.Beck(2001); J. von Staudigers Kommentar zum BGB, Bd. 2, §§ 397-432, Seiler-de Gruyter(1999); J. von Staudigers Kommentar zum BGB, Bd. 2, §§ 652-704, Seiler-de Gruyter(1995); Gierke, Deutsches Privatrecht Bd. III, 1917 ;Mestre, La Subrogation personelle, Librairie générale de droit et de jurisprudence(1979); Philippe Simler/Phillipe Delebeque, Droit Civil: les sûretés, Dalloz(2000).

Ⅰ. 본조의 의의

복수의 채무자가 채권자에 대해 각자 채무 전부를 이행할 의무를 부담하고, 그 일인의 변제로 나머지 채무자도 면책되는 경우에는 언제나 채무자 상호간에 내부적으로 분담할 부담부분이 있기 마련이다. 즉 연대채무, 불가분채무, 부진정연대채무, (연대)보증채무 등에서 항상 내부적 부담부분이 있다.

1. 비교법

가. 프랑스 종전 민법 제1213조 = 현행 민법 제1317조 제1항은 “채권자에 대해 연대를 합의한 채무는 당연히 채무자 사이에서 분할되며 각자는 다른 채무자에 대해 자신의 부담부분에 대해서만 의무를 부담한다.”고 하고, 종전 민법 제1214조 = 현행 민법 제1317조 제2항, 제3항에서는 채무 전부를 변제한 연대채무자가 다른 연대채무자에 대해 그의 부담부분의 한도에서만 구상할 수 있도록 하되, 상환의무자의 무자력위험을 부담부분의 비율에 따라 분담하도록 정하고 있다. 부담부분

의 결정에 있어서 균등한 것으로 일응 추정하고, 당사자 간의 합의로 달리 정하거나 연대채무에 대한 각자의 이익이 다른 경우에는 달리 정해진다고 한다. 후자의 기준에 있어서, 파기원 상사부(la chambre commerciale de la cour de cassation)는 연대채무에 대한 각자의 이익(intérêts respectifs)에 따라 연대채무자 간의 부담부분을 정하는 것을 원칙으로 하고,[1] 당사자 간의 합의로 부담부분을 결정할 수도 있다는 입장이라고 한다. 그러나 연대보증의 경우에는 이와 달리 보증인간에 부담부분의 합의가 없으면 부담부분은 동일한 것으로 보고 구상을 인정한다고 한다.[2]

나. 일본의 구 민법, 일본 명치 민법, 그리고 개정 민법은 프랑스 종전 민법과 마찬가지로 본조와 같은 규정을 두지 않았다. 일본의 판례는 연대채무자의 부담부분은 각 채무자가 채무에 대해 이익을 받은 비율에 따른다고 한다. 물론 채무자 간에 합의가 있으면 그것이 우선한다고 한다. 특약이나 받은 이익이 불분명한 경우에는 부담부분은 평등한 것으로 처리된다고 한다.[3] 일본의 학설도 부담부분을 결정하는 기준에 대해서는 판례의 입장에 찬성한다고 한다.[4]

다. 독일 민법은 제426조 제1항 제1문에서 "달리 정한 바가 없으면, 연대채무자는 균등한 비율(zu gleichen Anteilen)로 상호간에 의무를 부담한다"고 정함으로써 부담부분이 균등한 것으로 추정하고 있다.

2. 본조의 의의

가. 부담부분의 균등을 추정하는 별도의 규정을 두고 있다는 점이 외국법과 비교할 때 우리 법의 특징이다. 본조와 같은 규정을 둔 배경은 부담부분과 관련된 일본에서의 논의와 관련되어 있을 것이다. 위에서 언급한 것처럼 일본에서는 내부적 부담부분을 결정하는 기준을 특약, 연대채무에 기해 받은 이익에 의해 결정하고, 이것이 모두 불분명할 때에는 균등한 것으로 처리한다. 그런데 일본의 판례는 부담부분의 결정에 채권자가 관여 내지 개입할 여지가 없다는 입장이다. 가령

1 이는 어느 한 연대채무자가 내부적으로 전부를 부담할 경우 나머지 연대채무자는 보증인으로 간주하여 구상할 수 있도록 정한 제1216조에서도 잘 드러난다.

2 Juris-Classeur Civil, Art. 1197 à1216, Editions du Juris Classeur(1995) n° 110.

3 日大判 1904. 2. 12.(民錄 10.65), 日大判 1909. 9. 27.(民錄 15.697), 日大判 1916. 6. 3.(民錄 22.1132) 등 참조. 注釋民法(11), 債權(2), 有斐閣(1965), 118(椿壽夫)에서 재인용.

4 注釋民法(11), 債權(2), 有斐閣(1965), 118 이하(椿壽夫) 참조.

채권자가 부담부분의 비율을 알지 못하였다고 하더라도 이것 때문에 부담부분에 영향을 미칠 수 없으며,[5] 채권자와의 특약이 없다고 해서 채권자와의 관계에서 부담부분이 평등한 것으로 간주될 수도 없고,[6] 채무자 간의 합의로 부담부분을 사후적으로 자유롭게 변경할 수 있다고 한다.[7] 이에 대해 일본 학설들은 특히 사후 변경에 관하여 "채권자에 대해 대항"하기 위해서는 채권자에 대한 통지 또는 채권자의 승낙이 필요하다는 주장을 하고 있으며,[8] 비록 소수의 학설이기는 하지만, 부담부분의 결정 그 자체에 있어서도 채권자와의 관계에서는 부담부분은 평등한 것으로 추정하고, 이와 다른 비율의 부담부분은 채권자가 이를 알 수 있었던 경우에 한정하여야 한다고 주장하기도 한다.[9] 우리 민법에서 본조를 둔 이유는 일본의 이런 학설의 영향을 받은 것이라고 볼 수 있다. 왜냐하면 학설들은 본조를 근거로 하여, 부담부분이 본조와 다름을 채권자가 알지 못한 경우[10] 또는 부담부분이 사후적으로 변경된 경우[11] 그것의 채권자에 대한 효력을 논하기 때문이다.

나. 본조는 연대채무자의 부담부분이 균등한 것으로 추정한다는 점에서 이미 일본 판례의 태도와는 다름을 알 수 있다. 즉 부담부분은 균등한 것으로 추정되므로, 이와 다른 내용의 부담부분이 있음을 주장하는 자가 이를 입증하여야 할 것이다. 따라서 부담부분이 본조와 다른 이유가 특약 때문이라면 그 존재를 입증하여

5 日大判 1909. 9. 27.(民錄 15.697)사건은, 채권자로부터 면제받은 채무자의 부담부분이 전부였는데, 채권자가 이를 알지 못하였던 경우에는 부담부분은 평등한 것으로 처리되어야 한다고 주장하면서 상고한 사건인데, 大審院은 상고를 기각하면서 일본 명치 민법 제437조(우리 민법 제419조에 상당)의 효력을 긍정하였다. 注釋民法(11), 債權(2), 有斐閣(1965), 118(椿壽夫)에서 재인용.

6 日大判 1915. 4. 19.(民錄 21.524) 사건은, 연대채무자 甲, 乙 중 甲만이 내부적으로 전부를 부담하고 있었는데, 甲의 채무가 시효로 소멸하자 채권자가 부담부분이 평등한 것으로 간주하여야 한다고 주장하면서 상고한 사건이다. 大審院은 채권자의 상고를 기각하였다. 注釋民法(11), 債權(2), 有斐閣(1965), 103(椿壽夫)에서 재인용.

7 日大判 1932. 4. 15.(民輯 11.656) 사건에서는 연대채무자 甲, 乙 중 甲이 내부적으로 전부를 부담하고 있었지만, 甲, 乙의 합의로 乙이 전부를 부담하기로 한 후, 채권자에 대한 甲의 채무가 시효로 소멸하자 채권자가 乙에게 채무 전부의 이행을 청구한 사안이다. 乙은 사후적으로 자유롭게 그 변경을 허용하면 채권자에게 불측의 손해가 생긴다고 하면서 상고하였으나, 대심원은 자유변경을 할 수 있다고 판단하였다. 注釋民法(11), 債權(2), 有斐閣(1965), 119(椿壽夫)에서 재인용.

8 통지하지 않으면 안된다는 견해가 다수설이며, 채권자의 승낙이 있어야 한다는 학설이 소수설이라고 한다. 注釋民法(11), 債權(2), 有斐閣(1965), 119(椿壽夫) 참조.

9 가령 我妻榮, 新訂 債權總論, 岩波書店(1964), 431-432: 注釋民法(11), 債權(2), 有斐閣(1965), 110(椿壽夫) 참조.

10 이에 대해서는 곽윤직, 채권총론, 박영사(2003), 170; 김상용, 채권총론, 화산미디어(2014), 309; 김형배, 채권총론, 박영사(1999), 471; 주석 민법, 채권총칙(2)(제3판), 한국사법행정학회(2000), 223(강봉수) 참조.

11 이에 대해서는 주석 민법, 채권총칙(2)(제3판), 한국사법행정학회(2000), 224(강봉수) 참조.

야 할 것이고, 그 이유가 연대채무의 부담으로 인해 받은 이익이 균등하지 않기 때문이라면 이를 입증하여야 할 것이다.

그러나 본조로 인해 이것 이상의 효과가 인정될 수 있을지는 의문이다. 첫째, 통설은 부담부분이 본조와 다름을 채무자가 입증하였다 하더라도 채권자가 이를 알지 못하였다면 이로써 채권자에게 대항할 수 없다고 한다. 이것이 문제되는 것은 결국 부담부분의 한도에서 절대효가 인정되는 사유, 즉 부분적 절대효의 사유가 있을 때이다. 600의 연대채무를 부담하는 A, B, C의 내부적 부담부분이 1/3(200), 1/6(100), 1/2(300)이지만 이를 채권자가 알지 못한 경우를 보자. ①C가 채권자에 대해 300의 반대채권을 가지고 있을 때, A 또는 B는 민법 제418조 제2항에 따라 C의 채권 300으로써 상계하는 것을 막을 이유는 없을 것이다. 이런 가능성을 동조가 배제하지 않을 뿐 아니라 또 배제할 이유도 없기 때문이다. 따라서 채권자가 A, B, C의 내부적 부담부분이 본조와 다름을 알지 못하였다고 하더라도, 채권자와의 관계에서 내부적 부담부분대로 민법 제418조 제2항의 권리를 행사할 수 있다고 할 것이다. ②채권자가 C를 상속한 경우, A, B가 채권자에 대해 C의 부담부분만큼 그 채무가 소멸되었음을 주장하면서, 300의 연대채무만을 이행하는 것을 막을 이유는 없을 것이다. ③채권자가 C의 채무를 대내·외적으로 전부 면제하겠다는 의사표시를 하였지만, 채권자가 C의 부담부분을 알지 못한 경우에는 채권자의 착오에 의한 의사표시가 있게 된다. 면제의 의사표시를 전후한 제반사정에 비추어 채권자가 C의 부담 부분이 본조와 동일하다고 오신하였기 때문에 그와 같은 의사표시를 한 것이라고 판단된다면 이는 그 동기가 표시되어 의사표시의 내용으로 되었다고 판단할 수도 있을 것이다. 즉 민법 제109조에 의한 취소가 가능할 것이다. C의 부담부분만큼 자신들의 채무가 감축되었다고 A, B가 믿었다 하더라도 이들은 민법 제109조 제2항의 제3자로 볼 수 없다. ④소멸시효가 완성된 경우 이는 채권자의 권리행사의 소홀로 인해 발생한 것이므로 이런 경우까지 채권자를 보호할 이유는 없을 것이다.

둘째, 통설은 연대채무자 간의 합의로 부담부분을 사후적으로 변경하더라도 채권자에게 통지하거나 채권자의 승낙이 없으면 이로써 채권자에게 대항할 수 없다고 한다. 그러나 위 ①, ②와 마찬가지로 민법 제418조 제2항 및 제420조가 적용되는 경우라고 해서 달라질 것은 없다. 위 ③의 경우처럼, 채권자가 C에게 채무를 면제하였으나 C의 부담부분이 200에서 300으로 사후적으로 변경된 것일 때 문제가 될 수 있다. 그러나 이처럼 내부적 부담부분의 사후적 변경이 있으면 신의칙상 이를 채권자에게 고지할 의무가 있다고 인정할 사안이 적지 않을 것이며, 이를 고지하지 않음으로써 변경된 내부적 부담부분을 알지 못하고 면제하였다면 그 의사표시는 사기를 이유로 취소할 수 있을 것이다. 위 ④의 경우처럼, 소멸시효의 완성으로 시효완성자의 부담부분만큼 다른 연대채무자의 채무도 소멸하도록 한 것은, 채권자의 책임 있는 사유로 발생한 것이므로 이런 경우까지 채권자를 보호할 이유는 없을 것이다.

결국 현행법의 해석론으로는 위 ③의 경우에 한정하여 면제의 의사표시를 결함 있는 것으로 취급하는 방법이 합리적이라고 할 것이다.

Ⅱ. 부담부분

1. 부담부분의 의미

가. 본조의 부담부분이 전체 채무에 대한 분수적 비율을 의미하는지, 아니면 전체 채무에 분수적 비율을 적용하여 산출한 일정수액(一定數額)을 의미하는지가 문제된다. 이것은 결국 일부변제가 있을 때에도 구상권이 인정되는가의 문제와 직결되어 있다.

1) 독일의 통설, 판례는 채무 전부를 변제하거나 적어도 자신의 내부적 부담부분을 초과하여 변제한 경우에만 구상권을 가지고, 자신의 부담부분 이하를 변제한 경우에는 구상권을 가지지 못한다고 한다.[12] 그러나 일부변제가 자신의 부담부분을 넘지 않은 경우라도 예외적으로 구상권이 인정될 때도 있다고 한다. 채권자가 모든 연대채무자에 대해 할부로 분할하여 채무를 이행하도록 하였다면, 전체적으로 볼 때 당해 할부금이 연대채무자의 내부적 부담부분을 초과하지 않더라도 당해 할부금을 자신의 부담부분을 초과하여 변제한 경우, 일부 변제한 금액을 초과한 잔여액은 모든 연대채무자에 대해 변제기가 유예된 경우, 일부변제한 연대채무자에 대해서는 잔여채무액의 변제기가 유예된 경우 등이 그 예라고 한다. 일부변제가 모든 채무자의 이익으로 귀속되기 때문이라고 한다.[13]

12 MünchKomm/Bydlinski, BGB, § 426 Rn. 23; BGH NJW 1988, 309; Staudinger/Noack, BGB, § 426 Rn. 23 참조.

13 MünchKomm/Bydlinski, BGB, § 426 Rn. 23; BGH NJW 1988, 309; Staudinger/Noack, BGB, § 426 Rn. 24 참조.

한편 연대채무에서와 마찬가지로 공동보증인 중 일인이 자기 부담부분에 미달하는 일부변제를 한 경우에는 다른 공동보증인에 대해 구상할 수 없다. 다만 주채무가 할부로 지급되어야 할 경우,[14] 보증인에 대해 종국적으로 얼마가 청구될지 아직 확정되지 않은 경우[15] 등에는 일부변제를 한 경우라도 공동보증인은 다른 공동보증인에게 구상할 수 있다고 한다. 공동보증인 모두가 채권자의 만족을 위해 상호 협력하여야 할 뿐 아니라, 일부변제를 한 공동보증인으로 하여금 채권자의 추가적인 권리행사 등에 관하여 오랜 기간동안 불확정한 상태에 두는 것이 적절하지 않기 때문이라고 한다.[16]

그렇지만 판례는 여기에 제한을 가하고 있다고 한다. 즉 자신의 부담부분을 밑도는 일부변제를 한 공동보증인이 그 후 무자력이 되었다면 다른 공동보증인이 얼마를 지급하여야 하는지가 확정될 때까지는 구상할 수 없고,[17] 주채무자가 무자력이 되고 공동보증인의 채권자에 대한 종국적인 부담부분, 따라서 내부적 부담부분도 확정된 경우에는, 자신의 부담부분을 초과하여 변제한 공동보증인만이 구상권을 가진다고 한다.[18]

2) 프랑스 종전 민법 제1214조 제1항 = 현행 민법 제1317조 제1항은 "채무 전부를 변제한 연대채무자(le codébiteur, qui l'a payée en entier)"가 다른 연대채무자에게 그의 부담부분의 한도에서 구상할 수 있다고 규정하지만, 프랑스의 판례는 일부변제를 한 경우에도 구상을 인정한다. 구상을 하기 위해서는 일부변제자가 자신의 종국적인 부담부분(la charge définitive)을 초과하여 변제한 것이어서 다른 연대채자의 채무를 일부라도 변제한 경우여야 한다고 한다. 즉 프랑스 민법에서도 부담부분은 독일의 경우와 마찬가지로 일정 액수로 정해진다고 할 것이다.[19]

3) 일본의 판례는 부담부분을 분수적 비율로 보면서 일부변제가 있는 경우에

14 독일 민법 입법자의 의사이기도 하다. Prot I 440 참조.

15 BGHZ 23, 361 f.; BGH NJW 1986, 3131, 3132 참조. 주채무자가 변제할 자력이 있는지 다른 공동보증인이 얼마를 변제할지 등에 관하여 아직 확정된 바가 없는 경우를 말한다.

16 이에 대해서는 Staudinger/Horn, BGB, § 774 Rn. 47 참조.

17 BGHZ 83, 206, 208 f. 참조.

18 OLG Köln GmbHR 1995, 51; Staudinger/Horn, BGB, § 774 Rn. 47에서 재인용.

19 Juris Classeur civil, Art. 1197 à 1216 n° 116 참조. 다만 1864년 12월 14일의 파기원판결은 아주 특수한 사안에서는 자신의 종국적인 부담부분을 밑도는 일부변제를 한 경우에도 구상을 인정하였다고 한다. 이 판결은 예외적이라고 할 것이다. Mestre, La Subrogation personelle, Librairie générale de droit et de jurisprudence(1979) n° 44 를 참조.

도 구상을 인정한다고 한다.[20] 가령 90(내부적 부담부분이 동일)의 연대채무를 부담하는 연대채무자 A, B, C 중 A가 15를 변제한 경우 B, C로부터 각자 5씩을 구상할 수 있다는 것이다. 채무 전부에 대해 부담부분이 있으면, 일부에 대해서도 각자에게 귀속시켜야 할 부담부분이 있다고 보기 때문이다. 일본의 다수설도 판례의 입장을 지지한다고 한다.[21] 그러나 명치 민법 하에서의 부진정연대채무의 경우 부담부분을 초과하여 변제한 경우에만 다른 부진정연대채무자에게 구상할 수 있다고 판결하였다.[22] 그 점에서 연대채무와 부진정연대채무 간에 구상권의 성립요건에 차이가 있었다. 부진정연대채무와 연대채무를 통합시킨 개정 일본 민법은 제444조 제1항은 자기 부담부분을 초과하지 않는 일부변제라 하더라도 비율에 따른 구상을 인정하는 결단을 하였다.[23] 그 점에서 프랑스 민법이나 독일 민법과는 다른 태도를 취한 것으로, 법이론적으로 어떻게 정당화될 수 있을지 그 추이가 주목된다.

4) 우리나라의 다수설도 부담부분을 분수적 비율을 의미하는 것이라고 본다.[24] 따라서 일부변제가 있더라도 언제나 부담비율에 따라 구상할 수 있다고 해석한다. 일부변제라도 부담비율에 따라 공평하게 분담시키는 것이 합리적이라고 보기 때문이다.[25]

연대채무에서의 부담부분의 의미가 직접 문제되거나 이 문제를 직접 거론한 대법원 판결은 후술하는 판결을 제외하고는 이를 찾기 어렵다. 그러나 공동연대보증에서 이 문제를 다룬 대법원 판결은 적지 않다. 공동연대보증인 간의 구상에 관하여는 연대채무자 간의 구상에 관한 규정을 준용하기 때문에(민법 제448조 제2

20 日大判 1917. 5. 3.(民錄 23. 863), 日大判 1933. 2. 28.(新聞 3530. 10.); 注釋民法(11), 債權(2), 有斐閣(1965), 121(椿壽夫)에서 재인용.

21 注釋民法(11), 債權(2), 有斐閣(1965), 121(椿壽夫) 참조.

22 日最判 1988. 7. 1.(民集 42권6호 제451항) 참조.

23 이에 관하여는 潮見佳男, 新債權總論 II, 信山社(2017), 602 이하 참조.

24 가령 민법주해 X, 채권(3), 박영사(1995), 140 이하(차한성) 참조. 이런 견해는 과거 독일법에서 주장된 바 있다. 가령 Gierke, Deutsches Privatrecht Bd. Ⅲ, 1917, S. 264 Fn. 92 참조. 그러나 오늘날에는 더 이상 이런 주장을 하지 않는다. 가령 MünchKomm/Selb, BGB, 3. Aufl.(1994), § 426 Rn. 9 참조. 프랑스의 경우에도 원칙적으로 자신의 부담부분 이상을 변제하여야 하고, 그 이하를 변제한 경우에는 법정대위를 인정하지 않는다고 한다. Juris classeur civil, Art. 1197 á 1216 Fasc. 20 (par Mestre et Tian) n. 116. 예외적으로 법정대위를 인정하는 사안에 대해서는 Mestre, La Subrogation personelle,, n°. 44 참조.

25 곽윤직, 채권총론, 박영사(2003), 171; 주석 민법, 채권총칙(2)(제3판), 한국사법행정학회(2000), 222(강봉수) 참조.

항), 공동연대보증인간의 구상에서의 부담부분에 관한 대법원의 판결은 연대채무에 대해서도 적용될 수 있다고 볼 여지가 있다. 수인의 연대보증인[26] 중 일부는 채무 전액에 대해, 일부는 채무 일부에 대해 각각 보증한 경우, 일부보증인이 보증채무를 이행한 경우 또는 전부보증인이 일부변제한 경우 구상이 가능한지, 어떤 범위에서 구상이 가능한지가 문제된 판결이 그것이다.

[판례] 대법원 1988.10.25. 선고 86 다카 1729 판결
주채무자가 은행으로부터 어음대출을 받으면서 甲, 乙이 그 채무 전부에 대해 연대보증을 하고, 원고인 신용보증기금은 2,000만원을 한도로 연대보증하였다. 주채무자주채무자가 은행으로부터 어음대출을 받으면서 甲, 乙이 그 채무 전부에 대해 연대 보증을 하고, 원고인 신용보증기금은 2,000만원을 한도로 연대보증하였다. 주채무자의 잔존채무액은 원금 49,498,200원, 이자 7,291,774원 합계 56,789,974원이었다. 원고가 은행에 대해 2,000만원 및 이자 725,250원을 변제한 한 후, 乙은 잔존채무 중 원본 29,498,200원, 이자 6,566,524원을 변제하여 주채무는 전부 소멸하였다. 원고가 甲, 乙을 상대로 구상권을 행사하였다. 대법원은 "수인의 보증인이 각자 채무자와 연대하여 채무를 부담하는 경우에 있어서는 보증인 상호간에 연대의 특약이 없는 경우에도 채권자에 대하여는 분별의 이익이 없는 것이므로 각자 채무 전액 또는 각자가 특약한 보증한도액 전액을 변제할 책임이 있는 것이라 하겠으나, [중략] 그 연대보증인 중의 한사람이 채무를 변제하고 다른 연대보증인에게 구상권을 행사하려면 자기의 부담부분을 초과하여 변제를 하여 공동의 면책을 얻은 경우라야 가능한 것이고 따라서 다른 보증인 중 이미 자기의 부담부분을 변제한 사람에 대하여는 구상을 할 수 없고 아직 부담부분을 변제하지 아니한 사람에 대하여만 할 수 있다고 해석"하여야 한다고 하면서, 乙은 자기 부담부분 이상을 변제하였으므로 원고는 乙에 대하여 구상권을 행사할 수 없다고 하여 乙의 상고를 인용하여 원심을 파기환송하였다.

위 판결의 사안에서 원고, 甲, 乙은 2,000만원에 관하여 공동연대보증인의 관계에 있고, 나머지 3000만원에 대해서는 甲, 乙이 공동연대보증의 관계에 있다고 판단할 수도 있다. 이와 같이 판단할 경우 원고의 변제로 甲, 乙의 보증 채무 중 2000만원 및 이자 725,250원이 변제되고, 나머지 3000만원에 대해서는 甲, 乙이 공동보증인의 관계에 있게 될 것이다. 따라서 원고는 甲, 乙에게 각자 원본

26 수인이 단순보증인으로서 주채무의 이행을 보증하였다면 이들은 원칙적으로 분별의 이익을 누림으로써 보증채무액이 감축될 것(민법 제439조)이므로, 이와 같은 문제는 발생할 여지가 없다.

6,666,666원 - 1원 미만은 버림. 이하 동일하다 - , 이자 241,750원씩 구상할 수 있고, 잔여채권 29,498,200원, 이자 6,566,524원을 乙이 변제하더라도 원고는 공동연대보증인의 관계에 있지 않기 때문에 구상의무를 부담하지 않으며, 乙은 甲에게 원본 14,749,100원, 이자 3,283,262원을 구상할 수 있다고 볼 여지가 없지도 않다.[27]

그러나 대법원은 이와 달리 판단하고 있다. 즉 원고는 8,319,276원[49,498,200 × 20,000,000/118,996,400], 甲, 乙은 각각 20,589,461원[49,498.200 × 49,498,200/118,996,400]의 내부적 부담부분이 있다고 본 것이다.[28] 그런데 원고, 乙은 각자 자기 부담부분을 초과하여 변제하였기 때문에, 초과한 부분에 대해서는 자기 부담부분을 출재하지 않은 甲에 대해 구상할 수 있는 것이지, 상호간에는 구상이 인정되지 않는다고 본 것이다. 즉 원고는 甲에게 11,680,724원을, 乙은 甲에게 8,908,739원을 각각 구상할 수 있다는 것이다. 위 판결에서 부담부분을 분수적 비율로 파악하는 관념을 찾아볼 수 없다. 만약 부담부분을 분수적 비율로 판단하였다면, 원고의 부담부분은 0.168(=8,319,276/49,498,198)이고, 甲, 乙의 부담부분은 각각 0.415(=20,589,461/49,498,198)일 것이며, 2,000만원을 변제한 원고는 乙에게 830만원을 구상할 수 있고, 약 2,949만원를 변제한 乙은 원고에게 495를 구상할 수 있으므로, 상계를 통해 원고는 乙에게 335를 구상할 수 있다고 했어야 할 것이다. 요컨대 위 판결은 부담부분을 분수적 비율로 파악하지 않고 있다는 것이다.[29]

5) 그런데 대법원 2013. 11. 14. 선고 2013다46023 판결은 연대채무자 상호간의 구상관계를 정할 때 '부담부분'을 다수설과 마찬가지로 부담비율로 이해하고 있다.

[판례] 대법원 2013. 11. 14. 선고 2013다46023 판결

[사안] 원고 및 피고, 그리고 여러 명의 소외인은 변호사에게 상속재산분할사건 및 소외인 횡령사건의 소송을 위임하면서 연대하여 소송비용을 부담하기로 하고, 내

27 이런 입장을 취하는 것으로 김용덕, 공동보증인 간의 부담부분과 구상권, 민사판례연구 제12집, 49 이하, 특히 64 이하 참조.

28 공동연대보증인의 보증한도액이 각기 다른 경우 공동보증인의 내부적 부담부분을 결정하는 프랑스 민법의 원칙도 위 본문과 같다. 즉 학설과 판례는 전체 보증인이 지급하여야 할 총보증채무액 × 각자가 부담하는 보증한도액/각자의 보증한도액의 총합계액으로 내부적 부담부분 을 결정한다는 것이다. Simler/Delebecque, Droit civil: Les sûretés, La publicité foncière, n° 161 참조.

29 대법원 2009. 6. 25. 선고 2007다70155 판결에서는 "일정한 금액을 의미하는 부담부분"이라는 표현을 사용하고 있다.

부적으로는 각자 일정 금액을 지급하기로 약정하였다. 원고가 자신이 관리하던 계좌에서 소송비용을 일부 지출한 후 피고에게 구상권을 행사하였다. 피고는 이 사건 소송비용으로 지급한 금원이 원고 등 연대채무자와의 내부관계에서 피고가 출재를 분담하기로 한 일정 액수, 즉 이 사건 소송비용 전액에 피고의 분담비율을 적용하여 산출된 금액을 초과하였기 때문에, 원고가 지출한 소송비용에 대해 구상의무가 없다고 항변하였다. 원심법원은 피고의 출재액이 자기 부담부분의 액수를 초과하였다 하더라도, 피고는 원고에 대하여 원고의 이 사건 소송비용 출재액에 피고의 분담비율을 적용하여 산출된 금액과 피고의 이 사건 소송비용 출재액에 원고의 분담비율을 적용하여 산출된 금액의 차액을 구상금으로 지급할 의무가 있다고 판단하였다.

[대법원 판결] 대법원은 피고의 상고이유를 다음과 같은 이유로 인정하지 않았다. "연대보증인들 사이의 내부관계에서는 연대보증인 각자가 자신의 분담금액을 한도로 일부 보증을 한 것과 같이 볼 수 있어서 그 분담금액 범위 내의 출재에 관한 구상관계는 주채무자만을 상대로 해결할 것을 예정하고 있는 반면, 연대채무자들 사이에서는 연대채무자 각자가 행한 모든 출재에 관하여 다른 연대채무자의 공동부담을 기대하는 것이 보통이다. 그리하여 민법은 연대보증인 중의 한 사람이 공동면책을 이유로 다른 연대보증인에게 구상권을 행사하려면 '자기의 부담부분을 넘은' 변제를 하였을 것을 그 요건으로 규정하였으나(제448조 제2항), 연대채무자 중의 한 사람이 공동면책을 이유로 다른 연대채무자에게 구상권을 행사하는 데 있어서는 그러한 제한 없이 '부담부분'에 대하여 구상권을 행사할 수 있는 것으로 규정하고 있다(제425조 제1항). 따라서 연대채무자 사이의 구상권행사에 있어서 '부담부분'이란 연대채무자가 그 내부관계에서 출재를 분담하기로 한 비율을 말한다고 봄이 상당하다. 그 결과 변제 기타 자기의 출재로 일부 공동면책되게 한 연대채무자는 역시 변제 기타 자기의 출재로 일부 공동면책되게 한 다른 연대채무자를 상대로 하여서도 자신의 공동면책액 중 다른 연대채무자의 분담비율에 해당하는 금액이 다른 연대채무자의 공동면책액 중 자신의 분담비율에 해당하는 금액을 초과한다면 그 범위에서 여전히 구상권을 행사할 수 있다고 보아야 한다."

위 대법원 판결은 여러 가지 점에서 납득하기 어려운 점이 있다. 첫째, 연대채무는 보증채무와 달리 연대채무의 성립을 통해 각 연대채무자가 얻는 고유한 이익이 있기 마련이다. 연대채무자로서 대출을 받은 경우 대출금을 연대채무자 내부적으로 분할하는 것, 위 사안처럼 여러 개의 소송을 1개의 위임계약으로 체결하면서 연대채무를 부담하기로 한 경우 각자에게 이익이 되는 소송사건의 수임료 등이 있다는 것이다. 그 점에서 연대채무 중 부담부분은 자기의 고유한 채무이고, 나머지는 타인 채무를 보증한 것과 다를 바 없다. 따라서 각 연대채무자는 자기의 이익에 대한 반대급부로서의 연대채무 부분=X, 다른 연대채무자의 이익에 대해 보증을 선 것과 동일한 효과가 있는 부분=Y(만약 연대채무자가 수인이라면 이를 Y1, Y2 등으로 구분할 수 있을 것이다). 이 때 연대채무자 중 1인이 연대채무 전부를 만족시키지 않은 일부 변제를 하였다면 그 채무이행은 X, Y 중 어떤 채무의 변제에 충당될 것인가의 문제와 관련되어 있다. 자기채무와 타인에 대한 보증채무를 부담하는 채무자가 일부를 변제한 경우 채무자의 입장에서는 자기 채무의 변제가 변제이익이 더 크다. 위 사안에서 X 부분에 먼저 충당되는 것이 변제한 연대채무자의 이익에도 합치하고, 변제충당의 법리에도 부합한다. 이와 달리 부담부분의 비율에 따라 변제충당된다는 것은 해석론적 일관성을 추구하지 않은 일본 법학의 영향을 받았다는 것 이외에는 설명하기 어렵다. 둘째, 각 연대채무자가 일부변제를 한 경우 자기부담액을 초과하지 않더라도 민법 제425조 제2항의 범위에서 구상권이 성립함으로써 복잡한 구상의 순환이 발생하는 것을 막을 수 없다는 문제가 있다. 셋째, "자기 부담부분을 넘은 변제"(민법 제448조 제2항의 공동연대보증등의 사안)와 "부담부분"이라는 표현의 차이가 이런 결론의 차이를 정당화할 수 있는지도 의문이다. 전자의 경우 공동연대보증인은 보증으로 인한 고유한 이익을 받은 바가 없기 때문에 이 때의 자기 부담부분이란 형평에 의해 인정되는 부담부분이고, 후자의 경우 '다른 연대채무자의 부담부분에 대해'라는 것은 다른 연대채무의 이익에 귀속되는 몫을 연대채무자가 변제하였기 때문에 그것을 구상한다는 의미라고 해석하는 것이 합리적 해석일 것이다. 위 대법원 판결은 향후 학계에서 더 심도 있는 논의를 해야 할 문제 있는 판결이라고 할 수 있다.

나. 부담부분을 분수적 비율로 파악할 것인지, 아니면 분수적 비율을 곱한 일정액수로 파악할 것인지를 판단할 수 있는 민법상의 기준 내지 근거는 없는가? 일부변제를 한 연대채무자가 다른 연대채무자에 대해 구상할 수 있다는 것은 그 일부변제가 한편에서는 자신의 채무를 변제한 것이기도 하지만, 내부적으로 그 중 일부가 다른 연대채무자의 채무를 변제한 것이라고 판단하였기 때문이다. 이 점은 위 3)에서 본 일본의 판례의 이유설시이기도 하며, 실질적으로 타인 채무의 변제에 해당되어야 구상권을 인정하는 통설의 이론에 비추어 보아도 위와 같이 판단해야 할 것이다. 그렇다면 연대채무자의 일부변제로 실질적으로 타인(다른 연

대채무자)의 채무도 변제되는지를 판단하는 기준을 찾아야만 할 것이다. 거기에 가장 합당한 기준은 변제충당의 법리이다.

90의 연대채무를 부담하는 A, B, C 의 내부적 부담부분이 동일하다고 하자. A 의 채무는 자기의 고유한 채무 30과 실질적으로는 B, C 의 채무인데 이를 자신이 실질적으로 보증하는 30씩으로 구분할 수 있다. A 가 30을 변제하였다면 A 자신의 채무와 B, C 의 채무 중 자신의 채무에 충당된다고 보아야 할 것이다. 왜냐하면 채무자가 자신이 주채무자로 부담하는 채무와 보증인으로서 부담하는 채무가 있을 때 그 변제로 채무 전부를 소멸시키지 못하면, 전자의 변제이익이 채무자에게 더 크기 때문이다.[30] 따라서 30의 변제는 전부 A 의 채무의 변제에 충당된다고 볼 것이다. 그러므로 A 가 B, C 에게 구상할 근거가 없다. 한편 A 가 40을 변제한 경우를 보자. 30은 자신의 채무의 변제에 충당될 것이다. 나머지 10은 B 또는 C 중 누구의 채무의 변제에 충당될 깃인가? 수개의 보증채무를 변제하여야 할 경우 그 변제이익은 동일하다고 보아야 할 것이고, 따라서 민법 제477조 제4호에 따라 채무액에 비례하여 충당될 것이다. 그러므로 A 는 B 에게 5, C 에게 5를 각각 구상할 수 있다. 만약 A, B, C 의 부담부분 이 30, 40, 20이라면, A 가 40을 변제한 경우 나머지 10은 B 의 채무에 10 x 2/3, C 의 채무에 10 x 1/3만큼 충당될 것이므로, A 는 그만큼을 각각 B, C 로 부터 구상할 수 있다. A 가 30을 변제하면서 자기 채무가 아닌 B 의 채무에 대해 변제충당한다고 하는 것이 가능할 것인가? 연대채무에서는 채권자가 내부 관계에 관여할 권한이 없다는 점, 연대채무자는 채권자에 대해서는 전부급부 의무가 있다는 점을 감안한다면 일부변제가 있는 경우에는 제476조의 유추적용은 상정할 수 없다고 보아야 할 것이다. 결국 민법 제477조, 제478조, 제479조가 유추적용될 수 있다. 이런 관점에서 보면 부담부분은 분수적 비율을 곱하여 산출된 일정액수라고 보는 것이 우리 민법의 평가에도 부합하는 이론이라고 할 것이다.

30 채무자가 채권자에 대해 자신의 채무와 보증채무 또는 연대채무를 각각 부담하는 경우 채무자가 그 채무 전부가 아닌 일부를 변제한 경우 자신의 채무에 변제충당하는 것이 채무자에게 변제이익이 더 크다. 대법원 2002. 7. 12. 선고 99다68652 판결, 대법원 1999. 7. 9. 선고 98다55543 판결 참조.

2. 채무액이 각기 다른 경우 부담부분의 판단기준

가. 공동연대보증의 사안

1) 수인의 연대보증인이 주채무를 보증할 때 그 보증한도가 각기 다른 경우가 있다. 가령 주채무자가 600의 채무를 부담하는데, 연대보증인 A는 600을, B는 420을, C는 300을 각각 연대보증 하였다고 하자. 이 때 내부적 부담부분을 어떻게 결정할 것인지가 문제된다. 내부적 부담부분이 결정되어야만 이를 초과하여 변제한 자가 다른 연대보증인에게 그의 부담부분의 한도에서 구상할 수 있을 것이기 때문이다. 여기에는 다양한 기준이 있다. 첫째, 공통되는 부분에 대해서만 공동연대보증관계가 있다고 보는 견해도 있을 수 있다. 이 경우 C는 A, B와 300에 대해 공동보증관계가 있고, B는 A와 120에 관하여 공 동보증관계가 있다는 것이다. 전자의 경우 부담부분은 각각 100이며, 후자의 경우 60씩이 부담부분이 될 것이다. 따라서 C가 300을 변제하였다면, A, B에 게 각각 100씩을 구상할 수 있고, B가 420을 변제하였다면 C에게 100을, A에게는 100 + 60을 구상할 수 있을 것이다. 만약 A가 600을 변제하였다면 C에 게는 100을, B에게는 100 + 60을 구상할 수 있을 것이다.

둘째, 보증채무액을 모두 합한 것에다 각자의 보증한도액만큼의 비율이 부담부분을 결정하는 기준이라고 볼 수도 있을 것이다. 이 경우 연대보증인이 부담하여야 할 보증채무액에 그 비율을 곱한 것이 각자의 부담부분이 될 것이다. 연대보증인이 600의 채무를 이행하여야 한다면, A의 부담부분은 약 272.7(600 × 600/1320), B의 부담부분은 약 190.9(600 × 420/1320), C의 부담부분은 약 136.3(600 × 300/1320)이 될 것이다. C가 300을 변제하였다면 C는 A에게는 96.2[=(300 - 136.3) × (272.7/272.7 +136.3)], B에게는 67.5씩을 구상할 수 있을 것이다.

2) 그렇다면 어느 기준이 부담부분을 결정하는 데 더 적절한 것일까? 분별의 이익이 인정되지 않는 연대보증의 경우 A가 300을 변제하였다 하더라도 잔여 채무액이 자신의 보증한도의 범위 내에 있으면 B, C는 그 잔여액을 이행하여야 한다. 달리 말하면 연대보증인 중 다액의 보증채무를 부담하는 자가 일부변제를 하더라도 그 채무는 자신만이 혼자 부담하는 보증채무 부분에 먼저 변제충당된다(소위 외측설). 이렇게 변제충당되는 것은 보증의 경우 채권자와의 합의로 잔여채무액을 보증하기로 합의하였기 때문이다. 즉 변제충당에 있어서 당사자의 합의가

변제충당에 관한 민법의 규정보다 우선하여 적용된다는 것이다. 가령 앞의 예에서 채무자가 300의 채무를 변제하였다면 A, B, C 모두 300의 보증채무를 이행하여야 하는 것이다. 이런 사안이라고 하더라도 최고액의 한도를 둔 보증인은 채무액 중 일부를 변제하기로 합의한 것이므로, 전부를 보증한 보증인과 동일하게 취급할 수 없을 것이다. 이런 사정을 감안 하면 결국 부담부분은 각자가 보증하기로 한 액수가 점하는 비율을 기준으로 판단하는 것이 가장 적절할 것이다. 부담부분을 비율을 기준으로 결정할 때 가장 합리적인 것은 각자가 원래 인수하기로 한 위험이 위험인수자(보증인) 중에서 점하는 비율이므로, 전체 보증액에서 자신의 보증한도액이 점하는 비율이어야 할 것이다. 따라서 위 두 번째 견해가 타당하다고 할 것이다.

나. 연대채무의 사안

1) A, B, C 3인의 연대채무자 중 A는 90, B는 100, C는 120의 채무를 부담하는 경우 내부적 부담부분은 어떻게 결정될 것인가? 이 때에는 공동연대보증의 사안과는 달리 판단하여야 한다. 공동연대보증의 경우에는 종국적, 실질적으로 전체 채무를 부담할 자는 주채무자뿐이며, 연대보증인은 평균적 정의의 실현을 위해 상호간에 구상관계를 인정하는 것에 불과하다. 이에 반해 연대채무에서는 각자가 종국적, 실질적으로 부담하는 채무가 있기 마련이다. 그러므로 위의 예에서 A, B, C는 각각 90에 대해 연대채무관계에 있고, B, C는 10에 관하여 연대채무관계에 있다고 할 수 있다. 그리고 그 내부적 부담부분은 본조가 적용되므로 다른 합의를 하거나 달리 인정하여야 할 사정이 없다면 A, B, C가 균등하게 부담할 것이다. 즉 A, B, C 간에는 각각 30의 부담부분이 인정된다. 한편 B, C 간에는 각각 5씩의 부담부분이 인정된다.[31] 이처럼 수인의 연대채무자가 각기 상이한 채무액을 부담하는 경우, 내부적 부담부분의 결정은 간단하게 판단할 수 있다.

2) 그런데 A, B, C가 일부변제를 한 경우 누구에 대해 얼마만큼 구상할 수 있는가의 문제는 위 Ⅱ. 1.에서 언급한 것처럼 변제충당의 법리로 판단하여야 할 것이다. 독일법에서는 변제충당에 관한 독일 민법 제366조 제2항을 유추적용하여 이 문제를 해결한다고 한다. 동조에 따르면, '채무자가 변제충당에 관하여 정한 바가 없으면 변제기에 도래한 수개의 채무 중 채권자에게 그 담보가 적게 제공된

31 Staudinger/Noack, BGB, § 426 Rn. 31 참조.

채무에 충당하고, 담보가치가 동일한 수개의 채무 중에는 채무자에게 더 부담이 많이 되는 채무의 변제에 충당하고, 부담이 동일한 채무 중에는 오래된 채무의 변제에 충당하고, 오래된 정도가 동일하면 채무액에 비례하여 충당한다'고 정하고 있다. 따라서 위의 예에서 A 의 채무 90은 자기 채무 30, B, C 의 채무를 담보하는 것 각각 30씩으로 구분할 수 있고, B 의 채무 100 은 자기 채무 35, A, C 의 채무를 담보하는 것으로 각각 30, 35로 구분할 수 있으며, C 의 채무 120은 자기 채무 55, A, B 의 채무를 담보하는 것으로 각각 30, 35로 구분할 수 있다. 가령 ① C 가 55를 변제하면 자기의 부담부분 55에 변제충당 이 될 것이어서(독일 민법 제366조 제2항 첫째 사안), 다른 연대채무자에게 구상할 수 없다. ②C 가 60을 변제하면 먼저 자기 채무 55에 변제충당되고, 나머지 5는 B 의 채무에 변제충당될 것이다(독일 민법 제366조 제2항 첫째 사안). ③한편 A 가 40을 변제하면 자기 채무 30에 변제충당되고(독일 민법 제366조 제2항 첫째 사안), 나머지 10은 B, C 의 채무에 각기 5씩 변제충당된다(독일 민법 제366조 제2항 네번째 사안). 따라서 A 는 B, C 에게 5씩을 구상할 수 있을 것이다.[32] 그러나 우리 법의 변제충당법리는 독일법과 다르기 때문에 그 결과에서 약간의 차이가 발생할 것이다. 위 ①의 경우 채무자의 입장에서 볼 때 자기 채무를 변제하는 것이 변제이익이 더 크므로(민법 제477조 제2호의 유추적용) C 의 채무 55에 변제충당될 것이다. 결과는 동일하다. 위 ②의 경우 C 의 자기 채무 55에 충당되고 남은 5는 제477조 제4호가 유추적용되어 A, B 의 채무에 각각 2.3(5 × 30/65), 2.7(5 × 35/65)씩 충당될 것이다. 따라서 C 는 A 에게 2.3, B 에게 2.7 을 구상할 수 있다. 위 ③의 경우에도 결과는 동일하다.

32 Staudinger/Noack, BGB, § 426 Rn. 31 참조.

제 425 조 [출재채무자의 구상권]

① 어느 연대채무자가 변제 기타 자기의 출재로 공동면책이 된 때에는 다른 연대채무자의 부담부분에 대하여 구상권을 행사할 수 있다.

② 전항의 구상권은 면책된 날 이후의 법정이자 및 피할 수 없는 비용 기타 손해배상을 포함한다.

[관련조문] 민법 제261조(첨부로 인한 구상권), 제341조(물상보증인의 구상권), 제350조(지시채권에 대한 질권의 설정방법), 제370조(준용규정), 제399조(손해배상자의 대위), 제413조(연대채무의 내용)~제424조(부담부분의 균등), 제426조(구상요건으로서의 통지), 제427조(상환무자력자의 부담부분), 제441조(수탁보증인의 구상권)~제448조(공동보증인간의 구상권), 제469조(제3자의 변제), 제480조(변제자의 임의대위)~제485조(채권자의 담보상실, 감소행위와 법정대위자의 면책), 제688조(수임인의 비용상환청구권), 제707조(준용규정), 제739조(관리자의 비용상환청구권), 제748조(수익자의 반환범위), 제756조(사용자의배상책임), 제1038조(부당변제등으로 인한 책임), 상법 제682조(제3자에 대한 보험대위).

[참고문헌] 곽윤직, 채권총론, 박영사(2003); 김주수, 채권총론, 삼양사(1999); 주석 민법, 채권총칙(2)(제3판), 한국사법행정학회(2000); 민법주해 X, 채권(3), 박영사(1995); 정태륜, "공동불법행위에 관한 연구", 서울대(1994); 제철웅, "구상관계와 변제자대위", 민사법학 제23호, 한국민사법학회; 제철웅, "보증채무 및 연대채무에서의 구상권상실", 비교사법 9권 제1호(2002년); 民法修正案理由書, 제467조; Selb, Mehrheit von Gläubigern und Schuldern, Mohr & Siebeck(1984); Münchener Kommentar zum BGB, 4. Aufl., C.H.Beck(2001); Münchener Kommentar zum BGB, 3. Aufl., C.H.Beck(1994); Ehmann, Horst, Die Gesamtschuld, Duncker & Humblot(1972); Medicus, Bürgerliches Recht, 17. Aufl.Carl Heymanns(1998); Schulz, Rückgriff und Weitergriff, Marcus(1907); Savigny, Obligationsrecht Bd. 1, Veit(1840); Mestre, La Subrogation personelle, Librairie générale de droit et de jurisprudence(1979); M. Mazeaud/Chabas, Leçon de Droit civil, T. II, Montchrestien(1991); Juris Praxis Kommentar zum BGB(JurisPK-BGB), Bd 2. Schuldrecht, Juris(2004).

Ⅰ. 본조의 의의

1. 구상의 의미

민법에서는 여러 의미로 '구상' 또는 '구상권'이라는 용어를 사용하고 있다. 가령 민법 제261조의 '구상권'은 조문의 문맥상 부당이득반환청구권을 의미한다. 민법 제1038조 제2항의 구상권은 문맥상 특수한 손해배상청구권을 의미한다. 위 양 조문에서 사용하는 구상권은 손실을 입은 자가 직접 이득을 얻은 자를 상대로(제261조), 또는 가해자를 상대로(제1038조 제2항) 행사할 수 있는 권리를 의미한다. 그러나 강학상 '구상'이라는 것은 타인을 위해 재산을 출연한 자가 그 출연한 재산의 수령자가 아니라 제3자로부터 지출비용의 상환을 구하는 것을 의미하고,[1] 독자의 청구권에 기해 비용상환을 구할 수 있을 때 이를 구상권이라고 한다. 자신의 비용지출(제3자의 변제 또는 담보물의 환가)로 주채무자의 채무를 변제한 물상보증인의 주채무자에 대한 구상권(제341조), 보증인의 구상권(제441조, 제442조, 제444조) 등이 대표적이다. 연대채무자의 구상권을 규정한 본조도 이와 동일하다. 이를 일반화하면 다음의 경우에도 구상권이 인정된다. 즉 동일한 경제적 목적을 가진 채무를 수인(數人)이 각각 부담하거나,[2] 하나의 채무를 위해 수인이 인적, 물적 담보를 제공하는 경우, 채권자가 그 중 1인으로부터 급부를 수령하거나 담보권의 실행으로 채권의 만족을 얻으면, 그 한도에서 다른 채무자 또는 담보제공자도 공동면책된 경우가 그것이다. 즉 이때 채무 이행 또는 담보물의 환가를 통해 채권자를 만족시킨 1인의 채무자 또는 담보 제공자는 다른 채무자 또는 담보제공자에게 자신의 출재로 인한 손실의 상환을 요구할 수 있다.

민법은 다양한 구상제도를 마련하고 있다. 첫째, 민법 제425조 내지 제427조는 연대채무자 간의 구상관계를 규율한다. 둘째, 주채무자와 보증인 간의 구상관계에는 민법 제441조 내지 제447조가 적용되고, 채무자와 물상보증인 간의 구상관계에는 민법 제341조, 제350조, 제370조에 의해 위 제441조 내지 제447조가 준

1 구상관계의 특징은 재산출연자가 그 상대방이 아니라, 제3자에 대해 지출비용의 상환을 구하는 것에 있다. Medicus, Bürgerliches Recht, 17. Aufl.(1998), Rn. 905 ff. 참조.

2 가령 임대인 소유의 물건을 제3자가 멸실시킨 경우 임차인은 계약상의 손해배상채무를, 제3자 는 불법행위법상의 손해배상채무를 부담하는 것, 피해자의 손해에 대해 일인은 보험계약상의 보험금지급채무를, 가해자는 불법행위법상의 채무를 부담하는 것, 일인은 사회보험법상의 보험급부채무를, 가해자는 불법행위법상의 채무를 부담하는 것 등 그 예는 다양하다.

용된다. 또한 공동보증인 간의 구상관계는 민법 제448조가 규율한다. 셋째, 수인(數人) 의 채무자나 담보제공자 상호간의 구상에 적용될 수 있는 구상수단으로 민법은 법정변제자대위제도를 두고 있다(제481조 이하).[3]

2. 구상의 근거

가. 구상의 근거는 크게 두가지로 나눌 수 있다.[4]

1) 배분적 정의의 실현으로 인정되는 구상이 있다. 증여의 의사 없이 자신의 비용지출로 타인의 채무를 소멸시킨 자는 그 타인에게 지출비용의 상환을 구하는 것이 그것이다. 첫째, 제3자가 채무자를 위하여 채권자에게 변제하는 것이 그 대표적인 예이다(민법 제469조). 이해관계 없는 제3자만이 아니라, 이해관계 있는 제3자도 있다. 둘째, 내부관계에서는 타인만이 채무를 부담하는 경우, 채권자와의 관계에서 채무 또는 책임을 부담하는 자(보증인, 물상보증인 등)에 의한 변제라고 하더라도, 그의 변제 등은 타인채무의 변제와 달리 취급할 이유가 없다.

"내부관계에서 타인만이 채무를 부담한다."는 것은 구상권리자와 구상의무자 상호간의 관계만을 염두에 둔 것이다. 즉 구상의무자가 자신의 부담을 종국적으로 다른 사람에게 전가시킬 수 있다고 하더라도, 구상권리자와의 관계에서는 자신만이 채무를 부담하는 자로 평가될 수 있다. 가령 보증인을 위하여 다시 보증채무를 부담한 자(소위 부보증)의 경우, 피보증인이 설사 주채무자에게 구상할 수 있다고 하더라도, 부보증인의 구상에 있어서는 피보증인이 '실질적으로 채무를 부담'하는 자로 평가된다.[5] 셋째, 채권자에 대해 가령 甲, 乙 양자가 전부급부의무를 부담하고, 그 채무 중 일부는 실질적으로 자신이, 다른 일부는 타인이 부담하는 경우,[6] 甲이 전부급부의무를 이행하면 그 중 乙이 부담하여야 할 부분은 위에서 말

[3] 채무자 아닌 자가 채무자를 위하여 채권자에게 변제할 경우를 상정한 민법 제480조의 임의대위변제에 관한 논의는 여기서 제외한다.

[4] 아래와 같은 구분은 이미 Schulz, Rückgriff und Weitergriff, Marcus(1907), S. 47 ff.에서도 찾아 볼 수 있다.

[5] 대법원 1990. 11. 13. 선고 90다카26065 판결(공보 제887호, 96)에서도 연대보증인과 주채무자 양자를 연대채무자로 하여 물상보증인이 된 자는 그 연대보증인의 부탁이 없었다고 하더라도, 그의 연대보증 채무가 면책됨으로써 얻은 이익을 한도로 하여 전부구상 할 수 있다고 한다. 반면 민법주해 X, 채권(3), 박영사(1995), 356. 주(1)(박병대)에서는 위 판결에서 물상보증인과 연대보증인 양자를 공동보증의 관계로 볼 수 있지 않는가라는 의문을 제기하기도 한다.

[6] 여기서 "실질적"이라는 것은 구상관련자 상호간의 관계에서는 자기가 부담하는 채무라는 의미이다. "실질적" 채무부담자는 아니지만, 채권자와의 관계에서 채무를 부담한다면 이를 "형식적" 채무부담자라고 할 수 있을 것이다

한 타인 채무의 변제라 할 것이다. 연대채무자 상호간의 구상이나,[7] 공동불법행위자 상호간의 구상이 그 예이다.[8]

2) 자신의 고유한 책임은 아니지만, 특정인에게 발생한 손실의 공평한 분담, 즉 평균적 정의의 관점에서 인정되는 구상도 있다. 첫째, 타인이 부담하는 채무에 대해 수인이 인적 담보를 제공한 경우 그 담보제공자 상호간에도 구상이 인정된다. 공동연대보증인 상호간의 구상(민법 제448조)이 그 대표적인 예이다. 이것은 동일한 위험을 안고 있는 자 상호간에는 그 위험의 실현으로 인한 손실을 공평하게 배분시키는 것이 형평에 맞다는 관념에 기초한 것이다. 가령 연대보증인에게 실질적 채무부담자인 주채무자에 대한 구상만을 인정하고, 동일한 위험을 안고 있었던 다른 연대보증인에 대한 구상을 인정하지 않는다면, 언제나 먼저 변제한 연대보증인이 주채무자의 무자력위험 등에 노출될 것이다. 이는 동일한 위험을 안고 있는 자 사이에 불평등을 가져 올 것이다. 둘째, 타인이 부담하는 채무에 대해 인적 담보를 제공한 자와 물적 담보를 제공한 자 상호간의 구상도 동일하게 처리하여야 할 것이다. 이에 관하여 민법은 명문의 규정을 두지 않지만(제341조, 제370조 참조), 위에서 언급한 것처럼 채무와 책임은 채권자의 만족이라는 동일한 기능을 수행하고, 따라서 인적 담보제공자 상호간의 구상을 여기에도 유추적용할 수 있기 때문이다. 셋째, 마찬가지 이유에서 책임부담자 상호간의 구상도 동일하게 처리하여야 할 것이다. 가령 물상보증인 상호간의 구상, 물상보증인으로부터 담보목적물을 취득한 제3취득 자 상호간의 구상, 담보물권의 부담있는 물건을 주채무자로부터 취득한 제3취득자 상호간의 구상(민법 제482조 제2항) 등이 그 대표적인 예이다.

나. 구상의 근거를 위와 같이 두 가지로 구분하는 것에는 간과할 수 없는 실

7 이것은 연대채무는 자기 부담부분은 자기 채무이지만, 타인 부담부분은 그를 위한 보증적 성격이 있다는 견해에서 뚜렷하게 드러난다. Savigny, Obligationsrecht Bd. 1, Veit(1840), S. 223; Ehmann, die Gesamtschuld, 98 ff. 참조. 일본 구 민법의 기초자인 Boissonade 역시 이런 관념에 기초하여 연대채무에 관한 사항을 규율하였다는 것에 관하여는 제철웅, "보증채무 및 연대채무에서의 구상권상실", 비교사법 9권 제1호(2002년), 123 이하 참조.

8 이런 성격의 부진정연대채무의 경우 각자의 과실이 경합하여 하나의 손해가 발생한 것이고, 각자는 자신의 과실부분에 한정하여 손해배상책임을 부담하여야 하지만, 피해자 보호를 위해 각자 전부급부의무를 부담한다는 견해가 이를 대표하고 있다. 이에 관하여는 Mestre, La Subrogation personelle, Librairie générale de droit et de jurisprudence(1979), n. 181, 285; M. Mazeaud/Chabas, Leçon de Droit civil, T. II, Montchrestien(1991), n. 1070; 정태륜, "공동불법행위에 관한 연구", 서울대 박사학위논문, 서울대(1994), 65-77 참조.

익이 있다. 첫째, 구상권리자와 구상의무자를 쉽게 확정지을 수 있다. 즉 자신의 비용지출로 실질적으로 타인의 채무를 소멸시킨 자는 당연히 그 타인에게 구상할 수 있지만, 실질적으로 자기 채무를 변제한 경우에는 타인에게 구상할 수 없다. 가령 900만원을 甲, 乙이 연대채무자로서 채권자로부터 소비대차하여 각각 450만원씩 나누어 사용한 경우, 甲이 450만원을 변제하였다면 당사자 사이에 별도의 합의가 없는 한, 乙에게는 구상할 수 없다.[9] 또한 甲, 乙의 과실이 각각 50%씩 경합하여 피해자에게 900만원의 손실을 입힌 경우, 甲이 450만원을 변제하였다면 당사자 사이에 별도의 합의가 없는 한, 乙에게 구상 할 수 없다. 둘째, 타인의 채무에 대해 인적, 물적 담보를 제공한 수인의 담보 제공자 상호간의 구상은 위 첫째와 달리 취급할 수 있다. 수인의 담보제공자들은 채무 전부를 실질적으로 부담하여야 할 자를 매개로 하여 채무 또는 책임을 부담한다. 따라서 이들은 실질적 부담부분이 없으므로, 그 중 일부를 변제하더라도 실질적 부담자에게 그것을 구상할 수 있고,[10] 다른 담보제공자에게 구상하는 것 역시 당연히 배척되는 것은 아니다.[11]

3. 구상의 수단

가. 일반 민사법리에 기한 구상

구상권리자는 구상의무자에 대해 민사법의 일반법리에 의해 구상할 수 있다. 첫째, 이들 상호간에 위임, 조합 등과 같은 법률관계가 있다면 그 법에서 인정되는 비용상환청구권에 기하여 구상하는 것이 가능하다(민법 제668조, 제707조). 둘째, 구상권리자와 구상의무자 상호간에 아무런 계약관계가 없는 경우에도 법정채권관계에 의한 구상할 수도 있다. 먼저 사무관리법상의 비용상환청구권, 부당이득법에 의한 부당이득반환청구권이 그것이다.[12]

그 중 내부적 법률관계에 기한 구상권의 경우에는 구상의 범위를 확정짓는

9 민법 제424조의 '부담부분'을 부담비율로 이해한다면 이와 다른 결론이 나올 것이다(이하 동일). ☞ 이 점은 민법 제424조 Ⅱ. 1. 가. 5) 주석 참조.

10 가령 채권자에게 각각 1000만원의 채무 전부에 대해 급부의무를 부담하는 甲, 乙이 내부적으로 각각 500만원의 채무를 부담하는 경우, A, B, C가 乙을 위하여 보증인이 되었다면, 乙이 그 중 500만원은 甲에게 전가할 수 있다고 하더라도 乙과 A, B, C간에는 乙이 채무의 실질적 부담자이고, A가 1000만원을 변제한 경우 乙 로부터 구상할 수 있다.

11 연대채무자 상호간의 구상과 분별의 이익없는 공동보증인 상호간의 구상 간에 차이가 있음을 지적하는 것으로 민법주해 X, 채권(3), 박영사(1995), 364 이하(박병대) 참조.

12 보증인의 경우에는 이를 민법 제444조에서 직접 규정하고 있다.

데 유용하게 활용될 수 있다. 가령 위임, 조합관계가 있을 경우에는 그 내부관계는 지출한 비용만이 아니라, 그 법정이자, 나아가 불가피하였던 손해의 배상까지 청구할 수 있는 근거가 된다(민법 제688조, 제707조). 가령 사무관리 또는 부당이득법에 기한 구상의 경우에는 구상의무자는 변제 당시의 이익 또는 현존이익의 한도에서 상환의무를 부담할 것이다(제739조, 제748조).

나. 대위제도에 기한 구상

구상권리자의 구상수단을 일반법리에 맡겨 두면 여러 가지 난점과 불편함이 있다. 첫째, 구상권리자와 구상의무자 상호간에 계약관계가 없는 경우 전통적인 사무관리법이나 부당이득법의 요건을 충족하지 못하여, 구상권리자가 구상할 법적 수단이 없는 상태로 방치될 수 있다. 가령 손해보험자가 피보험자를 만족시킨 경우, 그는 자신의 보험계약상의 채무를 이행한 것이고, 가해자의 사무를 처리할 의사가 부존재하므로 사무관리법에 의한 구상이 가능하지 않고, 부당이득법의 발전과정에 비추어 보면 그것을 부당이득이라고 보기도 어렵다. 둘째, 만족을 얻은 채권자가 가진 담보권이 변제의 효력에 의해 소멸되는 것 역시 구상권리자의 보호에 불충분하다. 이런 난점을 해결하기 위한 제도가 바로 '대위'제도이다. 우리 법에서 인정되는 구상수단으로서의 대위제도에는 세 가지가 있다. 첫째, 민법의 변제자대위가 그것이다. 여기에는 임의대위와 법정대위가 있다. 둘째, 상법 제682조의 보험자의 법정대위가 있다. 셋째, 사회보험자에게 인정되는 법정대위가 있다. 그런데 흔히 보험자대위는 민법 제399조의 손해배상자대위와 동일한 성질의 것이라고 하나,[13] 그렇게 볼 것은 아니다. 손해배상자대위는 그 연원에서 뿐 아니라 그 문언에서도 잘 드러나듯이, 소유물반환청구권 또는 기타 권리에 기한 반환청구권을 가진 자에 대해 반환의무를 부담하는 자와 별도로 계약상의 채무불이행책임을 부담하는 자가 있을 경우, 후자가 소유자 또는 그 반환청구권자에게 가액배상을 하면 채권자의 소유권 또는 권리를 취득함을 규정한 것이다.[14] 따라서 이 규정은 물건이 현존할 경우를 상정한 것이므로, 여기서의 구상수단으로 보기는 어렵다.

13 가령 민법주해 IX, 채권(2), 박영사(1995), 690(김황식) 이하 참조.
14 상세한 것은 제철웅, "구상관계와 변제자대위", 민사법학 제23호, 724 이하 참조.

4. 본조의 기능

가. 본조는 구상권에 관하여 상세하게 규정하는데, 본조의 구상권의 인정근거에 관하여는 다음과 같은 학설들이 있다. 첫째, 실질적 부당이득설.[15] 연대 채무자 중 1인이 변제하더라도 이는 자기 채무의 변제에 불과하고 타인의 사무관리 또는 수임자로서 한 것은 아니지만, 실질적으로 다른 채무자가 부당한 이득(그의 채무의 소멸)을 얻기 때문에 공평의 원칙상 법률에 의해 인정되는 특별한 구상권이라는 것이다. 둘째, 당연존재설.[16] 연대채무는 대외적으로는 전부채무를 지지만, 대내적인 분담관계를 본질로 하기 때문에 본조의 구상권은 그 본질로부터 당연히 인정된다고 한다. 그런데 연대채무의 성질에 관하여 주관적 공동관계설을 취하는지, 상호위임관계를 취하는지에 따라 그 세부적인 내용은 약간씩 달라진다. 전자에 따르면, 내부적 관계는 출연분담이므로 구상권은 이런 주관적 공동관계의 성질상 당연히 인정된다고 하고, 후자에 따르면, 각자의 부담부분은 고유한 자기의 의무이고, 나머지는 담보부분이므로, 담보부분에 관하여 구상권이 인정되는 것은 당연하다고 한다.

나. 본조는 다음 두 가지를 규정하고 있다. 첫째, 자신의 출재로 공동면책을 한 연대채무자는 다른 연대채무자에게 그의 부담부분의 한도에서 구상할 수 있다는 것(제1항), 둘째, 부담부분의 한도에서 구상할 때 그 구상권의 범위에 관한 것(제2항)이 그것이다. 따라서 여기서는 위 Ⅰ. 3.에서 언급한 구상의 법적 수단과 본조가 어떤 관련성이 있는지에 주목해야 할 것이다. 첫째, 본조의 구상권은 민법의 일반법리에 의해 인정되는 구상권과는 구분되는 독자의 권리인가(제2항)? 만약 이를 긍정한다면 연대채무자 상호간에 위임관계가 있을 때 공동면책한 연대채무자는 위임법상의 구상권(민법 제688조 제1항, 제3항)과 구분되는 본조의 구상권을 가진다는 의미인가? 둘째, 각자의 부담부분의 한도에서 구상권을 행사하도록 한 근거는 무엇인가(제1항)?

1) 본조의 구상권이 내부관계에 기한 구상권과 구분되는 독자의 청구권이라고 볼 수는 없을 것이다. 대다수의 학설들은 연대채무자 상호간에 연대합의가 있

15 주석 민법, 채권총칙(2)(제3판), 한국사법행정학회(2000), 225 이하 (강봉수) 참조.

16 곽윤직, 채권총론, 박영사(2003), 169; 주석 민법, 채권총칙(2)(제3판), 한국사법행정학회(2000), 226 (강봉수) 참조.

어야 한다는 것을 연대채무의 인정요건으로 삼고 있다. 상호간에 연대합의가 있다는 것은, 각자 고유한 부담부분이 있지만 대외적으로는 전부채무를 부담하겠다는 것의 합의를 의미할 것인데, 이는 상호간에 타인 사무처리에 관한 합의, 즉 위임의 합의가 있다고 해석할 수 있을 것이다. 물론 조합계약의 일환으로 연대채무를 부담하는 것도 가능할 것이다. 가령 내부적 부담부분이 동일한 2인의 연대채무자가 있다고 가정하면, 그 중 1인이 전부채무를 이행한 경우 그는 자신의 부담부분을 넘어서서 내부적으로는 다른 연대채무자가 부담하여야 할 부분까지도 변제한 셈이 된다. 따라서 본조 제2항이 없더라도 그는 민법 제688조에 따라 다른 연대채무자에게 구상할 수 있을 것이다. 이 때 그 구상의 범위는 다른 연대채무자의 부담부분에 해당되는 금액과 그 법정이자(제688조 제1항)에 미칠 것이다. 만약 공동면책에 즈음하여 불가피하게 손해를 입었다면 (채권자에 의한 강제경매로 시가에 미달하는 금액으로 경락된 경우), 그 손해는 제688조 제3항에 따라 다른 연대채무자로부터 배상을 청구할 수도 있을 것이다. 이렇게 보면 제688조 제1항, 제3항은 본조 제2항과 그 범위에서 일치한다.[17] 즉 연대채무자 상호간에 위임관계가 있다면, 제688조 제1항, 제3항과 본조는 동일한 내용을 규정한 것이며, 어느 규정을 적용하더라도 동일한 결론에 도달하게 될 것이다. 그렇다면 연대채무자 상호간에 위임 또는 조합 유사의 관계, 즉 제688조 또는 제707조가 적용 또는 유추적용되지 않는 관계도 있는가? 만약 이를 긍정할 수 있다면, 본조는 내부관계에 기한 구상권과 구분되는 독자의 청구권 근거규정이라고 해석해야 할 것이다. 일부 학설은 불가분채무의 경우 본조가 준용된다는 것, 불가분채무는 주관적 공동결합관계가 없다는 점 등을 지적하기도 한다.[18] 그러나 본조가 불가분채무에도 준용되기 때문에, 민법상의 불가분채무 역시 상호간에 주관적 공동관계 또는 상호위임관계가 있고, 그와 같은 관계가 없을 때 이를 부진정불가분채무라고 해석할 여지도 있다. 어쨌든 상호간에 연대합의가 있을 것을 연대채무의 성립요건으로 삼는 한, 그들 상호간에는 위임 또는 조합이나 이와 유사한 관계를 인정하지 않을 수 없을 것이다. 요컨대 본조는 독일 민법 제426조 제1항과는 달리 독자의 청구권 근거규정은 아니라는 것이다.

17 민법 제425조 제2항과 제688조 제1항 각각에서 정한 구상의 범위가 유사하다는 것을 지적하는 것으로는, 주석 민법, 채권총칙(2)(제3판), 한국사법행정학회(2000), 226 (강봉수) 참조.

18 주석 민법, 채권총칙(2)(제3판), 한국사법행정학회(2000), 226 (강봉수) 참조.

2) 한편 본조 제2항이 내부관계에 기한 구상권을 규정하였다고 하더라도, 내부관계는 공동면책을 한 연대채무자가 다른 연대채무자에게 본조 제1항과 같은 부분구상을 할 수 있는 것인지, 아니면 자신의 부담부분을 제외한 전부를 구상할 수 있는지를 판단할 기준을 제시하지 않는다. 가령 보증인의 부탁 없이 부보증을 선 자의 변제로 보증인이 면책되었다면, 부보증인은 피부보증인이 이익을 얻은 한도(통상 면책된 범위)에서 전부구상이 가능할 것이다. 한편 연대채무자 甲, 乙, 丙 중 甲의 변제로 乙, 丙 역시 공동면책되었다면, 乙, 丙의 입장에서는 甲의 부담부분을 제외한 나머지 전액에 대해 甲의 변제로 채무를 면하게 되고, 그 면책된 부분을 甲에게 상환하여야 할 의무가 있다고 볼 수 있다(민법 제688조). 그러나 민법 제425조 제1항은 甲으로 하여금 乙, 丙에게 각자의 부담부분의 한도에서 구상하도록 규정하고 있다.

본조 제1항과 같은 부분구상의 인정은 역사적으로 보면 대위에 기한 구상에서 구상의 순환을 방지하기 위한 것에서 비롯되었다. 다소 장황하더라도 Pothier의 글을 인용해 보자.[19] "달리 인정할 경우[전부구상을 인정할 경우], 소(訴)의 순환이 발생할 것이다. 왜냐하면 나의 부담부분[가령 300 프랑]을 공제한 채권 잔액[가령 600프랑]을 나에게 지급한 다른 연대채무자는 마찬가지로 그 지급으로 자신이 부담하는 부분[가령 300프랑]을 공제한 한도에서 채권자의 권리를 대위할 권리가 있을 것이기 때문이다. 그리고 대위에 기하여, 그는 나에게 지급한 금액 중 자신의 부담부분을 공제한 금액[따라서 300프랑]을 나에게 구상할 권리가 있을 것이다. 왜냐하면 나 역시 연대채무를 부담하기 때문이다; 나는 소(訴)의 순환, 즉 채권자에게 이미 변제하였기 때문에 더 이상 채무자가 아니라는 것을 항변할 수 없을 것이다; 왜냐하면 대위에 기하여, 내가 한 변제는 내가 부담하는 부분에 대해서만 연대채무를 소멸시킨 것이고, 나머지 금액에 대해서는 연대채무를 소멸시킨 것이 아니기 때문이다; 대위에 기하여, 오히려 나는 내가 소멸시키지 않은 그 나머지 금액의 구상을 위하여 채권자의 채권을 취득한 것이다. 그러나 그 채권은 다른 연

19 법정대위제도가 정착되기 이전, 자신의 출재(出財)로 공동면책을 가져온 연대채무자는 약정대위에 기하여 채권자의 채권으로써 다른 연대채무자에게 구상할 수 있었고, 이 경우 프랑스의 판례는 대위자는 채권자의 채권에서 자신의 부담부분을 공제한 잔액 전부를 각각의 연대채무자에게 구상할 수 있다고 하였다. 그러나 17세기에 들어서는 이와 달리 부분구상을 인정하였다고 한다. 이 점은 Mestre, La Subrogation personelle, Librairie générale de droit et de jurisprudence(1979), n. 546 참조.

대채무자에 의해 상환되었고, 그 또한 대위하였기 때문에, 그 채권은 그의 부담부분을 공제한 나머지 잔액[여기서 300 프랑]의 구상을 위하여 그에게 이전될 것이다; 이제 내가 아니라 그가 채권자의 대리인이 되어, 그 자격으로 나머지 잔액의 구상을 위하여 나에게 소구하여, 그가 나에게 지급한 것을 되돌려 받을 권리가 있을 것이다(꺽음쇠는 필자가 부가한 것이다)."[20] Pothier의 글을 이어 쓴다면, 다음과 같이 될 것이다. 즉 '나로부터 300프랑을 구상해 간 다른 연대채무자에 대해 나는 다시 300프랑을 구상할 수 있을 것이다.' 이렇게 되면 구상의 순환, 즉 구상권리자가 다시 구상의무자가 되는 상태가 끊이지 않고 반복될 수 있다.[21] 부담부분의 한도에서 구상하도록 하는 제425조는 법정대위로 취득한 채권으로써 구상할 경우를 전제하고, 그 경우 구상의 순환을 방지하기 위한 취지이다.

본조가 연대채무에 있어서는 각자의 부담부분의 한도에서 구상하도록 한 것 역시 구상의 순환을 방지하기 위한 것이다. 이 규정은 내부관계에 기한 구상권의 범위를 정한 것이고, 대위에 기한 구상의 경우에도 제482조 제1항에 의해 제425조의 범위 내로 그 권리행사가 제한된다고 이해할 수도 있을 것이다.

다. 요컨대 본조는 내부관계에 기한 구상권의 행사에 있어서 부분구상을 원칙으로 한다는 것(제1항)과 그 범위를 정한 것(제2항)으로 이해하여야 할 것이다. 즉 본조는 제688조와 법조경합의 관계에 있는 규정이라고 이해하여야 할 것이다.

Ⅱ. 구상권의 발생요건

1. 공동면책

연대채무자 중 1인이 모든 채무자를 위해 채무를 소멸하게 하거나 감소하게 하여야 한다. 연대채무자의 경우 수탁보증인과 마찬가지로(민법 제442조) 사전구상

20 Pothier, Traité des obligations, n. 281. Mestre, La Subrogation personelle, n°. 546에서 재인용.

21 여기서 우리는 19세기 이후에나 비로소 발전된 관념, 즉 연대채무는 단일채무가 아니라 수개의 채무라는 관념을 동원하여 본문의 논리에 제동을 거는 것은 바람직하지 않다. 즉 "甲이 채권자를 만족시킨 후, 甲은 채권자의 甲, 乙, 丙 각각에 대한 채권을 취득하고, 그 중 甲 자신에 대한 채권은 혼동으로 소멸하고, 乙, 丙에 대한 채권만이 남는다. 乙이 甲에게 600프랑을 변제하면 법정대위가 가능하지만, 혼동으로 자기에 대한 채권은 소멸하고, 丙에 대한 채권만이 남는다. 그러므로 구상의 순환은 방지된다". 이런 논리를 수용하는 것이 불가능하지는 않을 것이다(MünchKomm/Bydlinski, BGB, 4. Aufl., § 426 Rn. 30도 이런 관념에 입각한 것으로 보인다). 어쨌든 우리는 본문의 구상의 순환 방지는 이 논리가 등장하였던 시점에서는 기술개념에 반하지 않았겠지만-당시에는 연대채무는 한 개의 채무가 있는 것이라고 인식하였다-, 적어도 오늘날의 관점에서 보면 정책적인 판단이라는 것을 알 수 있다.

권이 인정되는지가 문제된다. 독일의 통설, 판례는 연대채무자에게도 일종의 사전구상권, 즉 면책청구권을 인정하지만, 프랑스의 학설, 판례는 보증채무와 달리 연대채무자의 사전구상권을 인정하지 않는다. 이 점은 일본의 경우도 마찬가지이다. 우리의 다수설 및 판례는 프랑스, 일본과 마찬가지로 연대채무자의 사전구상권을 인정하지 않는다. 수탁보증인의 사전구상권은 민법 제688조 제2항의 적용범위를 축소시킴으로써, 즉 제442조에서 정한 경우에만 면책청구권을 인정함으로써, 주채무자와의 관계에서 보증채무가 가지는 고유한 경제적 기능 -보증채무를 통해 채무이행을 담보함으로써 변제기까지 주채무자가 신용으로써 채권자의 재화를 활용할 수 있는 기능이 있는데, 변제기의 도래 전에 면책청구권을 인정하게 되면 주채무자는 결국 신용 아닌 자신의 재산으로써 담보하는 것과 다를 바 없게 된다- 을 유지하기 위한 것이라는 것을 감안하면, 연대채무자에게 위임 또는 조합관계상의 면책청구권(민법 제688조 제2항, 제707조)을 인정하기는 곤란할 것이다. 연대채무의 경우에도 채권담보적 기능이 있기 때문이다. 민법 제688조 제2항의 적용범위를 축소시키는 민법 제442조와 같은 사전구상권을 인정하는 명문의 규정이 없기 때문에, 연대채무자에게는 사전구상권이 인정되지 않는다는 것은 소극적인 법해석이라고 볼 여지가 있다. 달리 말하면 민법 제688조 제2항을 적용하지 않는다면, 민법 제442조를 유추적용하는 것이 필요할 것이고, 이는 당사자 사이의 계약(연대합의)의 보충적 해석을 통해서도 도출할 수 있을 것이다.

2. 자신의 출재로 인한 공동면책이어야 한다.

본조 제1항은 "변제 기타 자기의 출재"로 인한 공동면책이 될 것을 본조의 구상권의 발생요건으로 삼고 있다. 여기서 출재란 자기 재산의 감소로 타인의 재산을 증가시키는 것을 의미한다.[22] 기존의 재산을 적극적으로 지출하는 경우만이 아니라 소극적으로 새로운 채무를 부담하는 것도 이에 해당된다. 변제, 대물변제, 공탁, 상계, 경개 등이 여기에 해당될 것이다. 그러나 면제나 소멸시효의 완성은 부담부분의 한도에서 공동면책이 이루어지더라도 본조의 '출재'가 없기 때문에 구상권이 발생하지 않는다. 혼동의 경우 대외관계에서 연대채무가 소멸된다는 주의를 채택한다면 구상권이 성립하겠지만, 우리 민법은 혼동으로 부담부분의 한도에서만 공동면책이 이루어지고, 그 밖의 연대채무에는 영향이 없다는 주의를 채택

22 민법주해 X, 채권(3), 박영사(1995), 139(차한성) 참조.

하므로 구상권이 성립하지 않는다(☞ 상세한 것은 민법 제420조 주석 참조).

3. 자기 부담부분을 넘어서는 공동면책이 있어야 하는가?

가. 다수설은 연대채무의 부담부분을 고정액이 아니라 분수적 비율로 본다. 이런 입장에서는 공동면책을 위한 출재가 있으면 그로 인하여 출재자의 부담금액 이하의 채무에 대해 공동면책이 있더라도 구상권이 발생한다는 입장이다. 가령 부담부분이 동일한 A, B, C가 90의 연대채무를 부담할 때, A가 30을 변제하면 B, C로부터 10씩을 구상받을 수 있다는 것이다. A가 일부 변제한 상태에서 B, C가 무자력이 된 경우를 생각해 보면 이렇게 하는 것이 변제한 채무자의 보호에 충실하다는 것이다.

나. 소수설은 부담부분을 분수적 비율을 곱하여 산출된 일정액수로 이해하고 부담부분까지는 채무자가 당연히 부담해야 할 채무이므로 부담부분을 넘지 않는 공동면책의 경우에는 구상권이 인정되지 않는다고 한다. 공동보증의 경우 구상권의 발생요건이 부담부분 이상의 변제로 되어 있고(민법 제448조 제1항), 이때의 부담부분을 분수적 비율로 산출된 일정액으로 보고 있다는 점(☞ 위 민법 제424조 주석 참조)에 비추어 보면, 연대채무의 경우도 이와 달리 해석할 이유가 없다는 것이다. 이런 입장에 따르면, 위의 예에서 A는 B, C에게 구상할 수 없다. 다수설처럼 부담부분의 비율로 본다면, 가령 면제를 받음으로써 부담부분의 액수만큼 다른 연대채무자도 공동면책되는 효과를 얻은 경우, 면제받은 연대채무자의 구상권을 인정하지 않는 이유를 정당화하기는 쉽지 않을 것이다. 자기 부담부분에 밑도는 변제를 한 자는 다른 사람에게 구상할 수 있는데, 자기 부담부분 전부를 면제받아 다른 연대채무자도 공동면책하게 한 기여를 한 자는 구상할 수 없기 때문에 법익의 형평이 도모되지 않는다. '출재'가 없다는 실정법적 논리 이외에 다른 논리적 근거가 없다는 것이다.

다. 연대채무에서의 구상은 형식적으로는 자신의 채무이지만 실질적으로 타인의 채무를 변제한 것이므로 인정된다. 그런데 가분채무인 연대채무에서는 언제나 비율에 따라 산출된 일정액이 각자의 부담부분이 될 수 밖에 없고, 그 부담부분은 실질적으로도 자기의 채무에 해당된다. 따라서 자기 채무를 변제하였음에도 불구하고 다른 연대채무자에게 구상하는 것은 가능하지 않다고 볼 것이다. 이처럼 소수설에 따를 경우 위의 예에서 B, C가 무자력이 되면 A만이 90을 변제하게 되어 불합리한 결과가 발생한다고 비판하지만, 이는 실질적으로 타인의 채무를 보증한 자가 부담하는 고유한 위험의 발현에 불과할 뿐이지, 별도로 연대채무자에게 불이익을 가져다 주는 것은 아니라고 볼 것이다. 다수설이 제기하는 불공평은 독일의 통설, 판례가 인정하는 것과 마찬가지로 연대채무자에게 다른 연대채무자에 대한 면책청구권, 즉 일종의 사전구상권을 인정함으로써 해소하여야 할 문제이다.

Ⅲ. 구상권의 범위

1. 부분구상 또는 전부구상

가. 자신의 출재로 공동면책을 한 연대채무자는 출재액, 면책된 날 이후의 법정이자, 피할 수 없는 비용 기타 손해배상을 포함하는 구상권을 다른 연대채무자에 대해 각자의 부담부분의 한도에서 분할하여 청구할 수 있다. 구상의무자들이 구상권자에 대해 구상채무에 대해 연대채무를 부담하는 것은 아니다.[23] 부분구상을 인정하는 것은 구상의 순환을 방지하기 위한 목적이다.

1) 부분구상의 원칙은 채권자의 보호를 위해 법률규정에 의해 인정되는 부진정연대채무에서도 인정된다. 가령 가해자 A, B, C 의 과실이 경합하여 피해자에게 손해를 발생시킨 경우, A 가 자신의 과실에 상응한 피해자의 손해부분을 전보하는 것은 자신의 실질적 채무이지만, 이를 상회하여 전보하면, 다른 부진정연대채무자에게 구상할 수 있고, 법정대위로 취득한 채권자의 채권으로써 구상할 수 있다. 대법원은 각자의 과실부분에 상응하여 부분구상을 할 수 있다고 한다.[24] 민법은 이 문제를 직접 규율하지 않지만, 연대채무자 상호간의 구상에서 부분구상을 인정한 제도의 취지인 구상의 순환방지가 여기에도 그대로 적용될 수 있기 때문에, 대법원의 판결은 정당하다고 할 것이다. 마찬가지로 상호간의 구상관계에 관하여 아무런 법률규정을 두지 않는 물상보증인과 연대보증인 상호간의 구상에도 동일한 원칙이 적용될 것이다.

23 민법주해 X, 채권(3), 박영사(1995), 141(차한성) 참조.

24 가령 대법원 2002. 9. 24. 선고 2000다69712 판결, 대법원 2002. 5. 14. 선고 2002다14112 판결, 대법원 2001. 1. 19. 선고 2000다33607 판결, 대법원 1999. 2. 26. 선고 98다52469 판결 등 다수의 판결 참조.

2) 한편 책임보험자의 법정대위도 동일하게 처리되어야 한다. 가령 가해자 A, B, C의 과실이 동등하게 경합하여 피해자의 손해(900)를 발생시킨 경우, A의 보험자 甲이 상법 제724조 제2항의 피해자의 직접청구권에 응하여 피해자를 전부 만족시킨 사안을 보자. 甲이 법정대위를 통하여 피해자의 권리를 취득하여 구상할 경우, 즉 법정대위의 법정대위를 인정하지 않는 경우에도 甲은 B, C에게 부분구상만이 인정된다. 만약 이를 부정하고 甲이 피험자 A의 과실 부분을 공제한 잔액(600)에 대해 B, C에게 전부구상할 수 있다면, 구상의 순환이 끊이지 않는다. 즉 전액구상에 응한 B는 다시 자기 부담부분을 공제한 잔액(300)을 A와 甲에게 구상할 수 있을 것이다. 이들이 300을 구상해 주었다면, 다시 B, C에게 300을 구상할 수 있게 되고, 이런 순환은 C가 종국적으로 300을 지급할 때까지 지속될 것이다. 그러므로 애초부터 부분구상을 인정하는 것이 타당하다는 것이다. 사회보험자의 대위라고 해서 다를 것이 없다. 위 사안에 맞추어 대법원 2002. 3. 21. 선고 2000다62322 전원합의체 판결의 사안을 변형해 보자. 보험가입자 A를 위해 근로복지공단 甲이 피해자를 만족시킨 후, A의 부담부분을 공제한 잔액을 B, C에게 각각 전부구상할 수 있다고 하면, B 역시 자기 부담부분을 공제한 잔액에 대해 A와 甲에게도 구상할 수 있게 해야 한다. 이처럼 구상순환의 방지라는 원칙은 사보험(私保險)이나 사회보험(社會保險) 모두에 적용되어야 할 것이다. 따라서 본조 제1항의 원칙은 모든 경우에 다 적용된다는 것이다.

나. 그러나 수인의 구상의무자가 있을 때 민법이 언제나 부분구상의 원칙만을 고수하는 것은 아니다. 그 예를 살펴 본다.

1) 보증인이 그 출재(出財)로 주채무자를 공동면책시킨 경우, 그의 주채무자에 대한 구상은 전부구상이다(구상의 범위는 민법 제441조, 제445조에 의해 정해진다). 물상보증인의 경우도 마찬가지이다(민법 제341조, 제370조에 의해 준용되는 민법 제441조, 제445조). 가령 피보증인인 주채무자 A가 B와 더불어 채권자에게 연대채무 또는 부진정연대채무를 부담하고, A의 부담부분이 0이라고 하더라도 마찬가지이다. 민법 제756조에 의해 전부급부의무를 부담하는 사용자의 경우에도 마찬가지이다. 피용자 A와 다른 가해자 B 간의 동일한 비율의 과실이 경합하여 피해자의 손해를 발생시킨 경우, 사용자 C는 민법 제756조에 의해 원칙적으로 전부급부의무를 부담하는데, 피해자를 만족시킨 후 C는 A를 상대로 전부구상할 수 있는 것

이 원칙이다(민법 제756조 제3항). 이런 사안에는 구상의 순환이 애초부터 발생하지 않음을 알 수 있다. 즉 피보증인에 대한 보증인의 전부구상을 인정하더라도, 피보증인이 다시 보증인에게 구상할 가능성이 발생하지 않는다. 또한 비록 형식적으르 채무를 부담하더라도, 실질적으르는 자기이 부담부분이 존재하지 않는 자가 실질적인 채무부담자에 대하여 구상할 경우, 일반적으로 전부구상을 인정하더라도 구상의 순환이 발생하지 않는다.

2) 그러나 구상의 순환이 발생하지 않는 경우임에도 불구하고 민법이 부분구상을 인정하는 경우도 있다. 민법 제447조에 따르면, 연대채무자 A, B 중 A를 위하여 보증인이 된 자 C는 A에게는 전부 구상이 가능하지만, B에게는 그의 부담부분의 한도에서만 구상할 수 있다. 이런 사안에서는 C의 출재로 공동면책 을 얻은 B에게 전부구상을 인정하더라도, 구상의 순환은 발생하지 않는다. B는 A에게는 구상할 수 있지만, 그의 보증인인 C에게는 구상할 수 없기 때문이다.[25] 구상의 순환이 발생하지 않음에도 불구하고 민법 제447조에서 부분구상만을 인정하는 것의 이유는 역사적 전개과정에서 찾아야 할 것이다. 19세기 초반 프랑스법에서는 이 경우 피보증인 A에 대해서는 전부구상을, 다른 연대채무자 B에 대해서는 그의 부담부분을 한도로 한 부분구상만을 인정하였다.[26] C는 A를 위하여 변제하는 것이므로, 법적으로 A의 변제와 동일하게 취급하여야 한다고 보았기 때문이다. 그러나 이런 이론은 보증인이 직접 채권자에게 변제한다는 것, 그의 채권과 담보권을 법정대위에 의해 취득하는 것과 조화되지 않는다. 따라서 19세기 중반 이후의 학설과 판례는 연대채무자 중의 1인을 위한 보증인에게도 다른 연대채무자에 대한 전부구상을 인정하였다. 일본 구 민법 역시 이 경우 피보증인 아닌 다른 연대채무자에 대한 전부구상을 허용하는 규정을 두었다(채권담보편 제37조). 그러나 일본 명치 민법의 기초자들은 어떤 이유에서인가 구 민법과 달리 피보증인 아닌 다른 연대채무자에게 부분구상만을 허용하는 태도를 취하였다(명치 민법

25 수인(數人)의 연대채무자를 위한 보증의 경우에는 연대채무자의 보증인에 대한 구상은 당연히 배제된다. 가령 대법원 1992. 5. 12. 선고 91다3062 판결, 대법원 1997. 4. 11. 선고 95다56606 판결 참조. 수인의 부진정연대채무자 중의 1인을 위한 보증의 경우, 대법원 1991. 10. 22. 선고 90다20244 판결은 그 구상권행사에 있어서는 성질상 연대채무에 관한 규정을 준용할 수 있다는 근거로, 부진정연대채무자 중 1인이 채권자에게 변제하여 피보증인인 다른 부진정연대채무자도 공동면책하게 한 경우 그의 보증인에 대한 구상을 부정하였다. 이 판결은 정당하게도, 연대채무자 중 1인만을 위한 보증인에 대해서도 피보증인 아닌 다른 연대채무자의 구상이 부정됨을 전제한 것이다.

26 상세한 것은 Juris classeur civil, Art. 2028 à 2032 n. 50 ss.(par Simler) 참조.

제464조 = 현행 민법 제464조).[27] 이런 태도는 다음을 고려하면 쉽게 납득하기 어렵다. 피보증인 A가 무자력일 경우, B가 먼저 전부 변제한 경우라면, 그는 보증인 C에게는 구상할 수 없고, A의 무자력위험을 자신이 부담하여야 한다. 그런데 보증인이 먼저 변제한 경우 그는 B에게 부분구상만이 허용되고, A의 무자력위험을 C가 부담하게 된다면, 이는 부당하지 않는가?[28] 따라서 보증인은 먼저 피보증인 A에게 전부구상을, B에게는 부분구상을 할 수 있고, A가 무자력일 경우 비로소 부담부분있는 다른 연대채무자에 대한 전부구상이 허용된다고 해석하여야 할 것이다.

3) 그런데 위 Ⅲ. 1. 나. 2)의 사안과 민법 제756조의 책임을 지는 사용자와는 구분하여야 한다. 사용자는 피용자에게 전부구상이 가능하지만, 다른 공동불법행위자에 대한 전부구상이 인정될 수 없다. 피용자가 부담할 부분을 그 피용자가 변제하지 못할 경우 그 무자력위험은 종국적으로 사용자가 부담하여야 하기 때문이다. 그렇기 때문에 다른 공동불법행위자가 채권자를 만족시킨 경우, 그는 피용자 뿐 아니라, 그의 사용자에 대해서도 피용자의 부담부분의 한도에서 구상할 수 있다. 책임보험자, 사용자를 위한 사회보험자 등이 구상에 있어서 이와 유사한 지위를 가진다. 이 경우 계약 또는 법률규정으로 보험자는 사용자에 대한 구상이 가능하지 않지만, 다른 공동불법행위자에 대해 부분구상이 가능하고, 역으로 다른 공동불법행위자가 변제한 경우 보험자에게 사용자의 부담부분의 한도에서 구상이 가능하다.

다. 민법 제447조가 적용되지 않는 사안으로서, 구상의 순환이 발생하지 않는 경우라면 사안에 따라 전부구상을 인정하는 것이 오히려 공평의 원칙에 부합할 수 있다.

27 변제자대위의 경우에는 자기의 권리에 기초하여서만 채권자의 권리로써 구상할 수 있도록 정하였고, 피보증인 아닌 다른 연대채무자에게 구상할 경우, 그 근거는 사무관리 또는 부당이득일 것인데, 전부구상을 허용하면 변제자대위의 효과와 비교하여 균형을 상실한다고 보았다. 民法修正案理由書, 제467조(현행 민법 제464조)의 이유부분 참조. 그러나 사무관리 또는 부당이득법의 일반정신에 기초하더라도, 보증인이 변제하면 다른 연대채무자는 전부급부의무를 면하기 때문에, 그 만큼 이득이 있는 것이라고 볼 수 있다

28 비교법적으로 보면 독일의 판례 역시 위와 같은 사안에서 피보증인 아닌, 다른 연대채무자에게는 부분구상을 인정한다. BGHZ 46, 14 참조. 그런데 이 판결의 결론을 지지하는 학설 역시 위와 마찬가지로 피보증인이 무자력인 경우, 그의 무자력위험은 부담부분의 비율에 따라 다른 연대채무자들이 균분하여야 한다고 한다. 가령 Ehmann, Die Gesamtschuld, S. 362; Medicus, Bürgerliches Recht, § 35 Ⅲ 2 참조. 가령 위 연방대법원 판결의 사안에서 보증인이나 피보증인 아닌 연대채무자는 모두 부담부분이 0 이었기 때문에, 피보증인이 무자력일 경우 그의 부담부분은 이들 양자 사이에 균분되어야 한다는 것이다.

1) 손해보험계약상의 피보험자의 보험손해가 수인(數人)의 제3자의 행위에 의해 발생하여 보험자가 피보험자에게 손해를 배상하였다면, 그는 상법 제682조에 의해 피보험자의 권리를 취득하여 손해야기자에게 구상할 수 있다. 대법원은 이 경우 피보험자의 권리는 그 성질에 변경되지 않은 채로 보험자에게 이전된다고 한다.[29] 따라서 보험자는 각자에게 전부구상을 할 수 있다. 법률 규정으로써 수급권자에게 사회보험급여를 지급하여야 할 의무를 부담하는 경우라고 하여 다를 바 없다. 이 경우에도 사회보험자는 수급권자의 제3자에 대한 손해배상청구권을 취득하여 구상할 수 있으므로, 가해자인 제3자가 수인인 경우 그들 각자에 대해 전부구상을 할 수 있다. 위와 같은 사안에서도 구상권리자가 다시 구상의무자가 되는 구상의 순환이 발생하지 않는다.

2) 또한 형식적으로도 아무런 채무를 부담하지 않는 자가 채권자 또는 채무자를 위하여 변제한 경우 그는 민법 제480조에 따라 채권자의 권리를 취득하여 구상할 수 있다(임의대위변제). 이 경우 채권양도와 달리 대위가 인정되므로, 채권의 액면금액 전액을 구상할 수 없고 자신의 출재 한도에서만 구상하는 제한이 있지만, 전부급부의무를 내용으로 하는 채권을 분할채권으로 만들 이유는 없다.

3) 내부적 부담부분없는 연대채무자 또는 부진정연대채무자의 다른 연대채무자 또는 부진정연대채무자에 대한 구상에서도 전부구상이 인정되어야 한다. 프랑스 종전 민법 제1216조 = 현행 민법 제1318조는 부담부분 없는 연대채무자를 보증인과 동일하게 취급한다. 이런 규정이 없는 우리 법에서도 동일한 해석이 가능할 것이다. 비교법적으로 보면, 독일 민법은 우리 민법 제425조, 제427조에 상응한 규정(독일 민법 제426조)만을 두지만, 판례는 부담부분 없는 연대채무자의 부담부분 있는 다른 연대 채무자에 대한 구상은 전부구상이라고 한다.[30] 구상권리자의 권리실현을 보다 원활하게 하는 이런 판례의 태도가 타당하다고 할 것이다. 우리 법의 해석에서도 이와 달리 볼 이유는 없다. 첫째, 구상 관련자들의 지위는 대외적으로 아니라, 대내적으로 파악하여야 한다. 가령 대외적으로는 보증인이지만,

29 가령 대법원 1999. 6. 11. 선고 99다3143 판결, 대법원 1993. 6. 29. 선고 93다1770 판결, 대법원 1988. 12. 13. 선고 87다카3166 판결, 대법원 1981. 7. 7. 선고 80다1643 판결 등 참조.

30 RGZ 136, 275, 285; 84, 415; 92, 143; 142, 264, 267; BGHZ 17, 222.; Ehmann, Die Gesamtschuld, 219 f. 참조. 그러나 소위 "등급적 책임이론"을 주장하는 Selb는 이 경우에도 부분구상이 원칙이라고 한다. MünchKomm/Selb, BGB, 3. Aufl. (1994), § 426 Rn. 12 참조.

내부적으로는 주채무자로서 채무를 부담한 경우, 그의 변제로 대외적으로 주채무자이지만, 내부적으로는 보증인의 지위를 가진 자도 공동면책되었다면, 보증인은 주채무자에게 구상할 수 없다.[31] 그렇다면 수인의 연대채무자 중 1인의 부담 부분이 없는 경우 그는 내부적으로는 보증인과 동일한 지위에 있다고 볼 수 있다. 특히 연대채무가 내부적 자기 부담부분에 관하여는 자기 채무이지만, 타인 부담부분에 관하여는 보증인과 동일한 성격을 가진다는 입장을 취한다면, 이런 결론은 자연스러운 것이다.[32] 둘째, 민법 제425조를 원용하여 부담부분의 한도에서만 구상의무를 부담한다고 할 필요는 없다. 동조의 규정취지는 구상순환의 방지에 있으므로, 그러한 가능성이 없는 사안에는 동조를 축소해석하여 적용하지 않는 것도 얼마든지 가능하기 때문이다.

4) 수인의 부진정연대채무자 중 1인이 내부적 부담부분 없는 경우도 있다. 비교법적으로 보면, 프랑스법은 전부구상을 인정한다. 부담부분 없는 연대채무자와 유사하다는 것이다.[33] 한편 독일의 경우에는 위에서 본 것처럼 그 채무가 연대채무의 범주에 속한다면, 위에서 본 것과 같이 전부구상이 인정된다. 그러나 일부 학설들이 주장하는 바와 같이, 소위 등급적 책임법리(우리 법의 부진정연대채무와 유사한 것이다)가 적용될 사안의 경우에는 채권자의 채권으로써 구상할 수 있도록 하므로 당연히 전부구상이 허용된다.[34] 가령 임대인인 소유자에게 손해배상의무를 부담하는 임차인이 그 채무를 이행한 후, 임대목 적물을 멸실시킨 제3자에게 구상할 경우가 그 예의 하나이다.

31 대법원 1999. 10. 22. 선고 98다22451 판결에서는, 채권자와 소비대차계약을 체결한 자로서 채권자에 대해서는 주채무자로서의 책임을 지더라도 내부관계에서 실질상의 주채무자가 아닌 경우에는 연대보증책임을 이행한 연대보증인에 대하여 당연히 구상의무를 부담하지 않고, 실질상의 주채무자, 연대보증인, 형식상의 주채무자 3자간의 실질적인 법률관계에 비추어 형식상의 주채무자가 실질상의 주채무자를 연대보증한 것으로 인정할 수 있는 경우에는, 그는 공동보증인 간의 구상법리에 따라 연대보증인에 대하여 구상의무를 부담한다고 한다. 한편 대법원 2000. 5. 12. 선고 99다38293 판결에서는 甲이 하여야 할 연대보증을 그 부탁으로 乙이 대신 한 경우, 甲이 그 연대보증채무를 대위변제하였다는 이유로 乙에 대하여 구상권을 행사하는 것이 신의칙에 반한다고 한다. 이런 사안 역시 乙이 대외적으로는 보증인이라고 하더라도, 내부관계에서는 甲이 보증인의 책임을 부담한다는 합의가 있었다고 볼 수 있다

32 이 경우의 연대채무자를 보증인과 유사한 지위에 있다고 하더라도 민법 제447조의 법정신이 여기에 개입될 여지가 없다. 이러한 연대채무자는, 다른 합의가 없는 한, 다른 연대채무자 중의 1인이 아니라 전부를 위하여 채무를 부담한 것으로 취급할 수 있기 때문이다.

33 이에 관해서는 Mestre, La Subrogation personelle, Librairie générale de droit et de jurisprudence(1979), n°. 542 참조.

34 가령 Selb, Mehrheit von Gläubigern und Schuldern, Mohr & Siebeck(1984), S. 164 f., 187 참조.

우리 법의 해석에서도 동일한 결론을 지지할 수 있는가? 첫째, 전부구상을 인정하더라도, 구상의 순환이 발생할 여지가 없다. 그렇다고 해서 민법 제447조와 유사한 사안이라고 할 수도 없다. 둘째, 오히려 이 사안은 법률규정에 의해 채권자만을 위해 전부급부의무를 부담하는 사안과 유사하다. 위험책임은 피해자의 손해전보를 위하여 무과실인 자에게도 손해배상의무를 부과하는 것이다. 제3자의 과실에 기한 가해행위와 위험책임이 경합한 경우에도 피해자의 손해전보를 위하여 여전히 후자로 하여금 전부급부의무를 부담하도록 한다.[35] 이 점에서는 제3자의 가해행위로 손해가 발생하였음에도 보험급여를 하여야 하는 손해보험자, 사회보험자의 그것과 다를 바 없다. 그렇다면 위험책임에 의해서만 손해를 배상할 책임이 있는 자를 손해보험자나 사회보험자 보다 더 열등하게 취급할 이유는 없다. 이 경우에도 전부구상을 인정하여야 한다.

2. 출재액

가. 다수설처럼 자신의 부담부분을 초과하지 않았다 하더라도 구상권이 성립한다고 보면, 구상권의 범위에 포함되는 출재액은 출연이 있는 가액 전부를 의미할 것이다. 그러나 소수설처럼 자신의 부담부분을 초과하여 공동면책을 한 경우에 구상권이 성립한다고 보면, 구상권의 범위에 포함되는 출재액은 자기의 부담부분을 초과하는 출연한 가액을 의미할 것이다.

나. 출연액과 공동면책액이 각기 다른 경우도 있을 것인데, 이 때에는 공동면책액을 상한으로 하되, 출연액만큼만 구상권의 범위에 포함될 것이다. 가령 30만원의 연대채무를 50만원의 물건으로 대물변제한 경우, 30만원을 기준으로 구상할 수 있고, 50만원의 연대채무를 40만원의 물건으로 대물변제한 경우, 40만원을 기준으로 구상할 수 있다는 것이다.[36]

3. 면책된 날 이후의 법정이자

이 때의 법정이자는 법률규정에 의해 당연히 인정되는 것이며, 최고 등을 통하여 구상의무자를 이행지체에 빠뜨려야 하는 것은 아니다. 공동면책을 한 당일도 법정이자의 계산에 산입하여야 하는지에 관하여는 논란이 있다.[37] 부담부분이

35 대법원 2005. 10. 13. 선고 2003다24147 판결도 동일한 취지이다.
36 이에 대해서는 민법주해 X, 채권 (3), 박영사(1995), 142 (차한성) 참조.
37 이에 대해서는 민법주해 X, 채권 (3), 박영사(1995), 142 (차한성) 참조.

균등한 연대채무자 A, B가 60의 채무를 부담하는데, A가 30을 제때 변제하고, B가 이행지체 후 30과 지연이자를 변제하였다면 B가 A에게 지연이자에 대해 구상권을 행사할 수 있는지가 문제될 것이다. 이를 부정하는 학설도 있다.[38] 자기 부담부분을 초과하여 공동면책한 경우에만 구상할 수 있다는 견해를 견지한다면 이런 학설은 타당할 것이다. 자기 부담부분이란 특별한 사정이 없는 한, 원본을 기준으로 해서 판단할 것이기 때문이다. 그러나 다수설처럼 부담부분을 비율적으로 판단한다면 이런 결론을 정당화하기는 쉽지 않을 것이다.

4. 피할 수 없는 비용 기타 손해배상

가. "피할 수 없"음은 구상권자의 주관적 판단에 의할 것이 아니라, 객관적으로 부득이 하다는 것, 즉 무과실을 의미한다고 한다.[39] 비용은 변제나 공동면책을 위한 지출에 있어서 불가피하게 수반되는 것으로서, 운송비, 포장비, 송금료 등이 있을 것이다. 이런 필요비에 대한 법정이자도 구상권의 범위에 포함된다고 한다.[40] 공동면책을 위해 지출되는 불가피한 비용은 제688조의 필요비의 일종이며, 이에 대해서는 이미 위임법에서도 법정이자를 가산하고 있다는 것을 감안하면 이렇게 해석하는 것이 타당할 것이다.

나. 피할 수 없는 손해는 채권자로부터 소구 또는 강제집행을 당하여 지출되는 소송비용, 집행비용, 변제를 위해 자신의 재산을 환가하거나 담보를 설정함으로써 입는 손해 등이 포함된다. 손해에 대한 배상에 대해서는 법정이자가 당연히 가산되지는 않는다고 할 것이다. 여기서의 손해배상은 제688조 제3항에 상응하는 특별한 손해배상책임이며, 이는 불법행위법상의 손해배상책임은 아니다. 따라서 여기에 당연히 법정이자를 가산하여야 할 이유는 없다고 할 것이다.

Ⅳ. 구상권의 행사

1. 구상권의 성립과 소멸시효

본조의 구상권은 자신의 부담부분을 초과하여 공동면책을 한 시점에서 성립

38 이에 대해서는 민법주해 X, 채권 (3), 박영사(1995), 142 (차한성) 참조.

39 김주수, 채권총론, 삼양사(1999), 298; 민법주해 X, 채권 (3), 박영사(1995), 143 (차한성) 참조.

40 곽윤직, 채권총론, 박영사(2003), 172; 김주수, 채권총론, 삼양사(1999), 298; 민법주해 X, 채권 (3), 박영사(1995), 143 (차한성) 참조.

한다. 이 구상권은 원칙적으로 민사채권으로서 10년의 소멸시효에 걸린다고 할 것이다. 다만 상사채권에 해당될 경우에는 5년의 소멸시효에 걸릴 것이다.

2. 변제자대위권과의 관계

자신의 부담부분을 초과하여 공동면책을 하더라도 연대채무자는 대외적으로 자신의 채무를 변제한 것이지, 제3자의 변제는 아니다. 그럼에도 불구하고 연대채무자는 민법 제481조의 변제할 정당한 이익이 있는 자에 해당된다. 따라서 그는 채권자의 채권과 담보권을 대위하여 다른 연대채무자에게 구상할 수 있다. 따라서 구상권과 변제자대위로 취득한 채권 및 담보권의 관계가 문제될 것이다. 학설들은 후자는 전자의 범위 내에서 행사하여야 하는 것으로 민법 제482조 제1항을 해석하고 있다(☞ 자세한 것은 민법 제481조 주석 참조).

제 426 조 [구상요건으로서의 통지]

① 어느 연대채무자가 다른 연대채무자에게 통지하지 아니하고 변제 기타 자기의 출재로 공동면책이 된 경우에 다른 연대채무자가 채권자에게 대항할 수 있는 사유가 있었을 때에는 그 부담부분에 한하여 이 사유로 면책행위를 한 연대채무자에게 대항할 수 있고 그 대항사유가 상계인 때에는 상계로 소멸할 채권은 그 연대채무자에게 이전된다.

② 어느 연대채무자가 변제 기타 자기의 출재로 공동면책되었음을 다른 연대채무자에게 통지하지 아니한 경우에 다른 연대채무자가 선의로 채권자에게 변제 기타 유상의 면책행위를 한 때에는 그 연대채무자는 자기의 면책행위의 유효를 주장할 수 있다.

[관련조문] 민법 제413조(연대채무의 내용)~제427조(상환무자력자의 부담부분), 제445조(구상요건으로서의 통지), 제481조(대위자의 법정대위), 제688조(수임인의 비용상환청구권).

[참고문헌] 곽윤직, 채권총론, 박영사(2003); 김주수, 채권총론, 삼영사(1999); 김형배, 채권총론, 박영사(1998); 민법주해 X, 채권(3), 박영사(1995); 민법주해 XI, 채권(4), 박영사(1995); 이은영, 채권총론, 박영사(2006); 송덕수, "수탁보증인이 사전통지없이 이중의 면책행위를 한 경우의 구상관계", 민사판례연구 XXIV, 박영사(2001); 제철웅, "보증채무 및 연대채무에서의 구상권상실", 비교사법 9권1호(2002.4); 河原緣, "史料 債權總則", 民商法雜誌 제85권 제1호, 有斐閣(1982); 河原緣, 史料 債權總則, 民商法雜誌 제85권 제2호, 有斐閣(1982); 梅謙次郎, 民法要義 3권, 有斐閣(1909); 勝本正晃, 債權總論 中卷 1[昭 9(1934)]; 注釋民法(11), 債權(2), 有斐閣(1965); 我妻榮, 新訂 債權總論, 岩波書店(1964); 民法修正案理由書, 出典不明; 鳩山秀夫, 日本債權法(總論), (1920); Ferid, Das Französische Zivilrecht, Bd. I, Verlagsgesellschaft Recht und Wirtschaft(1971); Schulz, Rückgriff und Weitergriff, 1907; Kaser, Das Römische Privatrecht 1. Abs., 2. Aufl.,; Windscheid/Kipp, Lehrbuch des Pnadektenrechts, Bd. II, 9 Aufl.(1906), Literarische Anstalt Rütten & Loenig(1906); Dernburg, Pandekten Bd. II, 7. Aufl., H.W.Müller(1900); Entwurf eines Bürgerlichen Gesetzbuchs für das Königreich Bayern 1861-1864 mit Motiven, Scientia Verlag(1973); J. von Staudigers Kommentar zum BGB, Bd. 2, §§ 397-432, Seiler-de Gruyter(1999); Honsell/Vogt/Wiegand hrsg., Kommentar zum Schweizerischen Privatrecht Obligationenrecht(OR), 2. Aufl., Helbing & Lichtenhahn(1996.); Bucher, Schweizerisches Obligationenrecht, AT, 2. Aufl. (1988); Planiol-Ripert, Traité pratique de droit civil français VII, M.Picard(1954); Code Civil de L'Empire du Japon accompagné d'un Exposé des Motifs T. 4, 信山社 (1891); Code Civil de L'Empire du Japon accompagné d'un Exposé des Motifs T.2, 信山社 (1891).

I 본조의 의의

1. 구상권 성립요건인가 아니면 구상권 상실요건인가?

가. 타인 채무를 변제하기 위하여 비용을 지출한 자는 그 타인과의 내부관계에 기하여 비용을 상환받을 수 있다(이를 내부관계에 기한 구상권이라고 한다).[1] 형식적으로는 자기 채무를 이행한 것이지만, 실질적으로 타인의 채무를 전부 또는 일부 변제한 것으로 취급되는 보증인과 연대채무자도 다를 것이 없다.[2] 자기의 출재로 공동면책을 얻은 연대채무자는 내부관계에 기하여 다른 연대채무자에게 구상할 수 있으며, 민법 제425조는 그 범위를 법정(法定)하고 있다. 그런데 민법 제426조는 연대채무자의 이런 구상권의 상실을 정하고 있다.[3] 구상권의 상실은 여기에만 법정되어 있고,[4] 여타의 제3자 변제가 있는 경우에는 이에 대한 아무런 언급이 없다. 본조의 표제는 "구상요건으로서의 통지"라고 되어 있지만, 학설들은 구상권의 발생요건이나 소멸요건이 아니라 구상권의 제한에 관한 규정이라고 해석하고 있다.[5]

나. 그런데 본조의 이해에 있어서는 불명확한 부분이 매우 많다. 다수의 학설들은 민법 제426조 제1항의 "채권자에게 대항할 수 있는 사유"에 이미 연대채무가 소멸되었다는 항변사유는 포함되지 않는다고 한다. 이러한 항변사유가 있을

1 여기서 내부관계로 고려될 수 있는 것은, 위임계약이나 조합계약 뿐만 아니라 사무관리, 나아가 부당이득반환관계 등도 있을 것이다. 물론 타인 채무를 변제한 자는 민법 제481조의 변제자대위권에 기하여 취득한 채권자의 채권과 그 밖의 담보권으로써도 구상할 수도 있다. 여기서는 후자에 관하여는 상론하지 않는다.

2 형식적으로는 자기 채무이지만 실질적으로는 타인 채무라는 관념은 우리 학설에서도 사용되고 있다. 가령 민법주해 XI, 채권(4), 박영사(1995), 195 이하(이인재); 김형배, 채권총론, 박영사(1998), 470 이하 참조. 이것은 일찍이 독일의 학설에서도 주장된 바 있다. Schulz, Rückgriff und Weitergriff,(1907), S. 32 ff. 참조.

3 이하 구상권 없음을 편의상 "구상권 상실(Wegfall des Rückgriffs, Perte des Recours)로 표현 한다. 그러나 엄밀하게 말하면 구상권의 제한이라고 해야 할지 모른다. 주채무자 또는 다른 연대채무자가 구상권을 행사하는 보증인 또는 연대채무자에 대해 연기적 항변권으로써 대항할 수도 있기 때문이다.

4 물론 상실되는 구상권은 내부관계에 기한 구상권이다. 이들 규정은 내부관계에 기한 구상권을 법정하고 있는 민법 제425조, 제441조, 제444조에 이어 위치하고 있기 때문이다. 물론 내부관계에 기한 구상권이 상실되면 변제자대위에 기하여 구상할 수 있는 권리도 상실된다.

5 가령 민법주해 X, 채권(3), 박영사(1995), 147(차한성); 곽윤직, 채권총론, 박영사(2003), 172 참조.

경우에는 이미 그 한도에서 연대채무가 소멸된 것이어서 구상권 자체가 발생하지 않기 때문이라는 것이다.[6] 그러나 이것은 민법 제426조 제2항의 설명과는 조화되지 않는다. 학설들은 제1연대채무자가 변제 기타 자기의 출재(出財)로 공동면책 시킨 후 사후통지를 하지 않던 중 제2연대채무자가 선의로 재차 변제한 경우에는 후자가 전자에 대해 구상할 수 있다고 하기 때문이다.[7] 민법 제426조 제1항 -제445조 제1항도 마찬가지이다- 의 대항사유에 변제 등이 포함되지 않는 이유가 그 경우에는 구상권 자체가 발생하지 않기 때문이라면, 이 경우 -민법 제426조 제2항의 사안- 에도 전자의 변제 등으로 이미 연대채무가 소멸되었으므로 후자가 전자에 대해 구상할 수 없다고 해야 논리적일 것이다. 그러므로 "채권자에게 대항할 수 있는 사유"에 연대채무의 소멸의 항변(소멸시효의 완성, 혼동, 일부 상계, 면제, 변제 등)이 배제되는지 여부는 당연한 것이 아니라 검토를 요한다는 것이다.

한편 제1연대채무자가 채권자에게 변제한 후 사후통지를 하지 않던 중 제2연대채무자가 사전통지없이 채권자에게 2중으로 변제한 경우, 후자가 전자의 변제를 알지 못하였다면 민법 제426조 제2항의 요건이 충족된 것처럼 보인다. 그런데도 통설은 전자의 변제만이 유효하다고 한다.[8] 전자가 후자에게 구상할 수 있다는 의미이다. 통설은 이런 사안은 민법 제426조의 규율대상에 포함되지 않기 때문에, 일반원칙에 따라 제1의 변제만이 유효하다는 것이다.[9]

6 민법주해 X, 채권(3), 박영사(1995), 148(차한성)은 변제나 경개를 언급하면서 이렇게 설명하고 있다. 한편 민법주해 X, 채권(3), 박영사(1995), 350(박병대)은 민법 제445조 제1항의 적용요건을 설명하면서, 구상권 자체의 발생요건이 충족되지 않는 경우에는 본조의 적용여부를 따질 필요가 없다고 한다. 주채무자에 의한 변제, 경개 등을 염두에 두었다고 볼 여지도 있다. 곽윤직, 채권총론, 박영사(2003), 233에서 어느 연대채무자의 원인행위의 무효·취소·무능력·기한유예·기한미도래 등을 예로 들면서도 변제나 경개 등을 언급하지 않는 것도 동일한 취지인 것처럼 보인다. 송덕수, "수탁보증인이 사전통지없이 이중의 면책행위를 한 경우의 구상관계", 민사판례연구 XXIV, 280 이하는 위 본문과 같은 주장을 명시적으로 하고 있다.

7 민법주해 X, 채권(3), 박영사(1995),150 이하(차한성); 곽윤직, 채권총론, 박영사(2003), 233 참조. 학설들은 여기서의 "선의"의 제2출연자는 제1항의 사전통지를 한 자라고 한다.

8 가령 곽윤직, 채권총론, 박영사(2003), 173; 민법주해 X, 채권(3), 박영사(1995), 154(차한성); 김형배, 채권총론, 박영사(1998), 477 참조.

9 가령 민법주해 X, 채권(3), 박영사(1995), 154(차한성); 곽윤직, 채권총론, 박영사(2003), 173; 김형배, 채권총론,박영사(1998), 477 참조. 통설과 달리 송덕수, "수탁보증인의 사전통지 없이 이중의 면책행위를 한 경우의 구상관계", 민사판례연구 제24권, 285 이하는 위의 경우 제2면책행위만이 유효하고, 제2면책행위자가 제1면책 행위자에게 구상할 수 있다고 한다. 한편 통설과 판례는 수탁보증인이 사전통지를 하지 않고 2중변제를 한 경우에는 제446조는 적용되지 않고 2중변제의 기본원칙으로 돌아가 제1의 변제만이 유효하다고 한다. 대법원 1997. 10. 10. 선고 95다46265 판결; 민법주해 X, 채권(3), 박영사(1995), 355(박병대); 이은영, 채권총론, 박영사(2006), 570 참조. 여기에도 동일한 의문이 제기된다.

2. 비교법

가. 연대채무에 관한 독일 민법의 규정

1) 변제 등으로 공동면책을 한 어느 연대채무자가 내부관계에 기하여 다른 연대채무자에게 구상할 수 있고, 법률규정에 의해 이전받은 채권자의 채권 및 담보권에 기하여서도 구상할 수 있다(독일 민법 제426조). 그러나 보증채무에서와 마찬가지로 독일 민법에는 구상권의 상실에 관한 규정이 없다. 이것은 독일 민법 제정 이전의 각 영방의 민법(초안)에서도 마찬가지였고, 독일 민법 제정 과정에서도 이 문제를 논의하지 않았다.

로마법만이 아니라, 보통법에서도 보증채무는 연대채무(Korrealschuld)의 한 유형으로 이해되었고,[10] 연대채무나 보증채무에서의 구상권은 모두 연대채무자 상호간 또는 보증인과 주채무자 간의 내부관계에 기인한 것이며,[11] 변제한 연대채무자나 보증인은 채권자의 권리를 취득하여 그 권리를 행사할 수 있다는 점에 있어서도 동일하였다.[12] 그런데 보증채무에서는 독일 보통법 및 근대의 민법전초안에서는 구상권의 상실에 관한 규정이 있었고, 여러 가지 논의 끝에 독일 민법전에 구상권상실에 관한 규정을 두지 않기로 결정하였지만, 연대채무자의 구상권상실에 관하여는 이를 언급한 것을 찾기가 어렵다. 그 이유는 연대채무와 보증채무의 차이점에서 찾아야 할 것이다.[13] 첫째, 보증채무는 원칙적으로 부종성이 있기 때문에, 주채무가 불성립하거나 면책된 경우 보증채무도 성립하지 않는다. 그러나 연대채무는 연대채무 전체에 영향을 주는 것이 아닌, 어느 일방의 연대채무자에게 성립한 항변사유는 다른 연대채무에 영향을 미치지 않는다. 둘째, 보증인은 주채무자의 채권자에 대한 항변사유 또는 상계할 채권으로써도 보증채무의 이행을

10 가령 Kaser, Das Römische Privatrecht 1. Abs., 2. Aufl., S. 656; Windscheid, Lehrbuch des Pandektenrechts Bd. 2(1906), S. 204 참조.

11 로마법에서는 위임반대소권(contraria actio mandati) 또는 사무관리소권 등이 구상수단으로 활용되었다고 한다. 가령 Kaser, Das römische Privatrecht 2. Abs., 2. Aufl., S. 456. 보통법학에서는 그 밖에도, 연대채무의 부담이 다른 연대채무자에게 유익하면 사무관리 또는 부당이득에 기한 구상권도 인정된다고 한다. Windscheid, Lehrbuch des Pandektenrechts Bd. 2, S. 206 및 同所 註 3 참조.

12 강제적 소권양도(訴權讓渡:beneficium cedendarum actionum)는 유스티니아누스 대제 때에 비로소 일반적으로 인정되었다고 한다. Kaser, Das Römische Privatrecht 1. Abs., 2. Aufl., S. 456 ff. 보증채무자를 위한 강제적 소권양도도 마찬가지다. 보통법학시대의 학설은 Windscheid, Lehrbuch des Pandektenrechts Bd. 2, S. 207 참조.

13 이미 보통법학에서도 양자를 동일하게 취급해서 안된다는 점이 지적되었다. 가령 Dernburg, Pandekten Bd. II, 7. Aufl., S. 202 참조.

거절할 수 있지만, 연대채무의 경우에는 이것이 원칙적으로 인정되지 않는다.[14] 따라서 채권자로부터 이행을 최고받은 연대채무자가 다른 연대채무자에게 항변사유가 존재하는지 여부를 조회할 필요성은 그 만큼 줄어든다. 다른 연대채무자에게 일정한 항변사유가 있다고 하더라도 연대채무 전체에 영향을 미치는 것이 아닌 한, 사전조회를 통하여 그것을 안다고 해서 자기 채무의 이행을 거절할 근거가 되지 못하며, 다른 연대채무자에게 채권자에 대해 상계할 채권이 있다고 하더라도 그것으로써 연대채무의 이행을 거절할 수 없기 때문이다. 그러므로 보증채무에서 논의되던, 사전통지는 연대채무에서는 논의의 필요성이 없었을 것이다.

그렇다고 해서 변제한 연대채무자의 사후통지 해태로 2중변제한 연대채무자의 손해배상청구권이나 비용상환청구권 등도 보증채무와 달라야 하는 것은 아니다. 가령 위임계약에 기하여 상호 연대채무자가 된 자는 그 내부관계에 기하여 다른 연대채무자의 이익이 침해되지 않도록 배려할 의무가 있다. 따라서 공동면책을 얻은 연대채무자는 다른 연대채무자로 하여금 2중변제를 하지 않도록 배려해야 할 것이다. 이런 의무의 위반은 손해배상으로 귀결되든지, 위임계약상의 비용상환청구권을 성립시키든지 할 것이다. 그러나 이것은 전적으로 내부관계의 문제이므로 연대채무 자체에서는 굳이 논의하지 않아도 좋았을 것이다. 이러한 이유 때문에 연대채무의 경우에는 독일의 각 영방의 민법초안이나 독일 민법에서 구상권의 상실에 관하여 아무런 언급이 없었을 것이다.

14 보통법에서는 변제, 대물변제, 공탁, 기실행된 상계, 경개, 연대채무 전체에 대한 면제 등은 절대효를 가지지만, 그 밖의 항변사유는 절대효를 가지지 않았다. 가령 Windscheid, Lehrbuch des Pandektenrechts Bd. 2, § 295 참조. 물론 시효중단에는 절대효가 인정되었지만, 이것은 소멸시효법에 그 근거를 둔 것이다. 가령 Dernburg, Pandekten Bd. Ⅱ, 7. Aufl., H.W.Müller(1900), S. 201. 이상의 것은 독일 각 영방의 민법초안에서도 마찬가지였다. 프로이센 일반란트법(ALR)도 연대채무를 소멸 또는 감축시킬 때에만 공동면책의 효과가 있고, 화해 등을 통하여 자기만이 면책된 경우에는 공동면책의 효과가 없다고 규정한다(I 5 제437조). 헤센민법초안도 연대채무자 전원에게 해당되는 항변사유가 아니면 이로써 채권자에게 대항할 수 없다고 한다(같은 초안 채권총론 제10조 후단). 드레스덴 채무법초안 제15조도 동일한 내용이다. 작센민법은 변제(제1026조), 기(旣)실행된 상계 (제1027조), 경개(제1028조), 채무이행을 포함한 화해(제1029조) 등은 공동면책의 효과가 있지만, 혼동(제1033조), 소멸시효의 완성(제1034조), 시효중단(제1035조) 등은 공동면책의 효과가 없다고 한다. 반면 바이에른 민법 초안은 헤센민법초안이나 드레스덴 민법초안과 동일한 원칙을 천명하지만(제227조 제1항), 많은 예외를 두고 있다. 가령 상계할 채권이 있는 연대채무자가 상계하지 않을 경우 다른 연대채무자가 그의 부담부분의 한도에서 상계할 수 있게 하고(제228조), 상속으로 인한 혼동이 있을 경우 부담부분의 한도에서 공동면책의 효과가 있다고 한다(제236조). 이것이 예외임은 분명하지만, 구상의무 있는 연대채무자의 입장에서는 자신의 채권으로써도 다른 연대채무자가 상계하게 하더라도 실질적 이익이 침해되지 않는다고 보았고, 상속으로 인한 혼동에서도 부담부분에 한정하여 채무소멸의 효과를 인정하면 문제가 없다고 보았다. Bayern Entwurf (Neudruck 1973), S. 421 f. 참조.

2) 연대채무자 상호간에는 상호협력 또는 상호배려의무가 있다. 따라서 어느 연대채무자가 공동면책을 얻은 후 사후통지를 하지 않아 다른 연대채무자가 2중 변제한 경우에는 후자는 전자에 대해 손해배상청구권을 가진다.[15] 그 결과 공동면책을 얻은 자는 구상권을 행사할 수 있겠지만, 구상의무자가 입은 손해를 배상하여야 한다. 그 손해액이 가령 2중변제액에 해당된다면 결과적으로 구상권이 상실될 뿐 아니라, 그 손해가 구상채무자의 내부적 부담부분을 넘을 경우, 구상권자의 내부적 부담부분만큼을 손해배상하여야 할 때도 있을 것이다.[16] 그러나 독일의 학설들은 연대채무자에게 사전조회 또는 사전통지의 의무 내지 책무를 부과하지 않는다. 따라서 구상의무를 부담하는 연대채무자가 채권자에 대해 상계할 채권이 있었다고 하더라도, 그것을 행사하지 않은 불이익은 구상의무자가 부담한다(독일 민법 제422조 제2항 참조). 이것은 연대채무에서의 절대효가 좁은 범위에서만 인정되는 것과 관련이 있다.[17]

나. 스위스의 연대채무에서의 구상권상실

스위스 채무법(OR) 제145조 제1항은 "연대채무자는 그 자신의 채권자와의 관계에 기한 것이거나 연대채무에 공통된 성립상의 원인 또는 내용에 기한 항변권으로써만 대항할 수 있다"고 한다.[18] 그런데 동조 제2항은 "연대채무자는 모든 연대채무자에게 공통된 항변권을 행사하지 않을 경우 다른 연대채무자에 대해 책임이 있다"고 한다. 학설들은 여기서의 "책임 있다"는 것을 구상권의 상실로 이해한다.[19] 가령 연대채무를 성립시킨 계약에 무효, 취소사유가 있음에도 불구하고 그 항변사유를 행사하지 않고 변제한 경우 다른 연대채무자에게 구상할 수 없게 된다. 또한 학설들은 변제 등을 통하여 공동면책을 한 자가 사후통지를 해태함으로

15 Staudinger/Noack, BGB, 13. Aufl.(1999), § 426 Rn. 82 참조. 물론 이것은 유책한 통지의무의 위반이 있을 때 문제될 것이고, 2중변제한 부분을 채권자로부터 상환받지 못하거나 그럴 가능성이 높을 경우에 인정될 것이다.

16 이 때 구상권자는 구상의무자의 채권자에 대한 부당이득반환청구권을 양도받아 이를 행사하여야 할 것이다(독일 민법 제255조).

17 이에 관한 독일 민법 규정은 위 주 14에서 언급한 보통법 시대의 법상황과 크게 다르지 않다. 구체적 내용은 독일 민법 제422조 내지 제425조를 참조.

18 이 규정으로부터 다른 연대채무자의 채권자에 대한 채권으로써 상계하는 것은 가능하지 않다는 결론이 도출된다. OR-Schnyder, 2. Aufl.(1996), Art. 145 N 2.

19 OR-Schnyder, 2. Aufl.(1996), Art. 145 N 4. 보증인의 구상권 상실에 관한 제502조 제2항을 유추적용한 것이라고 한다. 따라서 유책사유 없이 공통의 항변사유를 알지 못한 경우에는 구상권이 상실되지 않음은 물론이다.

써 다른 연대채무자가 채권자에게 2중변제를 한 경우에도 전자는 구상권을 상실한다고 해석한다.[20] 그러나 연대채무자가 채권자에 대한 변제 이전에 다른 연대채무자에게 사전조회할 책무가 있는 것은 아니다. 이것은 스위스 채무법(OR)에서 연대채무에서의 절대효의 범위를 좁게 인정한 것과 관련이 있을 것이다. 가령 변제, 대물변제, 공탁, 상계 등은 당연히 공동면책의 효과가 있지만,[21] 다른 연대채무자에게 채권자에 대한 상계할 채권이 있다고 해도 이로써 채권자에게 대항하는 것은 허용되지 않는다. 그러므로 독일 민법에서와 마찬가지로, 연대채무자가 다른 연대채무자에게 변제 이전에 사전조회한다는 것은 무의미할 것이다. 공동면책을 얻은 연대채무자의 사후통지 의무를 인정하는 것만으로 충분하다.

다. 프랑스 민법의 연대채무와 구상권상실

보증채무와는 달리 변제 등을 통하여 공동면책을 한 연대채무자는 변제자대위로 취득한 채권자의 채권 및 담보권으로써 구상할 수 있을 뿐 아니라, 내부 관계에 기하여서도 다른 연대채무자에게 구상할 수 있다. 연대채무자 상호간에 계약이 있던 경우에는 위임소권(action de mandat), 그렇지 않은 경우에는 사무관리소권(action de gestion d'afaires) 등이 그 예이다.[22] 어떤 권리에 기하여 구상하든지간에 부담부분의 한도에서만 구상할 수 있을 뿐이다(프랑스 종전 민법 제1213조 및 제1214조 = 현행 민법 제1317조).[23] 그러나 프랑스 민법은 연대채무자의 구상권 상실에 관하여는 아무런 규정도 두지 않는다. 연대채무자의 구상권의 감축 또는 상실은 학설과 판례에 맡겨져 있는 것이다. 그런데 주채무자의 사후통지 해태로 수탁보증인이 2중변제한 경우 후자는 전자에게 위임계약상의 손해배상청구가 가능하다는 것에 비추어 보면, 연대채무자의 1인이 변제한 후 사후통지를 하지 않아 다른 연대채무자가 2중변제한 경우, 후자는 위임계약상의 손해배상청구권을 행사할 수 있다는 해석도 가능할 것이다(프랑스 종전 민법 제2000조 = 현행 민법 제2000조).

20 이것 역시 보증인의 구상권 상실에 관한 규정인 제502조 제2항을 유추적용한 것이라고 한다. Bucher, Schweizerisches Obligationenrecht, AT, 2. Aufl. (1988), S. 497; OR-Schnyder, Aufl.(1996), Art. 145 N 4. 여기서도 다시 2중변제한 연대채무자가 구상할 수 있는지, 그 근거는 무엇인지 등은 전적으로 학설에 맡겨져 있다.

21 그 밖에도 혼동의 절대효를 인정한다. 그러나 면제는 원칙적으로 공동면책의 효과가 없고, 단지 그의 부담부분의 한도까지 연대채무를 감축시킬 의사였을 경우에 공동면책의 효과가 있다고 한다. 이에 관하여는 Bucher, Schweizerisches Obligationenrecht, AT, 2. Aufl. (1988), S. 495 ff. 참조.

22 Planiol-Ripert, Traité pratique de droit civil français VII, 1954, n. 1092.

23 구상의 순환을 막기 위한 것이다. 이에 대해서는 Planiol-Ripert, Traité pratique de droit civil français VII, M.Picard(1954), n°. 1094 참조.

그러나 연대채무자에게 사전조회 의무가 있는지에 관해서는 어떤 단서도 찾기 어렵다.[24]

라. 일본 구 민법의 연대채무와 구상권상실

일본 구 민법 채권담보편 제65조는 "부주의로 변제한 보증인에 대해 제32조 및 제33조에 규정한 구상의 실권(失權)은 소추 또는 변제를 공동채무자에게 고지하는 것을 해태한 연대채무자에 대하여 이를 적용한다"고 한다. 보증인과 마찬가지로 연대채무자의 구상권이 상실됨을 법정한 것이다.[25] 이것은 구 민법이 연대채무자 상호간의 관계를 주채무자와 보증인 간의 관계와 동일 또는 유사하게 취급하였음을 보여준다.

일본 구 민법은 연대채무자 상호간의 관계를 위임관계로 파악하고 있다(채권담보편 제52조 제1항).[26] 변제 기타 자기의 출재(出財)로 공동면책을 얻은 연대채무자는 자기의 권리, 즉 조합관계 또는 위임관계에 기하여 다른 연대채무자에게 구상할 수 있고(채권담보편 제63조 제1항), 구상의 범위도 "회사 및 대리"의 규정에 따라 "변상금 및 필요한 출연의 배상 외에 변상 이후의 법률상의 이자 및 피할 수 없었던 비용"을 포함한다(채권담보편 제63조 제2항).[27]

연대채무자 상호간의 내부관계에 관한 이런 이론적 평가를 구 민법은 채권자와의 외부관계에서도 관철하고 있다. 즉 각 연대채무자는 자기의 항변사유만이

24 여타의 유럽국가에서 연대채무자의 이런 사전조회 의무(또는 책무)를 인정하지 않음에 비추어 보면, 프랑스도 유사할 것이라고 짐작할 수 있다. 그러나 연대채무에서의 절대효의 인정범위가 넓으면 넓을수록 연대채무자는 보증인의 지위 -주채무자의 항변사유로써 채권자에게 대항할 수 있다는 점에서- 에 근접할 것이고, 따라서 다른 연대채무자에게 성립한 항변사유를 조회할 필요가 있을 것이다. 프랑스 민법에서 변제, 대물변제, 공탁, 상계 등의 절대효를 인정하는 것은 다른 법제와 다를 바 없다. 그러나 독특하게도 공동면책효와 상대적 효력의 중간형태, 즉 부담부분의 한도에서 발생하는 공동면책효가 있다. 가령 다른 연대채무자에 대한 권리를 명백히 유보한 상태에서 연대채무자 일인(一人)에 대해 면제하면 그의 부담부분의 한도에서 공동면책효가 있고(제1285조 제2항), 혼동(제1301조 제3항)과 상속으로 인한 혼동의 경우에도 부담부분의 한도에서 공동면책효가 있다(제1209조). 또한 연대채무자 일인에게 채무분할을 동의한 경우 다른 연대채무자에 대해서는 그의 부담부분을 공제한 잔액에 대하여 청구할 수 있다(제1210조). 이에 관하여는 Ferid/Sonnenberger, Das französische Zivilrecht, Bd. 1, 1971, E 67 ff. 참조.

25 Code Civil de L'Empire du Japon accompagné d'un Exposé des Motifs T. 4(이하 Exposé 4라 한다), 信山社 (1891), p. 90.

26 연대채무자 상호 간에는 위임관계(représentation mutuelle 또는 mandat réciproque)가 있다는 것이 학설에 의해 보편적으로 인정되고 있었는데, Boissonade는 이를 법률에 명시할 필요가 있다고 보았다. Exposé 4, p. 73.

27 여기서 말하는 "회사"(재산취득편 제115조 이하)란 조합관계(société)를 의미하며, "대리"(재산 취득편 제229조 이하)란 위임관계(mandat)를 의미한다. Boissonade는 연대채무에는 반드시 (nécessairement) 이런 관계가 있어야 한다고 보았다. Exposé 4, p. 89 참조.

아니라 연대채무의 불성립 및 소멸의 항변사유로써 채권자에게 대항할 수 있다(채권담보편 제57조). 또한 연대채무자 1인에게 고유한 항변사유, 가령 그에게만 귀속된 의사표시의 흠결이나 하자, 무능력의 사유도 그 연대채무자가 원용하였다면, 다른 연대채무자가 계약체결 당시 이를 알지 못한 경우에는 전자의 부담부분의 한도에서 공동면책의 효과가 있다(채권담보편 제58조).[28] 나아가 다른 연대채무자와 채권자 사이에 유효하게 성립한 경개계약에 의해서 연대채무자는 면책된다는 것(재산편 제501조),[29] 연대채무자 1인의 채무면제는 원칙적으로 연대채무 전체의 면제를 초래하지만, 채권자가 다른 연대채무자에 대한 권리를 유보한 경우에는 면제된 연대채무자의 부담부분의 한도에서 공동면책의 효과가 있다는 것(재산편 제505조 제1항, 제2항),[30] 연대채무자는 자기의 채권으로써 연대채무 전부를 상계할 수 있을 뿐 아니라 다른 연대채무자의 채권자에 대해 상계할 수 있는 채권으로써 그의 부담부분의 한도에서 대항할 수 있다는 것(재산편 제521조),[31] 혼동이 있으면 연대채무자의 부담부분의 한도에서 공동 면책의 효과가 있는 것(재산편 제535조)도 보증채무와 아주 유사하다.[32]

28 Boissonade는 이 규정이 채권담보편 제25조(Exposé 4에는 제21조라고 되어 있으나, 이는 오기인 듯하다)와 관련된 것이지만, 보증채무와 연대채무간의 상이성(相異性)으로 인해 단순히 그 조문을 준용하는 것으로는 불충분하다고 한다. Exposé 4, p. 83. 참조. 채권담보편 제25조(보 증인의 주채무자의 항변으로써 채권자에게 대항할 수 있고, 주채무자의 무능력 또는 의사표시 의 흠결로 인한 무효의 항변으로써도 대항할 수 있다는 내용)는 보증인의 권리이자 의무를 규정한 것이며, 그 의무위반이 구상권의 상실로 귀결될 수 있다.

29 채권자와 주채무자 간의 경개계약 역시 보증채무의 소멸을 가져 온다. 재산편 제501조 제2항은 채권자가 다른 공동채무자 및 보증인이 신채무에 동의할 것을 경개의 조건으로 한 경우 이들이 이를 거부하면 경개는 성립하지 않는다고 규정하고 있는데, 반대로 채권자와 주채무자 사이의 경개계약은 원칙적으로 보증채무를 면책하게 하는 것임을 전제한 것이다. Exposé, p. 44; Code Civil de L'Empire du Japon accompagné d'un Exposé des Motifs T.2(이하 Exposé 2), 1891, pp. 734 참조.

30 단순연대면제의 경우에는 면제된 연대채무자와 다른 연대채무 간의 상호담보(garantie)를 깨뜨리므로, 채권자는 면제된 연대채무자에게 그의 부담부분만을 청구할 수 있고, 이를 공제한 잔액 전부에 대하여 다른 연대채무자에게 청구할 수 있을 뿐이다(재산편 제509조 제1항). Exposé 2, 744 참조.

31 Boissonade는 특히 이 규정을 설명하면서, 보증채무와 연대채무 간에는 차이가 있지만(가령 최고검색의 항변권이나 분별의 이익 등), 연대채무자는 자기의 고유한 부담부분을 초과한 액에 대해서는 다른 연대채무자를 위한 연대보증과 다를 바 없다고 보았다. 채무전액을 변제한 경우 다른 연대채무자에게 구상할 수 있다는 것도 그 한 징표라고 본 것이다. 다른 연대채무자 의 부담부분의 한도에서는 연대채무자는 보증인과 유사하므로, 그의 채권자에 대한 상계할 채권으로써 대항할 수 있게 한 것이다. Exposé 2, 760 참조.

32 상속 등의 사유로 연대채무자와 채권자 간에 혼동이 발생한 경우, 그의 부담부분의 한도에서는 고유한 자기 채무와 채권이 혼동된 것이지만, 다른 연대채무자의 부담부분의 한도에서는 보증인과 유사하므로 보증인과 채권자 간의 혼동이 있는 경우와 마찬가지로 공동면책의 효과가 발생하지 않는 것이라고 설명한다. Exposé 2, 783 참조.

요컨대 일본 구 민법은 연대채무에서 각 연대채무자는 자기의 부담부분의 한도에서는 고유한 자기 채무이지만, 그 부담부분의 한도를 초과하는 것에 대해서는 연대보증인과 유사한 지위에 있는 것으로 파악하여 연대채무자 상호간의 관계를 규율하였을 뿐 아니라 채권자와의 대외관계도 규율하였다. 따라서 연대채무자의 구상권 상실을 보증인의 그것과 동일하게 취급한 구 민법은 일관성이 있다고 볼 수 있다.[33]

마. 일본 명치 민법 입법과정에서의 구상권 상실에 관한 논의

1) 일본 명치 민법은 구 민법과 달리 연대채무를 보증채무보다 앞서 규정하였기 때문에, 연대채무자의 구상권 상실에 관한 규정을 보증인의 그것에 준용하는 형식을 취한다. 또한 심의과정에서도 연대채무자의 구상권 상실에 관해서는 많은 논의가 있었지만, 보증채무의 경우에는 그렇지 않았다.

2) 일본 명치 민법 수정원안 제445조는 "연대채무자의 일인(一人)이 채권자로부터 청구를 받은 것을 다른 채무자에게 통지하지 않고 변제를 하거나 기타 자기의 출연으로써 공동면책을 얻은 경우에 다른 연대채무자가 채권자에게 대항할 수 있는 면책의 원인이 있었음을 증명한 때는 그 채무자에 대하여 상환의 책임을 지우지 못한다(제1항). 전항의 경우 청구를 받은 채무자가 변제 기타 자기의 출연으로써 공동의 면책을 얻었음을 다른 채무자에게 통지하는 것을 해태함으로써 다른 연대채무자가 선의로 채권자에게 변제 기타 유상의 면책을 얻은 때에도 마찬가지이다(제2항)"라고 규정하였다. 기초자인 富井政章은 위 규정이 구 민법 채권담보편 제32조 및 제33조를 준용하는 제65조와 동일하지만, 연대채무자의 1인이 채권자로부터 소추받은 경우 뿐 아니라 재판 외의 청구에도 동일한 내용을 규율하기 위해 약간의 수정을 한 것이라고 한다.[34]

그러나 심의과정에서 많은 논란이 있었다. 먼저 채권자에 대한 상계할 수 있는 채권의 존재가 위 제445조 제1항의 "대항사유"에 포함되는지를 둘러싸고 논란이 발생하였다. 富井政章은 이를 부정하였다. 그러나 다수의 위원들은 수정원안

33 연대채무자가 가령 이미 소멸한 연대채무를 변제하더라도 그 지출이 필요비(sacrifices nécesaires)라고 평가되는 한, 수탁보증인의 경우와 마찬가지로 구상할 수 있는 것도 수탁보증 의 경우와 다를 바 없다. 그러나 필요비로 인정되기 위해서는 연대채무자는 채권자로부터 청구받은 후, 다른 연대채무자에게 통지하여 그(들)에게 있는 항변사유로써 연대채무에 대항 할 수 있는 것이 없는지를 확인할 필요가 있다. 이 점을 지적하는 것으로 Exposé 4, 89 참조.

34 河原綠, 史料 債權總則, 民商法雜誌 제85권 제1호, 有斐閣(1982), 178 참조.

제437조(명치 민법 제436조) 제2항, 즉 "위의 채권[상계할 채권을 의미함- 필자]을 가진 채무자가 상계를 원용하지 않을 때에 그 채무자의 부담부분에 관하여는 다른 채무자가 상계를 원용할 수 있다"는 것을 들어 상계할 채권의 존재도 위 제445조 제1항의 "대항사유"에 포함되어야 한다고 주장하였다.[35]

그 후 梅謙次郎이 위 제445조 제1항의 수정안을 제시하였고,[36] 심의과정에서 약간의 변경을 가한 후 일본 명치 민법 제443조 제1항과 마찬가지로 "부담부분"의 한도에서 대항할 수 있도록 하였다.[37]

보다 중요한 것은 수정원안 제445조 제2항의 삭제를 둘러싼 논란이다. 富井政章은 제2항의 적용범위를 묻는 井上正一 위원의 질의에 답하면서, 제2항은 이미 변제로 공동면책을 얻은 연대채무자가 그 사실을 통지하지 않은 상태에서 다른 연대채무자가 그 사실을 알지 못하고 2중변제한 경우를 규율하는 것으로, 전자는 후자에 대해 구상할 수 없음을 정한 것이라고 하였다. 그러나 磯部四郎 위원은 제1항과 제2항이 모순된다고 보고, 제2항을 삭제하자고 주장하였다. 즉 제1항에 의해 연대채무자는 사전통지 의무가 있고, 이 의무의 이행을 통하여 다른 연대채무자가 이미 변제한 사실을 알 수 있음에도 불구하고, 제2항에서 변제한 연대채무자에게 사후통지 의무를 부과하는 것은 제1항의 원칙에 반한다는 것이다. 가령 변제한 연대채무자가 사후통지를 하지 않은 경우에는 사전통지를 하지 않은 연대채무자도 구상할 수 있게 되어 모순이 생긴다는 것이다.[38] 그러나 제2항 삭제안은 井上正一 위원의 삭제 찬성의견의 철회로 채택되지는 않았다.[39] 그 후 梅謙次郎은 "연대채무자의 1인이 변제 기타 자기의 출연으로써 공동의 면책을 얻은 것을 다른 채무자에게 통지하는 것을 해태함으로써 다른 채무자가 선의로 채권자에게 변제, 기타 유상으로 면책을 얻은 때에는 그 채무자는 자기의 변제 기타 면

35 상세한 것은 河原緣, "史料 債權總則", 民商法雜誌 제85권 제1호, 有斐閣(1982), 179-181 참조.

36 그 내용은 다음과 같다. "연대채무자의 일인이 채권자로부터 청구를 받은 것을 다른 채무자에게 통지하지 않고 변제하거나 기타 자기의 출연으로써 공동면책을 얻은 경우에 다른 채무자가 채권자에게 대항할 수 있었던 사유를 가진 때에는 이로써 그 채무자에게 대항할 수 있다.

37 河原緣, "史料 債權總則", 民商法雜誌 제85권 제2호, 有斐閣(1982), 359 이하 참조.

38 그러나 수정원안 제445조 제2항을 이렇게 해석할 수 있는지는 의문이다. 사전통지 없이 변제하였으나 다른 연대채무자에게 대항사유가 없는 경우가 있을 것이고, 이 경우에는 제1항이 적용되지 않는다. 이 때 제2항의 사후통지를 하지 않는 경우가 있을 것이다. 이제 제2항은 사후통지를 하지 않은 자가 구상할 수 없음을 정한 것이라고 볼 것이지, 선의로 2중변제한 자의 구상을 허용하는 규정으로 볼 것은 아니다.

39 이상 河原緣, "史料 債權總則", 民商法雜誌 제85권 제1호, 有斐閣(1982), 183-185 참조.

책행위를 유효[40]한 것으로 간주할 수 있다"는 제2항의 수정안을 다시 제출하였다. 수정원안 제445조 제2항에 따르면 2중변제의 경우 나중의 변제자는 선행의 변제자로부터 구상청구를 받더라도 상환의무가 없음을 정한 것인데, 채권자와의 관계가 언급되어 있지 않는 문제가 있다고 한다. 위 수정안은 나중의 변제를 유효한 것으로 간주함으로써 통지를 게을리 한 채무자의 선행된 변제가 무효로 됨을 분명하게 하기 위한 것이라고 한다. 즉 누가 채권자에 대해 부당이득반환청구권을 행사하는지를 정하기 위한 것이라고 한다.[41]

바. 연대채무에서의 구상권 상실에 관한 일본의 학설

일본 명치 민법의 기초자(起草者)는 제443조 제1항의 "대항사유"에 변제 등을 통해 채무가 절대적으로 소멸된 것을 염두에 두었고, 바로 그러한 이유 때문에 채무가 아직 소멸되지 않은 "상계할 채권의 존재"가 대항사유에 속하는지를 둘러싸고 심의위원과 논란이 있었다.[42] 그런데도 오늘날의 다수설은 제1항의 "채권자에게 대항할 수 있는 사유"에 변제, 대물변제, 공탁, 경계, 면제, 이미 상계한 것 등은 해당되지 않는다고 한다. 이런 사유는 연대채무가 이미 전부 또는 일부 소멸하였기 때문에 그 한도에서는 구상권이 성립하지 않기 때문이라는 것이다.[43] 대신 제1항에서 규정한 상계할 채권의 존재, 무효와 취소, 기한유예, 동시이행의 항변권, 조건불성취 등이 거기에 포함된다고 한다. 또한 통설은 제2항이 적용되기 위해서는 2중변제한 자가 제1항의 사전통지를 하여야 하며, 이 경우 상대적 유효라는 효과가 발생한다고 한다.[44] 한편 연대채무자의 1인이 변제한 후 사후통지를 해태한 상태에서, 다른 연대채무자가 사전통지를 해태하여 연대채무가 이미 소멸된

40 河原緣, 史料 債權總則, 民商法雜誌 제85권 제2호, 有斐閣(1982), 351에는 유상이라고 되어 있으나 이는 유효의 오자인 듯하다. 심의과정에서 이 문제는 전혀 언급이 없고, 일본 명치 민법에도 유효라고 되어 있기 때문이다.

41 河原緣, 史料 債權總則, 民商法雜誌 제85권 제2호, 有斐閣(1982), 353 참조. 다만 梅謙次郎, 民法要義 3권, 有斐閣(1909), 133에서도 먼저 변제한 연대채무자가 자신의 出捐을 채권자로부터 부당이득으로 반환받을 수 있다고 한다.

42 河原緣, 史料 債權總則, 民商法雜誌 제85권 제1호, 有斐閣(1982), 179 참조. 富井政章은 제1항의 면책원인을 "이미 채무가 절대적으로 소멸하였다는 확실한 사실에 기초한 항변"이라고 하였다. 梅謙次郎도 제1항의 면책원인을 "채무변제 기타의 방법으로 이미 채무가 소멸"된 것을 의미한다고 파악하였다. 河原緣, 史料 債權總則, 民商法雜誌 제85권 제2호, 有斐閣(1982), 352 참조. 기타 심의위원들도 마찬가지였다. 梅謙次郎, 民法要義 3권, 有斐閣(1909), 132도 동일 취지이다.

43 일찍이 勝本正晃, 債權總論 中卷 1(1934), 208에서 이런 논리를 전개하고 있다. 오늘의 통설이기도 하다. 注釋民法(11), 債權(2), 有斐閣(1965), 128(椿壽夫) 참조.

44 注釋民法(11), 債權(2), 有斐閣(1965), 129(椿壽夫); 我妻榮, 新訂 債權總論, 岩波書店(1964), 436 참조. 이런 해석이 입법자의 의사와 다름은 아래 각주 91의 본문 참조.

사실을 알지 못하고 변제한 사안에 대해서는 오늘날의 통설은 이러한 사안은 민법이 예정하지 않은 사안이므로 제1항이나 제2항이 적용되지 아니하고, 보통의 이론에 좇아 제1의 변제만이 유효하다고 해석하고 있다.[45] 그러나 이런 해석도 입법자의 의사에 합치한다고 보기는 어렵다. 제2항을 수정제안한 梅謙次郎은 제1변제자가 채무자의 청구를 받아 채무를 이행하면서 사전통지를 하였으면, 제2변제자가 선의라고 보기 어려울 것이고, 제2변제자가 사전통지를 하였으면 제1항이 적용될 것이라고 하기 때문이다.[46] 결국 제2변제자가 사전통지를 하지 않은 경우에도 제2변제자가 선의일 수 있다는 의미이다. 이로써 제443조는 -제1항 및 제2항에 있어서- 일본 구 민법과 다를 뿐 아니라, 입법자들의 의사에도 합치하지 않는 해석 -특히 제1항에 있어서 그러하다. 각 연대채무자가 사전통지 및 사후통지를 해태한 상태에서 2중변제한 사안이 민법이 예정하지 않은 사안이라는 해석도 마찬가지이다- 으로 나아가게 되었다.

개정 민법은 종전의 연대채무 및 부진정연대채무를 통합적으로 규율하기 때문에 제443조를 개정 취지에 맞게 개정하여, '다른 연대채무자가 있다는 것을 알면서' 하는 변제의 경우에 적용되는 사전통지, 사후통지의 효과를 규정하고 있다. 그 이외에는 종래의 학설상의 견해에 변경을 가하는 개정을 하지는 않았다.

3. 본조의 정당화근거

유럽 법제에서는 연대채무자의 구상권 상실을 보증채무와 달리 취급하였다. 변제를 한 연대채무자가 사후통지를 해태함으로써 다른 연대채무자가 이중변제를 하면 전자가 구상하더라도 후자에게 손해배상을 하도록 하거나(독일), 전자의 후자에 대한 구상권을 상실시키기도 한다(스위스). 그러나 사전통지의 해태를 이유로 손해배상 또는 구상권상실을 인정하지는 않는다. 연대채무자 상호간에 위임관계가 있다고 하더라도 그 사무처리는 수탁보증인의 그것과는 다르기 때문이다. 보증인은 주채무자의 항변사유로써 채권자에게 대항할 의무가 있고, 그 의무의 위반이 손해배상의무 또는 구상권 상실로 귀결되지만, 연대채무자는 연대채무에 공통한 항변사유가 아닌, 다른 연대채무자에게만 존재하는 항변사유로써 대항할 수

45 이런 논리는 일찍이 鳩山秀夫, 日本債權法(總論), (1920), 236에서 주장되었고, 오늘날 의 통설이라고 한다. 注釋民法(11), 債權(2), 有斐閣(1965), 131면 이하(椿壽夫); 我妻榮, 新訂 債權總論, 岩波書店(1964), 438 이하 참조.

46 梅謙次郎, 民法要義 3권, 有斐閣(1909), 133 참조.

없기 때문에 사전조회(또는 사전통지)의 필요성은 거의 없다는 것이다. 달리 말하면 공동면책을 얻은 연대채무자가 사후통지를 해태한 것에 대한 제재로도 충분하다는 것이다. 사후통지의 해태는 곧 수임인의 선관주의의무 또는 보고의무의 위반이기 때문이다.

그러나 일본 구 민법은 독특하게도 연대채무자도 보증인과 동일한 요건 하에서 구상권을 상실시키고 있다. 이것은 구 민법이 연대채무자 상호간의 관계를 상호위임관계로 파악하고, 이것을 채권자와의 관계에서도 일관되게 관철시킨 것에 기인한다. 즉 연대채무자는 다른 연대채무자의 부담부분에 대해서는 보증인의 지위를 가지는 것으로 파악하여, 다른 연대채무자의 1인에게만 존재하는 항변사유로써도 채권자에게 대항할 수 있도록 하였다는 것이다. 이것은 연대채무자의 권리이자 의무이다. 따라서 어느 연대채무자가 변제 이전에 사전통지를 하지 않음으로써 다른 연대채무자의 채무소멸의 항변사유로써 채권자에게 대항하지 못하였다면, 그 의무위반에 대한 제재가 보증채무에서와 마찬가지로 구상권의 상실로 나타나도록 한 것이다. Boissonade의 구 민법에서 보증인의 구상권 상실규정을 연대채무자에게 준용하도록 한 것은, 적어도 입법정책과 입법기술이라는 측면에서 일관성이 있는 것이었다.

반면 일본 명치 민법의 기초자들은 구 민법과는 달리 연대채무자의 내부관계를 상호위임관계로 파악하지도 않았으며, 연대채무자의 1인에게만 존재하는 항변사유로써 채권자에게 대항할 수 있는 범위도 좁혔다. 변제, 대물변제, 공탁, 상계, 경개 등을 절대적 공동면책사유로 인정한다는 것은 여타의 법제와 다를 바 없지만, 구 민법과 달리 면제, 혼동, 소멸시효의 완성에 대해서만 부담부분의 한도에서 공동면책의 효과를 인정하고 다른 사유는 상대적 효과밖에 인정하지 않았다.[47] 가령 연대채무 자체가 아니라 연대채무자의 1인에게만 무효, 취소의 사유가 있는 경우에는 구 민법과 달리 부분적 공동면책효과도 인정되지 않는다. 따라서 일본 명치 민법(따라서 우리 민법)에서는 '연대채무자는 다른 연대채무자의 부담부분에 대해서는 보증인의 지위에 있다'는 Boissonade류의 관념은 더 이상 통용될 수 없다. 즉 사후통지의 해태로 인한 제재로서 구상권을 상실시키는 민법 제426조 제2

47 民法修正案理由書, 出典不明, 제3편 제3장 제3관(연대채무)의 설명 부분 참조.

항의 정당성에는 의문을 제기할 필요가 없지만,[48] 사전통지에 대한 제재로서 구상권의 상실을 규정한 제426조 제1항의 정당성은 현저히 약화되었다. 그럼에도 불구하고 면제, 혼동, 소멸시효의 완성 등에서는 부분적 공동면책의 효과가 인정되고, 또한 다른 연대채무자에게 상계할 채권이 있으면 그의 부담부분의 한도에서 다른 연대채무자도 상계할 수 있으므로, 그 한도에서는 연대채무자는 다른 연대채무자에게 이와 같은 사유가 발생하였는지를 조회할 필요성이 있다.

Ⅱ. 사전통지의 해태와 그 효과

1. 사전통지 해태의 요건

가. 본조 제1항은 어느 연대채무자가 다른 연대채무자에게 사전통지를 하지 아니하고, 변제, 기타의 출연행위를 한 경우에 다른 연대채무자는 자기 부담부분에 한하여 채권자에게 대항할 수 있는 사유로 구상권자에게 대항할 수 있도록 하고 있다. 제1항을 반대해석하면 '다른 연대채무자에게 통지하고 변제 기타 자기의 출재로 공동면책을 한 경우 다른 연대채무자가 채권자에게 대항할 수 있는 사유가 있더라도 이 사유로 면책행위를 한 연대채무자에게 대항할 수 없다'는 명제가 도출될 수 있다. 여기서 통지는 자기가 변제, 기타의 출연을 통해 공동면책을 시키려는 사실을 다른 연대채무자에게 알리는 행위를 말한다. 이 규정은 다른 연대채무자가 변제 등 출연을 하고자 한다는 것을 알지 못함으로써 채권자에 대한 자신의 대항사유를 주장할 기회를 상실하는 것을 방지하기 위한 것이므로, 변제 등의 출연을 하고자 하는 것을 이미 알고 있는 경우에는 굳이 통지를 할 필요가 없다.[49] 변제 등의 출연을 하고자 한다는 사실을 이미 알고 있었다는 것은 이를 주장하는 자가 부담할 것이다.

나. 통지는 다른 채무자에게 항변권을 행사할 수 있는 시간적 여유를 두고 이루어져야 한다. 통지 후 곧바로 변제를 하는 경우에는 본조가 요구하는 사전통

48 각 연대채무자는 다른 연대채무자로 하여금 이중변제하지 않도록 배려할 주의의무가 있기 때문이다. 연대채무자 상호간의 관계가 위임관계일 경우 민법 제683조, 조합관계일 경우 제707조, 제683조, 사무관리일 경우에는 제736조 등에 의해 인정될 수 있다. 스위스에서도 이 의무위반은 구상권 상실을 가져 온다. ☞ 민법 제426조 Ⅰ. 2. 나. 주석 참조.

49 곽윤직, 채권총론, 박영사(2003), 173; 김주수, 채권총론, 삼영사(1999), 299; 민법주해 X, 채권(3), 박영사(1995), 148 (차한성) 참조.

지가 없다고 해석할 수 있을 것이다. 사전통지를 하는 것으로 충분하고 사전통지를 받은 자가 어떤 사유로 회신을 하지 못하였는지는 불문한다.

다. 통지의 해태로 인정되기 위해서는 과실이 있어야 하는지를 둘러싸고 논란이 있다. 이를 긍정하는 학설도 있지만, 이를 부정하는 학설도 있다. 부정하는 학설은 일본 민법과 달리 과실을 요구하지 않는다는 것을 그 근거로 한다.

라. 다른 연대채무자가 채권자에게 대항할 수 있는 사유에 관하여는 논란이 있다.

1) 통설은 제1항의 채권자에게 대항할 수 있는 사유에는 상계할 반대채권의 존재, 동시이행 또는 기한유예의 항변, 기한미도래의 항변, 원인행위의 무효, 취소, 무능력의 항변 등이 포함된다고 한다. 그 중 무효, 취소의 사유는 그러한 사유가 있게 되면 그 당사자는 연대채무관계에서 이탈하게 되므로 통지의 유무를 묻지 않고 그 자에 대한 구상관계는 성립하지 않으며, 기한유예, 기한미도래, 동시이행의 항변에 있어서도 해당 당사자가 채권자로부터 청구를 받은 경우에는 이를 행사하여 청구를 거부할 수 있으나 청구를 받은 다른 채무자에 대해서는 아무 의미도 없으므로 사실상 무의미하다는 견해도 있다. 그러나 이미 연대채무가 전부 또는 일부 소멸된 경우도 본조의 대항사유에 포함 되는지에 관하여는 통설은 부정적이다. 변제, 경개는 그 한도에서 채무가 이미 소멸하여 어느 채무자가 변제하더라도 구상권 자체가 발생하지 않고, 면제나 소멸시효의 완성은 출재가 없어 구상권이 생기지 않으므로 본조의 적용문제가 생기지 않는다고 설명하기도 한다.[50] 결국 통설의 해석에 따르면 연대채무자가 사전통지를 하였음에도 회신을 받지 못하여 변제한 경우, 다른 연대채무자에 의해 이미 연대채무자 소멸된 경우 제1항이 적용되지 않는다는 것이다. 이런 해석은 제1항이 "공동면책"이 있음을 전제하기 때문에, 연대채무자의 출재행위가 대(對) 채권자와의 관계에서 "공동면책"을 가져오지 않는 경우에는 제1항이 적용되지 않는다는 논리일 것이나. 결국 제1항의 "대항할 수 있는 사유"란 아직 상계하지는 않았지만 상계할 채권이 있다는 항변, 변제기 유예의 항변 등등 채무소멸과 무관한 항변인 것이다. 가령 경개, 혼동, 소멸시효완성 등도 절대효가 있기 때문에 공동면책이 없게 되고, 따라서 제1항의 "대항할 수 있는 사유"에는 포함되지 않는다고 해석한다.

50 민법주해 X, 채권(3), 박영사(1995), 148(차한성) 참조.

2) 일부 학설은 보증채무에서의 구상권상실의 문제를 다루면서, 변제 등 보증채무까지 소멸시키는 사유는 민법 제445조 제1항의 사유에 해당되지 않고 그 밖의 사유가 있을 때에만 제445조 제1항이 적용된다고 하며, 면책행위를 한 보증인이 사후통지를 하지 않은 경우 주채무자가 선의로 면책행위를 하면 사전통지를 하였는가와 무관하게 동조 제2항에 의해 주채무자는 자기의 면책행위의 유효를 주장할 수 있다고 한다. 즉 변제 등의 면책행위에 있어서는 사후통지에 중점을 두어야 한다는 것이다. 따라서 주채무자가 채권자를 만족시킨 후 사후통지를 하지 않아 이를 알지 못하고 2중변제를 한 보증인은 사전통지를 하였는가와 무관하게 주채무자에게 전액을 구상할 수 있을 것이다.[51]

이런 논리는 연대채무에도 그대로 적용될 수 있다. 즉 연대채무자가 채권자를 만족시킨 후 사후통지를 하지 않아 이를 알지 못하고 2중변제를 한 경우 사전통지를 하였는가와 무관하게 사후통지를 결여한 연대채무자에게 전액을 구상할 수 있다는 논리로 귀결될 것이다.

3) 사견

통설에는 다음과 같은 문제가 있다. 첫째, 문언해석에서의 일관성을 결여하고 있다. 민법 제426조 제1항의 해석에 있어서는 "공동면책"을 문언해석하여, 대외적으로 유효한 변제가 있는 사안만을 제1항의 규율대상이라고 본다면, 동조 제2항에 "선의" 역시 문언해석을 해야 해석에서의 일관성이 있다고 할 것이다. 그런데 후술하겠지만 통설은 제2항은 축소해석을 하고 있다. 둘째, 연대채무자의 구상권 상실요건을 다루는 본조는 어느 한 연대채무자가 사전통지 또는 사후통지를 해태하면 구상권을 상실할 수 있음을 규율하는 규정으로 이해하는 것이 민법전을 체계있게 입법하고자 하는 입법자의 의사에 가장 잘 부합하는 해석일 것이다. 그런데 통설의 해석에 따르면, 본조는 그 적용대상에서 일관성을 결여한 규정으로 전락된다. 즉 제1항은 어느 한 연대채무자의 구상권 상실을 다루는 것인데 반하여, 제2항은 다른 연대채무자의 구상권 취득요건을 규율하는 내용으로 전환된다. 왜냐하면 제2항에 관한 통설의 해석에 따를 경우 제1연대채무자의 변제 등으로 이미 연대채무가 소멸되었음에도 불구하고, 이 사실을 알지 못한 제2연대채무자가 사

51 송덕수, "수탁보증인의 사전통지 없이 2중의 면책행위를 한 경우의 구상관계", 민사판례연구 제24권, 293 이하 참조. 따라서 위 95다46265 판결에 대해 비판적이다.

전통지하고 2중변제를 하면 제 1연대채무자에게 구상할 수 있기 때문이다. 민법전의 규정이 체계적으로 구성되어 있다고 가정한다면, 제1항은 사전통지가 없을 때의 구상권 상실을, 제2항은 사후통지가 없을 때의 구상권 상실을 각각 규율하는 것으로 이해하는 것이 타당할 것이다. 셋째, 통설은 제1항은 문언해석을, 제2항은 축소해석을 하는데, 이렇게 해석할 경우 법률규정의 흠결이 필연적으로 발생할 수 밖에 없다. 즉 제1연대채무자가 사후통지를 하지 않던 중 선의의 제2연대채무자가 사전통지를 하지 않는 사안은 본조에 의해 규율되지 않는 공백으로 남게 된다. 가능한 한, 규정의 흠결이 발생하지 않을 수 있게 해석하여야 할 것이다.

이런 문제를 회피하기 위해서는, 제1항의 "공동면책"을 확대해석 또는 유추해석하여, "공동면책을 위한 출재"도 여기에 포함시켜야 할 것이다. 공동면책의 효과가 없는 면책행위를 한 제2연대채무자도 공동면책을 한 제1연대채무자에게 구상하는 것이 가능하다면(통설에 의한 제2항의 해석), 제1항의 "공동면책"을 반드시 문언대로 해석해야만 하는 것은 아니다. 더구나 선관주의를 다하여 필요비를 지출하였지만, 객관적으로 소기의 성과를 거두지 못한 경우에도 민법 제688조의 필요비에 해당되므로 구상권이 인정된다. 다른 연대채무자에 대 해 사전통지 후(따라서 선관주의의무를 다한 후) 채권자에게 변제한 것 역시 필요비의 지출로 인정될 수 있는 "면책행위"(통설에 따르면 제2항의 유상의 면책행위에 해당)여서 구상권을 인정할 수 있다. 이런 경우에도 구상권이 생기기 때문에, 제1항은 이를 전제한 상태에서 그 구상권의 소멸에 관하여 규정한 것이라고 해석할 수 있다. 이렇게 해석하는 것이 연대채무자 상호간의 내부관계에 기한 구상권에 적용될 위임법의 해석에도 부합한다. 이런 해석에 따르면, 가령 제1연대채무자가 사전통지 없이 변제한 경우 제2연대채무자는 자기의 부담부분의 한도에서 채권자에 대한 항변사유로써 항변할 수 있고, 그 항변사유에는 변제, 혼동, 면제, 소멸시효의 완성 등(부분적) 절대효를 수반하는 채권소멸의 항변만이 아니라 여타의 항변사유도 포함된다. 제1연대채무자가 사전통지를 하였다면, 제2연대채무자는 채권자에 대한 이런 항변사유로써 제1연대채무자에게 대항할 수 없게 된다.

2. 사전통지 해태의 효과

공동면책을 위해 출재를 한 연대채무자가 다른 연대채무자에게 구상하고자 할 때 후자는 사전통지없이 변제하였다는 사실을 이유로, 채권자에게 대항할 수 있는 사유로써 구상권자에게 대항할 수 있게 된다. 만약 그 대항사유가 상계의 항변권인 경우 구상권자는 별도의 채권양도의 절차없이 당연히 상계할 채권을 취득하여 채권자에게 청구할 수 있다. 반대로 사전통지가 있었음에도 불구하고 회신을 하지 않은 구상의무자는 채권자에게 대항할 수 있는 사유로써 대항할 수 없게 된다. 소수설처럼 그 대항사유가 채무소멸인 경우에는 이로써 대항할 수 없다고 할 것이다. 이 때 구상권자는 비채변제를 이유로 채권자에 대한 부당이득반환청구권을 가지고, 동시에 구상의무자에 대한 구상권을 가지게 된다. 구상권자가 구상의무자로부터 구상채권의 만족을 얻게 되면, 구상권자의 채권자에 대한 부당이득반환청구권은 구상의무자에게 이전된다고 하여야 할 것이다. 채권자와 구상의무자는 일종의 부진정연대채무자이고, 종국적으로 채무를 부담하여야 할 자는 이중변제를 받은 채권자이므로, 구상의무자의 변제로 그는 구상권자를 대위할 수 있을 것이기 때문이다(민법 제481조).

Ⅲ. 사후통지의 해태와 그 효과

1. 적용요건

가. 변제 기타 자신의 출재로 공동면책시킨 경우여야 한다. 면제 또는 소멸시효의 완성으로 그 부담부분에 한하여 공동면책이 된 경우에는 제2항의 적용이 없다. 제2항 역시 구상권상실에 관한 규정으로 해석한다면, 공동면책을 위해 출재를 한 연대채무자에 관한 규정이어야 할 것이다. 면제 또는 소멸시효 의 완성으로는 구상권이 애초부터 성립할 여지가 없기 때문이다. 그런데 면제받은 자가 사후통지를 하지 않은 경우 사전통지를 하고 변제한 다른 연대채무자는 면제받은 연대채무자에게 제2항에 기해 구상할 수 있다는 견해도 있다.[52] 이런 해석 역시 제2항의 문언에 부합하지 않고, 더구나 체계에도 부합하지 않는다. 이런 사안은 제1항의 적용대상이라고 해석해야 할 것이다. 즉 사전통지에 대해 채권자에게 대항할 수 있는 사유가 있음에도 불구하고 아무런 회신을 하지 않은 경우, 그 연대채무자는 선관주의의무를 다한 것이어서 그의 2중변제는 그 연대채무자와의 관계에서는 필요비의 지출에 해당되어 구상권이 성립하게 된다는 것이다. 그 결과 면제

[52] 我妻榮, 新訂 債權總論, 岩波書店(1964), 436-437; 민법주해 X, 채권(3), 박영사(1995), 150(차한성) 참조. 이 견해에 따르면 그 면제가 구상의무로부터의 면책도 포함하는 것이라면, 면제받은 연대채무자는 자기가 구상당 한 금액을 채권자에게 부당이득으로 반환을 구할 수 있다고 한다.

받은 연대채무자는 구상의무를, 2중변제를 받은 채권자는 부당이득반환의무를 각각 부담하게 될 것이어서, 면제받은 연대채무자가 구상의무를 이행하면 구상권자의 부당이득반환청구권을 대위하여 채권자에게 행사할 수 있다고 해석하게 될 것이다.

나. 변제 기타 자기의 출재로 공동면책을 한 자가 사후통지를 하지 않은 것에 관하여 과실이 요구되는지에 관하여 학설의 대립이 있다.[53] 제1항에서 회신하지 않은 것에 관하여 과실을 요구하지 않는다면, 제2항에 사후통지하지 않은 것에도 과실이 요구되지 않는다고 보는 것이 균형 있을 것이다.

다. 변제 기타 자기의 출재로 공동면책을 한 자가 사전통지를 하고 변제를 하였다면, 제1연대채무자가 사후통지를 하지 않았더라도, 제2연대채무자는 제1연대채무자에 의한 변제가 있었다는 사실을 알고 있을 것이다. 따라서 그가 2중변제를 하였다면 제1연대채무자는 구상권을 상실하지 않을 것이다. 제2연대채무자의 "선의"를 요구하기 때문이다. 이때의 선의에는 무과실까지 요구하는 것은 아니라고 한다.[54]

라. 일부 학설은 제1연대채무자가 변제 기타 자기의 출재로 공동면책을 한 후, 사후통지가 없던 중에 다른 연대채무자가 면제를 받거나 소멸시효가 완성 되는 경우 제2항이 적용되는지 여부를 논의하면서,[55] 이 경우에도 제1연대채무자에 의한 구상을 거부할 수 없다고 한다. 이러한 사안에 제2항을 적용할 수 없는 것은 분명하다. 왜냐하면 제2항은 구상권 있는 자의 사후통지가 없던 중에 제2연대채무자가 2중변제 또는 공동면책을 위한 출재행위를 하는 사안을 규율하는 것인데, 면제나 소멸시효의 완성은 여기에 해당되지 않기 때문이다. 또한 위 학설처럼 구상을 거부할 수 없다는 결론은 정당하다. 그러나 이 문제의 판단을 위해서는 사안을 구분하여 살펴보아야 한다. 제1연대채무자가 연대채무 전부를 변제한 경우에는 면제 또는 소멸시효의 완성과 같은 일이 발생할 여지가 없기 때문에 애초부터 문제가 되지 않는다. 문제가 되는 것은, 제1 연대채무자가 자기의 부담부분을 넘어서서 변제하였지만, 일부변제인 경우이다. 부담부분이 동일한 A, B, C 가 90의

53 학설에 관하여는 민법주해 X, 채권(3), 박영사(1995), 150(차한성) 참조.
54 민법주해 X, 채권(3), 박영사(1995), 151(차한성) 참조.
55 민법주해 X, 채권(3), 박영사(1995), 150(차한성) 참조.

연대채무를 부담하는 경우를 상정해 보자. 첫째, 자기 부담부분 전부를 면제받거나 소멸시효의 완성으로 자기 부담부분 전부가 소멸하는 경우가 있을 것이다. A가 40을 변제한 후 C가 면제를 받거나 소멸시효가 완성될 수 있다. 이 때 A는 민법 제425조에 기해 C에게 5만큼을 구상할 수 있다. C에 대한 면제는 그의 부담부분 30만큼을 절대적으로 소멸시키는 효과가 있을 뿐이다. B가 무자력인 경우 B가 부담하여야 할 부분에 대해서는 A는 C와 균분할 것을 청구할 수 있다(민법 제427조 제1항). 둘째, 고유한 자기 부담부분 중 일부를 면제받거나 그 일부에 대해 소멸시효가 완성하는 경우도 있다. 부담부분이 동일한 A, B가 90의 채무를 부담할 때, A가 50을 변제한 후 B가 면제를 받거나 소멸시효가 완성하는 경우가 그러하다. B의 면제 또는 소멸시효의 완성에도 불구하고, 그것이 A의 B에 대한 구상권(5)에 영향을 미치지 않기 때문에 B는 A에 대한 구상의무를 그대로 부담하게 된다.

한편 일부 학설은 혼동의 경우 일본의 학설들을 소개하면서, 일본 민법과 달리 우리 민법에서는 혼동이 구상권의 발생사유가 아니므로 제2항의 적용문제는 없다고 한다.[56] 혼동이 있는 사안은 유상의 면책행위를 한 것이 아니므로 제2항이 적용되지 않는다. 그러나 이 경우 제1연대채무자의 구상권에 어떤 영향을 미치는지는 별도로 판단되어야 한다. 제1연대채무자가 연대채무 전부를 변제한 경우에는 혼동이 발생할 여지가 없다. 문제가 되는 것은, 제1연대채무자가 자기의 부담부분을 넘어서서 변제하였지만, 일부변제인 경우이다. 첫째, 부담부분이 동일한 A, B, C가 90의 연대채무를 부담할 때, A가 40을 변제한 후 C와 채권자 간에 혼동이 있을 수 있다. 이 때 C는 A, B에게 잔여액 20 을 각각 청구할 수 있게 된다. 둘째, 부담부분이 동일한 A, B가 90의 채무를 부담할 때, A가 50을 변제한 후 B와 채권자 간에 혼동이 발생한 경우가 있다. B와 채권자 간의 혼동에도 불구하고, 그것이 A의 B에 대한 구상권(5)에 영향을 미치지 않기 때문에 B는 A에 대한 구상의무를 그대로 부담하게 된다.

마. 변제 기타 자신의 출재로 공동면책시킨 제1연대채무자가 사후통지를 하지 않던 중에 선의의 제2연대채무자가 사전통지를 하여야 본조가 적용되는지, 아니면 사전통지를 하지 않은 경우에도 제2연대채무자가 선의이면 제2항이 적용되

56 민법주해 X, 채권(3), 박영사(1995), 151(차한성)은 제2항의 적용이 없다는 일본 학설, 제2항의 적용이 있다는 일본 학설 등을 소개하고 있다.

는지가 문제된다. 이는 다시 제2항의 효과인, "자기의 면책행위의 유효를 주장할 수 있다"는 것의 해석과도 관련된다.

1) 통설은 다음과 같이 사안을 분류한다.

가) 제1연대채무자의 사후통지가 없던 중 선의의 제2연대채무자가 사전통지 후 변제한 경우

제2항이 적용되기 위해서는 제1연대채무자의 변제 기타 출재로 공동면책된 사실을 모른 것뿐만 아니라 제2연대채무자가 사전통지를 하였음에도 아무런 확답을 받지 못한 상태에서 변제 기타의 유상의 면책행위를 하여야 한다고 주장한다. 통설은 또한 동조 제2항의 '자기의 면책행위의 유효'를 제2연대채무자가 제1연대채무자에게 구상할 수 있다는 것으로 이해한다. 제1연대채무자로부터 구상한 경우 제2연대채무자의 채권자에 대한 부당이득반환청구권은 제1연대채무자에게 당연히 이전될 것이다.

나) 제1연대채무자가 사후통지를 해태하던 중 제2연대채무자가 사전통지 없이 선의로 유상의 면책행위를 한 경우

통설은 제2항은 이런 사안을 규율하지 않는다고 이해한다. 즉 규정의 흠결로 본다. 이 경우에는 일반원칙으로 돌 아가 제1변제만이 유효하기 때문에, 제1연대채무자가 아무 제한 없이 제2연대 채무자에게 구상할 수 있다고 한다.[57]

2) 이에 대해 소수설은 다음과 같이 주장한다.[58]

가) 제1연대채무자의 사후통지가 없던 중 선의의 제2연대채무자가 사전통지 없이 유상의 면책행위를 한 경우

제2연대채무자는 자신의 부담부분의 한도에서 자신의 면책행위로써 제1연대채무자의 구상권행사에 대항할 수 있다(제2항). 그러나 제2연대채무자는 사전통지를 하지 않았기 때문에, 제1연대채무자에게 구상할 수 없다(제1항). 그 결과 제2연대채무자의 채권자에 대한 부당이득반환청구권 중 그의 부담부분은 제1연대채무자에게 이전되고, 제1연대 채무자는 제2연대채무자에게 구상할 수 없지만, 채권자에 대한 제2연대채무자의 부당이득반환청구권을 행사함으로써 자신의 손실을 전

57 대법원 1997. 10. 10. 선고 95다46265 판결은 수탁보증인의 구상권 상실에 관한 판결이지만, 연대채무자의 구상권 상실에 대해서도 그대로 적용될 수 있다.

58 제철웅, "보증채무 및 연대채무에서의 구상권상실", 비교사법 9권 1호(2002.4), 138 이하 참조.

보받을 수 있다. 이렇게 해석하면 본조와 관련하여 규정의 흠결이 생기지 않는다.

나) 제1연대채무자의 사후통지가 없던 중 선의의 제2연대채무자가 사전통지 후 변제한 경우

제1연대채무자가 변제 후 사후통지 없던 중 선의로 변제하면 그는 자신의 부담부분의 한도에서 그 변제로써 제1연대채무자에게 대항 할 수 있다. 즉 제1연대채무자의 구상권이 상실된다(제2항). 아울러 제2연대채무자가 사전통지를 하고 변제하였기 때문에 제1항이 적용될 수 있다. 따라서 그는 제1연대채무자에게 구상할 수 있게 된다. 제1연대채무자는 제2연대채무 자의 채권자에 대한 부당이득반환청구권을 변제자대위로 취득하여 채권자에게 구상할 수 있다.

2. 법률효과

가. 제2항은 유상의 면책행위를 한 선의의 제2연대채무자가 공동면책을 한 제1연대채무자에게 "자기의 면책행위의 유효를 주장"할 수 있다고 규정한다. 통설은 그 의미를 제2연대채무자가 제1연대채무자에게 구상할 수 있다는 의미로 해석한다. 통설이 제2항의 요건에 제2연대채무자의 "사전통지"를 추가하는 것도 구상권 인정의 근거를 마련하기 위한 것으로 볼 수 있다. 그러나 이런 해석으로는 법률규정의 흠결이 초래될 수밖에 없다.

오히려 "자기의 면책행위의 유효를 주장할 수 있다"는 것은 자신의 면책행위가 유효하므로 구상할 수 없다는 것, 즉 구상권 상실의 항변을 허용하는 것이라고 이해할 수 있을 것이다. 이렇게 이해한다면 "선의"인 것으로 충분하고, 추가적으로 "사전통지"를 요구할 이유는 없을 것이다. "사전통지"가 있는 경우에는 제1항에 의해 처리하는 것으로 충분할 것이다. 제2항의 효과 역시 "구상권의 상실"이 될 것이다.

구상권자는 그 권리를 상실하는 대신 그에 해당되는 부분만큼 2중변제를 한 제2연대채무자의 채권자에 대한 부당이득반환청구권을 당연히 취득한다고 해석하여야 할 것이다. 이는 제1항 후단의 규정을 유추적용한 결과이다.

나. 구상의무자가 2인 이상일 경우 그들 상호간의 관계에 관한 학설은 다소 복잡하다. 이 문제는 부담부분이 동일한 A, B, C가 90의 연대채무를 부담할 경우 A가 전액을 변제하고 사후통지를 해태하던 중 선의의 B(통설은 B가 A에게 사전통지를 하였음을 전제한다)가 2중변제를 한 사안과 관련하여 제기된다.

1) 절대적 효과설[59]

B 는 A 만이 아니라 다른 연대채무자 C 그리고 채권자에 대해서도 자기 변제의 유효함을 주장할 수 있다고 한다. 그 결과 B 만이 구상권이 있고, A 의 채권자에 대한 변제는 비채변제이므로 그에게 부당이득반환청구권을 가진다는 것이다. C 가 A 에게 구상의무를 이행하였다 하더라도 그것 역시 구상의무없이 변제한 것이 되어 A 에게 부당이득반환청구권을 행사하여야 하고, C 는 B 에게 구 상의무가 있다고 한다.

그러나 이 견해는 B 의 이중변제로 A 와 채권자 사이의 유효했던 변제가 비채변제로 전환되는 것, 유효했던 구상의무의 이행(C 와 A 간)이 비채변제로 전환되는 것을 설명하기 어렵다는 난점이 있다. 무엇보다도 A 와 B 사이에 발생한 사유로 인해 그와 무관한 자(채권자 및 C)에게 영향을 미친다는 논리를 수용하기 어렵다. 우리나라에는 이런 주장을 하는 학설을 찾기 어렵다.

2) 상대적 효력설[60]

통설은 A 와 B 사이에서만 본조가 적용되고, C 와의 사이에서는 제1변제만이 유효하다고 한다. 이에 따르면 B 는 A 에게 30만원을 구상할 수 있지만, C 에 대해서는 A 만이 30만원을 구상할 수 있다고 한다. 그러나 B 는 다시 A 에게 C 로부터 구상받은 30만원을 부당이득으로 반환청구할 수 있다고 한다. 한편 B 가 채권자에 대해 가지는 90만원의 부당이득반환청구권은 당연히 A 에게 이전 된다고 한다.

3) 사견

통설과 달리 본조 제1항과 제2항을 각각 개별적으로 고찰하여야 할 것이다. 문제상황은 주로 A 의 변제 후 C 에게는 사후통지를 하였으나 B 에게는 사후통지를 하지 않은 경우이다. 첫째, B 가 사전통지 없이 선의로 변제하였다면 A 는 C 에게 구상할 수 있지만, B 에게는 구상할 수 없다(제2항). 내신 A 는 B 의 채권자에 대한 부당이득반환채권 중 30만원을 당연히 이전받는다. B 역시 A, C 에게 구상할 수 없고(제1항), 대신 채권자에 대해 60만원의 부당이득반환청구권을 행사할 수 있다. 둘째, 선의인 B 가 A 에게는 사전통지를 하였으나 C 에게는 사전 통지

59 이 학설의 소개는 민법주해 X, 채권(3), 박영사(1995), 151-2(차한성) 참조.
60 이 학설의 소개는 민법주해 X, 채권(3), 박영사(1995), 151-2(차한성) 참조

없이 변제한 경우, A는 C에게 구상할 수 있지만, B에게는 구상할 수 없다(제2항). 오히려 B가 A에게 30만원을 구상할 수 있지만, C에게는 구상할 수 없다(제1항). 이 경우 B의 채권자에 대한 부당이득반환청구권 중 60만원은 A에 게 이전되고, 나머지 30만원은 B가 행사하게 된다. 셋째, B가 A, C에게 각각 사전통지한 경우, A는 B에게 구상할 수 없지만, C에게는 구상할 수 있다. B는 A, C에게 각 30만원씩 구상할 수 있다. B의 채권자에 대한 부당이득반환청구권은 A에게 60만원, C에게 30만원씩 이전된다. 나머지 사안도 위와 같이 사전 통지, 사후통지가 있었는지 여부를 개별적으로 판단하여 해결하면 되는 것이지, 여기에 상대적 효력설을 주장할 이유가 없다.

제 427 조 [상환무자력자의 부담부분]

① 연대채무자 중에 상환할 자력이 없는 자가 있는 때에는 그 채무자의 부담부분은 구상권자 및 다른 자력이 있는 채무자가 그 부담부분에 비례하여 분담한다. 그러나 구상권자에게 과실이 있는 때에는 다른 연대채무자에 대하여 분담을 청구하지 못한다.
② 전항의 경우에 상환할 자력이 없는 채무자의 부담부분을 분담할 다른 채무자가 채권자로부터 연대의 면제를 받은 때에는 그 채무자의 분담할 부분은 채권자의 부담으로 한다.

[관련조문] 민법 제413조(연대채무의 내용)~제426조(구상요건으로서의 통지), 제448조(공동보증인간의 구상권).

[참고문헌] 곽윤식, 채권총론, 박영사(2003); 김주수, 채권총론, 삼영사(1999); 김증한/김학동, 채권총론, 박영사(1998); 김형배, 채권총론, 박영사(1998); 민법주해 X, 채권(3), 박영사(1995); 이은영, 채권총론, 박영사(2006); J. von Staudigers Kommentar zum BGB, Bd. 2, §§ 397-432, Seiler-de Gruyter(1999); Juris Praxis Kommentar zum BGB(JurisPK-BGB), Bd 2. Schuldrecht, Juris(2004).

Ⅰ. 본조의 취지

1. 민법은 변제 기타 출재로 공동면책을 한 연대채무자가 다른 연대채무자에 대해 부분구상을 하게 하는 것을 원칙으로 한다(민법 제425조 제1항). 구상권자에게 부분구상만 허용한다면, 3인 이상의 연대채무자가 있을 경우에는 먼저 변제한 자가 불이익해질 경우가 많을 것이다. 구상의무자 중 1인이 무자력상태에 빠지게 되면 구상권자가 그의 무자력위험을 부담할 것이기 때문이다. 이런 결과는 부분구상의 정당성을 훼손시킨다. 제1항은 구상의무자의 무자력위험을 다른 구상의무자와 구상권자 간에 평등하게 분담시킴으로써, 먼저 변제한 자가 불이익을 입지 않도록 하고 있다. 동일한 취지의 규정을 제448조 제2항에서도 두고 있다.

이들 규정은 대외적으로는 전부급부의무를 부담하지만(연대채무자, 공동연대 보증채무자, 상호연대보증인, 불가분채무에 대한 수인의 공동보증인 등) 내부적으로는 각자의 부담부분이 분할되어 있는 경우, 자신의 출재로 공동면책을 한 의무자가 다른 의무자에게 부분구상을 하여야 할 때(민법 제425조 제1항, 제448조 제2항)에 인정된다는 공통점이 있다. 따라서 부분구상이 인정되는 여타의 사안에서도 먼저 변제한 채무자가 불이익을 입지 않도록 하기 위해서는 법률의 규정이 없는 경우에도 본조를 유추적용하여야 할 것이다. 가령 부진정연대채무자 중 1인이 변제한 경우 그의 다른 채무자에 대한 구상이 부분구상일 경우에는, 구상의무자 중 1인의 무자력위험은 다른 구상의무자와 구상권자가 각자의 부담부분의 비율로 분담하여야 한다.

2. 제1항은 부분구상을 인정함으로써 발생할 수 있는 불이익을 보완하기 위해 인정되지만, 제2항은 이와는 다르다. 제2항은 부담부분이 동일한 연대채무자 A, B, C 가 90의 채무를 부담할 때, 채권자가 그 중 A 를 연대면제한 사안에서 구상의무자의 무자력위험 문제를 규율한다. B 가 90을 변제하였다면 B 는 A 에게 30, C 에게 30을 구상할 것이다. 이 때 C 가 상환무자력일 경우 A 가 그 중 15를 분담하여야 하겠지만, 제2항은 그 중 15는 채권자가 분담하도록 한다.

채권자가 연대채무자 중 1인에게 연대면제를 하였다고 해서 당연히 본조 제2항과 같은 효과가 발생하지는 않는다. 가령 프랑스 민법에서는 A 를 연대면제 하였다면, A 는 30의 채무를, B, C 는 60의 채무를 각각 부담하지만(부분적 절대적 연대면제), B 가 60을 변제한 후 C 가 무자력인 경우 A 가 C 의 무자력위험을 분담한다. 채권자가 한 연대면제가 A, B, C 간의 내부관계 = 구상관계에 영향을 미치지 않기 때문이다. 한편 프랑스의 학설들은 채권자가 부분적 절대적 연대면제를 한 것이 아니라, 상대적인 연대면제를 할 수도 있다고 한다. 이 경우 연대면제를 받은 A 는 30, B, C 는 각각 90의 채무를 부담하게 될 것이다. 채권자의 이런 연대면제 역시 연대채무자 간의 내부관계 = 구상관계에 영향을 미치지 않기 때문에 C 가 무자력상태에 빠지면 A 가 내부적 부담부분의 비율에 따라 그 위험을 분담하게 될 것이다.[1]

프랑스 민법의 이런 예를 보면 본조 제2항은 연대면제를 한 채권자의 의사가 상대적 연대면제이지만, 그 연대면제의 의사표시는 동시에 연대면제를 받은 채무자로 어떠한 구상의무도 부담하지 않도록 하겠다는 내용일 경우에만 적용될 수 있다. 채권자는 자신의 의사표시로써 연대채무자의 내부관계=구상 관계에 영향을

1 Juris-Classeur Civil, Art. 1197 à 1216 Fasc. 20 Solidarité: Fasc. 2, n° 127 (par Jacques Mestre/Marie-Ève Tian) 참조.

미칠 수 없는 것이 원칙이지만, 제3자를 위한 계약에서 보듯이, 채권자가 구상관계에서 자신이 일정한 불이익을 받겠다는 의사표시를 하면 그대로의 효과를 인정할 수 있다. 제2항은 이런 의사표시가 있을 때의 효과를 규정한 것이라고 볼 것이다. 즉 민법은 연대면제의 의사표시는 통상 면제받은 연대채무자가 구상의무로부터도 벗어나도록 해 주겠다는 의사표시로 추정하고 있고, 그렇기 때문에 본조 제2항에서 B로 하여금 직접 채권자에게 구상권을 행사할 수 있도록 법정하고 있는 것이다.[2]

그러나 채권자가 연대면제를 받은 채무자에 한하여 연대채무에서 분할채무로 전환시켜 주는 것에 그치는 의사표시를 한 경우에는 본조 제2항이 적용되지 않는다고 할 것이다. 위의 예에서 보듯이 A는 30의 분할채무를 부담하게 되고, B, C는 여전히 90의 연대채무를 부담하게 될 것이다. A가 30, B가 60을 각각 변제한 후, C가 무자력이 되었다면 B는 A에게 15를 구상할 것이다(본조 제1항). 채권자는 A와의 연대면제에서 A, B, C 간의 구상관계에 직접 변화를 주고자 하는 의사표시를 한 적이 없기 때문이다. 즉 채권자는 A의 채무를 분할 채무로 전환시켜 주었을 뿐이지, 모든 구상의무로부터 벗어나게 해주겠다는 의사표시를 한 적이 없으므로, 채권자에게 자신을 면책해 줄 것을 청구하거나, 구상의무를 이행한 후 그 상환을 구할 수 없다는 것이다.

Ⅱ. 제1항의 상환무자력자의 부담부분

1. 적용조건

가. 무자력으로 인해 구상의무자인 연대채무자가 구상권자에게 상환할 수 없

2 한편 프랑스에서도 한 때 이런 주장이 없었던 것은 아니라고 한다. 가령 60,000의 연대채무(부 담부분은 동일)를 부담하는 A, B, C, D 중 채권자가 A에게 종전 민법 제1210조의 연대면제를 한 경우, A가 15,000를 변제한 후 B, C, D에게 구상할 수 없다. B가 45,000을 변제한 후 D가 무자력이 되면 D의 무자력위험은 A, B, C가 각각 5,000씩 분담하여야 한다(동법 제1214조 제2항). 그런데 A는 연대면제를 받았기 때문에 A의 부담부분은 채권자가 분담해야 한다는 주장이 한 때 있었지만, 파기원은 연대면제로부터 채권자의 이런 의사를 추정할 수 없다는 이유로 배척하였다고 한다. 즉 B는 A에게 5,000을 구상할 수 있다는 것이다. 동법 제1215조는 이를 명확하게 하고 있다. 물론 동조는 임의규정이므로 연대면제를 하면서 채권자가 A로 하여금 위와 같은 내용의 구상의무로부터도 면책될 수 있게 해 주겠다는 의사를 표시할 수도 있으며, 그 때에는 B가 채권자에게 5,000을 구상할 수 있다고 한다. 특히 D가 무자력이라 는 사실을 이미 채권자가 연대면제를 할 시점에 알고 있는 경우에는 이런 의사를 추정하는 것도 가능하다고 한다. Juris-Classeur Civil, Art. 1197 à 1216 Fasc. 20 Solidarité: Fasc. 2, n° 127 (par Jacques Mestre/Marie-Ève Tian) 참조.

는 경우 적용되고 상환불능의 범위가 부담부분의 전부인지 일부인지는 문제되지 않는다.

나. 구상할 시점에 무자력인 것이 증명된 경우 상환무자력이라 할 수 있다. 그러나 무자력의 증명을 엄격히 요구하는 것은 먼저 변제한 자를 언제나 불이익하게 만들 것이므로 엄격하게 해석할 것은 아니다. 이런 관점에서는 파산이나 강제집행에서 지급자력이 없음이 밝혀진 경우 상환무자력이 인정될 수 있을 것이다. 그러나 파산절차가 개시되어야만 상환무자력을 인정할 수 있는 것은 아니다.[3] 현실적으로 지급할 자력이 없거나, 상환의무자가 행방불명으로 사실상 상환불능이 된 경우[4] 등도 포함될 것이다. 연대채무자 중 1인이 사망하고 그 상속인이 한정승인을 한 경우[5]가 포함되는 것은 말할 것도 없다.

다. 구상권자에게 과실이 있는 때에는 다른 연대채무자에게 분담을 청구할 수 없다(제1항 단서). 이를 입증할 책임은 동조의 무자력위험을 분담하지 않으려고 하는 구상의무자에게 있다. 학설들은 여기서의 과실을 주의의무위반이라기 보다는 단순한 부주의와 같은 정도의 의미라고 이해한다.[6]

구상권자에게 법적 의무로서의 주의의무가 부과되는 것이 아니므로, 주의의무의 위반이라고 볼 수는 없을 것이다. 그렇지만 과실을 단순한 부주의로 본다면 그만큼 먼저 변제한 자만이 구상의무자의 무자력위험을 부담하게 될 것이다. 이는 부분구상의 정당성을 훼손시킬 것이다. 이 규정은 일본 구 민법 채권담보편 제66조 단서에서 유래한 것으로, 일본 명치 민법과 우리 민법에 도입된 것인데, 비교법적으로 볼 때 매우 이례적인 규정이다. 가령 독일 민법 제426조도 구상권자의 과실 없을 것을 요구하지 않고, 프랑스 종전 민법 제1214조도 구상권자의 과실 없을 것을 요구하지 않는다. 이 규정의 해석에 있어서는 먼저 변제한 연대채무자에게 과중한 부담이 되도록 해서는 안 될 것이다. 또한 구상권 자의 과실이 없었더라면 구상의무자로부터 구상받을 수 있었을 한도에서만 무자력위험의 분담을 부정할 수 있다고 해석해야 할 것이다.

3 Staudinger/Noack, BGB, § 426 Rn. 114 참조.
4 민법주해 X, 채권(3), 박영사(1995), 156(차한성); Staudinger/Noack, BGB, § 426 Rn. 114 참조.
5 곽윤직, 채권총론, 박영사(2003), 174; 김형배, 채권총론, 박영사(1998), 478; 민법주해 X, 채권(3), 박영사(1995), 156(차한성) 참조.
6 민법주해 X, 채권(3), 박영사(1995), 156(차한성) 참조.

2. 적용례

가. 제1항이 적용된다고 하더라도 무자력한 상환의무자의 책임이 종국적으로 면책되지 않는다. 그 후 자력이 회복되면 구상권자에게 구상의무를 이행하여야 하고, 그의 무자력위험이 이미 분담된 경우에는 분담한 자에게 구상의무를 이행하여야 한다.[7]

나. 수인의 연대채무자 중 1인을 위한 연대보증인이 있을 때, 연대채무자는 연대보증인에게 구상할 수 없기 때문에, 구상의무 있는 연대채무자가 무자력이 되더라도 연대보증인은 무자력위험을 분담하지 않는다.

다. 연대채무자 중 부담부분이 0인 자는 다른 연대채무자의 무자력위험을 분담하지 않는 것이 원칙이다.[8] 그러나 구상의무자 중 무자력인 자(A)를 제외한 나머지 구상의무자(B, C) 및 구상권자(D)가 모두 내부적 부담부분이 0인 경우에는, A 의 무자력위험은 B, C, D 가 분담하여야 할 것이다.[9] 이 때의 연대채무자는 실질적으로 연대보증인과 유사한 지위에 있다는 것, 연대보증인은 주채무자에 대해 구상할 수 있을 뿐 아니라 다른 연대보증인에 대해서도 구상할 수 있고, 그 중 1인이 무자력일 경우 그 무자력위험은 나머지 연대보증인이 분담하여야 한다는 것(민법 제448조 제2항에 의해 준용되는 제425조, 제427조)을 감안하면, 위의 사안은 연대보증인 간의 구상과 매우 유사하다. 따라서 민법 제448조 제2항이 여기에 유추적용될 수 있다. 동일한 논리는 연대채무자 A, B, C, D(100 의 연대채무) 중 A, B 가 1/2, 1/2씩 내부적 부담부분이 있고, C, D 는 부담부분이 0이고, C 가 구상권자, A 가 상환무자력인 경우에도 유추적용할 수 있다. 즉 C 는 B 에게 100, D 에게 50 을 각각 구상할 수 있다고 할 것이다. D 가 50을 구상한 경우 D 는 B 에게 다시 50을 구상할 수 있다. B 도 무자력인 경우에는 C, D 가 50씩 A, B 의 무자력위험을 분담해야 한다.

라. 채권자와의 관계에서 자기의 연대채무가 면제 또는 소멸되었다고 하더라도, 그것만으로 본조의 무자력위험의 분담책임에서 벗어나는 것은 아니다. 본조는

7 민법주해 X, 채권(3), 박영사(1995), 157(차한성) 참조.

8 민법주해 X, 채권(3), 박영사(1995), 156-7(차한성) 참조.

9 곽윤직, 채권총론, 박영사(2003), 175; 김주수, 채권총론, 삼영사(1999), 302; 김증한/김학동, 채권총론, 박영사(1998), 239; 김형배, 채권총론, 박영사(1998), 478; 민법주해 X, 채권(3), 박영사(1995), 157(차한성) 참조.

연대채무자의 내부관계에 기인하는 것이기 때문이다. 가령 내부적 부담부분이 동일한 연대채무자 A, B, C가 90의 채무를 부담할 때, A가 민법 제419조의 면제를 받은 경우, B가 60을 변제하였지만 C가 무자력인 경우 B는 A에게 본조에 의해 15의 분담을 청구할 수 있다. 위의 예에서 A가 채권자를 상속하고(민법 제420조) B가 A에게 60을 변제하였지만 C가 무자력인 경우 B는 A에게 본조에 의해 15의 분담을 청구할 수 있다. A의 채무가 시효로 소멸한 경우도 동일하다.

Ⅲ. 제2항의 상환무자력자의 부담부분: 연대면제가 있는 사안

1. 적용조건

가. 연대면제란 채권자가 연대채무자에 대한 전부이행청구권을 채무자의 부담부분에 국한시키는 것을 의미한다. 연대채무자 전원에 대해 연대면제를 한 경우(절대적 연대면제), 연대채무관계는 분할채무로 전환된다. 90의 연대채무를 부담하는 A, B, C(부담부분은 동일)에게 절대적 연대면제가 있으면, A, B, C는 30씩의 분할채무를 부담한다. 연대채무자 중 1인을 연대면제하면서 그의 부담부분만큼 나머지 연대채무자의 연대채무도 소멸시키는 경우(부분적 절대적 연대면제)도 있다. 이 경우 대외관계에서 연대면제를 받은 자의 부담부분 만큼 연대채무도 감축될 것이다(프랑스 종전 민법 제1215조). 위의 예에서 A에게 부분적 절대적 연대면제를 하면, A는 30의 분할채무, B, C는 60의 연대채무를 부담한다. 연대채무자 중 1인에게는 그의 부담부분에 대해서만 이행을 청구하고, 나머지 연대채무자에 대한 채권은 그대로 보유하는 경우(상대적 연대면제)도 있다. 위의 예에서 A를 상대적 연대면제 하면, A는 30의 분할채무, B, C는 90의 연대채무를 부담한다. 이와 같은 연대면제는 채권자의 일방적 의사표시로서도 가능하겠지만, 연대채무자와의 계약에 의해서도 실현될 수 있다. 채권자가 위의 여러 연대면제 중 어느 것을 선택하였는가는 그 의사표시의 해석에 달려 있다.

나. 본조의 연대는 상대적 연대면제를 의미한다. 본조의 상대적 연대면제는, 연대면제 받은 채무자를 다른 연대채무자의 내부적 구상의무로부터도 벗어나게 하겠다는 채권자의 의사표시가 있음을 전제한 것이다. 그러나 채권자가 연대면제만 하고, 구상관계상의 책임을 지지 않기로 하는 별도의 의사표시를 하였다면 본조가 적용되지 않을 것이다.

2. 적용례

가. 위의 예에서 채권자가 A를 연대면제하고, B가 90을 변제하였다면, B는 A에게 30, C에게 30을 구상할 수 있다. C가 무자력이라면 B는 채권자에게 15의 분담을 청구할 수 있다. 그러나 채권자의 연대면제의 의사표시가 구상관계에는 영향을 미치지 않겠다는 것으로 해석된다면, 위의 예에서 B는 채권자가 아닌 A에게 15의 분담을 청구할 수 있다(제1항의 적용).[10]

나. A, B, C 중 A를 연대면제한 후 C가 무자력이 된 경우 채권자가 B에게 90의 이행을 청구할 수 있는지가 문제된다. 일부 학설은 이 경우 B는 C의 무자력을 이유로 채권행사가 제한되어야 한다는 항변을 할 수 없다고 한다.[11] 그러나 본조는 C의 무자력의 시점이 변제 기타 출재로 인한 공동면책이 있기 전인지 후인지를 구분하지 않기 때문에, B가 90을 변제한 후 B는 A에게는 30, 채권자에게는 C의 무자력위험 15의 분담을 청구할 수 있다. 그러므로 채권자가 B에게 90의 이행을 청구하는 것은 곧바로 자신이 무자력위험의 분담으로서 반환하여야 할 채무 15의 이행을 청구하는 것이므로 그 한도에서는 신의성실의 원칙에 반하는 것이다. 따라서 B는 채권자가 분담할 15를 제외한 75만 이행하면 될 것이다.

10 학설들은 본조의 적용을 배제하는 특약의 인정을 폭넓게 인정해야 한다고 주장한다. 민법주해 X, 채권(3), 박영사(1995), 159(차한성) 참조. 그러나 이은영, 채권총론, 박영사(2006), 526에서는 이런 주장을 비판하면서 본조의 규정이 타당하다고 본다.

11 민법주해 X, 채권(3), 박영사(1995), 159(차한성) 참조.

찾아보기

사항색인

(ㄱ)

(ㅊ)

(ㅌ)

(ㅍ)

(ㅎ)

판례색인

(日)

주석 민법 [채권총칙 2]

1972 년 1 월 20 일 제 1 판 1 쇄 발행
1985 년 4 월 20 일 제 2 판 1 쇄 발행
2000 년 9 월 30 일 제 3 판 1 쇄 발행
2013 년 12 월 15 일 제 4 판 1 쇄 발행
2020 년 10 월 15 일 제 5 판 1 쇄 인쇄
2020 년 10 월 31 일 제 5 판 1 쇄 발행

편집대표 김 용 덕

발 행 인 이 종 균

발 행 처 韓國司法行政學會

서울특별시 서대문구 경기대로 57 석당빌딩 5 층
전 화 (02) 362-2045~8
팩 스 (02) 312-2070
등 록 1965 년 8 월 27 일 9-94

정가 95,000 원

ISBN 978-89-8109-816-2
세 트 978-89-8109-814-8

※ 낙장·파본은 교환하여 드립니다

www.law.or.kr(홈페이지) www.lexcom.co.kr (도서쇼핑몰)